JN423486

기초 · 원리 · 응용

방법론강의

김 광 웅

博 英 社

개정판 서문

'학문'(學問)을 한다는 것, 또는 '연구'(硏究)를 한다는 것은 크게는 진리를 탐구하는 것이지만, 작게는 우리가 당면하고 있는 오늘의 문제나 내일의 문제를 풀기 위함이다. 문제를 푼다는 것 자체는 그러나 결코 작은 일은 아니다. 학문을 한다면 흔히 고담준론(高談峻論)을 하는 것을 일컫던 때도 있었으나 오늘날과 같이 과학이 극도로 발달한 후기산업사회 내지는 정보사회에서 관념론에 안주하여 자만하면 문제풀이는커녕 문제만 더 양산할 염려가 없지 않다.

학문하고 연구한다는 것은 그래서 문제를 푸는 것이다. 문제도 그냥 푸는 것이 아니라 '체계적'으로 푸는 것이다. 그러려면 인식을 바탕으로 어떤 논리가 개재되어야 한다. 일관된 논리의 맥이 없이 이런 저런 답을 제시하면 그것은 방담과 다를 바가 없다.

다행히도 현대과학이 발달하기 시작한 후부터 문제풀이를 위한 연구는 다분히 체계적이 되었다. 그것은 오로지 과학의 힘 때문이다. '과학적 연구'를 한다는 것은 바로 이런 성격을 두고 이름이다. 그러나 과학적 연구라는 것이 과학의 힘을 거저 빌려서 그냥 저절로 되는 것이 아니다. 과학적 연구야말로 힘든 수도(修道)의 고행(苦行)길과 같다.

그것은 과학이 무엇인지를 모르기 때문에 더욱 어려운 길이면서, 동시에 과학을 알고도 오해가 많고 악용까지 해서 과학의 세계를 왜곡하기 때문에 고행 이후에 자책과 회의의 심연에 빠지게 된다.

많은 어려움이 있지만 학문을 하고 연구를 한다는 것은 곧 과학을 한다는 것과 같은 뜻이다. 과학을 한다는 것은 경험과학(經驗科學)도 좋고 분석과학(分析科學)도 좋다. 그리고 경험과학 중에서 순수과학(純粹科學)을 해도 좋고 응용과학(應用科學)을 해도 좋다. 어느 과학 하나 우리 인류의 생존과 번영을 위해 버릴 것이 없다.

여기서 과학에 대한 구분을 '분석'과 '경험'으로 나누어 볼 수도 있고,

또는 우리가 익숙한 자연과학(自然科學), 인문과학(人文科學), 사회과학(社會科學) 등으로 나눌 수도 있다. 전자의 구분에 의하면 자연과학은 분석과학과 순수과학으로 나뉘어 여러 분과(수학, 물리, 화학, 생물 등)가 각기 자리를 잡게 되고, 인문사회과학은 순수과학과 응용과학의 중간영역에 자리를 잡는다.

어느 분류를 따르든 '과학적' 학문연구에 필수적인 것은 '방법론'을 익히는 것이다. 방법론을 숙지하지 않고 학문을 한다는 것은 사상누각(砂上樓閣)과 같이 기반이 튼튼하지 않은 것이다. 따라서 집은 혹 무너져 내리지 않아도 훌륭한 일가(一家)를 이룰 수 없다. 방법론의 중요성은 아무리 강조해도 지나침이 없는 것이다.

그런데 사회과학 내지는 응용과학을 하는 사람들의 필요이자 고충은 어느 과학의 방법론을 익혀야 하는 것이냐이다. 사회과학의 방법론이나 응용과학의 방법론이 다른 과학의 그것과 무관하게 독립해 있으면 고민은 덜 하겠지만, 학문의 체계, 과학의 분류라는 것이 분업의 의미일 뿐 모두 하나로 연결되어 있는 것이나 같아서 사회과학을 해도 자연과학 또는 순수과학의 방법론을 외면할 수 없고, 더욱이 분석과학의 방법론을 무시할 수 없는 것이다. '분석과학의 방법론'이라고 했지만, 그러나 이것은 정확한 표현은 아니다. 분석과학은 수학과 통계학을 비롯해 그 자체가 논리이고 인식이니까 방법론 그대로라고 해야 할 것이다.

그러니까 방법론적 일원주의(方法論的 一元主義)다, 이원주의(二元主義)다 하는 구분은 별 의미가 없고, 서로의 인식과 논리를 배워 문제풀이에 유용하게 활용할 수만 있으면 된다. 그런데 정치현상이나 행정현상이나 사회현상 등 연구대상으로서의 현상에 대한 바른 인식과 이해 없이 방법을 아무거나 마구 구사하려 들면 오류를 범한다. 거기에다가 이제는 인식도 인식이지만 인식의 대상인 현상의 존재와 본질은 어떻게 이해하겠느냐에 대한 방법론상의 의문이 다시 제기되고 있어서 기존 방법론의 범위는 인식론(認識論)에 머물지 않고 존재론(存在論)으로 이어지고 결국 형이상학(形而上學)을 다시 하게 되는 결과를 빚고 있다. 이것이 오늘날의 방법론의 추이이다.

이 책은 방법론을 사회과학도들에게 널리 이해시키기 위해 1976년 처음 발간한 『社會科學 硏究方法論』을 많이 수정하여 「방법론의 기초 · 원리 · 응용」이라는 틀 속에서 다음과 같은 입장과 기대로 썼다. 먼저 입장은,

첫째, 분석과학의 중요성을 십분 강조하는 가운데 순수과학의 힘도 빌려 경험과학으로서의 사회과학을 이해하기 위해 필요한 방법론을 규명하려고 했다.

둘째, 자칫 실증주의적 경향에만 흐를 가능성이 있음을 염려하여 반실증주의의 중요성도 강조하고, 이에 필요한 방법론의 장르도 더불어 소개하려고 했다.

셋째, 동시에 이념 비판적 입장에 서는 방법론을 도외시하지 않았다. 맑스의 방법론, 하버마스의 비판이론 등을 소개하는 이유가 바로 그것이다.

그러면서도 이 책은 어디까지나 '과학적 방법'을 정확하게 소개하려는 것이기 때문에 방법론의 「원리와 응용」부분에서는 경험주의적 실증주의의 그것을 주로 따르지 않을 수 없게 된다. 종래의 조사방법과 계량분석의 여러 원리와 응용을 각론으로 나누어 소개하는 까닭이 여기에 있다. 이것은 물론 철학과 수학의 토대 위에 가능한 것으로서 책의 앞 부분에서 방법론의 기초를 다져 놓은 것도 그러한 이유에서이다.

그리고 기대는 지난 근 20년 동안 인문사회과학의 각 분과에서 발간된 귀한 방법론 관련 서적과 더불어 이 책이 연구자들의 논리전개와 진리탐구에 일조를 보탰으면 하는 것이다. 교수의 논문이나 박사학위논문을 보면 적어도 방법론의 전개부분에서 실망하는 경우가 한두 번이 아니어서 학생들을 포함해 그 논문을 읽는 독자들이 불쌍하다는 생각을 하게 된다. 이러한 감정은 저자 자신도 예외가 아님을 밝혀 이 나라의 학문 수준을 부끄러워하고 함께 책임져야 할 것을 자임한다. 방법론이라고 하는 것은 전공하는 자가 따로 있어 발전시키는 것이 아니라 연구자는 누구나 방법론의 발전에 책임을 나누어 지는 것이다.

전면 개정판이라고는 하지만 『社會科學 硏究方法論』을 구성하는 3부 중 제 2 부와 제 3 부는 각각 3부와 4부가 되었고, 이들을 조금씩 손질하면서 제 1 부를 크게 수정하였다. 제 2 부는 기존의 내용을 '방법론의 원리'라고 해서 재구성하였다. 제 3 부가 된 조사방법론이나 제 4 부가 된 계량분석은 예나 이제나 원칙면에서 바뀐 부분이 거의 없다고 할 수 있다. 다만 제 3 부가 된 방법론의 응용(I)인 조사방법론에는 지난 4-5년 동안 우리 나라에서 여론조사가 부쩍 늘어 이를 소개하면서 그 맹점을 비판적으로 평가하여 정확한 이해에 도움이 되도록 하였다. 하루가 멀다 하고 신문과 방송에 실리는 여론조사에는 꽤 허점이 많다는 사실을 그냥 넘길 수가 없어서이다. 그리고 교수들의 연구조차도 논리전개에서 미진한 점이 없지 않아 이를 실례로 소개하면서 연구의 어려움과 방법론의 중요성을 새삼 환기시켰다. 더불어 지난 오랜 세월 동안 연구한 내용들, 이를테면 선거에서의 관찰조사라든가 대통령연설문의 내용분석이라든가 하는 것들을 적절한 대목에 간간이 삽입했다. 따라서 저자가 행한 실제연구가 함께 수록된 셈인데 이것도 이 책의 특징이라면 특징이다. 그리고 계량분석 부분에서 여러 가지 다른 통계분석기법과 컴퓨터 프로그램이 나와 이들을 좀 소개하긴 했지만 이 부분은 일단 다른 좋은 책에 미루기로 한다. 미국에서는 지금 예컨대 정치학 방법론 강의를 교재와 디스켓에 담긴 자료와 프로그램을 가지고 가르친다. 마이클 코베트(Michael Corbett)의 책이 그 대표적인 예이다. 우리도 곧 책과 디스켓이 하나로 판매되면서 컴퓨터분석이 병행되는 강의가 가능해질 것이다. 이번 개정 작업에서는 제 1 부인 과학철학부분을 대폭 보완한 셈인데, 70년대 중반 당시만 하더라도 과학적 연구에 대한 인식이 부족하여 '과학철학'을 소개할 필요를 느꼈으나 이제 와선 방법론 관련 서적이 이 분야의 지식을 널리 보급하고 있기 때문에 이번 개정에서는 반복해 소개하되 그 범역을 훨씬 넓혀서 '과학적 연구'가 무엇인지를 보다 폭 넓게 소개하면서, 동시에 종래의 실증주의 또는 행태주의적 입장에서의 과학적 연구만이 아니라 정치 · 행정 등 제반 사회현상을 이해하고 해석하는 데 필요한 여러 시각의 입장을 더불어 소개하였다. '과학적'의 의미가 지나치게 좁게 이해되거나 또는 매우 곡해되어 왔던 저간의 학문풍토가 차제에 개벽같은 전기를 맞았으면 싶다. 그리고 이번 개정에서 또 달라진 것이 있다면 시대의 변화에 맞추어 어쩔 수 없이 한자를 거의 없앴고, 또 각주를 일일이 달지 않았다는 점이다. 끝으로 가르치는 교수의 입장에서 강의때 참고했으면 하는 것은 대학에서 하는 조사방법론 강의에서는 제 2 부와 제 3 부를, 조사통계론에서는 제 2, 3, 4 부를, 그리고 대학원 석·박사과정에서는 제 1 부까지 포함해서 강의가 되었으면 하는 것이다. 물론 대학때부터 아니면 논술고사에 고민하는 고교때부터 논리훈련에 관심이 있는 학생은 제 1 부부터 차근 차근 읽어 가면 큰 도움이 될 것이다.

정확히 20년 전 이 책의 첫 작업은 미국 앤아버에 있는 미시간대학교에서 연구년을 지낼 때였다. 그 후 10년이 지나 버클리에 있는 캘리포니아대학교에서 또 연구년을 지내며 개정판 서문만 써놓고 또 10년이라는 세월이 흘렀다. 이제 그 마무리를 에반스턴에 있는 노스웨스턴대학교에서 했다. 여기 있는 동안 부족한 자료를 서울에서 일일이 email로 보내 준 강성남, 임동욱 두 박사, 그리고 지난 5-6년 동안 우리의 작은 우주, 옹색한 좁은 연구실에서 담론으로 밤을 지새우던 전종윤, 우병열, 황종우, 정재균, 허민경, 곽후근, 최용호 등 여러 석사들의 도움이 절대적이었음을 여기 적는다. 시간으로만 치면 꼬박 20년 동안의 작업이 된 셈이다. 처음에 나왔던 책을 그 동안 자구 하나 고치지 않고 그대로 써서 이젠 판형이 다 마모되어 쓸모가 없어질 때까지 기다린 저자의 고집도 고집이지만 출판사의 인내에도 감사를 드리며 긴 세월 동안 기다림 속에 성원해 마지 않은 여러 동학들에게 보답을 해야 할 때가 온 것을 기쁘게 생각하며 또다시 부끄러운 자신을 드러낸다.

1995년 겨울날

에반스턴 연구실에서

저자 씀

序　文

科學的 硏究는 人間의 能力으로 할 수 있는 至上의 課業이다. 人間은 그 이상을 할 수도 없고, 그 이하를 해서도 안 된다. 그럼에도 불구하고 過去의 學問史를 보면 一般的인 문제를 파헤치는 대신에 Aristotle을 열어보아야 한다고 주장했다. 反啓蒙主義者(obscurantist)의 이러한 主張은 知識을 體系的인 觀察을 통해 얻기보다는 直觀에 의해 얻을 수 있다고 믿는 입장이다. 이러한 생각은 오늘에 이르러서도 人文·社會科學分野에 澎湃하고 學問하는 많은 사람들에 의해 膾炙된다. 그러나 이 입장은 점차 科學的 文化世界에 現象學的으로 의미를 부여할 수 있는 公理에 대한 認識으로 代替되어 가고 있는 實情이다.

硏究를 위해 適合한 原型(paradigm)을 選定하고 測定의 道具를 결정하는 기준은 역시 實體에 관한 形而上學的 管見과 知識을 어떻게 습득할 것인가에 관한 認識論的 理解에 근거를 둔다. 비록 때로는 兩者의 上昇作用이 矛盾된 結論을 유도할 때가 없지 않지만 우리는 문제의 해결을 위한 知識을 얻기 위해 이 테두리에서 벗어날 수는 없다.

哲學이 제기한 問題를 科學이 풀면서 兩者의 合命題的 關係 속에서 人間은 科學的 知識을 探究하고 그것을 토대로 人間이 당면하고 또 앞으로 당면할 문제를 해결하며 보다 나은 삶을 謳歌한다. 그 가운데서 科學이 낳은 逆作用의 產物인 人性의 喪失 때문에 挑戰을 받는 것이 사실이지만 貢獻이 더 컸다는 점은 부인하지 못한다. 그렇다고 科學이 문제를 다 해결해 준다고 믿는 것은 물론 큰 잘못이다. 科學이 준 해답은 그 자체가 요리로 만들어지기 이전의 材料의 集積에 불과하다. 맛있는 음식을 만들어 먹기 위하여는 다시 價値나 倫理같은 양념이라는 해석이 들어가야 한다는 요청은 또다시 哲學에의 還元이라고 해도 좋다.

이처럼 科學的이고 哲學的인 두 思考의 搖籃에서 출발하여 科學者들은

眞理를 탐구하기 위해 現象 속의 規則性을 찾아보고, 實在의 內的 論理를 추구하고, 個個의 事例가 안고 있는 問題를 해결하려고 한다. 그러나 하나의 커다란 根幹으로부터 보는 觀點에 따라 分岐된 이러한 科學의 諸 立場(canons of science)은 個別科學에 따라 相異하면서도 重複되는 方法論을 開陳해 왔다. 한 마디로 人間이 알고 있는 知識의 片鱗은 高踏的인 專門性의 裏面에 個別科學간의 斷切을 잉태했고 그로 인해 같은 것을 놓고 여러 분야에서 散論하는 浪費를 招來했다. 그래서 科學者는 "적고 적은 것"에 관해 "많고 많은 것"을 탐구하는 蒙昧者라는 비판을 받을 수밖에 없었다. 統合科學(unified science)은 바로 未熟한 科學的 研究의 推移를 克服하여 個別科學의 지식을 汎學問的인 水準으로 끌어올리려는 努力의 徵表로 인정되고 있으며 그것은 比較研究와 一般體制理論 등을 통해 가능하다고 인정된다.

自然科學과는 달리 社會科學에서 과연 얼마나 科學的 眞理를 탐구할 수 있으며 價値問題를 論題 속에 얼마나 溶解할 수 있는지, 또 과연 統合科學에로의 指向 속에 한껏 부풀은 希求가 정작 실현될 수 있는지 무척이나 궁금하다. 그 해답은 아마 無限한 時空 속에 永久히 묻히고 말지도 모른다. 그러나 이 時點에서 한 가지 분명한 것은 觀念的이라고 하여 종래에 外面당해 왔던 哲學이 科學의 論理에 힘입어 再認識되면서 方法論의 기틀을 잡아준 科學哲學(Philosophy of Science)이 우리의 思考에 活力素를 심어 주고 있다는 사실이다. 이 科學哲學의 現象에 대한 分析과 理解를 위한 寄與가 學問發達의 礎石이 되어 社會現象은 욕심껏 說明되고 豫測되고 있다.

비단 T.S. Kuhn의 科學的 革命論에 의존하지 않더라도 科學이 발달하기 위하여 새로운 原型이 발견되어야 한다는 主張을 믿고 싶다. 그러나 이 意味 속에는 人間의 分析力과 叡智力이 含蓄되어 있다는 것을 인정해야 한다. 어느 文化, 어느 學問이 발달하건 그 道程에 수많이 포장된 精誠은 바로 이러한 面의 正鵠이 응고된 것이다. 이를 위해 事物의 實體가 무엇이며 그것을 어떻게 보고 이에 따라 어떤 經驗的 資料를 모으며 모아 놓은 자료는 어떻게 分析되고 解釋되어야 우리에게 진정한 삶의 知識이 될 수 있는지에 관해 人間은 끝없는 思考와 實踐을 익혀 왔다.

위와 같은 생각의 갈피 속에서 著者는 이 册을 썼다. 第1部에서는 科學的 理論定立의 토대로 생각하고 科學哲學을, 第2部에서는 公理에서 출발하는 分析의 世界가 經驗의 世界와 同像類質의 관계를 맺기 위해 經驗的 資料를 蒐集하는 方法으로서의 調査方法論을, 그리고 第 3 部에서는 그러한 必要에서 蒐集된 資料를 分析하는 行態主義的 立場으로서의 計量分析을 論述했다. 3部에 걸친 이러한 構成과 部分的으로 分類해 놓은 전체의 構造가 獨創的인 것은 아니라 해도 從來의 方法論 著書와는 그 區分과 題目을 달리하면서 著者 나름대로 필요하다고 생각되는 것을 가능한 限 再分類하고 聚合해 보려고 努力하였다.

講壇에서 느끼는 환멸은 且置하더라도 學術 모임에서 方法論에 관해 때로 初步的인 단계를 벗어나지 못했던 討論內容의 意外가 한 動機가 되어 시작은 하였지만 사실 따지고 보면 學問의 基礎가 되는 數學과 哲學에 대한 바르고 오랜 훈련 없이 감히 나선 폭이 되었다. 더군다나 이 여름 Hans Eulau 敎授가 주재했던 討論會(colloquium)에 참석해서 듣고 느낀 것이지만 美國에서조차 아직 컴퓨터에 대한 이해의 부족과 의구심이 만연한 사정을 감안하면 우리 나라에서 行態主義的 方法論을 開陳해 본다는 것이 尙早라는 느낌이 든다. 이것과 관련하여 지적해야 할 것은 行態主義的 研究의 趨勢에 따라 計量的 分析方法이 새롭게 인식되는 分析方法이더라도 모든 決定이 統計나 確率에 의해 이루어지는 것을 願치 않고 機械化의 소용돌이 속에서 人間本然의 屬性을 찾아야 한다고 主唱하는 E. Fromm의 論旨를 외면하는 것이 아니며, 行態主義의 缺陷을 克服하기 위해 歷史主義와 傳統哲學에로의 復古 속에 後期行態主義로의 展開를 否認하는 것도 아니라는 점이다. 진정 科學的 研究라는 이름 아래 모든 社會科學徒는 數學者나 統計學者가 되어야 한다는 어처구니없는 誤解를 지워야 한다.

社會科學研究를 위한 方法論을 다루려고 했지만 素材는 政治學과 行政學에 局限되고 部分的으로 社會學과 心理學을 言及했을 뿐이다. 그 밖의 個別科學은 度外視되었다. 이런 點에서 册의 題目이 주는 意味가 완전치 못하고 跛行的이다. 그러나 社會學의 경우는 그런대로 많은 理論이 準據하고 있기 때문에 생소하지 않다. 心理學의 경우는 本文에서도 言及되었지만, 그 性格 자체가 自然科學과 社會科學의 境界에 위치하므로 方法이 세련되어 있다.

저자가 心理學的 方法論의 윤곽이나마 알 수 있었던 것은 극히 짧은 기간에 A. Tannenbaum 敎授와 정기적으로 談座하며 또 다른 著作을 어깨 넘어 익힌 기회뿐이다. 그러나 이 冊이 의도했던 것은 종래의 方法論이 "調査硏究"에만 지나치게 치우쳤던 實情을 감안하여 이 分野에 관한 견해를 一新해 보려는 뜻뿐이다. 그러나 方法論은 內容이 담겨 있지 않은 '分析의 그릇'이므로 이 속에는 社會科學의 어떤 主題도 담을 수 있다는 論理가 성립된다. 따라서 『社會科學 …』이란 題號를 內容에서보다 形式과 分析의 可能性에서 理解해야 할 것이다.

A. Einstein이 그랬고, B. Russell도 그랬던 것 같다. 物理學보다는 政治學이 더 어렵다고 했다. 이유는 아마도 人間의 머리로 생각해 풀 수 없는 不可思議한 내용이 政治學 쪽에 더 많아서 그랬던 모양이다. 그러나 비단 政治學뿐만 아니라 社會科學 전반에 걸친 諸般屬性은 論理대로 되어지는 領域 밖의 것을 많이 內包하고 있다. 이 難澁한 對象을 풀어 보려는 方法論이야말로 더 벅찬 課題를 안고 있다고 하겠다. 聖經을 안 찾아보아 確認은 못했지만 어느 學者教人이 전해 주기를 聖經에 方法論에 대한 지나친 强調는 惡魔라고 했다는 말을 기억한다. 이 뜻은 方法에 너무 치우치다 보면 本末이 顚倒될 우려가 있다는 경고로 이해해야 할 것이다. 역시 方法論을 옳게 칭찬도 못 받으면서 힘은 힘대로 들고 빛 못 보는 學問의 뒷바라지 領域이다. 그러면서도 한없는 想像力과 洞察力이 요구되는가 하면 끈질긴 實踐人의 技倆도 갖추어야 한다.

이것저것 필요한 듯한 것을 끼어 맞추다 보니까 마치 추운 겨울에 주착없이 옷을 많이 껴입어 保溫은커녕 오히려 健康에 害가 되는 結果가 되었는지 두렵다. 그러니 아직도 큰 줄거리에 대한 이해도 이해려니와 說明을 위해 빌려 붙인 군더더기들이 눈에 거슬리는 것 같아 저어되기도 한다. 바라기는 美術의 모자이크는 되었으면 하는 기대를 안고 있다.

모르는 것이 많아 스스로 배우기 위해 썼을 뿐인 이 小品을 내놓기까지에는 많은 분들의 도움이 컸다. 大學院在學時節부터 지금에 이르기까지 이 分野에 대한 관심을 일깨워 주셨던 은사님, 學問 자체에 눈을 뜨도록 留學의 길을 마련해 주셨던 敬畏로운 은사님, 學位論文을 쓸 때 門下에서 질책해 주셨던 두 분 美國人 교수님, 그리고 硏究와 教授의 機會를 허락해 주신 大學院의 여러 은사님과 그 밖에 많은 先學들의 도움과 은혜를 기쁨과 자랑으로 여기고 있다. 또 까다로운 請대로 出版에 응해 주었던 博英社의 여러 분들에게도 고마움의 뜻을 전하고 싶다.

끝으로 이 冊 때문만은 아니었지만 두 해 여름 美國에 체류하는 동안 혼자서 집안일을 보살펴야 했던 연민이린 아내와, 놀아주지 않는다고 보채던 철부지 자식들에게 대한 미안한 마음을 달래며, 작은 첫 정성을 부모님에게 바친다.

1975년 12월

著 者

큰 차 례

제 1 부 방법론의 기초: 과학적 연구에 대한 인식

제 1 장 방법론의 학문체계상의 위치/3
제 2 장 철학과 과학/17
제 3 장 인식과 논리: 분석의 세계와 경험의 세계/76
제 4 장 연구방법의 변천/131

제 2 부 방법론의 원리: 개념화 · 이론화 작업

제 5 장 개 념/187
제 6 장 가 설/207
제 7 장 법 칙/214
제 8 장 이 론/222
제 9 장 모 델/237
제10장 이론과 모델/246

제 3 부 방법론의 응용(Ⅰ): 조사방법론 — 자료의 수집방법

제11장 자료만들기/281
제12장 측정: 조작적 행위/293
제13장 척 도/317
제14장 자료수집의 준비단계: 표본추출/350
제15장 자료의 수집방법(Ⅰ): 관찰과 실험/386
제16장 자료의 수집방법(Ⅱ): 질문지조사와 면접조사/430
제17장 자료의 수집방법(Ⅲ): 내용분석과 사례연구/474
제18장 자료다듬기/505
제19장 조사연구상의 오류들/531

제 4 부 방법론의 응용(Ⅱ): 질적 분석과 양적 분석 — 자료의 분석방법

제20장 자료분석방법의 두 입장: 계량분석에 대한 찬과 반/563
제21장 계량분석의 기초/572
제22장 자료분석의 방법(Ⅰ): 기초통계분석 — 변수의 비교와 묘사/601
제23장 자료분석의 방법(Ⅱ): 고급통계분석 — 시계열 · 다변수 · 인과 분석/638

부 록

Ⅰ. 조사표예시, 조사추진과정, 관련서류들/701
Ⅱ. 통계수표/828
Ⅲ. 통계공식의 요약/859

색 인

인명색인/869
사항색인/876

작 은 차 례

제 1 부 방법론의 기초: 과학적 연구에 대한 인식

제 1 장 방법론의 학문체계상의 위치

1. 분석과학으로서의 방법론 ········· 3
2. 경험과학을 위한 방법론 ········· 8
   2.1 일 반 론 ········· 8
   2.2 경험과학으로서 자연과학과 사회과학의 방법론 ········· 10
3. 응용과학의 방법론 ········· 14

제 2 장 철학과 과학

1. 과학철학 ········· 17
   1.1 과학철학 개관 ········· 17
   1.2 과학철학의 변천과 세 가지 접근입장 ········· 21
   1.3 과학철학과 전통철학의 관계 ········· 28
   1.4 사회과학철학에 대한 반성 ········· 33
2. 과 학 ········· 36
3. 과학적 접근법 ········· 41
   3.1 과학적 방법의 전제 ········· 42
   3.2 과학적 방법의 특징 ········· 43
   3.3 과학적 방법의 한계 ········· 47
4. 과학적 연구 · 과학적 이론에 대한 여러 입장들 ········· 50

제 3 장 인식과 논리: 분석의 세계와 경험의 세계

1. 개 관 ······ 76
2. 인 식 론 ······ 78
   2.1 현상에 대한 인식 ······ 78
   2.2 합리주의 ······ 87
   2.3 경험주의 ······ 95
   2.4 낭만주의 ······ 101
   2.5 사회과학 이론들의 인식론과 형이상학적 근거 ······ 105
3. 논 리 론 ······ 111
   3.1 분석·종합 및 모순언명 ······ 111
   3.2 귀 납 법 ······ 113
   3.3 연 역 법 ······ 118
   3.4 연역법과 귀납법 비교 ······ 122
   3.5 가 추 법 ······ 124
   3.6 논리적용의 실제 ······ 127

제 4 장 연구방법의 변천

1. 개 관 ······ 131
2. 연구방법의 변화 ······ 132
3. 연대별 접근방법의 변천 ······ 142
4. 행태주의관 ······ 147
5. 후기행태주의관 ······ 153
   5.1 실증주의와 역사주의의 논쟁 ······ 153
   5.2 후기경험주의론 ······ 162
6. 접근방법의 분류 ······ 166
   6.1 개 관 ······ 166
   6.2 접 근 법 ······ 168
   6.3 연구방법 ······ 171

제 1 부 참고문헌 ······ 177

제 2 부 방법론의 원리: 개념화 · 이론화 작업

제 5 장 개 념

1. 개관 — 개념적 사고 ······ 187
2. 의의와 성질 ······ 192
3. 종 류 ······ 194
4. 요소와 기능 ······ 195
5. 이론과의 관계 ······ 201
6. 재개념화 ······ 202
7. 패러다임 ······ 203

제 6 장 가 설

1. 개 관 ······ 207
2. 의 의 ······ 208
3. 요건과 기능 ······ 209
4. 원 칙 ······ 210
5. 실 례 ······ 211
6. 근 거 ······ 211
7. 유사용어와의 구별 ······ 212

제 7 장 법 칙

1. 개 관 ······ 214
2. 의의와 기능 ······ 214
3. 내 용 ······ 217
4. 형식상의 유형 ······ 219
5. 내용상의 유형 ······ 220

제8장 이 론

1. 개 관 ………… 222
2. 의 의 ………… 222
3. 기 능 ………… 226
4. 이론과 법칙과 준이론 ………… 232

제9장 모 델

1. 개 관 ………… 237
2. 의 의 ………… 238
3. 기 능 ………… 240
4. 종 류 ………… 242
5. 한 계 ………… 243

제10장 이론과 모델

1. 개 관 ………… 246
2. 형 성 ………… 246
2.1 이론의 형성 ………… 246
2.2 모델의 형성 ………… 254
3. 실 제 ………… 258
4. 차 이 ………… 268
5. 유사용어 — 모델의 아형들 ………… 271
제2부 참고문헌 ………… 275

제 3 부 방법론의 응용(Ⅰ): 조사방법론 — 자료의 수집방법

제 11 장 자료만들기

1. 개 관 ······ 281

2. 자료란 무엇인가, 왜 필요한가 ······ 281

3. 자료와 사실 ······ 285

4. 자료와 변수 ······ 287

제 12 장 측정: 조작적 행위

1. 개 관 ······ 293

2. 과학적 인식방법으로서의 조작 ······ 293

3. 조작적 행위의 주체와 객체 ······ 296

4. 조작적 행위에 대한 학파의 견해 ······ 297

5. 측 정 ······ 300

- 5.1 측정이란 무엇인가 ······ 300
- 5.2 측정의 한계 ······ 301
- 5.3 측정오차 ······ 302

6. 신 뢰 성 ······ 304

- 6.1 의 의 ······ 304
- 6.2 이론적 배경 ······ 306
- 6.3 측정방법 ······ 307
- 6.4 제고방법 ······ 310

7. 타 당 성 ······ 311

- 7.1 의 의 ······ 311
- 7.2 유 형 ······ 311
- 7.3 신뢰도와의 관계 ······ 314

제13장 척 도

1. 개 관 ………………………… 317
2. 의 의 ………………………… 317
3. 측정의 기초이론 ………………………… 318
4. 척도의 기본유형 ………………………… 321
5. 척도의 종류 ………………………… 325

제14장 자료수집의 준비단계: 표본추출

1. 개 관 ………………………… 350
2. 조사방법부터 정한다 ………………………… 350
3. 예비적 조사 ………………………… 353
   3.1 문헌조사 ………………………… 353
   3.2 전문가의 의견조사 ………………………… 354
   3.3 예비조사 ………………………… 355
   3.4 사전검사 ………………………… 355
4. 표 본 ………………………… 356
   4.1 표본이란 무엇인가 ………………………… 356
   4.2 표출방법 ………………………… 360
   4.3 표본의 크기와 신뢰도 ………………………… 374
   4.4 표출오차와 비표출오차 ………………………… 382

제15장 자료의 수집방법(Ⅰ): 관찰과 실험

1. 개 관 ………………………… 386
2. 관찰조사 ………………………… 386
   2.1 관찰이란 무엇인가 ………………………… 386
   2.2 관찰조사의 종류 ………………………… 388
   2.3 관찰조사의 절차와 진행 ………………………… 392
   2.4 관찰조사의 장점과 단점 ………………………… 396

2.5 관찰조사의 실제 ······ 398
3. 실험조사 ······ 409
3.1 실험조사란 무엇인가 ······ 409
3.2 실험조사의 종류 ······ 411
3.3 실험조사의 설계 ······ 415
3.4 실험조사의 절차와 진행 ······ 424
3.5 실험조사의 장점과 단점 ······ 426
3.6 실험조사의 실제 ······ 428

제16장 자료의 수집방법(Ⅱ): 질문지조사와 면접조사

1. 개 관 ······ 430
2. 질문지조사 ······ 430
2.1 질문지조사란 무엇인가 ······ 430
2.2 질문지조사의 주요형식 ······ 431
2.3 설문의 작성요령 ······ 435
2.4 질문지조사의 종류와 장점과 단점 ······ 437
3. 면접조사 ······ 440
3.1 면접조사란 무엇인가 ······ 440
3.2 면접조사의 종류 ······ 441
3.3 면접조사의 진행 ······ 444
3.4 프 로 빙 ······ 449
3.5 면접조사의 장점과 단점 ······ 452
4. 투 사 법 ······ 453
4.1 투사법이란 무엇인가 ······ 453
4.2 투사법의 종류 ······ 454
4.3 투사법의 평가 ······ 457
5. 여론조사의 실제 ······ 457
5.1 표집이 잘못된 사례 ······ 458
5.2 조사시기의 문제 ······ 460
5.3 조사면접원의 문제 ······ 461
5.4 질문순서의 문제 ······ 461

5.5 질문형식에 관한 문제 ········· 464
5.6 유도성 질문의 문제 ········· 466
5.7 척도의 문제 ········· 469

第17장 자료의 수집방법(Ⅲ): 내용분석과 사례연구

1. 개 관 ········· 474
2. 내용분석방법 ········· 474
2.1 내용분석이란 무엇인가 ········· 475
2.2 내용분석의 경향 ········· 477
2.3 내용분석의 유형 ········· 479
2.4 내용분석의 절차와 방법 ········· 484
2.5 내용분석을 위한 표본추출·신뢰도·타당도 ········· 493
2.6 내용분석의 장점과 단점 ········· 495
2.7 내용분석의 실제 ········· 496
3. 사례연구방법 ········· 498
3.1 사례연구란 무엇인가 ········· 498
3.2 사례연구의 종류 ········· 500
3.3 사례연구의 절차 ········· 501
3.4 사례연구 진행방법 ········· 503
3.5 사례연구의 장점과 단점 ········· 503

第18장 자료다듬기

1. 자료의 정리 ········· 505
1.1 자료의 검토와 편집 ········· 505
1.2 자료의 부호화 ········· 506
1.3 자료의 천공과 검공 ········· 519
2. 자료의 보완 ········· 525
2.1 자료의 보완이란 무엇인가 ········· 525
2.2 오차의 처리방법 ········· 526
2.3 미수자료의 보완 ········· 528

제19장 조사연구상의 오류들

1. 개 관 ········· 531
2. 선거연구에서 방법론적 오류의 예 ········· 532
3. 여론조사에서 방법론적 오류의 예 ········· 542
3.1 자의 눈금 정확지 않다 ········· 543
3.2 왜 조사마다 다를까 ········· 545
3.3 표본추출부터 문제 ········· 547
3.4 유도성 질문의 오류 ········· 548
3.5 조사원 수준 높여야 ········· 549
3.6 여론조사를 재검증해야 한다 ········· 551
제3부 참고문헌 ········· 552

제4부 방법론의 응용(Ⅱ): 질적 분석과 양적 분석 — 자료의 분석방법

제20장 자료분석방법의 두 입장: 계량분석에 대한 찬과 반

1. 양적 표현에 대한 논쟁 ········· 563
2. 질적·전통적 분석방법 ········· 565
3. 양적·행태적 분석방법 ········· 568

제21장 계량분석의 기초

1. 수학과 통계학 ········· 572
2. 기술통계학과 추측통계학 ········· 575
3. 확률과 집합이론 ········· 578
4. 미분과 적분 ········· 586
5. 행 렬 식 ········· 591

第22장 자료분석의 방법(Ⅰ): 기초통계분석
— 변수의 비교와 묘사

1. 기술적 분석 601
- 1.1 집중화경향분석 602
- 1.2 분　포 605
- 1.3 표준편차와 표준치 607

2. 중변수분석(Ⅰ): 기하학적 분석 610
- 2.1 도표분석 611
- 2.2 최적선분석 613
- 2.3 잉여분석 615

3. 중변수분석(Ⅱ): 연합성과 유의성검증 617
- 3.1 연합성검증 617
- 3.2 유의성검증 618
- 3.3 가설의 검증 619
- 3.4 통계적 검증의 여러 양태 624
- 3.5 분할표에서의 검증 624
- 3.6 서열측정에서의 검증 627
- 3.7 등간측정에서의 검증 629
- 3.8 분산분석 633

4. 중변수분석(Ⅲ): 측정척도를 기준으로 한 두 변수의 비교 ... 634
- 4.1 두 등간변수의 분석 635
- 4.2 두 서열변수의 분석 635
- 4.3 두 명목변수의 분석 636
- 4.4 등간과 서열변수의 분석 636
- 4.5 등간과 명목변수의 분석 636
- 4.6 서열과 명목변수의 분석 637

第23장 자료분석의 방법(Ⅱ): 고급통계분석
— 시계열 · 다변수 · 인과 분석

1. 시계열분석 639
- 1.1 뜻 639

1.2 구　　조 ······ 640
1.3 분석방법 ······ 641
1.4 분석내용 ······ 646
1.5 실　　례 ······ 647

2. 다변수분석: 편상관 · 다상관 · 다회귀 · 중회귀 분석 ······ 653
2.1 개　　관 ······ 653
2.2 분석모형 ······ 658
2.3 실　　례 ······ 659
2.4 독립변수의 상대적 비중 ······ 660

3. 요인분석 ······ 661
3.1 뜻과 쓰임새 ······ 661
3.2 꼴 ······ 665
3.3 해　　석 ······ 669
3.4 회　　전 ······ 673
3.5 최소공간분석 ······ 676

4. 인과분석 ······ 677
4.1 뜻 ······ 677
4.2 시차분석에 의한 인과관계 ······ 678
4.3 상관분석에 의한 인과관계 ······ 679
4.4 노정(경로)분석에 의한 인과관계 ······ 686

제 4 부 참고문헌 ······ 695

부　　록

Ⅰ. 조사표예시, 조사추진과정, 관련서류들 ······ 701

Ⅱ. 통계수표 ······ 828

Ⅲ. 통계공식의 요약 ······ 859

인명색인 ······ 869

사항색인 ······ 876

제 1 부

방법론의 기초: 과학적 연구에 대한 인식

제 1 장　방법론의 학문체계상의 위치
제 2 장　철학과 과학
제 3 장　인식과 논리: 분석의 세계와 경험의 세계
제 4 장　연구방법의 변천

제 1 장

방법론의 학문체계상의 위치

1. 분석과학으로서의 방법론

요즈음 신문이나 방송 등 언론매체에서는 하루가 멀다 하고 여론조사의 수치들을 내놓는다. 선거에 나선 후보자 중 누가 앞서고 있다느니, 정치개혁을 위해 세대교체를 하느니 마느니, 정부가 내세운 정책을 지지하느니 않느니 하면서 여러 통계수치들을 발표한다. 정치도 행정도 이젠 여론의 뒷받침 없이 소기의 성과를 기대하기 어렵게 되었고, 따라서 여론을 알아 내려는 조사방법이 부쩍 각광을 받고 있다. 방법 중에서 특히 조사방법은 자료를 모으고 이를 분석하는 것을 이른다. 한편 우리는 일상의 대화에서 '방법이 문제'라는 말을 많이 쓴다. 어떤 목표를 달성하려고 할 때 목표는 분명한데 이를 달성하려니까 쉽지 않은 경우가 흔히 생긴다. 목표에 도달하려는 그 과정이나 수단이 쉽지 않은데, 이들이 모두 방법에 해당되는 것으로서 정작 어려운 대목이 바로 그것이다. 비단 일상생활에서뿐만 아니라 어느 경우에나 방법은 불가결한 요소이다. 방법이 있음으로 해서 소기의 목적이 성취되기 때문이다.

논문을 쓰거나 연구를 하기 위해서는 어떤 입장에 서야 한다. 동시에 타당한 논리를 구사해야 하며 이를 뒷받침하는 자료를 제시하고 분석하고 해석함으로써 어떤 주장을 펼 수 있게 되는 것이다. 논문이나 연구보고서만이 아니라 요즘 대학입시에서 치르는 논술고사도 마찬가지이다. 이들이 모두 방법론의 영역인 것으로서, 논리적 주장이나 연구에 방법이 따르지 않으면 그 연구는 정상이 아니다. 정상이기 이전에 그것은 연구가 아니라고 말하는 편이 옳을 것이다. 연구에 있어서 방법은 그만큼 필요충분요건이기 때문이다. 여기서 연구라는 것은 '현상을 이해하고 설명하는 행위'라고 우선 잠정적으로 정해 놓기로 한다. 여기서 현상은 넓은 의미의 사회현상을 뜻한다. 정치행정현상·경제현상·사회현상·문화현상 등등이 이 속에 포함된다. 그렇다고 사회현상을 이해하고 설명하려는 것이 인문현상이나 자연현상과 무관할 수는 없다. 더욱이 갈릴레오 이후 현대과학이 발달하면서 방법론의 경계가 흐려지다 보니까 사회과학(현상)을 이해하기 위하여 자연과학에 대한 이해도 병행하게 되었다. 그러니까 우리가 사회과학도로서 사회현상을 이해하고 설명하려는 태도의 뒤에는 자연현상과 인문현상에 관한 이해가 뒷받침되어야 한다는 말이 성립된다. 행정현상이나 정치현상을 이해함에 있어서 자연현상과 가장 밀접한 관계가 있는 것은 아마도 날씨일 것이다. 정책을 펴기 시작할 때의 계절에 대한 고려나 선거일을 정함에 있어서 여당의 득표가능성을 높일 수 있는 계절을 생각지 않을 수 없었던 것이 그 한 예이다. 그렇지만 사회현상과 인문·자연현상과의 관계에 관하여는 이의를 제기하는 입장이 있다. 어쨌든 이에 관해서는 뒤에 두고두고 설명한다.

방법이란 무엇인가, 방법론은 왜 필요한가 등 그 성격과 용도가 대강 어떠하다는 것을 전제로 다음에 학문의 발달을 위하여 방법논의는 필수적이라는 점을 새삼 강조할 필요가 있다. 방법론의 성격과 위치를 학문의 전체 맥락에서 조명해 봄으로써 중요성을 다시금 강조하고자 한다.

방법론은 학문 내지는 과학의 체계에서 경험과학(empirical science)이 아니라 분석과학(analytical science)에 해당한다. 과학을 분류하는 기준은 매우 많다. 한참 거슬러 올라가면 아리스토틀 같은 사람은 학문을 연구목적에 따라 이론학, 실천학 그리고 제작학으로 구분했기 때문에, 이에 따르면 방법론은 이론학에 해당한다. 고대의 학문체계분류에 관하여는 소광희가 편집한 『현대의 학문체계』(민음사, 1994)를 참조하면 도움이 된다. 철학, 논리학, 수학, 통계학과 더불어 방법론이 분석과학에 속한다는 것이다. 이 분류를 일찍이 콰인(Willard V. O. Quine)이 했다.

원래 분석과학이라는 것은 '경험적으로 논박할 수 없는 언명'을 다루는 과학이다. 분석과학은 한쪽에 수학을, 그리고 다른 한쪽에 방법론을 양대 산맥으로 하여 구성되어 있다(그림 1-1-1 참조). 수학에는 대수학, 기하학, 고전

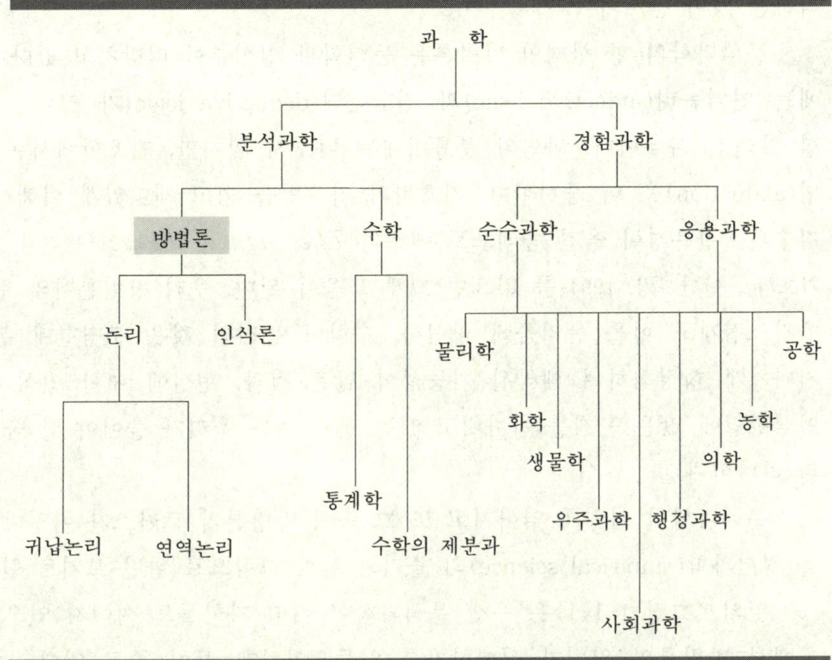

〈그림 1-1-1〉 콰인이 분류한 과학의 분류체계

수학 등 수학의 여러 분야가 포함되고 통계학도 여기에 포함된다. 오늘날 방법론에 관심을 갖고 있는 외국학자들 가운데 대학의 전공이 수학과 통계학인 경우가 상당수 있는 것은 전혀 우연한 일이 아니다. 국내학자로는 경제학 전공자가 있는데 경제학이 계량분석에 강하기 때문이다. 연구의 경험성 내지는 실증성이 점차 높아지면서 요청되는 정량화(定量化)의 경향 때문에 이 분야의 쓰임새가 오히려 지나칠 정도라는 인상마저 든다.

한편, 같은 분석과학이면서 넓은 의미의 방법론, 그리고 좁은 의미의 논리(logic)와 인식론(epistemology)은 상대적으로 덜 강조되는 느낌이다. 엄연히 수학만큼 중요한 위치를 차지하고 있는데도 방법론에 대한 지금까지의 잘못된 인식 때문인지 인지도가 낮은 편이었다. 이것은 학문과 방법론을 대하는 정향의 문제로서 깊이 반성해야 할 여지를 남긴다. 다시 말해서 요즘 특히 행정학분야의 계량분석논문들을 보면 개념화와 조작화의 작업이 바탕이 되어 분석이 가능한 것인데, 이를 부차적인 것으로 치부하고 분석에만 매달려 본말이 전도되고 있다. 인식과 논리가 있고 나서 경험세계의 자료를 분석하는 것이 순서이다.

분석과학의 한 산맥인 방법론은 논리학과 인식론이 떠받치고 있다. 논리에는 연역논리(inductive logic)와 귀납논리(deductive logic)가 있다는 것은 잘 알려진 사실이다. 콰인의 분류법에는 나오지 않지만, 기호학에서는 가추법(abduction)을 더 중시한다. 기호학의 가추법을 쉽고 재미있게 이해하려면 김주환·한은경이 옮긴 움베르토 에코의 *The Sign of Three*(『논리와 추리의 기호학』, 인간사랑, 1994)를 읽으면 크게 도움이 된다. 우리 방법론계의 현황은 유감스럽게도 이들 논리쪽에 약하다. 수학이 논리인 것은 분명한데 본질을 지나치게 형상화하여 왜곡될 가능성이 많은 것과, 현상에 대한 인식태도와 인식방법에 많은 문제를 자아내고 있는 것 모두는 우리가 풀어야 할 숙제 중의 하나이다.

분석과학이 이렇게 엮어지고 또 그 속에 방법론의 로커스가 어떻다는 것을 경험과학(empirical science)의 줄기와 함께 그림으로 한번 보기로 한다.

앞의 〈그림 1-1-1〉은 우선 분석과학이 어떤 과학들로 짜여져 있으며 그 안에서 방법론의 위치가 어떠한가를 일목요연하게 보여 주고 있다. 동시에 경험과학의 분지(分枝)도 확연해졌다. 물론 여기에 나열된 분과과학들은 전부가 아니다. 우리는 흔히 과학이나 학문의 분과를 나눌 때 순수과학과 응용과학이라는 분류에 익숙해 왔다. 자연과학, 인문과학, 사회과학 같은 분류도 마찬가지이다. 이 그림에서 사회과학과 인문과학은 순수와 응용의 중간에 위치한다고 생각하면 된다. 인문과학의 대부분은 사회과학에 비하면 순수이자 기초과학이다. 사회과학에서도 인류학과 지리학은 기초과학이고, 심리학은 순수과학 또는 자연과학에 가깝다. 이과와 문과라는 이름으로 나뉘긴 해도 공학, 농학, 의학, 법학, 정치학, 행정학, 경영학, 신문학, 사회복지학 등은 응용과학에 해당된다. 또 이 그림에서 알 수 있는 것은 순수과학과 응용과학은 경험과학하에 분류되고 분석과학과 무관하지 않으며, 동시에 직접적인 연관이 있어 보이지는 않으나 방법론과 무관하지 않다는 점이다. 분석과학의 발달 없이 경험과학이 발전할 수 없기 때문이다.

그러나 여기서 한 가지 밝혀야 할 것은 분석과학과 경험과학의 구분이 분명하지 않다는 점이다. 이 구분은 원래 괴델(Godel)의 불완전한 정리(theorem)에 근거를 둔 것이다. 그저 우리가 익숙한 것은 인문, 자연, 사회과학

등과 같은 것이다. 그렇지만 과학이 급속도로 발달하면서 1970년대 초에 이미 생명과학, 우주과학, 정보과학, 인간과학, 생활과학 등의 분류가 바람직하다는 주장이 나왔고, 그 후 우리 나라의 대학에서도 농과대학을 농업생명과학대학 등으로 바꾸었다. 동물학과를 분자생물학과로 명칭을 바꾼 것도 같은 맥락에서이다. 가정대학이 생활과학대학으로 바뀐 것도 마찬가지이다.

분류에서 논란의 여지가 있는 것은 비단 분석과학과 경험과학에 한정되지 않는다. 오히려 각 분과과학의 자체 안에도 얼마든지 있다. 즉 분석과학이 경험에 의해 거부될 수 없는 언명을 다루면서 동의반복(同意反復, tautology)으로 구성되는 논리와 수학이 주류를 이루고 있지만, 논리가 방법론의 가지인지, 또는 그 반대인지에 관하여는 아직도 논쟁이 끊이질 않고 있다. 어떤 경우는 방법론을 인식론과 대칭시켜 보기도 한다. 그러나 좀더 심하면, 아예 방법론과 인식론과 일반철학이 각기 구성하는 언명의 본질에 합의가 이루어지지 않는 경우조차 생긴다.

경험과학쪽에 문제는 항상 있다. 경험에 의해 논박될 수 있는 언명을 다루는 경험과학에서 그 언명이라는 것이 참이냐의 여부는 다분히 조건부이고 잠정적이다. 그것이 만일 계속해서 입증되면 참이라고 친다. 추정한다는 뜻이다. 그러나 어느 때가 만족스럽게 입증된 상태인가에 관한 의문은 계속 남게 되어 있다. 이것이 아마도 인식론에서 가장 풀기 어려운 수수께끼일 것이다.

그리고 경험의 스펙트럼 속에도 순수성의 정도에 따라 아주 순수한 과학(물리학과 화학 등)이 있고, 덜 순수한 과학으로 지리학과 천문학 같은 우주과학이 있다. 여기에 사회과학이 뒤따른다. 더 가면 응용과학이 있다. 이 응용과학의 기초연구영역은 오히려 경제학, 관리과학, 체제과학 등과 같이 순수과학에 더 가깝다.

불분명성은 여기서 끝나지 않는다. 애매하기는 순수과학과 응용과학의 경계도 예외가 아니다. 그 구분은 다분히 임의적이면서 의미론(semantics)의 논쟁거리가 된다. 이에 관해서는 뒤에 「응용과학의 방법론」에서 다시 강의하기로 한다.

구분이 애매한 대로 과학체계의 조감도가 어느 정도 머리 속에 그려졌으리라고 생각된다. 이상의 바탕을 토대로 우리가 찾고자 하는 것은 방법론의 구실이다. 한 마디로 우리가 하고 있는 경험과학은 분석과학의 도움 없이 발달할 수 없다. 종래에는 경험과학 중에 순수과학에 해당되는 분과학문들이 분석과학과 긴밀한 연관을 맺고 수학이나 통계학의 힘을 빌리면 된다고 생각했다. 사회과학도 중에 전통적인 입장에 서는 사람들은 특히 그렇게 생각하는 것이 상식이 되다시피 됐다. 그러나 현대과학이 발달하여 현상의 본질에 대한 이해와 그 접근이 달라지면서 분석과학의 쓸모는 그 범위가 훨씬 넓어졌다. 여기서 한 걸음 더 나아가 수학과 통계학의 공헌에 그치지 않고, 분석과학 중 논리와 인식론을 포괄하는 방법론에 대한 새로운 인식과 그 구실에 대한 기대가 학문발달에 불가결한 요인이 되었다. 지금까지는 그저 '언어표현상의 무리가 없는 수준에서' 논리와 인식이 모두 해결되는 것으로 안일하게 생각했지만 복잡한 현상을 풀어갈 수 있는 힘은 논리적 사고와 인식론적 이해와 설명일 수밖에 없게 되었다.

여기서 방법론의 구실이 분명해진다. 협의의 방법론은 그 자체 아주 필요한 것으로 인정되면서, 동시에 광의의 수학과 같이 만나 분석과학의 발달을 진작시킬 뿐만 아니라, 나아가 경험과학을 발달시키는 데 커다란 공헌을 하게 되었다. 바꾸어 말하면 경험과학의 발달이 방법론 내지는 분석과학의 도움 없이 불가능하다는 사실을 터득하게 되었다. 그러면서 그 반대의 경우인 분석과학의 발달을 위해 경험과학의 역할도 도외시할 수는 없다. 양자의 관계는 일방적이기라기보다 쌍방적인 것으로서, 경험과학의 실체가 분석과학의 공허와 이상을 메우는 데 커다란 몫을 한다는 사실을 간과해서는 안될 것이다.

이상의 설명으로 방법론이 과학의 전체계에서 차지하는 위치와 구실이 어떠한가를 어느 정도 헤아렸으리라고 믿는다. 그러면 다음 절에서 앞의 이야기를 좀더 이해하기 위하여 「경험과학을 위한 방법론」과 「응용과학의 방법론」을 각기 차례로 서술하기로 한다.

2. 경험과학을 위한 방법론

2.1 일 반 론

사회과학을 연구하는 학도들은 일반적으로 우리가 경험의 세계에서 활동하고 있다는 사실을 안다. 경험과학을 연구하는 사회과학도들은 그러나 순수과학을 하는 경우와 달라 이질적인 요소를 다루니까 하나의 통일된 연구방법을 구사하기가 쉽지 않다. 같은 경험과학 안에도 앞서 설명한 바와 같이 자연현상을 파헤치는 것이 있고, 인간현상이나 사회현상을 탐구하는 것이 있다.

경험과학의 방법론 중 가장 특색이 있는 것이 있다면, 그것은 통틀어 사회현상을 이해하고 분석하고 설명하는 방법론은 내용이 없는 논리의 전개만으로 가능하지 않다는 점이다. 다시 말해서 숫자와 기호만으로 주장을 펴 가는 것이 아니라 거기에는 경험적 실체가 담겨 있어야 한다. 경험적인 사실을 다루게 되니까 거기에는 정량적(定量的) 자료가 있고 정성적(定性的) 자료도 있게 된다. 정량적 자료는 흔히 계량분석이라고 표현해서 통계학의 원리를 빌어 풀게 되지만, 정성적 자료는 논리적 서술방식을 따른다. 그러므로 후자에는 사례연구도 역사연구도 이념비판 연구도 있게 된다. 따라서 '과학적 연구'라는 이름으로 지금까지 계량분석 일변도의 연구만 하는 것은 이런 뜻에서 근시안적이라고 아니할 수 없다. 정량적 자료를 체계적으로 풀지 않아도 진리를 찾을 수 있으면 그 자체가 훌륭한 연구인 것이다.

그러므로 경험과학을 위한 방법론은 양적 · 질적 모두를 포함한 방법론이라고 말하지 않을 수 없다. 그러나 더 엄밀히 말하면 경험과학 중 순수과학에 해당하는 분과학문들은 정량적 방법을 주로 쓸 것이고, 응용과학의 경우도 과학화의 추세에 따라 유사한 방법을 쓸 것이지만, 양자의 중간영역에 놓여 있는 인문과학과 사회과학은 연구대상의 본질에 따라 구사하는 방법론이 같을 수 없을 것이다. 결혼과 장례에 관한 연구를 하면서 양적 방법을 구사하기보다는 민속학적 방법론(民俗學的 方法論, ethnomethodology)이 쓰임새가 더 클 것이다. 행정과학은 응용과학이니까 다음 절에서 설명하는 방법들이 타당하겠지만, 행정현상을 관리성이나 도구성으로만 보지 말고, 가치와 이념적 성격을 배제하지 않는다면 사회과학 방법론 일반의 방법이 널리 활용되어야 할 것이다. 이 점은 정치학, 신문학, 복지학 등도 마찬가지이다. 일컬어 역사주의 방법론, 구조주의 방법론, 비판이론의 방법론 등이 적용될 여지가 충분히 있다.

끝으로 경험과학의 방법론은 협의로 이해하면 주로 조사방법론이 된다. 정치 · 행정 · 사회 · 신문 · 복지 · 경영 등 제 분야의 현상을 파헤치기 위해 자료가 필요하고, 그 자료를 어떤 방법으로라도 모으는 일에 전념해야 하며,

이를 가능케 하는 방법이 바로「조사방법」(survey research)이다. 조사방법론에 관해서는 이 책 제3부에 소상히 기술했다.

2.2 경험과학으로서 자연과학과 사회과학의 방법론

경험과학의 방법론을 좀더 분명히 하기 위하여 여기서는 자연과학과 사회과학의 방법론상의 유사점과 상이점에 관해 강의하기로 한다.

과학을 경험과학(empirical science)과 비경험과학(nonempirical science)으로 나눌 수도 있다. 경험과학은 우리가 살고 있는 세계에서 발생하는 여러 가지 일들을 탐구하고 묘사하고 설명하며 예측하려 한다. 따라서 경험과학에서 행해지는 언명(statements)은 경험에 의해 판명된 사실에 따라 입증되어야 한다. 입증방식에는 실험(experimentation), 체계적 관찰(systematic observation), 면접이나 조사(interviews or surveys), 심리학적 혹은 임상적 검증(psychological or clinical testing) 및 서류·비문·동전·고고학적 유품의 검토 등이 있다. 이러한 성격 때문에 경험과학은 경험적 검증이 없이도 성립가능한 논리학이나 순수수학 같은 비경험과학과 구별된다.

경험과학의 분류 중 하나가 자연과학이고, 다른 하나가 사회과학이라는 점은 앞 절에서 설명했다. 이 두 과학의 경계를 구분짓기는 쉬운 것 같지만 그러나 생각만큼 쉽지 않다. 그 경계가 모호하여 지금까지 공통된 견해가 없다고 해도 지나친 말은 아니다. 흔히 우리가 이해하고 있기로는 자연과학에는 물리학·화학·생물학 등이 있고, 사회과학에는 인류학·경제학·수사학(historiography) 및 그 관계분과 등이 포함된다. 한편 심리학은 어떤 때에는 전자에, 또 어떤 때에는 후자의 영역에 속한다고 하기도 하고, 양 영역에 겹쳐 있다고도 한다.

사회과학은 근본적으로 여러 측면에서 자연과학과 구별된다. 주제(subject matter)에서, 대상에서, 방법에서 그리고 전제(presupposition)에서 구별된다. 그러나 방법론 자체에 있어서나 혹은 과학적 탐구의 합리성에 관련된 여러 발견을 놓고 볼 때 이들은 사회과학이나 자연과학 양쪽에 모두 적용될 수 있는 공통성을 지니는 경우가 많다. 그래서 '과학'과 '과학적'이라는 단어는 경험과학의 전영역에서 어색함이 없이 쓰이고 있다. 그렇지만 문제는 두 과학이 주제나 대상이라는 중요한 측면에서 차이가 나면서도 추구하는 바는 '과학적 지식'을 얻으려는 것이고, 그것을 어떻게 얻느냐에 방법론상의 협동이 이루어지지만, 때로 서로 모순되는 양면성이 존재한다. 그래서 이로 인한 논쟁의 불씨가 꺼지지 않는다. 아래에 두 과학의 상이성과 유사성을 좀더 부연한다.

첫째, 두 과학은 연구대상에서부터 차이가 난다. 자연과학은 객관의 세계를 대상으로 하고, 사회과학은 인간이나 그들의 의도적 행위(intentional behavior)를 대상으로 한다. 따라서 사회과학자는 일정한 법칙에 따라 의사를 소통하고 상호 작용하는 것을 배워야 한다. 이를 위한 일차적 도구가 언어이다. 그런데 이 언어는 의사소통의 도구에 불과하지 사실을 그려 주지 못하는 한계가 있다고 해서 그 비중에 대해 의견이 분분하다. 사회과학에서 쓰는 언어는 또한 그 안에 함축적인 의미를 내포하고 있어서 그 해석에 또 다른 노력을 들이게 된다. 그러나 한편 언어적 의사소통 이외에 비언어적(non-linguistic) 의사교류가 있다는 것도 알아야 하며, 이것을 위해 상징적 논리(symbolic logic)를 연구할 필요가 생긴다.

둘째, 두 과학은 예측(prediction)과 의사소통(communication)이라는 두 측면에서 차이가 난다. 자연과학에서의 설명력이 미래의 어떤 발생에 관한 예측까지를 수반한다는 데에는 이견이 별로 없다. 반면에 사회과학에서의 설명은 예측보다는 사람과 사람 사이의 의사소통에 보다 큰 비중을 둔다. 이 점은 위의 첫째의 관점에서 이미 지적되었다. 그러나 주의해야 할 것은 기대(expectation)나 의도된 설명이 예측과 동일하다고 혼동해서는 안 된다는 점이다. 설명과 예측에 관한 것은 뒤에 이론의 장(제 8 장)에서 상술한다.

셋째, 두 과학은 법칙(laws)과 관습(conventions)이라는 면에서 차이가 난다. 여기서 법칙은 인과나 기능에 따른 법칙으로 일반화의 속성을 지녀야 한다. 일정한 법칙이 없는 설명이라는 것은 두 사상의 단순한 시차적 언급에 불과하다. 그래서 어떤 법칙이 있는 설명을 요구하게 되고 그것을 사회과학에서는 구비하기가 어렵다는 이야기를 한다. 그러나 사회적 관습이 인간의 행동을 규제하지 못하는 것은 아니다. 일반적으로 보편화된 법칙의 경지까지 이르지는 못하지만 관습은 그 전래되어 온 고유성 때문에 꽤 설명력이 있다. 우리가 "예로부터 내려온 전통에 의하면…"이라고 하면 일단 수긍하려는 태도를 취하게 되는 것이 그것이다. 한편 설명과 일반성의 관계에서 보편적인 이해는 일반성을 갖기 이전에 설명이 있어야 한다는 것이지만, 법칙학적 설명론(法則學的 說明論, nomological explanation)에서는 그 순서가 바뀐다는 것을 알아 둘 필요가 있다.

넷째, 두 과학은 이론과 구성적 의미(constitutive meanings)라는 차이를 지니고 있다. 이론은 자연과학의 정수로서 경험의 연역적 통일성(deductive unification of experience)을 제시해 준다. 반면에 사회의 구성적 의미라는 것은 사회적 의미론이라고 할 수 있을지는 몰라도 자연과학의 이론처럼 경험의 연역적 통일성을 마련해 주지 못하는 한계가 있다. 따라서 연역논리에 입각하기보다는 현상을 해설(explication)할 수 있는 정도에 그친다. 그래서 사회적 의미이론은 과학적 이론이라기보다는 철학적 이론에 가깝다고 흔히 말한다. 왜냐하면 사회과학자나 철학자들은 어떤 행위에서 전제된 것이나, 그 속에 함축되어 있는 것을 캐내려고 하기 때문이다.

이 밖에 두 과학의 차이를 밝힐 수 있는 면면은 허다할 것 같다. 그러나 뒤의 여러 장에서 반복되는 설명이 양자의 차이를 미루어 볼 수 있는 것이기에 여기서는 중요한 것만을 지적했다. 다만, 한 가지 분명한 것은 사회과학에서 추구하는 바가 보편적(universal)인 것과 거리가 멀고, 다루는 대상이 극히 가변적이다. 사회과학에서는 영혼을 가진 인간의 행위를 다루고 있고, 그 인간은 그가 속해 있는 사회의 생활조건으로부터 커다란 영향을 받기도 한다. 그런 가운데서 어떤 규칙성(regularities)을 찾는다는 것은 어쩌면 연목구어(緣木求魚)격이 될지도 모른다. 동시에 어느 과학이나 똑같이 과학적 활동의 근거를 가치전제에 두고 있는데, 자연과학에서의 가치전제가 선험적으로 단순하고 자명한 것이라면, 사회과학에서의 가치판단은 복잡하고 불가분의 것이다. 사회과학에서 관심 없는 연구란 행해질 수 없고, 가치판단(valuation)이 연구의 모든 것을 결정짓는다고 할 수 있다. 물론 과학적 연구를 추구하는 실증주의 내지는 논리실증주의나 논리경험주의에서는 이러한 태도를 받아들이지 않는다.

사회과학과 자연과학은 이와 같이 일견해서 전혀 유사성이 없는 듯이 보인다. 그러나 보는 관점에 따라 유사성이 전혀 없는 것은 아니다. 우선 인간이 반드시 어떤 의도를 가지고 행동하지 않는 경우도 많다. 의도하지 않았다는 것은 주관의 세계를 벗어난 것이다. 두 과학의 경계에 속하는 심리학의 예도 양자의 상이성에 의문을 제기하는 근거가 된다. 특히 실험심리학에서 다루는 문제는 다분히 자연과학적 유종(類鍾)에 관한 것이다. 경제학의 경우를 보아도 경제계획을 세울 때 필요한 지식은 기상학이나 토양학과 같은 자연과학적 지식이다.

자연과학에서 가설의 실험적 검증방법이 사회과학의 방법과 구별될 수 있는 특징이라고 하지만 심리학의 예로 사실이 아니라는 심증을 갖게 되었음은 물론, 순수한 자연과학의 예에서도 그 반증을 찾아볼 수 있다. 즉 자연과학에서 실험적 검증이 불가능한 경우가 있기 때문이다. 리비트(Leavitt)와 샤플리(Shapley)가 발견한 법칙에 변광성(變光星, Cepheid)에 관한 것이 있는데, 빛의 변화가 주기적인 성격을 띤다. 가장 밝았던 두 기간(P)이 길면 길수록 광도가 크다는 것으로 크기(M)는 광도와 반비례한다고 해서 수식으로 $M=-(a+b \cdot \log P)$로 표시한다. 그런데 특정 주기를 가지고 있는 이 변광성을 인간의 의사대로 재현할 수 없어서 이 법칙을 실험으로 검증할 도리가 없다. 이처럼 자연과학에서 가설검증의 유일한 방법이 실험적 방법이라고 말할 수 없는 것이고, 따라서 말을 바꾸어 실험에 의해서만 과학성이 정립될 수 있다는 말을 해서도 안 된다는 것을 알아야 한다. 이는 헴펠(Hempel)이 한 말이다.

방법론적 개인주의(方法論的 個人主義, Methodological Individualism)라고 하는 것도 두 과학의 경계를 애매하게 만드는 소인이다. 모든 사회현상은 개인이 처해 있는 상황과 개인행위에 관련된 법칙과 이론에 의해 묘사되고 분석되고 설명되어야 한다는 것이 이 입장이다. 한 행위자가 처한 상황은 그의 동기와 믿음, 그리고 생리적 상태, 생물적·화학적 및 물리적 요인을 동시에 고려한 것이어야 한다. 따라서 이 방법론적 개인주의는 사회과학의 특정한 개념과 법칙을 개별심리학·생물학·화학 및 물리학의 개념과 법칙으로 환원시킬 수 있다는 것을 전제로 한다. 이 환원성(reducibility)은 마음과 몸, 심리와 물리의 관계를 규명하는 것이기도 한데, 환원주의자는 모든 심리학적 현상이 근본적으로 생물적 또는 생화학적 성격을 지닌 것이라고 보고 있다. 나중에 나오는 페어밴드의 소론을 미리 상기할 필요가 있는데, 그것은 인체가 생화학적이라는 전제는 틀린 것으로 이를 근거로 짜여진 서양의학이론은 다 바뀌어야 한다고 했다. 본질론 내지는 존재론은 어디서고 논쟁의 시작이고 끝이다. 이야기를 다시 되돌려서, 그렇다면 과연 영혼을 지닌 인간이 결국 자연과학의 본체인 물리·생물·화학 등으로 환원될 수 있다는 말인가? 그래서 사회과학과 자연과학의 대상은 본질적으로 아무런 차이가 없다는 말인가? 여기에 대한 답은 쉽게 나올 것 같지 않고 쉽게 나와서도 안 될 것 같다.

3. 응용과학의 방법론

정치학·사회학·문화인류학 등 전통적인 사회과학 이외에 앞서 지적했던 대로 행정과학은 공학·농학·의학·법학·경영학·신문학·복지학 등과 더불어 응용과학에 속한다. 우리 나라에서 지난 10여 년 동안 끈질긴 노력 끝에 정상과학으로 발돋움하고 있는 여성학도 응용과학의 전형이라고 할 수 있으며, 보통의 분류에서는 자연과학에 속하지만, 간호학이나 가정학도 응용적 성격을 지닌 학문이다. 물론 간호학 중 지역간호학이나 가정학 중 소비자·아동 등의 가정관리학은 자연과학적 성격을 띤 것은 아니다.

응용과학도 경험과학의 한 영역에 속하니까 경험과학의 방법론이 그대로 타당하다. 그러므로 경험과학의 성격상 원용되어 온 여러 가지 방법들—이른바 관찰조사·면접조사 등과 자료분석의 여러 방법들—이 응용과학의 연구에 활용되는 것은 당연하다고 하겠다. 예컨대 의학에서 고혈압환자 3,000명 정도의 식습관을 조사해서 혈압과 염분섭취의 상관관계가 높다는 분석을 했다든가, 법학에서 국민의 법감정과 법의식을 알아보기 위해 여론조사를 해서 수집된 자료를 통계방법으로 분석하여 유형과 경향을 밝혔다면, 그것이 바로 응용과학에서 경험과학의 방법론을 원용하는 예가 된다. 그것은 정치학이나 행정학에서 정치의식이나 관료의식을 조사분석하는 것과 다름이 없는 것이다.

그런데 응용성을 띠는 학문쪽에서는 아무래도 '문제의 확인'보다는 '문제의 해결'쪽에 비중을 두지 않을 수 없고, 그러다 보니까 다른 분야에서는 하지 않는 이른바 협상해결을 위한 게임이론 같은 것의 필요를 느끼게 된다.

경영학에서 시뮬레이션을 한다든가, 시나리오기법을 써 본다든가, 또는 OR(Operation Research) 같은 기법을 활용하는 것은 모두 실제성을 고양시키려는 의도이다. 같은 기법들이 관리성이라는 측면에서 행정학쪽에서도 널리 활용되고 있음은 말할 나위가 없다.

그러니까 좁은 의미로 '응용과학의 방법'이라고 할 때는 대개 능률과 효과와 편익을 높일 수 있는 관리기법을 연상하면 된다.

그러나 여기서 문제는 이들이 학문으로서의 방법론이냐, 아니면 순전히 도구로서의 방법론이냐를 가리기가 쉽지 않다는 점이다. 응용과학(applied science) 또는 도구과학(instrumental science)이라고 하면 우선 과학성을 물씬 풍기면서 합리성과 일관성을 생명으로 한다. 이 점이 순수과학에 가까운 면이기도 하다. 그러나 응용과학은 순수과학만큼 지식 창출의 경제학(economics of knowledge creation)에 가까이 가지 못했다는 비판을 받기도 한다. 응용과학은 역시 지식과 정보의 창출체계로서 경험과학이 안고 있는 불완전성에서 벗어나고 있지 못한 것이 사실이다.

그 이유중의 본질적인 것으로서 철학적 사고의 부족을 들지 않을 수 없다. 응용과학의 여러 학문들은 문제를 해결해야겠다는 사명감 때문에 '당장 써 먹을 수 있는 지식'의 조급함에서 벗어나지 못하고 있다. 투자가 당장 소득을 올려야 직성이 풀린다. 도시교통의 문제를 풀기 위한 연구가 시간을 오래 끌 수 없는 사정이다. 환자가 사경을 헤메는데 생명의 본질이 어떻다며 의사가 철학적 명상에 잠길 수는 없는 일이다.

그러다 보니까 응용과학이 범하는 오류 중에는 가치판단을 외면하는 면이 없지 않다. 이는 매우 심각한 것이다. 응용과학이 연구의 대상으로 삼는 여러 현상의 본질은 가치와 무관할 수 없고 문제해결도 종국에 가서는 가치내재적인데, 객관성이라는 멍에 때문에 가치중립적인 입장을 고집한다. 가치문제를 수용하면 과학이 더 진보할 수 있다는 점을 간과하고 있는 것이다.

초점은 이렇다. 다음의 제 2 장에서 자세히 설명하겠지만, 과학이 처음에는 철학에서 한참 멀어지는 때가 있었으나 결국 철학적 성찰에 다가갔던 것을 우리는 기억한다. 철학자와 과학자간의 집중적인 대화가 공통의 장을 넓혀가듯이 응용과학은 모름지기 철학적 가치판단의 지평을 함께 펼쳐가야 한다.

응용과학자는 여기서 한 걸음 더 나아가 가치판단에 기초를 둔 장기적이고 이론적인 것이 종국에 가서는 보다 이롭다는 생각을 하면서, ① 자신의 연구가 전체 맥락 중 어디에 해당되는가, ② 어떤 기준에 따라 자신의 가설이 검증되는가, ③ 이론은 어느 범위 안에서 타당한가 등에 관심을 갖고 자신의 노력과 전체과학과의 관계를 규명하는 데 게을리하지 말아야 한다. 이 점은 응용과학이 다른 정상과학처럼 확고한 이론적 토대를 갖고 있지 않기 때문에 더욱 긴요한 것이라고 말하지 않을 수 없다.

이상에서 우리는 방법론이 과학의 전체 체계에서 차지하는 위치와 비중을 어림했다. 분명한 것은 방법론이 분석과학의 영역에서 중요한 위치를 점하고 있다는 사실이다. 동시에 방법론은 경험과학의 발전에 지대한 공헌을 하고 있다. 경험과학에는 순수과학과 응용과학이 있어 이들 모두의 발전에 공여하고 있는 것이 사실이다. 이 점 학도들은 다시금 학문체계에서 방법론이 차지하는 위치를 가늠해 각자의 연구에 지침이 되어야 할 것이다.

그러면 다음 장에서는 학문의 기초인 철학, 그리고 넓은 의미의 과학, 동시에 그 합집합의 영역(과학철학)에 대한 이해를 돈우기로 한다. 우리가 방법론에서 배우고자 하는 것은 일차적으로는 과학적 방법론이기 때문이다. 그리고 나서 제 3 장에서 다시 분석의 세계와 경험의 세계에 관한 이해를 밝히기로 한다.

제 2 장

철학과 과학

1. 과학철학(科學哲學)

1.1 과학철학 개관

학문의 기초는 철학과 수학이다. 어떤 분야의 연구이든 이 기초 없이 큰 성과를 거둘 수는 없다. 방법론의 기초 역시 예외가 아니어서 철학과 수학, 내지는 넓은 의미의 과학에 대한 이해는 필수적이다. 더욱이 우리는 지금 「과학적 연구방법」을 익히려고 하고 있기 때문에 철학과 과학을 알아야 한다. 다만 20년 전 이 책을 처음 쓸 때에는 정치학, 행정학 등 사회과학분야에서 과학철학을 이해한다고 하는 것이 강건너 불구경하듯 했기 때문에 학문연구의 줄기를 바로잡기 위해 자세하게 소개했었다. 이번에도 그 강도가 약해졌을 뿐 필요성은 상존하여 그대로 이 부분을 소개하기로 한다.

정치학, 행정학, 사회학 등 사회현상을 연구함에 있어서 '과학성'의 문제가 논쟁의 초점이 되기 시작한 것은 종래의 관념적인 철학을 재음미하면서 그 전기가 마련되었다고 할 수 있다. 즉 이는 종래의 철학이 모든 문제를 제기하고 그 문제를 해결할 수 있는 것으로 생각해 왔으나, 반드시 그렇지 않으며 오히려 철학이 해결할 수 없고 알 수 없는 문제가 있다는 것을 인정하여 주관적 해석이 당연하다고 생각했던 태도를 버리게 된 데서 비롯된다. 이러한 입장의 변화를 재촉했던 것은 19세기 이후 급성장한 과학의 영향 때문이다.

과학은 사변(思辨)에 흐르던 철학의 무용성을 고치면서 철학의 구각을 벗기고 철학을 실용적인 것으로 만드는 데 큰 공헌을 했다. 과학은 우리가 익히 알고 있듯이 논리성·실증성·객관성 등을 계속 지니고 인간이 알 수 있는 문제, 즉 경험할 수 있는 문제를 다루어 문제의 소재와 해결을 분명히 하는 역할을 해 왔다. 비록 과학이 경험을 초월하는 듯한 경우에도 경험에 입각한 논리적 초월에 그치므로 과학의 세계는 어디까지나 '경험의 세계'에 머무른다. 그래서 과학은 사실적(寫實的)이며 실재적(實在的)이다. 그리고 그것이 '분석의 세계'와 동상유질(同像類質)의 관계를 맺을 때 우리가 얻은 지식은 논리적 설명의 체계를 갖고 과학적 이론이 된다. 여기서 동상유질이라고 하는 용어는 직역을 하면 모양이 같고 성격이 비슷하다는 뜻인데, 예를 들면 지도와 실제 위치와의 관계를 동상유질의 관계라고 생각하면 된다. 실제 위치나 지형은 지도에서 그린대로 꼭 맞지 않을 수도 있다. 분석의 세계와 경험의 세계가 항상 일치하지는 않는 것이나 학문하는 사람들의 최대 목표는 이들을 맞추려는 데 있다는 것을 알아 둘 필요가 있다. 나중에 논리체계에서 설명하겠지만, 가설적-연역적 체계(hypothetico-deductive system)라는 것은 분석의 세계에서 경험의 세계로 왔다가 다시 되돌아 가는 논의를 이른다.

강의를 계속하면, 철학이 수학이나 물리학과 같이 객관성을 존중받게 된 것 자체를 과학과 같은 확고한 지반이 형성되었다고 해서 과학적 철학(scientific philosophy)이라고 일컫는다. 그러므로 어떤 영역도 이른바 과학적 연구가 행해지면 이러한 이름을 붙일 수 있다. 다시 말해서 역사·종교·사회·정치철학과 같은 영역이 과학적 논증을 더해가면 그것은 과학적 철학의 입장에서 연구가 행해진다고 볼 수 있다. 한편 과학철학(philosophy of science)은 연구의 입장에 따른 철학의 어느 단면을 지칭하는 뜻도 있지만, 과학적 지식을 밝혀 내려는 것을 목적으로 삼는다. 따라서 인식론적 논의가 주축을 이루며 확률이론(theory of probability)이나 귀납논리(logic of induction)의 정립 같은 것을 다룬다. 그 대상은 어디까지나 과학이다. 따라서 과학철학자의 임무는 개념적·방법론적 쟁점을 분석하고 다양한 각자의 지식과 경험이 어떻게 맞아 들어가는가를 밝혀 낸다. 그러나 과학철학을 이해하는 데는 두 학파가 각기 다른 입장을 취한다는 점을 알아 둘 필요가 있다. 하나는 과학을 지식 그 자체로 보아야 한다는 것이고, 다른 하나는 지식을 얻기 위한 방법으로 보아야 한다는 것이다. 보다 자세한 것은 김용준의 『사람의 과학』(통나무, 1994)을 참조하기 바란다. 여기서는 물론 후자의 입장에 따른다. 같은 맥락에서 과학철학 가운데 특히 사회과학철학(philosophy of social science)은 윤리적으로 중립적인 위치에 있으면서 관심의 내용을 방법론에 치중한다. 그러므로 이론정립(theory construction)의 논리나 이론의 정당성에 관한 논리에 관심이 쏠릴 수밖에 없고, 현상의 과학적 검증 가능성(testability)에 신경을 쓰는 것은 당연하다. 한 마디로 방법론을 익히기 위해 과학철학에 대한 이해는 필수적이다.

사회과학철학이 방법론적 성격을 지니고 있는 것과는 대조적으로 사회철학(social philosophy)은 사회현상의 이론을 '확실히 파악하는 것'(tenability)으로 만족하려는 입장으로, 바람직한 국가와 사회의 건설과 같은 실체 문제에 파고든다. 예를 들어 플라토의 *Republica*나 홉스의 *Leviathan*이나 루소의 *Le contrat social*과 같은 것에서 찾아볼 수 있는 기대되는 사회체제 혹은 사회를 형성해 보려는 노력 같은 것이다. 이러한 비교에서 사회과학철학의 특성이 어떤 것이라는 것을 명백히 알 수 있다.

한 마디로 과학철학은 순수과학이나 응용과학, 또는 사회과학이나 자연과학을 막론하고 이들을 대상으로 하는 철학이되, 방법에 있어서 기호논리를 구사하는 이른바 과학적 분석을 하게 된다. 특히 라이헨바흐(Reichenbach)는 말한다. "그렇게 해서 과학철학은 지금까지 현실과 유리된 위치에 있던 철학을 현실과 결부되는 새로운 철학으로 이끄는 데 커다란 공헌을 하였다"고.

그래서 과학철학의 특성을 정리해 보면 이렇다.

첫째, 과학철학은 응용논리학이다. 따라서 그 방법은 당연히 논리적 방법이 된다. 다시 말해서 자연과학이나 정신과학 같은 사실과학의 응용이 아니라 논리학의 응용이라는 뜻이다. 그러면서 동시에 경험과학의 철학적 기반을 논한다. 과학철학이 이처럼 논리학적 속성을 지니고 있기 때문에 과학철학의 이해는 논리학에 대한 인식을 전제로 삼는다. 따라서 논리학도 형식논리학에만 국한하지 않고 개별과학과 인간의 합리적 행위를 분석의 대상으로 삼기 때문에 인식논리학, 규범논리학 등 논리학의 다른 영역으로 확대된다.

둘째, 과학철학은 메타수학적 방법과 과학논리를 수정하여 심화한 것으로 그 연원은 칸트의 선험론이라고 할 수 있다. 실제로 선험적 관념론은 현대의 과학철학에서 배척되고 있다. 그러나 선험적 관념론이 판단의 체계를 수립하고 있기 때문에 그 성격은 메타 이론적 탐구에 속한다.

셋째, 과학철학은 규범적이면서도 기술적이다. 논리적 방법을 구사하기 때문이다.

넷째, 과학철학의 과제는 과학성(Wissenschaftlichkeit)이다. 과학성을 갖추기 위해서는 ① 간주관적 이해성(intersubjektive Verstandlichkeit), ② 간주관적 검증성(intersubjektive Nachprufbarkeit), ③ 합리적 추론(rationale Argumente) 등이 가능해야 한다. 다시 말해서 과학적 주장은 다른 사람도 이해할 수 있는 주관과 주관 사이의 이해가 가능한 것이어야 하고, 주장의 검증도 다른 사람에 의해 가능한 것이어야 하며, 동시에 단순한 주장이 아니라 합리적인 추론에 근거를 둔 것이어야 한다.

다섯째, 과학철학의 또 다른 과제는 실재과학(經驗科學·形而上學)의 의미문제(Sinnfrage)를 탐구하는 것이다. 우선 의미를 명백히 하고 다음에 타당성 여부를 밝혀야 하는데, 지금까지 의미문제를 도외시한 것이 철학이 지닌 결함이었다.

여섯째, 과학철학은 어떤 특정철학의 신조(信條, Credo)에 의존하지 않는다. 과학철학적 탐구를 하는 데 신조가 반드시 필요하지 않기 때문이다. 어떤 신조에 의존하지 않는다는 의미는 과학철학의 무전제성(Voraussetzungslosigkeit)과 통하는 말이다. 그러나 엄격히 따지면 전혀 전제하지 않는다고 말할 수 없다. 아무것도 전제로 삼지 않고는 개별철학에 대한 메타이론을 전개할 수 없기 때문이다. 전제를 논할 때 구별하는 것 가운데에는 가치와 규범을 논하는 규범적 전제, 생물학적·심리적·역사적 요인을 검토하는 사실적 전제 및 추리를 위한 규제와 법칙 또는 감각이나 본질적 소여(所與)를 검토하는 인식론적 전제 등이 있다. 이들 중 과학철학이 전제로 삼지 않는 것은 감각이나 본질적 소여와 같은 내용적 인식의 전제이다. 그 밖에는 늘 가부가 불명한 논쟁의 여지가 있는 것들이다. 그래서 과학철학의 무전제성이라는 것을 간주관적 대화를 합리적으로 이끌어 가는 데 도움이 되게 하기 위해서 자신의 주장에 대한 근거가 흐려질 때 비판을 받아들이고 자기의 주장을 파기할 수 있는 준비라는 뜻으로 이해할 적도 있다. 동시에 선입견 같은 것을 버리고 남는 마지막의 명증(明證)의 경지 같은 것이라는 현상학적인 견해로 이해하는 경우도 있다. 과학철학의 논제가 전제의 분석 · 논증 · 비판 등이라는 것을 잊지 않는다면 과학철학 자체는 전제로부터 자유로워야 하겠지만 절대적 무전제가 인식의 전개를 가능하게 할지는 의문이기 때문에 어느 측면에서 전제는 필요하다는 것을 수긍해야 할 것이다.

이상에서 기술한 것이 과학철학이 지니고 있는 일종의 성격이라고 할 수 있겠는데, 이것을 좀더 이해하려면 소위 말하는 전통철학과의 관계를 일별(一瞥)하고 넘어가는 것이 좋을 듯하다. 이에 앞서 과학철학을 좀더 자세히 이해하기 위해 앞의 설명과 중복되는 면이 없지 않으나 과학철학에 대한 세 가지 접근입장을 먼저 보기로 한다.

1.2 과학철학의 변천과 세 가지 접근입장

인간이 자연을 이해하는 수준은 날로 향상되어 오는 가운데, 넓은 의미로 초기에는 과학을 이해하려는 지적 노력이 철학의 총체를 형성하고 있었다. 그러다가 불과 100여 년 전에 두 영역, 즉 물리적 자연(physical nature)의 기초를 논하는 이론물리학이 자연철학(natural philosophy)으로 이해되면서, 다른 두 추상성을 논하는 기초영역인 도덕철학(道德哲學, moral philosophy)과 형이상학철학(形而上學哲學, metaphysical philosophy)과 구별되었다. 후자인 두 영역은 실재나 존재의 심오한 본질, 즉 존재론을 연구하는 분야이다. 그러다가 20세기에 들어와서 자연과학 자체가 전문화되고 특수화되면서 앞서 밝힌 대로 과학에 관한 철학, 과학철학(Philosophy of Science)이 독립된 분과로 인지되기 시작하였다.

과학철학은 ① 과학적 탐구의 과정에 포함되는 여러 요소를 파헤쳐 준다는 점이 돋보인다. 여기서 여러 요소란 관찰절차, 논쟁의 유형, 표현과 계산방법, 형이상학적 전제 등이다. 동시에 ② 타당성의 근거를 형식논리(formal logic), 실천적 방법론(practical methodology) 그리고 형이상학(Metaphysics) 등의 각도에서 평가한다.

과학철학이 독립분과학문으로 성장해 온 것은 사실이나, 철학의 다른 영역과 엄격히 구별짓기 어려운 부분이 없지 않다. 예를 들면, ① 과학적 가설의 철학적 타당성을 귀납논리의 형식연구와 구별하기 어렵고, ② 이론과 관찰에 관한 논의에서 인식론과 구별하기 어렵다. 그래서 철학이 발달해 오면서 과학철학자라고 불리운 사람들은 바로 존재론과 인식론이라는 두 주류에 따라 편견을 가질 수밖에 없었다. 이 구분은 ① 객체와 주체의 구분, ② 자연(인간이 과학적 지식을 얻으려고 하는 대상)과 인간(창조자, 발견자 또는 그 지식의 소유자)간의 오랜 구분을 반영해 주는 것이기도 했다.

1920년이 되어 물리학 그 자체 ― 특히 양자물리학의 발달로 ― 가 새로운 방향으로 전개되면서 알게 하는 사람과 알게 된 사람(the knower and the known), 관찰자와 관찰(the observer and his observation)간의 엄격한 구분을 불신하게 되었다. 그러나 일상생활과 일치하는 수준에서는 양자의 구분이라는 것이 아직도 의미 있는 것이 사실이기도 하다. 문제는 항상 실체와 존재에 있다. 과연 어떤 종류의 실재 · 요소 · 이론적 용어가 과학적 이론 속에 적절히 형성되어 있는가? 어떤 종류의 존재(existence)나 다른 객관적 위치가 그런 것(things)을 갖고 있는가 등이 의문으로 제기된다. 이러한 의문 때문에 지적 방법론의 논의가 불가피해지는 것이다.

20세기 초에 오스트리아 물리학자 마흐(Enerst Mach), 볼츠만(Ludwig Boltzmann)과 독일 물리화학자 오스트발트(Wilhelm Ostwald)간에 원자의 존재와 실재에 관한 논쟁에서 물리학과 화학의 실체적 쟁점과 좀더 엄격한 분석적 종류에 관한 철학적 문제가 제기되었다. 생물과 사회적 존재와 실체에 관한 이런 논쟁도 생물학과 사회과학에서 불가피하게 대두되었다. 최근까지 주관과 주체에 관한 인식론적 관점은 성질상 순수철학적인 것이다. 그러나 이러한 독자적 영역이 인지과정(cognitive process)을 실험하고 개척해 가는 심리학과 사람간 · 집단간의 관계로 인해 인식에 영향을 주는 조건에 관한 연구를 하는 사회학으로부터 강한 도전을 받고 있는 것도 사실이다.

인식론으로 보아 과학철학은 첫째, 자연현상과 인간행위 ― 개인으로든 집단으로든 ― 를 연구하는 데 사용하는 개념과 방법을 평가하고 분석한다. 둘째, 이 분석은 모든 과학적 탐구에 특징적인 일반개념과 방법을 포함하며, 동시에 주관적 소재와 다른 특수과학의 문제를 구별짓는 특정한 경우를 포함한다.

한편 과학철학에 관한 학자들의 관심도 매우 다양하다. 한 극은 독일 다윈 진화론자인 헤켈(Ernest Haeckel)로서 일반대중과학쪽으로 전개하려는 입장이고, 다른 극은 논리실증주의(Logical Positivism)이다. 논리경험주의에서는 지식을 과학적으로 검증할 수 있는 것만 인정한다. 그 중간에 우주물리학자인 영국의 에딩턴(Arther Eddington)과 양자물리학자인 독일의 하이젠베르그(Werner Heisenberg)가 있다. 이들은 각기 다양한 정신과 입장에서 과학철학에 접근하면서, 그중에는 고도의 추상적이고 수학적인 데서부터 구체적이고 역사적인 데에 이르기까지 다양하게 접근해 왔다. 이를테면 데카르트(Rene Descartes, 17세기)에서 뉴라스(Otto Neurath, 20세기)에 이르기까지 순수수학과 논리가 과학적 마음을 고취시켜서 자연과학의 모두를 기하학의 유형에 따라 단순 형식체계에 펼쳐 놓는 경우가 있는가 하면, 로크(John Locke, 18세기 영국 경험주의)에서 한센(N. R. Hanson)을 거쳐 미국의 최근 과학철학자에 이르기까지 반대의 입장에 서서 인간활동이라고 간주되는 과학적 탐색의 범위 내에서 인간의 지적 확신을 위한 적절한 기반을 추구한 경우도 있다. 그리고 라이헨바흐(Hans Reichenbach, 20세기 독-미 철학자, 실증주의자)처럼 과학적 탐색만으로 지식을 마련할 수 있다는 증거를 철학에서 찾아내려고 한 경우도 있다. 반면에 듀엠(Pierre Duhem, 프랑스 신학물리학자) 같은 학자는 과학의 한계를 지적하고 형이상학과 종교적 진리를 얻는 또 다른 곳으로 가야 한다고 주장하기도 했다. 끝으로 스위스 인지심리학자인 피아제(Jean Piaget)는 지식의 내력 · 발생기원에 포함된 절차를 탐색하는데, ① 개념체계의 논리적 분석, ② 사고과정의 심리적 탐색, ③ 지적 절차의 인식론적 타당성들간의 장벽을 침투해 들어갔다. 예를 들면 피아제는 탐색의 근거를 칸트류의 철학에 관한 개념을 터득하는 데 두었던 것이다. 칸트는 알려졌듯이 모든 지식은 마음 자체의 구조를 나타내는 흔적을 안고 있는 것이라고 주장했다.

이제 과학철학에 대한 세 가지 접근입장을 밝힐 차례이다.

새삼스럽게 '철학'의 정의부터 이야기할 필요는 없겠으나 과학철학에서 이해하는 철학의 의미를 알기 위해 철학의 본질과 다양성에 관한 것부터 약간 언급하는 것이 이해에 도움이 된다. 철학의 다양성에 관해서는 이미 앞에서 기술한 바 있다.

사실이 핵을 이루는 수사학(修辭學, Rhetoric)과 달리 철학은 상상적인 환상에서부터 형식논리에 이르기까지 무엇이고 가능한 대상을 담는다. 그 다양성의 분화폭은 아주 넓어서, ① 궁극적인 원인에 관련된 것, ② 전과학적·일상언어, 혹은 경험의 핵심적 근거가 당장 있는지에 관한 것, ③ 어떤 주장의 보편성, ④ 경험적 확증이 미흡한 상상성, 또는 ⑤ 제2 수준의 성격(세계와 직접 닿지 않는 영역) 등이면 철학이라고 불러도 무방할 정도이다. 그런 중에도 '과학철학'에서의 '철학'은 비판적이고 반성적인 의미가 함축되어 있음을 기억해 둘 필요가 있다.

반성적인 과학철학의 영역을 구축하기 위해 두 가지 다른 방법을 생각할 수 있다. 하나는 보다 넓은 맥락에서 과학 밖의 세계를 보려는 입장이다. 이를「외적 과학철학」(External Philosophy of Science)이라고 부른다. 이 외적 과학철학은 검증에 의해 확인되는 엄격성 같은 것보다는 규범성을 띤다. 이 점은 좁은 의미의 과학철학이 받는 비판을 면할 수 있는 여지를 남겨 준다. 다른 하나는 과학자들이 어떻게 해서 정확한 관찰과 실험을 행하는가를 기술하려는 입장이다. 이「내적 과학철학」(Internal Philosophy of Science)은 법칙·가설·예측 등의 방법론적 요소를 탐구함에 있어서 추상적이기보다는 실제적이다. 말보다는 실천을 더 중시한다는 뜻이다. 그래서 과학적 방법의 본질을 규명함에 있어서 아리스토틀이나 데카르트류의 과학성과는 거리가 멀다.

다시 첫번째의 외적 과학철학으로 돌아가서, 과학의 본질론에서 이 입장도 둘로 갈린다. 하나는「형이상학적 과학철학」(Metaphysical Philosophy of Science)이고, 둘은「논리적 과학철학」(Logical Philosophy of Science)이다. 형이상학적 과학철학은 인간이 안다는 것, 존재한다는 것을 밝히려는 것으로서 플라토나 아리스토틀이 과학의 본질을 규명하려고 할 때부터 시작되었던 연찬이라고 생각하면 된다. 오늘날 좁은 의미의 방법론으로 이해하는 과학철학보다는 그 외연이 매우 넓다. 한편 논리적 과학철학은 과학을 타당성의 논리구조로 생각해서 연역논리(아리스토틀의 삼단논법)이든 귀납논리(카르납이 구성한 확인논리)이든 형식논리에 가까워지는 양상을 띤 것이다. 이 입장은 통찰보다는 논리를 중시하되, 그 논리가 반드시 과학자의 발견과 타당에서 정확성을 따르기보다 과학에서 입증된 것을 이상적으로 재구성하는 것이라고 생각한다.

17세기까지 과학의 본질에 관한 논의는 성격상 외적인 것이었다. 중세 후기와 르네상스시대에 구성과 해체에 관한 실제방법을 추구하긴 했지만 과학이론은 대개 선험적 형이상학이나 자동적 논리에 근거를 두었다. 그러다가 점차 실제적인 것, 과학자가 실제로 행하는 것에 주의를 모으면서 19세기에 이르러 보다 정교한 것에 눈을 돌렸고, 동시에 메카니크스(무기체)가 새로운 경지를 개척하고 생물학, 지리학, 화학 등이 새로운 시대를 열면서 과학의 본질을 이해하고 보다 실제적인 것에 성큼 다가서게 되었다.

또한 앞에서 외적인 것과 내적인 것을 일단 비교했지만 후자는 전자에 비해 상대적으로 경험적인 것을 추구한다는 속성을 지닌다. 그래서 내적 의미의 과학철학은 경험과학(Empirical Science)이라고 해도 과언이 아닐 정도이며, 따라서 모델을 활용하는 데 아주 익숙하다. 이 입장에서 과학에 대한 인식이라는 것은 의문의 여지 없이 확고한 것으로서 이미 만들어진 규칙에 따라 기능하고 효용을 얻게 되는 것으로 만족한다. 한편 이런 경우에 이들이 역사적 안목을 얼마나 갖느냐와 현재 진행되는 여러 가지 실천의 의미를 어떻게 이해하느냐에 대해 의구심이 생긴다. 대개는 역사적 차원에서 벗어나 과거와 현재의 구분 없이 현재 진행되는 연구에 집착하면서 과학성만 추구하려는 경향을 보인다. 그러나 시간적 차원이나 역사적 차원에 대한 이해 없이 현재의 연구에서 과연 얼마나 진리를 찾을 수 있느냐는 의문이 아닐 수 없다. 갈릴레이나 뉴턴의 연구를 하나의 사례로 해서 얻는 교훈은 하나의 실험에서 얻는 그 무엇보다 훨씬 값질 수 있을 것이다.

그럼에도 불구하고 오늘날 외적 의미의 과학철학을 추구하는 입장에 서는 연구자들조차 과학사에 관심을 쏟지 않고 있는 실정이다. 논리적·경험적 전통을 따르는 사람들은 더 더욱 외면하는 실정이었다. 그러나 1960년대 이후 사람들은 과학사에 점철된 여러 사례들을 찾아 어떤 연구가 훌륭했고 또 어떤 연구가 미흡했는지를 가려 현재의 연구에 의미를 부여하려고 노력하기 시작했다. 따라서 여기서 한 가지 분명히 해 두고자 하는 것은 과학철학이 앞서 밝힌 여러 입장 중 어디에 있든 간에 과학사적 시각이 형이상학적 전제나 논리적 일관성이나 심미적 가치 등과 더불어 과학철학의 장르를 보다 풍요롭게 해 주는 것이라는 점이다. 과학사에 관하여는 김영식의 『과학사 개론』(다산출판사, 1995)을 참고하기 바란다.

이상의 여러 사정을 감안하면서 끝으로 정리할 필요가 있는 것은 과학철학을 정확히 이해하기 위하여 어떻게 해야 하느냐이다. 그것은 과학철학이 과학을 연구의 출발로, 또는 연구의 종착으로도 보면서 모든 철학적 탐색을 포괄하고 있기 때문에 이해가 쉽지 않아서이다. 지금까지는 대개 과학철학의 본질을 인식론적인 것으로 치부하면서 이론의 보편성만 높이면 되는 것으로 생각해 왔던 것이 사실이나, 문제를 풀어가는 데에는 인식만으로 되는 것이 아니며 존재와 자연에 관한 논의가 수반되어야 한다. 「과학 인식론」(Epistemology of Science)과 더불어 「과학 존재론」(Ontology of Science)과 「자연철학」(Philosophy of Nature)에 관한 이해가 과학철학에서 함께 논의되어야 할 까닭이 여기 있다.

과학 인식론은 원래 논리의 한 부분으로 이해했다. 과학 존재론은 플라토의 사상과 중세 후기 천문학과 광학(光學)에서 힌트를 제시하긴 했어도 비교적 근자에 와서 문제를 제기하는 입장이다. 자연철학은 원래 물리학(자연철학 Natural Philosophy)과 구분이 뚜렷하지 않았다. 그러던 것이 뉴턴 과학이 발달하면서부터 이들 세 영역에 괄목할 만한 영향을 끼쳤다. 과학 인식론은 과학 자체가 방법에서 세련되고 자의식이 강해지면서 확대되고 강화되었다. 과학 존재론은 과학적 이론이 충족되면 될수록 의문을 제기하는 데서 보다 중요한 의미를 찾게 된다. 자연철학은 후기 뉴턴시대에 접어들어 철학과 과학이 분리되면서 독자적 영역을 갖게 되었다. 형이상학과 물리학은 항상 구분되어 왔던 것이 전통이지만 철학과 과학적 접근간의 구분은 최근의 일이다. 그러면서도 이들 삼자간의 구분은 과학철학이라는 이름으로 포괄되는 때도 있고, 소련과 독일 같은 나라에서나 아니면 아리스토틀 · 아퀴나스 · 칸트 · 헤겔 등 철학의 전통에서 특히 이러한 구분이 별로 흔치 않은 경우도 있다. 또 인식론과 존재론을 하나로 묶어 「과학이론」(Theory of Science)이라고 하여 자연철학과 구별짓는 견해도 있다.

구분이야 어찌되든 앞의 세 입장을 다시 하나 하나 개관하기로 한다. 첫 번째의 '과학 인식론'은 지식을 습득하는 과정으로서의 과학, 즉 설명하고 입증하고 발견하고 측정하고 개념화하는 과정 등에 관여한다. 일반적으로 말해서 이는 경험과학의 방법론이 되는 셈이다. 그중에서도 메카니크스처럼 이미 발달한 과학을 중심으로 해서 그 과학의 방법에서 일반이론을 탐구한다. 그러나 한 쪽에 지나치게 집중하는 것이 옳지 않을뿐더러, 메카니크스에서의 설명이라는 것이 생물학 · 화학 · 지리학과 같은 구조과학(構造科學, Structural Science)에서의 그것과 전혀 판이하다는 사실을 알게 되어 오늘날 과학 인식론은 그 영역을 넓혀 가고 세련되어 가는 추이를 보인다. '과학한다는 것'은 어차피 인간이 알고 있는 지식의 이상(理想)과 같은 것이고, 그런 의미에서 인식론뿐만 아니라 형이상학의 일반과제에 타당해야 한다.

두 번째의 '과학 존재론'은 가장 기본적인 질문을 던진다. 즉 과학의 가상적 구조(postulational structure of science)가 세계나 인간 마음 속의 실제 구조를 어느 정도까지 나타내 주느냐와 같은 의문이 그것이다. 그렇다고 존재론은 과학적 지식의 일반구조나 특수한 물리구조에 관여하는 것이 아니라, 이들이 과연 어떻게 관련되어 있느냐에 관한 관계구조를 밝히려 한다. 흄 이래 철학자들에게 가장 중요했던 문제는 과학이 우리에게 무엇을 말해 줄 수 있는 것인가였는데, 흄 자신은 자연에 대한 지적 구조를 부인하고 과학에 대한 현실적 견해를 거부하는 현상학적 존재론(Phenomenalist Ontology)을 옹호하는 입장에 섰다. 흄에 대해 동의하는 입장은 과학자로서 과학 존재론을 믿는 사람들이고 철학자로서 믿는 사람들은 아니다. 현대 형이상학에서 존재론적 논제는 아주 중요한 것인데 경험주의 철학자들은 여기에 별로 주의를 기울이지 않는다.

세 번째의 '자연철학'은 보다 근본적인 입장과 연결된다. 대부분의 과학이론은 전통철학이 안고 있는 문제들에 대한 원대한 함의를 갖는다. 마음의 본질은 무엇인가, 공간과 시간의 관계는 어떠한 것인가, 인과의 본질은 무엇인가 등등에 관한 질문이기도 하다. 만일 실제적이거나 준실제적인 과학이론을 비호할 양이면 상대성 이론, 진화론, 사이버네티크스 등의 함의가 철학자들에 의해 심각하게 논의되어야 한다. 여기서 자연철학이라는 것이 물리세계의 일반적 속성이 무엇인지를 알고자 하는 사람들에게 철학적 우주론을 형성할 수 있도록 해 준다는 것을 알게 된다.

자연철학은 방법론으로 보아 과학 자체에 가장 가깝다. 철학과 과학을 나누는 전통적 구분법이 여기에 타당하지는 않다. 그렇다고 과학에 관한 언술에 앞서 자연철학을 구성할 수 있느냐 하면 그것은 또 별개의 문제일 것이다. 다시 말해서 공통된 경험이나 일상언어구조나 물리세계의 지식에 관한 일반구조의 분석 등을 토대로 구성할 수 있지 않느냐는 것이다. 그 가능성은 고하간에 철학의 여러 입장들, 이른바 네오 아리스토틀리안, 맑시스트-레닌니스트, 현상학자, 칸티안, 헤겔리안들은 자연철학이 발달할 수 있다는 확신을 견지한다.

그러나 이들은 과학과의 관계를 어떻게 해석하느냐에 대해 같은 의견을 갖고 있지는 않다. 이들은 전혀 독자적이어서 과학적 지식의 발달과 무관한 것인가라는 의문도 생기나 헤겔, 맑스, 훗설 등의 전통에 나타나는 것을 보면 자연철학에 대한 강한 요구가 있다는 것을 알게 된다.

그럼에도 불구하고 근본적인 문제로 자연철학의 존재를 상상하고 정의내려 '과학적'인 것이라고 하고, '철학'은 전적으로 언어와 방법에 관한 부차적 질문으로 한정시켜야 하지 않는가라고 의구심을 갖는다. 또 자연철학을 인정하되 그것이 전적으로 과학으로부터 도출되어야 하는 것이라고 주장하기도 한다. 또 부분적으로 인정해서 과학의 건설적 활동 이전에 있는 것으로 해야 할지도 모른다는 것이다. 마지막으로 자연철학을 과학 이전에 아주 완전히 자율적인 것으로 인정하게 되면, 사람에 따라서는 과학철학이 어찌 자연까지도 관여해야 하느냐고 의문을 제기할지 모른다. '과학 인식론'과 '과학 존재론'에 한정해 과학철학을 논의해야 한다는 주장들이 일리 있게 되는 것은 그러한 이유에서이다. 그럼에도 불구하고 자연철학의 주장을 전혀 외면만 할 수 없는 것은 이 입장이 비교적 포괄적이어서 여러 연구의 접근입장을 망라할 수 있기 때문이다. 그만큼 복잡하고 쟁점이 많지만 철학과 과학을 서로 보완적인 것으로 인지하면 전체 세계를 이해하는 데 도움이 될 것이다.

1.3 과학철학과 전통철학의 관계

전통철학 가운데에서 우선 인식론(認識論, Epistemology)과 형이상학(形而上學, Metaphysics)과의 관계만을 보기로 한다. 이 각각은 뒤의 제3장에서 좀더 부연한다. 두 분과로 한정시키는 이유를 굳이 들 필요는 없겠으나 우리가 과학적 지식을 탐구해서 과학적 조치라는 이름으로 과학적 이론을 정립하여 구원히 전수시켜 주기 위해서는 현상의 본질이 무엇인가를 알고(形而上學), 또 그것을 어떻게 파악하느냐(認識論)에 대한 이해는 필수불가결한 것이기 때문이다.

과학철학과 인식론의 관계는 일반적 정설이 없으나 대개 같은 것이라고 생각하는 입장과 다른 것이라고 생각하는 입장으로 나뉜다. 인식론은 인간의 지식을 탐구하는 것으로 그 탐구가 가능하기 위해서는 인식을 하는 주체가 있어야 하고 그 대상으로서의 객체가 있어야 하며 이를 대상으로 인식활동을 벌여 과학적 지식을 얻게 된다. 이 지식 가운데에는 '숙지(熟知)에 의한 지' (knowledge by acquaintance)와 '기호(記號)의 지' (symbolic knowledge)가 있다. 인식의 주체는 물론 인간이며 그 대상으로서의 객체는 사실이고 인식활동의 내용은 관찰 · 실험 등이다. 이 활동을 행할 때 지각된 자료(sensed data 또는 sensum)만을 통해 지식을 얻는 입장을 현상학(現象學, Phenomenology)이라고 하며, 지각된 자료에 인간의 마음이 작동하여 해석을 붙이고 원리를 찾아 내려는 입장을 경험주의(經驗主義, Empiricism)라고 한다. 이 경험주의 중에도 경험세계에 지나치게 의존하는 급진적 경험주의(Radical Empiricism)가 있고, 공리(公理, axiom)에서부터 출발하여 연역적 논리전개 과정에서 최대한의 지적 활동을 보장하려는 논리실체주의(論理實體主義, Logical Realism)가 있다. 어느 입장에 서든 과학적 지식을 탐구하여 과학적 이론을 정립해 보자는 데에는 이의가 없다. 위에 지적한 과학철학과의 관계에서 다시 생각해 보면 형이상학이나 존재론의 입장에 서는 사람들이 둘을 별개의 것으로 보는데, 그 이유는 과학철학은 기존의 가설을 기반으로 전개하는 데 비해, 인식론은 한 걸음 더 나아가 기존 가설 일반의 근거를 탐구하려는 성격상의 차이 때문이다. 과학철학은 편견 없이 학문사조의 변천과정에 나타난 여러 견해를 모두 중요하게 받아들여 분석하고 명료한 것을 찾아 문호를 개방하여 관용을 베푼다면 인식론에서 한 걸음 더 나아간 것이로되 관용성이 부족하면 자기독단에 빠지기 쉽다. 이 인식론의 방법상 활용은 뒤에 설명하는 조작적 행위(操作的 行爲)의 장(제12장)에서 다시 소개된다.

한편 형이상학은 실체의 기본요소가 무엇인가를 알고자 하는 철학으로 이 가운데에는 실재론(實在論, Realism), 일원론(一元論, Monism), 회의론(懷疑論, Skepticism) 및 주의론(主意論, Voluntarism) 등의 분파가 있다. 이들은 존재 · 근본 · 원리 등이 실체냐, 이상이냐, 물리적인 것이냐, 의지냐 또는 아무것도 아닌 것이 아니냐는 등의 주장으로 갈리게 되는데, 근대과학의 기초는 브리지만(P. Bridgman)과 화이트헤드(A. N. Whitehead)의 주장을 받아들여 일원주의(一元主義)에 속하는 관념론(觀念論, Idealism)이 지배하게 된다.

형이상학이 실체나 존재, 또는 다시 표현해서 철학 중 가장 근원적인 것을 탐구하려는 것이기 때문에 철학적 세계관과 그 영역이 유사한 것이라고 할 수 있다. 따라서 형이상학을 논할 때는 합리적이지만 '검증이 불가능한 신임문장(新任文章, Glaubensatze)에 근거한 철학', '이성에 모순되지 않으나 이성을 초월한 철학', 또는 '합리적 근거를 제시하는 철학'이라고 하는 점에 관한 이해를 촉구하게 된다.

형이상학과 결부시켜 과학철학을 이해할 때 가장 논쟁이 되는 것이 논리실증주의(論理實證主義, Logical Positivism)이다. 앞서 지적한 대로 과학철학은 어떠한 철학적 세계관이 지니고 있는 신조를 전제로 삼고 있지 않기 때문에 논리실증주의와 구별되는 것은 명백하지만 혼동하기 쉬운 이들간의 관계가 어떻게 구별되는 것인지 흥미롭다.

실증주의에는 과학적 진술(陳述) 또는 언명(言明)의 모든 체계는 주어진 것의 기술로 환원되어야 한다는 「내재실증주의」(內在實證主義)와 과학적 주장은 검증가능한 것이어야 한다는 「검증실증주의」(檢證實證主義)가 있다. 그러나 실제로 '주어진 것'에 한정하게 되면 이론적인 것을 거부하는 결과가 되고, '검증가능'을 지나치게 주장하면 모든 자연법칙이 다 검증될 수 있는 것이 아니므로 자칫 의미 없는 명제(命題)로 전락하게 된다. 이들 결점은 카르납(R. Carnap), 포퍼(K. Popper), 구드만(N. Goodman) 등에 의하여 비판·수정되었다. 한 마디로 논리실증주의가 합리성의 추구, 즉 언어적·개념적 명석성과 간주관적 이해성을 추구하고 정밀한 검토와 엄격한 논증을 기도함으로써 과학철학에 기여한 것은 사실이지만, 그 스스로의 범위를 너무 한정시켜 중요한 철학적 문제를 배제하였다는 점에서 결함을 지닌다. 과학철학은 실증주의적 세계관을 이미 버렸으므로 과학철학은 곧 실증주의라고 흔히 생각하는 그릇된 비판을 받아들일 수 없게된 지 오래되었다. 실증주의 내지는 논리실증주의에 관해서는 「연구방법의 변천」(제4장)에서 일관된 비판을 한다.

이상에서 과학철학의 속성과 인식론과 형이상학과의 관계를 일별하였다. 아래에 과학철학이 사용하는 기초개념으로서의 시간(time), 공간(space), 물질(materials), 자연법칙(laws of nature) 및 지식(predictive knowledge) 등이 갖는 의미를 간단히 설명하여 과학철학이 무엇인가를 좀더 알아 보기로 한다.

과학철학에서의 공간은 물리적 공간으로서 정의를 내려 규정하는 수학적 공간과 다르다. 물리적 공간은 실재하는 공간으로 사실에 입각하여 경험할 수 있다. 수학적 공간이 분석적인 데 반하여 물리적 공간은 현실성이 있다. 과학철학이 표방하는 경험성은 이러한 공간개념으로 처리될 때에 비로소 가능하게 된다.

과학철학에서의 시간은 사변에 의하여 인식을 주관적으로 형성한다고 생각하는 형이상학적 시간개념이나 감각할 수 있는 일상의 시간개념과 우선 다르다. 과학적인 시간은 상식적인 시간개념보다 추상적이긴 하지만 논리적이기 때문에 정확하고 객관적이다. 동시에 일상생활에 근거하고 있으므로 경험적이다. 여기서 논리적이라는 의미는 상식적이라는 의미가 아니라 엄격한 실험에 의하여 분석되는 상대적 개념이다. 과학철학에서 생각하는 시간관은 어디까지나 시간 자체에 대한 의문을 푸는 데 있다기보다는 시간을 어떻게 활용하느냐에 있다.

우리가 생각하는 물질은 당초에 원자(atom)인 미립자(微粒子)로 구성되어 있다고 믿었으나 이러한 원자설은 양적 실험이 이루어지면서부터 보다 깊이 연구되어 비판을 받게 되었다. 물질관에 변경을 가져다 준 사람은 브로글리(L. de Broglie)이었다. 그 이전까지만 해도 많은 학자들은 빛의 입자설과 파동설을 가지고 논란을 벌였는데 그가 비로소 빛은 입자(粒子, particles)이면서 파동(波動, waves)이라는 이론을 주창하여 인정을 받게 되었다. 이것이 그 후에 하이젠베르그(W. Heisenberg)의 불확실성원리(不確實性原理)를 낳고, 양자역학의 발달로 양자 도약(quantum leap)으로 이어지면서 오늘날 정보사회를 발달시키는 기초를 닦는다. 이 과정에서 패러다임의 괄목할 만한 변화가 일어난다. 이른바 물리학적 기계론에서 생물학적 지각론으로 바뀌어 가는데 요체는 절대기준이 상대기준으로 바뀌어 간다는 것과 부분이 곧 전체라는 인식의 변화이다. 오늘날 지방화며 세방화(世方化, glocalization)라는 표현이나 추세가 결코 우연이 아닌 것이다.

다시 먼저 이야기로 돌아가서, 이러한 통설에 이르기까지 본(M. Born)은 입자만이 실재한다고 주장하였고 보아(N. Bohr)는 원자론을 주장하였다.

그러나 반대로 파동만이 실재한다고 주장할 수도 있는 것인데, 이를 판별할 수 없는 것이 바로 하이젠베르그가 정립한 불확실성원리 때문이다. 이 점은 1972년에 철학자 박종홍도 이미 설명한 바 있다. 그래서 물질이 파동이 될 수도 있고 입자도 될 수 있다는 것은 양자가 동시에 존재한다는 것이 아니라 동일한 물리적 실재가 가능하다는 해석인데, 이것은 물리적 실험만으로 불가능하고 여기에 철학적 분석이 보태져야 가능하다. 즉 과학철학을 통하여 과학적 실험과 수학적 분석을 토대로 물질에 관한 새로운 개념이 정리되었다고 할 수 있다.

인과관계가 주축이 되었던 자연법칙은 물리학의 발달로 미시세계에서 타당성을 잃게 되었다. 인과법칙을 보완한 것이 확률법칙이다. 통계학에 기초를 두어 개발된 확률이론은 자연의 엄격한 인과법칙이 확률적인 개연성에 불과하다는 인식을 고취시켜 주었다. 이것은 엄밀한 인과관계가 인간의 힘으로 규명될 수 없기 때문에 도달한 당연한 귀결이다. 이러한 입장은 미시의 세계에서 보다 보편성을 갖는다. 따라서 인과율이 비록 거시의 세계에서 설명력이 있을지 모르지만 엄격한 인과율은 오늘에 와서 파기되었고 확률률이 보강되었다. 백분율 속에서 생각하는 확률법칙이 물론 예외를 가지는 법칙으로 인과율에 대체되었다는 것은 현대물리학의 성과를 분석한 과학철학의 도움에서였음은 물론이다. 이들간의 보완관계 내지 합명제의 관계는 한참 후인 1974년에 만델브로트가 프랙탈이론을 주장하여 인과론과 확률론을 종합함으로써 가능해졌고, 그것이 오늘날 회자하는 혼돈이론(chaos theory)의 토대가 된 것은 잘 알져진 사실이다. 여기에 관해서 수학자 김용운은『인간학으로서의 수학』(1988)에서 재미있는 예를 들어 설명하고 있다.

끝으로 지식에 관한 이해는 분석적·연역적 지식과 종합적·귀납적 지식에 대해 이루어진다. 연역적 지식은 정당화의 문제를 다루는 지식이며, 귀납적 지식은 관찰된 사실에 의한 이론의 정당화를 주제로 하는 지식이다. 경험과학에서 필요한 논리는 어느 한쪽만을 취하지 않고 연역적 논리가 논리적 필연성을 띤다는 뜻에서 중요함은 물론, 내용의 공허성을 피할 수 있는 귀납적 논리도 그 중요성을 다분히 인정한다. 이 귀납적 논리는 예측적 지식의 바탕이 된다.

지식을 이성으로만 얻지 않고 내용도 있고 예측도 가능하다고 이해하는 입장은 지식을 기능적으로 생각하는 태도이다. 이것은 기호논리학(記號論理學)에 의존하는 논리적 경험론에 의하여 분명해졌다. 그래서 동일한 근거에 입각한 과학철학의 입장에서 지식을 인지하는 태도는 너무나 자명해진 것이다. 한 마디로 과학철학은 지식을 직접 보고한 사실에 근거한 귀납적 설정의 체계로 해석했다. 이것이 바로 과학철학이 현대논리학의 도움으로 지식의 체계를 확립하게 된 연유이다. 연역논리와 귀납논리에 관해서는 제 3 장에서 다시 강의한다.

철학의 전통적 분류에 속하는 이른바 '논리' · '지식론' · '형이상학' · '논리와 사회철학' 같은 범주 속에서 과학철학이 수세기 동안 연구되어 왔던 것은 사실이지만 아직도 그 정의나 목적이나 방법 등에서 명료한 성격을 드러내 놓지는 못하고 있다. 그러나 과학철학은 자연과학과 인문 · 사회과학을 같은 입장, 즉 방법론적 일원주의의 입장에서 보면서 역사주의에서 탈피하여 논리적 분석을 주무기로 삼으며 정밀하고 실증적인 결론을 얻고자 노력했다. 과학철학은 지식의 현상을 검토하고 인식론을 전개하기 때문에 경험적이며 예측에 탐닉한다. 그러므로 과학철학의 기본입장이자 사명은 각 분야의 연구를 논리적 · 과학적으로 다져 주고, 각 분야간에 지식의 관련성과 통일성을 찾도록 노력하는 것이다. 그러한 가운데 전제되는 과학적 지식은 상식이나 이성을 전제로 하던 종래의 철학보다 객관성을 갖게 되고 보다 실증적이 되지 않을 수 없게 된다.

1.4 사회과학철학에 대한 반성

과학철학 중 사회과학도들이 의존하는 하위영역은 어디까지나 사회과학철학이니까 과학철학을 소개하는 대목의 마지막에 사회과학철학에 대해 비판적 성찰을 하여 과학적 연구의 한계를 미리 가늠해 본다. 이 점 각자 연구자의 입장에서 자신이 한 연구의 한계를 분명히 하는 데 매우 도움이 된다.

사회과학도들이 항상 갖고 있는 근본적인 의문이자 질문이 세 가지 있다. 그것은 지식, 인간활동 그리고 도덕철학에 관한 것이라고 할 수 있다. 사회현상을 연구한다는 것은, 즉 사회과학을 한다는 것은 바로 이들 끝 없는 질문 — 지식은 무엇이며 어떻게 얻을 수 있는가, 인간의 행동은 무엇이며 어떤 의미를 갖는가, 우리가 하는 행동, 그리고 그 삶이 과연 옳고 가치 있는 것인가 ── 에 답하려는 것이다.

그런데 지금까지 사회과학철학연구는 방법론적 일원론(methodological monism)에 치우쳐 경험주의로 보호막을 치고 행태과학을 중심과제로 삼는 경향이 없지 않았다. 과학적 연구의 귀중한 의미를 천착하기 전에 미리 비판부터 해서 이해를 하는 데 혼돈이 생길지 모르지만 미리 비판을 소개하는 것이 오히려 정확한 이해에 도움이 될 것이다. 여하튼 이 경험주의 과학철학(經驗主義 科學哲學, empirical philosophy of science)이 도구적 합리주의(道具的 合理主義, instrumental rationalism)에 빠져 현상의 본질을 제대로 밝히지 못한다는 비판은 해석학(解釋學, hermeneutics)과 비판이론(批判理論, critical theory)으로부터 신랄하게 받은 지 이미 오래이다. 협의의 과학철학(일원론의 입장)이 구각을 벗고 새롭게 태어나야 할 이유가 여기 있다고 하겠다. 새로운 변신이 요구되는 또 다른 근거로는 사회과학철학이 지금까지 철학의 중심문제를 파고들지 않았다는 데서도 찾아야 할 것이다. 즉 사회과학도들은 이론과 방법에 관한 연구에서 인식론의 테두리를 맴돌았을 뿐 형이상학(形而上學, Metaphysics), 언어철학(言語哲學, Philosophy of Language), 심리철학(心理哲學, Philosophy of Psychology), 그리고 존재론(存在論, Ontology) 등을 외면했다. 이러한 경향과 상황에서 인간과 사회가 안고 있는 문제는 외상이나 증세만 치료됐지 병인(病因)과 병원(病源)을 밝혀 근본적인 치유를 하지 못한 채 방치될 수밖에 없었다. 날로 심각해지는 도시 교통체증 같은 것도 도로의 확장, 차선의 변경, 주차장의 증설, 일가구 2차량에 대한 중과세 등으로 문제를 풀려고 할 뿐 자동차 생산의 자본주의적 산업구조에는 의문을 제기하지 않는 것과 같은 것이다. 정책이 문제를 풀 수 있는 한계가 뚜렷함에도 합리적으로 세우기만 하면 된다는 착각에 빠져 있다.

이들 착각은 대개가 실증주의나 공리주의를 믿어 비롯되는 경우가 허다한데 대부분의 응용과학자들은 이 같은 오류에 빠져 있다. 인간은 몸과 마음과 정신으로 구성된 자신과 그 존재와 행동을 가능케 해 주는 자연과 사회(제도)와의 부단한 관계가 아주 복잡하고 때로 이질적이고 다양하다는 명제를 인정하여 한 두 시각, 한 두 입장으로 풀어갈 수 없다는 사실을 수긍하는 데서 연구의 출발점을 찾아야 할 것이다. 사회과학철학을 재검토해야 할 이

유도 바로 여기에 있다.

그래서 논의의 출발을 철학과 사회과학의 관계에서 시작하는 쪽으로 시각을 바꾸어 보는 것도 도움이 될 듯싶다.

또 이렇게도 보아야 한다. 자연과학도들에게도 연구의 과제를 선택하거나 판단을 하고 연구의 결과에 대한 해석을 함에 있어서 의도성이 개재되는 여지가 많다는 점에서 사회과학연구자의 경우와 차이가 없고, 이럴수록 가치판단을 중심으로 한 철학적 질문이 뒤따르게 되는 것을 피할 수 없다. 그러나 정도로 말하면 사회과학보다 자연과학쪽이 훨씬 더 할 것이다. 그리고 이에 대해 철학적 질문이 여러 갈래로 흩어질 수밖에 없는 이유는 인간과 사회현상은 하도 다양하여 하나로 모일 수 없기 때문이며, 따라서 어떤 방법을 쓸 것이냐에 대해서도 시각따라 합의점을 찾기가 쉽지 않다. 사회과학에는 그 다양성만큼 학파도 집단도 운동도 캠프도 많을 수밖에 없다. 이들은 전체적인 면에서 합의 없이 각자가 탐구하여 참이라거나 의미 있다고 생각하는 것을 평생동안 찾아 헤맨다.

이 지적 여행중에 늘 봉착하는 문제의 하나가 앞서 암시했듯이 의문을 갖는 연구과제의 선택이고, 그 둘이 문제를 풀어 가는 방법의 선택인데, 그 기본적인 출발은 항상 '인간의 행동'(human action)을 자연과학적 방법으로 설명할 수 있느냐에 관한 의문이다. 이 의문에 대한 답은 둘 중 하나이다. 만일 설명이 가능하다고 해도 계속 꼬리를 무는 의문은 그 설명이 왜 간결하고 보다 입증가능하지 못하냐이다. 욕심같아서는 사회현상 · 인간행동 등 모두가 자연과학에서처럼 확연히 파헤쳐 밝혀지고 설명되었으면 하는 것이다.

그러나 유감스럽게도 사회현상에는 인간 개인의 행동단위 말고도 집단 그리고 '제도적 교호작용' 같이 아주 복잡하게 얽혀 있는 일들이 많아 '총체성'을 외면할 수 없는 면이 많다. 개인주의(individualism)와 다른 전체주의(wholism 또는 monism)의 입장에 눈 여기게 되는 것도 이런 까닭이다. 그런데 여기서 한 걸음 더 나아가 밝혀 낸 여러 현상의 본질 중 무엇이 옳은가, 아니면 무엇이 그른가의 질문에 답하려면 사회과학연구는 보다 어려워지면서 과학과 철학의 애매한 경계 틈에서 머뭇거리게 된다. 과학철학이 아닌 도덕철학에 의존해야 할 필연성이 여기 있게 된다.

이상은 사회과학철학의 한계이자 반성에 관한 것을 소개한 것이나, 과학철학 자체는 아니라 해도 앞으로 경험주의 내지는 실증주의에 과학철학에 대한 비판은 여러 장(章), 곳곳에서 맞게 될 것이다.

2. 과 학

과학은 아리스토틀의 후계자들이 가지고 있던 최대약점에서 비롯된 관념(觀念)들을 이어받음으로써 근대의 길을 출발했다. 근대과학은 그리스와 로마에서 각각 유래되었는데 특히 로마의 영향으로 사실의 세계와 긴밀한 접촉을 유지하는 사상의 힘이 싹트게 되었다. 이렇듯 로마의 영향이 현저할 수 있었던 것은 저간에 몇 가지 사정이 있기 때문이다. 즉 유럽의 문명이 융성할 수 있었던 배경에는 유스티니아누스(Justinianus) 치하의 비잔틴(Byzantine)제국이 지녔던 특성이 커다란 역할을 했다고 하겠다. 첫째, 베리사리우스 나르세스(Belisarius Narses)의 군대가 고틱(Gothic) 지배로부터 이탈리아를 해방시킴으로써 문화활동의 이상을 보호하게 될 조직을 만들어 이탈리아인이 갖추고 있는 천부의 재능을 마음껏 발휘할 수 있게 하여 주었다. 둘째, 로마법을 편찬함으로써 유럽사회의 사상을 지배한 합법성의 이상이 확립되었다. 셋째, 예술과 학습의 영역에서 콘스탄티노플(Constantinople)은 모방의 충동과 지식을 통하여 영감을 받아 서구문화에 대한 동경에 끊임없는 박차를 가했다. 이렇게 여러 분야에서 문화발전의 계기가 마련되었으며 여기에 성인들의 공헌이 또한 큰 역할을 하였다. 과학은 이와 같은 발전의 과정에서 취약점이었던 추리방법을 수학의 힘으로 보강하였으며, 물리학이 지배하던 기초는 생리학의 지식으로 더욱 더 굳어졌다. 동시에 거부되었던 철학은 과학 스스로가 임시가설(ad hoc hypotheses)로 전락하지 않도록 충분히 활용되었다.

과학은 우선 물질세계의 판단에 대한 태도에 따라 수학과 철학으로 구별된다. 즉 모든 판단을 그냥 받아들이지 않고 종국적(ultimate)이고 근본적(fundamental)인 것만 받아들인다. 그러나 과학의 소재는 보편적 동의를 구할 수 있는 즉자적 판단으로 구성된다. 과학 중 가장 지배적인 개별과학인 물리학이 다른 개별과학과 다른 점은 실체에 있지 않고 방법에 있다. 즉 물리학은 측정의 과학이다. 과학의 유용성이나 철학의 과학화에 관하여는 과학철학을 설명할 때 이미 나온 이야기들이지만 과학을 논할 때 가장 어려운 점은 당위적인 측면을 거의 다루기 힘들다는 데 있는 것 같다. 이제 우리는 과학 그 자체의 특성이 어떠한 것인가를 좀더 알 필요가 있다. 그래야만 과학적 방법을 이해하는 데 도움이 된다.

과학은 우리를 둘러싸고 있는 세상에 눈을 뜨게 해 준다. 세상을 이해하는 데에는 기술(description), 규칙의 발견(discovery of regularity) 및 이론과 법칙의 형성(formulation of theories and laws) 등 세 가지 활동을 해야 한다. 과학자는 모름지기 사물의 현상을 정확성과 유용성이라는 각도에서 기술해야 할 것이며, 잡다한 현상 속에서 어떤 규칙을 발견하려고 한다. 나아가 과학자는 자신이 발견한 규칙성을 이론과 법칙으로 일반화시키려고 한다. 그러나 문제는 과학자의 이러한 활동을 비과학적인 것과 구별하기가 힘들고 또 과학자의 활동 자체가 그들의 과학적인 질에 따라 가변적이라는 점을 상기하면 과연 무엇이 과학이며 과학적인가를 이해한다는 것이 쉽지 않다. 여기서는 배비(E. R. Babbie)가 정리해 놓은 이상적인 과학의 특성을 쉽게 풀어 소개한다.

(1) 과학은 논리적(logical)이다. 종교가 계시 · 관습 및 전통에 근거를 두고 있는 것이라면 과학은 논리적 이유에 근거한다. 그리스도교에서 예수가 십자가에 못박혀 죽은 후에 부활했다고 하는 진술 등은 논리적일 수 없다. 논리적이라는 것은 서로 배반적인 것을 동시에 가질 수가 없는 것과 같은 것이다. 예를 들어 동전을 던졌을 때 동전의 앞뒤가 동시에 나타난다고 하는 것은 있을 수 없고 따라서 비논리적이 될 수밖에 없다. 고등교육을 받았다고 해서 반드시 교양이 있고 부유해진다고 하는 것도 논리적이 아니다. 그렇다고 해서 과학적 언명이 모두 다 논리적이냐 하면 그렇지도 않다. 빛의 본질이 입자냐 또는 파동이냐라고 할 때, 어떤 조건에서는 입자이고 또 다른 조건에서는 파동이 되므로 서로 상충되는 내용이 존재하고 있는 것이어서 논리적이라고 말하는 데는 어느 정도 제약이 있게 마련이다. 과학의 논리성을 이야기할 때 잊지 말아야 할 것은 타당성을 도출하는 논리전개방법에 귀납적(inductive)인 것과 연역적(deductive)인 것이 있으며 양자는 과학적 논리전개에 있어서 불가결한 방편이라고 하겠다. 그러나 요즈음엔 기호학의 중요성을 강조하면서 가추적(abductive)인 것을 중시한다. 제 3 장에서 자세하게

소개한다.

(2) 과학은 결정론적(deterministic)이다. 과학은 어떤 사상(事象)도 그냥 자연적으로 발생하는 것이 아니라 어떤 원인이 있어서 발생하는 것이며 그 원인이 논리적으로 확인되어야 한다는 것을 전제로 한다. 선거 때 어떤 후보자에게 투표를 한다는 것은 그 사람이 그냥 좋다고 느껴서 선택하는 것이 아니라 투표자에게는 사회계급 · 지연 · 교육수준 등의 여러 요소가 작용하여 어떤 정당의 어떤 후보자를 선택하도록 된다는 결정론을 과학자는 믿고 있다. 또는 투표자가 합리적 선택을 하는 것이라고 해석하기도 한다. 확률적 형태의 결정론에 근거를 두고 있다고 말할 수 있는 것이다. 단정적이기보다는 개연성을 가지고 얼마나 더 가까우냐에 따라 확실히 해 보는 그런 논리이다.

(3) 과학은 일반적(general)이다. 과학은 개별사상을 설명하려는 것이 아니라 일반적 이해를 도우려는 것을 목적으로 한다. 한 두 사람의 투표행태를 관찰하고 그 원인을 밝혔다고 해서 많은 사람이 그러한 경향의 투표를 한다고 말할 수는 없기 때문에 과학자는 되도록이면 많은 사람의 집단을 대상으로 일반적인 성향을 밝혀 내려 한다. 이런 점에서 과학자는 특정사실을 통해 모든 것을 알아 내려는 역사학자의 접근입장과 다르며, 다수를 관찰하되 개인이 대상인 심리학자나 기존 지식을 활용하여 특정 개인을 도와 주려는 임상과학자의 입장과 다르다. 따라서 과학적 발견 가운데 중요한 특성 중의 하나가 '일반화의 가능성'(generalizability)이다. 즉 보편적일 수 있느냐이다.

(4) 과학은 간결(parsimonious)하다. 과학자는 되도록이면 적은 수의 요소만을 추려서 사상(事象)의 원인으로 간주하여 설명해 보려고 한다. 투표행태의 예를 다시 들면, 어떤 학자는 사회계급과 정당가입의 여부만을 분석하여 투표행태를 보려 하고, 또 다른 학자는 인종 · 성장지 · 성별 · 교육 등을 원인으로 분석하려 한다. 과학자는 단순성(simplicity)과 설명력의 정도(degree of explanation) 사이에서 하나를 선택하는 고민을 하기도 하지만 결국에 가서는 양자를 모두 극대화시키려고 노력한다.

(5) 과학은 특정적(specific)이다. 과학이 일반적인 특성을 가지고 있지만 어떤 논제를 연구할 때 분명히 밝혀야 할 개념의 뜻은 조작적 과정(操作的過程, operational process)을 통하여 특정될 수밖에 없다. 행정발전이라는 개념을 다른 개념과 연관시켜 어떤 연구를 할 때 관료의 쇄신성향을 측정하는

것인지, 구조가 분화되고 기능이 전문화된 상태를 측정하겠다는 것인지 확실히 정해야 연구가 진행된다. 따라서 연구의 결과로 새로운 사실이 발견되고 거기에 해석을 붙일 때도 한정시킨 범위 안에서 해석이 유효하지 관료의 쇄신성향을 조사하고 나서 관료집단의 구조적 분화에 대한 해석으로 확대시킬 수는 없다.

(6) 과학은 경험적으로 검증이 가능(empirically verifiable)하여야 한다. 과학의 가장 멋진 양태는 일반법칙이나 방정식의 형태라고 한다. 이러한 형태는 경험적 자료(empirical data)를 모아서 분석하여 검증해 봄으로써 가능하다. 경험적으로 검증한다는 의미 속에는 다른 주장을 반증(反證, falsification)함으로써 본래의 주장을 보다 확고하게 입증한다는 뜻도 포함되어 있다. 포퍼는 아예 반증만이 과학적 연구라고 한정시킨다. 예를 들어 공을 지상에 낙하시키는 것은 경험적 실험을 통하여 얼마든지 가능하며 과연 떨어지느냐 하는 것은 쉽게 확인된다. 즉 입증이 된다. 이때 공의 낙하가 공의 색깔에 따라 달라진다는 주장이 있다면 같은 색의 공을 떨어뜨려 보고, 또 다른 색의 공을 떨어뜨려 보아 과연 다른가, 혹은 같은가를 확인하여 어느 한쪽을 입증할 수 있을 것이다.

(7) 과학은 간주관적(間主觀的, intersubjective)이다. 흔히 과학은 객관적이라고 말하지만 엄격히 따져 보면 각자는 자신의 동기 때문에 주관적인 것에서 벗어날 수 없어 어떤 과학자도 객관적인 연구를 했다고 말할 수 없다. 그렇지만 과학이 간주관적이라는 의미는 두 과학자가 다른 주견을 가지고 같은 실험을 했을 때 같은 결론에 도달한다는 뜻이다. 서로 다른 주관이라도 그간에 공통점은 있을 수 있다. 예를 들면 도시사람은 야당을 선호하고 농촌사람은 여당성향이라고 하는 발견은 다른 가치관을 가지고 있는 두 정치학자가 조사를 하여도 마찬가지의 결과를 얻는다. 다만 학자간에 다른 의견을 주장하게 되는 것은 개념화(概念化, conceptualization)와 정의(定義, definition)의 문제 때문이며, 동시에 같은 것을 정확히 측정치 않았기 때문에 다른 결론에 도달하여 의견이 맞지 않는 것뿐이다. 간주관성에 관하여는 현상학에서 설명이 추가되고 심층면접조사에서도 다시 강의한다.

(8) 과학은 수정가능한 것(open to modification)이다. 만일 두 과학자가 발견해 낸 것이 서로 다르다면 어느 쪽도 분명히 맞는 것이라고 말하기는 어

렵다. 무릇 과학적 발견(scientific discovery)이라고 하는 것은 진리를 탐구하려는 것이지만 엄격히 따져 볼 때 영원한 진리가 발견될 수 있는지 매우 의심스럽다. 기실 수많은 과거의 과학적 이론이 반증되어 다른 것으로 대체되고 있는 실정이다. 그래서 과학은 당시의 상황에 맞게 수정된다는 것을 부정하지 말아야 한다. 그러므로 과학이 진리를 추구한다기보다는 유용성(utility)을 탐색하려는 것이라고 생각하는 것이 옳을지 모른다. 그저 세상을 이해하는 데 도움을 주면 된다고 하겠다. 그렇게 되면 자칫 생활에 유용한 것과 과학을 혼동하고 분간하지 않을 수도 있겠지만 그것은 엄연히 다르다. 실례로 무릎이 쑤시면 날이 궂어진다고 하는 것을 경험에 의해서 알게 되어 살아가는 데 도움을 받는 것은 사실이지만 과학자가 오랜 연구 끝에 기후의 본질을 분석하여 일반적인 이해에 기여하는 것과는 차원이 다른 이야기이다.

이상에서 과학의 속성을 검토하여 과학이 어떤 특징을 지니는가를 대강 알아 보았다. 이 과학의 속성은 여기서뿐만이 아니라 계속해서 이 책 전반에 걸쳐 기조가 되는 것이기 때문에 책 전체를 이해하는 데 불가결하다. 어떤 것을 연구하든 그것 자체가 과학적 이론을 정립하려는 것이기 때문이다. 그럼 끝으로 과학에 대한 이해를 더 돕기 위해 과학과 상식이 어떻게 다른가를 네이글(E. Nagel)의 설명을 빌어 간단히 언급한다.

첫째, 과학은 단순히 구성되고(organized) 구분된(classified) 상식이라고 하지만 이 과학의 특징이 어떤 종류의 구성이고 구분인지를 명백히 하고 있지 않기 때문에 난점이 있다. 그러나 과학이 상식과 분명히 다른 것은 표면상으로 관련이 없는 듯한 명제간의 의존관계를 정립하고, 잡다한 정보를 체계적으로 연결시키려는 점이다.

둘째, 체계적 성격이야말로 상식과 달리 과학적 지식의 정수이다. 반면에 아무리 잘 짜여진 상식이라도 그 자체가 유효한 한계를 인식하지 못한다. 상식은 여러 요인이 실제로 변하지 않는 상황에서만 가장 적합할 뿐이다. 상식은 사실을 체계적으로 설명해 주지 않기 때문에 유효한 적용범위라는 것이 별로 큰 문제가 되지 못한다.

셋째, 상식의 영역에서는 인간이 어떤 현상에 가치를 부여하고 관련되는 것끼리 관계를 맺어 주는 일들이 체계적으로 인식되고 검토되지 않는다. 과학의 영역에서는 사실에 관한 체계적 설명이나, 사상(事象)의 조건과 결과를 숙지하거나, 명제간에 논리적인 관계를 전개시킴으로써 갈등을 야기하지만 그 자체가 과학의 발달에 커다란 자극이 된다고 믿는다.

넷째, 상식을 실험적으로 통제해 본다는 것은 어려운 일이다. 그렇게 믿고 있는 바를 확인하거나 반증해 보는 것의 차이가 쉽게 규명되지 않기 때문이다. 반면에 과학은 과학적 언어의 결정 요인을 통하여 상식이 꾸준히 지속될 수 있도록 하는 데 도움을 주며, 그 자체 언어의 불확정 요인을 되도록 줄이려고 애쓴다. 과학적 언술의 결정 요인이 오차라고 하는 위험부담을 안고 있는 점은 불명료하게 진술된 상식보다 불리한 면이긴 하지만 역시 이것 자체가 커다란 장점이다. 현대과학은 결정적 진술을 더욱 더 많이 하고 이것을 논리적으로 통합된 설명체계로 엮어서 검증 절차의 판별력을 더욱 예리하게 하고 적절한 증거를 더욱 보강시키고 있다.

다섯째, 상식은 인간에게 특별한 가치가 있는 사상(事象)의 영향과 관계가 깊지만, 이론적 과학은 일반적으로 그렇게 지엽적은 아니다. 이론적 과학은 보통 의도적으로 잠정적 가치를 부정하므로 실생활에는 그리 부합되지 않는 경우가 많다. 과학은 추상적 개념을 최대한 활용하고 상식은 그렇지 않다.

끝으로 과학은 관찰을 토대로 엄격한 논리적 절차에 따라 체계적 설명을 붙이려는 것이지만, 상식은 정확도나 타당도라는 측면에서 체계적으로 음미되는 것은 아니다. 그렇다고 상식이 경험적으로 검증될 수 없는 사실에 근거하거나 오류 투성이라는 뜻은 아니다. 과학은 어디까지나 과학적 방법의 산물이라는 점을 명심한다면 지금까지 알아 본 상식과의 구별이 쉽게 이해될 것이다. 한 가지 일상생활에서 경험하는 것으로 상식을 많이 아는 사람이 연구논문을 잘 쓰느냐 하면 반드시 그렇지 않다는 사실이다.

3. 과학적 접근법

앞 절에서 설명한 과학의 내용을 통하여 과학의 입장이 어떤 것이라는 점을 알고 그 방법에도 대강 익숙해졌겠지만, 이 장을 마치며 과학적 접근법(科學的 接近法, scientific approach)에 관하여 정리해 두는 것이 좋을 듯하여 아래에 이에 관해 개관해 보기로 한다.

과학적 방법에 관하여는 이에 대해 엄격한 정의를 내리지 않으려는 카플란(A. Kaplan) 같은 학자도 있긴 하지만, 일반적으로 이해되는 과학적 방법(科學的 方法, scientific method)은 다음과 같은 몇 가지 전제와 특징을 갖는다.

3.1 과학적 방법의 전제

과학적 방법은 자연에 대한 통일을 전제로 삼는다. 자연현상에는 일정한 통일성이 있다. 이것 없이는 공공성이나 객관성이 요체가 되는 과학이 성립될 수 없다. 이 자연의 통일성을 뒷받침하여 주는 명제에는 자연적 분류·영구성 및 결정론 등이 있다.

자연적 분류의 명제는 자연현상 가운데 서로 유사성을 지니는 것이 있는데, 이것이 과학적 분류의 기초가 되어 현상기술의 기본 요소·항목·기능·구조·과정 등이 된다. 이 유사성의 유형에는 구조적인 것, 기능적인 것, 구조·기능적인 것 등 세 가지가 있다. 다음으로 영구성은 시간개념과 결부되는 명제인데, 시간의 일관성이 유지되어야만 과학의 과정에서 일관성이 유지되어 과학이 성립하게 되는 것이며, 이것은 통제와 예측을 가능하게 하여 주는 것이므로 불가분의 명제이다. 끝으로 결정론의 명제는 모든 것이 특정된 것이냐, 또는 결정되지 않은 것이냐는 논쟁의 여지가 있지만, 정신적·자기·자연적 결정론 등의 세 유형 중 맨 후자와 관련된다. 자연적 결정론은 어떤 사상(事象)은 시간적으로 선행사상과 관련을 맺고 있어서 앞의 사상이 뒤의 사상을 결정하는 데 커다란 영향을 끼친다는 것이다. 과학적 방법은 바로 이와 같이 시간적인 연속성에서 관련 있는 사상을 분석하고자 하는 방법이다. 이 결정론은 앞의 영구성과 함께 통제와 예측을 가능케 하는 기본요소가 된다. 이 같은 관계를 한편에서는 인과관계라고 하는데, 앞의 과학철학을 설명하는 자리에서 밝힌 바대로 확률론으로 대체되어 가는 것이 사실이나 이 인과론을 규명하는 것이 사회과학연구의 숙제이다.

인간은 사물의 현상에 대하여 무한히 인식하고 기억하며 추리한다. 인간이 존속하는 한, 인간의 이러한 지적활동은 멈추지 않을 것이다. 과학적 활동은 바로 이러한 인간의 지적활동을 어떻게 하면 보다 정확하게 해 줄 것인가를 돕는 활동이다. 그러나 이 지적활동은 인지의 대상이나 인지자가 처한 환경이나 그 밖의 여러 매개변수의 작용 때문에 유동적이어서 완벽할 수는 없다. 과학적 방법의 사명은 이러한 것을 좀더 합리적이고 객관적이 되도록 보장하는 것이지만 한계가 있다. 그러므로 과학적 방법을 구사할 때 반드시 전제로 생각해야 할 것은 인간의 능력에도 한계가 있어서 과학적 활동에는 '근사치의 사고'(idea of approximation)가 지배한다는 점이다. 이 예를 러셀(B. Russell)은 이렇게 설명한다.

> 뉴턴(I. Newton)의 인력의 법칙에서 3개의 물체가 낙하할 때 이 3개가 서로 잡아당기는 면은 계산하기가 매우 힘들다고 한다. 이들 중 하나가 유난히 크면 사정은 좀 다르다. 뉴턴의 법칙보다 더 복잡한 아인슈타인(A. Einstein)의 법칙에서도 상호인력이 작용하는 두 물체가 어떻게 움직이는가를 이론적 정확성을 가지고 계산하기는 불가능하다고 한다. 그래서 단지 실제의 목적에 부합하도록 만족할 만한 근사치를 써서 계산한다. 아무리 주의 깊게 사물을 측정하더라도 오차의 가능성(probable error)은 충분히 개재된다는 것을 부정할 수 없기 때문이다.

3.2 과학적 방법의 특징

과학적 방법은 체계성 · 경험성과 실증성 · 객관성, 일반성과 추상성, 보편성 · 계량성 및 예측성이라는 많은 특징을 지니고 있다. 이러한 점에서 이 방법은 첫째 '신념에 의한 방법'(method of tenacity), 둘째 '권위에 의한 방법'(method of authority), 셋째 '선험적 방법'(a priori method) 등과 구별된다. 세 번째의 方法은 '직관에 의한 방법'(method of intuition)이라고도 부른다.

과학적 방법은 과학적 연구를 해 내는 방법이요, 이것이 해 내고자 하는 것은 과학적 법칙 내지는 이론을 정립하는 일이다. 과학적 연구를 "자연현상 가운데에서 관계가 있음직한 가설적인 명제들을 체계적 · 통제적 · 경험적 및 비판적으로 탐구하는 것"이라고 설명하는 컬링저(Kerlinger) 같은 사람도 있지만, 요는 위에 설명한 과학이라는 속성을 배경삼아 현상 속에 내재하고 있는 제반규칙을 정확하게 찾아 내어 그것이 옳은 것이라고 만인이 믿을 수 있도록 하게 하는 연구이자 방법이다. 그렇기 위해서는 그 방법이 체계적·경험적·실증적·객관적 및 계량적이어서 연구의 결과 얻은 산물이 일반성·추상성·보편성을 띠어 미래의 유사한 상황에서도 그러리라는 예측까지도 해 내야 한다.

과학적 방법은 원래 인간의 지적활동을 최대한으로 하여 과학적 진리를 탐구한다고도 말할 수 있으므로 무한한 추리력을 필요로 하며 그렇다고 그것이 막연한 상상이 아니라 논리적이어야 한다. 과학적 논리의 전개를 연역적(deductive)으로 생각하는 입장에서는 당초에 「분석의 세계」(analytical world) 또는 「수학의 세계」(mathematical world)와 「경험의 세계」(empirical world) 또는 「사실의 세계」(world of facts)를 규정하고 공리(axiom)에서 출발하여 정리(定理, theorem), 가설(hypothesis)로 연결되는 과정을 이른바 삼단논법 같은 논리전개방식을 동원하여 진술해 가다가 그것이 경험적 사실과 일치되는(isomorphic) 때 과학적 법칙이 발견되었다고 생각한다. 연역적 논리전개와 상보관계에 있는 귀납적(inductive)인 입장은 물론 경험의 세계에서 일정한 사실에 입각하여 일반화를 시도하는 것이므로 전자와 반대의 과정을 밟는다. 이렇게 모든 전개과정이 체계적 일관성을 가지고 논리가 모순되지 않도록 이루어져야 한다. 과학적 방법의 이와 같은 설명은 케메니(J. Kemeny)의 '순환과정'(cyclic process) 도식에서도 찾아볼 수 있다. 즉 그는 과학자는 사실의 세계에 있는 사실로부터 귀납적으로 잠정적인 이론을 정립해 놓고 이것을 수학의 세계에서 연역하여 예측을 가능케 하며 그 예측된 것은 다시 사실의 세계에서 입증되어 완벽한 이론을 만든다(그림 1-2-1 참조). 이 이론은 또한 시간의 흐름과 함께 새로운 이론을 위한 사실의 출발점이 되기도 한다. 이러한 그의 설명을 그림으로 표시하면 〈그림 1-2-1〉과

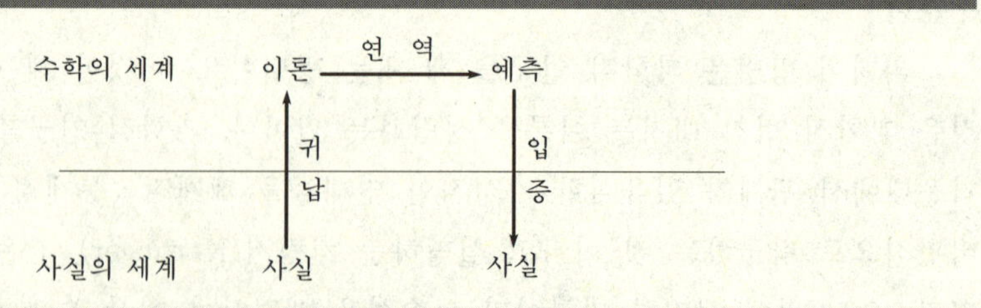

〈그림 1-2-1〉 과학적 방법의 전개과정

같다.

일반적 공리에서 출발한 일반사항은 아직 문제규명 이전의 단계에서 가설적 상태에 있으므로 경험의 세계에서 입증되어야 한다. 경험의 세계에서 타당성이 있다고 믿게 될 때 우리가 머리 속에서 생각하고 있던 변수(경제성장의 속도)와 변수(민주주의의 수준)와의 관계는 하나의 진리로 판명되어 이론이라고 부르게 된다. 이 경험의 세계에서 판명된다는 것은 실증적으로 알아낸다는 의미가 되며 그것은 또한 한두 사람의 견해에 따르는 것이 아니라 많은 사람이 그렇다고 생각하게끔 객관적인 수준에서 이루어져야 한다. 과학적 방법의 속성이 경험적 · 실증적 · 객관적이라고 하는 것은 이러한 뜻에서이다.

과학적 방법이 객관적이어야 하고 근원적으로 수학의 논리를 따르는 것이므로 현상의 분석절차나 방법이 계량적이 아닐 수 없다. 사회현상으로부터 자료를 얻을 때 그냥 통상적인 자료를 구하는 것이 아니라 수량화된 자료를 측정해 내어 그것을 가지고 과학적 법칙을 밝혀 냄에 있어서 계량적 방식을 쓴다. 이 계량적 방법은 주로 통계학적 분석으로 단변수 · 중변수 및 다변수 분석을 하게 된다. 이것은 이 책 제 4 부에서 다루고 있는 부분이다. 이와 같이 수량적 자료와 과학적 법칙 정립의 관계를 설명한 것이 벤슨(Benson)이 만든 〈그림 1-2-2〉이다. 학생 등은 항상 이 그림을 머리에 새겨 두라고 권하고 싶다. 연구를 하든 일상생활 속에서 사물을 관찰하든 어떻게 자신의 개념틀이 엮어져 무엇을 밝혀 내게 되는가는 매우 중요한 지적 바탕이요 연찬이 되기 때문이다. 저자는 강의 첫시간에 과학의 분류체계에 관한 그림과 더불어 늘 이 그림을 칠판에 그려 놓고 경험적 자료를 어떻게 엮어 과학적 이론과 법칙을 만들어 내는가를 설명한다. 하나 더 덧붙일 것은 가운데 동그라미 속의 관계와 가설부분을 명확히 이해해야 계속되는 장에서 조사방법의 유용성을 터득하게 된다. 다시 말하면 관계라는 것은 여기서 개념과 개념, 또는 변수와 변수와의 관계를 말한다. 예를 들면 "대학에서 행정책임론을 이수한 학생은 행정고시에 합격하여 공무원이 된 후 부정에 쉽게 휘말려들지 않을 것이다"라는 가설이 있는 경우에 '행정책임론 이수'라는 변수와 '반부정적'이라는 변수의 관계는 정의 관계일 수 있다. "일 수 있다"는 것은 아직 경험적 자료로 검증을 하지 않았기 때문에 쓰는 표현이다. 조사와 검증, 그리고 법칙과 이론의 정립은 이런 순서로 밝혀 간다. 그러나 그런 이수과목과 관계

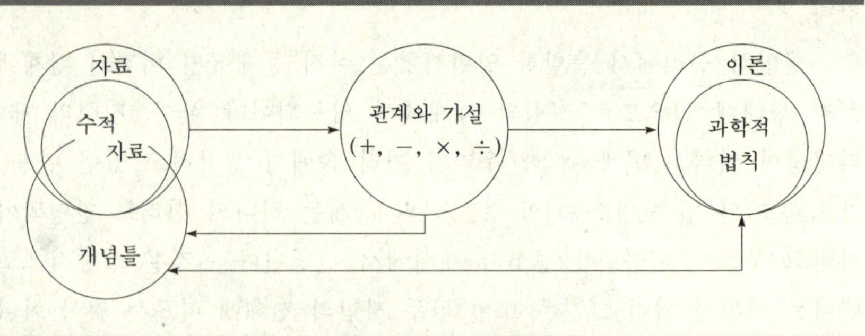

〈그림 1-2-2〉 수적 자료와 과학적 법칙과의 관계

없이 부정을 저지르고 안저지르는 것은 공무원의 사람됨됨이 더 작용한다고 한다면 양자의 관계는 부의 관계로 나타날 것이다. 어떤 관계인지를 모르는 상태가 가설이다. 따라서 개념과 개념, 또는 변수와 변수의 관계는 가감승제의 원리를 그대로 써서 표현할 수 있다. 그 관계가 +, −, ×, ÷의 관계 중 어떤 것일지는 검증해 보아야 안다.

과학적 방법이 일반성을 추구한다는 것은 경험의 세계에서 얻은 확증을 근거로 하여 추상화시킨다는 의미와 통한다. 과학의 일반성은 모름지기 경험적 자료를 통해서 얻은 사실을 단순한 자료 이상의 것으로 추상화시켜서 어떤 공통원리를 찾아 낼 때 그것은 보편성을 띠는 일반적 설명력을 갖출 수 있게 된다. 보편성은 동일한 조건이 구비된 경우(*ceteris paribus*) 미래의 다른 상황에서도 그와 같은 사실이 반복될 수 있다고 믿는 정도이다. 우리가 법칙이라는 말을 많이 쓰는데, 이것도 보편이나 일반의 의미를 그 속성으로 삼고 있다. 일컬어 시·공을 초월하여 진리로 받아들이는 보편화된 일반성이라는 뜻이다. 그러나 여기서 분명히 해야 할 것은 사회과학에서 일반성이라고 하는 것은 자연과학의 그것과 완전히 같을 수 없다. 연구의 대상이 지니는 성격이 각기 다르기 때문에 사회과학에서 일반이론(general theory)을 정립하기 어렵고 역사성이나 문화적 특수성에 맞는 중범위이론(中範圍理論, middle-gauge theory)의 정립이 현실적이라고 믿게 되는 것도 사회과학연구의 일반성에 한계를 그어 주는 근거가 된다.

끝으로 과학적 방법이 표방하는 것 중의 하나가 이론의 예측력이다. 과학적 방법에 의해 성립한 과학적 이론이 그렇다는 뜻이다. 연역적 체계에서 가설의 형태로 흔히 표현되는 변수와 변수의 관계는 정확한 분석방법에 의하여 경험적으로 입증될 때 그것은 하나의 이론으로 자리를 굳히며 나아가 미래의 사실을 예측할 수 있는 예측력을 지니게 된다. 이 '예측력'이야말로 '설명력'과 함께 이론의 중요한 기능이다. 일반적으로 법칙과 이론의 주요기능은 이해를 촉구하는 일이다. 이것이 한 걸음 더 나아가 연역적 모형이라는 견지에서 볼 때 예측까지 가능하다고 생각한다. 어느 모형이나 법칙은 현상을 설명하는 데 도움이 되며 이론은 법칙을 설명하는 데 도움이 된다. 훌륭한 법칙은 새로운 사실을 예측할 수 있게 하여 주며, 훌륭한 이론은 새로운 법칙을 예견시켜 준다. 그러나 이 예측에 관하여는 학자들의 의견이 반드시 일치하지 않는다. 이것에 관하여는 뒤에 나오는 이론의 장(제 8 장)에서 좀더 자세히 설명한다.

3. 3 과학적 방법의 한계

사회과학연구에서 원용하고 있는 과학적 방법은 일정한 한계를 지닌다. 그것은 대상으로서의 사회현상의 요체를 이루고 있는 것이 인간의 행태이기 때문에 그렇고, 과학이 근본적으로 가치의 문제를 외면하기 때문에도 그렇다. 이들을 네이글(E. Nagel)의 주장에 따라 좀더 나누어 설명하면,

첫째, 인간의 행태는 복잡하고 가변적이기 때문에 예측이 불가능하다.

둘째, 인간행태의 정수를 알아 낼 수 있는 객관적 절차, 즉 실험 같은 방법이 완전하지 못하다.

셋째, 인간에게는 예측을 전복시킬 수 있는 능력이 있다.

넷째, 사회과학연구는 연구자 자신의 목적의식을 통한 상징적 존재인 인간에 대한 상징적 연구이기 때문에 연구대상이 규범적인데, 그것을 과학이라는 이름으로 분석하고 기술하려 한다.

다섯째, 방법의 정확도와 신뢰도를 지나치게 강조하여 사회과학의 적합성과 타당성을 무시한다.

여섯째, 비인간화를 재촉하는 폐단을 낳는다.

일곱째, 가치중립의 문제와 가치개입의 불가분성이 문제이다.

이상에서 과학적 방법의 한계 내지는 문제점에 관해 간단히 지적하였다.

이상에 지적된 문제점만 보면 과학적 방법은 우리의 학문연구에 아무런 도움이 되지 못하는 듯이 생각되어 과학적 연구에 일말의 회의를 품게 된다. 그러나 이들 비판을 통해 본 문제점들이 반드시 해결될 수 없는 난제는 아니다.

과학적 활동의 세계에는 원래가 경험적 합리성뿐만 아니라 선험적 비합리성이 동시에 공존한다. 즉 과학이 엄격하고 정밀하여 합리적인 것만을 그 속성으로 삼는다고 생각하기 쉬우나 과학도 추리가 허용되고 비약할 때가 있다. 동시에 자연과학의 경우도 물리현상을 예로 들면 그것을 항상 직접 관찰할 수 있는 것이 아니라 간접적 도구를 통하여 파악할 수 있을 뿐이다. 그 도구가 항상 정확 · 정밀 · 합리적일 수는 없다. 또한 자연과학에서의 실험도 아무리 엄격하게 음향 · 채광 · 진동 등을 통제한다고 하더라도 그것이 완벽할 수 없기 때문에 흔히 말하듯이 자연과학의 연구는 '과학적'이고, 사회과학의 연구는 '비과학적'이라는 이야기는 상대적인 차이일 뿐이다. 다음에 사회현상은 복잡다단하여 규칙성이 없고 객관성도 없다고 하지만 아이작(A.C. Isaak)의 말대로 사회현상의 복잡성의 정도는 "논리적 문제라기보다 경험적 문제"이므로 복잡해서 과학적 연구가 안 된다는 것은 비론리적이다. 기실 복잡성의 문제는 수학과 논리학의 분석방법에 의해 상당히 해결돼 가고 있다. 인간행태의 예측곤란성도 우리가 부딪치는 어려운 문제 중의 하나지만 한편 생각해 보면 사람의 행위는 다분히 습관에 따른다. 즉 강의실에서는 늘 앉던 자리에 앉게 되고, 단골집에서 맛들인 음식을 늘 사먹게 되며, 의견이 같은 사람끼리 만나 담소를 한다. 이러한 행동은 투표행태를 분석해 보아도 나타난다. 직업 · 교육 정도 · 출신지역 · 종교 등을 알면 대개 그 사람은 어떤 정당의 후보자에게 투표하리라는 것을 예측할 수 있게 된다. 또 미국의 이야기지만 어떤 법안에는 찬성을 던질 것이라는 의원들의 출석조사(roll call) 분석도 상당히 맞아 들어간다. 즉 인간 행태의 예측은 전혀 불가능한 것이 아니다.

사회과학의 과학적 연구가 적합성과 타당성이라는 관점에서 약점을 지니고 있는 것은 사실이다. 아무리 방법에서 정확한 기법을 구사했다 하더라도, 또 그 자체가 믿을 만한 것일지라도 그것이 과연 학문 자체의 발전과 정책가들을 위한 문제 해결에 어느 정도 도움이 되는지는 의문이 아닐 수 없다. 행태주의가 받는 비판도 같은 것이어서 후기행태주의 내지는 후기경험주의라는 이름 아래 활로를 찾아 문제 해결을 위한 임상과학자(臨床科學者)의 입장을 지향하고 있다. 적실성을 찾아 사회가 원하는 것에 부응하려는 노력의 일환이다.

한편 과학과 가치의 관계에 관한 이야기인데, 과학은 사실의 세계에서 타당한 논의이기 때문에 가치와는 늘 상충관계를 갖고 따라서 가치는 과학과의 관계에서 중립적인 위치에 있고, 또 있어야 한다고 늘 주장한다. 과학에 가치문제가 개입되면 그것은 이미 과학이 아니라는 이야기이다. 그러나 과학적 연구에서 가치판단이 불가피하다고 인정하고 그래서 비판을 받게 되지만, 우선 불가피한 이유를 설명하고 그것이 반드시 치명적인 것이 아님을 차례로 설명하기로 한다. 이것은 학문을 하는 기본자세와도 깊이 연관되어 있다. 카플란(A. Kaplan)의 설명에 따르면,

첫째, 연구를 위한 문제를 선정할 때 가치는 이미 개입된다.

둘째, 선정된 문제를 해결하기 위해 수집하는 자료와 이들의 관계를 형성하는 명제나 나아가서는 이론의 전개와 관련짓는 개념화 과정에서 가치가 개입한다.

셋째, 연구자 자신의 가치관과 그 연구자가 준거하고 있는 개별과학 내지는 학문세계의 지배적인 가치가 은연중에 작용한다.

이렇듯 가치는 학문연구에서 불가피하게 개재된다. 그러나 이로 인해 학문의 과학적 평가를 낮출 수는 없다. 왜냐하면 가치는 일종의 욕망으로 무엇을 이루어 보겠다는 감정의 표현이므로 학문연구에서 가치를 전혀 배제한다는 것은 생동하는 학문의 연구 태도가 아니기 때문이다. 과학적 연구가 인도주의와 배반된다는 비판을 받는 것도 따지고 보면 과학의 몰가치성(沒價値性)에 관한 강요 때문이라고 할 수 있으므로 모름지기 의미 있는 과학적 연구의 소생을 위해서도 가치는 외면당하지 말아야 할 것이다. 그래서 늘 가치를 사실과 대비시켜 논의하는 자리에 있게 되면 때론 거북하고 또 때론 과학을 잘못 알고 있는 데 대해 안타까운 마음이 생긴다. 다시 말하면 과학적 연구에서 가치판단의 불가분성이 과학적 방법의 약점이 아니라고 생각해야 한다는 뜻이다. 이 가치판단의 불가피성에 관하여는 네이글(E. Nagel)도 자세하게 그 근거를 역설하고 있다. 자연·사회 두 과학 어느 쪽에도 한정된 가치문제의 개입을 인정해 주어야 할 것이다. 그것은 지금까지 사회과학연구에

서 가치개입은 마치 자연과학에서는 완전히 가치중립인 것을 전제로 한다고 생각했기 때문이다. 그러나 그것은 옳지 않은 생각이었다. 자연과학에서 약학자가 생명에 관계되는 의약품을 개발해 보겠다는 결정이나 연구결과 발견된 내용을 어떤 방법으로 투약하는 것이 좋다는 결정은 물론 과학적 실험에 따라 얻어진 것이지만 거기에는 학문연구의 경향과 자신이 속한 학파를 지배하는 가치관이 개재하게 마련이다. 물체가 낙하하는 원리나 이론은 같은 것이고 그 낙하속도 역시 계산에 의해서 나온다. 물체의 낙하는 위도에 따라 그 속도가 다를 것이다. 해상에 낙하시키는 경우와 지상에 낙하시키는 경우를 달리 결정짓는 미국·러시아 두 나라의 우주선 전략은 치밀한 계산에 따른 초과학적 연구임에 틀림없으나 낙하지점의 선택 같은 데에는 가치에 따른 판단이 수반된다는 것도 우리는 부인하지 말아야 할 것이다.

요컨대 과학적 연구는 수많은 제약을 지니고 있으면서 자연·사회 어느 영역에서도 부인할 수 없는 방법이다. 다만 이것이 지니는 약점을 특히 사회과학쪽에서 최소한으로 줄이는 노력을 경주해야 할 것이며, 동시에 아무리 과학적 연구가 무의미하다는 극단의 비판을 받아도 한완상의 말처럼 분석적·경험적 입장에서 현상을 파고드는 '과학정신'은 적어도 훌륭한 것이라고 수긍해야 할 것이다.

4. 과학적 연구·과학적 이론에 대한 여러 입장들

이 장을 마치며, 앞으로 설명할 여러 장, 특히 제4장과 중복되는 면이 좀 있지만, 인식론 일반에 관한 이해를 바탕으로 우리는 '과학적 연구'에 대해 견해를 조금씩 달리하는 여러 입장들을 간략하게 나마 섭렵할 필요를 느낀다. 그것은 아무래도 부분적으로 미흡한—결코 완벽할 수 없는—여러 입장들을 비교하고 함께 조감하는 가운데 과학적 연구방법의 전체 윤곽이 어렴풋이나마 그려질 수 있을 것이라는 생각에서이다. 다시금 강조하지만, 지금까지 우리는 과학적 연구가 무엇인지, 이를 위해 과학적 방법은 어떻게 구사하는지, 그리고 이로 인해 얻은 과학적 이론들은 어떤 의미가 있는지 알아보았다. 그런데 이 과학의 이론에 대해서는 학자에 따라 저마다 일가를 이루고 있어서 보는 견해가 같지 않다. 따라서 지금부터 과학의 이론에 대해 일가를 이룬 학자들이 어떤 의견을 밝히고 있는지 정리하면서 그 차이를 알아 보는 것이 필요할 듯하다. 다만 한 가지 미리 단서를 달아야 할 것은 이 부분은 다음에 계속되는 논리를 포함해서 과학적 연구의 방법을 하나 하나 익히고 나서야 이해할 수 있는 대목들이 많다는 점이다. 따라서 학생들은 이해하기 어려운 점이 간혹 있더라도 한번 일별한 후 방법론 각론에 해당하는 부분을 읽고 나서 다시 이 대목으로 돌아와 각 학자들의 견해들을 이해하는 노력을 기울이기 바란다.

과학적 연구의 연원을 굳이 찾는다면, 멀리는 아리스토틀까지 거슬러 올라가야 할 것이다. 그러나 방법론의 세계에 점철된 여러 주장들이 그들대로 다 의미 있음에도 이들 모두를 다 연대기별로 나열하면 사적 자료의 의미 이상이 되기 어려울 것이다. 더욱이 이 책의 본지와도 꼭 맞는다고 하기 어렵다. 이런 뜻에서 여기서는 '과학적 이론'에 관해 견해를 피력했던 주요 주장들을 정리해 소개하기로 한다. 다만 그 구분을 칼 포퍼 이전과 이후로 나누어 보았다. 다만 시작은 아리스토틀과 그 이후의 몇 사람에 관한 것부터 약간 섭렵하기로 한다.

〈아리스토틀〉

아리스토틀(384-322BC) 자신은 논리를 발명하여 지성사에 길이 빛나는 업적을 냈을 뿐만 아니라, 이에 더하여 자연현상을 탐구하기 위해 연역과 귀납의 논리를 찾아 냈던 것으로 너무나 유명하다. 그의 연역적 방법은 자명한 전제나 정의(선험적인 것)로부터 엄격한 논쟁을 거쳐 논박할 수 없는 결론으로 유도하는 절차로 인식되었다. 이 절차에 따라 아리스토틀은 그의 논리를 전개했다. 대개 자연철학자들은 삼단논법의 전개를 이렇게 도출하곤 했다. 그 과정에서 최종 정의가 얻어질 때까지 세상에 관한 사실이나 결론으로부터 역으로 논리를 전개한다. 정의는 진정한 자연현상을 묘사하는 것이었고, 이는 대상이 있는 물질, 절차의 원인, 그들의 목적 등과 같은 일에 관해 적절한 질문을 던짐으로써 가능했다.

유감스럽게도 아리스토틀은 이러한 질문에 어떻게 답해야 하는지에 관해 말하지 않았다. 실험을 하는 방법에 관해 언급이 없었던 것은 아마도 그리스 사람들이 실제활동을 체면이 손상되는 것으로 간주했기 때문이 아닌가 생각된다. 어쨋든 기하학의 방법이 지식의 다른 분야에 쉽게 응용될 수 없다는 것을 알게 된 다음부터 — 보편적 동의를 얻을 만한 기초정의가 나오지 않으니까 — 아리스토틀은 '예외 없는 특수집단의 증거에 관한' 보편적 전제(universal premises)를 이루어 보려고 기도했다.

이것이 바로 관찰하고 나서 일반화로 이끄는 귀납적 방법의 필요성을 인식하도록 하게 한 것이었던바, 이로써 자연에 대해 경험적으로 접근하는 것이 얼마나 값진가를 아리스토틀은 확신하게 되었다. 과학적 방법에 대한 그의 위대한 공헌은 이 경험적 접근법으로서, 이것이 일차 자료를 제공하고 거기서 '영혼'이 우주를 정련하는 것으로 생각했다.

그러나 이는 아리스토틀의 기론(奇論, 역설)에 관한 징후로서, 이것은 아테네의 학원에서 행했던 수많은 연구가 아주 세세했던 반면에 거대한 자연의 외경에 대해 위대한 가치를 나타내 보이면서 오로지 환경적 증거에 많은 것을 의존하게 된다는 독단이기도 하다. 그러나 이것이 그의 불휴의 권위인 것을 아무도 부인하지 못한다. 현상에 대한 그의 설명의 대부분은 2000년의 세월이 흐르도록 의문 없이 전해져 왔다. 그러나 바로 이 범접할 수 없는 지성의 위대한 영향 때문에 오늘날 과학적 지식이 자라는데 지장을 받는다고 일군의 학자들이 반기를 들기도 했다.

그런데 생각해 보면 아리스토틀의 방법은 그 핵심부분이 명료하지 않은 면이 있어서 비판을 하자면 매우 심각해진다. 그래서 아리스토틀에 관해 말하기를, "일단 그가 그의 의지에 따라 그의 체계를 자리잡아 놓으면, 그는 경험을 한 바퀴 뒤틀어서 그의 체계로 구부려 버린다"고 한다. 이는 마치 "내 마음은 이미 정해졌으니 어떤 사실로 나를 혼란시키지 말아라" 또는 적어도 이와 비슷하게 "무슨 사실이든지 내게 다오, 그러면 나는 이것을 내 체계에 맞게 하겠다"와 같은 것이다. 이처럼 그는 어느 의미에서 독선적이었다. 그러나 이는 하이데거가 말하는 '전구조'와 크게 다르지 않다. 인간은 누구에게나 각자 자신의 인식세계를 구축하는 기존구조가 있게 마련인 것이다.

위에 인용한 말은 프란시스 베이컨(1561-1626)의 말이다. 그는 현대의 과학철학자로서 그들과 함께 주류를 이루고 있다. 베이컨은 선조들에 대해 존경심이 줄어들기 시작하던 시기에 살았던 셈인데, 이는 그리스의 철인들이

했던 생각이 항상 옳지 않을 수도 있다는 점을 주장하던 시기였기 때문이다. 그는 현재의 지식과 삶의 조건이 향상되어야 한다는 등 주장을 폈고, 그의 '상상과 실천'은 아직도 급진적 철학으로 손꼽히고 있다.

베이컨이 구사한 방법의 핵심은 아리스토틀처럼 세상에 관한 정보를 최대한 모아 이를 일반화시키는 것이었다 그렇게 해서 최종적으로 지향하는 목표는 인간에게 혜택이 돌아오도록 기본법이나 자연의 형상(form)을 규명하는 것이다. 아리스토틀보다 조금 앞선 것이 있다면 그것은 쉽게 사실을 발견할 수 있도록 설계된 실험방법에 관해 갖는 확신이라고 할 수 있다. 나아가 그가 다분히 탐구적이었던 것은 의문이 있을 때마다 그것을 기록하면서 보다 정확한 정보를 수집하려고 항상 노력했다는 사실 때문이다.

그럼에도 불구하고 사정은 아리스토틀의 경우와 마찬가지여서 방법론을 실제로 사용하는 예를 드는 데 실패했다. 과학적 방법에 있어서 관찰과 실험이 불가분의 요소라는 것은 인정하면서도, 축적된 자료로부터 귀납법에 의해 일반적 결론을 유도하려는 그의 의도는 근본적으로 어려움이 따르는 것이었다. 예를 들면 그는 열의 형상(form of heat)을 설명하려고 하였다. 먼저 그는 정(正)의 긍정명제표(Table of Affirmatives)를 작성했는데, 그것이 열이 나타나는 실례의 목록을 작성한 것이다. 열이 나타나는 실제란 태양, 불, 동물 등과 같은 것이다. 그리고 나서 부(否)의 부정명제표(Table of Negatives)를 만들었는데 그것은 첫번째 목록의 일반 범주로서, 다만 열이 없는 것이다. 하늘에 있는 달과 같은 것, 동물 중에서도 곤충과 같은 것을 이른다. 마지막으로 정도표(Table of Degrees)를 만들어서 수많은 종류의 불꽃, 열이 있는 동물 혹은 활동 등의 정량적 차이를 열거했다. 그 다음에 그는 진행절차의 윤곽을 밝혀 이들 자료가 어떻게 지성으로 전환되는가를 제시했다.

끝으로 베이컨은 "열은 운동이다"(Heat is a motion.)라는 결론을 내렸고, 이로 인해 우리는 열의 원인이 몸의 작은 분자의 움직임이라는 것을 이해하게 되었다. 애매하긴 하지만 이 개념은 피상적으로 그럴 듯하고 놀랍게도 현대적인 것이다. 불충분한 자료로부터 얻은 귀납의 결과라는 점에서 좀 해학적이라고 아니할 수 없다. 왜냐하면 열을 받은 몸체의 분자가 움직이는 아이디어는 전체로서 몸의 움직임의 아이디어를 거부하는 것에서 오기 때문이다. 비록 열을 받을 때 몸 전체가 전체로서 변하는 것을 보여 줄 실험적 기술이 있을 터인데, 베이컨은 이를 알아차리지 못하고, 결국 틀린 이유로 바른 결론에 도달하는 우를 범하고 말았다.

베이컨은 부적절한 정보의 문제를 대체로 인지하고 있었던 것 같고, 또 이것이 그로 하여금 그가 방법의 일반화 단계로 나가기 전에 충분한 증거를 수집케 했던 이유이다. 어쨋든 이는 불만족스러운 상태임이 틀림없고, 보다 높은 수준의 지식을 습득하는데 이렇게 시간이 걸리고 나니까 오차의 위험을 무릅쓰고 하는 가설이나 알려진 추리에 대한 역할을 베이컨은 제대로 보지 못했던 것 같다는 생각이 든다. 이 점이 그의 방법론의 취약점이나 이로 인해 후세의 과학철학자들에게 끼친 영향 자체를 부인할 수는 없다. 그리스의 기하학으로부터 도출된 정확한 지식의 아이디어에 깊이 영향받은 베이컨의 귀납법은 그 후 두 세기가 지나는 동안 논리가와 철학자들에게 큰 영향을 미쳤다.

〈존 스튜어트 밀〉

밀(John Stuart Mill, 1806-1873)이 생각하는 '과학적 방법'은 과학의 목적이란 "원인을 규명하는 것"이라는 신조에서 찾을 수 있다. 원인을 추적하면 일반법칙을 찾아 낼 수 있을 것이라고 생각했던 것 같다. 우리는 귀납논리에서 원인을 규명한다는 것이 어렵다는 것을 잘 알고 있다. 그러나 인과관계로 많은 것을 생각하는 것이 우리의 오랜 습관일 뿐만 아니라, 대강 말해서 우리는 원인과 결과간에 존재하는 관계를 어렴풋이 이해하고 있는 것이 사실이다. 즉 어떤 변화가 있었고 그것이 또 다른 변화와 불가분의 연관성을 지니고 변화한 것이라면 그 결과적 현상은 원인이라고 할 수 있다는 것이다.

원인이 무엇인가 하는 실마리를 풀어가는 절차에 관하여는 많은 철학자들이 주장한 바 있고 이들 고전적 귀납론의 정수를 위시해서 대부분은 밀의 유명한 귀납의 방법(canoness of induction)에 포함되어 있다. 두 가지 중요한 규범만 아래에 소개한다.

(1) **동의의 규범**(The Canon of Agreement) 이는 만일 탐구되고 있는 둘 또는 그 이상의 현상이 하나의 환경을 공통으로 지니고 있다면, 그 환경은 주어진 현상의 원인(또는 결과)이라는 것이다.

(2) **상이의 규범**(The Canon of Difference) 탐구되고 있는 현상이 나

타나는 예와 나타나지 않는 예가 있고, 이때 공통되는 환경의 하나를 선택하도록 한다면, 한 경우만 나타날 것이다. 두 예가 다른 환경은 현상의 결과이거나, 원인이거나 또는 원인 중 불가분의 한 부분이다.

밀의 규범은 추론하기 좋은 인상깊은 규칙이긴 하지만, 과학적 값어치가 있기 위해서는 지식을 좀 높은 수준으로 끌어올려야 한다. 아주 초보의 수준에서는 일이 어떻게 되어가는지를 알기가 그리 어렵지 않다. 예를 들어 동의의 규범은 윌리엄 웰스(William Wells)의 초기실험에서 보여 준 대로 이슬이 맺혀지는 원인을 밝혀 준다. 습기가 없어지는 여러 예 가운데 공통되는 한 환경은 젖은 표면이 공기보다 차갑다는 점이다. 그러나 과학적인 논리추론을 하려면 단지 어떤 현상이 함께 또는 연속해서 일어난다는 것만으로는 곤란하다. 확신을 하려면 그 현상에 관련된 실제적이고 이론적인 지식을 이미 갖추었어야 했다. 아니면 어떤 단순한 법칙을 끌어 내는 한편, 좀더 설명할 수 있어야 한다. 관찰보다 이론이 앞서야 한다는 이유로 귀납법의 한계는 다시 검토하지 않으면 안 된다.

여기서 우리는 귀납주의와 그 문제점에 관해 잠시 검토할 필요를 느낀다. 지금까지 우리가 생각하고 있는 과학적 방법에 관한 관념이라는 것은 '편견없는 객관적 관찰'에 근거를 두고 있다는 것이다. 특수한 사건에 관한 관찰을 통해서 과학자들은 유일한 언명을 끄집어 낸다. "이슬이 맺힌 풀은 공기보다 차다"거나, "심장의 승모판밸브는 심실이 수축될 때 닫힌다"와 같은 것이 그것이다. 그러나 과학이란 격리된 하나의 사건에 관해서만이 아니라 일반적으로 세상에 관한 지식으로 구성된다는 사실을 잊어서는 안 된다. 귀납론자가 말하기를, 과학은 정해진 숫자의 유일한 언명으로부터 보편적 언명이나 법칙으로 일반화시킴으로써 얻게 되는 것이라고 한다. 그러니까 법칙의 형태를 띠자면, "찬 표면은 습한 공기로부터 습기를 모은다"라든가, 혹은 "심장의 밸브가 피를 한 방향으로 흐르도록 한다"와 같은 식으로 표현될 수 있어야 한다는 것이다.

귀납법으로 도출된 일반법칙이 신뢰할 만한 것인가를 알려면 증거에 관한 유일한 언명의 정성성(定性性)과 정량성(定量性)을 다 따져 보아야 한다. 이런 이유로 귀납논자들은 되도록 많은 관찰을 하고, 그것도 여러 가지 다른 조건하에서 해야 한다고 주장한다. 그래서 웰스의 실험에서도 여러 계제에 여러 가지 다른 표면을 검토하였고, 하비(Harvey)의 실험에서도 여러 다른 종류의 심장이 관찰되었다. 검증만 잘 되면 하나의 관찰이 상충되는 일반법칙을 무효화시킬 수도 있다. 부족한 것이 충족되면 믿을 만한 과학적 정보는 계속 인정을 받게 되는 것이다.

과학적 방법에 관한 귀납론자의 설명은 일반법칙을 수립하는 데서 끝나지 않고, 더 나아가 다음 단계를 위한 기초로 쓰인다. 즉 과학은 세상이 움직이는 길을 설명하려 하며 미래에 대한 예측을 시도하기 때문이다. 이런 과정에서 귀납론자들은 그들의 방법에서 연역법의 역할을 확인하고 만족한다. 왜냐하면 그들은 일반법칙으로부터 예측과 설명을 연역하기를 원하기 때문이다. 이는 옛날 식의 삼단논법으로 가능하다. 예를 들면, 압력과 양이 서로 크게 다른 조건하에서 여러 가스에 관한 한없는 관찰을 하면서, 그들은 일정한 온도에서 "가스는 그 양이 압력에 반비례한다"는 일반법칙을 도출해 낼 것이다. 이것이 이 삼단논법의 첫번째 전제가 된다. 한편,

"공기는 가스이다. 그러므로
공기의 압력이 배로 늘면 그 양은 반감된다"

와 같은 두 명제가 참인 것은 경험에 의해서이다. 이들이 참이면 결론(예측)도 참이어야 한다. 그러나 연역된 결론의 참은 첫번의 두 전제, 이른바 관찰과 귀납이라는 두 전제로 이어지는 절차가 실제로 정당할 수 있다는 전제에서 가능한 것이다.

엄격히 말해서 이렇게 정당화시키기는 쉽지 않다. 대부분의 현대철학자들이 그렇게 생각하듯이 귀납주의는 숙명적인 결함을 가지고 무효가 될 운명에 처해지고 있다고 해도 과언이 아니다. 이와 관련해서 세 가지 중요한 논쟁이 있다. 첫째는 관찰이라는 것이 과학적 지식에 대한 확실한 근거가 될 수 있다는 귀납론자들의 주장은 자세한 검토에서 나온 것이 아니라는 것이다. 이 아이디어는 인간의 눈이 카메라처럼 작동하고, 관찰자가 눈의 망막에 비친 것이면 무엇이든지 '본다'는 것을 전제한다. 불행하게도 이렇게 생각하는 것은 너무 단순한 논리이다. 왜냐하면 사람을 현혹시키기에 충분한 그림을 보면 어느 것이 진짜인지를 알기 어려울 때가 많다. 눈이 아니라 '마음'이 더 중요해 마음이, 대상을 그릇인지, 사람의 옆 얼굴인지, 토끼인지, 새인

지, 청년인지 장년인지를 정하는 것이다. 문제는 어느 누가 보고, 듣고, 느끼고, 냄새 맡는다는 것은 부분적으로는 '당장의 감각경험'(immediate sensory experience)과, 동시에 '축적된 과거의 경험'과 '기대'에 의존하는 것이다. 그러므로 관찰이란 필연적으로 같은 대상을 보고 있는 여러 관찰자가 같은 경험을 한다는 의미에서 '객관적'이 아니다.

두 번째는 첫번째 논쟁의 연장 이상일 수는 없는데, 하나는 대상을 보는 여러 관찰자가 그들의 경험에 관해 서로 상이한 관찰언명을 구성할 것이라는 것이다. 비록 각자의 지각적 경험이 과거의 경험으로부터 독립된 것이라는 점을 인정한다 하더라도, 그들이 하는 공공연한 언명은 기왕에 있는 이론적 이해를 참조하지 않고 표현될 수 있는 것은 아니다. 앞에서 말한 간단한 언명조차도 기초이론을 전제로 하고 있다. 예를 들어 '색깔'이라는 단어는 몸에 따라 체온이 다를 수 있다는 것을 깨달은 것을 전제하며, "심실이 수축된다"는 혈액을 운반하는 기관으로서의 심장에 관한 지식을 이미 전제하고 있다. 여기서 중요한 것은 이론이 관찰에 선행된다는 것뿐만 아니라 관찰의 신뢰성조차 이것이 의존하고 있는 이론의 신빙성에 의해 불가피하게 결정된다는 사실이다. 유일한 관찰언명을 입증하기 위하여 보다 기본적인 관찰언명에가 아니라 기왕에 있는 이론적 지식에 호소하지 않으면 안 된다. 그러나 문제는 우리가 갖고 있는 이론은 틀리기 쉽다는 것이며, 우리의 관찰언명은 그래서 더 틀리기 쉬운 근거에 기초하고 있는 셈이 된다. 참고로 관찰에 관해서는 인식론을 설명할 때, 그리고 조사방법론의 관찰의 장에서 다시 따로 강의한다.

세 번째는 귀납론이 안고 있는 논리적 문제이다. 이미 앞의 두 가지 논쟁에서 밝힌 바 있어서 이 문제를 재론하는 것이 필요 없게도 느낄지 모르지만, 그 중요성을 감안하여 다시 거론하면, 한 마디로 귀납적 일반화가 옳은 것으로 증명될 수 있더라도, 그 결론은 아무래도 당초의 관찰자료만 못하다는 것이다. 일반화를 보장할 수 있는 충분한 관찰언명을 언제 모을지에 관해 어떤 규칙이 있는 것도 아니고, 선행의 이론적 지식을 갖지 않고 어떤 종류의 관찰을 할 수 있을지를 확신하기 어렵다. 동시에 일반법칙과 상충되는 단일 관찰이 이론적 배경 없이 실제로 설명가능할지를 알기 어렵다. 예를 들어 밸브에 이상이 있는 심장인 경우에 혈액이 한 방향으로만 흐르지 않는다는 것을 보장한다는 법칙을 반박하기는 어려울 것이다.

귀납적 일반화를 정당화시킬 수 없다면 보다 세련된 방법, 이를테면 확률과 같은 것으로 보충해 보는 것도 한 방법이겠다. 비록 우리가 과학적 지식에 대해 완벽히 보장할 수 있는 근거를 확보하고 있지 못한다손 치더라도 적어도 우리는 조심스러운 일반화가 아마도 참인 지식을 우리에게 제공해 주리라는 것을 확신할 수 있다. 이것이 우리가 바랄 수 있는 최상의 것이고, 이것을 귀납법에 의해 얻어야 한다.

이러한 견해가 전적으로 객관적인 과학을 주장하는 극단적이고 어쩌면 순진한 듯이 보이는 주장보다 훨씬 많은 지지를 얻을 듯싶다. 그러나 대부분의 철학자들은 이처럼 모나지 않은 형의 귀납주의를 지지하지 않는다. 이유는 어떤 보편적 일반화도 무한대의 가능한 미래 상황에 관해 예측하긴 하지만, 한정된 수의 관찰언명으로부터 도출되기 때문이다. 이 일반화가 참일 가능성은 무한대로 유한대의 수를 나누어 보는 것인데, 그래서 항상 답은 0이 된다.

귀납론자들의 이와 같은 약한 입장으로부터 강한 직감적 호소력을 기대하기는 어렵다. 그러나 우리는 습관적으로 귀납적인 사고를 하는 것이 사실이다. 운전하기 전에 폭음을 하는 사람이 술 취하지 않은 냉정한 사람보다 사고를 저지를 확률은 매우 높다. 이렇게 생각하는 근거의 일부는 알콜이 확신감을 높여 주는 대신 몸의 반사적 동작이 둔해지는 메커니즘을 우리가 알고 있다는 데 있다. 같은 이유로 이 저녁에 해가 진다고 기대하는 것은 과거에도 항상 그랬기 때문만이 아니라, 우리가 천문학의 이론을 믿기 때문이다. 우리가 실제로 귀납적으로 도출된 지식이 불확실성에 근거를 두고 있다는 것을 알지만, 많은 사람들은 "우리의 심리적 구성은 귀납이 마치 논리적으로 타당한 절차인 듯이 행동하도록 강요한다"는 흄의 주장에 동의하고 있다.

귀납법에 대한 태도가 어떠하든 간에, 지식사에 괄목할 만한 성장이 이루어진 것은 새로운 사실적 자료를 거의 망라해 모으고, 그 사실로부터 일반화해서만이 아니라 오히려 급작스레 새로운 방법을 썼기 때문이 아닌가 싶다. 이를 '가설적 방법'(method of hypothesis)이라고 부른다. 왜냐하면 정보를 모으고 분석하는 것이 이미 지각된 아이디어의 지침에 의해 이루어지기 때문이다.

〈윌리엄 위웰〉

새로운 접근법은 19세기 들어서 예술적 감각이 탁월한 디바인(Cambridge Divine), 위웰(William Whewell) 및 밀의 충언을 포함해서 당시의 많은 사람들의 손에 의해 시작되었다. 그중 특히 위웰은 그의 기념비적 업적인 *The History and Philosophy of the Inductive Sciences*에서 관찰과 실험에 의한 역할을 자세히 검토하고, 과학적 지식을 전개함에 있어서 '즐거운 추측'에 관해 생각했다. 베이컨시대에 어떻게 과학이 전개되어 나가야 하느냐를 근거로 이론화가 가능했던 것을 관대한 마음으로 관찰하면서 그는 19세기 사상가들이 과학이 어떻게 나아가는가를 볼 수 있는 특권을 즐겼던 것을 확인했다. 이에 대해 위웰은 보편적으로 적용할 만큼 마땅한 귀납법이 없다고 했다. 베이컨이 모은 자료는 '참이며 적절한 개념의 수단'으로서 훌륭한 이론으로 연결될 수 있는데 이것을 가지고 가설이 관찰된 사실을 설명하기 위하여 좀더 다른 두뇌작용이 있어야 한다고 말했다. 위웰은 가설이 어떻게 구성되는지를 설명할 수 없었으나, 총명과 추측 같은 창조력에 관련된 단어를 써서 설명하였다.

> "사실 함께 묶여진다는 생각은 발견자의 총명으로 가능하다. 이 총명은 가만히 있어서 수동적으로 가르쳐질 수 있는 것이 아니라 대개는 추측으로 얻어진다. 이렇게 해서 몇 개의 임시적 가설을 구성하고 그중 바른 것을 고른다. 그러나 적절한 가설을 만들어 낸다는 것은 규칙으로 구성되는 것이 아니고 발명의 재능 없이 되는 것도 아니다."

과학적 방법에 관한 위웰의 생각은 기존의 선현들의 생각에서 크게 멀어지는 양상을 띠게 된다. 하나는 '진리'는 자연법칙에 대한 체계적 연찬으로 밝혀져야 한다는 것을 거부한 점이고, 다른 하나는 진리는 오히려 조사자의 마음에서 발견되어야 한다는 칸트류의 아이디어에 대해 그가 다른 생각을 갖고 있다는 점이다. 그가 말하는 진리는 관찰된 현상을 마음이 기술하고 설명하는 형태를 취한다는 것이다.

〈칼 포퍼〉

과학적 방법론의 진의를 가장 잘 창도한 사람이 포퍼(Karl Popper)이다. 1934년에 출간된 *The Logic of Scientific Discovery*에서 포퍼는 반증법(反證法, Method of Falsification)의 요체를 잘 요약했다. 가설은 개발되어야 하며 경험연구를 통해서 이들을 반증하여야 한다고 했다. "…시행착오의 방법 — 즉 추측과 논박, 대담하게 제시된 이론, 잘못된 것을 최선을 다해 보여 주는 것, 그리고 매우 공들인 노력이 성공하지 못할 때 잠정적인 결론을 임시로 받아들이는 것 등, 이들 이상으로 보다 나은 합리적 절차는 없다"는 것이 포퍼의 주장이다.

비엔나에서 자란 포퍼는 비엔나 서클(Vienna Circle)의 철학자들이 논리실증주의를 한참 포교하고 있을 때 지적으로 많이 성숙할 수 있었다. 포퍼가 이들과 자주 교류를 하지는 않았지만, 과학적 지식의 위상에 대한 그들의 견해는 포퍼에게 커다란 영향을 주었다. 비엔나 서클이 주장하는 입증의 원리(立證의 原理, verifiability principle)는 "의미 있는 명제는 논리와 수학의 명제이거나 경험과학의 그것"이라는 것이다. 과학적 명제의 의미는 관찰에 의해 입증될 수 있다. 그리고 이 원리로 신학과 형이상학은 비과학적이기 때문만이 아니라 비감각적이기 때문에 공격을 받는다. 그것은 이들 명제가 명료하게 입증될 수 없기 때문이다. 입증의 원리가 어떤 판단을 위한 경계의 기준으로 작용하지 못하면 논리실증주의자들은 낭패를 당한다. 이는 그럴 수 밖에 없는 것이 이 원리가 귀납논리로 입증될 수 없는 과학의 모든 일반명제를 제외시키고 있으며, 동시에 많은 경우에 풀리는 것보다 새로 생기는 문제가 더 많기 때문이다.

과학적 가설이 항상 입증될 수 있는 것은 아니며, 오히려 반증될 수 있다고 해야 옳을 것이다. 여기에 포퍼의 통찰력이 높이 평가될 소지가 있다. 그의 견해는 그 후 많은 영향을 끼쳤다. 이런 뜻에서 '현대과학적 방법'이 무엇인지를 정확히 이해하기 위하여 반증법의 논리적 근거가 무엇인지를 좀 더 알아 둘 필요가 있다.

이를 위해서는 가설적 연역법(hypothetico-deductive method)에서 말하는 가설의 정의로부터 출발하는 것이 가장 적절한 듯싶다. 여기서 가설은 '전제'(premise)로 쓰이는 어떠한 언명을 뜻한다. 여기에 포함된 논리적 함의는 관찰에 의해 얻게 되는 사실들을 비교해서 검증될지도 모른다. 이렇게 과학적 가설을 검증하는 절차는 넓은 의미로 보면 아직도 귀납적인 것이다. 다시 말해서 어떤 가설이 검증되고 받아들여질 때(반증된 것이 아님), 수용의 증거는 다음과 같은 수학적 논의의 방식(동의반복)으로 연역적인 결론을 내리는 것은 아니라는 것이다. 즉,

$$x^2-y^2=(x+y)(x-y)$$

이다. 오히려 증거는 다소 강한 귀납적인 것으로 확인된 셈이 되었다. 과학적 지식의 위치는 논리적 의미에서 연역적 지식보다 다소 낮다. 순진한 편에 속하는 반증주의자(falsificationist)들은 과학적 이론이 절대진리라고 말할 수 없으나 잘 검증된 이론에 관해서는 지지한다는 말을 할 수 있다고 시인한다.

'가설적 연역법'이라는 용어를 쓰는 가장 큰 이점은 서로 분리된 '발견의 행위'와 '정당화의 행위'를 명쾌히 구별해 준다는 것이다. 이는 위웰이 말하는 '가르칠 수 없는 총명'에 유사한 선행과정이며, 영감·상상·직감과 같은 단어로 특징지어지는 과정이다. 이는 한편에서는 정당화의 과정으로 과학적 방법의 유일한 근거가 된다. 즉 상상의 환상을 제거하고 새로운 모든 아이디어를 냉정하게 분석해서 이에 따라 논리를 전개한다. 이러한 과정에서 과학은 다른 창조적 과정과 명백하게 구분될지도 모른다. 가설로부터 결과를 연역하고 이들을 경험자료와 비교함으로써 가설은 반증되거나 입증될 것이다. 만일 반증되면 파기하고, 또 만일 입증되면 수용하는 것이다.

포퍼는 과학적 언명을 수긍하거나 거부하는 의도간의 날카로운 차이를 밝혀 큰 공헌을 했다. "모든 새는 날 수 있다"와 같은 보편적 언명을 논리적으로 입증할 수 있는 충분한 정도의 관찰 숫자란 없다. 그러나 날지 못하는 한 마리의 새를 보고, "모든 새는 날 수 있다고 말할 수는 없다"고 할 수 있다. 그러나 이는 논리적으로 불가능하기 때문에 이 이론의 참을 입증하려는 것은 무모하다. 이 이론의 허위성을 유일한 비확증 언명으로부터 연역하는 일은 가능하다.

논리의 수준과 방법의 수준에서 말하는 반증간에는 차이가 있다는 사실을 알아둘 필요가 있다. "모든 타조는 새다"라고 했을 때, 한 마리의 타조만 발견해 내도 "모든 새는 날 수 있다"는 앞의 언명은 논리적으로 반증되어

버리고 만다. 그러나 우리가 주장하기를 이 종류는 새가 아니라 깃털이 달린 파충류라고 하거나, 아니면 날 수 없으니까 새가 아니라고 주장해야 한다. 불가능한 거짓증거를 거부하는 것을 우리가 못하게 하지는 못한다. 포퍼가 이 고민을 건전 상식에 호소하여 풀어 주었다. 즉 우리가 불가능한 것을 추구하고 계속해서 우리의 가설을 위협하는 증거를 재해석하는 일을 반복한다면, 우리는 곧 과학적 방법을 넌센스로 만들 수밖에 없게 된다. 그러므로 우리는 가능한 한 우리의 가설을 명백하고 애매하지 않게 만들어서, 논박에 의해 엄격히 검증받도록 해야 할 것이다. 명백하고 간결한 가설은 애매한 것보다 훨씬 쉽게 반증될 수 있을 것이기 때문이다.

이 점이 매우 중요하다. 포퍼가 이것으로 과학과 비(준)과학의 경계의 기준을 만들었기 때문이다. 과학적이려면, 가설은 논리적으로 반증가능하여야 한다는 것이다. 즉 적어도 원칙으로는, 가설과 상충되는 상상할 수 있는 관찰언명이 있어야 한다. 하비가 혈액의 움직임에 관해 말하던 가설은 이런 의미에서 쉽게 반증된다. "바로미터처럼 수직 수은주의 높이는 이를 받치고 있는 공기바다의 무게에 비례한다"라는 토리첼리(Torricelli)의 가설도 마찬가지이다. 반증될 수 없고, 그래서 결과적으로 유익한 내용이 없는 언명은 동의반복에 빠지는 수학적 명제나 정의 같은 것일 수밖에 없다. 이를테면 "정삼각형의 각은 각기 60도이다"라는 것과 같다. 아니면 아주 애매한 주장 같은 것도 반증되기 어렵다. 즉 "중순쯤에 귀인이 나타나 사업이 회복될 것이다"와 같이 운수점에나 나오는 말 같은 것이 여기에 속한다. 그리고 "낮은 세율의 직접세가 바람직스럽다"와 같이 어떻게 해야 한다는 규범적 언명 같은 것도 이에 해당한다.

이런 구별 때문에 반증주의자들은 아주 민감한 영역으로 들어 가게 된다. 예를 들어 포퍼 자신은 프로이드의 정신분석은 이 이론이 개인이 할 수 있거나 경험할 수 있는 모든 것을 설명할 수 있기 때문에 명백히 과학이 아니라고 주장한다. 여기에는 진짜 과학적 이론은 그 반대라는 의미가 담겨 있다. 즉 세상에 관해 제한된 주장을 함으로써 과학은 발생할 가능성이 있는 대부분의 것을 제외하고, 또 제외할 것이 발생한다면 스스로 제외되는 것과 같은 것을 뜻한다. 맑스의 역사이론에 관해서도 마찬가지 이야기를 할 수 있다. 물론 이미 반증되고 또 계속 유지된다는 문제보다 이는 반증의 문제가 아니라고 비평가들이 반박할지도 모른다. 그러나 그의 지지자들은 방법론적으로 계속 보완해서 이 이론에 빠져 있고, 따라서 그들에게는 적어도 반증된 것은 아니라고 비칠 수도 있다.

이처럼 독특한 논쟁도 있으나 이를 일단 제쳐놓고 나면, 반증주의자들에게 이론은 아직 비록 반증되지 않았더라도 반증됨으로써 과학적 지식체의 한 부분이 된다고 말할 수 있다. 반증될 수 있는 것을 이론이라고 말하는 것은 견문을 넓혀 주는 유익한 내용을 가지고 있으며, 보다 유익할수록 보다 반증가능하다고 말하는 것이다. 보다 반증가능할수록 그 이론은 좋은 것이다. 그래서 과학자가 할 일은 조심스럽기보다는 과감하게 추측하고 억측까지 해 보는 것이다. '명제의 대담성'이 곧 일반성의 척도라는 것이 포퍼의 생각이다. 왜냐하면 보다 일반적인 명제가 반증될 기회가 훨씬 더 많기 때문이다. 예를 들어 가스의 압력과 양 사이의 상반되는 관계에 관한 일반법칙은 공기 자체에 관해서만 말하고 있는 특수법칙보다 훨씬 더 반증될 가능성이 높다. 만일 공기를 가지고 하는 실험으로 이들 관계가 상반되지 않는다고 입증해 버리면 특수·일반법칙 모두가 반증되어 버리고 만다. 그러나 그 반대는 진이 아니다. 왜냐하면 산소나 질소만 가지고 하는 실험은 일반법칙은 반증시키지만 특수법칙은 그대로 내버려 두기 때문이다.

포퍼는 이론을 반증하는 일이 과학의 정수라고 생각했다. 실제로 이 순간에 지식의 덩어리는 자란다. 성장과 진보의 개념은 중요한 것이다. 귀납론자에게는 관찰을 많이 한다는 것이 매우 중요한 일이며 이로부터 귀납하여 과학을 진보시켜 나간다는 사실이 더 중요하다. 반면에 반증론자는 관찰이 이론에 뒤질 수밖에 없다고 생각한다. 많은 관찰을 하고 난 후 초기이론을 반증하는 용감한 상상을 함으로써 진보가 이루어진다고 생각한다. 물론 반증만 된다고 충분한 것이 아니고 그 수가 늘어서 일반화될 정도까지 되어야 한다.

그러나 한 이론이 반증되었는지의 여부를 정하는 것은 간단한 일이 아니다. 이유는 두 가지이다. 하나는 과학적 지식체가 되기 위해 검증을 받은 가설은 이미 별도로 검증과 나름대로 지위를 갖춘 하나 또는 그 이상의 보조가설(auxiliary hypothesis)에 의존하고 있다는 것이 문제이다. 보조가설은 때로 분명치 않고, 새 가설의 논리적 지위를 정하려는 시도에서 새 가설이나 보조가설이 확인되었는지 논박되었는지를 확실히 알 길이 없다는 것도 답답한 일 중의 하나이다.

보조가설의 중요성을 보일(Robert Boyle)의 가스이론과 관련해 설명하면, 압력과 양의 산물이 상수라는 그의 법칙은 무한대의 경험적 예측을 가능케 해 준다. 이 예측은 가설을 지지하기도 하고 거부하기도 한다. 그러나 엄격한 의미에서 이는 지나치게 단순화한 것이다. 이유는 주위환경에 의해 생긴 압력에 관한 토리첼리의 보조가설에 의존하고 있기 때문이다. 만일 압력이 수은에 의해 밀폐된 공기에 대해 실험적으로 가한 수준에 미치지 않는다면 압력과 양의 산물은 변할 수밖에 없다.

실제로 반증주의자들은 보조가설은 참이며, 그래서 논리에 의해 새 가설의 위치를 검증하는 것이 가능하다고 전제하는 경향이 있다. 예를 들어 만일 가설로부터 연역된 예측이 거짓으로 판명된다면, 그 가설은 잘못되었다고 하지 않을 수 없다. 그러나 주어진 가설로부터 연역된 예측이 하나 또는 그 이상의 경쟁관계에 있는 가설로부터 똑같이 도출될 수도 있다. 이들간에 마땅한 것을 고르는 일은 쉬운 일이 아니다.

비록 논리적으로 엄격한 정당성이 있는 것은 아니지만, '단순성의 원리'(principle of simplicity)는 모든 과학자들 사이에 널리 수용되고 발전되었다. 이 아이디어가 반증주의자들의 주목을 끌었는데, 그것은 가설이 단순할수록 보다 반증될 가능성이 많기 때문이다. 예를 들면 우리가 가스의 양과 압력간의 관계를 검토하고 그 결과를 그래프로 그려 부(否)의 직선을 나타낼 수 있다면, 우리는 이것이 양과 압력이 반비례한다는 가설을 확인했다고 결론을 내릴 가능성이 있다. 그러나 여러 번 실험을 하지 않고도 그래프의 한 점이 실제로 이상하게 복잡한 선과 만날 가능성은 얼마든지 있다.

한 이론이 반증되었는지를 정하는 데 있어서 야기되는 두 번째 문제는 앞서 지적한 대로 논리수준에서의 반증과 방법론수준에서의 반증간에 차이를 구분짓는 문제이다. 하나의 이론이 다른 예측으로부터 이미 실제적으로 확인되었을 때, 새 이론의 실패가 이를 반증하는지를 우리가 어떻게 정하겠는가 하는 것이다. 이에 관하여는 유명한 예가 있다. 우라누스(Uranus) 혹성이 따르는 궤도는 "모든 것을 망라할 수 있다"고 뉴턴의 방정식이 예측하지 못했다. 뉴턴의 법칙에 대한 성가는 이미 나 있었던 터인데 한 가지 사실을 설명치 못한다고 해서 즉각 거부해 버릴 수는 없는 일이다. 대신에 아직 알려지지 않은 혹성 때문에 분명히 우라누스가 비정상적으로 움직인다고 대담하게 예측하는 것이 옳을지도 모른다. 이것은 그 후 꾸준히 탐구하여 해왕성(Neptune)을 극적으로 찾아 내는 데 성공했고, 따라서 새로운 상황에서 뉴턴의 이론은 우라누스의 궤도를 정확하게 예측하여 보다 더 광범위한 지지를 얻게 되었다.

반증주의자들이 쓰는 용어 중에 임시가설(ad hoc hypothesis)이라는 것이 있다. 이것은 주이론의 논박을 회피하는 데 목적이 있다. 예를 들면 파스칼(Blaise Pascal)은 프랑스 중부에 있는 Puy de Dome의 정상에 바로메타를 들고 올라가 공기바다의 무게에 관한 토리첼리의 아이디어를 검증했다. 동시에 그는 아리스토틀리안이 말하는 개념, 즉 자연성과 진공이 서로 맞지 않는 상극이기 때문에 수은이 수직 튜브에 남아 있다는 개념을 반증하려고 하였다. 결과적으로 후자의 가설은 거부되었다. 이유는 수은의 높이는 산으로 높이 올라갈수록 떨어지기 때문이다. 그러나 이에 깊이 간여하고 있는 사람 등 몇몇이 주위의 압력이 아니라 오히려 자연의 강한 자극성이 고도에 역으로 작용한다는 임시가설을 소개했을 뿐이다. 이런 식으로 하면 진리에 대한 회의가 생기고 과학에 대한 흥미가 반감될지도 모른다. 여기서 과학의 윤리문제를 외면할 수 없게 되는데, 과학자들이 임시방편에 익숙해지지 말고, 반증당하면 이것을 의연히 받아들여 과학적 지식의 진보에 기여한다는 자세를 갖추는 것이 결국 과학의 도덕성을 지키는 길이라고 생각해야 할 것이다. 다만 가설을 검증한다는 것이 생각만큼 엄격한 것이 아니라는 것도 알아 둘 필요는 있다. 가설을 확인하는 정도라든가, 심지어 가설이 확실히 입증되지 않는다고 해도 어느 정도의 지지는 받게 된다는 점도 새겨 둘 필요가 있다.

동시에 '대담한 가설'과 '조심스러운 가설'의 차이를 구분하는 것도 크게 도움이 된다. 대담한 가설은 확인하는 것이 반증되는 것보다 훨씬 중요하다. 대담한 가설은 정보와 예측력에서 강하고 일단 확인되고 나면 예전에는 생각지도 않았거나 또는 전혀 가망이 없던 바를 과학에 보태 주는 결과를 낳는다. 해왕성의 발견이나 하비의 혈액순환에 관한 발견과 같은 것이 이 경우이다. 그러나 대담한 가설을 반증해도 과학 전반에는 별로 큰 기여를 하는 것은 아니다.

한편 조심스러운 가설에 대해서는 반증이 확인보다 더 중요하다. 예를 들면 물체는 이에 가해지는 힘의 결과로 움직일 수 있다고 아리스토틀리안의 물리학자들이 한 주장은 지적 위험부담이 없는 것이라고 생각했다. 그러나 뉴턴 이후 물리학들은 이것이 잘못되었다는 것을 알았다. 이것은 자명한 전제에 근거하기 때문에 이에 관한 논박은 특히 유익했다. 그러나 조심스러운 가설을 단지 확인하는 것은 이미 잘 알려진 바를 약간 지지하는 폭이므로 하찮은 일에 속할 수도 있다.

지금까지 우리는 이론이 관찰에 선행하는 것을 확인함으로써 관찰의 이론내재성(theory-laden nature of observation)에 관한 귀납론자들의 문제를 반증주의자가 극복했음을 보았다. 동시에 관찰로부터 도출한 이론을 검증하는 것으로부터 관찰을 설명하기 위해 생각했던 이론을 논박할 수 있는 것도 알았다.

그러나 이론이 반증될 수 있다는 주장은 그 자체 문제가 없는 것이 아니다. 타조를 발견한 것이 "모든 새는 날 수 있다"는 단순한 주장을 논리의 수준에서 필연적으로 반증하는 한편, 모든 주장이 수많은 보조가설에 의존해 있기 때문에 우리가 실제 과학에 들어가면 상황은 헤아릴 수 없을 정도로 복잡해진다.

반증주의의 핵심에는 또 다른 약점이 있다. 결코 결정적이 아니면서 입증하려는 의도와 실제는 가능한데 이론을 반증하려는 의도간에는 본질적으로 질적인 차이가 있다는 것이다. 그렇지만 관찰언명이 이론내재적이라는 귀납주의에 대한 경우는 역시 같은 식으로 반증주의자들에게도 타당할 수 있다. 다시 말해서 이론의 관찰적 예측이 지시하기를 이론이 반증되었다면, 이는 관찰언명이 믿을 만한 경우에만 그렇다는 것을 우리는 확신할 수 있다. 그러나 전체로 믿을 만한 관찰언명은 실제로 있지 않아 우리는 어느 이론이나 관찰언명이 틀리는지를 말할 길이 없다. 그래서 엄격히 말하자면 이론을 반증한다는 것은 입증한다는 것만큼 분명치 않다고 해야 옳을 것이다. 이렇게 되면 '과학적 방법'은 아주 애매한 지적 유희가 될 수도 있다는 경구를 마음 속에 새겨 놓고 과학적 연구에 임해야 한다는 결론에 도달한다. 그러나 수많은 실천과학자들에게는, 우리가 이론을 증명한다거나 못한다거나 하는 주장이 전혀 다른 성질의 것이라는 것도 알아야 한다. 어쨌든 과학자들은 자신이 하는 과학의 신뢰성을 믿음으로써 연구의 보람을 느낀다.

그리고 귀납주의와 반증주의간의 논쟁은 난해한 철학의 문제가 아니라 과학사로부터 직접 도출된 것이다. 귀납주의자와 반증주의자들이 과거로부터 습관적으로 예제를 끄집어 내지만, 다윈의 진화론처럼 가끔 서로 양립될 수 없는 이론을 설명하는 데 쓰이는 일이 생긴다. 또 다른 예가 오직 하나의 이론에만 맞거나(귀납주의에 대한 멘델의 유전학, 반증주의에 대한 하비의 생리학), 또는 어디에도 맞지 않는 경우가 생긴다(코페르니칸 혁명에 대한 약간의 해석들). 그래서 과연 과학적 방법이란 있는 것인가에 대한 강한 의문과 회의가 일게 된다. 아마도 역사상 동시에 또는 상이한 시기에 과학자들이 각가 다른 방법을 쓴다는 말이 오히려 적절할지 모른다.

지난 20년 동안 포퍼의 영향으로 개개의 이론과 제한된 경험자료간에 서로 교차하는 관계 때문에 생기는 과학의 아이디어로부터 벗어나려는 움직임이 분명히 있었다. 개별과학의 역사를 하나씩 돌이키면 과학의 성장은 반증주의자와 귀납주의자들만의 몫이 아니었고, 오히려 오랜 시간 동안 '구조적 총체'(structured wholes)가 특별한 유기체적 계속성을 가짐으로써 이루어진 것이라는 사실을 알게 된다. 그래서 예를 들면 코페르니크체계의 성장과 더불어 천문학의 발달이 수십 년에 걸쳐 프로그램된 상태로 전개되었다는 것을 알게 된다. 가스의 압력과 양에 관련된 보일의 법칙으로 연결되는 업적과 함께 물리학의 경우에도, 다윈의 종의 기원까지 또 그 이상으로 발달한 생물학의 경우에도, 열소이론(熱素理論)과 그 후 발견된 산소와 더불어 화학의 경우에도, 모두 사정은 매한가지이다. 과학이 진정 어떠한 것인가에 대한 답을 하려면 지금까지 오래 끈 발달사에서 모든 것이 한두 개의 가설과 관찰에 의해 이끌어진 것이 아니라 이들을 한데 모은 '총체'가 이끈 것이라는 점을 알아야 한다. 이에 관해 두 가지 대표적인 이론을 다음에 소개하기로 한다. 그에 앞서서 다른 차원이지만 포퍼의 주장 한 가지를 더 소개하는 것으로 마치려고 한다. 그것은 방법론의 경지를 넘어 주장한 '비판적 합리주의'(critical rationalism)인데, 도구적 합리주의(instrumental rationalism) 내지는 공리주의(Utilitarianism)를 논박하는 입장이다. 그것은 좋은 것(경제성장)을 추구하면서 어두운 그늘(환경공해, 범죄, 비리 등등)을 많이 만드느니보다 어두운 그림자부터 없애자는 것이다. 우리 나라의 현실에 많은 시사를 주는 것인데, 정작 정부의 정책가들이 귀를 기울이지 않아 오늘날과 같은 비리와 부실공화국을 자초하고 말았다.

〈토마스 쿤〉

쿤(Thomas Kuhn)과 패러다임은 떼어 놓을 수 없는 관계이다. 쿤의 『과학혁명의 구조』(*The Structure of Scientific Revolution*)를 읽지 않으면 대학생이 아니라고 해도 과언이 아닐 정도가 되었다. 이 책은 이화여대의 조형과 숙명여대의 김명자, 두 교수에 의해 각각 번역되었다. 역사 때문에 과학에 유기체적 성격을 부여하였다고 하여 이를 규명하려는 첫번째 시도가 쿤에 의해서 이루어졌다. 과학을 보는 쿤의 입장은 과학자 개인을 보려는 것이 아니라 공동체로서의 집단을 보려는 것이다. 패러다임은 '모델'이나 '예제'(examplar) 이상의 것으로서 '주어진 분야에서 생각하고 행동하는 모든 길, 즉 위대한 연구의 전통'이라는 뜻을 내포하고 있다. 그 학문분야에서 준거하는 가장 기본이 되는 생각이라고 이해해도 좋다. 일반적인 예로 물리학에서는 뉴턴의 메카니크스(지금은 양자역학쪽으로 비중을 옮겨 갔다), 화학에서는 원자개념(이것도 정보화사회에서는 디지털로 바뀌었다), 그리고 생물학에서는 진화론 같은 것을 들 수 있다. 보다 구체적이고 특수한 예로는 코페르니쿠스 전과 후에 천문학자들이 가졌던 해와 혹성의 위치에 관한 것이나, 멘델의 업적으로부터 나온 특성의 유전질에 관한 아이디어 같은 것을 들 수 있다. 이를 사회과학쪽으로 유추하면, 정치학은 권력, 행정학은 능률, 심리학은 마음, 지리학은 그리니치 천문대 등과 같은 것이 각 학문분야의 패러다임이다. 또 오늘날에 와서는 과거의 물리학적 기계론의 패러다임이 생물학적 지각론의 패러다임으로 바뀌었다고 한다. 생물학적 지각론의 패러다임에서는 '부분이 곧 전체'라는 인식을 가져 과거에 부분이 모아져서 전체가 된다는 생각을 극복하고 있다. 지방이 모여 국가가 되는 것이 아니고 지방도 어엿한 하나의 독립된 개체로서 지방국가라는 개념과 일맥상통한다. 패러다임에 관하여는 다시 '개념'을 설명하는 대목에서 일부 반복된다.

쿤에 의하면, 패러다임은 과학의 구조 전체(structured whole)를 보여주고, 동시에 학문집단(academic community)의 연구활동에 지침을 제공한다고 한다. 그것은 패러다임이 배경, 법칙 그리고 이론의 전부를 대표하고 있기 때문이다. 여기서 이론은 특히 마치 참인 듯이 과학자들에게 가르쳐지고 또 과학자 집단에서 수용하는 그런 이론이다. 쿤은 수수께끼(puzzle)를 풀기 위해 학문집단의 작업을 존중했고, 또 이 활동의 합이 그가 말하는 정상과학(正常科學, normal science)을 구성하게 된다. 패러다임 안에서 작용하며 그 권위에 대해서 의문을 제기치 않는 정상과학은 다분히 누적적인 과정을 거쳐 정립된다. 제한된 의미이지만 이런 뜻에서 쿤은 귀납주의자에 가깝다. 그러나 묵시적으로 그는 모든 관찰이 이론내재적이라는 입장을 근본적으로 반대한다. 그들은 패러다임에 의해 결정된다는 것이 쿤의 생각이기 때문이다. 이렇게 과학을 전체적으로 조감하는 그의 입장은 기존의 귀납주의나 반증주의의 입장에서 크게 벗어나는 것이기도 하다.

정상과학만이 누적적인 것은 물론 아니다. 다른 것도 오랜 연찬 끝에 무엇을 이루어 내는 것이다. 정상과학이 주로 염두에 두는 것은 새로운 현상이나 실제로 신기한 것을 추구하는 것이 아니다. 패러다임을 정교하게 하는 이른바 '닦아 내는' 작업을 정상과학의 주요 성격이라고 쿤은 말했다. 패러다임에 몰두한 쿤은 이론을 논박하는 일에 그리 관심을 갖지 않았고, 따라서 방법론으로서의 반증주의를 명시적으로 거부했다. 이에 대해 포퍼는 정상과학의 존재는 인정하나, 이는 아주 나쁜 과학이라면서 이를 거부한다고 답했다. 포퍼는 아마도 정상과학을 빅토 유고가 가차없이 통렬히 비난한 바 있는 '지적 프롤레타리아'(과학을 직업으로가 아니라 단지 먹고 살기 위해서 하며 동시에 매우 보잘것없는 과정을 거친 연구자를 지칭한다)들이 하는 것쯤으로 생각했는지도 모른다.

그러나 정상과학론 자체가 문제가 없는 것은 아니겠지만, 패러다임이 있고 없고가 그 당해 분과학문의 안정성과 성숙성을 가늠하는 기준이 되는 것이 사실이다. 패러다임은 과학과 비과학간의 경계를 긋는 기준이기 때문이다. 정치학·행정학·사회학 등 대부분의 사회과학은 많은 양의 경험적 자료를 축적하고 있으면서도 이론이 설명도 예측도 해 주지 못해 매우 미약하다. 물리학이 고도로 명료한 이론적 전통을 가지고 대부분의 관찰자료를 설명해 주며 동시에 실천가들에게 큰 도움이 되는 점과 크게 대조된다.

패러다임 자체는 매우 안정적인 속성을 지닌다. 그러나 그 자체 변하지 않는 것은 아니다. 만일 패러다임에 변화가 일어났다면 정상과학에 눈이 익숙해진 사람들에게는 매우 큰 변화로 보일 것이다. 쿤은 과학사에서 혁명적 패러다임의 전이에 주목하고 이것이 과학적 진보의 원천이라고 강조했다. 패러다임의 혁명적 변화에 관한 예로 흔히 드는 것이 광학(Optics)이다. 뉴턴까지는 빛이 물질의 미립자로 구성되어 있다고 믿었다. 19세기까지는 빛은 파장운동이라고 간주될 정도로 패러다임이 바뀌었다. 그러던 것이 빛은 입자도 되고 파장도 된다는 것으로 밝혀졌다. 얼마나 커다란 변이(anomaly)인지 모른다.

성숙한 과학에서 그 집단이 패러다임에 대해서 하는 일종의 약속이나 기여는 아주 강하다. 따라서 이러한 이유 때문에 기왕에 잘 있었던 패러다임이 몰락하거나 보다 나은 것으로 대체되는 사건이 발생하면 이는 정치적 격변처럼 상처가 깊다. 쿤에 따르면 새로운 발견은 변이를 깨닫는 데서부터 시작한다고 한다. 정상과학의 위치나 권위 때문에 초기에는 저항을 받게 마련이다. 두 개의 전혀 다른 패러다임의 공존 가능성도 물론 있다. 천문학과 같은 고도로 정량화되고 명료한 과학에서조차도 경쟁관계에 있는 패러다임이 공존한다. 경제학에서 재정금융정책을 통해 정부가 경제를 요리할 수 있다는 생각(케인지안)과 '합리적 기대'(rational expectations)를 갖고 있는 국민이 정부보다 훨씬 더 현명하다는 논쟁(시카고대학교 경제학과의 루카스(Robert Lucas) 교수가 이 주장으로 1995년도 노벨 경제학상을 받았다)이 끊이지 않는 것도 같은 맥락의 이야기이다. 천문학에 관해 한 말이지만 쿤은 이를 "다른 세계에 살고 있다"라고 표현한 바 있다.

과학적 혁명은 '종교적 대화'와 같은 것이라고 생각하는 것이 이해에 도움이 될지 모른다. 같은 자료에 대한 다른 해석—마음은 이미 다른 길로 가고 있는 것과 같은 것이다. 변화는 오랜 누적에 기반을 두다가 극적으로 오면서 새로운 세계관으로 완성된다. 마치 사람이 갑자기 깨우친 것과 같은 상태이다. 종교적 해탈이라고 표현할 수 있을지 모른다.

변화 후 개인은 같은 세계를 마치 달라진 것처럼 알고 대한다. 쿤이 과학적 혁명을 정치적인 것과 견준 것이 바로 이러한 이유에서이다. 새로운 변화는 특수분야에서 새로운 사람들의 손에 의해 이루어지며, 옛 패러다임은 창도자가 사라지면서 자연히 멈춘다. 이를 플랑크(Max Planck)는 "새로운 과학적 진리는 반대자를 설득시키면서 등장하지 않는다. 오히려 반대자는 서서히 사라지고 새로 등장하는 세대가 처음부터 진리에 익숙해진다"라고 표현했다.

위에서 알 수 있듯이 포퍼와 쿤 사이에는 근본적인 차이가 있다. 쿤은 패러다임이 자연과 비교해서 반증돼 거부되는 것이 아니라, 자연과 비교하고 대체되는 패러다임과 비교하고 나서 거부된다고 말했다. 과학자들은 단순히 현재의 패러다임에 지나치게 개입해서 단지 변이만을 이유로 이를 거부치 못한다. 그래서 과학과 연구를 거부한다는 것이 불가능하다는 점이 여기에 함축되어 있다. 그래서 과학자가 패러다임을 거부한다는 판단은 항상 다른 것을 받아들이는 것과 동시에 이루어진다. 쿤에게 있어서 형태의 이동(Gestalt shift)은 근본적으로 비합리적인 심리적 과정이며, 엄격한 논리적 논쟁이 변화를 설명해 주는 것도 아니며, 결국 다른 것에 대항해서 한 패러다임을 방어하는 것도 아니다. 이는 물론 논리적 논쟁이 전혀 개입되어 있지 않다는 뜻은 아니다. 오히려 혁명적 위기가 직감적 판단으로만 해결될 수 있는 형이상학적 전제와 여러 가지 근본적 기준을 없애 버린 면이 없지 않다.

새 패러다임이 구 패러다임에 비해 우월하다고 판단하는 명확한 이유도 없으면서, 쿤은 끈질기게 과학의 성장을 확신했다. 이것이 그의 비합리적 요소임에도 불구하고 그의 이론의 핵심부분이다. 정상과학에서 새로운 수수께끼가 풀릴 때마다 과학은 큰다. 또한 새로운 패러다임이 새로운 질문을 던지고 상이한 관찰과 실험기법을 제의해서 수수께끼를 성공적으로 풀어감에 따라 혁명이 일어나 과학은 자란다. 물리학에서 아인슈타인의 혁명에 의해 과학이 발달했다고 믿는다. 그것은 뉴턴이 푼 수수께끼가 아인슈타인에 의해서도 풀렸기 때문임을 알아야 한다.

〈임마르 라카토스〉

라카토스(Imre Lakatos)는 연구프로그램(research program)을 주장한 것으로 유명하다. 과학이 구조적 유기체의 전체로 구성되어 있다는 견해가 바로 그것이다. 1970년의 일이다. 쿤의 책이 처음 나온 것이 1968년의 일이니까 거의 비슷한 시기에 주장되었는데 인구에 회자되기는 쿤이 훨씬 잦은 편이다. 그는 방법론적 반증주의(methodological falsificationism)에서 연구프로그램으로 이어지는 이론의 연속에 관해 계속 강조했다. 연구프로그램은 과학자들에게 추구할 것과 안할 것에 관해 지침을 준다는 것이다. 추구하지 말아야 할 것은 프로그램의 부정적 교시(negative heuristic)를 구성해 준다. 이 교시는 오랜 시행착오의 과정을 거쳐서 만들어진 것이다. 이를 하드 코아(hard core)라고도 해서 보조가설로 둘러싸여 일종의 신성불가침과 같은 지위를 누린다. 하드 코아를 보호하는 보조가설은 수시로 검증되며, 새로운 변이를 수용하기 위해 추가된다. 그런 가운데 보조가설이 입증되면 연구프로그램은 진보하고 그렇지 못하면 퇴보한다.

진보적 연구프로그램의 예로 라카토스는 프라우트(William Prout)의 과감한 이론을 든다. "모든 요소의 원자가(原子價)는 전체 숫자여야 한다"는 것이 이 이론이다. 프로그램의 하드 코아는 모든 원자는 수소원자로 혼합되고, 프라우트의 프로그램은 '보호띠'(protective belt)가 부적절하다는 것으로 변이를 설명할 수 있었다. 그래서 일단 서로 대립되는 견해로 염소의 원자가가 35.5라는 관찰을 거짓이라고 반증하고 나면, 방어를 위한 질문은, "그 염소는 순수한 화학요소인가?"라는 식으로 묻게 된다. 프라우트파는 분석화학의 기법에 혁명을 가하여 이론적 기반을 논박하였지만 원자의 구조에 관한 새 아이디어가 20세기 초에 등장하여 프라우트 가설의 새로운 활로가 생겼다. 그것은 문제를 풀기 위해 변이를 긍정적으로 수용한 것으로서, '긍정적 교시'(positive heuristic)로 가능했다.

라카토스는 긍정적 교시의 특수 예로, 뉴턴이 발전시킨 혹성계의 중력이론을 든다. 뉴턴은 점과 같이 정지된 태양의 주위를 타원형의 궤도로 움직이는 점과 같은 혹성의 단순한 모델을 생각함으로써 역비례 자승법칙에 도달했다. 그러나 이 모델은 자신이 주장하는 운동의 제3법칙(하드 코아의 일부)과 상충되어 중력의 중심에서 회전하는 태양과 혹성으로 대체시켜야 했다. 그리고 나서 이는 다시 태양만이 아니라 혹성이 유인되는 현실적인 지위에 적용하도록 되지 않으면 안 되었다.

프로그램의 진보적 발전은 수학으로 가능하다. 라카토스는 뉴턴이 긍정적 교시의 영향에 따라 이 수학의 문제를 풀었다고 설명한다. 이는 변이에 일일이 대응하는 것이 아니고 하나라도 큰 것에 대응하는 것이다. 긍정적 교시는 과학자들을 이런 식으로 보호한다고 말한다. 뉴턴의 혹성계의 예에서 우리가 알게 된 것은 관찰자료를 검토하면 몇 개의 변이가 이 모델로 설명될 수 있다는 것을 알게 되고, 반면에 설명되지 않는 변이는 또 그런대로 자극이 되어 새로운 이론을 개발하는 계기를 마련해 준다. 한편 긍정적 교시는 실천적 연구정책을 제한해 주기도 한다. 예를 들면 망원기술의 향상이라든가, 실험실에서 중력을 감각하는 것과 같은 연구가 그것이다.

연구프로그램을 살리는 정당한 단계에 관해서 라카토스는 포퍼와 견해를 같이한다. 어떤 방법으로라도 하드 코아를 보호하기 위해 보호띠는 수정되게 마련이므로 전제는 임시적일 뿐만 아니라 검증할 수 없는 것이다. 그리고 프로그램이 성공하고 또 과학적이라는 의미는 연구를 이끌어 가는 질서 있고 응집력이 있는 틀이 유지되어야 한다는 뜻이다. 그러면서 검증될 수 있는 새로운 현상을 계속해서 만들어 내야 한다. 사회학이나 정신분석학이 포퍼나 라카토스에게 과학이 아닌 것은 이상의 요건을 충족하지 못했기 때문이다.

라카토스는 진보와 퇴보 사이에서 많은 고민을 했다. 별로 도움이 될 것 같지 않은 한정적 프로그램이라도 활력을 불어넣어 극적으로 재구성되는 경우도 있기 때문이다. 그러나 이러한 것을 판단하는 명백한 과학적 기준이 없다는 것이 우리의 고민이다. 연구프로그램을 찬성하느냐, 새 패러다임을 택하느냐와 같은 매우 중요한 판단에는 어쩌면 직감이 뒤따라야 하는지도 모른다. 라카토스가 쿤의 '사회 · 심리학적 틀'로부터 떨어져 나오려고 애썼다는 사실도 여기서 밝혀 놓아야 할 필요가 있다. 라카토스의 업적에 대한 평가는 크게 엇갈리나, 가장 앞서고 세련된 방법론이라고 격찬한 사람이 페어밴드(Paul Feyerbend)이다.

〈폴 페어밴드〉

우리가 지금까지 과학에 관해 한 모든 설명을 실로 엮어 보면 그 실은 '합리성'과 '진보'라고 해도 과언이 아니다. 많은 훌륭한 과학자들이 과학적 연구와 발달을 어떻게 해석할 것인가에 관해 커다란 의견의 차이가 남에도 불구하고 오래된 이론이 새 것으로 바뀌는 논리적 과정을 강조한 점에서 공통된다고 하겠다. 귀납론자나 반증론자 할 것 없이 모두가 이론을 정당화시키는 쪽에 쏠려 있었던 것이 사실이다. 반면에 발견과 창조의 논리와 방법은 역사학자, 사회학자 그리고 심리학자들의 몫이었다.

이러한 경향 속에서 페어밴드의 무정부의 원리(principle of ‘anything goes’)는 매우 이색적인 것이다. 그가 한 일은 과학에 ‘비합리성’의 물감을 채색한 것이라고 생각하면 이해가 빨라진다. 그는 한 마디로 이렇게 말한다. “도대체 지금까지 객관적인 과학적 방법이 있었느냐?”는 것이다. 지금까지 만일 과학에서 어떤 진보가 있었다면 그것은 과학자들이 인지할 수 있는 모든 합리성의 규칙을 깬 결과라는 것이다.

페어밴드는 획일적인 것을 제일 싫어했다. 획일성은 과학을 제도화해서 모시려는 이념적 음모의 산물이라고 경계했다. 그는 과학을 옛날 교회가 했던 구실과 비슷했다고 비하하기도 했다. 교조주의적 과학집단의 기준에 맞거나 동조하지 않으면 이단이 되어 ‘비과학적’이라는 상표가 붙는 것을 용납할 수 없다는 것이다.

이론을 늘려가려면 순리에 맡기는 것이 제일 좋은 방법이고, 이것이 곧 진보를 막지 않는 길이기도 하다는 것이다. 그는 실제과학에서 전통적 방법론에 맞을 만큼 만족스러운 연구가 없었다고 지적하면서 임시적인 것으로 치부해 버리거나 수사학의 연막 뒤에 감추어 버리곤 했다는 것이다. 한 예로 갈릴레이가 코페르니쿠스의 천문학을 옹호했던 내용을 든다. 갈릴레이는 달에 산이 있고 그 산의 높이는 그림자의 길이로 측정할 수 있다는 것을 그의 망원경을 통해서 보여 주었다. 그런데 당시의 망원경은 조잡한 것이어서 육안으로 관찰하는 것과 차이가 별로 없었다. 갈릴레이는 망원경으로 관찰하는 것이 보다 낫다는 점을 이론적으로 추론하지도 못했다. 그런데도 갈릴레이는 빈틈없는 선전의 방법으로 그가 받은 비판을 극복했을 뿐이다.

페어밴드가 이와 같은 생각을 갖게 된 계기는 어느 병원에서의 관찰이 계기가 되었다. 즉 어느 날 병원이 태업을 해서 의사며 간호사가 일을 거부했었다. 그런데 우연인지는 모르나 그 날 그 병원의 사망자수는 다른 날에 비해 줄어들었다. 한 마디로 의사의 진료행위가 환자를 치유해 주지 못할지도 모른다는 의심을 갖게 되었다. 그러면서 주장하기를 암의 이론은 바뀌어야 한다는 것이었다. 이유는 서양의학이 전제로 삼는 것은 인체의 성분이 생화학적 물질(chemico-physiological material)이라는 것인데 과연 그러하냐는 것이다. 그가 동양의학 내지는 동양이론에 심취한 이유가 따로 있었던 듯싶다. 그는 철저하게 연구는 자유로운 분위기에서 다른 이론과 경쟁하며 진행되어야 한다고 강조했다. 과학이 과학이려면 신비, 점성학 그리고 마술과 같은 것과 공개적으로 경쟁을 해서 이겨 냈다는 평가를 받아야 한다는 것이다.

과연 변화란 없는 것이고 존재란 부분을 갖지 못하는 것인가? 그런데 실제로는 변화도 있고 부분도 있으니 그러면 우리는 환상 속에서 살고 있다는 것인가? 진리는 숨겨진 것이니 특수한 방법으로 찾아 내야 할 것인가, 아니면 진리란 없는 것인가? 또 우리는 소수의 전문가집단이 갖고 있는 아이디어나 고안해 낸 규칙에 자신을 맞추어 살아가야 하는 것인가? 나아가 우리가 이 지구 위에 존재한다는 것과 우리가 갖고 있는 아이디어를 실제의 척도로 생각할 수 있는지, 아니면 종교적 믿음에서 묘사하는 영혼의 조건과 비교할 때 이차적인 것에 불과한 것인지? 이러한 의문은 종교적 관념이나 지식인들이 만들어 놓은 추상적 아이디어와 상관없이 우리에게 늘 의문으로 제기된다.

과학적 방법은 이들 양극의 경계에서 합리적인 적정선을 긋고 추구되어야 한다는 말로 이 장을 마칠까 한다. 과학과 종교가 경쟁을 벌이게 하거나 의문을 한없이 키우면 정작 얻는 것은 하나도 없게 될지 모르기 때문이다. 한 가지 이상의 각기 상이한 견해를 소개하면서 걱정이 되는 것은 과학적 방법에 입문도 하기 전에 학생들이 과학적 방법에 회의를 갖는 것이 아닌가 하는 것이다. 그러나 그러기에는 과학적 방법이 우리에게 주는 것이 너무나 많다는 사실과 과학적 방법의 길이 오묘하면서 무궁하다는 말로 일단 개척의 여지를 열어 둔다.

제 3 장

인식과 논리: 분석의 세계와 경험의 세계

1. 개　관

우리는 앞의 두 장에서 방법론이 과학이자 학문의 전체체계에서 어떤 자리를 차지하고 있으며 또 하는 구실이 무엇인지와, 과학적 연구의 바탕이 되는 철학과 과학에 관한 여러 견해들, 특히 과학철학에 대한 이해와 과학적 방법에 관해 익혔다. 그런데 다시금 확인하지만 우리가 방법론을 배우는 것은 지식을 얻고자 함이다. 지식을 어떻게 얻는 것인가를 밝히는 것이다. 지식을 얻는 것은 철학의 영역에서는 인식론에 해당된다. 그리고 방법론에서 논리가 생명이라는 것은 췌언을 요하지 않는다. 따라서 우리는 앞으로 인식과 논리에 관한 철저한 훈련 없이 방법론을 거저 익힐 수 없다는 점을 분명히 할 필요가 있다. 지금까지 대부분의 방법론 책이 인식론에 관한 소개 없이 조사방법 등 기술적인 차원의 방법만 익히면 되는 것으로 생각하여 방법론의 진수에 이르지 못한 감이 없지 않다. 따라서 인식부터 제대로 해야 함은 물론이고, 그러려면 동시에 분석의 세계와 경험의 세계에 대한 이해가 뒤따라야 한다. 인식론 중 합리주의 인식론은 분석의 세계의 이야기이다. 앞의 제 2 장에서 수학의 세계라는 표현을 쓴 것이 여기에 해당된다. 반면에 경험주의 인식론은 사실의 세계 또는 경험의 세계의 이야기이다. 여기서 분석의 세계와 경험의 세계에 관한 내용을 좀더 부연하기로 한다.

우리가 살고 있는 세계는 물론 경험의 세계(empirical world)이다. 이것을 사실의 세계라고도 부른다는 것은 이미 밝힌 바 있다. 과학을 둘로 나누어 볼 때에도 경험과학 중 사회과학을 염두에 두고 하는 이야기이다. 문제는 우리가 살고 있는 경험의 세계만이 존재한다면 간단하다. 그러나 인간이 사색할 수 있는 능력 때문에 우리는 경험 이전에 분석의 세계(analytical world)를 갖게 된다. 그런데 우리의 관심은 이 두 세계의 존재 여부를 따지고 의심하려는 것이 아니라, 이 두 세계가 서로 수렴되어야 논리적으로 타당하다는 전제에서 두 세계를 어떻게 연결시켜야 하는가에 있는 것이다. 그 연결은 연역적으로도 가능하고 귀납적으로도 가능하다.

두 세계와 관련하여 몇 가지 언명(진술)의 성격에 관해서도 생각해 볼 필요가 있다. 언명에는 분석적 언명(分析的 言明)·종합적 언명(綜合的 言明)·모순대당적 언명(矛盾對當的 言明) 등이 있다. 이들 언명은 논리적인 것인가, 사실적인 것인가, 참(眞)인가, 거짓(僞)인가에 따라 나뉜 유형이다. 분석적 언명이 분석의 세계에 속하는 것이라면 종합적 언명은 경험의 세계에 속한다. 따라서 분석과 경험의 두 세계를 이해하기 위해 언명을 통한 설명이 필요할 것 같다.

어떤 이론을 정립하기 위해 사유하고 추론할 때 경험에 근거를 두고 인과관계 등을 논증하는 경우가 있고 경험과는 관계없이 순수한 사유에 의해 논리가 전개되는 경우가 있다. 결국 두 방법이 가미되는 것이지만 그 출발이 어디냐에 따라 차이가 난다. 특수한 것에서 일반적인 원리를 찾아 내려는 것인가, 아니면 일반적인 원리를 전제로 하여 특수한 다른 사실을 도출해 내려는 것인가에 따라 다르기 때문이다. 전자를 귀납적 논증방법(歸納的 論證方法)이라고 하고, 후자를 연역적 논증방법(演繹的 論證方法)이라고 한다. 두 세계와의 관련을 다시 분명히 하면 귀납적 방법은 경험세계의 사실에서 출발하여 이론정립을 위해 분석의 세계를 지향하는 것이고, 연역적 방법은 분석의 세계에서 이론을 토대로 예측을 유도하는 방법이기도 하고, 분석의 세계에서 출발하여 경험의 세계에 있는 특수한 사실과 동상유질(同像類質, isomorphism)의 관계를 형성하려는 방법이기도 하다.

그러면 분석의 세계와 경험의 세계에 관한 것은 이 정도로 하고 여러 언명과 논리에 관한 것은 인식론을 소개한 다음에 이어서 하기로 한다. 인식론의 입장들을 소개하기에 앞서 먼저 '현상에 대한 인식'에 관한 것부터 강의하기로 한다.

2. 인 식 론

2.1 현상에 대한 인식

앞에서 설명한 바와 같이 방법론의 요체를 이루는 부분 중의 하나가 인식론이다. 그것은 인간이 현상에 대한 인식과 이해를 토대로 설명하며 해석을 부칠 수 있기 때문이다. 그러면서 지식을 얻게 되고 문제도 풀어 나간다.

그러니까 현상 또는 대상을 인식하지 않고서는 설명이나 예측이 가능하지 않다. 인식하지 않고서는 인간이 사고하는 가운데 지식을 밝히지 못했을 것이고 따라서 지식사는 전개되지 않았을 것이다. "무엇을 어떻게 알게 되는가?"는 바로 인간의 존재를 인지하게 하는 가장 근본적인 질문이다. 이 일은 인간이 본격적인 사고를 시작하고 의문을 제기하며 그 의문을 풀려는 태초부터 활발히 전개되어 왔다. 그러기를 25세기를 넘기고 있다. 말하자면 기원전부터 인간의 인식활동의 중요성이 부각되면서 주의를 환기시켰고, 그 후 입장을 달리하면서 변신하는 가운데 지식사의 기둥역할을 해 왔다고 할 수 있다.

그런 인식론의 중요성을 우리가 지금껏 경시한 면이 없지 않다. 더욱이 실증주의 과학철학에 몰두했던 나머지 대상의 본질에 가까이 가지 못했던 저간의 흠을 고쳐 방법론의 철학적 기초를 새삼 다져야 할 것이다. 그리고 여기서 반드시 밝혀야 할 것은 방법론에서의 인식론에 관한 소개가 철학으로서의 인식론만 같지 못하다는 사실이다. 철학으로서의 해석학과 방법론으로서의 해석학이 구분된다는 점과 같은 논리인데, 그렇다고 이들이 본질적으로 다르다는 것은 아니다. 다만 지식을 터득하고 문제를 풀어감에 있어서 구실이 좀 다르다는 것뿐이다.

그러면 인식론 일반에 관한 이야기부터 하기로 한다. 인간은 보다 현명하게 살기 위하여 자신이 존재하는 세계를 이해하려고 한다. 이해의 근거는 인식이다. 따라서 이에 필요한 인식력(認識力, cognitive power)이 무엇인지, 그 성격을 얼마나 믿을 수 있는지 등을 알 필요가 있다. 그러나 지금 참이라고 주장했던 것이 후에 거짓임이 판명되는 경우가 많다는 데 문제가 있어 늘 고민을 안겨 주고 회의에 빠지게 한다. 따라서 좀더 깊은 이해를 촉구하는 것은 이런 이유 때문이다. 그래서인지 인식론자들은 '지식에 관한 지식의 필요성'(the need for knowledge about knowledge)을 느끼고 이를 추구한다.

인식론을 지식론(theory of knowledge)이라고도 부르는 이유는 여기에 있다. 인식론이 철학의 한 분과로서 다루는 기본적인 내용을 보면, ① 지식의 성질과 범위, ② 전제와 기초, 그리고 ③ 지식이라고 주장하는 바에 대한 신뢰성 등이므로 인식을 지식과 동일시했음을 이해할 듯하다.

전통적으로 인식론은 존재론(存在論, Ontology)과 우주론(宇宙論, Cosmology)과 더불어 철학연구에서 인기가 높았고, 또 상당한 관심을 끈 분야였다. 그러나 실증주의자(實證主義者, Positivist)와 경험주의자(經驗主義者, Empiricist)들의 영향으로 점차 퇴조하여 대학강의에서조차 경시되었던 때가 있었다. 이유는 인간의 이해를 초월한다는 것이 비현실적이기 때문이라는 것이다. 그러나 인식론은 형이상학(形而上學, Metaphysics)의 일부임에도 불구하고 다른 장르 같은 운명에 처하지는 않았다. 요즈음에 이르러 형이상학에 관한 관심이 다시 되살아나고 있는데, 이는 세상의 일반구조에 관한 관심이기 때문에 오히려 자연스러운 일일 것이다.

당초 소크라테스 이전의 철학, 그러니까 서양전통의 초기 철학자들은 철학의 인식론적 영역에 대하여 주의를 기울이지 않았다. 왜냐하면 당시의 사람들은 변화의 본질과 가능성에 관해서만 관심을 가졌기 때문이다. 그들은 자연에 관한 지식은 '얼마든지 알게 되는 것이 아닌가'고 하면서 주어진 것으로 생각했다. 그러나 이들 가운데 실제구조에 관한 지식(knowledge of the structure of reality)은 다른데서보다는 그 원천에서 오는 것이 아닌가라고 주장한 철학자도 있었다. 그래서 헤라클리투스(Heraclitus) 같은 사람은 감각(sense)의 활용을, 그리고 파르메니데스(Parmenides)는 이성(reason)의 역할을 강조하였다. 그러면서 그들 중 아무도 실재에 관한 지식(knowledge of reality)이 가능하지 않느냐고 의심해 보지도 않다가 기원전 5세기에 와서야 소피스트(Sophist)가 중심이 되어 의문을 갖기 시작했다.

기원전 5세기 때 비로소 처음으로 인간의 관습·제도·실천 등에 관해 검토하기 시작했다. 예전에는 상당수가 자연의 일부라고 생각했던 부분이 그렇지 않다고 보게 된 것이다. 그렇게 되고 보니까 자연과 인간의 규칙이나 관습 사이에 전에 없던 반명제가 나타나고 이들 사이에 경계선을 어디에 그을 것인가에 관한 의문이 제기되었다. 소피스트들은 우리가 자연에 관해 알고 있다고 생각하는 것 중 진정으로 객관적인 부분이 얼만큼이며 이들 중 얼마가 인간의 마음에서 나온 것이냐를 물었던 것이다. 실제로 우리는 자연 그대로에 관한 지식을 가지고 있는가를 스스로 물어 볼 필요가 있다. 예를 들어 프로타고라스(Protagoras) 같은 사람은 "모든 것은 인간에게 나타난 그대로이다. 나타난 것(appearance) 자체가 바로 실재(reality)이다"라고 주장했다. 이것은 "인간이 만물의 척도이다"(Man is the measure of all things.)라는 격언과 일맥상통한다. 그러나 좀더 급진적으로 표현해 보자면, 실재라는 것은 없고, 만일 있다고 해도 우리는 이를 알지 못하거나, 비록 알아도 이에 관해 우리의 지식으로 소통할 수 없다고 생각해 볼 수 있다. 이는 고르기아스(Gorgias)가 주장했던 바이다.

위와 같은 일반적 회의 때문에 전통적인 인식론이 출발했다고 생각하면 된다. 즉 지식이 가능한가의 주장을 정당화시키고 지식을 습득함에 있어서 감각과 이성의 역할을 평가해 보려는 것이다. 플라토 이전에 데모크리투스(Democritus) 같은 그리스의 원자론자는 이미 이들간의 차이를 규명한 바 있었다. 즉 하나는 물질에 관한 것으로 이들은 크기와 모양에 속하고, 다른 하나는 관습으로 색깔같이 마음과의 함수관계를 이루는 것으로 구별했다. 그러나 플라토에 와서 인식론이 제대로 탐구되기 시작하였다고 보아야 할 듯하다. 이유는 "지식이란 무엇인가?" "어디서 지식을 찾아 낼 수 있으며, 우리가 알고 있다고 보통 생각하는 것 중에서 얼만큼이 진정한 지식일 수 있겠는가?" "감각이 지식을 낳는가?" "이성이 지식을 제공하는가?" "지식과 참 믿음과의 관계는 무엇인가?" 등의 의문을 그가 본격적으로 제기했기 때문이다.

여기서 인식론이 믿음과 관련이 있음을 밝혀도 '믿는다'는 정체를 풀기는 쉽지 않다. 이를 심리학자들이 설명할 수 있다 해도 심리학은 인간이 왜 신념을 갖는가를 다루지 않으며, 또 이것이 심리학의 영역도 아니라고 말하지 않을 수 없다. 인간이 왜 신념을 갖게 되는가에 관한 근본적인 의문에 대한 답은 역시 신념을 낳는 지식의 범주 안에서 찾아야 할 것이다. 수학자들은 피타고라스정리(Phythagoras' theorem)의 타당성을 믿게 하는 근거를 제시해 줄 수 있을 것이고, 물리학자는 불확실성원리(Indeterminary Principle)

를 믿게 하는 논거를 제시할 수 있을 것이다. 비단 전문가가 아니더라도 믿을 만한 증인은 어떤 사건이 발생한 것을 믿게 할 수 있을 것이다. 일반적으로 어떤 신념이 참이고 또 근거가 충분하면 이를 주장할 만하다. 어떤 참 또는 진리라는 것은 그 분야에 마땅한 논거가 있음으로 해서 가능한 것이다. 그러나 인식론자들은 우리가 어떤 특수한 진리를 안다고 말할 수 있는지, 또는 어떻게 아는지에 관심이 있다기보다 진리 전체에 관한 지식, 또는 지식이 가능한 것인지에 관한 주장을 정당화시킬 수 있는지에 관심을 쏟는다.

지식과 진리에 대한 추구는 그 출발이 회의(skepticism)이다. 철학자들이 어떤 것이 가능하냐를 물을 때, 그 질문은 그것이 가능치 않을지도 모른다는 생각으로 그 질문의 반대로 설정되어야 한다. 지식의 가능성이 정당화될 수 있느냐는 오직 그것이 가능하지 않을지도 모른다는 가정에서만 의미가 있다. 인식론이 지식에 관한 소피스트들의 일반적 회의라는 형태의 맥락에서 출발했던 것은 그래서 우연이 아니다. 의문이 제기되기 전까지 지식이라는 것은 그렇게 가능한 것으로 의문 없이 받아들여졌기 때문이다. 그러나 일단 의문이 제기되면 그 의문에 대한 답이 제시되어야 한다. 어떻게 답이 나올 수 있는가는 그 의문의 본질에 달려 있기도 하거니와 어떤 철학자가 얼마나 그 문제에 민감하느냐의 정도에 달려 있다고도 생각할 수 있다.

그렇다면 지식의 본질은 무엇인가. 이에는 몇 가지 견해가 있다. 지식에 관한 회의의 가장 전형적인 형태는 절대적인 확신을 갖기 전에는 안다고 주장해서는 안 된다는 전제에 근거하는 것이다. 그렇게 되면 우리가 안다고 주장하는 대부분의 것에 관해 적어도 논리적으로 틀릴 수 있는 가능성이 있다는 것을 지적할 수 있다. 철학자들은 일반적으로 오류일 수 없는 것에 관해 안다고 주장하면서 그 어떤 것을 보여 주려고 애쓴다. 비록 그렇더라도 우리가 안다고 보통 생각하는 대부분의 것이 전혀 안다고 말할 수 있는 성질의 것이 아니라고 할 수도 있다. 그렇지만 이렇게 생각하고 있는 것을 좀 완화시킬 수는 있다. 다시 말해서 만일 우리가 일반적으로 알고 있다고 생각하는 것을 믿게 하기 위하여 엄격한 의미로 안다고 받아들이는 것의 논거가 충분하면 그렇게 될 수도 있을 것이다.

'확실한 지식'은 무엇인가, 이것을 우리가 알고 있다고 생각하는 것과 어떻게 연관되는 것인가 등에 관해 의문은 계속된다. 철학자들은 보통 이렇게 끌고 간다. 합리주의자(Rationalists)들은, 보통 어떤 지식을 형성하는 기본진리가 형식 또는 기하학적 체계의 공리가 정리와 관련되어 있듯이, 어떤 다른 진리와 연관되어 있다는 것을 보여 주려고 애쓴다. 반면에 경험주의자(Empiricists)들은 보통 지식을 구성하는 진리는 마치 건물이 그 기초로부터 세워지듯이 기본진리로부터 짜여질 수 있다는 견해를 취해 왔다. 그러니까 이들은 기본진리의 본질에 관해서 견해를 달리하고 있는 셈이다. 합리주의자들은 기본진리를 이성의 추론에서 찾고, 경험주의자들은 감각경험(感覺經驗, sense experience)에서 찾는다. 다른 철학자들은 진리의 어떤 구분에 따른 지식의 지위를 부인하는 정도까지 이 회의론의 일부를 수긍한다. 플라토는 그의 생애 중 부분적으로 감각경험이 지식을 전혀 제공해 주지 않는다는 입장을 취했다. 이는 곧 형상(Forms)이라고 불리는 전혀 다른 실재(entities)의 세계를 깨닫거나 익숙해지는 것이 우선이라는 주장 때문이다. 감각경험의 세계에 대해서는 우리의 경우 그저 가정해 보거나 의견을 갖고 있을 뿐이지만, 철학자들에게 이는 보편적인 주제가 되어 항상 그 정체를 풀려고 애써 왔던 것이 사실이다.

회의론을 달리 생각하면, 지식이 절대확실성을 요구한다는 기본전제에 대해 의문을 제기한다는 뜻이기도 하다. 일반적으로 말해서, 아무도 무엇에 관한 확신이 없는 한 그 무엇에 관한 지식이 있다고 주장하지 않는다. 그러나 이는 인간이 자신이 알고 있다고 주장하는 바가 절대적으로 분명치 않은 한 무엇을 알고 있다고 주장하지 않는 것과는 다르다. 실제로 지식은 이를 필수요건으로 하지는 않는다. 지식은 다만 주장에 필요한 최상의 근거만 있으면 되는 것이다. 이렇게 놓고 보면 회의론과 이에 대한 답이 지식의 본질에 관한 개념적 의문과 전혀 무관하지는 않게 된다. 지식의 개념을 이해해야 다른 인식론적 질문에 답할 수가 있다. 지금까지 많은 철학자들이 지식의 본질이 무엇인가를 주어진 것으로 받아들이면서도 그것이 무엇인가를 계속해서 말해 오곤 했다. 그런 연유로 인식론의 도정에는 많은 견해의 차이와 어려움이 있다.

이상에서 우리는 인식론을 지식론의 관점에서 회의론과 연결시키면서 주로 본질적인 면에 관해 강의하였다. 이는 인식론을 이해하기 위한 출발에 불과하다.

전통적으로 합리주의자들은 말하기를 인간은 추론하는 동물이니까 명백하고 확실성이 있는 것을 얻을 수 있다고 말한다. 그러나 지식의 세 가지 필요조건 — 즉 인간은 ① 어떤 명제 P(예: 서울은 한국에 있다)가 참이라는 것에 확신을 갖는다. ② 이 P에 적합한 증거를 제시함으로써 확신을 정당화할 수 있다. ③ 사실 P는 참이다 — 과 같은 것을 충족해도 문제는 당사자가 이를 알고 있는지를 검증할 길이 없다는 데 있다. 여기서 유명한 장자와 혜자의 대담을 소개할까 한다. 장자가 혜자와 함께 호수다리 위에서 소요할 때 장자는 "저 작은 물고기들이 놀고 있는 것을 보라. 저것이 물고기의 즐거움이다"라고 하였다. 혜자는 이에 "그대는 물고기가 아닌데 어찌 물고기의 즐거움을 아는가?"라고 물었다. 장자는 "그대는 내가 아닌데 어떻게 내가 모르는 줄 아는가?" "나는 그대가 아니니 그대가 아는 것을 내가 모른다면 그대도 역시 물고기가 아니니 물고기의 즐거움을 모를 것이 아닌가?" 장자는 "처음 우리의 대화로 돌아가자. 그대는 내가 어떻게 물고기의 즐거움을 아는가 하고 물었다. 그대가 묻는 말은 곧 내가 아는 것을 그대가 안다는 것이다. 이 다리 위에서 내 경험으로 나는 알았다"라고 하였다.

지식에는 '틀릴 수 있는 지식'(fallible knowledge)과 '틀리기 어려운 지식'(infallible knowledge)이 있다. 돈의 크기라든가, 피곤하다든가, 살고 있다는 것은 거의 절대적인 참일 수 있다. 그러나 많은 경우 인간의 능력이 미치지 못하여 틀릴 수 있는 가능성이 있으므로 탐색의 여지가 생기는 것이다.

그래서 믿을 수밖에 없다는 말을 하지 않을 수 없게 된다. 믿는다는 것은 무엇을 받아들인다는 것이다. 믿음은 성향적인 것(dispositional)이거나 발생적인 것(occurrent)이다. 즉 후자가 계속되면 전자가 된다. 음식은 영양을 공급하고, 구름은 비를 뿌리며, 불은 열을 내는 성향이 있다는 것과 같은 것이 그것이다. 그래서 인식론자들은 모든 믿음은 성향적이며(All believing is dispositional.)이며, 모든 인지(all cognition)도 성향적이라고 말한다.

믿게 하는데 논거(source of evidence)가 없을 수 없다. 제일 중요한 논거는 듣고 보는 것으로 이렇게 해서 얻은 것을 'hear-say knowledge'라고 하지만, 다음 세 가지도 알아 둘 필요가 있다. 즉 ① 감각지각, 실제로 보는 것, 만져 보는 것, 듣는 것, ② 그러한 경험에 대한 기억, 그리고 ③ 감각으로 인해 애초에 얻은 정보로부터 추론하는 것 등이다.

그러나 증거의 적절성도 문제가 되어 마음을 결정할 수 있도록 쟁점이 해결되거나 진리가 제시되어야 하는데 그것이 쉬운 것은 아니다. 가능하고(probable), 확실하며(certain), 틀리기 어려운(infallible) 지식만 얻으면 되는 것이 아닌가고, 그래서 더 이상 의심하고 회의하지 않을 수는 없는가 하고 느슨해질 때도 있지만, 인간의 탐구욕이 그렇게 만만하지는 않다.

감각지각은 이것대로 쉽지 않은 것이고, 또한 사고와 언어 그리고 추론을 중심으로 한 정신활동(mental activity)에 관한 것도 인식논의에서 빼놓을 수 없다. 인식론 일반에 관한 오리엔테이션의 마지막에 이 점에 관해 간단히 소개하고 그 다음에 합리주의와 경험주의를 중심으로 한 인식론의 내용상 변천과정을 추적해 보기로 한다.

언어는 사람의 생각을 매개해 주는 없어서는 안 될 도구이다. 언어가 없으면 손짓·발짓하며 이른바 비언어의 대화수단을 강구할 수는 있지만 아무래도 부정확하고 불편하다. 언어야말로 인간의 지적 생활에 없어서는 안 될 필수불가결한 요소이다.

인식론에서 과거와 현재의 차이를 언어학에 대한 관심의 차이라고 흔히 말한다. 즉 오늘에 이르러 언어의 정확한 구사를 강조하게 된다. 명료하고 특수하며 기술적으로 정확한 언어였으면 하는 것이고, 또 거기에 철학성을 배제하지 않는다. 언어적 명료성(linguistic precision)을 강조하게 되는 것은 "언어가 사람의 사고에서 작용하"기 때문이다(Language plays in human thinking.). 언어의 사용 없이 사고는 불가능하다고까지 생각하므로 오늘날 인식론자들에게 있어서 최대의 관심사는 '사고에 대한 언어의 영향'인 것이다. 다시 말하면 사고가 언어에 반영되는 측면만이 아니라 언어가 사고에 어떤 영향을 어떻게 미치느냐 하는 것이다. 좋은 단어, 짜임새 있는 문장을 쓰는 사람의 사고는 어떠하며, 또 어떤 생각을 전개시켜 줄 것인가 하는 것이다. 언어철학에서 대표적으로 꼽는 인물은 비트겐슈타인(Wittgenstein)이고, 행정학에서는 사이먼(H. Simon)이 *Artificial Intelligence*라는 용어를 써서 언어에 관심을 가지고 있다.

인식론에서 언어가 관심사일 수밖에 없는 것은 우리가 현상을 이해하고 해석하며 표현할 때 대개 '개념'이라는 말부터 쓰게 되는데 그 개념이 바로 언어적 표현이다. 나아가 어떤 주장을 하게 될 때 그 때의 언명이라는 것도 언어적 문장이다. 언어와 문장이 인식과 방법에서 중요치 않을 이유가 하나도 없는 것이다.

그것은 개념이 일종의 정신적 능력이기 때문이다. 개념이 어떤 목적을 가지고 있기 때문에 어떤 성향성을 띠고 있다고도 말한다. 개념이라는 것 ― 예를 들어 자유라는 개념을 상정해 볼 때 ― 때로 명백히 표현되지 않더라고, 즉 나라마다, 사람마다 해석이 달라지더라도 말한 것 자체는 명백하다는 데 중요성이 있다. 동시에 거기에는 보편성을 수반해야 한다는 주문이 따르는데 항상 그렇지는 못하지만 방법론자들은 개념부터 우주의 본질을 담을 수 있는 보편성을 추구한다. 그리고 그 일은 어려운 일이지만 반드시 이루도록 노력하여야 한다.

보편성의 문제를 논하자면 이는 형이상학의 쟁점이 되고 만다. 이 경우에 세 가지 견해가 있다. 하나는 명목주의자(Nominalists)이다. 이들은 인간에게 사물을 모으고(grouping), 나누고(classifying), 명명하는(naming) 능력이 있다고 주장한다. 현상을 설명하는 방식 자체를 보면 바로 이러한 활동들이다. 동질의 것을 모아 유형을 만들어 보고 분류하기도 하며(선진국 · 개도국 · 후진국 등) 여기에 이름을 붙여 '민주주의국가'니 '전체주의국가'니 '코포라티스트국가'니 등으로 명명해서 쓴다. 통계분석에서 요인분석(factor analysis)을 할 때 각 요인에 붙이는 이름도 이와 같은 것이다. 둘은 개념주의자(Conceptualists)들이다. 인간이 일반 언어를 쓰는 능력은 무엇이 있고 무엇이 발생한다는 것에 대한 성향적 믿음이 있음을 포함한다고 이들은 주장한다. 셋은 현실주의자(Realists)들로서 자연에서 순환을 확인하는 것이 중요하다고 강조한다. 이 마지막 입장이 지금까지 개념의 보편성을 추구하는 견해 중 통설로 받아들여지고 있다.

끝으로 정신활동에 있어서 추론에 관한 것을 간단히 언급하기로 한다. 우리가 흔히 논리를 전개함에 있어서 구사하는 귀납과 연역의 논리는 논리추론 전체 중 종(種)에 해당된다. 알려진 바와 같이 귀납적 추론은 특정 사례에서 일반적 언명을 도출하는 방식으로 유추적 추론(analogical reasoning)을 하는 셈이다. 그럼에도 불구하고 귀납논리가 느낌에서 비롯되는 영감적 추축일 수도 있어서 비논리적인 것이라는 비판을 때로 받는다.

한편 연역논리는 전제에서 타당하게 결론을 유도하는 논리전개방식이다.

귀납논리에 견주어 그 출발부터가 다르며 어느 쪽이 더 과학적이냐에 관해서는 논쟁이 끊이지 않는다. 귀납과 연역의 논리는 가추논리와 함께 다음 절에서 충분히 다시 강의한다.

어느 경우이든 우리가 여기서 알고자 하는 것은 인식론자들의 추론(inference)의 본질 자체에 대한 관심이다. 한 입장은 추론은 사고를 전개시키는 능률적인 방법을 마련해 주는 문장전환의 기법으로 인식한다고 말한다. 또 다른 입장은 추론은 사고내용(thought content)으로 시작된다고 말한다. 이들 두 견해를 모아 보면 추론 또는 추리를 한다는 것은 어떤 감각수동성(sense passive)에 있지 않나 하는 생각이 들기도 한다. 또 추리는 어떤 함의를 인식하거나 직감하는 데 대한 활동이라고도 생각해 볼 수 있다. 이유는 전제가 결론을 반드시 암시하고 있기 때문이다. 아무도 그것이 무엇을 직감하는지를 가릴 수 없으나, 직감하는 것 자체는 자유이며 마음의 활동인 것이다. 전제로부터 타당한 추론을 하면 결코 거짓 결론을 낼 수는 없다. 여기에 합리주의자들은 이성과 선험을 내세워 추리와 관련된 이성의 중요성을 재삼 강조한다. 그래서 인간의 이성은 정보의 근원이 되기도 하며, 이성은 기본개념과 원리에 관한 지식을 제공해 주기도 한다. 이때 기본개념이란 존재(being), 일체(unity), 실체(substance) 및 원인(cause)과 같은 것이다. 또 이성은 인간지식의 순수하고 선험적인 모습을 제공하기도 하면서 경험적인 것에서부터 오는 것과 달리 이들은 전통적으로 틀릴 수 없는 것이라고 한다.

오늘날 합리주의자들은 모든 지식이 이성으로 얻어지는 것이 아니라고 한 걸음 물러선다. 그러면서도 최소한의 선험성을 주장한다. 그런 가운데 '분석적 진리'(analytical truth: 용어의 의미 자체로 참이 되는), '구조적 진리'(categorical truth: 인간의 개념체계의 기초가 변할 수도 있다고 믿는) 그리고 '초월적 진리'(transcendent truth: 비경험적인)가 추구될 수 있다고 생각한다.

인식론의 근본입장은 지식을 얻음에 있어서 ① 이성(reason), ② 감각경험(sense experience) 및 ③ 개념과 언어(concept and language)들 중 어느 것도 소홀히하지 않는다. 다시 말해서 지식을 얻기 위하여 이들 세 가지가 모두 작용해야 한다는 데 이의를 제기치 않는다. 그러면서도 어느 것을 좀더 중히 여기느냐에 따라 입장이 갈리는데, 그 대표적인 것이 합리주의·경험주의·개념언어주의 같은 것이다.

인식론을 이제부터는 이들 입장(主義)의 견해에 따라 좀더 구체적으로 알아보기로 한다.

2. 2 합리주의

우리가 살고 있는 세계를 자연의 세계와 인간의 세계로 흔히 나누어 보는데, 방법론에서 대상으로 삼는 세계는 분석의 세계(analytical world)와 경험의 세계(empirical world)라는 점은 앞에서 누누이 설명했다. 이 두 세계의 분류나 마찬가지로 인식론에서 흔히 말하는 세계는 「물리의 세계」와 「정신의 세계」이다. 이들 두 분류는 항상 일치하는 것은 아니다.

합리주의는 법칙 · 구조 · 질서 등이 요체가 되는 물리의 세계를 이해하려는 것에 주력한다. 이때 물리의 세계는 질서잡히고 합리적인 것임을 전제로 한다. 피타고라스(Pythagoras)가 "모든 물질은 숫자이다"(All things are numbers.)라고 했던 말은 이를 뜻하고 있는 것이다.

합리주의도 소크라테스 이전의 고전적 합리주의에서 이런 발상들을 했었는데, 이는 플라토의 형상이론(Theory of Forms)에 잘 나타나 있다. 즉 "모든 것은 그에 참여함으로써 아름답다"(All other things are beautiful through a participation of it.)고 하여 미(美)의 형상과 함께 물질과 정의(正義) 같은 것에까지도 그 형상에 관해 논의를 했다. 이때 형상의 예로 드는 것이 일체(unity), 다원(plurality), 평등(equality), 유사(likeness), 상이(unlikeness), 운동(motion), 휴식(rest) 등과 같이 정신 · 심리 · 추상 · 구상 등 모두를 망라하나, 물 · 불 · 머리카락 · 진흙 · 먼지 등도 형상의 범주에 넣었다.

플라토는 말하기를 형상은 감각으로 알 수 없다고 했다. 감각경험은 피상적이고 속임수일 수가 있다고 하면서, 그 대신에 영혼이 현상과는 별개로 떨어져 존재하는 형상을 어김없이 알아 낸다고 하였다. 감각은 세상의 구조를 밝혀 내지 못하며 이성만이 그렇게 할 수 있다고 주장하여 고전적 합리주의를 대표한다. 따라서 합리적 지(rational knowledge)와 감각적 자각(sensory awareness)은 별개가 된다.

그런데 아리스토틀의 생각은 플라토의 견해와 달랐다. 아리스토틀은 세상의 물질은 질을 가진 정성적(定性的) 개별 존재라고 주장했다. 개별적 존재이면서 개체는 공통된 질을 가지고 있다는 것이다. 그런 것이 모이면 형상이 존재할 수도 있다고 한다. 세상이 합리적으로 질서가 잡혀 있다는 것에 동의하면서도, 그러나 자연이 합리적으로 움직여 가는지는 분명치 않다고 한다. 최고의 가치가 이성에 있는 것은 분명하며 이를 명상할 때 최대의 행복을 느낄 수 있다고 한다. 따라서 이성이 우리 안에 있는 것은 지상의 선으로 무엇과도 바꿀 수 없는 것이라고 한다.

인간의 합리성은 적극적 이성이 반영된 때 가능하다. 아리스토틀은 초월 형상의 지식이 진리를 얻는 데 필수적이라는 이론을 거부하지만, 인간이 최종의 진리를 얻을 수 있는 것은 아는 과정에 들어갈 때라고 한다. 또 어떤 발전·초월·영원·정확 등이 적극적 이성이며 이를 통해 인간은 상충되지 않는 기초원리를 알게 된다.

합리주의는 17세기 데카르트(Rene Descartes)에 이르러 꽃피었다. 자신의 수학적 배경을 최대한으로 살려서 물리세계에 수학적 질서를 투영하여 합리적으로 이해하는 것이 최대의 과제라고 생각했다. 동시에 그렇게 하는 절차 또한 주의깊게 셈하며 합리적이어서 모든 것이 의심이 가지 않을 정도로 분명하고 차이가 있어야 한다고 생각했다. 이때 분명하다는 것은 주의깊은 마음에 나타나고 확실해야 한다는 뜻이고, 차이는 모든 다른 대상으로부터 명백하게 달라야 한다는 뜻이다. 이때 마음은 이들을 틀릴 수 없는 진리로 파악한다. 그리하여 마음을 감각으로부터 분리시켜서 순수한 지성, 이성의 빛에 따라 의심할 여지가 없는 지력을 인간이 갖고 있다고 현대철학에서 생각하기 시작하게 된다.

18세기에 이르면 기존의 합리주의는 크게 변신한다. 데카르트, 스피노자(Spinoza), 라이프니츠(Leibnitz) 등 수학적 방법을 적용해야 한다고 주장했던 합리주의자들은 철학의 문제를 이러한 방법으로 다룬다는 것은 사람을 속이는 것이라는 비판을 받기 시작했다. 당대를 풍미했던 칸트의 비판철학이 영향을 끼쳤기 때문이다.

수학자와 철학자가 같을 수 없는 것은 전자가 삼각형이 무엇이며, 공리를 세우고, 정확성을 근거로 추리하려고 하나, 후자는 공간·시간·실체·인과·윤리·미와 같은 형이상학의 개념을 다루고 자신의 개념을 구성하지 않으며 경험에 대한 준비를 한다는 등의 차이에 있다.

특히 칸트는 표상적 지각(representative perception)의 교리를 심각히 고려했다. 감각경험은 물질의 현상적 지식을 제공하는 데 불과하다. 즉 겉으로 나타나는 것만을 알게 될 뿐이다. 경험한 바에 관한 보편적 언명은 직접 실제세계에 적용할 수 없다. 이는 다만 한 표상의 표상일 수도 있기 때문이다. 칸트는 합리적 분석이 새로운 지식을 제공할 수 있다는 점을 부인하면서 신의 존재를 입증 또는 반증한다는 것은 어불성설이라고 한다. 고전적 합리주의자들은 감각할 수 있는 것(sensibility)과 이해하는 것(understanding)이 표상의 두 가지 각기 다른 원천임을 미쳐 인식하지 못했던 것 같다. 실상 이들 양자는 잘 결합하여 객관적이고 타당한 판단을 내리게 해 주는데 실제로 그렇다고 할 수 있다. 순수논리가 수학의 세계에 적합한 것은 사실이지만, 실제세계의 지식을 경험과 동떨어져서 얻을 수는 없지 않겠는가라는 의문을 칸트는 가졌다. 그러면서도 자신은 합리주의자임을 천명했다. 그러나 독선적인 고전적 합리주의와 달랐던 것은 지식이 지성과 이성에 의해 얻어지고, 감각작용(sensation)은 낮고 수동적 형태에 불과하다는 것은 분명치도 않고 혼동이 된다고 생각했던 점이다. 인간의 지식은 서로 다른 능력으로서의 감각할 수 있는 것과 이성의 작용에 의해 얻어진다고 생각하는 것이 가장 무난한 입장인지도 모른다.

뒤에 경험주의에 관해 설명할 때 '경험'의 의미를 탐색할 기회가 있겠으나, 합리주의에서 인지하는 경험의 의미를 간과할 수는 없다. 즉 합리주의자들도 경험이 정보의 원천이라고 생각은 한다. 그러나 경험하지 않은 요소가 이미 초단순 경험 속에 나타난다는 사실을 수긍해야 한다고 믿는 점이 경험주의의 입장과 다르다. 인간이 갖는 보다 기초적인 경험은 우주와 시간을 포함하고 있는바, 이들이 주어진 것이 아니라는 데 경험성의 정도에 문제가 생긴다. 그래서 자연과학에서 말하는 보다 명료한 지식이라고 할 때에도 그 모습은 감각할 수 있는 힘에서 도출되어 나타나는 것이 아니고, 지식이 과학적인 한, 이들 언명은 필연적으로 참이고 필요하기 때문에 보편적이며 영원하다고 생각할 뿐이다.

되풀이해 말하지만 칸트는 시공은 경험적으로 주어지는 것이 아니라고 전제하고, 경험이라는 것이 보편과 필연을 제공할 수 있는 것이 결코 아니라고 하였다. 여기에 바로「카르테지안 합리주의」(Cartesian Rationalism)의 기본전제가 있다. 칸트는 이를 의문 없이 받아들였던 것이다. 그렇다면 문제는 모든 지식의 기본요소는 경험적인 것이 아니라는 것이냐이다. 칸트는 이에 관해『비판론』(*Critique*)에서 자신의 생각을 밝혔다.

칸트가 주장한 선험적 요소(a priori element)는 인간지식에 수용된다. 종래에 독선적인 합리주의에서는 모든 선험적 지식은 분석적이라고 했었다. 그러나 칸트는 이에 대해 이의를 달고 모든 중요한 부분은 종합적(synthetic)이라고 하였다. 칸트는 라이프니츠가 했던 것처럼 순수하게 분석적이고 선험적인 지식의 가능성을 부인하지는 않았다. 그러나 나아가 자신과 자연세계에 관한 인간의 지식은 분석적이기보다는 경험으로는 주어지지 않는 모습, 즉 선험적인 것을 포함하는 종합적인 것이라고 생각했다. 여기서 감각작용으로 얻게 되는 것은 통합경험(unified experience)체계의 일부분이라는 것이다. 이때 이 체계가 발생하는 것은 감각을 초월한 '통각'(統覺, unity of apperception — 이미 얻은 지식으로 새로운 경험을 해석하는 것)을 전제하는 것이다. 이 통각은 기억력으로 생기는 것이 아니며 성향도 아니다. 다만 판단과 언명의 기능으로서 논리적인 것이다. 이 체계는 실체와 관련해서 생각하는 체계이고, 동시에 양·질·관계 등과 무관하지 않은 체계이다.

칸트는 판단의 함수로서 '카테고리'에 관해 언급하고, 그 수는 고정되어 있으며, 그 목록을 제시한 바 있었다. 그런데 여기서 칸트는 연역이라는 것은 정당화하는 것, 정당화한다는 것은 알아가는 과정, 곧 주어진 여러 가지를 하나의 의식으로 가져가는 것이라고 하였다. 이들은 경험이 아니라 이해의 순수개념에 의해 규제된다. 즉 이들은 결코 감각에서 도출되는 것이 아니고, 오히려 총체적 지성(totality intellect)이나, 이성 또는 이해로 받아들여지는 것이라고 생각한다.

칸트가 의식에 관련된 응집체계(coherent system)로서의 지식을 강조한 것이 이상주의(Idealism)로 진행된 것이지만, 물리적 객체(대상)의 존재유무에 관한 견해에서는 아이디얼리즘과 입장을 같이하지는 않았다. 즉 이상주의에서는 물질(물리적 객체)의 존재유무에 대해서는 아무 말도 할 수 없다는 견해를 갖고 있으며, 칸트는 물체는 직접 보이는 것이 아니며 표상을 전제로 하는 것이라고 생각했다. 따라서 감각지각은 나타나는 것(表象, appearance)

만을 대상으로 삼을 수밖에 없다는 결론이 도출된다.

아이디얼리즘 자체를 거부하지 않으면서 칸트는 오히려 감각의 베일을 넘어 '물 그 자체'(thing in itself)로서가 아니라 현상으로서 생각하여 물질적 객체, 즉 물체에 관해서 말하는 것이 중요하다고 강조하였다.

물체는 나타난다. 나타나는 것(appearing)은 항상 경험적 법칙과 우주공간과 시간의 원리에 따라 나타난다. 이들은 '물 자체'(things-in-themselves)의 법칙과 원리가 아니라 '실제'(actual)라는 경험적으로 알려진 것이다. 우주·시간·카테고리 등에 관해 같은 의견을 갖는 아이디얼리즘을 칸트가 초월적이라고 했던 것은 선험적이라는 의미인데, 세상이 현상적(phenomenal)이라면 초월은 물 자체가 아니라 실제 물리세계에 적용될 수 있다고 칸트는 생각했다.

그 후 칸트는 많은 비판을 수용하면서 새로운 이론을 제시하기에 이른다. 즉 인간이 물리적 객체를 감각지각으로 경험한다는 것은 참이 아니나, 그 경험이 자신의 존재를 의식한다면 인정해야 할 필요가 있다. 이는 경험에 필요한 존재에 관한 의식이다. 지각은 영원한 것이다. 물체를 지각함에 있어서 그러한 경험을 발견한다는 것을 전제하게 되는데, 이에 만일 그 물체가 영원한 측정방도를 갖고 존재한다는 것을 알지 못하는 한, 자신이 존재한다는 것을 알 수 없다고 주장하기에 이르렀다.

칸트 이후 이른바 「후기칸트합리주의」를 표방했던 일군의 학자들이 있었다. 피히테(Johann Fichte) 같은 사람은 윤리적 이상주의(Ethical Idealism)의 입장에서 칸트의 에고(ego), 의식(consciousness), 자유(free), 창조적 도덕창도자(creative moral agent) 등을 발전시키고, 이를 형이상학과 인식론에 대한 죽음의 영역을 넘어 적용하려고 하였다. 우주는 절대적 창조의 에고로 설명되어야 하며 의식도 이런 식으로 이해되어야 한다고 한다. 안다는 것(knowing)은 발견하는 것(discovering)이 아니라 창조하는 것(creating)이라고 피히테는 믿었다. 미학적 이상주의였던 셸링(Friedrich von Schelling)도 칸트의 교리에 암시되어 있는 의식의 단위와 체계적 일치성에 관심을 갖고, 특히 통각을 논하면서 여기에 존재의 아이덴티티를 포함시켰다. 그래서 주관이며 객관이며, 인식하는 자와 자연이 하나라는 주장을 폈으며, 이것이 헤겔 체계의 토대가 되었다.

헤겔에 관해서도 간단히 강의한다. 그는 근본적 실체(fundamental reality)는 물질이 아니라 마음이라고 하였다. 국가를 도덕적 실체라고 본 것도 여기에 근거를 둔다. 절대적 마음(absolute mind)은 안에 있고 동적이며 발전적이라고 보면서 '발전하는 것'은 질서 있고 점차 복잡해지는 것이라고 하였다. 질서는 물론 변증법적이다.

헤겔은 논리 · 자연 · 마음의 철학 등 세 측면을 과학의 이름으로 다루었다. 다시 말하면 논리는 자신 안에 자신을 위한 아이디어의 과학(science of the idea in and for itself)이고 자연은 자신 밖에 있는 아이디어의 과학(science of the idea in its otherness)이며, 마음의 철학은 자연(他)으로부터 자신으로 돌아오는 아이디어의 과학(science of the idea returning to itself out of its otherness)이라는 것이다.

헤겔은 과거의 형식주의를 반대하고 형이상학적이고 인식론적인 발전과 진보의 이론을 적극적으로 수립해서 19세기 사상에 지대한 영향을 끼쳤다. 그의 철학의 기초는 한 마디로, "합리적인 것이 현실적이며, 현실적인 것이 합리적이다"(What is rational is real, and what is real is rational.)라는 것이다.

합리주의는 점차 지나친 절대적 이상주의(Absolute Idealism)를 지양해서 현실적 합리주의(Realist Rationalism)로 발전한다. 윌슨(John Cook Wilson) 같은 사람은 지식, 통각, 판단, 믿음, 정의, 추리, 연역, 귀납 같은 개념을 분석하여 지식론을 연구하면서 현실성을 추구하였고, 또 복고조를 띠기도 했다. 즉 칸트와 헤겔을 비판하고 오히려 플라토와 아리스토틀에서 영감을 찾으려고 하였다. 동시에 옥스포드학파도 '안다는 것'과 '믿는다는 것'을 구별하고 신보다는 틀릴 수 없는 지식의 본질, 안다는 것의 본질에 더 큰 관심을 가졌다. 이러한 경향이 이상주의적 생각을 극복해 가는 현실주의적 입장이라고 할 수 있다.

인간은 높은 지를 성취하기 위하여 이성을 초월할 수 있는가? — 이 의문은 합리주의가 두고 두고 답해야 할 근본적인 질문이다. 이에 답하기 위하여는 존재의 지(knowledge of being)에 관한 설명이 필요하고(플라토), 신에 관한 설명이 필요하다. 스피노자는 신은 존재를 초월한 것이 아니라 존재 그 자체라고 했다. 스피노자는 특히 실체(substance)나 신에 관한 직관적이고 비추상적 지식이 최상의 것이며, 이는 이성과 감성 모두를 포함하는 것이라고 하였다.

그러나 합리주의를 비판하는 인식론의 입장에서는 인간의 이성은 추상성과 보편성을 통해 작용하고 개인적인 것이며 구체성은 잃게 된다고 보아 그 범위는 한정적이라고 한다. 20세기에 들어와 프랑스의 직관주의자인 베르그송(Henri Bergson)은 반합리주의자는 아니지만 진정하고 믿을 만한 지식이 모든 가능한 절차에 마음을 닫음으로써 얻게 되는 것은 아니라고 분명히 하였다.

지적 이해는 직관이 가미되어야 참을 담는 것인지도 모른다. 그러나 이성에 반하는 것이 참일 수는 없는 것이고(키에르케고르), 지식이 이성에 있는 것이 아니라 근본적으로 성실한 행위(fundamental act of faith)에 있다(파스칼)고 말할 수도 있다.

그 후 지성이 인간생활을 지배한다는 것에 반기를 드는 사람도 있었고, 자연주의나 실증주의가 인간생활의 진정한 견해를 제공한다는 데도 이견이 속출했다. 문제는 이성의 실체를 초월하는 가능성을 밝힘으로써 합리주의의 주장을 대변해 주어야 겠으나 쉽지 않다. 반합리주의들이 이성에 대해서보다는 '이해'라는 것에 더 반감을 갖고 있다는 점을 참고할 필요가 있다. 칸트나 다른 합리주의자들도 이 이해의 결함을 충분히 인식하였기 때문에 더욱 그렇다.

끝으로 합리주의에 바탕을 둔 방법론에 관해 약간 언급하기로 한다. 어떤 방법으로든지 외부세계(external world)와 독자적 관찰자의 존재를 안다는 것은 거의 불가능하다고 생각하는 것이 합리주의자들의 입장이다. 그러니까 이들 생각 속에는 '실제'의 종국적 본질에 대한 견해가 단 하나일 수는 없으며 여러 가지 해석과 뉘앙스에 따라 달라질 수 있다고 믿는 것이다. 합리주의자들은 결정론자도 의지론자도 아니다. 이들은 보편성의 요소로서 특수성의 위치, 즉 전체 맥락 속에서의 부분을 강조할 뿐이다. 이들은 경험주의자들이 하는 주체와 객체의 구분을 인정하지 않는다. '실제'란 관련된 개인으로부터 동떨어진 '형식'(forms)이나, 그렇게 나타나는 '조건'으로 구성되는 것이라고 믿는다고 실반(D. Sylvan)과 글레서(B. Glasser)가 말했다. 개인에 초점을 맞출 때는 인본주의(人本主義)라는 시각에서가 아니라 이론적으로 인간행동의 합리적 선택모형의 형식에서 조명한다.

합리주의방법론은 탈실증주의(Postpositivist)의 입장이다. 대부분의 경우에 이들은 실증주의의 입장, 즉 관찰경험의 중요성, 자료에 근거한 이론의 강조, 검증이론에 대한 강조와 같은 것을 거부하고 체계적 질과 객관성에 대한 강조를 하고 엄격성을 요구한다.

대부분의 합리주의자들은 지식이란 감각지각보다는 연역적 방식으로 추론·입증·지적 성찰 등을 통해 얻어진다고 믿는다. 지적 분석은 감각경험을 넘어서 추상적 우주와 그들의 관계를 이해할 수 있다. 실체가 관찰을 통해서만 평가될 수 있다는 생각을 좀처럼 받아들일 수 없는 것이다. 감각을 통해서 얻은 정보는 항상 불완전하고 피상적이며 때로 믿지 못할 내용일 수가 있다는 것이다.

합리주의는 인과적 설명과 구조적 설명을 모두 지지한다. 그러나 대다수의 현대합리주의 사회과학도들은 직접적인 인과론적 설명을 거부하는데, 그 이유는 이러한 설명은 경험주의자의 견해에 근거를 두기 때문이라는 것이다. 즉 전체구조와 과정보다 개인의 주관, 그 행동, 사건 및 현상의 역사적 기원 등 부분 부분에 초점을 맞추어 직접 관찰해야 하는 것이기 때문이다. 그리고 경험주의자들이 신조로 삼고 있는 예측이나 가능성의 언명을 구성함에 있어서 완벽한 자신감을 갖지 못하는 것도 인과설명을 따를 수 없는 이유이다. 합리주의자들은 어떤 조건하에서 법칙을 적용한 결과 얻게 되는 뜻 밖의 산물을 일부러 찾지는 않지만, 어떤 특수한 변형이 나타날 수 있는 원리를 추구하기는 한다.

이들에게 있어서 이론은 자료보다 훨씬 더 소중하다. 물론 자료 없는 이론은 극도의 추상성을 면할 수 없어 그 실질적인 활용이 의문시된다. 그럼에도 불구하고 합리주의자들은 이론을 내적 논리와 논쟁의 일관성에, 추론의 완결성에, 그리고 전체적 명백성과 특이성에 근거해서 실제와 비교해 평가하지는 않는다. 그들의 이론은 실제를 인지함에 있어서 그 저변에 있는 규칙, 구조, 과정 또는 의미체계를 고려한다. 이때 실제에 대한 인지는 구체적이고 경험적인 것이 아니라 분석적이고 추상적이며 연역적인 것이다.

합리주의자들은 연구기법을 강조하는 데 정량적이고 통계적인 것보다 추론기술을 더 내세우지만 정량화 자체가 경험주의와 합리주의의 차이를 명백히 해 주지는 않는다. 합리주의자 중에는 정성적 연구를 더 선호하는 사람들이 있다. 다만 이 경우에는 형식모델(formal model)처럼 엄격한 추론에 비중을 많이 둔다. 또한 정량적 성격의 연구를 하는 합리주의자들도 연역적 수학모델과 연관시켜 연구를 한다. 대부분 자료는 유용하다고 생각하지만 이론 구성에서 필수적이기보다 부수적인 것으로 치부한다. 그래서 합리주의자들은 두 개의 상충되는 현상이 있을 때 자료쪽보다는 이론쪽에 기울어 자료가 어찌 되었든간에 보다 나은 이론이 현재 받아들여지고 있는 이론을 제쳐버릴 수 있다고 생각한다. 특히 라카토스가 그렇게 생각했다.

2. 3 경험주의

경험주의의 역사도 합리주의의 그것만큼 오래되었다. 고대 그리스의 철인들이 예외 없이 감각지각의 의미에 관해 논의를 폈기 때문이다. 데모크리투스(Democritus)를 한 예로 들면 감각작용(sensation)은 외부의 객체로부터 감각기관을 통해 영혼으로 원자의 길(passage of atoms)을 따라가는 것이라고 하였다. 비록 영상이 영혼에 남아 있지만, 과정에서 불가피하게 일그러지는 가운데, 그러면서 지(知)를 얻게 된다는 것이다. 춥다 · 덥다 · 쓰다 · 달다 · 빨갛다 · 까맣다 등등은 습관으로 존재할 뿐 실제로는 원자와 진공이 존재한다는 것이다.

경험주의는 르네상스를 거쳐 근세에 이르면서 논의가 활발해진다. 17세기에 들어서면서 베이컨은 상상하는 것(speculation)보다 실험(experiment work)을 강조했다. 자연에 대한 적절한 방법은 경험적이어야 하며 새로운 과학을 위한 방법은 모름지기 경험적이어야 한다고 역설했다. 이는 절차에서 귀납적이며 점진적인 것을 뜻한다. 정당하고 질서 있게 삶으로써 일반적 공리에 이르러야 한다면서 확실하고 진실한 공리를 얻으려면 부정적인 예가 더 설득력이 있다고 하였다.

경험주의의 논의에서 데카르트와 가상디(Pierre Gassendi)를 빼놓을 수 없다. 이들은 "매일 매일 확률의 한계를 넘어가는 것(아무것도 아니라는 뜻)을 빼놓고 모든 것을 받아들이면서 산다"고 하였다(I live from day to day, accepting nothing which goes beyond the limits of probability.). 감각으로부터 도출되지 않은 지성에는 아무것도 없다면서, 감각은 결코 잘못되지 않는다고 가상디는 생각했다. 그러면서도 감각은 자주 현혹되기도 하고 거짓이 되기도 하니까 감각보다 우위에 있는 이성이 이를 고쳐 주어야 한다고 주석을 달았다. 가상디는 어느 의미에서 데카르트의 재판이라고 할 수 있겠지만, 그와 다른 점은 데카르트가 인간은 선택에 의해 무엇을 얻는 힘이 있다고 했다면, 가상디는 감각경험에 토대를 둔 확률이 인간의 욕구에 맞닿는다고 했다는 사실이다.

데카르트는 감각작용의 본질을 설명하고 신경계통의 움직임이 머리와 이를 통해 마음에 어떤 영향을 주는가를 보여 주었다. 그렇게 해서 얻은 정보는 실제 감각에서 매우 유용하지만, 그러나 때로 믿을 만한 것이 되지 못할 수도 있고 또한 속을 수도 있으며, 동시에 깊은 편견을 나을 수도 있다. 그런 가운데 데카르트는 이성에는 아무것도 없다는 경험주의자들의 견해를 그대로 따르지는 않았다.

여기서 감각작용이 할 수 있는 일이 무엇인지를 잠시 살펴볼 필요가 있다. 그것은 첫째, 사고를 위한 물질을 제공해 준다. 둘째, 연장(extension)의 개념을 제시해 준다. 이성은 이 개념을 기하학적으로 다룬다. 셋째, 물리적 객체의 외부세계가 존재한다고 말해 준다. 감각작용은 그래서 유용하고 한정된 범위 안에서 설명적이고 계몽적이다. 그렇지만 완벽하게 조명하려면 이성과 지성, 즉 외부세계의 수학적 분석에도 눈을 돌려야 한다. 이렇게 계몽될 때 관찰과 실험은 매우 값진 것이 되며 인간지식의 적절한 근거가 마련된다.

로크(John Locke)는 카르테지안의 상상과 이론에 회의를 품고 뉴턴을 연구했으며 가상디쪽에 기울어진 인상을 준다. 새로운 과학을 낳게 하려면 자연을 보다 나은 경험적 관찰의 산물로서만이 아니라 수학적 기법을 성공적으로 응용하는 데 달려 있다고 했다. 다만 가상디는 후자를 강조하지는 않았다. 이들에게 마음은 흰 종이와 같은 것으로 인식한다. 즉 마음에는 천부의 본유적(本有的, innate) 아이디어가 있는 것이 아니라는 뜻이다. 모든 인간의 아이디어는 감각작용(sensation)이나 성찰(reflection)에서 나오는 것이다. 그렇다고 모든 아이디어가 감각된다는 뜻은 아니고 감각된 것에서 아이디어가 나온다는 것이다. 오관(감)이 없고 감각경험이 없으면, 즉 감각지각을 하지 않으면 외부세계에 대해 아무런 지식을 가질 수가 없다. 이것이 바로 경험주의의 입장이다. 로크의 입장은 한 마디로 말해서, "감각이 사물에 관한 여러 가지 구별되는 지각을 마음으로 가져간다"는 것이다.

경험론자들이 늘 안고 있는 고민은 마음이 무엇이고, 물체가 무엇이며, 아이디어는 어떤 역할을 하는 것인가인데, 대개 지식의 원천은 아이디어를 얻는 데 있다고 생각한다. 그러나 또 곤혹스러운 것은 세상을 실제로 알지 못하는 데 있다. 이유는 알게 되는 유일한 방법이 '믿지 못할 표상'(discredited representation—things are not always what they appear to be)을 통해서이기 때문이다. 물체라는 것이 항상 나타나는 것 그대로가 아니기 때문이다. 아이디어가 물질의 세계를 표출하지 못한다고 생각한 사람 중에는 버클리(George Berkeley)가 있다. 실제로 있는 것은 "아이디어를 갖고 있는 마음일 뿐"이라고 그는 생각했다(Ideas exist as being perceived by a mind; *esse*(to be) is *percipi*(to be perceived)). 존재하는 것이 지각한 바라면 순간 망상에 빠질 때는 어떻게 하느냐인데, 그렇게 되면 객관성도 없어지고 질서도 없어지고 할 터이다. 그러나 그런 것만은 아닌 것이 아이디어가 순전히 개인의 마음이 아니라 보편적 마음(universal mind)에 의거하기 때문에 한두 개인의 지각혼돈이 문제가 되는 것은 아니라고 할 수 있다. 자연의 세계를 안다는 것은 이미 정해진 방식에 익숙해지는 과정인데, 여기서 우리가 의존하고 있는 마음이 감각의 아이디어를 자극시키며, 이런 식으로 객관적 법칙을 익혀 가게 된다는 것이다. 버클리의 아이디얼리즘은 그러나 주관주의(主觀主義, Subjectivism)는 아니다.

로크의 경험주의에서 나타난 성찰의 어려움 때문에 버클리의 아이디얼리즘으로 간 것이라면, 회의주의(懷疑主義, Skepticism)의 다음세대인 흄(David Hume)은 물리적 객체가 아이디어와 같다는 견해를 거부하고 확실성은 제한된 영역에서만 가능하다고 믿는다. 지식은 인상(impressions)에서 시작된다고 흄은 생각했다. 인상은 힘과 활력과 함께 가능한 것이다. 아이디어는 인상의 거짓 이미지이며 색깔을 보았다면 지각한 사람이 후에 색깔을 기억해 내고, 그리고 그것이 아이디어인 것이다. 마음 속에 있는 것은 '지각의 묶음'(bundle of perception)이며, 이것이 경험에서 지속적으로 발생하는 것이다. 예를 하나 들어 보자. 만일 p 때문에 q가 움직이게 되었다면, 사람들은 p가 q의 방향으로 움직이는 것을 보았을 것이다. 그래도 이들간에 인과관계가 있다고 단정하기는 어렵다. 그러나 이 일이 연속해서 자주 일어난다면 이미지내이션의 원리에 따라 p가 q의 움직임의 원인이라고 간주할 것이다. 그래서 실제 인상으로 하여, ① 계속성(p와 q는 연속적이라는)과 ② 시간에서의 우선성(p가 q에 앞서 움직인다는)을 확인하게 된다. 다시 말해서 이러한 인상으로 인과관계를 느끼고 경험의 규칙성이 반복되면 비록 아직은 객관적이 아니더라도 아이디어의 연상작용으로 $p \longrightarrow q$라는 인과관계를 믿게 된다. 여기서 믿음이란 현재의 인상(present impression)이다. 인과관계에 관한 지식은 합리적 직관도 합리적 시위나 전개도 아니며 이미지내이션과 그 법칙이 정한 믿음이다. 어떤 정해진 질서에서 인상이 경험한 바에 따라 보고 아는 것이지 객관적 세계를 보는 합리적 통찰력에 의한 것이 아니다. 진실로 존재하는 것의 본질이 무엇이든 '물리적 실재'는 반복해서 일어나는 인상의 연속으로서 인간이 경험하는 것이다. 즉 인간이 경험할 수 있는 것은 현상적인 것일 뿐이며 아무도 현상의 베일 뒤에 무엇이 놓여 있는지를 말하지 못한다. 이것이 경험주의의 입장인 것이다.

그렇지만 실제로 우리가 '경험주의'를 이해하기로는 '관찰'하는 것이라고 받아들인다. 관찰한 바를 분류하고 순서를 매기는 것이다. 그리고 나서 관찰한 것들간의 관계에 관해 일반적 언명을 내리는 것이다. 경험주의는 알고자 하는 인식의 주체와 알게 되는 인식의 객체간의 변증법적 지득의 과정을 개념화하는 것이다. 이때 주체는 추상화의 과정을 거쳐서 객체로부터 지식을 추출한다. 알다시피 인식론은 주체와 객체, 주관과 객관을 연결하는 방법론적 처방으로 이어 주는 구실을 한다. 경험주의는 사실에 지식이 존재한다고 전제하는 입장이기 때문에 여기에서 대상을 연역해 내게 된다. 사실이라는 것은 어떤 기준에 따라 구성되게 마련이다. 이는 추상적 개념에서부터 시작한다. 개념간의 관계가 곧 이론을 구성하게 되는 것이다. 앞의 제2장, 과학적 이론과 법칙으로 연결시키는 〈그림 1-2-2〉에서 가운데 원에 개념간의 관계를 가감승제의 원리로 엮어 놓은 것을 이 단계에서 되새기기 바란다. 추출된 지식은 실제의 대상인 객체와 비교되어 입증되든 반증되든 검증된다. 지식은 사실가운데 놓여 있다. 지식은 주관에 의해 정확하게 지각되지 않으면 안 된다. 사실은 객관적이며 주관에 의해 '보여진다'. 문제는 주관적 가치를 주체의 관점으로부터 모호하게 하는 것이다. 관찰자는 방법으로 무장된 가치적 관점에서 역사적 현실(실체)에 직면한다. 이 문제에 대한 하나의 답은 과학적 방법의 힘으로 주관과 객관을 매개하는 통제방식을 채택하는 길이다. 포퍼가 이 통제에 관해 탁월한 식견을 가지고 있다. 부연하면 첫째, 관찰된 실제대상(observed real object)이 이론구성의 출발점이라는 것이고, 둘째, 현상에 관한 상식 정도면 된다는 것이고, 셋째, 연구대상이 감각에 즉시 나타나는 것이라는 관념을 포함한다.

경험주의에 대한 알투제(Louis Althusser)의 비판을 여기서 빼놓을 수 없다. 알투제는 경험주의자들은 지식을 추출하거나 객체로부터의 '요체'(in-essential)가 떠나므로 이 객체는 두 개의 부분으로 구성된다고 주장한다. 추상화는 에센스를 분리시키기 위하여 요체를 제거시키는 데 쓰인다. 알투제는 결론을 내리기를 이 두 부분 중 하나는 사고의 대상(thought-object: essence)이고 다른 하나는 실제대상(real-object: in-essential)이라고 하였다. 경험주의자들이 융합하는 것은 바로 이 차이를 합친다는 것이다. 이 다른 차이를 갖다 붙여 놓는다고 생각하면 된다. 경험주의자들의 '에센스'는 연구되는 대상 안에 있는 것이 아니라, 사고의 산물인데 이것이 곧 이론적 대상인 것이다. 후자는 전자를 적절하게 하는 도구요 수단일 뿐이다.

끝으로 경험주의에 입각한 방법론은 어떻게 이해되는지에 관해 약간 언급하기로 한다. 일반적으로 경험주의자들은 철학적 이상주의(Idealism)보다는 물질주의(Materialism)에 가깝다. 지식이라고 하는 것은 직접 경험한 바에서 나오는 것이지 단순히 직관적 이성, 즉 본유적인 것만으로부터 결과하는 것은 아니라는 것이 이들의 입장이다. 인간은 자연의 일부일 뿐 다른 개체의 부분이 아니다. 개개인의 두뇌활동으로 바깥의 실제와 남과 행하는 의사소통의 결과만이 연구의 대상이 되는 것이다. 어떤 의미에서 경험주의자들은 결정론자들인 것이 인간의 자유는 내외의 환경적·심리적 요인에 의해 제약된다고 이해하기 때문이다. 결정론자들은 모든 현상, 심지어 인간의 개입조차도 논리적이고 예측가능하며 인과적이고 법칙적이라고 믿지 혼돈되고 우연적이며 임의적이고 무작위적이라고 생각하지 않는다. 아이어(A. J. Ayer)가 이런 생각을 갖는다. 일이란 고립되는 의미 없는 것이 아니라 체계적으로 서로 연관되어 있는 것이다.

사회적 분석을 함에 있어서 경험주의자들은 전체보다는 부분의 중요성을 강조한다. 전체에 관한 것을 배우기 위해 부분을 연구한다는 것이 현대경험주의자들의 생각인데, 이는 카플란(A. Kaplan)이 말하듯이 '어떤 언명에 경험적 닻을 내리기 위해', 즉 경험적 근거를 마련하기 위해 하는 것이다. 뒤에 상론하겠지만 경험주의가 안고 있는 근본적인 모순은 바로 이 부분을 통한 전체로의 지향인데 일반성과 보편성을 추구하는 일이 쉽지 않음도 그 출발이 부분적이기 때문이다. 조직론에서 미국의 이론이 유럽의 구조주의를 수렴할 수 없는 한계도 이런 이유 때문이다.

경험주의자의 방법론은 실증적이다. 정치학자 달(R. Dahl)이 일찍이 지적했듯이 이들은 자연과학과 사회과학의 통합을 주장하면서 적어도 이론적으로는 자연과학의 연구절차가 인간행태의 연구에 적용될 수 있다고 믿는다. 그들은 가치와 규범적 진술에서 질적 차이를 주장한다. 이들이 추구하는 것은 말할 것도 없이 객관성이며, 질적인 것을 추구해도 개인의 생각이나 욕망과 동떨어진 주제의 관계를 발견하려고 한다. 다만 자료에 대한 상이한 해석을 하되 이들 해석이 서로 모순되지 않는 범위 안에서 받아들인다. 해석상의 비일관성은 관찰가능한 경험을 통해 해결한다. 이런 연유로 연구의 논리는 연역적이기보다 귀납적이고, 추상적이기보다 구체적이며, 내관(內觀, introspection), 즉 자기분석을 하기보다 객관적 관찰에 의존한다고 주리프(G. E. Zuriff)가 말했다. 구체적 지표를 가지고 인간행태의 인과관계를 설명하려고 애쓴다. 이론은 자료에 근거해야 한다는 생각이 철저해 이론과 자료의 틈이 크면 그것을 메우는 일에 전념해야 한다고 생각한다. 이는 곧 실제세계에서 이론을 정교화시키는 길이기도 하다.

경험론자들이 사용하는 연구전략과 기법은 정량적이고 통계적인 접근이다. 여기에 해당하는 기법은 사회조사, 일반여론조사, 표준화 면접, 정량적 내용분석, 표준화 참여관찰, 소집단기법, 소시오메트리, 실험실실험, 사회거리척도, 인과모형분석 및 분산분석 등과 같이 이 책 제 3 부와 제 4 부에 소개되는 내용들이다. 명백한 한계가 있음에도 불구하고 성격상 기법지향적이고 탐색의 주체와 객체의 구분이 명확한 경험주의 연구입장은 이 책의 주조를 이루는 것이므로 뒤에 여러 대목에서 반복해 강의된다.

2. 4 낭만주의

원래 서양철학사상의 지적 유산 중 대표적인 것으로 합리주의와 경험주의를 꼽지만 이 이외에 낭만주의(浪漫主義, Romanticism)를 빼놓을 수가 없다. 그러나 이들 모두가 고루 오늘날 사회과학의 연구에 지대한 영향을 미치고 있는 것은 아니다. 예를 들면 철학적 낭만주의는 정치학, 인류학, 사회학과 같은 분야에서보다는 경제학이나 정치경제학 분야에서 그리 중요하게 여기지 않는다. 경제학에 많은 영향을 미치고 있는 것은 말할 것도 없이 합리주의이다. 그러나 여기서 우리가 이들 세 입장을 골고루 섭렵할 필요가 있는 이유는 입장에 따라 방법론이 달라지고 연구대상의 성격에 따라 쓰임새에서 차이가 나므로 늘 적절한 방법론을 찾는 데 게을리하지 말아야 하기 때문이다.

우선 낭만주의와 경험주의는 아주 대칭적인 입장에 선다. 이들은 연구의 중심과제, 이른바 존재론, 인식론 및 방법론 등에서 전혀 반대되는 결론을 내린다. 즉 인간과 자연의 실제와 그 관계를 달리 보아, 낭만주의는 인간은 자연의 다른 요소들과 질적으로 다르기 때문에 독특한 접근입장을 취해야 한다고 주장하고, 반면에 경험주의는 인간도 자연의 일부로서 종류의 상이가 아니라 정도의 차이가 날 뿐이므로 자연과학의 방법이 인간행태연구에 그대로 적용되어도 무방하다고 강조한다. 방법론적 일원주의이다. 두 입장은 또한 고대로부터 형성되어 왔던 이상주의와 물질주의의 양극을 대표하고 있다고도 볼 수 있다. 즉 낭만주의자들은 곧 이상주의자들로서 외적 지각의 대상은 아이디어로 구성되어 있으며 마음이 종국적인 실제이고 따라서 물질은 결국 마음에 달려 있다는 견해를 갖는다. 한편 경험주의자들은 곧 물질주의자들로서 우리가 직접 · 간접으로 관찰하는 바는 실제로 독자적인 외부세계를 반영하고 있는 것이라는 견해를 취한다. 이 극단적인 두 견해간의 논쟁이 철학사의 중요한 부분을 이루고 있다. 따라서 어느 한편만을 따르기에는 치우침 때문에 오류를 범할 가능성이 있다. 예컨대 빈곤의 실제문제를 다루고 복지정책의 대안을 제시할 때 빈곤의 실체를 물질주의적인 입장에서 접근해 가는 것이 통념이지만 빈곤의 존재에 대한 인지를 이상주의적으로도 하여야 문제의 정곡에 보다 가까워질 수 있다.

앞서 지적한 대로 합리주의는 현대사회과학에 지대한 영향을 미치고 있다는 사실을 분명히 할 필요가 있으며, 그 공헌 중의 하나가 낭만주의와 경험주의의 입장을 중화시키는 것이라고 할 수 있다. 그러나 합리주의의 형태 또한 다양하고 각기 독특해서 양극을 중화시키거나 통합시키는 방안조차 같지 않다. 나아가 최근에 오면 지역따라 이들 입장이 달라지는 면을 볼 수 있다. 프랑스와 독일에서는 합리주의를 오히려 낭만주의와 대칭적인 것으로 간주하면서 경험주의를 그다지 주목하지 않는다. 반면에 영국과 미국에서는 낭만파에 대한 관심보다 합리주의와 경험주의간의 다툼이 끊이지 않는다. 미국 전통의 연구에서는 그래서 낭만주의에 대한 인식이 깊지 않다.

18세기 말엽부터 본격화된 낭만파 철학의 견해는 굴드너(A. W. Gouldner)가 말했던 바와 같이 이상주의자들의 독특한 지식론을 포괄한다. 낭만주의자들이 주장하듯이 외부세계의 실존을 관찰자라는 인간을 떠나서 생각하기가 쉽지 않다는 점을 충분히 이해할 만하다. 그것은 행동에 영향을 미치는 사회적 요인도 중요하지만 의식이 더 중요하다고 볼 수도 있기 때문이다. 이럴 때 이들은 결정론자가 아니라 의지론자(意志論者, Voluntarist)가 된다. 이들은 '실제'를 결정할 능력이 인간에게 있으며 따라서 사회세계의 창조와 구성은 인간이 할 일이라는 다분히 인간중심적 철학관을 갖는다. 이에 따라 개인의 자유, 경험의 의미성, 그리고 개인의 의식 등의 중요성이 재삼 강조되고, 인간사에는 극적이고 예측하기 어려운 변화가 가능하다는 생각들을 가져, 인물론으로 말한다면 정치지도자로는 독재자의 가능성도, 재야의 민권운동가의 여지도 다 있다고 할 수 있다. 어떤 의미에서 후기구조주의의 한계를 이미 간파한 선구자적 역할을 한 것이 이 낭만주의자들이라고 할 수 있다.

대다수의 낭만주의자들은 사회를 유기체적 총체(organic whole)로 보고 형이상학적 신비주의(形而上學的 神祕主義, Metaphysical holism)와 연관시켜 이해하려고 한다. 이들은 지식을 부분의 총화로서의 전체가 아닌 또 다른 총체로 보아 실증주의자와 경험주의자의 입장을 수용하지 않는다. 그러나 아직도 카르테지안의 물리학적 기계론의 범주에 머무르는 인상이 없지 않다. 다만 개인적이고 주관적이며 독특한 형태의 정보를 취할 가능성이 높고 감각경험을 우선시키는 고전적 경험주의(古典的 經驗主義, Classical Empiricism)가 해석을 통해 이해와 통찰력을 높이려고 하기 때문에 낭만주의와 어느 의미에서 일맥상통한다고 볼 수도 있다. 어쨌든 낭만파는 실증주의를 배격하면서 사실과 가치, 규범적인 것과 과학적인 것간의 구분을 탐탁하게 여기지 않는다. 오히려 인간의 현상을 이해함에 있어서 가치와 믿음과 편견이 더 중요하다고 강조한다. 샬린(D. Shalin)의 말처럼, "이해(利害)와 선험적 전제가 빠진 지식은 모순된 것"인지도 모른다. 그러나 이처럼 이성과 과학을 지나치게 강조하다 보면 인간이 자연과 다른 독특한 피조물이라는 생각에 묻히고 말아 방법론의 오류에 빠질 우려가 많을지도 모른다.

낭만주의 방법론은 '해석적'이라고 해야 걸맞는다. 상대주의적 접근(relativist approach)을 하면서 객관성에 대한 주장에 회의를 표시하는 것이 이 입장이다. 인본주의 철학에 뿌리를 두고 있으므로 경험한 바는 개개인 누구에게나 의미 있는 것임을 강조하는 것도 이 입장의 특색이다. 그래서 기어츠(C. Geertz)의 말처럼 '관찰'의 의미만 해도 종래에 이해했듯이 관찰자와 동떨어진 외부상황을 묘사하려는 것이 아니라 인간의 마음, 즉 자성(自省)의 형식으로 창조적 구성을 하려는 활동이라고 한다.

낭만파에게 있어서 해석은 현상에 대한 의미의 속성까지도 포함하는 고도의 개인적 과정이다. 그래서 의도성(intentionality)은 해석에 대한 낭만주의자들의 견해 가운데 핵심을 이루고 있다. 그것은 어느 상황에서나 의미라는 것은 의식 있는 행동을 통해서 표현되기 때문이라는 것이다. 그러기에 이 낭만파들은 각기 준거하는 것이 달라 다분히 주관적인 입장을 견지하면서 '이해'(verstehen), '감정이입'(empathy) 등을 강조하게 된다. 이런 입장을 취하다 보니까 해석이 달라져도 그다지 문제가 되지 않는다. 예컨대 "현재 의회의 청문회 활동을 통해서 이 나라 민주화가 잘 진행된다"는 해석과, "진실은 그대로 은폐되면서 비도덕적 정치가 지속되기는 예나 마찬가지이다"라는 해석이 제 6 공화국 초기의 정치에 대한 엇갈린 입장들을 대변하고 있었다. 마찬가지로 12. 12와 5. 18의 주동자를 응징해 역사를 청산하려는 움직임이 이 나라 민주화의 큰 전기라는 해석과 대선자금도 밝히지 않으니 정치의 민주화는 요원하다는 해석이 엇갈린다. 그러나 이것은 옳고 그름의 문제가 아니라고 하면서, 다만 각자는 서로 다른 세계를 창조해 가고 있다고 이해하려고 한다. 민주주의를 실천해 보겠다고 하는 사람들은 기본적으로 적어도 이 낭만주의의 신축성 있는 견해를 일단 존중해 줄 필요가 있다.

낭만파들이 또 선호하는 것 중의 하나는 실제개념이 아니라 명목개념이다. 명목개념은 언어적 규약으로 다른 무엇을 지칭하는 개념을 사용해도 좋다는 약속을 용인한다. 이런 개념은 상징의 구실을 하는 것이기 때문에 경험적 증거나 지표 없이 누구든지 만들어 써도 좋다. 낭만주의자들은 또 인과론적 설명보다 목적론적 설명을 택한다. 그들은 양자를 모순되는 것으로 파악하는데, 이유는 인과성은 성격상 일방적이고 기계론적 결정론에 입각하고, 목적성은 형이상학적으로 규정하기 때문이다. 낭만파는 자료보다 이론에 우선순위를 부여하여 이론구성을 사려 깊은 과정이라고 한다. 이런 바탕 위의 지식은 반드시 합리적이 아니며, 가설을 검증한다는 것은 이 입장에서는 의미 있는 것이 아니라고 생각한다.

낭만주의자들은 철학 그 자체로 충분하며 모든 탐구에 우선하는 것이니까 연구를 하지 않는다. 연구를 해도 정성적(질적) 연구를 한다. 해석학(解釋學, Hermeneutics), 상징적 교호작용론(象徵的 交互作用論, Symbolic Interactionism), 민속방법론(民俗方法論, Ethnomethodology), 프로이드 심리학(Freudian Psychology), 기호학(記號學, Semiology), 언어학(Linguistics), 실존주의(Existentialism) 등에서 하는 연구가 이 낭만파의 연구입장과 일맥상통한다. 이에 따라 연구방법도 근자에 우후죽순격으로 발표되는 전화나 면접의 여론조사 같은 것이 아니라 참여관찰, 현장조사, 사례연구, 생활사(구술전기), 질적 내용분석, 비표준화 면접, 심층면접, 언어구조, 가추법적 논리전개의 방법 등을 구사한다. 이 분야는 후술하게 되겠지만 사회과학 연구의 수준을 지금보다 훨씬 끌어 올리는 디딤돌이 될 것이다.

끝으로 이 입장에서 구사하는 연구방법이며 연구전략은 실제에 대한 개인적 이해에 초점을 맞춘다. 주관적으로 구성된 개별 세계의 중요성에 대한 강조가 그것이다. 그것은 감각으로부터 직접 진리가 도출되는 것을 이른다. 개인의 의식은 그래서 소중하며, 상황묘사 · 의도 · 지각 · 통찰 · 직감 · 영감 · 자성 · 동기 등등 모두가 다 중요하다. 의미를 전달하는 매개역으로서의 사회행동과 언어를 중시하는 것도 다 같은 맥락에서이다. 연구결과는 사람과 장소에 따라 같을 수가 없어서 동일 분야의 연구가 많이 되풀이되기도 한다.

2.5 사회과학 이론들의 인식론과 형이상학적 근거

우리는 앞에서 인식론의 세 입장을 익혔다. 어느 하나로 만족스러운 것은 없다. 합리주의 인식론이든 경험주의 인식론이든 낭만주의 인식론이든 각각의 주장에는 충분한 근거가 있으나 서로 보완하면 매우 훌륭한 결과를 얻어 낼 수 있다. 그런데도 인식론 자체가 갖는 한계가 또 있다는 것을 우리는 인정할 수밖에 없다. 그래서 여기서는 인식론의 한계를 극복하기 위하여 형이상학에 관한 이야기를 좀 하려고 한다. 주로 패러다임과의 관계이다.

다시금 되풀이하지만 인식론은 욕심을 부리자면 지식에서 한 걸음 더 나아가 진실과 진리를 규명하려는 것이고, 윤리학은 좋고 나쁨에 관한 판단을 하려는 것이며, 형이상학은 실제에 관해 규명하려는 것이다. 그냥 겉으로 보면 인식론과 형이상학은 우선 실제에 관해 규명하는데 서로 돕는 입장이 되어야 한다. 그러나 방법론에서 인식론은 형이상학과 메별한 지 오래이다. 그러나 지금 그 한계 때문에 매우 난처한 입장에 있다. 그 난처한 입장은 지식을 밝힘에 있어서 큰 역할을 하고 있는 실증주의의 허구를 말하면 스스로 가려진다.

1932년경 실증주의와 논리실증주의가 한참 기승을 부릴 때(이 대목은 다음 장, 연구방법의 변천에서 또 상세히 강의한다), 카르납(Carnap)은 형이상학적 상상은 사회과학의 발달에 아무런 도움이 되지 않는다고 하면서 의미의 천착을 피하고 윤리학과 형이상학을 과학적 탐구에서 제외하자고 하였다. 그러면서 행태적 실험적 심리학의 발달을 주장하고 개념정의도 관찰가능한 것으로 해야 한다고 하면서 자료의 중요성을 재삼 강조하였다. 카르납의 실증주의는 존재론으로 보면 유물론에 해당한다. 무엇인가 눈에 보이고 손으로 만져지는 것을 관찰하여 객관적 진실을 확인하려는 것이다. 그러나 지식의 원천은 경험과 동시에 논리인데 이 논리의 중요성을 경시하려는 데 문제가 있다. 이론은 어차피 추상적인 것이기 때문에 관찰될 수 없는 개념을 쓰고, 그러다 보면 검증되기도 쉽지 않아진다. 그러므로 진리는 결국 사실의 축적 이상이 아니다. 그래서 정치학자인 이스턴(D. Easton)도 사회과학을 사실이 지나치게 넘쳐나는 학문이라고 하였다(hyperfactual). 그러나 이런 면이 없지 않지만 사회과학은 역시 이념적이거나 존재론적 전제를 하지 않을 수 없다.

물질만큼 아이디어가 중요한 학문분과이기 때문이다.

그래서 오늘날의 학문경향은 형이상학과 경험주의를 공히 중시하게 되었다. 이러한 경향은 요즈음 흔히 회자하는 포스트모더니즘(Postmodernism)이나 탈구조주의(Poststructualism)에서 객관적인 세계를 인식한다는 것을 불가능하게 여기고 있다는 것을 보아도 알 수 있다. 그런 가운데에도 데리다(Jaques Derrida)처럼 실제와 진리를 기술할 수 없다면서 쓰여진 텍스트(written texts)만 검토하면 된다는 입장이 없지 않다. 이들은 "실제는 외적인 것이 아니며, 실제는 인간의 마음에 있을 뿐, 그 밖에 어디에고 없다"고 주장하는 「반형이상학적 반경험주의론자」(antimetaphysical antiempiricist)들이다.

여기서 사회과학의 논리를 재구성해야 하느냐 말아야 하느냐의 논의가 끊이지 않는다. 각각의 이론들은 관심 영역(현상)을 설명하기 위한 고유 단어들을 가지고 있어서 이 개념적이고 이론적인 바벨(언어의 혼란, 공허한 계획) 때문에 혼동이 생기면서도 이 사실 자체를 사회과학은 중요문제로 인지한다. 카르납은 윤리학적이고 형이상학적인 요소를 배제하면 이 바벨이 씻겨진다고 했다. 그렇지만 이 비이론적(非理論的, atheoretical)으로 구성된 사실이 애매한 채로 남아 있는 것도 문제가 아닐 수 없다. 이러한 논의에 대해 쿤은 본질적으로 다른 사회과학의 과다한 이론들을 '거시역사학적'으로 설명하면 쉽게 이해가 갈 것이라고 하여 별로 대수롭지 않게 반응한다. 알다시피 쿤은 ① 패러다임을 강조한 것과, ② 과학집단(scientific community)은 진행 중에 있는 정치적·사회적 과정의 일부라고 하여 패러다임 전이(paradigm shift)를 강조한 것 등으로 큰 공헌을 하였다. 그가 한 패러다임에 관한 강조는 ① 경험적 지식을 추구하는 일반화(generalization-empirical knowledge), ② 모델을 일컫는 형이상학적으로 구성된 은유(metaphysically shaped metaphors-models), ③ 직업적 규범인 가치내재성(value commitments-professional norms), 및 ④ 범례를 뜻하는 퍼즐에 대한 구체적 해법(concrete solutions to puzzles-examplars) 등인바, 아가시(J. Aggasi)는 과학사를 설명하면서 위의 네 가지 패러다임의 요소 중에서 가장 기본적인 것이 형이상학이라고 했으며 패러다임의 뜻을 24가지나 규명했던 마스터맨(M. Masterman)도 같은 견해이다. 한편 라카토스는 과학은 새로운 문제를 발견해 냄으로써 발전한다고 하여 쿤의 패러다임 전이와 비교되는 '문제의 전이'(problem shift)를 강조했다. 이들 논의에 대해 하스(M. Haas)는 과학적 탐구의 목적은 문제해결에 있는 것이지, 실제를 넓게 이해하는 데에만 있는 것이 아니라고 하여 거시적 입장에 반대한다. 하스는 쿤의 입장을 넘어 패러다임적 논쟁에서 철학적 전제를 규명하려는 것으로, 모든 전제는 이론의 존재론적 하위구조를 구성하고 있는 것이라고 생각하기 때문이다. 그는 또한 데리다가 이념을 규명하기 위해서 텍스트를 파헤쳤듯이 이론적인 것을 토대라고 주장하는 진리의 존재론적 측면을 규명하려고 한 것이다. 그렇게 하면 인과론적 공리(causal axioms)도 규명하고, 그것은 결국 실제의 패러다임적 견해를 밝히는 것이 되기도 한다. 패러다임에 관해서는 이와 같이 의견이 분분하다.

그래서 패러다임간의 차이를 규명할 필요가 있고, 또 그렇게 하려면 그것은 근본적으로 형이상학적인 것이기 때문에 형이상학에 초점을 맞추면 여덟 가지 목적을 달성할 수 있다. 하나 하나 나열해 본다.

첫째, 존재론적 분석(ontological analysis)을 하면 기존 패러다임의 가장 기본이 되는 구조를 밝혀 준다. 동시에 주요 개념과 가정(假定, hypothesis) 등의 의미를 밝혀 주기도 한다.

둘째, 이론가들은 이념이나 방법의 문제에 얽매이지 않고 서로 의견을 교환하며 배울 수가 있다.

셋째, 우리가 이론의 존재론적 근거를 알면, 근본적인 것과 지엽적인 것을 쉽게 가려 낼 수 있다.

넷째, 기존의 패러다임을 검증하면서 논리적 비일관성을 찾아 낼 수 있다.

다섯째, 단순히 경험적으로 입증하여 실제라고 판단하기보다는 보편성을 실제의 형이상학적 표현으로 맥락화시킬 수 있다.

여섯째, 미래의 연구를 설계할 수 있다.

일곱째, 몸이 마음에, 그리고 마음이 몸에 어떻게 작용하는지를 좀더 알게 된다.

여덟째, 탐구의 가치와 목표를 실제의 비전에 보다 잘 통합시킬 수 있게 된다.

이상 여덟 가지의 장점을 미루어 보면, 한 마디로 형이상학적 전제가 규명되지 않고서는 이론이 과학적으로 성립되기가 어렵게 된다. 그리고 과학자들이 형이상학적 과정을 변수로 환원시키려고 노력하지 않는 것은 아니나 문제는 설명 자체가 원래 언어적이어서 완벽하게 환원되지 않는다는 데 있다. 방법론의 초반 강의가 너무 철학적으로 들어가 매우 난삽한 면이 없지 않다. 이야기를 줄여 하스의 방법론적 입장을 소개하는 것으로 앞의 논의를 줄이려고 한다. 그것은, 즉 거시역사학적 물음은 매우 복잡하기 때문에 연구는 다기방법론적(mutimethodological)으로 해야 한다는 불가지론적 입장을 취한다. 다시 말해서 하나로는 알 수 없으므로 여러 입장과 방법을 함께 동원해야 한다는 뜻이다.

우리의 방법론 강의가 어디까지 깊이 갈 수 있을지는 모르지만, 어쨌든 이 단계에서 그 동안 잊혔던 형이상학에 관한 이야기는 좀 하고 넘어가야 할 것 같다.

가장 기본이 되는 존재론적 물음은 마음이 몸을 통제하는 것인지, 또는 몸이 마음을 통제하는 것인지, 또는 복잡한 공식이 있어서 가끔 한 쪽이 다른 쪽을 통제하고 또 그 반대이기도 하고 하는 것인지를 설명할 수 있어야 한다. 그런데 그것이 쉽지 않다. 자연과학에서는 물질적 실재를 중히 여긴다. 그러나 사회과학에서는 태도와 이념 같은 것을 중시하고, 또 커뮤니케이션의 흐름이며 소득수준과 같은 물질적 요소가 아이디어의 원천이 되기도 하고, 동시에 아이디어가 물질적 실제를 재구성하기도 한다고 이해한다. 그 어느 쪽도 틀리지 않거나 아직도 규명이 안 되어 각각의 과학은 존재하고 영원한지도 모른다. 그래서 형이상학적 연찬은 불가결하다.

형이상학에는 약간씩 다른 존재론적 견해들이 있다. 첫째, 물질주의(Metaphysical Materialism)는 실제가 물질인 경우에 몸이 마음을 지배하며, 태도조차도 물질적 본질로 환원될 수 있다고 생각한다. 둘째, 이상주의(Metaphysical Idealism)는 아이디어와 지각이 환원될 수 없는 것이라면 마음이 몸을 지배하고, 따라서 물질적 본질은 인과체계에서 독자적 역할을 하지 못한다고 생각한다. 세상은 정신적 구성물 그 이상이 아니며 실제 세계는 우리가 세상을 개념화하는 것과 무관하게 존재하는 것이 아니라는 입장이다. 셋째, 실제주의(Metaphysical Realism)는 모든 것이 물질과 아이디어로 환원된다고 믿는다. 그러나 양자는 별개의 것이라고 인정한다. 우리가 연구를 할 때 물리적인 변수와 심리적인 변수가 같이 섞여 있는 것과 같은 것이다. 이를 형이상학적 이중주의라고 하는데 이 입장은 일원론에서는 이해하기 어렵고 이원론에서는 이해가 가능하다. 이상의 세 입장은 형이상학의 이론 중 일원론(Monistic Theory)에 해당한다.

이원론(Dualistic Theory)에서 본 형이상학의 이론이자 견해도 몇 있다. 첫째, 교호주의(Interactionism)는 마음과 몸이 서로 영향을 주고 받는다고 생각한다. 둘째, 평행주의(Parallelism)는 몸과 마음이 서로 영향을 주고 받지는 않지만, 항상 나란히 가고 있다고 믿는다. 통계분석을 할 때 상관계수(이에 관해서는 이 책의 제 4 부에 자세한 설명이 나온다)를 가지고 인과계수로 설명하려는 억지가 간혹 있는데 이를 이 입장에서는 수용할 수 없을 것이다.

이상의 형이상학적 입장에 대해 대안적인 입장을 견지하는 견해도 있다. 즉 겉으로 나타나는 것은 본질적인 것은 아닌데, 이것이 근본적 현상과 완전히 일치하고 있다고 생각하는 견해가 있다. 첫째, 부수현상적 물질주의(Epiphenomenalist Materialism)는 지각적 의식을 만들어 내기 위해 몸이 마음에 작용한다고 생각한다. 사회과학에서 개인의 소득과 물질적 환경이 계급의식을 만들어 내는 것을 규명하려는 연구가 여기에 해당된다. 둘째, 물리주의(Physicalism)는 마음을 물질적인 것이라고 생각한다. 그래서 "몸이 마음에 작용한다"라는 언명은 비논리적이라고 한다. 몸만 몸에 작용하기 때문이다. 맑스가 이코노미즘을 공격하는 것은 물리주의적 형이상학에 반하는 것이다. 셋째, 부수주의적 이상주의(Epiphenomenalist Idealism)는 마음이 몸에게 무엇이 진행된다는 것을 말하는 것이라고 생각한다. 넷째, 정신주의(Mentalism)는 실제에 대한 사적 지각을 존중하는 유아론(Solipsism)에 유사한 입장이다.

이원론은 모든 것은 두 개의 기본요소로 환원시킬 수 있다고 믿는 반면에, 일원론은 실제가 하나의 기본요소로 환원된다고 믿는다. 여기서 우리는 몸과 마음은 하나일까, 다를까, 같은 것의 다른 면일까 등등에 관해 답할 수 있어야 하는데 분명치 않으니까 의식조사다 태도조사다 하며 많은 연구를 하면서 또 이들이 행동에 미치는 면은 무엇인가를 규명하려고 하지만 본질적으로는 아무런 해답을 내리지 못하고 있는 것이다. 이에 대해 흄은 형이상학적 회의주의(Metaphysical Scepticism)의 입장을 택해 이 물음에 답할 수 없다고 하면서 실증주의를 주장하였다. 우리가 연구를 할 적에 국민소득, 전기발전량, 실업률, 경제성장률 등 많은 자료를 가지고 분석을 하면, 이런 입장은 분명히 물질주의적 형이상학이다. 또 태도와 물리적 요인을 함께 연구하면 이는 이원론적 패러다임에 서는 것이다. 이야기를 줄이면, 그래서 모니스트보다는 듀알리스트가 사회과학에서는 폭넓은 연구를 할 가능성이 있다.

끝으로 패러다임의 형이상학적 분류를 해 보자. 실제에 관한 모든 지식은 형이상학적인 것이기 때문에 패러다임을 존재론적 견지에서 정리해 보아야 할 것이다. 마음과 몸간의 관계를 모르고 지식을 습득한다는 것은 아무런 의미가 없기 때문이다. 예컨대 민주주의에 대한 태도변수가 발전에 관한 경제변수에 어떤 영향을 미치는가, 엘리트의 권력, 유권자의 선호, 도시의 사건들과 국제분쟁, 그리고 국제사회의 명멸 등을 연구함에 있어서 아이디얼리즘, 이상주의, 물질주의, 이원론, 일원론 등등 형이상학상의 차이는 적어도 알고 연구를 해야 한다. 그래서 나중에 그 해석이 의미 있고 문제도 제대로 풀리는 것이지 그렇지 않으면 공허한 지적 유희로 끝나기 십상이다. 패러다임의 형이상학을 구분하는 방법은, 주요 개념과 변수를 통해 형이상학적 전제를 규명해 보는 것이다. 패러다임은 텍스트를 해체해 보아야 규명된다. 그런데 행정학이면 행정학, 정치학이면 정치학에 관한 텍스트가 무엇인지조차 모르며 연구하고 있는 것이 우리의 현실이다. 어쨌든 구체적으로 이론이 주장하는바, 사용하는 개념과 변수를 그림으로 나열하면서 경제성장같이 물질적인 것은 위에 큰 글자로, 그리고 태도나 지각현상같이 정신적인 것은 아래에 작은 글자로 적는다. 큰 글자와 작은 글자가 혼합해서 그림에 나타나면 그 이론의 패러다임은 부수현상적이다. 예를 들어 맑스는 기본적으로 유물론자인데, 계급의 심리적 의식에 관해서도 상당한 비중을 두고 있어 그도 역시 부수현상주의자라고 해야 할 것이다. 이때 우리가 주시해야 할 것은 양자가 교호작용을 하는 것인지, 아니면 평행으로 가고 있는 것인지에 관한 것이다.

결론적으로 실제가 부정확한 인간의 마음에 대해 외적인 것이라고 믿는 경험주의자, 관찰이 필요 없이 직감과 논리를 통해 언술은 선험적으로 진리라고 믿는 합리주의자, 그리고 경험과 직감의 변증법적 전개를 추구하는 초(탈)현대주의자나 초(탈)구조주의자 — 모두가 다 의미 있고 일리가 있다. 다만 인식론에서 보면, 패러다임은 정신적 산물로서 실증적 절차로 규명될 수 없는 것이기 때문에 반실증주의적인 입장이라고 하는 것이 타당할 듯싶다.

3. 논 리 론

여기서는 귀납논리, 연역논리 그리고 가추논리(假推論理, abduction 假定的 推論, hypothetical inference)에 관해서 강의한다. 논의는 분석 · 종합 · 모순언명에 관한 것부터 시작한다.

3.1 분석 · 종합 및 모순언명

논리를 전개할 때 늘 부딪치는 문제는 논쟁의 진(眞)과 위(僞)에 관한 것이다. 어떤 언명이 있을 때 이 언명의 옳고 그름이 순전히 논리적 수단에 의해 결정될 수 있다. 따라서 논리적 분석의 입장에서 우리는 논리적(logically) 참과 거짓, 그리고 사실적(factually) 참과 거짓을 구별할 필요가 있다. 다음의 언명은 이들의 차이를 밝혀 준다.

예컨대 "모든 미혼자는 결혼하지 않은 사람이다"라는 언명은 그 자체가 참이라는 입증을 하기 위해 별도의 지식이 필요하지 않다. 즉 많은 미혼자를 조사해서 그 진위를 가릴 필요가 없다. 이런 종류의 것을 「분석적 언명」(analytical statements)이라고 한다. 분석적 언명은 문장 안에 있는 단어의 뜻 때문에 진실이 스스로 판명되는 언명이다. 그러나 "몇몇 미혼자는 결혼한 사람이다"라는 언명은 그 의미가 전혀 옳지 않다." 이를 「모순된 언명」(contradictory statements)이라고 한다. 이 언명은 문장에서 사용하는 단어의 뜻이 그릇된 경우이다. 분석적 언명은 논리적으로 옳은 언명이고 모순대당적 언명은 논리적으로 옳지 않은 언명이다.

이와는 달리 "몇몇 미혼자는 집을 소유하지 않았다"라거나, "모든 미혼자는 대학생이다"라는 언명은 단어의 뜻만 가지고 옳고 그름을 가릴 수 없다. 이를 「종합적 언명」(synthetic statements)이라고 한다. 앞의 언명은 일견 옳은 것 같고, 뒤의 언명은 그른 것 같다. 그러나 미혼자라는 어휘의 의미만 가지고 진위를 판단할 수 없다. 이것을 판단하기 위하여는 미혼자를 실제로 조사해 보아야 한다. 따라서 종합적 언명은 논리적 차원의 이야기가 아니고 사실적 차원의 이야기이다.

다시 분석적 언명으로 돌아가서, 분석적 언명의 진이 단어의 뜻 이외에 다른 논의 없이 판명될 수 있다는 것은 이 언명이 언어 이외의 어떠한 사실에 관한 정보를 포함하고 있지 않다는 뜻이 된다. 즉 언어 그 자체에 관한 것 이외에는 아무것도 없다. 그렇다고 분석적 언명이 명백하게 언어를 뜻하고 있는 것은 아니다. 오히려 정의와의 관계를 표명하고 있을 뿐이다. 정의란 약속으로, 이 약속은 맞지도 틀리지도 않다. 분석적 언명은 정의를 내린 것이라고 생각하면 된다.

분석적 언명에 사실적 내용이 담겨 있지 않은 이유를 알아보는 것도 재미있다. 지금 그 안에 무엇이 들어 있는지 모르는 하나의 방이 있다고 하자. 우리는 모든 가능한 물건들이 들어 있으리라고 상상할 수 있지만 그것이 실상 있는지를 확인할 길이 없다. 그런데 "그 방안에 책이 있다"라는 종합적 언명이 진이라는 것을 알게 되었다고 하면 우리는 그 밖에 상상할 수 있는 물건들을 머리 속에서 전부 지워 버리게 될 것이다. 적어도 그 방에는 책상이 없고 의자도 없고 책장도 없다는 것을 알게 된다. 점차 그 방에 관해 알게 되는 것이다. 다음에 "그 방에는 책이 한 권 있는데 장정이 두껍고 검정색이며 500페이지가 되는 방법론에 관한 책으로 책상 위에 놓여 있다"고 하자. 이 언명은 앞의 경우보다 훨씬 더 많은 정보를 제공해 주고 있다. 그러니까 언명 가운데 담겨 있는 사실적 내용의 양은 제외시킬 수 있는 가능성의 수와 함수관계에 있게 된다. 언명이 보다 많은 내용을 담고 있을수록 거기에 추가할 가능성은 없어진다. 말을 바꾸면 분석적 언명 속에 들어갈 수 있는 가능한 내용은 무한하다고 할 수 있다.

분석적 언명은 필연적으로 옳기 때문에 상상가능한 것을 배제시킬 수 없다. 또 옳다는 것을 안다고 해서 어떤 가능성이 현현된다는 구체적 결론을 내릴 수 있는 것도 아니다. 다른 예를 들어 보면, "방에 있는 모든 검정 장정의 책은 검정색이다"라는 언명은 분석적이나, 다른 사실을 우리에게 밝혀 주지 않는다. 방에 있는 다른 내용과 관계없이 이 언명은 참이다. 이러한 언명은 거짓일 수 없으며 이런 연유로 사실적 내용을 전해 주지 못한다.

분석적 언명을 관찰한 사실로 입증할 수 없다. 경험적 자료를 가지고 진위를 논박해 보았자 아무 쓸모가 없다. 수학의 진은 분석적이라는 점을 예를 가지고 좀더 설명해 본다. 2와 2를 합하면 4이다. 이것은 '2', '4', '합하는 것', '같게 되는 것' 등이 정의에 의해 참이라고 약속했기 때문이다. 경험하지 않고도 옳다고 생각하고 있는 것이다. 그런데 이제 두 되의 알콜과 두 되의 물을 섞어서 네 되의 액체가 되었느냐 하면 그렇지 않다는 결론 때문에 문제가 생긴다. 이것은 바로 경험적 사실로 검증해 보니 2+2=4라는 분석적 언명이 거짓이 되는 결과를 나았다. 그러므로 분석적 언명이 사실적 내용을 담고 있을 수 없다는 것이 입증된 셈이다. 따라서 종합적 언명이 분석적 전제만으로부터 연역적으로 도출된다고 생각해서는 안 된다. 이것은 연역적 논증에서 결론의 내용이 전제(premise)에 들어 있지 않은 것은 타당하지 않다는 설명과 서로 통한다. 만일 모든 전제가 분석적이라면 사실적 내용(factual content)이 있을 수 없다. 따라서 결론에 사실적 내용이 있어서는 안 된다. 그러나 종종 전제는 분석적인데 사실적 내용이 담긴 결론이 도출되는 경우가 많다. 물론 타당성이 없는 이야기이다. 그러나 여기서 주의해야 할 것이 있다. 어떤 분석적 전제로부터 연역적으로 논증되어 얻은 결론이 사실적 내용을 담고 있지 않다는 말을 분석의 세계와 경험의 세계가 연결될 수 없다는 말로 오해해서는 안 된다는 것이다. 제 2 장에서 설명한 케메니(J. Kemeny)의 〈그림 1-2-1〉을 머리 속에 다시 그려보기 바란다. 그리고 두 세계를 염두에 두고 귀납과 연역의 논증에 관한 설명을 계속하고 끝에 가서 가추의 논증을 소개하기로 한다.

3.2 귀 납 법

특수한 사실을 전제로 하여 일반적 진리 내지 원리로서의 결론을 내리는 방법을 귀납법(induction) 또는 귀납적 추리(inductive syllogism)라고 한다. 다시 말해서 과학자가 관찰한 사실을 설명하기 위해 이론을 형성해 가는 과정을 뜻한다. 이 과정에는 두 단계가 있다. 하나는 가능한 이론을 구성하는 것이고, 다른 하나는 그중에 하나를 선택하는 것이다. 귀납법은 이미 오래전에 소크라테스의 문답법에서 유효한 방법으로 활용되다가 연역법이 아리스토틀의 논리를 대표하는 것으로 생각하면서 거의 불문에 붙여졌다. 그러나 다시 자연과학에 힘입어 경험적 사실에 기초하여 일반적 법칙을 발견하려는 노력에 따라 귀납법은 새로운 지식을 발견할 수 있는 도구로 인정되었다. 그것이 다시 밀(J. S. Mill)에 의해 학문 분야에서 비중을 차지하게 되었다.

위에 지적한 두 단계 중 두 번째 문제를 가지고 설명을 이어가기로 한다. 가능한 많은 이론이 있을 때 우리는 어떻게 해서 우리가 원하는 이론을 추출할 것인가가 문제이다. 이론을 이해하려면 가설이 무엇인지 알아야 한다. 이것은 제6장에서 충분히 설명이 되지만, 여기서는 가능한 이론으로 고려하고 있는 '해석된 수학의 명제'(interpreted mathematical proposition)라고 우선 생각하는 것이 좋다. 이것은 아직도 모호한 성격을 지니고 있는 단계이며 이것이 분명해져서 받아들여질 때 이론이 된다. 여러 가설이 있다고 할 때 우선 그 가설이 알려진 모든 사실을 설명해 주는지 검토해야 한다. 그렇지만 사실이라는 것이 완벽할 정도로 정확하지 않고 항상 오차가 개재하기 때문에 쉬운 일이 아니다. 그러나 우리는 정확성에 너무 집착하지 않고 상당히 근거가 있는 가설을 고를 수 있다.

사실(fact)을 많이 모아 놓았다고 해서 가설이 없어지는 것은 아니다. 가능성은 무한하다고 생각하면 된다. 사실과 가설을 이렇게 생각하면 된다. 즉, 사실을 그래프용지 위에 찍힌 무수한 점이라고 생각하고 가설을 이 점을 연결하는 곡선이라고 생각하면 된다. 모든 사실을 설명할 수 있는 가설이기 위해서는 곡선이 모든 점으로 연결되어야 한다. 점과 점을 연결시킬 수 있는 가능성은 무한하다. 그러나 인간의 힘으로는 유한한 점과 그것을 연결하는 곡선을 그릴 수 있을 뿐이다. 요컨대 가설은 무한하고 이 무한한 가설 중 사실을 적절히 설명할 수 있는 간결한 가설을 발견해 내야 하는 과제가 과학자들에게 있다. 이것이 관찰된 사실을 설명하기 위해 이론을 형성해 가는 과정이다. 과학자는 원래 복잡한 것보다는 간단한 것을 좋아한다. 곡선보다는 직선을 좋아하는 편향이 있다. 그렇다고 하나의 직선이 모든 점을 만족시키면서 그어질 수 없고 가장 가까운 곳을 지나갈 수 있을 뿐이다. 사실을 설명하는 가설의 한계가 이처럼 완벽한 것이 아니라는 제약을 염두에 둘 필요가 있어서 하는 말이다. 그러면서도 가능한 가설, 가능한 이론을 위해 과학자는 귀납적 추리를 한다.

귀납법은 연역법과 달리 전제를 넘어서는 내용이 담겨 있는 결론을 도출한다. 어느 추리이건 그 근본목적은 참인 전제를 기초로 해서 참인 결론을 끌어 내는 데 있다. 연역법은 이 논리와 범주를 벗어나지 못한다. 그러나 귀납법은 전제의 내용을 넘어서 다른 내용까지를 포함하는 결론을 유도한다. 이렇기 위해 귀납법은 연역법의 필요조건을 희생시키지 않으면 안 된다. 즉 논리적으로 타당한 귀납적 논쟁이 참의 전제와 거짓의 결론을 포함시킬 수 있다. 그러므로 귀납법에서는 전제가 옳으면 결론이 항상 옳다거나, 아니면 결론을 옳게 하는 가능한 모든 노력을 기울일 수 있다는 것 자체가 보장되어 있지 못한 형편이다.

연역법에서는 타당성이 완벽하거나, 아니면 전부 옳지 않다는 논리가 가능하지 부분적으로 타당하다는 논리가 통하지 않는다. 그래서 연역법에서는 '타당하다'(valid)라는 말을 쓰고, 귀납법에서는 '옳다'(correct)라는 말을 쓴다. 그러니까 귀납적 추리에서는 전부 또는 일부가 그르다는 경우가 생기며, 이것을 귀납적 오류(inductive fallacies)라고 한다. 오류가 생겼을 때 전제는 결론을 유도하지 못한다. 오류 없이 옳은 결론이 도출되더라도 거기에는 정도가 있어서 '아주 가능하다', '적당히 가능하다' 또는 '어느 정도 가능하다'라는 말을 할 수 있게 된다.

연역법에서는 당초의 전제가 유지되는 한 다른 전제가 추가되더라도 모두가 진이면 결론도 진이지만, 귀납법에서는 전제가 추가됨에 따라 결론이 뒷받침되는 정도에 차이가 생긴다. 왜냐하면 전제가 옳더라도 결론이 옳지 않을 수 있으니까 적실한 증거가 있는 전제가 추가되면 결론에 대한 신뢰도는 달라질 수 있기 때문이다.

귀납적 추리의 옳고 그름을 판단하는 데에는 아직도 논의가 분분하다. 이것은 18세기에 이미 흄(D. Hume)에 의해 지적된 것인데, 요지는 어떤 특정형태이어야 바른 귀납논쟁이냐 하는 것이다. 정설이 있는 것은 아니지만 대개 어떤 형태이면 동의할 수 있는 귀납적 논증이라는 것을 밝혀 낼 수는 있을 것 같다. 그중 대표적인 것이 매거적 귀납추리(枚擧的 歸納推理, induction by enumeration)이다.

특정형태의 설명에 들어가기 전에 귀납법에 관해 좀더 부연한다. 삼단논법에서 제 3 격은 형식상으로 특칭(特稱)의 결론을 이끌어 내는 것이지만 개별적 사실을 완전히 열거한다면 보편적 법칙에 도달할 가능성이 있으므로 이 제 3 격을 귀납격이라고 칭한다. 여기서 특칭은 전칭(全稱)의 반대개념인데 만일 전칭의 결론을 내리면 일부의 참(眞)을 전부의 참으로 확대하게 되어 소개념(제 2 격) 부당주연(不當周延)의 오류를 범하게 된다.

귀납법의 기본원리가 무엇인지를 아는 것도 귀납적 추리의 옳고 그름을 판단하는 데 도움이 된다. 그 첫째가 A라는 개념이 B라는 개념과 연관을 맺고 비연관상태가 전혀 나타나지 않을 때, 두 개념의 각 요소가 연관되는 사례가 많으면 많을수록 새로운 사례에서 연관의 가능성은 짙어진다는 것이고, 둘째는 동일한 상황에서 충분한 사례의 연관이 새로운 연관의 가능성을 거의 정확하게 유발하고 제한 없이 확실성에 가까워진다는 것이다. 그러나 아무리 개별적 사실을 전적으로 수집해도 경험이 요구를 충족시킬 수 있는지에 대해 의문이 생기고, 더욱이 미래의 일을 포함시킬 수 없으므로 귀납적으로 밝혀 낸 진리를 미래에 적용시킬 수 없는 한계가 내재한다. 따라서 귀납법은 보편타당한 일반적 진리를 밝혀 낸다기보다는 상대적 진리를 가진 경험적 법칙만을 밝혀 낼 뿐이고 그 성격은 필연성보다는 개연성에 불과하다. 그러나 자주 전칭판단의 결론을 내려 '귀납적 비약의 오류'(歸納的 飛躍의 誤謬, fallacy of jumping to a conclusion)를 범한다. 다만 이러한 비약이 밀의 주장처럼 자연의 제일성(自然의 齊一性, the uniformity of nature)에 근거한 것으로 타당성이 있다는 데 대한 의견은 아직도 논란의 여지가 있다고 하겠다.

귀납법은 우선 자료의 수집이라는 단계부터 시작해야 하므로 이를 위해 관찰이나 실험 같은 방법이 뒷받침되어야 한다. 이런 방법에 따라 얻은 사실을 기초로 해서 보편적 진리에 도달하려고 노력하는데, 도달하려는 방법에 따라 통계적 귀납법 · 인과적 귀납법 및 아날로지(유비추리, 類比推理) 등으로 크게 나뉜다. 통계적 귀납법은 사실을 양적으로 개괄하여 결론을 이끌어 내는 방법이고, 인과적 귀납법은 현상의 원인을 탐구해 가는 것으로 근세 경험학파의 비조인 베이컨(F. Bacon)에 의해 주장되었던 방법으로 제 3 부의 조사방법론에 나오는 입증방식으로서의 차이법(差異法)이나 일치법(一致法) 같은 것은 이 범주에 속한다. 아날로지가 귀납법의 일반적 성질과 한 가지 다른 것은 귀납추리는 개별사례로부터 일반법칙을 추정하는 데 반해서, 유비추리는 개별사례 상호간의 유사한 관계만을 추정할 뿐이다.

통계적 귀납법의 대표적인 것이 매거적 귀납추리이다. 결론이 관찰된 전제로부터 도출되는 방법인데, 다음의 예를 통해 설명해 본다. 자루에 완두콩이 들어 있는데 그중 얼마를 뽑아 보았더니 모두가 상등품이라고 결론지을 수도 있다. 이 말을 다시 풀어 보면,

표출된 완두콩은 모두 상등품이다.
자루 속에 있는 완두콩은 모두 상등품이다.

그러나 이 경우 자루 속에 있는 모든 콩이 상등품인지는 확실치 않다. 일일이 관찰하지 않았기 때문이다. 그러나 모든 사실을 낱낱이 경험하고 매거할 수 없다는 점을 시인한다면 비록 전부를 보지 않고도 전체에 대한 결론을 내리는 것이 허락되어야 할 것이다. 극단적인 예를 들어 "높은 곳에서 떨어지면 다친다"는 사실은 한 번만 경험해도 진리가 되는 것이지 굳이 여러 번 경험할 필요가 없다는 것도 위의 결론을 어느 정도 뒷받침해 주고 있다. 이처럼 전부를 관찰하지 않은 것을 불완전매거적 귀납추리(不完全枚擧的 歸納推理)라고 한다.

위의 예를 좀더 합리적으로 표현할 수 있다. 즉 "완두콩 모두가…"라고 하는 것보다는 그중 '얼마만큼의 비율'이 어떠하고 하는 것이 보다 정확하고 논리적이다. 그래서 또 어떤 자루에 있는 완두콩의 일부를 덜어 내어 보았더니 그 중 75%가 상등품이었다고 한다면 우리는 그 자루에 있는 완두콩 중 75%는 상등품이라는 결론을 내릴 수 있다. 즉

표출된 완두콩의 75%는 상등품이다.
자루 속에 있는 완두콩의 75%는 상등품이다

라는 식으로 표현된다. 이와 같은 표현이 매거적 귀납추리의 표현양식이다. 이런 식의 논리전개는 사회과학연구에서 많이 행해진다. 약 5,000명의 학생을 대상으로 남북대화의 재개에 관한 의견을 물어 그중 65%가 찬성했다면, 결론은 65%의 학생이 남북대화가 계속되기를 원한다는 것인데 이런 종류의 의견조사 같은 데서 매거적 귀납추리의 표현양식이 많이 발견된다.

그러나 통계적 귀납법에서 오류에 빠질 가능성은 얼마든지 있다. 위의 예에서 단 몇 알의 완두콩만을 검토해 보고 전체를 상등품이라고 한다면 이것은 논리의 비약이 된다. 또 10명의 학생만을 면접하고 결론을 내리는 것도

마찬가지이다. 이와 같이 충분한 수를 확보하지 못하고 관찰하여 결론을 내리는 것이 오류가 되는데, 그러면 얼마만큼의 수를 확보해야 되느냐에 대해서도 일정한 기준이 없다. 한 두 사례만 가지고도 가능할 때가 있는가 하면 백만의 수가 필요할 때도 있다. 이것은 또한 우리가 얼마 정도의 신뢰성을 유지하려고 하느냐에 따라서도 달라진다. 충분한 수의 확보도 문제이지만 대표성이 있는 표본을 추출해야 하는 것도 논리전개의 오류를 피할 수 있는 방법의 하나이다. 선거의 결과를 예측하기 위해 한 조사에서 피면접자가 도시의 상류계급이었다면 거기서 얻은 결론으로 선거를 예측할 수는 없다. 이런 종류의 논증은 제 3 부의 표본추출과 제 4 부의 계량적 자료분석을 설명할 때 충분히 재론된다. 인과적 귀납법도 제 3 부에서 다시 설명된다. 아날로지에 관해서는 자세한 설명을 생략하나 삼단논법의 제 1 격에 해당되는 것으로 예를 들면,

지구는 사람이 사는 곳이다.
화성은 여러 점으로 보아 지구와 유사하다.
고로 화성은 사람이 사는 곳일 것이다

와 같은 논리의 전개이다. 그러나 이러한 결론은 어디까지나 불완전한 것이고 그 개연성을 높이려면 유사점이 많아야 한다.

3.3 연 역 법

연역법은 사태와 사태와의 필연적 연관성을 그 형식적 구조에서 밝히는 추리방법이다. 그래서 이 방법은 "전체에 관하여 참인 것은 부분에 관하여도 참이다"라고 하여 보편적 원리로부터 부분에 관한 지식을 이끌어 낸다. 다시 말해서 일반적인 것으로부터 특수한 것을 추정해 내는 방법이다. 이 연역법은 최소한 두 개의 전제와 한 개의 결론이라는 삼단식으로 구성되기 때문에 보통 삼단논법(三段論法, syllogism)이라고도 한다. 그러니까 대전제·소전제 및 결론의 순서로 논리가 전개되고, 전제를 개념으로 환언하면 대개념과 소개념, 그리고 이 둘을 연결하는 중개념 혹은 매개념(媒概念)이 있어야 한다.

연역적 논증의 타당성은 언명의 내용에 따라 정해지는 것이 아니고 논

리적 형식에 따라 정해진다. 그러면 그 논리적 형식이란 어떠한 것인가? 연역적 논쟁의 타당성은 순전히 전제와 결론간의 관계 여하에 달려 있다. 즉 연역적 추리가 타당하다는 뜻은 전제가 참이면 결론도 당연히 참이어야 한다는 식으로 전제가 결론에 연결되어 있다는 것을 의미한다. 타당성은 논증의 요소로서 언명의 전부를 말하고 있는 것이지 개별적 언명을 뜻하는 것은 아니다. 그러니까 논증이 참이라고 하는 것이나 개별언명이 타당하다고 하는 것은 의미가 없다. 전제가 옳고 결론이 그른 것과 같이 논리적으로 결함이 있는 연역적 논증 역시 타당할 수 없다.

연역법은 형식논리에 기초하는 비중이 크기 때문에 때로는 묘한 논법이 전개된다. 옳은 결론만 가지고 논증이 타당하다고 입증되는 것도 아니고 그릇된 결론이 나왔다고 해서 타당하지 않다고 말하기도 곤란하다. 다음의 세 경우를 보면 연역적 논증이 타당할 수 있다는 사정을 엿볼 수 있다.

(1) 옳은 전제와 옳은 결론

다이아몬드는 모두 견고하다.(참)
어떤 다이아몬드는 보석이다.(참)
어떤 보석은 견고하다.(참)

(2) 일부 혹은 전부가 그른 전제와 옳은 결론

토끼는 모두 날개가 있다.(거짓)
새는 모두 토끼다.(거짓)
새는 모두 날개가 있다.(참)

(3) 일부 혹은 전부가 그른 전제와 그른 결론

토끼는 모두 날개가 있다.(거짓)
사슴은 모두 토끼다.(거짓)
사슴은 모두 날개가 있다.(거짓)

위의 예에서 알 수 있듯이 전제가 옳으면 결론도 옳을 수 있고, 전제가 옳은데 결론이 옳지 않다는 연역적 논증은 사실상 불가능하다. 그러나 전제가 옳지 않으면서도 (2)의 예처럼 결론이 옳을 수 있다. 극단적인 경우에는 전제와 결론이 모두 옳은데도 논리의 모순 때문에 타당성이 없는 논증이 전개된다. 예를 들면 "모든 포유동물은 죽게 마련이다," "모든 개는 죽는다"

"고로 모든 개는 포유동물이다"라는 삼단논법에서 전제도 옳고 결론도 옳다. 그러나 결론이 도출될 수 있는 근거가 전제 속에 없기 때문에 이러한 연역추리는 타당하다고 할 수 없다.

타당성과 부당성을 가려 내기 위해서 어떤 형식(forms)의 논증인가를 자세히 검토해 보아야 한다. 논리학의 견지에서 보면 논증의 주제(subject matter)는 중요치 않고 형식이나 구조가 중요하다. 다시 강조하지만 타당성 여부는 형식에 의해 결정되고 전제와 결론이 뜻하는 바에 따라 결정되지 않는다.

타당성과 결부시켜 형식의 타당성과 논증의 타당성을 구별해 봄직도 하지만, 형식이 타당하면 부당한 논증일 수가 없다. 위에 있는 (2)의 예를 다시 들어보면, 여기에는 새 · 토끼 · 날개라는 것의 세 구분이 있다. 만일 우리가 이런 논증의 형식을 따르기만 하면 사물의 성격이 어떤 것인지에 구애받을 필요가 없다. 그렇다면 단순히 문자만을 집어 넣어 위의 논리를 전개해 볼 수 있다. F · G · H를 토끼 · 새 · 날개에 대체시키면,

(4) 문자에 의한 논리의 전개

G는 모두 H이다.

F는 모두 G이다.

F는 모두 H이다

라는 논리가 전개된다. (3)의 예도 이런 식으로 대체시켜 보면 그 모순이 금방 드러난다. 그러나 여기서 주의할 것은 (4)의 예는 단순한 형식이지 논증이 아니라는 점이다. 논쟁을 벌일 내용이 없다는 것이다. 그러나 이 형식이 타당해서 G가 정말 H이고 F가 G이면 F는 H가 되어 어떤 내용을 집어 넣더라도 맞는 결론이 나온다.

논증의 형식이 부당한 것을 연역적 오류(fallacy)라고 한다. 이 오류의 진부를 가리는 것도 쉽지는 않다. 왜냐하면 간혹 오류를 범하고 있으면서도 타당한 논증의 형식을 갖추고 있기 때문이다. 사람들은 때로 꼭 맞지 않은 것이더라도 믿게 하려는 습성이 있기 때문에 주의를 요한다. 그래서 논증의 오류를 가려 내는 좋은 방법은 전제는 참이면서 결론이 거짓인 형식을 띠고 있는 다른 논증과 비교해 보는 것이다. 이런 방법에 따라 비록 전제가 옳더

라도 논증의 형식만 가지고 결론이 옳다는 확신이 서지 않는다는 것을 알게 된다. 앞에 나온 예를 다시 풀면서 이 방법을 좀더 익혀보기로 한다.

(5) 모든 포유동물은 죽는다.
모든 개는 죽는다.
모든 개는 포유동물이다.

이 논증은 전제와 결론이 모두 다 옳지만 타당성을 결하고 있다. 즉 형식을 따져 보면,

(6) F는 모두 H이다.
G는 모두 H이다.
G는 모두 F이다.

여기서 F 대신에 포유동물을, G 대신에 파충류를, H 대신에 죽는 것을 바꾸어 놓은 대례방법(對例方法)을 쓰면,

(7) 모든 포유동물은 죽는다(참)
모든 파충류는 죽는다(참)
모든 파충류는 포유동물이다(거짓)

라는 그릇된 결론을 얻는다. 위에서 (6)은 부당한 형식이고 (5)는 부당한 논증이라는 점을 다시 상기시켜 둔다.

연역법의 특징은 앞에서 귀납법을 설명할 때 대비시켜 조금씩 이미 소개하였다. 연역법에서는 전제가 옳은 한, 결론도 옳다. 물론 타당한 논증의 형식을 취하고 있을 때의 이야기이다. 동시에 옳으면 옳고 그르면 글렀지 부분적으로 타당하다는 논리는 통하지 않는다. 연역법에서는 이처럼 전제가 차지하는 비중이 크기 때문에 그 전제를 구성하는 판단의 종류 여하에 따라 몇 가지 구분이 생긴다. 정언적(定言的)·가언적(假言的) 및 선언적(選言的) 연역법 등이 그것이다.

정언적 연역법은 삼단논법의 기본으로서 전제 속에 가설적 언명이나 선택적인 언명이 들어 있지 않고 정언판단만을 전제로 하여 정언적 결론을 내리는 추리방법이다. 반면에 가언적 연역법은 전제에 가설적 판단이 들어 있

는 경우이다. 가설적 판단은 대전제나 소전제 어느 쪽에도 들어갈 수 있다. 표현형식은 "…하면…이다"라는 것으로 "뭉치면 산다"와 같은 것이다. 긍정으로 표현해도 되고 부정으로 해도 상관이 없다. 끝으로 선언적 연역법은 전제에 긍정이든 부정이든 선택적 언명이 들어가 있는 방법이다. 즉 "정부는 규제를 계속하든가 아니면 규제를 완화하든가"라는 식이다. 이러한 선언적 판단이 특히 소전제에서 잘못되면 가언적 판단과 선언적 판단으로 구성되어 있는 '딜레마'(삼단논법의 일종)가 오류에 빠진다.

연역법의 기초인 정언적 연역법에는 몇 가지 원칙이 있다.

(1) 정언적 연역법이 가져야 할 개념은 세 개보다 적거나 많아도 안 된다.
(2) 정언적 연역법이 가져야 할 판단은 세 개보다 많거나 적어도 안 된다.
(3) 매개념은 적어도 한 번은 주연 또는 확충(distribution)되어야 한다.
(4) 전제에 있어서 부주연(不周延, undistribution)인 개념을 결론에서 주연(周延)시켜서는 안 된다.
(5) 대소 두 전제가 모두 부정일 때는 결론을 내릴 수 없다.
(6) 두 전제가 모두 긍정일 때는 결론도 긍정이어야 한다.
(7) 전제 중에 하나가 부정일 때는 결론도 부정이어야 한다.
(8) 두 전제가 모두 특칭일 때는 결론을 내릴 수 없다.
(9) 전제의 하나가 특칭일 때는 결론도 특칭이어야 한다.

연역법이 지니고 있는 단점으로 비판의 소지가 있는 것으로는 대전제가 개별적 사실로부터 귀납한 것이고 보편적 명제여야 하는데 이것을 지키기도 어렵지만, 또한 이미 대전제 속에 포함되어 있는 것을 결론으로 유도하게 되어 순환론에 빠질 우려가 있다는 점이다. 그래서 연역법이 과연 새로운 진리를 발견하는 데 유효한 것인가는 다시 한번 생각해 보아야 한다. 그러나 그러면서도 보편적 명제를 구하기 위해 이성적 직관의 능력이 보태질 수 있다는 점을 간과해서는 안 된다.

3.4 연역법과 귀납법 비교

이상에서 연역법과 귀납법에 관해 어느 정도 강의했다. 이들은 서로 보완관계를 유지하는 것이 바람직하다는 이야기도 이미 앞서 했다. 둘다 완전하지 못해 비판의 여지가 있기 때문이다. 두 방법은 각기 다른 특성을 가지고 있다. 예를 다시 들어가며 차이를 다시 확인해 봄으로써 좀더 익히기로 한다.

(1) 연역추리: 모든 포유동물은 심장을 가지고 있다.
모든 말은 포유동물이다.
모든 말은 심장을 가지고 있다.

(2) 귀납추리: 조사해 보았더니 모든 말은 심장을 가지고 있다.
모든 말은 심장을 가지고 있다.

위의 예로 미루어 연역법에서는 ① 모든 전제가 참이면, 결론은 당연히 참이다. ② 결론으로 도출된 사실적 내용은 적어도 암시적으로 이미 전제에 포함되어 있다. 반면에 귀납법에서는 ① 모든 전제가 참이면, 결론이 참이긴 하지만 반드시 그렇지는 않다. ② 결론의 내용이 암시적으로라도 전제에 나타나지 않는다.

그런데 (1)의 예가 옳지 않으려면 모든 말이 포유동물이 아니든가, 아니면 포유동물에 심장이 없든가 해야 한다. 다시 말해서 두 전제 중 하나나 둘 다가 허위이어야 결론이 허위가 된다. 두 전제가 모두 옳으면 결론은 당연히 옳다. 반면에 (2)의 예에서는 전제가 옳아도 관찰해 본 결과 심장이 없는 말이 발견된다면 결론은 옳지 않을 수 있다.

두 추리방법은 각기 다른 기능을 수행한다. 연역적 논증은 전제의 내용이 명시적이고, 귀납적 논증은 지식의 범위를 넓혀 준다. 앞서 지적했지만, 연역적 논증은 또한 완전히 옳거나 완전히 그를 수는 있어도 부분적으로 옳고 그른 정도를 나타내지 않는다. 반면에 귀납적 논증은 전제가 결론을 지지하는 만큼 정도를 표시한다. 따라서 귀납적 논증은 필연성을 희생시키고 전제의 내용을 확충하는 반면에 연역적 논증은 내용을 확충하는 대신에 필연성 쪽에 더 비중을 둔다. 과학적 일반화의 문제와 이것을 입증할 수 있는 관찰근거간의 관계는 귀납적이다. 예를 들어 케플러(Kepler)법칙에 의하면 화성의 궤도는 타원형이다. 이 사실은 화성의 위치를 여러 번 관찰함으로써 밝혀진 것이다. 이 법칙은 인간이 관찰하기 이전에도, 앞으로도, 또 구름에 가렸을 때라도 화성은 타원형의 궤도를 돌고 있다는 사실을 말해 주고 있다.

따라서 이 법칙(결론)은 관찰된 화성의 위치(전제)를 묘사하는 것 이상의 내용을 담고 있는 결과가 된다. 그래서 귀납적이다.

반면에 수학적 논증은 연역적이다. 그 대표적 예가 유클리드(Euclidean)의 평면기하학이다. 기하에서 우리는 공리(axioms)에 의거하여 정리(theorems)를 증명한다. 증명하는 방법은 공리나 가정(postulate: premise)으로부터 정리를 연역해 내는 것이다. 정리의 내용이 이미 공리나 가설 속에 있더라도 그것을 분명히 밝혀 준다는 뜻에서 연역적 논증은 유용한 것이라고 생각한다. 연역적 논증에서 항상 주의를 요하는 것은 전제를 넘어선 결론이 도출되면 논리적으로 옳지 않다는 점이다. 이와 같이 연역법은 한계를 지니고 있다.

끝으로 귀납적 논증은 하나 혹은 그 이상의 전제를 추가함으로써 연역적 논증으로 전환될 수 있다는 점을 유의하기 바란다. 그래서 귀납적 논증을 불완전한 연역적 논증이라고 말하기도 한다. 양자간에 현저한 차이가 있거나 전혀 다른 논리추구의 방법이라고 생각하면 안 된다. 양자는 서로 보완관계에 있음을 다시 환기한다.

3.5 가 추 법

그런데 이상에서 설명한 종래의 두 가지 논리추구방식에 기호학에서 말하는 가추논리를 하나 더 보태야 논리론이 완성된다. 그래서 전에는 좀처럼 설명을 하지 않았던 가추법에 관해 간단히 소개하기로 한다.

우리가 살고 있는 "이 우주는 기호로 가득차 있다"는 것이 기호학을 주장하는 퍼스(C. S. Peirce)의 말이다. 우리가 살면서 어떤 것을 '지각'(perceive)하여 '기호화'(signify)하고 또 그 의미를 '해석'(interpret)하는 한, 이 세상 만물은 모두 기호이며, 따라서 모든 현상은 '기호현상'(記號現象, semiosis)이라는 것이다. 기호학은 이러한 기호현상을 그 대상으로 삼고 있다. 따라서 기호학은 모든 학문에 대한 학문, 즉 메타과학이다. 물론 기호학이 과학에만 한정되어 유용한 것이 아니고 예술과 문학, 나아가 일상사에 모두 관련되어 있다. 기호학에 관해 좀더 섭렵해 보면, 기호와 기호현상에 관한 논의는 아리스토틀 이전의 고대 그리스 철학과 고대 의학 이래로 끊이지 않고 계속되어 왔다. 하나님의 기호를 해석하려고 중세 신학에서 애썼던 것도 모두가 다 기호학의 연찬이었다. 기호학이라는 말이 처음 사용된 것은 로크의 『인간오성론』(1690)에서이며, 사회과학에서는 1960년대부터 활발하게 시작됐다. 당시는 언어학, 심리분석, 기호학, 구조주의, 맑스이론 그리고 수용미학(reception aesthetics) 등이 기존의 도덕적 인본주의를 대체하기 시작했던 시기이다. 기호론과 기호학이 대륙과 영미쪽을 지리적으로 구분하여 달리 논의되고 있으나 여기서는 자세한 논의를 피한다.

여기서는 일단 기호학에 한정하여 가추법을 소개하려는 것이다. 기호학을 쉽게 이해하며 가추법과 관련시켜 설명할 때 흔히 인용하는 예가 탐정소설의 주인공으로 등장하는 셜록 홈즈의 관찰이다. 앞에서 인용한 움베르트 에코의 책이 바로 그것이다. 홈즈 탐정은 어떤 여자를 보며 그가 입고 있는 옷의 소매가 닳아빠진 것을 보고(지각), 그것이 무엇인가를 말해 줄 것이라고 파악하고(기호화), 결국 그 여인이 타이피스트라고 추리해 낸다(해석). 이때 홈즈는 "타자기를 많이 치면 소매가 닳는다"라는 사실을 법칙화시켜서 하나의 코드체계로 인지한다. 그러나 하나의 기호의 의미는 고정된 것이 아니고 경제적·심리적·문화적 관점에 따라 달리 이해할 수 있다. 예컨대 은하수를 볼 때 시인이나 미술가나 천체물리학자들은 각기 다른 코드체계를 근거로 은하수의 의미를 파악하고 표현할 것이다. 흔히 표현하는 인식의 차이, 또는 이 기호학에서 말하는 코드의 차이에 관련된 또 다른 예를 들면, 값진 골동품이 고고학자에게는 매우 소중한 학술적 가치로 파악되지만, 도굴범에게는 한낮 돈덩어리로밖에는 보이지 않을 것이다. 이 같은 차이를 또 공공현상쪽에서 찾아보면, 선거에 입후보한 정치인에게는 유권자가 그들의 민권과 상관 없이 당장 당선을 위해 표로만 보일 것이라는 것과 비슷하다.

여기서 우리는 (기호)현상을 '지각–기호화–해석'이라는 일과 논리, 또는 추리와의 관계를 알아볼 필요가 있다. 우리는 지금까지 논리를 말할 때는 연역법과 귀납법에 관한 것, 나아가 '가설적 연역법'(hypothetical deductivism)에 관해 논의한 정도에 머물렀다. 그래서 앞의 예를 공공부문의 경우에 치환시켜 논리의 단계에 대입시켜 보면,

연역법에서는,

(1) 동사무 일에 정신이 없으면 소매가 반들반들해진다.(규칙)

(2) 그 남자는 사무일로 바쁘다.(결과)

(3) 그의 소매는 반들반들해졌다.(사례)

귀납법에서는,

(1) 그 남자는 사무일로 바쁘다.(규칙)

(2) 그의 소매는 반들반들해졌다.(결과)

(3) 사무일로 정신이 없으면 소매가 반들반들해진다(사례)

등이 된다.

연역법에서는 규칙을 인정하고 사례를 관찰하면 확실한 결론을 얻게 된다. 그리고 귀납법에서는 객관적 관찰을 통해 사례와 결과를 얻고 진리가 되는 법칙을 발견하려고 애쓴다.

그런데, 이들 예를 가추법의 논리로 전개해 보면,

(1) 사무일에 정신이 없으면 소매가 반들반들해진다.(규칙)

(2) 그 남자의 소매가 반들반들해졌다.(결과)

(3) 그는 사무일을 많이 봤다(사례)

로 된다.

그러면 여기서 말하는 가추법이란 무엇인가를 좀더 설명하기로 한다. 가추법(abduction)이란 규칙과 결과로부터 사례에 도달하는 것을 이른다. 퍼스는 연역법, 귀납법과 더불어 가추법을 세 가지 기본적인 논증법이라고 주장했다.

가추법은 확실성에서는 연역법이나 귀납법만 같지 못하다. 소매가 반들반들해졌어도 일을 많이 했다고 단정하기는 어렵기 때문이다. 반면에 어떤 결론을 얻는 생산성은 높다고 할 수 있다. 왜냐하면 과학적 사유의 출발점이 가추법이라고 할 수 있기 때문이다. 가설세우기에 필수적인 것이 바로 가추법이라면 과학적 연구에서 가추논리는 필수불가결한 것이다. 퍼스는 가추법을 '가정적 추론'(hypothetical inference)이라고 했다. 추측 또는 추론의 힘은 대단한 것이다. 소매가 반들반들해지는 이유는 무수하다. 점을 연결해 만들어지는 도형의 수 또한 무한대에 가까울 것이다. 그런데 케플러가 행성이 타원을 그리면서 움직인다는 것을 '발견'한 것도 행성이 관찰된 여러 위치들은 부드럽고 아름답게 이을 수 있는 도형을 '추측'해 냈기 때문이다.

기호학을 하는 사람들은 가추와 기호현상은 본질적으로 같은 것이라고 인식한다. 그리고 지금까지 연역과 귀납이라는 좁은 틀 속에 사로잡혀 있었지만, 이제부터는 우리의 지적 영혼에 자유의 날개를 달아 줄 때가 되었다고 주장한다. 어느 논리가 맞느냐, 또는 맞지 않느냐에 관한 논의보다 학생들은 세 가지 논리를 두루 익히며 자신의 논지를 펴는 데 유용하게 활용하여야 할 것이다. 앞에서도 소개했지만 가추논리에 관하여는 김주환·한은경이 옮긴 『논리와 추리의 기호학』을 반드시 읽어 보기 바란다. 번역서로는 문장이 매우 유려해서 더욱 권하고 싶다. 그래서 도움이 될까 하여 우리 학자들이 연구하는 과정에서 논지를 폄에 있어서 논리면에서 범하는 오류를 몇 가지 지적하는 것으로 이 장을 마칠까 한다.

3.6 논리적용의 실제

여기서 소개하는 실제 논문의 방법론상(특히 논리전개상)의 오류는 선거관계논문에 한정하기로 한다. 한국선거연구회라는 단체에서 저자더러 한번 논문들을 리뷰하여 앞으로의 연구방향에 지침을 주었으면 좋겠다고 한 적이 있어서 그 때 정리해 본 것을 여기에 소개하려는 것이다. 간략하게 서술되어 있지만 학생들이 이 부분을 잘 읽어 보면 학자들이 방법론과 특히 논리전개에서 부족한 면이 무엇인가를 익히 알 수 있고, 나아가 연구에서 이런 오류를 범해서는 안 된다는 경고도 된다. 그리고 참고로 이 글의 원본이 "한국선거연구의 프로네시스를 위하여"라는 제목으로 『한국정치학회보』에 1993년에 실렸다.

우선 내용은 대강 이러하다. 한국선거연구의 수준이 어느 정도인가를 비판적 시각에서 검토했다. 비판으로 삼았던 20편의 논문을 특징별로 묶으면 여섯으로 분류된다: (1) 제14대 국회의원 선거경향분석, (2) 정치적 경기순환론, (3) 제 3 영역의 선거활동, (4) 선거의 의미분석, (5) 대통령제, 대통령선거, 그리고 (6) 선거제도/개선 등이다.

논문들은 분석적인 것도 있고 단지 서술적인 것도 있는 가운데, 여러 가지 필요한 면을 밝히고 있어 연구와 실천에 도움이 되는 것은 사실이지만, 비판적 각도에서 총평을 하면, (1) 상당수의 논자들이 서양이론을 그대로 적용하고 이를 근거로 설명해 보려는 시도를 하고 있으며, (2) 무엇보다도 언어적 표현이 우리말이기에 매우 부족하다는 느낌이 들고, (3) 논리적 오류 — 이를테면 「결과긍정의 오류」, 「선결문제 요구의 오류」, 「선언지 긍정의 오류」 등 — 가 눈에 띈다. 바로 이런 이유로 인식과 논리를 강의하고 있는 이 장에서 실례로 들어 보려는 것이다.

먼저 한 논문, "제14대 총선과정에 나타난 재야 운동권의 선거전술 및 한계 — 정통성에서 효율성으로,"는 학생운동을 포함해서 '민족민주운동'(민민운) 진영의 선거참여를 그 과정과 전술변경, 그리고 운동방식을 통해서 설명한 연구이다. 연구는 민중당을 비롯한 전 민민운 진영은 진보의 내용을 현실적으로 구체화시켜 유권자들에게 제시하는 데 실패했다고 한다. 그 실패의 원인은 지역연고주의에 기반을 둔 국내정치구도를 극복하지 못했기 때문이라는 것이다. 한편 6공들어 정치적 관심이 정통성의 정치에서 효율성의 정치로 전이되었던 점도 원인 중 하나라고 밝히고 있다. 그러나 국내정치구도가 지역연고주의 또는 지역할거주의에만 기반을 둔 것은 아닐 것이다. 진보세력의 진출이 어려웠던 사정을 일반유권자들의 이념적 성향 내지는 이념적 편견에서도 찾는 논의가 곁들여졌어야 했다. 왜냐하면 진보정당에 대한 국민의 선호는 4% 정도라는 것이 어느 조사에서 밝혀진 바 있는데, 그중에서도 투표하겠다는 사람은 60% 미만이고 거기에다가 실제로 투표하는 비율은 더 낮은 것이 현실이다. 이런 식의 전개는 「결과긍정의 오류」를 범할 염려가 있다고 하지 않을 수 없다.

다음으로는 "제14대 총선의 정치사회학적 의미"라는 논문을 보기로 한다. 연구는 한국정치의 본질과 위상이 어떻게 변해가고 있는가를 설명했다. 선거를 정치세력간의 타협의 산물로 보고 독립변수라기보다는 종속변수로 생각하고, 3.24총선을 탈근대적이고 탈계급적인 현상이 중첩되어 나타나는 정치지형에서 갈등과 모순이 응축적으로 표출된 선거라고 의미를 부여했다. 갈등과 모순으로는 불신, 대립, 개혁, 지역편중 및 탈이념 등을 들고 있다. 그러나 현상에 대한 해석이 안일하다는 느낌이 든다. 왜냐하면 "현재로서는 국내의 절박한 국가위기가 정치적 파국 — 지배연합의 해체나 분열 등 — 이 생기지 않을 것으로 보이기 때문에 크나 큰 정치적 변화는 없을 것으로 보인다"고 한 대목을 예로 들면, 선거 이후의 정당재편만으로 지배연합의 변화를 쉽게 감지할 수 없기 때문이다. 여기서 '지배연합'의 구성문제도 논란의 여지가 많다. 논리적으로도 가정과 가정의 연결로 인해「선결문제요구의 오류」를 범할 우려가 있다.

또 그 다음에는 第14대 총선을 역사구조적으로 분석한 연구로, "한국자본주의체제변동에 있어서 第14대 총선의 의의"라는 논문이 있다. 신중상주의적 발전전략을 추구하는 권위주의적 지배연합이 이끄는 국가자본주의체제가 이번 총선으로 큰 충격을 받았으며, 이 신중상주의적 지배연합이 국민당의 출현으로 금권주의적 지배연합이 될 것으로 본다는 것이 이 논문이 분석해 낸 결과이다. 그러나 체제의 성격과 선거와의 관계는 매우 밀접한 것으로서 연구의 가치가 있으나, 한국의 정치경제체제를 신중상주의 지배연합으로 단정하고 있고, 지배연합의 주체 사이의 권력배분이 국민당의 출현으로 바뀌면서 금권주의 지배연합이 된다는 것은 논리의 비약이라고 아니 할 수 없다. 지배연합의 구성도 달리 분석되어야 할 과제이다. 바로「선언지 긍정의 오류」를 범한 것이다.

하나만 더 소개한다. "민주적 공고화와 대통령제 — 협의민주주의적 관점에서"라는 연구는 민주적 공고화의 과정에서 제기되는 다양한 문제들을 해결하기 위해 제도적 틀로서의 대통령제와 그 대안으로서 내각책임제를 논의한 연구이다. 이 연구는 한국의 대통령제에 있어서 문제점, 분할된 다원주의와 거리가 먼 한국사회, 협의민주주의의 제도적 수용에 따르는 문제, 그리고 양당제로 가는 경향 등을 고려할 때 한국의 정치체제의 대안으로 양당제에 결합된 내각책임제가 선택의 여지를 남긴다는 것이 결론이다. 그러나 서양사회에 비해 동질적이라는 한국사회에 대한 인식의 오류, 다시 말해서 인종 · 언어 · 종교 등이 거의 단원적이긴 하지만, 한국사회가 안고 있는 인색 · 부정 · 불신 등은 사회의 또 다른 다원성을 잉태하고 있는 것에 다름 아니다. 그렇다면 이때 협의민주주의보다는 권력의 공유가 가능하고, 따라서 보다 안정적인 내각책임제가 낫다는 논리가 항상 성립되지는 않는다. 많은 논문들이 이와 같은「전제의 오류」에 빠져 있다.

정리해 보면, 가장 심각한 문제로 지적되어야 할 것은 역시 논문들의 논리전개가 추리와 추측을 기초로 하는 경우가 많고 또한 단정적이어서 논리적이지 못하다는 점이다. 많은 논문들이 '논증형식에서 오류를 범하고 있다'는 사실은 쉽게 간과되어서는 안 된다. 앞서도 지적했지만, '결과긍정의 오류'를 범한 논문은 "만일 비가 오면 땅이 젖는다. 그런데 땅이 젖어 있다. 따라서 비가 왔다"라는 논리는 반드시 비가 와야만 땅이 젖는 것이 아니기 때문에 쉽게 부정될 수 있는 것이다. 또한「선결문제요구의 오류」도 마찬가지이다. "성경에 적힌 것은 진리이다. 성경에 그렇게 적혀 있기 때문이다"와 같은 식이다. 반론의 여지가 많겠으나 없지도 않은 '지배연합'이 당연히 있다는 것을 전제로 결론을 도출해 내고 있는 것이다.「선언지 긍정의 오류」도 마찬가지여서 "그는 자유민주주의자이든지 아니면 사회민주주의자일 것이다. 그런데 그는 자유민주주의자가 아니다. 따라서 그는 사회민주주의자이다"라는 식이다. 신중상주의적 지배연합이 아니니까 금권주의적 지배연합이다라는 논리는 위험한 전개인 것이다. 또한 위에 인용한 논문들 말고 한참 뒤인 조사방법론 부분이 다 끝나고 제19장에서 소개될 논문들에서는 형식적 오류 이외에도 감정에 호소하는 식의「심리적 오류」와 특정체제를 매도하는 심리적 오류를 범하고 있고, 동시에 성급하게 일반화를 시도하여「자료적 오류」를 범하고 있는 경우가 많다. 애매한 용어, 정의에 의한 존재의 강요, 그리고 범주오류 등「언어적 오류」를 범한 경우도 있다.

실제연구에서 논리전개가 이처럼 어렵다. 학생들은 방법론 중에서 특히 인식은 물론 논리에 대한 훈련을 철저히 해야 할 것이다. 고등교육을 받았다는 것은 억지와 강변을 하지 않고 논리적으로 상대를 설득시키는 힘을 키웠다는 뜻이다. 고등교육을 받기 위한 기초가 준비되어 있는지 테스트하는 방법으로 논술고사를 부과하는 것도 이런 이유에서이다.

제 4 장

연구방법의 변천

1. 개 관

지금까지 우리는 “방법론의 학문체계상의 위치,” “철학과 과학,” 그리고 “인식과 논리”의 터널을 통과하며 긴 여행을 한 셈이다. 터널이라고 굳이 표현한 이유는 방법론 강의로는 처음부터 무거운 감이 상당히 있기 때문이다. 무겁다기보다 오히려 난해하다는 표현이 더 어울릴 것이다. 그렇다고 어두운 터널 안에서 헤매지는 말았기를 바란다. 만일 어둡고 어려웠어도 지레 포기한다면 그건 현명하지 못한 태도이다. 왜냐하면 이 “연구방법의 변천”의 장에서 앞의 설명들이 비교적 정리되기 때문이다. 그리고 앞으로의 장들은 비교적 상식적이고 쉬운 논의로 일관할 테니까 그리 염려를 안 해도 될 것이다.

설명의 순서는 ① 이들 연구방법이 크게 어떤 조류로 변해 왔는가를 본다. 앞 장을 다른 각도에서 정리해 보는 것이다. 다음에 ② 이것을 이슈별로 다시 정리해 본다. 그 다음에는 ③ 이 방법론 책이 가장 준거하는 것이 역시 경험주의며 행태주의이니까 행태주의관에 관해 집중적으로 소개한다. 마지막으로는 ④ 연구방법 또는 협의로 접근방법에 어떤 것이 있는가를 소개하는 것으로 이 장의 강의를 끝낸다.

먼저 연구방법의 변화부터 소개한다.

2. 연구방법의 변화

사회과학의 연구방법을 크게 다섯 가지로 나누어 볼 수 있다.

① 과학적 방법과 역사적 방법

② 실증적 방법과 비판적 방법

③ 기능주의적 방법과 구조주의적 방법

④ 내용적 접근과 맥락적 접근, 그리고

⑤ 학문연구와 실천연구

등이 그것이다. 그런데 연구방법을 나눌 때 용어를 접근방법으로 한정해서 또 여러 분류를 하는 경우가 있다. 이것은 이 장의 6. '접근방법의 분류'에서 소개한다. 시각이나 표현이 여러 가지인 채 그만큼 학문이 변화·발전해 왔다는 증좌이기도 하다. 그러면 아래에 연구방법의 변화상부터 소개하기로 한다.

방법론의 입장이 크게 변해 온 것부터 개관한다. 첫째는 방법론의 기본 입장은 '물리학적 기계론'에서 '생물학적 지각론'으로 거대패러다임이 변환했다. 이 점은 이미 앞의 장에서 여러번 밝힌 바 있다. 절대시간과 절대공간의 논리가 수정되어 상대시간과 상대공간의 논리가 받아들여지면서 가치판단의 기준이 다양할 수 있다는 가능성을 열어 주었다. 그리고 부분이 모여 전체가 되는 것(물리학적 기계론)이 아니라 부분이 곧 전체(생물학적 지각론)라는 생각을 갖게 된다. 이것이 바로 지방자치시대가 열린 것과 무관하지 않다. 지방은 지방이지 국가의 한 예속에 불과한 것이 아니라는 인식이 커지고 동시에 지방정부라기보다 지방국가라고 해야 한다는 주장까지 있다. 이 거대패러다임의 변화는 양자자아(量子自我, quantum self)와 양자사회(量子社會, quantum society)라는 말을 낳고 의식과 역사와 자연을 연결시키려는 노력까지 기울이게 되었다. 양자의 세계는 지금까지 우리가 익숙해 있는 과거 300년 동안의 물리의 세계와 매우 다르다. 과거의 세계가 '부분', '분리', '경계' 등과 같은 인식에 기초한 것이라면, 양자의 세계는 '관계'를 매우 중시하며, 그것도 역동적인 관계를 상정한다. 조직의 경우를 예로 들면, 보이지 않는 신의가 구성원간에 일체감을 심어 주지 한낱 생산성의 제고만이 능사가 아니라는 것이다. 사회 내지는 조직의 본질이 변해 가는 실제를 형이상학적 인식의 변화를 촉구하며 중요성을 새삼 환기하고자 한다.

둘째는 '논리적 원자론'에서 '역사적 역동성'으로 변한 것이다. 그것은 한 마디로 합리성의 판단에 대한 '우리의 기준'과 '그들의 기준'이 따로 있을 수 있다는 인식의 변화이다.

셋째는 실증주의에서 해석주의로, 그리고 비판주의로 변했다. 해석학과 비판이론에 관한 내용은 다른 기회에 설명하게 될 것이다.

넷째는 방법론적 일원론에서 이원론으로 바뀐 것이다. 자연과 사회에 대한 인식이 하나로 가능하다는 생각을 바꾸게 된 것이다. 자연의 원리가 그대로 사회현상을 설명하는 데 타당할 수 없다는 생각이 그것이다. 여기에 관해서는 그 논쟁이 끝난 것이 아니다. 아직도 방법론적 일원주의를 고수하며 사회과학을 '과학적' 학문으로 이끌려는 노력이 포기된 것은 아니다. 물론 여기서 '과학적'이라는 뜻에 관한 논의는 긴 설명을 요한다. 간단히 우선 언급하면 사회과학의 과학화는 과학 그 자체로 의미있는 것이 아니라 전과학(pre-science)과 후과학(post-science)을 모두 합쳐 전일적인 입장을 가져야 할 것이라는 생각이다. 달리 또 설명한다. 다시 일원론 이야기로 돌아가서, 한 가지 알아야 할 것은 일원론도 인간의지와 가치를 배제하는 입장(실증주의)과 포함하는 입장으로 나뉜다는 사실이다. 그리고 이원론은 사회현상과 자연현상은 다른 구조를 갖는다는 입장에서 행위자의 의도 · 목적 · 지향 등 내면적 사실을 강조하는 쪽으로 변해간다. 행위자의 의도 · 목적 · 지향 등에 관심을 갖는 것이 바로 현상학이나 해석학적 입장과 맥을 같이하는 것이다.

다섯째는 경험주의 과학철학에서 후기경험주의 과학철학으로, 그리고 신경험주의 과학철학으로 변한 것이다. 경험주의 과학철학에서 과학자들이 관찰한 것은, ① 다분히 선택적이고 이론적 전제와 이해에 의거하며, ② 과학적 이론과 관찰된 사실간의 '직접적'비교가 불가능한 것을 행하며, ③ 개념속에 들어 있는 이론적 전제를 근거로 관찰하고, 언명 하나하나를 비교해 기술할 뿐이다. 즉 미리 생각한 이론의 네트워크 속에서 해석하고 기능한다는 뜻이다. 한편 후기경험주의 과학철학은, ① 무엇이 보다 나은 이론적 설명인가에 답을 하지 못하고 정확성에서 나아진 것이 없이 과학의 합리 · 진보 · 성장만을 논해 왔다. ② 현실주의(Realism)에 대한 의문을 계속 남기고 있다. 과학적 이론이 있다고 해서 세상에 어떤 종류의 대상(객체)이 있으며 이들이 어떻게 행동하는가를 정확히 알게 해주지 못한다. ③ 자연과학과 인간과학간의 차이에 대한 인식론적 근거를 마련하지 못한다. ④ 과학과 기술향상간의 관계를 설명하지 못한다. ⑤ 결국 '실제'를 밝히는 데는 아직 미흡하다. 여기에 로티(R. Rorty)의 대화와 푸코(M. Foucault)의 담론이 끼어들어야 할 여지와 까닭이 있게 된다. 그러면서 신경험주의 과학철학에 기대를 건다. 이것은 ① 인문사회과학에서의 과학적 이해는 하루살이(단명)이지만, 그래도 자연과학의 이론과 기술의 도움을 얻어 문제해결에 진력하려는 것이다. ② 이론과 실지상황을 연결시키는 데 근사치(approximation)를 활용하라고 한다. ③ 권력은 지식의 외부적 요소라거나 이에 반하는 것이 아니라 권력 그 자체가 표지가 된다고 한다. ④ 과학주의와 권력주의를 함께 강조하는 입장이다. ⑤ 하나의 언명을 추론하여 다른데 적용하는 것보다 선행연구를 구체화하고 재해석하려는 입장이다.

여섯째는 방법론 예찬론에서 방법론 경계론으로 변한 것이다. '방법론'이란 이름 아래 횡포를 부리는 지적제국주의의 주장에 대한 비판이 고개를 든 것이다. 페어밴드, 가다머, 월린 등이 이들 입장을 대변한다.

이상의 여섯 가지 큰 변화 가운데 최근의 경향을 살펴보기로 한다.

그것은 첫째, 이미 밝힌 바와 같이 인식론에서 다시 존재론으로 돌아가고 있다는 점이다. 그것은 우리가 알고 있는 지식에 대한 회의가 깊어지면서 지금까지 추구해 왔던 방법을 계속해도 괜찮은가에 대한 궁금증으로 이어진다. 그래서 다시 존재란 무엇인가(ontological questions)라는 문제를 제기하기에 이른다.

따라서 여기서 극히 일부이지만 잠시 우주의 본질과 사회의 본질에 관해 살펴보기로 한다. 먼저,

(1) 우주의 본질은 결정론적 체계를 갖는다. 물질은 원자, 양자, 중성자, 전자 등이고, 그 구조도 규명되었다. DNA가 바로 그것이다. 이것이 장의 이론으로 규명되었고, 이를 한때 국제정치학에서 중국이며 소련을 연구하는 학자들이 원용한 적이 있다. 당시는 설명력이 꽤 있었으나 지금은 그리 인용되지 않는다. 물질의 본질에 대한 이해는 양자역학의 발달로 점차 차이가 나기 시작했고, 동시에 인간의 존재며 이성과 감각을 되도록이면 인정하지 않으려

는 움직임조차 없지 않다. 한편 물질과 대비되는 정신의 중요성은 어떠한가. 이는 한마디로 그레고리 베이트슨의 말이 가장 적절할 듯싶다. 그는 사유·학습·진화는 우연적인 요소와 작위적인 선택에 의해 결정되는 것이기 때문에 자연과 더불어 정신도 함께 보아야 한다고 했다. 카프라(Capra)가 쓴 유명한 *The Turning Point*는 그 제 9 장을 베이트슨의 유골을 캘리포니아의 빅서단애에 뿌리고 돌아와 마쳤다고 쓰여 있다. 여기서 정신이 작위적인 요소와 반드시 일치한다고 하는 것은 아니지만 우연적인 것과 자연적인 것 말고도 분명히 작용하는 것이 있음을 간과할 수 없기 때문이다.

(2) 사회의 본질은 비결정론적 체계이다. 이는 주로 인간과 그 관계, 다시 말해서 의도적 행위와 행위간의 관계로 이루어진다. 여기서 우리는 새삼 인간이 무엇이며, 언어가 무엇이며, 그리고 신화가 무엇인지를 밝혀야 사회의 본질론에 어느 정도 접근할 수 있다. 먼저 인간이 무엇인지를 간단히 정리해 본다.

인간은 '자기해석적 존재'(self-interpretation being)이다. 자유의지를 갖고 있고 자성의 능력(self-improvement faculty)을 지닌다고 루소(Rousseau)는 *Discourse on the Origin of Inequality*에서 말한 바 있다. 그리고 인간은 자기성찰(self-reflection)의 능력을 지닌다. 알투제(Althusser)와 하버마스(Habermas)가 한 말이다. 동시에 인간은 자기정화(self-purification)의 능력도 지니고 있다. 좀 다른 이야기가 되지만 오래전 합리적 자아명징의 상태를 그린 『달마가 동쪽으로 간 까닭』이라는 영화가 있었다. 이 영화의 주제가 "초월과 명징이 담긴 삶과 죽음의 형이상학"이라는 기억이 난다. 맑디 맑은 화면이 인간의 자기정화 모습을 보여 주는 듯하다. 이야기를 좀 비약하면 사회가 아무리 어지러워도 이 인간의 자기정화능력이 있어 버티는 것이 아닐까는 생각을 하며 간혹 마음을 놓는다. 인간은 또한 역사적으로 새겨진(embodied/embedded) 존재라고도 한다. 이는 역사적 피조물이라는 말인데, 그러면 인간정체의 신비를 밝히는 이성의 능력에 한계가 있을 수도 있다는 말이 된다. 인간은 또 집합적 자율성을 지닌다. 인간을 표현할 때 가장 많이 인용하는 것의 하나가 인간은 정치활동을 하는 동물이라는 것이다. 이데올로기·허위의식·소외·해방·자율 등이 그렇게 만들었다는 것이다. 위기는 실제로 인간의 허위의식이 만든 것이다. 끝으로 인간에게는 질서를 재구성하는 능력이 있다. 이성의 힘으로 합리적 분석과 성찰을 통해 집합적 존재의 질서를 재구성하는 능력이 있다는 것이다. 맑스는 이 재구성능력을 인정하는 입장이고 구조주의학자들은 이를 인정하지 않는 입장이다.

언어는 구조주의자들의 패러다임이라고 생각하면 된다. 소쉬르, 바르뜨, 푸코, 피아제, 라깡, 야꼽, 알투제, 레비스트로스 같은 사람들을 일컫는다. 구조주의자들은 사회현상이나 사회적 행위를 언어활동이나 기호체계로 분석할 수 있다고 생각한다. 기호는 순수한 차이에 의하여 구성된 가치체계와 같은 것이다. 언어의 기초단위는 사인이며, signifier/signified의 결합상태이다. 구조주의자들은 주관적인 입장을 객관적인 구조의 입장으로 치환시키려고 노력한다. 의미는 말하는 주체의 생각에 있는 것이 아니라 사인 자체의 체계 속에 있는 것이다. 그래서 우리는 이성과 이성, 자아와 자아간의 관계를 연결시켜 주는 기호 · 상징 · 의미체계의 본질을 규명해야 한다. 그러나 후기구조주의에 오면 "누구에게 의미있는 것인가"에 대한 의문이 제기된다. 알투제나 고델리에 같은 구조주의맑시스트는 사회활동의 주체는 '인간'이라고 하면서, ① 반경험주의, ② 반역사주의, ③ 반환원주의, 그리고 ④ 반인본주의 등의 입장에 선다. 인간에 관해서 안다는 것은 인간의 철학적 신화가 재로 환원된다는 절대적 전제조건에 관한 것을 제외하고는 아는 것이 없지 않느냐고 반문하는 입장들도 있다. 알투제 같은 반인본주의자들이 그렇다.

끝으로 신화에 관하여는 긴 설명을 피한다. 다만 구성요소간의 구조적인 관계를 무의식의 차원에서 의미가 소통되는 것이라고 이해하면 된다.

둘째는 맑시스트의 방법론이다. 우리의 사회과학에서는 80년대 한때 유행하는 듯하다가 소련과 동구의 해방 이후 시대상황의 변화따라 요즈음은 맑스에 관해 별로 흥미를 느끼지 않는다. 당시만 해도 맑스의 자본론강의에는 수백 명의 학생이 몰리곤 했다. 그러나 시대의 변화와 학문하는 입장이 같을 수는 없다. 그 주장이 정치상황과 관계없이 의미있는 한 우리는 알아야 할 의무가 있다. 그래서 여기서는 매우 간단히 맑스주의 방법론을 소개하기로 한다. 다섯 가지로 나누어 소개한다.

(1) 구조주의 맑시즘은 1960-1980년 사이에 주로 프랑스에서 소쉬르, 알투제, 라깡, 고델리에, 터번, 가스텔, 뿔란자스, 하비 등에 의해 주도되었다.

이들은 낭만주의도 경험주의도 거부하였으며, 물질주의와 이상주의간의 논쟁에서 분명한 입장을 택하기를 기피했다. 주의주의와 운명주의도 거부한 것은 물론이다. 그런데 방법론에서는 실증주의적인 요소가 뒤섞인다. 구조주의 방법론을 가장 간결하게 표현한다면 '과학적 추상성' 이라고 할 수 있다. 다시 말해서 관찰이 필수적이 아니며 자료는 주관적으로 만들어지는 것으로서 어떤 해석을 붙여도 무방하다는 입장이다. 이는 낭만주의자에 가깝다. 특정 현상의 원인을 직접 찾기보다 구조화되어 가는 것이 사회라는 생각을 가지고 이때의 법칙을 찾아내는 것이 바람직하다고 이들은 생각한다. 그러나 이들은 인간 개개인의 주관, 개인의 의식 의지(conscious will), 그들의 행동 등에 대한 견해가 일치하지 않는다. 즉 역사를 '주관이 없는 과정' 으로 이해하기도 하고, 또 그렇지 않기도 하다. 또한 이들은 거시수준의 구조에 초점을 맞추려 하니까 담론분석(discourse analysis)이나 기호학(semiotics)의 방법을 원용해 추상적 성격의 것을 주관적으로 텍스트 분석(textual analysis)을 한다. 이것은 관찰에 기초해서 쓰여진 내용보다 뒤에 숨겨진 보이지 않는 것을 파헤치겠다는 것이며, 따라서 사인과 상징에 담긴 숨은 의미를 밝히겠다는 것이다. 구조주의 안에서도 알투제를 따르지 않고 경험주의에 기운 입장도 있다. 뿔란자스, 라이트, 오코너, 오페 들이 그들이다.

(2) 분석주의 맑시즘은 1979-1980년대에 영미를 중심으로 활발히 전개되었다. 합리적 선택모델(rational choice model)을 근거로 맑시즘의 새 장을 열려고 노력한 입장이다. 전통적이며 철학적 입장에서 생각하는 맑시즘과 상당한 거리가 있어 보인다. 뢰머(John Roemer), 엘스터(Jon Elster), 코헨(G. B. Cohen), 쉬볼스키(A. Przeworski), 월프(Robert Wolff) 등이 그들이다. 연역적 과정, 논리적 분석, 가정(postulation) 등을 토대로 형식이론(formal theory)을 구성하려고 노력했다. 정량화쪽보다는 일화(逸話) 같은 것을 찾아 분석의 대상으로 삼으려고 했다.

(3) 연역주의 맑시즘은 1920-1950년에 고개를 들기 시작했고, 1970-1980에 다시 부활하면서 정량분석은 잘못된 것이라는 입장을 택한다. 이를테면, 낭만주의와 합리주의와 경험주의의 혼합이라고 생각하면 된다. 그렇다고 물질주의도 이상주의도 아니다. 사회과학이 정치에 예속적이라는 생각이 강하다. 부르주아 이론은 거짓이고, 프롤레타리아 이론은 진실되다는 생각을 갖

는다. 사회분석은 맑스, 엥겔스, 레닌으로부터 논리적으로 도출되어야 한다고도 한다. 방법론은 형식적, 선험적, 그리고 변증법적 · 역사적 유물론에 의존적이어야 한다고도 한다. 실제에 대한 관찰은 나타난바 이상을 찾아 내지 못한다고 한다. 이들은 해석을 존중하며 그것은 유물론의 전제에서 직접 나와야 한다고 한다. 그런가 하면 낭만주의에도 가까워 실증연구를 비판하기도 한다. 이들은 인과를 분리시킬 수 없는 것이 이들은 서로 부단히 교호작용하기 때문이라고 믿는다. 이즈음 공산주의 이념에 맞는 체계이동론같은 서양의 이론은 선택적으로 수용한다.

(4) 철학적 맑시즘은 1920년대부터 활발했다. 정치경제학보다는 사회학쪽에 기울어 있다. 현상학지향의 맑시스트도 여기에 포함된다. 철학 그 자체로 족하고 연구를 시도하지 않는데 연구자가 되면 낭만주의에 경도되는 경향이 있다. 해석적 방법을 택하고 주관적이기기도 하고 객관적이기기도 한데, 후자일 경우 노동자 계급을 대변하기 때문이라고 한다. 그리고 인과론보다는 목적론을 더 믿는다. 현대사회과학의 방법론을 배격하는 이유는 이 과학이 부르주아의 학문이기 때문이다. 낭만주의처럼 정성적 · 주관적 연구방법을 선호한다. 연구는 계급과 정치에 예속되는 것이며, 연구는 정치활동의 형태를 띤다는 것이 이들의 생각이다. 연구는 비계서적이며 비엘리트적 성격을 띤다. 이들은 방법론에서 행동 · 참여연구 기법 등을 활용한다. 전문가로부터 빼내어 일반인이 필요로 하는 것을 제공해야 한다고 공언한다. 이들 입장의 연구의 성격은, ① 창조적 인간이 목표를 위해 활동하고(teleology), ② 그 세계는 항상 변하며(dialectical), ③ 인간의 자유의지를 토대로 개방되어 있다(voluntarism) 등이다.

(5) 유물론 맑시즘은 1920년대 러시아에서 풍미했다. 그러다가 1960년 흐루시초프(Khruschev)와 1980년대 고르바초프때 다시 부활했다. 이들은 경험주의의 영향을 많이 받았다. 비맑시스트 사회과학의 연구방법 그대로 정성방법도 관찰에 기초하고, 증거자료주의를 수용하는 실증주의적 견해이다. 선택은 실제(reality)에 묶여 있다고 믿는 결정론자들이다. 연구는 정치나 계급에 덜 예속되어 있다고 믿는다. 직접적 인과관계를 믿는 등 '설명틀'을 수용하지만, 변증법적 설명도 수용하는 경우와 안하는 경우로 나뉜다. 가치중립적이어야 하고 비당파적(nonpartisan)이며, 무산계급(proletariat)의 이익을

옹호하기 위해 가능한 한 객관적이려고 노력한다. 끝으로 정보를 얻기 위한 일반 조사방법이 유용하다고 생각하는 이유는 이들이 하나의 시점(t_1)에서가 아니라 두 개의 시점(t_2)에서 반복되는 비교연구를 한다면 역동적 연구(dynamic analysis)가 가능하여 변증법적 설명이 의미있다고 믿기 때문이다.

셋째는 담론분석에 관한 것이다. 최근의 경향 중 앞에서 설명한 존재론의 이슈와도 관련되는 담론과 담론분석을 소개할 필요가 있다. 담론(談論)이라는 것은 일련의 규칙을 말하는 것으로서, 이로 인해 의미있는 언명(言明)이 성립된다. 푸코가 일찍이 사회란 지배적인 담론으로 구성되었다고 설파한 바 있다. 사회는 이 담론 속에 존재하는 것이다. 우리는 담론을 통해서 어떤 실제를 부각시키고 또 다른 것은 초점을 흐리게도 한다. 결과적으로 담론은 사회 세계가 무엇으로 구성되어 있는가의 요소에 한계를 긋고, 또 어떤 유형의 실천이 추구될 수 있는지를 말해 준다. 따라서 인간활동의 범역도 지배적인 담론의 성격에 따라 정해진다. 다시 말해서 지배적 담론이 정한 사회적 실제가 사람들간의 안정된 교호작용을 지속적으로 재생산해 준다. 달리 말하면, 사회적 질서를 실제로 창조해 낸다. 그래서 안정된 사회질서를 구현하는 열쇠는 실천세계에 적용될 수 있는 상식을 무엇이 구성하는가를 정하는 데 있다.

따라서, 담론분석(discourse analysis)을 하면 사회과학도들이 다른 담론에 은유되어 있는 전략을 파악해 내는 데 도움을 받는다. 그리고 특수한 세계관이나 이데올로기를 연결시키는 일이 쉬워진다. 나아가 이들이 어떻게 구성되며, 또 어떻게 정치권력을 장악하게 되는가를 알게 된다. 한 마디로 레토릭과 디스코스를 연구하면 사회질서가 어떻게 창조되고 유지되는가의 과정을 알게 되는 것이다.

이와 관련하여 하버마스(J. Habermas)의 포괄적 합리성의 개념, 툴민(S. Toulmin)의 비공식 논리, 그리고 테일러(P. Taylor)의 평가론적 담론의 논리를 소개할 필요가 있다.

실제로 행정학도들이 흔히 당면하는 문제 가운데 이런 것이 있다. 즉 정부에서 발표하는 정책을 어떻게 받아들여야 하는 것이냐이다. 물론 엄밀한 테크닉을 동원하여 정책을 평가한 연후에 그 정책에 대한 입장을 밝힐 수 있을 것이다. 아니면 그때 그때 정책에 대한 소견을 말해야 할 때가 있을 것이고, 이 경우 판단의 근거는 어디까지나 합리성에 의존할 수밖에 없다. 그런데 우리가 생각하는 합리성이 늘 문제이다. 순전히 기술적인 합리성만을 말하는 것이냐, 아니면 좀 폭넓게 합리성을 생각할 것이냐이다. 종래의 행정학도와 정책학도들은 이 면에서 기술성에 치우쳐 편협한 감이 없지 않았다.

그래서 여기서 말하고자 하는 「포괄적 합리성」이라고 하는 것은 기술성의 영역을 능가하는 성격의 것이다. 이것은 경험성에다가 규범성을 보탠 것으로서 체계적으로 통일된 하나의 틀을 가지고 있다고 생각하면 된다. 그 틀은 다기방법론적(多岐方法論的, multimethodological) 접근의 성격을 토대로 세 가지 이론적 입장을 하나로 수렴한 것에 기초한다. 세 가지 이론은, 율겐 하버마스(Jurgen Habermas)의 포괄적 합리성의 개념(concept of comprehensive rationality), 스테판 툴민(Stephen Toulmin)의 실제적 논쟁의 비공식 논리(informal logic of practical arguments), 그리고 폴 테일러(Paul Taylor)의 평가론적 담론의 논리(logic of evaluative discourse) 등이다.

하버마스가 받는 탈현대적 비판은 차치하고라도, 오늘날 방법론의 재구성에 있어서 그의 공헌이 지대하다는 사실을 부인하는 사람은 없다. 그에 따르면, 포괄적 합리성이 좀더 심도 있으려면 세 가지 기본적인 논리의 모드를 인식론적으로 통합해야 한다고 한다. 하나는 과학적 방법과 결합된 경험적-분석적 모드(empirica-analytical mode)이고, 둘은 역사적이고 사회적 맥락에 관련된 해석학적-해설적 모드(hermeneutic-interpretive mode)이며, 셋은 비판적 성찰에 기초한 사회적 비판의 과정(process of societal critique based on critical reflection)과 사회·정치철학의 방법론이다. 이들 논리의 양식은 각각 특수한 사회의 영역과 이들과 관련된 제도적 실천과 결합되고, 나아가 이들 각각의 담론은 일상언어와 실제적인 논쟁의 과정에 연결된다.

하버마스의 견해로는, 경험적 분석, 사회적 의미에 대한 해석, 그리고 사회에 대한 정치적 비판 등이 사회적 정치적 행동을 포괄적이고 합리적으로 평가하는 기초적인 인식론적 요소들이라는 것이다. 포괄적 합리성의 정도를 더하면, 경험적 자료를 포용할 뿐만 아니라 이를 초월하기까지 한다. 어떻게 가능한가 하면 행동의 특수 맥락에서 해석하고 사회의 규범적 전제, 원리, 공리 등을 근본적으로 비판함으로써 이루어진다. 이런 식으로 비판적-포괄적 평가를 하면 특수한 판단에 도움이 되는 경험적이고 규범적인 전제 모두가 규명된다. 이는 후기경험주의 과학철학의 영역을 넘어서는 것이기도 하다.

하버마스의 경험적, 해석적, 비판성찰적 논리의 양식은 인식론적 기초로서 더할 나위 없이 훌륭한 것이지만, 문제는 이 인지적 정향이 실제 세계에 어떻게 접목될 수 있는가이다. 그러려면 논리적 상호 연관작업이 수반되어야 한다. 서로 다른 전제의 구조와 기능을 분명히 하는 논리 틀이 필요한 것이다. 정책으로 말하면 정책의 건전성, 강력성, 결정성 등을 판단할 수 있는 논리적 틀이 필요한 것이다. 이는 메타구조에 해당되는 것이다.

경험적이고 규범적인 논의를 좀더 구체적이고 인지적인 틀 속에 집어넣는 일을 툴민과 테일러가 했다. 툴민은 실증주의가 경험적-분석적 추론의 양식, 즉 고전적 삼단논법, 다시 말해서 연역법에 지나치게 의존하고 있는 문제에 착안했다. 실증주의자들이 형식논리의 이상에 가까이 갈 수 있도록 하는 설명이 힘들다고 하는 반면에, 툴민은 모델은 한정된 논리의 개념작용에 국한된다는 것을 제시하였는데, 그 논리는 탐색의 여러 단계, 이를테면 과학적 단계도 좋고 규범적 단계도 좋은 여러 단계에 따라 달라질 수 있는 논리이다. 구체적인 본질의 맥락으로 가면 그것을 굳이 불완전하다거나 비합리적이라고 말해야 할 이유가 없다는 것이다. 논리적 주장의 타당성은 단지 그 자체의 맥락 — 하버마스가 말하는 '지식의 영역'(knowledge domain) — 에 맞는 탐색의 법칙이 따로 있어서 그것에 의해 판단될 뿐이다. 경험적 언명이라는 것이 가령 상황이나 사례의 사실적 본질에 관해 말하는 것이라면, 규범적이고 실천적인 언명은 조언하고, 제의하고 권고하고, 아니면 저항하는 것을 주 기능으로 삼는다. 사례에 관한 지식만 가지고는 무엇을 해야 하는지를 알지 못한다. 무엇을 해야 하는지를 알려면 그것은 실천적 담론의 비형식적 논리를 통해서만 가능하다.

실천적 담론을 위한 판단기준은 현실세계에서 실제로 사용하는 다양한 설명으로 하면 된다. 연역적 추론이나 '타당'이나 '확실' 같은 개념의 의미는 굳이 형식논리로 해석할 필요가 없다. 형식적 연역은 본질적 논의의 무수한 변형을 판단하는 데 단지 하나의 기준일 뿐이다.

규범적 논쟁의 사회적 맥락은 다양한 실제적 설명양식의 원천이 된다. 달리말해서 실증주의에서는 맥락은 고정된 상수로 치거나 아니면 보편적인 것으로 생각하는데, 비형식적 규범론에서는 맥락에 집착할 수밖에 없고, 그 맥락은 여러 가지로 달라지는 것이기 때문에 일률적인 판단이나 주장을 할 수가 없다. 실증주의에서는 '과학적 언어'(scientific language)를 쓰는 데 반해서 규범적 논쟁에서는 정상언어 또는 일상언어를 쓴다. 이것이 툴민의 다양한 설명 모드의 기초가 되는 것이다.

넷째는 포스트모더니즘에 관한 것인데, 이를 여기서 다 설명할 수는 없다. 한 마디로 전체성의 해체이고, 독자적 개체의 인정이다. 현재의 실제(reality)는 가상실제(hyperreality)라는 보드리아르(소비사회학자)의 말처럼, 인간이 만든 상품은 또 다른 별개의 언어와 상징체계를 갖고 인간의 생각과 행동을 유도하는 것이다. 불쌍하게도 인간은 아무것도 모르고 시늉만 낼 뿐이다(simulation). 어린아이들은 어른으로서는 도저히 납득할 수 없는 일에 즐거워하고 웃는다. 이는 언어와 문법이 이미 달라졌다는 증거이다. 우리와는 의사소통이 안 되는 것이다. 한 가족 안에 전통과 근대, 현대와 초현대가 공존하고 있는 꼴이 되었다. 이들의 감정과 언어와 문법은 이미 달라진 것이다. 포스트모던사회에서는 주체와 객체가 따로 없다. 지배가 존재하지 않는다는 뜻이다. 현대 우리 사회 모습의 일부를 그대로 말해 주고 있다.

3. 연대별 접근방법의 변천

20세기에 들어와 한 50년간 과학철학에서의 논쟁은 보다 자세하고 격조도 높아졌다. 그리고 좀더 비판적이 되어 하나의 독립분과 학문으로 인정받기에 충분해졌다. 여기서 한가지 분명한 것은 유클리드(Euclid)와 뉴턴(Newton)의 합명제(synthesis)가 계속 그 유지되지 못하고 상대성원리(Relativity Theory)와 양자메카니크스(Quantum Mechanics)에 의해 도전을 받는다. 도전의 내용은 방법의 타당성과 전제의 타당성에 관한 비판적이고 철학적인 질문을 제기하는 것이다. 결과적으로 1920년과 1940년 사이에 이론물리학자와 과학철학자간에 새로운 교류가 생기고, 특히 비엔나의 실증주의자들과 새 양자메카니크스의 저자들 사이에 교류가 활발했다. 당시 마흐

(Mach)는 그의 비판적 환원주의에서 모든 지식을 감각에 관한 언명으로 환원시키려고 노력했고, 이것이 그 후 비엔나 서클(Vienna Circle)의 실증주의와 논리실증주의의 기초가 되었다. 비엔나 서클은 1920년대와 1930년대에 정기적으로 모인 유명한 철학자와 과학자의 집단이다. 동시에 이는 당시 최고의 논리가이자 철학자인 러셀(Bertrand Russell)에 의해 영국에서 발전시킨 감각자료와 논리적 구성(logical constructions)에 관한 인식론적 이론의 근거가 되기도 했다.

한편 플랑크(Planck)와 헤르츠(Hertz)의 현실주의는 법칙과 이론의 차이를 날카롭게 지적한 영국의 물리학자 캠벨(Norman Campbell)과 반증의 이론(theory of falsifiability)으로 유명한 칼 포퍼에 의해 더 진전을 본 셈이다. 이들 두 철학자의 견해는 오늘날 많은 과학자의 방법론에 명시적으로 반영되어 있다고 할 수 있다. 하나 더 보태면, 칸티안을 계속 지지하는 전통적 보수주의자로 푸앵카레(Poincare)와 듀엠(Duhem)이 있다.

현재까지 과학철학의 복잡한 여러 견해 중 대표적인 두 입장을 여기서 소개할 필요가 있다. 하나는 네오휴미안(Neo-Humean)의 실증주의이고, 다른 하나는 네오칸티안(Neo-Kantian)의 실증주의이다.

먼저 네오휴미안은 처음부터 비엔나 서클에서 발전되었다. 그 후 최근까지 미국에서 꽃피었으며 근본적으로 인식론적 과제에 심취해 있다. 감각작용이 지식의 유일하고 최종적인 근거라고 하는 마흐의 신념을 대부분 버렸지만 허구나 논리구성으로서의 이론적 요소에 관해 논의하면서 요체는 계속 유지되었다. 이들은 이론을 구성하는 일을 논리적으로 명제체계(propositional systems)를 창출하는 것과 같은 것이라고 생각한다. 이 체계에는 명제의 집단이 공리형태로 이상적으로 나열되어 있다. 뉴턴의 가설적 연역방법(hypothetico-deductive method)이 이 경우 보다 이해깊은 공리체계를 생각해 내는 데 지침이 된다. 이때 이 공리체계는 일반적 가정이나 원초적 명제의 대안에 기초를 두고 이로부터 경험적 명제가 추론될 수 있게 된다. 상대성 이론같은 경우처럼, 이러한 특수명제는 실제경험과 비교하고 그래서 보다 일반적인 원초적 명제를 구체화함으로써 일반적 가정을 유효화시키는 데 쓰일 수 있다. 비엔나학파 안에서 계속된 논쟁은 바로 이 구체화의 정확한 성격과 힘, 즉 입증(verification), 확인(confirmation), 혹은 확증(corroboration), 그리고 반증(falsification)되는가에 대한 관심이었다. 비엔나 서클은 통합과학(unified science)의 단일체계를 구성하려는 것이 꿈이었다. 그렇게 함으로써 실증적 지식의 전체가 러셀이 말하는 추상적 상징논리주의에 하나로 구성되는 공리체계에 포함될 것이라고 생각했다. 동시에 모든 진정한 과학적 지식은 무엇보다도 중립적이고 경험적인 관찰에 의해서 입증되어야 타당하다고 믿었다.

그러나 경험주의와 실증주의를 강력히 반대하는 입장이 바로 네오 칸티안학파이다. 이들은 엄격한 논리로 대안이론을 확증하거나 불신하는 데 필요한 이론적이고 중립적인 관찰이 가능하느냐에 의문을 가지고 있다. 20세기 과학철학에서 네오칸티안의 입장은 헤르츠(Heinrich Hertz)와 비트겐슈타인(Ludwig Wittgenstein)에 의해 출범되었다. 이들은 마흐의 감각작용과 아이디어에 관한 인식론적 의문을 거부하고, 현상을 설명함에 있어서 나타나는 것(representations)이나 모델의 용도에 관한 칸티안의 질문으로부터 출발했다. 이를테면, 헤르츠는 현상이 이론자체로부터 도출되어 이미 서술될 수 있는 한 형식적으로 나타나는 것(형식표상, formal representations)은 경험적 결론을 논리적으로 포함하고 있다는 식으로 뉴터니안의 역학을 더 깊이 있게 해설하려고 했다. 나아가 비트겐슈타인은 헤르츠의 분석을 더 연장해서 사실표상을 위한 도구로서 언어의 일반철학이론을 제시했다. 철학적 분석과 과학의 방법론을 위한 이러한 접근입장의 의도나 함의는 그 후 비트겐슈타인의 후예들이 더 개척하였다. 그들은 논의의 초점을 과학적 명제의 입증에서부터 과학적 개념과 이론을 추구하는 쪽으로 옮겨 놓았다. 또 개념적 변화의 문제를 부각시키면서, 그들은 과학적 아이디어의 역사에 관한 철학적 유의성에 관한 관심을 다시 고취시키기도 했다. 이러한 견지에서 명제체계의 구조에 관한 논리적 의문은 다른 대등한 기본적이고 합리적인 의문과 합쳐져야 한다는 것이다. 20세기 초기 이후 이러한 논쟁들은 비슷한 시기에 같이 변한 이론물리학, 생화학, 그리고 심리학 등의 학문적 자극을 받아 논의의 깊이를 더했다. 여기에 곁들인 것이 인과론과 결정론에 관한 논쟁이었으며 이는 뉴턴의 고전물리학을 대체한 하이젠베르그의 불확정성원리가 큰 몫을 했다.

행태주의가 풍미하던 60년대에 나타난 또 다른 풍조는 수정주의(Revisionist)였다. 앞에서도 인용했지만, 60년대에 이르면 언어학, 심리분석,

기호학, 구조주의, 맑시스트이론, 그리고 수용미학 등이 들떠 옛 도덕적 인본주의를 대체시키기 시작한다. 교과서들은 현상의 상태쪽으로 그 저술내용을 옮겨가기 시작하였다. 즉 사회-심리-문화-언어 및 이념적 사건, 언어의 자질, 화법질서의 택소니미, 장르의 순열, 구조적 구성의 사회학적 선택, 내적 구조의 이념적 제약 등을 말하는 것인데, 이처럼 광의면서 계쟁적인 수정주의자들의 지각이 나타나기 시작한 것이다. 그래서 문화론에서도 상징론에 관심을 갖게 되었다. 상징이 문화의 수레바퀴를 어떻게 굴리느냐에 관심을 가졌던 것이다. 종래에 관심을 그리 깊게 갖지 않았던 상징과 의미체계의 내적논리를 이해하려고 노력한 시기가 이때였다. 이 시기에는 또한 문화 상징론에만 관심을 가진 것이 아니라 문화 생태론에도 관심을 기울였다. 이는 문화와 환경간의 관계에 초점을 맞춘 것이다.

또한 이 시기의 연구경향중 구조주의를 빼놓을 수 없다. 사회와 문화현상간의 관계를 분석해야 한다는 입장이 바로 그것인데, 레비스트로스처럼 신화와 사회조직이 기본구조를 공유하고 있다는 인식을 토대로 견해를 펴는 입장이 대표적이다.

70년대에 이르면 맑스주의 방법론이 주축을 이룬다. 이것은 기존 질서에 대한 비판이라는 뜻이다. 반문화, 반질서의 경향이며 동시에 여성운동이 고개를 든다. 한마디로 부르주아 서양문화의 전제를 안고 있는 이론에 회의를 갖게 된 것이다. 그 전까지만 해도 예컨대 미국 하바드대학교 사회과학계통의 연구에서 신성한 교과서로 인증된 것은 말할 것도 없이 파슨스, 뒤르껭, 웨버, 마샬, 파레토 등이었지 맑스가 아니었다. 그러나 이들이 현실 세계정치를 설명하지 못하는 한계 때문에 서서히 반사고가 고개를 들 수 있었던 것이다. 맑스학파는 불·영을 중심으로 한 구조주의 맑시즘과 미국중심의 정치경제학으로 갈린다. 구조주의 맑시즘에 관해서는 앞 절에서 소개한 바 있다. 물질적 관계와 이데올로기를 각각 보려 하지 않고 두 수준이 서로 연관되어 있다는 사실에 주목했다. 유물론과 아이디얼리스트를 연결시킨 것이다. 한편 정치경제학은 지금 미국의 학계에서 완전히 자리잡은 입장이다. 이 입장은 세계체제와 저개발이론에서 근본적인 영감을 얻어 구조주의 맑시즘과 달리 별개의 사회와 문화에 넓게 초점을 맞추려고 한다. 동시에 대규모 지역의 정치경제체제에 초점을 맞추려고 한다. 그러나 지나치게 유물론적이라는 비판을 받는다. 자본주의중심적 견해라는 비판도 받을 수밖에 없다. 예를 이렇게 빗대어 든다. 배가 항구에 입항하는 경우에 해안에 관심을 갖는 것이 아니라 그 해안이라는 사회가 생기게 된 역사적 배경에 보다 관심을 갖는다. 자신들은 마치 자본주의라는 역사의 배에 타고 있다고 착각하는 것이다. 그런데도 이 정치경제학은 지금껏 학계를 풍미하고 있다. 더욱이 네오맑시즘의 입장에서 국가를 연구하는 사람들은 종래에 국가관료와 정책에 파고들지 못했던 한계를 극복하고 구조적, 본원적으로 공공부문을 파헤치는 데 공헌하고 있다.

80년대에 들어오면, 연구자들은 행위와 관계와 실천에 관심을 갖기 시작한다. 구조주의에 직접 반응하면서 인류학 같은 데서는 행동에 기반을 둔 접근법(action-based approach)을 강조한다. 이러한 입장들은 나라마다 조금씩 달라서, 미국에서는 인간행위를 상징적 행동(symbolic action)으로 보자고 하고, 영국에서는 구조주의 맑시즘의 견지에서 '사회구조'를 보지 말고 개인 선택과 결정행위의 시각에서 보고자 하며, 프랑스에서는 보다 실천지향적 접근법(practice-oriented approach)을 구사하자고 한다. 이 시기에 오면, 사회학에서는 상징적 교호작용론(symbolic interactionism)과 미시사회학 등에 관심을 쏟는다. 구조와 행위주체와의 관계를 보자는 사람은 기든스(A. Giddens)였다. 역사학에서는 역사는 주관이 없는 과정으로 이해해야 한다고 하였고, 문학에서는 문학은 실천의 소산으로 인지해야 한다고 하였다. 기든스는 실천연구가 체제와 구조연구에 대한 보완이라고 하였다. 새 실천이론가들은 체제가 인간행동과 사건의 모양을 결정한다고 했다. 이때 체제는 기초와 초구조나 사회와 문화 등으로 나누어지는 것이 아니라 오히려 '줄없는 전체'(seamless whole)라는 것이다. 체제의 핵에서는 비대칭, 불평등, 지배 등이 주어진 시간과 장소에서 형성되고 해체된다는 것이다. 그래서 실천이론은 이렇게 정의된 주어진 사회와 문화 전체의 의미와 형식의 발생, 재생산 및 변화를 설명하려고 한다. 이때 말하는 실천은 사람이 하는 모든 것, 인간 행동의 모든 형태, 특히 정치적 각도에서 의도적이거나 비의도적이지만 정치적 함의가 있는 것을 이른다. 이때 행동단위는 개인행위자이며, 동시에 이들은 행동성(activeness)과 행동의 의도성(intentionality of action)을 강조한다. 행동을 강조하다 보니까 동기이론같은 이론의 도움도 필요하고, 또한 실천과

체제간의 교호작용의 본질을 규명하는 데도 게을리할 수 없게 되었다.

이러한 시대별 연구입장의 변화는 90년대에 이르러 보다 광범위해졌고 다양해졌다. 전과 같이 이것 아니면 저것이라는 일도양단의 논리보다는 모든 방법론을 다 인정하면서 공존하고 서로 도와주는 편안한 관계가 정립되어 가고 있는 것이다. 양적 분석만이 아니라 질적 분석에 관한 이해가 훨씬 더 적극적이 된 것도 같은 변화맥락 속의 이야기이다.

그러면 연대별 접근입장의 변화는 이 정도로 간단히 마치고, 이어서 우리가 주로 의존할 행태주의에 관한 설명을 집중적으로 하기로 한다.

4. 행태주의관

과학과 기술이 현대인의 생활에 끼친 영향은 위대하다. 일찍부터 역사가들이 이에 관해 관심을 갖게 된 것은 당연하다. 그러나 이들 중에서 과학이론의 철학적 체계라든지 그 역사적 발전과정에 관심을 갖게 된 것은 20세기 중반 이후의 일이었다. 1920년대에 철학자 화이트헤드(A. N. Whitehead)가 *Science and Modern World*를 출간한 이래로 과학의 발달사에 관한 연구가 활발해졌으며, 1950년대와 60년대에 이르러 계속해서 근대철학의 기원을 따지고 이의 형이상학적 기초를 다지며, 새로운 패러다임(paradigm)의 발굴로 새로운 학문연구의 분위기를 만들었다. 과거의 전통주의적 학문연구경향을 극복한 새로운 시도로 이른바 행태주의혁명이 싹텄던 것이다.

우리가 아는 바와 같이 전통주의적 연구경향은 1920년대까지 학문세계를 풍미했다. 지나친 관념론이 흠이기는 했지만 사회현상을 하나하나 집중적으로 분석하며 역사의식을 기반으로 하고 있었다는 점은 방법론적 무게를 인정하기에 충분했다. 그러나 이 연구 입장은 오늘날 우리가 말하는 과학적 연구방법과는 거리가 먼 것이었다. 즉, 이 입장이 주장하는 이론은 과학적 이론이라기보다는 하나의 독단적 주장일 때가 많았다. 그러나 한두 현상에 타당한 진술인 것은 사실이었다.

1920년대가 전기가 되어 전통주의가 행태주의(Behavioralism)에게 왕위를 물려 주기 시작했다. 행태주의 초기의 분파는 이른바 실증적 행태주의

(Positive Behavioralism)였다. 정치학의 경우를 예로 들면, 라이스(S. Rice)와 거스넬(H. Gosnell)이 당대를 대표하는 행태주의론 최초의 주자였는데, 이들은 경험적이고 계량적인 노력을 기울였다. 이때부터 통계표가 논문에 하나둘씩 나타나기 시작했다. 그러나 분석기법 자체는 그리 세련되지는 못했었다. 라자스펠드(P. F. Lazarsfeld)의 정의에서 암시하듯이 초기의 행태주의는 다만 분명하고 간결하게 묘사하는 특징을 띠고 있을 뿐이었다. 계량적인 움직임에 참여해 실체를 지향하던 정치학자들이 인상주의적 표현으로부터 사실주의적 표현으로 옮겨가야 한다는 주장을 하게 된 것도 이 즈음이었다. 비실체적 정치학자, 즉 정치이론가들은 초기의 움직임에 참여하지 않았기 때문에 비실체적 계량정치학자는 당시에 없었다고 할 수 있다. 제2차 세계대전이 끝나고 나서야 비로소 이론적인 돌파구가 생기기 시작했다. 당시의 특징을 하스(M. Haas)와 베커(T. L. Becker)는 다음과 같이 그려서 표현하고 있다.

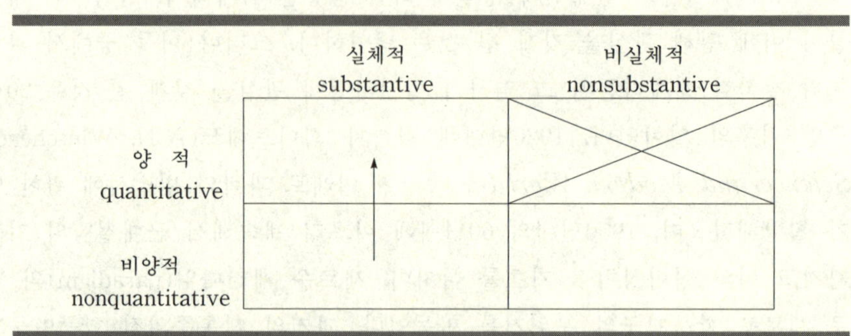

〈그림 1-4-1〉 초기 행태주의의 태동

행태주의 제2기에 나타나기 시작한 분파를 일컬어 「이론적 행태주의」(Theoretical Behavioralism)라고 부른다. 제1기를 단순히 행태주의의 태동기라고 한다면 제2기는 혁명기에 접어든 것이다. 알몬드(G. Almond), 달(R. Dahl), 이스턴(D. Easton), 도이취(K. Deutsch) 및 라스웰(H. Lasswell) 같은 거장들은 이론의 정립을 중시하여 가설을 구성해서 이를 검증하는 데 신경을 썼으며, 연구 계획서의 작성도 이런 테두리를 염두에 둔 것이었다. 당시의 체제적 접근법 · 결정행위론 · 커뮤니케이션이론 등은 종래의 연구경향을 크게 바꾸어 경험적 이론을 강조하는 계기를 마련해 주었다. 계량적 기법도 이론정립을 위한 수단으로 상당히 널리 유행하였으며, 종합통계분석(aggregate statistical analysis)이나 인과모델(causal modeling)은 이미 이때 보급되었다. 그러나, 이 입장은 실체적 분야이건 비실체적 분야이건 과거의 이론적 기반이 미약했던 것을 극복하는 데 급급했던 나머지 지나치게 이론일변도의 성향을 띠고 말았다. 다음의 그림은 제 2 기 행태주의혁명의 내용이다.

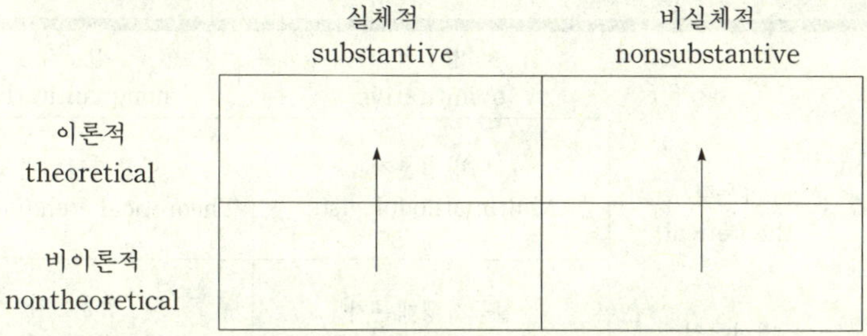

실체적
substantive
비실체적
nonsubstantive
이론적
theoretical
비이론적
nontheoretical

〈그림 1-4-2〉 제 2 기 행태주의혁명

당시 수학적 기법과 다변수분석 등으로 일종의 붐을 이루었던 분석기법의 영역은 그런대로 학계에 새로운 활력소를 불어넣어 주었지만 이론만 앞세우는 학자들이 이에 호응하는 데 인색했고, 또 어떤 면에서는 따라가지 못했기 때문에 학풍 전반적인 분위기에서 보면 1960년대에는 퇴조현상이 나타났다고 할 수 있다. 그러면서 학계는 자기 분야에서 스스로 만족하여 분과학문간에 의사교류가 단절되고 협조가 이루어지지 않는 이른바 국지주의(parochialism) 현상이 나타나게 된다. 크게 보았을 때 전통주의자와 행태주의자간에서 인식론에 관하여 논쟁을 할 수 있는 것을 빼놓고는 도대체 공통성이나 공통적인 쟁점은 찾아 볼 수 없게 되었고, 행태주의 자체 안에서는 국지현상이 더욱 심화되었다. 이 시기에 우리 나라에는 정치학분야에서 행태과학적 정치학이 윤천주에 의해 소개되기 시작하였다.

여기에 이론면에서 과학성과 철학성을 보다 높이고 방법면에서 세련화시켜 국지현상을 극복하는 제 3 기 행태주의혁명이 「다기방법론」(多岐方法論, Multimethodologism)이라는 이름으로 1960년대 후반에 일어났던 것이다. 표방하기는 과거의 행태주의가 정책수립에 기여하지 못했던 약점을 극복하고,

지나친 관념이나 또는 전혀 반대인 지나친 숫자의 유희도 불식시켜 문제를 해결하는 입장이 되어 보겠다는 것이었다. 그러나 학풍이란 항상 도전을 받게 마련이어서 1970년대에 들어서면서 행태주의 전반에 걸친 한계를 인정하고 회의에 빠지면서 곧 「후기행태주의」(Post-Behavioralism)의 입장이 만연하게 된다. 다음 그림은 이론과 계량의 두 측면을 둘로 각기 나누어 그간의 학문연구경향의 특성을 이들 측면에서 밝혀 본 것이다.

	양 적 quantitative	실 적 nonquantitative
이론적 theoretical	다방법론자 Multimethodologists	이론적행태론자 Theoretical Behavioralists
비이론적 nontheoretical	실증적행태론자 Positivist Behavioralists	전통론자 Traditionalists

〈그림 1-4-3〉 특성에 따른 각 연구경향의 입장

지금까지 시간의 흐름에 따라 변모했던 연구의 입장들은 각각의 특징에 따라 그 추구하는 바 목표도 다른 것이었다. 즉, 어떤 입장에서는 자료를 통해서 실재의 내적 논리(inner logic)를 파헤쳐 이론을 정립해 보려고 하고, 또 어떤 입장에서는 현상에서 규칙성(regularities)을 찾아 법칙을 세워보려하며, 또 다른 입장에서는 특정사례를 집중적으로 파고들어 처방전까지 제시하려 한다. 이와 같은 여러 입장은 그간의 변천 경향과 일치하며, 순서대로 이름하여 이론과학자(theoretical scientists), 경험과학자(empirical scientists) 및 임상과학자(clinical scientists)라고 부를 수 있다. 이들이 추구하는 내용은 그 성격에 따라 추상적일 수도 있고, 또 구체적이어서 문제 해결에 도움을 줄 수도 있다. 지금까지의 설명을 도해하면 다음의 〈그림 1-4-4〉와 같이 된다.

이상에서 설명한 학문연구경향의 변천은 다분히 행태주의관에 이르게 된 경로를 소개한 데 불과하다. 오늘날 이 행태주의는 많은 제약과 비판을 받고 있고, '이즘'에 관한 논쟁은 끊일 새가 없으며, 불완전한 방법론을 지

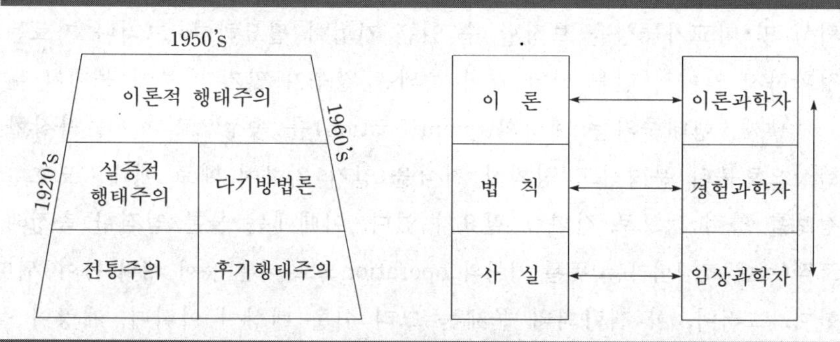

〈그림 1-4-4〉 **학문연구경향의 변천과 과학의 제 입장**

양하기 위해 현상학파가 오래 전부터 보완책이라고 고개를 들고 있는 실정이다. 그러면 계속해서 행태주의가 과연 무엇인지를 소개하고 그 결점을 알아보며, 시대사조에 따라 강점이 달라지게 마련인 '이즘' 간의 논쟁을 개관하면서 방법론의 추이를 따라가 볼까 한다.

이스턴(D. Easton)은 '행태주의의 신조'(behavioral credo)라는 말을 통해 행태주의의 여러 특성을 정리했다. 이것 때문에 1950년대에 여러 학자간에 논쟁이 끊이지 않았던 전통주의와 행태주의의 쟁점이 어느 정도 사그러졌다고 볼 수 있다. 그가 정리한 행태주의의 여러 특성은 이러하다.

첫째, 행태주의는 규칙성(regularities)을 찾아내려 한다. 인간의 행태를 중심으로 한 사회현상 속에는 일정한 제일성(uniformities)이 있을 테니까 이것을 찾아냄으로써 앞으로의 일을 예견해 보자는 것이다. 이에 대하여 전통주의는, 예컨대 정치현상의 실재란 제각기 독특한 것이지 제일성은 있을 수 없다고 주장한다.

둘째, 행태주의는 입증(verification)을 필요조건으로 삼는다. 이 입장에서는 지식이란 검증 이전의 명제(propositions)로 구성되는 것이며, 이것은 당연히 경험적으로 검증되어야 한다. 즉, 모든 증거는 관찰 등에 의해 이루어져야 한다는 것이다. 그러나 실재의 검증이 표면상 어느 정도 가능할지 모르지만 대부분의 사회현상이 그 이면에 보다 복잡하고 알기 힘든 요체가 숨겨져 있으므로 과연 관찰에 의해 알아낼 수 있는지 의문이라는 것이 전통주의의 주장이다. 동시에 포퍼의 반증주의와도 견해를 달리한다.

셋째, 행태주의는 기술(techniques)을 요한다. 특히, 자료의 타당성·신뢰성 및 비교가능성을 보장할 수 있는 기법이 필요하다. 그러나 자료는 흔히 정확하지 않아서 믿을 만한 것이 못되는 경우가 많기 때문에 문제가 된다.

넷째, 행태주의는 계량화(quantification)를 속성으로 한다. 복잡한 사회현상으로부터 분명하고 정확한 지식을 얻기 위하여 때로 애매·모호한 질적 정보를 양적 정보로 전환할 필요가 있다. 이때에는 물론 엄격한 측정과 자료조작(이때 조작이라는 뜻은 영어의 operation으로 나쁜 뜻이 아니다)이 뒤따라야 한다. 그러나, 이 계량화의 문제는 그리 쉬운 대상이 아니다. 계량이 불가능하다든가, 측정이 불가능한 것을 숫자로 만들어 조작분석(操作分析)해 보았자 그 진의는 이미 마멸되고 말 것이다. 따라서, 이 계량성은 행태주의의 정곡(正鵠) 중의 정곡이면서 가장 조심해야 할 영역이기도 하다. 뒤에도 인용하지만 희랍속담에 "셈하기 시작하면 이미 그것이 아니다"라는 말이 있듯이 이를 의미깊게 받아들여야 할 것이다.

다섯째, 행태주의는 가치중립성(value neutrality)을 지닌다. 과학적 탐구라는 것은 원래 객관성을 유지하기 위하여 가치개입을 배제한다. 가치란 사실로부터 도출될 수 없다. 그러나 실체를 다룸에 있어서 가치문제가 개입하지 않을 수 없다. 이 가치중립의 문제에 관하여는 이미 앞의 과학적 방법론을 논하는 자리에서 언급한 바 있다.

여섯째, 행태주의는 체계화된 이론에 관심을 갖는다. 이 입장이 믿는 바는 지식은 체계적 방법으로 얻어진다는 것이다. 즉, 검증 가능한 가설은 논리적으로 연결된 개념과 명제의 구조로부터 연역적으로 도출되어야 하며, 이것이 경험의 세계에서 새로운 증거를 통해 입증되어 이론이 성립된다. 반면에 전통주의에서는 정책과 실체에 보다 더 관심을 쏟는다.

일곱째, 행태주의는 순수과학(pure science)이다. 모든 연구가 다 실천적 수준에서 정책에 즉각 응용되는 것은 아니다. 응용과학을 위해 그 기초를 공고히 하여 주는 순수한 지식이 다른 한편에서는 필요하게 마련이다. 행태주의가 이런 특성을 갖는 데 대하여 전통주의의 입장에서는 반론이 없다.

여덟째, 행태주의는 분과학문간의 연관성(interdisciplinarism)을 표방한다. 행태주의자들은 스스로 개별과학의 영역에 한정하여 자신을 구속하지 않고 다른 분과의 방법과 이론, 그리고 연구에서 얻은 발견 등을 통합하고 활용하려고 한다.

행태주의가 오늘날 학문의 발달에 공헌하고 있는 것이 사실이며, 그 내용은 시대의 요구에 따라 약간씩 수정되면서 앞으로 오랫동안 학문 연구의 사조를 지배할 것이다. 그러나 그것은 행태주의 본래의 모습대로 그러하리라는 뜻은 아니며, 많은 탈바꿈을 해야 할 것이다. 그것은 하스가 말한 바와 같이 행태주의가 다음과 같은 몇 가지 전제에 묶이고 따라서 제약을 지니고 있기 때문이다.

첫째, 행태주의자는 주로 인간행태의 일반적이고 규칙적인 속성에 주의를 기울인다.

둘째, 행태주의자는 인상적인 사회현상의 효용성과 타당성을 경감시킨다.

셋째, 행태주의자는 융통성 없는 모델을 정립하여 연구의 적합성을 해치는 경향이 있다.

넷째, 행태주의자는 전문용어(jargon)를 만들어 내어 의사소통을 방해하는 경향이 있다.

다섯째, 행태주의자가 정책에 기여한다는 것을 기대하기 어렵다.

오늘날 이러한 행태주의가 세련된 방법과 적실한 이론으로 스스로의 제약을 극복하여 정책에 이바지하려는 노력을 기울이는 것은 사실이다. 그것을 어떤 사람은 다기방법론적 행태론의 입장에서도 가능하다고 주장하고 또 어떤 사람은 후기행태주의라는 이름 아래에서 약점이 보완되고 지향하는 바가 달라져야 한다고 주장한다. 연구경향에 대한 이러한 논쟁은 근본적으로 철학적 입장이 서로 다른데서 오는 각기 다른 견해에서 비롯된다는 것을 학생들은 알아 둘 필요가 있다.

5. 후기행태주의관

5.1 실증주의와 역사주의의 논쟁

행태주의의 인식론적 근거는 원래 실증주의(Positivism)와 궁극적으로는 영국의 경험주의(Empiricism)에 있다. 이러한 인식론적 배경을 가지고 있는 행태주의의 본질에 관하여는 많은 이론이 있지만, 위에서도 밝힌 바와 같이 자체의 제약 때문에 행태주의에 대해 반기를 드는 주의·주장이 시대의 흐름에 따라 활발했고 그중 하나를 이스턴(D. Easton)의 주창에 따라 후기행태주의(Post-Behavioralism)라고 한다. 그러니까, 이러한 논쟁은 철학적 관점으로 보아 반드시 옳지는 않지만 일반적으로 주지된 바와 같이 행태주의의 인식론적 근거인 실증주의와 여기에 반기를 든 역사주의(Historicism)의 주장으로 집약된다. 실증주의를 혹평하는 한 입장은 "지식을 인격으로부터 완전히 분리시켜 버렸으며, 주관에 의존하지 않는 순수한 과학적인 이론을 추구한다고 하면서, 이성적인 행동을 대체해 버렸고 역사는 다만 박물관에 가두어 버렸다"고 주장한다. 이규호의 말이다. 그렇다고 후기행태론자들이 역사주의의 입장을 반드시 수용하고 있는 것도 아니다. 인식론적 논쟁이기에 어디까지나 인간지식의 본질과 그 이해에 관한 이같이 서로 다른 견해가 학문연구추세에 부단한 변화를 재촉하고 있을 뿐이다. 한편, 실증주의나 경험주의적 인식론의 약점을 현상학파가 보완하려고 한다. 이에 관하여는 이 절 끝에서 설명하기로 하고, 우선 후기행태주의의 논쟁을 자세히 강의한다. 물론 이 후기행태주의의 논쟁은 나중에 경험주의 과학철학에 대한 후기경험주의 과학철학의 논쟁으로 보다 폭넓게 비판될 것이다.

후기행태주의는 행태주의가 지나치게 논리실증주의(Logical Positivism)와 논리경험주의(Logical Empiricism)를 과신했다고 비판한다. 1950년에 실증주의는 철학사에서 사멸하였고 칸트(I. Kant)와 헤겔(G. W. F. Hegel)의 사상에서 지식론의 근거를 찾으려고 애썼다. 헤겔의 사상이 좀더 급진적으로 변하면서 자연과 인간지식에 관한 새로운 관념의 인식을 촉구하게 되었다. 자연이란 유동적으로 형성되며 변이한다. 또 지식은 발견되는 것이 아니라 창조되는 것이다. 인간의 마음이 객관적이거나 절대적 방법으로 실재나 자연의 특성을 파악할 수 있다는 생각이 부인되었다. 이러한 입장은 1800년대에 니체(F. W. Nietzsche)에 의하여 자세하게 계발되었으며, 그 후 많은 사람들이 이에 동조했다. 미국 쪽에서는 듀이(J. Dewey)와 미드(G. H. Mead)가 실용주의운동의 일환으로 이 입장을 전개했고, 영국에서는 쉴러(F. S. C. Schiller), 콜링우드(R. G. Collingwood)와 비트겐슈타인(L. Wittgenstein)이, 프랑스에는 베르그송(H. Bergson), 사르트르(J. P. Sartre), 그리고 메를로 퐁티(M. Merleau-Ponty) 등이 이러한 방향으로 주장을 펴 나갔다. 독일에서는 아예 역사주의라고 못박아 니체(F. W. Nietzsche), 딜타이(W. Dilthey), 스펭글러(O. Spengler), 만하임(K. Mannheim) 및 하이데거(M. Heidegger) 같은 쟁쟁한 철학자의 영향하에 수용되고 전파되었다.

이 새로운 지식론은 미국으로 건너와 한 세기가 지난 후(20세기) 미국역사학자들에게 커다란 영향을 끼쳤다. 미국정치학을 예로 들면, 행태주의운동은 이론적 지식이 가능하다고 믿고, 이를 근거로 역사주의에 대항하려고 노력했다. 행태론자는 가치는 시간과 장소에 따라 상대적이라는 견해를 용인하지만, 실제로 일어나는 사건에 대한 객관적 지식은 현대과학의 방법론을 통해 얻을 수 있다고 주장한다. 행태주의가 오랫동안 설득력을 가지고 개별과학의 과학적 이정표를 세우는 데 공헌한 것은 사실이지만, 역시 문제는 지식론에서 받는 공격에서 헤어나지 못하는 점이라고 하겠다. 지식론에서 행태주의가 갖는 결함을 보완할 수 있다고 믿는 입장이 바로 역사주의이다.

역사주의(Historicism)는 19세기 이후 독일학계에서 논쟁의 대상이 되면서부터 다의적이 되었지만, 하이에크(F. Hayek)와 포퍼(K. Popper)가 방법론상의 의미로 쓰면서 사회과학의 과제는 사회가 발달하는 법칙을 발견하고 이 역사적 발달의 법칙에 근거하여 미래를 예측하는 것이라는 견해를 밝히게 되었다. 역사 그 자체가 응용성이 없다는 관점에서 보면 역사주의라는 것이 시대착오적인 철학의 관념이라는 주장이 있기는 하다. 그러나 이것은 역사주의의 의미를 어떻게 이해하느냐에 따라 달라진다. 적어도 방법론에서 문제삼는 역사주의는 인식론의 테두리에서 보아 모든 인간의 지식은 본질적으로 시간과 장소에 따라 상대적이라는 견해를 가진다. 역사주의는 오늘날 반세기 전보다 훨씬 강하게 침투하고 있는 것이 사실이다. 그러나 눈에 뜨이게 현저한 것은 아니다. 반세기 전에 역사주의는 놀라운 힘으로 지식층에 파고 들었으며, 우리의 세계관(Weltanschauung)을 요약해 주었다. 만하임(K. Mannheim) 등에 따르면 역사주의의 원리는 문화과학(Geisteswissenschaften)을 형성할 뿐만 아니라, 매일매일의 사고에까지 스며든다고 한다.

오늘에 이르러 역사주의는 특히 미국에서 개별과학의 발달에 공헌해 왔으며, 대략 다음과 같은 네 분야에서 그 영향이 현저했다고 볼 수 있다. 즉, ① 과학철학과 과학사에서 발표된 논문의 반실증주의, ② 만하임(K. Mannheim)의 견해를 수긍하는 지식사회학(sociology of knowledge)의 논문,

③ 실체론적 현상학(existential phenomenology)의 최근 논문, ④ 니체(F. W. Nietzsche)의 사상 등이다. 이들 분야에서 지식에 관한 논의가 활발했으며, 유수의 학자들이 상대론(Relativism)의 입장에서 반실증주의에 관한 논쟁을 폈다. 이들 중 대표격이라고 할 수 있는 학자가 건넬(J. Gunnell)이다. 그는 행태주의적 접근법을 웨버(M. Weber)의 통찰력과 비트겐슈타인(L. Wittgen-stein)이나 슈츠(A. Schutz)와 같은 현상학자의 견해로 대체시켰다. 그가 주장한 것은 사회란 상징적 형태로 스스로를 구성하고 그것이 사회의 실재에 관한 관점을 결정지으며, 구성원의 행동을 규정한다는 점이다. 나아가 인간 행동의 의미는 상징적 맥락에서 찾아야 한다고 해서 사회과학자의 사명은 행동에 의미를 부여하는 상징적 맥락을 계발하는 것이라고 한다. 한편, 역사주의의 입장에서 괄목할 만한 영향력을 행사하는 쿤(T. Kuhn)의 주장을 빼놓을 수 없다. 과학적 발달의 역사적인 패턴을 하나의 패러다임으로부터 다른 패러다임으로 옮겨가는 비누적적 전이라고 생각하는 쿤은 어떻게 보면 역사의 단절을 주장하는 것 같이도 보인다. 왜냐하면 과학적 연찬에서 급진적인 변화란 하나의 패러다임이 파기되고 다른 패러다임이 생겨날 때 가능하다고 생각하기 때문이다. 그의 입장이 역사주의라고 하는 것은 그가 과학적 혁명이 왜 발생하는가를 설명하려는 의도로 보아 명백하다고 할 수 있는데, 한편에서 생각해 보면 그는 단순히 반실증주의자라고만 말할 수도 있다. 만일 과학적 혁명이 일어나는 것이라면 과학자는 현재의 패러다임이 아무것도 설명할 수 없다는 불규칙적인 사실을 인식해야 한다. 그래서 새로운 패러다임을 찾아내는 것이고, 이것을 딜타이(W. Dilthey)나 만하임(K. Mannheim)같은 사람은 '관찰세계'(Weltanschauung)라고 하고, 비트겐슈타인(L. Wittgenstein)은 '생활양식'(Lebensform)이라고도 한다. 어떠한 이름을 붙여 현재의 현상을 과학적으로 설명하려는 것이건 간에 우리가 알고자 하는 과학적 탐구의 전제(presupposition)가 맥락에 따라 달라서 종국에 가서 임의적이라는 점을 수긍한다면 상대성을 본질로 삼는 역사주의는 십분 설득력을 지니는 것이라고 하겠다. 그것은 경험이나 이유에서 절대적 근거를 찾을 수 없으니까 그렇다.

지금까지 현대철학에서 논쟁거리로 삼는 인간지식의 특성에 관한 행태주의와 후기행태주의의 서로 다른 견해를 일별해 보았지만 어느 하나가 참이며, 다른 하나는 거짓이라는 판단을 내리기가 쉽지 않다. 행태주의가 지금까지 지배적 접근법으로 계속되어 온 것은 사실이지만 이의 인식론적 근거는 실증주의에 대한 비판과 함께 난처한 국면에 봉착했다. 반실증주의 내지는 그 변형으로 행태주의에 반대하면서 역사주의라는 이름의 지식론을 인지하는 입장이 고개를 든 것이다. 이 역사주의는 원리가 인식론적 상대주의(Epistemological Relativism)라는 점은 이미 지적되었다. 문제는 실증주의나 역사주의 어느 한쪽도 만족할 만한 논거를 마련해 주지 못한다는 데 있다. 즉, 역사주의는 실증주의에 대한 반명제(Antithesis)이며, 또 다른 무엇이 합명제(Synthesis)로서 소망스럽다는 생각을 하게끔 하였다. 철학에 있어서 전통적 접근법에 서는 입장에서 당연히 흥미를 가질 만한 대상인 것이다.

정치학에서 실증주의와 역사주의는 전통적 정치철학에 대항하는 경우에 하나의 유사점을 지닌다. 전통적 정치철학의 목표는 선과 질서에 관한 지식을 얻는 것이라고 한다면, 실증주의는 가치판단은 경험적으로 입증될 수 없다는 주장을 하고, 역사주의는 가치는 자연 속에 어떤 근거가 있는 것이 아니라 다분히 개인적이거나 사회적 창조물이라고 주장한다. 그런가 하면 이들 삼자의 관계에서 그 같고 다른 것은 극히 가변적이다. 즉, 어떤 면에서는 위에서와 같이 실증주의와 역사주의가 전통철학과의 비교에서 유사한가 하면, 또 다른 면에서는 각기 양자가 전통철학과 유사점을 갖기도 한다. 역사주의는 평가란 이해를 위한 필수요건이며, 특히 인간적인 것은 선악에 대한 판단 없이 이해될 수 없다고 생각하는 점에서 전통철학과 상통한다. 한편 실증주의는 자연에 관한 믿을 만한 지식이 적어도 몇몇 분야에서는 얻을 수 있다고 믿는 점에서 전통철학과 같은 견해를 갖는다. 왜냐하면 전통적 견해는 마음이 자연을 있는 그대로 파악할 수 있다고 보기 때문이다.

후기행태주의와 역사주의가 동일시될 수는 물론 없다. 시기로나 성격으로 보아 행태주의에 대한 결점이 부각되고 비판이 점고될 때 고개를 든 두 입장이기 때문에 가끔 동질성을 의심받게 될 때가 있다. 하지만 과학철학에서 역사주의가 후기행태주의자들에게 끼친 영향은 부인 못한다. 후기행태주의를 논할 때 대개 그 주창자인 이스턴이 표적이 되어 비판을 받는다. 밀러(E. F. Miller)도 두 가지 점에서 비판하고 있다. 이스턴은 후기행태주의의 혁명의 목표가 정치학연구를 자연과학의 방법론에서처럼 좀더 과학적인 것으로 전환시키는 노력과 일치된다고 주장했다. 동시에 만약 행태주의가 보다 창조적 활동에 간여할 수만 있다면 행태주의적 특성을 포기하지 않고 후기 행태주의를 수용할 수 있다고 믿었기에 후기행태주의혁명이 역사주의 인식론의 영향을 강하게 입어 그만큼 과학과는 거리가 멀다는 점을 간과하고 말았다. 그 다음에 이스턴은 또한 정치학에서 주도하는 정치철학의 복고운동을 너무 과소평가했던 것 같다. 그가 이 점을 과소평가한 이유는 전통철학이 미래지향적이 아니라는 점 때문이다. 그러나 현실의 욕구와 미래의 과업에 무관심하다는 것 때문에 전통철학이 비난을 받을 수 없음은 물론이지만 전통철학도 역시 미래지침의 근원이 될 수 있다는 사실을 부인할 수는 없다.

후기행태주의에 관한 밀러의 이와 같은 비판은 그가 믿는 행태주의가 그 인식론적 근저를 실증주의에 뿌리박고 있다는 사실로 미루어 그의 행태주의에 관한 오류를 밝히면 어느 정도 해소되리라 믿는다. 즉, 그가 주로 생각하고 있는 행태주의는 ① 연역적 설명 모델(deductive model of explanation)을 원용하고, ② 실재(the real)를 관찰할 수 있는 것(the observable)과 동일시하고 있는 것 등이다. 그러나 러드너(R. Rudner)의 말처럼 행태주의관은 실체적인 것보다는 방법론적인 견해인 한, 논리적으로 철학사에 나타나는 인식적 입장의 여러 변화와는 무관한 것으로서, 행태주의를 연역적인 것에 국한시킬 필요가 없을뿐더러 실재와 관찰체가 동일하다는 생각도 부정확하다고 아니할 수 없다.

결국 오늘날에 와서 사회과학이건 또는 그 속의 어느 개별과학에서이건 무엇이 인식론적 근거가 되어 줄 수 있느냐에 대한 대답은 간단하지 않다. 어떤 때는 실증주의가, 또 어떤 때는 역사주의가, 또 다른 때는 전통철학이 그러한 역할을 수행할 수 있다고 믿을 수 있으며, 복수의 사조가 공존할 수도 물론 있다. 저간의 변천사를 보면 실증주의가 흄과, 역사주의가 칸트나 헤겔과 동일시될 때, 전자는 명제로, 후자는 반명제로 생각해 볼 수 있으나, 또 역사주의가 19세기의 지배 사상으로, 실증주의가 형이상학에 대한 비엔나 학파(Vienna Circle)의 비판으로 인지되면 이번에는 역사주의가 명제로 되고 실증주의가 반명제로 되어 실상 어느 것이 정이며 어느 것이 반인가를 가리기가 힘들고, 또한 전통철학이 합명제에 이른 것이냐를 논하기도 상당히 어려운 실정에 있다. 그래서 우선 잠정적으로 내릴 수 있는 결론은 인식론적 신조에 대한 사조가 연대기(chronology)적으로 변증법적인 전개과정을 거치는 것은 아니라는 생각을 갖게 한다.

끝으로, 행태주의에 대한 보완으로 현상학에 관한 소개를 우선 하기로 한다. 현상학(phenomenology)은 학문연구에서 객관주의를 극복하고 인간의 주관성을 높여 생명 있는 인간의 사회적 세계의 의미를 이해시키려는 것이다. 따라서, 이 현상학적 연구방법은 인간행태의 외면만을 관찰함으로써 의식이라는 정곡을 간과해 버리는 오류에서 탈피하여 인간의 내면세계를 파고 들어 가는데, 그것도 한 개인의 사적 세계가 아니라, 나와 남이 상호 작용하는 간주관적(間主觀的, intersubjective)인 세계를 사색의 주제개념으로 삼는다. 즉, 남을 나와 동일한 주관으로 간주하고 그의 동기와 태도를 파악하며 그를 사물이 아니라 그와 함께 상호관계를 성립시킨다. 그렇게 함으로써 나와 남은 하나의 공동체를 이루는 사회적 주관으로서 서로의 행위를 이해하게 된다. 이 장에서 앞서 강의한 지배적 담론이 사회적 실체를 구성한다는 것과 견주기 바란다. 여기서 사용하는 도구는 물론 언어와 비언어이며, 이로 인해 대화가 가능하게 된다. 이렇게 하여 과학자는 하나의 인격적 이념형을 다른 인격적 이념형과 논리적 일관성과 적합성에 따라 결합시킴으로써 사회적 세계의 한 모델에 도달하며, 이로 인해 사적 경험을 넘어서 행위자의 주관적 의미구조에 대한 객관적 이론을 확립할 수 있게 된다. 차인석의 설명이다.

과학적 방법이 해결할 수 없는 의식의 세계에 대한 도전을 체계화하여 새로운 접근법을 제시한 사람은 슈츠(A. Schutz)이다. 그는 현상학적 철학(phenomenological philosophy)과 경험적 사회과학(empiricalsocial sciences)의 경계에서 웨버(M. Weber)의 사회적 행위 개념에서 출발하여 훗설(E. Husserl)의 생활세계와 간주관성의 개념을 통하여 경험 내에서의 행위의 의미가 어떻게 구성되고 남의 의식과정을 어떻게 파악하느냐에 관한 방법론적 이론을 형성했다. 한편, 훗설은 경험과학의 논리적이고 인식론적인 기초를 공고히 해주기 위해서 한 직관적 과학(直觀的 科學, eidetic science)을 창설하려고 노력했는데, 의식내용에 나타나는 의식의 본질이 세계의 본질과 어떤 관계가 있는가를 분석한 것이었다. 즉, 그의 관점은 세계의 본질은 의식 자체가 구성작용을 한다는 것이며, 모든 과학은 과학자에 의해서 설정된 의미체계에서 성립한다는 것이다.

이 입장에서 생활세계는 중요한 의미를 갖는다. 인간의 창조물인 논리적 이념은 인간적 실재성과 가능성에 본질적 관념을 가지며, 생활 세계의 구체적 통일성에 속한다. 생활세계는 곧 근원적 명증성의 영역이며, 모든 이론적 구성은 생활 세계의 명증성에서 최후의 타당성과 유효성을 확보한다. 생활세계 안에서 우리는 대상인 동시에 주관으로 서로 의존하고 서로 작용하며 얽혀 있다. 이론적 구성이 생활 세계의 핵이기 때문에 과학적 이론은 생활 세계의 역사적 및 문화적 실재의 불가결한 일부분이 된다. 생활세계는 우리들의 주관에 따라 해석되는 의미의 세계이기도 하다. 이는 슈츠가 특히 강조하는 점이다. 주관은 단순한 정적인 것이 아니라, 행위라는 주체적 활동으로 표상된 것이어야 하고, 이것이 또한 타아의 체험을 자신의 체험과 동일화시킬 수 있는 것이어야 한다.

현상학적 접근법이 지니는 장점은 행태주의적 입장이 다루지 못하는 관념 · 감정 · 동기와 같은 심리내적 요인을 행위문제와 결부시키고 의미해석의 활동에 따라 해결할 수 있다는 점이다. 그러나, 이 행태주의의 한계에 관하여는 이론이 있기는 하다. 동시에 현상학도 행태의 주관이 외면에 보이는 규칙성을 통하여 알려지는 것이라는 점을 부인 못한다면 여기에도 한계는 있게 된다. 과연 행위와 행동(활동)을 구별하여 어느 쪽이 정작 지식활동의 대상으로 타당성과 유효성을 가질 수 있는가가 명백해져야 이 논쟁은 끝이 날 수 있다.

다음의 문제는 어떻게 하면 타인의 주관을 파악할 수 있느냐이다. 외면적 행동을 기술하는 것이 극히 일부분의 묘사에 지나지 않는다는 행태론에 대한 비판을 의식하면서 한걸음 더 나아가기 위하여는 행동 이전의 관념 · 감정 등의 세계를 분석할 수 있어야 한다. 한 방법으로 감정이입(感情移入, empathy)을 통한 인식 작용을 들 수 있다. 한자 성어로 역지사지(易地思之) 같은 것이다. 감정이입이란 자신이 스스로 남이 되어 남의 감정을 이해해 보려는 것으로 사회적 행위자의 주관성을 인식할 수 있게 된다는 것이다. 즉, 경험의 공현전화(共現前化, Appraesentation)이다. 이것을 이해접근법(理解接近法, Verstehen)이라고도 한다. 이 접근법을 더 잘 이해하기 위해서는 직접적인 것과 설명적인 것, 또 이성적인 것과 비이성적인 것을 알아야 한다. 어떤 것이 되건 문제는 행위자·관찰자·제3의 관찰자(과학자)간에 공통의식세계와 이로 인해 형성된 생활세계가 일치되어 간주관적 현상이 유지됨으로써 인식에 간극이 생기지 말아야 한다는 점이다.

그리고 의식은 자아와 결부되어 이해해야 한다. 이 자아 속에 의식생활이 모두 모여 여기에서 어떤 작용이나 창조적 행동이 나온다고 본다. 자아는 객체를 의식지향의 목표로 삼고 간주관성으로 타아(他我)와 연결된다. 간주관성은 '너와 나'의 종합, 즉 '우리'의 종합이다. 객관세계는 간주관적으로 동일한 세계로서 인지되고 자아들의 공동체가 생긴다. 이 공동체들은 서로 경험을 나누어 인식을 재축한다. 경험에는 의식과 육체가 결부된다. 서로의 교류는 자아에 의한 타아의 공현전화(共現前化)를 통해서 가능하다고 말한다(공현전화란 현전화〈現前化〉와 동시에 존재하고 경험하게 되는 것이다. 예를 들면, 강의실에서 강의할 때 칠판에 쓰고 있는 것을 현전〈現前〉한다고 하고, 뒤에 학생들이 앉아 있다는 사실을 칠판에 쓴다는 사실을 통해 경험하게 되는 것을 가리킨다). 동시에 남의 행위를 동기와 결부시켜 파악해야 한다는 것도 중요하다. 목적동기(目的動機-하기 위하여)이건 이유동기(理由動機-때문에)이건 이를 알지 못하고는 행위에 대한 이해가 단편적인 것이 될 수밖에 없다.

결국 현상학적 접근법의 기본원리는 남의 경험·의식·동기 등에 나를 투영하여 인식하고 의미를 붙이게 되는 것인데, 이 과정은 간주관적인 것으로 객관성을 지니고 있으며, 이들은 종합적 연관의 양식으로 정형화되어 있다는 점이다. 이 정형이라는 간주관적 준거 속에서 남의 행위가 특수한 위치를 점한다는 것을 믿음으로써 일상 생활에서 나의 공행위자의 행위동기를 파악할 수 있게 된다. 그러나 이 접근법을 통해 과학이라는 문제를 거론하게 될 때 부딪치는 것은 이론을 정립하려는 과학자가 의식을 갖춘 인적 이념형, 즉 행위자의 정형이 될 수 있느냐이다. 즉, 순수한 관찰자는 엄격히 말해 행위를 하지 말아야 한다. 즉 사회적 세계로부터 벗어날 수 있어야 하는데 그것이 가능한지에 대한 답을 내리기 어렵다.

행태주의에 대한 보완으로서의 현상학적 접근법이 유용한 면을 지니고 있다는 점을 수긍하면서, 끝으로 슈츠(A. Schutz)의 방법론이 안고 있는 몇 가지 문제점을 지적하기로 한다. 우선 그가 주장하는 타아의 일반명제가 작업가설(作業假說, working hypothesis)이나 현상학적 심리학(phenomenological psychology)으로서의 사회과학을 위한 적합한 근거가 될 수 없다는 점이다. 간단히 말해서 그의 전제 안에는 간주관성에 관한 필연적 이론의 근거가 희박하고 이로 인해 사회 생활에 관한 그의 전문적인 분석에서 엄격성을 상실하게 된다. 슈츠의 체계적 사회학이 아무리 명료하고 독창성이 있다 하더라도 직관적 과학(eidetic science)에서 사회과학이 꾸준히 필요로 하는 엄밀한 철학적 기반을 조성하여 주지 못한다. 그러나, 비록 그의 주장이 문제 해결과는 아직도 거리가 좀 멀다 하여도, 선험현상학이 활동을 통해 스스로를 정당화시킬 수 있는 방안을 제시하고 있다는 사실을 간과하지 말아야 할 것이다. 한 가지 더 보탤 것은 현상학적 이론에는 항상 체계적 환상이 붙어다니는데, 이것도 관념과 감정을 추적하고 남의 주관을 객관화시키려는 현상학적 입장을 애매하게 만드는 요인이 된다. 환상은 복사할 수 있는 고정된 모형이 존재하지 않는 것으로 엄격하고 치밀하며 명료해야 할 과학적 방법이 자칫 관념적이 될 위험이 있다. 김문환에 따르면 현상학과 결부된 환상은 주로 예술의 세계에서 문제시된다고 한다.

이상이 후기행태론과 이에 대한 보완으로서 현상학적 접근법에 관한 설명이다. 행태주의에 대한 보완으로는 해석학과 비판이론에 관한 설명이 더 보태져야 겠으나 이에 관하여는 간간히 언급한 바 있어 여기서는 일단 접어둔다. 최근에 나온 문헌으로 무스타카스(C. Moustakas)의 *Phenomenological Research Method*(Sage, 1994)를 참고하면 좋다. 그러나 행태주의적 접근입장에 대한 보완이나 비판을 정치학자들이 말하는 탈행태주의적 접근법만으로 대신할 수 없어서 다음에는 더 포괄적으로 후기경험주의과학철학이라는 입장에서 약간 보충하기로 한다.

5.2 후기경험주의론

행태주의 내지는 경험주의에 대한 비판의 목소리는 늘 있어 왔다. 이를 보완해 보려는 노력도 간단 없이 경주되어 왔던 것이 사실이다. 따라서 우리는 다음에 이들 결점을 다시 한번 확인하며 보완해 본다는 뜻으로 후기경험주의과학철학에 관한 일반론을 소개하고 끝으로 후기실증주의에 관한 피셔(F. Fischer)의 논의를 소개하기로 한다.

먼저 우리가 반성해야 할 것 중의 하나가 '과학'에 대한 이해이다. 한마디로 과학에 대한 이해를 좀더 깊이 하여 종래의 논리실증주의 · 논리경험주의(logical positivism/empiricism)의 입장에서 하는 연구만이 '과학적'이 아니며, 논리가 정연하고 실재를 규명하여 문제해결에 도움이 되는 것이라면 어떤 인식론에 선 입장이건, 그리고 그 설명이 의존하는 도구가 언어이든 기호이든 상징이든 관계없이 '과학적 연구'라고 넓은 의미로 이해해야 할 것이라는 점이다.

물론 논리실증주의와 논리경험주의가 지금까지 학문의 발전을 위해 한 공헌을 인정하지 말자는 것이 아니다. 그러나 이 입장은 '사실' '물체' '속성' '관계' 등과 같이 경험적으로 인식되는 개념에 대해서만 관심을 가지며 '신은 존재한다'와 같은 감정적인 느낌에 대한 주장은 요소의 본질과 존재에 관한 정보를 전해 주지 못한다고 생각한다. 그만큼 한계가 있는 것이다.

그런 가운데 과학철학의 논거가 되는 실증주의에는 논리실증주의만 있는 것이 아니다. 사회적 실증주의(social positivism), 진화론적 실증주의(evolutionary positivism), 경험적 비판주의(empiric criticism)도 있으나, 논리적 실증주의와 논리적 경험주의가 주조를 이루고 있어서 이에 대한 비판을 중심으로 삼게 되는 것이다. 실증주의는 입증의 문제에서나, 법칙을 언명이라고 보느냐 아니면 규칙이라고 보느냐에 대한 람지와 슈리크, 그리고 뉴라와 카르납 간의 엇갈린 태도에서나 그 밖의 많은 부분에서 문제의 소지를 안고 있다. 그러나 과학철학에 관련된 문제를 풀기 위해 논리로부터 도출된 기술적 고안을 철학이 활용한다는 점과 또 철학은 세계에 관한 것이 아니라 세계에 관해서 말하는 언어에 관한 것이라는 점 등에 동의한다면, 비엔나 서클의 맥을 현대철학에서 긍정적으로 받아들일 수 있는 여지는 얼마든지 있다.

실증주의 과학철학의 공헌으로 많은 연구의 수준이 일응 과학적이 되었음에도 불구하고 과학적 연구의 세계는 그 후 많은 반전을 거듭했던 사실을 위에서도 여러 번 강의했다. 논리실증주의가 신조로 삼는 입증의 논리에 대한 포퍼의 반증이 그것이며, 쿤의 과학적 패러다임 이야기 역시 마찬가지이다. 그리고 라카토스의 '세련된 방법론적 반증주의'와 페어밴드의 '무정부원리' 등도 반전의 주역들이라고 할 수 있다. 그러나 이들을 여기서 반복해 말하지는 않는다. 다만 기존의 과학철학의 외연을 넓히는 데 가장 큰 기여를 한 것이 페어밴드의 소론이기 때문에 이에 관해서만 약간 소개한다.

엄격히 말하면 외연에 관한 것이라기보다 내포의 혁명을 조장한 것이라고도 볼 수 있다. 왜냐하면 기존의 '과학적 연구'의 의미를 모두 달리 이해하려고 하기 때문이다. 그의 '무정부 원리'는 매우 파격적인 것으로 일반이론의 성립가능성을 원천적으로 부인한다. 그는 태초에 객관적이고 과학적인 방법이란 존재조차 하지 않았다고 하면서, 과학에서 만일 어떤 진전이 있었다면 그것은 생각할 수 있는 모든 합리적 규칙을 과학자들이 파기한 결과라고까지 극언했다.

기존의 과학적 방법이 불안전함을 논박하는 것 가운데에는 갈릴레이의 달 관찰이 비판의 대상이 된다는 것을 우리는 간혹 듣는다. 달에 산이 있다는 것이 관찰되고 그 높이는 그림자의 길이로 간접적으로 측정되는데, 문제는 당시의 조잡한 망원경으로 관찰을 했다는데 정확성에 의심이 간다는 것이다. 갈릴레이가 망원경 관측이 탁월하다는 것을 이론적 추론과 논거 없이 주장했던 것은 바로 코페르니쿠스의 주장을 확인시켜 주기 위한 미리 의도된 작위일 수 있다는 것으로, 제도의 옷을 입을수록 과학은 점차 비합리적이 되어 갈 수 있다는 뜻이다. 누구에게나 자유로운 상태로 기존의 인식틀에 얽매이지 않고 공개경쟁 속에서 과학을 논하며, 그것이 신비와 점성과 마법을 능가할 수 있을 때 우리는 과학과 과학적 연구의 권위를 인정하는 것이지, 합리주의의 탈을 쓰고 비합리를 호도하며 지적 오만을 강요할 때 과학이 쌓아올린 금자탑은 비빌론의 사악한 점성사의 역할 이상이 될 수 없을 것이다. 현상의 본질에 대한 인식을 제대로 하되 그 길이 오로지 실증주의 과학철학의 입장만이 아닌, 해석학적 연구와 비판론적 연구도 가미되고 조화되어야 한다는 후기경험주의 과학철학(postempiricist philosophy of science)의 입장이 그래서 돌파구를 마련할 수 있다고 생각한다. 여기서 말하는 해석학은 특히 종래의 사회과학적 연구의 입장을 많이 보완할 수 있다는 점에 주목할 필요가 있다. 여기서 한 걸음 더 나아가 엄격한 통제를 가능케 하면서 표준실험실 실험방법을 통해 의미체계를 연구하는 방법이 있다. 인류학에서 하는 실험과도 약간 다른 이 입장은 요컨대 언어나 상징을 통해 무슨 말을 하고 있는지 파악하는 일이 쉽지 않으므로 같은 주제를 놓고 시간과 방식을 달리

하며 두고 두고 질문과 답변을 계속하는 가운데 진의를 파악해 내고자 하는 것이다.

전통적 경험주의 과학철학의 단점을 극복하는 길은 지금껏 설명한 바와 같이 여럿 있다. 그러나 여기서는 긴 논의를 줄이고 다만 세 사람의 주장을 소개하는 것으로 마치려고 한다. 첫째는 테일러의 입장이다. 테일러(C. Taylor)는 행태주의와 실증주의적 전제에 도전하고 목적론적 성격(purposive or teleological character)에 초점을 맞추어 인간행동을 설명하고 이를 철학적으로 재구성해 보려고 노력했다. 심지어 이를 인간과학(science of man)으로까지 승화시키려고 하였다. 그의 노력은 가다머, 리쾨르, 하버마스 같은 학자들이 주장하는 해석학과 후기실증주의 사회과학철학에 의해 고무되었다. 여기서 중요시하는 것은 의미와 직감에 연결되는 통찰력과 민감성, 그리고 이에 따른 이해이다. '생명있는 해석'이 그렇게 소중할 수가 없다는 것이다. 둘째는 번스타인(R. Bernstein)의 입장이다. 그는 경험적 · 해석적 · 비판적인 이론들을 개념적으로 종합하려고 시도하면서, 언어분석의 도전(윈치), 현상학(슐츠), 그리고 비판이론의 프랑크푸르트학파(하버마스)들을 병렬로 놓고, 무엇이 옳으며 건전한 것인가를 통합하고 무엇이 부적절하며 허위인가를 거부하려고 하였다. 그의 입장은 지적 도전과 종합이라는 면에서 하버마스와 유사한데, 어떻게 해서 객관주의와 상대주의를 극복하고 이론과 실천적 삶에서 모두 중요한 가치를 갖는 합리성에 대한 새로운 이해를 촉구할 것인가가 그가 풀어야 할 숙제이다. 셋째, 끝으로 피셔(F. Fischer)는 후기실증주의(Postpositivism)의 입장에서 정책평가를 시도했다. 그에 따르면, 후기실증주의는 근본적으로 해석학적인 활동으로 지극히 인간적이라는 것이다. 과학적 활동의 본질을 이렇게 해석적으로 이해(interpretive understanding)해 들어가면, 과학적 합리성의 전통적 형태에 대한 대안으로서 이 후기실증주의/해석학적 접근입장(postpositivist/hermeneutic approach)은 이성의 실천적 관념의 수준을 보다 높일 수 있다는 것이다. 심지어 그는 후기실증주의를 포스트모더니즘과 연결시키고 있다. 이유는 양자가 실제를 보는 입장이 같아서이다. 즉 "현실은 사회적으로 구축되며, 추론적으로 구성된다"고 생각하는 것이 그것이다. 이상의 후기경험주의 과학철학에 관한 강의의 대부분은 저자의 다른 논문에 매우 자세하게 기술되어 있다. 1994년 『한국정치학회보』에 실린

논문, “한국정치학에서 ‘과학적 연구’의 의미— 과학철학에 대한 반성과 제언”이 그것으로 이 글은 그 후 김웅진이 엮은 『방법, 방법과 한국정치학: 경험과학 연구를 중심으로』(한울, 1994)에도 실렸다. 그리고 후기실증주의는 피셔의 *Evaluating Public Policy*를 참조하면 된다. 조직론에서도 과거의 전통을 따르지 않고 해석학 · 비판이론 · 공공선택 · 시장이론 등으로 조직을 이해하려는 것이 덴하트(R. Denhart)의 입장이다.

연구방법의 변천이 연대기적으로 변화를 보는 것이라면, 접근방법의 분류는 비통시적인 구분이다. 이를 마지막으로 보기로 한다.

6. 접근방법의 분류

6.1 개 관

사회현상을 연구하기 위한 접근법은 ‘중요하다고 생각하는 대상의 본질’과 ‘그것을 보는 각도’에 따라 많은 차이가 있어서 그 종류는 여러 가지라고 하겠다. 우선 몇몇 학자가 정리 · 제시하고 있는 접근법에 어떠한 것이 있는가를 소개하고, 그중 중요하다고 생각되는 몇 가지만을 추려서 자세하게 설명하기로 한다. 동시에 접근법을 입장이라고 한다면 이 입장을 구현할 수 있는 방법이 뒤따라야 하기 때문에 이 방법의 대표적인 종류도 이 자리에서 설명하기로 한다. 종류의 나열에 들어가기 전에, 접근법이 무엇인지를 좀더 이해하기 위해 몇 가지를 부연하기로 한다. 한배호에 따르면 접근법은 연구자가 사용하려는 정신적 구상을 명시적으로 진술한 것으로, 첫째, 서술적 개념을 가지고, 둘째, 관계개념을 필요로 하며, 셋째, 문제의식을 가지고, 넷째, 절차를 지니고, 다섯째, 조망의 성격을 띤다.

발전연구에 국한되기는 하지만 안드레인(C. Andrain)과 앱터(D. E. Apter)가 제시한 분석적 접근법에는 ① 규범적 접근법, ② 구조적 접근법, ③ 행태적 접근법 등이 있다. 정치발전에 국한된 연구 분야에서 정리된 접근법을 보면, ① 법률 · 제도적 접근법, ② 경제적 접근법, ③ 행정적 접근법, ④ 사회체제적 접근법, ⑤ 정치문화적 접근법이라는 것도 있다. 헌팅턴(S. P. Huntington)이 나누어 놓은 50년대 이후의 정치발전 연구경향에는 크게 세 가지가 있는데, 그 분류는 패러다임별 관찰각도에서 분석한 것으로, ① 체제·기능적 접근법, ② 사회과정 접근법, ③ 비교역사적 접근법 등이다. 비교정치학의 이론적 접근법으로, ① 법률·제도적 접근법, ② 권력·엘리트접근법, ③ 정치집단 접근법, ④ 정치문화 접근법, ⑤ 체계분석 접근법, ⑥ 구조·기능 접근법을 제시하는 사람도 있다. 이상의 세 학자를 통해 본 접근법은 정치학에서 주로 원용되는 것이고, 행정학이나 사회학에서도 그 사정은 마찬가지이다. 다만, 행정학의 경우에는 체제론적 접근의 전단계에서 생태론적 접근법이 한때 각광을 받았다. 특히 이한빈·이문영이 강조했다.

접근입장이 밝혀지면 그것을 구체적으로 실천할 수 있는 방법이 뒤따라야 한다는 것은 이미 지적했다. 이관우는 경험적 연구의 형태라는 이름 아래 ① 기술적 연구, ② 분류연구, ③ 측정연구, ④ 비교연구, ⑤ 관계분석연구, ⑥ 원인관계분석연구 등을 소개하고 있다. 이와 유사한 입장에서 아이삭(S. Isaac)처럼 ① 역사적 연구, ② 기술적 연구, ③ 발전적 연구, ④ 사례·현지연구, ⑤ 상관관계연구, ⑥ 인과 비교연구, ⑦ 실험연구, ⑧ 준실험연구 및 ⑨ 동적 연구 등을 연구의 기본방법이라고 제시하는 사람도 있다.

접근법이건 연구방법이건 연구대상으로서의 주제에 따라 원용되는 유형은 극히 유동적이다. 또 어떤 자료를 구할 수 있고, 그 자료의 분석방법으로 어떤 것을 쓸 것인가도 연구하는 입장을 결정하는 데 중요한 요인이 된다. 이들이 근본적으로는 연구자의 관점 내지는 세계관과 직결되고 또 어떤 관심이나 학적 배경을 가졌느냐도 관련이 있다. 따라서, 이 접근법이나 연구방법에 정형이 있을 수는 없다. 다만, 주제에 걸맞지 않은 접근방법이 구사되지는 말아야 할 것이다. 예컨대, 고고학적 유적에 관한 연구를 하면서 행태론적 접근법을 운위한다는 것은 우스운 일이 될 것 같다. 이 밖에도 접근법에는 크게 나누어 거시나 미시적 접근법이라는 분류도 가능하고, 전체연관적 접근법(holistic approach)이나 단편적 접근법(fragmented approach)이라는 분류도 있어, 자르는 단면의 기준을 어디에 두느냐에 따라 달라질 것이다.

다음에는 위에 소개된 접근법을 대개 순서대로 상술하고, 그 다음에는 연구방법을 아이삭(S. Isaac)의 주장에 따라 열거해 보기로 한다.

6.2 접 근 법

(1) **규범적 접근법**(normative approach) 이 접근법은 선택에 영향을 미치는 가치와 규범의 분석에 치중한다. 분석적 과제로 삼고 있는 것은 근대화의 문화적 필수조건이 무엇이며, 전통적 가치와 현대적 가치의 관계는 어떠한 것인가, 그리고 근대화와 민족주의는 어떤 연관을 맺고 있는가 등이다. 이 접근법의 분석단위는 전체사회이다. 사회라도 인류학자는 규모가 그리 크지 않은 것을 대상으로 삼고, 정치학자와 행정학자는 국가나 정부를 분석단위로 생각한다. 그러나 국가의 입장에서 볼 때 의회와 같은 하위체제를 단위로 생각하지 않는 것은 아니다. 이 접근법의 주요변수는 가치와 규범이다. 특히 가치를 기능적인 면에서 볼 때 독립적·종속적 또는 매개적인 것이라는 각기 다른 주장이 사회과학의 각 개별과학적 입장에 따라 다르고 학자의 주견에 따라 다르다는 것을 알아둘 필요가 있다. 이 접근법은 구체적 가설을 제시하지 않고 일반적 전제만을 내놓고 연구에 임한다. 따라서 첫째, 형이상학적 입장에 서서 변화의 진원이 상반되는 가치나 사고에서 연유된다는 것을 전제로 하며 변화와 발전은 변증법적으로 발생한다고 생각한다. 둘째, 인간은 문화적 존재로 인간이 쌓은 경험은 사회적 현상의 핵심을 구성한다는 것을 전제로 한다. 셋째, 공감하는 가치의식이 민주주의나 발전의 필수 요건이라는 것을 전제로 삼는다. 이 접근법의 입장에 서는 학자들은 가치와 규범의 유동적 상태를 염두에 두고 있지만, 가치와 규범은 인간의 심층에 자리잡아 사회에는 단지 간접적으로 표상된다는 점을 알아야 한다.

(2) **구조적 접근법**(structural approach) 이 접근법의 분석적 과제는 사회체제의 유지와 발전에 필수적인 구조·기능적 요소들이다. 그래서 꽤 포괄적인 의미로 쓰여, 예컨대 체제·기능접근법과 같은 것도 이 안에 함축되어 있다고 볼 수 있다. 요컨대 전통적 구조는 현대적인 것과 어떤 관계를 맺고 있으며, 쇄신과 기업가정신의 함양을 위해 정부가 해야 할 역할은 무엇이며, 균등한 발전방안이 무엇인가에 관심을 쏟는 것이 이 입장이다. 분석의 대상은 거시적으로 국가·정부기관 및 사회집단 등이다. 이 접근법이 전제로 삼고 있는 것은, 발전이 ① 성문법과 능력 있는 행정관료, ② 응집력이 강하

고 신축의 여지가 있으며 복잡하면서도 통합된 제도, ③ 구조적 분화와 통합 간의 균형, ④ 권력을 조정하는 진취적 경제집단 등에 달려 있다는 점이다.

⑶ **행태적 접근법**(behavioral approach) 크게 나누어서 정신분석적 접근법과 사회심리적 접근법으로 나뉘는 이 접근법의 분석과제는 대개, ① 학습과 사회화과정에 관한 것으로 문화적 가치와 규범의 내면화, ② 개인적 욕구와 동기, ③ 이념과 성품 등이다. 분석단위는 미시적인 것으로 개인과 소규모의 집단이다. 이 접근법의 전제는 현대의 인간이 명석하고 안정된 동일의식과 적정감각을 지니고 있으며 미래지향적이라는 것이다. 동시에 감정이입이 빠르고 성취욕구와 의지가 강하며, 외부지향적이라는 것도 전제로 삼으나 지나치게 낙관적인 전제인 것 같다.

⑷ **체제 · 기능적 접근법** 위에서 설명한 구조적 접근법(광의)과 중복되는 점이 많다. 오늘날 학문이 통합과학(unified science)을 지향한다는 견해에서 그 도구의 첫번째로 꼽는 것이 일반체제이론(general system theory)일 정도로 체제론적 접근법의 깊이나 활용도가 큰 것은 사실이다. 구조주의 · 기능주의 또는 생태주의 등이 부분적인 입장이라면 이 체제론은 종합성을 띤다는 특징을 지닌다. 정치학 쪽의 설명을 빌면, 정치현상을 체제 내에서 일어나는 일련의 현상으로 간주하고 체제를 구성하는 요소들 사이의 상호 의존과 상호 작용의 관계 속에서 정치변화를 파악하려 한다. 이 접근법의 제약은 체제이론이 균형지향적이라는 데 있다. 원래 체제이론은 변화의 진원을 파악하지 못할 뿐만 아니라, 일정한 방향으로의 변화를 예측하지 못한다. 변화는 오히려 체제외적 환경에서 생기는 우발적 현상으로 인식된다. 여러 적정요인을 종합체계적으로 다룬다는 장점이 있는 이 접근법이 이처럼 반동태적이라는 이유 때문에 흠을 안고 있기는 하지만, 균형에 대한 새로운 해석, 체제와 환경간의 관계에 대한 새로운 관점, 체제요인으로서의 인간에 대한 비중 등을 통해 이 접근법의 탈정태성이 고조되고 있는 것이 사실이다.

⑸ **생태론적 접근법**(ecological approach) 행정과 정책현상에 관한 연구에서 환경계의 영향이 결정적이라는 입장을 취해 과거의 미시적 견해를 극복하고 상황을 고려하는 적극적 입장으로 바뀐 적이 있었다. 기술과 관리

를 통한 능률의 제고라는 단면만 보면 상황에 대한 고려가 오히려 구차해질 수도 있다. 그러나 인력으로 조정 가능한 범위가 상대적으로 축소되면서 외부환경으로부터의 도전과 그에 의한 지배를 염두에 두지 않을 수 없어서 생물학적 견해인 생태론적 접근법을 행정학 쪽에서 자주 원용했다. 그러나 이 입장도 행정이 계획을 통해 주동자의 위치에 서서 다른 하위체제의 변화를 자극·유도하는 선도역이라고 생각하는 발전행정의 시각에서는 그 수정이 불가피하게 되었다. 한마디로 발전론적 견해는 결정론을 파기하고 환경 여건을 우호적인 방향으로 유도·조정한다는 주장이기 때문에 환경과 체제와의 위치가 전도되어버린 처지가 되었다. 여하튼 생태계의 중요성을 환기시켜 주었다는 공헌은 아직도 상존하고 있다. 이한빈이 1966년 서울대학교 행정대학원 원장으로 부임한 후, 『발전행정론』강의에서 고스(John M. Gaus)를 인용하여 생태론을 강조한 바 있다. 이 교수는 금년 2월로 고희(古稀)를 맞아 제자들로부터 『행정과 나라만들기』라는 논문집을 증정받았다. 세월의 감회가 인다.

(6) **사회과정접근법**(social process approach) 산업화·도시화·상업화·문자해득력·직업적 이동성과 같은 사회현상의 일부를 연구의 대상으로 삼고 실제 자료를 양적으로 수집하여 가설검증에 임한다. 변수와 변수와의 관계를 다룬다는 점에서 행태적 접근법의 아류이다. 변화를 연구하는 경우에 발전의 수준에 관한 설명은 가능한데, 발전의 속도에 관해서는 미흡하다는 비판이 있다. 변수의 선정에서 미시적인 경향이 있기 때문에 사회과정을 포괄적으로 이해하기에는 부족하다. 문화·제도에 관한 보완이 필요할 것 같다. 꼭 맞지는 않지만 저자가 중심이 되어 현재 연구해 곧 책으로 발간할 『미래 한국의 좌표 — 성장의 정치경제학』(근간)은 이와 비슷한 접근입장이다.

(7) **비교역사적 접근법**(comparative-historical approach) 역사상에 나타난 사회를 비교·분석하는 가운데 사회의 실제적인 진화를 고찰하고 분류하며 한 양태 속에 작용하는 요소들에 대해 가설을 정립한다. 그러나, 이 접근법은 특정 사회의 어느 역사적 시점에 나타나는 독특한 현상을 분석한다는 이점이 있으나, 일반성이 결여되어 이론을 정립하기에는 곤란하다는 비판을 받는다. 역사적 방법이 흔히 직면하는 난점이다. 그러나, 그 자체 심오

한 원리의 발견에 공헌하는 것은 사실이다.

⑻ **법률 · 제도적 접근법**(judicial-institutional approach)　이 접근법은 공법과 정부기구에 대한 연구를 주안점으로 삼는다. 예를 들어, 정치발전을 정부의 법적 · 형식적 기구의 다양한 기능과 관련된 것으로 보고 법의 평등보호, 비밀투표에 의한 선거, 권력분립 등을 분석하는 입장이다. 법률이나 제도에 관한 연구가 다른 연구의 지표가 되어 어떤 체제의 성격, 또는 문화적 특성을 쉽게 파악할 수 있는 이점을 가진 것이 사실이지만, 이 접근법이 가정하고 있는 법과 제도의 비중이 지나치게 강조되어 있고, 또한 급격히 변해 가는 사회와의 간격 때문에 전체 현상에 대한 해석이 정확지 않다는 결점을 면하지 못한다.

⑼ **행정적 접근법**(administrative approach)　웨버(M. Weber)의 전통을 이어받는 입장이다. 초점을 정부의 기능에 두고 관료체제의 발전을 근대화라고 생각한다. 이 접근법은 특히 조직이론 취향이 강하고, 따라서 정치발전도 "보다 효율적이고, 보다 적응도가 높고, 보다 복합적이면서 합리적인 조직체의 창설"이라고 생각하고 있다.

6. 3 연구방법

무엇을 연구하겠다는 것이 결정되면, 그 다음에는 연구설계를 하여야 한다. 어떤 접근법이 구사되어야 할 것인가? 어떤 방법이 원용되어야 할 것인가? 어떤 전략을 펴야 가장 효과적이겠느냐 등등을 정리하게 된다.

연구설계는 말할 나위도 없이 연구의 목적, 문제의 본질, 조사를 위한 적정대안 등을 고려하여 행해진다. 목적이 설정되면 연구의 범위와 방향이 분명해져야 한다. 문제의 본질에 따라 어떤 접근법이 가장 적합한가를 결정하기도 하고, 한 단계 내려서 기능적 범주로 나누어진 연구방법 중에서 하나를 택하게 된다. 그러나 아래에 설명하는 몇 개의 범주이자 종류는 중복되는 경우가 많다. 기술적 연구라고 하면 역사적 연구와 실험적 연구를 제외하고 모두를 포괄하는 넓은 의미로 쓰이기도 한다. 연구방법에는 어떤 것이 있는가를 여기서는 소개하는 것으로 한다.

(1) **역사적 연구**(historical research) 과거를 객관적이고 정확하게 재현하기 위해 하는 연구이다. 대개 가설을 파악(tenability)하기 위한 것이다. 예를 들면, 한일합병 이후의 민족주의에 관해 어떤 연구가 어떻게 행해졌는가를 추적해 본다든가, 중학교에서의 한자교육이 해방 이후 어떻게 바뀌어져 왔는가를 알아본다든가, 국민학교의 영어조기교육이 어떤 효과를 낳는다든가와 같은 연구이다.

(2) **기술적 연구**(descriptive research) 여기서는 협의로 이해한다. 관심의 영역과 상황을 체계적으로 묘사하는데 그것이 실제적(factually)이고 정확히 행해지는 연구이다. 인구조사 · 여론조사 · 과업분석연구 · 질문지 및 면접 · 관찰 · 문헌 · 조사 · 서류분석 등이 이 범주에 속한다. 이 방법에서는 관계를 설명할 필요가 없고, 가설을 검증할 필요도 없으며, 예측은 더욱이 할 필요가 없다. 다만 보다 구체적인 실제의 정보를 구하고 현상을 묘사하는 것으로 충분하다.

(3) **발전적 연구**(developmental research) 시차에 따른 성장이나 변화의 연속과 유형을 조사하는 것이 목적이다. 이 연구 방법은 시간을 긍해서 성장유형 · 성장률 · 성장방향 등을 연구하는 종단적(longitudinal)인 것, 시간적 변화보다는 여러 사례간의 비교를 통해서 변화의 본질과 변화율을 간접적으로 보는 횡단적(cross-sectional) 연구 및 미래의 유형이나 조건을 예측하기 위해 과거의 변화 유형을 검토하는 경향(trend) 연구 등을 포함한다.

(4) **사례 · 현지연구**(case and field study research) 개인 · 집단 · 기관 또는 지역사회와 같은 사회단위의 배경 · 현상 및 환경적 요인 등을 집중적으로 연구하는 것이다. 다른 조사 연구와 달리 한두 단위를 여러 변수에 걸쳐서 집중적으로 파고든다. 따라서 사회과학에서 기초 자료를 제공해 주는 연구로 유용성이 있다. 반면에 집중성 때문에 대표성에 제약을 받고 일반화시킬 수 없는 약점이 있다. 또한 주관이 개입되어 편파적이 될 위험성조차 있다. 주제는 아주 광범위하다. 도시 지역의 빈민가 사례 연구, 정책결정과정에서 특정인의 역할에 관한 연구, 선거에서 사무장의 역할에 관한 연구 등을 그 예로 꼽을 수 있다. 지방의회선거가 처음 실시되던 1993년 4월에 교수 몇

사람이 여러 곳의 현지선거를 관찰조사해 책으로 엮은 것이 있다. 『우리동네 선거이야기, 나라 선거이야기, 고쳐야 할 선거이야기』(예음)라고 해서 매우 긴 제목의 두껍지 않은 책인데, 각 선거에서 인류학적 관찰사례가 매우 재미있게 서술되어 있다. 이 대목은 제3부 제15장(관찰과 실험)에서 다시 소개한다.

(5) **상관관계연구**(correlational research) 둘 혹은 그 이상의 변수의 변화 정도를 알아내는 연구이다. 이 연구는 실험방법으로나 통계조작을 하기에는 지나치게 복잡한 변수간의 관계를 분석할 때 적합하고, 흔히 실험설계의 결과처럼 전부가 아니면 전무라는 식이 아니라 관계의 정도를 표시해 준다. 이 연구의 결함은 원인관계를 규명해 주지 못하고, 독립변수에 대한 통제가 완벽하지 않기 때문에 실험방법만큼 정밀하지 못하고, 간혹 허위상관관계(spurious correlation)를 사실이라고 믿게 할 위험이 있으며, 관계라는 것이 때로 임의적일 수가 있다는 것 등이다. 이 연구는 요즈음 계량적 사회과학연구에서 가장 보편적으로 쓰이는 방식의 하나이다. 예컨대 조직의 지도성이 조직의 성과와 얼마만큼 같이 변하느냐라든가, 공산품수출과 경제성장률은 정(正)의 상관관계를 갖는가와 같은 것 등이다.

(6) **인과관계연구**(causal research) 있는 그대로에서 변수간의 인과관계를 규명하는 연구이다. 이런 점에서 통제조건하에서 수집된 자료를 가지고 분석하는 실험방식과 다르다. 이미 발생한 연후의 사건에서 자료를 수집하기 때문에 그 원인을 캐기 위해 과거를 거슬러 올라가기는 하지만 결과를 놓고 분석하는 일종의 사후(ex post facto)연구이다. 확실한 실험을 할 수 없는 복잡한 환경 여건에서 할 수 있는 방법이고 현상의 본질에 관한 사항을 정확히 파악할 수 있는 방법이기도 하다. 반면에 독립변수를 통제할 수 없는 약점이 있기 때문에 예견되는 여러 가설을 미리 확실히 해두고 나서 연구해야 한다. 또 원인변수가 이미 다른 내적 변수에 들어가는 경우가 많기 때문에 중복되는 부분을 사상시킨다는 것이 쉽지 않다. 어떤 상황에서는 복수원인이 작용할 수도 있고, 또 어떤 상황에서는 단수원인이 작용할 수 있다. 또 이 상황에서는 이 요인이 원인이던 것이 저 상황에 가면 다른 요인이 원인이 되는 신축성도 연구의 타당성을 낮추는 근원이 된다. 이 외에도 이 연구방법이 지

닌 결함은 많다. 다만, 두 변수간의 인과관계를 따지기가 힘들다든가, 연구되는 변수간의 관계가 단순한 관계인지, 아니면 인과관계인지를 확연히 구별하기가 쉽지 않다. 그럼에도 불구하고 단순한 관계의 변화정도보다는 무엇이 원인이 되어 무엇을 결과하는지를 알아낸다는 것이 문제 해결을 위한 처방이나 앞으로의 전략을 위해 대단히 유용하다. 조직의 성과를 높이는 원인이 직무만족도인지, 조직의 분위기를 우호적으로 만들어야 하는 것인지, 민주적 지도력이 발휘되어야 하는 것인지를 알면 조직운영에 더 없는 도움이 된다.

(7) **비교연구**(comparative research) 둘 이상의 대상을 놓고 서로를 비교하는 방법이다. 비교는 현상간의 상대적 측정을 의미하므로 표준화된 객관적 기준을 놓고 하는 것은 아니다. 위의 인과연구와 어떤 의미에서 동질의 성격을 지니는데 비교연구를 통해 인과관계의 규명이 가능하기 때문이다. 이 연구는 일반적으로 일정한 시간에 있어서 하나의 차원에서 행해지는 것이 보통이나, 몇 개의 차원을 분류해서 단일지수로 만들어 하나 이상의 차원을 비교할 수도 있다. 하나의 현상을 놓고 시간을 달리해서 비교하는 종단적인 것도 물론 가능하다. 비교연구는 사회과학에서 가장 보편화된 방법 중의 하나이다. 국가비교연구, 정치체제비교연구, 인사제도비교연구, 지역비교연구 등이 그것이다.

(8) **실험연구**(true experimental research) 인과관계를 알아보기 위해 실험집단과 통제집단을 구성하며, 일정한 자극을 투사하여 두 집단의 차이를 통해 자극의 효과를 알아내는 연구방법이다. 집단의 구성에는 여러 가지 변형이 있다. 예컨대 학교에서 영어를 가르칠 때 교수방법에 따라 효과가 다른 것을 찾아내는 실험과 같은 것이다. 이때 학생수나 학생들의 지능 정도가 작용하는 것을 감안해야 한다. 이 연구의 특징은 실험요인으로서의 변수관리에 철저를 기해야 하고, 원칙적으로 통제집단(영어를 배우지 않는 학급이거나, 또는 교수방법이 종전과 같은 학급)을 설정해야 하며, 변수의 분산을 극대화하고, 외적 변수의 분산을 극소화하며, 오차를 최소한으로 줄일 수 있어야 한다. 또한 내적 타당성은 필수조건으로서 실험방법의 제1차적 목적이며, 외적 타당성은 제2차적 목적이다. 여기서 내적 타당성이란 "이 연구에서 실험조작이 진정으로 차이를 가져오는 것이냐"의 문제이고, 외적 타당성이란 "실험을 통

한 발견이 어느 정도 대표성을 지니고 일반화될 가능성이 있느냐"의 문제이다. 정책의 효과를 측정하는 데 이 실험연구방법을 많이 쓴다. 그러나 실제로 우리 나라에는 논문이 그리 많지 않다. 이 실험연구가 지닌 최대의 단점은 인간사를 너무 기술적으로 조작하는 비현실성에 있다고 하겠다.

⑼ **준실험연구**(quasi-experimental research) 변수의 통제나 조작이 최대한 허용되지 않는 상황에서 실험에 유사한 연구를 하는 것을 뜻한다. 예컨대 청소년의 병리현상으로 대마초를 피우기나 폭동같은 것을 실험하려 할 때 이를 위한 통제나 조작이 항상 가능한 것은 아니고 적실성이 없기 때문에 엄격한 의미의 실험을 할 수 없어서 준실험을 하게 된다. 따라서 이 연구는 내외의 타당성에 영향을 미칠 만한 요인을 확인하고 부분적 통제를 가하여 실험을 하는 것이다. 그렇지만 엄격히 따져보면 정실험과 준실험의 차이란 그리 현저한 것은 아니다. 사회과학의 실험은 그래도 준실험적 성격의 것이 많다.

⑽ **동적 연구**(action research) 실제의 상황에 직접 적용가능하도록 새 기술과 방법을 개발하고 문제를 해결하려는 연구이다. 이 연구는 우리의 경험세계에 직접 타당하고 실용적인 특성을 갖는다. 감동적이고 편린적인 접근법보다는 훨씬 짜임새 있는 준거틀을 제시해 주기도 한다. 그러나 타당성이 안팎으로 미약하기 때문에 과학적 엄밀성과는 거리가 멀다. 목적이 극히 상황의존적이고 표본이 제한을 받으며 독립변수를 통제하기 어렵다. 따라서 연구 결과가 실용적 차원에서는 곧 유용하지만, 일반지식의 정립에까지 기여하지는 못한다.

이상에서 강의한 여러 연구는 각기 차이가 나면서도 중복되는 것도 있다. 성격별로 보아 몇 개로 묶여질 수도 있다. 그러면서 각 연구가 고유한 기능을 갖고 있다. 일일이 이들을 비교할 수는 없지만 몇 가지만 다시 성격을 재론해 보면, 기술적 연구는 일단의 현상을 하나의 실체로 해서 그들이 지니는 여러 속성을 밝혀 보려는 것이고, 비교연구는 두 개 이상의 대상을 그 공통성과 상이성에 따라 비교 기술하는 것이며, 인과 · 실험연구 등은 변수간의 원인과 결과의 관계를 규명하려는 연구 방법이다. 위에서 소개하지 않은 것으로 분류연구가 있는데, 이것은 대상을 보다 정확하고 뜻있게 기술하기 위한 방안을 만드는 연구이다.

이들 여러 연구방법은 그 개괄적 설명만을 여기서 한 것뿐이고, 각기 자세한 설명이 제3부와 제4부의 각 장에서 다시 소개된다.

제 1 부 참고문헌

강신택. “정치학에 있어서의 이론단위와 방법론적 개인주의,” 『행정논총』. 10:1, 1972.

구범모. “제14대 총선의 정치사회학적 의미.” 정치학회 하계대회, 1992.

김광수. 『논리와 비판적 사고』. 철학과현실사, 1990.

김광웅. “발전행정과 체제이론,” 『한국행정학보』. 1972.

김광웅. “한국정치학에서 ‘과학적 연구’의 의미 — 과학철학에 대한 반성과 제언,” 김웅진 엮음, 『방법, 방법론과 한국정치학: 경험과학연구를 중심으로』. 서울: 한울, 1994.

김광웅. “패자의 논리도 중요하다,” 『계간사상』(가을). 1992, 288-315.

김광웅 편. 『한국의 선거정치학』. 서울: 나남, 1992.

김도종. “제14대 총선과정에 나타난 재야 운동권의 선거전술 및 한계 — 정통성에서 효율성으로.” 정치학회 하계대회, 1992.

김문환 역, 올드리치 저. 『예술철학』. 서울: 현암사, 1975.

김영식 편저. 『과학사 개론』. 다산출판사, 1995.

김용운. 『인간학으로서의 수학』. 우성문화사, 1988.

김용준. 『사람의 과학』. 통나무, 1994.

김웅진. 『방법, 방법과 한국정치학』. 한울, 1994.

김종림. “한국선거제도의 정치적 효과 — 대표성과 형평성 문제.”

김종표 · 박경산. “선거와 정치적 경기 순환.” 정치학회 하계대회, 1992.

김주환 · 한은경 옮김. 『논리와 추리의 기호학』. 인간사랑, 1994.

김준섭. 『과학철학서설』. 서울 : 정음사, 1963.

박광주. “제14대 대통령 선거의 정치변동적 의의.” 정치학회 하계대회, 1992.

박종홍. 『인식논리』. 서울: 박영사, 1972.

박종홍. 『일반논리학』. 서울: 박영사, 1975.

박찬욱. “제14대 국회의원 총선거에서의 정당지지 분석.” 정치학회 하계대회, 1992.

백종국. “한국자본주의체제변동에 있어서 제14대 총선의 의의.” 정치학회 하계대회, 1992.

소광희 외. 『현대의 학문체계』. 민음사, 1994.

손봉숙. “제14대 국회의원선거와 시민운동 —— [공선협]활동을 중심으로.” 정치학회 하계대회, 1992.

오영환 역. 『과학과 근대세계』. 서울: 일신사, 1974.
윤천주. 『한국정치학체계서설』. 서울: 문운당, 1961.
이관우. 『신조사방법론』. 대구: 형설출판사, 1974.
이규호. “사회과학방법론의 철학적 반성재론,” 이규호 외 편, 『사회과학의 방법론』. 서울: 현암사, 1973.
이남영. “투표참여와 기권—제14대 국회의원 선거분석.” 정치학회 하계대회, 1992.
이정희. “한국 이익집단의 선거전략 연구—제14대 총선을 중심으로.” 정치학회 하계대회, 1992.
이초식. “스태그뮬러의 과학철학,” 『정경연구』. 104-105, 1973, 9-10, 198-215, 211-215.
이 행. “민주적 공고화와 대통령제—협의민주주의적 관점에서.” 정치학회 하계대회, 1992.
정세욱. “한국의 국회의원 선거제도에 관한 연구.” 정치학회 하계대회, 1992.
정영국. “한국 국회의원 선거과정의 특징—제14대 총선의 3개 선거구 사례를 중심으로.” 정치학회 하계대회, 1992.
정진영. “선거와 경제—정치적 경기순환 이론과 6공화국의 정치경제.” 정치학회 하계대회, 1992.
조기숙. “합리적 유권자 모델과 한국의 선거분석—여촌야도, 지역주의, 정당본위투표를 중심으로.” 정치학회 하계대회, 1992.
조중빈. “유권자의 여야성향과 투표결정 시기에 따른 정당지지.” 정치학회 하계대회, 1992.
조 형. 『과학혁명의 구조』, 개정판. 이화여대출판부, 1983.
차인석. “현상학과 사회과학방법론,” 이규호 외 편, 『사회과학의 방법론』. 서울: 현암사, 1973.
하봉규. “대통령제의 비교체제이론적 접근—비교분석을 위한 개념의 모색을 중심으로.” 정치학회 하계대회, 1992.
한배호. 『비교정치론』. 서울: 법문사, 1971.
한완상. “과학주의의 반성,” 대학신문. 1973. 4. 2. 4면.
한홍수. “제14대 대통령 선거의 쟁점과 전망.” 정치학회 하계대회, 1992.
현종민. “선거제도와 유권자의 선택—우리나라 선거제도와 유럽선거제도의 비교.” 정치학회 하계대회, 1992.

Andrain, Charles and David E. Apter. 1968. “Comparative Government: Developing New Nations,” *The Journal of Politics*. 30 : 2, May.

Apter, David E. 1968. *Some Conceptual Approaches to the Study of Modernization*. Englewood Cliffs, N.J.: Prentice-Hall.

Babbie, Earl R. 1973. *Survey Research Methods*. Belmont, Calif.: Wadsworth.

Benson, Oliver. 1969. *Political Science Laboratory*. Columbus, Ohio: Charles E. Merrill.

Blanshard, B. 1985. "Philosophic Schools and Doctrines: Rationalism," *New Encyclopedia Britannica*. Vol. 25, 649-653.

Bridgman, Percy W. 1927. *The Logic of Modern Physics*. New York: Macmillan.

Campbell, Norman Robert. 1957. *Foundations of Science: The Philosophy of Theory and Experiment*. New York: Dover.

Chaudhuri, Joyotpaul. 1967. "Philosophy of Science and F.S.C. Northrop: The Elements of a Democratic Theory," *Midwest Journal of Political Science*. XI: 1, February.

Easton, David. "Introduction: The Current Meaning of 'Behavioralism' in Political Science," Charlesworth, James C.(ed.), *Limits of Behavioralism in Political Science*. Philadelphia.

Edie, James M.(ed.). 1969. *New Essays in Phenomenology*. Chicago: Quadrangle Books.

Fischer, Frank. 1990. *Technocracy and the Politics of Expertise*. Sage.

Foucault, Michel. 1973. *The Order of Things*. New York: Vintage Books.

Geertz, C. 1983. *Local Knowledge: Further Essays in Interpretive Anthropology*. New York: Basic Books, 21-22, 151-152.

Goode, W. J. and P. K. Hatt. 1952. *Methods in Social Research*. New York: McGraw-Hill.

Gunnell, John. 1968. "Social Science and Political Reality: The Problem of Explanation," *Social Research*. 35, Spring.

Haas, Michael and Theodon L. Becker. 1970. "The Behavioral Revolution and After," in Haas, Michael and Henry S. Kariel(eds.), *Approaches to the Study of Political Science*. Scranton, Penn.: Chandler.

Habermas, Jürgen. 1971. *Knowledge and Human Interest*. Beacon Press.

Hempel, Carl G. 1966. *Philosophy of Natural Science*. Englewood Cliffs, N.J.: Prentice-Hall.

Huntington, Samuel P. 1971. "The Change to Change: Modernization,

Development and Politics," *Comparative Politics*. 3: 3, April.

Husserl, Edmund. 1970. *The Crisis of European Science and Transcendental Phenomenology*. trans., D. Carr, Evanston: Northwestern University Press.

Isaac, Stephen and William B. Michael. 1971. *Handbook in Research and Evaluation*. San Diego, Calif.: Robert R. Knapp.

Isaak, Alan C. 1969. *Scope and Methods of Political Science*. Homewood, Ill.: Dorsey.

Kemeny, John G. 1959. *A Philosopher Looks at Science*. Princeton, N.J.: D. Van Nostrand.

Kerlinger, Fred N. 1964. *Foundations of Behavioral Research*. New York: Holt, Rinehart and Winston.

Lakatos, I. 1970. "Falsification and Methodology of Scientific Research Programmes," in I. Lakatos and A. Musgrave, eds., *Criticisim and the Growth of Knowledge*. Cambridge University Press, 91-196.

Lambert, Karel and Gordon G. Brittan, Jr. 1970. *An Introduction to the Philosophy of Science*. Englewood Cliffs, N.J.: Prentice-Hall.

Lazarsfeld, Paul F. and Morris Rosenberg(eds.). 1955. *The Language of Social Research*. Glencoe, Ill.: Free Press.

Mannheim, Karl. 1952. "Historicism," in Paul Keeskemeti(ed.), *Essays on the Sociology of Knowledge*. London: Routledge and Kegan Paul.

Miller, Eugene F. 1972. "Positivism, Historicism, and Political Inquiry," *American Political Science Review*. LXVI, 3 September.

Moon, J. Donald. "In What Sense are the Social Sciences Methodologically Distinctive?" Unpublished Mimeo Presented at 1974 Annual Meeting of the American Political Science Association.

Moustakas, Clark. 1994. *Phenomenological Research Methods*. Sage.

Myrdal, Gunnar. 1972. "How Scientific are the Social Sciences?" *Journal of Social Issues*. 28: 4.

Nagel, Ernest. 1961. *The Structure of Science: Problems in the Logic of Scientific Explanation*. New York: Harcourt, Brace & World.

Packenham, Robert A. 1964. "Approaches to the Study of Political Development," *World Politics*. XVI: 1, October.

Peritore, N. Patrick. 1975. "Some Problems in Alfred Schutz's Phenomenological Methodology," *American Political Science Review*. LXIV, 1

March.

Reichenbach, Hans. 1968. *The Rise of Scientific Philosophy*. Berkeley and Los Angeles, Calif.: University of California Press.

Rudner, Richard S. 1972. "Comment: On Evolving Standard Views in Philosophy of Science," *American Political Science Review*. LXVI, 3 September.

Rudner, Richard S. 1966. *Philosophy of Social Science*. Englewood Cliffs, N.J.: Prentice-Hall.

Russell, Bertrand. 1973. "On Induction," Edwards Paul and Arthur Pap (eds.), *A Modern Introduction to Philosophy*. New York: Free Press.

Russell, Bertrand. 1959. *The Scientific Outlook*. New York: W.W. Norton.

Salmon, Wesley C. 1963. *Logic*. Englewood Cliffs, N.J.: Prentice-Hall.

Schutz, Alfred. 1967. The *Phenomenology of the Social World*. trans. F. Wolsh and F. Lehnert, Evanston: Northwestern University Press.

Shalin, D. 1986. "Romanticism and the Rise of Sociological Hermeneutices," *Social Research*. 53:1, 77-123.

Shapere, Dudley. 1966. "Meaning and Scientific Change," in Robert G. Colodny(ed.), *Mind and Cosmos*. Pittsburgh: University of Pittsburgh Press.

Simon, Julian L. 1969. *Basic Research Methods in Social Science*. New York: Random House.

Stegmuller, Wolfgang. 1969-1973. *Probleme und Resultate der Wissenschaftstheorie und Analytischen Philosophie*, Band Ⅰ, Ⅱ, und Ⅳ, Springer-Verlag, Berlin-Heidelberg-New York.

Sylvan, D. and B. Glasser. 1985. *A Rationalist Methodology for the Social Sciences*. London: Basil Blackwell, 7.

Szacki, Jerzy. 1971. "On the So-Called Historicism in the Social Sciences," *Quality and Quantity*. 5:2, December.

Umberto, Eco and Thomas A. Sebeok eds. 1993. *The Sign of Three: Dupin, Holmes, Peirce*. Bloomington and Indianapolis: Indiana University Press.

Whitehead, Alfred North. 1925. *Science and the Modern World*. New York: Macmillan.

Zuriff, G. E. 1985. *Behavioralism: A Conceptual Reconstruction*. New York: Columbia University Press, Chapter 2.

제 2 부

방법론의 원리: 개념화 · 이론화 작업

제 5 장 개 념
제 6 장 가 설
제 7 장 법 칙
제 8 장 이 론
제 9 장 모 델
제10장 이론과 모델

이 제2부인 「방법론의 원리」를 익히기 위해 그 모두(冒頭)에 그림을 두 개 소개하기로 한다. 앞으로 설명할 하나하나의 원리적 요소를 하나로 엮어놓은 것으로서 이 전체를 '연구의 과정'(research process)이라고 생각하면 된다. 이 연구과정을 구성하는 요소에는 ① 문제, ② 가설, ③ 연구설계, ④ 측정, ⑤ 자료수집, ⑥ 자료분석, ⑦ 일반화, 그리고 ⑧ 이론 등이 있다. 이 중 일부는 다음 제3부와 제4부에서 나누어 각기 강의한다. 다만 여기서 이 두 개의 그림을 소개하는 이유는 방법론의 원리와 응용의 전체를 조감하라는 뜻에서 이다. 특히 처음 그림에는 이론이 그림의 한가운데 중심에 자리를 차지하고 있는 점을 유의하기 바란다. 그리고 그 다음 그림에는 이론이 가운데 자리를 잡고 있지는 않다. 두 번째 그림은 연역과 귀납의 논리적 도출을 동시에 설명하고 있어서 앞에서 배운 내용을 일목요연하게 정리해 주고 있다.

다음의 〈그림 2-1-1〉은 나크미아스(Chava Frankfort-Nachmias와 David Nachmias)가 쓴 *Research Methods in Social Sciences*(1996)의 20쪽에 있는 그림이다.

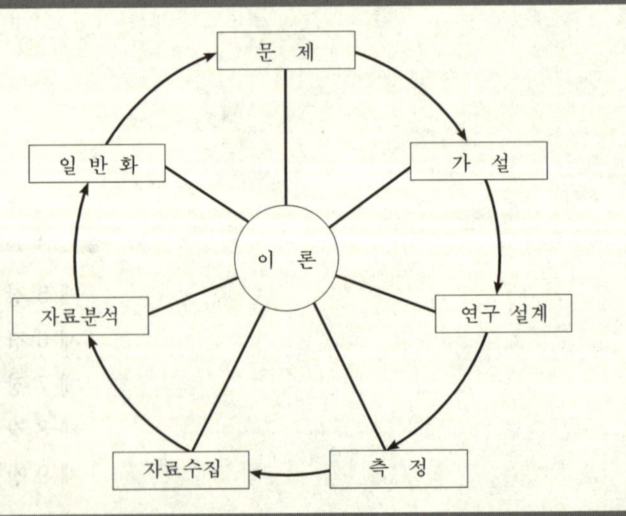

〈그림 2-1-1〉 연구과정의 주요 단계

다음 그림은 만하임(J.B. Manheim)과 리치(R.C. Rich)의 것이다. 이 그림 속의 각 요소들에 관해 하나씩 다음의 장에서 자세한 설명이 있겠지만, 이론을 '추상적 전제', 전제를 '추상적 예측', 가설을 '구체적 예측', 작업가설을 '지표들간의 관계예측', 그리고 자료분석을 '관계확인'이라고 매우 간단명료하게 정의해 놓은 것을 머리에 새겨 두기 바란다.

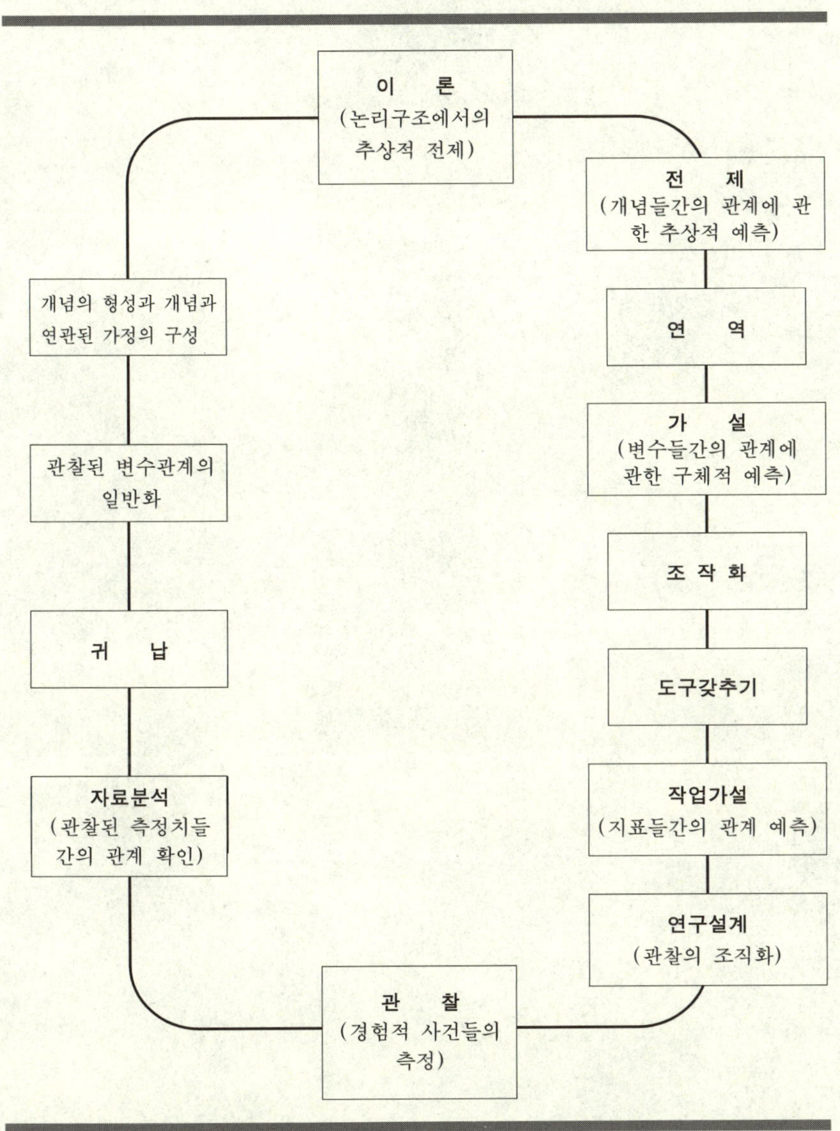

〈그림 2-1-2〉 연구과정의 모델

제 5 장

개 념

1. 개관 — 개념적 사고

제 2 장에서 과학적 방법을 설명하면서 과학적 이론과 법칙을 발견하기 위하여 거치는 단계가 개념과 개념의 관계를 규명하는 것이라고 강조한 바 있다. 이론도 법칙도 그렇고 모두가 다 개념의 관계를 설명하는 것이다. 그만큼 개념은 과학적 이론의 기본요소가 된다. 따라서 개념에 관한 이해 없이 과학적 연구를 한다는 것은 잘못이다. 개념을 분명히 하는 것은 모든 과학적 연구의 출발이기도 하다. 그래서 이 장에서는 개념의 뜻과 성질, 종류, 요소와 기능, 이론과의 관계, 재개념화, 패러다임 등에 관해 강의한다. 이에 앞서 개념적 사고(槪念的 思考, conceptual thinking)가 무엇인지를 먼저 개관하고자 한다.

이성의 역할(추론)과 감각지각의 역할을 각기 중하게 여기는 인식론의 세 입장에서 똑같이 중요하다고 인정하는 다른 요인이 하나 있다. 사고-생각하는 것(thinking)이 그것이다. 이것은 이성도 아니고 감각지각도 아니지만, 전체적인 인식적 경험(the whole cognitive experience)의 일부임에는 틀림이 없다.

그러나 입장에 따라서 견해가 일치하는 것은 아니다. 이른바 헤겔리안 이상주의자(Hegelian Idealist)들은 합리주의라는 것이 종국적으로 생각하는 것(thinking)과 아는 것(knowing)을 구분하지 않기 때문에 사고의 중요성을 따로 인정할 필요가 없다고 한다. 부연하면, 생각하는 것은 이상적인 내용(ideal content)이 스스로 전개되고 발달해 가는 것이고, 이것이 곧 아는 것

(knowing)이라고 믿기 때문이다.

일반적으로 말하면, 생각하는 것이 지식으로 이어지고, 또 이 지식을 연장시켜 주기도 하니까, 여기서 생기는 의문은 그러면 과연 무엇이 지식으로 이끌고 연장시켜 주느냐이다.

그래서 우리가 알아야 할 것은 지적 이해(intellectual apprehension)로서의 이성과 감각지각은 직관적인 것인 반면에, 생각하는 것은 개념을 통해 간접적으로 진행된다는 점이다. 사고에는 항상 개념이 뒤따른다. 이 뜻은 개념은 '사고의 객체'(objects of thinking)라는 의미이다. 이 생각은 로크가 한 것인데, 그는 아이디어라는 것은 개념을 포함하는 것이었으며, 동시에 감각작용의 인상(impressions of sensation)을 포함하는 것이었다. 예를 들면, 지금 감각된 색깔과 노여움을 느끼는 인상같은 것을 말한다. 그러나 우리가 알아야 할 것은, ① 개념은 인상이 아닌 것이다. 예컨대 진달래가 붉다거나 빨간 헝겊조각을 본 것을 개념이라고 하지는 않는다. ② 개념은 정신적 단계에 있는 것으로서 감각이나 기억 이상의 것이다. ③ 개념은 지적인 것으로서 언어를 포함하며 상상과 대조를 이룬다. 그러나 모든 개념이 다 언어적인 것은 아니다. 말할 수 없는 사람도 개념화의 사고를 하며 기억을 하기 때문이다. 강신택은 개념을 생각이라고 하고 언어로 표현한 것이 용어라고 하였다.

한편 로크는 사고의 대상인 개념은 명칭을 갖는다고 했다. 이때 명칭이 어떻게 기능을 하는가, 대상을 지칭하는 구실은 무엇인가, 개념을 대상이라고 말하는 것이 옳은가 등에 의문이 남는다. 이런 의문들을 제기하면서 사고가 직접 마음속으로 향하는 내적 대격(內的 對格, internal accusative)인가라는 용어를 이때 쓴다. 그러나 아무도 내적 대상이나 대격의 존재를 의식하지는 않았다. 그러나 또 다른 생각으로는 사람이 초객체(transcendent)에 관해 생각할 때, 그는 개념을 생각해야 한다. 왜냐하면 객체가 경험을 초월하고 있기 때문이다. 영어의 자유라는 뜻으로 liberty를 독일어로 Freiheit라고 번역하면 개념이 두 개가 생긴다. 행정과 경영, 또는 경영과 관리라고 하면 의미가(意味價, semantic)의 차이에 따라 개념과 개념, 용어와 용어간의 관계가 직각(orthogonal)의 관계인지 사각(oblique)의 관계인지가 정해지면서 이론구성이 달라진다. 여기서 우리가 알게 된 것은, 우리의 세계에 ①

물적 존재의 세계(world of material existences), ② 심적 발생의 세계 (world of psychological occurances), 그리고 ③ 제3의 세계— 마음의 대상으로 존재하는 개념의 세계 등이 있다는 사실이다. 이 개념의 세계가 있다는 것은 매우 중요한 일이다.

개념의 세계가 복잡하니까 흄은 개념을 정신적 요소(mental entity)로 보지 말고 수용력(capacity)으로 보면 어떠냐고 했다. 이런 생각은 추상적 아이디어와 연관되는 것이다. 개념은 본디 추상이기 때문이다. 추상적 아이디어는 마음의 요소로서가 아니라 마음의 성향(disposition), 또는 경향(propensity)으로 생각할 수도 있을 것이다. 철학자는 보통 개념에 관해 말하는 것이 아니라, 개념을 갖는 것(having concepts)에 관해 말한다. 어떤 사람이 개념을 갖고 있는가는 물어서가 아니라 그 사람의 행동을 관찰해서 안다는 것이다. 예를 들어, 먹구름을 보고(관찰) 우산을 찾듯이, 집 밖에 나왔는데, 누가 "먹구름이 잔뜩 꼈네"라고 하면 그 말 때문에 우산을 갖고 나오게 되는 성향이 생긴다. 마찬가지로 "권위주의적 장관이 지나가면 머리를 더 숙여 인사한다"라는 말은 같은 성향으로서 그의 개념 속에는 '권위주의가 두려움이지 존경이 아니다'라는 생각이 있을 것이다. 이것은 물론 해석으로 가려질 성격의 것이다. 앞의 경우에 그에게는 "먹구름이 비를 몰고 온다"는 개념이 있는 것이다. 그래서 개념을 갖는다는 것은 성향이나 수용력을 갖는다는 뜻이다. 이러한 입장이 개념을 정신적 요소로 보는 입장보다 좀 나은 편이지만 이것도 문제가 없는 것은 아니다.

그것은, 첫째 관찰자가 성향을 직접 연구할 수 있는 것이 아니라 성향으로 인해서 나타난 결과를 본다는 것이기 때문에 애매해진다. 둘째, 마음이 개념틀을 정해 준다고 하지만, 만일 개념이 수용력이라면 자신의 수용력을 틀잡아주는 마음에 관해서 말하는 것이 과연 의미 있는 것인가라는 의문이 제기된다. 셋째, 개념이 단지 수용력에 불과한 것인가 등이다. 그래서 개념을 생각할 때, 논리적 설명(술부)용어(logical predicate term)를 가지고 함수관계로 설명하는 것이 어떨까 할 때도 있다. 대상 'a'에 관해 말할 때, 이 언명의 어의적(語義的) 논리형식은 'f a'가 되고, 여기서 a는 논리적 주제를, 그리고 f는 개념을 지칭한다고 하면, 이런 과정에서 개념의 본질에 관한 어떤 실마리가 풀리지 않을까 하는 생각을 갖게 된다. 어떤 개방문장에서

"……는 민주지도자"라고 하면 그는 민주지도자의 개념을 가지고, 그런 경험적·언어적 성향(disposition)을 갖고 있는 것이다. 이때 개방문장 자체는 성향은 아니지만, 이런 식으로 사용한다는 것은 성향의 출현을 전제하는 것이다. "……는 민주지도자다"라는 형식의 문장은 그 어법을 의미 있게 해주는 것에 성향적인 것을 덧붙인 것이다(dispositional accretion).

이상의 설명은 언어적 사고에서 개념의 본질에 관해 말한 것이지만, 비언어적 사고에서도 같은 식으로 개념에 대한 이해가 가능하다. 즉, 언어적 사고에서는 일반단어나 개방문장에 붙여 설명하고, 비언어적 사고에서는 '개념을 갖는다는 것'을 이미지를 둘러싸고 있는 성향과 수용력의 증대로 설명한다.

인식론자들은 언어, 특히 개념적 사고에서 쓰는 일반단어의 용법에 커다란 관심을 갖는다. 결국은 듣고 말하고 읽고 하면서 알게 되는 것이다. 여기서 언어에 관해 좀더 설명을 할 필요를 느낀다. 언어는 첫째 의사소통의 수단이라는 데 이의를 달 사람은 없을 것이다. 의사소통은 말하는 바를 의미하는 언명을 통해 전개되고, 언어는 질문하고, 명령하고, 속이고, 느낌을 말할 때 사용되고, 또 생각할 때도 사용된다. 생각할 때 사용되는 언어는 철학자들의 관심사이기도 하다. 이때 잘못하면 알아야 할 필요한 면이 덮여버릴 가능성이 있다. 우리가 사고할 때 정확한 사고를 해야 된다고 말한다. 이때 정확한 사고는 논리적 사고를 말하는 것이다. 철학자는 언어를 논리법칙에 따르는 논리적 수단으로 생각한다. 수학도 마찬가지이다. 언명을 논리적 언명으로 생각하고, 단어를 고정된 논리적 용어로 생각한다. 예를 들어, "히틀러는 죽었다"를 분석하면, 히틀러는 어느 한 사람을 지칭하는 논리적으로 정당한 이름이며, 죽었다(being dead)는 명백히 정해진 술부의 용어로서, 그 의미는 고정되어 히틀러가 죽지 않았다(Hitler is and is not dead)는 것을 논리적으로 배제하는 것을 뜻한다. 여기서 언어는 엄격한 논리에 따라 쓰이나, 이것이 유일한 용법은 아니다. 만일 철학자들이 자신의 연구를 언어용법에 한정해 버리고 만다면 매우 편협해지고 오도될 위험조차 없지 않다. 철학자와 언어학자의 '언어'에 대한 인식은 다르다고 해야 할 것이다.

예를 들어, 비트겐슈타인(Ludwig Wittgenstein)은 처음에는 지나치게 좁은 의미로 언어용법을 설명했다. 몇 단계로 생각이 바뀌면서 주장하기를,

① 논리적 원칙에 따른 사실언명에서 말할 수 있는 것과 말할 수 없는 것에 관심을 갖고, 또 이를 논리적으로 생각할 수 있는 것이라고 했는데, 이유는 "말할 수 없는 것은 생각할 수 없는 것"이기 때문이라고 하였다. ② 언어를 보다 신축성 있게 생각했다. 언어는 일종의 게임이라는 것이다. 거기에 있는 규칙은 관례에 따라 변한다. 어떻게 게임을 하느냐를 이해하려면 오로지 거기에 참여해야 한다는 것이다. 언어에 사용되는 단어의 의미도 불변으로 고정되는 것이 아니고, 어떤 경우든 단어가 실제로 어떻게 사용되는가를 관찰함으로써 알게 되는 것이다. 언어적 규칙에 순응한다는 것은 깊고 변함 없는 논리원칙을 따른다기보다 '관습이나 용법이나 상황'(custon, use, or situation)의 문제라고 보아야 한다는 것이다. 언어(이해)는 인식론에서 합리주의보다는 경험주의 쪽이지만 과학적 경험주의는 아니다. 언어철학도 협의의 과학주의에서 벗어나 있다. ③ 언어학자들이 언어자체의 일반적 구조에 관해 연구하는 것은 수수께끼만 낳는다. 촘스키(Noam Chomsky)는 문법은 심층(deep)구조와 표면(surface)구조의 차이를 분명히 하고, 언어의 음소(phonemic)와 의미(semantic)의 요소가 이들 종합적(synthetical) 요소에 의해 지배를 받는지 아닌지를 따져보아야 한다. 여기서 심층구조의 예를 하나 들어보면, "그 여자가 아름답다고 나는 생각한다"와 같은 것인데, 이런 구문은 "그 여자는 아름답다"라고 하는 것과 차이를 보인다. 영어로 다시 말하면, "I think her beautiful"이라는 것으로 her beautiful은 바로 she is beautiful이라는 뜻과 같다. 그래서 언어학자가 자연언어를, 그리고 심리학자가 연설을 정확히 연구하는 것이 인식론자에게는 더없이 값진 결과를 가져다 준다. 그러나 특히 사고(생각하는 것)에 관한 연구와 안다는 것과 구분짓고, 또 연관짓는 데 언어를 유용하게 쓸 수 있을 터인데도 실은 많은 학자들이 그리 활용을 못하고 있는 실정이다.

그런데 문제는 모든 사고나 개념이 언어적인 것은 아니나, 도구로서의 언어가 어떻게 생각하는 것에 쓰이고 또 생각에 영향을 끼치는가이다. 영어와 프랑스어는 자연언어로서 문법은 다르나, 어떤 공통된 모습, 즉 음소적 상징에서 전통적이고 분석과 종합을 원용하며 일반용어로 말한다. 앞에서 언어의 첫째 용도를 의사소통이라고 했는데, 이때 사고는 이미 포함된 것을 뜻한다. 그리고 생각과 언어사용 사이에 확실한 선을 긋기가 매우 애매하다.

그런데 사람이 보다 사려가 깊으면(reflective), 생각(사고)의 도구로 언어를 사용할 때 이것이 사고에 영향을 준다. 말하는 기술, 분석, 일반화 등은 생각하는 사람의 곁에 항상 있다. 상징도 생각을 전개하는 데 큰 도움이 된다. 연역적 논쟁도 가능하고 사고가 영원한 문장을 가져올 수도 있다. 그러나 인식론자들이 궁금해하는 것은 그러한 개념적 사고가 지식을 늘리는 데 쓰여졌다는 보장이 있는가이다. 아직도 언어연구는 이 숙제를 풀어주지 못하고 있다. 왜냐하면 이것은 인식론적 과제만이 아니라 형이상학적 문제가 개재되어 있기 때문이다.

이상 개념적 사고에 관련된 철학적·인식론적 논의를 참고하면서 개념의 뜻과 성격부터 하나하나 익혀가기로 한다.

2. 의의와 성질

개념은 하나의 추상이다. 상징이기도 하고 객체의 표상이기도 하다. 또는 관찰된 사실에 대한 추상적 표현이라고도 한다. 이런 뜻은 앞서도 소개되었다. 철학의 대가 박종홍은 일찍이 개념을 일정한 존재를 지시하는 의미체라고 했다. 요컨대 사실의 여러 면모를 간략하게 대신하고 있는 것(a shorthand representation)이라고도 말할 수 있는 개념은 추상성의 의미가 함축되어 있다. 그 추상성의 정도는 이론의 그것에 미치지는 못한다. 개념의 중요성이 논의되는 이유는 되풀이 말하지만 우리가 가장 중하게 여기는 이론이 바로 개념과 개념간의 관계에 의해 형성되기 때문이다.

개념은 여러 사상(事象)을 한데 묶어 생각을 단순화시켜 주기 때문에 유익하다. 따라서 사상이라는 것 때문에 어떤 존재를 전제로 하고 한데 묶어 생각하게 되니까 추상적이 된다. '민주주의' 같은 것이 그것이다. 그러나 개념 가운데에는 직접 현상과 직결되어 무엇을 뜻하는지 쉽게 이해되는 것이 있고 그렇지 않은 것이 있다. 전자는 관찰이 용이하고 측정도 가능하다. 예를 들어 사람이라는 개념은 너무 잘 알려져 있다. 어느 나라 사람이며 어떤 의식구조를 갖고… 하는 식의 의문이 계속되면 이해하기가 점점 복잡해지겠지만, 우리는 단지 사람이라고 하면 무엇을 뜻하는지 쉽게 알 수 있다.

그러나 후자는 현상과의 연결이 직접적이 아니어서 이해가 분명치 않다. 예를 들어 태도·역할·동기·자유·평등 및 복지같은 개념은 관찰과 측정이 용이하지 않다. 그 추상성의 정도가 높기 때문이다. 이런 유의 개념은 일종의 추상명사에 해당되는 것으로 추론에 따라 의미를 파악하게 된다.

개념 자체의 의미가 너무 구체적이고 공통적인 것은 별로 논의의 대상이 되지 않는다. 반면에 개념이 좀 추상적이어야 연구에 있어서 논의의 여지가 생긴다. 어떤 개념을 뜻하고 무슨 뜻으로 쓰는가에 대한 동의기반이 마련되어야 그 개념과 다른 개념을 연결시켜 이론을 전개하는 연구가 값있어진다. 그러므로 개념을 규정해 놓는 일이 연구의 출발임은 말할 필요가 없다. 그러나 이 일은 그리 용이하지 않다. 추상성의 정도가 높아 그렇기도 하지만 어떤 현상에 대한 이해는 각자의 경험에 따라, 생각에 따라, 나이에 따라, 환경에 따라 다르기 때문이다. 어린 아이가 생각하는 전쟁과 어른으로서의 나라의 지도자가 생각하는 전쟁의 개념이 같을 수 없다. 피릭 대왕이 겪었던 전쟁과 후세인 대통령이 겪었던 전쟁의 개념은 같지 않다. 이와 같이 어떤 개념에 대한 공통적 이해가 쉽지 않기 때문에 보편적 의미를 내포하는 개념의 명석화(明晳化)작업이 늘 뒤따라야 한다.

개념의 성질을 이해해 두는 것도 필요하다. 개념을 가장 요소적인 것으로서 요소의미(要素意味)라고도 지칭한다. 그런데 어떤 판단을 분석해 보면 그 안에는 구성요소로서의 개념이 있다. 이때 판단이 먼저이냐 개념이 먼저이냐에 대한 논의가 분분하다. 형식논리학의 입장은 개념이 먼저이고 개념의 결합이나 분할로 판단이 생긴다고 본다. 그러나 오늘에 와서 판단을 보다 기본적인 것으로 보고 개념은 이로부터 비롯되는 것이라고 보아 판단우위설이 지배적이다. 사태를 밝히는 것이 판단이라고 한다면 단순한 판단에서까지 개념이 구성요소일 필요는 없고 어떤 현상의 사태를 밝히는 판단이 거듭되다 보면 일정한 존재를 지시하는 의미체로서의 개념이 확립된다고는 할 수 있다. 이것과 관련하여 개념은 논리적 동일성을 갖고 초시공성을 지니기도 한다. 이것은 특히 형식적인 것보다는 논리적인 개념의 경우인데, 이것은 존재를 지시하는 의미체로서 이미 고정화된 때이다.

개념은 존재와 일치하는가의 여부를 보아야 하고, 형식적으로 모순이 없는가도 보아야 한다. 동시에 주관과의 관계에서 다른 개념과 구별이 분명한가 또는 애매한가도 가려보아야 하고 개념의 구성요소 자체가 분명한지도 알아야 한다. 따라서 개념을 분명하게 하기 위해 정의를 내리게 되고 명석하게 하기 위해 구분(classification)과 분류(taxonomy)가 필요하다. 구분이나 분류정도를 가지고 모델이라고 착각하는 경우가 있음을 많은 연구에서 본다. 이것은 개념에 대한 이해가 부족해서 그렇다.

3. 종 류

개념의 종류에는 크게 나누어 네 가지가 있다. ① 지시되는 대상의 성질에 의한 것, ② 내포와 외연의 다소에 의한 것, ③ 개념상호간의 관계에 의한 것, 그리고 ④ 범주 등이 그것이다. 그러나 분류의 기준에 따라 달라질 수 있다. 이들을 또 하나하나 설명하기로 한다.

(1) 지시되는 대상의 성질에 의한 분류 여기에는 첫째, 구체적 개념과 추상적 개념이 있다. 구체적 개념은 시간과 공간에 실재하는 대상을 지시하는 것이고, 추상적 개념은 대상의 속성을 지시하거나 관계를 지시하는 것이다. '부지런한 학생'에서 학생과 부지런함과의 차이이다. 둘째, 개별적 개념과 집합적 개념은 개별적인 대상을 지시하느냐, 혹은 집합적인 대상을 지시하느냐의 차이에서 비롯되는 구분이다. 연단에 올라가서 연설하는 연사는 전자의 예이고, 그 연설을 듣는 군중은 후자의 예이다. 셋째, 경험개념과 순수개념은 지시하는 대상이 경험한 것이냐, 혹은 선험적인 것이냐의 차이에서 생기는 구분이다.

(2) 내포와 외연의 다소에 의한 분류 단순개념과 복합개념, 그리고 단독개념과 일반개념같은 것이 이 분류에 속한다. 단순개념은 존재와 같이 내포의 양이 가장 적은 것을 뜻하고, 대학생과 같이 내포의 양이 여럿이 되는 것을 복합개념이라고 한다. 단독개념은 외연이 유일한 것으로 황해와 같은 것을 뜻하고, 일반개념은 외연이 넓은 것으로 새와 같은 것을 뜻한다.

(3) 개념상호간의 관계에 의한 분류 우선 일치관계·종속관계 및 동위관계로 나누어진다. 일치관계에는 내포와 외연이 일치하는 동의개념(同義

概念)과 내포는 다르고 외연이 같은 동연개념(同延概念)이 있다. 국가와 나라는 동의개념이고 외무장관과 내무장관은 동연개념이다. 종속개념에는 유개념(類概念)과 종개념(種概念) 및 상위개념과 하위개념 등이 있는데, 다른 개념을 포함하고 있는 것을 유개념이라고 하고 다른 개념에 포함되는 것을 종개념이라고 한다. 국제분쟁은 전자의 예이고, 국제전쟁은 후자의 예이다. 여기서 포섭의 상하관계에 따라 상위개념과 하위개념이 구별되는데, 근대화는 상위개념이고 도시화는 하위개념이다. 동위관계에는 선언(選言)·교착(交錯)·이류(異類)·상관(相關)·모순(矛盾) 및 반대개념(反對概念) 등이 있다.

(4) **범 주** 우리는 보통 대화에서 범주 또는 영어로 카테고리라는 말을 자주 쓴다. 이때 범주는 유개념을 모두 포함하는 최고의 유개념을 말한다. 여기에는 대상에 관한 언술의 형식에 따라 ① 실체, ② 분량, ③ 성질, ④ 관계, ⑤ 장소, ⑥ 시일, ⑦ 상태, ⑧ 소유, ⑨ 능동 및 ⑩ 수동 등으로 나누어 보는 입장이 있고, 또는 판단의 종류를 기초로 하여 ① 양에 있어서 단일성·다수성·전체성, ② 질에 있어서 실재성·부정성·제한성, ③ 관계에 있어서 우유성(偶有性)·실체성·원인성·의존성·상호성, 그리고 ④ 양상에 있어서 가능성·불가능성·현존성·비존성·필연성·우연성 등으로 나누는 입장도 있다. 전자는 경험적인 것을 나열한 듯한 인상이 짙고, 후자는 관계의 범주를 주로 다루고 있다. 범주의 종류를 판단으로부터 도출할 것인가, 아니면 판단의 종류를 범주론으로부터 도출할 것인가에 관하여는 아직도 많은 논쟁이 계속된다.

4. 요소와 기능

앞에 인용한 나크미아스는 개념의 기능을 네 가지로 나눈다. ① 개념은 과학자들로 하여금 의사소통이 가능하도록 하는 일상언어를 제공한다. ② 개념은 과학자들에게 현상을 바라보는 시각이나 관점을 제시한다. ③ 개념은 과학자들이 자신의 경험을 분류하고 또 그로부터 일반화하도록 도와준다. ④ 개념은 이론의 요소이다. 그래서 개념이 이론의 내용과 특성을 정해주는 것이다.

개념에 대한 보다 정확한 이해를 위해 관련되는 용어를 분명히 해야 할 필요가 있다. 이들은 한편에서 생각해 보면 개념의 요소가 되고, 또 다른 면에서 생각해 보면 개념의 기능이 되기도 한다. 여기서 강의하려는 것은 카플란(A. Kaplan)의 설명을 따르는 것으로 술어 혹은 명사, 개념작용 혹은 착상 및 분류 등이다.

(1) **술어**(terms) 개념의 언어적 표현을 술어 또는 명사라고 한다. 존재는 개념에 의하여 지시되고, 개념은 명사에 의하여 대표된다. 술어는 개념을 대표하는 것이므로 언어적 형식의 명사나 여러 명사를 합친 문장의 형태가 된다. 우리가 일상생활에서 접하는 것은 개념이라는 것보다는 수많은 단어(word)이다. 우리는 특정한 시간에 특정한 사람이 언어로 행하는 것을 언사(言辭, utterance)라고 한다. 의도적 행동의 한 편린으로서의 언사는 그것이 행해지는 맥락에서 특수한 기능을 행한다. 일련의 언사는 함께 모여 술어가 되기도 한다. 언사가 특수한 기능을 행한다는 것은 쓸 데(use)가 있다는 뜻이다. 이것이 모이면 술어에 대한 용법(usage)이 된다. 이 용법은 일반성(generality)의 요소를 지니고 있으며 의미(sense)에 따라 적용범위나 성격이 달라지는 것은 당연하다.

(2) **개념작용**(conceptions) 개념작용은 일반화된 상태라기보다 특수한 상태와 결부되어 특수한 용도를 갖는다. 이것은 사람에 따라 달라지고 시간에 따라 달라지는 상대적인 성격을 지닌다. 핵물리학의 원자에 대한 개념작용과 사회과학도의 원자에 대한 개념작용이 같을 수 없다. 어떻게 인식하느냐에 따라 차이가 나기 때문이다. 개념은 술어의 용법과 관련되어 개념작용의 어족에 상응한다고 말할 수 있다.

개념은 그 자체 하나의 구성(construct)이며 이론적 술어로서 개념작용과는 달리 비인격적이고 영구적 혹은 부정기적이라고 할 수 있다. 그러나 양자는 개념화(conceptualization)의 과정에서 실제로 어떤 역할을 하느냐에 따라 분별되어야 한다. 개념은 규범(norm)의 역할을 하는 것이 사실이나, 이 규범적 역할은 사실이며 그것도 심리적 사실(psychological fact)이라는 것을 잊지 말아야 한다. 그 규범이 옳은 것이냐와 그에 대한 판단으로 논리적 평가를 내리는 것은 또 별개의 문제이다.

과학적 술어의 중요성도 무시할 수 없다. 이것은 반드시 용법에 따라 구체화된 개념에 의존하지는 않는다. 과학적 술어에는 표시적(notational)인 것, 실재적(substantive)인 것, 및 보조적(auxiliary)인 것 등이 있다. 실재적 술어는 개념적 내용이 있는 한 존속되나, 표시적 술어는 본래가 약어이고 다른 것으로 대체될 수 있다. 그렇지만 기호(notations)는 개념작용의 과정을 좇을 뿐만 아니라, 그 과정을 앞질러가거나 방향을 제시해 주는 때도 있다. 화학구조식이 그 예라고 하겠다. 그러나 기호가 복잡하면 과학적 중요성을 상실할 우려가 있다. 행태과학이 가끔 어떤 환상 때문에 손해를 보는데, 그 환상은 보편성이 결여된 기호로 형성된 상투어가 중요한 비중을 갖게 될 때 나타나는 현상이다. 어찌 생각해 보면 기호가 생각을 고안해 내 줄지도 모르는 일이며 이런 일이 수학이나 다른 개별과학의 역사에서 반복되었을지도 모른다. 그러나 이것이 모든 개념상의 과업을 짊어지지는 못했다. $y=f(x)$와 같은 함수관계를 표시하는 방정식만큼 말하기 쉬운 것도 없지만, 방정식을 풀고 활용하지 않는 한 어떤 것도 얻을 수가 없다. 역시 기초가 되는 것은 뭐니뭐니 해도 실재적 술어라는 점을 명시해야 한다.

(3) **분류**(classification) 과학의 중요한 술어가 의미 있다는 것은 그 구문(syntax) 때문이 아니라 그 의미(semantics) 때문이다. 따라서 이 과학적 술어는 표시적이 아니며 과학 자체에 소재를 부여한다. 이러한 술어의 의미는 소재의 개념화과정에서 비롯된다. 이 과정에서 사물이 분류되고 분석된다. 즉, 몇 개의 사물이 한데 모여 한 그룹을 이루고 일정한 기준에 따라 분석된다. 예를 들어 정체(政體)라는 개념을 연구할 때 선진국과 후진국의 정체를 구분해 놓고, 후자를 전통적 전제체제 · 관료엘리트 체제 · 다두제적 경쟁체제 · 지배정당적 준경쟁체제 · 지배정당적 동원체제 및 공산주의적 전체주의체제 등으로 나누어 보는 것은 분류의 전형적인 예이다. 또한 민주주의를 사회민주주의, 인민민주주의, 민중민주주의, 조합민주주의, 자유민주주의, 협의민주주의, 계도민주주의 등으로 분류해 보는 것도 그러한 것이다.

개념이 의미가 있느냐 또는 없느냐는 전적으로 분류에 달려 있다고 해도 과언이 아닌데, 요컨대 나누어진 분류 속에 모두가 포함되어야 한다. 그것은 덜 은유적이어야 하며 개념이 분류 자체를 뜻하는 것보다는 소재를 적절히 나누어서 이들이 중요한 가설을 구성할 수 있도록 해야 한다. 전통적으로 개념이라는 것은 인위적인 것보다는 자연적인 것을 확인하려는 구실을 하는 것이라고 생각해 왔다. 이 자연성은 분류의 근거로 택한 속성이 달리 개념화된 속성과 현저한 관계를 맺는 데에서 나타난다. 사물이 함께 분류된다는 것은 서로 닮아서 그런 것이고 더 이상 분류할 수 없으면 그것은 인위적인 것이 되고 말았다는 뜻이다. 과학적으로 분류한다는 것은 고려되어야 할 관계를 밝히기 위한 어떤 목적을 성취하도록 조장해 주는 일이라고 할 수 있다.

개념의 의미나 현격성은 어떤 의미에서 정도의 문제라는 것을 잊지 말아야 한다. 비록 인위적 분류라도 제한된 목적에 공여하고 있으면 전혀 임의적이라고만 할 수는 없다. 문제는 오히려 개념의 유용도에 있다고 보아야 한다. 개념의 유용성은 우리가 원하는 바대로 쓰이느냐에 달려 있는데 또한 문제가 되는 것은 개념화된 사물들이 과연 쓸모가 있느냐는 것이며, 이것은 과학적 과제로 돌릴 수밖에 없다.

과학적으로 타당한 개념을 한 세기 전까지만 하더라도 인과관계를 규명한 것이어야 한다는 생각이 지배적이었는데, 오늘에 와서는 통계적 관계가 있으면 족하다는 생각으로 바뀌었다. 라자스펠드(P. Lazarsfeld)의 잠재적 구조분석(latent structure analysis)이 개념화의 기법으로 유형간의 상관관계를 극대화시킨 것이라는 점에서 오늘날의 추이에 해당되는 예가 될 수 있다. 통계적 접근방법은 일반적으로 교시적 가치를 지니는 개념화를 보장하는 이점이 있지만 과학적 문제를 전적으로 해결할 수는 없다.

한편 상관관계가 낮다고 해서 개념의 타당성이 상실된다고 볼 수도 없다. 같은 성격의 것을 여러 방법과 절차로 측정을 한다면 상관관계가 높아질 수 없다. 낮은 상관관계는 개념의 타당성을 좌우한다기보다는 사물이 단일차원이라는 생각을 없애 주는 정도이다. 어느 조직의 사기가 어떤가를 보았을 때 사기가 높지 않고 그 변화도 전체조직을 반영하는 것이 아니라고 해도 이 사기라는 것이 과학적으로 무용한 것이라고 하지는 않는다.

이렇게 보면, 개념은 논리의 세계에서 우리가 자유롭게 활동하는 길을 설계해 주는 것이라고 할 수 있다. 개념은 관계의 망상조직체에서 교차점과 분기점, 그리고 종착점을 확인해 준다고도 할 수 있다. 비유해서 표현하면 모든 길은 로마로 통한다고 하는 것은 로마에 가기만 하면 어디라도 갈 수 있다는 뜻이 된다. 한마디로 과학적 개념은 이미 정해진 범주보다는 우리에게 보다 많은 소재에 관해 설명할 범주를 정해 준다고 하겠다.

이상의 설명으로 미루어 개념의 요소나 기능이 어떤 것인가에 짐작이 갈 줄 안다. 개념을 그 기능이라는 각도에서 좀더 부연하면 이러하다. 개념의 기능은 원래 이론적 준거기준에 종속되어 좌우된다고 보아야 한다. 이러한 제약이 있기는 하지만 개념은 일반적으로 다음과 같은 기능을 수행한다고 이관우는 말한다.

첫째, 개념은 비가시적이고 비감각적인 현상에 대해서도 이해할 수 있는 방법을 강구해 준다. 주권 · 평등 · 민주와 같은 개념이 그 예이다.

둘째, 개념은 언어나 기호로 표시될 수 있기 때문에 지식의 축적 및 확장이 가능하다. 동시에 과학적 개념들의 논리적 상관성은 과학의 체계적 구조를 가능케 한다.

셋째, 개념은 실제의 연구에서 연구의 출발과 방향을 설정해 준다.

넷째, 개념은 연구의 범위를 정해 주고 조작화과정에서 연구의 변수와 지표의 선정기준이 된다.

다섯째, 개념은 연역적 결과를 가져오게 한다. 이론 자체의 기능이기도 하지만 이론을 구성하고 있는 요소가 개념이기 때문에 이들의 관계가 실상에 대한 미래의 조건 및 사실에 대해서도 체계적 이해를 가능하게 한다.

여기서 개념을 정의, 즉 조작적으로 정의하여 구체화해 나가는 예를 하나 들기로 한다. 이 작업은 뒤에 질문지를 작성할 때 필요한 조작적 정의에서 반복해 설명하겠지만, 우선 이 개념부분과 불가분의 관계가 있으니까 '소외' (alienation)를 예로 들어보기로 한다.

소외를 개념적으로 정의해 보면, ① 무력감(powerlessness), ② 무의미(meaninglessness), ③ 무규범(normlessness), ④ 고립(isolation), ⑤ 자기부정(self-estrangement)이다. 그래서 이들 개념적 요소(conceptual components)를 개념적으로 정의(conceptual definitions)내려 보면, ① 무력감은 행태가 결과에 영향을 미치지 않을 것이라고 생각하는 기대같은 것이다. ② 무의미는 다른 사람에 의해서 결정된 사항을 이해하지 못하는 개인의 지각을 말한다. ③ 무규범은 사회적으로 용납될 수 없는 행태(남을 속이는 것과 같은 것)가 어떤 무엇을 결과할 것이라는 기대같은 것이다. ④ 고립은 사회적으로 용인된 가치와 목표를 거부함으로써 느끼는 격리감같은 것이다. ⑤ 자기부정은 사회나 준거집단이 정해 준 자아의 이미지를 부인하는 것이다. 이런 식으로 한 개념의 각 요소는 개념적 정의를 내려 그 뜻을 분명히 한다. 그리고 나서 그 다음 단계에서 조작적 정의(operational definitions)를 내리게 된다. 이 단계는 대개 설문지를 만들어 물어서 그 답으로 구체화해 간다. 이때 응답한 내용을 관찰수준(obervational level)이라고 한다. 그러니까 다시 정리해 말하면, 개념을 구체적인 단계로 분해해 들어가려면 다섯 단계를 거치게 된다. 즉, ① 개념의 수준, ② 개념적 요소, ③ 개념적 정의, ④ 조작적 정의, ⑤ 관찰수준 등이 그것이다. 이들 중 앞의 셋을 이론수준(theoretical level)이라고 하고, 뒤의 둘을 연구수준(research level)이라고 한다. 소외의 개념을 예로 들어 그림으로 이들을 단계별로 설명한 그림이 나크미아스 책에 잘 그려져 있다.

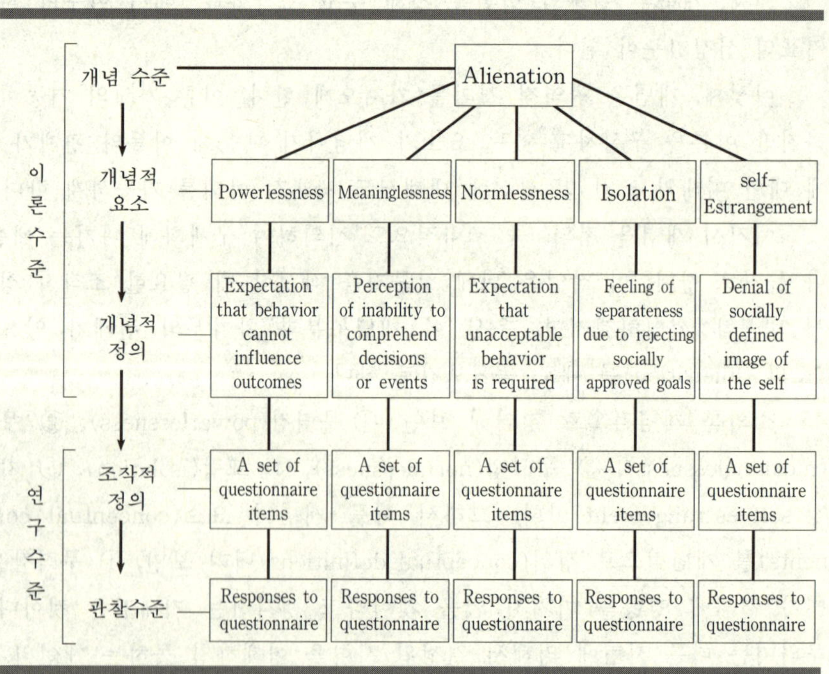

〈그림 2-5-1〉 소외의 개념을 예로 든 개념수준에서 관찰수준으로의 전환과정

5. 이론과의 관계

개념과 이론이 불가분의 관계에 있다는 것은 이미 설명했다. 이론은 다음 장에서 또 자세하게 강의할 것이지만, 여기서는 개념과 관련된 부분만 설명하기로 한다. 같은 이야기로 과학에서 개념형성(concept formation)과 이론형성(theory formation)은 서로 불가분의 관계에 있다. 이것은 예전의 칸트(I. Kant)와 오늘의 헴펠(C. G. Hempel)이 공히 주장하는 것이기도 하다. 과학적 범주는 일정한 조건이 충족된다면 배열되게 마련이다. 이 배열되는 용어를 포함하는 전제는 어떤 때 무엇이 발생하리라고 주장하는 일반화의 문제가 된다. 모든 개념화는 우리를 귀납적 위험으로 몰고가는 것이 사실이다. 우리가 과학적 의문을 제기하는 바와 관련된 개념은 받아들일 수 있는 해답의 범위를 한정하고 있다. 우리는 항상 실생활 속에서 우리의 관심사에 관해 끝없는 의문을 품고 있는 것이다.

베이컨(F. Bacon)과 밀(J. S. Mill)이 재정립한 논리는 과학의 임무를 미리 수립한 성격을 좀더 분명히 하고 유사한 것을 한데 모아 보는 주어진 현상 속에서 어떤 연관이 있는가를 발견하는 것이라고 한다. 그 가운데서 과학적 절차의 간결성이 논의의 중심이 된다. 간결한 표현은 때로 문제의 소재가 표준화되었다는 사실을 모호하게 만들 때가 있다. 그래서 귀납과 연역적 탐구가 표준화조작에 따라 실제로 나타나는 관점으로부터 숨겨질 때가 있다. 요컨대 문제에 대한 개념화가 아주 합당한 것이면 해결이 미리 나 있는거나 다름이 없다. 그러므로 문제를 해결하기 위해 정립되는 이론은 그 출발부터 개념화의 적실성에 의존하고 있다는 사실을 상기한다면 양자의 관계가 자명해진다.

끝으로 개념화의 역설(paradox of conceptualization)을 눈여길 필요가 있다. 즉, 훌륭한 이론을 형성하기 위해서 적합한 개념이 필요하고 또 적합한 개념에 이르기 위해서도 훌륭한 이론이 필요하다는 점이다. 20세기 과학혁명이 일어나기 훨씬 전에 과학의 초기 단계에서 제의된 모든 분류가 객체의 유사성이 보다 깊이 탐지되어 보다 세분되었던 것이 사실이다. 모든 군형(群型, taxonomy)은 조건부이고 암시적 이론에 불과하다. 특정한 주제의 지식이 높아짐에 따라 그 주제에 관한 우리의 개념도 바뀌고 그 개념이 적절해지면 우리는 보다 많은 것을 배우게 된다. 위의 역설은 접근해 가면서 해결될 수 있다. 다시 말해서 우리의 개념이 훌륭하면 할수록 우리는 더 좋은 이론을 형성하는 것이고, 이것이 다음의 개념 작성에 도움이 된다.

다시 강조하지만 개념화는 현상에 가까이 가는 과정이다. 현상이 분명히 거기에 있어도 개념화과정은 항상 어떤 이론적 준거를 떠나서 이루어질 수 없다. 따라서 개념형성에서 이론의 적절한 원용이 불가결하고 그것이 다음에 환류되어 보다 훌륭한 이론형성에 이바지하게 되는 것이다.

6. 재개념화

재개념화(再概念化, reconceptualization)란 모호한 개념을 보다 명확히 규정하는 과정을 뜻한다. 연구를 시작할 때 무엇이 문제인가를 알고, 그것을 풀어 나가기 위하여는 그 문제를 구성하고 있는 기초개념을 바르게 규정하는 것이 중요하다. 그러나 같은 개념의 의미가 항상 일정하게 쓰이지 않는다는 사정을 견주어 보면 개념을 확연히 규정한다는 것이 얼마나 필요하고, 또 쉬운 일이 아니라는 것을 알게 된다. 따라서 개념을 다시 정리 · 규정해 보아야 하며 김해동이 말한 대로 이것을 개념의 재특정화(respecification)라고도 한다.

공통된 것은 없지만 재개념화를 위한 과정을 다음과 같이 나누어 본다.

첫째, 제기된 문제에 담겨 있는 주요개념들을 표로써 작성해 본다. 예컨대 조직의 지도성과 조직성과간의 관계라는 연구과제가 설정되면 "조직," "지도성" 및 "성과" 등의 개념이 무엇을 뜻하는가를 알기 위하여 표를 만들어 본다. 앞에서 소외에 관해 표를 만들어 설명하고 있다는 것과 같은 것이다.

둘째, 이들 주개념들이 지니고 있는 의미를 분석하고 해명한다. 위에서 작성된 표에 따라 각 개념의 명시적이고 묵시적인 의미를 파악하면서 자신의 연구에서는 어떤 의미로 쓰고 있는가를 분명히 밝혀 준다. 즉, 조직의 지도성을 조정과 통제의 능력으로 인지하는지, 감독력으로 이해하고 있는지,

동기를 부여하고 자원을 동원하며 활력을 불어넣어 주는 힘으로 이해하는지, 당장의 일보다는 내일의 일에 관심을 갖는 성향을 말하는지, 또는 조직의 윤리와 규범을 보전하는 능력으로 이해하는지를 분석하고 정의하여 결정하는 것이다.

셋째, 주개념이 명백히 규정되어 있지 않은 경우에는 그 개념의 적용상태를 파악하는 것이 중요하다. 개념이 항상 명백히 규정되어 있기를 기대하기는 어려우므로 그 차선책으로 개념이 어떻게 사용되고 있는가를 파악하는 것이 첩경이다. 이 용법을 찾아내는 일은 개념의 명확화를 위해서도 필요하다.

넷째, 개념의 명확화를 위해서는 그 개념이 다른 유사한 상황에서 어떤 의미를 갖고 어떻게 쓰여지고 있는가를 알아보는 것이 좋다. 예컨대 정치발전이라는 개념을 이해하기 위하여 다른 경우에 쓰이는 정치변동이나 정치적 근대화의 의미와 용법이 어떤 것인가를 알 필요가 있다. 이런 과정을 거치는 것은 처음엔 어려운 작업이지만 이렇게 비교해 봄으로써 분명하게 보이던 개념이 복잡하고 모순된 일면을 지니고 있음을 알게 되고, 또 그렇게 해서 결국 보다 더 유용한 개념을 찾아낼 수 있게 된다.

다섯째, 개념의 일반화수준을 고려해 본다. 이것은 개념의 이론적 효율성을 기하기 위해 불가결하다. 다시 말해서 개념을 한편에서는 특수화된 의미로 파악해 보아 구체적인 현상의 이해를 촉구해 보고 다른 한편에서는 일반화된 개념정의를 내려봄으로써 이론을 전개시켜 나가는 것이다. 공무원의 태도를 알기 위해 공무원의 사기를 측정해 본다든가, 정치발전을 정치체제의 능력신장, 권력의 합법적 이양, 자유와 평등의 구현 등으로 이해해 보는 것이 그 예라고 하겠다. 요컨대 어떤 개념을 이해하려 할 때 그 개념의 상위개념과 하위개념을 연관시켜 보아야 한다는 뜻이다.

7. 패러다임

패러다임에 관해서는 여러 계제에 여러 번 설명했지만 개념과의 관계가 또 별달라서 여기서 약간 언급하지 않을 수 없다.

패러다임(paradigm)은 하스의 말대로 원형질적 행태의 상황(투쟁 · 게임 · 논쟁 등)에 놓여 있는 요소들간의 가장 간결한 관계로 구성된다. 따라서 이런 상황을 분석모형(analytical model)이라고 할 수 있으며, 개념도식(conceptual scheme)과 불가분의 관계가 있다. 여기서의 '개념도식'이란 패러다임의 분석적 제 요소를 대표하는 정리된 개념의 총체를 뜻한다. 개념의 장에서 이것을 설명하는 이유가 여기에 있다. 이론을 정립할 때 일반적 행동상황이 특수 유형이나 분석방법의 영역에 속하는 사례를 이해하고 검토하는 데 적용되고, 모델을 정립할 때는 각 원형질적 요소를 실제 경험의 세계에 나타나는 현상과 맞추어가며 구성해 나간다.

패러다임을 우리 말로 원형이라고 번역할 수 있지만 그 의미파악이 어렵기 때문에 학자들 사이에도 의사소통이 원활치 않다. 패러다임은 가장 '기조적(基調的)인 것'으로 중요한 것임에는 틀림이 없다. 가장 기조적인 것이라는 뜻은 아메바와 같은 원형질적인 상황을 고려하고 있기 때문이며 동시에 미해결의 문제가 남아 있어 완숙하지 못한 것을 의미한다. 그러면서도 중요한 것은 대가들의 업적에 의해 수립되기도 하여 일종의 세계관이 개재된 것이기 때문이다. 원형은 방법 · 이론 · 도구 등을 제시하는 모체로서 이것 없이는 학문의 과학적 활동이 미숙할 수밖에 없고, 반면에 이것이 활발하여 새로운 패러다임이 발견되면 과학의 혁명과 학문의 급격한 성장이 이루어진다는 점은 쿤(T. Kuhn)의 주장을 빌어 이미 소개한 바 있다. 패러다임과 관련지워 쿤의 주장을 좀더 부연하면, 정상과학(normal science)의 당대에서 과학의 세계는 파다하게 퍼진 패러다임이라는 것에 의해 지배되었다고 본다. 패러다임은 과학계의 역사적 조망(historical perspective)이며, 세계관이기도 하고 포괄적인 일련의 믿음과 약속으로 그것은 개념적 · 이론적 · 수단적 · 방법적 및 준형이상학적인 점을 고려하고 있다. 패러다임은 문제의 선정에 도움이 될뿐더러 자료를 평가하고 가설과 이론의 채택 여부를 결정짓는다. 학문에 처음 발딛어 놓는 사람들은 비판 없이 교과서에 나타난 패러다임을 좇게 마련이고 그 밖의 것을 간과하는 경향이 있다고 쿤이 말했다.

패러다임을 이론과 결부시켜 보면 완벽한 이론이 되기 위해서는 결국 패러다임부터 완벽해야 된다. 그 뜻은 현상에 관련된 중요변수가 빠짐없이 들어가 있어야 하고 이론에 포함된 변수 이외에는 아무것도 서로 작용하지 않아야 한다. 그러나 패러다임 자체가 미해결의 과제를 안고 있고 학자들에 의해 인지되는 데에도 논란의 여지가 많기 때문에 완전한 것을 기대하기는 어렵다. 결국 풀이가 가능한 최대의 공통분모를 지니고 있는 것이면 패러다임으로 적격이라고 하겠다.

오늘날까지 각 분야에서 공통적으로 받아들였던 패러다임은 이론간에 연관을 맺지 못하고 그때그때의 현상을 설명하는 것으로 만족하는 단절적인 것이었다. 즉, 미분화되거나 어쩌면 독자성을 지녔다고 하겠다. 그 예를 들어보면, 역사성(historicism), 논쟁(debate), 형식적 능력(formal potency), 유기성(organism), 기구성(mechanism) 및 과정(process) 등을 전근대적인 패러다임으로 손꼽는다. 반면에 새로운 패러다임으로 사회과학 특히 정치학에서 근거로 삼고 있는 것은 수단-목표의 연계(ends-means chains), 게임(games), 장(field), 투입-산출(input-output), 대칭(symmetry), 메타과제(metatask) 및 메타이론(metatheory) 등이다.

수단-목표의 연계는 규범적 가치를 규명하고 또 인과관계를 추론함에 있어서 적합하다고 인정되는 패러다임으로 거시적인 안목에서 볼 때 발전관계를 설명하는 근원이 된다고 볼 수 있다. 게임은 이해가 상충되는 경쟁관계에 놓여 있는 상황에서 문제해결을 추구할 때 상정할 수 있는 패러다임이다. 시장개척을 위한 경영전략이라든가 선거에서 당선을 위한 제반전략이라든가 남북협상 등 어떤 결정에서도 필수적인 것이라고 하겠다. 장은 국제관계이론이 원용하고 있으며, 투입-산출 역시 지금까지의 비교정치학과 비교행정학분야에서 주로 의존해 온 패러다임이다. 양자 똑같이 물리학으로부터 차용해 온 개념이다. 대칭패러다임은 불평등하고 갈등을 자아내며 이질적 요소가 충만한 체제의 균형을 모색하려는 입장에서 즐겨 쓴다. 메타과제 패러다임은 과정모델이 대체된 것으로 행정학의 경우를 예로 보면 규릭(L. Gulick) 어윅(L. Urwick), 그리고 무니(J. Mooney)와 같은 학자가 주장하던 기능주의와 부합되는데, 특히 무니가 말하는 행정과정에서의 과제의 증가·세분화 그리고 전문화는 이러한 패러다임을 생각지 않고서는 이해가 곤란하다. 이 이외에도 사회학에서 파슨스(T. Parsons)가 주장하는 목표달성·적응 및 유형의 유지와 통합의 제 기능도 마찬가지의 입장에 선다. 끝으로 메타이론의 패러다임에 대한 이해가 중요하다. 패러다임을 찾아내고 이해하는 목적 자체가 패러다임을 구성하고 있는 원형질과 같은 여러 요소를 결합시키고 이것을 실세계와 연관지어 가설을 설정하는 데 있으므로, 패러다임은 모름지기 분석의 방법, 미분된 여지의 패러다임 및 개념도식 등을 가능한 한 많이 포괄할 수 있어야 한다. 여기에 구상력이나 기량도 한데 결합되면 더욱 좋다. 이러한 이상적 패러다임을 바로 메타이론이라고 할 수 있다. 이 패러다임에 의하면 사회과학에서의 일반이론도, 나아가서는 과학의 통일화(unified)도 가능하다고 본다.

패러다임이라는 용어는 위에 설명한 국한된 의미뿐만 아니라 좀더 다양하게 쓰일 때도 있다. 예컨대 자기의 고유한 분야를 인지하기 위한 기초요소로도 쓰이고, 공통분모의 뜻을 가지고도 있으며, 진술되거나 진술되지 않은 일련의 전제(assumption)로서 과학적 아이디어가 잉태되는 근거로 이해되기도 한다. 또한 주류(mainstream)라는 의미를 내포하기도 한다. 행정학 분야에서 1900년부터 오늘에 이르기까지 거의 한 세기 동안 시대별로 패러다임을 다섯 개로 나누고 있는데, 이때의 패러다임은 주류라는 의미로 쓴 것이다. 참고로 이들 패러다임을 소개하면, ① 정치와 행정의 이원성(the Politics/Administration dichotomy, 1900-1926), ② 행정의 원리(the Principles of Administration, 1927-1937), ③ 정치학으로서의 행정학(Public Administration as Political Science, 1950-1970), ④ 행정과학으로서의 행정학(Public Administration as Administrative Science, 1956-1970) 및 ⑤ 행정학으로서의 행정학(Public Administration as Public Administration as Public Administration, 1970-?) 등이다. 복수의 주류가 같은 시기에 공존하는 경우도 있으며, 1938년 이후 1950년까지의 공백기간에는 일종의 가지치기로 도전(challenge, 1938-1950)과 응전(reaction to the challenge, 1947-1950)의 패러다임이 있었다고 본다.

이상이 패러다임을 포함해 개념적 사고, 개념, 개념화, 재개념화 등에 관한 설명이다. 과학적 연구의 출발이 개념부터라는 생각을 다시금 하면서 그 중요성을 환기한다. 그러면 다음 장에서는 이론에 이르는 전단계로서 가설에 관해 강의한다.

제 6 장

가　　설

1. 개　　관

우리는 평소의 대화나 주장에서 가정적 단계에 불과한 것을 정설처럼 우기는 경우가 많다. 과학적 이론이나 법칙 등은 가설이 어떠한 방법으로라도 입증된 것이어야 하지 않으면 안 된다. 따라서 우리의 과학적 경험연구의 초기 단계는 가설을 설정해 보는 것이다. 뭔지 잘 모를 때 어떨 것이다라는 가정을 먼저 내세워 그 관계를 규명해 들어가는 것이다. 따라서 가설은 의문에서 출발한다. 여러 가지 연구과제가 곧 의문이고 문제이다. 예를 들면, 누가 한국을 움직이는가? 인플레이션의 원인은 무엇인가? 왜 관료주의가 민주주의를 위협하는가? 선거에서 당선의 요인은 무엇인가? 조직은 왜 팽창하는가? 등과 같은 의문이자 질문이 그것이다. 이런 의문을 규명한다는 것은 가설을 입증한다는 말과 같다. 따라서 뒤에 설명이 따르겠지만, ① 가설은 명료해야 한다. 이 뜻은 연구자는 마땅히 연구에 동원하는 변수를 개념적으로는 물론 조작적으로도 분명히 해야 한다는 의미이다. ② 가설은 자세해야 한다. 연구자는 변수간의 관계를 그 방향(정인가 또는 부인가)을 포함해서 분명히 밝혀야 하고, 동시에 그 관계가 가능한 조건을 지정하여야 한다. ③ 가설은 동원가능한 방법으로 검증할 수 있어야 한다. 이는 가설에 대한 평가는 검증할 방법의 유무에 따라 달라진다는 뜻이다. ④ 과학적 가설은 가치중립적이다. 사회과학에서 연구라는 것은 어떤 사회상황에서 일어나는 일이므로 연구자는 반드시 개인의 편견이 개입될 여지가 있다는 점을 충분히 인식하여야 하며, 따라서 모든 것을 명백하게 하여야 한다. 이상 가설의 특징은 나크미아스가 소개한 것이다. 그럼 가설에 관해 더 자세한 강의를 그 뜻부터 밝히면서 설명하기로 한다.

2. 의 의

가설(hypothesis)은 변수와 변수간의 관계를 알아보기 위해 실증단계 이전에 한 잠정적 언명 또는 진술이다. 가설을 또한 '예상된 해답' 혹은 '어떤 문제에 대한 시사된 해답'이라고도 한다. 이처럼 가설은 이해를 증진시키기 위해서 이미 알려진 사실이나 경험에 앞선 명제(proposition)를 뜻한다. 따라서 아직 사실로서 입증은 안 됐지만 추구해 볼 만한 가치가 있는 조건을 가진 추측이라고 생각하면 된다. 몇 사람의 주장을 빌어 좀더 확실히 해 보자.

셀티즈(C. Selltiz)와 그의 동료들은 "가설은 믿음에 근거치 않고 어떤 논리적 관계를 경험적 사실로 검증될 수 있는 명제(proposition), 조건(condition), 또는 원리(principle)"라고 한 Webster사전의 정의를 인용하면서, 가설은 과학적 연구에서 사실에 대한 설명을 제시하고 다른 것을 탐구해 내는데 지침이 된다고 주장한다. 필립스(B. S. Phillips)도 가설을 "경험적 검증을 위해 형성된 명제"라고 정의하고 "법칙이란 범위가 넓고 확신의 정도가 높은 명제"라고 하여 법칙과의 관계도 설명하고 있다. 컬링저(F. N. Kerlinger)가 내린 정의도 위에 적은 것과 유사하다. 즉, "가설은 두 개 또는 그 이상의 변수간의 관계를 추측해 보는 언명(conjectural statement)"이라고 한다.

가설은 일반적으로 변수간의 관계를 나타낸 선언적 문장의 형식을 취한다. 가설에는 따라서 변수간의 관계에 대한 진술이 있어야 하고 진술된 변수간의 관계가 경험적으로 검증될 가능성이 있어야 한다. 다시 말해서 가설은 경험적으로 검증될 수 있는 둘 이상의 변수를 통해 이들 변수가 어떤 관계를 맺고 있는가를 밝히게 되어 있다. 그러므로 만일 이러한 조건이 충족되지 못하면 그것은 엄격한 의미에서 가설이라고 말하기 어렵다.

가설은 해답을 얻고자 하는 문제가 설정되면 이론의 틀에 맞추어 논리적으로 변수관계를 연결지워서 실제로 변수관계를 경험적인 사실에 입각하여 검증하도록 하는 것이다. 그러므로 가설은 이론과 경험적 사실과의 사이에 다리를 놓아주는 역할을 한다.

그러나 모든 연구에 가설이 필요하고 가설이 검증되는 것은 아니다. 연구의 목적과 성격, 그리고 접근방법에 따라 다른데, 연구가 단순히 어떤 대상을 기술하고 분석하는 것이라면 가설을 설정할 필요가 없다. 그런데도 지극히 서술적 성격의 연구를 과학적 경험연구로 분장하기 위해 개념틀, 분석틀, 그리고 변수와 가설까지 만들어 박사논문을 쓰고 있는 경우가 매우 많다. 대학원 박사과정에서 방법론강의를 들을 대로 다 듣고도 논문은 왜 그렇게 쓰는지 이해를 하다가도 모르겠다. 이것은 물론 강의하는 교수며 논문을 지도하는 교수의 책임도 책임이지만 연구자들이 방법론을 일개 과목으로만 생각을 하고 외워서 시험은 잘 치르지만 실제로 그 방법론의 실력을 실체적 주제를 규명하는 데 활용할 줄 모르기 때문이다.

3. 요건과 기능

가설은 일정한 구비요건을 갖추고 있다. 다음 절에서 설명하는 원칙과 중복이 있기는 하지만 우선 구비요건을 설명하기로 한다. 앞의 개관에서 대강 소개한 내용들이다.

첫째, 가설은 개념적으로 명백해야 한다. 이 뜻은 가설을 형성하는 개념이 가능한 한 조작적으로 명백하게 정의되어야 하고, 또 누구에게나 그 뜻이 쉽게 전달될 수 있도록 보편화된 용어로 표현되어야 한다는 것이다.

둘째, 가설은 경험적 근거(empirical referents)를 가져야 한다. 가설은 모름지기 경험적으로 검증할 수 있는 근거가 마련되어야 한다는 뜻이다. 그러기 위해서는 가설을 형성하고 있는 변수의 경험적 측정이 가능해야 한다. 따라서 경험적으로 측정이 어렵거나 불가능한 것은 과학적 연구의 대상이 될 수 없다.

셋째, 가설은 특정화된 것이어야 한다. 가설의 내용이 막연하고 추상적이면 곤란하므로 한정되어 가설의 내용과 방향이 명백함으로써 검증이 용이하도록 표현되어야 한다. 보통 연구에서 흔히 찾아볼 수 있는 것은 가설의 내용이 모호하여 변수간의 관계를 분명히 알 수 없을 뿐만 아니라 검증이 불가능할 때가 있다는 점이다. 가설의 한정성과 특정성은 동시에 반복적인 연구의 가능성을 보장하고 조장한다.

넷째, 가설은 실제로 적용할 자료의 수집이나 분석방법과 적절한 관계를 가져야 한다. 즉, 가설이 검증에 필요한 기법을 적절히 선택할 수 있어야 하며 그 기법이 지니는 장·단점을 정확히 파악하고 있어야 한다.

다섯째, 가설은 이론적 준거에 입각해야 한다. 가설이 이론과 분리될 수 없다는 것은 자명하다. 이런 뜻에서 가설은 이론의 발전을 위한 작업도구(working instruments)라고 할 수 있다. 다시 말하면 가설은 막연히 궁금한 것을 알아보겠다고만 해서 연구가 되는 것이 아니라 이론적 바탕 위에 궁금증이 표현되어야 한다는 뜻이다.

이상의 요건을 갖춘 가설은 김재은의 설명에 따르면 대개 다음과 같은 기능을 행한다.

첫째, 자료를 완성하고 잠재적 의미를 찾아내며 관계를 밝힌다(설명으로서의 가설).

둘째, 새로운 연구문제를 끄집어낸다(연구에 대한 자극으로서의 가설).

셋째, 경험적 검증의 절차를 시사해 준다(방법론의 근원으로서 가설).

넷째, 문제해결에 필요한 기구의 적정 · 적시사용에 대한 결정을 한다(실험기술을 평가하는 기준으로서의 가설).

다섯째, 모든 관계지식을 서로 연관시킨다(조직원리로서 가설).

4. 원 칙

이상에서 설명한 요건을 갖추고 있는 가설은 흔히 선언적(declarative) 형태나 가정적 형태의 문장으로 서술된다. "— 는 — 한다"라든가, "— 면, — 일 것이다"라는 식의 표현이다. 가설이 위의 요건을 구비하고 이런 표현이면 된다고 하지만 가설을 구성하기가 그리 쉽지는 않다. 그것은 가설이 이미 어떤 문제의 답을 시사하는 것이기 때문이다. 여기서는 어려운 가설을 구성하는 데 도움이 되는 원칙 몇 가지를 소개하기로 한다.

첫째, 가설은 특정문제에 해답을 주는 것이어야 한다.

둘째, 가설은 간단명료해야 한다.

셋째, 가설에 정의가 포함되어서는 안 된다.

넷째, 가설은 검증이 가능해야 한다.

다섯째, 가설은 논의의 여지가 있도록 진술되어야 하며 반증될 수도 있어야 한다. 앞에서 설명한 포퍼의 주장을 상기하기 바란다.

여섯째, 가설은 동의반복적(tautological)이어서는 안 된다.

일곱째, 가설에는 인과관계가 분명한 내용을 포함시킬 수 없다.

여덟째, 가설에는 너무나 당연한 것을 그 내용으로 삼을 수 없다.

5. 실 례

가설의 서술방식은 선언적이거나 가정적이라고 이미 설명했다. 그 예를 몇 가지 들어 보면, "부모간의 불화가 소년범죄를 유발한다," "지연 때문에 행정의 발전이 저해된다," "도시는 야당성향을 띤 편이다"는 등은 전자의 선언적 예이고, "권력이 집중되면 체제는 보다 안정될 것이다," "관료가 미래지향적이면 행정은 발전할 것이다," "핵가족제도가 보편화되면 경로심이 줄어들 것이다" 등은 후자의 서술방식이다. 다음에는 원칙에 위배되는 가설을 예시해 본다.

"정치적 행위는 근본적으로 인간이 결정한다"라는 표현은 너무나 명백한 정의이므로 가설이라고 할 수 없다. "정치지도자간에 동의의식이 성립되어 있으면 국가의 정향에는 일관성이 있을 것이다"라는 것은 동의반복에 빠진 것이므로 가설로서 성립되지 않는다. "이동성은 인종적 편견과 관계가 있을 것이다"라는 것도 그 이동성이 상향적인지, 지리적인지, 또는 사회적 의미인지 분명하지 않아 간단명료해야 한다는 원칙에 위배된다.

6. 근 거

어디에서 가설을 얻을 것인지 그 발상의 근원은 다양하다. 여기서는 그 근거를 선택적으로 예시한다.

첫째, 가설은 기존의 이론이나 가설에서 연역된다.

둘째, 가설은 다른 학과의 이론을 유추함으로써 얻는다.

셋째, 가설은 특수한 경우를 면밀히 검토하여 얻는다.

넷째, 가설은 과학이 발전하는 계기가 된 어떤 주제의 일반화를 통해 얻는다.

다섯째, 가설은 일반상식을 음미함으로써 얻는다.

여섯째, 가설은 연구자 개인의 경험 · 능력 · 지혜 및 직감 등에 의해 얻는다.

이 밖에도 가설을 구성하는 실제적 근거는 매우 많다. 주로 드는 것으로는 ① 참고문헌, 지표, 논문의 요약, ② 전문학술지, ③ 통계자료집, ④ 핸드북 등이 있다. 이들 속에 규명되어야 할 문제가 수없이 나열되어 있기 때문이다. 연구나 논문을 쓰고자 하는 경우에 막연히 상상만 하며 앉아 있지 말고 도서관에 가서 참고서지들을 들춰보면 지적 흥미를 자아내는 문제들이 수없이 기다리고 있다는 사실을 명심하기 바란다.

7. 유사용어와의 구별

가설(hypothesis)은 명제(proposition)와 구별하기가 어렵다. 왜냐하면 가설의 정의를 내릴 때 "—한 명제"라고 해서 동일시하기 때문이다. 그러나 엄격히 따지면 양자간에는 차이가 있다. 즉, 가설은 경험적으로 검증되지 않은 상태의 것임에 반하여 명제는 경험적 근거에 의하여 확인된 가설이다. 그리고 사실확인을 전제로 한 시간을 기준으로 비교하여 볼 때 가설은 미래지향적이고 명제는 과거지향적이다.

가설과 혼동하기 쉬운 것이 정의와 보편적이면서 일반성을 띤 법칙이다. 정의와 혼동하기 쉬운 것은 가설이 되도록 간단명료하고 특정화되어야 한다는 요건 때문이다. 그러나 정의가 가설일 수 없음은 이미 지적한 바이다. "정치발전은 정치체제의 능력이 신장하는 것"이라는 언명은 명백한 정의이다. 가설이 법칙과 혼동되기 쉬운 것은 가설이 추상적이고 일반적인 면에서 어느 정도의 수준을 유지하기 때문이다. 그러나 "심장이 나쁜 사람은 잘 뛰지 못한다"라는 일반화된 언명은 가설과는 거리가 먼 서술에 불과하다.

반드시 혼동되지는 않지만 법칙과 이론에 이르기까지 가설이나 명제와 비슷한 위치에 있는 용어들을 구별할 필요가 있다. 공리(axiom)와 정리(theorem)의 경우인데, 공리는 그 자체가 진실이라고 인정되는 명제로 명제 자체보다 경험적 근거가 확실한 선험적인 것이다. 정리는 몇 개의 공리로부터 논리적으로 연역된 것이다. 양자의 차이는 결국 직접적 인과관계가 있는 것을 공리라 하고 공분산과 시간적 연속성이라는 시제(時制)와 관련된 것을 정리라고 한다.

법칙 · 공리 · 명제 및 가설적 성격을 지닌 언명을 각기 소개하면 다음과 같다.

(1) 공기의 양이 변하지 않는 한 온도의 증가는 압력의 증가를 유발한다(법칙적 성격).
(2) 불균형한 인식구조 때문에 생긴 심리적 긴장상태는 그 구조를 바꾸는 세력을 만들어 낸다(공리적 성격).
(3) 조직의 계승률이 변하지 않으면 조직규모의 증대는 구조 및 절차의 증대를 가져온다(명제적 성격).
(4) 상류계급의 사람은 다른 사회계급의 구성원보다 더 영향력을 발휘한다(가설적 성격).

이상으로 가설에 관한 설명을 마친다. 가설을 통계적으로 검증할 계량적 방법은 제4부 제22장에 자세히 설명해 놓았다. 다음의 법칙과 이론에 관한 설명에서나 질문지 작성 등 실제조사에서 가설에 관한 이야기는 계속된다.

제 7 장

법 칙

1. 개 관

사회과학연구에서 법칙은 이론만큼 흔한 것이 아니어서 그 수가 그리 많지 않다. 자연과학에는 질량불변의 법칙 등 법칙이 수없이 많은 사정을 감안하면 사회과학은 법칙의 불모지라고 해도 과언이 아니다. 고작해야 행정학에서 예를 들면 파킨슨의 법칙같은 것이 있다. 수는 그리 많지 않으나 중요한 것임에는 틀림이 없다. 이론을 설명하는 다음 장에 앞서 법칙에 관해 간단히 설명한다. 법칙이 이론과 어떻게 구별되는지를 아는 것이 무엇보다도 중요하다. 그러기 위하여 법칙의 장, 구역 및 범위 등을 익혀야 한다. 법칙도 이론처럼 보편성이나 일반성을 띠고 있다는 사실을 명심하기 바란다.

2. 의의와 기능

법칙(laws)이란 시·공을 초월하여 보편화 또는 일반화된 진리같은 것이라고 생각하면 된다. 문제를 파헤쳐 과학적인 탐색의 결과로 얻는 것 중에는 크게 나누어 특수한 것과 일반적인 것 두 가지가 있다. 여기서 특수한 것을 사실(fact)이라고 하고, 일반적인 것을 법칙(law)이라고 한다. 따라서 법칙은 분석적(analytic)인 성향을 띠고 있으며 무엇이 발생했는가를 도외시한다면 선험적일 수도 있다고 카플란이 말한 바 있다. 법칙이 가설과 다른 점은 가설이 일정한 수준에 미달한 것(즉 경험적으로 검증되지 않은 것)이라면, 법칙은 일정한 수준에 이미 이른 것으로 현상에 대한 설명력과 예측력을 어느 정도 가진다. 어느 정도 가진다는 뜻은 이론만큼은 못하다는 의미이다. 이론을 설명하는 다음 장에서 이론을 법칙의 총체라고 설명하고 있다. 훌륭한 법칙은 훌륭한 이론의 정립을 돕는다. 법칙은 가설 말고도 비교해서 이해해야 할 개념들이 많다. 법칙과 이론에 이르기까지 전제와 명제 그리고 공리로부터 시작해서 정리나 가설에 이르는 이른바 이론형성을 위한 제 요소들이 법칙의 이해를 위해 도움이 된다. 이것 역시 가설과 더불어 설명한 바 있다. 다음에는 법칙과 이론들을 설명하면서 일반화란 말을 많이 쓰는데 그 뜻이 무엇인지에 대해 좀더 알아보기로 한다.

일반화의 기초는 확인(identification)이다. 지식이란 차이가 나는 것들을 구별하면서 얻게 되는 것인데, 모든 차이란 반드시 확인으로만 가능하다. 차이가 나는 반응은 곧 인식력의 작용이고 따라서 이것은 인식 없이 불가능하다. 인식이 모든 자연지식의 근원이라는 점은 인식론에서 여러 번 설명했다. 과학적 이론은 인식이 작동하는 환경에서 우리의 지식을 체계화해 준다. 이들 모두는 가장 현저한 경험 속에서 확인해 나가는 작업이라고도 할 수 있다. 확인은 개인 또는 사례를 집중적으로 연구하는 과학(idiographic science)과 일반적인 원리와 법칙을 연구하는 과학(nomothetic science)간의 차이를 없애 주는 역할을 한다. 확인은 주어진 특수한 것을 일반법칙과 조화되는 한도 안에서 기존의 것과 연결시켜 주기도 한다.

일반화의 또 다른 기능은 가정(presuppositions)으로서이다. 실상 우리가 과학을 한다고 말하면서 어디서부터 출발하여 어떤 지식을 찾아내느냐에 관하여는 막연한 감이 없지 않다. 현재 우리가 있는 곳에서 출발한다는 말이 가장 옳을지도 모른다. 어떤 탐구는 현재 우리에게 의문이 있기 때문이고, 또 이 의문을 풀어 문제를 해결하려고 진행되는 것이다. 과학이란 것이 기적을 낳는 것이 아니고 무지로부터 어떤 산발적인 유를 창조해 내는 것이 아닐진대 어디에고 근거를 두고 무엇을 찾아내게 마련이다. 그 근거나 출발점을 '우리가 있는 곳'이라고 말하고 있지만 그 속에는 물론 이미 앞서 탐구해 놓은 것, 다른 과학이 정립해 놓은 것, 경험과 관습과 전통 등에 의해 얻어진 모든 지식들이 이미 담겨져 있다는 사실을 가볍게 생각하지 말아야 한다. 가정은 항시 문제상황으로 연결되고 그 상황에는 항상 믿음이 발생하거나 유지되는데, 우리는 이것을 상상(suppositions)이라고 부른다. 이 믿음은 또한 상황을 문제화한다. 문제가 차차 해결되어 가면 이 상상은 수정된다. 반면에 가정은 좀처럼 변하지 않는다.

문제를 해결하려면 우선 자원(resources)이 필요하다. 이 자원을 물적수단(material means)과 절차적 수단(procedural means)이라고 말하는 사람도 있지만, 대강 자료(data)라고 생각하면 된다. 이 속에는 탐구의 기법과 문제를 다루는 기술의 생태 등이 포함된다. 다시 말해서 수학의 제 정리, 관찰이나 측정도구의 작업법칙 및 정보처리의 원리 등 모두가 이 자원 속에 포함된다고 생각하면 된다. 한 맥락에서 자원이 또 다른 맥락에서는 가정이나 상상이 될 수 있다는 것을 알아 둘 필요가 있다.

문제를 탐구해 가다 보면 작업가설(working hypothesis)을 세울 필요가 생긴다. 가설에 관하여는 앞의 장에서 충분한 설명이 있었지만, 요는 가설이 문제를 파헤치는 데 있어서 보다 확실한 지침을 마련해 준다는 데 법칙에 이르는 과정상의 중요성이 인정된다. 이 가설은 물론 전제(assumption)와 연결되고 검증을 받아야 된다.

헴펠은 법칙은 재정립되고 거꾸로 법칙이 규칙으로 재정립된 논리가 과학적 언명을 내포하고 있는 것으로 대체된다고 주장한다. 과학에서의 전개는 전제(premise)로서의 일반화에서 비롯되기보다는 일반화와 맞아들어 가야 한다. 그럴 때 일반화는 가정과 자원의 범위 안에서 규칙으로서의 기능을 행하는 것이며 때로는 전제로서도 가능하게 된다.

전통적 실증론자(classical positivist)들은 법칙이란 근본적으로 특정한 사실을 기억하고 예견하는 데 조력할 수 있도록 형성되는 것이라고 생각했다. 그래서 법칙을 간명한 규칙(compendious rules)이라고 생각했고, 또 인간에 의해서 만들어질 때만 존재한다고 생각했다. 그러나 법칙에 대한 견해는 반드시 일치하지 않아서 법칙은 아무것도 묘사하지 못한다는 극단적인 의견도 있다.

법칙이 다른 과학적 언명과 구별되는 점을 재래의 일반화(nomic generalization)와 우발적 보편성(accidental universals)과의 차이에서 그 해답을 찾으려고 한다. 모든 참인 보편적 언명이 재래의 일반화가 아니라는 것은 분명하다고 보아야 하며 다음의 몇 가지 요건이 구비되어야 한다고 카플란이 주장한다.

첫째, 일반화는 시공의 제약 없이 반드시 진실로 보편적(universal)이어야 한다.

둘째, 일반화는 공허한 또는 무의미한 진실이어서는 안 된다. 이 말은 진술된 조건을 충족시킬 다른 아무것도 없기 때문에 다만 진실이다 하는 식이어서는 안 된다는 뜻이다.

셋째, 일반화의 증거는 그 적용범위와 일치해서는 안 된다. 범위가 폐쇄적이어서는 곤란하기 때문이다.

넷째, 재래의 일반화는 다른 법칙으로부터 도출될 수 있어야 한다. 즉, 과학적 이론에서 한 몫을 해야 한다는 뜻이다. 그렇지 않으면 법칙이라기보다는 경험적인 일반성 정도에 불과하게 된다.

다섯째, 법칙이 되기 위하여는 앞서 이루어진 일반화가 반드시 진실이어야 한다. 법칙은 모든 조건을 충족시키고 있는 언명이기 때문이다.

3. 내 용

법칙은 무엇을 설명하기 위해 그 자체 어떤 내용을 지니게 된다. 다시 말해서 그 자체에 요소를 지니고 다른 요소($x_1 \cdots x_n$)와의 관계에서 설명이 이루어진다. 그런데 법칙의 내용은 우선 적합하다고 생각되는 일련의 요소(x)에 따라 결정된다. 우리는 이 일련의 모임을 장(field)이라고 부른다. 법칙은 바로 이 장 혹은 담론계(universe of discourse)가 정하는 바에 따라 어떤 현상을 설명하게 된다. 법칙의 일반적 정형은 요소 x가 있고 x가 f라는 속성을 가지며 또 f가 g라는 하위속성을 지닌다는 식으로 표현되는데, 이때 속성 f가 바로 법칙이 무엇에 관한 것인가를 구체화시켜 준다. 달리 말해서 f는 법칙의 구역(range)을 정해 준다. g나 그 밖의 속성들의 모임이나 이들의 관계도 부단한 활동을 벌이는데, 이것이 법칙의 범위(scope)를 정한다. 이 범위는 속성의 공간과 일치한다. 우리가 법칙의 내용을 이해하려면 모름지기 이상의 장·구역 및 범위 등을 명백히 해 놓아야 한다.

법칙의 내용은 또 다른 편에서 보면 맥락에 따라 결정된다고도 볼 수 있다. 논리 자체가 법칙의 특정용도를 위해 만족스러운 결론을 얻도록 해 주는 맥락에 기초를 두고 있기 때문이다. 모든 법칙은 맥락으로부터 추상화된 것이라고 생각하는 한, 도식(schemata)이나 지시(directives)에 불과하다. 여기서 맥락이 중요하다는 점은 법칙의 구역에 관한 적절한 해석 때문이라고 생각하면 된다. 맥락은 동시에 장과 범위의 결정에도 관계되는 것이 사실이다. 따라서 법칙의 내용을 논할 때 그 내용의 여러 측면을 결정짓는 경계조건(boundary conditions)을 항상 염두에 두어야 한다. 이것이 곧 맥락의 문제이기 때문이다.

법칙이 무엇을 설명하고 어떤 것을 기대하기 위하여는 단순한 사례를 모아놓은 무질서한 집합으로서가 아니라 일정한 경향(trend), 추세(tendency) 및 근사성(approximation)을 지닌 것이어야 한다. 이것은 법칙의 특성이기도 하다. 우선 경향이란 예를 들어 모집단 전체의 분포상태를 알지 못하고 표본의 분포만을 미루어 모집단의 분포를 알아내려는 경우에 모집단의 경향이 어떠하리라는 유추를 하게 될 때 쓰는 말이다. 따라서 경향은 분포 그 자체를 설명하지 못하고 다만 연속성 정도를 확인해 줄 뿐이다. 즉, 기술적 일반화(descriptive generalization)라고 할 수 있다. 반면에 추세는 일정한 발생경향이 있는 것으로 경향의 묵시적 설명이라고 할 수 있다. "젊은 세대는 기성세대의 권위를 무시하는 성향이 있다"는 것은 이들 모두가 다 그러하다는 것은 아니지만 그 쪽으로 치우친다는 뜻이다. 추세는 경향보다 광의이며 일반화된 개념이다. 추세를 띤 법칙(tendency law)이라고 하면 이미 그것은 완전한 법칙에 가깝다. 방법론의 입장에서 보면 법칙이 얼마나 실재에 가깝냐가 관심사이다. 다시 말하면 일반적 언명이 얼마나 법칙의 상태에 가깝냐라는 문제와도 결부된다. 이 근사성에는 인식론적 근사성(epistemic approximation)과 의미론적 근사성(semantic approximation)이 있는데, 전자는 언명의 진위에 직접적인 영향을 주는 것이고 후자는 언명의 의미에 직접적인 영향을 주는 것이다.

법칙의 내용이 어떠한 것이든, 그 속성이나 특질이 어떠한 것이든, 지식이 발달함에 따라 법칙은 진보적 변화를 겪게 되고 다른 것에 대체되곤 한다. 법칙이냐, 가설이냐, 규칙이냐, 원리냐, 아니면 공리냐 하는 것은 모두가 정확성(accuracy)과 적용가능성(applicability)의 정도 문제인데 이것이 장,

구역 및 범위에 대한 이해와 결부된다. 따라서 과학적 법칙의 내용은 사상의 추상화된 유형으로 유리될 수 있는 것이 아니라는 점을 늘 기억해 두어야 한다.

4. 형식상의 유형

법칙의 유형에는 조건의 충족에는 관계없이 형식적으로 과학적 일반화에 적용되는 형식상의 구분과 행태주의과학에 관계가 깊고 내용에 근거하여 구분하는 내용상의 유형이 있다. 여기서는 우선 카플란의 설명에 따라 형식상의 유형을 간단히 소개한다.

(1) **단순한 일반화**(simple generalization) x와 y가 A와 B의 구성 요소일 때 xRy의 형식을 갖춘 일련의 언명을 $A(R)B$라는 형식으로 일반화시키는 것을 뜻한다. 이 단순한 일반화는 극히 일반적인 관계만을 확인해 준다. 예를 들면 실험실에서 몇 마리의 쥐에게 약을 투여하고 그 반응을 관찰하여 얻은 실험결과로 쥐 전체에 확대해석을 하려는 것과 같다. 이 유형은 모든 인식작용에서 한 몫을 하고 더 복잡한 일반화의 유형에서도 찾아볼 수 있지만 낮은 수준의 지식밖에 터득시키지 못하는 것이 흠이다.

(2) **확대된 일반화**(extensional generalization) A와 B가 U와 V의 구성원일 때 $A(R)B$의 형식을 갖춘 일련의 언명이 $U(R)V$라는 형식으로 일반화되는 것을 뜻한다. 이 유형이 단순한 일반화와 다른 점은 개개의 구성요소를 고려하는 것이 아니라 종류를 일반화시키려는 데 있다. 따라서 일반화는 구역과 범위에서 확대된다. 단순한 일반화가 총칭적 통일성(generic uniformity)에 의존한 것이라면 확대된 일반화는 구체적 유사성에 의지한다.

(3) **중간단계의 일반화**(intermediate generalization) $A(R)C$라는 언명으로부터 $A(R')B$와 $B(R'')C$라는 두 언명으로 옮겨가는 유형이다. A와 C 사이에 중간 과정이 생겨 이들의 관계를 규명해 준다. 이 중간단계의 일반화는 불완전하지만 설명적(explanatory)이라고 할 수 있다. 즉, 연계관계를

성립시킴으로써 풀이를 가능하게 하는데, 그것은 원형으로부터 아형(亞形)을 유도함에 있어서 다음의 요인과 밀접한 관계를 맺고 있는 것을 선택하기 때문이다. A와 B가 함께 A 하나 때보다 C와 밀접한 상관관계를 맺고 있으면 B가 연결요인으로 작용한다는 생각을 쉽게 갖게 되는 것과 같다.

(4) **이론적 일반화**(theoretical generalization) A와 B가 α와 β의 구성요소일 때 $A(R)B$가 $\alpha(R)\beta$의 형식으로 옮겨가는 유형이다. 이론적 일반화는 종류를 개념화한다. 이 유형과 관계가 깊은 것은 중간단계의 일반화로서 이것이 이론적 일반화에 대하여 자료를 제공한다. 중간단계의 일반화가 약한 설명력을 갖는다면 이 이론적 일반화는 강한 설명력을 지닌다. 이 유형은 다른 유형과 달리 그 수준이 높다고 보는 것이 일반적인 견해이다.

5. 내용상의 유형

법칙을 내용에 따라 분류해 볼 때 행태주의과학과 관계가 깊은 것은 시간성 법칙(temporal laws)이다. 이 법칙에서는 시간이 가장 중요한 변수로 작용한다. 시간성 법칙은 동시성 법칙(simultaneity laws)과 대조된다. 후자는 인과관계의 언명에 적용되는 법칙이다. 시간성 법칙에 등간적 법칙 · 기원적 법칙 및 유형적 법칙 등이 있고, 인과관계에 관련된 법칙으로 유분적 법칙(類分的 法則)과 통계적 법칙이 있다. 또 카플란의 주장에 따라 이들 하나하나를 간단히 설명한다.

(1) **등간적 법칙**(interval laws) 이 법칙은 시간적 격차를 두고 달리 발생한 사상간의 관계를 설명해 준다. 정신분석학의 분야에 그 예가 많은데, 이 법칙은 시간적 격차를 두고 행동이 발생했다는 사실을 확인할 필요가 없으며 시간성 법칙이 아닌 다른 법칙과의 대체가능성에 관해서 아무것도 제시해 주는 바가 없다.

(2) **기원적 법칙**(genetic laws) 어떤 사상(事象)의 연조(年條)와 관련해 설명되는 법칙이다. 고정된 시간과의 간격을 고려치 않고 영(零)에서부터

출발하는 것으로 생각한다. 이 법칙은 기능적이거나 균형적 법칙과는 대조적으로 방향적(directional)이고 발전적(developmental) 법칙의 성격을 띤다.

(3) **유형적 법칙**(pattern laws) 단계적 발전과정을 설명하는 법칙이다. 달리 말하면 이 법칙은 법칙론의 성격이 강한데, 영의 시간을 고정시킬 수 있을 정도로 충분히 특정해 놓은 상황에 기원적 법칙을 적용시킴으로써 얻는다.

(4) **유분적 법칙**(taxonomic laws) 이 법칙은 안정적이고 자연적인 종류의 존재를 설명해 준다. 이것은 일종의 확인(identification) 문제와 직결된다. 화학이나 생물학의 영역에서 유사한 요소끼리 모아 그룹을 형성해 봄으로써 그 안에 고유한 규칙성을 발견해 보려는 것은 이 법칙의 대표적인 예이다.

(5) **통계적 법칙**(statistical laws) 이 법칙은 유분적 요소와 다른 집단화된 특징간의 관계를 형성함으로써 유분적인 것을 가정하고 있으며 인과적 법칙(causal laws)과 구별되나 유분적 법칙과 함께 동시성 법칙의 범주에 속하는 것은 분명하다. 이 통계적 법칙은 쉽게 말해서 변수와 변수의 관계를 확률에 근거하여 추론함으로써 성격을 규명해 보는 것과 같다. 이 책의 제 4 부에 자세한 설명이 있으므로 여기서는 더 이상의 설명을 생략한다.

끝으로 위에 설명한 유형은 변수와 변수와의 관계를 직접적으로 표현해 주는 이른바 범주성 법칙(categoric laws), 연속성 법칙(sequential laws) 및 결정성 법칙(determinant laws) 등에 관한 것은 포함하고 있지 않다. 이들 관계의 유무·대소·다소 및 비율 등을 표시해 주는 제 법칙은 이론이나 측정 등을 설명할 때 그 근본이 되는 것이기에 이해를 그 곳으로 미룬다.

이어서 과학적 방법의 정수라고 할 수 있는 이론에 관해 알아보기로 한다.

제 8 장

이 론

1. 개 관

이 8장은 다음의 제9장 모델에 관한 것과 제10장 이론과 모델의 관계와 차이 등에 관한 것을 한데 묶어 이해하는 것이 좋다. 그저 설명의 편의상 장으로 나누었을 뿐이다. 따라서 하나의 장으로 생각하고 강의를 듣기 바란다.

결국 우리가 최종적으로 추구하는 것은 이론을 습득하는 것이다. 물론 그 다음 실천의 장에서 문제를 해결하기 위해 이론을 토대로 여러 해석을 하고 예측을 하긴 한다. 그러나 방법론 내지는 지식론에서 제일 중요한 부분은 말할 나위도 없이 이론이다. 쉽게는 이론이 없는 주장은 논의가 아니다. 수필이나 산문은 이론 없이 생각과 관찰 등을 기술하는 것이다. 그러나 연구와 논의에는 반드시 이론적 배경이 뒤따라야 한다. 이론에서는 특히 '설명과 예측'의 기능에 주목하고 마지막 대목의 그림(과학적 탐구의 구조)을 늘 머리에 새겨두기 바란다. 이론의 중요성은 더 이상 강조하면 군더더기가 된다. 뜻부터 가려보기로 한다.

2. 의 의

'과학'이라는 말이 흔히 사람들의 입에 오르내리듯이 '이론'이라는 말 역시 마찬가지이다. 대화중에서 특히 논쟁을 하는 가운데 이론이라는 말은 수없이 많이 쏟아져 나오며 또 흔히 실재와 대비되어 쓰이기도 한다. 이론이라는 말은 원래 본다는 뜻인 데오라(theora)에서 나왔다. 사물을 정확히 본다는 뜻이다. 사물을 정확히 보아 그것에 대한 설명을 붙이고, 그래서 그로부터 연유되는 유사한 상황에 대한 설명이나 시간이 흐른 연후의 설명까지도 가능하게 해보자는 의도가 그 안에 숨어 있다. 이것이 곧 이론이다.

우리는 이론이라는 무기 또는 장비를 갖추지 않고서는 어떤 일도 할 수 없음을 알아야 한다. 아무 뜻도 없이 생겨나는 일이 이 세상에는 수없이 많지만, 그것을 가만히 눈여겨 보면 그 가운데에는 어떤 규칙이 있고 법칙이 내재한다. 이것을 놓치지 않고 정리해 볼 때에 우리는 근사한 것을 하나 얻게 되는데, 그것이 바로 이론이다. 이론은 그래서 무엇을, 어떤 현상을 질서 있게 또는 체계 있게 설명해 준다. 그 설명이 그럴듯하면 그 이론은 현실적인 설명력을 갖게 된다. 그렇지 못하면 그것은 허구에 불과하다. 현실적인 설명력이 적합성을 띨 때 이론은 시간적 차원을 확대시켜 일반성을 띠면서 미래에 대한 예측력을 갖게 된다. 이런 힘을 갖추고 있어야만 우리는 이것을 이론이라고 말할 수 있게 된다. 즉, 과학적 이론이라고 말할 수 있는 것이다. 과학적 이론 등은 이미 제 2 장에서 그 필요성과 중요성을 충분히 강의했으므로 여기서는 이론의 의의 · 기능 · 요소 및 형성 등에 관해 설명하기로 한다.

실제로 학문을 할 때 이론이라는 말이 어떻게 쓰이나 알아보자. 그것은 논리적으로 연결된 일련의 명제(propositions)라고 할 수 있으나, 여러 학자들의 주장을 소개하면 다음과 같다.

> "법칙적인 일반성을 띠면서 체계적으로 연관된 일단의 언술로서 경험적인 검증이 가능한 것"(Rudner)
>
> "논리적으로 연결된 명제로서 경험적 제일성(齊一性, uniformity)이 도출될 수 있는 것"(Merton)
>
> "체계적으로 상호 연결된 일련의 명제"(Zetterberg)
>
> "암시적이고 연역가능성이 있는 관계에 의해 구성된 일련의 가설"(Galtung)
>
> "상호 관련되어 있는 일련의 명제로 구성되며, 이 명제는 변수간의 관계를 검증해 놓는 것"(Forcese and Richer)
>
> "현상에 대한 설명과 예측을 목적으로 변수간의 관계를 밝힘으로써 그 현상에 대한 체계적인 견해를 제공하는 상호관련된 일련의 구성 · 정의 및 명제"(Kerlinger)

"개념간의 의심스러운 관계에 관한 언명"(Dooley)

이상 몇 학자의 주장을 보면 대개 비슷비슷하다. 무엇을 의미하는 것이 이론인지는 대강 알 수 있을 것 같다. 내가 지금까지 민주주의에 관한 연구를 하면서 확인한 것 중의 하나는 "우리 나라에는 민주주의의 절차적 원리가 뿌리를 내리지 못했다"는 점이다. 여기서 절차적 원리란 공개토론, 비판, 타협과 협상같은 것을 뜻한다. 반면에 민주주의의 이념적 원리는 자유, 평등, 정의, 개인의 권리 등이다. 우리들은 이 이념적 원리에는 매우 익숙해 있으면서도 앞의 절차적 원리는 민주주의가 아닌 것으로 안다. 여러 번의 경험적 검증을 거쳐 "한국의 민주정치가 뿌리를 내리려면 절차적 원리도 내면화시켜야 한다"와 같은 주장은 이론적 언술이라고 할 수 있다. 이런 실례를 염두에 두면서, 좀 색다른 정의를 하나만 더 소개하면, 이론은 인식적 유의성(epistemic significance)과 구조적 유의성(constitutive significance)을 지니는 것이라고 한다. 전자는 구조적 개념을 조작하여 명백한 대응법칙(rules of correspondence)에 따라 추상적인 것이 경험의 세계에서 관찰가능한 것과 연결되도록 하는 것을 뜻하고, 후자는 이론을 포함한 개념이 서로 연관되어서 경험적으로 분간할 수 있는 행동을 예측하고 설명하도록 하는 것을 뜻한다.

이론이 무슨 뜻인가의 정의 그 자체는 너무 간단하다. 그 속에 취지나 목적 또는 요소나 기능이 함축되어 있기는 하지만, 그러나 이론이 그렇게 간단히 설명되고 이해될 정도로 평이한 개념은 아니다. 카플란(A. Kaplan)은 이론에 대한 이해를 위해 여러 각도로 이론을 설명한다. 첫째, 이론은 습관을 고치거나 새로운 것으로 대체시키는 데 좀더 효과적이 되도록 난처한 상황을 의미 있게 만드는 하나의 방법이라고 한다. 따라서 이론은 논리적으로 형성된 법칙을 해석하고 비판하고 통합시키는 방안이며, 공식에 따라 예측치 못했던 자료에 맞도록 법칙을 고치고, 새롭고 보다 넓은 일반성을 발견해 내도록 인도해 주는 방안이 된다는 것이다. 그러므로 이론화한다는 것은 경험에 의해 배우는 것을 의미하는 것이 아니라, 무엇을 배워야 할 것인가에 관해 생각하는 것을 의미하게 된다. 둘째, 이론은 실제와 대비된다. '떼오라'라는 것은 행동과 다른 관조를 뜻하는 것이므로 실제의 문제상황과는 거리가 있다. 다만 넓은 맥락에서는 이론화한다는 것이 실제적인 활동일 수 있으며 관조라는 것 자체가 다른 종류의 행동이 될 수는 있다. 여하튼 이론은 이상을 함유하고 있기 때문에 이 점에서 보면 실천될 수 없는 성질을 지니고 있다는 것을 간과해서는 안 된다. 하지만 일반적으로 이론은 당연히 실제에 관한 것이라는 점도 잊어서는 안 된다. 셋째, 이론은 상징적인 것이다. 이론은 인간이 만들어 낸 창조물이지만 사실의 불완전성같은 것과 비견될 수 있는 수준에 있지는 않다. 그렇다고 이론을 사실과 동떨어진 것이라고 말할 수는 없지만, 이론 그 자체는 상징적인 것으로 있는 그대로를 넘어서 그 이상의 경지로 가곤 한다. 그러므로 이론은 추측적(conjectural)이며 가상적(hypothetical)이다. 이 점이 사실과 대조가 된다.

한마디로 이론은 실제와 사실과 대조된다. 이론상의 개념은 관찰상의 개념과 다르며, 이론적 법칙(theoretical laws)은 경험적 일반화와 다르다. 그래서 '이론적'이라는 말은 경험한 것으로부터 추출한 추상적인 것이며, 좁은 뜻에서는 개념적(conceptual)인 것이다. 이론적 법칙은 사실과 직결되어 있는 경험적 일반화에 의해 나온 산물이다. 이론적 법칙은 보통 고차원에서 구체적 개별성보다는 추상적인 것을, 관찰가능한 사실의 여러 요소보다는 이론적 요소(theoretical entities)를 따진다고 한다. 그러므로 이론적 법칙이 엄격한 의미에서 세상을 묘사하기보다는 어떤 묘사의 진실성에 대한 설명을 붙여 주려는 것이라고 생각하는 것이 옳다.

지금까지 이론이 무엇인가에 대한 뜻을 대강 풀이해 보았지만 어떤 것이 이론이냐를 이해하기란 쉽지 않다. 위의 설명으로 미루어 여러 각도에서 본 여러 사람의 이론에 대한 주장을 여기서 일단 정리하고 넘어가는 것이 좋을 것 같다.

(1) 이론은 어떤 원리나 법칙을 발견할 수 있는 정리를 공리로부터 연역하고 검증함으로써 성립된다.

(2) 그 검증은 경험적으로 체계 있게 이루어져야 한다. 따라서 러드너(R. Rudner)가 이론을 "법칙연한 일반성을 포함하고 체계적으로 언술을 엮어 놓은 것으로서 경험적으로 검증이 가능해야 한다"고 규정하고 있는 것도 이와 일치된다.

(3) 경험적으로 검증되기 때문에 이론은 객관성을 띤다. 이 말은 이론 자체가 객관화된 것이라든가 구체화된 것이라는 의미는 아니다.

(4) 그래서 이론은 추상화되고 기호화된 것이다(symbolic construction). 추상화되었다는 것은 경험한 사실 또는 물질로부터 공통되고 의미 있는 것을 발췌했다는 뜻이 되며, 그것이 협의로 이해될 때는 개념적(conceptual)이라는 의미를 띤다. 기호화한다는 것은 시공을 초월하여 경험을 영원히 보존할 수 있으며 또한 과거의 경험을 합리적으로 조작할 수 있는 메커니즘을 마련해 준다는 것이다. 흔히 언어 · 그림 · 부호 · 숫자 등이 기호화의 도구가 되며 모형도 기호의 대표적인 것이나 그 수준은 다른 것보다 격상되어 있다. 이 기호화에 관하여는 뒤에 조작적 행위를 설명하는 장(제12장)에서 좀더 자세히 다룬다.

(5) 이론은 사실에서부터 비롯되나 추상화시킨 것이므로 사실과 대조되고 실제와 대비된다. 따라서 이론적 개념은 관찰된 것과 대조되고 이론적 법칙 역시 경험적 일반성과 대비된다. 이것은 위의 카플란(A. Kaplan)의 설명에서 인용된 바와 같다.

(6) 이론은 법칙의 체계(a system of laws)이다. 이것은 이론이 단순히 몇 가지 법칙들을 모아 놓은 총체(the aggregate)가 아니라 일정한 규칙에 따라 이들 법칙이 연결된 것이다.

(7) 이론은 그 기초단위로서의 추상적 「칼큐러스」(calculus)와 기본요소를 수직화시키는 조정원리(coordinating definitions)와 「칼큐러스」의 의미가 진실임을 입증하는 체계로서의 해석모형(interpretative model)으로 구성되어 있다.

(8) 이러한 이론은 위에서도 설명한 바와 같이 현상을 분석하고 규칙성(regularities)을 설명하고 이해시키며 미래를 예언하고 통제하는 역할을 한다.

이상 이론에 관해 대강 정리해 보았다. 이론은 계속해서 이 장에서 설명하겠지만 이론과 직접 관련되는 법칙은 이미 제 7 장에서 설명했고, '사실'은 제 3 부 제11장(자료만들기)에서 다시 설명하기로 한다.

3. 기 능

모델을 인식의 도구라고 하고 이론을 설명의 도구라고 하여 구별하려는 이관우 같은 입장이 있지만, 실제로 구별이 안 되는 경우가 많다. 왜냐하면 모형이 설명력을 갖추고 있을 때가 있어서이다. 그러나 역시 설명은 이론에 의해 가능하다고 생각하고 있다. 그래서 '설명'(explanation)을 '예측'(prediction)과 더불어 이론의 2대기능이라고 말한다. 그러나 미리 밝혀 둘 것은 설명과 예측이 이론의 공통된 기능이라고 이해되기는 하지만, 입장에 따라 약간의 차이가 있어서 유형모델(pattern model)의 입장에서는 설명·이해를, 연역모델(deductive model)의 입장에서는 예측을 각기 이론의 주기능으로 생각하고 있다는 점을 미리 밝혀 둔다. 물론 자료나 법칙을 찾아 내는 데 이론의 역할이 지대하다는 점은 설명과 예측 이전에 이론의 기초기능이기도 하다.

우리는 일상생활에서 많은 사물에 대해 설명한다. 자동차의 모양처럼 눈에 보이는 사물에 대한 설명도 있고, 공공요금을 올리게 된 연유나 민주주의가 신장되었다는 것과 같이 눈에 보이지 않는 것에 대해 설명하기도 한다. 이와 같이 설명을 하게 되는 동기는 그 의미를 분명히 함으로써 혼동 없이 명확히 구별시켜 주자는 데 있다. 이것을 「의미적 설명」(semantic explanation)이라고 한다. 그러나 단순히 뜻을 분명히 해 주는 것과 그것이 진실이라고 말해 모든 사람이 아니라고 하더라도 일부의 사람이 그렇다고 믿게 되는 것과는 다르다고 할 수 있다. 이와 같이 진실이라고 믿게끔까지 하는 것을 「과학적 설명」(scientific explanation)이라고 한다. 비트겐슈타인(L. Wittgenstein)에 의하면 설명은 "오해를 막고"(to prevent a misunderstanding) "내용을 분명히 제시하는 것"(to present a clear picture)이라고 한다.

경우에 따라서 '의미적인' 것과 '과학적인' 것이 동시에 설명될 수 있는 때가 있다. 즉, 대통령이 연두기자회견을 하고 나서 방송해설가가 즉시 그 내용을 부연한다. 그리고 덧붙여 왜 이 시점에서 왜 그러한 내용의 기자회견이 이루어졌느냐에 대한 설명을 붙일 수 있다. 이렇게 되면 위에 말한 두 가지 종류의 설명이 동시에 이루어진 셈이 된다. 이런 것을 특히 해석(interpretation)이라고 말한다. 이 해석은 행태과학에서 매우 중요한 의미를 갖는다.

'설명'은 또한 서술 또는 묘사와 구별된다. 묘사 자체가 설명적인 것이기는 하지만, 설명이 다른 종류에 관해 언급하지 않는 대신에 묘사는 이 기능을 행한다. 하지만 설명은 묘사보다 훨씬 깊은 의미를 전달해 준다. 과거의 실증주의자(positivists)들은 법칙이 단지 묘사하는 것이며 설명까지 하는 것은 아니라고 믿었지만, 오늘날의 과학철학자들은 법칙이 설명을 하는 것이라고 생각한다. 여하튼 설명은 사실과 법칙을 한데 연결시켜 놓듯이 묘사를 연결시켜 놓은 것(concatenated description)이라고도 할 수 있다.

'설명'은 이 이외에도 '설명한다는 것'(having an explanation)과 '설명된다는 것'(seeing an explanation)을 구별하며, 친숙(familiarity)이 '설명된다는 것'에 영향을 준다는 점이라든가, 친숙만으로는 이유를 이해시키기가 모자라다는 점(이해가 심리적인 것만이 아니기 때문에) 등에 관한 논의가 있으나 더 이상의 언급을 피하고 설명과 예측을 좀더 풀어보기로 한다.

앞에서 유형모델의 입장에서는 설명과 이해를 이론과 법칙의 주요기능으로 삼고 있는 반면에, 연역모델에서는 예측을 주요기능으로 삼는다고 말한 바 있다. 연역적 설명(deductive explanation)은 이해를 조장하나 설명 그 자체로 변신하지는 못한다. 또 예측이 유형모델과 전혀 관련이 없는 것은 아니다. 어떤 경우라도 설명은 다시 구성된 것이며 예측은 가능성이다. 어느 경우에나 법칙은 사상(事象)을 설명하고 이론은 법칙을 설명한다. 훌륭한 법칙은 새로운 사실을 예견가능하게 하고 훌륭한 이론은 새로운 법칙을 예측하게 해 준다. 예측은 어떤 경우에나 확실한 믿음을 가질 수 있도록 도와준다고 생각하면 된다. 아래에 설명과 예측의 관계나 차이를 좀더 이해하기 위해 나누어 설명한다.

(1) 설명과 예측 훌륭한 설명을 하기 위해서 예측이 반드시 필요한 것인가에 대한 의문이 있다. 설명이 예측까지 가능하게 해 준다면 더 이상 좋을 수가 없겠지만, 만일 예측이 불가능하다면 어떻게 될 것인가? 이에 대한 헴펠(C. Hempel)과 오펜하임(P. Oppenheim)의 견해는 설명이 예측까지 해 주는 것이어야 한다고 주장한다. 그렇지만 여기서 말하는 설명과 예측은 하나의 논리적 사실에 대한 두 개의 서로 다른 명칭에 불과하다. 과학적 법칙과 이론이란 우리가 경험한 데서 얻은 자료를 체계 있게 연결시켜 주어서, 다른 경험으로부터도 유사한 자료가 도출되도록 해 주는 것이기에 설명과 예측은 「연역적 체계화」(deductive systematization)라는 동일한 논리구조를

갖는다고 하겠다.

그러나 우리가 일상생활에서 사물이나 현상을 설명할 적에 예측까지는 하지 않는 경우도 많다. 유형모델에서 설명을 가능케 하는 유형이 어떤 결정력을 갖지 않기 때문에 다른 것까지 예측할 수 있게 해 주지는 못한다는 것이다. 설명은 어디까지나 설명이지 그것이 비록 가능성의 범위를 열어 놓고 있더라도 설명을 넘어서고 있는 것이 아니다. 미술품을 감상하고 이해하려할 때 우리는 그 그림이 어떤 구도에서 어떤 요소로 구성되고 있으며 무엇을 상징하느냐는 정도를 해석하고 설명할 수는 있겠지만, 그것에 근거해서 어떤 예측을 한다는 것은 무리이다.

연역모델에서도 경우는 마찬가지가 된다. 우리가 알고 있는 지식을 토대로 어떤 설명을 했다는 것은 엄격히 따져 그 알고 있는 지식에서 모든 것이 다 연역되는 것은 아니다. 따라서 전부가 다 포괄되어 전체에서 어떤 설명이 비롯되는 것이 아니며 일부의 설명만이 가능할 뿐이다. 완전한 설명이 된 연후에만 예측이 가능하다고 한다면 부분적인 설명으로는 예측이 불가능하다고 보아야 옳을 것이다. 자동차 사고를 예로 들면 브레이크가 고장이 났거나, 너무 과속으로 달렸거나, 운전사가 존 경우에 사고가 나겠지만, 이것은 사고원인의 부분적 설명에 불과하다. 그러면서 사고원인이 무엇인가를 추리하고 추측할 뿐이다.

그러나 통계적 법칙(statistical laws)에 근거한 설명은 통계적 예측을 가능케 한다. 그러나 그 범위는 대단히 제한되어 있다. 바둑을 두어 이긴 원인이 수가 높아서 이긴 것이 아니라 단순히 운이 좋아서 이긴 것이었다면, 이런 경우를 근거로 어떤 예측을 하기는 힘들 것이다. 전쟁 · 사랑 또는 그 밖에 꽤 애매한 많은 정치현상은 오히려 필연보다는 우연과 결부된다는 점을 염두에 둔다면, 통계적 예측력이라는 기능의 한계를 수긍해야 할 것이다. 이것뿐만이 아니라 위에서도 말한 부분적 설명에 그치고 있다는 사실과 더불어 예측을 힘들게 만드는 요인은 많다. 이 가운데에는 주관적 문제의 불안정성 · 가변성 · 불규칙성 등을 들 수 있다. 우주과학에서도 장기예측을 한다는 것은 드물거나 아주 특별한 경우인데, 하물며 사회과학에서의 예측이 얼마나 어려운가를 가히 짐작할 수 있을 듯하다. 그리고 우주과학까지 가지 않고 당장 매일매일 해 주는 일기예보의 경우만 하더라도 특히 여름과 겨울 날씨의 예보는 틀리기 십상이다. 한 주의 날씨를 미리 예측해 주는데 맞지 않는 경우가 허다하다. 미국과 일본의 일기예보는 그런대로 정확하나 오늘도(1996년 1월 15일) 당장 미국 중서부의 시카고 날씨는 주간과 일일예보에 없던 눈이 내리고 있다. 카오스이론으로 이 불규칙성을 좀더 정확하게 예측할 수 있게는 되었지만 그 정확도에서는 아직도 거리가 멀다.

지금까지는 주로 예측은 어려운 일이어서 설명만으로 만족해야 한다는 내용의 이야기를 해 왔다. 그것은 논리적으로 따져보아 옳은 일일지 모른다. 그러나 예측이 전혀 불가능한 것이 아니다. 심지어는 설명이 없이도 다른 근거를 가지고 선거결과같은 것을 예측할 수 있으며, 더구나 점성가가 예언을 하는 것은 현상에 대한 설명을 토대로 하고 있지 않다는 점을 이해할 필요가 있다.

최근에 방법론자나 과학철학자들이 설명과 예측의 차이를 강조하고 나선다. 설명은 법제적 또는 이론적 일반화나 가지적 유형(可知的 類型)에 근거를 두고 있지만, 예측은 그런 기반이 없다는 데서 차이점을 찾으려는 것 같다. 물론 예측에는 시간개념이 개입되는 차이도 있다. 그렇지만 예측에 이와 같은 근거가 없다고 해서 이것이 단순한 추측과 같을 수는 없다. 예측은 이유를 붙여 추론해 내며 동시에 어느 정도 경험적 일반화에 근거를 두고 있다. 이와 같은 차이로 인해 양자간에는 항상 그 관계에서 논쟁이 잦을 날이 없다. 왜냐하면 둘 다 가능했으면 하기 때문이다.

앞의 이야기의 반복이지만 다시 한번 정리하면 설명은 이해를 가능케 하며, 이해하지 않아도 예측은 가능하고, 예측까지 안 해도 이해할 수 있다. 설명에 근거를 두고 예측까지 할 수 있다면 이 이상 더 좋을 수 없겠지만, 이해만 제대로 할 수 있으면 이것으로 만족해도 된다는 점을 명심하는 것이 좋을 것 같다. 그러면 설명만이라도 정확히 알기 위해 다음에 설명의 속성을 약간 부연하기로 한다.

(2) **설명의 속성** 첫째, 설명은 부분적(partial)이다. 현상을 결정하는 요인 중에서 일부분만이 설명될 뿐이다. 유형모델에서는 구조 전체가 명백한 것이 아니며, 연역모델에서도 전제 전부가 다 완전한 것이 아니다. 비록 우리가 완전한 전부를 설명하려고 노력하지만 불완전한 상태에서 이미 더 이

상 설명할 수 없는 것도 있다. 둘째, 설명은 조건부(conditional)이다. 설명을 붙일 때 어떤 현상에 한해서만 그것이 그럴듯하거나, 어떤 조건이 충족될 때에만 적용가능한 경우가 허다하다. 항상 이론을 전개할 때 내세우는 전제(assumption)는 곧 이론이 설명력을 갖는 한계를 그만큼 줄게 할 뿐만 아니라 적용가능영역을 제시한다는 뜻에서 조건부라는 것을 알게 해 준다. 셋째, 설명은 부정확(approximate)하다. 설명해 놓은 것 자체나 그 질은 보는 관점에 따라 다를 수 있다. 무엇을 꼭 해야 한다고 하는 경우에 그에 영향을 미치는 상황이 항상 그렇게 하도록 내버려두지 않는다. 따라서 어떤 설명이 가해지는 때에 그 설명은 완전무결할 수 없다. 넷째, 설명은 비결정적(indeterminate)이다. 어떤 특정현상을 설명할 때 그것은 어느 정도 진실을 이야기하고 있을지 모르지만, 특정 사실을 결정적으로 말해 주지는 못한다. 그것은 설명이 부분적이기 때문이기도 하다. 보통 출산율 · 사망률 · 정치적 무관심의 경향 · 국제긴장의 완화상태 등을 대략 이야기할 수 있기는 하지만, 특정 개별 케이스에 관련시키면 거기에는 동기나 의도와 같은 심리가 작용하는 규범으로 어떤 것이 있는가 하면 개별적 사례가 대표적으로 설명될 수 있도록 하위계층을 찾아 모아 보려는 것을 권장하는 방법이 있다. 하지만 형이상학적 입장에서는 통계적 가설의 가치를 비판하여 그 결과를 무의미한 것으로 만들려는 경향이 있다는 점도 알아둘 필요가 있다. 다섯째, 설명은 비단정적(inconclusive)이다. 어떤 설명을 할 때 그것이 왜 그래야만 하는지에 대해 단정적인 말을 하기보다는 그럴 것이라는 개연성만을 이야기하는데 그친다. 통계법칙같은 것을 인증할 때는 어느 정도 명확하지만 그렇지 못한 경우에는 애매한 때가 많다. 여섯째, 설명은 불확실(uncertain)하다. 법칙이나 이론 또는 특정 사례에 적용된 자료는 단지 어느 정도까지만 진실이 확인될 뿐이지, 그것이 다음에 다시 검증되려 할 때 반증될 가능성은 충분히 있다. 예측을 염두에 두지 않는 입장에서는 지금 당장의 입증으로 만족하고 앞으로의 입증까지를 고려치 않을 수도 있겠지만 만족스러운 것이 못 된다. 일곱째, 설명은 잠정적(intermediate)이다. 설명하기 위해 갖다 붙이는 상황같은 것은 항상 스스로 자명하지 않기 때문에 바뀔 가능성이 충분히 있다. 그러므로 앞에 설명된 단정적이 못 되는 속성과 같이 설명은 잠정적인 것에 불과하다. 여덟째, 마지막으로 설명은 한정적(limited)이다. 설명이 특정 맥락에서만 타당하지, 어떤 경우에나 다 타당한 것은 아니다. 의문을 품고 알아 내려는 측면에서만 이에 대한 대답으로 설명이 받아들여질 수 있을 뿐이다. 그것은 설명이 부분적이어서도 아니고 비단정적이어서도 아니다. 설명이 한정적이라는 뜻과 조건부라는 것은 뉘앙스가 약간 다른 것이다. 전자가 어떤 상황에서만 적용된다는 뜻인 반면에 후자는 어떤 상황에 대해서만 적용된다는 의미를 갖는다.

이상에서 설명한 것은 카플란(A. Kaplan)이 열거해 놓은 설명을 파악하기 위한 여덟 가지의 속성들이다. 이것은 전혀 망라적인 것이 아니고 보는 관점에 따라 이 이외의 속성이 또 있을 것이다. 그러나 여기서는 이 정도의 풀이만으로 만족하고, 끝으로 설명의 기능으로, 첫째, 환경에 쉽게 적응하기 위한 기술적 기능(technological function), 둘째, 어떤 산물을 얻는 데 도움을 주는 수단적 기능(instrumental function), 셋째, 좀더 깊은 의문과 이해를 자극하고 이끌어가는 교시적 기능(heuristic function) 등 세 가지가 있다는 것만을 밝혀 둔다.

4. 이론과 법칙과 준이론

이론과 법칙은 유사하다. 그것은 이론의 기본적 성격이 일반화이고 법칙은 시공을 초월하여 진리로 받아들여지는 보편화된 일반성이 그 속성이기 때문이다. 일반화를 다시 풀이하면 어떤 경험적 사실과 동일한 조건하에서 미래의 다른 상황에서도 같은 사실들이 반복될 수 있는 정도의 보편화를 뜻한다. 이런 뜻에서 일반화는 가설에 비해 보다 정확한 경험적 근거를 갖고 법칙에 비해서는 진실로서의 성격이 미약한 것이라고 하겠다.

이론을 일반화와 동일시하는 경향이 있지만(R. S. Rudner의 입장), 일반화가 이론의 근본적인 성격을 나타내는 것임에도 불구하고 양자가 동일한 것은 아니다. 일반화는 이론과 경험적 관계를 갖는 것보다는 개념적 관계를 더 갖는 것이 특징이다. 다시 말해서 일반화는 경험적 사실과 직접 관계를 가지나 이론은 경험적 사실을 일반화라는 수단을 통해서 이론에 흡수하는 것이기 때문이다.

이론이나 법칙이 일반화를 그 속성으로 강하게 다지는 이유는 경험적 사실을 토대로 해서 그것을 초월하여 미래의 사실을 예측해 보자는 데 있다. 그러므로 일반화는 자연히 이론의 설명력을 강하게 만든다. 그러나 이 일반화의 정도를 유지한다는 것이 어렵다. 즉, 일반화의 정도가 높아지면 사실과 거리가 멀어져 구체성 내지는 정밀성을 결하게 되고 반대로 일반화의 정도가 낮아지면 사실에 너무 밀착되어 개념적 보편성을 갖지 못하게 된다. 따라서 일반화는 그 정도에 있어서 추상성과 구체성을 합리적으로 조화하는 수준을 유지해야 한다. 이것이 이론의 그것에 그대로 직결된다.

한 마디로 경험적 사실 또는 자료, 일반화 및 이론간의 관계를 볼 때 이론과 경험적 사실과는 일정한 거리가 있다. 왜냐하면 자료가 제시하는 경험적 근거와 이론이 설명하는 경험적 사실의 범위는 일반화라는 작용에 따라 일정한 거리가 생기게 마련이기 때문이다.

끝으로 이론처럼 완벽하게 설명과 예측의 기능을 하지 못하면서도 연구의 중요한 기반을 제공해 준다고 할 수 있는 이른바 준이론(準理論, quasi-theories)이 어떤 것인가를 알 필요가 있다. 이 준이론은 이론의 기능을 다소 수행하는 것으로, '정의'·'요인'·'접근법'·'유형론'(typology)·'개념적 스킴'(conceptional schemes) 및 모델 등을 그 예로 들고 있는데, 이들이 아무리 이론에 준하는 기능을 행한다손 치더라도 이를 이론 자체와 견줄 수는 없다. 그럼에도 불구하고 이들 중 유형과 모델, 그리고 그 밖에 열거할 수 있는 개념도식(conceptual schema), 분류체계(classificational system) 또는 정의체계(definitional system) 등은 실상 이론이라는 이름 아래 소개되는 경우도 있으므로 이들과의 차이를 논할 필요는 있을 것이다. 실제로 나크미아스는 이론의 유형으로 「임시적 분류체계」(Ad hoc classificatory systems), 「분류법」(Taxomonies), 「개념틀」(Conceptual frameworks), 「이론체계」(Theoretical systems) 등을 들고 동시에 이들을 이론의 네 가지 수준 또는 단계라고 말하고 있다. 이에 관하여는 다음 장에서 모델을 설명한 다음에 이론과 모델을 비교하는 자리에서(제10장) 다시 설명한다.

준이론의 경지를 넘어서 같은 이론의 수준에 있으면서 성격과 적용 범위가 상이하여 엄격한 이론이라고 할 수 없는 것이 있다. 전자가 로사나우(J. N. Rosenau)의 전이론(pre-theory)이며, 후자가 머턴(R. K. Merton)의 중

범위이론(middle-gauge theory)이다. 로사나우는 외교정책의 이론을 수립함에 있어서 몇 개의 변수의 역량을 과장하여 이론은 궁극적으로 생산적이거나 계몽적이 못 된다고 하면서 이론의 근거가 되며 경험적 실재(empirical reality)에 보다 가까운 전이론이 더 중요한 것이라고 주장한다. 그러나 이 전이론은 그가 주장하듯이 정향(orientation)에 불과하고 검증(verification)되지 않아도 되므로 이론이라고 명명할 수 없다. 한편 중범위이론은 이 전이론과는 성격이 다르다. 이론을 설명하고 그 일반화의 정도를 가지고 논의할 때 특히 문제가 되는 것이 이론이 과연 시공을 초월하여 전우주적인 설명의 힘을 발휘하느냐에 대한 의문이다. 사회과학에서의 이론은 자연과학의 경우와 달라 예를 들면 '후진이지만 민주주의국가의 정치발전'을 설명하는 이론이 '선진인 공산주의국가의 정치발전'을 설명하지 못하는 한계가 있다. 따라서 일반이론의 정립이 불가능한 상황에서 머턴의 중범위이론은 사회과학의 영역에서 타당한 '이론'으로 한정된 사회현상만을 다루어 일반화의 정도에 차이가 있을 뿐 준이론이나 전이론과는 다른 것이라고 하겠다.

뒤의 장(제10장)에서 이론에 대한 구체적인 예제가 소개되지만, 이론의 장을 마무리하면서 두 개의 이론을 앞의 설명과 결부시켜 먼저 소개한다.

만일 "정치적 사회화나 충원의 기능이 만족스럽게 이루어지지 않을 때 정치구조에 역기능의 결과가 초래된다"라는 언명이 있다면, 이것을 하나의 이론이라고 부를 수 있다. 이러한 이론이 진술되기까지, 혹은 이 이론에 대한 재검증이 이루어질 때 우리는 조작화과정을 통해 작업을 하게 된다. 우선 규명해야 할 것이 정치적 사회화와 충원이라는 두 개념에 대한 정의이다. '정치적 사회화'는 어떤 정치문화에 합당한 규범 · 가치 · 관습 등을 습득하는 과정이고, '정치적 충원'은 어떤 정치구조에서 직위를 차지하는 과정이라고 규정할 수 있다. 이론적 언명(theoretical statement)을 그냥 검증할 수 없으므로 이것을 실재성이 있는 가설의 형태로 바꾸어야 한다. 즉, "사회계급에 따라 대통령에 대한 평가가 달라질 것이다"라고 한다면, 이것은 가설적 언명(hypothetical statement)이 된다. 다음 실제적 검증을 위해 지표를 찾아내게 되는데, 사회계급은 수입 · 교육 · 직업 등을 기준으로 한 상·중·하 등의 등급 구분으로 가능할 것이고 대통령에 대한 평가는 호오를 잴 수 있는 몇 점 척도에 따라 가능할 것이다. 이렇게 해서 사회계급이 각기 다른 집단을 대상으로 의견을 물어 가설의 진부를 확인하게 된다.

비슷한 이야기로 뒤르껭(E. Durkheim)의 이론을 하나 더 들어 본다. "어떤 사회집단에서 개인주의의 정도가 높으면 높을수록 그 집단의 자살률이 높아진다"는 것이 그의 이론인데, 여기서 알 수 있듯이 자살률이라는 것은 관찰가능한 것이니까 쉽게 자료를 얻을 수 있는 것이지만, 사회집단이라는 것은 무엇을 뜻하는지 또 개인주의란 무엇을 의미하는지 개념정립이 필요하게 된다. 여기서 사회집단은 종교집단일 수도 있으며 개인주의를 "정확하게 규정된 규범에 따라 규칙적으로 통제받는 행동의 정도"라고 규정할 수도 있다. 그래서 좀더 분명히 하기 위해 실감 있는 경험적 언명이 기대된다. 즉 "프랑스의 신교도는 구교도보다 높은 자살률을 기록하고 있을 것이다"라든가, "자녀를 가진 기혼자는 미혼자보다 낮은 자살률을 기록할 것이다"라는 것 등이다.

상식적인 이야기지만 이론을 정립할 때 주의할 것은 인과추론이 가능한지에 대해 확인할 필요가 있다. 나이와 보수성의 관계를 보면 나이가 먹을수록 보수적이 된다는 것은 일응 수긍이 가는 이야기지만, 정치적 보수주의가 나이를 먹게 한다는 관계는 성립하지 않는다. 한편 정치지도자가 바뀌어서 정책이 바뀌는 것인지, 정책이 바뀌어 지도자가 바뀌는 것인지의 인과관계는

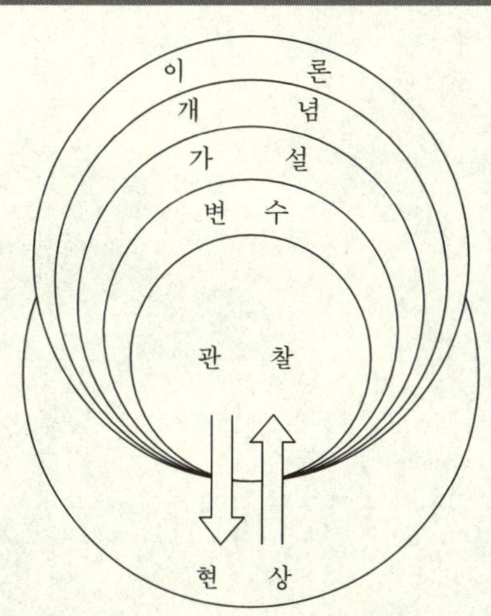

〈그림 2-8-1〉 과학적 탐구의 구조: 제 기본개념간의 관계

불분명하다.

지금까지 제 5 장의 개념에서 시작하여 가설과 이론의 장에 이르기까지 이들간의 관계가 어떠한 것인지를 어느 정도 이해했으리라고 생각된다. 이들 관계를 그림으로 확연하게 설명한 것이 마침 있어서 소개한다. 이름하여 '과학적 탐구의 구조' 이다. 이 그림에서 과학적 탐색이라는 눈동자가 망막의 여러 겹을 거쳐 실제 현상을 관찰하게 되는 과정을 유추할 수 있을 것이다. 한참 앞(제 2 장)의 개념틀에 관한 그림과 함께 항상 머리속에 그려 놓고 이들의 관계와 체계를 잊지 말기 바란다.

제 9 장

모　　델

1. 개　　관

모델은 모형이라는 말과 혼용한다. 전에는 '모형'이라고 썼는데, 간혹 영어의 원어를 그대로 발음하게 하는 것이 제대로 원뜻을 전달하게 되므로 이 책에서는 모델이라고 쓴다. 물론 모형이라는 표현이 적절할 때는 모형이라고도 쓴다. 전시장의 모형자동차와 같은 것이 그것이다. 비슷한 예로는 원형이라는 우리 표현보다 패러다임이 본디 뜻을 더 정확하게 전달해 준다. 국가론에서 쓰는 용어로 코포라티즘이라는 표현이 조합주의라는 것보다 낫다.

어쨋든 모델은 이론과 별 차이 없이 쓰이기도 하고 또 달리 쓰이기도 한다. 이론과 다른 두드러진 점은 모델은 통상 그림으로 표현되어 이해가 빨

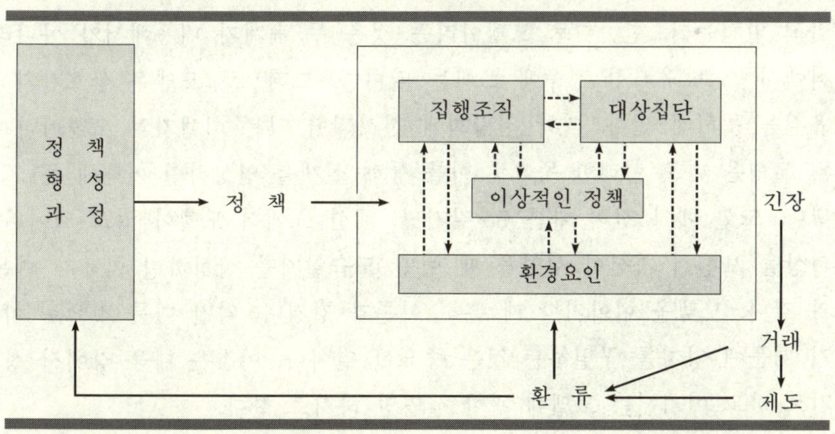

〈그림 2-9-1〉 정책집행과정에 관한 모델

라진다. 어려운 이론을 애써서 만들기 이전에 개념과 개념, 그리고 변수와 변수의 관계를 그림으로 그려 연결시켜 보면서 의미를 찾아보면 오히려 쉽게 하나의 모델을 만들어 낼 수 있다. 그래서 다음 장에서 이론과 모델을 설명할 때 많은 그림을 소개하려고 한다. 모델은 닮은꼴로서 실상을 대표하는 것이라는 점을 늘 기억해 두기 바란다. 이에 앞서 기능이며 종류 등 어떻게 생긴 것을 모델이라고 하는지 여기서 하나만 우선 소개하기로 한다. 앞 쪽의 그림은 나크미아스가 금년도 책에서 소개한 정책집행과정에 관한 모델이다.

2. 의 의

모델(model)은 어떤 사물을 닮은 것(alikeness of something)을 의미한다. 다시 말하면 모델은 어떤 실체를 모방하거나 추상화시켜 놓은 것으로, 아직 완전하게 기본 요소가 잡혀 있지 않은 실체를 보는 우리의 관점을 순서잡아 주거나 단순화시켜 주려는 것이다. 이것은 '실제로 혹은 이상적으로, 모방할 가치가 충분히 있는 것'(something eminently worthy of imitation, an exempler or ideal)이 모델이라는 견해나, 사물이나 현상의 동상유질적 형성물(同像類質的 形成物, an isomorphic construction)이라는 견해와 일치한다.

넓은 의미로 말해서 직접 혹은 간접적인 인과관계 없이도 A라는 체계를 통해서 B라고 하는 체계를 이해하는 데 도움이 되었다면 A는 B의 모델이라고 일컫는다. 한마디로 모델이라는 것은 두 체계가 내용에서가 아니라 형식에서 서로 유사한 경우에 쓰이는 말이다. 그러므로 모델은 상호간의 동상유질을 뜻하게 된다. 과학 전람회에 전시되어 있는 비행기의 모형이나 기차의 모형은 바로 이러한 뜻으로 이를 통해 실제를 연상하면 이해에 큰 도움이 된다. 또한 예가 전혀 다른 것 같지만, 패션 쇼에서 모델이 입고 걸어나오는 의상을 보면서 자신이 입었을 때 어떤 모습일지를 상상하면 이해가 빠른 것과 같다. 모델을 이야기할 때 흔히 이론과 같거나, 약간 다른 것으로 이해하기 때문에 양자를 구별하는 것은 중요한 일이나, 이것은 다음 장에서 상론하기로 하고 여기서는 모델에 관한 설명만 하기로 한다.

모델은, 첫째, 구조적인 면에서뿐만 아니라 기능적인 면에서도 실상과 동상유질의 관계를 지니고 있어야 한다. 구조적인 관계는 양쪽의 요소가 일대 일의 상응관계(one-to-one correspondence)를 가져야 한다는 것을 말하며, 기능적인 관계는 모델이 행하는바 그 기능이 실제의 경험세계에서 이해되는 현상과 유사한 성질의 것이어야 한다는 뜻이다. 예컨대 자동차의 기능이 사람을 태우고 일정한 거리를 운행하는 것이라고 한다면, 모델로서의 자동차도 비록 사람을 태우지는 못하더라도 건전지를 장치하여 움직이게 하는 것 따위이다. 그러나 만일 모형 자동차가 지상을 달리는 대신에 공중을 난다면 그것은 이미 기능적인 동상유질의 성격을 상실한 것이라고 하겠다. 모델이 구조와 기능적 측면에서 갖추어야 할 위와 같은 성격은 반드시 동시성을 지니는 것은 아니다. 즉, 구조적으로 실제와 동상유질이더라도 그 기능이 전혀 작동하지 않는 것이라면, 그 모델은 한 가지의 속성만을 갖춘 것이다.

둘째, 모델은 실상(實像)을 단순화시킨 것이다. 전람회에 진열된 모형처럼 간단한 상태를 통해 실상이 어떤 것인가를 인식시키면 된다. 따라서 모델은 간단할수록 좋은 것이되, 유추(analogy)나 은유(metaphor)의 작용을 해 줄 수 있을 정도로 간단해야지 그렇지 않으면 모델로서의 가치를 상실한다. 이즈음 과학의 발달로 모델조차도 날로 복잡해져 가고 있다. 초등학교 아이들의 지능계발을 위해 공작기구가 고도화해서 손수 조립해서 움직이게 하는 모형은 크기에서만 단순화된 것뿐이지 그 이외의 구조면에서는 복잡하기 이를 데 없다.

셋째, 모델은 실상의 대표성을 지닌다. 모델을 통해 우리는 실물의 생김새와 내용을 유추하게 되는데, 실상의 모두가 다 모델과 같다고는 할 수 없다. 모델은 실상의 공통점을 지니고 있어서 실제의 내용은 거기에서 어느 정도 변형된 것일 수 있다. 이런 뜻에서 모델은 공통점을 지니고 있는 대표격이다. 패션 모델의 예에서 이런 점을 발견할 수 있으리라 믿는다. 누구나가 어떤 옷을 입었다고 해서 다 멋있게 보일 수는 없다. 대표적 특성을 지니고 있는 모델이 입은 옷이 옷맵시가 난다는 것은 그 모델의 '설명력'이 강하다는 말과 같다.

넷째, 모델은 이론 스케치(theory sketches)와 같은 것이다. 음악에서 말하면 소묘곡(素描曲)과 같은 것이다. 모델이 변수간의 관계를 어느 정도 설명해 주기 때문이다.

끝으로, 모델은 용어의 용법에서 매우 신축적이다. 모델은 우선 이론보다 하위개념이기도 하지만, 많은 경우에 군형(群型, taxonomies), 도식(圖式, schema), 유형(類型, typology) 등과 같은 유사용어에 대신해서 쓰인다. 과학철학 방법론에서 엄격히 구별하는 이들 여러 용어는 다음 장에서 따로 설명하겠지만, 흔히 모델이 이들을 총괄하는 입장에서 혼용되고 있다.

3. 기 능

모델의 대표적 기능은 사물이나 현상에 대한 인식을 가능케 해 주는 일이다. 모델은 '알찬 내용이 소상하게 담겨 있는 의미 깊은 맥락'(meaningful contexts within which specific findings can be located as significant details)을 알게 해 준다고 해서 인식시켜 준다는 기능을 매우 강조한다.

모델이 이와 같은 근본적인 기능을 갖게 되는 것은 모델이 '상징화된 것'(symbolization)이기 때문이다. 모델로 비롯되는 개념적 순서를 정리하는 것은 바로 이 상징화를 통해 하게 된다. 이 상징화는 추상성의 변화, 즉 초상(iconic)이나 그림(pictorial)이나, 지시적 혹은 묘사적인 것으로부터 상관적 상징에 이르기까지 여러 변형에 따라 특징이 정해지기도 한다. 만일 모델이 인지적 복합성을 지니고 있는 것이라면, 상징화의 각 수준은 실제의 모델을 만드는 데 도움이 된다. 어떤 모델이 유용하다고 말할 수 있는 것은 바로 모델의 각 단계적 상징화의 기능 때문이다.

과학적 이론에서 모델의 또 다른 기능은 모든 상징이 비유적 과정(tropological process)을 포함하고 있다는 점이다. 상징은 전체를 대표하고 있는 때도 있고, 아니면 부분의 전체에 대한 관계나, 부분의 부분에 대한 관계를 나타내고 있는 때도 있다. 상징에서 부분은 가끔 전체와 일치할 수도 있다는 점을 간과해서는 안 된다. 상징은 그래서 구체성을 띠지는 못하지만 실체를 대신하고 있기 때문에 모델은 실체를 대신하려는 기능을 한다고 말할 수 있다.

실체를 대신하려는 이 기능의 이면에는 편리하고 실천적이며 사실적(寫實的)인 것으로부터 추상적(abstractive)이거나 도식적(schematic)인 것에 이르기까지 여러 변화가 담겨져 있다. 이것은 베힌저(H. Vaihinger)가 말하듯이 현대의 과학적 이론의 전개를 위해 교시적 방안, 즉 구조적 형성물(constructs), 허구(fiction) 또는 다른 말로 모델 등이 논리과학의 체계 속에서 하나의 요소로 기능하고 있다는 사실을 확인해 주는 것이기도 하다. 이들 기능을 세분해 보면 사실(寫實)을 그려내거나 대표하는 것(pictorial or representational), 해설적인 것(explicative) 및 검증적인 것(verificatory) 등이 된다. 첫째의 세부 기능은 특히 툴민(S. Toulmin)이 관찰해 낸 것인데, 그는 물리학에서 발견되는 모든 것의 정수는 이 대표하는 방법을 찾아내어 그로부터 추론이 도출되도록 하는 것이라고 설파한다. 둘째의 해설적 기능은 제시하고 전개시키는 것(deployability)을 뜻하는데, 이를 통해 단순한 은유(metaphor)의 기능을 보다 분화시킨다고 하겠다. 그래서 보다 실리적으로 따져 보아 과학자들이 관심을 갖는 것이 단순한 묘사나 설명이 아니라 예측이라는 것을 이것을 통해서도 알 수 있게 된다. 따라서 모델은 전제(assumption)가 공리(postulate)로 전환되게 하는 방편이 되기도 한다. 이 뜻은 모델이 추론을 가능하게 해 주는 기법(technique of inference-making)이라는 의미이다. 이래서 모델은 편리한 허구가 단순히 정당화되는 것 이상으로서 실체의 개념화가 검증되는 것을 뜻하게 된다.

이 이외에 모델은 카플란에 따르면 다음과 같은 별단의 기능을 갖는다고 한다. 즉, 첫째, 모델은 자료를 조직화한다. 수많은 자료를 체계 있게 엮어서 하나의 사실로서 의미를 갖게 하고 나아가 어떤 가설을 검증하기 위해서는 그 준거가 되는 규칙들이 필요한데, 이 준거를 모델이 해 주기 때문에 자료의 조직화기능이 있다는 것이다. 둘째, 모델은 인식도구로서의 기능을 한다. 실제로 현상 그 자체는 그냥 분석·처리할 수 있는 성격이나 상태가 아닌 경우가 허다하다. 즉, 실제의 현상이 너무 크거나 작거나 복잡하거나 하여 다시 정리되어야 하고 또 그 자체 내의 변화가 실제로 쉽게 파악이 안 되거나 너무 추상적이기 때문에 이들을 모델이라는 인식도구를 통해 여과시켜야 한다고 생각하는 것이다. 셋째, 모델은 의사소통을 도와준다. 제 3 자가 어떤 모델을 보면 연구자가 어떤 의도로 무엇을 하겠다는 것인지를 대강 짐작할 수 있다. 따라서 단순화된 모델은 어느 정도 국외자와의 의사소통을 가능케 해 주는 역할을 한다.

4. 종 류

모델의 종류를 굳이 따져 보는 것은 모델을 구성하고 있는 구조적 요소들이나 이들이 행하는 기능이 약간씩 다르기 때문이다. 동시에 사회과학의 모델도 매우 복잡하고 다양해 가기 때문에 모델 가운데는 과연 어떤 것들이 있는지, 또 카플란의 분류에 따라 그 종류를 보기로 한다.

(1) **물질모델**(physical model)　오늘날까지 가장 오래 그리고 널리 사용되어 온 유형 중의 하나이다. 꽤 보편적인 것으로 물질위주이며 언어나 형식과는 관계없이 실상을 표시하려는 기사체(機似體, analogue: 구조, 모양은 다르나 기능이 비슷한 기관)이다.

(2) **어의모델**(語義模型, semantic model)　상징적 또는 개념적 기사체(symbolic or conceptual analogue)를 뜻한다. 일반적으로 어떤 조건이 충족되지 못하면 쓸 수 없는 모델이기 때문에 그 구조가 명확하게 짜여져 있어 통계학이나 수학의 도구를 적용할 수 있도록 해 주는 장점을 갖고 있다. 이 밖에 장점으로 들 수 있는 것은 어떤 잘못을 저지른 경우에 그 원인을 찾아 이것을 체계적으로 전개시켜 성공한 경우 이상의 해석을 내려 줌으로써 이론형성에 도움이 되게 하는 데 있다.

(3) **형식모델**(formal model)　이 모델은 연구를 함에 있어서 무엇이 적합한가를 제시해 준다. 다시 말해서 이 모델은 고도의 추상성을 지니고 있다는 것을 특징으로 하기 때문에 그 안에는 비록 중요한 요소라도 제외해 놓는 경우가 있어서 적합치 않은 것은 개의치 않으려는 의도가 이 모델정립에 담겨져 있다. 이것 때문에 이 모델은 연역적 방법을 전개시키는 데 도움을 준다고 한다. 그 이유는 연역적 방법으로 논리를 전개시켜 나가는 경우에 때로 상충되는 경험이나 외부의 세계를 고려치 않았으면 하는 필요가 생기기 때문이다.

(4) **해석모델**(interpretative model)　이 모델은 이론적인 영역과 경험적인 영역을 일치시키는 데 기여하기 때문에 위의 형식모델의 기능을 보완

하는 역할을 한다고 하겠다. 나아가 이 모델은 한 주제와 다른 주제를 연결시켜 주기 때문에 학문연관접근법에 알맞다. 이에 대한 예로 들고 있는 것이 두뇌공학(cybernetics)과 커뮤니케이션 분야간의 교류이다. 끝으로 이 모델은 보다 일반화된 이론이 한정된 영역에서 이미 정립된 이론에도 적용될 수 있다는 가능성을 보여 준다.

5. 한 계

이론이라는 상위개념 또는 유개념이 있다는 것을 늘 의식하기에 모델은 그만큼 한계성을 지닌다. 모델이 추상화의 작용을 통해 실체를 대신하고 있다는 설명을 위에서 했는데, 이것 때문에 모델은 어려운 난관에 봉착하게 된다. 정밀도 내지는 타당도를 높이기 위해서 일반성을 희생시켜야 할 때가 간혹 있기 때문이다. 그러나 모델의 경계를 넘어서 실재하는 실체는 항상 경계 내의 실체보다 큰 것이기 때문에 정밀도가 얼마만큼 정확하냐는 의문이 아닐 수 없다. 동시에 이러한 과외의 것을 그냥 내버려 두지 않고 맞추고 포함시키려는 노력 때문에 모델에는 긴장과 갈등이 항존하게 된다고 미도우(Meadow)는 말한다. 이상은 모델이 근본적으로 지니고 있는 문제점이다. 모델이 안고 있는 많은 문제점을 카플란의 지적에 따라 간단히 정리해 본다.

(1) **상징적 기호에 대한 지나친 강조**(overemphasis on symbols) 모델이 이론과 다른 점이 있다면 모델은 기호에 의한 표현이라는 것이다. 따라서 모델은 가시적인 형태로 그림이나 문자나 숫자나 부호로 표시해야 하기 때문에 쉽게 알아볼 수 있으면서도 동시에 표현상의 제약을 지닌다고 하겠다.

(2) **형식에 대한 지나친 강조**(overemphasis on form) 모델을 정립하려는 태도는 이상주의(idealism)의 입장이라는 것을 앞의 장에서 강의한 바 있다. 모델의 정립은 그중에서도 특히 「합리주의적 형이상학」(rationalist metaphysics)의 입장에서 비롯된다. 이 입장은 진리계(眞理界)를 논리적 체계와 그 수준과 동일한 것이라고 보는 입장을 취한다. 이것은 자칫 잘못하다가 형식논의의 와중에서 진리를 보는 눈이 어두워질 가능성을 배태하고 있

다. 모델을 정립한다는 것은 우리의 생각을 결정(結晶, crystalization)시키는 것과 같은 것인데, 이것이 간혹 좋은 것을 누락시킬 수 있는 위험을 동반하기도 한다.

(3) **지나친 단순화**(oversimplification) 과학이란 원래 단순화 작업이기는 하다. 복잡한 실체를 재현시키는 것이 절대로 아니고 이해와 예측에 필요한 부분만을 공식화시켜 줄 뿐이다. 그래서 어떤 주제를 단순화시킬 때 정말 중요해서 누락되어서는 안될 부분이 빠지는 결과를 초래할 때가 많다는 것이다.

(4) **정밀도에 대한 지나친 강조**(overemphasis on rigor and exactness)

모델은 간혹 실제로 얻을 수 없는 것을 측정해 보려고 한다. 또 구했어도 어떻게 활용할지 잘 모르는 때도 있다. 이러한 성격의 일단은 모델의 정확성 또는 엄격성에서 비롯된다. 연역적으로 논리를 전개해 나가는 경우에 특히 모델의 엄격성 때문에 좀 타협이 필요한 경우에도 못할 때가 있다. 흔히 아리스토틀이 "교육을 받은 사람은 오히려 정확성을 원치 않고 그래서 주관적인 문제를 다룬다"고 하여 여유의 여지를 마련해 주지만, 칸트의 이른바 「직관의 공리에 관한 원칙」은 정확성의 필요를 암시하고 있어서 서로가 대조되는 가운데 모델의 성격상 난점을 은유적으로 표현하고 있다.

(5) **실상과의 불일치**(map reading) 모델은 어떤 현상을 대신 표현하는 특수형태인데 그러기 때문에 그 모양이 모든 실체를 다 상응적으로 표현해 주고 있지 못하다. 이것은 지나친 단순화의 결과이기도 하다. 예를 들어 지도가 실제의 땅을 설명해 줄 때 이것은 동상유질의 대표적 예인데, 이때 이것은 땅의 크기와 형태까지는 표시해 줄 수 있어도 색깔, 즉 어느 나라의 특징을 잘 표현해 주지는 못한다. 물론 이데올로기에 따라 색깔을 달리 칠한 지도가 있기는 하다. 다시 말해서 실체와의 일 대 일의 상응성(one-to-one correspondence)이 항상 유지되지 못한다.

(6) **사실적 실체주의**(寫實的 實體主義, pictorial realism)**에서 오는 오류**

모델이란 것이 위에서도 여러 번 설명했지만 전체를 설명하는 것이 아니고 다만 그 전체를 알기 위해 필요한 지식을 체계화시켜 주는 데 도움을 줄 뿐이다. 그렇게 할 수 있기 위해서는 과학적 은유의 기능을 해서 사실적(寫實的) 표현으로도 그것이 가능해야 하는데, 체제 중에는 내부적인 것이 있고 외부적인 것이 있어서 이 후자인 외부적 속성(exogenous properties)을 설명 내지는 은유적 지시를 못할 때가 있어 여기서 한계를 맞게 된다.

이상으로 모델에 관한 설명을 일단 그치고 다음 장에서 이론과 비교할 때 좀더 소개하려 한다. 끝으로 모델이란 의문의 여지 없이 인간의 훌륭한 창작물이나 그 자체 안에 난점이 있기 때문에 보기에 그럴 듯해서만 모델이 좋다고 할 것이 아니라 그 모델로 인해 우리가 얼마나 도움을 받고 지식의 정수에 가까이 갈 수 있느냐를 항상 염두에 두어야 할 것이다.

제 10 장

이론과 모델

1. 개　관

이 장에서는 이론과 모델이 어떻게 형성되며, 실제로 어떤 것을 이론이라고 하고 모델이라고 하는지를 알아본다. 더불어 양자의 차이는 어떤 것인지도 보고, 동시에 유사한 용어들을 정리해 혼동이 없도록 한다. 유형별로 너무 쪼개 놓아 이해하는 데 오히려 혼란이 올지 모른다는 생각을 한다. 그래도 이론과 모델이 실제 어떤 모습인지를 직접 보는 것이 연구를 설계하는 데 큰 도움이 될 것이다. 여러 실례를 함께 소개한다.

2. 형　성

2.1 이론의 형성

대부분의 사회과학자들이 적절한 이론의 필요성을 인정하면서도 그러한 이론을 형성함에 있어서 유용한 절차나 전략에 관하여는 이론이 분분하다. 그러나 일반적으로 이론을 형성하는 데 있어서 개념도식이나 유형, 내지는 법칙연(法則然)한 명제들을 모아 놓고 무엇을(假說) 검증함으로써 무엇을 알아 낼 것인가를 구성해 나가게 된다. 이 가운데에는 물론 사용하고 있는 개념의 정의, 그로 비롯되는 변수와 지표 등이 선정되고 정리되어야 한다. 한편 이론에는 몇 가지 유형이 있어서, 예컨대 연역적 이론(deductive theory)을 형성하려면 반드시 공리(axiom)에서부터 출발하여 거기서 정리(theorem)

를 도출하는 순서를 밟아야 한다. 또 어떤 경우에는 이론형성의 출발을 경험적 문제에서 찾는 것이 가장 훌륭한 전략이라고 주장하는 사람이 있다. 권력현상과 행정조직과 사회와의 관계에서 이론을 도출하는 스틴치콤(A. L. Stinchcombe)은 학생들에게도 단순한 둘 이상의 변수를 가지고 이론을 찾아보고 적절한 지표를 선택해 보라고 늘 주장한다. 이와 같이 이론을 만들어 내는 절차에는 어떤 왕도가 있는 것이 아니라는 점을 염두에 두고 몇 가지 유형에 따라 그 만들어 가는 과정을 논의해 보기로 한다.

(1) 법칙형이론 법칙은 강력한 경험적 근거를 가지고 보다 일반성을 지니고 있는 것이라는 정의를 내린 바 있는데(제7장), 법칙적 이론은 그러한 일련의 법칙을 중심으로 엮어지는 이론을 말한다. 우선 법칙에 사용되는 개념은 조작적 정의를 통해서 경험적 상황과 맞아야 하고 진술의 근거는 관련성(association)보다는 인과성(causality)에 더 편중된다. 따라서 "모든 사회체제는 그 나름의 일정한 신분상의 계층적 구조를 갖는다"라든가, 또는 "모든 생물은 종국에는 죽는다"라는 진술은 진리이지만, 개념간에 인과관계가 없으므로 법칙이라 할 수 없다.

따라서 여기서 법칙이라고 하기 위해서는 인과법칙을 뜻하게 되는데, 이것은 환경이 존재하는 이론에 있어서의 어떤 언명이나 명제로서 그 환경 속에서 한 변수의 값의 변화가 다른 변수의 값의 변화와 연관되고 동시에 환경내의 다른 변수가 변하지 않고 이 변화를 유발할 수 있을 때를 의미한다. "햇빛이 들면 온도가 높아진다"라는 두 변수간의 관계는 이의 적절한 예라고 하겠다. 태양의 열이 변한다는 것과 온도가 변한다는 것과 직결된다. 반대로 온도를 높임으로써 햇빛이 비치도록 한다는 반대현상은 불가능한 일이다.

한편, 홉킨스(T. K. Hopkins)가 제시하고 있는 소집단에서의 구성원의 행태에 영향을 주는 특수성에 관한 연구도 좋은 예가 된다. 그는 연구에 나타나는 여러 개념들, 즉 계급(rank), 영향(influence), 구심성(centrality), 일치성(conformity) 및 준봉성(遵奉性, observability) 등에 대한 정의를 내리고 이들간의 관계를 +부호로 표시하면서 15개의 명제를 도출했다. 이들 가운데 경험적 근거와 일반화의 정도에 따라 법칙적 성격을 갖는 명제만을 골라 보면 다음과 같다.

(1) 계급이 높으면 높을수록 구심력이 높아진다.
(2) 준봉성이 높으면 높을수록 일치성의 도가 높아진다.
(3) 일치성이 크면 클수록 영향력이 커진다.
(4) 구심력이 높으면 높을수록 계급이 높아진다.

위와 같은 법칙적 이론은 현상에 대한 설명과 예측을 가능케 하고 현상의 유형구별을 가능케 하며 변수의 통제가 가능하다는 장점을 지니지만, 다른 한편에서 보면 전체현상의 이해를 전제로 한 설명이 불충분하고, 조작불가능한 이론적 개념 및 구성은 배제되지 않을 수 없고, 한 이론이 되어 버린 일련의 법칙은 사실상 각기 독립된 성격을 갖기 때문에 이들 법칙간의 개념을 연결하기 위해서는 자연 넓고 포괄적인 관계를 형성할 수밖에 없다는 단점을 지닌다.

법칙형이론은 보통 귀납적 연구에 의해 형성된다. 즉, 구체적 현상을 관찰하여 그 속에 내재하는 여러 속성(특수성)을 측정하면서 체계적 유형을 추상화하여 일반적 언명을 구성하는 절차를 밟는다. 슈라그(Schrag)의 설명에 따라 좀더 간단히 표시하면 관찰된 증거(observed evidence)→개념(concepts)→일반화(generalizations)의 순서이다.

(2) 공리형이론 공리형이론은 연역적 논리체계에 따라 상호관련된 일련의 공리와 정리를 중심으로 해서 형성되는 이론이다. 공리로부터 논리의 전개가 시작되어 경험적으로 관찰된 근거를 찾아 낸다는 의미에서 법칙형이론과 상반된다. 즉, 전제(assumption)→개념(concepts)→관찰된 증거(observed evidence)의 순서를 밟는다.

공리형이론은 상호불가분의 관계를 맺고 있는 공리와 정리(theorem 대신에 학자에 따라서는 postulate라는 용어를 쓴다)를 중심으로 해서 그 자체 일정한 이론적 체계를 가져야 한다. 즉, 복수의 공리를 서로 연관지어 일정법칙에 따라 정리를 유도함으로써 이론적 체계를 수립한다. 그런데 이 공리적 이론은 그 출발로서의 공리가 의문의 여지 없이 진실이라는 것을 전제로 한다. 기하학이나 그 밖의 수학에서 공리의 진실성은 자명한 것이라고 생각했다. 예를 들어 "점과 점을 연결한 최단거리는 직선이다"라고 하는 공리에 이의를 제기할 사람은 없다. 그런데 엄격히 따져보면 공리는 실세계에 적용할 필요가 없다는 데 문제가 있다.

기하학에서 공리를 논할 때는 괜찮았는데, 이것을 사회과학연구에서 이론정립을 위해 근거로 삼으려니까 적용성의 문제가 생기고 진실성에 대해 의문을 갖게 된다. 그러나 공리 그 자체는 아무런 가치가 없는 것이고 일련의 규칙(a set of rules)과 정의가 이론체계에 보태어지면서 정리를 형성해 낼 때 비로소 빛을 보는 것이다. 공리가 선험적으로(a priori) 명백한 진리인가에 의문을 갖게 되면 공리형이론은 존립의 근거를 상실한다.

공리형이론을 형성하려면, 첫째, 이론형성에 있어서 일관성이 요구된다. 즉, 공리를 융합시키는 데 있어서 서로 대립되는 내용을 전제로 한 공리를 함께 섞어서는 안 된다. 이 요청은 물론 이 유형의 이론형성에만 국한되는 것이 아니다. 둘째, 공리는 변수간의 직접적인 원인관계가 성립될 수 있는 근거가 되어야 한다. 셋째, 공리는 공분산과 시간적 연속하에서 뜻을 지니는 것이므로 변수의 경험적 검증이 가능하도록 해야 한다. 넷째, 경험적 상황을 초월해서 추상적인 논리체계로서 이론을 수립할 때 가능한 한 소수의 공리를 선택하는 것이 좋다. 다섯째, 공리는 법칙으로서의 지위를 갖는 공리를 선택해서 이론을 형성하는 것이 바람직하다.

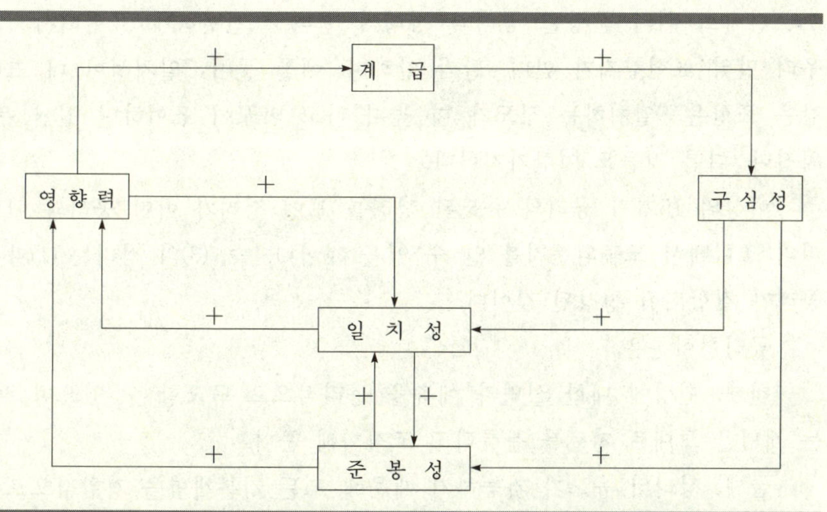

〈그림 2-10-1〉 **홉킨스의 공리에 관한 인과모델**

앞쪽의 〈그림 2-10-1〉은 홉킨스(T. K. Hopkins)의 소집단에 관한 인과 모델이다. 이 인과모델을 근거로 해서 15개의 공리와 정리가 형성되는데, 그 가운데 9개가 공리이고 6개가 정리이다. 공리와 정리를 나열해 본다.

(1) 계급이 높으면 높을수록 구심력이 더 크다(공리)
(2) 구심력이 크면 클수록 준봉성이 더 크다(공리)
(3) 계급이 높으면 높을수록 준봉성이 더 크다(정리)
(4) 구심력이 크면 클수록 일치성이 더 크다(공리)
(5) 계급이 높으면 높을수록 일치성이 더 크다(정리)
(6) 준봉성이 크면 클수록 일치성이 더 크다(공리)
(7) 일치성이 크면 클수록 준봉성이 더 크다(공리)
(8) 준봉성이 크면 클수록 영향력이 더 크다(공리)
(9) 일치성이 크면 클수록 영향력이 더 크다(공리)
(10) 구심력이 크면 클수록 영향력이 더 크다(정리)
(11) 영향력이 크면 클수록 준봉성이 더 크다(정리)
(12) 영향력이 크면 클수록 일치성이 더 크다(공리)
(13) 계급이 높으면 높을수록 영향력이 더 크다(정리)
(14) 영향력이 크면 클수록 계급이 더 높다(공리)
(15) 구심력이 크면 클수록 계급이 더 높다(정리)

실제로 위의 문장은 공리와 정리의 형태로 간단하게 표현해서 그렇지 우리 말의 표현같지가 않다. 달리 말하면, 예를 들어 "일치성이 더 크다"와 같은 표현은 "일치하는 정도가 더 높다"라고 바꾸어 표현하면 훨씬 부드러워진다. 다른 것들도 마찬가지이다.

이상의 15가지 공리와 유도된 정리를 보면 정리가 어떤 공리와 어떤 공리의 조합에서 도출되는지를 알 수 있을 것이다. 즉, (3)의 정리는 (1)과 (2)의 공리가 결합되어 형성된 것이다.

공리형이론은,

첫째, 현상에 대한 설명과 예측을 논리적으로 유도할 수 있으며 사용되는 개념을 토대로 자료를 분류하고 조직화해 준다.

둘째, 정리의 유도가 가능하기 때문에 모든 기본개념을 경험적으로 측정할 필요없이 가정적 개념도 사용할 수 있다.

셋째, 연역적 논리체계에 따라 개념상호간의 관계를 성립시킴으로써 이론 자체를 간단히 표시할 수 있다.

넷째, 서로 밀접한 관계를 갖는 일련의 공리로 형성되어 있기 때문에 한 부분에 대한 경험적 근거만으로 다른 부분도 증명이 되어 연구를 하는 데 능률을 높일 수 있다.

다섯째, 이론형성자로 하여금 자신이 가지고 있는 어떤 가정에 대한 결과를 검토해 볼 여지를 마련해 준다.

(3) 인과과정형이론 인과과정형이론은 독립변수가 종속변수에 대해 영향을 미친다는 관계(causal connection)를 전제로 하여 성립된 결정론적 또는 확률론적 관계를 논하는 이론이다. 여기서 종속변수에 영향을 주는 독립변수의 영향의 양태와 강도는 다양할 수 있다. 따라서 현상을 인과적 관계로 설명할 때에는 그 인과적 과정을 여러 개로 설정해 보는 것이 좋다.

다음에 다시 홉킨스가 구심력과 영향력간의 관계를 네 개의 가능한 노정(路程, path)에 따라 개진해 놓은 것을 예로 들어 본다.

다음 쪽의 그림은 일치성 · 구심성 · 영향력 및 준봉성 등 네 개의 변수가 서로 인과의 관계를 맺을 가능성을 네 가지 유형으로 나누어 표시해 놓은 것이다. 노정의 유형(즉 모델)에 따라 변수들은 관계를 맺고 있는 것이 있는가 하면 전혀 관계를 맺지 않는 것도 있다. 어느 유형이 인과의 과정을 가장 정확하게 표시해 주고 있는지는 이 단계에서 알 수가 없다. 경험적 검증이 수반되어야 할 것이다.

인과과정형이론은 다른 이론과 마찬가지로 장점과 단점을 갖는다. 장점의 첫째는 설명 · 예측 · 유형분류 등의 기능을 하고 변수통제의 가능성도 제시해 준다. 둘째, 추상적이며 측정불가능한 개념을 사용할 수 있는 것은 공리형이론과 같다. 셋째, 능률적인 연구가 가능하다는 것도 공리형이론과 마찬가지이다. 넷째, 오늘날 사회과학분야의 이론형성에서 가장 바람직한 것이 이 유형의 이론이다. 한편 이 이론은 한 현상에 대해 수립가능한 여러 형태의 인과과정 중에서 어떤 과정을 택할 것이며, 또 어느 수준에서 끝낼 것인가에 대한 해답을 주지 못하는 것이 단점이다.

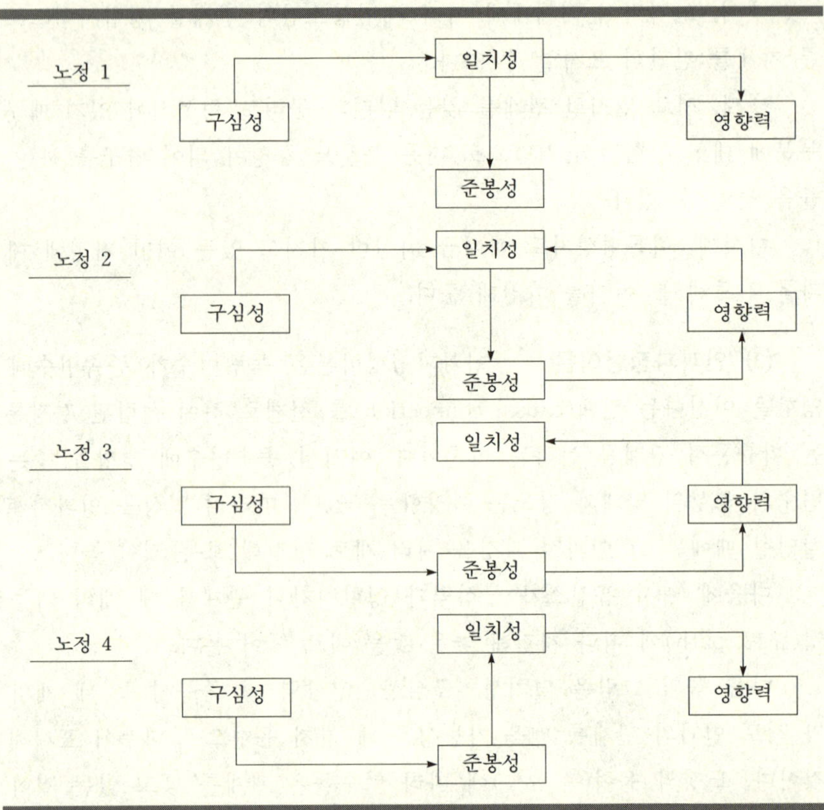

〈그림 2-10-2〉 홉킨스의 구심력과 영향력간의 인과관계과정에 관한 몇 가지 대안(경로)

이상에서 이론의 형성을 그 유형에 방법을 곁들여서 설명했다. 이 단계에서 어떤 이론의 유형이 좋고, 어떤 전개방법이 좋다고 말할 수는 없다. 다만 레이놀즈(P. D. Reynolds)처럼 유형 각각이 완전치 못하니 공리적인 것과 인과과정적인 것을 합친「공리 · 인과과정형이론」이 가장 바람직한 유형이라고 주장할 수 있을 것이다. 그렇게 되면 좋다는 이론의 유형은 사람과 연구목적에 따라 각양각색이 될 것이다.

이론형성의 전개방법도 연역적인 것과 귀납적인 것이 있다는 소개를 했지만, 이것 역시 완벽하지가 않다. 그래서 양자를 혼합적인 입장에서 취합한 '리트로덕티브'(retroductive)한 이론이 바람직하다는 주장도 충분한 근거가 있다고 하겠다. 이런 입장에서 이론형성의 패러다임(그림 2-10-3)을 제시한 사람이 슈라그(C. Schrag)이다.

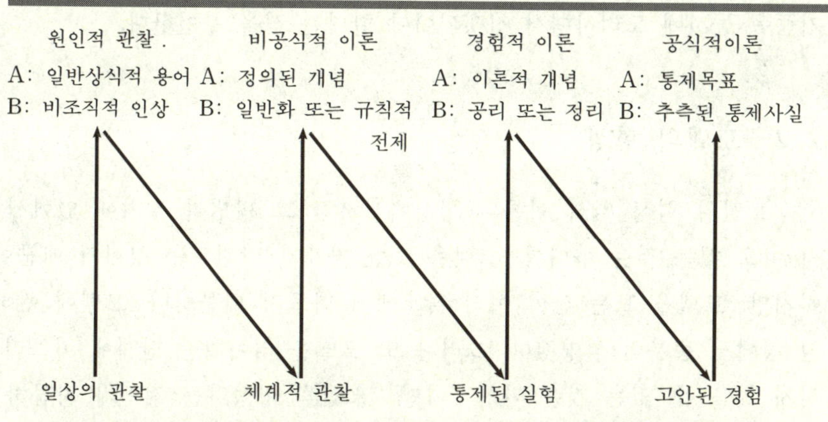

〈그림 2-10-3〉 혼합적 입장에서 형성한 이론의 원형

끝으로 이론의 형성과정을 '해결되어야 할 문제상황의 메트릭스로부터 싹트는 것'이라고 생각하는 그로스(L. Gross)의 생각을 소개하기로 한다. 즉, 그는 이론형성의 문제가 선례-결과 및 이론적 용어-관찰된 용어간의 관계를 다양하게 해석하는 데서 비롯된다고 주장하면서 선례-결과의 관계가 다음과 같은 의문을 제기한다고 한다.

(1) 그 관계가 다만 우연히 발생하기 때문에 관찰된 연관성만을 묘사하고 있는가?
(2) 그 관계가 우연한 사실의 연관성 이상의 보다 강한 관계에 근거를 두고 있는가?
(3) 결과는 논리적으로 타당한 의미에 따라 선례로부터 도출되는가?
(4) 그 관계는 관찰된 언명을 유추하기 위한 절차적·도구적 규칙으로 구성되어 있는가?
(5) 선례는 경험적 내용이 결여된 법칙같은 일반성의 한 부분이 될 수 있는가?
(6) 그 관계의 의미와 용도는 주로 맥락에 의존하고 있는가?

이상과 같은 여러 의문에 대한 답을 주면서 바른 해석이 가해질 때 이론형성에서 야기되는 문제점은 어느 정도 축소될 수 있다. 그 밖에 이론의 형성은 참된 이론과 그릇된 이론, 또는 좋은 이론과 나쁜 이론에 대한 평가

기준을 동시에 고려하면서 진행되어야 한다는 점을 부언한다.

2.2 모델의 형성

모델의 형성 역시 이론의 형성에서처럼 그 방법과 절차에 있어서 패도가 따로 있는 것은 아니다. 그것은 모델 자체가 발견되는 것이기 때문이기도 하지만, 모델을 보는 눈이 여러 각도에서 다르기 때문이다. 모델에 관하여는 앞 장에서 충분히 설명했다. 그러나 또 모델을 엮어가는 단계에 이르러 재고하지 않을 수 없는 것은 과연 '어떤' 모델을 형성하는 것인가 자문하게 되기 때문이다. 한 예를 들어 모델에는 동상유질적 이론(isomorphic theories)이라는 의미, 단순한 이론이라는 의미, 산술적 표현(arithmetical representations)이라는 의미, 형식화(formalizations)라는 의미 등이 복잡하게 얽혀 있어 해답이 간단치 않다.

그렇다고 형성을 위한 지침이 전혀 없는 것은 아니다. 일정한 근거나 조건 없이 모델을 정립한다는 것은 어려운 일이다. 따라서 베셔스(Beshers)의 말처럼 일컬어 "개념(concepts), 전제(assumptions) 및 가설(hypothesis) 등이 체계적으로 토론되면 비록 초보적인 것일지라도 일련의 전제(a set of assumptions)를 모델"이라고, 또 "이론적 공식(theoretical formulations)이되 공리적 이론의 형식적 요소를 결여하고 있는 것"으로 보면서, 모델형성을 위한 두 가지 정도의 기준을 제시해 볼 수도 있다. 즉, 그 첫째는 모델은 우선 편리해야 한다는 점이다. 다시 말해서 연구계획 · 가설구성 및 자료분석을 촉진시켜 주는 것이어야 한다. 그 둘째는 모델은 적정한 것이어야 한다는 점이다. 다시 말해서 모델이 대표하는 자료와 맞아들어 가야 한다는 뜻이다. 그러나 이 두 가지의 기준만으로 모델을 정립하기에는 아직 막연한 감이 든다. 그런 가운데 윌러(D. Willer)의 견해는 비교적 모델형성의 지침이 될 수 있다고 보겠다. 그가 제시한 네 가지 조건을 아래에 소개한다.

첫째, 모델작성을 위한 첫째의 구비조건은 실상에 대한 일정한 지식을 갖고 있어야 한다는 사실이다. 실제현상에 관하여 기본적 지식과 근거자료를 갖고 있지 못하면 구조적 · 기능적 동상유질의 모델을 만들 수 없을 것이다.

둘째, 개념의 파악이 중요하다. 실제현상을 대신하고 있는 개념을 파악하려면 단순한 사실로부터 출발해서 그 현상에 대한 구성개념을 형성해 나가는 방법이 하나 있고, 이론적인 면을 중심으로 그 현상을 분석함으로써 개념을 탐색해 내는 다른 방법이 있다. 전자의 예로는 윌러의 외전현상(外轉現象, abduction, 소전제가 불명확한 삼단논법)을, 후자의 예로는 브로드백(M. Brodbeck)의 체제적 개념화를 들 수 있다. 특히 체제적 개념화는 현상을 분석함에 있어서 그것을 구성하는 하위체제를 발견하여 그 속성을 세분해 가면서 하나하나 개념을 정리해 나가는 절차를 밟게 된다.

셋째, 발견된 개념을 서로 관련시켜 봄으로써 일정한 가설을 도출한다. 가설의 설정은 머리 속에서 상상해 보는 상상적 실험(imaginary experiment)으로 가능하고, 또한 체제적 각도에서도 가능하다. 특히 상상적 실험은 갈릴레이(G. Galilei)가 잘 썼고 웨버(M. Weber)도 제안한 바 있는데, 정당화의 논리라기보다는 발견의 논리이다.

넷째, 개념이 파악되고 이들을 연결하여 가설이 정립되었다면 이를 바탕으로 기본개념을 조직화하는 모델을 형성하게 되는데, 이때 불가분한 것은 이론적 근거이다. 이에 관하여 더 이야기하면 군더더기가 된다.

위와 같은 모델형성의 구비조건을 염두에 두면서 구체적으로 모델의 유형에 따른 형성을 하나하나 검토해 보기로 한다. 여기서 소개하는 유형은 ① 유사모델(類似模型), ② 성상모델(成像模型) 및 ③ 상징모델(象徵模型) 등이다.

(1) **유사모델**(analogue models) 유사모델은 연구의 대상이 되는 실제현상 X의 속성 · 구조 및 과정을 대신할 수 있는 A의 속성 · 구조 및 과정을 인정하여 형성된 모형이다. X대신에 A를 가지고 모델형성에 활용하는 것은 X보다 A가 널리 알려져 있는 것이 보통이기 때문이다. 이 경우 A의 여러 속성은 X현상보다 단순해야 한다. 이 모델을 형성하는 경우에 형성자는 두 현상간의 유사성(analogue)을 입증할 수 있어야 하며 따라서 모델의 메커니즘은 실상의 구조 · 기능과 동상유질(isomorphic)이어야 함은 물론이다.

유사모델은 사회과학에서 흔히 쓰인다. 원래는 생물학에서 전개해 온 유기체이론을 모방한 것이다. 예를 들어 스펜서(H. Spencer)가 주장하는 진화론적 유사성(進化論的 類似性, evolutionary analogue)도 유기체적 유사성(有機體

的 類似性, organismic analogue)의 일종이다. 이러한 학리가 사회과학 쪽에 원용되어 사회의 제도를 설명하는 데 이용되는 실정이다.

유사모델은 원래의 현상(X)에 대한 모델로서의 메커니즘을 갖고 있기 때문에 새로운 현상에 대하여는 한정적인 메커니즘을 가질 뿐이다. 즉, 적용범위가 한정된다는 말이다. 그러므로 다른 현상에 대하여 적용하기 위해서는 모델의 경직성을 조정하여 새 현상에 부합하도록 수정하지 않으면 안 된다. 이와 같은 조정을 통해 유사모델은 성상모델이나 상징모델로 변할 가능성이 생긴다.

(2) **성상모델**(iconic models) 성상모델은 경험적 현상의 속성을 그대로 모사하여 형성된 모델이다. 단지 현상의 여러 속성은 중요도에 따라 바뀌거나 추상화 과정에서 선택적일 수 있다. 다시 말해서 연구의 입장에서 보아 중요치 않은 것은 제외될 수 있다는 의미이다. 이 성상모델은 모델이 대표성이 있는 주제에 근사하다는 사실에서 합리적인 근거를 찾는다. 이 모델의 메커니즘은 추상화된 속성의 수와 변환의 종류에 의존하고 있으며 현상의 어떤 특성과 유사하다는 데 의미를 구한다.

성상모델의 단순한 종류는 그 변환이 척도나 크기에서 제한된 것들이다. 사진이나 장난감 기차는 이 종류에 속한다. 물리학에서의 원자 및 분자의 모형이나 사회과학에서의 소시오메트릭스나 조직도표같은 것도 이 부류에 속한다. 이 모델에서 메커니즘은 직접적으로 유사성이 얼마나 많으냐에 따라 좌우된다. 모델이 점차 추상화되면 유사한 점은 줄어들고 메커니즘은 약해진다. 조직이론가들은 성상모델로서의 조직도표가 조직의 실제 운영에 관해서는 아무것도 말해 주지 못한다고 주장한다. 즉, 메커니즘을 결하고 있는 상태이다. 그래서 소시오그램(sociograms)을 구성해야 한다고 주장하는데, 이것도 경영학도의 견지에서 보면 메커니즘이 없기는 마찬가지다. 요컨대 문제는 추상화의 정도에 따라 유사성을 얼마만큼 유지하느냐이다.

개념도식(conceptual scheme)이 순전히 명목적으로 규정된 용어로 구성되면 그것은 성상모델이 된다. 사회학에서 다루는 제도·역할·사회적 행동·지위·권력·규범·가치·강압 및 태도 등 수많은 개념들은 모두 이 성상모델로서의 개념도식의 범주 안에 있다. 웨버(M. Weber)나 뒤르켕(E.

Durkheim)의 모델도 이 성상모델의 예라고 할 수 있으며, 여러 유형(typology)들도 성상적 메커니즘을 갖고 있다고 하겠다. 끝으로 이 성상모델을 형성하기 위해서는 실제현상을 대표하는 독립된 구조 메커니즘을 만들어야 하고 그 메커니즘의 작용을 실제로 검증할 수 있어야 한다.

(3) **상징모델**(symbolic models) 상징모델은 개념들을 의미 있게 서로 연결시킴으로써 형성된다. 이때 개념은 당연히 이론적으로나 명목적으로 규정되어야 한다. 이런 종류의 모형은 두 가지 측면에서 상징적이다. 즉, 일반적 합리성이나 일련의 현상을 상징하기 위해 연결된 개념으로 구성된다는 점과 상징이나 개념이 메커니즘의 근원이라는 점 등이다. 개념상호간의 관계인 상징적 체계는 각 개념의 정의와 형성을 위해 설정된 전제를 통해서 구성된다. 동시에 개념과 개념간의 관계도 명백히 밝혀져야 한다. 이렇게 해서 모델메커니즘의 구성도 가능해진다. 개념의 정의와 개념간의 관계의 규정이라는 두 개의 관련된 과정이 설정되는 것은 그 다음의 일이다.

상징모델은 다른 유형에 비해 비교적 공식화되어 있으며 동시에 모델메커니즘의 경직성이 적다고 하겠다. 또한 이 모델은 구성개념의 추상화 정도가 높아져도 메커니즘의 기능이 약화되지는 않는다. 한편 성상모델과 같이 현상에 대한 보다 동상유질적 접근을 위해 조정될 수 있을 뿐만 아니라 이상적인 상태에 이르기까지 모델을 정립할 수 있다.

상징모델의 입장에서 몇몇 학자의 모델을 가늠해 보면, 유명한 행정학자인 사이먼(H. A. Simon)의 모델은 메커니즘이 한정적인 대로 그럴 듯하긴 하지만 적용성이 완전치 못하다. 웨버(M. Weber)의 모델은 체계 있게 개념을 연결시키고는 있지만 메커니즘이 없다. 비록 상징모델을 정립하려고 한 것은 아니지만 그나마 완벽한 예로 들 수 있는 것은 이익집단의 발전을 설명한 다렌돌프(R. Dahrendorf)의 단계-과정모델이라고 하겠다.

이상 세 모델은 추상화의 정도와 메커니즘의 운영면에서 약간의 차이를 지닌다. 그리고 적용의 한계에서 같지는 않다. 어떤 차이를 지니든간에 모델을 형성하고자 하는 의도는 현상을 바르고 쉽게 인식하는 데 있다. 모델을 수립함으로써 얻는 최대의 이점은 "우리 자신을 우리가 탐구하려던 당초의 현상 저 너머로 끌고가는 데 있다"고 하겠다. 툴민(Toulmin)의 말이다.

3. 실 제

지금까지 좀 난삽하긴 하지만 이론과 모델이 어떻게 만들어지며 그 유형에는 어떤 것이 있는가를 알아보았다. 그러면 여기서는 이론과 모델의 몇 가지 실례를 간추려서 그 골격만 소개하기로 한다. 그러나 정작 실례를 소개한다고는 하지만 극히 한정된 몇 가지만을 다루려고 하며, 또한 실제의 이론이나 모델 자체가 지금까지 설명해 온 의미나 양자의 차이점과 완전히 일치하는 것이 아니라는 점도 우선 밝힌다. 그 이유는 단순히 이론이나 모델이라고 주장하여 개진한 학자들의 용어에 대한 임의성이 다분히 작용하기 때문이다. 다음에 나열하는 실제 예는 특별히 순서가 있는 것은 아니다.

(1) 맥클레란드(D.C. McClelland)**의 이론** 이 이론은 어머니의 태도, 아들의 가치관과 성취욕구 및 혁신적 행태간의 관계를 정립한 것으로 발전론자들이 즐겨 인용한다. 이 이론은 일본·독일·브라질 및 인도 등 4개국의 1,072명을 대상으로 검증해 보았다. 이것은 또한 성취욕구(n Achievement)라는 이론으로 널리 알려져 있다.

〈그림 2-10-4〉 **성취욕구이론**

(2) 이한빈의 모델　해방 후의 사회변동과 이에 관련된 행정부의 정책지향을 제1공화국부터 군사혁명정부까지 분석하는 데 기초가 된 이른바 「발전형 시관론」(發展型時觀論)은 '시상'(時相)과 '변동에 대한 태도'라는 두 개념을 각기 세 개의 변수로 나누어 9개의 시간지향형을 도출한 일종의 유형(typology)에 해당한다. 이를 근거로 '시관, 엘리트 역할 그리고 정책지향의 상관관계'를 입체적으로 표시한 이 모델은 시관과 결부되어 정책지향에서 엘리트의 역할을 이해하는 데 훌륭한 인식도가 된다. 두 모델 중 후자의 것만 아래에 소개한다. 한편 이와 관련시켜 위의 유형을 다른 각도에서 경험의 세계에 적용시킨 예가 몇 개 있는데 그 가운데에서 우리 나라의 경제개발을 촉진하기 위한 행정의 역할에 초점을 두고, 정치지도력 · 정부조직 · 행정엘리트 · 정책사업간에 서로 관련된 변동이 의미 있게 파급되어 왔다는 사실을 확인정이 입증했다.

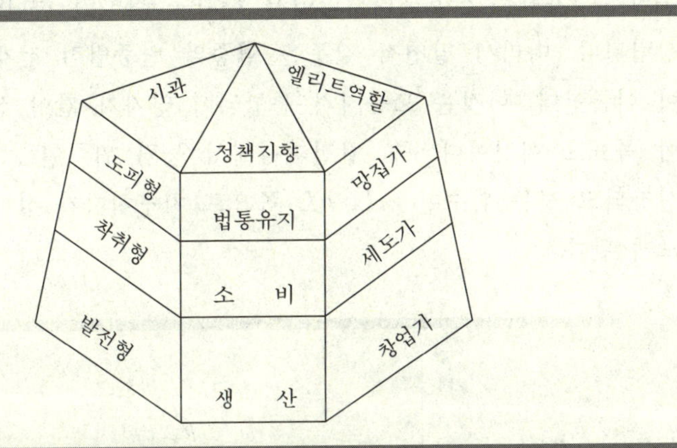

〈그림 2-10-5〉 시관, 엘리트 역할 그리고 정책지향의 상관관계

(3) 잘트만(G. Zaltman), **던칸**(R. Duncan), **홀배크**(J. Holbek)**의 모델**

이 모델은 쇄신과정에서 변화에 대한 저항요소를 설명하고 있다. 좀더 구체적으로 결정행위의 각 단계에서 어떤 저항의 본질이 발견되는가를 여러 기존이론을 감안하여 정립해 놓은 것이다. 여기서는 조직상의 여러 변수도 고려하는데, 그것은 복잡성 · 형식화 · 집중화 · 간개인관계 및 갈등해소기구 등이다.

〈표 2-10-1〉 **쇄신적 결정단계에 나타나는 저항의 본질**

결정단계	저항의 본질
인 식	선택적 과정
동 기	탁월성
	관 습
태 도	중요성에 대한 환상
정당화	의존성
집 행	자기의구(疑懼)
평 가	불안정
	복 귀
	근 심
취사책	항상성

(4) 리그스(F. W. Riggs)**의 이론**　발전현상 속에서 나타나는 능력과 평등의 두 차원은 상호배타적이어서 하나를 취하면 하나를 읽고 하는 관계가 성립된다. 따라서 발전적 갈등은 일종의 변증법적 전개양상을 띤다는 것이 이 이론인데, 이것은 모름지기 통합되어 양자가 같이 신장되어야 한다는 것이 목표요 이상이다. 즉, 발전과정에서 능력 위주면 mR도 되었다가 nR로 신장되고 평등 위주면 mL, nL 쪽으로 치우치다가 점차 p나 q의 경지에 이르게 된다.

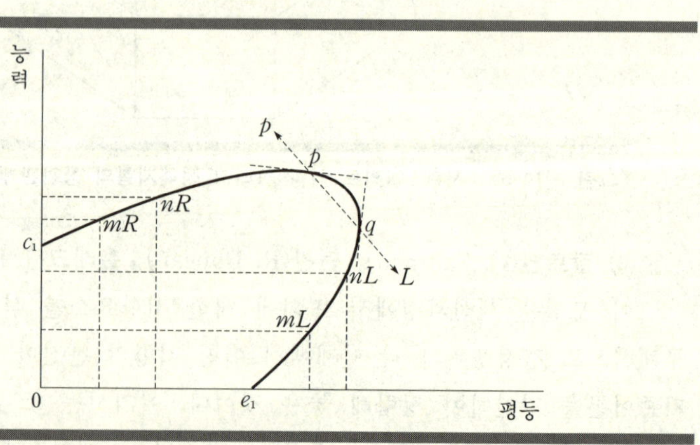

〈그림 2-10-6〉 **능력과 평등간의 비교**

(5) **김광웅의 모델** 조직의 성과를 가져오는 조직의 행태적 특성이 어떤 것인지를 알기 위해 수출공단에 있는 기업체의 관리자를 대상으로 면접하여 검증해 본 모델이다. 조직 내의 의사소통이 조직의 분위기를 따뜻하게 하고 결정의 민주성이나 개방성을 촉진한다는 발견 등은 기존 이론의 확인에 불과하겠지만, 직무만족과 조직의 성과간에는 낮은 인과관계가 있으며 권위주의적 리더십이어야 성과가 높다는 논리는 다분히 한국적인 조직의 특징이라고 하겠다. 이 모델은 노정모델(路程模型)로 인과관계를 규명한 것이며, 각 수치는 노정계수와 잉여치(error term)들이다. 이런 종류의 모델에 대한 설명은 이 책 제4부 마지막 장에 자세히 소개되어 있다.

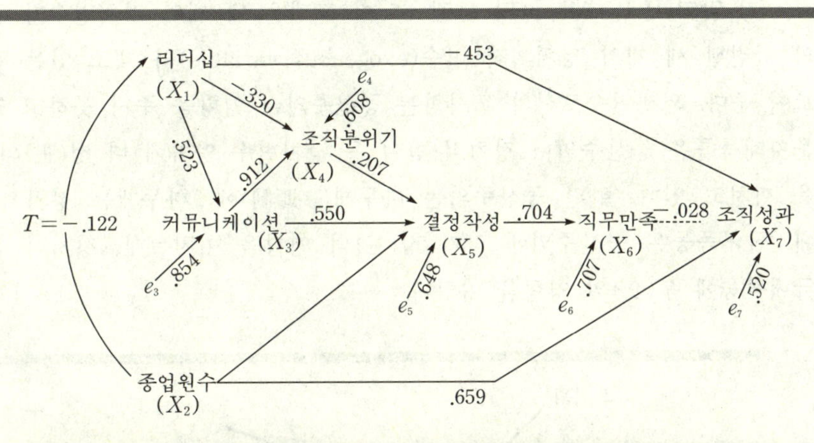

〈그림 2-10-7〉 **조직의 성과와 조직의 행태적 특성간의 인과관계**

(6) **제터버그**(H. L. Zetterberg)**의 모델** 이 모델은 조직 내의 동료수와 동의(同意)와의 인과관계를 밝히기 위해 제터버그의 공리적 이론(axiometic theory)을 블레록(H. M. Blalock)이 다시 모델화시킨 것이다. 구성원당 동료의 수가 많으면 분업분담이 생기고 그것이 응집력을 가져오게 하는데, 이것은 한편에서는 동의기반을 구축하고 또 다른 한편에서는 이탈자의 수를 줄여 준다. 블레록이 다시 정리한 이유 중의 하나는 직접적인 인과관계를 갖는다는 공리와 그렇지 않은 정리를 구별하기 위함이었다.

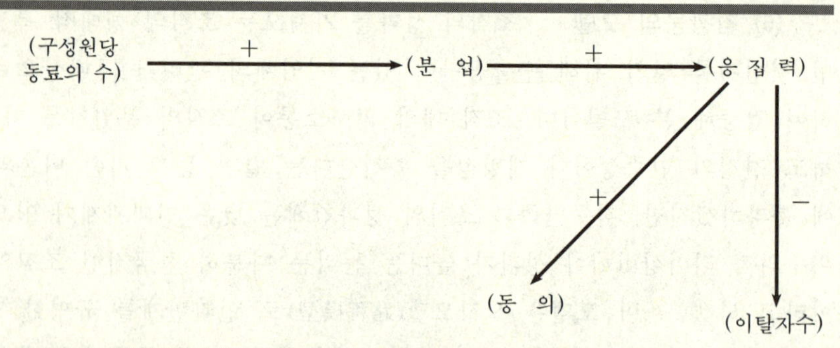

〈그림 2-10-8〉 집단 내의 동료관계와 동의(同意)와의 인과관계

(7) **알카**(H. R. Alker)**의 모델** 이 모델은 네 개의 정치변수가 근대화와 관련된 세 개의 정치외적 변수(exogenous variable)와 맺고 있는 관계를 보여 준다. 외생변수로서의 도시화는 공산주의에 영향을 주지 못하고 있으며 문자해득률은 공산주의나 정치적 참여 등 정치변수 양쪽에 다 정(正)의 영향을 끼치고 있다. 한편 공산주의는 다두제(多頭制)에, 다두제는 정치적 참여에, 국내폭동은 공산주의에 각기 정(正)의 영향을 미치는데, 정치적 참여는 국내폭동에 부(負)의 영향을 미친다.

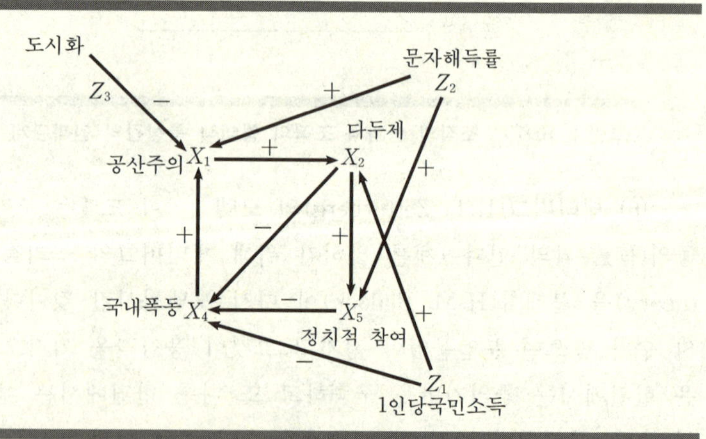

〈그림 2-10-9〉 정치적 변수와 근대화변수간의 인과관계

(8) **하스**(M. Haas)**의 모델** 국가간의 갈등관계를 설명하기 위해 하스

는 전쟁성향(war propensity)에 관한 몇 개의 모델을 만들었다. 즉, 도시형 모델(polis model), 유산자본가모델(bourgeois capitalist model), 발전형모델(developmental model) 및 절충형모델(eclectic model) 등이 그것인데, 이 가운데에서 처음의 모델만을 그림으로 소개한다.

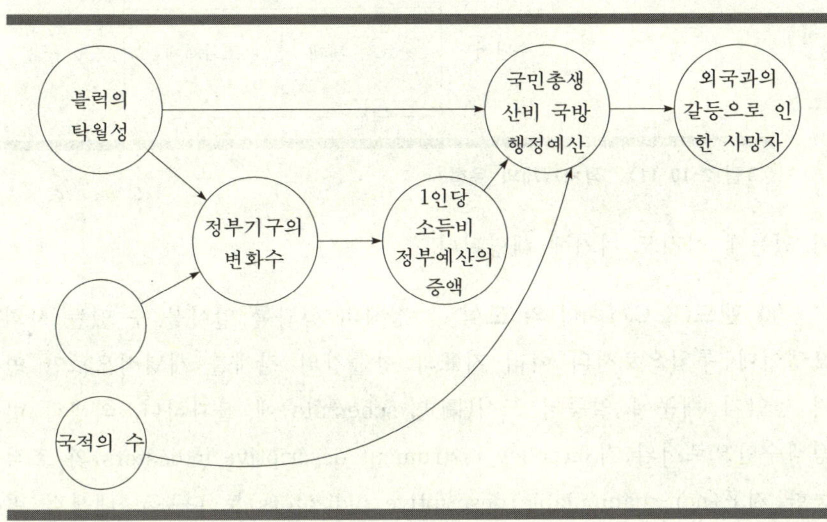

〈그림 2-10-10〉 도시형 전쟁성향 모델

(9) 앱터(D. E. Apter)**의 군형**(群型) 정치체제의 유형을 찾아보기 위해 '가치'와 '권위'라는 두 변수를 가지고 그것을 각기 둘로 나누어 네 개의 유형을 제시하였다. 우선 가치의 유형을 종국적(consummatory)인 것과 수단적(instrumental)인 것으로, 권위를 위계적(hierarchical)인 것과 각추적(角錐的, pyramidal)인 것으로 나누어, 동원체제(Mobilization types), 조화체제(Reconciliation types), 관료적 체제(Bureaucratic types) 및 신정적 체제(神政的 體制, Theocratic types) 등 네 개의 유형을 나누었다. 동원체제의 대표적인 국가로는 1917년의 러시아와 당시의 중공을 들 수 있고, 조화체제로는 남미 여러 나라들을 들 수 있다. 이 유형은 일종의 군형(taxonomy)에 해당되는데, 이것에 관하여는 이 장 제5절에서 다시 설명한다. 특히 정치체제나 관료체제에 관하여는 군형들이 상당히 있다. 국가론에서 강한 국가와 약한 국가, 그리고 강한 관료와 약한 관료의 네 조합으로 국가군을 나누는 예

가치의 유형 ↓ / 권위의 유형 ←	위계적	각추적
종국적	동원체제	신정적 체제
수단적	관료적 체제	조화체제

〈그림 2-10-11〉 **정치체제의 유형**

가 있는데 이것도 여기에 해당된다.

⑽ **랜드**(K. C. Land)**의 도식** 정책의 성과를 알아볼 수 있는 사회변동 모델인데 투입으로서의 여러 지표와 산출간의 관계를 개념적으로만 연관시켜 놓았기 때문에 일종의 도식(圖式, schemata)에 불과하다. 외생적 변수를 정책수단으로서의 지표(policy instrument descriptive indicators)와 조작불가능한 지표(non-manipulable descriptive indicators)로 나누고 내생적 변수는 산출지표(output or end-product descriptive indicators)와 부차효과지표(side-effect descriptive indicators)로 나누었다. 각각의 관계는 〈그림 2-10-

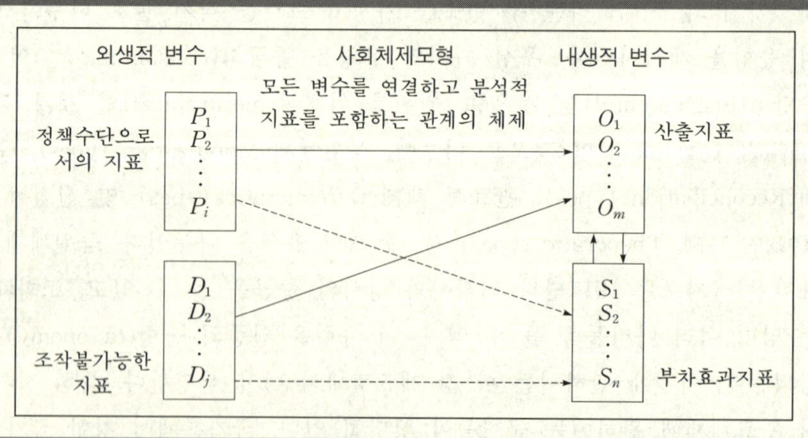

〈그림 2-10-12〉 **기술적 · 분석적 지표의 투입 및 산출간의 관계**

12〉에서 쉽게 알 수 있는데, 직선은 직접적인 관계이며 점선은 가능한 관계를 표시한다.

⑾ **한국선거연구현황의 좌표** 모델이라고 말하기는 어렵지만, 간혹 무슨 일, 또는 어떤 현상의 현주소는 어디일까라는 의문에 사로잡힐 때가 있다. 그래서 20여 편의 한국선거관계연구논문을 평하여 이들의 방법론상 좌표를 존재론과 인식론의 두 축에서 그려본 것이 다음 그림이다. 이것은 어디까지나 가설적인 자리매김에 불과하다. 가정적이면서도 선거연구의 현황을 긍정적으로 설정할 수 없었던 것은 우리 연구가 인식론적으로나 존재론적으로 그다지 수준 이상이 되지 못한다는 편견 때문이다. 우선 그림을 그려 보면 아래와 같은 꼴이 된다.

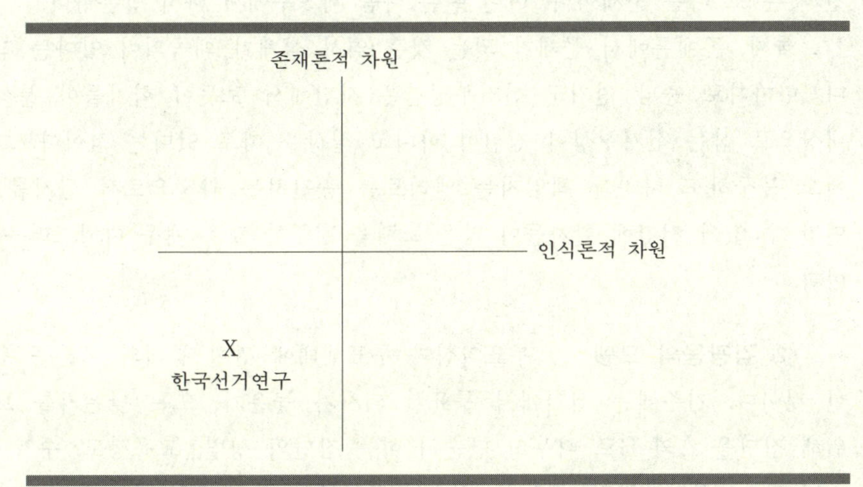

〈그림 2-10-13〉 한국선거연구의 좌표

이와 같이 설정한 이유를 좀더 부연하면, 첫째, 인식론에서 우리의 선거연구가 뭔가 미흡하기 때문이다. 즉 실체를 파악해 내는 방법이 부적절하다는 뜻이다. 그중 대표적인 것이 면접조사와 전화조사 방법에 의해 수집한 '믿기 어려운 자료'를 가지고 분석해 논지를 펴는 것이다. 여기서 '믿기 어렵다'고 하는 근거는 여러 가지이다. 조사문항의 표현이 전문적이어서 응답자가 이해하고 답하는지 의문을 갖지 않을 수 없기 때문이다. 조사자료를 분석하기 전에 편집과정에서 프로빙같은 테크닉을 얼마나 쓰는지도 모르겠다. 질문내용이 어려운 것만이 문제가 되는 것이 아니라 우리 나라의 응답자들이 과장 또는 축소해서 답하는 경향이 있고 모범답안을 염두에 두고 답하는 경향도 많아서 한마디로 정확한 답을 얻어내지 못하는 것이 서양의 경우와 다른 우리의 현실이다. 이것은 지난 4. 11총선때 "여당이 압승한다"는 출구조사에서 여실히 드러났다. 거기에다가 조사원의 성실성도 매우 심각한 문제이다. 더 근본적인 문제는 일반 여론조사의 경우와 달리 가설을 입증하려는 경우에 질문 문항을 만들어 내는 과정이 비과학적인 경우가 많다는 사실이다. 다시 말해서 이론의 틀을 배경삼아 개념화와 조작화의 과정이 제대로 되어 지표와 변수가 도출되고 그것을 근거로 질문 문항이 나오는 등 논리적 도출과정을 밟는지 의구심이 앞선다는 점이다. 분석된 자료에 대한 해석이 지나친 것은 또 다른 문제이다. 이런 면은 다음 제3부에서 다시 상론한다.

둘째, 존재론에서 문제가 되는 것은 역시 실체가 왜곡되어 있다는 점이다. 한마디로 충남 연기군 선거부정같은 사건에서 보듯이 학자들이 분석의 대상으로 삼는 선거현상이 진실이 아니고 실상은 따로 있다는 점이다. 그럼에도 불구하고 나라를 책임지는 엘리트를 충원하는 과정으로서 선거를 외면할 수 없어 저간에 학자들이 많은 노력을 경주한 것은 매우 다행스러운 일이다.

⑿ 김광웅의 모델 투표의식과 투표행태에 관한 종래의 이론을 수정한 것이다. 기존에는 선거에서 투표할 의사가 높은가, 또는 낮은가를 보기 위해 집단을 A와 B로 나누고 단순히 이들 집단의 성별, 교육정도, 수입, 거주지 등 사회인구학적 배경을 가려 투표의사의 높낮이를 헤아리는 모델을 설정했다. 아래가 그 그림이다.

사회 · 인구학적 배경		투표의사
A 집단	…………	낮 다
↕		↕
B 집단	…………	높 다

〈그림 2-10-14〉 사회인구학적 배경과 투표의사와의 관계

그런데 민주의식과 투표의사에 관한 조사를 해서 그 자료로 상관관계분석을 하고 보니까 의식에는 두 카테고리가 있을 수 있다는 사실을 확인하게 되었다. 즉 의식 Ⅰ은 ① 선거에 대한 관심과 ② 정치적 관여태도로 구성되고, 의식 Ⅱ는 ① 민주주의의 실현가능성, ② 투표의 효능감, ③ 국회의원에 대한 평가, ④ 국회의원에 대한 기대 등으로 구성된다는 사실이었다. 이들 상관관계가 다음 표에 있다.

〈표 2-10-2〉 민주의식과 투표의사의 상관관계

	의 식 Ⅰ		의 식 Ⅱ			
	선거에 대한 관심	정치적 관여태도	민주주의 실현가능성	투표 효능감	국회의원에 대한 평가	국회의원에 대한 기대
투표의사	0.4545*	0.0723*	0.1402*	0.3267*	0.2404*	0.2793*

*$p < 0.001$

그리고 나서 가정해 본 모델은 다음과 같은 것이었다(그림 2-10-15). 즉, 도시에 거주하고 연령은 낮고 교육 정도가 높아(집단 A) 선거에 대한 관심은 높은데(의식 Ⅰ), 투표에 대한 효능감이 낮거나 국회의원에 대해 별로 기대할 게 없어(의식 Ⅱ), 투표의사가 낮은 경우와 그 반대의 경우를 상정할 수 있다는 것이다.

사회 · 인구학적 배경	의식 Ⅰ	의식 Ⅱ	투표의사
A집단	높 다	비관적	낮 다
↕	↕	↕	↕
B집단	낮 다	낙관적	높 다

〈그림 2-10-15〉 사회인구학적 배경, 의식, 투표의사와의 관계

그래서 내린 결론이자 하나의 가정적 모델은 다음 〈그림 2-10-16〉과 같다. 즉, 투표의사에 영향을 미치는 요인은 의식 Ⅰ이 아니라 의식 Ⅱ라는 점이다. 기존의 이론을 반박하여 의식의 유형을 둘로 나누어 보다 실제적인 주장을 펴 본 것이다.

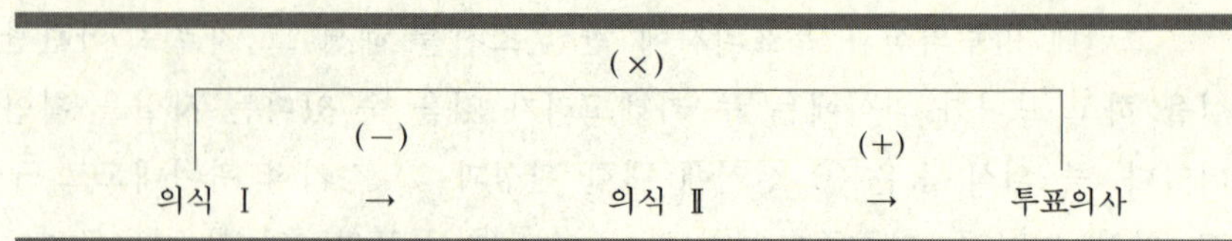

〈그림 2-10-16〉 **투표의사를 결정하는 의식의 유형과 이들간의 관계**

이상에서 본 몇 개의 이론, 모델, 군형, 유형, 좌표 등에서 이론과 모델이 실제로 어떻게 표현되는지를 알게 되었다. 이런 것을 늘 염두에 두면서 각자가 이론이나 모델을 하나 만들어 보는 것이 방법론을 습득하는 가장 빠른 길이다.

4. 차 이

앞 장에서 이론과 모델을 따로 설명했고, 이 장에서는 양자를 비교하며 서술했다. 그 성격이나 기능으로 보아 서로간에 차이가 있는 것은 사실이다. 그러나 경우에 따라서 모델이 이론과 같은 기능을 한다는 사실을 우리는 부인할 수 없다. 더욱이 오늘날의 물리학이론에서는 모델은 수학이론에 관한 설명이기도 하고, 반면에 물리이론은 모델의 이상적 요소를 표시하는 수학의 공식이라고 하여 양자간에 차이를 두지 않는 입장도 있다. 일단 여기서는 양자의 차이를 찾아보면서 비교·설명해 나가는 데 치중하기로 한다. 앞 장에서의 설명을 좀더 이해하기 위해서이다.

카플란(A. Kaplan)에 따르면 모델은 상징적·공리적 혹은 형식적 형태를 암시하고 있는 과학적 이론을 의미하긴 하지만 그 뜻이 좀 산만하다고 한다. 특히 모델은 형식 내지는 공리적 형태가 적합하다. 앞 장에서도 설명한 대로 직접 혹은 간접적인 인과관계 없이도 A라는 체계를 통해서 B라는 체계를 이해하는 데 도움이 되었다면 A는 B의 모델이다. 이 경우 어떤 면에서 A는 B를 닮아야 한다. 즉, A가 p라는 요인을 지니고 있고 B가 q라는 요인을 지니고 있어서 양자가 특별한 관계를 맺고 있는 경우는 모르지만 양자는 전혀 관계가 없어도 B가 동시에 p라는 요인을 가지고 있어서 A와 B가 관계가 생길 수도 있는 일이다. 여하튼 두 체계는 어떤 형태로라도 닮아야 한다. 한마디로 한 체계가 다른 체계의 모델이라는 것은 그들이 형식에서 닮았다는 것이지 내용에서 닮았다는 것은 아니다. 이것이 모델의 가장 원형질적인 속성이다.

좀더 구체적으로 말해서 모델은 누누히 말하지만 동상유질인 것이다. 두 체계 속의 요인이 일 대 일의 상응성을 가지기만 하면 되며 인과관계를 맺고 있을 필요는 없다. 동상유질의 관계만 성립되면, 그것은 구조적 속성에 따라 두 체계가 닮은 것이며 그 이상은 아니다.

모델이 이론과 동의어로 쓰일 때는 공리적 형식을 취하고 있을 때이다. 모델은 해석이 붙여진 상징의 구조로 인식되기도 하며, 동시에 해석에 따라 특정된 주관적 문제에 관한 것이기도 하다. 반면에 이론은 다소 추상적이다. 즉, 어떤 변수는 도외시되는 경향이 있는 등 묘사하는 자체가 이론 자체 내의 맥락에서만 존재하는 것이어서 다분히 이상적이다. 우리가 바라는 것은 분석체계의 요소들이 경험세계의 요소와 동상유질관계를 이루어 이것이 이론을 위해 어떤 주제를 마련해 주는 근거가 생겼으면 하는 것이다.

이론과 모델의 차이에 대해 카플란(A. Kaplan)은 근본적인 차이가 있다는 견해를 피력한다. 그는 말하기를 모델이 이론과 공존할 수 있는 것이라면 그저 모두를 다 이론이라고 하면 되지 않느냐는 것이다. 또 그럴 필요가 있다면 이론을 공리적 형태로 표현해 버리면 될 것이 아니냐는 주장이다. 우리는 이론으로부터 어떤 주제에 관한 것을 배우지만, 그것이 이론의 속성을 밝혀서 얻는 것은 아니라는 것이다. 이론이 설명하고 있는 것은 주제가 어떤 구조를 가지고 있다는 것일 뿐 그 구조를 겉으로 나타낼 필요는 없다. 즉, 이론은 그 안에 비록 적합치 않은 속성이 있다 하더라도 추상성 때문에 가려지고 만다. 이론을 모델로 보는 견해는 구식의 의미학(意味學)에서부터 비롯된 것인데, 이것은 진실인 명제는 사실이 그렇다고 긍정한 것과 똑같은 구조를 가져야 한다는 데 의존하고 있는 것이다. 또한 이것은 이론이 소상하게 현실을 그려 줄 수 있다는 실체론적 인식론의 입장이다. 그러므로 이론과는 달리 모델을 정립해 간다는 것은 다만 인식세계에서의 전략에 불과할 뿐이지 과학적 활동 그 자체와 동일시해서는 안 된다는 것이 그의 견해이다.

한편 러드너(R. S. Rudner)는 모델은 이론과는 다른 어떤 이론적 구성(theoretical formulation)으로 논리학이나 수학같은 형식과학(formal sciences)에서 잘 쓰인다고 한다. 이 형식과학에서의 용어(요소)는 숫자와 같은 '칼큐러스'와는 다른 해석을 붙이는 언어외적 요소(extralinguistic entities)를 의미한다. 경험과학(empirical science)에서 이들을 사용하지만 그 용법이 같을 수 없다. 따라서 러드너는 양자의 차이를 약간 인정하려고 한다. 이론에 대한 모델이라는 것은 이론 그 자체가 해석인 동일한 '칼큐러스'에 대한 다른 해석으로 구성된다("a model for a theory consists of an alternative interpretation of the same calculus of which the theory itself is an interpretation")고 하여 근본적인 차이는 없는 듯이 설명하나, 모델이 타당성보다는 발견 자체에 치중하려 한다고 말하여 그간의 차이가 있음을 밝히고 있다.

한 가지 견해만 더 소개한다. 포세스(D. P. Forcese)와 리쳐(S. Richer)는 이론의 개념요소는 미리 조작이 되어 요소간의 관계가 있음이 경험적으로 증명된 것이지만, 모델은 그 안에 있는 여러 개념들이 모두가 다 조작되는 것이 아니라고 양자의 차이를 설명한다. 그래서 예를 들면, 파슨스(T. Parsons)의 체제모델 속의 개념은 모두 조작적 과정을 거치지 않은 것으로 잠정적인 성격을 지녔을 뿐이다. 이것은 모델의 추론적인 성격과 일치한다(반면 Hempel은 명시적 이론에서 쓰고 있는 개념도 모두 조작되는 것은 아니라고 한다). 한편 이론은 사실을 밝히려는 것이지 추론이나 사색을 대신하고 있는 것은 아니다. 모델과 이론의 차이와 관계를 밝히기 위하여는 우선 가설과 명

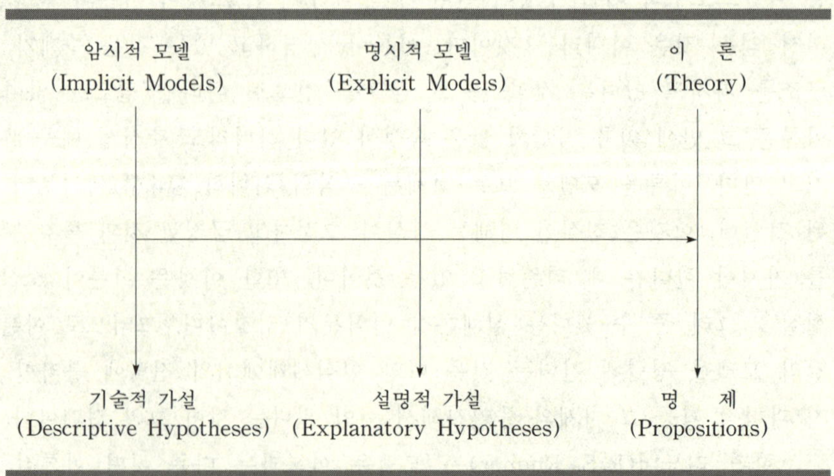

〈그림 2-10-17〉 모델과 이론의 형식화의 정도

제를 곁들여 형식화의 정도를 다음과 같이 표시할 수 있다.

앞의 그림에서 이론은 명제로 구성되어 있음을 알 수 있다. 이들 명제는 상위명제로부터 하위명제가 연역될 수 있도록 짜여져 있다. 즉, 명제는 일반성이나 범위에 따라 변한다. 보다 일반적인 명제는 하위명제에 의해 표현된 의미나 조건을 설명한다. 또한 상위명제간의 관계는 하위명제간의 관계를 설명하는 데 도움이 된다. 다시 말해서 하위명제는 논리적 · 경험적으로 도출된 함수가 된다. 예를 들면, "승진에 대한 욕심이 지나치면 동료로부터 신망을 잃을 가능성이 클 것이다"라는 하위명제는 "출세욕이 크면 클수록 인간관계에서 편차가 크게 나타날 것이다"라는 상위명제에서 도출된 것이다. 여하튼 이론은 설명체계(explanatory system)로서 검증되지 않은 가설을 낳는 근거가 된다. 과학의 최종목표가 이 이론에 있는 것이지, 추론체계(speculative system)에 불과한 모델에 있는 것은 아니다.

이론과 모델의 차이를 분명히 밝히기는 쉽지 않다. 성격이 다르면서 유사한 기능을 하기 때문이다. 그런 뜻에서 저자는 기능상 이론과 모델을 굳이 구별하지 않는 입장을 취하고 싶다. 논리전개의 순서나 연구의 결과 얻은 산물은 물론 과학적 이론이라는 것을 수긍하면서도, 〈표 2-10-3〉에 망라적인 것은 못되지만 이론과 모델의 차이라고 생각되는 것을 순서 없이 열거해 보았다.

〈표 2-10-3〉 이론과 모델의 대조표

비교차원	이 론	모 델
표현형식	서 술 적	기 호 적
내용구성	추상적(부적합한 요소 포함)	공리적(부적합한 요소 제외)
정립상의 성격	과학적 활동	인식적 전략
목적상의 성격	타당성 입증	발견위주
구성개념의 상태	조 작 화	부분적 조작화
체계의 성격	설명체계	추론체계

5. 유사용어 — 모델의 아형(亞形)들

사회과학자가 논리적으로 체계화된 이론이나 모델을 늘 만들 수는 없다.

그것은 그 자체가 너무 어렵기도 하려니와 또 그럴 필요가 없을 때도 있으며 부분적으로 접합되고 체계화되면 되기 때문이다. 다시 말하면 과학적 활동으로서의 도구들에는 완전한 '이론적 체계로 잘 형성된'(well-formed formulation) 이론이나 모델이 드문데, 그래서 사회과학에는 때로 편의상 불완전한 것을 이론이나 모델로 간주할 때가 있다. 이 '불완전하고 비이론적 공식'(nontheoretic formulation)에는 「유형」(typology), 「개념도식」(conceptual schema), 「개념모형」(conceptual model), 「분류체계」(classificational system), 그리고 「정의체계」(definitional system) 등이 있다.

이들 사이의 구별은 몇 가지 기준에 따라 하는데, 우선 진위에 관한 진술이 없는 것을 정의체계 혹은 정의도식이라고 하고, 적어도 한 가지의 진실가가 포함되어 있는 언명이 내포된 것을 개념체계 혹은 분석적 개념체계(analytical conceptual system)라고 한다. 정의체계가 진위에 대한 진술이 없다는 것만으로도 경험적 이론과 구별되는데, 분석적 개념체계가 경험적 이론과 다른 점은 전자가 논리적이고 분석적이긴 하지만 경험적 주장(empirical assertions)을 하나도 안 하는 데 있다.

한편 분류도식에는 응용가능성에 대해 필요 · 충분조건이 주어진 경우와 그렇지 않은 두 경우가 있다. 어느 경우이든 경험적 가설과 이론을 내세움에 있어서 훌륭한 교시적 가치(教示的 價值, heuristic value)를 지닌다. 분석적이거나 아니면 우연성에 따라서 비이론적 공식도 되고 이론적 공식도 되는 유형(typology)은 논의되는 모체를 결정하는 개념이나 그 자체의 요소들을 차례로 순서짓는(serial or quasi serial ordering) 작업이 선행되어야 한다. 그리고 그 개념의 집합은 대개 극화(極化, polarized)된 개념으로 구성되어 있다고 생각하면 된다. 우리 눈에 익은 'Gemeinschaft'와 'Gesellschaft', '완전경쟁'과 '독점', '도시'와 '농촌', '개방사회'와 '폐쇄사회', '내향성'과 '외향성' 등 여러 역사학 · 인류학 및 사회학자들이 즐겨 쓰는 유형은 모두 이 「타이폴로지」개념에 포함된다.

이 유형(typology)은 위의 어느 유사용어보다도 모델에 가까운 개념으로 혼용할 때가 많다. 그래서 좀더 부연하기로 한다. 유형을 "다른 면에서 보면 유사한 사회단위나 현상간의 개략적인 차이에 관한 언명"이라고 주장하기도 하고, "속성영역의 환원 또는 집약(reduction of a property space)으로 변수의 집단을 몇 개로 나누어 조합을 선정한 것"이라고도 할 수 있다. 다시 말하면 변수들을 횡적으로 분류하여 그중 가능한 범주의 조합만을 선정·집약한 것을 뜻한다.

이와 같이 유형은 연구대상의 여러 요소를 배열하고 이 요소의 특성을 구분(grouping)하여 간소화함으로써 대상의 속성을 밝혀 보는 것이다. 따라서 유형은 서로 구분이 되는 대상이나 서로 관련이 없는 대상이나, 혹은 서로 이질적인 대상들이 안고 있는 혼란을 제거하여 질서를 창조해 준다. 이렇게 대상을 조직화함으로써 관찰자들은 현상간의 관계를 규명하고 예측할 수 있게 된다. 이것은 유형이 구분이 안 되는 실체의 집합이 아니라 특성의 집합체로서 구성되어 있기 때문이다. 군형(群型, taxonomy)이 경험적인 것을 바탕으로 하여 현상을 분류하는 것에 그치는 것이라면, 유형(typology)은 이것의 이론화라고도 말할 수 있다. 유형이 군형의 정의체계를 기초로 하여 대상의 속성을 밝혀 내는 작업은 경험적이라기보다는 선험적이요, 귀납적이라기보다는 연역적인 추론에 의하는 것이다.

유형을 정립할 때 사용되는 변수는 대개 2분 내지는 3분되게 마련인데, 역시 2분화(dichotomized)되는 것이 보통이다. 머턴(R.K. Merton)의 유형에서 '문화목표에 대한 적응'과 '제도화된 수단에 대한 적응'이 그렇고, 웨버(M. Weber)의 유명한 유형인 법적-합리적 관료제가 그렇다. 물론 유형의 분류에서 양분만이 아니라 연속성이 있는 변수도 고려되어야 한다는 주장이 없는 것은 아니다.

유형에서의 분화 또는 극화나 지나친 집약(overreduction)은 유형의 지나친 단순화(oversimplification)를 초래하여 유형에 대한 신뢰를 저해할 우려도 있다. 모델이라는 것이 원래 그렇기는 하지만 지나친 단순화로 대표성을 상실한다면 문제는 심각해진다. 이것은 이론과 모델에서 논의되는 추상성의 문제와 연결된다. 요는 단순화의 정도를 어느 수준에서 유지할 것이냐인데, 이것을 수리적으로 생각하면 회귀분석에서 잉여치(residuals or error terms)의 문제와 같은 것이다. 즉, 회귀분석에서 잉여치가 너무 크거나 그 분포가 일정한 또 다른 형태를 유지하고 있으면 본래의 회귀방정식이 옳지 않다는 것과 마찬가지로 분화된 유형이 상당한 부분을 설명할 수 없다면, 그 단순화는 지나친 것이고 따라서 그 유형은 대표적이라고 할 수 없게 된다.

그러면 유형을 특징지을 수 있는 일곱 가지 주요측면(principal dimensions)을 카페치(Capecchi)의 설명에 따라 끝으로 살펴보기로 한다.

(1) 시공 연관성의 존부(presence — absence of time-space links)
(2) 추상성과 구상성(abstractness — non-abstractness)
(3) 규범성과 비규범성(normativity — non-normativity)
(4) 주요- 부차적 복잡성(major — minor complexity)
(5) 변수간의 관련성의 존부(presence — absence of relationships between the variables)
(6) 변수의 주·부차적 증거(major — minor evidence of the variables)
(7) 변수의 상이한 계량화수준(different level of quantification of the variables)

각 차원에 관한 자세한 설명은 생략하고, 다만 〈표 2-10-4〉에서 제시하는 여러 대표적 유형이 이들 차원에 따라 어떻게 특징지워질 수 있겠는가를 보아 간접적 설명으로 대신하기로 한다. 역시 카페치의 분류이다.

〈표 2-10-4〉 특징적 차원에 따른 유형의 예제

유형	시공의 관련성	추상성	규범성	복잡성	변수간의 연관성	변수의 증거	변수의 상이한 계량화의 차원
Merton's types of anomie	−	−	−	−	−	+	명목적 척도
Mill's types of shop-girl	+	−	−	+	−	−	수준이 각기 상이함
Parson's dimensions of action-space	−	−	−	−	+	+	명목적 척도
Von Thunen's model of isolated state	−	+	−	−	+	+	수준이 각기 상이함
Marxian ideal society	−	+	+	+	+	−	수준이 각기 상이함
Weber's type of medieval christianity	+	−	−	+	+	−	수준이 각기 상이함
Weber's type of Robinsonian economy	−	+	−	−	+	+	수준이 각기 상이함
Weber's power types	−	−	−	−	−	−	명목적 척도
Fromm's personality types	−	−	−	−	−	−	서열적 척도
Eysenck's political attitudes	−	−	−	−	−	+	등간적 척도

제 2 부 참고문헌

강신택. 『사회과학연구의 논리 — 정치학 · 행정학을 중심으로』, 개정판. 박영사, 1995.

김광웅. "사회과학연구방법론의 과학성논고," 『행정논총』. 12: 1, 1974.

김재은. 『교육 · 심리 · 사회 연구방법』. 서울: 익문사, 1971.

김해동. 『조사방법론강의』. 서울: 삼중당, 1962.

박종홍. 『일반논리학』. 서울: 박영사, 1975.

이관우. 『신조사방법론』. 대구: 형설출판사, 1974.

이한빈. 『사회변동과 행정』. 서울: 박영사, 1968.

황인정. 『행정과 경제개발: 한국발전정부론』. 서울: 서울대학교 출판부, 1970.

Alker, Hayward R., Jr. 1966. "Causal Inference and Political Analysis," in Joseph L. Bernd(ed.), *Mathematical Applications in Political Science*. Dallas: Southern Methodist University Press.

Apter, David E. 1968. *Some Conceptual Approaches to the Study of Modernization*. Englewood Cliffs, N.J.: Prentice-Hall.

Ayer, A. J. 1946. *Language, Truth and Logic*. New York: Dober.

Beshers, James M. 1957. "Models and Theory Construction," *American Sociological Review*. 22: 1, February.

Blalock, Hubert M., Jr. 1969. *Theory Construction*. Englewood Cliffs, N.J.: Prentice-Hall.

Brodbeck, May. 1959. "Models, Meaning, and Theories," L. Gross(ed.), *Symposium on Sociological Theory*. New York: Harper & Row.

Capecchi, Vittorio. 1968. "On the Definition of Typology and Classification in Sociology," *Quality and Quantity*. 2: 1-2, January.

Dahrendorf, Ralf. 1959. *Class and Class Conflict in Industrial Society*. Stanford: Stanford University Press.

Doby, J. T.(ed.). 1967. *An Introduction to Social Research*. New York: Appleton Century-Crofts.

Dooley, David. 1995. *Social Research Methods*. Prentice-Hall.

Dumont, R. and W. Wilson. 1967. "Aspects of Concept Formation, Explication, and Theory Construction in Sociology," *American Sociological Review*. 32: 6, December.

Forcese, Dennis P. and Stephen Richer. 1973. *Social Research Methods*. Englewood Cliffs, N.J.: Prentice-Hall.

Foss, Martin. 1949. *Symbol and Metaphor in Human Experience*. Princeton: Princeton University Press.

Frankfort-Nachmias, Chava and David Nachmias. 1996. *Research Methods in the Social Sciences*. Fifth ed. New York: St. Martin's.

Galtung, Johan. 1967. *Theory and Methods of Social Research*. London: George Allen & Unwin.

Goode, W. J. and P. K. Hatt. 1952. *Methods in Social Research*. New York: McGraw-Hill.

Gross, Llewellyn. 1967. "Note on Selected Problems in Theory Construction," in L. Gross(ed.), *Sociological Theory: Inquiries and Paradigms*. New York: Harper & Row.

Gross, Llewellyn. 1959. "Theory Construction in Sociology: A Methodological Inquiry," in L. Gross(ed.), *Symposium on Sociological Theory*. New York: Harper & Row.

Haas, Michael. 1974. *International Conflict*. New York: Bobbs-Merrill.

Haas, Michael and Henry S. Kariel(eds.). 1970. *Approaches to the Study of Political Science*. Scranton, Penn.: Chandler.

Hempel, Carl. 1952. *Fundamentals of Concept Formation in Empirical Science*. Chicago: University of Chicago Press.

Hempel, Carl G. 1966. *Philosophy of Natural Science*. Englewood Cliffs, N.J.: Prentice-Hall.

Hempel, Carl G. and P. Oppenheim. 1948. "The Logic of Explanation," *Philosophy of Science*. 15.

Henry, Nicholas. 1975. "Paradigms of Public Administration," *Public administration Review*. 35: 4, July/August.

Hopkins, Terence K. 1964. *The Exercise of Influence in Small Groups*. Totowa, N.J.: Bedminster Press.

Kaplan, Abraham. 1964. *The Conduct of Inquiry*. San Francisco, Calif.: Chandler.

Kaplan, Abraham. 1964. *The Conduct of Inquiry: Methodology for Behavioral Science*. San Francisco: Chandler.

Kerlinger, Fred N. 1964. *Foundations of Behavioral Research*. New York: Holt, Rinehart and Winston.

Kuhn, Thomas S. 1970. *The Structure of Scientific Revolutions*. Chicago: University of Chicago Press.

Land, Kenneth C. 1975. "Theories, Models and Indicators of Social Change," *International Social Science Journal*. XXVII, 1.

Lazarsfedl, Paul F.(ed.). 1954. *Mathematical Thinking in the Social Sciences*. Glencoe, Ill.: Free Press.

Manheim, Jarol B. and Richard C. Rich. 1986. *Empricial Political Anaysis: Research Methods in Political Science*. New York: Longman.

McClelland, David C. 1961. *The Achieving Society*. New York: Free Press.

McKinney, John C. 1966. *Constructive Typology and Social Theory*. New York: Appleton-Century-Crofts.

Meadow, Paul. 1957. "Models, Systems and Science," *American Sociological Review*. 22: 1, February.

Meehan, Eugene J. 1965. *The Theory and Method of Political Analysis*. Homewood, Ill.: Dorsey Press.

Merton, Robert K. 1938. "Social Structure and Anomie," *American Sociological Review*. 2, October.

Merton, Robert K. 1967. *On Theoretical Sociology*. New York: Free Press.

Meyer, H. 1951. "On the Heuristic Value of Scientific Models," *Philosophy of Science*. 18, July.

Nagel, Ernest. 1961. *The Structure of Science: Problems in the Logic of Scientific Explanation*. New York: Harcourt, Brace and World.

Parsons, Talcott. 1951. *The Social System*. New York: Free Press.

Phillips, Bernard S. 1971. *Social Research*. New York: Macmillan.

Reynolds, P. D. 1971. *A Primer in Theory Construction*. Indianapolis: Bobbs-Merrill.

Riggs, Fred W. 1971. "The Dialectics of Developmental Conflict," in Robert J. Jackson and Michael B. Stein(eds.), *Issues in Comparative Politics*. New York: St. Martin's Press.

Rosenau, James N. 1971. *The Scientific Study of Foreign Policy*. New York: Free Press.

Rudner, Richard S. 1966. *Philosophy of Social Science*. Englewood Cliffs, N.J.: Prentice-Hall.

Schrag, Clarence. 1967. "Elements of Theoretical Analysis in Sociology," in Llewellyn Gross(ed.), *Sociological Theory: Inquiries and Paradigms*. New York: Harper & Row.

Selltiz, Claire, M. Jahoda, M. Deutsch and S. W. Cook. 1959. *Research Methods in Social Relations*. New York: Holt, Rinehart and Winston.

Simon, Herbert A. 1952. "Decision-Making and Administrative Organization," R. Merton et al.(eds.), *Reader in Bureaucracy*. New York: Free Press.

Stinchcombe, Arthur L. 1968. *Constructing Social Theories*. New York: Harcourt, Brace & World.

Toulmin, Stephen. 1953. *The Philosophy of Science*. London: Hutchinson's University Library.

Vaihinger, Hans. 1925. *The Philosophy of 'As If,'* trans. by C. K. Ogden. New York: Harcourt, Brace.

Weber, Max. 1954. *On Law in Economy and Society*. trans. Max Rheinstein. Cambridge: Harvard University Press.

Wheatley, Margaret J. 1994. *Leadership and the New Science*, Berrett Koehler.

Willer, David. 1967. *Scientific Sociology: Theory and Method*. Englewood Cliffs, N.J.: Prentice-Hall.

Wittgenstein, Ludwig. 1958. *The Blue and Brown Books*. New York: Harper and Row.

Zaltman, Gerald, Robert Duncan and Jonny Holbek. 1973. *Innovations and Organizations*. New York: John Wiley & Sons.

Zetterberg, hans L. 1954. *On Theory and Verification in Sociology*. Totowa, N.J.: Bedminster Press.

Ziegenhagen, Eduard A. and George Bowlby. 1971. *Techniques for Political Analysis*. Boston: Holbrook Press.

제 3 부

방법론의 응용(Ⅰ): 조사방법론 — 자료의 수집방법

제11장 자료만들기
제12장 측정: 조작적 행위
제13장 척 도
제14장 자료수집의 준비단계: 표본추출
제15장 자료의 수집방법(Ⅰ): 관찰과 실험
제16장 자료의 수집방법(Ⅱ): 질문지조사와 면접조사
제17장 자료의 수집방법(Ⅲ): 내용분석과 사례연구
제18장 자료다듬기
제19장 조사연구상의 오류들

보통 대학 강의에서 조사방법론이라고 하면, 질문지를 만들어 면접이나 전화로 조사해서 자료를 모은 다음, 이를 통계처리해서, 예컨대 정부의 사회보장정책을 지지하는 사람이 몇 %이고 반대하는 사람이 몇 %라고 결과를 제시하는 것이 거의 전부이다. 물론 이를 위해 표본은 어떻게 구하고 질문이라는 변수를 만들려면 개념정의는 어떻게 하고 조작화는 어떤 과정을 거치는가를 가려야 한다. 그리고 자료를 모으는 방법은 면접만 있는 것이 아니기 때문에 그 밖에 다른 방법들, 이를테면, 관찰이나 내용분석같은 것을 한다. 이들이 전통적으로 좁은 의미의 조사방법론이다. 그런데 우리는 지금까지 우리의 연구를 보다 과학적인 단계로 끌어올리기 위해 학문과 과학의 성격을 따졌고, 철학과 과학을 논했으며 인식과 논리에 가까이 가려고 애썼다. 연구의 방법이 어떻게 변해 왔는가도 섭렵했다. 나아가 자료를 모으고 분석하는 종국목표로서의 이론과 모델 등에 관해서도 섭렵했다. 이제 이런 일련의 노력을 바탕으로 본격적으로 실제 사용할 수 있는 조사방법을 익히지 않으면 안 된다. 앞의 제 1 부와 제 2 부가 실체를 담고 보다 의미 있으려면 응용의 차원에서 조사방법과 통계분석 등을 이해해야 한다. 방법론에 관한 연찬은 그래야 완수되는 것이다. 특히 머리말에서도 밝혔듯이 오늘날에는 여론조사라는 것이 항사이다시피 되어 조사하는 방법을 모르고서는 어떤 자료를 근거로 판단을 내릴 수 없는 지경이 되었다. 이런 사정을 감안하여 학생이나 독자들은 제 3 부부터 설명하는 내용을 숙지하기 바란다.

제 11 장

자료만들기

1. 개　관

경험과학적 연구에서 그 바탕은 개념이고 이론이고 하지만, 어디까지나 자료가 생명이다. 자료 없이는 경험적 연구를 할 수 없다. 경험적 연구를 한다는 것 자체가 곧 경험세계에 있는 자료를 모아서 분석하고 해석하고 설명한다는 뜻이다. 따라서 이제 지금까지 배워 온 방법론의 기초와 원리를 토대로 본격적으로 자료를 모으고 분석하는 구체적인 방법을 강의하기로 한다. 그 첫 단계가 자료란 무엇인가를 새삼 밝히는 것이다.

이 자료만들기의 구체적인 방법은 이어지는 다음의 각 장에서 설명한다. 기초가 되는 준비단계로 측정 · 척도 · 표집에 관한 것부터 시작해서 관찰 · 실험 · 면접 … 등 각 방법을 소개한다. 그리고 이러한 자료모으기의 모든 과정이 끝나면 분석이전에 자료다듬기의 과정을 거치게 된다.

2. 자료란 무엇인가, 왜 필요한가

자료(data)란 지각된 정보(sensed information)를 말한다. 벤슨(Benson)의 분류에 따라 나누어 설명하면, ① 계산되고(counted), ② 분류되고(sorted), ③ 측정되고(measured), ④ 비중이 주어지고(weighted), ⑤ 위치가 정해지고(located), ⑥ 크기에 따라 배열되고(arranged by magnitude), 혹은 ⑦ 척도화되고 지수의 값이 매겨진 것(scaled and assigned an index value)

이다. 따라서 자료는 세상에 일어나는 수많은 사상(事象)이나 현상(現象) 모두를 뜻하는 것이 아니라 그중에서 우리의 필요에 따라 지각된 것만을 지칭한다.

그러므로 있는 그대로의 사상은 아무런 가치가 없다. 우리의 주변에는 기실 수많은 정보들이 산재해 있지만 이들이 우리가 알고자 하는 바를 충족시켜 주기에 충분한 것은 아니다. 정작 우리에게 필요한 것으로 전환시키기 위해서는 계산되고, 다시 분류되고, 측정되고, …하는 작업이 병행되어야 한다. 예를 들면 도로 위로 자동차가 수없이 달리고 있다는 사실만으로는 유용한 정보로서의 자료가 되지 못한다. 교통행정을 체계화하기 위해 자동차의 도로점유율, 주행속도, 시간별로 어느 구간에서 정체되며 그 때의 속도의 변화율은 어떠한가 등을 기록해서 분류해 보고 다른 변수와 상관관계도 내보고 해야 자료로서의 가치가 생기고, 또한 문제해결에 도움이 된다.

자료를 만들어 내는 이른바 측정과정은 자료에 대한 '지적 활동'(intellectualization)이다. 이것은 단순히 어떤 도구를 가지고 자료를 측정해 간다는 뜻이 아니라, 비수량적인 아이디어·원리·개념 및 이미 밝혀진 지식(knowledge of prior discoveries) 등이 함께 동원되어 포함된 복합적 과정이요 활동이다. 그러므로 자료를 얻는다는 것은 인간의 개념화 활동을 불가피하게 요구한다고 하겠다.

자료를 얻거나 만들어 내는 출처는 다양하다. 여기서는 1차자료(raw data)를 만들어 내는 경우는 일단 뒤로 미루고, 크게 나누어 통계기록(statistical records), 개인의 서류(personal documents), 그리고 매스컴(mass communication) 등에 국한하여 설명하기로 한다.

첫째, 통계자료는 경제·사회·과학·기술·인구 등 여러 분야에 수없이 많다. 매년 발행되는 통계연감이나 은행의 조사월보 등은 좋은 통계자료의 원천이다. 이 통계를 근거로 한 자료의 수집이나 분석은 비단 이런 분야에 국한되지 않는다. 정치와 외교분야에서도 각국의 통계자료를 근거로 연구를 하는데, 이런 추세가 가속화되었던 원인은 국가간의 교류를 행태적인 측면에서 파악하고 또 자료를 통계적 분석방법에 의해 처리할 수 있게 되었기 때문이다. 집산된 자료를 놓고 여러 측면으로 분석해 보는 것을 총계자료분석(總計資料分析, aggregate data analysis)이라고 한다. 통계기록을 자료로 활용할 때 부딪치는 가장 큰 난점은 자료 속에 있는 용어의 개념과 연구에서 사용하는 용어의 개념이 항상 일치하지 않는다는 것, 연도별 분류기준에 일관성이 없다는 것, 그리고 누락된 자료가 많다는 것 등이다. 그래도 통계연감이 있다는 것은 연구자료의 보고(寶庫)가 있다고 생각해야 한다. 공무원통계연감도 행정학도들이 연구할 근거를 마련해 주는 최적의 자료원천이다. 각국의 사정을 알 수 있는 세계은행보고서같은 것도 매우 큰 도움이 된다.

둘째, 개인서류가 연구의 자료로 활용될 수 있다는 것은 자서전 · 사신 · 일기 · 학교에서의 논문 · 현상논문 등등을 대상으로 한다. 여기에 물론 질문지와 면접을 통한 자료나 필·화체 등이 포함될 수 있다고 광의로 해석한다. 개인의 서류는 앞에서 설명한 통계적 분석과는 거리가 있는 자료이다. 물론 요즈음에 이르러 한 개인에 대한 자료가 많이 수집되는 경우에 그것을 계량적으로 분석하는 예가 없지 않다. 대개 정치지도자의 경우가 이 예에 속한다. 그렇지만 대부분의 경우에 개인의 편지나 일기 등은 그 개인과 그가 살았던 시대상황에 관한 집중적인 연구를 위해 활용되는 것이 보통이다. 특히 전기와 일기 등은 체계적 연구를 위해 훌륭한 자료의 구실을 해 준다. 한 일 년 반 전에 「장관론」이라는 심포지엄 글을 발표하기 위해 장관 몇 사람이 쓴 회고록을 읽은 적이 있다. 경험해 보지 못한 일반인들이 막연히 장관론에 관해 쓰기는 좀 위험부담이 있으니 이런 경우에 회고록은 매우 유용한 자료를 제공해 준다.

셋째, 매스 미디어를 통해 얻은 자료 역시 중요한 자원(資源)이다. 활자화된 것, 신문 · 잡지, 또 최근엔 영화 · 라디오 · 텔레비전 등이 이 범주에 속한다. 이들 자료도 통계자료와 마찬가지로 연구자의 연구목적을 위해 산출되는 것이 아니라는 데 이용의 한계가 있다. 이들 자료는 그때 그때의 상황을 설명해 주거나 어떤 주제를 깊이 분석하여 전달해 주거나 할 뿐 연구자의 탐구의도에 적중하지는 않는다. 다만 이 자료는 역사적 조망과 현사회상에 관한 정보를 제공해 주고, 통계자료보다는 사회분위기의 보다 폭넓은 측면을 알려 주는 장점을 지닌다. 근자에 언론에서 앞다투어 하는 '정부와 정책에 관한 평가자료', '대통령에 관한 일종의 인기조사', '국회의원선거와 관련된 정당과 인물에 대한 평가' 등이 모두 여기에 해당된다. 그리고 이 범주에 넣어야 할지 모르지만 특히 요즈음은 인터넷을 통해 국경을 초월하여 수없는 자료를 얻을 수 있다는 사실을 잊지 말아야 한다. 웬만한 기관과 자료소스에는 www의 웹주소가 있어서 컴퓨터로 얼마든지 접근할 수 있기 때문이다. 학교에 앉아서 미국의회 도서관이나 미국정부의 자료에 접근할 수 있고, 또 뉴욕 타임즈같은 신문도 볼 수 있다. 저자는 「한국정치자료센타」를 운영하고 있는데 연구된 자료의 일부를 공개하고 있다. 홈페이지의 웹주소는 http://www.cepda.ac.kr이다. 한편 사설 등 매스컴 자체의 자료는 보통 내용분석이라는 방법에 따라 수집되고 분석된다. 이에 관한 자세한 설명은 뒤에(제17장) 나오지만, 여기서는 우선 어떤 방식의 연구가 행해졌는지, 한 가지 예만을 들어 설명해 보기로 한다.

화이트(R. K. White)는 제 2 차세계대전의 발발 직전에 히틀러(A. Hitler)와 루스벨트(F. D. Roosevelt)가 대중연설에서 행한 연설내용의 가치를 분석했다. 자료의 출처는 각각 *My New Order*와 *Nothing to Fear*였다. 분석은 히틀러의 4,077개와 루스벨트의 1,249개의 가치언명을 근거로 행해졌는데, 두 사람이 각기 강조한 가치의 여러 측면을 비율로 보면, 각각 힘을 강조한 것이 34.8%와 15.2%, 도덕을 강조한 것이 38.0%와 28.3%, 경제를 강조한 것이 10.8%와 27.7% 등으로 두 사람의 각기 상이한 가치관을 이를 통해 미루어 짐작할 수 있다.

자료는 어떤 목적의, 또 어떤 성격의 연구에서나 필수불가결한 요건이다. 자료는 어떤 분석방법에 의하건 논리적 주장을 뒷받침하는 것이기 때문에 반드시 있어야 한다. 동시에 얼마나 좋은 자료를 수집하느냐에 따라 연구의 성패가 좌우된다. 오늘날 자료의 분석기법이 고도로 발달한 것은 사실이다. 그래서 학문의 발달에 박차가 가해지는 것도 사실이다. 그러나 이 모든 발달은 훌륭하고 믿을 만하며 타당한 자료를 기초로 해서 가능해진다. 자료 자체의 신뢰성이나 타당성이 낮다면 그 연구는 하나마나이다. 그러므로 자료 분석기법의 개발 못지않게 좋은 자료를 모아 저장하는 기법도 발달해야 한다는 것을 강조해 둔다.

과학이 대상으로 삼고 있는 것은 가치보다는 사실이다. 따라서 자료는 사실적 자료(factual data)이어야 한다. 또 자료의 수집은 연구의 틀(제 2 장의 그림을 연상할 것)로부터 도출된 필요한 변수의 형태로 인해 구체화되기 때문에 변수에 대한 이해도 필요하다. 동시에 개념을 지칭할 수 있는 조작적 단계에서의 지표도 자료를 취급하는데 한 몫을 한다. 이들은 매우 중요하다. 다음에 이들에 관한 설명을 계속한다.

3. 자료와 사실

인간의 지식에 대한 욕구를 과학적 시각에서 말할 때, 첫째, 사실에 대한 탐구, 둘째, 사실을 질서 있게 탐구하려는 욕망, 셋째, 보다 만족스러운 방향으로 지식을 적용하려는 욕구 등으로 나눈다. 이 분류는 서로 배타적인 것이 아니라 하나로 뭉쳐 과학적 의미를 보다 짙게 하려는 것이다. 또한 여기서 강조하려는 것은 과학적 지식이 사실의 세계라는 울타리 속에서 존재한다는 것과 인식의 주체로서의 인간의 여러 가지 활동을 통해서 이루어진다는 점이다.

따라서 과학적 인식의 대상(객체)은 반드시 '사실'이어야 한다. 사실의 세계에서 출발하여 사실의 세계에서 끝나게 되는데, 이 사실의 영역에 대하여 아는 바가 곧 과학적 지식이기 때문에 과학과 사실은 불가분의 관계라고 아니할 수 없다. 그러나 사실이 과학적 활동의 대상으로서 차지하는 비중이 크긴 하지만, 활동은 사실 그 자체에만 집착하지 않고 사실에서 얻은 지식을 토대로 기호화(symbolize)하려는 데 그 생명이 있다는 것을 기억해 둘 필요가 있다. 이 기호화를 위한 온갖 활동을 조작(operation)이라고 하는데, 이에 관하여는 다음 장에서 상론한다.

그러면 사실이란 과연 무엇인가? 인식의 주체가 사실을 객체로 삼아 탐구활동을 할 때 그 대상은 때로 복합적이며, 때로 무한하기 때문에 대상 모두를 포함시킬 수 없다. 다만 대상 가운데에서 ① 현재적(現在的)·구상적(具象的)이며, ② 자연적·현실적이고, ③ 물질적·가측적이고, ④ 공적인 것을 화이트헤드(Whitehead)는 사실이라고 정하여 그 범위를 제한한다. 이러한 사실은 시와 공에서 인과적 관계를 지니며 수렴과 이산, 독립과 의존의 관계 속에서 새로운 사실을 형성해 나간다.

사실의 속성 내지는 범위는 이러한데 설명을 좀더 잇기로 한다. 과학적 활동에서 "사실 그 자체는 아무 말도 못한다"고 한다. 덩그러니 떨어져 있으면 아무 쓸모가 없고 다른 것과 연결되고 의미가 부여되고 개념화되고 해야 한다는 뜻이다. 기실 사실은 우리의 일상생활에서 얻을 수 있는 것으로, 자료에 지적활동이 가해지듯, 지적으로 형성된 사상(事象)이라고도 할 수 있다. 그래서 '사실은 중요한 준거틀(a prior frame of reference)에 따라 구성된 지각자료의 복합체'라고 하겠다. 그러므로 개인의 과거경험이 그가 어떤 것을 보고 그것이 그에게 어떤 의미가 있는가를 정하는 데 커다란 작용을 한다고 하겠다. 다음에 사실이 모든 사상을 총괄하고 있다고 생각해서는 안 된다. 아무리 훌륭한 기술을 했다고 하여도 그것이 경험적 실재를 전부 망라하지는 못한다. 어차피 어딘가 한구석에 미분화된 영역이 있어서 제외되는 현상은 불가피하다.

또한 사실이 준거틀과 깊은 관계를 갖는다는 의미는 중요하다. 만일 맞지 않는 준거틀에 따라 사실이 취합되었다면 그 사실은 쓸모없고 가치도 없는 것일 수 있다. 예를 들면 두개골의 모양을 검사해서 인간의 성품을 알아내겠다는 골상학(phrenology)에서는 두상의 융기나 회절에 관한 많은 사실을 수집하는데, 이것이 과연 성품을 알고자 하는 데 도움을 주는 것이냐 하면 과학의 입장에서 부정적인 답변을 하게 되는 것과 같다. 대학때 형법시간에 늘 듣던 이야기인데 형법에서 범죄형을 논할 때 롬브로소(C. Lombroso)가 구별해 놓은 것도 이러한 한계를 지니고 있다. 그리고 관상술의 사실적 가치와 과학적 의미를 여기서 말하고자 하는 것은 아니지만, 사주와 관상을 보는 것도 모르긴 하지만 일정한 한계를 지니고 어느 수준 이상에서는 전혀 무용한 것이라는 점을 인정하게 될 것이다.

준거틀은 사실 이전에 이미 존재한다. 그리고 그 준거틀은 물론 문화환경에 따라 형성되고 자신의 경험에 따라 전개되고 변화한다. 준거틀이 사실에 우선하고 있다는 것은 논리적이고 심리적이라고 할 수 있으며 준거틀이 문화적 배경(학습을 포함한)과 관련이 있다는 것을 과학적인 의미와 관련시킬 수 있어야 한다. 어떤 배경에 따라 형성된 준거틀이 사실을 결정한다는 예를 에스키모의 언어에서 찾기도 한다. 즉, 우리가 눈(雪)을 표현하는 단어는 하나 정도이나, 에스키모는 희고 밝은 것에 관한 단어가 30가지나 된다고 그리어(Greer)는 말한다. 이런 것을 미루어 배경과 준거틀 등의 관련성을 알아볼 수 있다. 끝으로 이들 관계를 표현한 것 중의 하나가 개념틀(conceptual framework)이라는 점을 밝혀 둔다. 개념틀은 사실로서의 자료가 관찰되는 지적 개념의 총체(set of mental concepts within which data are observed)를 뜻하기 때문이다. 자료와 이들간의 관계, 그리고 과학적 이론과의 관계는 제 2 장에서 이미 충분히 설명한 바 있다.

4. 자료와 변수

연구를 위해 자료를 얻기까지에는 많은 논리적 사고의 과정을 거쳐야 한다. 개념과 개념을 연관지어 가설을 설정해 놓고도, 이를 검증하려면 경험의 세계에서 '경험된 것', 즉 자료를 얻어야 하며 또 그러려면 막연한 개념을 한 수준 내려서 구체화시켜야 작업이 가능해진다. 우리는 이 작업을 '조작적 정의'를 내리는 일이라고 한다. 조작적 정의를 내려 얻게 되는 것이 바로 변수이다. 다시 말해서 한 구성이나 변수를 경험적으로 측정해 보기 위해 연구자가 행동을 구체화하는 것을 조작적 정의(operational definition)를 내린다고 한다.

변수가 무엇인지 알기 위하여는 우선 개념과의 차이와, 더욱이 지표(indicator) 및 지수(index)와의 관계를 알아야 한다. 우리는 대화중에도 흔히 개념과 변수를 혼동하거나 섞어서 사용하는 경우가 많다. 변수(variables)를 구성요소(elements)나 속성(attributes)으로 이해하면 변수는 곧 개념과 거의 동일한 의미로 생각할 수 있다. 사회학 · 교육학 및 심리학에서 흔히 쓰는 '사회계급' · '성별' · '소득' · '야망의 수준' · '욕구' · '종교적 인지' · '적대관계' · '편견' · '권위주의' · '동기부여' · '동조' · '지능' 및 '실적' 등을 변수라고 할 때는 개념과 구별하기가 어렵다. 그러나 변수를 '수치나 가치가 부여된 상징'이라고 정의하면, 변수는 의미 그대로 변하는 것으로 연속체의 속성을 지녀야 한다. 그래서 이를테면 '의자'는 개념이지 변수가 아니며 '의자의 크기'나 '의자의 무게'라고 했을 때만 변수라고 할 수 있다.

그러면 지표(indicator)는 무엇인가. 지표는 무엇을 지칭한 것이다. 따라서 실체를 대표할 수 있는 것을 지표라고 할 수 있는데, 대표적인 예로 지능(intelligence)을 지칭하는 지표를 IQ라고 보통 생각한다. 지표는 모름지기 실체를 정확하게 지시하고 있어야 한다. 그러니까 신체적으로 건강한지(physical fitness)를 알기 위해 키를 지표로 쓸 수는 없다. 지표는 또한 변수와 거의 동일한 의미로 쓰일 때가 있다. 즉, 경제성장이라는 개념을 지칭할 수 있는(잴 수 있는) 지표로 1인당 국민소득을 생각할 수 있는데, 이것은 곧 변수라고 할 수도 있기 때문이다. 그래서 특히 '경험적 변수'를 '지표'와 동일한 것이라고 말하는 사람이 있다. 사실 개념의 속성을 정확하게 대표할 수 있는 의미로 보면 양자간에 차이가 있다고 하기는 어렵다. 그러나 변수는 변하고 잴 수 있는 대리측정치(代理測定値, proxy measure)로서의 의미가 포함되어 수적 개념이 더 강하다고 생각해야 할 것이다. 이렇게 놓고 보면 변수는 지표보다 오히려 개념과 거리가 더 먼 것이 된다. 그래서 개념을 구체화시켜 나갈 때 예를 드는 것을 보면 사회적 병폐라는 개념의 지표를 '자살'·'살인'·'청소년 범죄'·'이혼' 등으로 보고, 변수를 인구비 자살률·인구비 이혼율과 같은 수치로 파악하는 것은 일리가 있다고 하겠다. 지표의 속성은 후술한다.

또한 지표와 혼용할 수 있는 것으로 지수(index)라는 것이 있으나 구별되어야 한다. 실상 어떤 사람은 IQ를 지식수준을 알 수 있는 지수라고 하여 지표와 같은 뜻으로 쓴다. 그러나 지수는 여러 개의 지표를 한데 모아 하나의 수치로 쓸 때 필요한 복합개념이다. 경제성장을 지칭할 수 있는 지표는 1인당 국민소득 말고도 공산품수출량이라든가 산업구조에서 기간산업이 차지하는 비중 등 수없이 많으므로 하나의 복잡하고 애매한 개념을 정확히 가르키기 위해서는 복수의 지표가 필요한 것이고 이것이 곧 지수라고 할 수 있다. 모든 물가의 오르고 내림을 표시해 줄 수 있는 물가지수(price index)가 바로 적절한 예라고 하겠다. 하나의 지수로 모으기 위해서는 지표들의 성격과 방향이 같아야 된다는 것을 알아야 한다.

이상의 용어구분과 관련하여 하나 더 알아 두어야 할 것은 파라미터(parameter)이다. 파라미터는 일종의 양적 개념이면서 변하지 않고 그대로 남아 있는 것이다. 그래서 파라미터를 변수이되 변하지 않는 것(constant variables)이라고 규정하기도 한다. 그러므로 파라미터는 변수와 그 개념을 나누어 갖는다. 그러나 엄격히 말하면 양자는 별개의 것이다. 예를 들어 $y=a+bx$라는 방정식에서 a와 b, 즉 상수와 계수를 파라미터라고 한다. 그러니 우리가 말하는 변수는 여기서 보면 x와 y이므로 양자는 다른 것이다. 파라미터라는 의미는 오히려 스터티스틱(statistic)이라는 말과 대칭해서 쓰는 경우가 더 보편적이다. 이때 파라미터는 모집단(universe)을 대표하는 하나의 속성이고 스터티스틱은 표본(sample)의 그것이다. 예를 들어 유엔 외교전략을 수립하기 위해 아주지역의 표의 향배를 알고 싶다고 했을 때 몇 개 국가만 표출하여 분석한 결과 47%만이 우리에게 긍정적이었다고 한다면 이 47%는 스터티스틱이고 아프리카의 전국가가 투표해서 나온 실제비율이 파라미터이다. 이 파라미터는 47%와 맞을 수도 있지만 대개 오차가 생긴다.

끝으로 변수의 종류와 선정기준을 부연한다. 변수에는 독립변수(independent variables)와 종속변수(dependent variables)가 있고 그 사이에 매개변수(intervening variables)가 있다. 독립변수는 영향을 미치는 변수이고, 종속변수는 그 영향을 받는 변수이다. 독립변수의 변화에 따라 종속변수가 변하게 마련인데, 독립변수를 조작가능하다고 해서 조작변수라고도 부른다. 협의의 조사설계에서나 실험 등에서 자극으로 투사하는 변수를 조작변수라고 한다. 독립과 종속의 관계가 반드시 인과관계가 아니라는 것은 주의할 필요가 있다. 한편 매개변수는 독립변수와 마찬가지로 종속변수에 일정한 영향을 끼치는 변수이긴 하지만, 시간적으로 보아 독립과 종속의 사이에 존재하며 그 양태가 내면적이고 그 기능은 잠재적이다. 따라서 잘 나타나지 않는 경우가 많다. 예를 들어 '부모의 교육정도'가 '자녀의 대학진학'에 영향을 준다면 이들은 독립과 종속의 관계이다. 그런데 이중에서 어머니의 교육정도가 더 영향을 미치고 아버지의 교육정도가 상대적으로 덜 하여 촉매제의 역할을 하는 것이라면 아버지의 교육정도가 매개변수가 된다. 이 경우 만일 다른 변수를 하나 더 추가하여 부모의 재산정도가 자녀의 대학진학에 더 큰 영향을 줄 수 있다. 대학등록금이 자율화되어 상한을 모르고 치솟는 사정에서는 충분히 가능한 이야기인데, 만약 부모의 교육정도가 높은데도 자녀의 대학진학률이 낮다고 하자. 그러면 그 밖에 작용한 변수로 재력을 손꼽을 수 있을 것이다. 재산정도는 곧 매개변수가 될 수 있다. 또 다른 예로 조직의 생산성을 높이는 데 리더십이 직무만족을 유발하여 그렇게 되었다면 직무만족은 매개변수가 된다. 그러므로 매개변수의 기능이나 위치는 다른 두 변수와의 관계에 따라 상대적이고 가변적이다.

매개변수와 유사한 것으로 통제변수(control variables)가 있다. 제2의 독립변수로서 독립변수의 영향의 정도를 정확히 알기 위해 통제되는 변수이다. 즉, 이 변수를 고정시켜 독립과 종속의 관계를 정확히 파악할 수 있게 된다. 밖의 예이지만, 미국대학생과 대학생이 아닌 집단이 미국의 베트남 정책에 대해 어떻게 생각하는지 그 의견을 예로 삼아 설명해 보자. 이들 집단 중에는 정당에 대한 선호가 달라서 반은 민주당을, 그리고 그 나머지는 공화당을 지지하고 있다고 치자. 따라서 정치적 입장에 따른 외교정책에 대한 태도를 보게 된 것인데, 여기서 독립변수는 '정치적 입장'이고 종속변수는 '외교정책에 대한 찬부'이다. 동시에 통제변수는 대학생과 비대학생이다. 왜냐하면 대학생이냐 혹은 아니냐라는 요소에 따라 두 변수의 관계는 크게 달라질 수 있기 때문에 이를 상수로 하여 영향을 배제하게 되는 것이다. 벤슨이 만든 다음 표에서 좀더 자세한 것을 가려볼 수 있다.

〈표 3-11-1〉 학생신분 여부와 정당선호에 따른 외교정책에 대한 태도

종속변수:	통제변수 : 대 학 생		비 대 학 생	
태 도	독립변수 : 민주당	공 화 당	민 주 당	공 화 당
찬	75	80	73	67
반	25	20	18	22
무응답	0	0	9	11
합 계	100	100	100	100
(N=)	(24)	(20)	(22)	(18)

변수를 선정할 때 다음과 같은 기준을 고려해 볼 수 있다. 변수를 선정한다는 것은 위에서 본 바와 같이 얼마나 정확하게 이론을 전개할 수 있는가를 다지는 출발이자 근거이기 때문에 조심스럽고 신중해야 한다. 그러기에 선정기준을 철저히 지켜야 한다. 그런데 변수는 되도록 현상을 대표할 수 있다고 생각되는 모든 것을 선정해야 할 것이나, 사정에 따라 주요한 변수만을 선별할 수도 있다. 망라적이어야 하면서 한편 선택적일 수 있다는 뜻이다. 다음에 럼멜(Rummel)이 해 놓은 몇 가지 기준을 제시한다.

첫째, 이론적으로 중요한 변수를 선택한다. 예를 들어 정치발전이나 경제발전분야에서 이미 개발된 이론이 있을 것이고 따라서 이를 근거로 변수들을 고른다.

둘째, 가설적으로 적절한 변수를 선택한다. 주로 가설을 검증하는 연구에서는 특히 가정적 전제를 근거로 해서 변수를 선택해야 한다.

셋째, 보편성(catholicity)의 원칙에 따라 변수를 선택한다. 이것은 현상을 대표할 수 있는 변수면 가능한 한 폭넓게 모두 포함시켜야 한다는 뜻이다.

넷째, 만족할 수 있도록 변수를 선택한다. 셋째의 기준과 중복되지만, 필요치 않은 변수를 피하고 중요한 변수를 고름으로써 만족스러운 선정이 되도록 한다.

다섯째, 반복해서 변수를 선택해 볼 수도 있다. 어떤 유사한 연구에서 주요한 변수를 이미 사용했다면 그 변수를 그대로 반복해서 써도 무방하다는 것이다. 그러나 여기서 주의할 것은 이들 기준이 통계적으로 입증된 것이어야 한다. 일컬어 여기서 중요하다는 변수는 요인분석(factor analysis)에 따라 요인부가치(factor loading)가 가장 큰 변수(marker variables)를 뜻하는 것이므로 통계적으로 입증된 것이어서 신빙성이 있다고 하겠다.

여섯째, 자료의 수집가능성(availability)을 고려하여 변수를 선택한다. 아무리 훌륭한 변수를 고른다고 하더라도 그것에 따르는 실제자료를 구할 수 없다면 아무런 소용이 없다.

일곱째, 신뢰성(reliability)을 고려하여 변수를 선택한다. 만일 변수에 따라 수집되는 자료가 믿을 만한 것이 못된다면 그것을 가지고 분석할 수 없음은 물론 분석하더라도 그 결과는 무의미한 것이 될 수밖에 없다.

여덟째, 연구의 여건을 고려하여 변수를 선택한다. 우선 연구기간의 장단, 연구보조원의 보조여부, 연구비, 분석방법 등 인적 · 물적 자원을 고려하여 주어진 여건 속에서 어느 정도의 변수를 조작할 수 있는지를 미리 결정해야 할 것이다.

아홉째, 변수간의 산술적 독립성(arithmetical independence)을 고려하여 변수를 선택한다. 변수간에는 산술적 혹은 통계적 독립성이 있느냐의 여부를 따진다. 왜냐하면 이들 독립성이 없는 경우에는 극단적으로 말해서 두 개의 변수가 하나의 변수일 수 있기 때문이다. 사회현상 속에 있는 변수를 각기 완전히 독립적인 것이라고 말할 수는 없고 어떻게든지 연관되어 있는 것이 사실이지만 변수간에 산술적 독립성이 없다면 분석 자체가 아주 애매해진다. 이를 통계적으로 표현하면 상관계수가 1.0에 가까운 두 변수는 서로 독자적인 변수로 보기 어렵다는 뜻이다.

이상에서 자료와 변수 등의 밀접한 관계를 알아보았다. 그러면 그 다음에는 자료를 얻기 위해 변수를 측정하는 작업이 수반되어야 한다. 또 측정을 하자면 재는 자(척도)도 있어야 한다. 측정작업을 조작적 행위라고도 한다. 이들의 내용을 다음 제12장과 제13장에 나누어 설명한다.

제 12 장

측정: 조작적 행위

1. 개 관

자료, 즉 변수를 찾기 위해서 선행되어야 할 것은 말할 것도 없이 측정 행위이다. 어떤 물체의 길이를 자로 재거나 무게를 저울로 다는 일은 그리 어렵지 않다. 그러나 한 사람의 민주의식을 알기 위해 그 사람의 생각이나 마음을 재보는 일은 그리 쉽지 않다. 측정행위는 그래서 과학적 연구의 또 다른 관건이다.

이 장에서는 그래서 측정에 관한 강의를 신뢰도와 타당도의 측면에서 자세히 하려고 한다. 그런데 그에 앞서서 과학적 인식방법으로서의 '조작'과 같은 의미를 좀 천착해 놓아야 측정의 뜻을 제대로 파악할 수 있을 것 같아서 이에 관한 이야기부터 한다. 그러나 이 부분은 이미 '인식론'과 '개념화'를 설명할 때 어느 정도 밝혀 놓았다. 따라서 좀 중복은 되지만 다시 설명하는 이유는 조사방법이라는 기술적인 단계에서도 철학적 의미와 배경을 늘 염두에 두어야 하기 때문이다. 그러면 인식방법으로서의 '조작'이 무엇인지부터 설명한다.

2. 과학적 인식방법으로서의 조작

앞에서는 개념에서 출발하여 조작적 정의(operational definition)를 내려 지표나 변수를 선정하고 이에 맞는 자료를 수집하는 일련의 과정을 설명하였고, 한편에서는 인식의 주체가 객체를 대상으로 인식활동을 벌여 과학적 지식을 얻는 데 있어서 기호화를 위한 활동을 조작이라고도 설명하였다. 두 가지의 설명은 범위에 있어서 약간의 차이는 있지만 동일한 것이다. 다만, 후자에서는 철학적인 깊이를 감지할 수 있다. 여기서는 후자에 더 초점을 두고 설명하기로 한다.

우리는 과학적 지식을 얻기 위해 과학적 활동을 하며, 이 과학적 활동의 요체가 기호화활동으로 조작적 행위가 그 한 단면이다. 기호화활동 속의 조작적 행위는 물론 자료를 대상으로 전개되며, 활동의 구체적 내용으로는 관찰 · 실험 · 측정 · 추리 및 증명 등이나, 혹은 좀더 세부적으로 자연과학에서 실험으로 행해지는 가속 · 융해 · 응고 · 비등 · 응축 · 분말 등을 들 수 있으며, 또 한편으로는 사회과학에서 하는 실험집단의 연구나 관찰연구 등을 지칭할 수 있다. 기호화활동이 지니고 있는 함축적 의미에는 시공의 초월성이 들어 있으며, 이것은 과학적 이론의 일반성이나 보편성과 그 맥을 같이한다. 사회과학연구에서 이론이나 모델을 정립하는 노력도 이 기호화활동과 연관지어 유추할 수 있으며, 아래의 공식은 곧 이들 관계를 표시해 주고 있다. 공식에서 $T(M)$은 이론이나 모델이며, D는 자료이고, O는 조작적 행위이다.

$$T(M)=f(D,\ O)$$

사실을 체계적으로 기호화하기 위한 불가결의 수단이라고 할 수 있는 조작적 행위에 관하여는 여러 가지 주의를 할 필요가 있다. 위의 공식에서 명백해진 바와 같이, O가 점하는 위치는 이론과 모델의 정립 또는 검증에 있어서 중요한 전환적 기능을 행한다는 점이다. 전환적 기능을 행한다고 하는 것은 과학의 속성과 직결된다. 그것은 과학이 단지 있는 자료를 그대로 수용하는 것이 아니라, 여러 가지 기량을 동원하여 자료를 바꾸고 변환시키는 데서 보다 더 다양한, 보다 더 오묘한 기호화에 성공할 수 있다고 믿으며, 또한 이것을 과학의 임무라고 생각하기 때문이다. 따라서 조작적 행위는 곧 과학적 조치가 된다.

조작적 행위에는 실험이 가장 큰 부분을 점한다. 여기에는 발견을 위한 것과 증명을 위한 것이 포함된다. 여기서 말하는 실험은 물질적인 것을 밝혀 내려는 것이다. 앞서도 지적했지만 실험은 자연과학의 경우에 여러 기구(현미경 · 망원경 · 한난계…)를 사용해서 소기의 목적을 용이하게 달성할 수 있는 것이지만, 사회과학에 있어서는 사용할 수 있는 도구가 극히 제한되어 있고, 또한 실험이라고 하는 엄밀성과 정확성에 신축성이 가해지고 말기 때문에 대단히 어려운 것이라고 아니할 수 없다. 여기에 사회과학현상이 조작적 행위대상으로서의 한계가 있다고 보지 않을 수 없는 까닭이 있는 것이다.

이러한 사정은 조작적 행위를 통해서 대상을 바꾸고 그로 인하여 새로운 지식을 얻으려는 경우에 더욱 난처해진다. 도대체 사회현상을 지배변환시킨다는 것은 극히 어려운 일이다. 실험의 방법이 꽤 앞서가고 있는 심리학적 측면에서의 그것도 정확성을 구가(謳歌)하려는 노력을 살 만하지만 그리 적확하다고는 볼 수 없다. 그것은 비판의 소인이 된다기보다는 오히려 그 정도라면 당연한 것이라고 받아들여야 옳을지도 모른다. 그 이유를 자연과학의 경우에서 찾을 수 있기 때문이다.

자연과학의 경우에도 엄밀한 측정은 어려운 일이다. 양자현상에 있어서 광파의 충격은 이미 측정대상인 입자에 간섭하는 것이라고 한다. 그렇기 때문에 과학자들은 되도록이면 실험에 영향을 미칠 우려가 있는 외부적 요인, 예컨대, 광선의 반사, 온도의 변화, 전압, 건물의 진동 등에 신경을 쓰고 이들을 상수로 묶어 두려 한다. 하지만 하이젠베르그(W. K. Heisenberg)의 이른바 불확정성원리가 시사하는 바와 같이 측정의 정밀도는 그 정도가 의심스럽다고 아니할 수 없으며, 따라서 사회과학의 경우에는 더욱 더 어려워진다는 것이다. 참고로 불확정성원리란 일정한 시각에 있어서의 입자의 상태를 지시하는 두 측정치, 즉 위치와 속도는 동시에 같은 고도의 정밀성을 가지고 측정할 수 없다는 것이다. 앞서도 지적했지만 이로 인해 카르테지안-뉴터니안 패러다임이 설명력을 잃게 되었다.

그럼에도 불구하고 두 과학은 고도의 측정기술을 동원하여 조작적 활동을 펴나간다. 그렇기 때문에 현대과학에 있어서 가장 중요한 것은 '측정기술'이라고 한다. 사회과학의 계량화추세가 여러 측정기술을 동원하고 측정이론에 대한 본질문제와 결부시켜 논란을 펴는 것도 이러한 연유에서이다. 측정방법에 대한 설명은 제 5 절로 미룬다.

측정한다는 것은 물론 앞서 지적한 대로 조작적 행위 가운데 중추를 이루는 부분으로 이론화 또는 광의의 의미에서 기호화를 위한 작업이다. 그것은 물론 자료라고 하는 사실을 대상으로 삼는다. 그런데 사실은 앞서 몇 가지 기준에 따라 판별해 놓긴 했지만 원리가 분립적이며 잠정적 성질을 띠고 인지되는 것이다. 그러므로 과학의 입장에서 이러한 것을 이용하기 위하여는 오랫동안 전달가능하도록 해야 하는 것이며, 여기에 이론·모델·도형·회화·언어 등과 같은 기호의 필요성을 느끼게 된다. 그러므로 과학자들은 표현에 있어서 사실의 여러 특징을 명확하게 기호화하려 하며, 그 설명에 있어서 사실의 인과와 그 구성, 그리고 다른 상황에서 어떻게 변하는가를 다시 표현하려고 활동(실험·측정·추리·증명)을 벌이는 것이다. 그러므로 재표현 또는 재구성은 사실의 영구적 전달을 위한 기호화작용의 한 시도이다. 이것은 또한 사실이 시간적으로 혹은 공간적으로 밀접한 관계를 가질 때, 다시 말해서 변수와 변수간의 상관관계가 높다든가 또는 실제치와 기대치의 간격이 좁다든가 할 때에 사실은 새로운 또 하나의 사실로 인정되고, 계속해서 이러한 것이 반복될 때 과학적 법칙이 정립되는 것이다.

3. 조작적 행위의 주체와 객체

고전적인 견해에서는 의식의 세계를 주체, 물체의 세계를 객체라고 생각했다. 그러나 과학적 인식의 주체를 단순히 의식에만 국한시킬 수 없으며, 객체를 물체에만 국한시키기가 곤란하게 되었다. 예컨대, 정밀기계의 조립에 종사하는 기술자가 확대경을 끼고 핀셋을 들고 부분품을 조작하는 경우에 그에게 있어서 핀셋의 끝은 이미 그의 의식의 말초이며, 따라서 핀셋이라고 하는 물체는 당연히 객체이지만 이 경우에는 주체의 일부가 된다는 것이다.

주체와 객체의 의미가 달라진 것은 또한 다음과 같은 근거에서도 찾아볼 수 있다. 만약, 아주 거대한 현상을 또는 아주 미미한 현상을 놓고 탐구하려고 하는 경우에 이것은 이미 주관에 대립되는 객관이라는 생각을 갖지 못하게 되어 경험의 성격이 달라질 수밖에 없게 된다. 그래서 경험조차도 과거에 생각하던 의식에 있어서의 구성이 아니라고 주장하게 된다고 박종홍은 말한다. 또한 매개도구의 주관성과 마찬가지로 객관은 주관의 개입에 의하여 변화하는 것이라고 생각하게 되었으며, 동시에 주관도 개념적으로 생각되는 주관, 또는 보기만 하는 주관이 아니라 행위하는 주체로 인식하게 되었다.

따라서 현대과학에 있어서 객관의 의미는 주관에 대하여 병립하는 것이 아니라, 주체를 통해서 인식되어야 하는 것이다. 다만 주체로부터의 독립성이 인정되는 전제 아래서이다. 그러나 어디까지나 자연의 인식은 주관성을 배제함으로써가 아니라, 주체를 통해서 행해지는 것이다. 주관과 객관은 대립적으로 통일되어 조작적 행위의 핵을 이루는데, 이것을 의식 내에서 성립한다고 생각하는 것이 아니라 역동적으로 결합하는 변증법적 존재인 '몸'이라고 하는 것의 행위에 의하여 성립한다고 생각한다. 이 몸의 행위도 합리성이나 실증성의 종합체계적 통일에 의해서 가능하다고 본다.

그러므로 과학적 법칙성 혹은 이론의 근거는 주관이나 또는 객관에만 있다고 할 수 없으며, 객체에 대한 주체의 조작적 행위에 의존한다고 말해야 한다. 과학적 인식의 주체는 곧 조작적 행위를 하는 주체이며, 인식은 의식에 있어서 성립하는 것이 아니라 '몸'의 행위에 있어서 비로소 성립한다는 것을 거듭 강조해야 할 것이다. 이상과 같은 주장에 따라 오늘날 입자설 혹은 파동설이라고 하는 것은 빛이나 전자 그 자체가 입자이기도 하고, 또는 파동이기도 하는 것이 아니라, 실험하는 조작행위에 따라 입자로도 나타나고, 파동으로도 나타난다고 주장한다. 조작적 행위의 비중을 다시 한번 확인하기 바란다.

4. 조작적 행위에 대한 학파의 견해

앞에서 검토한 객체, 즉 사실과 이에 대한 주체의 조작적 행위, 이로 인한 이론화 또는 넓게 기호화의 의미는 지각적으로 검증되기까지에는 여기에 대하여 현상적 존재성이 부여되어서는 안 된다는 점에서 실증주의에 속한다. 이러한 입장은 조작적 행위를 중심으로 한 여러 관계를 보는 하나의 시각에 불과하며, 여러 견해에 따라 이 관계는 다르게 이해되기도 한다.

제 1 부에서 수차례에 걸쳐 소개한 바지만 실증주의에 관해 다시 언급하지 않을 수 없다. 즉 실증주의를 대표하고 있는 브리지만(P. W. Bridgman)은 그의 저서 *The Logic of Modern Physics*에서 선험론을 부인하고 "경험은

오직 경험에 의하여 결정된다"고 주장하면서 자료의 중요성을 강조한다. 이는 예컨대 개념은 그것이 대신하려고 하는 특정영역에 따라서 정의되고 다른 영역을 대신하는 경우에는 다시 정의됨으로써 경험성을 갖게 된다는 견해이다. 다시 말해서 개념이라는 것은 그 개념이 지니는 어떠한 특성에 의하는 것이 아니라 실제의 조작에 의하는 것이 된다는 말이다. 그러므로 측정하는 조작이 결정될 때 개념도 고정된다.

이와 같은 견해에서 브리지만은 자료의 중요성을 인정하면서도 자료는 조작에 의하여 새롭게 현현될 수 있다고 믿는다. 동시에 그에 있어서 조작은 측정수단을 의미하며 자료의 성질에 따라 측정수단이 달라지는 것을 특징으로 한다. 이러한 그의 실증주의적 견해는 자료는 단지 주어지는 것에 불과하다고 믿는, 같은 입장의 피어슨(K. Pearson)과 구별된다. 동시에 기호논리학에 있어서 자료와 완전히 분리하여 언어나 기호의 순수사유적인 구성과 사용을 조작이라고 생각하는 카르납(R. Carnap) 등의 입장과 근본적으로 다르다고 하겠다.

논리실증주의(Logical Positivism)를 대표하는 카르납은 칸트의 선험론을 거부하면서 과학은 직접적인 경험에 기초를 두는 것이고 실험적으로 검증되어 성립된다고 믿는다. 그에 있어서 자료는 논의의 대상이 못 되며 조작적 행위가 언어의 발명 및 사용과 결합된 복합체가 될 때 기호가 의미를 지닌다고 한다. 여기에 현대의 과학적 인식논리에 있어서 브리지만이나 듀이(J. Dewey)류의 주장과 카르납이나 슈리크(M. Schlick) 같은 학자들의 주장이 서로 대립된다. 이 대립은 합리성 · 진리성, 그리고 인간의 추상화능력 등에 근거한 경험 이상의 기술 등을 어떻게 이해하느냐에 따라 그 주장의 적합성이 평가되어야 할 것이다. 여기서 한 가지 판단에 도움이 될 수 있는 것은 과학의 경험성과 실증성 위주가 가치나 경험성을 넘어선 인간의 추상화 · 이념화 능력에 의존할 수 있지 않느냐 하는 것에 생각이 미치면 두 입장에 대한 선호가 가늠될 수 있다는 생각이 든다.

이러한 주견을 뒷받침하는 견해가 구성주의(構成主義), 규약주의(規約主義), 또는 실재주의(實在主義)의 입장이라고 볼 수 있다. 러셀(E. S. Russell)과 홉슨(E. W. Hobson)이 대표하는 구성주의(Constructionalism)는 법칙은 발견되는 것이 아니고 추상화 · 이념화 · 계열화를 통한 확장과 연합 등으로 구성된다고 믿으며, 이 구성의 과정 속에 조작적 행위가 포함된다고 생각한다. 푸앵카레(H. Poincare)의 규약주의(Conventionalism)는 구성주의보다도 더 지적 활동의 중요성을 인식하고 과학적 개념이 사실 그대로의 재표현이 아니고 창조되는 것이며, 보다 정교한 심리적 조작행위를 통해서 의미가 부여된다고 주장한다. 이 견해에 따르면 기하학의 공리도 일종의 규약으로 편리한 것이어야 한다고 주장한다. 여기서 말하는 편리는 유용의 의미이며, 유용은 곧 미래에 대한 예견을 가능케 하는 것을 의미한다. 그러므로 규약으로서의 기호는 창조적 과정에 의해서 유도되어 형성된 것으로 미래에 대한 예언의 가능성이 있어야 한다. 끝으로 바빙크(B. Bavink)가 주장하는 실재주의는 지식활동은 구성이나 발명의 조작이 아니라 발견 또는 탐구의 조작적 행위라고 한다.

지금까지의 논의는 조작적 행위를 이론화하기 위한 중요성과 이에 대한 의미부여이며 여기에 따른 학파간의 상이한 견해를 첨가한 것이다. 이 논의에서 명백해진 것은 다음 두 가지라고 할 수 있다. 즉, 하나는 이론화를 위한 조작적 행위가 자료를 대상으로 삼아 전개되는 측정수단으로 사회현상의 수량화를 위해 불가분의 의미를 지닌다는 것과, 다른 하나는 과학의 방법과 정신이 순전히 경험성 일변도가 아니라고 하는 점이다. 인간에게는 창조력과 구상력이 있기 때문에 자료를 변환시키는 것 등은 연구자인 인간의 능력으로 이것이 과학적 지식을 형성하게 된다. 그러므로 과학은 엄격한 의미에 있어서 실증주의만으로 가능한 것이 아니라 주어진 자료를 넘어설 수 있는 능력과 기술, 즉 조작행위의 능력이 있어서 과학의 형이상학적 요구를 충족시켜 줄 수 있다고 믿게 되는 것이다. 그러므로 과학의 정확성과 정밀성에는 당연히 인간의 불가사의한 능력이 첨가되고 있다는 사실을 믿어야 옳을 것이다. 다만 그것이 좁은 의미의 '과학성' 그 자체와는 모순되는 입장인 것은 어쩔 수 없다.

5. 측 정

5.1 측정이란 무엇인가

측정(measurement)은 일정한 규칙에 따라 숫자를 부여하는 일이다(business of pinning numbers on things). 사물에 숫자를 고정(pinning)시키기 때문에 측정행위는 계량적 분석입장의 문턱에 들어선 것이라고 하겠다. 사물 또는 현상, 즉 사상(事象)에 숫자를 부여하는 행위(numerical assignments to phenomena)는 반드시 일정한 규칙(rules)에 따라 행해져야 하며 그래야만 측정치(measures)가 신뢰할 만하고 타당성이 있는 것이라고 생각할 수 있게 된다.

숫자를 부여하는 일은 우리 생활주변에서 얼마든지 찾아볼 수 있다. 일정한 간격을 두고 거리의 번호를 매기는 일, 운동선수를 알아볼 수 있게 등뒤에 숫자를 붙이는 일, 온도계에 표시한 눈금, 그리고 요즈음은 문자와 섞어서 하지만 전자우편(Email)의 주소같은 코드 등등 수없이 많다. 숫자를 부여하는 것은 이와 같이 우리의 생활에 있어서 편익을 제공하는 가장 기초적인 측면이 있기도 하지만, 나아가 현상의 일정한 규칙성을 찾는 데 있어서 불가분의 도구가 되어 준다는 데 더 큰 의의가 있다.

그러나 숫자를 부여하는 일이 그리 단순하지는 않다. 측정대상을 정확하게 골라서 약속한 척도(자)에 따라 어김없이 재야 하는 일은 어려운 작업이다. 대상의 속성을 정확하게 파악하려면 사물의 실체를 알고 그 실체를 적절히 대표하고 있는 지표를 정확히 골라 내야 한다. 그렇게 해서 잰 지표는 신뢰성·타당성 등 자료로 쓸 수 있는 요건을 갖추어야 하는 것이다. 지표의 구비요건과 척도는 다음 장에서 상술한다.

측정대상은 경험적 자료에 입각해서 골라 낸다. 그러기 위해서는 측정대상을 분석적으로 검토해서 그 구성요소를 파악해 내야 한다. 분석적 검토는 물론 대상의 속성이나 측정자의 능력에 따른 한계를 수반한다. 대상이 물질적인 것 또는 무생물인 것은 그 측정이 비교적 용이하지만, 대상이 정신적인 것 또는 유기질같은 것은 대상파악도 어렵지만 그 추상성 때문에 측정이 어렵다. 예를 들어, 국민소득이니 경제성장같은 것은 몇만 불, 몇 퍼센트 하는 식으로 쉽게 수량화가 된다.

경제현상의 측정은 이처럼 용이한 편이다. 그렇지만 기업가정신 · 권위주의 · 민주적 리더십 · 조직 내의 사기 등을 어떻게 재느냐 하는 것이다. 그러나 이런 대상의 측정도 심리학분야의 오랜 연찬으로 만들어 놓은 척도에 따라 잴 수 있게 되었다. 그러나 더 나아가 예컨대 사랑이나 공포 등을 잴 수 있느냐 하는 문제가 제기된다. 측정가능성(measurability)의 한계가 이런 대상 때문에 생기게 되는데, 긍정적인 입장에서는 사랑도 두 사람간에 교환한 연서의 수량으로 측정가능하다고 주장한다. 공포의 경우도 맥박을 재어 측정할 수 있다는 입장이 있다. 그렇지만 연서의 교환횟수 등으로 진정한 사랑의 밀도를 잴 수 있느냐에는 의문이 없지 않다. 이것이 바로 측정의 한계이다.

5.2 측정의 한계

우리는 일단 모든 것을 측정할 수 있다는 데는 의문을 품는다. 이른바 '질의 신비로움' (mistique of quality)은 보는 사람의 입장에 따라 다르겠지만, 도대체 질을 양화시킨다는 것 자체가 옳지 않다는 판단에 동조하는 사람이 많다. 이것이 곧 측정의 한계, 수량화의 한계를 말해 주는 것이다. 이런 입장에 서는 사람들은 "어떤 현상을 잴 수 있다면 이미 그것은 그 현상이 아니다"(If you can measure it, that ain' t it!)라고 하여 측정의 불능성 내지는 측정으로 인한 현상의 가변성(왜곡)을 주장하기도 한다. 또 다른 예를 들어보면, 어떤 물체의 무게를 잰 경우에 그 물체의 중량을 알아낼 수 있지만 그 물체의 크기나 밀도를 알 수는 없으므로 일정량의 무게만으로는 그 물체를 완전히 표시하고 있지는 못하다. 지적 능력을 알아 내는 지능검사의 예만 하더라도 마찬가지이다. 지능검사로 학생의 지능은 파악되더라도, 그보다 더 중요한 창의력을 알아 냈느냐 하면 그렇지 못하다. 따라서 어느 학생의 높은 IQ를 보고 그 학생이 창의력도 높다고 말할 수는 없는 일이다. 그러므로 더욱이 측정대상으로서의 현상이 사람에 따라, 시간과 장소에 따라 달라질 수 있기 때문에 '측정한다는 것' 이 그 현상의 전부를 말해 주는 것은 아니라고 생각해야 할 것이다.

이처럼 측정의 한계가 분명하면서도 측정에 대해 긍정적인 생각을 하는 사람들이 많다. 측정이 불완전한 것은 사실이지만 측정을 통한 계량분석 또는 정량분석의 중요성을 주장하는 사람들의 변은, 비록 사물의 측정이 부정확하여 사물이 바르게 파악되지 못한다고 하더라도, 그러면 질적 서술(qualitative description)은 사물의 전부를 적확하게 표현할 수 있느냐는 것이다. (A measurement does not tell us everything, but neither does just one qualitative description.) 즉, 질적 표현도 불완전한 것이라면 양적 표현이라고 해서 늘 한계의식에 사로잡힐 필요는 없다고 하는 것이다.

결국 전혀 주관적인 소재는 되도록 피하면서 측정의 한계를 극복하려고 노력하는 것이 현명한 방책일 것이다. 이것은 물론 형이상학적 견지에 따라 약간씩 차이가 나는 것을 전제로 해야 한다. 즉, 사물의 실체를 파악하는 경우에 첫째 현실주의(Realism)냐, 둘째 일원주의(Monism)냐, 또 이 가운데에서 이상주의(Idealism)냐, 물질주의(Materialism)냐, 셋째 회의주의(Skepticism)냐, 넷째 의지주의(Voluntarism)냐에 따라 측정태도가 달라질 수 있다. 이 가운데에서 특히 실체의 근본을 물질로 보고 그것을 물리적 방법에 의해서 표현하려는 물질주의의 입장을 취한다면 측정의 한계가 그리 부담스럽지는 않을 것이다.

5.3 측정오차

(1) 측정오차란 무엇인가 사물을 측정할 때 쓰는 도구는 보통 자(尺)나 저울이지만 사회과학연구에서 대표적인 자는 질문지이다. 뒤에 나오는 질문지작성이 그래서 매우 중요한 것이다. 이때 사물을 얼마나 정확히 재는가가 늘 문제가 되는데, 정확성에는 한계가 있기 때문에 측정에서 오차에 신경을 쓰지 않을 수 없다.

측정오차(measurement error)는 대상을 측정함에 있어서 본래의 대상이 갖는 실상(reality)과 측정결과와의 차이에서 오는 불일치의 정도를 뜻한다. 그러므로 측정할 때는 늘 대상의 실상을 그대로 파악할 수 있도록 측정의 동상유질(isomorphism)에 주의를 기울여야 한다. 그러나 실제의 가치를 측정한 결과는 흔히 어긋나는 경우가 허다하다. 업무를 수행할 때 개인이 지니는 지

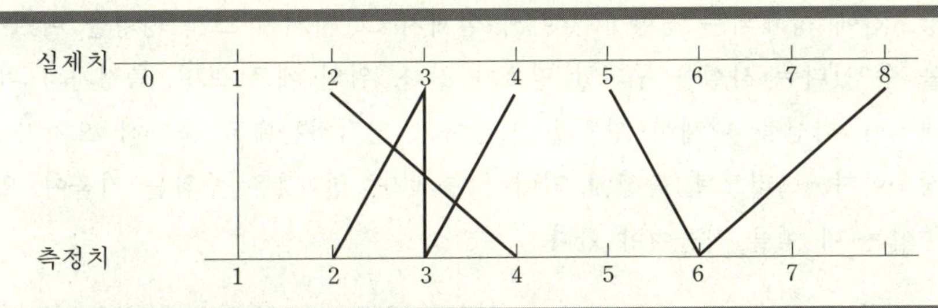

〈그림 3-12-1〉 실제치와 측정치의 불일치

속성(persistence)의 실제 정도와 측정했을 때의 정도가 아래의 그림에서처럼 달라질 수 있다고 컬링저는 말한다.

〈그림 3-12-1〉에서 알 수 있듯이 실제로는 개인의 지속성이 순서대로 배열되어 있는데, 측정결과를 보면 그 값이 6, 6, 4, 3, 3, 2, 1로서 진가가 8, 5, 2, 4, 3, 3, 1로 그 순서가 바뀐 것을 알 수 있다.

(2) 오차의 종류 오차의 종류에는 여러 가지가 있으나 크게 나누면 「체계적 오차」(systematic error)와 「무작위적 오차」(random error)가 있다. 체계적 오차는 측정대상과 과정에서 규칙적으로 나타나는 오차를 말하며, 무작위적 오차는 측정에서 전혀 우연적이며, 일시적 사정에 의해 나타나는 오차를 말한다. 다시 말하면, 체계적 오차는 각각의 변수와 이에 따른 각각의 오차가 있을 때 각기 다른 변수의 실제치와 오차와 관계가 있다는 것이고, 무작위적 오차는 이들간에 관계가 없는 것을 뜻한다.

체계적 오차가 발생하는 데 영향을 미치는 요인으로는 지식 · 신분 · 정보 · 인간성 등을 들 수 있는데, 이들 요인은 경우에 따라 인위적 또는 자연적으로 작용하여 측정오차를 나타낸다. 체계적으로 발생한 오차의 증상은 측정결과로서의 자료의 분포가 한쪽으로 치우치거나 변수간의 관계가 높거나 혹은 낮은 것 등으로 나타난다. 실례를 들어 보면, 만일 위의 경우에 업무를 처리함에 있어서 그 지속성을 발휘하는 데 작업조건이 아주 나쁜 환경이었다든가, 몇몇 개인이 일부러 능력을 다 발휘하지 않아서 순위가 바뀌도록 오도했다든가 등이 체계적 오차의 예가 된다.

무작위적 오차는 그 근거를 알지 못하는 경우가 많다. 그것은 측정과정에서 아무도 모르게 우연히 발생하기 때문이다. 이들 오차는 어떤 경우에는 상호간에 상쇄되는 경향이 있어서 실제치 그 자체에 크게 영향을 미치지 않을 수 있다는 사실을 주의할 필요가 있다. 위의 예로 보면, 측정자와 피측정 개인이 최선을 다해서 완벽을 기했다고 생각하는데도 우연히 오차가 생긴 경우이다. 그러므로 측정에 있어서 통제가능한 것은 주의를 기울여 오차를 줄이는 데 힘을 기울여야 한다.

(3) **오차의 원인** 오차의 원인을 일일이 추적하기는 힘들지만 측정과정에서 나타날 수 있는 오차의 원인을 그 근거에 따라 나누어 보기로 한다.

첫째, 측정자의 잘못으로 오차가 생긴다. 사람이기 때문에 측정상의 착오를 범하는 경우가 많다. 시간과 환경에 따라 측정자의 태도가 일정할 수 없는 경우도 있고, 측정자의 편견이 개재하여 생길 수도 있다. 또한 면접자가 보고과정에서 잘못할 수도 있다.

둘째, 측정자나 피측정자가 지니는 지적 사고력이나 판단력에서 오차가 생긴다. 측정자가 어떤 합리화를 위해 인위적으로 유도한다든가, 본능적으로 감추고 기피한다든가, 그 분야의 지식을 결하고 있다든가, 기억을 제대로 못하는 경우 등이다. 동시에 측정을 당하는 대상이 사람일 때 그 사람이 지니는 결함 등이 오차를 야기시키는 원인이 된다.

셋째, 측정소재와 관련되어 오차가 생긴다. 측정소재의 표본이 잘못되고, 무응답자가 많이 나타나고, 실험이 기술적으로 불가능하고, 소재에 결점이 있는 등 조사에서 나타나는 많은 결함이 측정을 그르쳐 놓는 경우이다.

넷째, 시·공의 제약 때문에 오차가 생긴다. 측정주체나 객체는 똑같이 시간과 공간의 제약을 받게 마련이어서 표본이 시간적으로 부적합하고 불안정하다든가 지역적으로 격차가 난다든가 하는 가능성은 충분히 있다.

6. 신 뢰 성

6.1 의　　의

신뢰성(reliability)이란 둘 이상의 관찰자가 각기 관찰해서 동일한 결과를 얻을 수 있는 정도를 말하는 것으로서, 타당성과 더불어 측정에서 가장 중요한 요소이자 측정대상으로서의 지표의 구비요건이기도 하다. 그러므로 지표가 신뢰성 있게 측정되었다고 하는 것은 그 자료가 안정되고(stability), 일관성(consistency)이 있으며, 정확(accuracy)해서 믿을 만하고(dependability), 나아가 예측가능성(predictability)이 있다는 이야기가 된다. 좀더 풀어 설명한다.

신뢰성은 우선 측정에 있어서 안정성 · 신빙성 · 예측성을 갖는다. 어떤 대상을 놓고 같은 측정방법에 의해 측정할 때 그 측정을 아무리 반복해도 동일한 결과를 가져온다면 측정결과를 예측할 수 있고, 따라서 안정성이 높다고 할 수 있다. 측정에 있어서 신뢰성이 정확성을 함축하고 있다는 뜻은 당연하다. 측정과정에서 측정대상을 정확하게 재야만 그 지표는 신뢰할 만한 것이 되기 때문이다.

신뢰도를 높이는 방법은 오차를 줄이는 길이다. 낡은 총과 새 총을 가지고 표적을 맞출 때 낡은 총을 쏘아 맞춘 결과가 과녁의 중심으로부터 많이 분산되어 있다면 낡은 총은 새 총보다 신뢰도가 낮은 것이 분명하다. 따라서 과녁에 적중하도록 가늠쇠를 제대로 잡고 조준하고 해야 한다. 즉, 오차를 최소한으로 줄여야 하는 것이다. 오차는 비단 이런 경우뿐만 아니라 심리학 · 교육학의 측정에서 더 많이 나타난다.

예를 들어 다섯 학생의 수학성적의 실제점수를 알아보았더니 35, 31, 29, 22, 14점이었다. 그것을 확인하기 위해 검사를 했는데, 첫번 검사의 결과는 37, 30, 26, 24, 15점으로 비록 실제점수와 차이가 나지만 순위에는 변동이 없이 동일한 것이었다. 반면에 두 번째 검사에서는 24, 37, 26, 15, 30점이라는 전혀 다른 점수와 상이한 순위를 나타냈다. 이때 첫번째 시험을 신뢰

〈표 3-12-1〉 실제점수와 두 시험을 통해 본 신뢰성이 높고 낮은 점수의 비교

1		2		3	
		신뢰성이 있는		신뢰성이 없는	
실제점수	순 위	시험 점수	순 위	시험 점수	순 위
35	1	37	1	24	4
31	2	30	2	37	1
29	3	26	3	26	3
22	4	24	4	15	5
14	5	15	5	30	2

성이 있는 검사라고 하고, 두 번째 시험을 신뢰성이 없는 검사라고 한다. 다음 표에서 두 검사간의 차이를 알아볼 수 있다.

앞의 표에서 알 수 있듯이 실제점수와 첫째 시험점수는 완전히 일치되어 그 순위상관계수가 1이 되고, 둘째 시험점수와는 그 계수가 0이 된다. 그만큼 두 시험(실험)간에는 차이가 난다. 여기서 한 가지 우리에게 시사를 주는 것은, 실제점수와 첫째 시험점수와의 실제치간에는 약간의 차이가 나면서도 이들을 순위로 표시했을 때는 동일한 결과가 되어 양자간에는 차이가 나타나지 않는다는 사실이다. 오차를 줄이거나 조정할 수 있는 방편이 된다는 뜻이다.

6.2 이론적 배경

측정에서 신뢰도를 이론적으로 설명할 수 있는 것으로 분산(variance)이 있다. 일련의 측정치는 우선 전체분산(total variance)을 가지는데, 여기에는 실제로 분포된 실질요소(true component)와 오차분산(error component)이 포함되며 이들이 각기 분산의 값을 가진다. 여기서 전체분산을 V_t라고 하고 실질분산을 V_∞라고 하며 오차분산을 V_e라고 한다면 이들 관계를 다음과 같은 식으로 표시할 수 있다.

$$V_t = V_\infty + V_e$$

위의 식에서 실질분산은 참의 값을 가지는 것이므로 가능한 한 클수록 좋다고 해서 무한대의 표시를 한 것이다. 그러니까 동일한 목적물을 동일한 도구로 여러 번 측정하면 할수록 V_∞의 값은 V_t의 값에 가까워질 수 있고 반면에 V_e의 값은 줄어들 수 있다. 가장 이상적인 상태가 $V_t = V_\infty$인 것이다.

다음의 그림에서 보듯이 두 가정적인 실험결과는 실질분산이 크면 클수록 측정의 오차가 감소되고 신뢰도를 높일 수 있다는 사실을 보여 준다. 즉, A측정이 B측정에 비해 훨씬 높은 신뢰도를 지니고 있다는 것을 알 수 있다.

위의 예로 미루어 신뢰도는 오차에 의해 가늠될 수 있다는 사실을 확신하게 되었다. 오차가 적으면 적을수록 신뢰도가 높아지는 것은 당연하다. 다시 말해서, 실제로 어떤 측정에서도 오차분산을 계산할 수 있으면 그 측정치

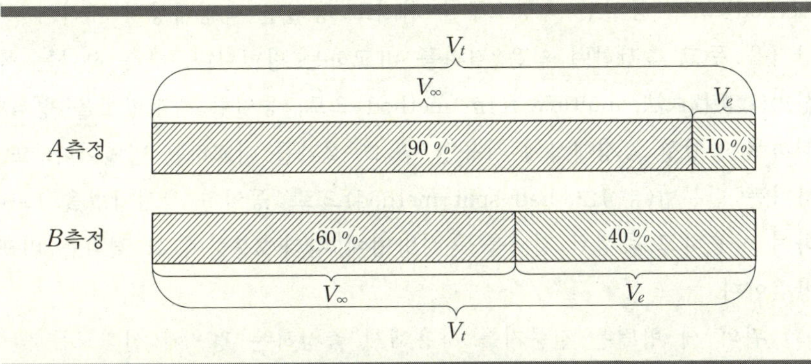

〈그림 3-12-2〉 **전체분산 · 실질분산 및 오차분산간의 상이한 두 가지 예**

의 신뢰도를 알 수 있다는 결론이 된다. 이로 인해 우리는 다음과 같은 대등한 두 개의 신뢰도에 관한 정의를 내릴 수 있게 된다.

첫째, 신뢰도는 측정결과로 나타나는 전체분산(V_t)에 대한 실질분산(V_∞)의 비율이다.

둘째, 신뢰도는 측정결과로 나타나는 전체분산(V_t)에 대한 오차분산(V_e)의 비율을 1에서 제한 것이다.

이들 두 정의를 수식으로 표시하면 다음과 같다. 식에서 r_{tt}는 신뢰도계수(reliability coefficient)이다.

$$r_{tt} = \frac{V_\infty}{V_t}$$

$$r_{tt} = 1 - \frac{V_e}{V_t} = \frac{V_t - V_e}{V_t}$$

위의 식에서 먼저 식은 이론적으로 가능하나 실제로 계산에는 사용할 수 없으며, 오차분산의 값으로 신뢰도계수를 계산하는 것이 이론적이기도 하고 실용적이다.

6. 3 측정방법

신뢰도를 측정하는 방법, 즉 신뢰도계수를 산출하는 방법에는 크게 나누어 세 가지가 있다고 이관우는 말한다. 하나는 재검증법(再檢證法, test-retest method)으로, 동일한 측정도구를 가지고 동일한 측정대상에 대하여 시간적 간격을 두고 측정하여 얻은 결과를 비교하는 방법이다. 다른 하나는 복수구성법(複數構成法, multiple form method)으로, 동일한 측정방법을 형식만 달리하여 동일한 측정대상에 적용한 후 그 결과를 비교하는 방법이다. 또 다른 하나는 반분법(半分法, half-split method)으로, 동일한 측정방법을 1회에 한하여 사용하고 측정된 결과를 측정방법에 따라 2분하여 그 결과를 비교하는 방법이다.

위의 세 방법은 질문지를 사용해서 측정하는 경우에 신뢰도를 알아 내는 방법인데, 앞의 두 방법은 시간·인력·비용 등이 많이 들고 측정효과가 지속되면 오차를 유발할 위험이 있어 적합치 않고 세 번째 방법이 널리 쓰인다. 이 반분법은 측정도구로서의 질문지가 있으면 그 속에 들어 있는 각 문항을 둘로 나누어 각기 측정한 후 양자간의 상관관계를 검토하여 내적 일관성(internal consistency)의 여부를 캐는 것이다. 이때 일관성이 높으면 신뢰도가 높다고 본다. 이 방법에서 문항은 무작위로 나누어져야 하는데, 홀수는 홀수항대로 짝수는 짝수항대로 묶어서 나누는 것이 보통이다. 이 방법은 문항의 배열이 비체계적인 것을 전제로 한다. 요즈음 언론에서 행하는 수많은 설문여론조사가 모두 이러한 방식으로 신뢰도를 측정하는지 모르겠다.

신뢰도를 알아 내는 방법은 지금까지 설명한 분산분석방법(分散分析方法)과 상관분석방법(相關分析方法)이 있고 상관분석은 계수를 Spearman-Brown 공식에 따라 신뢰도를 상향 조정하기 위해 정정하는 것이 보통이다. 실례를 들어 신뢰도계수를 계산해 보기로 한다. 다섯 사람에 대해 a, b, c, d 등 네 항목에 결쳐 물어 본 가상적인 결과를 〈표 3-12-2〉에 제시해 보았다. 표의 양편은 신뢰도가 각기 다른 결과를 보여 준다.

〈표 3-12-2〉에 나타난 약자부터 설명하면, $\sum_{i}$는 각 개인의 합계, $\sum_{it}$는 각항목의 합계, $\sum_{o}$는 홀수항에 답한 개인의 합계, $\sum_{e}$는 짝수항에 답한 개인의 합계이다. 표의 아래에 계속해서 분산을 구하기 위한 계산을 하고 이어서 또다시 표로 분산분석을 정리해 놓았다. 계산 중에 있는 C는 교정치(correction term)로서 기초자료(raw scores)를 쓰고 있기 때문에 수정이 필요해서이다. 이어서 두 예제간의 자승의 총계(total sum of squares)와 항목간과 개인간의 자승의 합계를 구했다. 앞에서도 설명한 바와 같이 신뢰도계

〈표 3-12-2〉 두 가상적인 자료에 따른 신뢰도계수의 산출예

Ⅰ: $r_{tt}=.92$

응답자	a	b	c	d	$\sum_t$	$\sum_o$	$\sum_e$
	항		목				
1	6	6	5	4	21	11	10
2	4	6	5	3	18	9	9
3	4	4	4	2	14	8	6
4	3	1	4	2	10	7	3
5	1	2	1	1	5	2	3
$\sum_{tt}$	18	19	19	12	$\sum X_t=68$		

$(\sum X_t)^2=4624$

$\sum X_t^2=288$

$$C=\frac{(68)^2}{20}=231.20$$

합계 $= 288-231.20=56.80$

$$\text{항목간}=\frac{1190}{5}-231.20=6.80$$

$$\text{개인간}=\frac{1086}{4}-231.20$$

$=40.30$

구 분	*df*	*s.s.*	*m.s.*	*F*
1. 항목간	3	6.80	2.27	2.80 (*n.s.*)
2. 개인간	4	40.30	10.08	12.44 (.001)
3. 잉여치: (1×2)	12	9.70	.81	
합 계	19	56.30		

$$r_{tt}=\frac{V_{ind}-V_e}{V_{ind}}=\frac{10.08-.81}{10.08}$$

$=.92$

Ⅱ: $r_{tt}=.45$

응답자	a	b	c	d	$\sum_t$	$\sum_o$	$\sum_e$
	항		목				
1	6	4	5	1	16	11	5
2	4	1	5	4	14	9	5
3	4	6	4	2	16	8	8
4	3	6	4	3	16	7	9
5	1	2	1	2	6	2	4
$\sum_{tt}$	18	19	19	12	$\sum X_t=68$		

$(\sum X_t)^2=4624$

$\sum X_t^2=288$

$C=231.20$

합계 $=56.80$

항목간 $=6.80$

$$\text{개인간}=\frac{1000}{4}-231.20$$

$=18.80$

구 분	*df*	*s.s.*	*m.s.*	*F*
항목간	3	6.80	2.27	1 (*n.s.*)
개인간	4	18.80	4.70	1.81 (*n.s.*)
잉여치: (1×2)	12	31.20	2.60	
합 계	19	56.80		

$$r_{tt}=\frac{4.70-2.60}{4.70}$$

$=.45$

홀수항 · 짝수항간의 상관계수(product-moment correlation coefficient)를 구해서 이것을 또 Spearman-Brown공식에 따라 조정한 값은,

Ⅰ: $r_{oe}=.91$ Ⅱ: $r_{oe}=.32$

수를 분산분석을 통해 계산하려 하므로 항목과 개인의 평균자승치(mean square)를 구한 것이다. df는 자유도(degree of freedom)의 약자로 이 책 제4부에 자세한 설명이 있다. 따라서 신뢰도계수의 공식에 따라 구한 값이 각각 .92와 .45로 Ⅰ의 예제가 Ⅱ의 예제보다 훨씬 높은 신뢰도를 지니고 있음을 알 수 있다. 즉, 항목간에 내적 일관성이 높다고 하겠다. 맨 마지막에 홀·짝수의 항목간에 구해 놓은 계수는 이미 설명한 Spearman-Brown 공식에 따라 상관계수를 조정한 것인데 분산분석의 결과와 큰 차이 없이 근사함을 엿볼 수 있다고 하겠다. 그런데 이 공식은 $r_{nn}=N_r/1+(N-1)r$이다. 여기서 주의할 것은 r는 r_{tt}가 아니라 적률상관계수(積率相關係數)라는 점이며 실제로 계산하지는 않았다.

6.4 제고방법

측정에서 신뢰도를 높이도록 여러 방안을 강구하는 것은 필수적이다. 신뢰도를 높인다고 하는 것을 다시 말하면 각개사례의 차이의 분산을 극대화하고 오차분산을 극소화하는 것으로 이 원리를 「maxmincon principle」이라고 부른다. 그러므로 이 원리에 따르는 길이 곧 신뢰도를 높이는 방안이 되는데 구체적인 절차는 다음과 같다.

첫째, 측정도구를 형성하는 각 문항을 가능한 한 명백히 표시한다. 각 문항의 내용이 모호하면 무엇을 뜻하고 있는지 정확히 알 수 없어서 임의로 해석할 가능성이 있기 때문이다.

둘째, 측정도구 자체가 신뢰성이 없다고 생각되면 종류와 질이 같은 많은 문항을 추가한다. 문항이 많으면 많을수록 실질분산이 무한대에 좀더 접근하여 신뢰도를 높일 수 있기 때문이다.

셋째, 측정도구를 분명히 하고 표준화한다. 측정도구를 만들 때 주의깊게 작성하면 측정오차를 줄일 수 있기 때문이다.

넷째, 측정도구의 문항을 작성할 때 측정의 차원이 다르거나 또는 동일 차원을 정반대의 입장에서 측정할 수 있도록 배려한다. 그러면 결과적으로 이들간의 분포나 관계가 반대의 현상을 띠게 되고 그 반대현상의 정도가 신뢰도를 간접적으로 말해 주는 효과를 가져온다.

7. 타 당 성

7.1 의 의

타당성(validity)은 측정하려는 것을 제대로 측정하고 있느냐의 동일성 확인에 관한 문제이다. 따라서 '무엇'이 측정되고 있느냐가 타당성을 확인할 수 있는 주요과제가 된다. 예컨대 교수가 학생들의 과학적 절차에 대한 '이해의 정도'를 측정하기 위해 측정도구에 과학적 절차에 관한 사실적 문항(factual items)만을 넣고 조사하였다면 이 측정은 학생들이 알고 있느냐 또는 모르고 있느냐의 사실적 지식만을 알아 낼 수 있을 뿐이지 얼마만큼 이해하고 있느냐의 정도는 알아 내지 못한다.

그러므로 당초에 측정하고자 하는 것을 측정한 것이 아니기 때문에 이 측정도구의 타당성은 낮다고 할 수밖에 없다. 그러므로 측정은 모름지기 측정하고자 하는 대상의 실제내용을 정확하게 알아 내도록 행해져야 한다.

타당성을 높이는 데 있어서 고려되는 측면으로는 측정도구가 제대로 기능하느냐의 문제와 이로 인해 예측가능성이 얼마나 있느냐를 알아 내는 것 등이다. 그러기 위해서는 꽤 타당하고 신뢰할 만한 기준을 확보하고 측정도구를 만들어야 한다. 그러나 비단 행태의 예측인자로서의 검증절차뿐만 아니라 그 과정에 나타난 특성, 즉 구성요소의 정도를 추정하는 근거도 중요하다. 타당성을 확보하는 방법을 알기 위하여는 타당성의 유형에 따라 좀더 자세한 설명을 할 필요가 있다.

7.2 유 형

필립스(Phillips)에 따르면 타당성을 확보하는 접근방법을 「실용적 타당성」(pragmatic validity)과 「구성적 타당성」(construct validity)으로 나누어 보는 입장이 있는가 하면, 「외면적 타당절차」(face-validation procedure), 「기준타당절차」(criterion-validation procedure) 및 「구성적 타당절차」(construct-validation procedure) 등으로 나누는 견해가 있다. 그러나 여기서는

미국심리학회·교육연구회 및 국립측정협의회의 합동위원회에서 합의를 본 네 가지 유형에 따라 설명하기로 한다. 이들 네 유형은 「예측적 타당성」(predictive validity), 「동시적 타당성」(concurrent validity), 「내용적 타당성」(content validity) 및 「구성적 타당성」(construct validity) 등인데, 편의상 순서를 바꾸고 또 예측과 동시적 타당성은 묶어서 설명하기로 한다.

(1) 내용적 타당성 내용적 타당성은 측정도구의 내용이 대표성을 띠고 있으며, 또 내용을 구성하고 있는 요인의 표본이 적합한가를 알아보는 문제이다. 실제로 측정내용이 방대하다고 했을 때 그것을 모두 다 내용으로 삼아 도구로 쓸 수는 없다. 모든 측정내용을 U(universe)라고 하면 이 U는 또 여러 개의 항목으로 구성되어 있을 것이다. 그러므로 측정도구는 이 U로부터 일정한 항목을 뽑아서 구성하게 된다. 이 추출되는 일정한 항목이 많을수록 우선 타당성이 확보된다. 추출방법으로는 물론 무작위방법을 생각해 볼 수 있다.

그러나 무한정으로 항목을 많이 선정한다고 해서 타당도가 높아지는 것은 아니다. 내용의 타당도는 근본적으로 항목을 합리적으로 판단해서 선정할 때 높아진다. 이 합리적 선정은 연구자 개인의 지식과 이미 행해졌던 선례와 전문가의 의견에 기초를 두어 이루어져야 한다. 다시 말해서, ① 측정도구의 항목은 논리적으로 선정되어야 하고, ② 전문가의 의견(jury opinion)에 좇아 판단되어야 하며, ③ 상반되는 집단에 적용된 측정결과를 비교해야 타당도를 높일 수 있다.

(2) 예측 및 동시적 타당성 예측과 동시적 타당성은 극소수의 예외를 제하고는 거의 유사한 유형이다. 그것은 양자가 시간적인 차원에서만 서로 다르기 때문이다. 즉, 동시적 타당성은 측정도구에 의한 측정결과가 대상의 현재상태를 올바르게 나타내고 있느냐이고, 예측적 타당성은 그 측정결과가 대상의 미래상태를 바르게 예측할 수 있도록 되었느냐의 문제이다.

다른 경우도 마찬가지지만 이들 타당도는 측정결과에 대한 측정도구의 측정력을 검토하는 것은 물론이고 나아가 예측의 타당성에 더 큰 비중을 둔다. 현재와 미래의 지적 잠재력을 예측할 수 있는 지능검사가 좋은 예라고 하겠다. 그렇지만 이 타당도를 위한 평가기준을 수립하기가 쉽지 않다. 왜냐하면 그러한 기준이 존재하지 않을 뿐만 아니라 그러한 타당도 자체가 존재하지 않을 수도 있기 때문이다. 예를 들면, 교수방법의 효과성을 어떤 기준에 따라 누가 판단할 것인가이다. 박사학위를 취득한 것이 그 기준이 될 수 있겠느냐 하면 반드시 그렇지는 않을 것이다. 또 음악적 소질의 예측적 타당도를 어떤 기준으로 판단할 수 있는지도 같은 난제에 부딪친다.

(3) 구성적 타당성 구성적 타당성은 측정의 기초를 이루고 있는 이론적 구성의 타당성을 문제로 삼기 때문에 다른 유형에 비해 이론적 측면에 충실하다는 강점이 있다. 이 구성적 타당성에는 또한 세 가지 측면이 있다. 첫째, 구성요인이 측정대상에 대하여 핵심적인 위치를 차지하고, 둘째, 그 구성요인은 가설로 유도되며, 셋째, 경험적으로 가설의 검증이 가능한가 등의 여러 측면이다.

일반적으로 구성적 타당성은 측정대상의 속성간의 관계를 검토함으로써 밝혀진다. 예를 들면, '강력한 리더십'과 '조직의 성과' 사이에 높은 상관관계가 있다면, 두 개념의 속성들은 분명히 같은 방향으로 일정한 비율에 따라 변할 것이다. 그러나 외향성(other directed)을 지닌 지도자가 반드시 조직의 목표를 효과 있게 달성하지 못하는 경우도 있을 것이다. 이때 우리는 왜 그런 관계가 형성되는지에 관해 관심을 갖고 알고 싶어할 것이며, 따라서 이들 개념의 여러 속성을 파헤쳐 원인을 규명하게 될 것이다. '왜' 그리고 '어떻게' 규명할 것인가가 구성적 타당성의 핵심을 이룬다.

다른 타당성에 비해 구성적 타당성이 중요하기 때문에 타당도의 평가방법을 일별하면 이러하다. 그 평가순서는, ① 측정되고 있는 각 구성(construct)들간의 관계를 검토한다. ② 측정대상을 형성하는 각 구성들은 그들이 각기 처해 있는 일련의 명제하에서 이론적 관계를 파악한다. ③ 각 구성은 성격이 서로 다른 것을 관련시켜 봄으로써 특수성을 보다 명백히 한다. 이 밖에 요인분석에 의해서도 구성적 타당도를 검토할 수 있다. 즉, 분석의 결과로 구성간에 공분산의 정도가 높으면 타당도는 높다.

예를 들어 평가방법을 재론하면, 순수성 · 협동성 · 순종성 및 창조성간의 관계를 알아볼 때 우선 구성적인 측면에서 연령 · 성별 · 교육 · 가정환경 · 태도 · 신조 등을 밝혀 내어 이들간의 상관관계를 검토한다. 그 다음에

〈표 3-12-3〉 네 개의 가상적인 측정치간의 상관관계

	협 동 성	순 종 성	창 조 성
순 수 성	.50	.60	-.30
협 동 성		.40	.05
창 조 성			.50

(상관계수가 .25 이상 되는 것은 유의수준. .01에서 유의한 관계를 갖는다.)

종교같은 다른 변수를 추가하여 이론적 관계를 탐색하게 된다. 결국 네 가지 요소간에 다음과 같은 가상적인 상관관계가 성립되고 있음이 입증되었다면, 순수성과 협동성 및 순종성간에는 정의 높은 상관관계가 있고 순수성과 창조성간에는 부의 현저한 관계가 있음을 알 수 있다. 그러므로 순수성의 척도는 잘된 것이라고 할 수 있고 여기서 상관계수들은 모두 예측치가 된다. 예측은 정(正) · 부(負) · 영(零)의 세 가지 중 하나로 하게 된다.

7. 3 신뢰도와의 관계

신뢰도를 측정할 때 분산을 이용했던 것과 같이 타당도의 측정도 분산으로 설명이 가능하다. 여기서는 이 측정을 신뢰도와 결부시켜 설명하기로 한다.

타당도에서는 신뢰도의 경우와 약간 다르게 전체분산(total variance)이 공동요인분산(common factor variance: co), 특수분산(specific variance: sp) 및 오차분산(error variance: e)으로 구성되어 있다. 즉,

$$V_t = V_{co} + V_{sp} + V_e$$

라는 식으로 표시할 수 있다. 이것을 신뢰도에서의 분산관계의 원리에 따라 전체변량에 대한 비로 표시하면,

$$\left(\frac{V_t}{V_t} = \frac{V_{co}}{V_t} + \frac{V_{sp}}{V_t} + \frac{V_e}{V_t}\right)$$

가 된다. 여기서 공동요인분산은 다른 측정치와 공유한 어느 측정치의 분산이고, 특수분산은 이와는 달리 공유하지 않는 독자적이고 체계적인 분산이다.

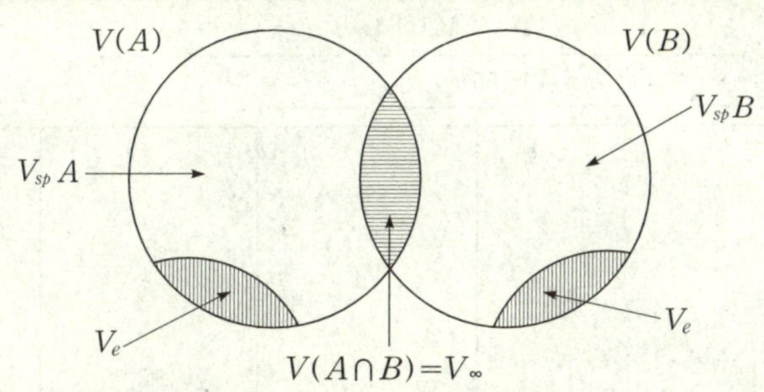

〈그림 3-12-3〉 타당도측정을 위한 분산관계

이들 관계를 그림으로 표시한 것이 〈그림 3-12-3〉이다.

그림에서 볼 수 있듯이 특수분산은 A와 B가 각기 별개의 영역에서 분산되어 있으며, 공동요인분산은 겹쳐진 영역($A\cap B$)에서의 분산이다. 이들의 관계를 다시 식으로 풀면 다음과 같이 표시할 수 있다.

$$\frac{V_t}{V_t}=\overbrace{\frac{V_A}{V_t}+\frac{V_B}{V_t}}^{h^2}\underbrace{\phantom{\frac{V_A}{V_t}+\frac{V_B}{V_t}}+\frac{V_{sp}}{V_t}}_{r_{tt}}+\frac{V_e}{V_t}$$

위의 식에서 $\frac{V_A}{V_t}+\frac{V_B}{V_t}$는 측정의 타당도($h^2$)를, $\frac{V_A}{V_t}+\frac{V_B}{V_t}+\frac{V_{sp}}{V_t}$는 측정의 신뢰도($r_{tt}$)를 나타낸다. 이들 관계는 다음의 그림에서 실수와 더불어 좀더 설명된다.

〈그림 3-12-4〉에서 전체분산 중 80%는 신뢰성이 있는 실질분산이고, 그 가운데 30%는 A요인으로, 25%는 B요인으로 설명되고, 25%는 특수분산에 의해 설명된다. 그리고 나머지 20%는 오차분산이다.

여기서 규명해야 할 것은 80%나 되는 높은 신뢰도가 확보되었지만, 타당도는 과연 어떠냐 하는 문제이다. 만일 A요인 하나만이 있고 이 요인에 의하여 설명되는 전체분산에 대한 비가 55%라고 한다면 전체분산 가운데 상당한 부분이 타당성을 갖는다고 하겠다. 그러나 이 측정은 전체분산 중 신뢰성을 갖는 분산의 대부분은 A라는 요인, 즉 한 가지 속성에 대한 것에 불

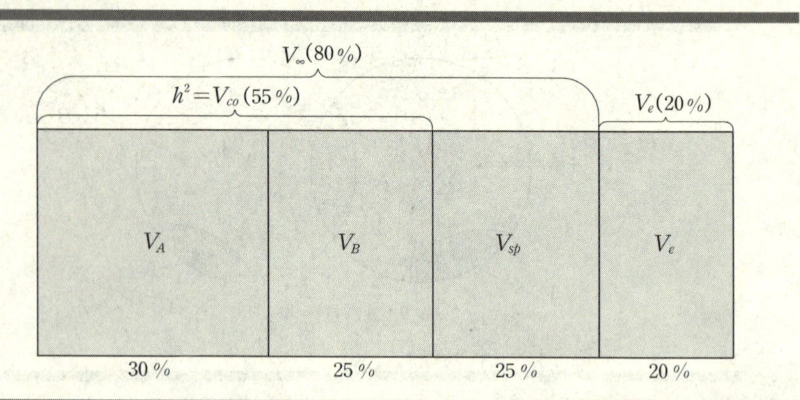

〈그림 3-12-4〉 신뢰도와 타당도의 분산관계

과하다. 이런 것은 하나의 구성에 대한 타당도만을 나타내는 결과가 되므로 편중된 것이라고 할 수밖에 없다. 그러나 실제로는 이 A요인에 입각하여 각 사례의 순위가 결정된다.

과학적인 측정은 신뢰성과 타당성이 같이 확보된 것을 뜻한다. 어느 하나 중요치 않은 것이 없기 때문이다. 그러나 근자에 이르러 중요성의 초점이 타당성 쪽으로 기울어지는 감이 있다. 왜냐하면 타당도의 문제가 과학적 연구의 핵심이 될 수 있고 철학적 깊이도 있기 때문이다. 기실 구성적 타당도는 더 깊은 철학적 근거를 필요로 한다.

이상에서 우리는 조작적 행위로서의 측정에 관해 알아보았다. 제 4 부의 계량분석에 들어가기 전에 분산이며 신뢰와 타당에 관한 수식이 나오니까 학생들은 좀 당황할지 모르겠다. 그러나 지극히 상식적인 내용이므로 잘 이해하기 바라며, 나아가 이들 측정의 신뢰와 타당여부가 경험적 조사자료의 생명이나 다름없으므로 그 중요성을 늘 염두에 두기 바란다.

제 13 장

척 도

1. 개 관

척도는 자이다. 그런데 사회과학 연구에서 자는 사람의 의견이나 마음을 읽어 낼 수 있어야 하니까 만드는데 여간 힘이 들지 않는다. 우리가 보통 여론조사를 할 때 만드는 질문들이 모두 이 척도에 해당된다. 그래서 뒤의 장에서 질문지조사와 면접조사를 설명할 때 만드는 원칙을 포함해서 자세하게 설명하겠지만, 여기서는 척도의 기본이 되는 원리를 먼저 소개하려는 것이다. 측정의 기초이론부터 시작해서 척도의 기본유형과 척도의 종류 등도 포함된다.

2. 의 의

척도(scale)란 자를 말한다. 그러니까 일종의 측정도구로서 일정한 규칙에 따라 측정대상에 적용할 수 있도록 만든 일련의 기호나 숫자를 뜻한다. 이처럼 척도는 측정도구로 쓰이는 한편, 측정하는 도구의 체계화된 숫자를 가리키는 데 쓰이기도 한다. 척도를 또 달리 표현해 보면 일정한 규칙에 입각하여 연속체상에 표시된 숫자나 기호의 배열이다. 따라서 연속성은 척도의 중요한 속성이 된다. 이것은 실제로 측정대상의 속성과 일 대 일(one to one correspondence)의 관계를 맺으면서 대상의 속성을 양적 표현으로 전환시킨다. 앞서 측정에 관해 설명할 때 논의했던 많은 문제들은 그대로 척도에서도 논란의 대상이 된다. 수량화를 위한 도구로서의 척도를 써서 측정된 대상이 자료로서 믿을 만하고, 타당하고, 단순하고, 또 유용한 것이 되려면 척도 그 자체가 정확한 측정계여야 할 것은 말할 나위가 없다. 그러나 흔히 물리적 측정에 있어서 신뢰성과 타당성에 대해 생기는 의구심이 심리적 측정에서 회의적 반응으로 나타나는 것은 일리 있는 주장이며, 또 척도로 측정하는 조작화의 한계이기도 하다. 뒤에 심리적 측정을 위한 척도의 종류를 설명하겠지만 부가성(附加性)의 개념을 확장해서 심리적 측정의 타당성을 주장할 수 있다고 이만갑은 말한다.

척도는 재는 기구이기 때문에 자(尺)·저울·온도계·혈압계·탐지기 등이 좋은 예이다. 사람의 키가 170cm라는 것은 자로 재서 측정한 것이다. 저울로 몸무게를 재서 70kg이라는 것을 알고, 온도계로 섭씨 36°5′이라는 체온을 확인하며 수축시 혈압이 120mmHg가 되는 것을 알 수 있는 것은 모두 척도가 있기 때문이다.

그러나 척도가 있다고 해서 모든 사물을 다 잴 수 있다는 것은 아니다. 측정에서도 논했듯이 주관적 소재는 잴 수 없는 경우가 많고, 또 잴 수 있는 것이라 하더라도 사물의 한 측면을 재는 것에 불과하다. 그러므로 측정의 본질적인 제약이 있는 한, 척도의 가용성은 근본적으로 한계가 있다는 것을 인식하고 문제에 임해야 할 것이다. 그 문제성은 측정의 장에서 충분히 논의하였으므로 여기서는 생략하기로 한다.

3. 측정의 기초이론

연구자는 연구목적에 맞는 척도를 만들어야 한다. 일정한 표준화된 척도가 없는 한, 기왕에 있는 척도를 다른 목적에 사용할 수 없기 때문이다. 척도를 만드는 일, 즉 척도화의 작업에서 근간으로 삼는 기준은 기본이 되는 네 가지 척도로서 이것을 염두에 두고 어떤 유형의 척도를 만들 것인가를 정해야 한다. 이 기본유형은 명목·서열·등간 및 비율로서 뒤에 설명한다.

척도화의 이론은 비교적 어려운 편이다. 두 개의 대표적 이론을 소개하기 전에 우선 기본전제부터 설명하면, 첫째, 측정대상에는 그들의 속성을 나타내는 무한한 수의 항목이 존재한다. 둘째, 측정은 문항의 모집단(universe of items)으로부터 추출된 일정한 문항의 표본(sample of items)에 입각하여 이루어진다. 셋째, 측정대상은 연속체이다.

이들 중 특히 연속체라는 전제는 중요한 이론적 비중을 차지한다. 연속성은 우선 단일차원에서 무한정한 하나의 선이라는 뜻으로 이해하면 된다. 이 선은 동시에 무한한 카테고리로 나눌 수 있고 연구목적에 따라 세분될 수 있다. 연속체가 지니는 하나의 특징은 연속체의 양 끝이 정반대의 성격을 지닌다는 것이다. 특히 태도척도의 기본적 요건으로 생각할 수 있는 등위순의 배열은 한쪽 끝과 다른 한쪽 끝이 전혀 반대의 정도를 표시한다. 예를 들어 5점척도로 자유민주주의에 대한 인지도를 물었을 때 척도의 한쪽은 낮은 인지도로부터 점점 높아져 그 다른 쪽은 높은 인지도를 나타내게 된다. 그러니까 연속성이란 단일선상에 나타나는 정도의 차이를 표시해 주는 것으로 이해하면 된다. 연속체는 보통 양으로 표시되지만 질로도 표시될 수 있다. 점수가 적은 쪽을 '낮다'고, 점수가 많은 쪽을 '높다'라고 설명할 수 있는 것은 바로 이러한 예라고 할 수 있다.

끝으로 연속체라고 하는 것이 의미 그대로 항상 연속성만을 지칭하는 것은 아니라는 점을 주의할 필요가 있다. 그 근거는 연속체를 몇 개의 범주로 나눌 수 있다는 데 있다. 즉, 카테고리로 나누어질 수 있는 것 자체가 이미 불연속적이라는 것이다. 이런 뜻에서 우리는 연속체의 의미를 여러 개의 카테고리로서 측정단위를 갖는 숫자화된 체계(numbering system)로 이해해야 할 것이다.

위와 같은 기본전제를 토대로 척도를 만드는 데 해결해야 할 몇 가지 선결문제들이 있다. 이들 문제가 잘 해결되어야 훌륭한 측정도구로서의 척도를 마련할 수 있게 된다. 이관우의 분류에 따라 아래에 열거하는 여러 문제요소는 모든 척도에 다 해당되는 것이 아니고 척도의 성격에 따라 약간의 예외가 있다는 것을 유의하기 바란다.

첫째, 문항의 모집단에 대한 규모와 성격

둘째, 문항의 모집단에 속하는 각종문항의 발견

셋째, 문항의 모집단으로부터 추출된 문항표본의 대표성과 그 문항수

넷째, 동일한 내용을 갖는 여러 문항에 대한 단일연속체로서의 적응과 통합

다섯째, 문항의 내용 및 성격에 따라 동일차원 또는 요인으로 취하는 것

여섯째, 문항에 따라 연속체를 세분하는 정도

일곱째, 문항의 가중치와 연속체카테고리의 가중치

여덟째, 문항의 일관성

이상의 여덟 가지 요소가 척도의 신뢰도와 타당도를 높이는 데 필요한 것으로 척도를 구성하는 데 있어서 항상 주의를 기울여야 할 측면이다.

그러면 척도이론에 관해 본격적으로 설명하기로 한다. 척도이론으로 들 수 있는 대표적인 것으로 「비교분석법」(paired comparison analysis)과 「잠재구조분석법」(latent-structure analysis)이 있다. 첫째, 비교분석법은 두 개의 자극효과를 비교하는 것으로, 자극 S_i와 S_j가 있고 그 반응의 평균치를 M_i와 M_j라고 하면, 그 분포상태는 $\sigma_i^2+\sigma_j^2-2r_{ij}\sigma_i\sigma_j$의 표준분포에 따른다는 것이다.

이것을 식으로 표시하면,

$$M_i-M_j=Z_{ij}(\sigma_i^2+\sigma_j^2-2r_{ij}\sigma_i\sigma_j)^{\frac{1}{2}}$$

여기서 r_{ij}는 두 자극에 대한 반응간의 상관계수이고 Z_{ij}는 단위표준분포의 평균 0으로부터 M_i-M_j까지의 거리이다. 이 이론은 특히 심리적 측면의 측정가능성을 확대시켜 주었다. 둘째, 잠재구조분석법은 둘 이상의 문항 사이에 현재적(顯在的)인 관계가 있다면 이 관련성은 그들 문항 사이에 어떤 잠재적 요인이 있기 때문이며 문항간의 관계는 그 잠재적 요인에 의해서만 설명될 수 있다는 가정에서 출발한다. 척도의 성격을 명백히 해 주는 이 이론은 잠재적 연속치 X 위의 어떤 점 x에 위치하고 있는 표본이 있고 그 표본이 검정문항 i에 대해서 적극적인 반응을 얻을 수 있는 미지의 분포확률을 y_i라고 하면 y_i와 x의 관계는 함수관계로서 $y_i=f_i(x)$로 표시된다는 것이 요지이다. 그래서 연속체의 미소구간(微小區間)을 dx라고 하고 그 dx에 있어서의 밀도관계를 $g(x)$라고 하면 이에 따라 표본의 대상자는 X 위에 분포한다고 인정한다. 이 밀도관계는 적극적 반응의 실제측정치와 어느 정도 가정적인 것으로서 구해지며, 대상자와 문항은 잠재적 연속체에 의하여 기술된다.

4. 척도의 기본유형

척도의 기본유형에는 네 가지가 있다. 즉, 명목척도(名目尺度, nominal scale), 서열척도(序列尺度, ordinal scale), 등간척도(等間尺度, interval scale) 및 비율척도(比率尺度, ratio scale) 등이 그것이다. 이들이 곧 척도의 기본유형이다. 척도에는 실제로 이들 유형에 따라 여러 가지 종류가 있다. 즉, 명목척도에는 임의척도라는 것이 있고, 서열척도에는 총화평정법(總和評定法)·누적척도(累積尺度)·평정척도(評定尺度) 등이 있는가 하면, 등현등간법(等現等間法)은 등간척도의 범주에 속한다. 또 한편에서는 척도를 평가척도(judgemental scale)와 구조척도(structural scale)로 나누어, 전자에는 임의척도·합의척도 등이 포함되고, 후자에는 누적척도·총화평정법·등현등간법과 항목분석·요인분석 및 잠재구조분석 등에 입각한 척도 등이 포함된다고 이만갑은 말한다. 여기서는 네 가지 기본유형에 속하는 것만을 각각 설명하고, 이에 따르는 척도의 실제종류는 다음에 이어서 설명하기로 한다.

(1) **명목척도**　　명목척도는 측정대상이 몇 개의 상호배타적인 범주로 구분된 것에 부여된 수치이다. 이 척도는 성격을 전혀 달리하는 범주에 대한 표지일 뿐, 엄격히 말해서 양적 의미를 갖는 것이 아니다. 그러므로 명목척도의 각 범주는 양적으로 크거나 작다든가, 많거나 적다든가 하는 정도와 밀도 등을 구별해 주지 못하고 등가인지($a=b$), 아닌지($a\neq b$)를 단지 숫자나 기호로 대신 지칭해 주는 것에 불과하다.

남녀의 성별을 구별하기 위해, 기혼·미혼의 결혼상태를 구별하기 위해, 또는 자녀의 유무를 구별하기 위해 1과 2의 숫자를 대신 부여하는 것은 명목척도의 대표적인 예라고 하겠다. 또한 제 2 부에서 유형(typology)을 설명할 때 동원체제를 Ⅰ, 관료체제를 Ⅱ, 신정체제를 Ⅲ, 그리고 조화체제를 Ⅳ라고 표시하는 것도 명목척도의 예가 된다. 그리고 우리가 볼 수 있는 운동선수의 등번호, 예컨대 선동렬 야구선수의 16번도 이 척도의 일종인데, 그 번호는 선수 특정인을 숫자로 표시하는 데 불과할 뿐이지 1번 선수가 2번 선수보다 경기를 더 잘 한다든가 또는 키가 더 크다든가 하는 정도를 표시해 주는 것은 결코 아니다.

척도의 유형 중 가장 기본이 되는 이 명목척도는 측정대상의 구성간의 관계를 정밀하게 파악한다기보다는 기본적 관계를 밝히는 역할을 할 뿐이다. 그래서 기초적인 것이기에 이 척도에 따른 통계분석이 그만큼 제약을 받는다. 이 척도에 따라 구한 자료가 분석될 수 있는 통계기법에는 최빈수(mode), 도수, 분할계수(contingency coefficients) 등 비파라미터적 통계검증(nonparametric statistical tests)이 있다.

(2) **서열척도** 서열척도는 측정대상이 그 특수한 속성에 따른 순서대로 구분되는 것을 뜻한다. 이때 순서는 등급간에 상대적인 등위를 표시할 뿐이지 차이를 표시하는 것이 아니다. 그러므로 이 척도는 크고 작은 순서, 많고 적은 순서에 따라 등위가 매겨지는 것으로 수학의 부등호, <, >가 기본 공리가 된다.

철강의 강도, 거리의 가로번호, IQ점수 등을 이 척도의 예로 들 수 있는 것은 이들이 등급간에 순서만을 지칭해 줄 뿐이지 IQ 160의 학생과 140의 학생과의 차이가 140과 120과의 차이와 같은 것도 아니고 또 그 배도 아닌 것과 같다. 거리의 번호를 매긴 것도 1가와 2가의 거리와 2가와 3가의 거리가 반드시 같은 것도 아니다. 다만 순서대로 번호를 주었을 뿐이다.

이 척도에 따른 자료의 처리 역시 명목적 척도의 경우와 마찬가지로 모집단의 정상분포요건같은 것을 충족할 필요는 없다. 따라서 그만큼 통계처리의 제약을 받게 되는데, 여기에 적용될 수 있는 기법으로는 중위수(median), 순위상관관계(rank correlation), 켄달(Kendall)의 타우(tau) 등을 들 수 있다. 이들 분석 또한 비파라미터적 통계검증(nonparametric statistical tests)이다.

(3) **등간척도** 등간척도는 측정대상의 특수한 속성에 따라 대상의 크고 작고 하는 것뿐만 아니라 구별되는 급간의 차이가 같다고 하는 동일성의 척도이다. 즉, 서열척도는 등급의 순위만을 표시해 주었으나 이 척도는 한결음 더 나아가 이러한 성격을 지니면서 동시에 그 간격은 일정하다는 성격을 내포하고 있다. 따라서 이 척도는 +, −로 표시할 수 있어야 한다. 만일 척도 1, 2, 3, 4, 5가 있는 경우에 1과 2, 2와 3, … 등의 간격은 각각 1의 차이

를 갖는다고 생각한다. 즉 (2－1)＝(3－2)＝1이며, (1+3)-(1+2)＝1이다.

등간척도의 실제 예에는 화씨나 섭씨의 온도라든가 달력의 시간 등이 있다. 예를 들어 섭씨 20°가 10°보다 2배 더 더운 것은 아니고 단지 수은주의 눈금을 일정간격으로 나누어 구분한 정도의 차이일 뿐이다. 그러므로 비율의 개념으로 설명되지 않는다.

평균치(mean), 표준편차(standard deviation), 적률상관관계(product-moment correlation) 등이 등간척도의 자료를 처리할 수 있는 통계기법이다. 이 척도로부터 비파라미터적(nonparametric)인 것뿐만 아니라 파라미터적 통계검증(parametric statistical tests)이 가능해진다.

(4) **비율척도** 비율척도는 등간척도가 지니는 성격에 더하여 절대 0의 값을 가짐으로써 비율의 성격을 지니는 척도이다. 그러므로 이 척도는 ×, ÷로 표시될 수 있는 비례의 조작이 가능하다. 등간척도의 예로 들었던 화씨와 섭씨에는 절대 영의 온도가 없지만 랜카인(W. J. M. Rankine)과 켈빈(W. T. Kelvin)의 온도에는 이것이 있어서 비율척도의 예로 볼 수 있다. 이밖에 이 척도의 예로 들 수 있는 것은 중량·시간·거리·각도 등이다.

사회과학분야의 연구를 하면서 이러한 척도로 측정한다는 것은 쉬운 일이 아니다. 어떤 사람의 외향성을 측정한 것이 다른 사람의 성격의 배만큼 외향적이라고 단정하는 데는 많은 오차가 따를 것이다. 그러나 실제로 심리학에서뿐만 아니라 경제학계통의 많은 자료는 비율척도에 의한 것이 많으며, 또한 행정학에서도 조직의 성과를 재기 위한 투입-산출의 비율은 바로 이 척도의 적용가능성을 말해 주는 것이기도 하다.

다른 척도에 비해 세련되어 고도의 통계분석이 가능한 것도 이 척도의 특징이다. 기하평균(geometric mean)과 변동계수(coefficient of variation) 등은 다른 척도로는 구할 수 없는 통계치이다. 이 이외에 이 척도에는 의미가 있건 없건 위에 설명한 통계분석의 방법을 적용할 수 있다. 즉, 비파라미터적인 것과 파라미터적인 통계검증이 가능하다.

이상에서 설명한 네 가지 서로 다른 척도의 기본유형은 측정의 기준으로 여러 가지 중요한 의미를 갖지만 그 가운데에서도 특히 의미가 있는 것은 측정대상을 정확하게 파악할 뿐만 아니라, 나아가 통계분석을 서로 달리 적용한다는 데 있다고 할 수 있다. 그러므로 예컨대 다변수분석에 있어서 같은 성질의 것을 찾는 여러 분석방법 가운데서 요인분석(factor analysis)과 군집분석(cluster analysis)은 자료의 척도가 적어도 등간과 비율이어야 한다. 반면에 최소공간분석(smallest space analysis)에서는 자료의 척도가 명목과 서열적인 것이라도 가능하다. 다변수가설검증의 경우에 있어서도 역시 마찬가지로 중회귀분석(重回歸分析, canonical analysis)을 원용하려면 독립·종속변수가 같이 메트릭척도(등간과 비율척도)이어야 한다. 반면에 구분분석(區分分析, discriminant analysis)에 있어서는 종속변수가 명목적이거나 서열적 척도에 의해 측정된 것이더라도 가능하다. 그러나 실제로 통계분석을 한 논문들을 보면 이런 원칙을 지키지 않는 것이 흔히 눈에 띈다. 분석자체는 그럴 듯하게 된 것 같지만 실제로는 전혀 불가능하고 의미없는 분석을 한 것이나 다름없다.

끝으로 이상의 설명을 시겔(S. Siegel)과 스티븐스(S. Stevens)가 표로 잘 요약해 놓았다. 편의상 영문 그대로를 옮긴다.

〈표 3-13-1〉 척도의 기본유형과 적용가능한 통계검증

Scale type	Empirical operations	Examples of measures	Appropriate statistics
Nominal	determination of equality	numbering of baseball players; assignment of type or model numbers to classes	mode; frequency; contingency correlation; nonparametric statistical tests
Ordinal	determination of greater or less	hardness of minerals; street numbers; grades of leather; intelligence test raw scores	median; percentile; Spearman's rank correlation; Kendall's tau; nonparametric statistical tests
Interval	determination of equality of intervals	temperature (Fahrenheit, Celsius); calendar time; intelligence test standard scores	mean; standard deviation; Pearson's correlation; product-moment correlation; parametric and nonparametric statistical tests
Ratio	determination of equality of ratios	temperature (Rankine, Kelvin); length; density	geometric mean; coefficient of variation; parametric and nonparametric statistical tests

5. 척도의 종류

척도에는 네 개의 기본유형이 있고 이것을 근거로 하여 실제로 쓰이고 있는 척도의 종류는 그 분류기준에 따라 여러 가지가 있다는 것은 이미 설명했다. 이만갑은 보가더스(Borgadus) 척도와 소시오메트리(sociometry)를 포함하는 사회적 거리척도 · 평급척도, 조합비교법과 유사동간법을 포함하는 평위척도, 라이커트(Likert) 척도 및 잠재적 구조척도 등으로 크게 나누고, 고영복은 서열척도 · 보가더스척도 · 서스턴척도 · 라이커트척도 및 누적적 척도와 거트만의 스캘로그램 등으로 나누는 정도이다. 그리고 김해동은 상가평정법 · 사회적 거리척도 · 평정척도 · 일대일비교법 · 소시오메트리 및 사회적 지위척도 등으로 나누어 설명한다. 이들 분류에서 발견되는 것은 같은 뜻이면서 용어를 약간씩 달리 사용한다는 점과 척도를 인간의 내적인 상태와 인간의 외적 관계를 알려는 두 가지로 크게 나눌 수 있다는 점이다.

이 강의에서는 응용해서 흔히 쓰이는 척도의 종류를 일정한 기준 없이 나열해서 설명하고, 종류는 아니나 수립된 척도의 적합성 여부를 검정하는 방법인 척도분석에 관해 끝에서 첨언하기로 한다. 설명하고자 하는 종류는 ① 평정척도(評定尺度), ② 총화평정척도(總和評定尺度), ③ 등현등간척도(等現等間尺度)와 조합비교법(組合比較法), ④ 누적척도(累積尺度), ⑤ 보가더스 척도, ⑥ 소시오메트리 및 ⑦ 어의구별척도(語義區別尺度) 등이다.

(1) 평정척도 평정척도(rating scale)는 평가자가 측정대상의 연속성을 전제로 삼아 일정한 기준에 따라 평가함으로써 대상의 속성을 구별하는 척도이다. 자극을 비교하지 않는다는 점에서 평위척도(評位尺度, ranking scale)와 구별된다. 평정척도의 대표적인 예는 학생의 성적을 A, B, C, D나 수 · 우 · 미 · 양 · 가로 평가하는 것과 같은 것이다.

평정척도에는 세 가지 요소, 즉 평가자 · 평가대상 및 연속체가 논리적 연관성을 갖고 합리적으로 규정되어야 한다. 이래야만 신뢰성과 타당성이 확보되기 때문이다. 우선 평가자가 일정한 지식과 자격을 갖추어야 한다는 것은 말할 나위가 없다. 평가자의 문제에서는 다만 2인 이상이 되는 경우에 적절한 평점이 내려져야 한다는 점에 유의할 필요가 있다. 동시에 평가자의 수가 지나치게 많으면 평정에 혼선을 자아내어 일치점을 찾아내기가 힘들 때가 있다. 2인 이상이 평가하는 예는 학위심사위원회, 대학입학실기시험, 경연심사위원회 등에서 찾아볼 수 있다. 이때 가장 높은 점수와 가장 낮은 점수는 배제하고 나머지로 평균치를 내는 경우가 흔하다. 연속성의 요건은 일정한 지시문(instruction)과 평정을 위한 척도점을 만들어 충족시킨다. 지시문은 "조직 내에서 지도자의 리더십이 어느 정도인지 평가해 주십시오" 하는 질문의 형식을 띠고, 그 답을 척도점에 기록하도록 한다. 그런데 이 척도점의 표현방식은 카테고리로 하는 것과 도표로 하는 두 가지가 있다.

카테고리로 척도를 구성하는 평정척도는 다음에 설명되는 총화평정척도와 유사한데, 측정대상의 특수성을 고려하여 몇 개의 카테고리를 나누어 놓고 체크하도록 만든다. "귀부처의 장관님은 얼마나 강한 리더십을 가지셨습니까" 하고 물었을 때,

① ( ) 매우 강한 리더십을 가졌다.
② ( ) 강한 리더십을 가졌다.
③ ( ) 약한 리더십을 가졌다.
④ ( ) 매우 약한 리더십을 가졌다.

고 하는 방식으로 범주화시켜 놓는 방법이다.

도표로 척도를 구성하는 평정척도는 일정한 선 위에 문항을 배열하여 척도를 만드는 것으로 같은 예를 반복해 보면,

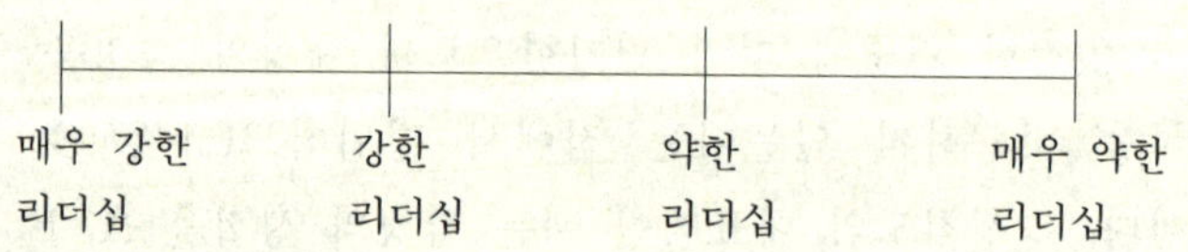

와 같은 형식이 된다. 여기서 리더십이 강한 쪽은 높은 수로 해서 4, 3, 2, 1의 가치를 부여한다면 이것은 동시에 수적 평정척도가 되며, 도표식평정척도는 으레 수적 표현을 더불어 사용한다.

평정척도는 척도를 만들기 쉽고, 사용이 간편하며, 시간 · 비용면에서 경제적이고, 적용범위가 넓다는 등 여러 장점을 지니고, 반면에 평가자의 성격

과 태도 및 심리적 편향에 좌우되는 단점을 지닌다. 특히 이 단점은 평가자의 성격이 관대하다든가 또는 가혹하다든가 하는 경우에 한 쪽으로 치우칠 우려가 있다는 것이며, 또는 태도에 따라 안일하게 생각하면 중간으로 집중화하는 경향의 오차가 나타날 가능성이 짙어진다는 점이다. 동시에 한번 치우치기 시작한 평가는 헬로 효과(Halo effect)에 따라 계속해서 동질적인 평가를 내릴 가능성이 있다는 것을 지적해 둔다.

(2) **총화평정척도** 총화평정척도(summated rating scale)는 평정척도의 변형으로 라이커트류(Likert-type)의 척도라고도 한다. 태도를 알기 위한 척도인 점은 다른 종류의 척도와 다를 바 없다. 총화평정척도의 구성은 일정한 태도문항으로 이루어지는데, 모든 문항은 척도에 포함된 태도변수를 바르게 표시하고, 이것이 타당한 문항이라면 척도 내의 다른 문항과 높은 관련성을 가지고, 각 개별문항은 전체문항과 높은 상관관계가 있어야 한다는 것을 전제로 한다.

총화평정척도는 각 문항이 모두 하나의 척도이고 전체의 문항에 대한 총평점을 태도의 측정치로 본다. 각 문항은 응답카테고리를 갖는데, 3점 또는 5점척도는 강약이나 찬반을 표시할 수 있게 되어 있다. 즉, 다음과 같은 척도가 이 총화평정척도의 대표적 예라고 할 수 있다.

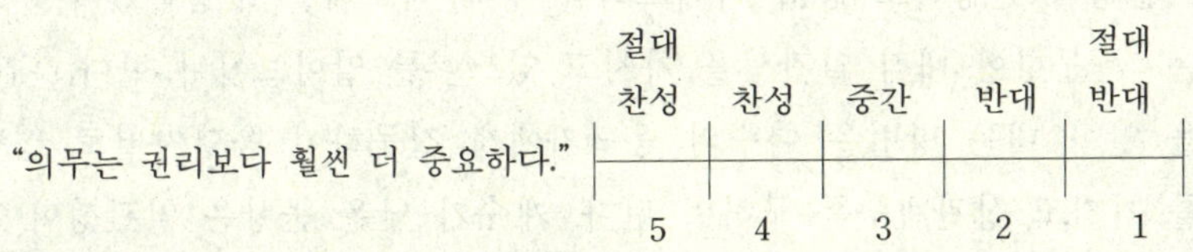

위의 척도에서 카테고리를 정할 때 5점척도보다는 4점척도로 하여 중립의 척도를 빼는 경우가 있다. 사람의 심리가 중립적인 완충지대를 택하는 성향이 있으므로 피하려는 의도이다. 이것은 우리 나라의 조사에서도 부딪치는 흔한 예이다. 같은 맥락에서 극단적인 표현을 주저하는 경향이 있어서 '절대찬성'이나 '절대반대'에도 별로 응답하지 않는다. 결국 응답의 분산이 극소화할 가능성이 있으므로 카테고리의 수를 5 이상으로 늘이는 방법도 생각해 보아야 한다.

총화평정척도가 다른 척도와 상이한 점은, 첫째, 예비적으로 문항을 선정하여 응답 카테고리를 정한 후 내적 일관성의 여부에 따라 최종 척도를 구성할 문항을 선정하는 이중단계를 거치고, 둘째, 평가자를 별도로 쓰지 않고 응답자로 하여금 찬성이나 반대 어느 쪽에든지 응답하도록 하고, 셋째, 평가자가 없으므로 평가자의 주관이 개재할 가능성을 배제할 수 있으며, 넷째, 각 문항이 모두 하나의 척도이고 전체의 문항에 대한 총평점을 태도의 측정치로 봄으로써 문항의 수를 많게 할 필요가 없는 것 등이다.

총화평정척도에서 가중치는 중요한 문제이다. "의무가 권리보다 더 중요하다"는 위의 예에서 '절대 찬성'부터 '절대 반대'까지 5부터 1의 숫자를 부여하였다면 이것이 이미 가중치이다. 찬성이나 반대 어느 쪽에 높은 수치를 주느냐는 임의적이나, 다만 일률적으로 통일시켜야 마땅하다. 그러나 여기서 한걸음 더 들어가 보면 각 문항이 모두 같게 가중되었다는 데 문제가 있다. 예를 들어, "반사회적 기업은 국유화시켜야 한다"는 문항에 '절대 찬성'한 사람과 "반사회적 기업에 은행융자를 중단하여야 한다"는 문항에 '절대 찬성'한 사람간의 태도는 반드시 같을 수가 없는데 동일하게 처리되는 모순이 있다는 것이다. 동시에 카테고리간에 등간격성도 문제가 된다. 그러나 한 개의 문항이 아니라 여러 개의 문항에 따라 태도의 강도에 등위가 결정되는 것이므로 척도의 목적은 달성된다고 보아야 할 것이다.

문항을 선정하고 응답 카테고리를 정해 척도치를 구성하였다면 그 다음에는 각 문항이 내적 일관성을 가지고 있느냐를 알아보아야 한다. 내적 일관성을 알아 내는 방법은 다수의 응답자에게 질문하여 응답자별로 평점한 점수를 가지고 상관계수를 구하면 된다. 계수가 낮은 문항은 일관성이 낮은 것으로 빼버리면 된다. 한편 문항분석은 태도연속체 위에서 높은 수치를 갖는 응답자와 낮은 수치를 갖는 응답자를 일관성 있게 구별할 수 있는 문항을 찾아 내는 방법이다. 각 문항에 따라 정도가 서로 다른 두 부류의 응답자를 구별할 수 있는가를 측정하는 것이다. 즉, 문항의 구별능력(판별력)을 검토하는 것이다.

판별력을 계산하려면 각 응답자별로 응답문항에 따른 총점수를 계산해서 평점의 크기 순으로 나열한다. 이 나열된 분포상태에서 제 1 사분위수(四分位數, Q_1) 이상에 속하는 응답자와 제 3 사분위수(Q_3) 이하에 속하는 응답자를 두 집단으로 구별하고, 이 두 집단을 기준평가집단으로 하여, 각 문항별로 두 집단이 갖는 평균점수의 차($\overline{X}_H-\overline{X}_L$)를 계산한다. 이 평균차는 일정한 공식($t$공식)에 대입되어 t의 값을 낳는데, 이 t값의 크기에 따라 적당한 수의 문항을 선정하면 최종척도가 구성되는 것이다. t의 값이 크면 클수록 문항의 판별력이 크다고 본다. 이 판별력을 더 간단히 구하는 방법도 있다.

실례를 가지고 한 문항의 판별력을 계산해 본다. 이것이 다음 표이다.

〈표 3-13-2〉 문항의 판별력을 산출하는 예

응 답	제 1 사분위집단				제 3 사분위집단			
카테고리	x (가중치)	f	fx	fx^2	x (가중치)	f	fx	fx^2
절대찬성	4	15	60	240	4	2	8	32
찬 성	3	20	60	180	3	3	9	27
중 립	2	10	20	40	2	20	40	80
반 대	1	4	4	4	1	15	15	15
절대반대	0	1	0	0	0	10	0	0
합 계		50 nQ_1	144 $\sum XQ_1$	464 $\sum XQ_1^2$		50 nQ_3	72 $\sum XQ_3$	154 $\sum XQ_3^2$

$$\overline{X}_{Q_3}=\frac{72}{50}=1.44 \qquad \overline{X}_{Q_1}=\frac{144}{50}=2.88$$

$$\sum(XQ_3-\overline{X}Q_3)^2=154-\frac{(72)^2}{50} \qquad \sum(XQ_1-\overline{X}Q_1)^2=464-\frac{(144)^2}{50}$$

$$t=\frac{\overline{X}_H-\overline{X}_L}{\sqrt{\dfrac{\sum(X_H-\overline{X}_L)^2+\sum(X_H-\overline{X}_L)^2}{n(n-1)}}}=\frac{2.88-1.44}{\sqrt{\dfrac{50.32-49.28}{50(50-1)}}}=7.13$$

(3) 등현등간척도와 조합비교법 등현등간척도(equal-appearing intervals)와 조합비교법(paired comparisons)은 평위척도(ranking scale)의 일종이고, 등현등간척도를 유사동간법(類似同間法)이라고도 부른다.

등현등간척도는 서스턴(Thurstone)척도인데, 태도변수를 검증하기 위해 찬반을 나타내는 연속체에 의하여 대상자의 태도에 대한 점수를 배분하는 문항측정이라는 점에서는 총화평정척도와 동일하나, 각 태도문항 자체를 척도화하는 점이 다르다. 그러므로 이 척도는 각 문항에 카테고리가 없으며 그 대신에 각 문항 전체에 일정한 가중치가 부여되고 그 척도치는 그 문항에 상응하는 찬반태도의 강약정도를 나타내게 된다. 각 문항이 각기 다른 가중치를 갖는 것은 모집단의 문항이 일정한 순서로 나열되어 있는 것을 근거로 삼는다. 이 척도는 각 문항을 만들고 가중치를 부여함으로써 최종적으로 문항을 선정하게 되는데, 이 선정된 문항간의 거리는 같아야 한다.

등현등간척도가 다른 척도에 비해 특이한 점은 척도구성의 과정에서 개념에 따르는 문항을 조작할 때 그 적합성 여부를 선출된 평가자에게 의뢰한다. 따라서 문항의 모집단은 되도록 많아야 하며 평가자는 자격을 갖춘 사람이어야 한다. 이때 평가는 각 문항에 따라 부적합-중립-적합의 정도가 세분되어 표시된 카드에 하게 된다. 평가결과 편차가 큰 문항은 자연 제외되고 남은 문항으로 척도를 구성하게 되는데, 이때 사용하는 가중치는 평가자들이 각 문항에 내린 평점의 평균치이다. 이렇게 하여 가중된 문항 중에서 연속체의 모든 카테고리를 골고루 대표하는 문항 약 20개를 선정하게 된다.

서스턴이 제시한 다음 예를 가지고 교회에 대한 태도를 알아보는 척도를 보기로 한다. 괄호 속의 수치는 가중치이다.

1. 나는 교회가 오늘의 미국사회에서 가장 위대한 기관이라고 믿는다(0.2).
2. 나는 종교를 믿지만, 교회에는 자주 나가지 않는다(5.4).
3. 나는 교회가 아직도 미신과 신비에 싸여 있기 때문에 종교에 대한 장애물이라고 생각한다(9.6).

또 개인주의에 관한 가설적인 예를 들면 다음과 같다. 이 척도에서 응답자가 갖는 척도의 측정치는 그가 찬성하는 모든 문항의 가중치를 합해서 평균을 낸 것이다. 평균치가 높을수록 개인주의적 성향이 짙다고 본다.

가 중 치

1.1 사회의 의사를 받아들이기 위해 개인의 의사를 억압하는 것은 자신의 숭고한 목적을 성취하는 길이다.

2.8 인간은 그가 다수의 의사를 따를 때 가장 좋은 대접을 받는다.

4.5 논쟁이 생기니까 친구와 합의하지 못하는 것은 어리석은 일이다.

6.1 자기주장을 하는 것은 가치있는 일이지만 사회생활에서 편익을 누리는 한, 제약을 받지 않을 수 없다.

7.5 인간의 능력발전은 자신에게 중요한 목적이 되어야 한다.

8.9 타인의 요구에 순응하면 자기개성을 희생시키게 된다.

10.4 능력의 한계까지 자기발전을 이루려는 것은 인간존재의 주된 목적이다.

한편 조합비교법은 측정대상을 놓고 한꺼번에 서열을 측정하는 것이 아니라 측정대상을 두 개씩 짝을 지어 우열을 결정하도록 하는 방법이다. 여기서 두 개의 짝을 자극이라고도 설명하며, 자극은 투사횟수에 관계없이 그 간격이 동일한 것이라고 가정한다. 이 조합비교법은 정치학의 경우에 국가간의 우열을 비교할 때 흔히 쓰이는데, 증빙할 만한 충분한 자료가 없으면 전문가인 평가자에게 짝지어진 두 국가간의 우열을 물어서 결정하도록 하는 방법이다. 일일이 조합을 지어 물어야 하므로 질문의 횟수가 극히 많지만, 측정대상 전부를 놓고 서열을 정하도록 할 때보다는 평가가 쉬워진다는 장점이 있다.

(4) **누적척도** 누적척도(cumulative scale)는 거트만(Guttman)척도라고도 한다. 이 척도는 단일차원의 동질적인 문항으로 구성된다. 단일차원의 척도는 한 개의 변수만을 측정하며, 문항과 개인의 총평점간의 누적적인 관계가 성립된다.

지금 어린 아이들에게 몇 가지 산술문제를 물어 보았다고 하자. 이 문제는 일종의 난이도에 따라 배열되었다. 즉, ① 28÷7=? ② 8×4=? ③ 12+9=?를 물어 보았을 때 〈표 3-13-3〉에서 볼 수 있는 바와 같이 ①의 문제에 답할 수 있는 아이는 ②와 ③의 문제에도 답할 것이나, ③의 문제에 답하지 못한 아이는 ①이나 ②에 답하기가 어려울 것이다.

이러한 원리에 따라 만든 것이 바로 거트만(Guttman)척도이다. 즉, 문항을 난이도에 따라 배열하면 측정에서 응답자의 행태를 어느 정도 예측할 수 있게 된다. 그러므로 이 척도는 모름지기 그 배열의 순위가 일관성 있게 짜여져야 당연하다. 그렇지 않다면 이 척도는 성립할 수 없다. 이렇게 해서 누적척도는 구성되고 타당성과 신뢰성을 갖게 되는데 여기서 또 하나의 특성이라고 할 수 있는 것은 문항과 대상, 양자가 척도구성의 주된 대상이 될

〈표 3-13-3〉 산술문제의 난이도에 따른 아이들의 반응

응답자	문제			총점
	(1)	(2)	(3)	
A	1	1	1	3
B	0	1	1	2
C	0	0	1	1
D	0	0	0	0

(1: 정답, 0: 오답)

수 있다는 점이다.

심리상태를 측정하기 위한 이 척도는 정치학에서 국회의원들의 투표행태를 분석하는 데 흔히 쓰인다. 어떤 법안에 대해 표시한 일련의 찬과 반의 결과를 놓고 성향을 분석해 보는 것이다. 공통된 것이지만, 특히 이때 고려하는 척도의 기준은 ① 단일차원(unidimensionality) 혹은 척도의 일관성(consistency of the scale), ② 지나치게 치우친 반응의 기피, ③ 오차분석(error distribution)의 집중성향배제 및 ④ 일정한 수의 척도문항(scaled items) 등이다. 척도는 모름지기 일관성이 유지되어야(오차가 없어야) 사용할 수 있는 것인데, 이것을 재사용가능계수(coefficient of reproducibility)라고 하며, $CR = 1.00 - (e/r)$의 공식에 의해 계산한다. 여기서 e는 오차이고 r은 응답자의 수이다. 계수의 값이 .90 이하이면 만족스럽지 못하다고 하니까, 예컨대 1,000명 중 100명 이상에 오차가 생기면 곤란하다. 다음에 지나치게 한쪽으로 치우친 반응이 나타나거나 한 문항에 대해 전원이 다 같은 반응을 보이는 것도 금물이다. 또한 오차가 한 문항에 집중되어서도 안 된다. 끝으로 거트만척도의 문항수는 적어도 10개가 되어야 한다고 벤슨은 말한다.

스토퍼(S. A. Stouffer)가 관용성(tolerance) 연구에서 사용한 척도를 소개하기로 한다. 이것은 공산주의자에 대한 관용이 사람에 따라 어떻게 나타나는가를 몇 개의 문항을 통해 검토한 것이다.

(1) 만일 공산주의자가 선생님의 지역사회에서 연설을 하겠다면 허락하시겠습니까?

(a) 예______, (b) 아니오______.

(2) 만일 공산주의자가 기업의 국유화에 관해 쓴 저술이 선생님이 사시는 곳

의 시립도서관에 비치되어 있는데 많은 사람들이 없애기를 원한다면 그렇게 하시겠습니까?

(a) 예______, (b) 아니오______.

(3) 만일 공산주의자가 상점의 점원이라면 해고당해야 한다고 생각하십니까?

(a) 예______, (b) 아니오______.

위의 세 문항은 공산주의자에 대한 관대함을 측정할 수 있도록 정도에 따라 배열했기 때문에 각 문항에 대한 답변을 보고 응답자의 응답경향을 추측할 수 있게 된다. 동시에 위의 산술문제에서처럼 각 응답자의 총점을 가지고 관용성의 정도를 파악할 수 있다.

밀러(D.C. Miller)가 공군의 사기를 알아보기 위해 사용한 것도 거트만 척도이다. 만족도를 공군·항공기지·직업 및 항공기 조종과 경고 임무 등으로 나누어 척도를 만들었는데, 각 부분의 척도화가능성의 계수는 모두 .90 이상으로 높은 신뢰도를 가지고 있으며, 타당도 역시 순위상관계수가 .52로 높다고 하겠다. 이 가운데에서 직무에 대한 만족도를 알아보는 문항만 보면,

(1) 나는 현재의 직업보다 항공기 조종과 경고 임무에 더 만족할 것이다.

(2) 내가 공군에서 하는 일은 늘 흥미롭다.

(3) 나는 군당국에서 내게 가장 적합한 일을 맡겼다고 믿는다.

(4) 나는 공군에서 하는 일이 항상 보람 있는 일이라고 믿는다.

(5) 만일 기회가 허락한다면 이 기지에서 다른 임무를 맡았으면 좋겠다.

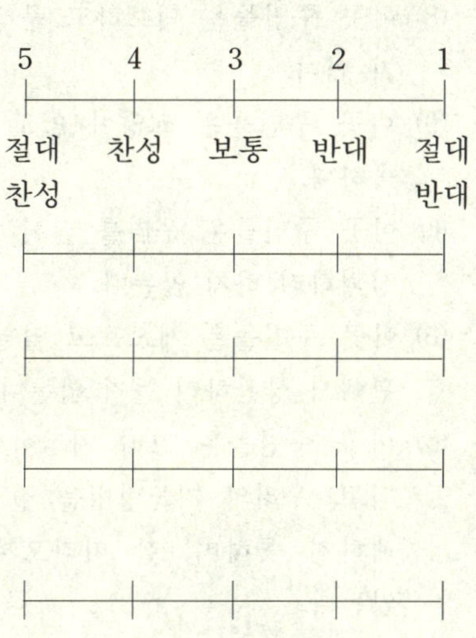

끝으로 저자가 공무원의 주민에 대한 태도를 알아보는 어느 조사에서 사용해 본 누적척도의 예를 소개한다. 12개로 구성된 문항 가운데 반은 긍정적인 표현이고, 반은 부정적인 표현인 점을 주의할 필요가 있으며, 나중에 평균치를 계산할 때 부정적인 쪽의 가중치를 바꿔 놓는 일을 잊지 말아야 한다.

문항	5 절대찬성	4 찬성	3 중립	2 반대	1 절대반대
(1) 이곳 주민들은 새로운 아이디어를 잘 받아들인다.					
(2) 이곳 주민들은 아주 지적이다.					
(3) 이곳 주민들은 아주 공손하고 친절하다.					
(4) 이곳 주민들은 우리를 신뢰하고 어려운 문제가 있으면 의논하러 온다.					
(5) 이곳 주민들은 열심히 일하며 앞서 가려는 의욕이 강하다.					
(6) 이곳 주민들은 우리의 지도방법을 잘 이해하고 잘 따라온다.					
(7) 이곳 주민들은 부끄럼을 잘 타고 미신적이며 새로운 일을 하려고 하지 않는다.					
(8) 이곳 주민들은 퇴보하고 문맹자가 많다.					
(9) 이곳 주민들은 교양이 없고 난폭하다.					
(10) 이곳 주민들은 우리를 싫어하고 신뢰하려 하지 않는다.					
(11) 이곳 주민들은 게으르고 앞날에 관해서 상관하려 들지 않는다.					
(12) 이곳 주민들은 그리 지적이 못되고, 우리의 지도방법을 잘 이해하지 못하며, 잘 따라오지도 않는다.					

(5) **보가더스**(Borgadus) **척도**　보가더스 척도는 일종의 사회적 거리척도이다. 대개 일정한 대상에 대하여 느끼는 친밀감 · 무관심 · 혐오감 등을 측정하는 척도이며, 이때의 대상에는 사회집단 · 민족 · 개인 등이 있다. 갈등과 협조의 관계도 이 척도를 통해 알아 낼 수 있다.

보가더스(E. S. Borgadus)는 일찍이 인종적 편견의 강도를 측정하기 위하여 다음 표와 같은 문항에 따라서 각인종에 대해 어떤 반응(사회적 수용도)이 나타나는가를 보았다.

〈표 3-13-4〉 **보가더스의 인종간 거리척도**

문　항	영국인	스위스인	화란인	한국인	기타
1. 결혼하여 가족으로 받아들임					
2. 개인적 친구로 클럽에 받아들임					
3. 이웃하여 같이 지냄					
4. 같은 직장에서 일함					
5. 우리 나라의 국민으로 받아들임					
6. 우리 나라의 방문객으로 받아들임					
7. 우리 나라에서 추방함					
최하지적치					

각 응답자는 위의 척도에 따라 각 인종별 선호를 하게 된다. 7개의 문항을 보면 1에서 6까지는 어느 정도 다른 양태의 수용성을 보이고 있지만 문항 7은 전혀 부정적인 반응인 것을 알 수 있다. 그러므로 7에 답한 사람은 결코 1에서 6까지의 문항에 긍정적인 반응을 보일 수 없다고 보아야 한다. 위의 표에는 조사해서 얻은 실수를 표시하진 않았지만, 인종간거리계수(Racial Distance Quotient, *RDQ*)를 구하게 되는데, 예를 들어 100명의 미국인 중 77명이 문항 1에서 영국인을 받아들이겠다고 하고, 나머지 23명이 문항 2에 답했다고 하면 척도치는 각각 1과 2를 주어 다음과 같은 계수의 값을 얻을 수 있다.

$$RDQ = \{(1\times 77) + (2\times 23)\} / 100$$
$$= (77+46)/100 = 1.23$$

실제로 2,053명의 미국인을 조사해서 얻은 전체의 반응은 61,590이었는데 이를 평균치로 환산하여 2.08이라는 수치를 얻었다. 그러므로 이 계수에 따르면 미국인은 외국인을 이웃 사람으로 받아들일 자세가 되어 있다는 것을 알 수 있다.

이 척도에 관한 자세한 수치와 도표의 설명은 이만갑의 책에 소개되어 있다. 이 척도의 변형으로 도드(Dodd)의 집단에 대한 5단계척도와 크레스피(Crespi)의 '사회적 거부의 온도계' 척도는 고영복의 책에 설명되어 있다.

다른 척도의 경우와 큰 차이 없이 이 척도도 척도점간의 거리가 같다고 하는 것을 가정하고 문항에 경중이 있기 때문에 작성상 주의해야 하고 해석상의 한계가 있다는 단점이 있다.

그런데, 이 보가더스 척도가 한국에서 조사한 경우에 문제가 생겼다. 하와이대학교에서 사회학박사학위를 받은 백선복이 실제로 조사를 했다. 그랬더니 한국에서는 직장을 자주 옮겨다니는 미국과 달리 '직장에서 같이 일하는 것'이 가족 다음으로 가까운 거리를 유지하는 것이기 때문에 이 척도에서 당연히 2번에 자리를 잡아야 한다는 것이 응답자의 견해였다. 미국인교수도 이에 동의했다고 나중에 들었다. 이처럼 미국의 자를 한국에 갖다가 쓰는 경우에 변형을 시켜야 할 경우가 있다는 점을 유의하기 바란다.

(6) 소시오메트리 소시오메트리(sociometry)는 집단 내의 구성원간의 거리를 측정하는 방법이라는 점에서 집단간의 거리를 측정하는 보가더스 척도와 구별된다. 다양한 내용에 따른 '선택'을 인간관계의 기준으로 삼는 이 척도는 광의로 해석하면 제도적 행동의 측정에 관한 기술과 사회적 거리척도를 포함하는 것이지만, 보통 협의로 해석해서 모레노(J. L. Moreno)를 중심으로 발전시킨 인간관계의 측정에 관한 방법을 뜻한다.

소시오메트리의 기본 전제는 인간의 관계가 역학적으로 견인과 반발의 관계를 맺고 있어서 쌍방의 의도를 서로 모르더라도 그 강도나 빈도를 측정하여 인간의 집단 내에서의 위치를 알아 낼 수 있다는 것이다. 우리는 일상생활을 하는 가운데 인사만 나누는 사이가 있는가 하면, 여가활동을 같이 하는 동료도 있고, 어려운 문제를 의논하는 상담역도 있다. 이들의 친소를 가늠해 보면 인사를 나누는 동료보다는 어려운 문제를 의논하는 상대방이 훨씬 더 가깝다고 할 수 있다. 이 방법에 의해 분석된 결과에서 한 개인에 대한 집중도가 높다는 것은 그만큼 그 사람의 대인관계가 훌륭한 것이고 협동을 조장하여 지도자가 될 소지가 있다고 판단할 수 있다. 소시오메트리는 그래서 리더십연구에 활용되는 경향을 보인다. 제닝스(Jennings)가 행한 여성지도자연구에 따르면 "누구하고 같이 지내고 싶은가?" "누구와 함께 일하고 싶은가?” 등의 질문을 던져서 얻은 선택점수(choice score)는 한 개인에 대한 ‘과잉선택’·‘평균선택’ 및 ‘미달선택’ 등으로 분류되는 것을 알 수 있다. 그러므로 과잉선택(over chosen)된 사람이 미달선택(under chosen)된 사람보다 인간관계가 원만하여 지도자가 될 소지를 갖추고 있다고 생각된다.

전형적인 문항의 예를 들어 보면 아래와 같다. 답변의 형식이 ‘누구’라고 단순히 지적되는 형태가 있고, 또 평정척도에 따라 정도를 표시할 수 있게 구성되는 경우도 있다. 다음의 예는 의과대학생들을 대상으로 한 조사의 척도로 단순히 ‘누구’라는 것만을 밝히게 되어 있다.

1. 당신은 누구를 제일 좋아합니까?
2. 누가 의학에 관해서 제일 잘 알고 있습니까?
3. 누구를 학생의 대표로 생각하십니까?
4. 당신의 장래 계획에 관해서 누구하고 가장 잘 의논합니까?
5. 그가 가는 곳을 누가 제일 잘 압니까?
6. 누가 제일 폭넓은 관심을 갖습니까?
7. 당신은 신상 문제를 의논하러 누구에게 갑니까?
8. 누가 훌륭한 의사를 양성한다고 생각하십니까?

소시오메트리의 분석방법에는 세 가지가 있다. 즉, 「소시오메트릭 행렬」(sociometric matrices), 「소시오그램」(sociogram) 및 「소시오메트릭 지수」(sociometric indices) 등이다.

첫째, 소시오메트릭 행렬방법은 응답결과를 행렬로 정리하여 분석하는 방법이다. 이 방법에서 사용하는 행렬은 행과 열의 수가 같은 ($n \times n$) 행렬식(matrix)이다. 5인집단에서 “향후 두달 동안 어떤 사업을 하는데 당신은 누구하고 일하고 싶습니까? 두 사람만 골라주십시오” 하는 질문을 던져서 소시오메트릭 행렬분석을 한 예를 들어 보자. 다음 표에서 1은 선택을, 0은 거부를 뜻하고 행에는 선택된 사람, 열에는 선택하는 사람을 기준으로 배열했다.

〈표 3-13-5〉에서 보면 열(列)에 있는 집단의 구성원 a는 구성원 b와 e를, b는 a와 e를 선택했고, b는 a, d, e에 의해 선택되었다. 맨아랫 줄에 각자가 선택된 횟수가 기록되어 있으며, 이에 따라 e가 가장 많이 선택된 것을 알 수 있다. 선택에서 위의 예와 같이 두 사람에 한정시켜 선택하게 하는 방

〈표 3-13-5〉 5인집단에서 2인을 선택하는 소시오메트릭 행렬

		j				
		a	*b*	*c*	*d*	*e*
	a	0	1	0	0	1
	b	1	0	0	0	1
i	*c*	0	0	0	1	1
	d	0	1	0	0	1
	e	1	1	0	0	0
		$\sum$:2	3	0	1	4

법도 있지만 무제한으로 선택케 하는 방법도 있다.

둘째, 소시오그램은 집단구성원간의 영향관계(*aIb*), 의사소통관계(*aCb*), 지배관계(*aDb*) 또는 친구관계(*aFb*)를 기호를 사용하여 그림으로 표시하는 방법(directed graphs)이다. 동시에 이 방법은 선택과 배척의 관계를 도표로 표시하여 개관함으로써 인간관계의 각종 패턴을 발견할 수 있다. 이 경우 다른 구성원으로부터 가장 많이 선택당한 사람을 스타라고 부르는데, 단지 선택하는 사람간에는 관계가 없어야 한다. 이런 것을 고려하지 않으면 과잉선택자가 되며, 선택당하는 횟수는 적지만 실권자가 있을 수 있다. 선택하지도 당하지도 않는 구성원이 물론 있을 수 있으므로 이런 사람을 고립자라고 부른다. 인간관계는 선택관계뿐만 아니라 배척관계가 있다는 것도 알아야 한다.

행렬방법(行列方法)에서의 예를 가지고 이 방법을 도해하면 〈그림 3-13-

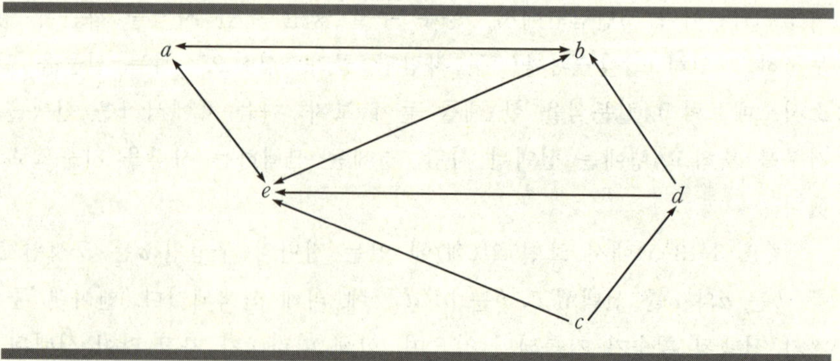

〈그림 3-13-1〉 5인집단에서 2인을 선택하는 소시오그램

1〉과 같다.

앞의 그림에서 알 수 있듯이 구성원 e가 선택의 중심이므로 e는 집단의 지도자 또는 인기자라고 할 수 있다. 또 a, b, e는 서로 선택을 했기 때문에 이들 사이에는 일종의 파벌(clique)이 형성되어 있는 셈이다. c는 고립자이다. 요컨대 이 방법은 앞의 행렬방법보다 간명하고 일목요연하게 집단 내의 관계를 파악할 수 있는 장점이 있다.

셋째, 소시오메트릭 지수는 구성원간의 관계를 분석하기 위해 일정한 공식에 따라 계산함으로써 지수를 구해내는 분석방법이다. 지수산출의 공식은 알고자 하는 내용에 따라 세 가지가 있다.

① 선택지위지수(選擇地位指數, choice status): $Cs_j=\dfrac{\sum c_j}{n-1}$

Cs_j는 구성원 j의 선택지위이고 $\sum c_j$는 자료의 각 행(column)에 나타나는 선택의 합계이며, n은 구성원의 수이다. n에서 1을 제한 이유는 구성원 각자가 자신을 선택할 수 없기 때문이다. 〈표 3-13-5〉의 경우를 예로 들면 구성원 e의 지수, $Cs_e=4/4=1.00$이고, 구성원 a의 지수, $Cs_a=2/4=0.50$이다. 이 공식으로 선택지위뿐만 아니라 배제지위의 지수도 산출해 낼 수 있다.

② 집단확장지수(集團擴張指數, group expansiveness): $E=\dfrac{\sum c_{ij}}{n}$

집단의 구성원 각자가 제한을 받지 않고 선택하는 경우에 구하는 공식으로, E는 확장이고 $\sum c_{ij}$는 전집단구성원이 택한 선택의 총계이다.

③ 집단응집지수(集團凝集指數, group cohesiveness): $C_0=\dfrac{\sum(i\leftrightarrow j)}{\frac{n(n-1)}{2}}$

C_0는 집단의 응집을 나타내는 지수이고, $\sum(i\leftrightarrow j)$는 상호선택수의 합계이다. 이 지수는 가능한 두 쌍의 전체 수에 대한 상호 선택의 비율이다. 구성원이 5명인 집단에서 상호선택의 가능 총수는 $(5_2)=\dfrac{5(5-1)}{2}=10$이고, 실제 상호선택의 수가 2이면, 집단의 응집 상태, $C_0=2/10=.20$으로 낮은 편이다. 여기서 선택이 제한되면 공식이 약간 달라져서 다음과 같아진다.

$$C_0=\frac{\sum(i\leftrightarrow j)}{d_n/2}$$

공식에서 d는 구성원 각자에게 허용된 선택의 수로, 같은 예에서 응집력 $C_0=3/(2\times5/2)=3/5=.60$이라는 높은 수치를 얻게 된다.

끝으로 소시오메트리 분석방법은, ① 자료수집이 경제적 · 자연적 · 신축적이며, ② 계량화의 가능성이 높고, ③ 적용범위가 넓다는 등 여러 장점을 지니는 반면에, ① 조사대상에 대한 체계적 이론검토를 결여하고, ② 신뢰성과 타당성에 대한 고찰 없이 측정결과를 받아들이는 경향이 있으며, ③ 측정기준과 자료의 처리에서 소홀한 경향이 있는 등의 여러 단점을 지닌다.

(7) 어의구별척도(語義區別尺度) 어의구별(semantic differential)은 개념이 갖는 본질적인 뜻을 몇 개의 차원에 따라 측정함으로써 태도의 변화를 좀더 정확하게 파악하는 척도요, 방법이다. 우리는 일상생활에서나 연구에서 많은 개념을 사용하는데, 이들 개념에는 명시적인 의미가 있는 경우가 있고 묵시적인 의미가 더 강한 경우가 있다. 학자들이 개념을 명백하게 정의하는 이유도 상호간의 의사소통을 정확히 하기 위한 것인데, 그 이면에는 개념이 내포하고 있는 함축적 의미를 현현하기 위한 의도가 있다.

주로 심리학적 의미를 파악하기 위해 심리학분야의 측정도구로 사용해 왔지만, 정치학분야에서도 사회주의 · 공산주의 · 자유 · 민주 등에 관한 어의를 명백히 하기 위해 정치가들에게 일정한 척도에 따라 답변케 함으로써 진의를 파악하는 연구가 많이 행해졌다. 뒤에 상술하겠지만 이때 사용하는 척도는 7점으로 구성되고, 몇몇 차원에 따라 양쪽에 전혀 반대되는 뜻의 형용사(bipolar adjectives)를 쓴다. 여기서 몇 개의 차원이라는 것은 이 어의구별의 척도가 평가 · 능력 · 활동 또는 수용성의 차원에 따라 의미를 파악할 수 있는 것이어야 한다는 필요에서 나온 말이다. 그러니까 예를 들어, 좋다—나쁘다, 아름답다—추하다 등은 평가차원에, 강하다—약하다, 크다—작다, 무겁다—가볍다 등은 능력차원에, 빠르다—느리다, 능동적—수동적, 예민하다—둔하다 등은 활동차원에, 울긋불긋하다—단조롭다, 맛있다—맛없다, 흥미롭다—귀찮다 등은 수용성차원에 속하는 형용사의 짝들이다. 이런 척도에 따라 아이젠하워(D.D. Eisenhower) 대통령 때의 공화당원이 사회주의라는 개념에 대해 나타낸 반응을 보면 평가차원이 7, 능력차원이 1, 그리고 활동차원도 1이었고, 스티븐슨(A.E. Stevenson)때의 민주당원이 응답한 것을 보면, 3, 6, 1이었다.

어의구별의 분석방법은 또한 다음과 같은 어의공간(semantic space)에서 개념의 구성요소들이 집락(cluster)을 이룰 수 있다는 전제에서 출발한다. 교육에 관한 예를 가지고 여러 개념들을 평가(X)와 능력(Y)의 두 차원(축)에 따라 가설적으로 자리를 잡아본 것이 〈그림 3-13-2〉이다.

아래 그림에서 알 수 있듯이 교사·공부·교육·학교 등은 서로 유사한 의미를 가지고 있으며, 교육감·교장·훈련 등이 그러하고, 학생과 학습은 이 두 집락에서 약간 동떨어져 있다.

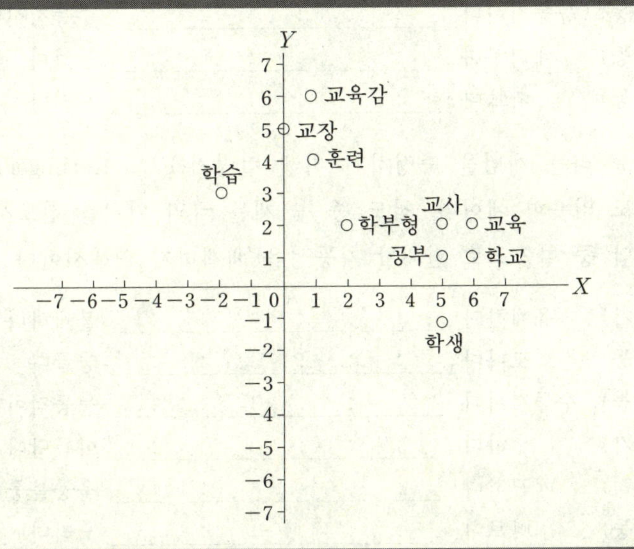

〈그림 3-13-2〉 두 차원에 따른 어의적 공간상의 교육개념

어의구별척도를 작성하기 위하여는 우선 개념과 그 기준을 선정해야 한다. 여기서 말하는 개념에는 세 개 내지는 네 개의 차원에 따르는 대표적 메타개념(metaconcept)이 연구하고자 의도하는 바를 적절히 대표할 수 있는지의 여부를 알아 내는 지표가 포함된다. 그러니까 교육에 관한 연구를 하기 위해 〈그림 3-13-2〉에서 볼 수 있는 바와 같이 한 쪽에 치우친 몇 개의 메타개념만을 선정해서는 안 되고 어의적 공간(좌표) 전체에 긍하는 개념들을 선정할 수 있어야 한다. 그 다음엔 적절한 수사에 따른 양극척도의 선정이 뒤따라

야 한다. 즉, 측정하기에 적합한 형용사의 쌍(adjective pairs)을 선정해야 한다. 지금까지는 오스구드(C. Osgood)가 만들어 놓은 50개의 양극형용사쌍의 군을 사용하는 것이 보통이었다. 그 일부를 소개하면 다음과 같다.

(평가)	좋다	: : : : : :	나쁘다
(평가)	아름답다	: : : : : :	추하다
(평가)	깨끗하다	: : : : : :	더럽다
(능력)	크다	: : : : : :	작다
(능력)	무겁다	: : : : : :	가볍다
(능력)	강하다	: : : : : :	약하다
(활동)	능동적이다	: : : : : :	수동적이다
(활동)	예리하다	: : : : : :	둔하다
(활동)	빠르다	: : : : : :	느리다

'학교'라는 개념을 측정하기 위해 컬링저(F. N. Kerlinger)가 제시해 놓은 척도도 비슷한 예이다. 척도 중 몇 개는 극의 위치를 전도시켰는데 그 이유는 응답 중 한쪽으로 편재할 가능성을 배제하기 위해서이다.

(평가)	유쾌하다	: : : : : :	불쾌하다
(활동)	모나다	: : : : : :	둥글다
(활동)	수동적이다	: : : : : :	능동적이다
(평가)	추하다	: : : : : :	아름답다
(능력)	매끈하다	: : : : : :	울퉁불퉁하다
(활동)	빠르다	: : : : : :	느리다
(평가)	좋다	: : : : : :	나쁘다
(능력)	약하다	: : : : : :	강하다
(활동)	둔하다	: : : : : :	예민하다
(능력)	깊다	: : : : : :	얕다
(능력)	무겁다	: : : : : :	가볍다
(평가)	어둡다	: : : : : :	밝다

'외과의사'라는 개념을 측정한 필립스(B. S. Phillips)의 어의구별척도를 하나 더 소개해 본다.

(수용성)	색깔이 화려하다	: : : : : :	색깔이 단조롭다

(능력)	여성적이다	___ : ___ : ___ : ___ : ___ : ___ : ___	남성적이다
(활동)	이타적이다	___ : ___ : ___ : ___ : ___ : ___ : ___	이기적이다
(평가)	두렵다	___ : ___ : ___ : ___ : ___ : ___ : ___	안심한다
(활동)	견고하다	___ : ___ : ___ : ___ : ___ : ___ : ___	부드럽다
(활동)	평범하다	___ : ___ : ___ : ___ : ___ : ___ : ___	비범하다
(평가)	내향적이다	___ : ___ : ___ : ___ : ___ : ___ : ___	외향적이다
(평가)	유쾌하다	___ : ___ : ___ : ___ : ___ : ___ : ___	불쾌하다

위의 몇 가지 예는 모두 7점척도에 따라 배열되어 있다. 그러나 오스구드(C. Osgood)는 이 7점척도가 꽤 효과적이지만 어린 아이들을 대상으로 해서 측정할 때는 5점척도가 더 적합하다고 주장한다.

어린아이를 대상으로 한 조사는 아니었지만 김학수·박찬욱과 함께 저자가 국회의원자질에 대한 인상을 알기 위해 어른들을 대상으로 한 조사에서 다음과 같은 어의구별척도를 썼다. 참고하기 바란다.

	−2 −1 0 +1 +2	
믿을 수 없다	___ : ___ : ___ : ___ : ___ : ___	믿을 수 있다
자신만 생각한다	___ : ___ : ___ : ___ : ___ : ___	남을 생각한다
비합리적이다	___ : ___ : ___ : ___ : ___ : ___	합리적이다
들떠 있다	___ : ___ : ___ : ___ : ___ : ___	차분하다
무책임하다	___ : ___ : ___ : ___ : ___ : ___	책임질 줄 안다
군림한다	___ : ___ : ___ : ___ : ___ : ___	봉사한다
언행이 가볍다	___ : ___ : ___ : ___ : ___ : ___	근엄하다
폐쇄적이다	___ : ___ : ___ : ___ : ___ : ___	개방적이다
보수적이다	___ : ___ : ___ : ___ : ___ : ___	진보적이다
비논리적이다	___ : ___ : ___ : ___ : ___ : ___	논리적이다

이 척도로 자료를 구해 실제로 분석한 결과는 모든 점수가 2에서 2.5 사이에 분산되어 있었다.

어의구별척도에 따라 수집된 자료를 분석하는 방법에는, ① 평균치분석, ② 거리집락분석 및 ③ 요인평점분석 등이 있다. 그 분석방법을 설명하기 전에 우선 이 분석을 통해 무엇을 밝히는 것인가를 알아야 한다. 그것은 우선 적절한 개념을 사용하고 있는지를 아는 것이며, 다음에 척도를 제대로 구성하고 있는지를 파악하고, 끝으로 대상에 관해 검토한다. 그러므로 예를 들어 교육이라는 것을 이해하기 위해 교육·훈련·학습·공부·통제라는 다섯 개의 기본개념을 측정할 때 이들 중 어떤 기본개념은 다른 개념과 견주어볼 때 덜 적합하다고 판단되면 이것은 적절한 개념의 사용이 아니라고 생각된다. 동시에 이들 개념을 평가차원에서 가치있다—가치없다, 유쾌하다—불쾌하다, 밝다—어둡다, 좋다—나쁘다, 정직하다—거짓이다, 안심한다—두렵다 등과 같은 척도에 따라 조사할 때 척도의 구성 여부도 판단해 볼 수 있는 일이다. 이 예를 가지고 가상적인 수치를 부여하여 다음의 분석방법에서 활용키 위해 만든 자료가 아래의 〈표 3-13-6〉이다.

〈표 3-13-6〉 기본개념과 척도에 따른 1인의 가상적 응답 자료

	개	념			
척 도	교 육	훈 련	학 습	공 부	통 제
1	6	2	6	5	3
2	5	2	5	5	2
3	6	1	4	6	2
4	7	1	5	6	3
5	5	3	5	7	1
6	6	2	7	7	2
평 균	5.83	1.83	5.33	6.00	2.17

첫째, 평균치분석방법은 위의 〈표 3-13-6〉의 마지막 열에 제시된 바와 같이 각 기본개념에 따른 척도점의 평균치를 계산하여 분석하는 것이다. 다섯 개 개념의 평균치를 보면 교육·학습 및 공부가 비슷한 수준에 있고, 나머지 훈련과 통제의 두 개념의 평균치가 유사하다. 이로 미루어 개념의 유사성과 상이성을 구별할 수 있게 된다.

둘째, 거리집락분석(distance-cluster analysis)은 각 개념들이 어의공간에서 차지하는 위치 사이의 거리를 측정하여 관계를 분석하는 방법이다. 만일 어떤 두 개의 개념이 어의공간에서 차지하는 위치가 가깝다면, 이 개념의 의미는 서로 같다는 뜻이 된다. 이 거리를 측정하는 공식은,

$$D_{ij}=\sqrt{\sum d_{ij}^{2}}$$

D는 개념 i와 개념 j간의 직선거리를 표시하고, d는 동일차원상의 i와 j간의 대수적 차이이다. 즉 X_i-X_j를 뜻하므로, $\sum d_{ij}{}^2=\sum(X_i-X_j)^2$이며 $D_{ij}=\sqrt{\sum(X_i-X_j)^2}$이다. 〈표 3-13-6〉의 예에서 교육과 훈련의 두 개념이 갖는 거리를 D로 계산하면,

$$(6\text{-}2)^2+(5\text{-}2)^2+(6\text{-}1)^2+(7\text{-}1)^2+(5\text{-}3)^2+(6\text{-}2)^2=106$$
$$D=\sqrt{106}=10.30$$

어느 자료행렬(data matrix)에서나 D의 수는 $n(n\text{-}1)/2$이다. 여기서 n은 개념의 수이다. 위의 예에서 D의 수는 $(5)(4)/2=10$이다. 그러므로 10개의 D를 각각 계산하면 또 하나의 자료행렬이 형성된다. 아래의 〈표 3-13-7〉은 교육에 대해서 응답한 두 사람의 척도를 근거로 D의 값을 구한 행렬로 이것은 성격상 대칭행렬(symmetric matrix)이 된다.

〈표 3-13-7〉 두 사람의 *D* 자료행렬

	Ⅰ					Ⅱ				
	교육	훈련	학습	공부	통제	교육	훈련	학습	공부	통제
교육		10.30	3.00	2.65	9.06		8.49	3.32	3.32	9.11
훈련	10.30		8.89	10.44	3.16	8.49		7.42	7.07	2.45
학습	3.00	8.89		3.16	8.19	3.32	7.42		4.12	8.19
공부	2.65	10.44	3.16		9.95	3.32	7.07	4.12		7.87
통제	9.06	3.16	8.19	9.95		9.11	2.45	8.19	7.87	

두 개념간의 거리(D)가 적으면 적을수록 비슷한 뜻을 갖는다는 것은 이미 지적했다. 반대인 경우에 두 개념은 관계가 소원할 수밖에 없다. 위의 표를 보면 첫째 응답자(Ⅰ)의 D행렬에서 제 1 열(교육)을 보면 교육과 학습, 교육과 공부간의 D는 3.00과 2.65로 작은 수치를 나타낸다. 따라서 이들 세 개념은 밀접한 개념집락(close cluster)을 이룬다고 할 수 있다. 마찬가지로 제 3 열(학습)을 보아도 교육 · 학습 · 공부의 세 개념이 하나의 집락을 이루고 있다. 반면에 제 2 열(훈련)을 보면 훈련과 통제의 D가 작아서 그들간의 밀접도를 알 수 있다. 따라서 이 경우에는 두 개의 서로 다른 집락이 형성되어 있다고 말할 수 있다. 둘째 응답자(Ⅱ)의 경우를 검토해 보아도 결과는 마찬가지이다. 이것은 두 응답자가 교육이라는 개념을 동일하게 인지하고 있음을

말해 주는 것이다.

그러나 한편 셋째 응답자가 교육에 대해 갖고 있는 인식이 이들과 같지 않을 수 있고, 따라서 여러 명의 응답자를 총괄해 보면 반드시 위와 같은 두 개의 개념집락만이 형성되지 않을 수도 있다는 추정이 가능해진다.

응답자의 수가 많아지고 사용하는 기본개념의 수도 많으면 D의 값만으로 일일이 개념의 관계를 검토하기가 벅차고, 또한 일정한 기준이 없어서 관계를 판단하기 곤란할 때가 많다. 이러한 난점을 극복할 수 있는 방법의 하나가 거리간의 상관계수(r)를 구하는 길이다. 위의 예를 다시 반복하여, Ⅰ과 Ⅱ의 두 자료행렬에서 각각의 개념간의 거리를 짝지어 보면 (10.30, 8.49), (3.00, 3.32), … (9.95, 7.87)이라는 것을 알 수 있고 여기서 r을 구하면 0.93이 된다. 따라서 이들간에는 아주 높은 유사성이 있다는 사실이 객관적으로 입증된 셈이다.

셋째, 요인평점분석(factor score analysis)은 요인평점을 사용해서 응답자 · 개념 또는 차원을 평가하는 방법이다. 둘째의 거리집락분석에서는 r을 산출하여 관계를 검토할 수는 있지만, D행렬 내의 집락에 관해서 밝힐 수 있는 한계가 있다. 즉, 집락은 응답자 · 검증 · 개념 등과 같은 일련의 대상의 하위집합(subset)인데, 이들 간에는 어느 정도 유사하다거나 밀접한 관계를 파악할 수 있지만 집락 밖의 구성요소와의 관계를 알 수 없다. 동시에 집락 자체의 종류나 성격도 쉽게 파악되지 않는다. 여기에 대한 해답 가운데 요인평점분석, 기초연계분석(elementary linkage analysis) 및 횡적산출(cross-products)의 기초 자료를 근거로 한 방법 등이 있다. 요인평점분석은 또한 어의공간상의 여러 차원(평가 · 능력 · 활동…)에 대한 분석에도 원용된다. 요인분석의 기본 원리와 방법 등은 제4부에서 자세히 설명한다.

(8) **척도분석: 스캘로그램 분석** 척도의 종류는 아니지만 끝으로 척도의 적합성을 검정하는 방법으로 스캘로그램 분석(scalogram analysis)을 설명한다. 척도의 적합성을 검증하는 방법에는 이것 이외에도 문항분석과 요인분석이 있다. 문항분석은 척도에서 사용하는 문항간의 내적 일관성을 검증하는 것으로 앞에서 약간 설명했고, 요인분석은 뒤에 상론하므로 여기서는 스캘로그램 분석에 관해서만 언급하기로 한다.

스캘로그램 분석은 한마디로 거트만(Guttman) 척도에 어느 정도 부합하는가를 검증하는 것으로 척도에 포함된 여러 문항에 대한 응답이 가설과 어느 정도 일치하느냐를 분석하는 방법이다. 이 분석을 하게 되는 이유이자 근거는 거트만 척도가 문항의 대표성과 순차적 배열을 전제로 하고 응답자는 이에 따라 일관성 있게 답함으로써 행태의 경향을 예측하게 되는데, 그것이 과연 일관성 있게 정돈되어 있느냐에 의문이 생기게 마련이므로 그 신뢰성을 확인하고자 하는 것이다.

그러면 하나의 가상적인 자료를 가지고 어떻게 스캘로그램 분석을 하는가를 알아보기로 한다. 이 자료는 네 개의 문항에 대해 20명의 응답자를 대상으로 해서 평점 · 오차 등을 계산한 것이다. 여기서 오차는 거트만(Guttman) 척도가 누적적으로 배열되어 있어 한 문항에 찬성하면 자연히 다른 문항에도 찬성하는 등 일정한 경향을 지니고 있다는 점을 환기한다면 각 응답자에게는 기대응답치가 있게 마련이고, 따라서 이 값과 실제로 응답한 값과의 차가 오차가 된다. 이 자료에 있는 네 개의 문항은 두 개의 카테고리로 구분된 것이다. 응답내용 중 1은 찬성이고 0은 반대를 뜻한다.

〈표 3-13-8〉에서 평점은 각 응답자가 각 문항에 찬성한 횟수의 합계이다. 또 각 문항별로 찬성의 횟수가 하단부의 열에 기록되어 있고, 동시에 20 문항당 찬성 횟수가 비율로 계산되어 있으며 반대 비율은 $1-p=q$로 계산된 것이다. 앞에서 설명한 바와 같이 오차는 실제응답치와 기대응답치간의 간격을 기초로 하여 밝혀진 것으로 이 수치는 문항수 · 응답자수와 더불어 척도의 재사용가능계수(coefficient of reproducibility)를 계산하는 근거가 된다. 이 계수는 피조사자가 척도의 순서에 얼마만큼의 정확도를 가지고 응하느냐에 따라 결정되며, 보통 이 재생률은 90% 이상이 되어야 타당성을 갖는다고 한다. 재사용가능계수의 공식은 다음과 같다. 즉,

$$\text{재사용가능계수} = 1 - \frac{\text{오차수}}{\text{문항수} \times \text{대상자수}}$$

로서, 위의 자료를 이 공식에 대입하면,

$$CR = 1 - \frac{16}{4 \times 20} = .80$$

이 계수는 그리 높은 편이 아니어서 척도구성가능성(scalability) 여부를 판

〈표 3-13-8〉 스캘로그램 분석을 위한 가상적 자료

응답자	문항 *A*	*B*	*C*	*D*	평점	오차
1	1	1	1	1	4	0
2	1	0	1	1	3	0
3	1	1	0	1	3	2
4	1	1	0	1	3	2
5	1	0	1	1	3	0
6	1	0	1	1	3	0
7	1	0	1	1	3	0
8	1	0	1	1	3	0
9	1	0	0	1	2	0
10	0	1	0	1	2	2
11	1	0	0	1	2	0
12	1	0	0	1	2	0
13	0	1	0	1	2	2
14	0	0	1	1	2	2
15	0	1	0	0	1	2
16	0	0	0	1	1	0
17	1	0	0	0	1	2
18	0	0	1	0	1	2
19	0	0	0	1	1	0
20	0	0	0	0	0	0
f(빈도)	12	6	8	16	42	16
p(찬성비율)	.6	.3	.4	.8		
q(반대비율)	.4	.7	.6	.2		

단하기가 어렵다. 그러나 .90 이상이어야 반드시 가능성이 높다고 속단하기도 어렵다. 이것을 판단하는 데는 몇 가지 기준을 더 참작하여야 한다. 그 기준으로 고려할 수 있는 것은, ① 오차형태, ② 문항의 수, ③ 문항의 카테고리 수, ④ 한계분포의 범위 등이다. 나아가 거트만은 몇 가지 요건을 더 제시하고 있다. 즉, ① 재생가능성의 정도는 응답의 횟수가 가장 많은 카테고리에 대한 응답수보다 적어서는 안 되고, ② 카테고리에 있어서 오차의 응답수가 오차아닌 응답수보다 많아서는 안 되고, ③ 하나의 카테고리에 집중적으로 오차가 나타나서도 안 되며, ④ 문항의 수는 4~10개 정도로 제한한

다는 것 등이다. 이들 요건을 충족시키지 못하면 척도는 계수의 검정 이전에 필요성이 없어지고 만다.

스캘로그램 분석은 평행사변형의 형태를 취한 그래프로 표시되어 분석되는 것이 보통이다. 여기서 그 설명은 생략하기로 한다. 끝으로 정치학분야에서 이 분석이 약간 다른 형태로 활용되고 있는 실례를 자료로 알아보기로 한다. 아래의 〈표 3-13-9〉는 유엔 총회에서 식민지정책에 대하여 투표한 영연방국의 찬·반행태를 지수로 표시한 것이다.

〈표 3-13-9〉 유엔 총회에서 행한 식민지정책의 찬·반 투표지수

국가명	남아연방	영국	캐나다	호주	뉴질랜드	파키스탄	실론	인도
인도	27.3	20.5	22.7	20.5	21.6	68.5	93.2	
실론	27.3	27.3	27.3	25.0	28.4	70.9		
파키스탄	50.0	50.0	50.0	47.7	51.2			
뉴질랜드	90.9	98.9	98.9	96.6				
호주	93.2	95.5	97.7					
캐나다	93.2	97.7						
영국	88.6							
남아연방								

위의 자료에서 알 수 있는 것은 1957에서 1958년까지 2년 동안 식민정책에 대한 유엔의 입장을 밝히는 투표에서 영국 · 뉴질랜드 · 호주 · 캐나다 및 남아연방은 일치된 견해를 가지고 있으며, 인도 · 실론 및 파키스탄은 또 다른 블록으로 형성되어 있으면서 그들 사이에 실질적인 동의가 형성되어 있지 않다는 사실이다. 이 자료로 미루어 스캘로그램 분석의 활용도가 높아서 문항간의 일련의 순차적 관계를 검증할 수 있을 뿐만 아니라 국가의 행태를 특징지울 수 있는 방법으로도 인정된다. 그러나 이 자료는 스캘로그램 분석 그 자체라기보다는 거트만 척도의 본보기라는 제1차적 의미가 더 크다.

한편 우리 나라 국회에서 아직 정당간에 교차투표(cross voting)가 행해지지 않아 의원더러 거수기라고 비아냥거리지만, 앞으로 대의민주제가 더 발달하여 미국같이 되면 교차투표가 가능해질 것이고, 그래서 그 때 어떤 특정 정책이슈에 대해 의원들이 정당별 · 지역별 당선횟수별로 어떤 투표행태를 보일지 스캘로그램 분석을 하면 흥미있는 결과를 얻을 수 있을 것이다.

제 14 장

자료수집의 준비단계: 표본추출

1. 개 관

자료를 본격적으로 수집하기 위해서는 일정한 준비가 필요하다. 먼저 조사방법을 정해야 하는 것이 제일 긴요한 일이다. 여기서는 조사목적이나 조사대상의 성격이나 자료의 접근가능성을 감안해서 방법을 정하는 것이다. 그 다음에는 일종의 예비조사라는 것을 한다. 전체 조사가 가능하기 위해서는 사전탐색이 필요한 것이다. 문헌을 들쳐보고 전문가도 미리 만나보아야 한다. 사전검사(pre-test)를 해야 하는 것은 물론이다. 그리고 준비의 마지막 단계는 표본을 추출하는 일이다. 이는 물론 전수조사를 하지 않는다는 전제이다. 이 장에서는 이 순서로 강의를 하기로 한다. 이중에서 표본추출은 특히 중요하다는 점을 새겨두기 바란다.

2. 조사방법부터 정한다

다양한 접근입장(제 1 부 제 4 장)에 따라 실제로 자료를 수집하는 경우에 어떤 방법을 택할 것인가를 우선 고려해야 한다. 통계조사를 할 것인가, 사례조사를 할 것인가, 실험조사를 할 것인가, 관찰조사를 할 것인가 등등 여러 가지 방법의 양태에 관해 결정하여야 한다. 조사 중에는 또 2차자료를 분석하는 경우도 있다. 학자들에 따라서 분류에는 서로 약간씩 다른 입장을 취하는데, 나크미아스같은 사람은 2차자료분석에 센서스, 단순관찰, 아카이브

기록(정부자료보관소의 자료), 내용분석 등을 여기에 포함시킨다. 여기서 단순 관찰같은 조사를 신중한(unobstrusive) 조사라고 일컫기도 한다. 조사방법의 결정은 물론 조사의 목적, 대상의 성격, 자료의 접근가능성 등을 총체적으로 감안하여 내려진다.

조사의 방법에는 물론 위에 지적한 분류 이외에도 역사적 방법·사례법·비교법·통계적 방법 등으로 구별하는 경우가 있고, 논리적 방법·실태조사법 등이 추가된다는 견해도 있으며, 달리 표현해서 입증조사라는 용어를 쓰는 경우도 있다. 또는 기초연구(basic research), 응용연구(applied research) 및 개발연구(development research) 등으로 구분하여 '연구에서 실천으로' 옮겨가는 시제상의 분류를 하는 김재은 같은 입장이 있고, 사례-임상적 연구(case-clinical methods)와 통계적 연구(statistical method)로도 나눌 수 있다.

그런가 하면 좀더 구체적으로, 몇몇 학자에 따른 구별이 흥미롭다. 컬링저(F. N. Kerlinger)는 ① 사전-사후형(ex post facto), ② 실험실 실험(laboratory experiments), ③ 현장실험(field experiments), ④ 현지연구(field study) 및 ⑤ 조사형연구(survey research) 등으로 구별하고 있다. 정범모는 ① 사실조사, ② 법칙연구 및 ③ 예언기획연구로 나누고, 김종서는 ① 진단형 현장연구, ② 경험형 현장연구 및 ③ 실험형 현장연구로 나눈다. 이들 분류는 대개 교육학 내지는 심리학적 입장에서 나누어 본 것이다.

위의 분류양태와 반드시 일치하는 것은 아니지만, 방법의 분류에는 몇 가지 기준을 고려하여 나누는 것이 필요하다.

첫째, 조사대상의 범위에 따른 분류이다. 여기에는 대상의 전체를 조사하는 전수조사와 전체의 일부만을 표출하여 전체의 성격을 추정하려는 표본조사 등이 있다. 이 양자의 조사를 합쳐서 통계조사라고 하며, 이에 반해서 현상의 속성을 정밀하게 파악하는 사례조사가 있다. 그러므로 조사대상의 양을 기준으로 생각해 볼 때 통계조사는 사례조사보다 그 사례(개인·집단·지역·국가 등)의 수가 많을 뿐만 아니라, 자료처리의 방법도 양적 분석에 따르는 반면에, 사례조사는 한 주제를 집중적으로 파악하는 질적 분석(qualitative analysis)에 의존한다. 질적 분석은 80년 이후에 양적 분석만큼 관심을 모으고 있다. 대표적인 저서로는 마일스와 허버만(Matthew B. Miles and A Michael Huberman)의 *Qualitative Data Analysis*(1994)가 있다. 여기서 잠시 질적 분석에 세 가지 기본적 접근입장이 있다는 것을 소개하고자 한다. 하나는 해석주의(interpretivism)이고, 둘은 사회 인류학(social anthropology)이며, 셋은 협동사회연구(collaborative social research)이다. 그리고 유형별로는 사례분석, 내용분석, 상징교호론, 민속학적 방법론, 환경심리학방법론 등이 주종을 이룬다. 이외에도 텍스트나 행동의 의미를 천착하려는 쪽으로 가면 현상학과 해석학의 방법론도 한 몫을 한다.

둘째, 서술방식에 따른 분류이다. 현상을 있는 그대로 묘사하는 기술적(記述的) 조사와 가설의 검증을 주목적으로 하는 입증조사 등이 그것인데, 역사적 연구는 주로 기술적 조사의 범주에 속하고, 인과관계를 실험이나 관찰에 따라 추정하는 조사는 입증조사에 해당한다.

셋째, 조사조건을 인위적으로 조작하는지의 여부에 따른 분류이다. 여기에는 실험적 조사와 자연적 조사가 있다. 실험적 조사는 실험상태를 인위적으로 만들어서 어떤 변수의 자극효과를 측정하는 심리학적 분야의 방식이고, 자연적 조사는 조사대상을 있는 그대로 파악하는 방법이다.

넷째, 시간적 요소에 따른 분류이다. 크게 시간적 요소를 고려하지 않는 것과 고려하는 것으로 구별되는데, 전자의 범주에 속하는 것이 역사적 조사·실태조사·현황조사 등이고, 후자에 속하는 것이 미래에 중점을 둔 예측조사이다. 그러나 엄격히 따져보면, 역사·실태 및 현황조사도 시간의 요소를 전혀 배제하고 있다기보다는 오히려 과거와 현재라는 시상에 관련되어 있다고 보아야 한다.

다섯째, 조사주제와 대상에 따른 분류이다. 여기에는 일정한 범주가 있을 수 없다. 다만, 예시할 수 있는 것은 행정능력조사·정치지도자조사·청소년가치관조사·소비성향조사·재수생의식조사 등 수없이 많은 분류가 가능할 것이다.

여섯째, 조사결과의 용도에 따른 분류이다. 또는 실제의 응용가능도에 따른 분류라고도 할 수 있겠는데, 보통 연구를 함으로써 순수하게 이론과 학문발전에 공헌하는 순수조사가 있고, 또 연구결과를 실제로 활용하여 정책의 형성과 관리에 도움을 줄 수 있는 응용조사가 있다. 오늘날 사회과학분야의 조사는 대개 응용조사의 성격을 많이 띠고 있어서, 이른바 행동 연구(action research) 또는 사회공학적 연구(social engineering study)라는 말을 흔히 쓴다. 임상적 연구의 근본취지도 문제의 발견과 해결을 위한 것이라는 점에서 그 맥을 같이한다고 보겠다.

위에서 나누어 본 여러 분류를 여기서 하나하나 나누어 구체적으로 설명하기보다는 다음 장부터 이들 분류 가운데 구체적으로 조사연구의 방법이 될 수 있는 관찰조사 · 실험조사 · 질문지조사 · 면접조사 · 내용분석 · 사례연구 등을 차례로 설명해 나가는 것으로 대신하기로 하고, 이 장에서는 다음의 예비조사와 표본추출 등 본격적 자료수집을 위한 준비단계에 관해 강의하기로 한다.

3. 예비적 조사

본격적인 조사작업을 실시하기 이전에 그 분야에 필요한 예비지식을 얻기 위해 기초작업이 필요한데, 이것을 예비적 조사라고 할 수 있다. 여기서 고려할 것은 문헌조사나 전문가의 의견조사와 같이 연구의 중요한 몫을 차지하는 경우와 이것이 잘 이루어지지 않는 경우에 질문지작성에서부터 그 적실성에 이르기까지 미리 검토해 보는 예비조사와 사전검사를 포함한다. 여기서는 네 가지를 나누어 간단히 설명한다.

3.1 문헌조사

연구의 가장 기초가 되는 작업이다. 관계되는 문헌을 찾아 종래에 연구가 행해진 것 가운데에서 이론 · 개념정의 등을 검토해 보는 것은 물론 분석방법 등에 관해서도 알아 둔다. 동시에 이 문헌조사에서는 실제로 조사가 행해진 경우에 수집된 자료의 이용가능성도 검토하는 것이 필요하다. 흔히 연구에는 중복이 많고 이에 따른 낭비도 심하다. 학문간에 교류가 원활하지 못해서 그만큼 정보의 흐름이 정체되어 있는 실정을 감안하면 문헌조사야말로 연구의 격을 높일 수 있는 원초적인 요인이 된다. 그러나 지금은 앉아서 인터넷을 통해 외국도서관에 마음대로 들어가 연구실적과 참고문헌을 볼 수 있으므로 옛날과 같이 어려운 사정은 많이 불식된 셈이다.

문헌의 종류와 출처는 다양하다. 고증에 필요한 사적 자료가 있는가 하면 추이를 알려고 할 때 필요한 시차별 통계자료도 훌륭한 문헌의 구실을 한다. 문헌의 출처는 주로 장서가 보관되어 있는 공공도서관이 되겠지만 개인이 소장하고 있는 귀중한 문헌도 감안해야 한다. 오늘날 기술의 발달로 자료의 장기적 보관과 집적이 용이하고 그 보충도 원활한 편이다. 한 예를 들면, 선거조사연구를 하는 사람들에게 더없이 귀중한 자료가 미국 미시간대학교에 있다. *American National Election Studies 1948-1994*라는 자료가 CD ROM으로 발간되어 누구나가 사서 분석할 수 있게 되어 있는 것이다.

3. 2 전문가의 의견조사

참고할 문헌이 충분치 못한 경우가 있다. 시간적으로 아주 오래된 사실이거나, 관심이 희박하여 연구가 행해지지 않는 분야이거나, 기술적으로 연구가 어려워 문헌이 수집되지 않은 경우이다. 이런 때 의존할 수 있는 대상이 특정분야에 관해 전문지식을 가지고 있는 이론가이다.

실제로 전문가의 의견을 구할 경우에는 두 가지 측면이 있다. 하나는 이론정립과 가설형성을 포함해서 연구의 방향을 결정하는 측면이고, 다른 하나는 결론을 내릴 때의 경우이다. 양자의 경우 모두 다 가능하다면 관계문헌에 의존함은 물론 동시에 최신지식에 근거하여 판단하는 것이 훨씬 도움이 된다. 이 가운데에는 물론 수집 불가능한 자료의 판단을 구하는 지엽적인 지원도 포함된다. 그리고 또 한 가지 해석상의 도움을 받을 수도 있다.

앞에서 이미 설명한 바 있는 조합비교법의 척도에서도 전문가의 의견이 활용될 소지를 보여 주고, 그 밖에 여러 분야에서 전문가가 도움을 줄 수 있는 가능성은 무한하다. 요컨대 과학적 조사방법에 이르기 이전의 습관이나 직관에 의한 판단과 함께 「권위에 의한 방법」(method of authority)이 바로 이 전문가의 의견을 그 주축으로 삼고 있는 것이다.

그러나 아무리 사계의 전문가라 하더라도 편견과 아집이 있을 가능성이 있으므로 얻은 지식의 객관성 여부에 관하여는 한번쯤 재고를 해 보는 것이 좋다. 이것이 이 방법의 한계이기도 한데, 이 제약을 극복하기 위해서는 복수의 전문가로부터 의견을 청취하여 오차를 줄이는 것이 바람직하다.

3. 3 예비조사

예비조사(pilot study)는 연구하고자 하는 문제의 핵심적인 요소가 무엇인지를 분명히 알지 못할 때 질문지작성의 전단계에서 행하는 자료 수집의 한 방법이다. 이 방법은 참고할 문헌이 부족하고 또 그 분야에 생소할 때 커다란 도움이 된다.

예비조사는 구체적으로 현장에 나가서 비지시적 방식(non-directive fashion)에 따라 대상을 관찰하고 면접하여 요체를 파악한다. 이러한 방법을 통해 조사자는 그 분야의 실재를 파악하며, 그 속에는 연구대상자의 생각 · 태도 · 행동 등이 포함된다. 예비조사의 과정을 거치면서 가설이 구성되는 경우가 허다하다. 이 예비조사의 단계에서는 공식적인 표본추출 없이 현지조사를 하게 된다. 다만, 본조사에서 행할 지역을 대상으로 예비조사를 할 것인가에 관하여는 선입견이 주입될 가능성이 있다는 의견과 함께 일치된 견해가 없다.

3. 4 사전검사

사전검사(pre-test)는 질문지의 초안을 만든 다음에 그 질문지를 통해 정확한 자료가 수집될 수 있는지를 알기 위해서 질문지의 내용, 어구의 구성, 배열 등을 확인해 보는 방법이다. 도대체 응답자가 묻는 문항의 단어나 뜻을 이해하는지도 확인해 보는 것이다. 예비조사가 질문지작성 이전에 기초조사의 형식으로 행해지는 비구조적인 것인 데 반하여 이 방법은 표본의 크기 등이 차이가 날 뿐 본조사와 거의 유사하게 행해진다.

사전검사에서는 질문지에 대한 응답자의 반응을 면밀히 파악하여 본조사가 원활하게 진행될 수 있도록 만반의 준비가 이루어져야 한다. 그래서 이 검사에서는 특히 다음과 같은 여러 문제가 파악되어야 한다.

첫째, 응답에 일관성이 있는지의 여부를 검토한다. 만일 앞뒤가 맞지 않는 응답이 속출한다면 거기에는 분명히 질문지작성상의 오류가 개재되었을 가능성이 있다고 보아야 한다.

둘째, 한쪽에 치우치는 응답이 나오는가의 여부를 검토한다. 만일 문항 중 지나치게 한쪽에 치우치는 대답이 나왔다면 그 문항은 물어보나마나 한 것으로 정보로서의 가치가 없다고 하겠다.

셋째, 응답 중 '모른다'라는 항목에 체크한 경우가 많은지를 검토한다. 만일 '모른다'는 반응이 많이 나오면, 그 문항은 어려운 내용이거나 답하기 곤란한 문제가 내포되어 있거나 표현이 애매한 경우 등일 것이다. 따라서 표현을 고칠 필요가 있다.

넷째, 응답 자체를 거부하는 경우가 많은지도 검토한다. 셋째의 경우나 다름없이 조사 자체에 응하지 않는 경우가 생긴다면 그 연구 주제는 정치적으로나 경제적으로 민감한 것이어서 마땅치 않다는 판단이 설 수밖에 없다. 어떤 때는 조사방법을 바꾸는 도리밖에 없다. 그러나 요즈음은 대통령에 누굴 지지하는지, 또는 대통령의 정책 중 무엇이 잘못되었는지를 서슴없이 밝혀 이런 면에서 조사는 매우 쉬워진 편이다. 그래도 선거조사에서는 무응답의 비율이 때로 40%에 육박하는 등 매우 높다.

다섯째, 질문순서의 변화에 따른 반응의 변화를 검토한다. 만일 질문의 순서를 바꾸어서 다른 결과를 얻었다면 어떤 순서라야 바른 응답을 구할 수 있을지 재고할 필요가 생긴다.

이상의 여러 측면 이외에도 사전검사에서는 조사의 용이성, 조사소요시간 및 그 밖에 본조사의 성패에 영향을 미칠 수 있는 환경적인 요인에 대한 파악도 곁들이는 것이 필요하다.

4. 표 본

4.1 표본이란 무엇인가

사회과학에서의 연구는 그 주제를 어떻게 잡느냐에 따라 달라지긴 하겠지만 모든 대상을 전부 관찰할 수는 없다. 즉, 전수조사를 할 수 없다는 말이다. 그러므로 천상 부분만을 관찰할 수밖에 없게 되는데 그 부분을 어떻게 선정하느냐가 문제이다. 여기서 전체를 가장 잘 대표하고 있는 부분을 뽑아야 하는데, 이 작업을 표본추출 또는 줄여서 표출, 아니면 표집이라고 한다. 추출된 그 부분은 표본(sample)이며, 추출의 근거가 되는 집단 전체를 모집단(population)이라고 한다. 이렇게 하는 것은 물론 전체를 두루 관찰할 수 없는 기술상의 난점이 있는 때도 있겠지만, 반대로 가능하다 해도 구태여 시간과 돈을 낭비하며 전체를 다 보지 않고 부분으로부터 전체를 추론할 수 있다는 원리에 입각하여 부분만을 관찰하게 되는 것이다. 이때 가장 중요한 개념이 표본오차(sampling error)이다. 부분, 즉 표본만을 가지고 전체를 추론하여 전체의 특성이 어떤 것인가를 설명할 수 있어야 한다. 그러기 위하여는 모집단의 상태를 가장 정확하게 설명할 수 있도록 가장 정확한 대표로서의 표본을 추출해야 하는데, 그것이 항상 정확할 수는 없다. 국회의원에 당선되는 것을 목표로 자기네 선거구의 유권자를 조사하기 위한 표본추출이 그리 쉽지 않은 것이다. 소득이나 직업계층은 어떻게 나누고, 학력분포는 어떻게 하여야 하며 등등 다양한 인구층 중 어떤 요소를 감안하여 표출해야 할지 힘든 과업이 아닐 수 없다. 따라서 그 정확치 않은 오차를 감안해야 제한된 범위 안에서의 추론이 가능하고 의미가 있게 되는 것이다.

표본분포(sampling distribution)의 표준편차가 표준오차(standard error)임을 미리 알기 바라며, 이것은 확률표출(probability sampling)에서만 문제가 되고 비확률표출(nonprobability sampling)에서는 당연히 문제가 되지 않는다는 것도 알아 두기 바란다. 표출방법에 가서 이들간의 차이가 어떤 것인가 알게 될 것이다.

지금까지의 설명을 표본오차와 곁들여 예를 들어 보기로 한다. 내무부 공무원이 10,000명이라고 가정하고 그들의 정책집행에 대한 태도를 조사한다고 하자. 전부를 다 조사하지 않고 이들 중 500명만을 조사해서 약 30%만이 개방적이고 적극적인 태도를 가지고 집행의 효율을 올리는 데 노력하고 있다는 점을 발견했다면, 우리는 10,000명의 30%인 3,000명이 그런 태도를 가졌다고 정확하게 말할 수는 없지만 일정한 신뢰구간 안에서 대략 그렇다고 답할 수 있을 것이다. 〈그림 3-14-1〉은 이들의 관계를 표시해 주고 있다.

〈그림 3-14-2〉를 통해서도 역시 표본추출의 개념이 이해되리라 생각된다. 표본분포도 이해할 겸 인용해 본다. 또 뒤에 표본오차를 설명할 때 다시 강의한다.

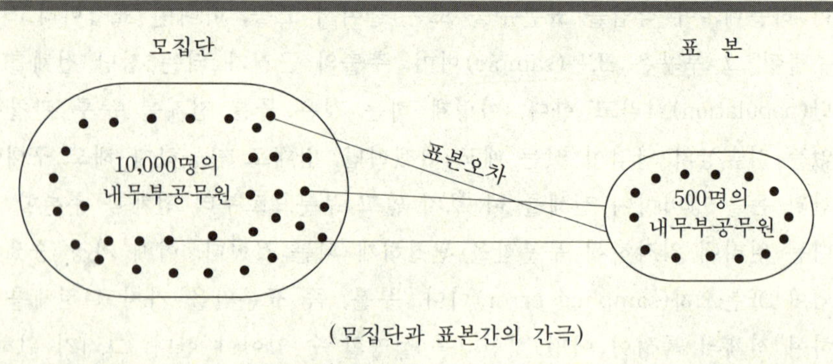

〈그림 3-14-1〉 모집단 · 표본 및 오차

〈그림 3-14-2〉에서 정상 분포를 그리고 있는 범위 안의 각 점을 표본이 될 가능성이 있는 값이라고 생각하면 된다. X축(수평선)은 $\bar{y}c$의 가능값을 나타내주고 있고 Y축(수직선)은 이 값들이 나타날 확률 Pc를 표시해 주고 있다. 아무 점이나 골라 모집단의 값 $\bar{Y}$ 및 사실의 값 $\bar{Y}_{true}$라고 생각하고 동시에 특정표본 값 $\bar{y}'$도 임의로 선정해 볼 때 위와 같이 표준오차나 그 밖의 편견 등이 그림으로 설명될 수 있다.

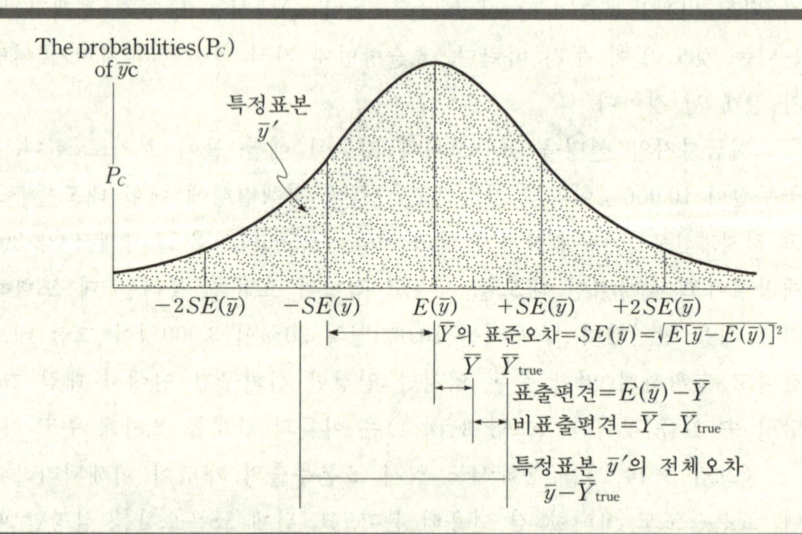

〈그림 3-14-2〉 표본분포도

표출방법으로 넘어가기 전에 몇 가지 개념을 명백히 할 필요가 있다.

(1) 모집단(population)은 요소의 총체(aggregate of elements)로 내용·단위·범위·시간 등의 측면에서 정의되어야 한다. 예를 들면 "사람으로 가족이 단위가 되고 그것이 한국에서 1990년에 생활하는 경우"와 같은 것이다.

(2) 전집단(universe)은 모집단과 혼용되지만 엄밀히 따지면 이것은 이론적 모형에서 나온 가설적인 무한한 요소들의 집합을 지칭할 때 쓴다. 동전을 한없이 던져서 앞·뒤가 나오는 확률을 계산해 보는 때와 같다.

(3) 표출단위(sampling units)는 요소를 뽑아서 표본을 이루는 근거로 요소를 그 속에 포함하고 있는 것이다. 이런 뜻에서 모집단은 각 단계에서의 표출단위의 총체라고 말해도 될 것이다. 이 표본단위는 또한 일정한 목록(lists)이 있어서 그 목록이 단위(listing units)를 이루어 여기에 근거를 두고 있다.

(4) 모집단의 값(population value)은 전체 모집단의 N만큼의 요소들을 특징지어 주는 값으로 숫자로 표현된 것이다. 사실값(true value)도 마찬가지로 숫자로 표시되는데, 양자의 차이는 관찰 도중에 생기는 오차에서 비롯된다.

(5) 표본치(sample value)는 표본에 들어 있는 n만큼의 요소로부터 계산된 평가치이다. 표본의 평균치를 $\bar{y}=\sum y_j/n$라고 계산할 때 y_j는 표본에서 j 번째에 있는 요소의 관찰값(observed value)이라는 뜻이다.

(6) 표본분포의 평균치는 평가치의 기대값으로 $E(\bar{y})=\sum_c p_c\bar{y}_c$로 표시한다. 이 평균치는 모평균($\bar{Y}$)과 같을 수도 있고 같지 않을 수도 있다. 같지 않을 경우의 차이를 표출편견(sampling bias)이라 하며 $E(\bar{y})-\bar{Y}$라고 표시한다. 양자가 같을 때 표본추출은 완벽한 것이다.

(7) 표본분포의 표준편차가 표준오차라는 것은 이미 말한 바이지만, 이것은 표본분포의 분산을 제곱근한 것이다. 즉, $SE(\bar{y})=\sqrt{var(\bar{y})}$인데, 이때 $var(\bar{y})=\sum_c p_c[\bar{y}_c-E(\bar{y})]^2$이다. $SE(\bar{y})$는 실제로 모집단의 수치를 모를 때는 의미가 없으므로 막상 계산해 낼 수 없다. 그래서 표본의 표준오차를 계산하는 공식을 개발했다. 즉, $se(\bar{y})=S_y/\sqrt{n}$이다.

엄격하게 말해서 $se(\bar{y})$는 평가치 $\bar{y}$의 평가된 표준오차이다(estimated standard error of the estimator $\bar{y}$). 하지만 그냥 평가치의 표준오차 또는 계산한 표준오차라는 말로 표현하고 만다.

4. 2 표출방법

표본추출은 확률표출과 비확률표출로 크게 나뉜다. 확률표출에는 ① 단순무작위표출(simple random sampling), ② 계통적 표출(systematic sampling), ③ 층화표출(stratified sampling), ④ 집락표출(cluster sampling)과 다단계표출(multi-stage sampling) 및 ⑤ 연속표출(sequential sampling) 등이 있으며, 비확률표출에는 ① 할당표출(quota sampling), ② 유의표출(purposive sampling), ③ 임의표출(accidental sampling) 및 ④ 배합표출(matched sampling) 등이 있다.

표출에서는 특히 확률표본이 문제가 된다. 확률표출이라는 것은 모집단에 있는 모든 요소가 추출됨에 있어서 영이 아닌 확률을 가진다는 것을 전제로 한다. 이 확률은 일종의 무작위라는 기계적 작용을 거쳐 계산된 것으로서 통계추론이 표준오차에 기초를 두도록 되어 있다. 따라서 확률표출은 항상 불완전한 것이어서 표본치로부터 전체를 추론하는 데는 항상 제약이 있다.

비확률표출은 모집단의 요소들이 추출되는 확률을 모르는 경우의 표출방법이다. 따라서 표출오차를 계산할 수 없기 때문에 확률적인 통계처리가 불가능하다. 그러므로 비록 표본을 얻었다 하여도 그 표본의 통계치를 가지고 전체로 일반화시켜 확대해석할 수 없는 한계가 있다. 그럼에도 불구하고 비확률표출을 하는 이유는, 첫째, 무작위추출을 할 수 있는 모집단의 준거가 없거나, 둘째, 너무 방대하여 비용과 시간이 감당할 수 없거나, 셋째, 모집단의 특성을 감안하여 의도적으로 골라내어 표본을 구성하는 것이 의미 있다고 생각되기 때문이다. 그러면 이하 각 표출방법을 하나하나 설명해 나가기로 한다.

(1) 단순무작위표출 확률표출의 기초는 이 단순무작위표출이다. 이 원리에서 모든 표출이 출발하는 셈이다. 키쉬(L. Kish)가 설명하는 이 방법의 변형은 그 성격이기도 한데, 첫째, 모든 요소가 대등한 확률을 가지고 추

출된다. 이를 'Epsem'(equal probability of selection method)이라고 표현하고 있는데 자동적으로 비중이 가해지는 표본을 얻게 된다는 데 강점이 있다. 둘째, 요소가 곧 표출단위가 되는 요소표출(element sampling)의 성격을 띤다. 따라서 요소들이 한데 모여 일단의 무리를 이루는 집락표출과 구별된다. 셋째, 표본이 모집단 전체로부터 추출되기 때문에 층화추출이 아니다. 넷째, 계통을 밟아가며 추출하는 것이 아니라 무작위로 추출한다. 끝으로 일단추출로서 최종 표본이 모집단에서 바로 추출되는 것이다. 이 점에서 다단식추출과 다르다.

가장 흔히 쓰이는 이 단순무작위추출은 그럼 어떻게 하는 것인가? 추출될 확률이 균등하도록 하는 것이 이 방법의 특징이기 때문에 예를 들어 10,000명의 공무원집단으로부터 500명을 추출한다면 각자가 뽑힐 확률은 1/20이다. 우선 10,000명의 이름이 적힌 명단이 있어야 한다. 이 모집단이 어떻게 결정될 것인가는 미리 범위를 정해 놓아야 한다. 즉, 내무부의 중앙에 있는 공무원이든가, 또는 경기도의 공무원으로 시군의 임시직을 포함한 집단이든가 하는 등의 결정을 미리 해서 범위를 정해야 한다. 이것이 결정되면 그 명단을 얻어야 하는데, 가장 최근의 명단이어야지 이미 정년퇴직을 했거나 의원면직을 한 사람이 그 명단에 들어 있다거나 또 공채시험에 합격되어 갓 들어온 사람은 포함이 안 되어 있다고 한다면 그 모집단은 정확한 것이 아니다. 따라서 연구가 잘못될 가능성이 다분히 있다. 이것은 마치 어느 시의 여론을 알기 위해서 전화번호부를 명단으로 삼아 표본추출을 할 때 저소득층이 누락된다든가 또는 아주 잘 사는 사람이나 권력이 있는 사람의 이름은 전화번호부에 잘 기록되지 않으니까 빠진다든가 하는 경우와 같은 것이다.

이렇게 명단이 확정되고 나면 다음은 몇 명을 추출하느냐의 문제가 생긴다. 앞에서 500명을 뽑는다고 했지만 이것은 전혀 가상적인 예에 불과하다. 뒤에 표본의 크기에 가서 상술하겠지만 우선 단순무작위추출방법을 이해하기 위해 순서상 설명을 간단히 해 본다. 보통 표본이 10%정도는 되어야 한다는 것이 일반 연구가들의 주장이지만 정확치 않다. 감수할 수 있는 오차를 감안하여 계산하는 방법이 있으며 또 모집단의 크기가 얼마인데 어느 정도의 신뢰도를 유지할 때 표본의 크기는 얼마여야 한다는 것을 보여 주는 수표(數表)도 있다. 이것 역시 뒤에 설명된다. 원리로 보면 표본이 클수록 대표성이 있다. 그러나 비용과 시간을 고려하면서 최적의 표본 크기를 정하게 되는데, 이것에 영향을 주는 기준으로 가설을 고려해야 한다는 것이 갈퉁(J. Galtung)의 의견이다. 연구를 하는 데 가설을 검증한다면 이 검증을 위해 몇 개의 변수가 있느냐도 미리 결정이 된다. 이렇게 변수의 수를 고려하면서 예를 들어 분할표분석을 하는 경우에 각 칸(cell)에 들어갈 사례수를 미리 염두에 둔다. 만약 공무원의 '효율적 집행에 대한 태도'를 '연령'과 '직급'에 따라 어떤 관계가 있느냐를 알고 싶다면, 변수의 수는 셋이 된다. 또 각 변수에 각기 셋씩의 값(카테고리)이 있다고 치고 각 칸에 적어도 20개의 사례(사람)가 확보되어야 한다고 가정해 본다면 최소한의 표본크기는,

$$r^n \times 20 = 3^3 \times 20 = 540$$

(n: 변수의 수, r: 각 변수가 가지고 있는 값의 수)

이 된다.

몇 명의 표본을 확보할 것인가가 결정되면 다음은 추출방법(mode of selection)이다. 추첨하는 식으로 사람의 이름이 적힌 쪽지를 상자 속에서 뽑아내는 방법도 있으나, 보편적인 방법이 난수표(亂數表, table of random numbers: 부록 참조)를 사용하는 것이다. 이외에도 다음 항에 설명하는 계통적 표출을 단순무작위표출의 한 방법으로 설명하는 사람도 있다.

난수표에 따른 추출방법은 난수표에 적혀 있는 숫자가 지시하는 대로 모집단에서 표본을 골라내는 방법이다. 이 난수표는 0에서부터 9까지 적혀 있는 숫자를 상자에서 계속해서 뽑아내어 적어 정리한 표이다. 아래에 제시한 가상적인 난수표를 가지고 어떻게 뽑아가는가를 알아보자.

〈표 3-14-1〉 가상적 난수표

A	B	C	D	E	F	G
1	0	3	4	1	0	8
2	1	8	7	0	9	1
9	0	1	1	8	2	7
6	0	4	0	0	1	1
1	9	0	7	4	0	2
6	4	5	8	1	4	1
4	3	0	1	0	5	7

우선 이 수표를 사용하기 위해서는 10,000명 공무원이 1번부터 10,000까지 순서가 매겨져야 한다. 물론 기준이 있을 수 없다. 여기서 500명을 추출한다면 최대단위가 다섯 자리가 된다. 수표에는 일곱 자리의 수가 나열되어 있는데, 이중 어느 행(行)의 다섯 자리를 골라내면 된다. *CDEFG*의 다섯 자리를 만약 정했다면 여기에 적힌 숫자 가운데 10,000 이하의 숫자를 골라내어 이것이 지시하는 대로 모집단에 순서를 정해 놓은 사람을 500명 뽑아내면 된다. 아무 열(列)에서 시작해도 상관이 없다. 첫째 줄부터 시작했다고 한다면 첫 숫자 34108은 모집단에 없는 수이다. 다음 87091도 마찬가지이다. 이런 식으로 내려가다가 07402는 해당 숫자이며 또 01057도 해당 숫자이니 10,000명의 순서에서 해당 순위의 사람을 골라내면 된다. 이런 식으로 500명을 추출한다. 이 단순무작위표출방법은,

그 장점으로,

첫째, 모집단에 대한 사전지식이 많지 않아도 되고,

둘째, 자료의 분류에서 오는 오차의 개입가능성이 적고,

셋째, 오차의 계산이 용이하다는 점 등을 들 수 있으며,

그 단점으로는,

첫째, 동일한 크기의 표본인 경우에는 층화표본보다 오차가 크고,

둘째, 모집단에 대하여 가지고 있는 지식이 활용될 여지가 줄어든다는 점 등을 든다.

(2) **계통적 표출** 단순무작위표출의 한 방법이기도 한데, 모집단의 구성이 일정한 순서 없이 배열되어 있다는 것을 전제로 해서 일정한 간격을 두고 추출해 내는 방법이다. 등간추출방법과 같다. 앞의 예에서처럼 10,000명에서 500명을 뽑는다면 매 20번째의 사람만 골라내면 된다. 무작위로 선택된 첫번째 사람이 예컨대 23번째의 사람이었다면 그 다음엔 43, 63, 83의 순서로 500명을 뽑으면 된다.

이 방법은 비록 난수표를 사용하는 방법보다 시간이 절약되지만, 추출할 때 편견(sampling bias)이 개재될 가능성이 있다는 점을 조심하여야 한다. 즉, 명단목록을 작성할 때 문제가 생기는데, 극단의 예를 들어 공무원을 직급순위로 배열해 놓고 5번째의 사람이 첫 표본추출의 대상자가 되었다면 그

표본은 모름지기 상위직급에 있는 사람만으로 구성될 것이고, 그러고 나서 가설검증의 결과 내무부 공무원의 정책집행의 효율성에 대한 태도가 부정적인 것으로 나타났다면 이것을 전체 내무부 공무원의 특성이라고 일반화시키기는 곤란하게 될 것이다.

그렇기 때문에 이 계통적 표출을 할 때에는 모집단의 명단목록을 주의깊게 검토하여야 한다. 그리고 '일정한 순서 없이 배열' 되어야 한다는 주문을 하게 되는 것은 위와 같은 오류를 범할 가능성 때문이므로 경중이나 우열의 순위로 구성된 것을 피하면 될 것이다. 이만갑이 쓴 '비체계적인 무작위적 배열' 이라는 것도 이러한 뜻이다. 흔히 이러한 표출에서는 가나다 순서로 배열된 명단을 쓰는 것이 이상적이다. 그렇다고 이렇게 표출의 균등확률을 확보하려는 것은 어떤 부분집단(예: 1급)이 당연히 추출되어야 한다는 것을 의미하지는 않는다. 전체로 보아 분포비율이 아주 낮은 집단은 어차피 누락되게 마련이다. 대표성은 집단에 의해서 되는 것이 아니라 모집단의 구성원인 개인에 의해서 이루어지는 것이라고 이 논리를 설명하는 코크란(Cochran)같은 사람들이 있다.

이 계통적 표출의 장점은,

첫째, 표본추출이 단순무작위추출보다도 쉽고 빠르다.

둘째, 단순무작위추출방법보다 오히려 모집단의 대표성을 유지할 가능성이 있다.

그런데 위의 장점은 모집단의 구성이 성격상 골고루 분산되어 있는 것을 전제로 한 것이기 때문에 이것이 잘 안 될 때에는 다음과 같은 단점이 나타난다.

첫째, 모집단의 대표성이 전혀 고려될 수 없을 정도로 한쪽에 치우칠 염려가 있다.

둘째, 모집단의 구성배열에 신경을 쓰다 보면 층화표본과 같은 결과를 초래한다.

셋째, 그러면 오차개입의 가능성이 높아진다.

(3) 층화표출 층화표출은 모집단을 그 집단이 지니고 있는 특성을 감안하여 몇 개의 부분집단(strata)으로 나누어서 이 각 부분집단으로부터 표

본을 추출해 내는 것이다. 이와 같이 몇 개의 집단으로 나누어 표출하는 이유는 모집단의 성격이 어떤 면에서는 동질적이라 하더라도 다른 면에서 보면 반드시 그렇지 않을 때를 고려하여 골고루 추출하기 위해서이다. '다른 면' 이라고 하는 것은 연구의 내용이 내무부의 계획부서도 보아야 하고 집행부서도 보아야 하는데 단순무작위추출을 하다 보면 한쪽이 누락될 수도 있다. 즉, 기획관리실은 추출에서 제외될 수도 있기 때문에 이 기능상의 차이를 고려한다면 이질적이 된다는 뜻이다. 또 기획부서의 직원과 집행부서의 직원의 비율이 1 : 9인데 그냥 표출을 하다 보니까 계획부서의 직원이 지나치게 많이 추출되어 3 : 7의 결과가 되었다면 이것도 바람직한 표본은 될 수 없다. 학교의 학생들을 표출할 때 학년별로 몇몇씩 뽑는다든가, 또 각 학년에서 남녀의 수를 맞추어 뽑는다든가 하는 것은 다 층화표출의 예이다. 대학에서 전공별로 학생을 표출하는 것도 마찬가지이다. 그러니까 표출의 기준은 하나일 수도 있고 여러 개일 수도 있다. 단일기준이다 혼합기준이다라는 말을 쓰는 것은 이런 연유이다.

층화표출에는 두 가지 방법이 있다. 하나는 비례층화표출이고, 다른 하나는 비비례층화표출이다. 비례층화표출(proportional stratified sampling)은 층화된 부분집단의 크기에 비례해서 표본을 추출하는 方法이다. 10,000명에서 500명을 추출해야 할 터인데(1/20), 층화된 두 부분집단의 비율이 1 : 9라고 한다면 50 : 450명의 비율로 표본이 구성되어야 한다는 뜻이다. 비례한다는 말을 추출률을 같게 하여(1/20) 부분집단의 크기에 비례해서 표본이 추출된다는 의미로 추출된 표본에서의 구성비는 같을 수가 없다.

반면에 모집단을 층화하여 부분으로 표출하는 경우에도 그 집단 자체를 하나의 단위로 생각하고 비교할 필요가 생길 때도 있다. 계획부서와 집행부서의 성격이나 기능을 비교하고 싶은 것과 같다. 이공계와 자연계 전공학생과 인문사회계 전공학생을 비교하려고 하는 것도 마찬가지이다. 비비례층화표출(disproportional stratified sampling)은 이런 필요에서 부분집단의 크기에 비례하지 않고 결과적으로 동일한 크기의 표본을 뽑아내는 방법이다. 즉, 기획부서의 직원 1,000명 중 250명을, 집행부서의 직원 9,000명 중에서 250명을 추출하는 것이다. 각기 적용하는 추출비율이 같지 않다. 굳이 이렇게 하는 이유는 먼저 말한 대로 두 집단의 성격을 비교하는 것이 연구의 목적이라면 크기에 비례해서 표본을 추출하다가는 한쪽은 아주 작은 크기의 표본이 되고 다른 한쪽은 아주 큰 표본이 되어 균형이 맞지 않아 비교의 가치가 없어지기 때문이다. 그래서 비례표출을 할 수 없게 된다. 이 경우 큰 부분집단에서 추출된 표본이 신뢰도가 높고 더 대표성이 있음은 물론이다.

250명씩 추출하여 태도를 조사해서 기획부서의 직원 중 200명(80%)이 효율적 집행에 적극적이었고, 집행부서의 직원 중 50명(20%)만이 적극적이었다면 전체로 보아 1,000×80/100+9,000×20/100=2,600명(26%)만이 적극적 태도를 가지고 있다는 결론을 얻는다. 그러나 이것은 잠정적인 설명일 뿐 여기에 표본오차를 계산해야지만 신뢰도를 얻어 우리가 자신 있게 얼마라고 하는 것을 말할 수 있게 되는 것이다.

층화표출의 장점은,

첫째, 모집단의 특수성을 고려하기 때문에 이것이 표본에 잘 반영된다.

둘째, 단순무작위표출과 같은 표본의 무작위성이 확보되면서 불필요한 분산을 줄인다.

셋째, 층화된 부분집단의 특성을 알고 또 이들을 비교할 수 있다.

단점은,

첫째, 모집단의 각 부분층을 정확히 알고 있지 않으면 안 된다.

둘째, 층화목록(stratified lists)이 없으면 이것을 만드는 데 많은 시간과 비용이 든다. 층화를 잘못 하다가는 많은 오차가 생긴다.

(4) 집락 및 다단계표출 집락표출은 모집단을 구성하고 있는 요소로서의 개인이 하나하나 뽑히는 것이 아니라 집단(group)을 뽑는 방법이다. 5,000명의 학생 중에서 100명을 표출해야겠는데 이들이 50개의 독립건물에서 기숙한다고 가정했을 때, 50개의 건물에서 10개를 뽑고 각 건물에서 10명씩 뽑으면 100명의 표본이 확보된다. 이렇게 기숙사에 모여 있는 것을 집락으로 생각하고 그 집락을 단위로 삼아 표본을 추출하는 방법이다. 이 방법은 첫째, 군집한 단위가 집락이라고 할 것인가, 안 할 것인가는 전혀 그때그때의 사정에 따라 정해야 한다. 어떤 연구에서는 지역이 집락으로 취급될 수 있으며, 또 어떤 연구에서는 학교·병원·공장 등이 집락으로 간주된다. 둘째, 집락은 반드시 일정하게 형성된 사회집단일 필요는 없다. 즉, 학교·학급·교

회·공장 등일 필요가 없이 지역에 따라 집락을 형성할 수 있다. 이럴 경우 지역표출(area sampling)과 차이가 없어지나, 지역표출방법은 근본적으로 다단계표출방법으로서 지도가 추출의 준거가 되는 점이 다르다고 하겠다. 집락은 반드시 같은 크기가 아니라도 되지만, 보통 복잡한 계산을 피하기 위해 같은 수의 요소로 구성된 집락을 형성해 놓는다. 셋째, 이 표출에서는 여러 층(level)의 집락을 써도 괜찮다. 즉, 지역을 도시·농촌으로 나눈 다음 투표구를 선정하고 거기서 유권자를 뽑는 식이다.

이 방법은 우선 모집단의 명단작성에서 비용과 시간을 절약해 주며 자료수집 단계에서도 여러 걸음을 하지 않고 몇 군데만 가서 아주 쉽게 작업을 진행할 수 있다. 그런가 하면 다음의 다른 연구에서도 같은 집락을 대상으로 비록 그 구성원은 바뀌었어도 진행할 수 있는 이점이 있다. 반면에 집단의 구성원의 성격이 아주 흡사하기 때문에 통계치를 과대 또는 과소평가해서 표본오차를 계산해 내기가 여간 어렵지 않다. 이것을 키쉬(L. Kish)는 이렇게 설명한다. 통계검증이나 신뢰구간같은 것의 기본전제는 표본의 관찰치가 무작위로 독립해서(independently, at random) 추출된다는 것인데, 집락표출이라는 것은 지리적·생태적 또는 심리적으로 동질의 집단이기 때문에 기본전제인 독립성이라는 것을 근본적으로 파괴하고 말아 신뢰도를 믿을 수 없게 된다는 것이다. 그래서 단순무작위추출방법을 쓰든가, 분산정도를 측정해 보든가 할 것이지 어떤 확률적 진술을 하는 것은 피하라고 제안한다.

집락표출과 불가분의 관계를 맺고 있는 것이 다단계표출이다. 이 다단계표출(multi-stage sampling)은 집락표출의 변형으로서 주표본단위(primary sampling units)를 뽑은 다음에, 거기에서 다시 하위표본단위(secondary sampling units)를 뽑는 방법이다. 이 단계가 적어도 둘 이상이어야 한다. 위의 집락표출에서 여러 층의 집락을 쓰는 것은 이 다단계표출과 다를 바가 없다. 저자가 오래 전에 수출산업을 대상으로 조직의 성과에 관한 원인연구를 하기 위해 표본을 추출한 적이 있는데, 전국의 수출업체를 직접 뽑은 것이 아니라 수출공단을 1차로 추출했으므로 이것은 집락표출방법에 해당되는 것이다. 여기서 1단지부터 6단지까지 있는 한국수출산업공단을 표본으로 삼았는데, 이들 중 1, 2, 3단지만 뽑았으므로 제1단계표출이 된 셈이다. 그 다음엔 업종별로 금속공업, 전자공업, 섬유공업, 이런 식으로 추출하여 제2단계표출을 했으며 마지막으로 관리자를 선정해 면접했으므로 전부 3단계 표출이 이루어진 셈이다. 다단계표출방법의 예로 들어 보았다.

이 방법은 이점으로, ① 표본단위만을 위해 목록과 숫자 등이 필요하며, ② 표본단위가 지역별로 선정되면 조사비를 줄일 수 있고, ③ 분산도를 줄일 수 있다. 반면에 단점으로는, ① 같은 표본의 크기에서 다른 오차가 나타날 가능성이 있으며, ③ 표본단위의 수가 줄면 오차가 늘어난다는 점 등을 들 수 있다.

(5) 연속표출 연속표출은 지금까지 설명한 표출방법으로 얻은 복수의 표본을 가지고 다음 단계의 연구설계에 그대로 사용할 것인가, 아니면 계속해서 다른 표출을 할 것인가를 결정하게 되는 경우에 활용되는 표본추출의 한 방법이다. 반복표출(repetitive sampling)이라고도 한다.

이 방법은 ① 다음 단계의 표본을 추출하는 데 능률적이 되도록 모집단의 특성을 잘 평가해 주며, ② 그래서 최종평가에서 오차를 줄여 주고, ③ 결국 관찰수를 줄여 준다는 등의 이점을 지니고 있는 반면에, ① 현지조사의 운영이 꽤 복잡하고 까다로우며, ② 한번으로 끝나는 표본추출보다 계산이나 분석을 더 해야 하고, ③ 작은 표본으로 대표성을 유지하거나 또는 조사의 어느 단계에서나 관찰수를 늘일 수 있는 조건 아래에서만 사용될 수 있다는 등의 제약이 따른다.

(6) 할당표출 이 방법부터는 비확률표출의 일종인데, 모집단의 확률을 모르기 때문에 확률표출방법을 적용할 수 없다. 이 할당표출, 일명 쿼터표출은 대중의 의견조사를 할 때 많이 쓰이는 방법인데, 그 표출방법이 작위적이지만 모집단의 여러 특성을 고려하여 구분을 지어 추출하기 때문에 꽤 대표성이 유지되는 방법이라 하겠다.

이 할당표출에 얽힌 에피소드를 하나 소개한다. 1920년 이후부터 미국의 Literary Digest라는 여론조사소에서 대통령선거때마다 예상득표수를 점쳐서 누가 얼마만큼 이긴다고 하는 것을 공표해 왔다. 1920, 1924, 1928, 1932년 등 네 번의 선거에서 이 조사소의 예상치는 꽤 적중했다. 그런데 1936년 선거에 와서 예측이 어긋나기 시작했다. 예측한 바로는 랜든(A.M. Landon)이 루스벨트(F.D. Roosevelt)를 15%나 앞질러 압승한다는 것이었는데, 그 근거로는 전화번호부와 자동차등록자명단에서 200만 명을 추출하여 우송조사를 한 것을 토대로 했다. 그러나 1936년에는 세계대공황이 서서히 회복되고 또한 뉴딜(New Deal)정책이 한참 실천과정에 있던 때라 전례 없이 많은 수의 빈곤계층 사람들이 투표에 참가했다. 이들은 말할 것도 없이 전화번호부에도, 자동차등록부에도 이름이 올라 있지 않은 집단의 사람들이다. 그래서 이들의 의견을 물을 수 없었으며, 따라서 예측이 들어맞지 않았음은 물론이다.

한편 우리 나라에도 있는 갤럽(Gallup's American Institute of Public Opinion)에서는 루스벨트의 당선을 예상했다. 그 근거가 된 것이 하층계급(이들을 통칭 non-u라 하며, non-upper class라는 뜻이다)의 집단도 포함시켜 조사한 쿼터 표출방법의 덕분이었다.

그럼에도 불구하고 이 표출방법은 위에서 적은 대로 비확률표출이기 때문에 그 자체 완벽한 것이 못 된다. 이 불완전성은 곧 그 다음 선거에서 약점으로 드러나고 말았다. 12년 후인 1948년 선거에서 듀이(T. E. Dewey)가 트루만(H. Truman)에게 승리할 것이라는 갤럽(Gallup Poll)의 예상은 들어맞지 않았다. 부동표의 대부분이 트루만 후보에게 간 것을 일찍 조사를 끝내버린 대부분의 직업 여론조사가들은 미처 생각을 못한 것이다. 그 후 확률표출방법이 서서히 단점을 보완해 주기 시작했다.

할당표출을 하는 방법은 우선 ① 모집단의 여러 특성을 대표할 수 있는 일정수의 카테고리를 정하고, ② 각 카테고리를 대표하는 사례의 수(quota)를 정하며, ③ 각 카테고리의 사례수를 작위적으로 추출한다.

이 할당표출방법은 층화표출방법과 큰 차이가 없다. 층화구분의 기준이 되는 것이나, 쿼터 구분의 그것이나 별반 차이가 없이 주로 연구하려는 변수를 고려하여 나누게 된다. 기획부서와 집행부서를 층화시키는 것이나 정당지지도를 알기 위해 사회계층별로 쿼터를 정하는 것이나 근본적인 차이는 없다고 하겠다. 홍두승은 조사에서 계층분류를, ① 중상계층, ② 신중간계층(피고용), ③ 구중간계층(자영업주), ④ 근로계층(피고용), ⑤ 도시하류계층, ⑥ 자영농층, 그리고 ⑦ 영세농층으로 나눈다. 보통 쿼터를 나누는 기준으로는 연령 · 성별 · 교육정도 · 직업 · 지리적 조건 등을 쓴다. 원래가 비확률적인 추출방법이기 때문에 대표성이 문제가 되지만 가능한 한 무작위적인 추출을 하도록 노력하는 것이 중요하다.

할당표출의 장점은, ① 최종적으로 추출되는 표본단위가 지리적으로 가깝도록 할 수 있기 때문에 표출이나 현지조사작업의 비용을 꽤 줄일 수 있다. ② 층화의 효과, 즉 각 계층을 적절하게 대표케 하는 효과를 도입할 수 있다. 반면에 단점은, ① 쿼터를 정하는 연구자의 편견이 작용할 가능성이 농후하다. ② 구분의 작위적 표출로 인해 오차가 커진다.

(7) 유의표출 목적표출이라고도 한다. 조사자가 어떤 목적을 가지고 다분히 의도적으로 표본을 택하는 것이다. 일종의 주관적 판단(그래서 judgement sampling이라고도 한다)에 따라 하는 것인데, 이 방법의 기본전제는 의도적으로 표출되는 것이 건전한 판단과 적절한 전략에 따라 선택되는 것으로서 다른 사례를 대표하고 있다고 믿는 것이다. 대부분 과거에 선택된 표본을 다시 택하는 경향이 있다.

예를 들면, 선거에서 어느 지역의 표차가 전체의 표차를 판가름하는 결과를 초래해 왔다고 한다면, 이번에도 동일한 투표구를 선택하여 의견을 조사해 본다면 대개 결과를 예상할 수 있게 된다는 것이다. 그러나 여기에서의 약점은 정치적인 상황에 큰 변동이 생기지 않았다면 동일한 구역을 또 조사해 보았자 과거와 동일한 결과가 나오리라는 것을 미리 짐작하고 면접을 실시하지 않을 위험이 있다는 것과, 반대로 상황에 변동이 생겼다면 그 변동이 다른 지역에 비해 어떤 영향을 끼치는가를 알아야 할 터인데 이것을 잘 모르는 점 등이다. 그러므로 이 방법은 단순무작위 및 층화표출과 함께 가장 널리 쓰이며 또 권장되는 방법이긴 하지만, ① 표본오차가 그리 심각한 것이 아니거나, ② 확률표출이 실제로 불가능한 경우에 쓸 만한 방법이라고 지적되고 있다.

이 방법의 장점은, ① 할당표출의 경우와 같이 표출과 현지조사에서 비용을 절약할 수 있고, ② 모집단에 대한 어느 정도의 사전지식이 있기 때문에 표출이 쉽고 정확도도 높다. 단점은, ① 분산이나 편견에서 오는 오류를 측정하거나 통제할 길이 없고, ② 모집단에 대한 충분한 지식이 있어야 하며, ③ 위에 적은 대로 꽤 까다로운 전제를 충족시켜야 한다.

(8) 임의표출 임의표출은 연구자의 임의대로 표본을 선정하는 방법으로 작위적일 뿐만 아니라, 또 표본의 크기조차도 임의로 정하는 방법이다.

대표성같은 요건은 이 방법에서 전혀 고려될 수 없다. 대개 여론을 듣고 싶은데 시간에 쫓기어 표본을 체계적으로 선정할 만한 시간적 여유가 없을 때 이런 방법을 쓰게 된다. 예를 들어, 남북적십자회담 제 2 차회의를 위해 북쪽의 대표가 서울에 들어온 경우, 신문의 한쪽은 시민들의 반응으로 메우고 싶다면 기자가 스냅 기사를 쓰거나, 아니면 몇 사람에게 전화를 걸어 의견을 물을 때 이 방법을 쓰게 된다. 대통령의 연두기자회견에 대한 전문가들의 의견을 물어 보는 경우도 같다.

물론 이 경우 전화를 걸 상대방을 공무원 · 회사원 · 의사 · 변호사 · 주부 등 직업을 고려하면서 선택을 했다면 할당과 유의표출에 꽤 근사하겠지만, 이런 것을 전혀 생각지 않고 전화번호부에 있는 사람에게 그냥 손가락이 집히는 대로 전화를 걸어 의견을 물었다면 임의표출이 된다. 흔히 TV나 라디오에서 길거리에 나가 거리의 표정을 스케치하는 경우에 지나가는 사람 중 아무나 선정하여 인터뷰를 하는 것도 이 방법이다.

대표성이라는 것, 오차계산이라는 것 등은 전혀 생각할 수 없는 방법이지만, 급할 때 막연하나마 객관성을 유지하기 위해 쓸 수 있는 장점은 있다.

(9) 배합표출 배합표출은 비확률표출의 한 방법으로서 판단에 의하여 모집단을 대표한다고 생각하는 2개 이상의 표본을 추출하여 표본간의 성격을 조사하려는 방법이다.

앞에서 층화표본 중 비비례층화표출을 설명할 때 두 집단을 비교하기 위하여 표본의 크기가 같도록 추출한다고 했는데, 이 배합표출은 그 의도에서 이에 해당하는 비확률적 방법일 뿐이다. 흔히 비교연구를 할 때 두 국가, 두 정당, 두 정치지도자를 선정해서 연구하게 되는 경우이다.

임의표출보다는 대표성이 어느 정도 있다고 주장할 수 있으며, 오히려 유의표출에 가까운 성격을 띤다. 표본오차를 계산할 수 없는 것은 물론이며, 단지 비교될 수 있는 동질의 표본을 두 개 골라내는 데 도움을 줄 뿐이다.

(10) 요　약 지금까지의 여러 가지 표출방법은 유사한 것도 있고, 전혀 다른 것도 있다. 연구의 성격이나 목적에 따라서는 그때그때 여러 표출방법을 혼용할 수 있다. 사정에 따라 장점만을 취하기 위해 몇 개의 방법을 한꺼번에 동원하는 것이다. 각 도의 보건복지국을 추출하고, 군의 보건소를 확

률표출하고 그 안의 보건요원들을 근무연한별로 추출하였다면 층화·다단·할당표출의 세 방법이 혼용된 예가 된다.

앞의 여러 설명과 중복이 되겠지만, 이렇게 혼용하게 되는 경우 그 장·단점을 일목요연하게 빨리 파악할 수 있게 하기 위해 다음에 각 표출방법의 특성을 보여 주는 요약표를 소개한다. 다행히 아코프(R.L. Ackoff)의 책에 정리가 되어 있어 옮겨 적는다.

〈표 3-14-2〉 표본추출방법 요약

표출방법	개 요	장 점	단 점
1. 단순무작위표출	모집단의 각 요소에 숫자를 매기고 난수표를 써서 표본을 추출하는 방법	(1) 모집단에 대해 최소한 알고 있으면 된다. (2) 구분같은 것을 하는 오차가 생길 리 없다. (3) 자료분석이나 오차계산이 용이하다.	(1) 연구자가 알고 있는 모집단에 대한 지식이 그리 활용되지 못한다. (2) 같은 표본 크기일 때 층화표출보다 큰 오차가 생긴다.
2. 계통표출	모집단의 각 요소에 순서를 매겨놓고 무작위로 결정된 숫자를 출발점으로 일정간격(N/n)을 두고 표출해 나가되 처음에 결정되는 숫자는 1과 표출간격 사이에 있는 정수여야 한다.	(1) 모집단이 그 속성에 따라 적절하게 배열되어 있으면 층화의 효과도 얻고 그래서 단순무작위보다 분산도 줄일 수 있다. (2) 표출이 간단하고 제대로 되었는가를 알기도 어렵지 않다.	(1) 표출 간격이 모집단의 어떤 주기적 순서와 관련이 있는 것이라면 분산이 높아질 가능성이 있다. (2) 층화효과가 개재되면 오차가 커질 염려가 있다.
3. 다단계 무작위 표출	둘 이상의 표출단계에서 무작위 표출방법에 의해 표본을 구성한다	(1) 표본목록·확인·숫자를 매기는 일 등은 추출된 표본에 한해서만 하면 된다. (2) 표본 단위가 지리적으로 결정된 것이면 현지조사 여비 등이 절감된다.	(1) 같은 크기의 표본일 때 단순무작위나 계통표출방법보다 오차가 커질 가능성이 있다. (2) 표본단위의 수가 줄어들수록 오차가 커진다.
3-1 크기를 확률비율로 정하는 경우	표본단위를 크기에 대해 확률비례로 정한다.	(1) 분산을 줄인다.	(1) 추출 전에 각 표본단위에 대한 지식이 없으면 분산이 늘어난다.
4. 층화표출 4-1 비례	각 표본단위를 그 크기에 따라 무작위	(1) 대표성이 있기 때문에 단순무작위나 다단	(1) 각 층에 따른 모집단의 비례에 관한

표출방법	개 요	장 점	단 점
	표본 비례로 추출한다.	계 표출보다 분산이 덜하다. (2) 층화해 나가는 과정이 있으니까 모집단의 요소를 누락시킬 가능성이 줄어든다. (3) 각 층의 특성을 평가하고 비교할 수 있다.	사정을 알아야 하기 때문에 잘 모르면 오차가 커진다. (2) 층화목록이 없으면 그 준비에 비용이 들고 잘못 층화할 가능성도 크며 따라서 분산도 커진다.
4-2 적정 배분	비례층화표출과 같으나 단지 표본이 층내의 분산에 비례하도록 하는 것이 다르다.	(1) 표본의 크기가 같은 경우 비례방법보다 분산이 적다.	(1) 층내의 적절한 특성에 관한 분산의 지식이 요구된다.
4-3 비비례	비례층화표출과 같으나 단지 표본의 크기가 표본 단위의 크기에 비례하지 않을 뿐이다. 이는 분석의 편의나 그 밖의 고려 때문이다.	(1) 층을 비교하는 데는 비례방법보다 훨씬 능률적이다.	(1) 모집단의 특성을 결정하는 데 있어서는 비례방법보다 덜 능률적이다.
5. 집락표출	표본단위를 무작위 형태로 추출하며 최종 단위는 집단이 된다.	(1) 집락이 지리적으로 결정되면 현지조사 비용이 준다. (2) 추출된 집락내의 각 개인에 관한 목록만 있으면 된다. (3) 집락이나 모집단의 특성을 측정해 볼 수 있다. (4) 다음의 연구에서 표본으로 쓸 수 있다. 집락은 개인을 추출하는 것이 아니기 때문에 가능한 것이다.	(1) 다른 확률표본보다 오차가 크다. (2) 각 모집단의 요소를 집락에 정확하게 부여할 수 있어야지 그렇지 못하면 중복되거나 누락하기 쉽다.
6. 층화집락 표출	모든 표출단위로부터 무작위로 집락을 추출한다.	(1) 그냥 집락표출보다 분산을 줄인다.	(1) 층화와 집락표출방법의 단점이 가속된다. (2) 집락의 내용이 바뀌면, 층화의 이점이 줄고 다음 연구에 표본으로 못쓰게 된다.

표출방법	개 요	장 점	단 점
7. 반복표출: 복수나 연속	위의 여러 방법에 의해 표출한 표본을 두개 또는 그 이상을 가지고 다음의 표본설계에 이용하는 것	(1) 모집단의 특성을 알려주기 때문에 다음 표본의 계획을 능률있게 촉진시켜 주고 따라서 최종 평가의 오차를 줄인다. (2) 결국 필요한 관찰 수를 줄여 준다.	(1) 현지조사 운영이 복잡하다. (2) 다른 방법보다 계산이나 분석을 더 해야 한다. (3) 연속표출은 작은 표본이 대표성을 지닐 때나 또 어느 조사단계에서나 관찰수를 늘일 수 있을 때만 할 수 있는 방법이다.
8. 판단표출	사정을 잘 알고 나서 전체 모집단을 대표할 수 있다고 판단되는 부분집단을 표출하여 전부를 조사하는 것	(1) 최종 표본단위가 가깝도록 추출할 수 있기 때문에 표본추출이나 현지작업의 비용을 줄일 수 있다.	(1) 분산이나 평가의 오류를 측정하거나 통제할 수 없다. (2) 기본전제가 꽤 까다롭거나 모집단과 부분집단에 관해 상당히 알고 있어야 한다.
8-1 쿼터	적절한 속성에 따라 모집단을 나누고 각 급(class)에서 필요한 만큼의 비율로 표본을 뽑아 쿼터를 정한다.	(1) 판단표출과 같이 비용이 경감된다. (2) 층화효과를 도입할 수 있다.	(1) 급 안에서 구분하는 데 관찰자의 편견과 작위적 추출의 오류가 작용한다.

4.3 표본의 크기와 신뢰도

표본의 크기를 결정하는 요인에는 여러 가지가 있다. 우선 외적 요인으로 ① 모집단의 동질성(homogeneity), ② 시간, ③ 예산, ④ 조사자의 능력 및 ⑤ 수집된 자료가 분석되는 카테고리의 수 등을 들 수 있다. 한편 표본의 크기를 결정하는 내적 요인은 통계치와의 관계를 의미하는데, 여기서는 신뢰도와 정도(精度)가 있다.

표본의 크기는 신뢰도와 정도와 함수관계에 있으므로 이 두 수치가 정해지면 표본수는 자연히 정해진다. 정도 ε과 신뢰도 λ간의 관계는,

$$\varepsilon=\lambda\sqrt{\frac{N-n}{N-1}\cdot\frac{s^2}{n}}$$

으로 N은 모집단의 총수, n은 표본의 수, s^2은 변량이다. 이 공식은 비율인 경우에,

$$\varepsilon=\lambda\sqrt{\frac{N-n}{N-1}\cdot\frac{P(1-P)}{n}}$$

으로 바뀌는데, 여기서 P는 표본비율이다. 이것을 변형해서 표본의 수 n을 구하려면 그 공식은,

$$n=\frac{N}{\left(\frac{\varepsilon}{\lambda}\right)^2\frac{N-1}{s^2}+1} \qquad \text{또는 } n=\frac{N}{\left(\frac{\varepsilon}{\lambda}\right)^2\frac{N-1}{P(1-P)}+1}$$

이다.

그러나 문제는 표본의 변량 s^2(또는 $P(1-P)$)가 분명치 않다는 점이다. 다시 말해서 정도와 신뢰도보다 먼저 변량치를 확정하는 것이 필요하다. 흔히 s^2는 예비조사나 유사한 다른 조사에서 얻은 것을 사용하는 경우가 많다. 또한 $P(1-P)$는 $P=0.5$일 때 값이 최대가 되므로 특정한 값을 얻지 못하는 한 그냥 쓸 수밖에 없다.

변량치를 구했다고 한다면 다음에는 신뢰도와 정도의 값을 구해야 하는데, 보통 조사에서 신뢰도는 95%나 99%를 취한다. 이때 λ는 각각 2와 3이 된다. 그리고 정도는 어느 정도의 오차를 감수하겠느냐에 따라 정해진다. 예컨대 키를 재는데 오차가 5% 이상이면 큰 편에 속한다. 여론조사에서는 오차를 3% 정도 허용하는 것이 관례이다.

이제 "어떤 학교에서 학생 1,000명의 모의고사 성적의 평균을 알고자 하는데 표본을 얼마로 해야 하겠는가"라는 실례를 가지고 표본의 크기를 계산해 보기로 한다. 풀이에 앞서 신뢰도는 95%, 정도(오차)는 3으로 하고, 작년 모의고사 성적 평균은 76점으로 σ는 15였다는 사실을 이용해야 한다.

$$n=\frac{1000}{\left(\frac{3}{2}\right)^2\frac{1000-1}{15^2}+1}=90.9$$

즉, 적어도 91명의 학생을 표출해서 조사해야 95%의 신뢰도를 가지고 3% 정도의 오차를 감수하면서 모집단의 평균치를 추정할 수 있게 된다.

위의 표출수를 결정하는 논의는 크기를 결정하는 산출방법에 중점을 둔 것이지만, 실제로 표본의 수는 여러 가지 검증(평균차의 유의도검증, 비율차의 유의도검증 등)의 중요한 목표가 된다. 다시 말해서, 표본수는 이미 설명한 바와 같이 모집단의 동질성에 따라 크게 좌우된다고 하였는데, 예컨대 공무원 1,000명을 직급별로 의식조사를 하는데 2급 이상이 전체의 50명밖에 안 된다면 표본을 통한 유의성검증이 불가능할 것이다. 따라서 표본의 수는 여러 가지 조건을 검토한 후에 결정해야 할 것이다.

〈표 3-14-3〉 지역별 목표 표본수

시 · 도	유권자수 (명)	분포비 (%)	표본수 (명)	거대도시	시 부	군 부
서 울	7,394,554	(25.4)	393	393		
부 산	2,565,831	(8.8)	136	138		
대 구	1,494,057	(5.1)	79	79		
인 천	1,346,964	(4.6)	71	71		
광 주	769,300	(2.6)	41	41		
대 전	725,583	(3.6)	38	38		
경 기	4,354,271	(15.1)	232		수원 50 성남 41 부천 41 안양 41	이천 30 김포 29
강 원	1,025,018	(3.5)	55		동해 28	명주 27
충 북	922,701	(3.2)	49		청주 24	음성 25
충 남	1,232,586	(4.2)	66		온양 14	금산 26 논산 26
전 북	1,321,778	(4.5)	70		전주 37	부안 33
전 남	1,500,662	(5.2)	79		목포 24	여천 27 영암 28
경 북	1,934,544	(6.6)	103		구미 39	고령 32 청도 32
경 남	2,504,339	(8.6)	133		창원 39 진주 38	의령 28 울산 28
계	29,092,188	(100.0)	1545	758	416	371

여기서 홍두승이 보통 하는 조사에서 사용하는 표본의 예를 소개하기로 한다. 아래 표에 자세하게 제시하겠지만, 홍 교수는 제주도를 제외한 전국 6개의 특별시와 직할시(지금은 광역시)와 8개의 도에 거주하는 20세 이상의 성인 남녀를 조사모집단으로 하여, 1,500명을 표본조사할 때 다음과 같은 지역을 조사지역으로 선정한다(표 3-14-3). 이때 목표 표본수에 미달되거나 혹은 조사 미비로 제외되어야 할 경우에 대비하여 그 수에 3%를 추가하여 1,500명이라면 1,545명으로 표본수를 조정하기도 한다.

참고로 세부표집방법을 첨부한다.

(1) 표집은 제주도를 제외한 전국에서 150개의 표집지점(3차 표집단위)을 선정한 다음, 조사대상자의 수는 원칙적으로 각 표집단위별로 10명으로 하되 지역의 크기에 따라 가감한다. 표집은 다단계확률표출방법으로 하되, 최종단계에서의 표출은 성 및 연령에 따른 할당표출로 한다.

(2) 구체적으로 설명하면, 1차 표출단위(primary sampling unit)는 선거구로 하고 조사지역은 중앙선거관리위원회가 발표한 1992년 12월 18일 대통령선거의 선거인 명단을 사용하여, 규모비례확률(probability proportionate to size)방법으로 추출한다. 이 방법은 조사 선거구가 크기(선거인수)에 비례해서 표출되도록 하는 것이다. 따라서 선거구의 크기가 클수록 그 집단이 추출될 확률도 높아진다.

(3) 1차표출단위인 선거구를 결정한 후 2차표출단위(secondary sampling unit)로 시부에서는 동, 군부에서는 읍 또는 면을 선정한다.

(4) 3차표출단위(tertiary sampling unit)로는 시부에서는 통/반, 군부에서는 리로 설정한다. 시부에서의 통은 각 동의 통의 수를 파악하여 가운데 통이 되도록 하고(예를 들어 1통에서 10통까지 10개 통이 있을 경우, 5통으로 함), 반은 선정된 통의 2반(또는 3반)이 되도록 사전에 결정해 둔다. 군부에서의 리는 「한국행정구역분류」(통계청)에서 무작위로 선정한다.

(5) 마지막으로 개별 응답자는 "1995년 인구 및 주택 센서스 조사"에서의 비율에 맞추어 성과 연령에 따른 할당표집을 한다.

그리고 그 다음에는 또 지역별 실제 표본수를 구역별로 제시한다. 예컨대 서울특별시에서 종로구가 표출되면, 그 다음에는 이화1동, 창신2동이 표출되는 것과 같은 것이다. 이 표도 아래에 제시한다.

〈표 3-14-4〉 지역별 실제 표본수

서울특별시(384)

지	역	표본수	지	역	표본수
종로구	이화 1동	9	서대문구	남가좌 2동	10
	창신 2동	10		북가좌 2동	10
용산구	후암동	10	양천구	목 2동	12
	보광동	10		신정 1동	7
성동구	금호 1가동	9	강서구	가양동	10
	성수 2가동	9		방화 1동	10
	중곡 4동	10	구로구	독산 2동	10
	자양 3동	12		시흥 5동	10
동대문구	전농 3동	10	영등포구	여의도동	9
	장안 1동	10		신길 6동	10
중랑구	중화 2동	7	동작구	흑석 1동	10
	망우 1동	10		사당 3동	7
성북구	장위 1동	8	관악구	봉천 6동	10
	석관 1동	10		봉천 11동	10
도봉구	번 3동	10	강남구	논현 1동	9
	창 1동	10		역삼1동	10
노원구	상계 3동	8	송파구	오금동	10
	상계 8동	10		잠실 4동	10
은평구	불광 1동	9		석촌동	9
	대조동	10		문정 1동	10

부산직할시(136)

지	역	표본수	지	역	표본수
중 구	보수 1동	10	북 구	구포 1동	10
	영주 2동	10		모라 2동	10
영도구	영선 2동	9	해운대구	우 1동	10
	동삼 1동	10		재송 2동	9
부산진구	가야 2동	10	금정구	서 1동	9
	개금 3동	10		구서 2동	10
동래구	연산 2동	9			
	연산 9동	10			

대구직할시(73)

지	역	표본수	지	역	표본수
동 구	신암4동	9	북 구	산격1동	9
	효목1동	9		복현2동	10
서 구	비산7동	9	달서구	성당2동	9
	평리3동	8		성서2동	10

인천직할시(72)

지	역	표본수	지	역	표본수
남 구	주안2동	10	북 구	효성1동	10
	주안8동	12		작전1동	10
남동구	구월1동	10		계양1동	10
	반수1동	10			

광주직할시(40)

지	역	표본수	지	역	표본수
동 구	동명1동	10	북 구	우산동	9
	지산2동	10		문화동	11

대전직할시(38)

지	역	표본수	지	역	표본수
동 구	효동	9	서 구	용문동	10
	용운동	10	유성구	온천1동	9

경기도(235)

지	역	표본수	지	역	표본수
수원시(52)			안양시(42)		
권선구	세류2동	10	만안구	안양3동	11
	인계동	10		석수1동	10
	매탄동	11	동안구	관양1동	10
장안구	화서1동	10		호계1동	11
	우만동	11			

지 역		표본수	지 역		표본수
성남시(42)			부천시(41)		
수정구	신흥 2동	9	중 구	성곡동	10
중원구	중동	10		신흥 2동	10
	은행 2동	11	남구	심곡 1동	10
분당구	서현동	12		중동	11
이천군(30)			김포군(29)		
이천읍	창천 1리	10	김포읍	운양 2리	8
	을현리	9	검단면	원당 2리	11
대월면	단월 1리	11		오류 1리	10

강원도(55)

지 역		표본수	지 역		표본수
동해시(28)			명주군(27)		
	천곡동	10	주문진읍	주문 2리	11
	복삼동	9	옥계면	현내 2리	8
	묵호동	9		산계 3리	8

충청북도(48)

지 역		표본수	지 역		표본수
청주시(24)			음성군(27)		
	우암동	8	음성읍	평곡 1리	10
	내덕 1동	8	삼성면	양덕 2리	8
	금천동	8		신정 1리	6

충청남도(65)

지 역		표본수	지 역		표본수
온양시(24)					
	권곡동	6			
	용화동	7			
금산군(26)			논산군(26)		
금산읍	하옥 2리	10	논산읍	대교 1리	10
추부면	신평 1리	8	노성면	읍내 1리	9
	성당 1리	8		병사 2리	7

전라북도(69)

지 역		표본수	지 역		표본수
전주시(36)			부안군(33)		
완산구	중노2가동	9	부안읍	동중1리	8
	중화산동	9	동진면	내기리	9
	삼천동	9		안성리	8
	효자2동	9		당상리	8

전라남도(76)

지 역		표본수	지 역		표본수
목포시(24)					
	신정3동	8			
	동명동	8			
	이로동	8			
여천군(27)			영암군(26)		
돌산읍	금성리	9	신북면	모산2리	8
	덕양2리	9		유곡1리	8
	대포3리	9		이천2리	10

경상북도(104)

지 역		표본수	지 역		표본수
구미시(39)					
	송정동	10			
	도산동	9			
	현곡동	10			
	인릉동	10			
고령군(33)			청도군(32)		
고령읍	장기1리	9	청도읍	무등리	13
쌍림면	산당리	8	이서면	대천1리	9
	산주리	8		금촌리	10
	평지리	8			

경상남도(134)

지 역		표본수	지 역		표본수
청원시(39)			진주시(39)		
	반림동	10		상봉서동	9
	반지동	10		상대1동	11
	가음정동	9		하대동	9
	남산동	10		평거동	10
의령군(28)			울산군(28)		
의령읍	서동리	6	언양면	송대리	10
부림면	감암리	11		어음리	9
	여배리	11		동부리	9

끝으로 모집단 N의 수가 대단히 클 때 표본의 수 $n=\left(\frac{\lambda}{\varepsilon}\right)^2 s^2$ 또는 $n=\left(\frac{\lambda}{\varepsilon}\right)^2 P(1-P)$로 구해질 수 있다는 점을 밝히고, 단순무작위표출에서의 표본의 크기를 표로 제시한다. 이 〈표 3-14-5〉는 통계절차를 통해 입증되어 보편화된 것이다. 신뢰도와 정도를 어느 정도 유지하려면 몇 개의 표본이 필요한가를 가늠할 수 있다.

〈표 3-14-5〉 단순무작위표본의 크기

오 차	신 뢰 도	
	95%	99%
1%	9,604	16,587
2	2,401	4,147
3	1,067	1,843
4	600	1,037
5	384	663
6	267	461
7	196	339

4.4 표출오차와 비표출오차

앞에서 설명한 바와 같이 표본이 모집단을 대표할 수 있기 위하여는 모집단의 특성이 곧 표본의 특성이 되어야 한다. 다시 말해서 표본의 특성을 미루어 모집단의 통계치가 어느 일정구간 속에 들어가 있음으로써 우리는 표본의 통계치를 가지고 모집단의 특성을 어느 정도 추론할 수 있게 된다. 이 일정구간이라는 것은 앞에서 설명한 신뢰구간이다.

이러한 문제를 따지는 것은 모집단의 한 부분에 불과한 표본을 가지고 모집단 전체를 헤아려 보아야 하니까 자연 그 정확도를 생각하지 않을 수 없게 되고, 그 정확도 또한 확률표집을 했을 때 어디까지나 확률적인 것이니까 거기서 생기는 오차를 감안해서 계산하지 않을 수밖에 없는 것이다.

표본오차는 표본분포가 정상이라는 것을 전제로 해서 표본편차의 개념으로 설명되는데, 이는 앞에서 간단히 언급된 바 있다. 표본의 크기가 적어도 30 이상이 되어야 한다는 주장은 정상분포라고 가정할 수 있기 위해서이며, 그래야만 표본오차의 설명이 논리적으로 가능할 수 있기 때문이다.

보통 표본에서 오차를 논할 때 전체 오차를 생각하는데, 표출오차가 설명하는 변수오차(variable errors)와 비표출오차에서 제기되는 편견을 합친 이 전체오차(total errors) 안에서 양자를 고려한 다음에 표출·비표출 등을 나누어 보는 순서를 찾는다.

이 전체오차에서 양자의 관계는,

$$E\,[\bar{y}_c-\bar{Y}_{\text{true}}]^2=E\,[\bar{y}_c-E(\bar{y}_c)]^2+[E(\bar{y}_c)-\bar{Y}_{\text{true}}]^2$$

로 표시되는데, 표본의 평균치 $E(\bar{y}_c)$를 중심으로 한 변수오차의 평균제곱 편차와 사실값과 표본의 평균치와 편차의 제곱을 합친 것이다. 즉, 간단히 표시하여 전체오차는 $\sqrt{VE^2+\text{Bias}^2}$이 되는데, VE^2은 표출분산(sampling variance)과 같으며, 모집단의 값으로부터 떨어진 표본의 값이 편견이 된다.

키쉬(L. Kish)와 랭싱(J. B. Lansing)이 실제로 조사한 예를 가지고 위의 관계를 좀더 이해해 보자. 자택을 가지고 있는 사람의 표본으로 면접을 해서 집값의 평균치가 $9,200인 것을 알았다. 이때 표준편차는 $5,700이었다. 그 후에 전문감정사들이 평가를 했더니 양자간에 편견이 개재되어 있음을 알 수 있었다. 즉, $320(평균집값의 약 3.5%) 정도를 집의 소유자들이 높게 평가하고 있는 것을 알게 된 것이다. 이 3.5%라는 편견이 과연 전체오차에 미치는 영향을 생각할 때 작은 것이냐 하는 것을 알기 위해서는 표준오차와 함께 고려해야 한다. 천 단위를 줄여서 계산하면, n 만큼 크기의 단순무작위 표본의 전체오차는 편견을 고려치 않고 $\sqrt{5.7^2/n}$이 되고 편견까지 고려하면 $\sqrt{5.7^2/n+0.32^2}=\sqrt{5.7^2/n+0.1024}$가 된다. 다음 그림에서 알 수 있듯이 편견이 적으면 작은 표본(n=100)에 적당한 영향을 끼치지만, 표본이 커질수록(n=1,000, 10,000) 그 영향이 상승함을 알 수 있다. 맨 마지막의 값은 편견이 개재되지 않는 관찰수로서 0.32의 평균편견을 갖고 있는 n 관찰수와 같은 전체오차를 산출한다. 여하튼 이것은 여러 표본의 크기에서 편견이 전체오차에 주는 영향을 계산해 본 것이다.

이렇게 해서 편견의 영향을 생각해 볼 수 있으나, 이것은 모집단을 여러 개로 나누어서 부분집단을 만들어 표집하거나 조사의 목적을 달리해서 보거나 하면 그 영향이 꽤 달라진다는 사실을 알게 된다. 그러나 흔히 조사를 할 때 이 편견은 계산을 하지 않고 대신 주관적인 평가로 인해 편견이 개재되었을 것이라는 정도로 소개하고 만다.

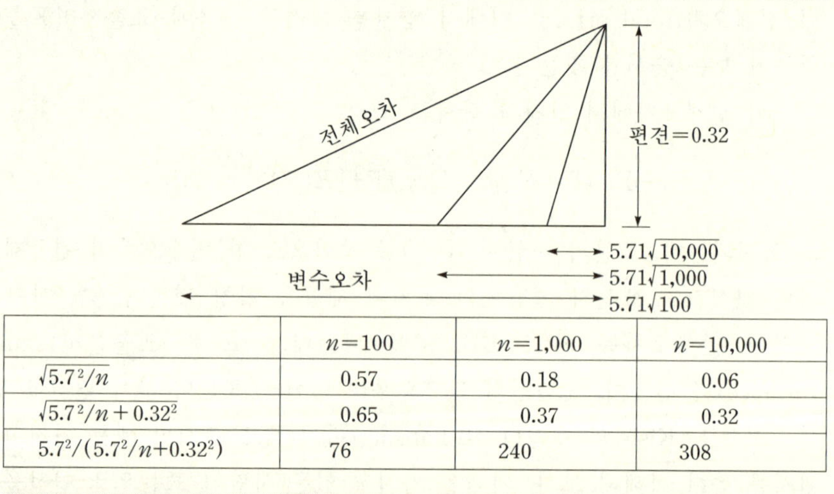

	n=100	n=1,000	n=10,000
$\sqrt{5.7^2/n}$	0.57	0.18	0.06
$\sqrt{5.7^2/n+0.32^2}$	0.65	0.37	0.32
$5.7^2/(5.7^2/n+0.32^2)$	76	240	308

〈그림 3-14-3〉 여러 크기의 표본에 미치는 편견의 영향

끝으로 조사상에 나타나는 오차의 근원은 특히 비표출오차인 경우에 현지조사에서 면접을 잘못하거나 질문지를 잘 작성하지 못하거나 수집된 자료를 코딩할 때 잘못 기입하거나 하는 등 표출 이외의 자료수집과 처리과정에서 나타난다. 실상 변수오차라는 것은 표출·비표출을 막론하고 이들 양자를 포함하고 있는 것인데, 표출오차의 예를 들면 같은 집락을 바꾸어 세 단계에 걸친 무작위추출을 할 때 평균치의 분산은,

$$Var(\overline{y}) = \frac{S_a^2}{a} + \frac{S_b^2}{ab} + \frac{S_c^2}{abc}$$

가 되며 이때 a는 첫 단계, ab는 둘째 단계, abc는 셋째 단계의 표본단위가 된다. 다음의 〈그림 3-14-4〉에서 볼 수 있듯이 이들은 직각삼각형의 사변으로 나타난다. 동시에 이 그림은 전체오차 · 변수오차 · 표출 및 비표출오차간의 관계를 나타내 주고 있다. 전체오차는 모든 편견 · 표출 · 비표출오차의 산술합계임을 다시 확인한다.

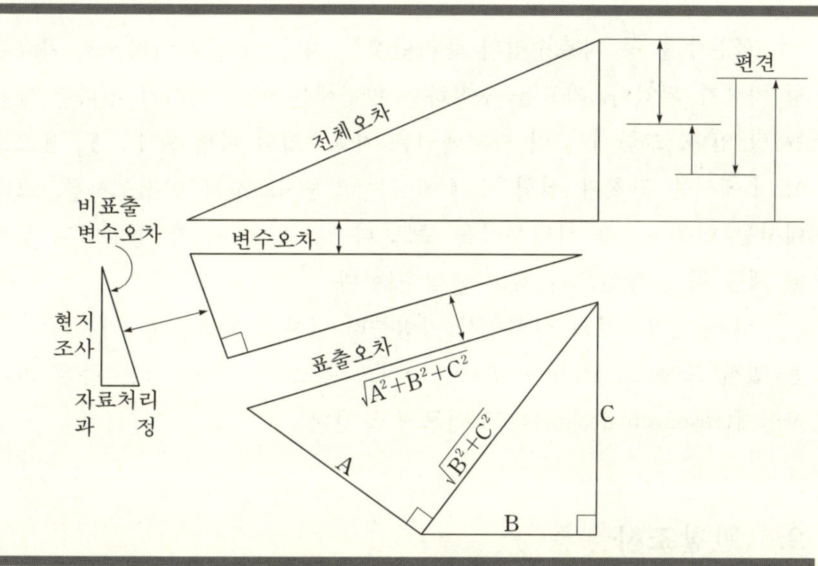

〈그림 3-14-4〉 조사오차의 근원별 구분

제 15 장

자료의 수집방법(I): 관찰과 실험

1. 개 관

표본추출 등 자료수집의 준비단계를 지나 이제 본격적으로 자료를 수집할 차례가 되었다. 자료를 수집하는 방법에는 여러 가지가 있다는 것을 우리는 잘 안다. 그중에서 이 강의에서는 자료수집의 방법을 Ⅰ, Ⅱ, Ⅲ으로 나누어 Ⅰ에서는 관찰과 실험을, Ⅱ에서는 질문지조사와 면접조사를, 그리고 Ⅲ에서는 내용분석과 사례분석을 주로 다루기로 한다. 각 방법별로 실제 조사의 예를 들어 놓았으니 참고가 될 것이다.

먼저 관찰조사와 실험조사 방법부터 다루게 되겠는데, 이들 중 관찰조사는 질적 조사(qualitative research)라고 부르고, 실험조사는 좁은 의미의 조사설계(research design)라고 이르기도 한다.

2. 관찰조사

2.1 관찰이란 무엇인가

본격적인 자료수집의 단계에 들어가게 되면 연구자는 어떤 방법을 써서 원하는 자료를 구할 것인가를 결정해야 한다. 어떤 이론이나 모델을 가지고 검증하고자 하는 가설이 어떤 것인가가 이미 정해진 후이기 때문에 여기에 맞는 자료를 얻기 위해서 그 수집방법을 결정해야 한다는 뜻이다. 물론 요즘 시중에서 흔히 하는 여론조사는 사실만 확인하려는 것이 대부분이므로 가설을 설정하여 이를 검증할 필요는 없다. 그러나 연구의 차원에서는 반드시 이론적 연찬을 해야 하므로 가설을 입증하려는 노력을 기울이는 것이 당연하다. 그 일환으로서 관찰조사(observation)는 자료를 수집하는 한 방법으로서 자료의 근거가 되는 대상을 놓고 면접과 같은 직접적인 방법을 쓰지 않고 보거나 듣는 감각작용에 의해 자료를 모으게 된다.

우리는 일상 생활에서 눈으로 사물을 보고 귀로 남의 이야기를 듣기 때문에 늘 관찰하면서 사는거나 다름이 없다. 그러나 이 모든 행위를 관찰조사라고 하지는 않는다. 여기서 말하는 것은 과학적인 관찰을 의미하는데, 그것은 ① 일정한 목적을 가지고, ② 체계적으로 계획해서, ③ 기록하고 단순한 흥미에서가 아니라 보다 일반화된 명제에 연결시켜, ④ 타당성과 신뢰성을 확인하고 통제하는 것이다. 이와 같은 절차의 내용을 가지고 현상을 보는 것이 이 관찰조사이지만, 라듐이나 페니실린같은 위대한 과학적인 발견이 과학적인 관찰에 의해 이루어진 것이 아니라는 점을 생각해 본다면 반드시 일정 체계를 갖춘 행위가 아니더라도 자료수집을 위한 방법으로서는 생각해 볼만한 것이라고 하겠다.

관찰조사는 이 자체가 완전하지 못해서 면접이나 질문지조사방법과 함께 쓰이는 경우가 많다. 표본추출방법에서도 여러 방법을 함께 써서 각각의 약점을 극복하려는 것과 마찬가지로, 다른 자료수집방법과 같이 원용될 때 이 관찰방법은 유용도가 보다 높아진다. 동시에 관찰조사는 다른 방법을 보완해 주는 것이기도 한데, 예컨대 사례연구를 할 때 그 사례를 깊이 파고 들어가서 무엇을 알아내기 위해서는 면접만 가지고는 부족하다. 또한 어느 집단의 비공식적인 인간관계를 알아 내기 위해서 설문지를 나누어 주고 의견을 알아내는 것보다는 그 현장에서 관찰하는 것이 훨씬 정확한 자료를 얻을 수 있다. 실제로 공무원들의 대민봉사활동에 관한 국민들의 반응을 알아보려는 면접조사를 하면서 동시에 봉사현장에서 공무원들의 대민활동을 관찰한 예가 있다.

〈표 3-15-1〉 자료수집방법의 결합유형

		사례연구	실험연구	의견조사
자료수집방법	관 찰	×	×	
	면 접	×		×
	질문지			×

반면에 수많은 대상자를 조사한다면 관찰은 거의 불가능하다. 〈표 3-15-1〉에 자료수집 방법의 혼용 가능성을 예시하여 보았다.

2.2 관찰조사의 종류

관찰조사는 통제관찰과 비통제관찰로 나누기도 하고, 조직적 관찰과 비조직적 관찰로 나누기도 하는데, 용어는 다르나 의미는 같다. 좀더 세분하면 비통제관찰 또는 비조직적 관찰 안에는 「참여관찰」(參與觀察, participant observation)과 「비참여관찰」(非參與觀察, nonparticipant observation)이 있으며, 「준참여관찰」(準參與觀察, quasi-participant observation)까지 나누는 예도 있다. 뒤의 설명에서 의미가 분명해지겠지만, 여기서 쓰는 용어가 분명치 않은 느낌이 있다. 즉, 참여관찰이라고 하면 현장에 가서 조사대상 집단에 직접 참여하여 관찰을 하는 것이지만 관찰자가 누구인지 밝혀지지 않고 따라서 피관찰자가 관찰당하고 있다는 사실을 알지 못한다. 반면에 비참여관찰은 관찰자가 자신을 숨기지 않고 연구 목적을 그 집단에 알리고 관찰하는 것이다. 그러므로 참여와 비참여의 차이는 현장(scene)의 일원이 되느냐, 안 되느냐의 차이에서 오는 용어상의 구별일 뿐 관찰작용이 표면화되느냐 안 되느냐를 알게 해 주는 용어로는 적당치 않다. 즉, 참여관찰을 한다고 하면 일응 다 알게 되는 것과 같은 느낌이지만 실상은 정반대이다. 그러므로 의미를 보다 정확하게 전달하기 위해서는 참여관찰을 잠재적 관찰이라고 하고 비참여관찰을 현재적 관찰이라고 부르는 것이 더 나을 것 같다.

관찰에 있어서 가장 중요한 것은 관찰대상의 성격이 관찰로 인해 왜곡되지 말아야 하는 점이다. 다시 말해서 어느 공장에서 일을 하는 종업원들의 행태를 관찰하여 그들의 행태가 그 공장의 생산 효과에 얼마나 기여하고 있느냐를 알고 싶을 때 조사자가 가서 관찰을 한다면 조사를 당하는 사람들은 평소와는 다른 행동을 할 것이기 때문에 그 집단의 자연성을 해칠 염려가 있다. 행정학과 경영학에서 인간관계학파(Human Relations School)의 기원이 되었던 유명한 호손(Hawthorne) 공장실험도 참여관찰이었지만 관찰당하고 있다는 것을 종업원이 알게 되어 그 조사 결과가 의심스럽다는 비판을 받았던 것도 이러한 것의 한 예라 할 수 있다. 그래서 사회학자들은 집단의 행태를 연구할 때 집단이 갖는 자연스러운 성격을 보존할 수 있는 정도를 기준삼아 관찰조사의 종류를 나눈다. 즉, 어느 집단을 있는 그대로의 상태(통제집단)에서 참여관찰하는 것이 가장 자연성을 보존하는 길이며, 그 다음이 그 집단에서 비참여관찰을 하는 것이고, 마지막이 실험상황을 만들어 놓고 비참여관찰을 하는 것 등이다. 연속되는 척도에 놓고 표시해 보면 아래와 같은 그림이 된다.

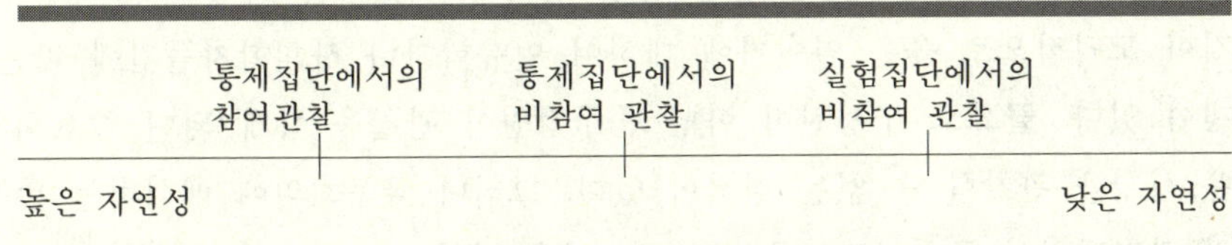

〈그림 3-15-1〉 자연성 보존 정도에 따른 관찰방법

다음에는 이러한 기본 유형이 있다는 것을 전제로 해서 관찰의 종류를 하나하나 설명하기로 한다.

(1) **참여관찰** 참여관찰은 관찰의 대상이 되는 집단의 구성원이거나, 혹은 준구성원이 있는 그대로의 집단 행태를 알아보는 방법이다. 다시 자세히 설명하면, "참여관찰은 환경이 허락하는 한도 안에서 생활·사건·흥미·집단의 영향 등을 의식적으로 체계 있게 함께 나누는 것(sharing)으로서 자료의 왜곡 가능성을 최소한 줄이면서 직접 접촉하여 자료를 얻는 방법이다." 관찰한다는 사실이 표면화되지 않기 때문에 가장 정확한 자료를 얻을 수 있는 방법으로 평가되고 있다. 예를 들면, 공무원들의 행태가 나태하고 무사안일하며 지시받은 사항이나 그럭저럭한다는 가설을 검증해 보기 위해 관청에 가서 참여관찰을 한다면 어느 과의 직원이 아니더라도 그 방에 자주 드나드는 업자나 월부 책장사 같은 사람이 어느 정도 관찰을 할 수 있을 것이다. 다른 예로는 워싱턴의 공원에 있는 공중화장실에서 동성연애자들의 행태를 관찰하기 위해 망을 봐 준다며 관찰을 한 적이 있다. 이러한 방법은 위에서도 여러 번 지적한 대로 있는 상태 그대로를 관찰할 수 있기 때문에 가장 정확한 자료를 얻을 수 있게 된다.

그러나 그 집단의 구성원이 관찰을 하게 되면 늘 같이 생활하는 데서 생기는 동조현상(同調現象) 때문에 객관성을 잃게 되고, 따라서 그 직원은 한 두 가지의 사건에만 집착할 뿐 전체를 보지 못하는 결점이 있다. 동시에 관찰자가 어떤 편견을 가지고 있으면 그로 인해 많은 영향을 받게 되므로 다른 사람이 다시 관찰할 때 동일한 결과를 얻지 못하게 될 염려도 있어 자료의 신뢰도가 문제된다. 또한 관찰자가 잘못 행동하게 되면(즉, 나는 너희들을 조사해서 상부에 보고할 자료를 만들고 있다는 거만한 태도 등) 그 관찰은 영영 망치고 만다. 이런 문제와 결부되어 과연 관찰하고 있다는 사실을 숨기고 있는 것이 도덕적으로 옳은 일인가에 대하여 인류학자나 사회학자들간에 많은 논쟁이 있다. 끝으로 구성원이 아닌 준구성원이 관찰을 하게 되면 중요회의같은 상황을 관찰할 수 없는 결점이 있다. 그러나 국무회의에 배석하는 총무처의 관련직원이 준참여관찰을 할 수는 있을 것이다.

(2) **비참여관찰**　관찰한다는 사실을 밝히고 관찰을 하는 방법이다. 참여관찰에서 도덕성이 문제가 될 정도로 심각한 것이라면 이 방법에서는 이런 문제가 생기지 않는다. 관찰자는 과장을 찾아가서 공무원의 행태를 관찰하겠다는 목적과 취지를 대강만 밝히고 허락을 얻는다. 너무 자세하게 밝히면 거절당할 우려가 있다. 이런 비참여관찰은 집단의 장이 허락을 해 주는 경우에나 가능하지만 국외자가 객관적 입장에서 전체를 정확하게 관찰할 수 있다는 장점을 지닌다. 관찰 가운데에는 집단의 장에게 허락을 받은 후 참여관찰을 하는 경우도 있다. 미공군의 훈련과정이 훈련생에게 어떤 이미지를 주고 그것이 다음의 경력을 쌓는 데 도움이 되느냐를 알아보기 위해 심리교관이 사령관의 허락을 받고 참여관찰을 한 예가 있다. 그러므로 미리 허락을 받아도 관찰 대상자들은 모르게 하는 참여와 비참여의 중간성격의 방법도 가능하다는 말이 된다. 저자는 여러 차례 관직에 있는 동창생의 사무실에 가서 부하가 보고하러 들어와 나누는 대화와 지시, 그리고 그 상관에게 걸려오는 전화의 대응양태 등에 관해 비체계적인 관찰을 한 바 있다.

그런가 하면 관찰집단의 장은 미리 직원들에게 관찰당할 것이라는 사실을 알리고 부지런히 일하는 태도를 보이라고 말함으로써 자연성을 해칠 우려도 많다. 무엇보다도 비참여관찰이 지니고 있는 약점은 집단이 관찰을 당하고 있다는 사실을 알고 있음으로써 야기되는 문제들이므로 이것을 극복하기 위하여는 관찰된 사실을 그때그때 기록할 것이 아니라 암기해 두었다가 나중에 기록하는 등 관찰 방법에 세심한 주의를 기울여야 한다. 동시에 방법뿐만 아니라 태도에서도 항상 겸손하게 관찰하여야 한다.

비참여관찰에 가까운 유형으로 준참여관찰과 같이 국외자가 관찰하되 피관찰자가 관찰당하고 있다는 사실을 모르는 경우이다. 백화점에서 물건을 사는 고객들의 눈이 얼마만큼 깜박이나 하는 것(관심의 정도를 파악한다)을 관찰하는 경우라든지, 승객이 얼마나 자주 타고 내리는가의 지속도를 알아보는 교통 조사같은 경우에는 같은 일원이 아니면서 관찰자가 노출되지 않을 수 있는 방법이 된다.

한편 유사한 것으로 들 수 있는 예가 인류학자들이 하는 특정종족에 대한 관찰이다. 이들의 생활 습관·언어·무도·결혼 등에 관한 것을 관찰하기 위해 아프리카나 남태평양의 어느 섬에 간다면 관찰자는 자신의 생김새 때문에 도저히 참여관찰같은 것을 할 수 없다. 보통 오랫동안 그곳에 살면서 그들의 일을 도와 주고 병을 고쳐 주고 하면서 존경을 받고 동화되어가는 동안에 관찰을 하게 된다.

(3) 실험집단을 통한 비참여관찰 다음의 실험조사와 중복되는 내용이지만 비참여관찰을 할 때 있는 그대로의 집단을 대상으로 하는 경우와, 대상집단을 일정한 실험 상황에 놓고 관찰하는 경우가 생기는데, 이 후자의 경우를 뜻한다. 집단 구성의 전개과정을 관찰한 베일스(R. F. Bales)의 연구가 이 방법의 대표적인 예인데, 어떤 집단을 실험실에 넣고 한쪽에서만 보이는 거울로 관찰해서 그 집단 구성원의 상호작용을 12개의 범주에 걸쳐서 나누어 보았다. 12개의 범주를 먼저 소개하면 ① 결속력, ② 긴장 완화, ③ 동의, ④ 제안, ⑤ 의견 개진과 평가, ⑥ 오리엔테이션, ⑦ 정보의 요구와 확인, ⑧ 의견 요구, ⑨ 방향 제시의 요구, ⑩ 반대, ⑪ 긴장감 조성 및 ⑫ 적대의식의 조성 등이다.

각 관찰자들은 이상의 12개 범주에 따라 언어와 무언의 행동을 동시에 기록해 나간다. 주로 누가 누구에게 어떤 내용의 이야기를 했는가를 관찰한 것인데, 15분 동안의 기록을 보면 다음의 〈표 3-15-2〉와 같다.

〈표 3-15-2〉에서 알 수 있듯이 구성원 1은 구성원 4와 2에게는 두 번

〈표 3-15-2〉 언어적 행동을 통해 본 집단구성원의 상호작용

범 주	1	2	3	4
결 속 력	2, 4, 2	1, 3, 3, 1	2, 1	0, 1, 3, 1, 0
긴장감조성	3	1, 0, 0	4, 1, 2, 4	2, 1, 0
동 의	1, 2	4, 1, 3	2, 1, 2, 2	1, 2, 2
제 안	2	1	0, 1, 3, 1	0, 1, 3, 3, 3, 3
의견 개진	4, 3	3	3, 2, 3	1, 3, 2, 2, 2
:	:	:	:	:
:	:	:	:	:

"잘해 보자"는 내용의 이야기를 했고, 구성원 2는 3에게 "그 의견이 아주 흥미있는데"라는 말을 했으며, 구성원 4는 3에게 여러 번, 그리고 1과 전체(0은 구성원 전부를 뜻함)에게 제안을 했다. 위의 자료가 비록 연속성이 있는 집단의 상호 작용을 보여 주지는 못한다고 해도 계속해서 관찰하고 더군다나 그들의 대화 내용을 녹음해 둔 다음에 분석하면 집단 전체의 역동적인 형태를 파악할 수 있을 것이다.

그래서 이 방법은 다음 두 가지 점에서 활용할 만한 가치가 있다고 한다. 하나는 자료의 신뢰도를 높일 수 있다는 것이다. 한 사람이 먼저 관찰한 후 곧 다른 사람이 같은 현장을 관찰해서 서로 비교할 수 있으며 또한 실험상황이기 때문에 녹음 기록이 용이하다는 것이다. 다른 하나는 범주가 표준화되고 망라적이기 때문에 관찰자의 자의적 인식이 개재되지 않는다는 것이다.

그럼에도 불구하고 이 방법 역시 관찰당하고 있다는 사실이 미치는 영향을 배제할 수 없어 가공적이 될 염려가 있으며 이것은 실험 상황이기 때문에 더 가중된다. 또한 실험한 사실을 실재의 상황에 적용하여 일반화시키기에는 무리가 뒤따른다.

2.3 관찰조사의 절차와 진행

실제로 관찰을 진행하게 될 때 고려해야 할 사항들을 다시 정리해 보기로 한다. 관찰의 종류에서 간헐적으로 언급이 되었지만 여기서 다시 ① 관찰자, ② 내용과 카테고리, ③ 단위와 표본, ④ 추리과정 및 ⑤ 신뢰도와 타당도로 나누어 설명한다.

(1) 관 찰 자 관찰조사에서 관찰자의 역할은 아주 중요하다. 보통 면접이나 질문지조사에서와 달리 관찰자의 주관이 가장 많이 개입되는 것이 이 관찰조사이기 때문이다. 그래서 관찰자는 측정도구의 일부라고까지 말하게 되는데, 이것은 관찰자가 객관성을 유지하도록 기대하기 때문이다. 그러나 관찰자가 인간인 이상 기계와 같은 역할을 기대할 수 없기 때문에 늘 관찰자의 관찰행동을 가감해서 평가하지 않으면 안 된다. 그러기에 관찰에서 얻은 자료의 신뢰성을 따지지 않을 수 없다. 조직적 관찰에서는 관찰 절차가 통제되기 때문에 주관성의 개입이 어느 정도 제한되지만, 비조직적 관찰에서는 오로지 관찰자의 능력과 성실성 내지는 정직을 믿을 수밖에 없다. 이렇게 관찰자를 믿는다고 하면 그 관찰자는 중요한 역할을 수행하기 위한 능력, 즉 관찰 기술을 우선 습득하여야 하며 동시에 성품으로 보아 참을성이 많아야 한다. 관찰 기술은 사전 훈련을 통해 쌓아야 하고 성품은 생래적인 것이지만 관찰 과정의 중요성을 인식시켜 꾸준하게 하도록 하여야 한다. 자칫 잘못하다가는 관찰자의 오만한 행동이 관찰 상황을 완전히 어그러지게 만든다. 그런가 하면 관찰자가 자신도 모르게 관찰하고 있다는 사실을 망각하고 집단에 동화되어 버리고 말 때도 있다는 점을 주의할 필요가 있다. 그래서 관찰자는 늘 조심성 있게 행동하며 세밀히 관찰하고 그것이 꾸준하여야 하며 객관적인 입장에 있음을 재삼 확인할 줄 알아야 한다. 끝으로 이상적이기 위하여는 관찰 현상에 익숙한 같은 전공 분야의 학도가 관찰자가 되는 것이 바람직하다.

(2) 관찰내용과 카테고리 무엇을 관찰할 것인가가 분명해야 한다. 즉, 무엇을 알아내어 의문났던 점을 풀어 줄 것인가인데, 다른 말로 표현하면 가설검증을 위해 그 검증의 뒷받침이 될 수 있는 자료를 구하는 문제이다. 그러므로 일반적으로 개념의 조작적 정의를 내려 변수와 지표를 찾아내어 무엇을 보겠다는 것을 분명히 하듯이 관찰내용을 분명히 한다는 것은 당연한 일이다. 내용을 분명히 하려니까 관찰 내용을 세분하여 카테고리를 정하게 되고 그것이 배타적이며 망라적이 되도록 하는 것은 질문지작성에서의 원칙이나 마찬가지이다.

그렇지만 관찰내용, 즉 현상을 항상 규격화할 수는 없다. 위에서 베일스

(R. F. Bales)의 예를 들긴 했지만 집단 구성원의 상호 작용은 그 양태가 대단히 다양하다. 12개의 범주 안에서 보긴 했지만 그 이외에도 카테고리는 얼마든지 있을 수 있다. 미국 대학교의 학교 주변 이야기인데, 학교 근처에는 기숙사에 못들어가는 학생들을 위해서 옛날 돈 있던 사람들이 살던 큰 집을 기증받아 자취생활을 하게 한다. 이 집단의 성격이 재미있어서 사회심리학자들의 연구대상에 자주 오른다. 흔히 이런 집단은 모르는 학생들이 모여들어 형성되는 것이기 때문에 응집력이 없고 산만하다. 과연 그런가를 알기 위해 그 집단의 구성원이나 청소부(대개가 아르바이트를 하는 학생들이다)가 참여 또는 비참여 관찰을 하는데 점심시간에 누가 누구와 자주 마주 앉아 식사를 하고, 누가 들어오면 인사를 하고 또는 거들떠보지도 않고, 또 어떤 화제를 이야기하는지를 체크했다. 일종의 소시오그램(sociogram) 조사같은 것인데 이렇게 해서 과연 어느 정도의 응집력이 형성되고 있는지를 본다. 이때 관찰내용은 그 주제가 응집력이지만 그 카테고리는 정해지지 않은 개방된 것이다. 물론 뒤에 분류한다.

그러므로 관찰내용을 분명히 하고 가능한 한 카테고리를 나누어 본다는 것은 정확한 자료를 얻어 신뢰도를 높이겠다는 의도이긴 하지만 관측의 내용이 항상 경직되어 있다고 생각할 필요는 없으며 상황에 임해서 신축성 있게 진행해 가고 나중에 정리할 수도 있다는 점을 알기 바란다.

(3) 관찰단위와 표출 관찰의 내용과 카테고리가 정해지면 어느 단위를 볼 것인가를 정해야 하며 그 다음에는 이에 맞게 표본을 구해야 한다. 단위의 결정은 관찰내용의 신뢰도·타당도와 관계가 깊다. 즉, 지나치게 세밀한 단위를 관찰하게 되면 내용의 신뢰성은 확보될지 모르지만 타당성은 의심스럽다. 반면에 표준화되지 않고 전반적인 것을 관찰하는 경우엔 그 반대가 된다. 원래 카플란(A. Kaplan)이 측정단위를 설명할 때 제기되는 문제를 분자(molar)와 미립자나 원자(molecular)의 관계에 비유하는데, 전자의 경우가 행태의 전체를 단위로 삼는 입장이라면 후자는 행동 하나하나를 단위로 삼는 입장이 되는 셈이다. 그러므로 어떤 입장에 서서 관찰하든 알고자 하는 목적에 따라 단위를 정할 수밖에 없다.

관찰에 있어서 표본추출에는 컬링저의 분류대로 사건표출(event sampling)과 시간표출(time sampling)이 있다. 사건표출은 관찰내용이 사건 중심으로 언제, 어떤 사건이 왜 생기느냐를 관찰하기 위해 선정하게 되는 것이고, 시간표출은 일정한 시간(예: 점심 시간)을 잡아내어 그 시각에 있어서의 행태같은 것을 관찰하기 위한 것이며 또 그것이 발전되면 다른 시간간의 비교를 위해 여러 시간을 표출하는 경우도 생긴다. 그 밖에 관찰을 위한 대상의 표출은 일반표본추출의 원리를 따른다.

(4) 관찰자의 추리 관찰자의 주관이 개입된다는 문제와 더불어 자료의 신빙도를 높이기 위하여는 관찰자에게 추리할 자유가 부여되면 안 된다고 해야 마땅할 것이다. 그러나 일종의 모순이긴 해도 관찰조사가 다른 조사방법과 다른 이점이 있다면 그것은 자료를 통찰하는 깊이 있는 방법이기 때문에 이를 위하여는 관찰자의 정신작용이 기대된다. 이것이 곧 추리작용이다. 사건이 왜 이렇게 전개가 된다든지, 왜 저 사람은 계속해서 한 사람만 붙잡고 토론을 벌이는지 원인행위를 추적하게 한다는 것은 오히려 당연할지도 모른다. 표면에 나타나지 않은 내면의 현상에 대한 관찰까지를 허용할 필요가 있다. 이때의 오차를 줄이기 위한 방법이 복수의 관찰자를 동원하는 길이며, 이들이 추리한 것을 비교하여 공통점을 찾아낼 수 있다.

(5) 관찰의 신뢰도와 타당도 관찰방법에 의해 얻은 자료가 믿을 만한 것이며 보편성이 있기만 하면, 그 이상 좋을 수 없으며 그 이상 과학적일 수가 없다. 원래 계량분석방법에 의해 처리해 버리는 결과는 흔히 피상적이기 쉽고, 또 대부분의 의견이나 태도조사가 그러하다. 그러나 객관적인 입장에서 행태를 조사하면서도 그것이 추리력의 힘을 빌어 내면화된다면 그것은 피상적이 아닌 관견(管見)이 될 수 있다.

이를 위해 관찰내용의 신뢰도와 타당도를 높이기 위해 많은 애를 쓴다. 뒤집어 말하면 자칫 잘못하다가는 양자가 낮은 쓸모없는 자료를 구할 가능성이 크다는 뜻이다. 관찰에서의 신뢰도를 높이기 위하여는 ① 훈련을 통한 기술의 습득 향상, ② 도구의 사용, ③ 복수의 평가 등을 생각할 수 있다. 실례를 들면 도구의 사용으로는 하나도 빠짐없이 기록하기 위한 녹음기·사진기 등을 들 수 있으며 그 밖의 실험기구로 응시의 지속도를 재는 기구같은 것도 있다. 한쪽에서만 보이는 거울 역시 도구 중의 하나이다. 또 어떤 경우는 훈련과정에서 가상상황에서의 연습도 시키지만 용어해설집같은 것을 주어 행동이 파악될 때 즉시 그것에 맞는 용어에 따라 기록하도록 하여 신뢰성을 높이는 방도를 강구한다. 지난 1991년 지방선거운동을 관찰하면서 조영달은 유세현장에서 부지런히 사진을 찍고 녹음을 하곤 했다.

한편 타당도를 높이기 위하여는 추리의 정도를 줄이면 가장 빠르겠지만 쉬운 주문이 아닌 것 같다. 관찰자의 상식·능력과 성실에 맡기면서 동시에 관찰 아닌 다른 방법에 의해 자료를 구해 보는 방법을 병행할 필요가 있다. 많은 사회과학 연구자들은 하나의 방법만을 가지고 연구를 해낸다('one methodology study'). 이런 결과 한쪽에 치우치고 부분밖에 보지 못하는 결과를 빚는데 여러 방법을 동시에 구사하면 보다 나은 결과를 얻을 수 있겠다. 동시에 타당성을 높일 수 있는 길이기도 하다. 관찰조사의 타당성을 높이는 가장 가까운 방법은 물론 면접조사와 질문지조사이다.

2.4 관찰조사의 장점과 단점

위에서 특히 종류를 설명할 때 이 방법의 이점이나 한계점을 대강 지적했다. 무엇보다도 이 방법이 지니고 있는 이점은 통찰과 풍부한 자료를 통해 질적인 연구를 과학화시켜 주는 것이다. 그러나 반면에 많은 한계성도 지니고 있다. 셀티즈(Selltiz)가 지적한 대로 관찰방법의 장·단점을 아래에 열거하면서 정리를 겸하여 본다.

(1) 장 점 ① 관찰조사는 인간행동을 그때그때 기록할 수 있다. 다른 조사방법은 피조사자의 회상이나 예측을 말하게 하여 자료를 얻는데, 이것은 현재의 긴장상태에서 벗어나 있는 것이므로 인간생활의 진면목을 볼 수 없는 때가 많다. 반면 관찰에 의해 얻는 자료는 다분히 실재성이 있다고 하겠다. ② 관찰조사는 의식적으로 피하거나 미처 깨닫지 못하거나 언어로 표현되기를 싫어하는 현상에 접근이 가능한 방법이다. 주로 인류학자들의 연구에 도움이 되는 경우인데, 대부분의 지역유지들이 그 지방의 의식·습관은 물론 일상생활을 말하고 보고한다는 것을 전혀 고려하고 있지 않기 때문에 기록이 있을 수 없으므로, 부득이 관찰을 통해 알아 내는 도리밖에 없다. ③

언어로 표현할 수 없거나 말하기 싫은 느낌일 때에 관찰조사는 아주 유익하다. 유아나 동물에 대한 관찰이 적절한 예가 되는데, 탁아소에서 어린아이들의 행태를 관찰했더니 부모로부터 오래 떨어져 있을수록 기가 꺾이고 우울하다는 것을 알 수 있었다. 이때 생기는 격리불안감(separation anxiety)을 이용하여 유일사상을 심어 주는 것이 공산주의에서의 탁아소 정책이다. 또 침팬지의 행태를 관찰하는 것도 이 방법에 의해서 가능하다. ④ 흔히 피조사자가 조사에 응하지 않는 경우가 있다. 바빠서 시간이 없거나 응답할 기분이 내키지 않을 때, 응답결과에 대한 개운치 않은 예상 때문에 응하지 않을 수 있다. 이런 때 관찰은 피조사자의 반응과 관계없이 조사가 가능하다는 장점이 있다. 이렇게 되면 보통 피관찰자는 관찰당하고 있다는 사실을 의식하고 정상적인 행동을 안할 우려가 다분히 있다. 이래도 과거의 기억을 일부러 엉뚱하게 조작하기는 쉬워도 막상 지켜보는 가운데 가식하기는 더 힘들기 때문에 신뢰성을 염려 안해도 된다는 주장이 있다.

(2) 단 점 ① 관찰조사는 항상 관찰현장에 있어야 한다. 바꾸어 말하면 관찰할 수 있는 현상이 항상 발생해야 하는데 그렇지 못하다. 예컨대 어느 종족의 결혼양태를 알고 싶을 때 결혼식이 있기까지 기다려야 한다. ② 관찰현상의 성격상 관찰자의 체력이나 심리적 인내가 긴요한 때가 있다. 극한상황에서의 인간행태를 관찰하고 싶으면, 예를 들어 어떤 재앙에서 자신도 견디며 관찰해야 한다. ③ 직접관찰을 할 수 없는 숨겨진 사실을 관찰하는 일은 무척 힘이 든다. 특히 사생활의 여러 측면을 관찰한다는 것은 쉽지 않다. ④ 관찰현상의 성격상 시간이 오래 걸리는 것이면 관찰방법은 적당치 않다. 누구의 일생을 관찰한다든가, 백년전쟁을 관찰연구한다는 것은 근본적으로 불가능하며 비경제적이다. ⑤ 관찰방법이 지니고 있는 최대의 난점은 역시 자료의 신뢰성과 타당성이다. 추리나 주관이 개재되어 얻은 자료는 관찰자의 개개인의 특성에 따라 큰 차이가 날 수 있기 때문에 이것을 줄여야만 과학적 방법으로서 관찰방법이 활용될 수 있는 소지가 마련된다고 하겠다. 이것을 극복할 수 있는 방안에 대하여는 앞에서 언급한 바 있다.

2.5 관찰조사의 실제

저자는 다른 동료교수들과 함께 1991년 4월 오랫만에 실시하는 지방의 회선거에서 관찰조사를 행한 바 있다. 많은 교수들이 함께 참여하였는데 특히 서울대의 김형국, 조영달, 그리고 연세대의 조혜정이 열심이었다. 두 가지 사례만 소개한다.

〈사례 Ⅰ〉

조혜정은 1991년 3월 24일-27일 사이에 경상북도 송죽시(인구 6만)와 송죽군(인구 6만), 그리고 점죽시를 방문하여 기초의회 선거현장을 조사기록했다. 여기서 시와 군의 이름은 물론 가칭이다. 조 교수는 송죽시에 도착한 때부터 시작해서 보고 들은 것을 빠짐없이 기록했다. 기록한 내용을 모두 여기에 다 옮길 수 없으니 글 소제목을 통해 어떤 내용이 기록되었는지를 참고하기 바란다. 소제목은, (1) 3월 24일－송죽시 도착, (2) 신문사 사무실을 나와서, (3) 상대방 석씨 사무실 방문, (4) 지방엘리트와의 면담, (5) 3월 25일－총사무소와 후보사무실 방문, (6) 이환 후보와의 면담, (7) 역사적 전망 등이고, 끝으로 선거 개선을 위해 생각해 볼 문제들을 적시했다. 끝에는 송죽신문에 실린 당선인사를 몇 편 옮겨놓았다.

조 교수의 관찰기록 가운데 한 대목만 여기에 인용한다.

"달님동 사무소와 그 곳의 두 후보, 성동의 세 후보, 홍동의 세 후보 사무실, 오별면의 이환 사무실, 점죽시 현동 여성후보인 엄씨와 청년후보 함씨 사무실에 들렀었다.

대부분의 후보들은 시내의 경우는 대개가 2-3평 남짓한 복덕방같은 사무실을 내고 있거나 종친회 사무실을 쓰기도 했다. 변두리 지역인 경우는 마을어귀에 큰 온돌방을 새로 꾸며서 쓰고 있었다. 후보들은 거의가 동네방문을 나갔기 때문에 선거사무실을 방문해도 그들은 만날 수 없었다. 선거사무실의 직원을 유형화해 보면 후보가 도시물을 많이 먹은 경우에는 여자 사무원, 지방토박이인 경우에는 중년 남자 사무원이 일하고 있었고, 더 나이 많은 경우는 할어버지들이 지키고 있었다. 그 외 심심해서 찾아온 친척 할아버지나 선거꾼들이 들락거리고 있었다. 30대 초반인 청년후보의 경우 자기 구역내 사무실에는 친척여자들만 있었고 자신은 시내의 호텔방을 빌려서 친구들과 작전을 짜고 있었다.

사무실에 들어가면 예외없이 구론산류의 음료수를 따서 주었다.

송죽 시내의 달님사무소를 방문하여 직원과 잠시 면담을 했다(나올 때 옆에 있는 경찰이 우리에게 신분증명을 요구했다). 마침 투표함이 도착해서 마지막 점검을 하고 있었다. 한 행정관리는 매스컴에서는 선거에 대한 관심도가 저조하다고 하지만 여기서는 관심도가 높다고 하면서, 이웃간의 친분과 지면 때문이라고 했다. 지방자치에 대한 인식은 30년 전의 경험을 가진 세대와 안 가진 세대간에 관점상 차이가 있다면서 "풀뿌리 민주주의에 대한 기대심은 있지만 피부에 와닿는 것이 아니고 그저 가로등, 하수도 등 일상생활문제를 해결해 준다는 식의 인식이 더 강하다"고 한다. 옛날 이때쯤이면 모두 배도 채우고 술기운이 거나할텐데 그런 것이 없어서 주민들이 서운해 하는 경향도 있다고 전한다. '언제고 겪어야 할 산고'라면서 2, 3대 기다리면 잘 될 것이라고 예측했다."

이상은 조혜정 교수가 관찰한 기록 중 극히 일부에 불과하다. 자신의 의견을 보태지 않고, 있는 그대로를 기록했다는 점을 주목하기 바란다. 그리고 선거시기에 각 후보사무실의 분위기와 행정관서의 분위기가 일부 묘사되었고, 대화내용도 흥미를 끈다. 이런 종류의 관찰조사에는 설문지를 가지고 의견을 물어 분석하는 조사에서는 찾아보기 어려운 내용이 기술되어 있다는 것을 알 수 있다.

〈사례 II〉

저자도 비슷한 기간에 서울의 어느 동에서 관찰조사를 했다. 그 기록을 여기에 적는다. 제목은 「맑은 물, 푸른 하늘—시민당의 패배」였다.

▨ 조용히 시작된 선거준비

기초의회의원선거(1991. 3. 26)가 끝난 지 불과 한 달이 조금 지난 5월 30일, 광역의회에 진출할 꿈을 오랫동안 키워왔던 한 후보의 선거사무실은 아침부터 붐비기 시작했다. 기실 광역의회의원 선거는 기초선거때부터 수면하에서 시작된 것이나 다름없지만 선거 공고일을 앞두고 바빠지기는 전과 같지 않았다.

지명도가 좀 낮을 뿐 국회의원 선거에 후보로 나서도 손색이 없는 재력을 가지고 있는 이 후보의 사무실은 어림잡아 약 50평에 가까운 널찍한 곳으로 첫눈에 넉넉한 살림임을 짐작할 수 있다. 사무실 안에는 한쪽 깊숙이 선거 사무장의 책상이 하나 놓여 있고 그 옆에 책상이 하나 더 놓여 있으며 또 그 옆으로 간이 응접셋트 2조가 가지런히 놓여 있다. 상주 여사무원이 앉아 일하는 책상은 출입구 바로 옆에 있는 칸막이 뒤에 있으며 그 뒤로 간이찬장이 하나 있다. 여사무원은 책상 위에 놓여 있는 넉 대의 전화기를 번갈아 들었다 놓느라고 매우 벅찬 듯 보인다.

사무실 가운데에 길게 자리잡은, 촘촘이 앉아 스무 명이 족히 앉을 만한 책상에서는 오전 10시에 이미 작업반이 분주히 손을 움직이고 있었다. 20×30cm 크기의 봉합엽서를 접는 일이 한창인 것이다. 이 봉합엽서는 여느 항공 봉합엽서 같은 것이 아니고 후보의 학력과 경력, 그리고 공약 등 사항이 들어 있고, 동시에 잘 찍은 천연색 사진까지 곁들여 있는, 돈 많이 들여 제작한 홍보물이다. 엽서 한 가운데는 네모로 오려져서 후보의 이름이 크게 보일 수 있게 되어 있다. 돈들여, 정성들여, 아이디어 내어 만든 것이 분명한 일급 홍보물임에 틀림이 없다.

엽서를 접는 부인들은 후보자의 자제가 다니던 중학교의 학부모들이고 후보자는 그 학교의 기성회 회장을 지낸 바 있다. 그 회장 사모님의 청에 못이겨 이곳에서 자원봉사를 하고 있는 부인들은 대개 40대 초중반의 전형적인 중산층 부인들이다. 선거준비를 위해 바삐 움직이는 손과는 달리 입으로부터 나오는 이야기는 선거와는 판이한 아이들 학교이야기, 학교선생님들 이야기, 자신이 곧 시어머니가 된다는 것을 잊은 채 시어머니 흉보는 이야기, 그리고 흉인 듯 하면서도 은근한 자랑인 남편이야기 등이다. 이야기도중 간간이 한쪽에서 키득거리고 그 옆에서 재방송해 달라고 조르는 것은 아마도 공개하기 어려운 사담이리라.

일하는 부인들이 반드시 이 후보를 찍기 위해 이곳에 와서 도와 주는 것 같지는 않았다. 부인들 중에는 자기네와 끊을 수 없는 인연이 있는 사람이 후보로 나왔다는 이가 있는가 하면, 또 어떤 부인은 선거나 정치 등에는 전혀 관심이 없어 투표장에 나갈지가 의심되는 이도 있다. 외국의 자원봉사팀과는 또 다른 면면을 볼 수 있는 것이 바로 이것으로서 우리네의 경우는 정치의식과 관계없이 연줄로 '정치활동'에 참여하는 기회가 생기는 것이고 그 성격은 일회에 그치는 단성적인 것이며 이는 투표소에 가서 투표하는 것도 마찬가지다. 다시 말해서, 선진 외국에서는 자원봉사자인 경우에 그 정당이나 그 후보자의 이념과 정견을 지지해서 선거운동에 참여하여 열심히 일하는 것이고 투표를 하는 경우에도 당선된 그 후보를 계속 지켜보며 지지와 요구가 이어진다.

한 두어 시간 봉투접기에 지칠 즈음해서 점심때가 되었다. 점심은 후보 집에서 날라 온 쌀밥, 두부찌개, 겉절이 김치, 콩나물, 해초나물, 오이무침, 풋고추 멸치조림 등등 많기도 했고, 일 덕에 더 맛있는 점심으로 시장기를 없앤다. 마치 밭일을 쉬고 참을 때우는 농군들처럼 포식을 한다. 어디서나 그렇지만 식사때 조용해지는 분위기는 여기라고 예외가 아니었다. 서양처럼 밥때 더 떠들고 재치넘치는 유머로 소화를 돕지는 않는다.

점심이 끝나고 나니까 사무실은 잠시와는 달리 부산해진다. 음료수 상자를 들고 들어오는 아파트 부녀회장의 넉살좋은 입담으로 떠들썩해지고 그 덕에 다행히도 식곤증은 가신다. 지구당의 여성부장이 찾아와 공손하게 인사한 것도 이즈음이었다. 식사 후 여러 이야기들이 오가며 좀처럼 손에 일을 잡으려 하지 않는 것이 보통 사무실이나 공장의 경우와 크게 다르다.

다시 일손을 놀리기 시작한 것은 1시 반이 조금 지난 때의 일이었고 일의 능률이 오전에 비해 좀 떨어지는 것이 눈에 띌 정도였다. 입담도 줄어들고 잠시 자리를 뜨는 사람, 몸을 비트는 사람이 늘어나기 시작했다. 능률을 재촉하는 듯 과자접시 몇 개가 책상 가운데 놓였고 야구르트 하나씩이 돌려져 일손을 잠시 멈춘다. 오후와 오전 일의 또 다른 차이는 접은 봉투에 우표를 붙이는 일인데 이 일이 가능한 것은 정당 후보자의 경우이다. 다시 말해서 정당 후보가 아닌 무소속 입후보자인 경우에는 자원봉사자들의 도움을 받아 봉투를 접고 우표를 붙여 보내고 싶어도 그러질 못한다. 주소록을 얻지 못해서이다. 정당 후보자들은 당해 지구당에서 확보해 놓은 주소록을 활용한다. 그러나 돈이 부족한 무소속 후보자는 DM에 부탁하여 200원씩을 더 주고 홍보물을 송부해야 하는 이중 부담을 안는다. 비정당 입후보자의 경우에 이중 부담은 이것만이 아니다. 선거 사무실의 수와 선거운동원의 수에서 매우 열등한 위치에 있다. 등록에 필요한 200명의 추천인 도장을 받는 것도 정당인에 비해 매우 불리한 점이다.

사무실에서의 일거리는 그 후 여러 가지로 성격을 달리하며 이어졌고 그 때마다 부인들의 자원봉사를 받을 형편이 못 되어 아이들 친구들, 그리고 일당을 주고 고용한 아르바이트 학생들에 의해 처리되었다. 이렇게 고용인력을 쓰는 사정은 선거 사무실 어디에서고 있는 일로서 예외가 있다면 교수 후보자가 학생들로부터 무보수의 도움을 받는 일이다.

이 경우 선거준비와 운동은 상업적이 아니어서 훨씬 개운하다. 그렇지 않은 경우에 후보자 사무실은 돈을 필요로 하는 사람들로 시장보다 더 붐빈다. 참여를 통한 민주제도를 실천하겠다는 것인지, 아니면 이런 기회를 놓칠세라 네가 부정하게 번 돈을 나도 나누어 갖자는 것인지 정말 모를 일이다.

▨ 정신 없는 후보자

이 지역에 출마한 후보자들은 모두 일곱 사람으로 연령은 37세부터 57세에 이른다. 50대가 세 사람, 40대가 세 사람, 그리고 30대가 한 사람이다. 직업도 다양하여 현재 사업을 하고 있는 후보자가 다섯이고 정당인이 한 사람이며 지식인이 한 사람이다. 이들의 교육 정도는 다양하다. 대학교를 밝히는 대신에 무슨 대학원 졸업에다 듣지도 못한 미국 어느 대학의 박사학위를 소지한 사람부터 그야말로 미국에서 정식으로 박사학위를 받은 사람까지 있다. 대학을 나오지 않았으면서도 대학원에서 석사와 박사를 받은 사람들의 행적이라는 것은 너무 뻔해서 대개가 공부보다는 학위를 돈으로 산 사람들이다. 공부를 못한 것이 뭐가 부끄러운지 그것을 감추기 위해 위장하는 꼴이 시의원이 되어서도 부끄러운 일을 서슴지 않고 할 가능성이 있는 사람들이다. 공부할 기회가 없었던 것을 왜 떳떳하게 밝히지를 못하는지, 이 사회가 아직도 안고 있는 멍에인 것이다. 정상적인 교육을 받지 못했어도 비판의식이 분명하고 매사에 합리적인 사람이 수없이 많다. 이들은 우선 정직하고 믿을 만하여 공인이 될 자격을 갖춘 사람이다.

한편 학력이 대단한데도 "왜 광역의회의원 후보로 나왔는냐"고 안스러워하는 유권자도 있다. 이런 판에 점잖지 못하게 왜 나왔느냐는 것이다. 광역이라도 서울시의 경우에는 국회의원보다 중요한 일이 더 많은데 보통 생각하는 수준이 그렇지 않은가 보다. 그러나 여기서 우리가 생각해 보아야 할 것은 관직의 수준에 관계없이 교육을 정상적으로 받고 건전한 상식을 가진 사람이 공인이 되어야 한다는 점이다. 그리고 유능한 사람일수록 하급직에 가야 한다는 점이다. 이 나라의 여러 약점 중 하나가 위로 올라갈수록 괜찮은 데가 좀 있는데 아래가 이를 뒷받침해 주지 못하는 경우가 많다는 것이다.

후보자들의 경력, 즉 지금까지 무슨 일을 어떻게 하며 지내왔는가는 매우 중요한 요인이다. 선거 포스터나 그 밖의 홍보물에 밝히는 것으로는 당사자의 됨됨이를 알 도리가 없다. 어디서 무슨 일을 어떻게 했고 돈은 무얼 해서 어떻게 벌었는지가 궁금하지 않을 수 없다. 한 후보자인 '용기있는 실천자'는 이문열의 소설 「들소」에 등장하는 '큰 목소리' 같은 인상을 주는데, 대학을 정상적으로 나오고 사업을 해서 비교적 정당하게 돈을 모은 듯싶다. 또 다른 후보인 '이 지역의 높은 긍지' 역시 비슷한 배경을 가지고 있다. 그러나 '붉은 노을' 같은 인상을 주는 '이 시대의 어둠을' 후보는 재력은 대단한 듯하나 학력이 매우 의심스럽다.

영화 「늑대와의 춤을」에 등장하는 '발로 차는 새'와 같은 후보 '우리 함께 해결합시다'는 교육을 정상적으로 받았으면서도 현재 하고 있는 일이 공인과는 거리가 먼 유흥업이라는 소문이 있어 두 후보자가 대조적이다. 그런가 하면 사업을 하는 듯하면서도 뚜렷한 것이 없는 듯하고 이상한 단체의 회원 내지는 장을 지내고 있는 점이 이들의 공통점이기도 하다. 한편 다시 「들소」의 '뱀눈' 같은 '정직한 눈, 따뜻한 가슴' 후보는 학력도 경력도 뚜렷하지가 않다. 어느 훌륭한 위인을 모신 경험 이외에는 내세울 것이 없다. 끝으로 나머지 두 후보, 그중 한 후보 '바로 이 사람'은 고등학교를 졸업하고 내내 정당활동을 한 사람이고, 또 다른 후보 '밝은 미래'는 정당과는 전혀 무관하고 최고 학력의 소지자이면서 고등교육기관에 있다. 특수 분야의 전문가이면서 이론만이 아니라 실천지향적인 활동을 게을리하지 않아 많은 사람들로부터 시의원으로 적격자라는 평가를 받고 있다.

여기서 우리가 한 가지 주목해야 할 것은 후보자들의 학력과 경력에 관한 것인데, 유권자들이 선택하는 기준으로 크게 작용하기 때문에 섣불리 다룰 것이 아니다. 이 지역에만 한정된 현상은 아닌데, 후보자 중 '바로 이 사람'은 고등학교만 졸업하고 무슨 연구소의 연구과정을 수료하였고, '이 시대의 어둠을' 후보는 국민학교만 졸업한 후 시내 모 대학교의 행정대학원을 마쳤으며 미국 Eastern Washington대학의 경영학과를 수료한 것으로 되어 있다. 그뿐만 아니라 시내 모 신학대학에서 명예문학박사 학위를 받았고 동시에 그 대학에서 교수 생활을 한 듯싶다. '정직한 눈, 따뜻한 가슴'은 학력이라고는 아예 밝히지 않고 있다. 일곱 후보 중 세 후보는 학력면에서 허점을 갖고 있다. 그것은 대학을 수료하지 않은 채 대학원 석사 또는 박사 학위를 취득했다는 점이다. 물론 그중 한 후보는 학력을 밝히지 않았으니까 옳지 못한 방법으로 수료한 부끄러움은 없다. 다른 두 후보는 이 사회에서 볼 수 있는 전형적인 학력포로자로서 내세울 학력이 없으면 행세를 못하는 줄 아는 전근대적인 사람이다. 이런 부류의 사람들은 이 학교 저 학교의 3개월 내지는 6개월 과정을 좇아다니며 많은 돈을 들여 등록하고 수료증이라도 거머쥐려 한다. 그리고는 마치 그 학교의 정식 과정을 마친 듯 행세한다. 정치지망생들 중에 이런 유형이 제일 많은 것도 아마 한국적인 특징일 것이다. 그것보다는 오히려 학력 배경이 없어도 지금까지 어떤 봉사활동을 얼마만큼 떳떳하게 해왔느냐를 밝히는 것이 훨씬 더 훌륭해 보인다는 것을 모르는 모양이다.

한편 경력면에서도 무슨 협회 중앙위원, 자문위원, 무슨 단체 대표, 무슨 연구소 소장, 무슨 협의회 감사…, 사회적으로 인정받을 만한 단체의 활동을 했다기보다는 사적인 성격의 일로 경륜을 쌓은 듯하다. 공적인 활동이 공인의 수업을 받기에 마땅하다는 주장이 가능하긴 하지만 그것도 수업을 쌓기 나름이다. 공적 활동에서 나쁜 짓 골라가며 했다면 안 하느니만 못한 것이다.

이들 후보자들은 만 18일 동안 불철주야 뛰었다. '정신없이' 뛴 것이다.

"아이고, 내가 왜 나왔는지 나도 모르겠다."
"돈을 준데도 다시는 이런 일을 할 것같지 않다."

"정말 이런 판인 줄 모르고 뛰어들었다."

"이젠 체력이 딸려서 더 못하겠다."

이런 말들이 후보자들의 입에서 이구동성으로 튀어 나왔는데 그중 맨 마지막 말은 그중 나이어린 후보의 탄식이었던 것이 아이러니다. 그러면서도 기회가 닿으면 도전하고 또 도전할 사람들이라는 인상을 지울 수가 없었다.

▨ 새벽부터 운동에 운동을

선거운동은 새벽녘 고수부지에서부터 시작된다. 한강변을 끼고 있는 이 선거구의 특성상 아침 조기운동을 하려고 이곳에 많은 사람들이 몰려들기 때문이다. 후보들은 선거전이 체력 싸움이니까 이곳에서 아침운동을 겸해 선거운동을 한다. 후보끼리 마주쳐도 그렇게 우의적일 수가 없다.

"고생하십니다."

"피차 마찬가지지요, 어찌되든 빨리 끝나기나 했으면 좋겠습니다."

후보끼리의 말에 이어 유권자도 거든다.

"그래도 우리 구에서는 불미스러운 일 없이 잘 되어 가는 것같으니 모두 후보자들 덕이지요."

"마 치아뿌고 소주 한 잔 하고 치우소."

아마 선거운동하면서 쓸데없는 고생하지 말고 원수짓지 말라는 뜻인 것 같다.

비슷한 시각에 선거운동은 지하철역에서도 진행된다. 출근을 재촉하는 직장인과 등교하는 학생에게 홍보물을 불쑥불쑥 내민다. 공손히 고개숙여 받는 사람, 수고하십니다고 격려까지 해가며 받아가는 사람, 쫓기는 듯 채가는 사람, 이 동네에 거주하는 유권자가 아니라며 받기를 거절하는 사람, 이미 받아 알고 있다고 안 받는 사람, 본체 만체 거들떠 보지도 않고 몸을 비키며 그냥 가는 사람들 등 비교적 젊은층에 회피하는 사람들이 많았다.

홍보물을 건넨다는 것은 말할 것도 없이 후보자 자신을 알리는 일이다. 홍보물은 크기에 따라 2종과 3종을 만들 수 있도록 선거법에 규정되어 있는데 그 규모나 질은 후보의 재력을 간접적으로 가늠케 한다. 예외없이 정면 또는 측면 사진에다 어떤 후보는 서재에 앉아 책을 보고 있는 모습을 싣기도 했다. 대개가 5색도이나 3색도만으로 홍보물을 만든 경우도 있다. 그중 가장 재력이 탄탄하다는 '용기 있는 실천자'는 우송용 홍보물의 봉투부터가 별개의 홍보물인 듯 돈을 들인 흔적이 역력하다.

홍보물에 담긴 표현은 하나같이 좋은 수사를 모두 동원해 놓았다.

"용기 있는 실천자"
"아! 바로 이 사람"
"00의 높은 긍지 밀어주자 00당"
"맑은 물 푸른 하늘 밝은 미래"
"누가 밝힐 것인가 이 시대의 어둠을"
"정치공해, 환경공해— 우리 함께 해결합시다!!"
"정직한 눈, 따듯한 가슴으로"

어느 하나 우열을 가리기 어려운 미사들이다. 이들 미사는 실제 인물의 됨됨이와 얼마나 가까운 표현일까. 밤에 만난 '정직한 눈, 따듯한 가슴'은 봉고차에서 내리자마자 한 손에 든 홍보물 뭉치를 겨드랑이에 끼고 두 손으로 맞잡으며 "제가 이번에 나온 것은, 그 동안 아래는 모르고 위만 알았기 때문인데 이제부터는 정말 아래를 알고 아래와 더불어 살기 위한 이유 때문입니다"라고 정중하게 고개를 숙였다. 양처럼 유순하던 그는 그러나 유세장에서 야수처럼 변했다.

▨ 열기 더해가는 유세장

꼭 필요한 것은 말이 아니라 행동이라며 굳은 신념과 집념으로 무에서 유를 창조하겠으니 시의회로 보내 달라고 애원하던 '정직한 눈, 따듯한 가슴'은 갑자기 반말조로 같은 후보자들의 돈 씀씀이며 마타도어를 질책하고 정직한 사람은 오로지 자신밖에 없음을 강조하는데 청중을 향해 떠들어 대는 반말이 매우 천하게 느껴져 후보 이전에 수준미달이라는 반응이 곳곳에서 나왔다.

후보자들이 유세장에서 내세우는 공약 등 주장은 대개 엇비슷하다. 크게는 정치적인 발언을 서슴지 않고 작게는 시정에 관한 그리고 동네일에 관한 약속들을 한다. 정치적으로는 마침 시위진압때 희생된 학생을 비롯해서 분신자살한 사람들이 꽤 되어 공안통치를 질타하는 발언이 주류를 이루었다. 기초때 수서아파트 비리며 국회의원 뇌물외유며 정치적 사건을 유세장에서 거론한 후보가 있긴 했지만 광역에서는 역시 정치색이 더 짙을 수밖에 없다. 그러면서도 이 지역의 특징인 중산층 유권자를 의식해서인지 지나친 반체제적 발언을 삼가는 눈치가 보였다.

연설내용의 순서는 먼저 자신이 무슨 일을 하며 지내왔다는 자신을 소개하는 이야기부터 시작해서 무슨 일을 하겠다는 항목을 열거하는 데 비중을 두고 그러니 꼭 밀어달라는 부탁으로 끝맺는다. 그 중간에 간간이 다른 후보를 묵시적으로 또는 명시적으로 비난하는 발언을 양념으로 하는 경우가 있다. 두 번에 걸친 유세(6월 9일과 16일) 중 일차와 이차 유세의 차이는 이차때 두드러지게 상대방 후보를 공격하는 명시적 표현이 많아졌다는 사실이다. 아마 일주일 동안 선거전이 치열했음을 말해 주는 면이기도 하다. 들리는 바로 아무개 후보가 그를 운동권이라고 비난하더라는 소문을 듣고 유세장에서 해명 겸 비열한 음성적 선거방식을 나무라는 발언을 하게 된듯 싶다. 실제로 '밝은 미래'는 "나를 운동권 후보라고 비난하는 사람이 있는데, 00단체는…" 하며 해명하기에 급급했다. 그 날 유세장에서는 우연히도 그런 비난을 어느 반상회에 가서 했다는 그 지역 출신 국회의원 모씨가 나와 있어서 운동원으로부터 해명을 요구하는 거센 항의가 있었는데 하마터면 봉변을 당할 뻔했다.

선거가 이미 끝나 당락이 판명된 지금도 C국민학교 교정에서 열기를 품던 후보자들의 사자후는 아직도 귀에 생생하다.

시민의 세금부담을 억제하고 종합복지관을 짓고 문화의 요람을 만들겠다는 '용기 있는 실천자'

빈부격차를 해소하고 도덕정치를 구현하며 00을 살맛나는 곳으로 만들겠다는 '바로 이 사람'

이권개입, 물가상승, 부동산투기의 주범인 부패정권, 부패정당을 없애고 마시는 물, 때는 연료를 바꾸어 안전하고 맑은 00을 약속하던 '이 지역의 높은 긍지'

이권을 챙기고 싸움판을 벌이는 정치가 아니라, 시민과 연대하여 중앙정치의 오염으로부터 서울을 지키겠다는 '시민이 미는 후보'

이 지역의 발전은 이 지역 사람이어야 하며, 올바른 정치문화를 정착시키기 위하여 양심세대의 등장이 요구된다고 호소하던 '소신 있는 경세가' '이 시대의 어둠을'

도시의 개념을 재정립해서 주차장, 공원, 놀이터 등을 확장하며, 동시에 정치공해를 없애서 '늘 푸른 생활정치구현'을 하겠다는 '우리 함께 해결합시다'

이 고장의 일을 여러분과 같은 꿈과 같은 생각을 가지고 여러분과 함께 하겠다던 '정직한 눈, 따듯한 가슴'

그들의 모습조차 아직 지워지지 않는다.

유세장의 분위기가 기초때보다 고조될 수밖에 없었던 것은 자리의 크기도 크기려니와 다음 14대 국회의원 선거의 전초전에 해당되는 일종의 예비전이기 때문에 지역출신 국회의원이 관심을 가지고 유세장에서 무언의 독려를 할 뿐만 아니라 국회의원 예상 출마자들도 태도나 입장이 다를 수는 없었기 때문이다. 유세장에서 만난 모의원은 이번 광역에서 자당 후보자를 괴롭히는 강력한 경쟁자가 누구냐는 질문에 서슴없이 '밝은 미래'라고 한다. 그러면서 웃는 모습이 아마 츄어가 감히 프로한테 덤빌 수 있느냐는 표정이었고 그것은 결과로도 입증되었다. 그는 아마도 이번 선거를 자신의 조직을 중간 점검하는 기회로 활용했으리라.

유세장에서 만난 또 다른 정치인, 그는 현역은 아니나 과거에 야당 부총재 자리에까지 오른 능력 있고 존경받는 정치인인데, "'밝은 미래' 후보는 너무 정직하게 선거운동을 해서 탈이란 말이야, 한번 만나 코치까지 했는데, 예컨대 우표 없는 홍보물의 번지내 투입을 못하게 하는 규정쯤은 어겨도 당선무효가 되는 것은 아니니까 한시 바삐 자신을 알려야 하는 입장에서 법대로 하면 어떻게 하느냐"며 안타까워했다.

넓은 운동장, 400m트랙은 될 듯한 운동장에 모여 있던 청중들이 하나 둘씩 나가기 시작한다. 한 무리는 이미 퇴장해 버렸는데 아마도 '이 시대의 어둠을'의 연설이 끝난 즈음해서이니 그가 동원했던 청중이었겠지. 청중들의 행태가 크게 달라진 것을 볼 수는 없었지만 언론에서 보도되듯이 지방 선거유세장에서 튀어나오는 야유나 비방같은 것을 듣지 못하는 것이 점잖은 유권자가 모인 이 곳의 특징이라면 특징이랄 수 있겠다.

청중이 밀물처럼 빠지면서 썰렁해진 운동장은 여느 국회의원 선거때의 유세장과는 달리 어지럽게 널려 있던 홍보물을 치운 운동원들의 노력으로 말끔해져 밝은 선거분위기를 더욱 돋보이게 했다.

▨ 열전의 막은 내리고

선거가 끝난 지 한 주일이 지났다. 열풍이라고까지 하기엔 미흡한, 어쩌면 미풍 정도는 될 듯한 바람이 지나간 자리에 유권자의 무관심이 파놓은 깊은 골을 들여다 본다. 이것도 대의민주주의의 한 표상이려니 하면서 그 곳에 고이기 시작하는 장마비의 우수를 본다.

선거는 예상했던 대로 '용기있는 실천자'와 '밝은 미래'의 각축전이었다. 민주자유당의 막강한 조직과 재력을 바탕으로 선거전을 치룬 '용기있는 실천자'가 전체 유효투표수의 36.25%(8,989표)를 얻어 27.11%(6,724표)를 얻은 '밝은 미래'를 물리쳤다. 내일에 대한 희망보다는 현재의 문제를 해결해야 할 실천가가 더 필요했던 듯싶다. 여하튼 표수로 2,265표의 차이가 났다. 다른 후보들, 신민주연합당의 '바로 이 사람'은 3,201표를 얻어 3위를 했고, 민주당 소속의 '이 지역의 높은 긍지'는 2,314표를 얻어 4위를 했다. 무소속의 다른 후보들, '이 시대의 어둠을'은 1,868표, '우리 함께 해결합시다'는 1,476표, 그리고 '정직한 눈, 따뜻한 가슴'은 228표를 각각 얻었다. 단 1%도 얻지 못한 후보자를 어떻게 평가해야 좋을 지 모르겠다. 그 결과는 유세장의 저질 연설에서 이미 점지되었었다.

투표결과를 놓고 볼 때, 한 가지 확인된 것은 정당의 조직력을 결코 과소평가해서는 안 된다는 사실이다. 무소속의 수준 높은 후보자 한 사람을 빼 놓고는 모두 정당세별로 득표를 한 셈이다. 집권당 공천을 신청했다가 낙천된 후보의 득표 결과도 선거비용의 과다지출과 무관하게 미미한 것이었다.

득표는 결국 조직이 좌우한 것이었다고 해석하는 것이 옳을 것이다. 이번 선거에서는 '바람'이 작용하지 않았던 것도 특색이다. 바람의 실체와 효험을 아무리 기다려도 소용이 없었기 때문이다. 그런데 조직도 돈의 뒷받침을 필요로 한다. 조직을 유지하고 가동시킨다는 것은 곧 돈의 지출을 의미한다. 반대로 돈은 있으되 조직의 뒷받침이 없으면 소용이 없다. 선거 직후 만난 낙선자 중 한 사람은 이를 어느 정도 확인시켜 주었다.

"8억을 써도 조직이 없으니까 소용이 없는 거예요, 돈을 물 퍼붓듯 쏟아버린 거지요"

"그럼 선생님은 얼마를 쓰셨나요?"

"저는 워낙 돈이 모자랐으니까 4천밖에 쓰지 못했습니다."

"다른 후보들은 어땠나요?"

"당선자는 약 10억은 썼을 것이고, 나머지 분들이야 돈을 썼겠습니까?"

낙선된 후보자의 자조섞인 말이니 그대로 믿을 수는 없다. 더욱이 돈에 관한 한 지출규모를 알 수는 없는 일이다.

이에 대한 당선자의 반응은 물론 다르다. 남들이 내가 돈을 5-6억 썼다고 하지만 그만큼 돈을 쓴 것은 절대로 아니고, 그렇다고 돈을 안 쓴 것도 아니나 생각했던 것보다는 돈이 많이 들었다. 도중에 몇번 선거를 그만 두려고 했는데…(당 조직과의 마찰(?)을 암시하는 듯). 선거 막바지에 가서는 시민후보에 밀려 상당히 고전했습니다. 거의 포기상태에 있은 적도 있었구요(이상의 말은 당선 후 도움을 준 사람들에게 베푼 점심대접때 당사자가 한 말을 간접인용).

선거 비용은 그렇다 치고, 후보자였던 한 사람의 선거 사후평이 궁금했다.

"선거 결과를 어떻게 보십니까, 어느 정도 예상했었던가요?"

"사실, 선거 기간중 체력도 딸리고 돈도 없고 하여 고전을 면치 못했지만, 제일 화가 났던 것은 누군 시민 후보고 그럼 나머지는 양아치 후보란 말입니까. 실은 막판에 가서 세 사람이 사퇴하려고 의논도 했었어요. 그러나 하도 얄미워 애라 돈 많이 쓴 놈이나 되라고 하고 사퇴를 안했지요."

돈이 유일한 기준인 듯 선거를 마치 돈으로 사고 파는 물건처럼 생각하고 있지 않나 하는 착각을 일으키게 한다. 여기서 시민이 설 자리를 찾지 못한다. 시민의 힘은 감시에 있지 득표에는 있지 않은 것인가 하는 깊은 회의에 빠진다.

두 사례가 기술상 어떤 차이가 있는지를 비교하기 바란다.

이상 두 관찰사례는 김광웅 편, 『우리동네 선거이야기, 나라선거 이야기, 고쳐야할 선거이야기』(예음, 1992)에 있는 것을 인용한 것이다.

3. 실험조사

3.1 실험조사란 무엇인가

실험조사는 조사설계의 성격을 띠고 있다는 것을 앞에서 설명했고 뒤에도 설명이 따른다. 그리고 정책평가에서도 준실험설계를 주로 한다. 또 앞에서도 관찰조사에서 비참여관찰 중의 한 방법으로 약간 소개가 되었다.

실험조사(experimental research)라는 것은 사회현상의 연구방법으로 적격성이 문제가 되지만 심리학에서는 많이 원용하는 방법 중의 하나이다. 실험은 어떤 가상적인 상태를 조작하여 그 상황에서 행태를 관찰하는 것이다. 연구자가 의도적으로 변수를 조작함으로써 그 변수의 영향이 어떻게 나타나는가를 알고자 하는 것이다. 이런 뜻에서 일반적으로 쓰이는 조사 방법의 대부분이 변수간의 관계를 알려는 것에 그치는 것이라면, 이 실험조사는 변수간의 인과관계를 밝혀 낼 수 있는 과학적 방법이다. 그래서 잘만 수행하면 이 방법은 사회의 실제 문제를 아주 확실하고(with greater certainty), 정확하고(with greater accuracy), 능률 있게(with greater efficiency) 해결해 준다.

이 방법은 인과관계의 규명이라는 특성을 비롯하여 여러 가지 특징을 지니고 있다. 첫째, 변수를 조작하여 그간의 인과관계를 알려는 것이기 때문에 변수의 조작 없이 있는 그대로를 파악하는 의견조사와 다르다. 둘째, 실험조사는 시간적 차원에서 미래지향적이기 때문에 과거에 일어난 사실을 파악하려는 대부분의 사후연구(ex post facto research)와 구별된다. 셋째, 변수의 영향을 파악하기 위하여 비교의 준거가 되는 통제집단(control group)을 설정한다. 직접 실험의 대상이 되는 집단은 실험집단(experimental group)이다. 뒤에 설명하지만 물론 통제집단이 항상 구성되는 것은 아니다.

변수를 통제하기 위하여 생각할 수 있는 방법에는 대개 세 가지가 있다. 하나는 무작위에 의한 통제로 집단의 구성이 동질적이 되도록 하는 방법이다. 즉, 실험의 대상자가 될 사람을 선정함에 있어서 그들이 대등한 기회 속에서 추출되도록 한다. 그러므로 선정자의 주견이 개입됨이 없이 무작위로 선출하여 실험집단과 통제집단을 구성하게 되므로 선정될 확률은 1/2이다. 이렇게 함으로써 구성의 대등 상태가 확보되므로 비교의 의의가 생기게 된다. 즉, 통계적으로 유의수준을 따질 수 있게 된다. 집단을 구성함에 있어서 주의해야 할 것은 실험대상자가 자의로 실험집단에 속할 것인지 또는 통제집단에 속할 것인지를 정하는 자의선택(self-selection)이다. 이렇게 되면 이미 두 집단간에는 차이가 생기게 되므로 실험 후에 비교가 역시 어려워진다. 다른 하나의 방법은 정밀배합방법(precision control)이다. 두 집단의 구성을 정확하게 공통점을 구비하고 있는 사람들로 각각 구성한다. 지도자훈련과정에서 역사상 위대한 정치 지도자의 일대기를 담은 영화의 효과를 보기 위해 실험을 하는데 실험집단과 통제집단에 각각 같은 조건을 구비한 사람의 짝(pair), 즉 교육 정도·종교·연령 등이 같은 사람들의 조합을 선정하여 구성하는 것이다. 이 방법은 우선 동질의 사람들을 찾아 배합을 시키려면 상당한 수의 인원을 확보해야 하며, 어떤 요인을 어느 정도까지 고려해야 할지 기준이 없으며, 집단 조사에서 너무 개인에 집착하는 등의 난점이 있긴 하지만 여러 변수가 고려될 수 있어서 다음에 나오는 도수분포통제보다 객관성이 있다. 또 다른 하나의 방법이 도수분포배합통제이다. 두 집단을 정하는데 어떤 변수의 도수분포가 대등하도록 배합하는 방법이다. 연령을 기준으로 하는 것이 두 집단을 나누고 또 실험을 해서 나중에 비교하는 데 중요한 의의가 있다고 생각되면, 두 집단의 연령의 도수 분포가 유사하도록 하면 된다. 교육 정도가 중요한 통제 변수여야 한다면 마찬가지 방법으로 하면 된다. 이 방법은 잘못되면 전혀 엉뚱한 집단이 구성될 가능성이 있다. 즉, 교육 정도와 종교를 가지고 도수 분포에 따라 구성해 보았더니 실험집단은 대학 졸업에다가 기독교가 대다수이고, 통제집단은 중학 졸업에 불교가 대다수일 수가 있다. 요컨대 집단을 구성함에 있어서 주의할 것은 여러 변수를 동시에 고려하여 집단간의 차이가 크게 나지 않도록 애써야 한다.

실험조사에는 여러 가지 방법이 있다. 그린우드(E. Greenwood)가 들고 있는 것으로, ① 순수실험(pure experiment), ② 비통제실험(uncontrolled experiment), ③ 사후실험(ex post facto experiment), ④시행착오실험(trial-and-error experiment) 및 ⑤ 통제관찰조사(controlled observational study) 등이 있다. 여기서 순수실험은 흔히 말하는 실험실실험(laboratory experiment)을 뜻하고, 비통제실험은 자연적 실험(natural experiment)과 같은 말이다. 사후실험은 어떤 효과가 이미 나있는 것으로부터 거슬러 올라가 원인을 추적해 보려는 것이며, 시행착오실험은 방법을 잘 모르는 국외자가 실험해 보려고 시도하는 모든 종류의 것을 통칭하는 말이다. 일반적으로 실험조사에서는 크게 현지실험과 실험실실험으로 나누어 대비한다. 다음에 양자를 간단히 설명하고 둘의 중간성격에 해당하는 의태실험(擬態實驗) 또는 준실험에 관해 언급하기로 한다.

3.2 실험조사의 종류

(1) **현장실험** 현장실험 또는 현지실험(field experiment)은 현실적인 사회상황 속에서 주의깊게 실험조건을 통제하여 하나 이상의 독립변수를 조작함으로써 그 효과를 보고자 하는 방법이다. 현장실험은 실재적 · 자연적 상황에서 변수를 조작하여 그 결과에 대한 인과관계를 규명하려는 것이기 때문에 인위적(artificial)으로 조작된 실험실 내에서의 실험이나, 단순한 자료의 수집을 통해 사실의 발견 또는 변수간의 상관관계를 보려는 현지조사와 다르다. 이 방법은 또한 실생활의 상황을 연구의 대상으로 잡기 때문에 그 상황은 아주 복잡하고 서로 엉켜 있는 때가 많은데, 이것을 분석해 준다. 가

설 검증을 통한 이론의 정립이라는 색채가 강한 것도 이 방법의 특징이라고 하겠다. 프렌치(J.R.P. French)가 들고 있는 예를 보면 아래 그림에서와 같은데 어느 조직에서 일하는 사람들을 훈련이라는 실험상황에 놓고 민주적 행태를 자아내는 여러 기본변수들을 조작하면서 그것이 생산성에 미치는 영향을 본 것이다.

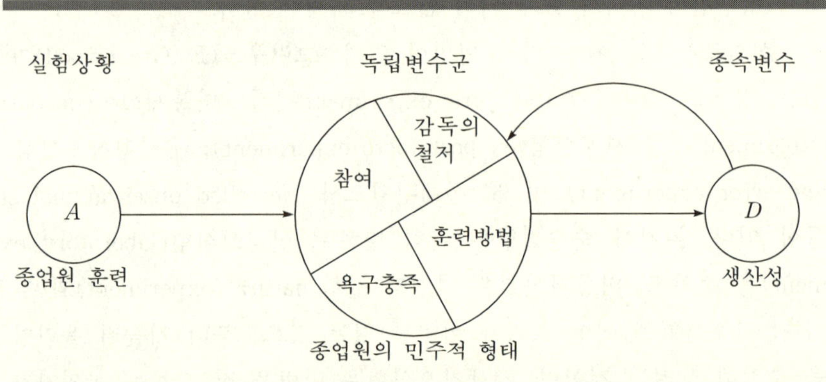

〈그림 3-15-2〉 실험조작 · 독립변수 및 종속변수간의 인과관계

실험자는 위의 그림에서 나타난 네 개의 독립변수 가운데서 그들간의 관계를 고려하면서 여러 가지 대안을 가지고 변수를 조작한다. 감독을 철저하게 하는 것이, 아니면 좀 자유롭게 내버려두는 것이 생산성을 높이는지, 또 계획에 대한 참여 정도와는 어떤 관계가 있으며 이들을 어떻게 조작 · 처리해야 할지에 관해 여러 가지 실험을 함으로써 종국에 종업원들이 높이는 생산성의 주요인을 발견해 내게 된다. 이것이 일반적인 현지조사와 어떻게 다른가는 쉽게 이해가 갈 것이다.

현장실험은 이것대로 장·단점이 있다. 장점으로는,

① 독립변수를 조작하고 실험대상을 무작위로 구성하는 것이 가능하다.

② 독립변수의 영향이 실험실실험의 경우보다 더 강하다. 왜냐하면 자연상황의 실재성이 작용하고 있기 때문이다.

③ 실재성을 지니고 있기 때문에 연구의 외적 타당성이 높아 다른 경우에도 일반화시킬 수 있는 가능성이 높아진다.

④ 복잡한 일상생활 · 사회화과정 · 변화 · 영향 등을 연구하기에 적합하다.

⑤ 가설을 검증하여 문제 해결에 기여하므로 실체의 세계에 연결되는 연구(action research)의 성격을 띤다.

반면에 단점으로는,

① 실험실실험과는 달리 실험상황을 엄격히 통제하지 못한다.

② 독립변수의 조작도 실험실실험만큼 다양하지 못하며 때로 불가능한 경우도 있다.

③ 연구 자체의 정확도가 실험실실험보다 낮다.

④ 연구자의 편견이 개입될 가능성이 높다.

(2) **실험실실험** 실험실실험(laboratory experiment)은 실험자가 원하는 조건을 갖춘 상황을 정확하게 조성해 내어 변수를 조작하고 다른 변수를 통제하면서 변수간의 효과를 관찰하는 방법이다. 조건을 갖춘 상황을 만들어 낸다는 것은 연구에 직접 관계되지 않는 변수의 분산을 가능한 한 축소한다는 뜻과 통한다. 실험실실험의 성격을 일반현지조사(field study)와 구별할 때 전자는 행동과정(behavioral processes) 지향적이고, 후자는 행동체계(behavioral system) 지향적이라고 한다. 실험상황을 조성하는 실험자의 의도가 행동과정과 이와 관련된 조건을 조작하려는 데 있기 때문이다. 이러한 실험은 자연과학에서나 있을 수 있는 것이지만 사회과학에서는 주로 심리학에서 이런 것을 많이 한다.

실례를 하나 들면, 데이트를 하는 대학생들을 대상으로 사랑의 척도를 측정해 보기 위해 실험한 것이 있다. 우선 일정한 질문지를 나누어 주고 기록하게 하여 그 결과 92점 또는 그 이상을 받은 집단과 그 이하의 점수를 받은 집단으로 나누어서 상호응시(相互凝視, mutual gazing)하는 것을 통해 그 사랑이 과연 진실한가를 다시 확인하는 실험이다. 실험집단의 구성은 우선 연인들 중 한쪽의 응답은 점수가 높았는데 한쪽이 약한 것은 뺏으며 남은 사람을 또 두 집단으로 나누는데 하나는 두 연인이 짝이 되게 하고(together group) 다른 하나는 사랑하는 사이가 아닌 사람을 짝지었다(apart group). 이 나중 집단을 만들 때는 물론 남자가 여자보다 어린 짝을 구성하지 않도록 했다. 이렇게 구성한 실험 집단을 실험실에 넣고 52인치 책상에 마주 앉힌 다음, 월라치(M. A. Wallach)와 코간(N. Kogan)이 개발해 놓은 문장을 읽어 주고 그들로 하여금 토의하게 한다. 실험자는 그 방을 나가고 동시에 그들의 토의 내용이 녹음되는데 1분 후부터 3분 동안 그들의 행동이 관찰된다. 한쪽에서 보이는 거울로 관찰자가 단추를 누르면 시계로 연결되어 그것이 각자가 응시하는 시간을 재어 주며 동시에 상호 응시하는 시간도 측정된다. 여기서 1분 후부터 행동이 관찰되는 이유는 상황에 서로 익숙해지는 여유를 주기 위해서이다. 결과를 다 얘기할 수는 없으나 한 가지 재미있는 발견은 같은 짝이되 사랑의 정도가 92점 이하였던 사람들의 상호응시도는 평균 44.7초였는 데 비해, 제짝이 아니면서 92점 이상을 받았던 사람들의 상호응시도는 46.7초로 약간 높게 나타났다. 사랑에 강한 사람은 누구하고도 강한 모양이다.

이 방법의 장·단점을 열거해 보면, 장점은,

① 종속변수에 영향을 주는 외부변수를 개입하지 못하도록 완전히 통제할 수 있다.

② 연구대상에 대한 무작위표출이 용이하며 특히 하나 이상의 독립변수를 마음대로 조작할 수 있다.

③ 실험상황을 엄격히 통제하기 때문에 연구가 정밀할 뿐만 아니라 반복하기도 쉽다.

단점은,

① 항상 일정한 실험만을 위해 조작된 상황이기 때문에 독립변수에 대한 실험적 조작의 영향력이 일반적으로 약하다.

② 지나친 인위성 때문에 자연적이고 실재적인 현실에 일반화시키는 데에는 한계가 있다.

③ 따라서 내적 타당성(internal validity)은 있으나 외적 타당성(external validity)을 결하기 쉽다.

(3) 의태실험 이 의태실험(experimental simulations)은 그다지 흔히 쓰는 용어는 아니다. 실험의 종류를 크게 현지실험과 실험실실험으로 나누는데, 그 중간에 해당하는 것이 이 의태실험이라는 것이다. 이 방법은 체제의 주요 속성을 측정 · 조작하고 행동상황을 만들어 내어 실험을 진행한다. 행태

과학자들이 많이 쓰기 때문에 주의를 끌기 시작했다. 그런데 이 방법은 또한 컴퓨터 시뮬레이션과 구별되는데, 이것은 사람이 전혀 행동하지 않는 상징적인 맥락의 것으로 전컴퓨터 시뮬레이션(all-computer simulation)이라고 할 수 있다면, 이 의태실험은 사람이 행동상황을 조작해 내는 인공컴퓨터 시뮬레이션(man-computer simulation)이라고 할 수 있다. 이 방법이 실험실실험과 구별되는 점은 실험실실험은 행동체계를 의도적으로 추상화되고 구체적 상황으로부터 격리시켜 고도로 통제된 상황 내에서 실험하는 것이라면, 의태실험은 그렇게까지 추상적이 아니고 구체적인 상황에서 일반화보다는 특수화를 더 염두에 두고 행동체계를 실험하는 것이다. 즉, 구체적인 실험상황에서 1차 실험이 이루어지면 거기에 따른 대상자의 반응을 보고 실험 내용을 수정하여 다시 반복하는 절차를 밟는 식의 실험이다.

그러나 두 방법은 상황이 실험자에 의하여 만들어진다는 점에서 인위적이며, 동시에 행동에 영향을 미친다는 점에서 실제적이다. 이러한 측면에서 보면 두 방법에는 차이가 없다고 하겠으나 의태실험은 어디까지나 자연상태에 근사한 집단을 구성하려는 것인 데 반해, 실험실실험은 어디까지나 추상적인 집단의 구성을 통해 가능하다. 예를 들어 게츠코(H. Guetzkow)가 국가간의 관계를 실험 연구한 내용은 이 의태실험에 유사하다. 비록 국가의 실명을 쓰지 않고 Algo라든가 Inga라는 이름을 써서 실험을 한 것은 추상적이며 비실제적이어서 실험실실험에 가깝다 해도 국가간의 관계를 충실하고 깊게, 또 구체적으로 규명했다는 점에서 의태실험의 성격을 띤 것이다. 또한 의태실험은 변수의 조작을 내용과 시간면에서 엄격히 통제할 수 없으나 실험실실험에서는 이것이 가능하다는 점에서도 양자의 차이를 발견할 수 있다. 의태실험이 실험실실험과 유사하면서도 굳이 차이를 발견할 수 있는 기준은 추상성과 구체성의 상이에서인데, 이것 자체가 좀 애매하기 때문에 확연한 구별이 어렵다. 대강 대표적인 두 실험방법의 중간영역에 속하는 것으로 이해하면 될 것 같다.

3.3 실험조사의 설계

실험설계(experimental design)는 실험을 능률적으로 해내기 위해서 관계 변수를 일정하게 연관시키는 계획이요 구조요 전략이다. 이 설계과정에서 우선 연구의 가설을 이루고 있는 기본변수들의 분산을 극대화시키고, 다음에 실험결과에 영향을 주리라고 생각되는 외부변수를 통제하게 되며, 마지막으로 측정상의 오차와 그 밖의 오차 또는 무작위적 분산을 극소화시키게 된다.

이런 이유와 목적에 따라 실험이 설계되면 그것에 맞추어 실시한다. 다음 절에서 그 진행방법과 문제 등에 관해 설명하기로 하고, 여기서는 설계에도 연구의 성격에 따라 여러 가지가 있으므로 그 종류를 설명하고 대표적인 현지(장)실험과 실험실실험의 두 설계에 관해서도 언급하기로 한다.

실험설계의 종류를 이야기할 때 실험시작 이전의 단계와 이후의 단계에서 하는 설계가 다르고, 또 실험에 유사한 의사실험설계(擬似實驗設計)도 있다. 이만갑은 이 입장을 따라, 실험이전설계로서 ① 단일사례연구, ② 단일집단 전후비교, ③ 정태적 집단비교를, 실험단계의 설계로서 ① 통제집단 전후비교, ② 통제집단후비교, ③ 솔로몬(Solomon) 4개집단비교를, 의사실험설계로서 ① 사후연구법, ② 패널스터디, ③ 기술적 조사결과의 인과적 분석 등을 들고 있다. 이관우는 세 가지 단계로 나누고 있지는 않아도 유사한 종류를 설명하고 있고 보태어 요인설계와 라틴 스퀘어 설계를 더 소개하고 있다. 하나하나 설명을 보태기로 한다.

(1) 실험집단 사후설계 단일사례(one-shot case)를 대상으로 관찰하는 조사 설계이다. 예컨대 능률적인 관리를 보여 주는 단편 영화를 관리자들에게 보여 주고 그들의 태도를 알아본다고 하자.

영화 한편을 통해 태도가 얼마나 달라질 수 있을지는 극히 의심스럽지만 그래도 안 본 것보다는 낫다는 전제에서 영화(X변수)의 효과를 알고자 하는 실험을 하는 것이다. 비교의 기준도 없고 너무 단선적이라 권장할 만한 방법이 못 된다. 뒤에 종류별로 요약된 표를 참고하기 바란다.

(2) 실험집단 전후설계 위의 경우와 거의 유사하나 한 가지 다른 점은 실험하기 이전의 상태를 측정하고 실험한 이후의 상태를 측정하여 비교함으로써 실험변수의 작용을 알아보려는 것이다. 이 방법은 실험조건과 더불어 실험집단을 각각 짝짓는 것(matching)으로서 스스로 통제역할을 한다. 위의 예에서 보면 실험집단을 구성하여 일단 관리에 대한 지식과 태도같은 것

을 묻고 나서 영화를 보여 준 후에 또 물어 양자의 차이를 비교하는 것이다. 이때의 질문지문항작성은 아주 민감하기 때문에 고도의 기술을 요한다.

이 방법이 지니고 있는 난점은 비교할 통제 집단이 없기 때문에, 실험대상에 대해 외부적 변수와 실험자의 영향이 미치거나, 사전측정행위와 변수와의 상호 작용이 크거나, 변수조작에 대해 내적 요인이 작용하게 되면 실험은 정확하게 진행될 수 없다는 것 등이다.

(3) 단일통제집단 사후측정실험설계 이 방법은 위의 두 방법에 비해 통제집단을 갖는다. 통제집단을 갖되, 사전측정은 하지 않는다. 대개 사전측정을 안하는 이유는 그 영향이 지속되어 나중까지 미칠 우려가 있어 독립변수의 실질적 효과를 알기가 힘들기 때문이다. 이 방법은 그렇기 때문에 외적 요인, 실험자의 영향 또는 실험변수조작에 대한 내적 요인의 영향을 제거할 수 있고 사전측정행위와 변수간의 상호 작용에서 오는 부작용도 막을 수 있다.

반면에 사전측정을 하지 않기 때문에 실험후 실험대상이 얼마만큼 변했는지를 알 수 없고 다만 통제집단과 비교해서 평면적으로만 알 수 있을 뿐이다.

(4) 단일통제집단 전후측정실험설계 일명 고전적 설계라고도 한다. 실험집단과 통제집단이 동시에 다 실험 전과 후의 측정을 하게 되는 경우이다. 두 집단은 다른 모든 조건이 같도록(ceteris paribus) 구성된다. 이 방법은 우선 실험대상이 본래 갖는 성격이나 상태(내적 요인)의 측정을 가능케 해주고, 다음에 독립변수(실험요인)의 조작결과를 측정할 수 있으며, 끝으로 통제하기 때문에 실험상황 밖의 요인(외적 요인)을 측정할 수 있게 해 준다.

좋은 점이 있는 반면에 사전측정의 영향이 지속되어 결과에 대한 편견이 개입될 가능성과 실험이 오래 계속될 때 외적 요인의 개입가능성을 막지 못하는 단점이 있다. 이 설계를 도해하면 〈그림 3-15-3〉과 같다.

(5) 복수통제집단 실험설계 일명 솔로몬(Solomon)의 2개통제집단설계라고도 한다. 통제집단을 하나만 가지고 있는 경우보다는 약간 발전된 형태인데 두 개의 통제집단을 두는 이유는 사전측정의 영향과 실험변수와의 상호작용에서 오는 효과를 줄이려는 의도이다. 따라서 하나의 통제집단은 사전측정

	실험 전	실험 후
실험집단	X_1	X_2
통제집단	X_1'	X_2'

실험효과 $=(X_2-X_1)-(X_2'-X_1')$

〈그림 3-15-3〉 **단일통제집단 전후측정실험설계**

을 하되 변수조작은 하지 않고, 다른 통제집단에서는 사전측정을 하지 않는 대신에 변수조작을 한다. 실험집단에서는 물론 사전·사후측정과 실험조작을 하게 되므로 이때의 변화를 D라고 하고, 사전·사후측정은 하되 변수조작을 하지 않는 통제집단의 변화를 D'라고 하고, 변수조작과 사후측정만 하는 통제집단의 변화를 D''라고 한다면, 우리는 실험변수의 효과는 물론 사전측정의 영향과 이들간의 상호작용의 결과를 면밀히 검토할 수 있게 된다. 이것을 알아 내는 공식을 솔로몬(Solomon)공식이라고 하는데,

	실험 전	실험 후
실험집단 Ⅰ	X_1	X_2
통제집단 Ⅰ	X_1'	X_2'
실험집단 Ⅱ		X_2''
통제집단 Ⅱ		$X_2''\cdot'$

실험효과 $=X_2''-\dfrac{X_1+X_1'}{2}$

실험효과 $=(X_2'-X_1')-\left(X_2''\cdot'-\dfrac{X_1+X_1'}{2}\right)$

〈그림 3-15-4〉 **복수통제집단 실험설계**

$$I=D-(D'+D'')$$

이다. 여기서 I는 상호 작용을 뜻한다.

이 방법은 위의 다른 어느 방법에 비해 정밀한 측정을 할 수 있다는 장점을 지닌다. 그러나 집단의 수가 많기 때문에 한꺼번에 실험측정을 해 나간다는 것은 용이하지 않을 뿐만 아니라 결과에 대한 통계처리 역시 쉽지 않다. 〈그림 3-15-4〉에 이 방법을 도해로 표시했다. 실험집단도 둘인 경우이다.

(6) **복수실험집단 실험설계** 일명 무작위집단설계라고 한다. 실험집단을 하나가 아닌 복수를 가지고 실험을 함으로써 실험변수의 조작결과에 대한 확신을 든든하게 하려는 것이다. 한 집단의 성격이 완벽하다든가 객관적이라고 말하기는 힘드므로, 다른 실험집단을 하나 더 가지고 동일한 변수를 조작하여 과연 두 집단의 차이가 어떠한 것인지를 알고자 하는 것이다. 실험대상의 선정은 무작위이며, 집단이 구성된 후 실험에 임하는 조건 또는 상황도 무작위이다.

다른 어느 방법에서나 마찬가지로 실험자의 편견이 개입되거나, 또는 실험대상의 내적 요인이 작용하여 차이가 날 가능성은 감수해야 한다.

(7) **다수실험집단 이질실험설계** 요인설계라는 이름으로 불리는 실험설계의 일종이다. 앞의 여러 실험이 하나 이상의 실험집단을 대상으로 단일변수의 조작을 통해 그 효과를 측정하려는 실험이었던 것인 데 반해, 이 방법은 변수가 하나 이상이며 동시에 그 강도를 달리하면서 실험을 하는 것이다. 예를 들어 내용이 다른 영화를 시간의 길이를 달리하며 보여 주는 실험이다. 즉, 제1실험집단에는 직업 교육을 강조하는 영화를 1시간, 제2실험집단에는 인격 교육을 강조하는 영화를 1시간, 제3실험집단에는 직업 교육을 강조하는 영화를 1시간 반, 제4실험집단에는 인격 교육을 강조하는 영화를 1시간 반 보여 준다. 그러면 영화의 내용의 차이에서 오는 효과와 보는 시간의 차이에서 오는 효과를 각각 또는 함께 집단의 조합을 비교함으로써 알아볼 수 있다. 이런 예 이외에도 어느 집단에 대해 임금을 처음에는 5%, 다음에 10%, 그리고 또 15%를 올려 주면서 그 집단의 사기나 생산고의 정도를 알아보는 실험이나, 다른 여러 변수의 효과, 즉 한번은 임금을 올려 주고, 다

음엔 휴가를 보내 주고, 또 다음엔 점심 식사를 제공하는 등의 상이한 변수조작을 하는 경우도 이 설계에 해당된다고 할 수 있다.

이 방법은 다양한 가설을 검증할 수 있고 변수간의 상호 작용도 검증해 볼 수 있다. 그러나 설계에서 실험대상의 수나 특성의 확보 등 어려운 점이 있고 분석방법도 간단하지는 않다.

(8) **라틴 스퀘어**(Latin-Square) **설계** 이 방법은 하나의 실험집단에서 실험대상을 세분하여 일정하게 구성함으로써 여기에 따른 실험효과의 차이를 보려는 설계이다. 예를 들어 5명의 대상자가 있다면 이들이 순서를 달리하여 형성할 수 있는 순열은 5개의 부분 집단이다. 즉, 아래와 같이 형성된다.

$$\begin{matrix} B & E & D & C & A \\ C & A & B & E & D \\ D & B & C & A & E \\ E & C & A & D & B \\ A & D & E & B & C \end{matrix}$$

각 다섯 사람은 다른 실험조건을 대표하고 각 행은 다른 실험대상이라고 할 수 있다. 다른 말로 하면 여러 개의 실험조건을 갖는다는 뜻이다. 이 경우에는 다섯 번의 변수조작이 행해지는 셈이다. 그렇게 해서 나중에는 이들의 평균치를 내어 변수조작의 효과를 측정하게 된다.

(9) **의사실험설계** 이 의사실험설계(quasi-experimental design)는 완벽한 실험설계는 아니다. 실험대상을 무작위로 선정하는 데 제약을 받으며 집단의 동등화를 기하지 못한다. 가장 큰 난점은 비교의 준거가 되는 통제집단의 확보가 어렵기 때문에 유사한 조건을 갖는 집단을 구성하려는 데 있다. 또는 같은 집단을 시간을 달리해 가며 실험을 하는 데서 오는 편협과 객관성의 결여가 문제된다. 전자의 예가 되는 것이 사후연구방법이며, 후자가 패널스터디 방법이다.

사후연구방법은 역사적 재구성에 의한 실험이라고도 하는데 대학교육의 효과를 알기 위한 실험을 한다고 하자. 그 목적은 대학 교육을 받은 사람이 수입이 더 낫다거나 아니면 어느 사회집단에서 더 능률 있게 일을 한다거나 하는 것과 연관지어 보려는 것이며, 그 효과를 알려면 대학에 입학한 학생들이 4년 동안 교육을 받은 후 얼마 있다가 그들의 의견과 능력을 알아보아야 할 터인데, 4년 동안을 기다릴 수는 없다. 그래서 대학을 갓 들어온 학생을 통제집단으로 하고 졸업생을 실험집단으로 해서 실험하여 양자를 비교하면 된다. 한편 패널 스터디는 시간적인 선후를 갈라서 전과 후의 상태를 비교하는 방법이다. 이 방법만 해도 시간의 연속성이 실험대상이라는 특정요인을 저해할 염려가 있고 동시에 같은 대상자를 재차 실험하니까 아무래도 편견이 개입할 소지가 많다고 하겠다.

〈표 3-15-3〉 각종 실험설계의 내용요약

종 류	실 험 집단수	통 제 집단수	실험대상 선정방법	실 험 조 건	사전측정 실험통제	변수조작 실험통제	사후측정 실험통제
실험집단사후설계	1	0	무작위	무작위	−	+	+
실험집단전후설계	1	0	무작위 또는매칭	무작위 또는매칭	+	+	+
단일통제집단사후 측정실험설계	1	1	무작위 또는매칭	무작위 또는매칭	−, −	+, −	+, +
단일통제집단전후 측정실험설계	1	1	무작위 또는매칭	무작위 또는매칭	+, +	+, −	+, +
복수통제집단 실험설계	1	2	무작위 또는매칭	무작위 또는매칭	+, +[(a)] −	+, − +	+, + +
복수실험집단 실험설계	2	1	무작위	무작위 또는매칭	+[(b)], + +	+, − +	+, + +
다수실험집단이질 실험설계	2이상	0	무작위 또는매칭	무작위 또는매칭	+[(c)]	+	+
라틴 스퀘어설계	1	0	무작위 또는작위	무작위 또는작위	+	+	+

註 (a): 이 방법에 표시된 상하의 부호는 각 통제집단의 순서에 따른 측정이나 조작의 유무를 표시한 것이다.
(b): 이 방법에 표시된 상하의 부호는 각 실험집단의 순서에 따른 측정이나 조작의 유무를 표현한 것이다.
(c): 이 방법에서는 실험집단의 수만큼 제각기 다 측정과 조작이 이루어진 것이다.
*: 의사실험설계는 이 표에 포함시키지 않았다.

이상 설명한 아홉 가지가 실험설계로 생각해 볼 수 있는 종류로서 〈표 3-15-3〉에 그 내용을 요약해 보았다.

⑽ 현지실험과 실험실실험설계 위의 여러 설계에 따라 연구목적대로 설계를 하면 된다. 현지(장)실험과 실험실실험설계라고 해서 유독 따로 설명할 것은 없으나 주의해야 할 몇 가지 점만 지적하고 넘어가기로 한다.

현장실험의 설계에서는 현지에서 변수의 조작과 통제가 큰 난점이기 때문에 이 통제에 관한 문제가 늘 신경이 쓰이는 대상이다.

첫째, 적절한 통제집단을 활용한다는 것이 무엇보다도 중요하다. 이유는 실생활이라는 것이 복잡할뿐더러 통제하기 힘든 정도로 빨리 변해가기 때문이다. 더군다나 가능한 변수들을 고려할 수 없을 때는 문제가 더 심각해진다. 공장에서 감독 훈련에 관한 실험을 한 예가 있는데 실험과 통제집단을 집단의 크기, 작업의 종류, 사기의 정도에 따라 짝지어 실험한 결과 훈련의 효과는 종업원의 상급자에 대한 인간관계에 의해 더 큰 영향을 받는다는 사실이 발견되었다. 그러므로 미리 중요하다고 생각되는 변수를 충분히 고려하면서 집단을 통제해야 할 것이다. 솔로몬(R. L. Solomon)이 하나의 통제집단으로는 사전측정(pre-experimental measure)이 실험에 영향을 끼치는 것을 피하기 힘들기 때문에 두 개의 통제집단이 있어야 한다고 제시하고 있는 것도 통제가 중요하기 때문이다. 그가 한 실험은 국민학교에서 철자법을 가르치는 효과에 관한 것이었는데 미리 측정을 해본 것이 계속 영향을 끼치고 있었다.

둘째, 실험자가 여건을 적절히 표준화할 수 없을 때에는 측정을 통하여 중요한 영향을 미칠 혼합 변수(confounding factor)를 찾아 내야 한다. 따라서 현지실험의 설계에서는 전체 사정을 고려하여 실험기간, 특히 통제할 수 없는 변화에 대해 측정하도록 노력해야 한다.

셋째, 조건을 표준화하기 힘들거나 또 조건이 시간이 경과함에 따라 변할 때는 부득이 같은 상황에서 여러 번 반복할 수밖에 없다. 공장의 생산성에 대한 집단 결정의 영향을 알기 위해 오랫동안 실험한 예가 있는데, 그 후에 같은 상황에서 똑같은 실험을 반복해 보았다. 이때의 난점은 만족할 만한 수의 짝지울 수 있는 집단을 구하기가 힘들다는 사실이다.

넷째, 현지실험설계단계에서는 예비실험을 해 볼 만하다. 소규모로 실제

운영해 봄으로써 실제로 부딪치는 문제가 무엇인지를 파악할 수 있다.

다섯째, 어떤 여건에서 실제로 악영향을 미치는 필요 없는 분산을 통제할 필요도 있다. 여기에는 표준화와 격리(insulation)의 두 방법이 있다. 예를 들어, 생산성에 끼치는 집단 결정의 영향을 알아보는 실험에 있어서 조건을 표준화한다는 의미는 변화 가능성이 많은 변수를 고정시킨다는 뜻이다. 자원의 유통이나 집단의 구성 요소같은 것은 고정(holding constant)시키는 도리밖에 없다. 격리시킨다는 것은 복잡한 조건을 단순화시킨다는 뜻이 포함되어 있다. 감독자가 생산 수준·작업 속도·작업 지속도같은 문제에 관해 종업원에게 일체의 말을 하지 않도록 하고 실험을 하는 것이 이 격리의 한 방법이다. 호손(Hawthorne)공장 실험에서도 적용한 예가 있는데, 실험을 행했던 Relay Assembly Test Room이라는 곳은 다른 작업장으로부터 물리적으로나 사회적으로 격리되어 있었다. 사회적으로 격리되어 있다는 말은 보통 때와 같은 감독을 하지 않도록 하는 경우이다. 이와 같은 격리의 방법은 어떻게 생각하면 실험실실험에 유사한 실험이 된다. 이 방법에서 특히 문제가 되는 것은 한 실험집단이 다른 실험집단이나 통제집단을 오염시킬 우려가 있다는 점이다.

여섯째, 현지실험을 설계할 때는 실패하는 경우를 생각해서 다른 것이라도 발견할 수 있도록 짜는 것이 좋다. 또한 너무 큰 집단을 대상으로 실험하기보다는 개인이나 소집단을 실험하는 것이 이상적이며, 예기치 않은 변수의 영향을 고려해서 짧은 시간 내에 끝내는 것이 좋다.

한편 실험실실험의 설계에서 고려해야 할 점은 다음과 같다.

첫째, 알아 내고자 하는 문제를 실험적 용어(experimental terms)로 표현해야 한다. 변수에 대한 정의도 정확히 하고 문제의 진술을 구체적으로 명백히 해야 한다는 뜻이다. 어떤 조직에서 소문이 전파되는 과정을 의사소통의 이론에 따라 실험한 적이 있는데, 이때 "의사소통이 위계질서에서 어떤 방향으로 전개되느냐"라든가, "과업의 중요성에 기초를 둔 부적합한 커뮤니케이션의 방향은 어떤 것이냐"는 등의 구체적인 진술을 통해 문제 파악을 했다.

둘째, 변수를 조작하기 위한 측정방법과 기술을 익혀야 한다. 아무리 문제가 구체적으로 명백히 규정되었더라도 실제로 실험을 하는 과정에서 이를 규명하기 위한 기술이 없다면 소용이 없기 때문이다.

셋째, 실험조작이 잘 되었는지의 여부를 확인해야 한다. 실험이 끝난 후 대상자들의 의견을 들어 성공 여부를 알아보는 것이 좋다. 그래야만 얻은 결론의 논거에 대한 어느 정도의 자신을 갖게 된다.

넷째, 변수조작의 적합성 여부에 관한 문제는 미리 확인하는 것이 좋다. 대부분의 실험실실험은 그 초기 단계에서 맞지 않는 점이 자주 발견된다. 시행착오의 과정을 거치면서 예비 실시를 해보면 실험자의 행동 등이 익숙해지고 일종의 표준화가 되어 실험이 순조롭게 진행될 수 있다.

3.4 실험조사의 절차와 진행

실험을 실시하는 데 있어서 일정한 정석이 있는 것은 아니나, 대개 어떤 단계를 밟아 해나가는 것이 좋다는 의견이 있다. 사이먼(J. L. Simon)의 주장을 위주로 간단히 소개하기로 한다.

(1) 변수의 선정 위에서 문제를 구체적이고 명백히 파악한다는 것과 더불어 변수의 확정과 측정이 중요하다는 설명을 했다. 무엇을 알아 내겠다고 하는 문제 의식에서 출발하여 이론적 윤곽이 결정되면 어떤 변수를 써서 가설을 검증해 보겠다든가, 어떤 사실을 발견해 보겠다든가 하는 순서로 구체화되어야 한다. 따라서 목적과 이론에 맞는 변수가 선정되어야 하며 동시에 이른바 조작적 정의(operational definition)가 내려져야 한다. 조작적 정의를 한다는 것은 변수를 측정할 수 있도록 한다는 의미이다. 적절한 변수가 결정되면 나머지 관계가 있다고 생각되는 변수로써 측정이 어렵거나 실용적이 못 되는 변수는 고정시켜서 영향 요인을 최소한도로 줄인다.

(2) 검정수준의 결정 주로 시간적인 차원의 문제로 실험변수를 조작함에 있어서 어떤 수준에서 어느 정도의 기간에 얼마만큼의 양으로 실험을 해야 하는가를 결정하는 것이다. 기간이 너무 짧거나 또는 너무 길거나 해서 의미 없는 실험을 수행할 염려가 있기 때문이다.

(3) 표본의 추출과 크기 실험을 위한 표본의 추출이나 크기의 원칙이 따로 있는 것은 아니다. 표본은 실험집단이나 통제집단을 구성함에 있어서

문제의 성격, 실험의 목적에 따라 얼마만큼 추출하여 대표성을 유지할 것인가를 정한다. 앞에서 든 예에서 보면 데이트를 하는 남녀의 집단 78명을 실험한 것을 알 수 있다. 이때 표본의 선정은 대학 교정에서 데이트하는 남녀의 쌍을 무작위로 추출했다. 또 인종적 편견을 알기 위한 실험실실험연구를 보면 어느 대학에서 사회학원론 강의를 듣는 250명의 학생을 표본으로 선정했다. 표본의 추출은 일반적인 방법에 따라 세밀히 하는 경우도 있지만, 실험에서 오히려 더 중요한 것은 표본의 크기가 지나치게 큰 집단의 실험은 기술상 거의 불가능하다는 점을 기억해 두는 것이 좋다.

(4) **세부계획** 변수와 집단이 결정되면 어떻게 진행해 나갈 것인가를 짜는 단계가 된다. 이 단계에서 가장 주의를 요하는 것은 실험 도중에 기대하지 않은 변화가 일어나 영향을 받게 되는 것을 미리 방지하도록 하는 것이다. 그러나 이것이 완벽하기를 기대할 수 없다. 이러한 영향은 내생적일 수도 있고 외생적일 수도 있다. 실험자(experimenter) 자신의 편견 등에 의한 영향, 실험 대상자(participating subjects)로부터의 영향 및 환경으로부터의 영향 등을 생각할 수 있다.

(5) **실험대상의 배분** 실험집단과 통제집단을 어떻게 구성할 것인가는 실험에서 가장 중요한 과제이다. 무작위와 배합(matching)의 두 방법이 있다는 것은 이미 설명했다. 어디까지나 무작위로 결정하는 것이 가장 이상적이나 배합방법도 많이 쓴다. 무작위에 의한 결과가 지나치게 편재되면 배합으로 그 결함을 보충한다. 한 집단에 친한 친구가 몰려 있다든가, 또는 낯선 사람이 너무 많다든가, 또 한쪽은 나이 많은 사람의 집단이고 다른 한쪽은 나이가 적은 사람의 집단이라면 실험 구성으로는 마땅치가 않다. 이런 점을 고려하면서 분배를 해야 한다.

(6) **실험설계** 앞에서 이미 자세히 설명했다.

(7) **예비검사** 실험이 잘 진행될 것인가를 알기 위해 예비검사를 하는 것이 좋다. 실험자 스스로가 미리 훈련하여 상황에 익숙하게 되도록 하려는 의도도 있고 미처 생각하지 못한 오류도 발견하기 위해서이다. 특히 현지실험에서 관계자와 협동관계를 수립해 놓거나 공동진단(collaborative diag-

nosis)과 공동기획(joint planning)을 하는 것도 이 범주에 들어간다. 이렇게 해서 본실험이 잘 진행될 수 있도록 기초를 닦아놓는 것이다.

(8) **본 실 험** 예를 통해 설명하기로 한다. 인종적 편견을 알아보기 위해 사회학 강의를 듣는 250명의 대학생을 상대로 실험조사를 한 예이다. 실험 대상자를 도수분포방법에 따라 배합을 했는데, 이때의 분류기준은 연령·성별·결혼여부·종교·사회계급·사회적 이동의 경험, 주거연한 및 과거에 흑인과의 친교경험 등이었다. 이렇게 집단을 구성한 후 실험실에서 천연색으로 된 백인과 흑인 남녀의 연령별 대화광경을 짝지어 수록한 슬라이드를 보여 준다. 그 광경은 카텐이 쳐지고 등불이 놓여 있는 책상을 앞에 놓고 다정하게 대화하는 내용이다. 이러한 슬라이드를 보게 한 후, 앞으로 인종 통합에 관한 전국적 캠페인을 벌일 터인데 당신을 모델로 사진을 만들어도 좋으냐는 질문지를 나누어 준다. 그 내용은 조건을 제시하여 한정된 집단에만 보여 줘도 좋다든지, 또는 완전히 공개해도 좋다든지 하는 정도별 답변을 할 수 있게 만든다. 즉석에서 사인을 하도록 하는데, 미국 사회에서 사인을 한다는 것은 일종의 구속력을 갖는 동의이기 때문에 실험대상자의 태도를 금시 알 수 있게 된다. 이것과 병행해서 이 실험 전에 유전기(流電氣)에 의한 반응검사같은 것도 하는데, 이것은 흑인에 대한 편견이 어느 정도인가를 알아보는 피부반응검사(galvanic skin responses)이다. 또는 손가락 끝에 몰리는 혈액의 양의 변화를 통해서도 감정의 변화를 측정할 수 있다고 한다.

(9) **자료의 분석과 해석** 이상과 같은 예의 실험이 끝나면 그 다음엔 마지막으로 실험을 통해 얻은 자료가 어떤 의미가 있는가, 가설이 검증되었는가에 대한 분석과 해석을 하게 된다. 어느 조사 연구에서나 마찬가지의 작업을 함으로써 실험을 완전히 끝마치게 되는 것이다.

3.5 실험조사의 장점과 단점

실험조사의 장·단점은 앞의 여러 설명을 통해 언급이 된 바이지만 정리삼아 득실을 설명해 보기로 한다.

(1) **장 점** 첫째, 변수간의 인과관계를 분명히 파악할 수 있다. 사회과학의 연구가 인과관계의 규명을 대종으로 삼고 있기 때문에 실험은 이 목적과 취지에 부합되는 연구 방법이다. 즉, 관찰자는 자신이 의도하는 바에 따라 집단을 통제하고 변수를 조작하면서 그 자극의 효과를 관찰할 수 있기 때문에 다른 어느 방법보다도 인과관계가 쉽게 파악된다. 둘째, 다른 조사방법보다 연구비가 적게 드는 편이다. 이 절 마지막에 요약한 자료수집방법별 비교표를 참조하기 바란다. 셋째, 변수와 상수를 조절할 수 있어 관련 변수를 임의로 조작하여 연구를 원하는 방향으로 끌고 갈 수 있다. 넷째, 실험상황이 조성되기 때문에 반복적인 연구가 가능하다. 연구를 반복함으로써 보편성과 일반성을 높일 수 있게 해 준다. 다만, 연구가 반복됨으로써 실험대상자가 실험의 영향을 받아 왜곡될 가능성이 있다는 점은 지적한 바 있다. 다섯째, 여러 변수간의 인과관계를 파악할 수 있다. 실험설계에서 실험집단과 통제집단의 수에 관해서만 이야기를 주로 했으나 변수도 하나의 변수가 아니라 다변수를 가지고 조작해 그 인과관계를 추적해 볼 수 있는 이점이 있다.

(2) **단 점** 첫째, 현실성의 결여로 연구결과를 일반화시키기가 애매하다. 이런 점에서는 현지실험이 실험실실험보다는 낫다고 하겠으나 아무래도 실험상황을 조작하는 것이기 때문에 실재성과 거리를 갖게 된다. 이것은 연구자의 세심한 배려로 극복될 수 있기는 하다. 실험연구일수록 적용에서 제약을 받는 전제(assumptions)가 많이 뒤따른다. 둘째, 표본의 대표성이 문제된다. 실험집단이나 통제집단이 표본을 통해서 구성되나, 그 표본이 과연 모집단을 대표할 수 있는 것인가는 말하기 곤란할 때가 많다. 실험이라는 특수한 상황 때문에 대표성을 지킬 만큼의 크기로 표본을 얻기도 힘들거니와 모집단에 대한 지식을 충분히 갖고 있어도 표집원리에 따라 집단을 구성하기가 용이하지 않다. 자료수집의 깊이가 있는 반면에 양을 통한 일반화가 문제된다고 하겠다. 셋째, 실험연구는 인간의 가치와 윤리적인 측면에서 미루어 볼 때 위험한 점이 없지 않다. 넷째, 복잡다단한 사회현상을 실험이라는 방법을 통해 규명해 보려는 데에 실험방법의 근본적인 문제가 도사린다. 현실성의 문제와도 결부되지만 요컨대 적용 가능성도 문제이며 자연과학의 실험에서와 같은 과학성을 보존할 수 있느냐도 문제가 아닐 수 없다.

끝으로 실험조사와 현지조사 등을 중심으로 해서 연구비의 경중을 표로 비교해 보았다. 연구를 하려면 비용부터 문제가 되기 때문에 대략 어떤 차이가 있는가를 보고자 하는 것이다.

〈표 3-15-4〉 **조사연구비의 자료수집 방법별 비교**

방 법	초기준비 단계의 비용	연구대상이 추가되는 경우의 비용	비 고
현지조사	높 음	높 음	다른 방법보다 시간이 걸린다
현지실험	높기도 하고 낮기도 함	높 음	다른 방법보다 시간이 걸리고 체제를 바꿀 수 있는 기회필요
의태실험	〃	아주 높음	On-line computational resources가 필요
실험실실험	적 당	낮 음	조작과 측정의 세련된 기술이 필요
전문가의 판단	낮 음	낮 음	〃
표본조사	높 음	중간에서 낮은 쪽	표본의 근거가 분명해야 한다
컴퓨터 시뮬레이션	아주 높음	아주 낮음	컴퓨터 설비 필요
형식이론	적 당	낮 음	경험적 지식과 창의적 통찰력 필요

3.6 실험조사의 실제

정정길은 정책평가에서 준실험의 사례로 단절적 시계열분석(interrupted time-series analysis)과 단절적 다중시계열분석(interrupted multiple time-series analysis)을 소개하고 있다. 고속도로에서 교통사고를 방지하기 위해 순찰을 강화할 때 하나의 고속도로에서 일정한 기간을 두고 실시할 때 사고건수가 주는 경우가 전자의 예이고, 같은 방식이되 두 개의 고속도로를 비교하는 경우가 후자의 예이다. 후자에서는 통제집단에 해당되는 고속도로 K가 하나 있고, 실험집단에 해당되는 고속도로가 있어서 실험대상이 되는 고속도로에 순찰을 강화하는 것이다. 〈그림 3-15-5〉와 〈그림 3-15-6〉에서 각각 보는 바와 같이 실험고속도로가 하나인 단절적 시계열분석에서는 단속기간인 1월 25일과 28일 사이에 사고가 훨씬 줄어든 것을 볼 수 있고, 실험고속도로가 둘인 단절적 다중시계열분석에서는 순찰을 강화한 고속도로의 사고가 순찰을 강화하지 않은 K고속도로의 그것보다 월등히 줄어든 것을 알 수 있다. 비교집단이 있는 다중시계열분석의 실험이 더 신뢰성이 있음은 물

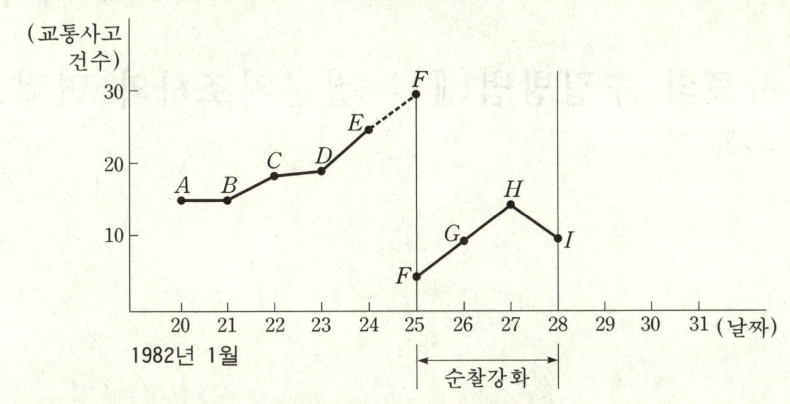

〈그림 3-15-5〉 단절적 시계열분석에 의한 준실험

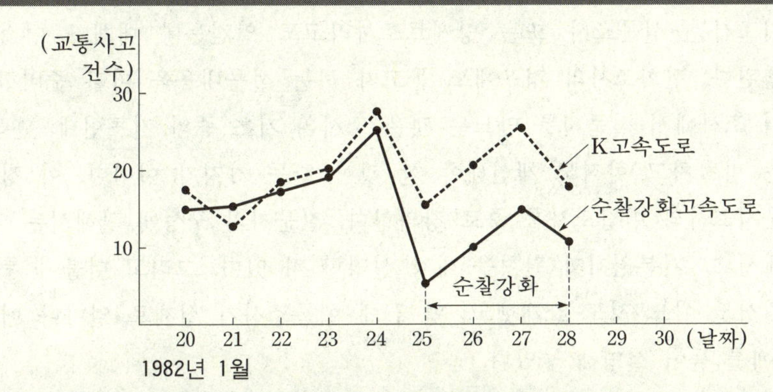

〈그림 3-15-6〉 단절적 다중시계열분석에 의한 준실험

론이다. 그림을 보면 두 실험간의 명백한 차이를 알 수 있다.

사회실험이자 준실험은 그러나 다른 요인이 작용할 가능성을 완전히 배제 또는 통제할 수 없어서 엄격한 실험이라고 하기 어렵다. 그러나 조사방법에서 다른 방법과 더불어 정책의 효과를 과학적으로 설득하기 위하여 실험은 필수적인 방법이라고 하겠으며, 따라서 사회과학의 여러 분야에서 실험조사방법이 널리 권장되어야 마땅하다. 끝으로 앞의 사례 이외에 노화준도 정책평가에서 실험에 관한 설명을 자세히 소개하고 있다.

제 16 장

자료의 수집방법(Ⅱ): 질문지조사와 면접조사

1. 개 관

질문지조사는 자료수집을 위한 조사방법으로 가장 대표적인 것이다. 질문지조사는 설문조사 또는 앙케트조사라고도 일컫는데 대개가 면접조사와 병행된다. 전화조사의 경우에도 묻고자 하는 설문내용을 미리 준비한다. 따라서 조사에서 설문지를 만드는 것은 조사의 기초 중의 기초인데, 흔히 사용하는 방법치고 아직도 개선해야 할 것이 한두 가지가 아니다. 이 장에서는 질문지조사와 면접조사를 주로 강의한다. 질문지의 구성에 관해서는 앞의 척도에서 그 기본원칙과 원형을 대강 설명한 바 있다. 그리고 더불어 투사법에 관해서도 어느 정도 소개했고, 맨 끝에 여론조사가 실제로 얼마나 어려운가를 예를 들어 설명해 놓았다.

2. 질문지조사

2.1 질문지조사란 무엇인가

질문지, 설문지 또는 조사표(questionnaire)는 원칙적으로 응답자 스스로가 자신의 의견을 기입할 수 있도록(자기식, 自記式) 작성된 하나의 조사도구이다. 이 질문지는 조사자가 필요로 하는 연구자료를 수집하기 위하여 정리된 여러 개의 문항으로 구성되며 그 형태도 물론 다양하다. 질문지조사는 사회조사에서 가장 널리 활용되는 조사도구인데, 그 특색이자 제약은 질문지에 표시된 질문의 한도 내에서만 자료의 수집이 가능할 뿐만 아니라 응답자의 표현에 의존한다는 점이다. 이런 관점에서 관찰조사나 실험조사와 다른 성격을 지닌다.

질문지에 포함되어 있는 모든 문항은 하나의 변수 내지는 지표의 역할을 하며 앞에서 설명한 척도의 종류나 그 구성의 원리가 그대로 적용된다. 질문지의 구성에는 여러 가지 까다로운 원칙이 수반된다. 이유는 응답자에게 별단의 편견이나 영향을 주지 않고, 응답자가 가지고 있는 의견을 있는 그대로 표현할 수 있게 해 주어야 하기 때문이다. 수집된 자료는 코딩이라는 일종의 조작화과정을 거쳐 처리된다. 자료의 편집이 뒤따르는 것은 물론이다. 뒤에 따로 설명한다.

질문지를 사용하여 조사하는 방식에도 여러 가지 분류가 있다. 우편조사·집합조사 또는 면접조사 중에서도 조사표를 사용하는 표준화면접조사 등이 이에 해당되며 제각기 특유한 장·단점을 지닌다.

2.2 질문지조사의 주요형식

질문지의 질문형태를 대별하면 개방식질문(open-ended questions)과 폐쇄식질문(closed questions)이 있다. 전자는 질문을 일정한 카테고리로 나누지 않고 응답자로 하여금 자유롭게 답변하도록 하는 것으로 질문의 성격으로 보아 일정한 기준을 찾을 수 없고 동시에 정도를 구분해 주는 것도 불가능할 때 사용한다. 보통 교수들이 개방식질문을 영어로 open question이라고 하는데 굳이 영어로 하려면 반드시 open-ended라고 말해야 한다. 후자는 응답자에게 답변의 자유를 주지 않고 제시된 카테고리 중 하나를 선택케 한다든가, 서열을 매기게 한다든가 하는 형태이다. 특히 폐쇄식질문은 응답자의 진의가 충분히 반영되지는 않지만 자료의 처리가 용이하다는 이점을 지니고 있어서 질문지의 많은 문항이 이 형식을 따른다.

질문의 형식이 어떤 것이건 이와 같은 두 가지의 방식을 취하게 되므로, 개방식질문을 제하고 나면 찬부식·선택식·평정식 등 어느 것도 이 폐쇄식의 범주에 속한다고 볼 수 있다. 다음에 주요형식을 간단히 열거한다.

(1) **개방식질문** 위에 설명한 바와 같으며 부연하면, 응답자의 의견뿐

만 아니라 동기까지도 파악하여 진지한 조사 결과를 얻을 수 있으며 새로운 사실의 발견이 가능하다. 그러나 피조사자에게 심리적 부담을 주는 경우가 있고 주관적인 비중이 강할 뿐만 아니라 자료처리의 단계에서 번거롭다. 체험·이유·동기·방안 등을 기술하게 하는 문항이 대개 이 형식을 취한다. 즉, "공무원의 사기를 저하시키는 원인을 몇 가지 적어 주십시오"와 같은 형식이다. 아주 오래 전이지만 서울대학교 행정대학원에서 장차관과 도지사를 지낸 사람들의 정책경험에 관해 듣기 위해 일일이 방문해서 개방식질문을 던진 적이 있다. 그리고 최근에 리더십에 관한 연구를 하기 위해 세계 유수의 기관을 방문하며 각계의 리더들을 만나 면담을 했는데 이때에도 개방식 질문을 했다.

(2) **찬부식질문** 2분된(dichotomous) 카테고리에 따라 답변하도록 구성된 질문으로, "네," "아니오"라든가 "있다," "없다" 등의 답변을 하게 하는 것이 이 방식에 속한다. 경험과 지식의 유무를 가려내는 일종의 여과식질문이기도 하다. 예를 들면, "지난해 대통령선거 때 투표를 하셨습니까?" "공무원채용시험때 여성에게 가산점을 주는 것을 어떻게 생각하십니까?" 등이다. 이러한 질문형식에서는 대답이 양자택일이기 때문에 "모르겠다"고 응답하는 사람의 처리에 주의해야 한다.

(3) **선다식질문** 하나의 질문에 대해서 몇 개의 항목을 미리 정하여 답변케 하는 질문의 형식이다. 이 선다식질문(multiple choice)을 작성할 때 주의해야 할 것은 각 항목이 그 질문의 답이 될 수 있도록 망라적이어야 하며, 동시에 각 항목간에는 상호배타성이 있어야 한다. 항목간에 의미와 그 경계가 모호하면 응답자가 어느 것을 선택할 지 난처해지기 때문이다. 항목은 당연히 망라적이어야 하지만 작성자의 지식이 부족하거나 응답자가 인지하는 각도가 달라 제시된 카테고리 이외의 답변이 나올 가능성도 없지 않다. 이런 경우에 대비하여 항목말미에 기타의 카테고리를 하나 더 만들어서 응답자로 하여금 다른 답변을 할 수 있도록 한다. '기타' 항을 만들 때는 반드시 다른 의견을 구체적으로 적도록 한다.

선다식질문에서는 하나만을 선택하는 것이 원칙이지만 필요에 따라 하나 이상을 선택케 할 수도 있다. 이렇게 되면 '체크리스트식질문'(checking method)과 차이가 없어진다. 두 가지 경우의 예를 하나씩 열거하면,

"선생님께서 속해 있는 조직의 풍토를 개선하기 위하여 어떤 방안이 가장 시급하다고 생각하십니까?"

1. ( ) 민주적 지도성을 높이는 것
2. ( ) 결정과정을 개방하는 것
3. ( ) 하의상달의 의사소통체계를 확립하는 것
4. ( ) 조직구성원의 책임의식을 높이는 것
5. ( ) 기타__________________

"선거에서 승리하는 데 작용하는 요인을 세 가지만 택해 주십시오"

1. ( ) 정당배경	5. ( ) 혈연관계
2. ( ) 인 품	6. ( ) 지연관계
3. ( ) 학 벌	7. ( ) 참모진의 능력
4. ( ) 재 력	8. ( ) 경 력

이 밖에 대부분의 평정식질문도 하나의 카테고리를 선택한다는 뜻에서 이 범주에 속한다. 다만 표현 방식이 다를 뿐이다.

(4) **서열식질문** 선호의 정도를 감안하여 피조사자로 하여금 좋아하거나 또는 싫어하는 순서로 항목을 선택하도록 하는 질문 방식이다. 이런 형식의 질문에서는 항목이 너무 많으면 응답자가 순위를 결정하는 데 곤란을 겪게 되므로 보통 10개의 항목으로 한정하는 것이 이롭고 또 결과도 정확하다. 서열식질문은 단어나 문장을 나열하는 것이 대부분이지만 그림을 보여 주고 선택케 할 수도 있다. 이 질문형식의 예를 들면,

"아래의 여러 국적 중 우리와 혼인관계를 맺어도 괜찮다고 생각하는 나라의 순위를 매겨 주십시오."

1. ( ) 중국	6. ( ) 인도네시아
2. ( ) 일본	7. ( ) 말레이시아
3. ( ) 대만	8. ( ) 베트남
4. ( ) 필리핀	9. ( ) 미얀마
5. ( ) 태국	10. ( ) 인도

(5) **평정식질문** 질문에 대한 답에서 강도를 알아 내려는 질문방식이

다. 척도를 설명할 때 소개된 라이커트(Likert-type), 서스턴(Thurstone), 거트만(Guttman)의 척도 등이 여기에 해당된다고 하겠으며, 그중 특히 라이커트 척도가 여기에 속한다. 그러므로 질문의 항목은 좋다-나쁘다, 빈번하다-뜸하다, 찬성이다-반대이다 라는 표현을 정도별로 나누어 구성하게 되는데, 이때의 척도점은 3점에서부터 5점, 7점, 심지어는 20점까지의 강도를 제시하는 경우가 있다. 이 형식의 질문 가운데에는 자신의 위치를 스스로 평가하는 「자리매김」(self-anchoring) 척도가 포함된다. 아래의 세 번째가 그 예이다.

"핵가족제도를 어떻게 생각하십니까?"
"인접 과학 분야의 서적을 얼마나 읽으십니까?"
"선생님은 강의를 얼마나 잘 하신다고 스스로 생각하십니까?"

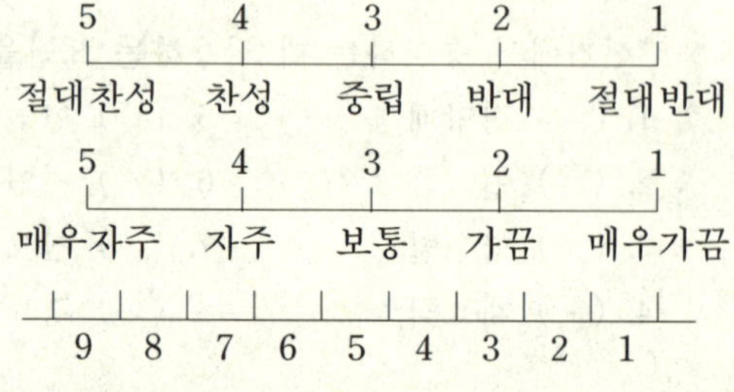

「자리매김」 척도를 좀더 부연하면, 이 척도는 당초에 킬패트릭(F. P. Kilpatrick)과 캔트릴(H. Cantril)이 심리적 변수를 측정하기 위해 직접 사람에게 물어보려는 의도를 가지고 개발했다. 이 방법은 응답자가 질문에 대해 자기 나름대로 의미를 정하고 나서, 자신의 입장은 어떤 것인가를 저울질해 보는 방법이다. 이런 척도를 쓰게 되는 동기는 사람은 각기 자신이 인지하는 세계가 자신의 과거 경험이나 목적에 따라 다르기 때문에 이런 차이를 반영시킬 필요에서 시작되었다. 현상학에서 말하는 생활세계의 이야기이다. 이 척도가 지금까지 쓰인 예는 삶의 가장 좋은 방법과 가장 나쁜 방법을 알기 위해 여러 나라를 비교 연구한 경우, 하층계급의 흑인 청소년과 중산계급의 백인 청소년을 비교한 연구 및 디트로이트 주민의 심리적 박탈감을 조사한 연구 등에서 찾아볼 수 있다. 또 연구 가운데에는 사람이 과연 일의 내용과 직업 조건 등에 따라 가치관이 얼마만큼 달라지는가를 측정하기 위해 소비성향 모델을 활용해서 연구한 것이 있다.

⑹ 조합비교식질문 두 질문항목을 한짝으로 해서 일정한 기준에 따라 비교시키는 형식이다. 이런 형식의 질문은 항목의 수가 증가함으로써 기

하급수적으로 증가하는 짝(組合)의 수를 처리하기가 곤란한 경우도 생기므로 주의해야 한다. 대개 실험심리학에서 널리 사용되고 질문지 조사에서는 보편화되지 않았다. 오래전의 이야기지만 정치적 의견 조사에서 이 형식을 취한 벤슨(Benson)의 예를 하나 들어 보면,

"만일 두 정당이 다음 사람을 대통령으로 지명한다면 선생님은 누구에게 투표하시겠습니까?"

투 표		투 표
＿＿＿＿＿	존 슨 혹은 골드워터	＿＿＿＿＿
＿＿＿＿＿	케네디 혹은 롬 니	＿＿＿＿＿
＿＿＿＿＿	존 슨 혹은 하트필드	＿＿＿＿＿

2.3 설문의 작성요령

(1) 질문의 수와 순서 질문지에서 질문의 수에 관심을 갖게 되는 것은 우선 응답자를 붙잡고 많은 시간을 보내 권태를 느낌으로써 올바른 조사가 되지 않을 우려가 있기 때문이다. 그래서 한 시간 이상 응답자에게 시간의 할애를 요구하는 것은 무리이며, 대개 15분 동안 조사의 취지와 목적을 설명하면서 응답자와의 친근도(rapport)를 높이고 30분 내지 45분 안에 조사를 마쳐야 한다. 이 의견은 정치의식조사의 경우이지만, 이런 원칙을 감안해 본다면 질문의 수는 30개 정도를 넘지 않는 것이 이상적이다.

그러나 조사의 성격에 따라 질문의 수가 30개 정도로는 소기의 목적을 달성할 수 없는 경우가 많다. 심지어는 100개가 넘는 질문이 있는 경우도 있다. 그러나 질문의 수를 결정하는 것은 수 자체보다는, 질문의 난이도에 따라 많은 질문이라도 쉬운 내용이면 빨리 끝날 수도 있으므로 소요시간에 따라 그 수를 정하는 것이 현명하다. 조사를 실시하기 전에 조사자는 미리 소요시간을 측정하는 모의조사를 해 보는 것이 상례이며, 이것은 보통 사전검사(pretest)에서 이루어지기도 한다. 그리고 소요시간뿐만 아니라 단어나 문장의 표현이 어렵지 않아 의사소통이 잘 되는지도 미리 알아본다.

질문의 순서를 어떻게 배열하느냐도 조사의 정확성을 기하는 데 중요한 요인이 된다. 그것은 질문의 배열순위에 따라 피조사자가 무의식중에 앞의 질

문에 영향을 받아 뒤의 질문에서 왜곡된 답변을 할 가능성이 있기 때문이다.

따라서 질문의 순서를 정하는 데에는 다음과 같은 원칙을 고려하는 것이 좋다.

첫째, 응답자로 하여금 흥미를 갖게 할 수 있는 질문을 앞에 배열한다.

둘째, 관련되는 질문을 한 곳에 묶어서 배열하되, 가끔 응답의 일관성을 검증하기 위해 몇 개의 질문을 분리시킨다.

셋째, 일반적인 질문부터 시작하여 차차 특수한 질문으로 옮겨갈 수 있도록 순서를 정한다.

넷째, 핵심이 되는 질문은 질문지의 중간 이후에 배열한다.

다섯째, 조사목적과 직접적인 관계가 없는 질문은 맨 끝에 놓아 일관된 사고에 대한 간섭을 피한다.

(2) 질문어귀(語法)의 선정원칙 질문의 순서를 어떻게 배열하는가도 중요하지만, 질문어귀를 어떻게 작성하는가도 조사의 내실을 기하기 위해 중요하다. 따라서 사용하는 용어, 표현방법 등에 세심한 주의를 기울여야 한다. 만일 특수한 용어(적위대 · 집단학살 등)를 사용하거나 특정인의 이름을 사용하여 문장을 표현한다면, 응답자는 암암리에 영향을 받아서 평소의 자신의 의사를 반영시키지 못할 수 있다. 이것뿐만이 아니라 질문은 무엇보다도 애매하지 않고 간단명료하여 피조사자가 곡해하지 않도록 하여야 한다. 이러한 모든 점을 감안하여 질문어귀는 다음과 같은 원칙에 따라 작성되는 것이 좋겠다.

첫째, 질문어귀는 간단명료해야 한다. 그렇게 함으로써 응답자가 질문의 요지를 쉽게 간파할 수 있도록 한다.

둘째, 애매하고 중복의 뜻을 갖는 표현을 피한다. 응답자가 잘못 인식하여 그릇된 답이 나올 수 있기 때문이다.

셋째, 전문용어를 피하는 것이 좋으나 꼭 필요하면 정확한 정의를 곁들여 주어야 한다.

넷째, 보통사람이 이해할 수 있는 수준의 단어와 문장을 구사한다.

다섯째, 특수한 용어와 특정인의 이름을 삽입하지 않는다.

여섯째, 상투적 용어(loaded terms)를 피한다. 이러한 용어를 사용하면 응답자를 통상적인 관념으로 이끌 가능성이 있기 때문이다. 예를 들어 "기성세대"라는 용어를 쓰면 "권위적이다"라는 생각이 먼저 들게 마련이다.

일곱째, 응답자의 신상에 관련된 질문을 피해야 한다.

여덟째, 유도질문은 하지 말아야 한다. "…에 대해 찬성하십니까?"라든가, "이상적으로 말하면 이러이러한데, 어떻게 생각하십니까?"라는 질문은 응답자의 진의를 왜곡한다.

아홉째, 수량과 정도를 표시하는 부사를 사용하지 않는 것이 좋다. '일반적으로', '보통', '대부분' 등의 용어는 판단을 그르칠 염려가 있다.

열째, 부정적 어법은 오해를 사기 쉬우므로 피하는 것이 좋다.

2.4 질문지조사의 종류와 장점과 단점

질문지를 사용해서 조사하는 방법에는 우송조사 · 집합조사 · 전화조사 및 표준화 면접조사 등이 있다. 이들 중 우송조사와 집합조사는 응답자가 적는 타기식(他記式)이고 전화조사와 표준화 면접조사는 조사자가 기록하는 자기식(自記式)이다. 다음 절에서 설명하겠지만, 「표준화 면접」에서만 질문지를 사용하고 「비표준화 면접」에서는 질문지를 사용하지 않는다. 여기서는 우송 · 전화 · 집합조사만을 그 장 · 단점에 따라 간략하게 설명한다.

(1) **우송조사** 표본으로 뽑힌 피조사자에게 우송하여 기록케 한 후 반송을 받는다. 우송시에는 반드시 주소와 반송 우표가 붙은 별도의 봉투를 동봉하여야 한다. 회수율이 낮아 곤란하지만 적은 비용으로 방대한 지역에 걸쳐서 조사를 할 수 있는 편리한 방법이다. 주로 전문가들에게 의견을 듣기 위해 우편조사를 하며, 미래에 관한 연구에서 델파이방법을 쓸 때 우송조사를 한 적이 있다. 그 장점은 아래와 같다.

(a) 조사비용과 노력이 절약된다.

(b) 표본의 수에 구애받을 필요없이 광범한 지역을 조사할 수 있다.

(c) 현지조사원을 고용할 필요가 없다. 이 문제는 비용절감뿐만 아니라 적격의 유능한 조사원이 있느냐의 문제와도 결부되므로 큰 이점이다.

(d) 면접에서와 같이 면접자의 편견이 개재될 우려가 없다.

(e) 피조사자가 충분한 시간을 갖고 솔직하게 답변할 수 있다.

(f) 조사가 어려운 사람에 대해 접근이 가능하다.

단점은 다음과 같다.

(a) 회수율이 낮고 회수에 시간이 걸린다.

(b) 주위 사람의 의견이 반영될 염려가 있는 등 통제가 불가능하다.

(c) 보충 설명의 여지가 없어 피조사자가 오해하고 오기할 염려가 있다.

(d) 누락된 답변을 보충할 방도가 없다.

(2) 전화조사 시사성이 있는 문제가 터져 시간을 다투며 신문사나 방송사에서 전화를 이용하여 조사를 하는 경우에는 짜임새 있는 질문지가 없는 경우가 많다. 그러나 여기서는 제대로 된 질문지를 사용하는 전화조사의 경우를 뜻한다. 미국의 경우에는 유권자 의견조사를 할 때 이 방법을 흔히 사용한다. 최근 몇 년 새 우리도 이 전화조사가 부쩍 유행하고 있다. 여론조사기관마다 이 전화조사를 한다. 선거때가 되면 특히 성행한다. 뒤에도 설명을 하겠지만, 그런데 전화조사자의 묻는 태도가 매우 미숙하다. 우선 전화조사는 응답자와 대화할 수 있어야지 설문지를 읽어내려가면 하나를 고르라고 강요하면 안 된다. 발음도 음성도 매우 어려 대화가 잘 되지 않는 경우가 있어 불쾌하기조차 하다. 한번은 정치에 관한 조사를 하는 모양인데 직업과 나이를 묻고는 마지막에 "할아버지 감사합니다"라고 끝맺는다. 한참 웃고 말았지만, 직업까지 들었다면 '선생님'이라고 하는 편이 훨씬 나았다. 전화조사의 장점은 다음과 같다.

(a) 조사가 간단·신속하다.

(b) 조사비용이 절감된다.

(c) 조사하기 어려운 사람을 쉽게 접근할 수 있다.

(d) 무작위표본추출이 용이하다.

단점은 다음과 같다.

(a) 전화소유자만이 피조사자가 되는 한계가 있다.

(b) 시간적 제약을 받아 간단한 질문만 해야 한다.

(c) 피조사자가 바뀌어도 확인할 길이 없다.

(3) 집합조사 일정한 장소에 피조사자를 모아 놓고 질문지를 배포하여 응답을 구하는 방식이다. 흔히 학급에서 조사할 때 이런 형태가 된다.

장점은 다음과 같다.

(a) 조사를 위한 설명을 동시에 할 수 있어 조사조건이 균등해진다.

(b) 조사원의 수도 적어 비용이 절감된다.

(c) 시간이 절약되어 조사가 간편하다.

단점은 다음과 같다.

(a) 피조사자를 집합시키는 것이 쉽지 않은 경우가 있다.

(b) 오기를 시정하기 어렵다.

(c) 피조사자의 수준이 동일하다는 것을 전제로 하는 오류를 범한다.

(d) 옆 사람으로부터 영향을 받을 가능성이 배제되지 않는다.

(e) 피조사자에 일당·교통비를 지불해야 할 경우에 비용이 더 많이 든다.

여기서 현재 우리 나라의 여론조사에서 가장 많이 쓰는 방법이 전화조사이므로 많은 문제를 지니고 있긴 하지만 그럴수록 더 정확히 알 필요가 있기 때문에 전화조사에 관한 설명만 좀더 보태기로 한다.

전화조사가 어느 정도 여론조사에서 정확할 수 있는가에 대해 외국의 연구를 보면, 조사방법상의 차이가 반드시 큰 영향을 미치는 것이 아니라고 한다. 구체적인 연구내용으로 우선 프리만의 연구가 있어 소개하면 다음과 같다.

프리만은 대면(face to face) 개별면접인 U.S. Census Bureau의 1976년 소득과 교육에 관한 여론조사(Survey of Income and Education, 약칭 SIE)와 전화면접인 장애자대상 여론조사(the California Disability Survey, 약칭 CDS)를 비교함으로써 전화면접에 기인하는 편차의 정도와 심각성을 평가하였다. 먼저 SIE는 연구의 주목적이 전화보유가구와 그렇지 못한 가구의 특징을 비교함으로써 오차의 크기와 방향을 측정하고자 하는 것이었는데, 다음과 같은 한계가 있다. 첫째 CDS는 주의 노동연령 인구 중 10.2%의 나이·성이 표준화된 노동능력상실인구라는 결과를 얻었다. 반면에 SIE에서는 12.5%였다. 둘째, 전화 보유가구의 수를 전화소유가 아닌 접근성으로 평가하여 실제보다 낮게 과장하여 평가하였다. 그리고 전화보유는 계속적으로 늘고 있는 형편이다. 또한 SIE는 전화보유상태에서 응답자에 비해 2.7%를 빠뜨렸다. 분석한 결과는 SIE가 주장하는 것만큼 전화를 보유하지 않은 가구의 배제가 전체 노동능력상실 인구의 측정치에서 주요한 편차를 일으키지는 않는다는 것을 확인할 수 있었다. CDS의 결과는 전화면접이 큰 규모의 표본과 복잡한 도구를 필요로 하지만, 가중치(weighting)의 방법을 사용함으로써 전화미보유가구를 제외시킨 데 따른 편차는 적은 것으로 나타났고, 통계적으로 수가 희귀한 자를 포함하여 노동능력상실인구의 하위집단의 측정치와 현재 혹은 미래의 정책 관심대상 분야에 관한 정보, 재활프로그램을 기획함에 있어서 중요한 지리적 지역에 대한 정보를 제공하는 노동능력 상실 프로그램 서베이를 떠맡는 데 적합하며 비용도 적게 들어 장점이 더 많다는 것을 확인해 주었다. 응답거절에 의한 편차(bias)를 보았을 때, 응답거절은 주로 매우 가난한 가구, 혜택을 덜 받은 소수, 연령이 높은 가장을 둔 가구, 제한된 교육을 받은 가장이 있는 가구에서 보통 일어났다. 그런데, 무응답(non-response)편차와 전화미보유 편차가 같은 방향으로 작용하였으며, 따라서 이에 대한 오차도 적다고 할 수 있다. 또한 일반적으로 전화면접에서 응답자가 민감한 주제(topic)에 대해서는 분명치 않게 응답한다고 하나, 연구결과는 반드시 그런 것이 아니었음을 밝혔다. 결론적으로 이 논문은 집중화된 전화면접이 감독도 철저하고 질도 통제되어 더 정확하게 여론을 수집할 수 있고, 가중치방법을 이용하여 표집에서 생긴 오차를 조정한다면 비용면에서나 조사효과면에서 직접대면(face to face)방법에 뒤지지 않는다는 것을 밝혀 주었다. 우리의 전화조사도 반드시 이렇게 되어야 할 것이다.

3. 면접조사

3.1 면접조사란 무엇인가

면접(interview)은 조사자가 알고자 하는 주제에 관하여 자료를 수집하기 위해서 표준화되거나 또는 비표준화된 질문문항을 가지고 피면접자의 의사를 캐내는 일종의 교호작용이다. 우리의 일상생활을 보면 사람을 대면하는 일(face-to-face relationship)이 수없이 많다. 그 가운데에는 아무런 목적 없이 친교를 하는 경우도 있다. 그러나 이들 모두가 여기서 뜻하는 면접의 범주에 속하는 것은 아니고 일정한 연구를 위해 자료를 수집하는 방법으로 원용될 때 여기서 말하는 면접이 된다.

면접의 특징을 세 가지로 요약할 수 있다. 첫째, 면접은 새로운 분야의 개척도구(exploratory device)로서 사용된다. 즉, 면접을 통해 새로운 변수를 발견하고 변수간의 관계를 밝히며 가설을 정립해 볼 수 있다. 둘째, 연구의 주된 자료수집도구(main instrument)로 사용된다. 여기에는 진단적 성격을 띤 면접이 해당된다. 셋째, 주된 연구방법을 보완하는 보충방법으로 사용된다. 미리 예견하지 못했던 문제를 접했을 때, 다른 방법의 타당성 여부를 검토할 때, 또는 응답동기 등에 관해 좀더 세밀히 알고 싶을 때 사용된다.

면접의 성패는 면접자의 능력여하에 달린 것이지만, 이보다 더 중요한 것은 피면접자(respondent)가 면접에 응할 태세를 갖추고 있느냐이다. 이를 피면접자의 수용태도(receptiveness)라고 한다. 이것을 갖추기 위한 기초적인 세 측면이 있다. 첫째, 피면접자는 면접자와 알게 된 것이 기쁘고 만족스럽다는 것을 느껴야 한다. 둘째, 피면접자는 연구가 중요하고 보람있는 일이라는 것을 인식해야 한다. 셋째, 피면접자의 마음 속에 도사리고 있는 면접의 장애요인이 극복되어야 한다. 이러한 측면을 해결하기 위해서 면접자는 여러 방도를 강구하게 된다. 뒤에 나오는 면접의 진행에서 여기에 관해 좀더 강의하기로 한다.

3.2 면접조사의 종류

면접에는 세 가지 전통적인 유형이 있다. 표준화면접·비표준화면접·준표준화면접 등이 그것이다. 그러나 이들 이외에도 방법을 약간 달리하는 면접방법들이 있다. 초점면접이나 비지시적 면접 등이 그것이다. 우선 표준화면접은 앞에서 설명한 바와 같이 질문지를 가지고 면담하는 방식을 취한다. 비표준화면접은 이와 반대로 일정한 질문지를 준비하지 않고 진행하는 면접이며, 준표준화면접은 위의 두 유형이 혼합된 방법이다. 면접의 종류는 연구의 주제·면접상황·피면접자의 지위 등에 따라 정해진다고 하겠다. 다음에 차례로 각 종류별 특성을 나누어 설명하기로 한다.

(1) **표준화면접** 표준화면접(standardized interview)은 미리 준비된 질문지에 따라 내용과 순서를 지키면서 신축성의 여지가 없이 진행되는 면

접이다. 이 면접을 구조화(structured) 또는 통제화(controlled) 면접이라고 별칭하는 것은 이런 이유에서이다. 이 방법이 지니는 장점은, ① 조사자의 행동에 일관성이 유지되고, ② 신뢰성이 높고, ③ 활용도가 높으며, ④ 면접결과의 비교가능성이 크고, ⑤ 면접결과의 분석에 공통성이 유지된다. 반면에 단점은, ① 새로운 사실의 발견가능성이 희박하고, ② 면접상황에 대한 적응도가 낮으며, ③ 신축성이 없다.

면접해서 자료를 수집한다는 것은 질문지를 배포하여 자기식으로 하는 것과 달리 좀더 많고 폭넓은 자료를 얻고자 하는 것이다. 따라서 면접의 분위기에 따라 응답자가 지니는 상이한 특성에 따라 면접자에 재량의 여지가 있는 것이 보다 더 훌륭한 정보를 밝히는 데 도움이 된다. 나아가 일정한 질문지를 가지고 공통적으로 적용한다는 것 자체가 반드시 상호간에 비교가능한 결과를 가져오느냐 하면 그 해답은 항상 긍정적이 아니다. 왜냐하면 각자가 인지하는 언어의 의미가(意味價, semantic value)가 다를 수 있기 때문이다. 이런 점을 감안한다면 유능한 면접자가 확보되는 한, 정한 규격에 얽매이는 면접을 할 필요는 없다고 생각한다.

(2) 비표준화면접 비표준화면접(unstandardized interview)은 연구의 목적에 어긋나지 않으면 면접상황에 따라 정한 내용이나 순서 없이 진행하는 면접을 뜻한다. 별단의 질문지가 없는 면접이나, 그렇다고 원칙이나 줄거리가 없는 면접도 아니다. 일정한 주제에 따라 면접자에게 최대한의 자유재량이 부여되어 교호작용이 생기는 것이다. 이 면접은 성격상 개방식질문으로서 새로운 사실과 가설의 발견에 중점이 있다.

비표준화면접의 장점은, ① 융통성 때문에 면접상황에 대한 적응도가 높고, ② 정확한 답을 구할 수 있어서 면접결과의 타당도도 높으며, ③ 새로운 사실의 발견이 가능하고, ④ 면접자에게 부여된 재량을 신축성 있게 활용할 수 있다.

반면에 단점은, ① 면접결과의 가변성 때문에 자칫 비교가능성을 잃기 쉬우며, ② 신뢰도가 낮고, ③ 면접결과의 처리가 용이하지 않다는 것 등이다.

그럼에도 불구하고 전술한 바와 같이 면접 자체의 효를 살릴 수 있으면 비표준화면접이 훨씬 유리하다고 할 수 있다. 그러나 양자중 어느 쪽이 더 좋은 방법인가는 말하기 어려우며 조사목적 · 상황 · 범위 및 대상 등을 고려하여 선택해야 할 것이다.

(3) **준표준화면접** 준표준화면접(semi-standardized interview)은 표준화와 비표준화면접이 혼합된 면접방식이다. 보통 중요한 질문이 표준화되고 그 이외의 질문은 비표준화되는 것이 상례이다. 이처럼 혼합하게 되는 연유는 두 방식이 완벽하지 않기 때문에 장점만을 택하게 된 것이다. 따라서 이 방식에 따르면 사실과 가설의 정당화와 발견(in the context of justification and discovery)이 동시에 이루어질 수 있다.

약간 달리하여 이 방법을 설명하는 입장에서는, 이 준표준화면접을 목적과 제시된 질문의 목록이 기재되어 있는 면접지침을 사용하되 이 범위 안에서 면접자가 자유로이 질문할 수 있도록 하는 방식이라고 한다. 조사연구의 경우는 아니었지만, 1988년 제13대 국회의원선거가 끝나고 여소야대가 되어 원이 잘 구성되지 않을 때 답답한 유권자를 위해 당시 기독교방송국에서 4당 대표를 각각 42분씩 인터뷰하는 프로그램을 기획했고, 저자가 그 진행을 맡은 적이 있다. 여러 질문을 준비해 프로그램을 끌고 나가면서 그때그때 질문과 답변이 교차한 것 중에는 전혀 준비되지 않은 것도 있었다. 이 준표준화면접을 초점면접과 혼동해서는 안 된다.

(4) **초점면접과 비지시면접** 초점면접(focused interview)은 피면접자들에게 영향을 주는 요인이나 자극이 어떤 것이고 이로 인해 어떤 결과를 가져오는가를 스스로 밝히도록 피면접자를 도와 주는 면접이다. 즉, 사회심리학분야에서 주로 사용하는 방법인데 일정한 상황에서 피면접자로 하여금 응답케 함으로써 그 상황으로부터 받는 영향을 중점적으로 파악하려는 것이다.

한편 비지시면접(non-directive interview)은 피면접자가 면접자의 영향으로부터 벗어나 완전히 자유로운 상황에서 면접하는 것이다. 따라서 피면접자는 지정된 내용과 방법과 절차에 따라 면접에 응하는 것이 아니다. 그러나 아무리 면접자의 영향을 최소한으로 줄이려 해도 면접자는 알게 모르게 응답자에게 영향을 끼친다는 사실을 부인하지 못한다.

3. 3 면접조사의 진행

실제로 면접을 진행할 때는 그 준비 작업과 실시 과정에 세심한 주의를 기울여야 한다. 면접이 일종의 인간과 인간과의 교호작용이기 때문에 상대방의 마음을 읽을 수 있고, 그 분위기를 파악하는 등 여러 가지 여건을 지실(知悉)하고 있어야 한다. 그렇게 함으로써 양자간에 조화가 이루어진 상태에서 면접이 진행되어야 한다. 그러나 많은 경우에 피면접자는 수동적인 입장에서 심지어 나를 해치지 않나 하고 방어 메커니즘까지 작용하게 되므로 두 사람 사이에 우호적인 관계가 성립되기 어렵다. 친숙해지는 것을 '라포'(rapport)를 형성한다고 한다.

피면접자는 흔히 다음과 같은 의문을 갖고 질문에 응한다.

"어떻게 해서 자신이 피면접자로 선택되었는가?"

"누가 자신의 이름을 면접자에게 가르쳐 주었는가?"

"나는 이 문제에 관해서 아는 바가 없으니까 이웃 집을 찾아가는 것이 어떤지?"

"면접을 해서 어쩌자는 것인지?"

등이다.

이처럼 많은 의아심을 갖는다. 특히 우리 나라에서 면접이 어려운 것은 유교문화의 영향 속에서 형성된 폐쇄적인 인성 때문에 신분의 노출을 꺼리고, 생각이나 집안일, 특히 세금에 관련된 재산상태를 숨기려는 경향이 있기 때문이다. 반면에 서양은 되도록 말을 많이 하려고 한다. 자신의 의사를 정확하게 답변하려고 한다. 미국공무원과 한국공무원의 차이는 후자는 되도록 공무에 관한 일을 밝히지 않으려고 하나, 미국의 공무원은 "나를 연구하기 바란다"(I want to be studied.)는 반응이다.

이런 모든 점을 극복하면서 면접이 실시되어야 하며, 그러기 위하여 면접자는 바른 태도를 갖고 의구심을 일으키지 않게 행동을 잘 하여야 한다. 동시에 피면접자를 면접상황으로 끌어넣기 위하여는 방문시간과 같은 세세한 면까지도 배려해야 한다. 그 시간은 피면접자의 신분과 직업에 따라, 또는 계절에 따라 정해지는 경우가 많다. 아래에 위에 지적한 여러 문제를 극복할 수 있는 요령을 나누어 설명하기로 한다.

(1) **면접의 시작** 면접을 실제로 착수하는 단계에서 다음과 같은 문제점을 분명히 해 주어야 한다. 그 근간은 어디까지나 피면접자와 친밀한 인간관계를 형성하면서 자신이 누구이며, 왜 이러한 조사를 행하며, 이 일을 위해 당신은 얼마나 귀중한 역할을 담당해 주는가를 주지시켜 피면접자가 아무런 불안을 느끼지 않도록 해 주는 일이다.

첫째, 피면접자에게 자신이 누구이며 어디를 대표하여 조사하는가를 밝힌다. 자신의 이름을 대고, 소속 기관을 밝히며, 동시에 신분을 밝힐 수 있는 증명서를 제시한다.

둘째, 피면접자에게 자신은 무엇을 하고자 하는지를 밝힌다. 조사를 나가기 전에 면접자는 오리엔테이션 과정에서 연구의 목적이 무엇인지를 숙지하게 되고 이것을 머리 속에 잘 정리하였다가 피면접자에게 설명해 주고 자신의 응답에 비밀이 보장되고 성명이나 주소가 확인되지 않는 무기명이라는 확신을 주어야 한다.

셋째, 피면접자에게 어떻게 응답자로 선정되었는가를 알려 준다. 이것은 표집방법의 일부를 설명하게 되는 것인데, 이러이러한 목적의 조사를 함에 있어서 모든 사람을 대상으로 삼아 의견을 물을 수가 없으므로 어느 지역, 어떤 직업, 어느 연령계층에 있는 사람을 무작위로 또는 다른 방법에 의거하여 선정했다는 사실을 밝혀 주어야 한다.

넷째, 피면접자에게 관련되는 서류를 보여 줌으로써 확신시킨다. 먼저 이 조사를 위해 조사주최자가 공문의 형식으로 발송한 관계 기관의 협조 의뢰서 사본을 보여 준다든가, 또는 피조사자에게 사전에 보낸 편지가 있으면 그 사본도 제시하는 것이 좋다. 동시에 조사기관이 종래에 행한 연구의 개요가 담긴 유인물을 보여 주는 것도 도움이 되며, 때로는 그 조사가 신문에 보도되었다면 그 스크랩까지도 가지고 다니는 것이 커다란 도움을 준다.

다섯째, 문전에서의 소개는 되도록 간결하여야 한다. 조사의 취지를 설명하게 되는 단계는 장소로 보아 둘로 나뉜다. 하나는 현관에서이며, 또 다른 하나는 방 안에 들어가서의 단계인데, 전자의 경우에 될수록 간단한 설명만 하고 방 안에 들어가는 데 성공하여야 한다. 왜냐하면 현관에서는 거절하기 쉬워도 일단 외부인이 방 안에 들어오고 나면 거절하기가 어려운 것이 사람의 심리이기 때문이다. 그러기 위하여 현관에서의 화술에는 금기가 많다.

가령 "면접하기 위해 들어가도 괜찮습니까?" 하면 거절당할 가능성이 많으므로 "제가 들어가서 선생님과 이런 문제에 관해 말씀을 나누고 싶습니다"라고 말하는 것이 훨씬 효과적이다. 또 "지금 바쁘십니까?" 하면 대답은 "그렇다"고 할 가능성이 충분하다. "지금 면접을 할 수 있겠습니까?" "아니오, 다음에 합시다" 이렇게 되어도 난처하다. 이럴 때 대개 날씨나 당시의 운동경기에 관한 이야기를 하면서 쉽게 접근한다. 면접은 상대방이 바쁘지 않다는 전제에서 마주 대했을 때 해 버려야 한다는 생각으로 임해야 한다. 그러므로 색다른 경우(상당한 지위에 있는 사람)를 제외하고는 전화로 미리 약속을 하려는 것도 금물이다. 방문했을 때 현관에 원하는 피면접자가 나오지 않고 다른 사람이 나오는 경우도 허다하므로 이런 경우에 거절당하지 않도록 나온 사람에게 좋은 인상을 주어야 한다.

여섯째, 면접상황에 맞도록 면접자의 접근방법을 변경할 수 있어야 한다. 여기에는 응해 주는 피면접자의 신분·교육수준·경제사정 등에 따라 쓰는 용어·표현양식 등이 달라야 한다. 상대방을 고려하지 않고 천편일률적으로 면접하려는 것처럼 어리석은 것은 없다. 위의 설명에 대한 부연이기도 하지만, 처음 대했을 때 조사의 목적과 자신의 소개가 너무 장황해서는 안되며, 상대방의 직위에 별로 구애받지 않는 이런 서두를 꺼내는 것이 좋다. 즉, "현재 우리 나라에서 가장 중요한 문제가 되는 주제에 관해 전국적으로 의견을 모으고 있습니다" "요즘과 같은 물가고에서 어떤 어려움을 겪으시는지 알고 싶습니다" 등이다.

일곱째, 피면접자와 친밀한 관계(rapport)를 형성해야 한다. 이 관계는 면접자와 피면접자간에 형성되는 확신(confidence)과 이해(understanding)에 관한 인간관계이다. 따라서 이 관계의 형성 여부가 면접의 성패를 좌우한다. 이런 뜻에서 면접자는 첫 마디가 매우 중요한 인상을 준다는 것을 인식해야 하고, 면접 과정에서의 몸가짐 등에 신경을 써야 한다. 처음 대한 사람끼리 이런 관계가 쉽게 생기지는 않는다. 이런 관계는 서서히 발전하는 것이며 그렇게 하기 위해 집요한 노력을 경주해야 한다. 보통 초기형성의 단계에서는 날씨·자녀들·정원 가꾸기·야구경기 스코아 등에 관한 흥미 위주의 이야기를 꺼내고 차차 본론으로 들어가야 한다. 면접 도중에도 피면접자가 어느 한계까지 답하고 그 답은 어떤 내용이든 보호받는다는 확신을 주기 위해 태도 · 행동 · 어조 등에 주의를 기울여야 한다.

(2) **면접의 진행** 면접을 진행하는 과정에서 주의해야 할 몇 가지가 있다. 면접자가 순수하고 책임감을 갖고 우호적인 분위기에서 면접을 이끌어 나가기 위하여는 위에 지적한 제반사항에 곁들여 지켜야 할 점들이 있다. 이 가운데에는 태도를 포함하여 해야 할 사항과 하지 말아야 할 사항 등이 포함된다.

기본적인 측면으로,

(a) 면접자는 정직하고 성실하게 작업을 진행해야 한다.
(b) 면접자는 완전히 객관적인 입장에 서야 한다.
(c) 면접자는 단정한 복장을 해야 한다.
(d) 면접자는 질문내용에 익숙하고 질문지를 가지고 면접할 때 이를 가리지 말아야 한다.
(e) 면접은 오전 9시에서 오후 9시 사이에 실시되어야 한다.

태도의 측면으로,

(a) 면접자의 태도는 중립적(neutral)이어야 한다.
(b) 면접자의 태도는 공평(impartial)해야 한다.
(e) 면접자의 태도는 평범(casual)해야 한다.
(d) 면접자의 태도는 대담의 형식(conversational)을 취해야 한다.
(e) 면접자의 태도는 우호적(friendly)이어야 한다.

금기사항으로,

(a) 면접자는 한 세대에서 1인 이상을 면접해서는 안 된다.
(b) 면접자는 친구를 면접해서는 안 된다.
(c) 면접자는 전화조사가 아닌 한, 전화로 면접해서는 안 된다.
(d) 면접자는 다른 사람을 동반해서는 안 된다.
(e) 면접자는 표출된 대상자 이외의 사람을 면접해서는 안 된다.
(f) 면접자는 남에게 대신 면접을 의뢰해서는 안 된다.
(g) 면접자는 면접을 통해 밝힌 사항을 남에게 알려서는 안 된다.
(h) 면접자는 다른 사람의 조언으로 면접내용을 수정해서는 안 된다.

허락되는 사항으로,

(a) 면접자는 면접지침을 성실하게 따른다.

(b) 면접자는 면접내용을 늘 연구·검토한다.

(c) 면접자는 질문내용을 있는 그대로 말한다.

(d) 면접자는 빠짐없이 질문을 모두 한다.

(e) 면접자는 질문순서에 따라 면접한다.

(f) 면접자는 응답 내용을 정확하게 모두 기록한다.

미국에는 책으로 인터뷰 매뉴얼이라는 것이 있고, 또 테이프로 면접조사를 하는 방법을 수록한 것이 있어서 조사자들을 훈련시킬 적에 같이 보고 해설을 곁들여 잘 숙지시킨다. 그리고 면접하는 것을 연습삼아 역할게임을 하기도 한다.

(3) 면접의 기록 아무리 훌륭한 화술을 가지고 피면접자를 우호적인 면접상황으로 끌어들였다 하더라도 면담한 내용을 정확하게 기록하지 못한다면 그 면접은 무용한 일이 되고 만다. 따라서 면접내용을 정확하게 기록하는 것은 아주 중요한 일이다. 그러나 피면접자와 대화하면서 기록을 해 나간다는 것은 쉬운 일이 아니다. 말하는 내용을 다 기록할 수 없는 때도 있고, 무의식 중에 누락되는 때도 있으며, 기록은 했는데 알아보지 못할 정도의 난필일 수도 있다.

면접내용을 기록해 나갈 때 주의해야 할 것은 응답의 내용이 애매하고 과장될 수 있으며, 또는 오해 때문에 잘못 대답할 수 있다는 점을 감안하여 표시를 해 두는 것도 한 방법이다. 면접내용의 정밀성을 파악하기 위하여 프로빙(probing)이라는 방법이 있는데, 뒤에 설명한다.

면접내용을 하나하나 기록하기 힘들 때는 약어나 기호를 겸용하는 방법도 생각할 수 있으며, 녹음기와 같은 기기의 도움을 받을 수도 있다. 이때 주의할 것은 응답자가 자신의 응답 내용이 글로 기록되는 것과 테이프에 기록되는 것과의 차이에서 오는 불안감을 가질 수 있으므로 반드시 사전에 양해를 구해야 한다. 외국에 인터뷰를 다닐 때 반드시 녹음을 했고 물론 사전에 양해를 구했다. 면접내용은 그때그때 기록하는 것이 원칙이며, 응답자의 속도에 따라가지 못할 때 다시 반복을 요청하는 것은 조금도 결례가 아니다.

그러나 상황에 따라서 현장에서의 기록이 불가능하거나 허락되지 않는 경우가 있으므로 암기해 두었다가 돌아와서 즉시 기록해야 한다. 이때에는 면접 분위기 등에 관한 사항도 참고로 기록해 두는 것이 좋다. 저자는 간혹 정당의 총재와 사적으로 식사를 할 때, 이것은 전혀 조사연구가 아니지만, 귀한 이야기들이 많아 헤어진 후 기억에 남아 있는 내용을 반드시 기록한다.

기록과 관련해서 주의해야 할 사항을 정리하면 다음과 같다.

(a) 남이 읽을 수(legible) 있도록 기록하여야 한다.

(b) 어떤 항목에 대한 응답이 앞에서 한 응답과 상치되는 것을 알았을 때 고쳐 주어서는 안 된다.

(c) "모른다"고 하는 답을 쉽게 기록하지 말고, 재차 물어서 답변하도록 하여 기록한다.

(d) 문답 이외의 제안이나 의견은 반드시 기록해 둔다.

(e) 제안이나 의견은 구체적인 것을 기록하고 막연한 것을 피한다.

(f) 기록하고 있는 도중에도 계속 말하게 해야 한다. 그러면서 눈은 피면접자의 눈과 마주하고 있는 것이 필요하다.

(g) 피면접자로 하여금 기록케 하는 자기방식을 택해서는 안 된다.

(h) 질문지의 바른 곳에 맞게 기록한다.

3.4 프 로 빙

프로빙(probing)이라고 하는 것은 피면접자가 어떤 질문에 대하여 부적합한 대답을 할 때, 또는 대답의 정확성에 대한 의문이 있을 때 다시 캐내어(探索) 확인해 보는 일종의 보조방법이다. 예를 들어, 피면접자에게 평정식질문(절대찬성 · 찬성 · 중립…)을 했는데, "내 생각에는 그것이 옳은 것 같다"라는 답변을 한다면, 피면접자는 질문의 진의를 파악하지 못했다고 보아야 한다. 또는 일종의 폐쇄식질문에 답하게 하고 이에 관련된 경험이나 예를 들어 달라고 했을 때 그 예가 전혀 다른 내용의 것이라면, 역시 피면접자는 질문의 의미를 제대로 모르고 답변한 셈이 된다. 따라서 이 프로빙은 답변의 정확도를 판단하는 방법으로 활용되기도 하고, 정확한 답을 얻기 위해 방향을 지시하는 기법으로도 고려된다.

답변의 정확성을 확인하는 방법으로 활용되는 경우에 대개 예를 열거해 줄 것을 요청하게 된다. 이때 열거된 예는 면접자에 의해 코딩되는 것이 아니라, 다른 사람(coder)에 의해 코딩된다. 그러고 나서 실제로 당해 코딩된 점수와 예에 근거를 두고 코딩한 점수와의 차를 놓고 그 차이가 클 때(가령 ±5 이상일 때), 그 답변은 신빙성이 없는 것으로 간주하여 분석의 대상에서 제외한다. 폐쇄식질문에 대한 프로빙의 코딩 기준으로는 다음과 같은 것이 있다.

〈표 3-16-1〉

코드	해 석	점 수
A	설명이 아주 명백하고 정확한 예측을 가능케 하는 것	1
B	설명이 어느 정도 명백하고 정확한 예측을 가능케 하는 것	2
C	설명이 애매하고 예측이 불가능한 것	4
D	(a) 설명은 명백하나 그릇된 예측을 가능케 할 우려가 있는 것 (b) 응답자가 설명을 해 줄 수 없는 경우 (c) 응답자가 설명을 하다가 본래의 대답을 변경하는 것	5
(R)	(설명이 단순히 원래의 답변을 반복하는 것이거나, 응답자가 질문을 이해했는지 판단이 서지 않는 경우)	제외

매우 오래 전의 일인데, 저자가 1973년 10월에 행한 인구행정에 관한 조사에서 이 방법을 원용해 보았다. 질문 내용은 라이커트(Likert-type)의 20 점척도에서 조직의 특성에 관한 것을 묻는 것이었다. 조사표의 끝에 예를 추가할 수 있는 공란을 만들어 놓고 질문이 다 끝난 다음에 원래의 문항에 따라 열거시켰다. 조사가 끝난 후 면접자가 아닌 다른 사람이 예만 보고 같은 20점척도 중 어디에 해당할 것인가를 다시 점수를 매겨 보았다. 그러고 나니까 면접자와 코딩한 사람간에는 의견이 달라 상당한 편견이 있는 것을 알았다. 따라서 이 차이가 ±5 이상이 되는 문항은 전부 배제하여 분석의 자료로 삼지 않았다. 이렇게 하는 것이 면접에서 얻은 자료의 타당성을 높이는 길이 된다. 다음의 〈표 3-16-2〉는 그 조사에서 면접자와 코딩한 사람간의 편견이 심한 문항을 삭제하기 위한 기초 자료이고, 〈표 3-16-3〉은 문항에 따라 편차가 얼마나 되는가를 평균치로 표시한 것이다. 문항 4가 비교적 신빙성이 없고, 그 밖의 문항은 대개 피면접자에 의해 이해된 듯하다.

〈표 3-16-2〉 실례를 통해 본 프로빙의 기초 자료

면접자	총질문수	±5 이상 편견이 개재된 수	편견율	코딩한 사 람	코딩한 총질문수	±5 이상 편견이 개재된 수	편견율
A-B	185	28	15.1	A	85	7	8.2
C-D	190	19	10.0	B	160	31	19.4
E-F	170	19	11.2	C	600	107	17.8
G-H	295	52	17.6	D	160	28	17.5
I-J	230	43	18.7	E	170	45	26.5
K-L	145	9	6.2	F	165	9	5.5
M-N	270	67	24.8	G	135	19	14.1
O-P	105	17	16.2	H	185	17	9.2
Q-R	225	32	14.2	I	265	36	13.6
S-T	225	31	13.8	J	115	18	15.7
합 계	2,040	317	15.5	합 계	2,040	317	15.5

〈표 3-16-3〉 면접에 의한 실제의 값과 코딩에 의한 값간의 차이에 대한 산술평균

문 항	응답자수	총 점 수	평 균 치
1	63	106	1.68
2	70	112	1.60
3	63	94	1.49
4	57	134	2.35*
5	50	95	1.90
6	59	113	1.92
7	88	91	1.03**
8	62	113	1.82
9	65	122	1.88
10	52	90	1.73
11	71	116	1.63
12	51	991	1.78
13	48	105	2.10
14	48	82	1.71
15	50	88	1.76
16	57	133	2.33
17	74	137	1.85
18	66	105	1.59
19	50	103	2.06

20	48	87	1.81
21	81	145	1.77
22	59	104	1.76
23	62	116	1.87
24	57	102	1.79
25	61	102	1.67

* : 편차의 평균치가 제일 높은 문항으로 신뢰성이 낮다.
**: 편차의 평균치가 제일 낮은 문항으로 신뢰성이 높다.

3.5 면접조사의 장점과 단점

질문지조사의 경우와 비교해서 면접조사에도 장점과 단점이 있다. 장점은,

첫째, 자료수집에 있어서 가장 신축성(flexibility)이 있다.

둘째, 응답자가 누구인지 알 수 있다.

셋째, 무응답률(nonresponse)이 일반적으로 낮다.

넷째, 표본의 분포상태를 여러 각도에서 통제할 수 있다.

반면에 면접조사가 갖는 단점은,

첫째, 면접비용이 너무 많이 든다.

둘째, 면접자를 감독하고 통제하는 일이 대단히 어렵다.

셋째, 면접자의 편견이 개입되고 면접자에게 기만당하기 쉽다.

이상에서 설명한 것이 면접조사이다. 실제로 매우 유용하고 널리 쓰이는 이 조사방법은 이 장 끝에 가서 질문지조사와 더불어 현재 우리 나라에서 진행되는 여론조사를 토대로 좀더 실제적인 상황에서 문제점 위주로 설명하려고 한다. 그에 앞서 투사법에 관해 간단히 강의한다.

4. 투 사 법

4.1 투사법이란 무엇인가

투사법(projective methods)은 직접질문을 하기가 어렵거나 또는 직접질문을 하여도 타당성 있는 대답이 나올 가능성이 없을 때 어떤 자극상황(stimulus situation)을 만들어 이에 대한 응답자의 반응을 보고 의향을 파악하는 방법이다. 이 방법은 사람이면 누구나가 다 무의식적으로 자신의 욕구를 외부세계에 표시한다는 것을 전제로 하며, 그렇게 표현하도록 자극을 투사해서 간접적으로 피조사자의 내면의 세계를 판독할 수 있다고 생각한다.

투사법은 원래 정신분석학과 심리학분야에서 널리 사용되었고, 그 후에 교육학과 사회학분야에 전파되었다. 일종의 준실험적 성격을 띤 것이며, 질문지조사와 중간쯤에 위치한 성격이라고 생각하면 된다.

그러면 왜 이러한 방법을 사용하는가? 셀티즈(C. Selltiz) 등은 그 이유를 네 가지로 나누어 설명하고 있다. 첫째, 피조사자가 명백하게 자신의 감정과 태도를 표시하지 않을 때가 있다. 둘째, 피조사자 자신조차도 어떤 질문에 대해 분명히 답할 수 있는 확신이 없는 경우가 있다. 예를 들어 "사람을 처음 볼 때, 성이나 인종을 먼저 확인하느냐?"고 물으면 선뜻 정확한 답이 나오지 않을 수 있다. 그것이 비록 민감한 질문이 아니더라도 그렇다. 셋째, 경우에 따라서 특정집단(아동 · 공장근로자 등)에 접근하여 질문할 수 없는 때가 있다. 넷째, 질문지나 개방식질문으로 하는 면접으로 밝힐 수 있는 이상의 정보를 수집할 수 있기 때문이다.

투사법이 지니는 특징에는 대략 세 가지가 있다. 하나는 투사하는 자극 자체가 짜임새 있는 것이 아니라는 점이다. 완전히 구성된 것이면 실험조사에 근사하게 된다. 짜임새가 없는 자극에 대해서도 사람은 본래 감정 · 동기 및 태도 등을 잘 나타내는 관습이 있기 때문에 이런 정도의 실험이 가능하다. 다른 하나는 투사방법의 객관성이 결여되어 있다는 점이다. 자극이 짜임새 있게 구성되지 않은 것이기 때문에 방법이 자연히 객관적일 수 없다. 이 결과 투사방법의 신뢰도와 타당도가 의문시된다. 또 다른 하나는 자극으로 사용될 수 있는 도구가 무제한하다는 점이다. 지금까지 정립해 놓은 것 중에 주제통각검사(主題統覺檢査, Thematic Apperception Test: TAT)같은 대표적인 방법이 있기는 하지만, 실제 적용할 수 있는 것으로는 '그림을 그리게 하는 것', '문장을 읽게 하는 것', '역할을 대행시키는 것', '자극에 대한 소감을 피력케 하는 것', '색과 음에 대한 반응을 보는 것' 등이 있다. 가정생활이 화목한가를 알기 위하여 여러 가지 자세를 취한 남자와 여자의 그림을 놓고 남편과 부인의 감상을 말로써 표현케 하는 것도 투사법의 한 예이다.

4.2 투사법의 종류

투사법을 어떤 방식으로 적용하느냐에 따라 몇 가지 분류가 생긴다. 이 중에는 ① 이야기 또는 사례식방법, ② 점수식방법, ③ 오진선택법 등이 있는가 하면, ① 관련기술, ② 형식기술, ③ 완성기술, ④ 표현기술 등의 구분도 있다. 여기서는 셀티즈(C. Selltiz)의 분류에 좇아 언어적 기법·회화적 기법·역할수행기법 등을 간단히 설명하기로 한다.

(1) 언어적 기법 언어적 기법(verbal techniques)은 언어의 연상(word association)을 통해서 피조사자의 생각이나 태도를 알아 내는 방법이다. 즉, 언어라는 자극을 투사하여 그 효과를 알아 내는 방법인데, 오래 전부터 비정상적 행동(abnormal behavior)을 연구하는 분야에서 사용해 왔다. 이 방법이 사회적 태도에 관한 연구에 끼친 영향도 꽤 큰데, 조사 방식은 마찬가지로 단어 하나하나를 투사하면서 제일 처음에 연상되는 의미가 무엇인지를 말하게 한다. 그 반응 속에서 반응의 속도, 감정적 표현의 내용 등이 관찰된다. 퍼서낼리티의 유형을 알기 위해 '공산주의'·'종교'·'흑인' 등과 같은 단어를 투사하는 경우가 있고, 또 시장조사에서 상표를 보여 주고 반응을 알아보는 예도 있다.

언어적 기법에 유사한 방법으로 문장완성기법(sentence-completion technique)이라는 것이 있다. 응답자에게 미완성의 문장을 제시하고 그것을 완성하게 함으로써 어떤 생각을 지니고 있는지 알아본다. 예를 들면, 영어를 사용하는 국민들이 가지고 있는 고유한 유형(stereo type)에 관한 조사였는데, 다음과 같은 미완성의 문장이 제시되었다.

"내가 미국을 찬미하는 점은…"

"미국이라는 사회가 안고 있는 고민은…"

"소련 사람을 생각할 때마다 나는 …을 생각하곤 한다"

"만일 당신이 미국인을 가정으로 초대한다면, 그는 …할 것이다"

문장완성기법에 유사한 것으로 소설과 논쟁의 완성기법(story-and-argument completion technique)이 있다. 논란의 여지가 있는 주제를 가지고 응답자로 하여금 결론을 도출하게 하는 방법이다. 머래이(H. A. Murray)와 몰간(C. D. Morgan)이 한 연구 가운데에는 '전쟁과 징병제도'에 관한 논쟁을 검토한 것이 있다. 문장을 완성하게 하거나 논쟁거리에 결론을 내게 하는 것은 요즈음 대학입학시험에서의 논술문제와 유사한 것이다. 기실 논술은 방법론을 토대로 자료를 기반삼아 얼마나 논리적으로 주장을 펴느냐이다.

끝으로 이 언어적 기법의 질문방식은 응답자 자신에 관해 묻는 것뿐만 아니라 응답자를 통해 남의 견해가 어떤지를 묻는 경우가 있다. 자신의 생각은 선뜻 말 안해도 남이 어떻게 생각하고 있는지를 쉽게 말할 수 있는데, 이것 역시 자신의 준거틀에서 크게 벗어나지 않는다고 전제할 때 이같이 간접적인 질문을 투사하는 것이 꽤 효과적이라고 하겠다. 그러나 여기서 주의해야 할 것은 어떤 조사에서 밝혀진 내용이 전혀 반대의 사실이었다는 점이다. 즉, 어느 직장 여성이 그가 생각하기에 그 직장의 다른 사람들은 감독자에 호의적이고 직무에 만족한 듯하다고 대답해 놓고, 정작 자신의 견해를 물었더니 자신은 그 직장을 곧 떠나고 싶다고 대답했다.

(2) **회화적 기법** 회화적 기법(pictorial techniques)은 그림을 보고 느낀 점을 말하게 함으로써 응답자의 반응을 검토하는 투사의 한 방법이다. 가장 대표적인 것으로 주제통각검사(TAT)라는 것이 있는데, 모호한 그림을 보여 주고 5초 안에 그림의 주제를 말하게 하는 방법이 있고, 정치만평의 제목을 골라 붙이게 하는 실험도 있다. 이 방법은 소수인종집단의 행태를 연구하기 위해 사용되고, 그 밖에 시장조사 등 사회적 태도연구에 널리 활용되고 있다.

그림에 대화를 곁들여서 자극으로 사용하는 경우도 있다. 권위주의와 평등주의 리더십을 알아본 한 연구에서 두 사람이 앉아서 대화하는 그림을 보여 주는데, 한 사람은 "당신이 내게 말하고 있는 내용이 나를 괴롭힙니다. 왜 그럴까요?"라고 말하고, 다른 사람은 "내가 이 조직의 책임자이니 내가 하라는 대로 따르시죠"라고 말하고 있다. 이러한 그림과 대화의 내용을 보고 어떤 지도성이 호의적인지를 알아보는 것이다.

조사에서 그림을 사용한다는 것을 흥미로운 일이며, 단조롭지 않아 조사 협조가 훨씬 원활할 수 있다. 반면에 코딩이 어려워 신뢰도의 문제가 남아 있음을 주의해야 한다.

(3) 역할수행기법 역할수행기법(role play techniques)은 특정 상황 하에서 놀게 하거나 또는 어떤 역할을 수행하게 함으로써 피조사자의 감정과 태도를 감지하려는 방법이다. 따라서 이 방법은 단순히 어떤 상황에서 활동케 함으로써 그 반응을 관찰하는 방법과 어떤 상황하에서 역할까지도 대행시키는 정신극적(精神劇的, psychodramatic) 방법을 포함한다.

어떤 아이들이 백인과 흑인 인형을 가지고 학교 놀이와 생일 파티 놀이를 하는 것은 전자의 예이다. 이들의 놀이를 관찰해 보면 대부분의 경우에 흑인 인형보다는 백인 인형을 더 가지고 노는 것을 목격할 수 있다. 이러한 과정에서 아이들의 인종에 대한 차별의식을 파악하게 된다. 그러나 실제로 백인 아이들에게 흑인 아이들과 잘 노느냐고 물으면 5분의 4가 그렇다고 대답한다는 것이다. 이처럼 투사방법은 실제와 다른 진의를 파악할 수 있는 이점을 지닌다.

자주 결근을 하는 흑인근로자가 감독자 사무실에 불려와서 결근의 이유를 변명하는 장면을 백인에게 대신시키는 것은 후자의 예이다. 이 과정에서 아주 비열한 태도로 역할을 수행한다면 그 백인의 흑인에 대한 감정이 어떻다는 것을 능히 짐작할 수 있다. 다른 예를 들면, 어느 조직의 구성원들 사이에 그 조직의 장에 대한 불만이 있고 어떤 개선책이 강구되어야 하겠다는 사실을 전제로 하고 구성원 모두가 모인 자리에서 다른 사람에게 장으로서의 역할을 대행하도록 과제를 부여한다면, 평소에 바라던 방향으로 역할극을 하면서 문제의 해결을 이끌어 나갈 것이다. 이러한 방법은 소위 말하는 감응훈련(Sensitivity Training)을 겸한 것으로 1972년 여름에 지금까지 학교에서 운영하는 국가정책과정개설을 준비하는 일환으로 지도자훈련 프로그램을 실시했는데 이 과정에서 저자도 경험해 본 적이 있다.

4.3 투사법의 평가

투사방법을 활용함에 있어서 가장 주의해야 할 것은 주관성의 극복으로 객관성과 신뢰도를 높이는 일이다. 투사방법은 이것 자체가 다분히 주관적인 판단에 의하고 그것을 관찰하는 사람 역시 주관적으로 판독하기 때문에 자칫 신뢰성을 잃을 염려가 있다.

이런 결함을 극복하기 위하여 투사법에 의해 수집된 자료는 복수의 전문가로 하여금 평정척도에 따라 판단케 해야 한다. 그래서 이러한 판단간에 높은 상관관계가 성립되면 그 해석은 바른 것이라고 생각할 수 있고, 그 만큼 객관성과 신뢰성이 높은 투사방법을 썼다는 평가를 하게 된다. 그러나 실험조사와 관찰조사, 그리고 질문지조사의 보조수단으로 활용되는 이 방법은 다른 대안이 있는 한 굳이 사용할 필요가 없다. 자료의 신뢰도와 타당도의 중요성을 감안한다면 그 이유를 쉽게 이해할 수 있을 것이다.

5. 여론조사의 실제

근년에 이르러 우리 나라에서는 많은 여론조사가 실시된다. 주로 정부의 정책과 선거에 관련해 국민들의 의견을 묻는 조사이다. 대학의 연구소에서도 여론조사를 많이 하지만 주로 정부와 언론사, 그리고 이들의 의뢰를 받은 전문조사기관들이 이에 앞장을 선다. 그런데 조사의 각 단계마다 과오를 범하고 있어 큰 문제거리가 아닐 수 없다. 조사자도 잘못하고 의뢰자도 잘못한다. 조사의 계획단계에서, 예컨대 표집을 잘못하기도 하고, 또 조사시기도 적절치 않은 경우가 있다. 나아가 더 심각한 것은 조사원의 성별과 질이 문제가 되는 적도 있다. 설문을 만드는 단계에서도 설문순서며, 설문의 수, 설문내용, 질문하는 방식, 척도, 및 분석과 해석상의 오류들이 한두 가지가 아니다. 그중에서 가장 심한 것은 설문에서의 문제이다. 질문이 되지 않는 것을 묻는 것부터 시작해서 선택지문(카테고리)같은 데서 선택을 어렵게 만드는 것 등 매우 심각하다. 따라서 여기에서 사례별로 문제점을 지적하는 것으로 여론조사의 현실을 밝히기로 한다.

5.1 표집이 잘못된 사례

표집에서 가장 큰 문제는 표본의 수가 매우 작은데 그것으로 마치 모집단의 성격을 추정할 수 있는 듯이 주장하고 언론은 이를 그대로 발표해 모르는 일반국민이 오해하기 꼭 좋게 만든다. ㅎ청년정책연구소가 20세 이상 216명을 대상으로 여론조사를 해 언론에 게재된 것이 그 한 사례이다. 다음은 특정지역을 표집에서 제외한다든지, 연령분포가 잘못되었다든지, 직업분포도 잘못되는 경우이다. 이 이외에도 전화면접조사에도 문제가 있다. 전화면접에 있어서는 조사기간을 짧게 잡는 것이 가장 큰 문제이다. 몇몇 여론조사의 조사기간을 보면 하루 저녁 5시부터 10시 30분까지 5시간 30분이 소요된 것이 있는데 이런 경우 당연히 무작위추출과는 편차를 낼 수밖에 없는 것이다. 그런데 이런 조사가 행해지는 가장 큰 이유는 의뢰자가 하루만에 조사결과를 요구하는 경우가 있기 때문이었다.

표집에서 제외되는 지역의 문제로서 흔히 조사가 제주도를 표집대상에서 제외시킨다. 반수가 훨씬 넘는 여론조사가 경비나 인구가 그리 많지 않다는 이유로 제주도를 제외시키는 경향이 강하다. 그러나 이는 제주도의 정치적 특수성을 여론조사결과에 담지 못하는 한계를 보일 수 있다. 제주도는 국회의원 선거에 있어서도 무소속만이 당선되는 등 특이한 모습을 보인다. 따라서 정치여론조사에서는 반드시 제주도를 고려하는 것이 바람직하다. 그리고 덧붙일 것은 제주도나 강원도의 경우 11명으로 30만 명을 대표하려고 하기 때문에 대표성이 의심스러울 때가 많다. 따라서 이런 경우에는 그러한 지역들에 대한 조사를 좀더 많은 표본으로 실시하여 대표성을 확보한 다음 인구비례로 나누는 방법 등을 사용해 봄직하다.

연령별 분포에서 균형을 잃는 경우에 특히 많이 지적되는 것이 20대층이 높은 비율을 차지하는 경우이다. 젊은 계층이라 비교적 설문에 잘 응한다는 것이 이유가 되겠는데, 이는 정책 등에 있어서의 국민전체의 여론을 왜곡시키는 결과를 야기할 수도 있다. 이 경우 선거때의 지지율, 투표율에 있어서는 더 큰 오류를 범하기 쉽다. 왜냐하면 20대는 선거에 참여하는 비율이 다른 연령층에 비해 낮기 때문이다. 미국갤럽의 여론조사에서는 이러한 것까지 고려하는 신중성을 보이므로 새겨 보아야 할 일이다.

직업별 분포에서 많이 지적된 것이 주부비율이 너무 높다는 것이다. 이유는 조사방법에 따라 다르다고 할 수 있는데, 우선 개별면접의 경우에 여성조사원이 가가호호를 쉽게 방문하여 설문을 받을 수 있기 때문이다. 조사원 중 여성비율이 높은 것이 근본적인 문제이며 여러 직업을 찾아다니지 않고 주부에게서 쉽게 받으려는 문제도 함께 있다고 하겠다. 그러나 한편 여성조사원의 근면성·성실성·정직성 등은 또 다른 강점이라는 것을 부인할 수는 없다.

구체적인 사례를 살펴보면 다음과 같다.

(1) **(사례 1)** ㄱ 전문조사기관이 92년 12월에 전국 804명을 대상으로 실시한 "대통령 선거에 대한 국민여론조사 보고"를 보면, 제주도의 표본이 11명(1.4%)이다. 제주도를 제외하지 않은 것만 해도 다행이라고 할 수는 있겠다.

(2) **(사례 2)** 전 전대통령 증언에 따른 5공청산 종결여부를 묻는 질문에는 '종결하는 것이 좋다'라는 응답을 한 지역별 분포는, 충청 58.4%, 강원 54.6% 등으로 나타났다고 보도하고 있는데, 표본집단이 20세 이상 남녀 548명이고, 강원도의 경우는 19명에 지나지 않는다. 19명으로 과연 대표성을 인정할 수 있는지는 의문이다.

(3) **(사례 3)** ㅁ 전문조사기관이 전국 만 20세 이상 남녀 1,000명을 대상으로 한 『정치개혁법 개정관련 전국민 여론조사』(94년 3월시행)에서, 연령별로 보면 20대, 30대가 58.6%로 지나치게 비중이 크다. 또한 직업별로 보면 주부의 비중이 거의 1/3(32.5%)로서 이 역시 타부문에 비해 비중이 너무 크다.

(4) **(사례 5)** ㅎ 전문조사기관이 90년도 초에 제주도를 제외한 전국의 전화보유가구 1,500을 대상으로 실시한 『정치 현안에 관한 국민 여론조사』에서는 표본 중 주부가 38.5%로 지나치게 높은 비중을 차지하고 있다.

5.2 조사시기의 문제

여론조사에서 시기와 기간의 문제가 조사의 타당성과 정확성을 담보하기도 한다. 어떠한 정책이 원칙만이 천명되었을 경우와 구체적인 사안이 발표되었을 경우, 그리고 구체적으로 실시되었을 경우의 여론조사는 그 내용이 각각 다를 수 있다. 또 어떠한 사건에 있어서도 공식적인 발표와 언론보도만이 아닌 자신의 생각을 정리할 수 있는 시간적 여유가 있은 후에 여론조사를 실시하는 것이 바람직한 것이다. 같은 사안을 조사함에 있어서도 약간의 시기차이로 조사결과가 달라지는 경우도 있다.

(1) **(사례 1)** 금융실명제는 시행 초기에 압도적 지지를 얻었는데, 94년 8월 ㅅ 전문조사기관이 서울거주 700명을 전화여론조사한 결과를 보면, "금융실명제실시로 경제정의 확립에 성과가 있다고 생각하는가"라는 질문에 '별로 성과가 없었다'(47%), '전혀 성과가 없었다'(12%)는 부정적인 응답이 59%를 차지하여 시민들이 실명제 실시가 경제정의 확립에 별로 기여하지 못했다는 인식을 갖고 있는 것으로 나타났다. 이 사례는, 시행 초기에는 정책의 원칙만이 제시되기 때문에 여론의 지지가 높을 수 있지만, 일정 기간 시행 후에는 국민들이 세부적 사항에 대한 경험을 바탕으로 정책을 재평가하게 되므로, 정부는 정책실시 후 정기적으로 여론조사를 실시하여 여론의 추이를 파악하는 것이 바람직함을 보여 주는 예라고 하겠다.

(2) **(사례 2)** 김영삼 대통령 취임 한달을 맞아 실시한 여론조사에서 "한달 동안 잘한 점"을 묻는 질문이 있었는데, ㅎ 연구소가 실시한 조사(93년 3.18-21, 4일간)에서는 잘한 일로 '청와대 인왕산개방'(22.0%), '부정부패척결'(21.3%), '공직자 재산공개'(12.7%), '인사'(5.6%), '정치자금 거부'(4.2%)로 나타났는데, ㅎ일보와 ㅁ조사기관의 여론조사(23일)에서는, '재산공개'(20.3%), '부정부패척결'(19.0%), '청와대 앞길개방'(15.4%), '경제회복노력'(8.1%)으로 나타났으며 '무응답'이 46%나 나왔다. 그런데 이 결과가 같은 날 조사된 ㄱ신문과 별 차이가 없는 것으로 보아, ㄱ 연구소의 여론조사가 시기적으로 이른 감이 없지 않아 재산공개, 부정부패척결 등이 뒷순위로 밀린 것이 아닌가 한다. 조사가 실시된 것은 각각 18일과 23일로서 5일의

차이가 나는데 취임 첫달에서 5일, 특히 초기 개혁의 걸음이 컸던 것을 감안하면, 약간의 시일을 늦추어 조사하는 것이 바람직하고 더 정확한 여론을 읽을 수 있는 계기가 되었으리라 생각된다.

5.3 조사면접원의 문제

조사원은 전부 여성으로 구성되어 있다. 이들의 대다수가 주부이다. 이들은 대개 아르바이트 형식으로 여론조사에 종사하고 있으며, 충분한 사전교육을 받는다고는 하지만 자질에 대해서는 아직 검증된 바가 없다는 것이 의문으로 남는다. 면접조사원에 대해서는 앞으로 더 많은 연구가 이루어져야 할 것이다. 고정면접원의 장단점을 포함해서 면접조사원이 조사에 미치는 영향에 관한 외국의 연구는 상당수가 있다. 우선 면접자효과(interviewer effect)의 크기를 평가한 터커(Clyde Tucker)의 연구는 조사원에 의한 조사결과의 효과가 존재하기는 하나 대개는 매우 작았음을 보여 주고 있다. 즉 여론조사마다 그 효과는 대개 매우 소규모이고 다소 일관성이 없는 것으로 나타난 것이다. 그러나 몇몇 항목에 대해서는 응답자와 조사원이 상호작용한다는 증거가 있었다. 그러나 특히 전화여론조사에 있어서는 면접원이 차지하는 비중이 크기 때문에 이러한 상호작용이 축적된다면 그 효과는 매우 크게 나타날지도 모른다고 한다. 즉 면접조사원이 여론조사에 미치는 영향도 결코 무시해서는 안 된다는 것이다.

5.4 질문순서의 문제

질문순서, 응답순서, 질문형태 등은 여론조사결과에 영향을 미칠 수 있다. 개별설문이 전체 여론조사 설문 문항 중 어디에 위치해 있느냐에 따라 응답결과가 달라질 수 있다. 또 어떤 질문을 그것과 관련 있는 질문들보다 먼저 묻느냐, 나중에 묻느냐에 따라서도 응답에 차이가 날 수 있다. 예컨대, 대통령의 인기도를 알아보는 조사에서, 대통령의 업무수행과 관련해 실정으로 간주되는 문제들에 관해 묻고 난 뒤 대통령의 인기도를 묻는 경우와 대통령의 인기도에 관한 질문을 먼저하고 난 후 업무수행에 관한 질문을 던졌을 때는 응답에 상당한 차이가 날 수 있는 것이다. 따라서 어떠한 질문을 어떤 순서에 놓아야 하는지, 또한 주요한 질문에 들어가기 전에 어떤 사항들을 배경질문으로 삼을 것인지 등은 대단히 중요한 일들이다. 본 질문에 선행되는 질문이 반드시 있어야 조사의 신뢰도가 유지되는 경우도 있고, 배경질문으로 대상집단을 구분지은 후 본 질문을 들어가야 하는 경우도 있다.

⑴ **(사례 1)** ㅁ 조사기관이 1,000명을 대상으로 94년 3월에 시행한 『정치개혁법 개정관련 전화여론조사』를 보면, "○○님께서는 이번에 통과된 정치개혁법이 '깨끗한 정치', '돈 안드는 선거'를 이루어 내는데 얼마나 도움이 될 것으로 보십니까?"라고 질문하였다. 그리고 연이어서 "이제 깨끗한 정치를 위한 법적, 제도적 장치는 마련됐다고 합니다. 앞으로 깨끗한……?"라고 질문하였는데, 이 질문내용을 보면 서두에서 이미 정치관계법의 의의를 조사자가 주관적으로 정의하고 있다. 이러한 경우는 조사자의 편견의 문제뿐만 아니라 질문간의 위치배치에 있어서도 문제가 있다고 하겠다.

⑵ **(사례 2)** ㄷ 연구소가 92년 11월에 실시한 『국민안보의식조사』(개별면접 1,500명)에서는, "지난달 10월 6일 국가안전기획부에서는 '남한 조선노동당 중부지역당' 간첩단 사건을 발표하였습니다. ○○님께서는 이번 간첩단 사건 내용을 어떤 경로를 통해 알고 계십니까?"라고 첫 질문을 던졌는데, 이어지는 질문들이 모두 피조사자가 사건보도의 진실성에 대해 의심을 갖지 않는다는 것을 전제로 전개되는 듯한 인상을 주고 있다. 이 여론조사의 경우는 안기부의 간첩단사건 발표에 대한 신뢰성을 묻는 것이 선행되었어야 했다.

⑶ **(사례 3)** ㄷ 연구소가 중학생부터 대학생에 이르는 청소년 집단을 모집단으로 하여 94년 4월과 5월에 실시한 『청소년의 국제화 의식에 관한 여론조사』의 설문을 살펴보면,

"제1문 (중학교, 고등학교 학생만 답변): 다음은 학교 생활에서 과학에 관련된 내용입니다. 보기를 보고 귀하의 의견에 가까운 것을 말씀해 주십시오.

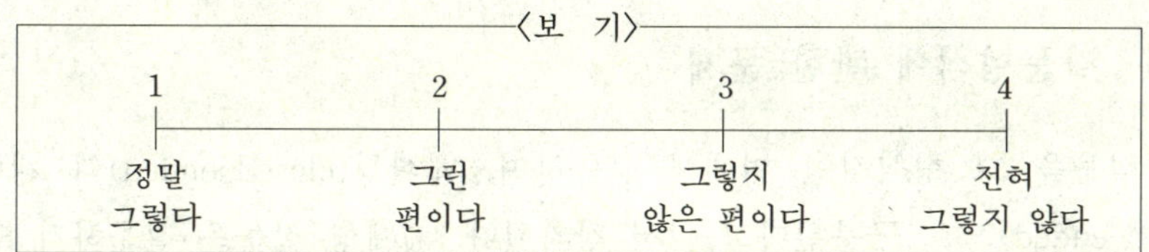

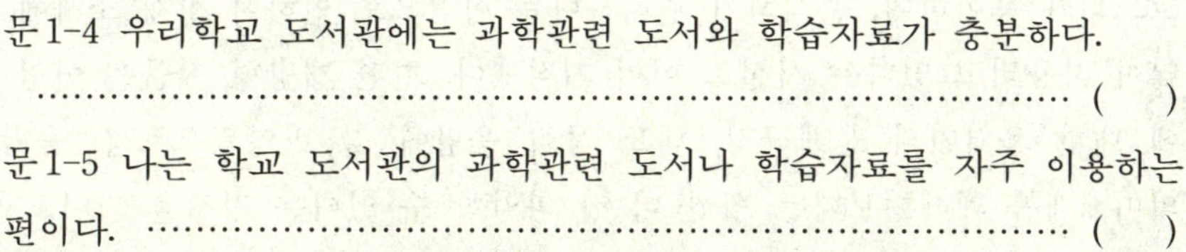
문1-4 우리학교 도서관에는 과학관련 도서와 학습자료가 충분하다. ………………………………………………………………………… (　)

문1-5 나는 학교 도서관의 과학관련 도서나 학습자료를 자주 이용하는 편이다. ………………………………………………………………… (　)

로 되어 있는데 문1-5의 경우 문1-4와 관련하여 도서관에 과학관련 도서나 학습자료가 전혀 없거나 불충분함으로써 자주 이용 못하는 경우도 있을 것이다. 따라서 정확한 여론조사가 되기 위해서는 문1-4에서 '충분하다' 고 응답한 학생에게만 문1-5가 질문되도록 설계되어야 할 것이다. 또 중고등학생에게 물으면서 '귀하' 라는 옛 단어를 쓰는 것도 매우 어색하다.

(4) **(사례 4)** 90년 한국 대통령의 일본방문에 대해 먼저 "대통령이 일본을 방문하는 동안 일왕(日王)은 '한국과 일본 사이의 불행한 과거에 대해 마음 아프게 생각한다' 고 말할 것이라고 합니다. 일왕의 사과태도에 어떻게 생각하십니까?" 라고 질문한 후 이러한 일본의 태도에 변화가 없을 경우 "대통령의 일본 방문을 어떻게 생각하십니까?" 라는 질문을 하였다. 응답결과는 1) '예정대로 방문하는 것이 좋다' 가 38.9%, 2) '방문하지 말아야 한다' 가 58.3%로 나타났다. 조사자는 이어서 2)라고 응답한 사람에게 '그렇게 생각하는 가장 큰 이유는 무엇입니까?' 라고 물었다. 1) '일본이 과거의 잘못에 대해 분명한 사죄와 반성을 하지 않기 때문' 이 66.3%, 2) '지문날인 등으로 차별대우하기 때문에' 가 23.5%로 나타났다. 그런데 이러한 응답결과는 다분히 선행질문에 의해 영향을 받아 응답결과가 달라진 것이라고 볼 수 있다. 따라서 이 여론조사는 설문의 내용을 고려하지 않은 배열로 인해서 조사의 신뢰도가 떨어진 경우이다.

5.5 질문형식에 관한 문제

설문을 그 형식적인 면에서 분류하면, 폐쇄형(closed-ended)과 개방형(open-ended)으로 구분된다고 앞서 강의했다. 폐쇄형 질문은 질문하기 쉽고, 코드화가 용이하며, 분석하기 편리하다는 이점으로 인하여 실제 조사에 있어 많이 사용되고 있다는 사실도 이미 지적했다. 한편 개방형 질문은 어떤 사안에 대한 응답자의 문제규정, 태도 등이 응답에 잘 반영됨으로써, 응답자의 의미세계를 폐쇄형보다는 훨씬 더 잘 파악할 수 있다는 장점을 지니고 있다. 폐쇄형 질문과 개방형 질문에 대한 상호간의 비판도 적지 않다. 개방형 질문에 대한 비판 중의 하나는 개방형으로 질문한다고 하여 응답자들이 인지하고 있는 중요하고 본질적인 것이 반드시 드러나는 것은 아니며, 그보다는 오히려 피상적인 것, 우연히 보고 듣거나, 이야기 했던 것들이 제시되는 경우가 많다는 것이다. 이런 비판과 반대되는 연구결과도 있는데, 기어(J. G. Gear)는 개방형 질문의 유효성을 조사해 본 결과, 개방형 질문이 응답자들의 입장에서 규정한 문제나 생각 또는 태도를 드러냄으로써 응답자들의 의미세계를 엿보게 할 수 있었다고 주장했다.

확실히 개방형 질문을 사용하면 그러한 장점은 얻을 수 있을지도 모른다. 그러나 그러한 장점만 믿고 조사설계자가 조사대상자에 대한 고려 없이 조사방법을 선택하는 것은 조사의 신뢰도를 저하시킬 위험성이 있다. 좀더 부연하면 그 연구에서는 조사대상이 대학생들이었고 충분히 숙지하도록 자료를 읽게 한 후, 가능한 한 많이 적도록 하였다. 이러한 경우는 개방형 질문이 위와 같은 장점을 발휘할 수 있을지 모른다. 그러나 조사대상자가 생각지도 않은 문제를 전화로, 그것도 지식인만을 대상으로 하는 것이 아니라 전 국민을 대상으로 여론조사를 실시할 경우에는 개방형 질문은 조사설계자의 의도와는 달리 무모한 결과를 초래할 수도 있는 것이다. 예를 들자면 "정부가 올해 가장 역점을 두어서 풀어야 할 현안과제는 무엇이라고 생각합니까?"라고 묻는다면 평소 자신에게 절박하고 의미있는 것을 대답할 것이다. 그러나 "국제경쟁력 강화를 위해 공무원사회에 가장 요구되는 것이 무엇이라고 생각합니까?"하는 정도로만 차원을 올려도 일반 국민은 벌써 선택지문이 없이는 답변에 곤란을 느끼게 된다. 특히 전화를 통해 응답자의 시간을 잠시 빌어 행해지는 전화면접조사의 경우에는 그러한 문제가 더 크게 부각될 것이다. 우편조사의 경우 질문에 대해 나름대로 생각해서 응답할 여유가 있는데 반해, 전화면접의 경우에는 그러한 시간을 갖지 못하기 때문이다. 따라서 대상, 질문사항, 조사방법 등이 제대로 고려되지 않은 상태에서 개방형 질문을 행한 후 그 가운데에서 의미있는 답변을 골라내기란 더더욱 어려워진다고 할 수 있겠다.

(1) **(사례 1)** ㅁ 전문조사기관이 94년 3월에 실시한 여론조사를 보면, "이번에 통과된 정치개혁법 이외에 우리 정치의 개혁을 위해서 또 해야 할 일은 무엇이라고 생각하십니까? 생각나는 대로 말씀해 주십시오"라는 설문이 있다. 이 설문에 대해서 '모름/무응답'이라는 응답은 무려 전체의 45%에 이르렀다. 어느 정도 깊이 있는 사고를 요하는 이와 같은 질문을 아무런 선택문항 없이 제시하는 것은 매우 부적절함을 단적으로 보여 주는 사례라고 하겠다. 조사대상자가 전문가도 아닌데 개방형으로 질문하는 것은 응답자의 말문만 막는 꼴이 되어버린다. 더욱이 전화면접조사의 경우에는 질문에 대해 응답자가 생각할 시간적 여유가 없기 때문에 무응답률은 더 높아질 수밖에 없다. 따라서 일반 국민을 대상으로 위와 같은 내용을 질문하고자 할 경우에는 폭넓고 다양한 선택지문을 준비한 후에 중요하게 생각하는 것을 한개 또는 우선순위에 따라 몇 개를 선택하도록 하는 것이 바람직한 방법이다.

(2) **(사례 2)** ㄴ 조사기관이 94년 4월에 실시한 『국가 경쟁력에 대한 근로자의식 조사 보고서』에서는 조사대상이 근로자인데도 불구하고 "우리 나라 근로자와 주로 경쟁상대가 되는 근로자는 어느 나라의 근로자라고 생각하십니까?" "우리 근로자가 그 나라 근로자와의 경쟁에서 이기기 위해서는 구체적으로 어떤 노력을 해야 한다고 보십니까?"라는 내용을 개방형으로 질문하고 있다. 이는 조사대상자를 고려한다면 적절치 못한 질문방법이다. 특히 이 여론조사가 전화조사임을 감안하면 더욱 그러하다. 두 번째 질문과 같은 경우에는 개방형으로 할 것이 아니라 다양한 선택지문을 주었어야 했다.

5.6 유도성 질문(leading question)의 문제

앞에서도 조사에서 유도질문을 하면 안 된다고 했다. 사회조사의 질문에는 조사자가 의도하든 의도하지 않든간에 질문 문안 그 자체에 어떤 암시나 큐(Cue)가 들어갈 수 있다. 이런 암시들은 응답에 여러 가지 영향을 미친다. 미국의 연구사례를 보면 명망가나 저명인사의 이름이 들어가 있을 경우가 그렇지 않은 경우에 비해 응답률이 높아지는가 하면, 감정을 유발시키는 고정관념이나 긍·부정을 내포하는 용어 등에 의해서도 응답자들의 응답에 차이가 발생할 수 있다. 또한 질문문안에 이념적 색깔의 용어가 들어가게 되는 경우에도 응답자의 태도는 차이가 날 수 있다. 구체적인 예를 들어 보면, 미국에서 레이건 대통령이 대(對) 니카라과 정책에 관해 행한 주요 여론조사들의 일부를 정리해 본 것이 있다. 여기에서는 응답자의 태도에 영향을 미치는 요인으로서 1) 레이건, 2) 콘트라스, 3) 이념적 색깔을 가진 용어, 4) 지원금액 등에 관한 언급, 5) 찬반양쪽의 입장이 다 제시되어 있느냐의 여부 등 5개 요인이 추출되었다. 이 용어들이 질문문안에 전혀 표현되지 않았을 때에는 미국의 대니카라과 정책에 대한 지지율이 13%였으나, 레이건을 언급하면서 '니카라과정부는 친소정부'라는 말도 함께 언급하면 정책에 대한 지지율은 23%로, '니카라과정부는 좌익정부'라고 언급하면 지지율은 33%로 올라가는 것으로 나타났다. 또한 유도성 질문을 하는 경우에 있어서 응답은 질문의 문맥상 위치에 따라 달라질 수 있고, 또 직간접으로 관련되는 질문이 전후에 있느냐에 따라서 달라질 수도 있다.

이같은 질문 속의 큐는 이 외에도 사안에 대해 느끼는 민감도에 따라서 그 영향력이 달라질 수 있다. 이런 이유에서 정치사회적으로 민감한 문제에 대해서는 질문문안의 구성에 특별히 신경을 써야 하는 것이다. 같은 내용을 묻는 것이라 하더라도 질문문항에 긍정적인 용어를 쓰게 되면 응답이 그쪽으로 유도될 수도 있는 것이고, 그 반대의 경우도 발생할 수 있는 것이다. 구체적인 사례를 미국내 소수민족 구성원들의 취업을 지원해 주기 위한 프로그램인 AAP(Affirmative Action Program)에 대한 여론조사에서 찾을 수 있다. AAP란 '보다 긍정적인 시각에서 적극적인 행동'이란 의미를 담고 있는 것인데, 그 여론조사에서 해리스(Harris)는 이 용어만을 불러 주고 지지

여부를 물어 봄으로써 74%의 지지율을 얻은 반면, 다른 여론조사에서는 이 용어는 사용하지 않고 그 정책내용을 설명하면서 질문을 하여 79%가 반대한다는 조사결과를 얻었다. 갤럽(Gallup) 역시 80%라는 반대여론을 밝혔다. 즉 긍정적인 용어의 사용이 얼마나 응답의 경향을 좌우할 수 있는지를 잘 보여 주고 있는 것이다. 이와 같은 연구를 참고로 하여 우리 나라에서 실시된 90년대의 여론조사를 분석한 결과 유인성 질문에 가깝다고 느껴지는 사례들을 나열하면 다음과 같다.

⑴ **(사례 1)** ㅎ 조사기관이 94년 7월에 실시한『학생운동에 대한 국민인식 조사』에는 "최근 검찰 발표에 의하면 '한총련' 등 학생단체 소속 학생들이 정부허가 없이 북한과 팩스 등을 통해 연락했다고 합니다. ○○님은 이에 대해 그럴 수도 있는 일이라고 생각하십니까?"라는 설문문항이 있다. '…그럴 수도 있는 일이라고 생각하십니까?'라는 표현은 그 용어의 느낌상 부정적인 이미지를 가지고 있다고 할 수 있다. 이러한 용어들이 갖는 함의는 경우에 따라 약간 또는 크게 달라질 수 있기 때문에, 질문 문안 속에서의 용어의 선별은 응답이 끼치는 영향을 고려하여 신중하게 선택되어야 한다.

⑵ **(사례 2)** ㅁ 리서치가 94년 8월에 실시한 여론조사에서 "WTO 회원국으로 가입하기 위해서는 국회의 비준 동의절차가 남아있습니다. ○○님께서는 우리 국회가 협정안 비준에 동의해야 한다고 생각하십니까? 아니면 반대해야 한다고 생각하십니까?"라는 설문에 대한 선택지문을 보면,

① 이제는 협정안 비준에 동의해야 한다.
② 끝까지 협정안 비준에 반대해야 한다.

여기에서 보면 선택지문을 구성하고 있는 용어가 유도적이라고 할 수 있다. 보다 객관적이기 위해서는 '이제는', '끝까지'라는 단어를 생략하고, 문제시되었던 '재협상 후 비준' 등의 다른 선택지문을 첨가하여 설문구성이 이루어졌어야 했다.

⑶ **(사례 3)** ㄷ 조사기관이 93년 12월에 20세 이상 농업종사자와 전국(제주도 포함)의 농과대학 교수 및 농업관련 전문가를 대상으로 실시한 "UR과 쌀시장 개방에 대한 여론조사"를 보면, "우루과이 라운드협상은 100여개

국가 이상이 참여하고 있는 다자간 무역협상입니다. ○○님께서는 일부 계층에 불리한 입장이라 하더라도 국가 전체의 이익을 위해서 이 협상에 참여해야 한다고 생각하십니까? 아니면, 국제적으로 고립된다 하더라도 일부계층을 보호해야 한다고 생각하십니까?"라는 설문이 있다. 이에 대한 응답은,

	농 민	전문가
국익을 위해 협상참여	61.1%	81.4%
일부계층위해 고립감수	30.5%	12.8%

로 나타났는데, 설문에 사용된 용어가 다분히 응답을 유도하고 있음을 발견할 수 있다.

(4) **(사례 4)** ㅎ 연구소가 93년 9월 실시한 『공직자 재산 공개에 대한 공무원의 인식과 태도 조사』를 보면, 제1문에서 "○○님께서는 공직자 윤리법에 의하여 공직자의 재산이 등록, 공개되고 있는 것에 대하여 어떻게 생각하십니까?"라고 물어 공직자 재산공개가 이미 법에 의거하고 있는 것임을 밝힘으로써 긍정적인 답변을 유도하고 있다. 응답은 1) 매우 잘하는 일이 63.3% 2) 상당히 잘하는 일이 31.1%로 나타나 전체적으로 긍정의 답변이 94.4%나 되었다. 긍정적 응답이 많이 나오게 된 가장 큰 원인이 유도성 질문은 아니라 할지라도 영향을 미쳤음에는 틀림없다.

(5) **(사례 5)** ㄱ 연구소가 93년 3월 실시한 『내각일부개편에 대한 전화여론조사』를 실시하면서 "김영삼 대통령은 오늘 오후 재산문제, 도덕성 시비 등으로 사회적 물의를 일으킨 일부 장관들을 경질하였습니다. ○○님께서는 이같은 일부내각개편을 잘한 일로 보십니까? 잘못한 일로 보십니까?"라고 질문하였는데 '잘한 일'이라고 지지하는 응답이 91.7%였다. 밑줄친 부분과 같은 이유로 경질하였는데 그러한 개각이 잘못된 일이라고 응답하기 어려울 것이며 다분히 특정 응답을 유도한 것으로 볼 수 있다.

(6) **(사례 6)** ㅁ 연구소가 91년 12월 전국 800명을 대상으로한 여론조사에서 질문지를 보면, "약 100억달러의 무역적자를 보이고 있는 우리의 경제상황에 대해 어떻게 생각하십니까?"라는 설문은 우리의 지난 경험으로 보아 매우 민감한 사항인 '무역적자'라는 용어를 설문의 모두에 사용함으로써

'아주 심각'(57.3%), '어느 정도 심각'(30.6%) 등 전체적으로 응답자의 87.9%가 현재의 경제상황을 심각한 것으로 보고 있는 것으로 유도한 것이라 하겠다. 또한 "최근 우리 사회에 일고 있는 '열심히 일해야 한다'는 목소리에 대해 어떻게 생각하느냐?"는 질문을 통해 '크게 공감'(57.3%), '대체로 공감'(37.9%) 등 전체 응답자의 95.2%가 공감하고 있다고 조사하였는데, 이 역시 전형적인 유도성 질문의 한 예라고 할 것이다.

5.7 척도의 문제

가. 적합한 척도의 사용문제

여론조사와 관련하여 척도의 문제만큼 논란이 많은 사안도 드물다. 뒤에서 다시 언급되겠지만 우리 나라에서도 대통령 지지율의 차이 때문에 이러한 척도 논쟁이 벌어진 적이 있었다. 결론적으로 본다면 응답항목 가운데 중간항이 들어 있느냐 들어 있지 않느냐에 따라 응답분포가 달라질 수 있다는 것이다. 이는 응답항목에 중간항이 있을 경우, 사람들은 양극단을 피하고 중간항으로 수렴하려는 경향을 가지고 있기 때문에 나타나는 것으로, 중간항이 없을 때와는 응답분포가 달라질 수 있다. 미국의 예를 보면, 마리화나처벌과 미국정부의 베트남지원에 대한 조사에서 중간항 때문에 다른 선택지문에 대한 응답비율이 차이가 나는 현상이 나타났다. 이와 관련하여 생길 수 있는 문제점은 동일 사안에 대한 여론조사들을 비교하거나, 시점을 달리하여 실시한 여론조사들을 시계열적으로 분석할 때, 연구자 또는 조사대상자가 척도가 다르다는 사실에 대해서 유의함이 없이 기계적으로 여론조사결과만을 비교해서 지지율이 늘었느니 혹은 줄었느니 하는 결론을 도출하는 오류를 범할 가능성이 커지게 된다는 것이다. 또한 덧붙여서 생각해 보아야 하는 문제는 중간항목의 존재가 단순히 그 변수의 단순분포에만 국한되는 것이 아니라, 경우에 따라서는 다른 변수가 그 변수와 갖게 되는 상관관계에도 영향을 미칠 수 있다는 것이다. 이는 아직 실증적인 분석이 별로 이루어지지 않았고, 몇 안되는 분석의 결과도 상충되고 있어 일반화가 어려운 것이 현실이다. 결론적으로 말하자면 여러 여론조사들을 비교할 때는 어떤 척도를 사용하여 조사하였는지를 살펴본 후 응답의 분포를 볼 필요가 있고, 단순한 수치에만 매달릴 것이 아니라 여론의 종단적 추이에 더욱 관심을 가져야 한다는 것이다.

실제 조사에 있어 척도문제를 논의함에 또한 고려해야 하는 것은 질문에 맞는 척도를 사용하여야 한다는 것이다. 4 내지 5점 척도를 사용하여야 하는 곳에 2점 척도만을 사용, 양자택일을 강요하였을 때에는 오히려 여론을 해석하는 과정에 있어서 오류를 범하게 될 수도 있는 것이다. 특히 선거여론조사에서 투표할 것인지에 대한 질문에 "반드시 할 것이다"라고 대답하는 사람의 실제 투표율과 "아마 할 것이다"라고 대답한 사람의 실제 투표율은 다르게 나타난다. 따라서 이와 같은 경우는 투표할 것이냐, 하지 않을 것이냐라고 하는 두 가지의 선택지문만을 가지고 조사를 실시하면 실제투표율을 제대로 예측하지 못하는 신뢰성 없는 여론조사가 되고 마는 것이다. 구체적인 사례를 살펴보면 다음과 같다.

⑴ **(사례 1)** ㅎ 연구소는 94년 7월 실시한 『학생운동에 대한 국민인식 조사』에서, "○○님은 요즈음 학생들의 데모/시위에 대해 좋게 보십니까? 좋지 않게 보십니까?"라는 설문에 대한 선택지문은

1) 좋게 본다. 2) 좋지 않게 본다. 3) 잘 모르겠다

로 구성되어 있는데, 이는 여론을 확대해석하게 할 가능성이 있다. 따라서 이런 경우에는 2점척도보다는 5점척도를 사용하여 아래와 같이 만드는 것이 여론을 정확히 파악하기 위해 더 바람직한 일일 것이다.

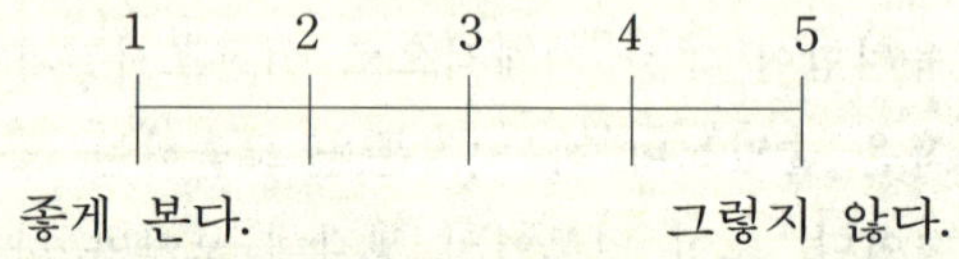

나. 중간 척도 (보통, 그저 그렇다)의 사용의 문제

82.1%의 긍정적 평가가 나온 94년 3월의 ㅁ 조사기관이 실시한 대통령 지지도 여론조사의 적정성 문제가 한때 논란이 되면서 척도문제가 우리 나라에서도 구체적으로 다루어졌는데, 이러한 논란이 일어난 원인 중의 하나는 한달 간격 동안 지지율이 10%나 상승하였고, 다른 조사기관과의 차이도 현

격하였기 때문이었다. 이에 대해 동기관은 '보통이다(그저 그렇다)'라는 중립적 평가항목이 있느냐 없느냐에 따라, 다시 말해서 5점척도를 사용했느냐, 아니면 4점척도를 사용했느냐에 따라 조사결과가 다르게 나타날 수 있다고 설명하였다. 그 조사기관이 사용한 4점척도 평가, 즉 '보통'이 없는 선택지문은 '보통'이 있는 경우보다 지지율이 높게 나온다는 것이다. 여론조작의 우려가 있지 않느냐는 지적에 대해서는 4점척도로 일관되게 조사하면 오히려 정확한 여론조사추이를 반영할 수 있다고 주장했다. 이와 같은 주장에 대해 앞서 언급한 미국의 연구결과를 참고한다면, 우선 중간값이 없기에 양극단의 비율이 올라가는 것은 당연하나, 다른 항목에까지 영향을 미칠 우려가 있기 때문에 전혀 문제가 없는 것은 아니다. 물론 지지율 조사 등에서는 시계열분석으로 정확한 여론의 추이를 찾는 것이 무엇보다 중요하지만, 조사결과를 보도기관이나 의뢰자가 서로 다르게 사용할 가능성이 있어 언론에서는 보도를 할 때, 어떠한 척도를 사용하여서 얻은 결과인지를 반드시 밝혀 여론조사 내용을 소개하는 것이 상식이다. 그리고 '보통(그저 그렇다)'이라는 선택지문을 사용하는 경우에도 '보통'의 성향이 긍정적인 면을 많이 반영하고 있는지, 부정적인 면을 더 많이 담고 있는지를 파악할 필요가 있다. 이러한 작업은 경험적 자료의 축적에 의해서만 가능한데, 사회조사데이터베이스를 구축해 놓으면 한결 쉽게 파악할 수 있을 것이다. '보통'의 해석에 대해서는 다음에서 구체적으로 설명하고자 한다.

다. 중간 척도(보통, 그저 그렇다) 해석의 문제

(1) 중간척도 해석에 따른 오차의 실례 ㅁ조사기관이 91년 4월에 실시한 『새질서 새생활운동에 관한 여론조사』결과에 대해서, 중앙일보는 "폭력배, 강도나, 절도 단속 등 치안질서에 대해 '좋아졌다'고 생각하는 사람이 40%로, '나빠졌다'고 생각하는 사람의 19.6%보다 훨씬 많은 것으로 조사됐다"라고 보도했다.

한편 똑같은 사안에 대해 조선일보는 "폭력배, 강도나 절도 등 민생치안에 대해서는 40%가 '좋아졌다'고 응답한 반면, '나빠졌다'(19.6%)거나 '마찬가지'(30.8%)라는 응답이 50.4%로 별로 개선된 것이 없다는 반응이 우세했다"고 보도하여, 중앙일보와는 정반대의 해석을 했다. 서울신문의 여론결과 해석도 이와 대동소이하였다.

이와 같이 똑같은 사안에서 중간값을 어떻게 해석하는지에 따라 결과가 전혀 달라진다. 즉 중간값에 대한 응답비율은 제외시키고, 긍정과 부정만을 가지고 해석할 때와 이를 긍정과 부정 중 어느 한편에 넣어 해석할 때에는 상반되는 해석이 가능한 것이다. 따라서 중간값이 있을 때 이를 어떻게 받아들여야 할지에 대해서 신중하게 판단하여야 한다.

(2) 긍정적으로 해석하는 경우

(가) ㅇ 조사기관이 실시한 『한국인 신풍속도에 관한 여론조사』결과를 보면 '노출 심한 옷차림'에 대한 설문에 대해서, 39.8%가 '거부감'을 보인 반면, 29.7%가 '좋은편', 28.5%는 '그저 그렇다', 그리고 2%는 '매우좋다'고 응답했는데, 동아일보는 '그저 그렇다'를 긍정으로 해석하여 대체적으로 긍정적인 반응을 보였다고 보도하고 있다.

(나) ㄹ조사기관이 93년도 8월 실시한 『금융실명제 실시관련 여론조사』결과에 관한 기사에서, 한국일보는 "……실명제 진행 여부를 묻는 질문에 '잘 진행되고 있다'(46.8%)와 '보통이다'(25.2%)가 응답자의 72%에 이르러 실명제 실시 후의 상황은 긍정적이며, '시행착오나 부작용이 많은 편이다'(11.5%)와 '잘못 진행되고 있다'(1.3%)라는 응답은 12.8%에 불과했다"고 보도함으로써 '보통'을 긍정쪽에 넣어 해석, 보도하였다.

(3) 부정적으로 해석하는 경우 서울신문은 "서울시가 93년 5월 20일부터 15일간 만 20세 이상 서울거주 1,200명을 대상으로 『시민 종합여론조사』를 한 결과 '서울이 살기에 나쁘다'가 22.8%, '그저 그렇다'가 40.8% 등으로 63%가 부정적인 반응을 보였으며, '살기좋다'는 대답은 37%에 불과했다"고 보도했다. 서울신문은 이 여론조사에서 '그저 그렇다'를 부정적인 면으로 해석하고 있는 것이다.

이렇듯 편의상 긍정이나 부정의 양면에 모두 적용될 수 있는 보통의 지문은 사용이나 해석에 있어 항상 신중을 기할 필요가 있다고 하겠다. 만약 해석이 쉽지 않거나 주관이 개입할 소지가 있는 경우에는 객관적인 통계수치만을 보도하는 것이 올바른 태도이다. 또한 학계에서는 '보통, 그저 그렇다' 로 응답하는 사람의 성향을 파악하는 연구를 발전시킴으로써 그 추이를 살펴 더욱 바람직한 해석이 가능하도록 노력하여야 할 것이다.

이상에서 조사의 각 단계에서 잘못하고 있는 사례를 지적하였다. 이 이외에도 잘못 작성하는 설문지가 한두 가지가 아니다. 질문 중에는 위법한 것도 있고, 설문지를 각각 두 개를 만들어야 하는데도 하나로 만든 경우가 있고, 대상자에 맞지 않는 질문을 던지기도 하며, 적절치 못한 선택지문도 있다. 해석상의 오류가 눈에 띄기도 한다. 일일이 다 밝히지 않는다. 대신 제19장에서 조사연구의 잘못을 종합정리하기로 한다.

이상으로 여론조사가 안고 있는 문제들의 단면을 밝혔다. 앞서 지적한 것이 귀감이 되어 우리 나라의 여론조사가 한 단계 도약하기를 기대한다. 이를 위해 방법론의 학도들이 앞으로 해야 할 일이 태산같다.

제 17 장

자료의 수집방법(Ⅲ): 내용분석과 사례연구

1. 개 관

이 장에서는 자료수집방법의 마지막으로 내용분석과 사례연구방법을 소개한다. 흔히 말하는 질적 연구방법의 대표격인데 내용분석은 신문과 방송 등 언론학에서 많이 하고 사례연구는 경영학이 주도한다. 행정학과 정책학에서도 사례집을 간혹 묶어 내놓지만 자료가 풍부하다는 인상이 그리 강하지 않다. 공공부문 내지는 '정부학'(政府學)을 연구하는 학도들은 행정판례집에 눈을 돌려 사례연구를 깊이 할 수 있다. 내용분석의 경우도 마찬가지로 정부문서를 보고(寶庫)삼아 깊은 연구를 할 수 있다. 두 방법을 각각 나누어 강의한다.

2. 내용분석방법

사람을 만나서 설문지를 갖든 갖지 않든 이야기를 나누며 자료를 수집하는 방법이 있는가 하면 만날 수 없거나 그 밖의 여러 이유로 있는 자료를 가지고 그 내용을 분석해 유용한 또 다른 자료로 쓰는 연구가 허다하다. 작고한 정치지도자의 사신을 분석해 성품을 헤아린다든가 신문의 사설이 어떤 논조인가를 분석한다든가 하는 경우가 여기에 해당된다. 아래에 그 뜻을 비롯해서 사회과학연구에 큰 도움이 되는 내용분석방법에 관해 강의하기로 한다.

2.1 내용분석이란 무엇인가

내용분석(內容分析, content analysis)이란 홀스티(Holsti)의 말처럼 "메시지의 특징을 객관적이고 체계적으로 확인함으로써 진의을 추론하는 기법"이다. 내용분석의 정의는 시대에 따라 관심의 영역이 달라지면서 그 의미도 달라졌지만, 많은 사람들에게 공통되는 인식은 내용분석이 적어도 객관성(objectivity), 체계성(system) 및 일반성(generality)을 갖추어야 한다는 사실이다. 이러한 측면은 비단 내용분석에 한정되는 것만은 아니고 과학적 연구를 하자면 요청되는 기본적 요건이다.

내용분석은 말이나 글로써 표현된 인간의 의사가 말하는 사람(발신자)과 듣는 사람(수신자)이 서로 다르기 때문에 표현이 왜곡될 수 있다는 가능성을 전제로 한다. 서로 다르다는 것은 행위자가 처하고 있는 문화적 배경과 습관, 맥락과 준거, 시간과 언어 등이다. 이러한 요인에 따라 특히 발신자의 메시지가 지니고 있는 의미가(意味價, semantic value)가 다를 수 있는 것이다. 따라서 내용분석은 애매한 내용에 대한 인상적 판단보다는 수적 용어(numerical terms)를 사용하여 보다 간명하게 내용을 구분해 보려는 데 목적을 둔다. 그러나 내용분석이 반드시 양적인 것이어야 하고 질적인 것은 외면되어야 하느냐에 이론이 있으며, 이와 더불어 현재적 내용(manifest content)만을 분석의 대상으로 삼느냐, 아니면 잠재적 내용(latent content)까지도 대상으로 하느냐에 관하여도 의견의 일치를 보지 못하고 있다. 그런데 어떤 형태의 표현이든 그 표현이 지니고 있는 의미는 때로 오묘하기 때문에 진의를 파악하기 위하여는 숨겨진 내용까지도 간파해야 한다. "문장의 줄과 줄 사이(行間)를 읽을 수 있어야 한다"(have to read between the lines)고 말하는 것은 바로 이런 뜻으로 주장되는 것인데, "짐(朕)이 곧 법이다"라고 하는 표현이나, 서울 거리에 "도시는 선이다…"라고 표어를 붙여 교통법규를 준수하도록 권장한 것이나 모두 보통 기준으로 보면 틀린 표현이지만, 그 숨겨진 의미가 더 중요할 수 있다. 이러한 뜻에서 요즈음의 추세는 내용 분석을 굳이 양적인 것과 현재적인 것에 국한시키지 않고 넓게 해석하려 한다.

내용분석방법에 의해 분석되는 대상(단위)은 언어나 주제와 같은 것이다. 그러나 뒤에 상론하겠지만 분석의 단위는 분석방법과 직결되는 것으로 분야에 따라 다양하다. 즉, 언어학자는 음운(phonemes)을 분석하려 하고, 정신분석학자는 연설중 나타나는 어색한 부분, 예컨대 "어-" "에-, 또-"와 같은 것에 관심을 가지고, 문화인류학자는 이야기 줄거리의 전체 사고의 유형을 알아보려 한다. 정치학자는 주로 정치적 상징과 이미지에 관한 것을 분석하는 경향이다. 몇 가지 예를 들어 보면, '제 2 차대전시 나치의 선전', '미국에 대한 소련과 중공의 선전에 나타나는 중요 상징', '스탈린 당시의 정치국 이미지', '선거입후보자의 이미지', '미국외교정책의 주안점' 등이다.

내용분석은 면접 · 질문지 · 실험 등의 방법에 의해서는 알고자 하는 사항을 알 수 없을 때 사용하는 자료수집의 방법인데, 그 경우는 역사적 사실, 작고한 인물, 접근하기 어려운 인물, 비자연인의 시책 등이다. 따라서 자료의 출처는 전기 · 연설문 · 편지 · 사설 · 공식기록 등이 된다. 그러나 오늘에 이르러서는 경우와 출처가 아주 다양해졌고 확대됐다. 즉, 주간지 중에서 차지하는 성에 관한 주제의 비율, 라디오 프로그램 중 오락 프로의 비율과 같은 것을 분석하기도 한다.

초기에는 메시지의 속성만을 묘사해 보려고 내용분석을 했다. 그래서 발신자의 의도를 추측해 보거나 메시지의 효과가 누구에게 어떻게 미치느냐를 크게 고려하지 않고 내용이 무엇(what)이냐에만 관심을 가졌다. 그러나 오늘에 와서 '누가'(who) '왜'(why) '어떻게'(how) '무엇'(what) '효과'

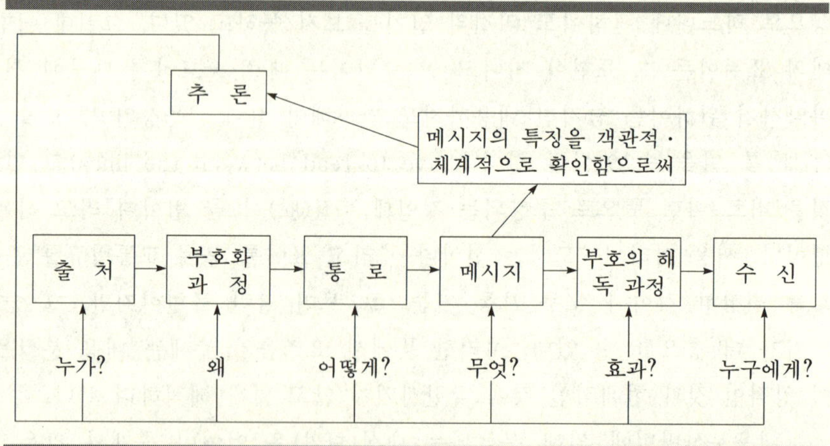

〈그림 3-17-1〉 내용분석과 의사소통의 원형

(with what effect) '누구에게'(to whom) 등에 걸쳐 모든 것을 분석하게 되었다. 이들이 의사소통과 관련되어 일련의 관계를 형성하기 때문이다. 그 관계를 〈그림 3-17-1〉로 표현해 본다.

2.2 내용분석의 경향

과거 30년 동안 정치학 분야에서 행했던 내용분석에는 대략 다음과 같은 다섯 가지 경향이 있다. 즉, ① 질적 분석, ② 횟수의 계산, ③ 분할분석, ④ 원자분석 및 ⑤ 강도분석 등이다. 하나하나 설명하기로 한다.

(1) **질적 분석** 정책의 변화에 대한 실마리, 정치지도자의 태도 혹은 군사정책 등은 통계적으로 처리할 수 있는 것이 아니며, 더욱이 공식적으로 발표되는 것도 아니다. 이런 문제는 오히려 신문기자나 소위 말하는 소식통에 의해 밝혀지기 쉽다. 중국이 행한 최초의 핵실험이나 최근까지 프랑스가 남반구에가서 하는 핵실험은 그 좋은 예이다. 이처럼 주제의 성격에 따라 양적으로 분석할 수 없는 내용의 분석을 질적 분석(qualitative analysis)이라 하는데, 어떤 의미에서는 정보활동이나 지적 분석에 유사하다. 이것을 일컬어 내용분석의 응용적 측면이라고도 할 수 있으며, 오늘에 이르러서 도외시하는 경향이 있다. 그러나 정보기관같이 비학술적 목적인 경우는 예외이다.

(2) **횟수의 계산** 자주 표현하는 단어같은 것의 횟수를 계산하는 방법(frequency counts)은 양적 분석의 초기형태였다. 언어나 주제의 발생빈도, 지면의 단이나 길이, 방송 시간 등, 나누고 셈하는 작업 등을 통해 정치적 지지와 반대 등을 판별할 수 있다. 좀더 세련된 방법이 단어의 상대적 분포를 측정하는 Yule's K의 방법이다. 이것은 정상분포곡선의 기울기를 측정하는 방법으로 풀(I. Pool)이 신문사설을 분석할 때 사용했다. 이 연구에 따르면 신문사설은 전시와 전제(專制)하에서 판에 박힌 유형(stereo type)이 되고, 평시와 민주제하에서는 꽤 큰 변형을 보인다고 한다. 동시에 후자의 경우에는 시기 · 필자 · 언어 등에 따라 양상이 다를 수 있다. 양적 분석으로서의 빈도계산에는 어떤 주제가 몇 번 나왔느냐 하는 횟수만을 계산하는 경우와, 어떤 주제가 나온 연설의 횟수를 계산하는 것과 같이 나타난 것뿐만 아

〈표 3-17-1〉 주제의 발생빈도와 출현횟수

주 제	빈 도		연 설 횟 수	
	입후보자 A (연설횟수:10회)	입후보자 B (연설횟수:12회)	입후보자 A (연설횟수:10회)	입후보자 B (연설횟수:12회)
미국은 우방에 대한 공약을 준수해야 한다	15(56%)	3(13%)	10(100%)	3(25%)
침략자의 유화정책은 전략을 유발한다	9(33%)	1 (4%)	8 (80%)	1 (8%)
베트남에서의 평화는 타협에 기반을 두어야 한다	3(11%)	14(58%)	1 (10%)	9(75%)
미국은 베트남의 부패한 정부를 지지하고 있다	0 (0%)	6(25%)	0 (0%)	4(33%)

니라 그 이면에는 나타나지 않은 것까지도 고려하는 두 경우가 있다. 두 가지 경우의 예를 〈표 3-17-1〉로 제시한다.

이외에도 빈도를 찾아 내는 내용분석의 연구는 기본적이고 초보적인 것으로 수없이 많다. 북한의 대남정책이 어떻게 변해 왔는가를 로동신문 사설을 통해 분석하기 위한 이상우의 연구도 상대적 강조도를 측정하기 위해 상대적 편차지수(Relative Deviation Index)를 써서 분석한 것이지만, 처음에는 주제의 출현여부를 따지는 것에서 출발했다.

(3) **분할분석** 분할분석(contingency analysis)은 부수적으로 나타나는 다른 상징적 단위(symbolic units)를 확인하는 분석이다. 따라서 한 주제가 얼마나 자주 나타나는가를 알려는 것이 아니라 다른 주제와 함께 얼마나 자

〈표 3-17-2〉 용어의 분할분석

다른 상징	다른 상징이 나타나는 문장의 수	
	입후보자 A (베트남 전쟁에 관한 49개의 문장)	입후보자 B (베트남 전쟁에 관한 62개의 문장)
준 수	32(65%)	7(11%)
우 방	29(59%)	5 (8%)
유화정책	14(28%)	4 (6%)
평 화	8(16%)	39(63%)
타 협	4 (8%)	20(32%)
부 패	0 (0%)	18(29%)

주 나타나느냐를 보려는 것이다. 이렇게 보는 이유는 한 단위만을 분석하여 추론하는 것보다는 그와 유사한 것을 동시에 분석함으로써 좀더 확실한 추론을 하려 하기 때문이다. 예를 들어 민주적 상징을 연구하는데 '대표적 정부라는 Anglo-American 개념', '대중의 참여라는 유럽대륙의 개념' 및 '인간자유의 개념' 등을 찾아내면 좀더 자세한 분석이 가능하다. 앞의 것과 관련하여 예를 또 소개하면 〈표 3-17-2〉와 같다.

(4) **원자분석** 원자분석(valence analysis)은 말의 상징과 맥락간에 존재하는 연계와 그 밀도를 찾아 내는 방법이다. 문장에 나타나는 찬반·호오·친소 등의 카테고리에 따라 이를 식별할 수 있다. 이 분석으로 어의구별척도(제13장 5(7))에 따라 태도의 긴밀도(association)를 측정할 수 있다. 괴블스(P. J. Goebbels)일기를 분석하여 오스구드(C. E. Osgood)는 히틀러(A. Hitler)라는 개념이 '자찬', '독일장군', '사기저상' 및 '내적 알력' 등과 같은 개념과 밀접한 연관성이 있다는 사실을 발견했다.

(5) **강도분석** 위의 네 가지 방법으로는 메시지에 표시되는 말의 상징이 지니는 강도(intensity)를 측정하기 어렵다. 단어의 빈도가 잦다고 해서 반드시 거기에 강점이 있는 것은 아니다. 이런 점을 감안하여 상징이 지니는 강도가 어느 정도인지를 밝히는 분석이 이 방법이다. 노스(R. North)는 Stanford Studies in International Conflict and Integration이라는 연구에서 적대감·우호감·권한 등 여러 개념의 강도를 측정할 수 있는 척도를 실험했다. 거트만(Guttman)척도, 조합비교법, 그리고 오스구드(Osgood)의 "evaluative assertion technique" 등이 강도를 측정할 수 있는 척도이고, 심리학자들이 많이 쓰는 방법으로 Q분류기법도 여기에 해당된다. Q분류기법은 집단으로 내리는 판단에 의해 서열이 매겨진 카테고리에 따라 강제로 나눈 단위언명(unit statements)의 분포에 근거를 둔다.

2. 3 내용분석의 유형

내용분석은 세 가지 목적으로 활용된다. 즉, 첫째, 커뮤니케이션의 특성(속성)을 기술하고, 둘째, 커뮤니케이션의 원인에 관해 추론하고, 셋째, 커뮤니케이션의 효과에 관해 추론하기 위하여 활용된다고 볼 수 있다. 이에 따라 생기는 세 가지 상이한 유형은 연구의 성격과 목적에 따라 달라지기도 하지만, 이들이 각기 파악할 수 있는 문제도 다르고 동시에 비교방법도 다르다. 다른 면에서 보면 이 분석방법의 용도이기도 한 이들 유형은 내용분석에 의한 연구를 얼마나 잘 수행해 갈 수 있느냐에 관한 기본 지침이 되기도 한다. 홀스티(O. Holsti)가 설명한 내용을 하나 소개해 본다.

(1) **속성분석** 이 유형은 단지 커뮤니케이션의 속성만을 기술하는 방법이다. 이 방법에 의해 '무엇', '왜', '누구에게' 등의 질문이 분석되는데, 연구과제로는 다음과 같은 것을 들 수 있다.

(a) 커뮤니케이션 내용의 경향을 파악하는 것
(b) 출처의 특성을 메시지와 연관시키는 것
(c) 기준에 따라 커뮤니케이션 내용을 감사하는 것
(d) 설득방법을 분석하는 것
(e) 스타일을 분석하는 것
(f) 청중의 특성을 메시지와 연관시키는 것
(g) 커뮤니케이션의 유형을 기술하는 것

등이다.

비교하는 방법에도 여러 가지가 있는데, 시간에 긍해서 변수를 비교하는 경우, 상황에 따라서 비교하는 경우, 청중별로 비교하는 경우, 동일한 근거자료에서 두 변수를 비교하는 경우 등이다.

다음의 그림들을 보면 이해에 도움이 된다.

첫째, 시간에 긍해서 비교하는 경우에는 대게 커뮤니케이션 내용의 추세나 경향을 분석하게 된다. '지방신문의 내용분석', '인종차별에 대한 흑인의 태도' 같은 연구가 그 예이다. 선거때가 임박해 정부가 발표하는 정책이나 사건내용을 여러 해에 걸쳐 분석해 보아도 재미있을 것이다.

둘째, 상황에 긍해서 비교하는 경우에는 상이한 상황에서 내용이 어떻게 변했는가를 분석하게 된다. 공산주의체제 내에서의 결속이 냉전시 어떻게 변했는가를 분석한 연구가 이 유형에 속한다.

셋째, 청중에 긍해서 비교하는 경우에는 청취자가 다를 때 커뮤니케이션

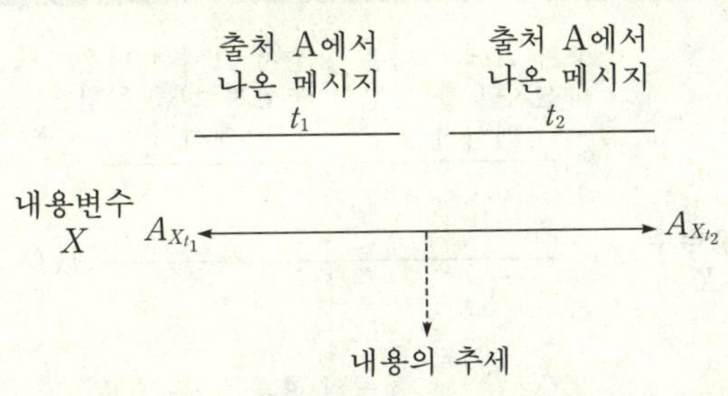

〈그림 3-17-2〉 **시간의 차이에 따른 커뮤니케이션 내용의 추세**

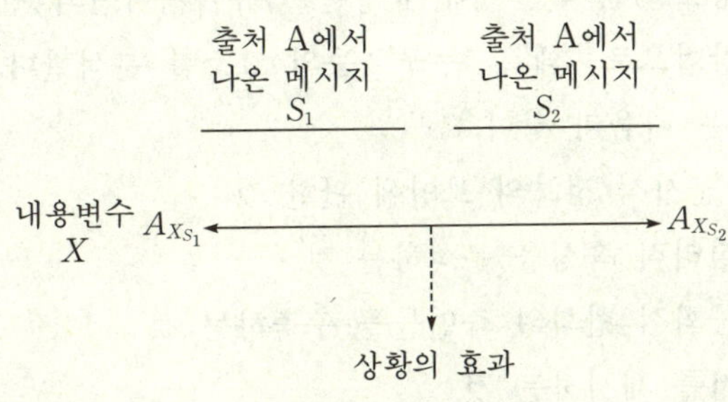

〈그림 3-17-3〉 **상황의 차이에 따른 커뮤니케이션 내용의 효과**

의 내용이 어떤 다른 효과를 가져오는지를 분석한다. 흑인 잡지와 비흑인 잡지의 광고 효과 같은 것을 분석 · 연구한 것이 여기에 해당된다. 선거유세 때 중산층이 사는 아파트촌에서 한 연설과 서민층이 밀집한 산동네에서 한 연설이 어떻게 다른지를 분석해도 좋을 것이다.

넷째, 동일한 출처에서 나온 두 개의 변수를 비교하는 경우이다. 분석은 분할분석방법에 따른다. 정치문서에 나타나는 전쟁과 복지에 관한 비교 등의 연구가 여기에 해당된다.

속성분석에는 위에 열거한 비교유형 이외에도 상이한 출처에 따라 발신자의 차이를 비교하는 방법이라든가 어떤 기준(선험적으로 정해졌거나 내용으로부터 연역적으로 도출한)에 따라 발신자의 성취도를 평가하는 방법이 있다.

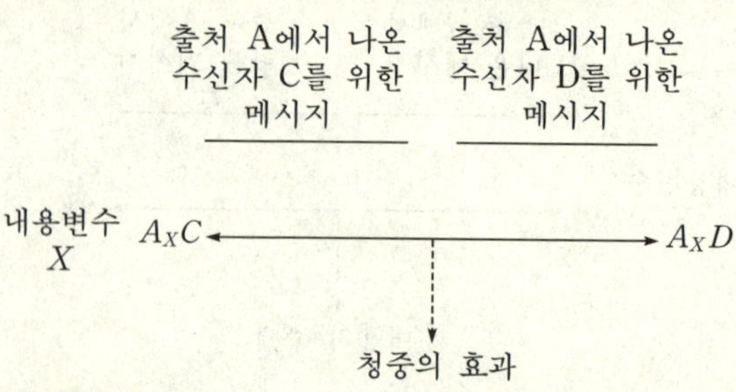

〈그림 3-17-4〉 **청중의 차이에 따른 커뮤니케이션 내용의 효과**

(2) **원인**(선행요인)**분석** 이 유형은 커뮤니케이션의 원인에 관해 추론하기 위한 분석방법으로 '왜', '누구' 등의 요소를 분석한다. 연구과제로 생각할 수 있는 것은 다음과 같다.

(a) 정치적 · 군사적 정보의 보안에 관한 것
(b) 개인의 심리적 속성을 분석하는 것
(c) 문화와 문화적 변화의 측면들을 추측하는 것
(d) 법적 증거를 제시하는 것

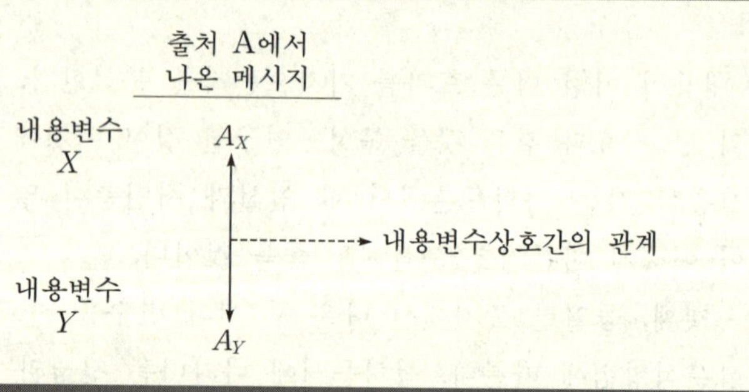

〈그림 3-17-5〉 **동일출처에서의 두 변수비교**

이 분석은 출처가 같거나 또는 다른 내용을 분석하는 일방, 이를 확인하기 위해 행태적 측면의 변수를 동시에 분석하여 양자를 비교하게 된다. 호전성을 알기 위해 공식문서를 분석하고 동시에 그 나라의 군사행동에 나타나는 침략행위를 분석하는 것이 이 방법의 예이다. 같은 출처에서 두 변수를 비교하는 것을 직접비교(direct comparison)라고 하고, 다른 출처를 더 감안하는 비교를 간접비교라고 한다. 양자의 차이가 다음의 〈그림 3-17-6〉에 명시되어 있다.

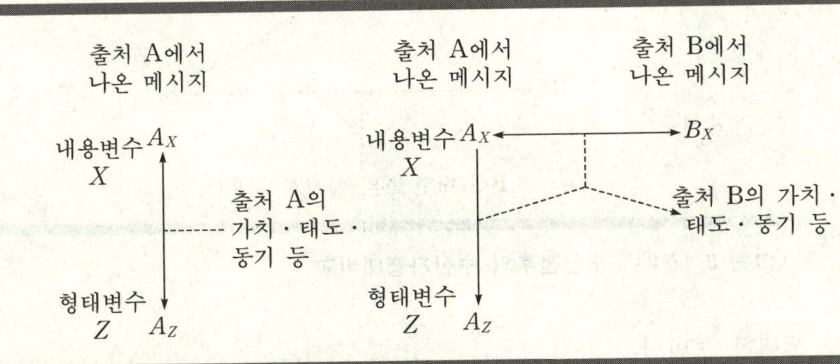

〈그림 3-17-6〉 **내용변수와 행태변수의 직접 및 간접비교**

(3) **효과분석** 메시지가 과연 어떤 효과를 가져왔는가의 측면을 분석하는 방법이다. 속독을 측정한다든가, 정보의 흐름을 분석한다든가, 커뮤니케이션에 대한 반응을 분석하는 것이 이 방법으로 가능하다. 비교의 유형에는 발신자의 메시지와 수신자의 메시지를 대비하는 것과, 발신자의 메시지와 수신자의 행태적 자료를 대비하는 두 가지가 있다. 다시 말해서 전자는 서로 다른 수신자에 대한 서로 다른 출처로부터 메시지를 비교하여 앞의 효과를 보는 것이고, 후자는 커뮤니케이션을 수신하기 전과 후의 수신자의 행태를 동시에 비교하는 방법이다. 〈그림 3-17-7〉은 전자를, 〈그림 3-17-8〉은 후자

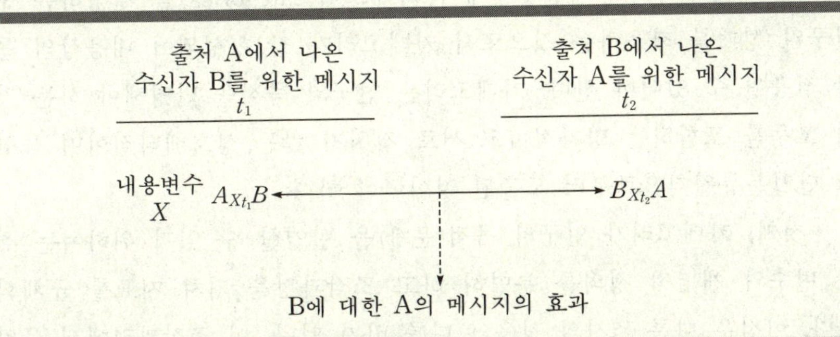

〈그림 3-17-7〉 **출처와 수신자가 다른 데서 오는 메시지의 효과**

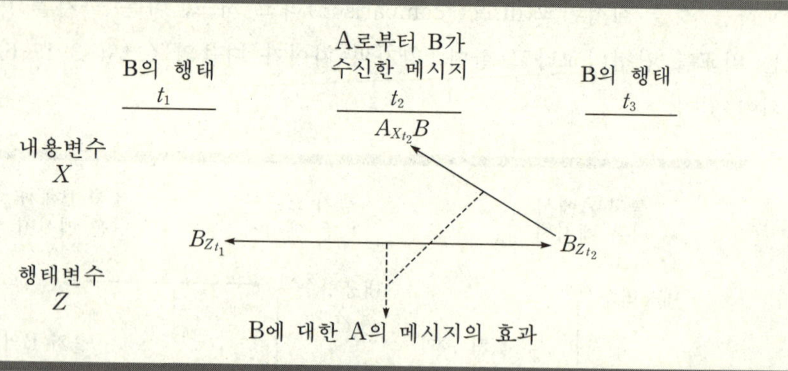

〈그림 3-17-8〉 **수신전후의 수신자행태비교**

를 도해한 것이다.

2. 4 내용분석의 절차와 방법

내용분석을 할 때 고려해야 할 방법상의 절차는 다음과 같다. 즉, 연구의 목적과 뒷받침이 되는 이론에 따라 카테고리를 어떻게 결정할 것인가, 분석의 단위를 어떻게 결정할 것인가, 그리고 계산은 어떻게 할 것인가 등이다. 여기서 카테고리를 결정한다는 것은 연구문제에 대한 정의를 내린다는 뜻과 같다. 동시에 방법과 결부시켜 생각해야 할 것은 표본추출과 신뢰도, 그리고 타당도의 측정 등이다. 아래에 이들 요소를 나누어 설명하기로 한다.

(1) **카테고리** 내용분석에서 카테고리(categories)를 결정하는 문제는 연구의 성패를 좌우하는 것으로서 카테고리가 잘 형성되어 내용상의 문제에 잘 적용될 수 있어야 한다. 카테고리는 연구의 목적을 반영해야 하는 것으로서 모두를 포함하는 망라적이고 서로 겹치지 않는 상호배타적이며 독립적이고 단일분류원칙으로부터 도출된 것이어야 한다.

첫째, 카테고리가 연구의 목적(문제)을 반영할 수 있기 위하여는 취급하는 변수의 개념적 정의를 분명히 하고 조작과정을 거쳐 지표를 구체화해야 한다. 이점은 다른 조사의 경우와 다를 바가 없다. 이 조작과정에서 유의해야 할 점은 물론 타당한 대표성과 신뢰할 수 있는 판단이다. 카테고리가 연구목적에 따라 분명히 구분된다 하더라도 그 안에 또 세분될 가능성이 있다는 점도 염두에 두어야 한다. 미국에서 복지입법과 간섭주의정책에 대한 태도분석을 할 때 두 카테고리로 나누었어도 전자는 교육에 대한 연방정부의 지원·사회보장 등으로 나뉘고, 후자는 경제원조·군사원조 등으로 나뉘며 이들 역시 또 세분된다. 따라서 세분되는 모든 카테고리까지도 정확히 이루어져야 한다.

둘째, 카테고리가 망라적이어야 한다는 것은 분석될 항목이 빠짐없이 카테고리 속에 다 들어가야 한다는 뜻이다. 많은 연구에서 이런 어려움은 없었다. 예컨대, 국제관계의 혁명과 발전에 관한 연구(RADIR)에서는 416개의 주요상징을 나열하여 부호화 작업을 하는 사람들로 하여금 셈하게 했다. 면접대상자를 직업의 카테고리로 나누는 경우도 내용분석의 예는 아니지만, 망라적일 수 있는 예이다. 그러나 이것이 항상 쉬운 것은 아니다. 즉, 분석의 단위가 단어나 상징보다 클 때는 어려워진다. 예컨대, '성취욕구'(need for achievement), '타인지향성'(other direction), '사설의 편견'(editorial bias) 같은 것 등이다. 이럴수록 카테고리는 명확히 규정되어야 한다.

셋째, 카테고리가 상호배타적이어야 한다는 것은 분석의 자료가 하나 이상의 카테고리에 해당되어서는 안 된다는 뜻이다. 예를 들어, 생활수준을 높이려는 정부의 행동에 대한 지지를 국내복지입법과 간섭주의정책 양쪽에 다 기입해 버린다면, 두 정책에 대한 태도간의 상관관계는 높아지되 허위관계임을 면치 못한다. 양쪽에 중복되는 분류란 따라서 위험한 분석이므로 배타성의 원칙이 준수되어야 한다. 이 점은 설문지작성때도 그렇고 또 제19장에서도 되풀이 설명하고 있다.

넷째, 카테고리의 독립성원칙은 자료를 카테고리로 분류한 것이 다른 자료의 분류에 영향을 미쳐서는 안 된다는 것인데, 이것도 지키기가 쉽지 않다. 특히 내용단위가 연속체에 따라 척도화될 때 더 어렵다. 예를 들어, 외교와 복지정책에 대한 태도의 강도와 방향을 측정하는 결정에서 Q분류방식에 따라 언명에 서열을 매겨 가게 된다. 9점척도에 따라 측정할 때 앞의 판단(내용단위를 카테고리에 따라 분류하는)이 뒤의 판단에 영향을 주기 쉽다.

다섯째, 카테고리가 단일분류원칙에 따라 도출되어야 한다는 것은 개념적으로 다른 수준의 분석이 혼합되어서는 곤란하기 때문에 필요한 요건이다.

출처와 태도같은 것을 동일수준으로 묶어서 카테고리화하면 상호배타성의 원칙에도 어긋날 뿐만 아니라 단일분류의 원칙도 충족하지 못한다.

카테고리가 위의 요건을 충족하기는 어려운 일이다. 아무리 주의깊게 작업을 진행한다 하더라도 잘못이 생기게 마련이다. 그래서 몇몇 분야에서는 오래 전부터 해온 연구경험과 결과를 미루어 표준카테고리를 정해 놓은 것이 있다. 대개 신문내용·가치·정치적 상징·태도 등의 내용을 분석하는 분야에서 그러하다. 그러나 항상 동일한 변수를 사용하는 것도 아니고 기준이 늘 적합한 것도 아니다. 그렇지만 의사소통자의 규범을 확인하는 문제와 더불어 표준화된 카테고리를 형성해 놓고 있다는 것은 추론의 질을 향상시키는 데 커다란 공헌을 한다. 요즈음 컴퓨터에 근거를 둔 내용분석이 유행하면서 표준카테고리 개발의 전망이 밝아진 것은 사실이다.

카테고리를 몇 가지 예시할 필요가 있다. 카테고리도 성질별로 여러 가지 유형이 있다.

(가) 주제카테고리(subject matter categories): 내용분석에서 가장 널리 사용되는 카테고리의 유형이다. 커뮤니케이션이 '무엇'에 관한 것인가를 밝히는 것이 주된 목적이다. 신문내용의 경향을 분석한 어느 연구에서는 다음과 같은 카테고리를 사용했다. 참고하기 바란다.

(a) 외국소식과 인물
(b) 워싱턴 소식
(c) 공공문제
(d) 사설
(e) 기업·재정…
(f) 운동경기
(g) 사회
(h) 여성의 관심
(i) 연예·오락·도서
(j) 라디오 소식 및 발표
(k) 만평
(l) 해설

대통령의 연설문에 나타난 가치관의 비교연구에서 사용한 카테고리도 이 유형에 속한다.

(a) 정부지원
(b) 경제와 능률
(c) 밝은 실제(예: 번영)
(d) 평화
(h) 진보
(i) 계급
(j) 경제적 조화
(k) 사회적 적정성

(e) 법의 집행 (l) 어두운 실제(예: 외부로부터의 위협)

(f) 지역사회의 협동 (m) 정당

(g) 정부의 규제 (n) 국력

뒤의 「내용분석의 실제」에서 소개하겠지만 저자가 대통령의 연설문을 내용분석했을 적에는 복지, 안보, 자유, 정의, 평등에 관련된 단어의 빈도를 조사했다.

(나) 방향카테고리(direction categories): 태도·가치 등을 연구할 때 이 카테고리를 적용하며 3점명목척도나 7점어의구별척도를 사용한다. 즉,

* 1. 비호의적 2. 중 립 3. 호 의 적

* 부정적	−3	−2	−1	0	+1	+2	+3	긍정적
* 약	−3	−2	−1	0	+1	+2	+3	강
* 수동적	−3	−2	−1	0	+1	+2	+3	능동적

메시지에서 자신의 주장을 뒷받침하기 위해 증거를 제시하는 것도 이 카테고리와 관련된다.

라디오 대화를 분석한 연구에서 아래와 같은 카테고리를 구별해 놓았다.

(a) 통계수치 (c) 모사(模寫)

(b) 예와 비교 (d) 증언

(다) 가치카테고리(value categories): 가치카테고리는 다음에 제시된 두 연구를 참고하기 바란다. 하나는 가치 자체이고, 다른 하나는 가치분석을 여러 측면에서 카테고리화하고 또 세분한 것이다.

라스웰(Lasswell)과 카플란(Kaplan)의 가치카테고리

(a) 권력 (e) 부

(b) 방정 (f) 안녕

(c) 존경 (g) 계몽

(d) 애정 (h) 기술

화이트(White)의 가치분석카테고리

(a) 물리적: 1) 음식 2) 성 3) 휴식 4) 건강 5) 안전 6) 위안

(b) 사회적: 1) 이성애 2) 가정의 화목 3) 우정
(c) 이기적: 1) 독립 2) 성취 3) 인정 4) 자애 5) 지배 6) 공격
(d) 공 포: 1) 정서적 안정
(e) 명 랑: 1) 새로운 경험 2) 흥분 3) 미 4) 유머 5) 독창적 자기표현
(f) 실제적: 1) 실제성 2) 소유 3) 작업
(g) 인 식: 1) 지식
(h) 기 타: 1) 행복 2) 가치일반

가치카테고리와 연관되는 것으로 목표와 수단을 검토하는 것이 있다. 번영 · 자기보존 · 애정 · 권력 · 명예 등은 목표에 해당하고, 법적 · 경제적 조직, 기회 등은 수단 또는 방법에 해당한다.

㈑ 속성카테고리: 소설이나 매스 미디어에 등장하는 인물의 속성을 코딩하는 것도 흔히 있는 일이다. 등장 인물을 직업별로 분류한다든가 인종별로 분류하는 것은 이 유형에 속한다.

㈒ 말의 교호작용카테고리: 소집단연구나 정신병리의 면접분석에서 이런 방법을 흔히 쓴다. 결속력을 보여 준다거나, 긴장을 푼다든가, 의견을 요구하는 것 등의 카테고리가 이 유형에 속한다.

㈓ 기타: 위에 예시한 카테고리는 그대로 예시에 불과하다. 이것 이외에도 신문의 편견을 분석하기 위해 기사수, 단의 길이, 제호의 유형과 리듬, 기호의 위치, 사진의 위치 등 카테고리들을 분류해 보는 것이라든지, 수사학적 스타일을 분석하기 위해 문장의 길이나 문법적 구문 등을 분류해 보는 것이 있다.

⑵ 분석단위 내용자료가 분류되는 카테고리에 덧붙여 분석될 단위를 결정해야 한다. 단위는 기록만 함으로써 소기의 자료가 수집되는 경우와, 출현 빈도만 가지고는 메시지의 진의를 파악할 수 없어 맥락까지를 고려해야 하는 경우로 나뉜다. 전자를 기록단위(recording unit)라 하고, 후자를 맥락단위(context unit)라고 한다.

㈎ 기록단위: 여기에는 다섯 가지의 단위가 있다. 내용분석은 다음 다섯 가지 단위 중 반드시 어느 하나를 통해 행해진다.

① 단어나 상징(word or symbol): 단어나 상징은 내용분석에서 일반적

으로 쓰는 최소의 단위이다. 컴퓨터의 도움을 받을 수 없었던 과거의 분석에서는 단어나 상징의 분석을 의식적으로 피했다. 너무 방대해지고 비용이 많이 들기 때문이다. 정치적 상징을 연구하기 위해 20,000개의 사설을 분석하는 RADIR연구는 좀 예외였다.

② 주제(theme): 선전 · 가치 · 태도 · 믿음 등을 연구하는 경우에는 단어나 상징만을 분석해서는 곤란하다. 즉, 메시지가 지니는 주제를 분석해야 바른 뜻을 파악할 수 있다. 그러나 주제를 분석한다는 것은 단어 · 문단 · 항목과 같은 경우보다 경계를 확인하기가 어렵고 시간이 많이 소모된다. "쿠바의 섬에 소련이 비밀리에 어떤 행동을 취하면 미국국민들은 용납하지 않을 것이다"라는 메시지가 있다면, 여기에는 세 나라 이야기가 포함되어 있다. 코딩을 하는 사람은 이 문장을 요소별 주제로 나누어 놓고 카테고리에 집어넣어야 한다. 이처럼 문법적 단위(grammatical unit)를 주제적 단위(thematic unit)로 줄이는 일(단위화작업)은 자칫 신뢰도를 낮출 위험이 있으므로 주의해야 한다.

③ 인물(character): 소설 · 연극 · 영화 · 라디오 및 그 밖의 연예프로그램을 보면 등장인물이 반드시 있게 마련이다. 이들 등장인물의 인종적, 사회 · 경제적, 심리적 속성을 파악함으로써 작가의 성품 등을 유추하려는 연구가 있다.

④ 문장(sentence) 혹은 문단(paragraph): 이것이 분석단위로 쓰이기는 해도 문장과 문단같은 문법적 단위는 하나의 단일카테고리로 분류하기 어렵다. "쿠바의 섬에 비밀리에…"라는 위에 든 예를 보면 한 문장에 문제점이 들어 있는 것으로서 그 분류가 더욱 어려운데, 이것을 '소련의 행동에 관한 주장'으로, '미국정책의 표현'으로, 아니면 '쿠바 사회에 관한 평가'로 코드를 해야 할지 어떤 것으로 해야 할지 난처해진다.

⑤ 항목(item): 전체의 논문 · 필름 · 저서 혹은 라디오 프로그램의 특징을 보고자 할 때 항목이 분석단위가 된다. 베스트 셀러가 된 책의 항목을 분석해서 그 책이 왜 잘 팔리게 되었는지에 관한 연구를 할 수 있다.

(나) 맥락단위: 기록단위만으로 정확한 분석이 불가능한 경우에 맥락단위를 분석하게 된다. '민주주의에 대한 태도'를 알기 위해서 단순히 민주주의라는 단어를 센다고 해서 되는 것은 아니다. 이런 경우 민주주의의 상징이

되는 것을 문장·문단 그리고 글 전체를 통해서 파악해야 한다. 그러므로 맥락단위분석은 그 영역이 넓어지게 마련이다.

기록단위가 분석될 때 맥락단위가 함께 분석될 수 있다. 맥락단위의 분석은 기록단위에 비해 시간이 훨씬 더 소요되고 비능률적인 경우가 많다. 그러나 기록단위만을 분석할 때 나타나는 결점을 보완해 주기 때문에 맥락단위가 동시에 분석되기도 한다. 기록단위가 커지면 어느 분석에서 편견이 더 강조되는 듯이 보이지만, 맥락단위도 커지면 중립적인 요소가 감소된다.

(3) **분석방법** 분석단위가 결정되면 우선 그 단위를 어떻게 계량화시킬 것인가가 문제이다. 단순히 빈도(frequency)만을 계산할 수 있고, 공간(space), 시간(time), 시간/공간을 측정할 수도 있다. 빈도만을 측정하는 경우에 염려되는 것은 특정문제에 대해 단일주장의 빈도만을 본 것과 전체주장의 입장에 따른 빈도를 본 것과 그 결과에서 큰 차이가 날 수 있다는 점이다. 공간(지면)과 시간(방송)을 측정하는 것은 계산이 용이하여 빠른 시간 안에 자료를 처리할 수 있는 이점이 있다. 그러나 태도·가치·형식 등은 측정하기에는 깊이가 없어 부족한 점이 많다. 이런 결함을 보충하는 것으로 맥락단위의 출현 여부를 측정하는 방법이 있다. 의미는 다르지만 이를 '질적 내용분석'이라고 한다.

가장 널리 쓰이는 방법은 역시 빈도를 계산하는 것이다. 빈도계산방법은 빈도가 타당한 지표이고, 연구의 초점이며, 강도·가치·중요성 등을 대표하고 있다는 것과, 내용의 각 단위(단어·주제·인물·항목 등)에 균등한 가중치가 부여되어 있다는 것을 전제로 한다. 이런 전제 때문에 빈도에만 의존하는 내용분석은 한계가 있다.

더욱이 빈도는 가치·태도 및 이와 관련된 요소들의 강도를 측정하기에는 미흡한 감이 있다. 여기서는 강도를 측정하는 몇 가지 분석방법을 제시하기로 한다.

(가) 조합비교법: 서스턴(L. L. Thurstone)이 개발한 방법으로 이미 설명한 바 있다(제13장). 예컨대 흐루시초프(N. S. Khrushchev)의 정책에 관해 중국이 비난한 성명 중 어떤 것이 더 강도가 있는 것인가를 알기 위해서는 만일 성명이 네 가지라면 이들을 둘씩 짝지어 평가하게 해서 판단에 일관성

있는 것을 가장 정확한 것으로 간주할 수 있다.

(나) Q분류척도방법: 평가자로 하여금 9점척도에 따라 내용단위를 판단케 하는 방법이다. 이것은 서열을 매기는 방법인데, 단위간에 분명한 구분이 가능할 때 유용하지만 두 개의 다른 표본을 비교하기에는 마땅치 않다. 왜냐하면 한 문항의 점수는 동일한 표본 중 다른 문항과의 관계에서만 의미가 있기 때문이다. 따라서 장기간의 추세를 분석하고 여러 가지 다른 표본이 포함되어 있는 연구에서는 이 방법보다 조합비교법이 더 적절하다. 두 방법 모두 내용단위가 단일연속체상에서 동질적이라는 것을 전제로 한다.

Q분류척도방법의 예를 하나 들어 본다. 〈표 3-17-3〉은 판단자에 의해 9점척도에 따라 반드시 분류되어야 할 비율을 제시하고, 한편에는 전체의 진술 가운데 나누어진 각 표본의 카테고리에 해당되어야 할 실제치를 제시했다.

〈표 3-17-3〉 Q분류의 분포

강도분류	Q분류배열에 의해 요구되는 진술의 비율	각 표본에서 나온 진술의 수		
		25	50	140
1	5	1	3	7
2	8	2	4	11
3	12	3	6	17
4	16	4	8	22
5	18	5	9	26
6	16	4	8	22
7	12	3	6	17
8	8	2	4	11
9	5	1	2	7

강도를 분류하는 지수의 공식은 아래와 같다.

강도지수 = 강도치의 합계/진술의 수

(다) 원자접근법(atomic approach)과 평가적 주장분석(evaluative assertion analysis): 이 방법들은 메시지를 우선 다음과 같은 주제적 구조(thematic structure)로 나누어 분석한다.

1) 태도객체/동사연결어/일반적 의미용어

2) 태도객체 1/동사연결어/태도객체 2

예를 들어 이젠 냉전시대의 옛날 이야기가 되고 말았지만, "공격적인 소련은 미국을 위협한다"(An aggressive Soviet Union threatens the United States.)라는 문장을 나누면,

The Soviet Union/is/aggressive
The Soviet Union/threatens/United States

그러면 원자접근법과 평가적 주장분석의 예를 나누어 소개하기로 한다. 원자접근법은 요소를 좀더 세분한다. 1960년 5월 19일에 흐루시초프(N.S. Khrushchev)가 기자회견에서 미국의 U-2기가 소련의 영공을 침범했다고 비난한 발표의 내용을 노스(North)가 한 방법에 따라 분류하면

출 처: 프라우다지, 1960. 5. 19.
인지자: 흐루시초프
인지된 자: 흐루시초프
목 표: 미국

〈Source statement〉

"비행기를 보내거나 보내지 않는 것은 물론 아이젠하워(D.D. Eisenhower) 대통령에게 달려 있다. 그들이 우리의 영공을 날 수 있을 것인지의 여부는 또 다른 문제이다. 그것은 우리에 의해 결정되고 단호히 결정될 것이다. 우리는 이러한 비행기들을 격추시킬 것이다. 나아가 비행기의 기지와 그 기지를 건설한 사람들에게도 맹타를 가할 것이며 그것은 실제로 제거될 것이다."

〈Capsule statements〉

1. 이것(미국 비행기가 소련 항공을 날 수 있는지의 여부)은 우리에 의해 결정된다.
2. 우리(소련)가 이 비행기들(미국)을 격추시킬 것이다.
3. …우리(소련)가 그들(미국 비행기)이 오는 기지를 맹타할 것이다.
4. …우리(소련)는 그 기지를 건설한 사람들에게 맹타를 가할 것이며, 그것은 실제로 제거될 것이다.

평가적 주장분석의 예는 다음과 같다. 분석의 편의상 오스구드(Osgood)

가 한 대로 원어를 전재한다.

〈Source statement〉

"Soviet rulers are ruthless, atheistic despots. These men have in the past pursued evil goals. Yet there now appears some possibility that they will agree to some measures designed to relax world tensions. Perhaps they will be more willing to forego aggressive designs."

다음 표에서 각 점수는 동사연결어와 일반적 의미용어의 값에 따라 계산되었다. 값의 폭은 방향과 강도에 따라 +3에서 −3까지이다. 태도객체(이 경우는 소련)의 점수를 계산하려면 결과란의 합계 −28을 주제의 수 6으로 나눈다. 즉, $-28/6=-4.67$. 이것을 어의구별척도(+3⋯ −3)에 따라 계산하면 $3N$(N은 주제의 수)으로 나누어야 하므로 $-28/3(6)=-1.56$이 된다.

〈표 3-17-4〉 **평가적 주장분석**

태도객체	동사연결어	가치	일반적 의미용어	가치	결과
1. Soviet rulers	are	+3	ruthless	−3	−9
2. Soviet rulers	are	+3	atheistic	−3	−9
3. Soviet rulers	are	+3	despots	−3	−9
4. Soviet rulers	have in the past pursued	+2	evil goals	−3	−6
5. Soviet rulers	may now possibly agree to	+1	some measures designed to relax world tensions	+2	+2
6. Soviet rulers	perhaps will be more willing	+1	to forego aggressive designs	+3	+3
			합 계		−28

2. 5 내용분석을 위한 표본추출 · 신뢰도 · 타당도

(1) 표본추출 내용분석의 대상이 될 자료는 수없이 많기 때문에 어디서 어떤 것만을 표본으로 삼아야 할지 정하기 어렵다. 표본은 자료의 대표성과 결과의 일반화문제와 직결되기 때문에 중요하다는 점은 재삼 언급할 필요가 없을 듯하다.

표본을 추출하기 위하여는 모든 문서의 목록을 작성한다. 미국 일간신문 분석가들은 그들의 모집단을 *Editor and Publisher Yearbook*이라는 데 한정한 예가 있다. 그러나 실제로 여러 사정 때문에 목록을 작성할 수 없을 때가 많다. 특히 심리학자들이 하는 개인연구에서는 몇 년에 걸친 사신을 모두 수집하는 일이 거의 불가능할 때도 있다. 역사학이나 정치학연구의 경우도 마찬가지이다. 특히 정치학의 경우를 예로 들면, 문서의 근거가 포착되더라도 그것이 원래의 내용 그대로인지 의문이 많다. 왜냐하면 미국의 경우 국회의원의 연설과 질문 내용이 *Congressional Record*에 기록되기 이전에 문안을 수정할 수 있으며, 의회에서의 증언도 국가안보를 이유로 삭제될 수 있기 때문이다.

어렵지만 모집단-목록이 작성되고 나면, 커뮤니케이션의 출처를 선정하고, 문서를 표출하며, 문서 내에서 표출하는 순서로 표본추출이 진행된다. 출처를 선정하는 일은 어느 신문, 어느 잡지, 어느 소설, 어느 선전문을 결정한 것인가이다. 표출의 기준은 성격과 사정에 따라 여러 가지 방법에 따른다(제14장). 정책결정자의 태도를 분석하는 연구에서는 출처의 선정을 역할에 근거를 두어 외무장관 · 대사 · 도지사 등을 추출할 수 있다.

출처를 정하고 나면 그 중 어떤 문서를 표집할 것인가를 결정해야 한다. 북한과의 경수로 회담에 관한 것을 분석할 적에 신문을 표본으로 삼기로 한다면 미국신문인지, 한국신문인지는 연구목적에 따라 결정한다. 어느 나라의 어느 신문이라고 정해지면 그중 사설을 표집할 것인지, 제1면을 표집할 것인지를 결정한다. 이것이 문서 내에서의 표집이다. 신문을 표집할 때 주의해야 할 것은 요일에 따라 취급하는 기사의 내용이 다를 수 있다는 점이다.

(2) **신 뢰 도** 연구가 객관적이기 위하여는 측정과 절차가 모름지기 신뢰할 만한 것이어야 한다. 즉, 동일한 도구에 의해 반복된 측정은 동일한 결과를 가져와야 한다. 신뢰도는 우선 코딩하는 사람의 기술 · 통찰력 · 경험, 카테고리의 명확도, 코딩 규칙 및 자료의 모호성 등에 달려 있다. 그러므로 먼저 코딩하는 사람의 편견을 배제하기 위하여 복수의 인원을 써서 그들간의 합일점을 높이도록 한다. 이것을 「개인적 신뢰도」(individual reliability)라고 한다.

코딩하는 사람의 능력여부에 신뢰도가 달린 것만은 아니다. 카테고리가 얼마나 잘 형성되어 있느냐도 문제이다. 이것을 「카테고리의 신뢰도」(category reliability)라고 한다. 연구자에게는 당초에 카테고리를 형성하는 능력이 있어야 하며, 여기에는 단위화(uniting)의 능력도 포함된다. 이러한 신뢰도를 높이기 위하여 카테고리를 엄격하고 망라적으로 정해야 한다. 동시에 하위카테고리간의 구분을 명백히 해 주고 동의기반을 넓히기 위해 판단을 추가할 수 있어야 한다.

코딩하는 사람간의 신뢰도를 측정하는 방법에는 복합신뢰도계수(複合信賴度係數, composite reliability coefficient), 신뢰도계수(coefficient of reliability) 및 스컷트(Scott)의 공식 등이 있다. 공식만 아래에 나열한다.

1) 복합신뢰도계수 $= \dfrac{N(\text{상호간 판단합치점의 평균})}{1+[(N\text{-}1)(\text{상호간 판단합치점의 평균})]}$

N: 판단의 수

2) 신뢰도계수 $C.R. = \dfrac{2M}{N_1 + N_2}$

M: 두 판단자가 합의를 본 코딩 결정의 수

N_1과 N_2: 판단자 1과 2가 내린 코딩 결정의 수

3) Scott 공식 $p_i = \dfrac{\text{관찰된 합의비율} - \text{기대되는 합의비율}}{1 - \text{기대되는 합의비율}}$

(3) **타 당 도** 타당도에 관해서는 앞에서 이미 서술한 바(제13장)와 같으므로 여기서는 생략한다.

2.6 내용분석의 장점과 단점

내용분석이 지니는 장점은, 첫째, 심리적 변수를 효과적으로 측정할 수 있고, 둘째, 현지조사로 불가능한 자료를 수집할 수 있고, 셋째, 다른 방법의 타당성여부를 가려 주고, 넷째, 개방식질문의 응답을 처리하는 데 도움이 된다는 점 등이다. 반면에 단점은, 첫째, 노력·시간·비용이 너무 많이 들고, 둘째, 신뢰성이 의심되고, 셋째, 능력 있는 코더를 구하기 어렵다는 점 등이다.

2.7 내용분석의 실제

끝으로 저자가 한 내용분석연구를 소개하고자 한다. 하나는 박정희 대통령이 새마을사업에 관련 연설을 많이 했는데, 외국의 관심이 비등하여 서울대학교에서 국제회의를 열 때 발표하기 위해 분석한 것이다. 분석결과를 줄이면 박대통령의 새마을운동에 관한 정치철학은 서양 근대화의 토대가 된 프로테스탄트의 윤리와 유사한 것이라는 것이 결론이었다. 즉 새마을운동에서 강조한 것이 근면, 절약, 자조, 자립, 협동과 같은 것이었고, 이를 원자가 분석방법으로 규명하였다.

다른 하나는 역대 대통령의 취임연설문을 내용분석한 것이다. 여기에 자세하게 옮기지는 않지만 이승만 초대대통령은 매우 감성적인 연설을 했고, 그 이후의 대통령들은 이구동성으로 민주주의의 신장과 정치개혁을 역설했으며, 하나 같이 정직하고 정의를 구현하겠다고 했다. 그 후 독재정치와 개인축재로 역사에 오명을 남긴 대통령일수록 취임사는 미사여구로 일관하고

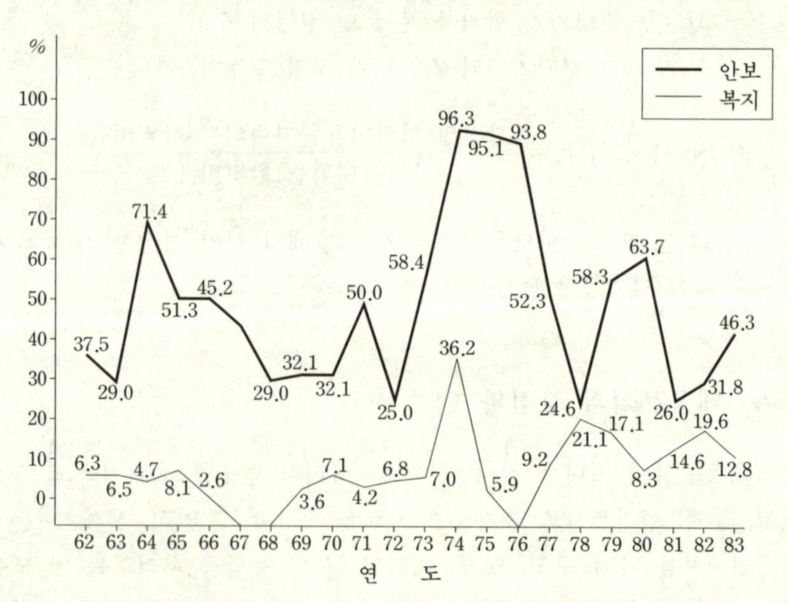

〈그림 3-17-9〉 대통령이 강조한 안보주의와 복지주의

나라의 발전과 희망을 국민에게 굳게 약속했다. 이 취임사의 내용분석은 일정한 카테고리를 정해 대통령연설별로 분석비교한 것은 아니다. 그런 의미에서 여기서 말하는 내용분석이라기보다는 대통령따라 어떤 이념성향을 가지고 있는가를 대강 헤아려 보려는 것이었다. 전체 내용은 서울대학교 행정대학원에서 발간하는 『행정논총』에 실려 있다.

마지막으로 저자가 했던 내용분석의 실제연구를 하나만 더 소개한다. 1962년부터 1983년까지 22년 동안 매년 9월 정기국회가 열리면 대통령이 국회에 예산안을 제출하는데 이때 행한 연설을 내용분석한 것이다. 정식이름은 『예산안 제출에 즈음한 대통령 시정연설』이라고 하고 이를 국무총리가 대독하는 것이 관례이다. 이 연설문은 그 다음해 나라살림의 방향과 내용을 밝히는 것이어서 매우 중요하다.

여러 가지 원자가분석을 했지만, 여기서는 두 개의 그림만 제시하기로

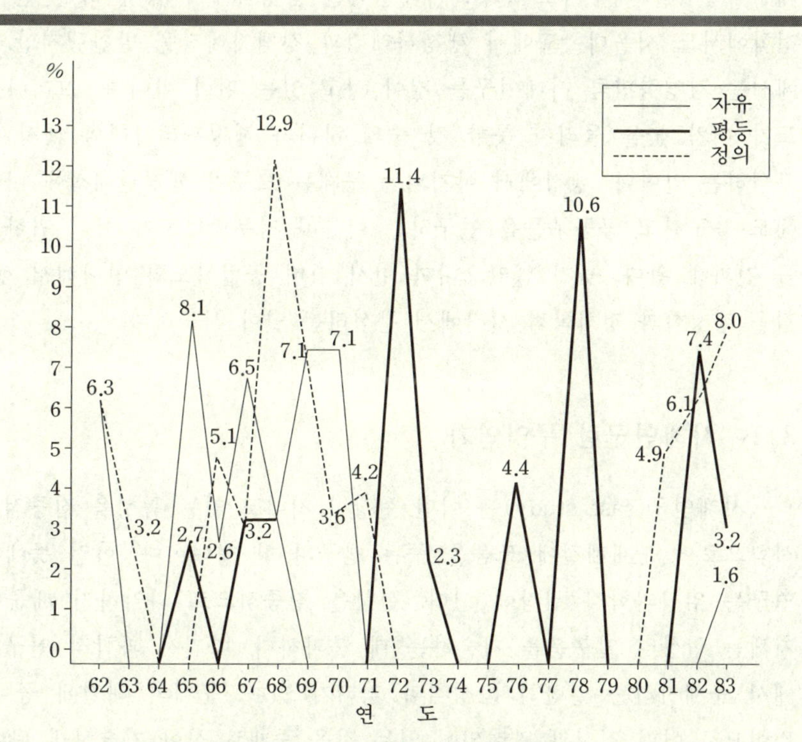

〈그림 3-17-10〉 대통령이 강조한 자유 · 평등 · 정의

한다. 하나는 이데올로기의 실제적 내용이 되는 안보주의와 복지주의를 대통령이 얼마나 강조했는가를 시계열분석해 밝힌 것이고, 다른 하나는 민주주의적 이데올로기인 자유·평등·정의가 얼만큼 강조되었는가를 보려는 것이다.

〈그림 3-17-9〉는 개발독재의 기간 동안 안보가 복지보다 훨씬 강조되고 있음을 보여 주고 있고, 〈그림 3-17-10〉은 평등이 강조되고 60년대에는 정의도 언급되다가 특히 유신시대에 들어서서는 정의라는 단어가 시정연설문에 전혀 나타나지 않는다는 사실을 발견하게 된다.

3. 사례연구방법

내용분석에 관한 강의를 이상으로 마치고 자료수집의 마지막 방법인 사례분석방법을 배우기로 한다. 사례분석은 경영학에서 많이 하는 편이고, 행정학에서도 서울대학교에서 행정사례집과 정책사례집을 발간했지만, 행정학에서는 경영학만큼 사례연구를 깊이 하고 있는 편이 아니다. 그러나 행정학도가 미처 눈을 돌리지 못한 것 중의 하나가 행정관리사례와 행정판례집을 분석하는 일이다. 행정에서 야기되는 문제는 모두가 행정판례집에 나와 있음에도 불구하고 공공부문을 연구하는 이른바 정부학학도가 이런 귀한 사례들을 간과해 왔다. 늦지 않았으니까 한시 바삐 공법학도와 연대해서 행정사례집을 행정학과 정책학적 시각에서 분석하는 일이 시급하다.

3.1 사례연구란 무엇인가

사례연구(case study)는 어떤 현상이 지니고 있는 특성을 집중적으로 묘사함으로써 문제해결에 도움을 주는 연구의 한 형태이다. 이런 뜻에서 사례연구는 임상과학적 입장에 선다. 현상을 집중적으로 파악하기 때문에 분석 자체는 현상의 일부분을 기술하는 데 불과하다. 따라서 과학적 연구의 입장에서 문제시하는 일반화의 성격과 거리가 있다. 문제의 해결에 공여하려는 것이므로 어떤 결정과 관련되어 있는 것을 주제로 삼아 기술하게 된다. 문제를 해결하려는 것이지만, 사례는 보통 문제해결의 방안을 제시해 주지는 않는다. 사례가 원래 교육용으로 피교육자가 문제를 분석하고 해결하는 능력을 배양하기 위해 도입된 방법이기 때문에 그렇다. 거기서 한걸음 더 나아간다면, 독자 스스로가 문제해결의 방안을 찾아 내게 하는 것이 사례연구의 한 취지이기도 하다.

앞에 적은 대로 사례연구는 경영학분야에서 상당히 개척했고, 행정학분야에서는 그 역사가 그리 길지 않다. 1908년경에 하버드 대학교 경영대학원에서 게이(E. F. Gay) 원장이 기업경영에서 야기되는 문제를 강의실에서 토론하기 위해 그 필요성을 주창했다. 그 후 10년이 지나도록 여기에 대한 인식이 부족하여 필요성에 대한 반응은 극히 수동적이었다. 차차 강좌도 개설되고 이 분야의 저서도 출간되면서 후임원장과 그 밖의 교수들이 노력하여 사례연구는 점차 빛을 보게 되었다. 당시에 사례연구방법을 문제해결방법(problem method)이라고 인식한 것은 사례연구의 특징을 한마디로 대변해 준 것이라 하겠다.

미국의 사회과학연합회(Social Science Research Council)의 행정분과위원회가 사례집(Case Report)을 출간한 것이 계기가 되어 행정학분야에서도 행정문제의 해결을 위한 방법으로 사례연구가 활발히 진행되었다. 이 사례집의 특징 중 하나는 사례의 집필자가 대부분 행정관료였다는 점이다. 사례를 작성함에 있어서 가장 어려운 난관이 문제가 되는 사례의 내용을 추적하는 일이기 때문에 실제로 문제를 처리한 담당자가 사례를 작성하는 것이 가장 이상적이라고 하겠다.

그 후 행정사례는 하버드 대학교의 「정부의 행정과 공공정책」에 관한 강의에서 활용되었고 대학간 사례연구 프로그램(Inter-University Case Program)으로 코넬(Cornell), 하버드(Harvard), 프린스턴(Princeton), 그리고 시라큐스(Syracuse) 등 명문대학교가 협동으로 사례연구를 추진하면서 보다 보편화되었다. 이 프로그램이 명기한 목적을 보면 사례연구가 의도하는 바의 일면을 파악할 수 있을 것 같다. 즉, 첫째, 임상학적 접근법과 실무상황 속에 있는 행정관들에게 사례를 이용시킴으로써 행정조직 · 행동 · 정책결정에 관한 실무적 개념, 가설 및 법칙의 기초를 제시하고, 둘째, 공공정책형성분야의 복잡한 국면을 제시하는 여러 가지 사례를 수집 · 검토함으로써 행정분야의 정책형성에서 여러 학문의 적용과 통합의 가능성을 모색하며, 셋째, 행정학

분야에서 교육용으로, 그리고 학문연구와 실무용으로 유용하리라고 기대되는 사례를 작성한다는 것 등이다.

사례연구는 성격상 통계연구와 대칭되는 것이지만 상호보완적이다. 개인의 생활사나 집단의 경험을 연구하는 경우에도 그 분야에서 이미 통계적으로 연구된 결과는 사례를 선정하는 기준이 된다. 반대로 통계적으로 한 연구라도 개개의 특성을 정확히 기술하기 위해서는 사례연구에 의한 보완이 필요하다.

3.2 사례연구의 종류

사례는 두 가지 기준에 따라 그 종류가 나뉜다. 기준의 하나는 내용(contents)이고, 다른 하나는 교육의 본질(nature of education)이다.

내용에 따라 사례를 구분하면,

(1) 문제를 인식하고 구분하는 방법을 개발하는 사례
(2) 문제가 인식되고 동시에 해결되는 방법을 훈련하는 사례
(3) 문제를 해결하기 위한 구체적 계획이 진행될 수 있는 방법을 훈련하는 사례

교육의 본질에 따라 사례를 구분하면,

(1) 평가형(evaluative type): 이런 사례에는 평가기준이 있어야 한다.
(2) 문제형(problematic type): 문제만 나열하는 유형이다.
(3) 진단형(diagnostic type): 장애의 주원인이 무엇인지를 밝히는 유형이다.
(4) 행동형(action type):정책이 실현될 수 있는 방향으로 유도하는 유형이다.
(5) 표준형(standard type): 특정한 수단과 절차, 그리고 정책을 기술하는 유형이다.

사례에는 위와 같은 유형이 있지만 사례의 성격으로 보아 교육용으로 사례를 작성해서 활용하는 것이 있고, 한편에는 순수한 연구용으로 사례를

작성하는 경우가 있다. 전자의 경우에 사례가 보편성을 띠는 경향이고, 가설의 검증을 통해 일반화를 시도해 보려는 후자의 경우도 활용가치가 크다. 전자의 유형을 교육용사례(pedagogical case)라 하고, 후자의 유형을 연구사례(research case)라고 한다.

3.3 사례연구의 절차

사례는 종류에 따라 차이가 있지만 대개 다음과 같은 절차를 밟는다.

(1) **교육 또는 훈련의 내용결정** 교육과 훈련의 성격에 따라 사례의 내용이 달라지기 때문에 우선 교육과 훈련의 내용이 무엇인지를 알아야 한다. 예컨대 지도자훈련 프로그램에서 사용할 사례를 작성하는 것이라면 가치관·역할·임무·사회적 배경 등에 관한 사례가 준비되어야 한다.

(2) **소재의 선정** 사례의 소재를 선정할 때 주의할 점은 논쟁의 여지가 있는 문제를 택해야 한다는 것이다. 스스로 결과가 자명한 것은 사례의 소재로 적합치 않다. 따라서 소재를 구할 수 있는 근거는 신문이나 잡지에 게재된 논란의 대상이 되는 것들이다. 또한 공청회에 부의된 안건, 소송사건, 청원내용, 변경된 정책의 내용 등도 훌륭한 소재가 된다.

(3) **윤곽의 작성** 사례의 작성은 사례의 내용이 과연 사례연구로서의 가치가 있는지 애매할 때가 있고 또 자료의 수집가능성에 따라 그 난이도가 극히 가변적이기 때문에 어떤 내용의 사례를 작성할 것인가를 미리 윤곽만 추려서 전문가의 의견을 듣는 것이 좋다. 이 윤곽 속에는 시기·관련기관·관련인물·문제성 등을 밝히고 자료의 출처로서 문서나 피면접자의 목록을 제시한다.

(4) **자료수집** 사례를 작성하기에 가장 적합한 사람은 문제를 직접 담당한 사람이라는 것을 이미 강의했다. 그러나 국외자가 사례를 작성하는 경우도 허다하다. 어느 경우라도 사례를 작성하기 위한 자료를 수집해야 하는데, 그 방법은 주로 관련되는 기록문서의 탐색과 관련인물의 면접이다. 사례작성을 위한 자료의 정리에서 특히 중요한 것은 사례가 논문이 아니기 때문

에 본문은 되도록 간결하고 짧아야 하나 그 내용을 뒷받침할 수 있는 부속 자료가 부록에 첨부되는 것이 바람직하므로 기초 자료를 되도록 광범하게 수집해야 한다.

(5) **초안의 심의와 보완** 작성된 사례는 전문가의 심의를 거치는 것이 좋다. 가능하면 사례의 종류와 주제에 따라 상이한 분야의 전문가들이 심의해야 한다. 사례의 내용이 포함하고 있는 문제 자체가 고도의 전문성을 띠고 있으면 심의는 더욱 필요하다. 심의를 거치고 나서 필요에 따라 수정하여 사례를 완성한다. 더 완벽해지려면 사례를 실제로 적용하여 피교육자의 반응을 통해서 다듬어야 한다.

이상의 절차를 밟아 사례를 작성하게 되지만 늘 훌륭한 사례가 집필되지는 않는다. 좋은 사례의 집필이 늘 바람직한 것이기에 다음에 좋은 사례가 되는 요건을 몇 가지 나열한다.

첫째, 해결해야 할 문제와 문제로 유도하는 사실이 포함되어야 한다.

둘째, 결정에 필요한 상황이나 자료가 구체적으로 제시되어야 한다.

셋째, 문제의 해결방안이 하나인 것보다 대안이 있어야 한다.

넷째, 사례에 따라 다르지만 집필자 자신의 의견과 평가 및 전문가의 평론을 삽입하지 말아야 한다. 그러나 사례에 등장하는 인물의 소견은 포함되어도 무방하다.

다섯째, 사례의 성격에 따라 다르지만 문제파악을 위한 사례는 짧을수록 좋다.

그러나 유감스럽게도 우리 나라에서 공공부문의 사례를 개발한다는 일이 쉽지 않다. 공직에 있는 사람들이 자세한 경험을 밝히기를 꺼리기 때문이다. 더욱이 기록을 좀처럼 남겨 놓지 않아 자료를 수집하기가 매우 어려운 것이 현실이다. 이런 점에서 공직경험자가 회고록을 남기는 것도 사례연구자를 위해서는 좋은 일이다. 그러나 이 역시 우리의 풍토는 아직까지 자신의 경험을 과대평가하고 남을 비판하지 않는 지극히 한정되고 안일하며 치우친 회고록이 대부분이어서 용도가 크지 않다.

3.4 사례연구 진행방법

사례를 사용해서 교수하는 방식은 전통적인 교육과 다른 방법이다. 다른 방법을 시도하는 데에는 다른 효과를 기도하려는 충분한 이유가 있다. 일방적 교수방법으로 문제의 분석력과 해결력을 키울 수 없기 때문에 사례분석 방법을 적용하는 것이라면, 이 방법은 모름지기 소기의 목적을 달성해야 한다. 따라서 사례연구에서 가장 중요한 요소는 참석자(피교육자)로 하여금 사례가 제시하고 있는 상황에 들어가도록 유도하는 일이다. "만약 내가 그 위치에 있었다면, 나는 어떻게 했을 것이다"라고 하는 가정적 상황을 형성할 수 있어야 한다.

그러기 위하여 참석자 모두는 사전에 사례의 내용을 충분히 이해하고 있어야 하며, 모두 토론에 참가할 수 있어야 한다. 참석자는 사실을 인식하고 문제를 식별하며 토론을 통해 자신의 의견을 개진하고 남의 의견을 경청하여 자신의 오해를(만약 있다면) 바로잡을 수 있어야 한다.

참석자에게 이런 점을 기대하려면 사례교육자는 그 이상으로 사례의 내용과 문제를 숙지하고 있어야 하며, 모두가 토론에 참여하도록 지도력을 발휘해야 한다. 즉, 덜 훈련된 우리네의 토론습관 때문에 사례교육방법에 익숙하지 못하여 발언을 자주 하는 사람과 안하는 사람간의 형평도 유지할 줄 알아야 한다. 또한 교육자는 토론중 자신의 의견을 말하거나 문제의 해결을 의식적으로 유도하거나 해서는 안 된다. 토론의 근간에서 벗어나지만 않도록 참여자가 토론하고 참여자가 문제를 찾아 해결할 수 있도록 보조역만 해야 한다. 토론이 종결된 후에는 자신의 의사와 문제해결을 위한 보편적 방안을 그 분야의 학리와 더불어 설명해 주는 것이 유익하다.

3.5 사례연구의 장점과 단점

사례연구는 통계연구보다 사실의 발견과 문제의 해결에 기여하는 면이 더 크다. 자료수집의 보완적 방법인 이 분석방법의 장점을 열거하면, 첫째, 사실의 깊이를 파헤칠 수 있고, 둘째, 본조사를 위한 예비조사로 사용되고, 셋째, 어떤 현상의 특정연구에 적합하고, 넷째, 현상의 동태적 파악을 가능케 하며, 다섯째, 문제해결을 유도한다. 반면에 단점으로는, 첫째, 연구결과를 일반화시키기 어렵고, 둘째, 자료의 신뢰성을 검증할 수 없으며, 셋째, 시간과 비용이 많이 들고, 넷째, 기피하는 경향 때문에 자료의 출처가 가려질 가능성이 크다는 점 등을 들 수 있다.

그래도 앞으로 행정학이나 정책학연구가 좀더 발전하려면 경영학처럼 이 분야에 많은 사례가 개발되어야 한다. 법학에서 하는 판례연구도 하나의 귀감이 될 것이다.

제 18 장

자료다듬기

1. 자료의 정리

어떤 자료수집방법에 의하든 수집된 자료가 분석되기 위하여는 일종의 정리과정(data processing)을 거쳐야 한다. 질문지에 기록된 피조사자의 의견이 기초자료(raw data)라면, 이 정리과정을 거친 자료는 윤색된 자료이다. 분석단계로 넘어가기 전에 자료는 반드시 다듬어져야 한다. 이 정리과정에서는 자료를 다시 검토(editing)하는 일, 부호화(coding)하는 일, 그리고 나서 전산처리를 위해 카드로 옮겨지는 일이 진행된다. 카드에 옮긴다는 것은 물론 과거의 이야기이다. 지금은 컴퓨터에 직접 입력할 수 있기 때문에 카드입력이라는 것은 이젠 생소한 단어가 되었다. 그러나 자료의 정리단계에서 어느 정도 알아야 할 사항이기 때문에 기록으로 남기기로 한다. 아래에 순서대로 설명한다.

1.1 자료의 검토와 편집

조사해 온 자료는 잘못 기입된 것이 있는가 하면, 빨리 기록해서 알아볼 수 없을 정도로 흘려쓴 것이 있다. 또한 사전검사에서도 미리 발견하지 못한 사실 때문에 조사표의 어느 항목은 분석할 가치가 없는 것도 있다. 이러한 여러 문제와 모순을 시정함으로써 자료처리의 다음 단계를 순조롭게 하기 위해 기초자료를 검토하고 편집하는 일이 중요하다. 좀더 구체적으로 설명하면 다음과 같다.

(1) 조사표 중에서 응답이 누락된 것이 있는지 찾아 낸다.
(2) 기입이 불완전한 조사항목을 가려 낸다.
(3) 알아보기 어려운 기록을 바로잡는다.
(4) 응답의 기입법을 통일한다.
(5) 계산착오를 찾아 낸다.
(6) 잘못 적힌 것을 가려 낸다.
(7) 조사원이 잘못 기입한 것을 찾아 낸다.
(8) 계산치를 기입한다.
(9) 추정회답을 기입한다.

위와 같은 세부적인 잘못을 검토하고 교정하는 것 이외에 조사자는 조사가 끝난 직후 누락된 질문이 있는지의 여부를 검토하고 예정대로 피면접자의 수가 확보되었는지를 확인해야 한다. 한편 중앙에서는 조사감독자가 회수된 조사표를 놓고 조사원과 함께 일일이 조사표를 검토해야 한다. 조사원이 미처 발견하지 못한 착오가 있을 것이며, 애매한 응답에 관한 조사원의 설명을 들어야 하기 때문이다. 조사표는 항상 일률적이고 피조사자는 개성을 가진 서로 다른 인격체이기 때문에 조사과정에서는 항상 예외가 발생한다. 이런 사정이 모두 검토되어야 부호화과정에서 일정한 지침에 반영될 수 있는 것이다.

1.2 자료의 부호화

부호화, 또는 코딩(coding)한다는 것은 일정한 지침(codebook, coding guide)에 따라 사람(coder)이 조사표의 각 항목을 계통적인 숫자나 기호로 바꾸어 부호지(coding sheet)에 옮겨 놓는 작업을 뜻한다. 요즈음 조사에서는 조사표의 질문문항별로 코딩할 수 있는 칸을 만들어 조사 즉시 코딩할 수 있게 만든 조사표를 사용하기도 한다. 따라서 조사된 모든 항목은 모두 숫자나 기호로 바뀌게 되며, 이것이 분석을 위해 카드에 옮겨진다. 지금은 물론 컴퓨터에 직접 입력된다.

코딩과정에서는 필수적인 부호화의 원칙 · 종류 및 예시를 통한 부호화의 지침에 관해 설명하기로 한다.

(1) 원 칙 코딩할 때에는 조사된 모든 응답이 다 코딩되어 다음 단계에 전개되는 분석과정에 빠짐없이 연결될 수 있도록 배려해야 한다.

첫째, 한 개의 난(column)에 반드시 하나의 천공(punching)을 한다. 그러나 이는 물론 옛날 이야기이고 지금은 개인컴퓨터에 코딩된 자료를 직접 입력한다.

둘째, 가능하면 0부터 9까지의 숫자로 코딩을 한다 −나 +부호는 쓰지 않는 것이 좋다.

셋째, 한 개의 난만을 써서 코딩을 할 필요는 없다.

넷째, 자료분석과 관련하여 복수난의 코딩을 계획할 수 있다. 예컨대 첫째 난에는 응답의 찬 반을, 둘째 난에는 응답의 내용을, 셋째 난에는 응답의 정도를 코딩하는 식이다. 분석과정에서 이런 기록이 필요하면 그렇게 하라는 뜻이다.

다섯째, 가능한 한 '경험적' 코딩을 하는 것이 좋다. 여기서 '경험적' 이라는 것은 원래의 자료에 충실하게 코딩을 한다는 뜻이다. 때로 원래의 내용을 바꾸어서 좀 거리가 있는 코딩을 하는 경우가 있기 때문이다.

여섯째, 가능한 한 '자연적' 코딩을 하는 것이 좋다. 이것은 순서에 따라 코딩을 하라는 뜻 이다. 예컨대 '전혀', '보통', '흔히' 를 3, 2, 1로 코딩하지 않고 1, 2, 3으로 코딩해야 한다. 이런 식으로 코딩을 해야 코딩 오차를 줄이고 계속되는 자료의 분석이 간단해진다.

일곱째, 코딩 카테고리로서 공란을 피해야 한다. 자료가 컴퓨터로 분석될 때 기계가 0의 값과 공란을 식별하지 못하고 공란도 0으로 계산하기 때문이다.

여덟째, 코딩에 일관성이 있어야 한다. 문항에 따라 다른 코딩을 한다면, 그 코딩은 무의미하다. 코딩의 일관성을 유지하는 전통적인 코딩 기준을 제시하면 아래와 같다.

<u>내 용</u>

<u>코 드</u>

1. "예"("좋다" 혹은 가장 긍정적인 것)

2.
3.
4.
5. "아니오"("나쁘다" 혹은 가장 부정적인 것)
6.
7. "기타"(위의 코딩 카테고리에 포함되지 않은 것)
8. "모르겠다"(응답자가 무시하거나 기억이 없거나 해서 응답에 응하지 않는 것)
9. "확인불능"(코딩하는 사람의 판단으로, 응답자가 질문을 오해했다고 생각하거나, 응답의 내용을 이해하기 힘들거나, 질문을 누락했거나, 응답 내용이 모호한 경우에 이 난에 코딩을 한다)
0. "해당없음"(응답이 사실상 불가능해서 답이 기록되지 않은 경우이다. 예를 들어 주부에게 자녀가 없는데 질문을 했다면 그것은 여기에 해당된다)

(2) 종　　류　코딩의 종류에는 "sequence codes," "block codes," "significant digit code," "group classification codes" 등으로 나누는 경우가 있지만, 여기서는 미시간 대학교 사회과학연구소의 분류에 따라 다음 아홉 가지로 세분하기로 한다.

(개) 사실적 혹은 목록부호(factual or listing codes): 이 코드는 직설적인 것으로 가장 쉬운 것이다. 예를 들어, "어떤 종류의 월간지를 읽는가?" "어느 지역에 사느냐?" "이번 선거에서 누굴 지지하는가?"라는 질문에 답할 때 사용하는 코드이다. 이런 종류의 코드는 애매하지 않아서 더욱 좋다.

"11. 월간조선, 신동아, 원,"

일 때 응답자가 신동아와 원만 읽는다 해도 11로 코딩하면 된다.

(내) 묶음부호(bracket codes): 사실적 코드의 특수한 형태로서 화폐·나이 등과 같이 카테고리가 일정한 간격(interval)으로 된 경우에 사용한다. 예를 들면,

1. 1-99원
2. 100-199원
3. 200-299원

4. 300원 혹은 그 이상

이 묶음부호에서 주의해야 할 점이 세 가지가 있다. 첫째, 범위(간격)가 있는 것은 중간점(mid-point)을 코딩한다. 즉, 500원과 1,000원 사이면 750원을 코딩하게 된다. 둘째, 두 개의 답(5 혹은 6)을 했을 때 코딩은 1-5에 1을, 6-10에 2를 주어야 한다. 셋째, 카테고리의 중간에 위치한 값은 가까운 쪽에 코딩한다. 즉, 1. 1-99원(99.50원 포함), 2. 100-199(199.50원 포함)이다.

(다) 범위부호(field codes): 화폐 · 나이 · 시간의 폭 등은 그대로 기입되는 경우가 있는데, 그것을 일일이 실수대로 코딩하면 매우 복잡해진다. 따라서 아래와 같이 수정하여 부호화하게 된다. 실수를 그대로 쓰면 코딩이 불가능한데 이를 수정하여 우측하단에서처럼 코딩되는 것을 볼 수 있다.

화 폐 량	정확한 코드	100원 단위를 기준으로	100원 이상의 것으로
11.13원	0011	0000	0001
229.95원	0230	0002	0003
76.50원	0077	0001	0001
10,510.00원	(별도지시에 따른다)	0105	0106

(라) 기하학적 부호(geometric codes): 응답자가 소유한 물건이 여러 개 있어서 반복되는 코드가 필요한 경우이다. 즉, 난로만 있으면 01이지만, 난로와 가구가 있으면 05가 되는 식이다.

부 호	응 답	부 호 화
01. 난로	"난로와 가구"	05
02. 냉장고	"라디오"	08
04. 가구	"냉장고 · 라디오 · 난로"	11
08. 라디오	"없 음"	00

(마) 조합 혹은 유형부호(combination or pattern codes): 두 개의 변수를 한꺼번에 코딩할 필요가 있을 때 이 방식에 따른다. 이 경우에는 이유와 사실이 조합되어 코딩이 되는 것이 상례이다. 이 유형은 응답자의 수가 적고 12개의 카테고리로 모든 것을 코딩할 수 있을 때 사용된다. 사실과 두 차원이 조합된 코드의 예를 들면 다음과 같다.

1. 자가－계속 머무를 계획이다.
2. 자가－이사할 계획이다.
3. 자가－사거나 빌릴 계획이다.
4. 세가－계속 머무를 계획이다.
5. 세가－이사할 계획이다.
6. 세가－사거나 빌릴 계획이다.

3점 혹은 2점척도가 이유와 함께 조합이 될 수도 있다. 이런 코딩을 할 때에는 응답자는 주 변수에 먼저 코딩이 되고 나서 부변수에 코딩이 된다.

시 가 가 격 이

	오를 것이다	유지될 것이다	내릴 것이다
높 다	1	2	3
중 간	4	5	6
낮 다	7	8	9

(바) 척도(scales): 심리적 상태를 측정하는 경우에는 연속체상에서 변수의 크기나 강도에 따라 코딩이 된다. 찬성-반대, 만족-불만족 등이다. 응답자의 태도나 감정은 양극 사이에 위치하게 되며 연속체는 몇점척도로 나누어 각 부분에 부호가 매겨진다. 척도에서 이미 설명했듯이 여기에는 여러 종류가 있으므로 이에 따라 각각 코딩이 달라진다.

① 2점척도— 이분화된 척도로 '예'는 1, '아니오'는 5로 코딩한다. 긍정적인 것도 1이며, 부정적인 것은 5이다.

② 3점척도— 두 경우가 있다. 하나는 2점척도에 중립의 카테고리가 추가된 경우이고, 다른 하나는 최다에서 최소의 범위를 표시하는 경우이다.

1. 예	1. 많다
3. 중립	3. 약간
5. 아니오	5. 적다

③ 5점척도— 강도를 표시하는 이 척도의 예를 들면 다음과 같다.

1. 매우 만족

2. 만족
3. 중립
4. 불만
5. 매우 불만
8. 모르겠다
9. 확인 불능

④ 4점척도— 두 경우가 있다. 하나는 5점척도와 거의 같으나 중립카테고리가 없는 경우이고, 다른 하나는 긍정-중립-부정의 척도가 아니라 양의 정도를 표시하는 척도이다.

1. 확실하다	1. 항상
2. 어느 정도 확실하다	2. 보통
4. 어느 정도 불확실하다	3. 가끔
5. 불확실하다	4. 드물게

(사) 이유부호(reasons codes): 조사에서 이유를 질문할 때가 많다. 이때 응답을 코딩하기가 매우 어렵다. 카테고리를 분명히 나누고 단일차원으로 묶는 것이 어려울뿐더러, 응답이 서로 연결된 경우도 있고 질문자나 응답자 어느 한쪽이 분명히 표시를 못해 오해할 가능성이 많은 것도 이 항목이다. 우선 질문자는 응답자가 몇 개의 이유를 열거하는지 분명히 파악해야 한다. 다음에 그 이유 중에 경중이나 순서가 있으면 그것을 간파해야 한다. 그리고 나서 정해진 카테고리 가운데 하나를 골라 코딩한다. 이유는 척도응답과 내적일관성이 유지되어야 하는 것은 아니다.

(아) 연속부호(series codes): 이유를 나열할 때 단순히 하나만을 열거하지 않고 몇 개의 카테고리와 거기에 따른 몇 개의 하위카테고리를 나누어 지적하게 할 때 이 방식으로 코딩이 된다. 예를 들어 "물건을 사기에 적절한 시기라고 생각한 이유"는 다음과 같이 부호화될 수 있다.

<u>가격: 신용</u>

11. 가격이 가장 알맞다.
12. 가격이 오를 것이다.
13. 외상이 쉽다.

고용: 시기

21. 고용의 전망이 밝다.
22. 지불하는 것이 앞날을 생각해서 이롭다.

공급과 질

31. 공급량이 알맞다.
32. 질이 좋다.
33. 새 모델은 개량된 것이다.
34. 알맞은 규격이 공급된다.

기 타

41. 계절적 이유에서
42. 필요하고 돈도 있으니까
47. 그 밖의 이유에서

㈐ 준거틀부호(frame of reference codes): 때로 응답자의 생각이 밝힌 이유보다 중요할 때가 있다. 따라서 이유를 밝힌 준거를 찾아내기 위해 긍정과 부정의 구별없이 일률적으로 응답할 수 있게 코드를 만든다. 이 방식은 이유부호와 다분히 유사하지만 보다 넓은 의미이고 영향을 덜 받는다. 예를 들어 "민주당이 선거에서 승리하면 선생님의 생활은 경제적으로 나아진다고 생각하십니까, 아니면 나빠진다고 생각하십니까?"의 질문에 대한 코딩은 아래와 같다. 개방식으로 물었기 때문에 답을 같은 성질의 것으로 묶은 것이다.

1. 인플레이션; 가격; 지출; 생활비
2. 소득; 임금; 봉급
3. 고용; 직업; 태업
4. 세금; 정부지출
5. 번영; 불경기
6. 전쟁; 평화
7. 농업정책
8. 그 밖에
9. 무응답

(3) 지침작성 코딩을 하려면 코딩지침이 있어야 한다. 위에서 원칙과 종류를 설명하는 가운데 어떻게 부호화가 이루어져야 하는가에 관하여는 어

느 정도 이해가 되었으리라고 믿는다. 코딩단계에 들어서면 코딩의 근거가 되는 부호화지침(codebook)이 있어야 한다. 보통 영어를 써서 코드북이라고 한다. 이것은 조사자료에서 변수의 위치와 이 변수를 구성하는 특성에 부여된 숫자로서 일종의 문서이다. 이 문서는 두 가지 기능을 한다. 하나는 숫자나 부호를 주기 위해 응답을 정리해 가는 코더를 위한 안내역이고, 다른 하나는 분석중 자료 가운데 들어 있는 변수의 위치를 연구자로 하여금 알 수 있도록 하는 보조역이다. 만일 연구자가 성별과 종교간의 상관관계를 검토하고 싶으면, 연구자는 이 지침을 보고 변수가 어디에 위치하고 있는지를 찾아낸다.

조사표가 간단할 때에는 조사표를 지침용으로 그대로 쓸 수 있다. 그러나 복잡한 조사에서는 물론 어느 경우에도 지침서를 따로 작성해 두는 것이 안전하다.

다음에 지침서를 예시한다. 이 경우에는 한 사례에 한 카드 이상을 필요로 한다. 즉, 모든 변수가 한 카드의 80개난에 다 들어가지 못해서 또 다른 카드가 필요한 것이다. 난 1부터 4까지 사이에는 응답자를 확인할 수 있는 번호를 넣는다. 하나 이상의 IBM 카드가 필요할 때는 매 카드의 1-4난에는 이 확인번호가 들어 있어야 식별이 용이하다. 난 5에는 카드나 자료의 확인번호를 천공한다. 그러므로 두 번째 카드의 난 5에는 2가 찍힌다. 이것은 물론 카드에 구멍을 내어 변수의 부호가 확인되었던 옛적 이야기이고 지금은 뒤에 첨부한 대로 컴퓨터에 직접 부호로 입력된다. 입력되는 절차만 다를 뿐 부호화의 취지는 다를 수 없다는 사실을 기억하기 바란다. 그래서 아래 에 몇 가지를 예시하기로 한다.

예시:

Deck 1 Codebook

난	변수설명
1-4	응답자 확인번호
5	자료 확인번호: 1
6	성별: 1. 남 2. 여 0. 무응답

7-8 연령: (두 난에 연령의 실수를 기입할 것)
9 결혼상태: 1. 미혼
2. 기혼
3. 이혼 · 별거 · 사별
0. 무응답

Deck 2 Codebook

난	변수설명
1-4	응답자 확인번호
5	자료의 확인번호: 2
6	"이 나라가 당면한 문제는 법과 질서를 좀더 지키는 일이다." 1. 절대 찬성 2. 어느 정도 찬성 3. 어느 정도 반대 4. 절대 반대 5. 모르겠다 0. 무응답
7	"개혁은 반드시 실현되어야 한다." 1. 절대 찬성 2. 어느 정도 찬성 3. 어느 정도 반대 4. 절대 반대 5. 모르겠다 0. 무응답

좀더 자세하고 또 컴퓨터에 그대로 옮기는 것이 가능한 양식으로 지침서를 작성하는 예도 있다. 미네소타(Minnesota)주정부의 교정국에서 청소년 범죄자의 보호를 위해 보관하는 기록의 부호지침서가 그것이다. 이들 중 몇 개만 소개한다. 여기서 보면 알 수 있겠지만 전산기의 카드에는 변수를 확인할 수 있는 레이블(label)이 필요하고 빈도와 비율까지도 지침서에 기록된다.

변수번호	변수레이블	확인설명	카드난	빈도	비율
1	연령	확인번호	1-5		
		가택보호시의 연령	6-7		
		01 12			
		02 13			
		04 14			
		05 15			
		06 16			
		07 17			
		08 19			
		09 20			
		10 21			
2	성별	성별	8		
		1 남			
		2 여			
3	변화	최종 반항 이전에 집주인 이 몇 번 바뀌었는가			
		1 0			
		2 1-2			
		3 3-5			
		4 6 혹은 그 이상			
4	인종	인종적 배경	10		
		1 미국 인디안			
		2 흑인			
		3 백인			
		5 멕시코인			
		6 기타			
5	보호자	법적보호자	11		
		1 부모			
		2 친척			
		3 사기관			
		4 공공단체			
		5 자신			

6 지적수준 지능정도(판결당시) 12

1 매우 우수
2 우수
3 꽤 영리
4 영리
5 바보의 경계
6 경계
7 결함
8 무응답

여기서 한 가지 보탤 것은 지금은 개인컴퓨터에 자료를 직접 입력하고 분석도 SPSS프로그램같은 것으로 직접하니까 자료를 처리하는 양식이 훨씬 간단해졌다. 아래 〈그림 3-18-1〉은 윈도스(Windows)에 자료가 입력될 수 있는 소프트웨어를 보여 주는 것이고, 그 다음은 이를 위해 변수(질문문항)들을 어떻게 레이블했는가를 시카고에 있는 "국민여론조사센터"(National

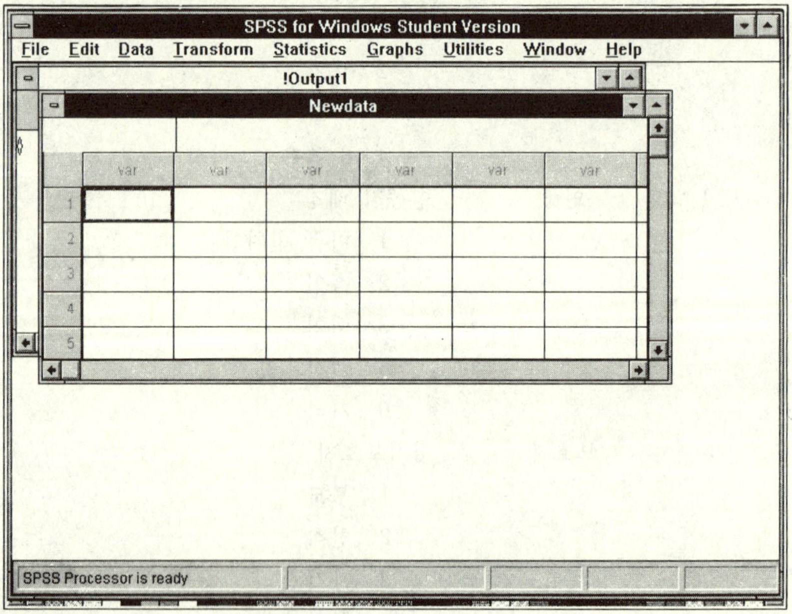

〈그림 3-18-1〉 윈도스에 입력되는 자료표

Opinion Research Center)의 방식을 빌어 소개한 것이다.

그리고 변수(질문문항과 카테고리)별 레이블을 참고하기 바란다. 편의상 변수부호같은 것은 원어를 그대로 옮긴 것이 있다. 낙태에 대한 의견, 어린 자녀의 수, 결혼상태, 지지하는 정당, 종교행사에 대한 참여, 사형제도에 관한 의견 등 정치사회적 이슈에 관한 견해, 동성연애에 대한 의견, 기타 인구학적 변수 등등을 레이블한 것이다.

변수명	질 문
낙 태	"낙태가 법적으로 가능하다고 생각하는가? 만일 그렇다면
ABANY	어떤 이유로 여성은 이를 원하는가?"
ABDEFECT	아기의 건강에 이상이 생길 가능성은 없는가?"
ABHLTH	여성은 임신으로 자신의 건강에 위험이 따르지 않는가?"
ABNOMORE	그녀는 결혼했지만 더 이상 아이를 원하지 않는가?"
ABPOOR	이 가정은 저소득층이어서 더 이상 아이를 기를 수 없는가?"
ABRAPE	그녀는 강간당해 임신했는가?"
ABSINGLE	그녀는 결혼을 하지 않았고 남자와의 결혼을 원치 않는가?"
어린이	
CHLDIDEL	이상적인 자녀의 수는?
	만일 선생님이 선택한다면 다음 중 어느 것이 자녀들의 장래를 위해 제일 중요하다고 생각합니까?
OBEY	순종하는 것
POPULAR	인기를 얻는 것
THNKSELF	자신을 먼저 생각하는 것
WORKHARD	열심히 일하는 것
HELPOTH	남을 돕는 것
가 족	
MARITAL	결혼상태는?
DIVORCE	선생님은 이혼이나 법적으로 별거를 한 적이 있습니까?
SIBS	결혼생활중 슬하에 가진 자녀수는?
정 치	
PARTYID	일반적으로 말해서 자신을 공화당, 민주당, 무소속 중 어디

라고 생각합니까?

POLVIEWS　우리는 요즘 자유와 보수에 관해 많은 이야기를 듣고 있습니다. 아래의 7점척도는 자유와 보수의 정도를 나타낸 것인데 선생님은 그중 어디에 해당한다고 생각하십니까?

종 교

ATTEND　교회에 얼마나 자주 나가십니까?

POSTLIFE　내세(來世)가 있다고 생각하시는지요?

PRAY　얼마나 자주 기도를 하십니까?

RELIG　선생님의 종교는 기독교, 천주교, 유태교 중 어느 것입니까? 아니면 다른 종교이거나 무종교인가요?

사회와 정치에 대한 의견

CAPPUN　살인자에 대한 사형제도를 어떻게 생각하시는지요?

GETAHEAD　출세를 하는 것이 자신의 근면 때문입니까, 아니면 운이나 남의 도움 때문입니까?

GUNLAW　총기구입에 경찰의 사전허가가 필요하다는 법을 찬성하십니까? 반대하십니까?

RACPRES　만일 선생님이 속한 당이 흑인을 대통령후보로 지명한다면 그가 자격이 있다는 전제하에 그에게 투표를 하시겠습니까?

RACSEG　백인은 그들이 원하면 흑인을 이웃으로 두지 않을 수 있고, 동시에 흑인도 백인의 그러한 권리를 존중해야 합니까?

이 나라에서 일부 계층이 왜 가난한지 그 이유를 읽어드릴 테니 각 이유가 얼마나 중요한지에 대해서 그 정도를 말씀해 주십시오.

WHYPOOR1　좋은 학교를 세우지 못한 사회의 책임(실패)

WHYPOOR2　도덕적 타락과 상습음주

WHYPOOR3　일자리를 제공하지 못한 산업의 책임(실패)

WHYPOOR4　빈민층의 노력 부족

성에 대한 태도

HOMOSEX　동성연애에 대해 옳지 않다고 생각하는 정도는?

XMOVIE　선생님은 작년에 음란영화를 보셨습니까?

PREMARSX　성도덕과 성에 대한 태도에 관해 꽤 많은 토론이 있었는데,

	혼전 성경험에 관해 선생님은 어느 정도 나쁘다고 생각하시는지요?

기타 인구학적 변수

연령	생년월일
계층	하류층, 근로층, 중산층 그리고 상류층 중 선생님은 어느 계층에 속한다고 생각합니까?
교육	학교는 어느 학년까지 마치셨는지요?[고등학교졸업자에게]—대학은 어느 학년까지 다녔는지요(기술, 직업 학교 등 제외)?
	[만일 예라면]—몇 학년까지 마쳤는지요?
소득	세금 내기 전 연소득은 얼마입니까?
특권	직업은 Hodge, Siegel, Rossi의 척도에 따라 두 단위로 코딩함.
인종	선생님은 어느 인종에 속한다고 생각하시는지요?
RINCOME	세금 내기 전 소득이 지난해에 떨어졌는지요?
성	조사원이 보고 판단해 코딩함.

끝으로 부호지(coding sheet)를 참고로 삽입한다(그림 3-18-2). IBM 카드와 더불어 시트도 이미 단일규격으로 제공되어 널리 사용되고 있지만, 이것이 없는 경우를 예상해서 부호지를 만들어 쓸 수 있도록 하기 위해 소개한다. 컴퓨터에 입력할 때 쉽게 하기 위해서 이렇게 정리된 용지에 옮겨 적는 것이 편할 때가 많다.

1.3 자료의 천공과 검공

옛날 책에 소개했던 자료의 천공과 검공을 그대로 여기에 남기는 것은 순전히 과거에 했던 방식을 귀한 자료의 뜻으로 보관하고자 해서이다.

부호지에 옮겨진 숫자와 부호는 자료는 보통 홀러리스(H. Hollerith)가 개발한 카드에 천공(구멍뚫기)된다. 참으로 오래 전의 일인데, 지금 생각하면 꿈같은 이야기이다. 60년대까지만 해도 컴퓨터로 자료를 분석하려면 먼저 카드에 적혀 있는 숫자에 구멍을 내어 기계로 하여금 그 코드화된 숫자를 읽게

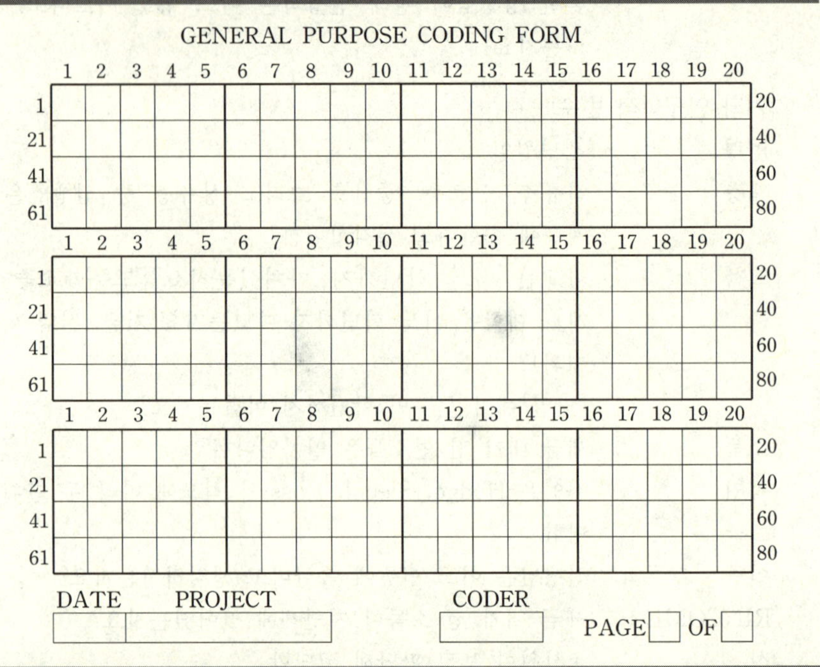
GENERAL PURPOSE CODING FORM

1 2 3 4 5 6 7 8 9 10 11 12 13 14 15 16 17 18 19 20

1 … 20
21 … 40
41 … 60
61 … 80

1 2 3 4 5 6 7 8 9 10 11 12 13 14 15 16 17 18 19 20

1 … 20
21 … 40
41 … 60
61 … 80

1 2 3 4 5 6 7 8 9 10 11 12 13 14 15 16 17 18 19 20

1 … 20
21 … 40
41 … 60
61 … 80

DATE PROJECT CODER PAGE OF

〈그림 3-18-2〉 부호지의 형태

하는데, 변수별로 분류하는 방법도 분류기(sorter)에 넣어서 했다. 그 카드를 컴퓨터센터의 조교들에게 주면 빨라야 3-4시간 후에 통계처리된 결과가 나오곤 했다. 지금 같으면 각자가 가지고 있는 개인컴퓨터에 이미 저장된 SPSS 프로그램으로 직접 통계처리를 할 수 있다. 지난 30년동안 과학기술의 발달이 학문연구에 준 변화를 실감하지 않을 수 없다. 그러나 여기서는 과거에 어떤 절차로 자료를 분석했는가를 참고로 알아둘 필요가 있다. 그래서 어려운 단어인 천공기(穿孔機, keypunch machine)라는 말까지 써가며 설명을 하고 있는 것이다.

어쨌든 천공기는 일종의 입력매체(input media)로서 컴퓨터는 이 천공기에 의해서 기록된 카드를 읽고 요구하는 분석을 해 준다. 컴퓨터가 읽을 수 있는(처리할 수 있는) 것은 비단 홀러리스 카드(Hollerith card)뿐만이 아니라 자기테이프(magnetic tape) 또는 종이테이프(paper tape) 등이 있다. 특히 테이프의 경우는 자료의 양이 방대할 때 유익하고 보관에도 편하다.

홀러리스 카드는 〈그림 3-18-2〉에서 볼 수 있는 바와 같이 80행의 난이 있는 것이 표준이다. 여기에 기록될 수 있는 숫자와 부호는 0-9, 영어의 alphabet, 그리고 *, +, −, /, ( ), ,, ·, = 등의 여러 부호이다. 숫자는 0부터 9까지의 열의 순서에 따라 하나의 구멍이 뚫리고, 다른 부호들은 둘 이상의 구멍이 조합을 이루며 뚫리게 되어 있다. 카드에 기입되는 숫자와 부호는 부호지에 따라 그대로 옮겨진 것이지만, 컴퓨터가 카드를 읽을 때 다음 카드로 사례가 연결된다는 지시부호 등은 컴퓨터의 프로그램에 따라 일정치 않다. 마지막 네 행(77, 78, 79, 80)에는 일반적으로 연구 프로젝트나 주제의 확인번호를 찍는 것이 상례였다.

기초자료를 근거로 하여 코딩가이드에 따라 카드에 천공되는 관례를 예를 들어 설명하면 아래와 같다. 하나는 질문지에 의해 수집된 자료가 천공되는 예이고, 다른 하나는 기록문서에 있는 정보를 구분하여 천공하는 예이다. 아래 그림들을 참고하기 바란다. 코딩하는 것과는 좀 다르지만 지금같으면 스캐너로 자료를 직접 컴퓨터에 입력시킬 것이다.

카드에 수록된 자료는 모든 사례를 망라할 때 한 벌의 자료(data deck)가 된다. 이들 자료는 연구자가 원하는 분석에 따라 컴퓨터에 의해 분석된다. 분석되기 위하여는 자료 앞에 일정한 지시카드가 있어야 한다. 이 지시카드

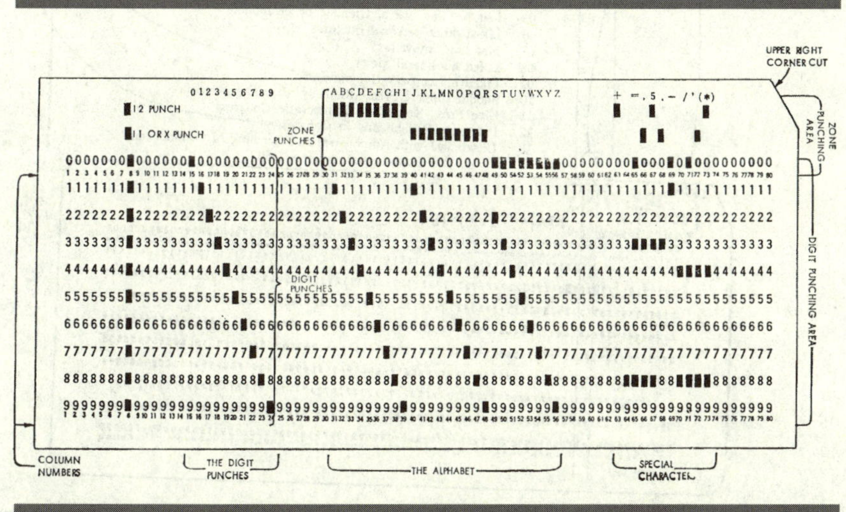

〈그림 3-18-3〉 홀러리스 카드의 형태와 숫자와 부호가 천공되는 위치

는 컴퓨터의 프로그램에 정해진 내용대로 구성되는데, 보통 연구자를 확인하는 이름과 번호에서 시작하여 암호, 그리고 원하는 분석방법의 지시내용의 순서로 배열된다. 카드에 기록된 자료가 어떤 형태(몇 단위의 숫자)로 되어 있는가를 알려 주는 변수형태 카드(variable format cards)도 중요한 것 중의 하나이다. 한 벌의 자료의 앞에는 반드시 이 카드가 있어야 한다. 그 형태는 예를 들어 3F1.0, F2.1…라고 적힌다면 소수점이 없는 한 자리의 변수

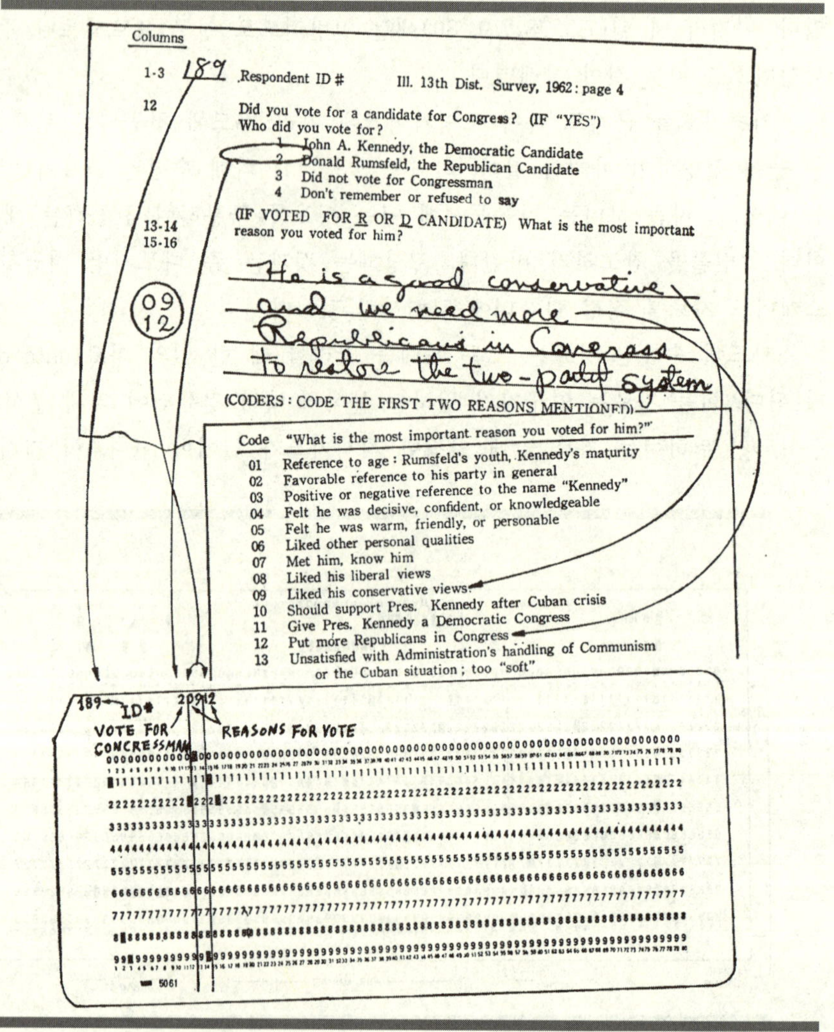

Columns

1-3 189 Respondent ID # Ill. 13th Dist. Survey, 1962: page 4

12 Did you vote for a candidate for Congress? (IF "YES") Who did you vote for?
1 John A. Kennedy, the Democratic Candidate
2 Donald Rumsfeld, the Republican Candidate
3 Did not vote for Congressman
4 Don't remember or refused to say

13-14
15-16
(IF VOTED FOR R OR D CANDIDATE) What is the most important reason you voted for him?

He is a good conservative and we need more Republicans in Congress to restore the two-party system

09
12

(CODERS: CODE THE FIRST TWO REASONS MENTIONED)

Code	"What is the most important reason you voted for him?"
01	Reference to age: Rumsfeld's youth, Kennedy's maturity
02	Favorable reference to his party in general
03	Positive or negative reference to the name "Kennedy"
04	Felt he was decisive, confident, or knowledgeable
05	Felt he was warm, friendly, or personable
06	Liked other personal qualities
07	Met him, know him
08	Liked his liberal views
09	Liked his conservative views
10	Should support Pres. Kennedy after Cuban crisis
11	Give Pres. Kennedy a Democratic Congress
12	Put more Republicans in Congress
13	Unsatisfied with Administration's handling of Communism or the Cuban situation; too "soft"

189 ID#
20912
VOTE FOR CONGRESSMAN
REASONS FOR VOTE
5061

〈그림 3-18-4〉 질문지에 응답한 내용을 카드에 천공한 예

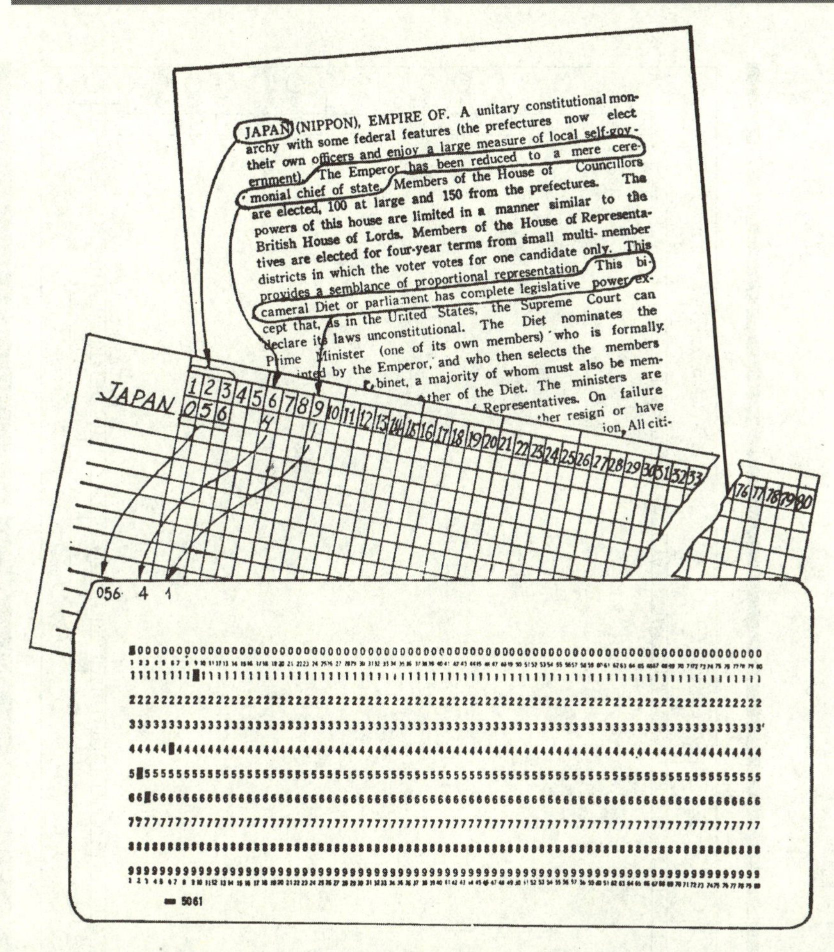

〈그림 3-18-5〉 문서에 수록된 정보를 세분하여 카드에 천공한 예

가 세 개 있고 그 다음에 소수점 한 자리를 포함하여 두 자리 숫자의 변수가 하나 있다는 뜻이다. 이상 세 개의 카드 그림은 젠다(Janda) 책에서 옮겨 놓은 것이다.

자료의 검토와 편집과정을 통해 그 정확성을 여러 차례 조사하지만 천공될 때 잘못되면 그 노력이 수포로 돌아간다. 그래서 천공기에 자료가 뚫리는 것은 반드시 검공(檢孔, verifying)되어야 한다. 검공하는 방법은 가장 원시적인 것으로 두 번씩 천공하는 방법도 있겠지만 비경제적이다. 그래서 일

〈그림 3-18-6〉 Keysort카드

반적으로 검공기(card verifying machine)에 넣어 착오의 유무를 확인했다.

보조적인 수단으로 수직적 확인방법과 수평적 확인방법을 병행하기도 했다. 수직적 확인방법은 모든 자료의 모든 행을 기계로 하여금 일일이 검토케 하는 것인데, 방법은 어느 행에서 어느 숫자 이상의 것을 골라내라고(sort out) 하면 된다. 예를 들어 8행은 성별을 표시하는데, 거기에는 1 또는 2의 숫자밖에 천공되지 않았다고 했을 때 만일 3이 찍혀 있으면 오차로 가려내게 된다. 수평적 확인방법은 논리적으로 모순되는 기록을 골라 내는 방법인데, 예컨대 남자로 코딩된 것이 여자로 나타나 있다면 그것은 오차가 분명하다.

위에 소개한 카드 이외에 작은 표본을 가지고 분류의 목적으로 활용하고자 할 때 이용할 수 있는 카드가 따로 있다. Royal-McBee 회사에서 고안한 키소터(Keysort) 카드라고 하는 이 카드에는 주위에 미리 구멍이 뚫려 있다. 분류하고 싶은 카테고리에 따라 종과 횡으로 기록해 두면 나중에 필요한 항에 따라 송곳같은 것으로 뽑아낼 수 있다. 도서관에서 많이 사용하며 간단한 질문같은 것은 직접 이 카드에 수록하여 질문지와 부호지 겸용으로 쓸 수도 있다. 〈그림 3-18-6〉은 이 카드의 표본이다.

2. 자료의 보완

2.1 자료의 보완이란 무엇인가

수집된 자료가 그대로 분석되는 것이 이상적이라고 하겠지만, 자료가 항상 원하는 대로 수집되지는 않는다. 동시에 철저하게 수집된 자료에도 오차는 항상 있게 마련이다. 이 두 가지 문제는 여론조사와 같은 자료에서 보다 총체적 자료를 수집하여 분석하려 할 때 더 심각한 양상을 띤다.

자료수집은 각 단계에서 엄격한 과정을 거친다. 질문지를 만들 때 척도의 신뢰도와 타당도를 다지고, 조사원을 엄선하고 훈련시켜 객관적이고 정확한 자료를 수집하려고 노력한다. 그러나 이러한 노력에도 불구하고 각 단계에서 알게 모르게 잘못을 저질러 오차가 생긴다. 또한 자료가 근본적으로 존재치 않거나 기록이 없어서 수집하지 못하는 경우도 있다.

분석단계에 들어서면 분석가능한 자료를 다시 검토하게 된다. 그러나 이 단계에서는 이미 원천적 오차를 가려 낼 수 없다. 따라서 주어진 여건 안에서 오차를 줄일 수 있는 방안을 강구하여야 한다. 또한 수집되지 않은 자료도 별도의 유추로 가능하다면 메워서 분석에 차질이 없도록 해야 한다. 따라서 자료를 보완하는 방법에는 여러 가지가 있으나 여기서는 오차를 축소하기 위한 처리방법과 미수자료를 보완하는 방법을 설명하기로 한다.

2.2 오차의 처리방법

오차의 처리 방법에는 크게 나누어 무작위적 오차처리와 체계적 오차처리의 두 방법이 있다. 오차를 축소할 때는 대개 다음과 같은 몇 가지 원칙을 우선 고려해야 한다.

첫째, 변수를 측정할 때 각 사례는 고유의 수치를 갖도록 하여 상관계수의 범위가 제약되지 않도록 한다.

둘째, 각 변수에 대해 측정된 자료의 분포는 가능한한 정상분포(normal distribution)가 되도록 한다.

셋째, 변수의 측정에서 명목척도나 서열척도의 사용이 불가피한 때에는 한두 카테고리에 과도하게 편중되는 현상을 막아야 한다.

넷째, 특별한 경우가 아니면 가능한 한 서열등간척도를 쓰는 것이 좋다. 불필요한 가중치의 결과가 생기는 것을 막기 위함인데, 이는 다변수분석일 때 특히 해당된다.

다섯째, 변수의 측정에서 자료의 근원적 분포의 전범위를 모두 측정할 수 있어야 한다. 만일 일부의 분포상태만을 측정한다면 수집된 자료에서 오차의 개입은 불가피할 것이다.

(1) 무작위적 오차처리방법

㈎ 순위화방법: 수집된 자료의 실수(actual numbers)를 그대로 분석하는 대신에 그 실수의 크기에 따라 순위를 정함으로써 전환된 자료를 분석하여 오차를 줄이는 방법이다. 이것은 원래의 자료가 지니는 크기를 지킬 수 있으므로 정밀도는 유지되지 않지만 오히려 개재된 오차를 배제할 수 있는 방법

이다. 아래에 6개국의 출산율에 관한 실수가 순위로 바뀐 예를 제시한다.

〈표 3-18-1〉 오차처리의 순위화방법 예제

국 가 명	출 산 율	순 위
벨기에	16.9	4
체코슬로바키아	15.9	5
핀란드	18.4	2
서독	17.7	3
헝가리	14.6	6
네덜란드	20.8	1

(나) 집단화방법: 수집된 자료의 오차가 커서 순위로 전환시킨 것만으로 오차가 충분히 축소될 수 있다고 생각하기 어려운 때에는 몇 개의 사례를 묶어서 동일한 값으로 취급하는 방법이다. 집단으로 묶는 것은 둘이나 셋, 또는 사례수에 따라 그 이상도 가능하다. 아래의 예는 세 개의 집단으로 묶어서 순위를 매긴 것이다.

〈표 3-18-2〉 오차처리의 집단화방법 예제

국 가 명	출 산 율	순 위
벨기에	16.9	2
체코슬로바키아	15.9	3
핀란드	18.4	1
서독	17.7	2
헝가리	14.6	3
네덜란드	20.8	1

(다) 도구변수방법: 이 방법은 오차를 줄이기 위해 다른 변수를 사용하는 것이다. 어떤 변수에 관한 자료를 수집했을 때 오차가 너무 커서 도저히 분석할 수 없다고 판정되면 그 변수와 높은 상관관계를 가지고 있는 다른 변수로 대체시킬 수밖에 없다. 따라서 대체변수는 하나의 오차를 줄이기 위한 도구로 사용된 폭이다. 새 변수는 모름지기 본래의 변수의 실제값을 충분히 대표하고 있어야 한다. 예를 들면, 1인당 국민소득을 에너지 소모량으로 대체시키는 경우이다.

(2) **체계적 오차처리방법** 체계적 오차처리방법은 오차의 처리를 단순히 순위화, 집단화, 그리고 도구변수의 대체방법을 사용해서 해결하려는 것이 아니라, 좀더 세련된 통계방법을 도입하여 오차문제를 해결하는 방법이다. 예를 들어 변수간에 너무 높은 상관관계가 성립된다든가, 지나친 잉여치가 생긴다든가, 또는 요인부하치(要因負荷値, factor loading)가 지나치게 높다든가 하는 경우에 이들 변수를 제거하거나 독립변수로 사용해서 오차를 줄이는 것이다. 이 방법은 오차를 측정해 내는 방법이 체계적이고 세련되어 있다는 데 특징이 있다.

2.3 미수자료의 보완

자료의 수집작업이 끝난 후 여러 가지 사정으로 완벽한 수집을 못했을 때 누락되거나 얻지 못한 자료(未蒐資料, missing data)는 어떤 방법으로라도 보완되어야 한다. 이때 미수부분이 너무 많은 사례가 있으면 이것을 삭제해 버릴 수도 있을 것이다. 사례의 수가 분석하기에 충분하다면 삭제하는 것은 그리 큰 문제가 아니다. 한편 한두 개의 변수가 50% 이상 미수자료라면 그 변수는 삭제하는 것이 좋다.

사례와 변수를 삭제하는 것은 미수자료의 해결책이긴 해도 적극적인 방법은 되지 못한다. 따라서 미수자료를 보완하기 위하여 여러 가지 방법이 강구되어야 한다. 아래에 열거하는 방법들은 미수자료를 보완하는 방법인데, 이러한 방법으로 보충되는 자료에서 상당한 정도의 오차가 발생하리라는 것을 감수해야 한다.

(1) **평균치삽입법**(inserting means approach) 이 방법은 변수의 평균치를 계산하여 누락된 사례의 변수값으로 사용하는 방법이다. 이 방법은 전 사례에 걸쳐서 오차가 무작위로 분포되어 있고, 50% 이상 미수자료가 있는 사례를 이미 삭제한 경우에 사용된다. 사례나 변수에 대한 사전지식이 충분치 못할 때도 마찬가지이다.

(2) **보삽법**(補插法, interpolation method) 시계열(time-series)자료가 누락되었을 때 사용하는 방법이다. 수년 동안에 걸친 자료를 수집할 때 한두

해의 자료가 수집불능이라면 당해 연도의 자료는 있는 자료만을 가지고 평균치를 계산하는 직선보삽법(straight-line interpolation)으로 추정이 가능하다. 이 방법은 특히 인구나 정부의 예산처럼 심한 변동을 겪지 않는 변수를 추정할 때 더 유용하다. 이 방법은 또한 맥락적 정보(contextual information)와 당해 연도 전후의 추세를 동시에 고려해 보면 더 확고한 결과를 얻을 수 있다. 맥락적 정보란 당해 연도가 다른 연도와 같이 정상적인 해였는가, 또는 위기였는가 등의 요소를 뜻하는 것으로 이에 대한 고려가 도움을 준다.

(3) **평가치추정법**(estimating values approach)　　가장 세련된 방법이다. 평균치를 사용하는 것보다는 적은 오차만을 감수하면서 원래의 값을 추정해 가는 방법으로서 맥락적 정보나 행렬식의 자료를 고려하여 사용한다.

맥락적 정보에 의한 방법은 필요한 변수의 원래 현상이 지니고 있는 성격이나 시민소요의 원인에 관한 것이라면, 소요의 목적, 집단의 유형 등을 참작하여 일반적 지식의 견지에서 평가를 내리는 것이다. 이것은 일종의 '추측에 의한 평가' (guesstimate)가 된다.

좀더 체계 있게 맥락적 정보를 활용하려면 미수자료에 유사한 몇 개의 사례를 선정하여 그 사례의 전체자료(complete-data case)를 검토하는 것이 필요하다. 또한 다른 완전한 행렬식의 자료를 써서 미수자료의 행렬식에 근거한 평가(matrix-based estimates)를 체계적으로 할 수도 있다. 이를 위해서는 다회귀분석(multiple regression analysis)과 요인분석(factor analysis)의 기법이 필요하다. 다회귀분석은 관련되는 다른 중요한 변수의 자료를 사용해서 회귀추정을 하는 방법이고, 요인분석은 먼저 평균치 등의 방법으로 자료를 보충한 다음, 요인부하행렬식(factor loading matrix)과 요인평점행렬식(factor score matrix)으로 만들어 최종 수치를 구하는 방법이다. 두 방법 모두 반복계산을 해서 한 수치에 가까워질 때까지 계산을 계속한다.

끝으로 언제, 그리고 어떤 미수자료보완의 기법을 쓸 것인가를 언급할 필요가 있다. 그 시기는 맥락적 자료를 수집한 연후가 적당하다. 어떤 종류의 기법을 활용할 것인지는 여러 가지 사정에 따라 달라진다. 첫째, 종속변수의 자료가 미수일 때는 부득이 맥락적 정보에 의존해야 한다. 이 경우 여의치 않으면 독립변수의 행렬자료를 써서 분석을 혼란시키는 것보다는 모으지 못한 종속 변수의 자료가 있는 사례를 없애는 것이 훨씬 더 좋다. 둘째, 사건이나 상호작용에 관한 자료를 평가하는 것보다는 구조적 변수의 미수자료를 추정하는 것이 더 적합하다. 예를 들면 예산을 통해서 본 지방경찰력이라든가 농산품의 변화에서 비롯되는 소득증가율을 추정하는 것은 특정 시간·특정 장소에 몇 명의 데모 군중이 운집했고, 어느 선거에서 투표율이 얼마나 된다는 것을 추정하는 것보다 훨씬 수월하다.

이렇게 해서 힘들여 수집한 자료는 분석을 위한 준비를 마치는 셈이 된다. 그러면 제3부 마지막 장(제19장)에 저간에 잘못된 연구의 예를 몇 가지 들어 우리가 지금까지 배워 온 방법론의 실제 적용이 그리 쉬운 것이 아니라는 점을 다시 확인하고, 나아가 이러한 오류를 답습하지 않도록 주의를 기울이는 계기로 삼고자 한다. 그리고 나서 제4부 분석의 편으로 넘어간다.

제 19 장

조사연구상의 오류들

1. 개　관

지금까지 방법론의 기초와 원리, 그리고 응용으로 자료를 수집하는 방법을 주로 강의했다. 남은 것을 이렇게 수집한 자료를 어떻게 분석하느냐이다. 그 단계로 넘어가기 전에 우리가 심각하게 생각해야 할 것이 있다. 방법론의 이론적 측면자체가 쉽지 않을 뿐만 아니라, 이를 실제로 적용해 연구를 하는 일도 그리 쉬운 일이 아니다. 많은 연구자들이 저마다 방법론에 익숙해 있다고 하지만 모르거나 실수를 범하여 귀한 주장이 근거를 잃게 되는 경우가 허다하다. 동시에 우리 나라에서 흔히 행하는 여론조사가 부실하기가 이루 말할 수 없다. 조사가 정확해야 그 결과에 대한 해석이며 주장이 옳은 것인데, 조사 자체가 정확지 못해 엉뚱한 주장을 하고 있는 셈이 된다. 나아가 이를 토대로 한 여론의 형성 또한 많은 것을 오도할 가능성이 충분히 있다.

그래서 이 장에서는 방법론의 미숙한 면을 선거연구에 한정시켜 예를 몇 가지 소개하려고 하고, 그 다음에 여론조사에 나타난 여러 가지 오류를 정리해서 지적하려고 한다. 전자는 논리와 인식에 관한 실제를 보는 경우가 되고, 후자는 질문지조사, 면접조사, 그리고 전화조사의 실태를 알게 되는 계기가 될 것이다. 모두 다 잘못을 반복하지 않기 위한 노력의 일환이라고 이해하기 바란다.

2. 선거연구에서 방법론적 오류의 예

앞의 제1부 제3장에서도 선거연구에서 방법론상 문제가 많다는 점을 지적했다. 논리주장이 미숙해서이다. 물론 다른 분야의 연구에서도 비슷한 경향을 띨 것이라는 생각을 한다. 아니면 분야에 따라서는 방법론의 수준이 논의의 대상조차 되지 않을 것이라고 추측해 본다. 다만 여기서는 스무 편의 선거관계논문(주로 제14대 국회의원선거 분석)을 간략하게 평론하는 것으로 방법론적 비판에 대신하고자 한다. 간단한 지적에서나마 무엇이 잘못되었는가를 학생들이 헤아리기 바란다.

아래에 비판의 대상이 된 각 논문은 특징별로 여섯 분야로 분류하였고, 각 논문은 (1) 목적, (2) 방법, (3) 분석, (4) 발견 및 (5) 비판 등의 항목에 따라 매우 간략하게 논의되었다. 그리고 몇 논문이 일련번호로 이어지지 않는 것은 해당사항이 없는 경우이다. 이제 하나하나 소개·비판하기로 한다. 예의상 논자의 이름은 생략했다.

1. 제14대 국회의원선거 경향분석

(1) "투표참여와 기권—제14대 국회의원선거 분석"

〈목적〉 1) 유권자가 투표할 것인가, 그 여부를 결정하는 것에 관한 연구이다.

〈방법〉 2) 통계분석을 하였다.

〈분석〉 3) 긍정적 참여형이 49.7%, 저항적 참여형이 35%, 낙관적 기권형이 6.9%, 그리고 비관적 기권형이 8.4%가 된다는 점을 분석했다.

〈발견〉 4) 종래의 도시화가설과 동원압력가설보다는 교차압력가설이 보다 설명력이 있다는 것이다.

〈비판〉 5) 차이의 유의도(有意度) 검증 없이 낮은 투표율로 민자당이 덕을 보았다는 것은 논리의 비약이 아닐 수 없다. 동시에 설명력이 미약한(17%) 모델설정도 문제이다.

(2) "유권자의 여야성향과 투표결정 시기에 따른 정당지지"

〈목적〉 1) 유권자들의 정당성향이 투표행태에 미치는 영향에 관한 분석 연구이다.

〈방법〉 2) 통계분석을 하였다.

〈분석〉 3) 선거당일에 후보자를 선택하기로 결정한 유권자 중에는 무소속과 국민당으로 선회한 경우가 각각 27.3%와 15.9%이다.

〈발견〉 4) 인구사회경제적 변수와 투표성향이 높은 상관관계가 있다는 점과 부동표 내지는 야당성향표의 향방에 관한 것을 발견해 냈다.

〈비판〉 5) 43%에 해당되는 중도성향에 관한 해석상 내지는 분석상의 문제가 있다.

(3) "제14대 국회의원총선거에서의 정당지지분석"

〈목적〉 1) 유권자들이 특정정당을 선택하게 되는 이유와 경로에 관한 연구이다.

〈방법〉 2) 통계분석을 하였다.

〈분석〉 3) 유권자가 지지하는 정당을 선택함에 있어서 일관성을 보인다.

〈발견〉 4) 쟁점투표 또는 정책투표의 징후가 역력히 나타나고 있다.

〈비판〉 5) 후보자의 인물요인에 대한 고려가 미흡하다. 이 점은 연구자도 스스로 지적한 바 있다.

(4) "한국 국회의원선거과정의 특징──제14대 총선의 3개 선거구 사례를 중심으로"

〈목적〉 1) 국회의원의 선거과정을 체계적으로 분석한 연구이다.

〈방법〉 2) (비)참여관찰 및 서술적 방법을 원용했다.

〈발견〉 4) 중앙당의 공약이 지역에서 수정되고, 선거운동의 통로가 직접, 간접, 비밀 등 다양하다는 점을 발견했다.

〈비판〉 5) 역동적이면서 비역동적이다. 왜냐하면 정당과 후보자라는 두 행위자간의 관계에만 초점을 맞추고, 그 밖의 유권자, 선거관리위원회, 정부 등과의 관계를 간과하고 있다. 이 점은 연구자도 수긍하고 있다. 그러나 면접조사의 전형적인 틀에서 탈피했다는 점을 주목할 필요가 있다.

(5) "합리적 유권자 모델과 한국의 선거분석──여촌야도, 지역주의, 정당본위투표를 중심으로"

〈목적〉 1) 한국적 상황에 합리적 선택이론을 적용한 연구이다.

〈방법〉 2) 연역적 서술방법을 택했다.

〈분석〉 3) 여촌야도, 지역주의, 정당본위의 유권자 투표성향을 분석하면서 기존 이론의 결함을 모두 지적하고 있다.

〈발견〉 4) 근대화이론으로 보든 합리적 선택이론으로 보든 투표행위의 '현상'에는 별 차이가 없으나, 역시 민주화가 실패하는 근본적 원인을 찾는 데에는 합리적 이론이 더 타당하다.

〈비판〉 5) 합리적 선택이론으로 분석한 주장 역시 얼마든지 거부될 수 있다는 가능성을 열어 놓아야 할 것이다.

2. 정치적 경기순환론

(1) "선거와 정치적 경기순환"

〈목적〉 1) 선거가 경제에 미치는 영향을 분석한 연구이다.

〈방법〉 2) 시계열분석 등 본격적 계량분석방법을 원용했다.

〈분석〉 3) 지속적이든 일시적이든 정부여당이 경제운영에 간섭하였으리라는 가설은 입증되지 않았다. 그러나 정부발주 건설공사나 재정 등 특정부문에서 간섭했다는 사실이 어느 정도 나타나는 듯하다. 예를 들면, 선거 후 통화량이 감소하고(3-5%), 선거 전에 건설계약이 증가하는 것(28.4%) 등으로 개입의 개연성을 점칠 수 있다.

〈발견〉 4) 시장메커니즘의 정치적 왜곡현상이라고 할 수 있는 선거경제주기는 이념이나 정강이 비슷한 보수정당간의 치열한 경쟁상태에서 유리한 위치에 있는 정부여당에 의해 사용될 가능성이 높다.

〈비판〉 5) 선거제도와 대선과 같은 중요한 변수를 통제하지 못했다. 또한 두 번의 선거로는 시계열분석기간이 넉넉하다고 볼 수 없다.

(2) "선거와 경제—정치적 경기순환 이론과 6공화국의 정치 경제"

〈목적〉 1) 정치적 경기순환이론을 한국에 적용할 가능성이 있는가를 모색하고 제6공화국의 상황을 분석한 연구이다.

〈방법〉 2) 서술적 방법을 구사하였다.

〈분석〉 3) 정권 초기의 실질소득증가와 정권 후기의 물가상승률 등을 분석하였다.

〈발견〉 4) 제6공화국 정부가 경제를 정치적으로 현명하게 운영하지 못했기 때문에 제14대 총선에서 과반수를 획득하는 데 실패했다.

〈비판〉 5) 경제성장, 물가상승 및 실업 이외에 다른 경제지표를 더 사용한 분석이 있었으면 좋을 뻔했다.

3. 제3영역의 선거활동

(1) "한국 이익집단의 선거전략 연구—제14대 총선을 중심으로"

〈목적〉 1) 선거에서 이익단체들이 행한 정치활동을 분석한 연구이다.

〈방법〉 2) 면접조사로 얻은 자료를 분석하였다.

〈분석〉 3) 한국노총, 전농, 전노협, 전교조 등은 특정 후보를 지지하거나 반대하였다.

〈발견〉 4) 총선을 맞아 전략목표를 설정하고 목표를 달성하기 위해 조직적인 활동을 전개한 이익집단이 그리 많지 않았고 영향 자체가 미미하였다. 그리고 우호적이라고 판단되는 정당만 선택적으로 접근하면서 민원적 성격에서 벗어나지 못했다. 그러나 80년대 중반 이후부터는 조직적이고 적극적이었다. 그럼에도 불구하고 미국식으로 정치헌금을 하지는 않았다.

〈비판〉 5) 개념을 적절히 사용하지 못하고 있다(예: "이익집단들이 '선거전략'을 수립하고…등). 질문내용이 피상적이다. 그리고 실제로 선거자금을 전달치 않았는지 의구심이 남는다.

(2) "제14대 국회의원선거와 시민운동—'공선협' 활동을 중심으로"

〈목적〉 1) '공선협'이 전개한 시민운동의 효과를 설명하는 연구이다.

〈방법〉 2) 서술적 방법을 구사했다.

〈발견〉 4) '공선협'이 전개한 공명선거운동 중 입법과정에 미친 영향은 두드러지지 않았으나, 투표참여운동에는 어느 정도 효과를 거두었다.

〈비판〉 5) 공명선거운동의 효과, 즉 운동과 투표참여간의 인과관계가 비논리적이다. 왜냐하면 일주일동안 투표의사의 변화를 보고 기권이 참여로 돌아서는 것이 마치 시민운동의 효과인 듯 주장하고 있기 때문이다. 나아가 3월 12일에 "꼭 투표하겠다"가 64.8%, 19일에 76.5%이고, "아마 투표할 것이다"를 포함하면 각각 82.2%와 89.3%가 되는데 실제 투표율이 71%였던 점을 감안하면 여론조사 자료의 신뢰성에도 문제가 있다는 것을 쉽게 알게 되고, 동시에 그 선거기간 동안에 시민운동의 효과가 결과적으로 마이너스였다는 주장에 대해 반박할 논거가 없어진다. 또한 "시민운동은 정부의 협조와 지원을 필요로 한다"는 주장도 한국적인 상황에서는 오해를 부를 소지가 있다.

(3) "제14대 총선과정에 나타난 재야 운동권의 선거전술 및 한계—정통성에서 효율성으로"

〈목적〉 1) 학생운동을 포함해서 '민족민주운동'(민민운) 진영의 선거참여를 그 과정과 전술변경, 그리고 운동방식을 통해서 설명한 연구이다.

〈방법〉 2) 문건분석 및 비표준화 면접을 했다.

〈발견〉 4) 민중당을 비롯한 전 '민민운' 진영은 진보의 내용을 현실적으로 구체화시켜 유권자들에게 제시하는 데 실패했다. 그 실패의 원인은 지역연고주의에 기반을 둔 국내정치구도를 극복하지 못했기 때문이다. 한편 6공 들어 정치적 관심이 정통성의 정치에서 효율성의 정치로 전이되었던 점도 원인 중 하나이다.

〈비판〉 5) 국내정치구도가 지역연고주의 또는 지역할거주의에만 기반을 둔 것은 아닐 것이다. 진보세력의 진출이 어려웠던 사정을 일반유권자들의 이념적 성향 내지는 이념적 편견에서도 찾는 논의가 곁들여졌어야 했다. 왜냐하면 진보정당에 대한 국민의 선호는 4% 정도라는 것이 어느 조사(신도철, "한국의 민주주의")에서 밝혀진 바 있는데, 그중에서도 투표하겠다는 사람은 60% 미만이고 거기에다가 실제로 투표하는 비율은 더 낮은 것이 현실이다. 이런 식의 전개는 「결과긍정의 오류」를 범할 염려가 있다.

4. 선거의 의미분석

(1) "제14대 총선의 정치사회학적 의미"

〈목적〉 1) 한국정치의 본질과 위상이 어떻게 변해가고 있는가를 설명하는 연구이다.

〈방법〉 2) 서술적 방법을 구사했다.

〈발견〉 4) 선거를 정치세력간의 타협의 산물로 보고 독립변수라기보다는 종속변수로 생각하고, 3.24총선을 탈근대적이고 탈계급적인 현상이 중첩되어 나타나는 정치지형에서 갈등과 모순이 응축적으로 표출된 선거라고 의미를 부여했다. 갈등과 모순으로는 불신, 대립, 개혁, 지역편중 및 탈이념 등을 들고 있다.

〈비판〉 5) 현상에 대한 해석이 안일하다는 느낌이 든다. 왜냐하면, "현재로서는 국내의 절박한 국가위기가 정치적 파국 — 지배연합의 해체나 분열 등 — 이 생기지 않을 것으로 보이기 때문에 크나큰 정치적 변화는 없을 것으로 보인다"고 한 대목을 예로 들면, 선거 이후의 정당재편만으로 지배연합의 변화를 쉽게 감지할 수 없기 때문이다. 여기서 '지배연합'의 구성문제도 논란의 여지가 많다. 논리적으로도 가정과 가정의 연결로 인해 「선결문제요구의 오류」를 범할 우려가 있다.

(2) "한국자본주의체제변동에 있어서 제14대 총선의 의의"

〈목적〉 1) 제14대 총선을 역사구조적으로 분석한 연구이다.

〈방법〉 2) 서술적 방법을 썼다.

〈발견〉 4) 신중상주의적 발전전략을 추구하는 권위주의적 지배연합이 이끄는 국가자본주의체제가 이번 총선으로 큰 충격을 받았으며, 이 신중상중의적 지배연합이 국민당의 출현으로 금권주의적 지배연합이 될 것으로 본다.

〈비판〉 5) 체제의 성격과 선거와의 관계는 매우 밀접한 것으로서 연구의 가치가 있으나, 한국의 정치경제체제를 신중상주의 지배연합으로 단정하고 있고, 지배연합의 주체 사이의 권력배분이 국민당의 출현으로 바뀌면서 금권주의 지배연합이 된다는 것은 논리의 비약이다. 지배연합의 구성도 달리 분석되어야 할 과제이다. 이 경우는 「선언지 긍정의 오류」를 범한 것이다.

5. 대통령제, 대통령선거

(1) "민주적 공고화와 대통령제—협의민주주의적 관점에서"

〈목적〉 1) 민주적 공고화의 과정에서 제기되는 다양한 문제들을 해결하기 위해 제도적 틀로서의 대통령제와 그 대안으로서 내각책임제를 논의했다.

〈방법〉 2) 방법은 서술적이다.

〈발견〉 4) 한국의 대통령제에 있어서 문제점, 분활된 다원주의와 거리가 먼 한국사회, 협의민주주의의 제도적 수용에 따르는 문제, 그리고 양당제로 가는 경향 등을 고려할 때 한국의 정치체제의 대안으로 양당제에 결합된 내각책임제가 선택의 여지를 남긴다.

〈비판〉 5) 서양사회에 비해 동질적이라는 한국사회에 대한 인식의 오류, 다시 말해서 인종, 언어, 종교 등이 거의 단원적이긴 하지만, 한국사회가 안고 있는 인색, 부정, 불신 등은 사회의 또 다른 다원성을 잉태하고 있는 것에 다름 아니다. 그렇다면 이때 협의민주주의보다는 권력의 공유가 가능하고, 따라서 보다 안정적인 내각책임제가 낫다는 논리가 항상 성립되지는 않는다. 많은 논문들이 이와 같은 「전제의 오류」에 빠져 있다.

(2) "대통령제의 비교체제이론적 접근—비교분석을 위한 개념의 모색을 중심으로"

〈목적〉 1) 정부형태(국가원수제)에 관한 대통령제-의원내각제란 '단순화의 단순주의' 문제를 극복하기 위해 이들 제도의 유형과 개념을 비교하고 평가하여 대안을 모색한 연구이다.

〈방법〉 2) 서술적 방법을 구사했다

〈발견〉 4) 특정인물에 의존하는 이외에 정치에 대해 갖는 부정적 시각을 극복하는 제도적 대안으로 내각제, 내지는 정치영역이 이원구조를 띠는 독일식 내각제를 생각해 볼 수 있다.

〈비판〉 5) 권위(대통령)와 권력(수상)의 분리로 한국정치가 근본적으로 안고 있는 문제가 해소될 수 있을지 의문이다.

(3) "제14대 대통령선거의 정치변동적 의의"

〈목적〉 1) 제14대 대통령선거가 권위주의체제하에서 정권이 지녔던 사적 성격을 탈피할 수 있는 계기를 마련해 줄 것이라는 가능성에 관한 논의를 한 연구이다.

〈방법〉 2) 서술적 방법을 사용했다.

〈발견〉 4) 사회경제구조적 변화를 통해서 형성된 힘이 군의 탈정치화를 수반하는 군사권위주의의 해체와 전반적인 권위주의의 퇴조를 가져오게 함으로써, 군의 거부권행사가 봉쇄된 가운데 "정치적 리더십을 획득하기 위한 경쟁"이 가능케 된다.

〈비판〉 5) 합리적 선택이론의 입장에서 보면 지극히 피상적인 관찰과 논의 같다는 인상이 든다.

(4) "제14대 대통령선거의 쟁점과 전망"

〈목적〉 1) 대선에서 선거쟁점을 이해할 수 있는 틀을 토대로 다가오는 대선에서 제기될 쟁점들을 논의하고 그 후의 정국을 전망해 본 연구이다.

〈방법〉 2) 서술적이고 분석적 방법을 원용했다.

〈발견〉 4) 쟁점은 정치체제의 정당성 수준, 정책대결의 수준, 그리고 후보 개인적 자질의 수준에서 논의될 것이고, 대선 후의 정국은 민주정부가 수립되어 민족통일에 대한 실질적 논의와 협상이 진전되고 정당구조가 지금과 같지 않을 것이며, 경제안정과 정치참여의 제도화는 시간이 더 걸릴 것이다.

〈비판〉 5) 틀의 제시로 분석적인 인상을 주지만, 논의는 직관적이다.

6. 선거제도/개선

(1) "선거제도와 유권자의 선택—우리 나라 선거제도와 유럽 선거제도의 비교"

〈목적〉 1) 제14대 국회의원선거 결과를 프랑스의 결선투표제와 독일의 정당기표제와 후보자 선호제를 병행해서 비교분석한 연구이다.

〈방법〉 2) 서술적이고 분석적 방법을 썼다.

〈분석〉 3) 역대 국회의원선거 결과와 특히 제14대 국회의원선거의 결과를 프랑스와 독일의 방식으로 분석해 냈다.

〈발견〉 4) 특히 야당의 경우에 득표율과 당선율에서 차이가 크게 나지 않았다.

〈비판〉 5) 표(表)에 관한 설명이 부족하고, 또한 표 구성의 일관성이 결여되어 있다.

(2) "한국의 국회의원 선거제도에 관한 연구"

〈목적〉 1) 선거의 기본원칙, 선거문화, 선거경험 등을 토대로 선거제도의 문제점을 도출하고, 그 개선을 위한 정책방향을 제시한 연구이다.

〈방법〉 2) 서술적 방법이다.

〈발견〉 4) 개인접촉금지, 후보자 자기선전활동 확대, 선거자금의 수입과정 양성화 및 위장전입자의 투표권 박탈 등 개선책을 건의하고 있다.

〈비판〉 5) 지금까지 많이 논의된 선거제도 개선책 중 일부에 불과하다.

(3) "한국선거제도의 정치적 효과—대표성과 형평성 문제"

〈목적〉 1) 선거제도의 정치적 효과를 민주정치발전이라는 시각에서 분석한 연구로서, 초점은 선거의 왜곡효과—어느 정당, 어느 계층에게 유리한 왜곡효과인가이다.

〈방법〉 2) 서술적이면서 분석적이다.

〈분석〉 3) 공화국별로 선거제도의 왜곡효과가 어느 정도인가를 비교 분석하고, 불공정한 선거구 획정과 표(票)의 비등가성의 정도를 분석했다.

〈발견〉 4) 국민의 의사를 왜곡시키는 선거제도와 일인일표의 원칙에 위배되는 선거구의 획정방법을 밝혔다.

〈비판〉 5) 내용과 결론 등이 모두 훌륭하나 결론 중에는 앞의 분석에 근거하지 않은 것도 있다. 나아가 대선거구와 소선거구의 차이에 관한 가설적 주장을 입증할 수 있는 분석이 곁들여졌으면 한다.

(4) "패자의 논리도 중요하다—제14대 총선 당선자와 낙선자 비교분석"

〈목적〉 1) 당선자와 차점낙선자의 사회인구학적 배경변수에 관해 분석한 연구이다.

〈방법〉 2) 서술적이고 분석적이다.

〈분석〉 3) 두 집단의 연령, 당선횟수, 경력, 학력 및 지역적 특성을 비교분석하였다.

〈발견〉 4) 연령에서 당선자 집단(54.57세)과 낙선자 집단(52.62세)간에 차이가 없다. 평균당선횟수는 당선자 집단이 1.20회이고 낙선자 집단이 0.77회이다. 경력을 보면 기업인과 변호사 출신의 낙선율이 높다. 학력면에서도 두 집단의 차이를 발견하기 어렵다. 오히려 고학력자가 낙선되는 비율이 높다.

〈비판〉 5) 차차점 낙선자에 관한 분석 없이 당선자와 차점자의 자질이 등질적이라고 해서 중선거구제를 주장하는 것은 논리의 비약이다.

위에서 각 논문마다 몇 줄씩 평론했지만, 이를 통틀어 한국의 선거연구 경향을 전반적으로 평가해 보기로 한다.

과거의 연구가 투표행태분석에 한정된 감이 있었는데 다양한 소재로 확대되어 가는 경향이다. 이러한 경향은 이미 김준한의 "투표권력"과 박성복의 "투표와 정책선호와의 관계" 등에서 나타나기 시작했다. 그러나 아직도 많은 문제를 안고 있다. 몇 가지를 열거하면,

첫째, 참고문헌을 망라하고 있지 못하다. 특히 연구자들이 관련되는 국내문헌조차 보지 않는다는 사실은 연구의 퇴행성을 보이고 있는 것이다.

둘째, 가장 심각한 문제로 지적되어야 할 것은 논문들의 논리전개가 추

리와 추측을 기초로 하는 경우가 많고 또한 단정적이어서 논리적이지 못하다는 점이다. 많은 논문들이 논증형식에서 오류를 범하고 있다는 사실을 쉽게 간과해서는 안 된다. 앞서도 지적했지만 되풀이하면, 「결과긍정의 오류」를 범한 논문이 몇 편 있는데, "만일 비가 오면 땅이 젖는다. 땅이 젖어 있다. 따라서 비가 왔다"라는 논리는 반드시 비가 와야만 땅이 젖는 것이 아니기 때문에 쉽게 부정될 수 있는 것이다. 또 「선결문제요구의 오류」도 "성경에 적힌 것은 진리이다. 성경에 그렇게 적혀 있기 때문이다"와 같은 식이다. 반론의 여지가 많겠으나 없지도 않은 '지배연합'이 당연히 있다는 것을 전제로 결론을 도출해 내고 있다.

「선언지 긍정의 오류」도 마찬가지여서 "그는 자유민주주의자이든지 사회민주주의자일 것이다. 그런데 그는 자유민주주의자가 아니다. 따라서 그는 사회민주주의자이다"라는 식이다. 신중상주의적 지배연합이 아니니까 금권주의적 지배연합이다라는 논리는 위험한 전개인 것이다. 또한 형식을 떠난 오류에서도 감정에 호소하는 식의 「심리적 오류」와 특정체제를 매도하는 심리적 오류를 범하고 있고, 동시에 성급하게 일반화를 시도하여 「자료적 오류」를 범하고 있는 경우가 많다. 애매한 용어, 정의에 의한 존재의 강요, 그리고 범주오류 등 「언어적 오류」를 범한 경우도 있다.

셋째, 분석적이지 못하고 지리하게 설명하고 있다.

넷째, 아직도 문장이 순화되어 있지 못하다. 이것은 학계가 안고 있는 매우 심각한 문제인데 특히 일본식과 미국식 한국어를 구사하는 경우가 많아 한시 바삐 극복되어야 할 것이다.

다섯째, 서구에서 도출된 결론을 이론적 근거로 사용하고 있어 매우 적절치 못하다. 이는 서구연구에서 도출한 일반론적 가설이 우리 나라에서 적절한지 아닌지를 판단할 수 있는 실증적 근거가 아직 없다는 뜻이다. 따라서 김종림의 지적처럼 실증적 연구가 매우 소망된다.

여섯째, 끝으로 합리적 선택이론에 따른 논리적 분석에 관심을 기울일 필요가 있다. 그것은 우리가 모르는 사이에 범하고 있는 전제의 오류에서 벗어날 수 있는 길이기 때문이다.

이상에서 한국선거연구가 안고 있는 방법론상의 문제들을 예시했다. 끝으로 보완의 뜻으로 몇 가지 제의를 덧붙인다.

첫째, 보다 정확한 자료를 수집하기 위하여 면접, 전화 등 조사에 병행해서 관찰조사를 많이 했으면 한다. 참고로 작년에 발간된 『우리동네 선거이야기…』에서는 관찰조사기록이 많이 제시되어 있다.

둘째, 선거의 결과를, 그것도 왜곡된 결과만을 놓고 분석을 하고 있기 때문에 실체에 보다 접근하기 위해 깊이 있는 존재론적 논의를 할 수 있는 포럼이 정기적으로 개최되었으면 한다. 거기에서 부정확한 자료를 발표하는 여론조사기관의 내용도 비판해야 한다.

셋째, 제2차 자료를 분석하는 것도 중요함으로 중앙선거관리위원회에서 후보자 등록을 받을 때 좀더 자세한 인적 사항을 제출하도록 한다.

넷째, 시민의 대표를 뽑는 이들 엘리트의 충원과정을 크게 고쳐야 민주주의를 할 수 있기 때문에, 선거연구회 등 연구회가 본격적인 한국선거제도 개선연구를 했으면 한다.

다섯째, 더불어 관심을 가져야 할 것은, 선거체계가 정당체계와 의회체계와 함께 삼각구도를 형성하고 있기 때문에 선거연구에는 의회와 정당에 관한 것이 병행되어야 하고, 동시에 정치엘리트에 관한 연구도 함께 진행되어야 한다.

이상의 논의는 또 다른 평자의 또 다른 평견에 의해 거부될 수 있는 소지를 담고 있다. 그것은 논의의 지평이 가없기 때문이다. 그럼에도 불구하고 이런 논의가 계속되어 선거연구만이 아니고 한국의 사회과학연구가 보다 체계적이고 논리적이 되기를 바란다.

3. 여론조사에서 방법론적 오류의 예

이번에는 여론조사에서 흔히 범하는 오류를 정리해 적어놓기로 한다. 이는 매우 중요한 문제이다. 오늘에 이르러 여론조사가 너무 흔히 그리고 너무 쉽게 행해지기 때문에 주의를 환기시킬 필요에서도 이 문제에 주의를 기울이기 바란다. 여론조사가 잘못되고 있는 현실에 관하여는 앞의 제16장, 자료의 수집방법(Ⅱ)에서 상론한 바 있고, 또한 달리 발간되는 책에서 자세하게 파헤친다(김광웅 · 임동욱 · 황종우 공저, 『할아버지 수고하셨습니다 — 참여론바로보기』, 근간). 여기서는 이를 통틀어 문제점을 개관하기로 한다.

선거때가 되면 특히 신문과 방송이 앞다투어 여론조사를 벌이고, 정당과 후보자 캠프에서도 지지도에 관한 여론조사를 실시해 전략수립의 기초로 삼고 있다. 언론이 통제되던 독재정권에서는 엄두도 못내던 정치조사가 80년대 말부터 부쩍 늘게 된 것이다. 국민의 의견을 존중하는 당연한 추이이기도 하다.

그런데 이처럼 중요한 여론조사가 정확하냐를 따지고 들면 문제가 달라진다. 선거뿐만이 아니라 일반 국정에 관련된 여론조사 역시 그 정확성에 의문이 있어 이를 바탕으로 수립되는 정책에 자칫 혼선이 생길 위험도 없지 않다.

여론조사의 폐해는 비단 국정운영이나 선거에 국한되지 않는다. 일상생활에 관련된 여론조사도 많은데, 그중 민감한 사안이면 조사의뢰자의 의도가 결과분석에 반영되는 예도 없지 않아 판단을 그르치는 경우가 흔히 생기기도 한다. 그러나 여론은 알아야 한다는 데 조사의 필연성이 있고, 따라서 한계가 많지만 여론조사를 막을 길은 없다. 단지 기왕 하는 조사이니 정확하게 해야 한다는 주문이 따를 뿐이다.

3.1 자의 눈금 정확지 않다

최근 지방선거와 관련된 한 여론조사를 보면 여론조사의 ABC를 무시한 채 조사를 하고 있다는 사실을 쉽게 알 수 있다. 이러한 오류가 국내 유수의 일간지와 방송사, 그리고 여론조사기관이 공동으로, 그것도 오랫동안 꾸준히 반복되고 있다는 데 문제의 심각성이 있다.

1995년 5월말 「조선일보」는 선거예상조사와 관련하여 민선지사가 해결하여야 할 당면과제로 '지역발전/개발'(16.7%). '교통난 해소'(10%), '농어촌문제'(10%), '지역경제활성'(8.5%), '물가안정'(4.1%), '지역감정해소'(3%), '도청이전'(2.8%) 등을 꼽았다. 일견 이상할 것이 하나도 없는 듯 보이나, 바로 여기에 여론조사의 함정이 도사리고 있다. 그것은 바로 개념구성이나 용어의 조작적 정의에서 실수를 저지르고 있기 때문이다.

첫째로 지적할 것은 ‘지역발전/개발’과 ‘지역경제활성’이라는 개념이 일부 중복되면서 설문작성상 카테고리가 배타적이어야 한다는 원칙을 어기고 있다. 전화조사였으므로 당면해결과제를 개방식으로 물었다기보다 폐쇄식으로 물었을 가능성이 높다. 즉 앞의 여러 문제를 열거하면서 그중 하나를 택하라고 주문했을 것인데, 응답자는 물론 지역발전과 개발은 공장이 들어서고 정보과학단지가 생기며, 도로나 교량이 느는 상태를 염두에 두고 답했을 것이지만, 지역발전과 개발이라는 개념은 너무 광범위해서 그 안에 교통, 주택, 환경, 그리고 경제발전과 안정 등 온갖 문제가 다 포함되는 매우 추상적인 개념이라는 사실이다.

둘째로 더 허망한 질문은 지사에게 기대할 수 있는 것으로 도청이전 같은 것은 가능하나 물가안정과 지역감정해소라는 것을 물었다는 사실이다. 물가안정은 지방장관의 소관이 아니라 중앙정부의 공공요금정책을 포함한 여러 복잡한 정책요소가 연계된 사항이라는 사실을 질문자는 모르고 작성한 듯하다. 동시에 지역감정의 해소도 도지사가 해결할 수 있는 사항은 아니다. 만일 이 질문이 폐쇄식이 아니고 응답자가 임의로 답한 것을 정리한 것이라면, 응답자의 수준도 문제려니와 질문자도 잘못 질문한 책임을 면할 수 없다.

셋째는 위에 열거한 일곱 가지 카테고리가 동일 차원의 문제들이 아니라는 점이다. 지역(광범위한)에 관한 질문이 셋, 그 다음에 농어촌(그러나 이것도 지역문제이다), 교통, 물가, 도청이전 등인데, 차원도 같지 않을 뿐만 아니라 등가적인 관계도 아니라는 데 문제가 있는 것이다. 다시 말하면 유개념(類槪念)과 종개념(種槪念)이 마구 뒤섞여버린 것이다.

넷째로 카테고리 구성상 표현도 잘못돼 있다. 어떤 것은 문제로, 어떤 것은 활성, 개발 등 긍정적인 용어로, 또 어떤 것은 이전이라는 중립용어로 표현하고 있다. 한마디로 이 한 가지 질문에 이처럼 많은 문제가 담겨져 있으니 여간 큰 문제가 아닌 것이다. 여론조사는 사람들의 마음, 의식, 의견 등을 자로 재는 것인데, 그 자의 눈금이 이처럼 뒤죽박죽이면 측정 자체가 무의미해지는 것이다.

3.2 왜 조사마다 다를까

조사표 작성상의 오류는 이처럼 한두 가지가 아니다. 조사표를 만드는 것이 결코 쉬운 일이 아닌데, 아마도 궁금한 것 한번 물어보자는 안이한 태도로, 심하게 말하면 별 생각 없이 마구 만드는 것이 아닌가 하는 의구심을 갖게 하기에 충분하다. 조사표 작성 중에는 물론 쉬운 것도 있다. 누구를 더 지지하느냐, 또는 선호하느냐고 묻는 것은 다른 테크닉이 필요하지 않다. 찬반에 관한 것을 묻는 것도 쉬운 일 중의 하나이다. 그러나 쉬운 질문인데도 왜 조사마다 결과가 다를까 궁금증이 생긴다.

1994년 해 5월 28일자 「조선일보」와 「중앙일보」는 관훈클럽토론 후 서울시장후보자 3인에 대한 유권자들의 지지율 변화를 조사했다. 「조선」은 박찬종 후보가 30.7%의 지지율에서 7.5%포인트가 오른 38.2%, 조순 후보는 19.9%의 지지율에서 4%포인트가 오른 23.9%, 그리고 정원식 후보는 16.7%의 지지율에서 1.3%포인트가 오른 18.0%로 분석결과를 발표하였다.

이에 반해 「중앙」은 박찬종 후보가 40.2% 지지율에서 4%포인트 하락한 36.2%, 조순 후보가 26.2% 지지율에서 2.4%포인트 오른 28.6%, 그리고 정원식 후보는 20.8% 지지율에서 1.7%포인트 오른 22.5%라고 하였다. 여기서 궁금한 것은 박찬종 후보에 대한 두 신문간의 조사결과이다. 「조선」은 관훈토론회 이후 7.5% 지지율 상승이라고 한 반면 「중앙」은 4% 지지율 감소로 나왔다는 점이다.

또 관훈클럽에서 누가 잘했다고 보느냐는 물음에 대해 조선은 정원식-박찬종-조순 후보순이었는 데 비해 중앙은 조순-박찬종-정원식 후보순으로 발표해 독자들을 어리둥절하게 했다. 조사방법에 따라 그럴 수도 있겠으나, 어쩐지 개운치는 않다.

조사마다 다르다는 또 다른 예를 하나 더 들어 본다. 1995년 6월 들어 「세계일보」(6. 1), 「중앙일보」(6. 4), 그리고 「경향신문」(6. 6)이 각각 부산의 후보자에 대한 여론조사를 실시했는데, 문정수 후보가 각각 32.1%, 36.7%, 23.6%를, 그리고 노무현 후보가 각각 37.1%, 37.4%, 32.0%를 얻었다. 여기서 궁금하게 생각하는 것은 노무현 후보는 신문별로 고른 지지를 얻고 있는 반면에, 문정수 후보의 경우는 「중앙」(36.7%)과 「경향」(23.6%)간에 큰 차이를 보인다는 사실이다. 왜 그럴까? 불과 이틀 동안에 13%포인트에 달하는 지지율의 차이가 나타나지는 않을 것이다. 두 조사간의 차이에는 분명히 원인이 있을 것이고, 그 원인은 여기서 밝히고 있는 것들이라고 추정해도 크게 틀리지 않을 것이다.

또 다른 예를 하나 들면, 1991년 3월 28일자「동아일보」여론조사는 투표할 때 고려하는 요인으로 '사람됨됨이' 26%, '능력' 41.4%, '주위평가' 12.4%, '공약' 7.8%, '지연' 5.9%라고 발표했고, 같은 날「조선일보」는 동일한 조사에서 '인물' 41.9%, '공약' 31.6%, '친여야성' 10.1%, '안면' 6.0%라고 발표했다. 동일한 조사를 했는데 왜 공약에 대한 답이 각각 7.8%와 31.6%라는 매우 큰 차이를 보였을까.

그 원인은 말할 나위도 없이 앞에서 이미 지적한 대로 설문 카테고리간에 균형도 맞지 않고 유개념과 종개념이 뒤섞여 있고, 망라적이 아니기 때문이다. 그 가운데 조선은 '친여야성'이라는 애매한 표현을 빼고는 인물, 공약, 안면 등 서로 배타적일 수 있는 카테고리를 나열하였으나, 동아는 사람됨됨이, 능력, 주위평가 등이 서로 일부 중복되는 개념들인데다가 응답자들은 이들 비슷한 표현 중에 심리적으로 얽매여 선택되는 성향이 있기 때문에 상대적으로 공약에 대한 선호가 적었던 듯 싶다. 만약 공약의 중요성이 7.8%의 비중밖에 없다면 누가 공약을 개발해 나중에 비록 공약(空約)이 되어버리긴 하지만 열심히 발표하려고 하겠는가.

한마디로 이런 식이다. 사과, 배, 감, 귤, 땅콩, 오징어 중에서 하나를 고르라고 한다거나, 과일, 사과, 배, 감, 과자 중에서 좋아하는 것을 고르라고 하는 것과 같다.

언론의 여론조사는 투표예상률에서도 큰 차이를 보였다. 1992년 3월 7일에서 12일 사이에「한국일보」,「세계일보」,「경향신문」,「동아일보」,「조선일보」가 각각 조사한 국회의원선거 예상투표율은 각각 67.1%, 87.7%, 69.5%, 86.2%, 71.2%였다. 67.1%에서 87.7%까지 자그만치 20%포인트의 큰 차이를 보였다. 결국 실제 투표율인 71.9%에 가까운 조사는 2천명을 조사한 조선·한국갤럽의 공동조사와, 1천2백 명을 대륙연구소가 대신 조사한 경향의 69.5%였다. 다른 신문은 7백명, 8백명 정도밖에 조사하지 않았기 때문에 아무래도 표본오차가 클 수밖에 없었을 것이다.

이상에서 밝힌 몇 가지 조사오류의 사례는 극히 일부분에 불과하다. 그러면 왜 조사에서 오류가 발생하는지를 하나하나 지적하면서 몇 가지 대책을 제시해 보기로 한다.

3.3 표본추출부터 문제

여론조사든 무슨 조사든 알아야 할 대상을 모두 조사할 수 없으니 그 일부를 조사해 전체의 성격이나 경향을 유추해 내는 표본조사는 불가피하다. 그러나 이것의 전제는 표본이 전체를 대표하는 대표치여야 한다는 것이다. 신문에서 조사한 결과를 분석설명하고 끝에 신뢰도 95%의 범위 내에서 오차가 ±4.3%라고 하는 것은, 대표는 하되 완전하지 않다는 표시이다. 5%의 범위에서는 전혀 다른 결과가 나타날 가능성이 충분히 있다는 뜻이다. 그리고 오차도 앞뒤로 4%라면 크게는 8%의 차이가 날 수도 있다.

오차의 가능성은 표본의 크기와 직결된다. 표본이 크면 신뢰수준도 99%가 될 수 있고 오차도 ±3%로 준다. 약 1천6백 명 정도를 조사하면 충분한 대표성을 확보하게 된다. 그런데 많은 조사가 1천명 전후이거나 심한 것은 2백~3백명 조사하고 마치 전체가 그런 듯 호도하여 여론을 오도하고 있다.

비슷한 맥락인데, 작년 경기도 지자제선거 여론조사에서 5백50명의 반응을 분석한 것을 보면 1위가 25.5%, 2위가 11.5%, 3위가 4.3%, 그리고 '모르겠다'가 54.9%였다. 반수 이상의 모르겠다는 부동층을 빼고 나면, 2백20명이 후보자들을 선호한 셈인데 그 숫자는 각각 1백37명, 63명, 그리고 22명이다. 과학적인 조사는 물론 이 비율이 전체 유권자의 지지비율과 비례한다는 전제인데, 문제는 모집단 5백여만 명을 대표하기에는 표본의 크기가 너무 적다는 것이다.

표본추출은 숫자의 문제에서 끝나지 않는다. 어디까지나 '그럴 것이다'라는 확률로 말하는 것이니까 표본도 확률로 추출해야 객관성이 확보된다. 표본추출은 그래서 여러 방법 가운데 확률표출을 하게 되는데, 몇 단계 표출을 하다가 정작 세대(世帶)를 뽑는 마지막 단계에 가서 무작위추출이 되지 않는다.

이것은 우리 나라의 각 지역이 구획정리가 잘 안 되어 있어서 주소의 배열이 반듯하지 않기 때문만이 아니다. 이사율이 높은 데다가 재개발 같은 것도 자주 있어 표본을 들고 현장에 가도 당사자를 만날 확률이 그리 높지 않은 것이다. 따라서 엄격한 의미에서 무작위추출이 되지 않는 것도 표본의 대표성을 낮추는 원인이 된다. 그러다보니까 연령층도 젊은 사람이 많거나, 또 직업별 분포도 주부나 학생이 과잉 대표되는 경향을 낳는다.

제17장에서도 지적한 대로, ㅁ전문조사기관이 1994년 3월에 전국 남녀 1천 명을 대상으로 정치개혁입법에 관한 조사를 하면서 20~30대 58.6%, 주부 32.5%를 표본으로 삼은 예가 있다. ㄷ연구소조사(1990년 5월)도 6. 25관련 국민의식조사에서 미혼여성을 68.5%나 표출하여 균형을 크게 잃은 경우가 있었다.

3. 4 유도성 질문의 오류

우리 나라 조사에서 흔히 범하는 또 다른 오류 중의 하나는 정답을 이끌어 내는 유도성 질문을 던진다는 점이다. 제 16 장에서 이미 든 예들이지만, "이제 깨끗한 정치를 위한 법적, 제도적 장치는 마련됐다고 합니다. 앞으로 깨끗한…"이라고 질문하면 응답자들은 앞으로 선거가 모두 공명선거가 될 것이라고 답하게 마련이다. 응답자의 지식수준이 걱정되어 현안문제에 대해 좀 설명할 필요에서 정의를 내려 주거나 사실을 미리 밝혀 주는 것이 불가피할 경우가 없지 않으나 깨끗한 정치가 마련되었다고 단언해 버리면 긍정적인 반응을 보일 수밖에 없다.

이 이외에도 "우루과이 라운드는 전세계 1백여 개 국가 이상이 참여하고 있는 다자간 무역협상입니다. ○○님께서는 일부 계층에 불리한 입장이라 하더라도 국가 전체의 이익을 위해서 이 협상에 참여해야 한다고 생각하십니까? 아니면 국제적으로 고립된다 하더라도 일부 계층을 보호해야 한다고 생각하십니까?"라고 물은 ㅈ 리서치의 1993년 12월 조사도 유도성 질문의 전형적인 한 예다. 또 "김영삼 대통령은 오늘 오후 재산문제, 도덕성 시비 등으로 사회적 물의를 일으킨 일부 장관들을 경질하였습니다. ○○님께서는 이 같은 일부 내각개편을 잘한 일로 보십니까? 잘못한 일로 보십니까?"와 같은 1993년 3월의 ㅎ전문조사기관조사도 91.7%의 찬성을 유도해 낸 질문이라고 할 수 있다. 이런 경우 보다 객관성을 유지하려면 "이번 개각을 어떻게 평가하십니까? 잘한 일입니까? 아니면 잘못한 일입니까?"라고 물으면 된다.

반면에 ㅅ연구소가 1994년 8월에 서울 거주자 7백 명을 조사하면서 "금융실명제 실시로 경제정의 확립에 성과가 있다고 생각하는가?"와 같은 질문은 앞에 군더더기 말 없이 직접 질문에 들어간 것이므로 유도하지 않았고, 따라서 편견이 개입될 소지가 없다. 그러나 이 경우도 전혀 문제가 없다고 할 수 없는 것이 금융실명제가 무엇인지, 또 경제정의가 무엇을 뜻하는지 모르면서 답하는 경우가 있을 것이라는 점이다.

보통 여론조사 전화를 받아 보면 당황할 때가 있다. 면접조사와 달리 상대방의 얼굴을 대하지 못한 채 대화를 나누어야 하기 때문에 질문하는 쪽이나 답하는 쪽이 여간 세심하게 주의를 기울이지 않으면 안 된다. 그런데 대부분의 경우가 양자는 대화를 하기보다 기계적 질문에 기계적으로 답할 수밖에 없는 상황이 벌어진다. 왜냐하면 응답자 쪽에서 이해가 안 되는 것을 질문하면 묻는 쪽에서 잘 설명을 해 주지 못하기 때문이다. 아마도 조사자들은 질문지 이외에는 보충설명 같은 것을 하지 말도록 훈련을 받았기 때문일 것이다. 질문지 이외의 설명은 잘못하면 내용이 왜곡되고, 따라서 응답자도 오해할 소지가 있기 때문에 이런 위험을 줄이기 위함일 것이다.

그러나 단문과 단답이라면 응답자는 궁금한 경우가 있다. 예컨대 남북한간의 통일이 '새로운 사회형태의 통일'(49.8%)일 때 '새로운 사회형태'라는 것이 무엇을 뜻하는지를 물어 보고 싶은 것은 당연하다. 자유와 공산이 공존한다든가, 독일식의 흡수통일이라거나, 남한사회식 통일이라는 표현은 어느 정도 이해할 수 있다.

3.5 조사원 수준 높여야

문제는 조사원들의 수준인데, 물론 숙련된 조사원도 많지만 아르바이트 정도로 여기고 있는 학생조사원들은 기계적으로 묻는 것을 당연시한다. 워낙 대화나 토론에 익숙지 못한 우리네의 습관과 수준이 이 같은 전화조사에도 그대로 반영된다. 외국의 전화조사는 서로 농담도 하고 긴 설명도 곁들이면서 쌍방간에 충분한 대화로 엮어진다.

우리 나라 여론조사가 안고 있는 문제는 한두 가지가 아니다. 조사의뢰자의 의도대로 여론조사가 이루어지는 경우도 있겠고, 또 언론이 조사결과의 일부를 침소봉대해서 전체를 왜곡시키는 경우도 있다. 정계개편의 필요성에 대한 답변에서 66.5%를 절대 다수라고 표현한다거나, 실명제를 86.8%가 찬성하면서도 추진상황에 대해 29.2%가 부정적으로 평가한다고 해서 후자에 초점을 맞추어 '불만'이라고 제목을 뽑는 것은 전체를 왜곡시킬 위험성이 있다.

그러나 조사에서 가장 큰 결함은 앞에서 지적한 대로 눈금이 정확치 않은 것인데, 이것은 적절한 용어의 구사에서 시작해서 문장의 구성력이 매우 취약하다는 점이다. 이론적 설명을 길게 하는 대신에 다시 한번 최근의 조사를 인용해보자.

1995년 5월 13일 「조선일보」는 서울시장 후보를 지지하는 이유로 인물 48.7%, 경력 26.0%, 정책 6.8%, 정당 8.6%, 연고 4%, 기타/유명도 7.5%라고 밝히고 있다. 모두(冒頭)에서 분석한 것과 비슷한 논의를 되풀이하는 것은 요즘의 조사가 카테고리 나열에서 매우 수준미달이라는 것과, 이런 문제를 극복하지 않으면 여론을 제대로 파악해 낼 수 없다는 것을 강조하기 위함이다.

풀이하자면, 이 질문에서 인물은 생김생김, 허우대만을 말하지는 않을 것이다. 여기서 인물은 인상, 성품, 능력 등을 합친 복합적인 것인데, 생김생김만 보고 찍는다는 사람이 반수 정도에 이른다는 것은 믿어지지 않기 때문에, 그렇다면 그것은 경력의 산물일 수도 있다는 사실이다. 여기서 다시금 두 단어의 개념이 겹치는 결과를 빚어 서로 배타적이지 않은 것을 선택케 했다.

나아가 정책과 정당을 분리시켜 묻는 것도 앞으로 삼갔으면 한다. 그 대신 공약이라고 하는 편이 낫다. 차라리 경력을 독립시키고 싶으면, '인물'이라는 말 대신에 '사람됨됨이' '성품' '인상' 또는 '지도력'이라는 용어로 대체하는 것이 낫겠다. 요는 설문지라는 도구가 정교해야 사람의 마음을 재서 읽어 낼 수 있는 것이다. 서로 모순되는 도구를 가지고 사람의 의식과 의견을 아무리 밝혀 내려 해도 그것은 원천적으로 불가능할 뿐이다.

3.6 여론조사를 재검증해야 한다

현행 여론조사에서 고쳐야 할 것은 수없이 많지만 대표적인 것만 간추리면 다음과 같다.

먼저, 2백～3백 명에 불과한 표본의 크기로 조사를 행하는 등 여론조사를 너무 쉽게 생각하는 데다, 힘들다는 이유로 전문가집단을 조사에서 제외하는 일이다. 일반 시민을 붙잡고 올림픽에서 금메달을 몇 개 딸 것 같으냐고 물으면 그 답은 근거가 미약한 희망 섞인 생각에 불과하다. 과학적 근거로 전략에 쓸 가치가 없는 것이다.

다음, 조사주체는 반드시 조사과정과 절차를 소상히 밝혀야 한다. 전화조사면 실제로 실시한 날짜와 시간대까지 표기해야 한다. 미국여론조사연구협회(AAPOR)는 여론조사결과 발표때 반드시 공개해야 할 여덟 가지 사항을 협회규약으로 정해 놓고 있는데, 그중 하나가 시간대의 공개이다. 그리고 이보다 더 중요한 것으로는 조사결과에 대한 해석상의 근거를 밝히는 것이다. 이는 매우 까다롭고 조사이론상 고도의 수준을 요구하는 것이다. 여기서 설문지의 문안을 공개해야 하는 것은 말할 것도 없다.

한 번 모은 자료는 많은 시간과 돈과 노력이 투입된 산물인데 이를 나누어 활용하지 못하면 그만큼 자원이 낭비되는 것이다. 또한 앞으로 조사표 작성은 관련분야의 전문가에게 반드시 자문을 구한 후 사용해야 할 것이다. 이것 저것 알고 싶다고 원칙을 무시한 채 설문을 만들면 그것은 결국 조사를 무위로 돌리고 마는 원인이 될 뿐이다.

프랑스는 여론조사 때 여론조사위원회의 사전 검증과정을 거치도록 하고 있다. 우리도 그렇게 해야 할지는 좀더 두고 생각해 볼 필요가 있다. 자칫 여론조사의 자유를 억압하는 우를 범할 염려가 없지 않기 때문이다. 그러나 당분간 조사의 수준이 본 궤도에 오를 때까지 여론조사기관들의 협의체인 여론조사협회(KOSOMAR)가 중심적인 역할을 해서 앞서 지적한 결점들을 보완하는 작업을 해 준다면 앞서 지적한 오류는 상당히 줄어들지 않을까 싶다.

제3부 참고문헌

고영복 편저. 『사회조사의 방법』. 서울: 영문사, 1975.

구범모. "제14대 총선의 정치사회학적 의미." 정치학회 하계대회, 1992.

김광웅. "과학적 이론과 조작적 행위," 『행정논총』. 11: 1, 1973.

김광웅·임동욱·황종우 공저. 『할아버지 수고하셨습니다 ― 촘여론바로보기』. 근간.

김광웅. 『한국의 관료제연구』. 대영, 1991, 65-66

김광웅. "패자의 논리도 중요하다," 『계간사상』(가을). 288-315, 1992.

김광웅. 『한국의 선거정치학』. 서울: 나남, 1991.

김광웅·김학수·박찬욱 공저. 『한국의 의회 정치-이론과 현상인식』. 박영사, 1991, 157.

김광웅 편. 『우리동네 선거이야기, 나라 선거이야기, 고쳐야 할 선거이야기』. 예음, 1993.

김도종. "제14대 총선과정에 나타난 재야 운동권의 선거전술 및 한계 ― 정통성에서 효율성으로." 정치학회 하계대회, 1992.

김재은. 『교육·사회·심리 연구방법』. 서울: 익문사, 1971.

김종림. "한국선거제도의 정치적 효과 ― 대표성과 형평성 문제."

김종표·박경산. "선거와 정치적 경기 순환." 정치학회 하계대회, 1992.

김해동. 『조사방법론강의』. 서울: 삼중당, 1962.

노화준. 『정책학원론』. 박영사, 1995.

동아일보, 92. 8. 30.

박광주. "제14대 대통령 선거의 정치변동적 의의." 정치학회 하계대회, 1992.

박종홍. 『인식논리』. 서울: 박영사, 1972.

박찬욱. "제14대 국회의원 총선거에서의 정당지지 분석." 정치학회 하계대회, 1992.

백종국. "한국자본주의체제변동에 있어서 제14대 총선의 의의." 정치학회 하계대회, 1992.

서울대학교 행정대학원. 『한국행정사례집』. 1974.

서울신문, 93. 9. 14, 20면.

손봉숙. "제14대 국회의원선거와 시민운동 ― [공선협]활동을 중심으로." 정치학회 하계대회, 1992.

이관우. 『신조사방법론』. 대구: 형설출판사, 1974.

이남영. "투표참여와 기권 — 제14대 국회의원 선거분석." 정치학회 하계대회, 1992.

이만갑. 『사회조사방법론』. 서울: 민조사, 1963.

이상우. "로동신문사설에 나타난 북한정책관심의 변천: 1967-1973," 『성곡논총』. 제6집, 1975.

이정희. "한국 이익집단의 선거전략 연구 — 제14대 총선을 중심으로." 정치학회 하계대회, 1992.

이 행. "민주적 공고화와 대통령제 — 협의민주주의적 관점에서." 정치학회 하계대회, 1992.

정세욱. "한국의 국회의원 선거제도에 관한 연구." 정치학회 하계대회, 1992.

정영국. "한국 국회의원 선거과정의 특징 — 제14대 총선의 3개 선거구 사례를 중심으로." 정치학회 하계대회, 1992.

정정길. 『정책학원론』. 대명출판사, 1990.

정진영. "선거와 경제 — 정치적 경기순환 이론과 6공화국의 정치경제." 정치학회 하계대회, 1992.

조기숙. "합리적 유권자 모델과 한국의 선거분석 — 여촌야도, 지역주의, 정당본위 투표를 중심으로." 정치학회 하계대회, 1992.

조선일보, 90. 1. 4, 5면.

조선일보, 91. 4. 17, 2면.

조선일보, 94. 8. 30, 30면.

조선일보. 『제14대 대통령 선거자료집』. 1993.

조중빈. "유권자의 여야성향과 투표결정 시기에 따른 정당지지." 정치학회 하계대회, 1992.

중알일보, 1993. 4. 40, 3면.

중앙일보, 91. 4. 16, 1면.

하봉규. "대통령제의 비교체제이론적 접근 — 비교분석을 위한 개념의 모색을 중심으로." 정치학회 하계대회, 1992.

한겨레신문, 94. 6. 2, 14면.

한국일보, 93, 9. 3, 9면.

한국행정조사연구소 편. 『한국행정사례집』. 서울: 법문사, 1974.

한흥수. "제14대 대통령 선거의 쟁점과 전망." 정치학회 하계대회, 1992.

현종민. "선거제도와 유권자의 선택 — 우리나라 선거제도와 유럽선거제도의 비교." 정치학회 하계대회, 1992.

Aberback, J. D. and J. L. Walker. 1970. "The Meaning of Black Power: a Comparison of White and Black Interpretations of a Political Slogan," *American Political Science Review*. 64: 2, June 367-388.

Babbie, Earl and Fred Halley. 1995. *Advantures in Social Research: Data Analysis Using SPSS for Windows*. Pine Forge Press.

Babbie, Earl R. 1973. *Survey Research Methods*. Belmont, Calif.: Wadsworth.

Backstrom, Charles H. and Gerald D. Hursh. 1963. *Survey Research*. Evanston: Northwestern University Press.

Bales, Robert F. 1950. *Interaction Process Analysis: A Method for the Study of Small Groups*. Reading, Mass.: Addison-Wesley.

Barnes, Louis B. 1967. "Organizational Change and Field Experiment Methods," in Vroom, Victor H. (ed.), *Methods of Organizational Research*. Pittsburgh: University of Pittsburgh Press.

Bavink, Bernhard. 1932. *The Anatomy of Science*. London: Macmillan.

Becker, Howard. 1958. "Problems of Inference and Proof in Participant Observation," *American Sociological Review*. 23: 6, December.

Benson, Oliver. 1969. *Political Science Laboratory*. Columbus, Ohio: Charles E. Merrill.

Berkman, D. 1963. "Advertising in Ebony and Life: Negro Aspirations vs. Reality," *Journalism Quarterly*. 40.

Bridgman, P. W. 1927. *The Logic of Modern Physics*. New York: Macmillan.

Bridgman, P. W. 1936. *The Nature of Physical Theory*. Princeton: Princeton University Press.

Cantril H. 1965. *The Patterns of Human Concern*. New Brunswick, N.J.: Rutgers University Press.

Carnap, Rudolf. 1964. *The Logical Structure of the World and Pseudo-problems in Philosophy*. Berkeley: University of California Press.

Chava Frankfort-Nachmias and David Nachmias. 1996. *Research Methods in the Social Sciences*. New York: St. Martin's.

DeFleur, Melvin L. and Frank R. Westie. 1958. "Verbal Attitudes and Overt Acts: An Experiment on the Salience of Attitudes," *American Sociological Review*. 23: 6, December.

Dewey, John. 1938. *The Theory of Inquiry*. New York: Holt, Rinehart and

Winston.

Dooley, David. 1995. *Social Research Methods*. Prentice-Hall.

Eckhardt, W. 1965. "War Propaganda, Welfare Values and Political Ideologies," *Journal of Conflict Resolution*. 9.

Edwards, A. L. 1957. *Techniques of Attitude Scale Construction*. New York: Appleton-Century-Crofts.

Festinger, Leon. 1965. "Laboratory Experiments," in his and Daniel Katz(eds.), *Research Methods in the Behavioral Sciences*. New York: Holt, Rinehart and Winston.

Francis, R. G. 1967. "The Nature of Scientific Research," in J. T. Doby (ed.), *An Introduction to Social Research*. New York: Appleton-Crofts.

Freeman, Howard E. et al. 1982. "Telephone Sampling Bias In Surveying Disability," *Public Opinion Quarterly*. Vol. 46, pp. 392-407.

French, John R. P., Jr. 1965. "Experiments in Field Settings," in Leon Festinger and Daniel Katz (eds.), *Research Methods in the Behavioral Sciences*. New York: Holt, Rinehart and Winston.

French, John R. P., Jr. 1950. "Field Experiments: Changing Group Productivity," in Miller, J. G.(ed.), *Experiments in Social Process*. New York: McGraw-Hill.

Fromme, A. 1941. "On the Use of Certain Qualitative Methods of Attitude Research: A Study of Opinions on the Methods of Preventing War," *Journal of Social Psychology*. 13.

Gear, J. G. 1991. "Do Open-ended Question Measure Salient Issues?" *P.O.Q.* Vol. 55, pp. 360-370.

Goode, W. J. and P. K. Hatt. 1952. *Methods in Social Research*. New York: McGraw-Hill.

Goodwin, L. 1969. "Work Orientations of the Underemployed Poor: Report on a Pilot Study," *Journal of Human Resources*. 4: 4, Fall, 508-519.

Greenwood, E. 1945. *Experimental Sociology: A Study in Method*. New York: King's Crown.

Greer, Scott. 1969. *The Logic of Social Inquiry*. Chicago: Aldine.

Guetzkow, H. and others. 1963. *Simulation in International Relations: Developments for Research and Teaching*. Englewood Cliffs, N.J.: Prentice-Hall.

Gurr, Ted Robert. 1972. *Politimetrics: An Introduction to Quantitative*

Macropolitics. Englewood Cliffs, N.J.: Prentice-Hall.

Guttman, Louis. 1950. "The Basis for Scalogram Analysis," in Samuel Stouffer et al.(eds.), *Measurement and Prediction.* Princeton: Princeton University Press.

Hariton, T. 1951. "Conditions Influencing the Effects of Training Foremen in New Human Relations Principles." Ph.D. Thesis, Univ. of Michigan.

Hebb, D. O. and W. R. Thompson. 1954. "The Social Significance of Animal Studies," G. Lindzey(ed.), *Handbook of Social Psychology.* vol. I, Reading, Mass.: Addison-Wesley.

Hobson, E. W. 1923. *The Domain of Natural Science.* London: Longsman, Green.

Holsti, O. R., R. C. North and R. A. Brody. 1968. "Perception and Action in the 1914 Crisis," in J. D. Singer(ed.), *Quantitative International Politics: Insights and Evidence.* New York: Free Press.

Holsti, Ole R. 1969. *Content Analysis for the Social Sciences and Humanities.* Reading, Mass.: Addison Wesley.

Hopmann, P. T. 1967. "International Conflict and Cohesion in the Communist System," *International Study Quarterly.* 11.

Interviewer's Manual. Ann Arbor, Michigan: Institute for Social Research, 1969.

Janda, Kenneth. 1969. *Data Processing.* Evanston: Northwestern University Press.

Kaplan, A. and J. M. Goldsen. 1949. "The Reliability of Content Analysis Categories," in H. D. Lasswell et al., *The Language of Politics: Studies in Quantitative Semantics.* New York: George Stewart.

Kaplan, Abraham. 1964. *The Conduct of Inquiry.* San Francisco: Chandler.

Kelly, H. H. 1951. "Communication in Experimentally Created Hierarchies," *Human Relations*, 4.

Kerlinger, Fred N. 1964. *Foundations of Behavioral Research.* New York: Holt, Rinehart and Winston.

Kilpatrick, F. P. and H. Cantril. 1960. "Self-anchoring Scaling: a Measure of Individuals: Unique Reality Worlds," *Journal of Individual Psychology.* 16.

Kim, Kwang Woong. 1974. "A Comparative Study on the Administration of Family Planning Programmes in the ESCAP Region for the National

Study of the Republic of Korea: Organizational Determinants of Performance in Family Planning Services," A Project Report Bangkok, ESCAP.

Klein, M. W. and N. Maccoby. 1954. "Newspaper Objectivity in the 1952 Campaign," *Journalism Quarterly*. 31.

Kluckhohn, Florence R. 1940. "The Participant-Observer Technique in Small Communities," *American Journal of Sociology*. 46: 3, November.

Langer. 1989, "Polling on Prejudice Questionable Questions," *Public Opinion*. pp. 18-19, 57.

Lasswell, H. D. and A. Kaplan. 1950. *Power and Society*. New Haven: Yale University Press.

Lazarsfeld, Paul F. 1954. "A Conceptual Introduction to Latent Structure Analysis," in P. F. Lazarsfeld(ed.), *Mathematical Thinking in the Social Sciences*. Glencoe, Ill.: Free Press.

Lefcowitz, Myron J. and Barbara Wallston. 1973. "Self-anchoring Scale: Does it Make a Difference?" *SMR*. 1: 3, February.

Lewin, K. 1947. "Group Decision and Social Change," in Newcomb, T. and E. Hartley, *Readings in Social Psychology*. New York: Holt, Rinehart and Winston.

Lijphart, Arend. 1963. "An Analysis of Bloc Voting in the General Assembly: A Critique and Proposal," *American Political Science Review*. 57, December.

Lockerbie and Borrelli. 1990. "Question Wording and Public Support for Contra Aid, 1983-85," *P.O.Q.* Vol. 54, pp. 195-208.

Loether, Herman J. and Donald G. McTavish. 1974. *Statistical Analysis for Sociologists*. Boston: Allyn and Bacon.

McClendon, M. J. 1986. "Response-Order Effects for Dichotomous Questions," *Social Science Quarterly*. Vol. 67, No. 1, pp. 205-211

McQuitty, L. 1957. "Elementary Linkage Analysis for Isolating Orthogonal and Oblique Types and Typal Relevancies," *Educational and Psychological Measurement*. XVII.

Merton, R. K. and O. L. Kendall. 1946. "The Focused Interview," *American Journal of Sociology*. 51: 6, May.

Miller, Delbert C. 1970. *Handbook of Research Design and Social Measurement*. New York: David McKay.

Moreno, J. L. et el. 1960. *The Sociometry Reader*. New York: Free Press.

Mott, F. L. 1942. "Trends in Newspaper Content," *Annals*. 219.

Muehl, Doris(ed.). 1961. *A Manual for Coders*. Ann Arbor, Mich.: Survey Research Center.

Murray, H. A. and C. D. Morgan. 1945. "A Clinical Study of Sentiments," *Genetic Psychology Monographs*. 32.

North, Robert C., Ole R. Holsti, M. George Zaninovich and Dina A. Zinnes. 1963. *Content Analysis: A Handbook with Applications for the Study of International Crisis*. Evanston: Northwestern University Press.

Nunnally, J. 1962. "The Analysis of Profile Data," *Psychological Bulletin*. LIX.

Osgood, Charles, George J. Suci, and Percy Tannenbaum. 1957. *The Measurement of Meaning*. Urbana: University of Illinois Press.

Osgood, Charles E. 1959. "The Representational Model and Relevant Research Methods," in I. de S. Pool(ed.), *Trends in Content Analysis*. Urbana: University of Illinois Press.

Pearson, Karl. 1957. *Grammer and Science*. New York: Meridian.

Phillips, B. S. 1971. *Social Research: Strategy and Tactics*. New York: The Macmillan.

Poincare, Henri. 1921. *The Foundation of Science*. New York: Macmillan.

Pool, Ithiel de Sola(ed.). 1959. *Trends in Content Analysis*. Urbana: University of Illinois Press.

Pool, Ithiel de Sola. 1952. *The Prestige Papers: A Survey of Their Editorials*. Stanford: Stanford University Press.

Presser, S. 1990. "Can Changes in Contest Reduce Vote Overreporting in Surveys?" *P.O.Q.* pp. 586-593.

Proshansky, H. M. 1943. "A Projective Method for the Study of Attitudes," *Journal of Abnormal and Social Psychology*. 38.

Prothro, J. W. 1956. "Verbal Shifts in the American Presidency: A Content Analysis," *American Political Science Review*. 50.

Roethlisberger, F. J. and W. J. Dickson. 1939. *Management and the Worker*. Cambridge: Harvard University Press.

Rosen, B. 1964. "Attitude Change within the Negro Press toward Segregation and Discrimination," *Journal of Social Psychology*. 62.

Rubin, Zick. 1970. "Measurement to Romantic Love," *Journal of Personality and Social Psychology.* 16: 2.

Rummel, R. J. 1970. *Applied Factor Analysis.* Evanston: Northwestern University Press.

Runion, H. L. 1936. "An Objective Study of the Speech Style of Woodrow Wilson," *Speech Monograph.* 3.

Runkel, Philip J. and Joseph E. McGrath. 1994. *Research on Human Behavior: A Systematic Guide to Method.* New York: Holt, Rinehart and Winston, 1972. Sage.

Sanford, F. H. and J. Rosenstock. 1952. "Projective Techniques on the Doorstep," *Journal of Abnormal and Social Psychology.* 47.

Schuman, Howard. 1966. "The Random Probe: A Technique for Evaluating the Validity of Closed Questions," *American Sociological Review.* 31:2, April.

Scott, John. 1994. *Social Network Analysis.* Sage.

Scott, W. A. 1955. "Reliability of Content Analysis: the Case of Nominal Scale Coding," *Public Opinion Quarterly.* 19.

Selltiz, Claire, M. Jahoda, M. Deutsch and S. W. Cook. 1959. *Research Methods in Social Relations.* New York: Holt, Rinehart and Winston.

Selltiz et al. 1967. *Research Methods in Social Relations.* New York: Holt, Rinehart and Winston.

Shepard, D. W. 1956. "Henry J. Tayor's Radio Talks: A Content Analysis," *Journalism Quarterly.* 33.

Siegel, S. 1956. *Nonparametric Statistics for the Behavioral Sciences.* New York: McGraw-Hill.

Simon, Julian L. 1969. *Basic Research Methods in Social Science.* New York: Random House.

Smith and Squire. 1990. "The Effects of Prestige Names in Question Wording," *P.O.Q.* Vol. 54, pp. 97-116.

Solomon, R. L. 1949. "An Extension of Control Group Design," *Psychological Bulletin.* 46.

Spitz, R. A. and K. M. Wolf. 1946. Anaclitic Depression: An Inquiry into the Genesis of Psychiatric Conditions in early Childhood, Ⅱ. The Psychoanalytic Study of the Child. 2.

Stevens, S. S. 1959. "Measurement, Psychophysics, and Utility," in C. West Churchman and Philburn Ratoosh(eds.), *Measurement.* New York:

Wiley.

Stouffer, Samuel A. 1955. *From Communism, Conformity, and Civil Liberties.* Garden City, N.Y.: Doubleday.

Sullivan, Mortimer A. and Stuart A. Queen. 1958. "Participant Observation as Employed in the Study of a Military Training Program," *American Sociological Review.* 23: 6, December.

Taeuber, Irene B. 1932. "Changes in the Content and Presentation of Reading Material in Minnesota Weekly Newspapers, 1860-1929," *Journalism Quarterly.* 9.

Thurstone, L. L. and E. Chave. 1929. The Measurement of Attitude. Chicago: University of Chicago Press.

Tucker, Clyde. 1983. "Interviewer Effects in Telephone Surveys," *Public Opinion Quarterly.* Vol. 47, pp. 84-95.

Wallach, M. A. and N. Kogan. 1959. "Sex Differences and Judgement Process," *Journal of Personality.* 27.

White, R. K. 1949. "Hitler, Roosevelt, and the Nature of War Propaganda," *Journal of Abnormal and Social Psychology.* 44.

White, R. K. 1951. *Value-Analysis: the Nature and Use of the Method.* Glen Gardiner, N.J.: Libertarian Press.

Whitehead, Alfred North. 1922. *The Principle of Relativity.* Cambridge, England.

Ziegenhagen, Eduard A. and George Bowlby. 1971. *Techniques for Political Analysis.* Boston: Holbrook Press.

제 4 부

방법론의 응용(Ⅱ): 질적 분석과 양적 분석
— 자료의 분석방법

제20장 자료분석방법의 두 입장: 계량분석에 대한 찬과 반

제21장 계량분석의 기초

제22장 자료분석의 방법(Ⅰ): 기초통계분석
— 변수의 비교와 묘사

제23장 자료분석의 방법(Ⅱ): 고급통계분석
— 시계열·다변수·인과 분석

제 20 장

자료분석방법의 두 입장: 계량분석에 대한 찬과 반

1. 양적 표현에 대한 논쟁

앞서 과학적 접근방법(제 2 장)에 관한 설명에서 여러 번 논의하였듯이 사물이나 현상을 양화(量化) 또는 정량화(定量化)시키는 데에는 어떤 한계가 있다. 자료분석의 한 방법으로서의 계량분석도 이러한 양화 또는 양적 표현의 문제 때문에 유일한 방법으로 받아들이기에는 어딘가 미흡한 점이 있다. 그러나 과학적 분석방법을 지향하는 연구방법론의 입장에서 계량분석방법을 의미 있는 도구로 인정한다는 전제는 이미 서 있다. 다만, 이 장에서는 다음에 설명되는 구체적인 양적 자료분석방법의 기초로서 양화논쟁(量化論爭)을 다시금 상기시킴으로써 자료분석방법의 한계를 분명히 해 두려는 것이다.

원래 수적인 표현은 동양적 사고세계에서 환영받지 못했다. 그것은 '가치'라는 것과 늘 상반되고 이를 경시하는 표현이라고 믿었기 때문이다. 라틴의 금언(金言) 가운데에도 "셈하기 시작하였으면 잘못을 저지르기 시작한 거다"(*Quinumerare incipit errare incipit.*)라는 말이 있듯이, 예컨대 정치적 지혜나 행정적 통찰과 같은 실체적인 것을 숫자로 대체할 수는 없다고 생각해야 한다. 그래서 가치문제가 개재되는 것(value concerns)에 수가 미치지 못하는 한계가 있다.

반드시 가치문제만이 아니더라도 수적인 자료가 실제에서 여지 없이 그릇된 결과를 낳아 신빙성을 잃는 경우가 흔히 있다. 1967년의 오래된 이야기지만, 이스라엘과 아랍동맹 3국(Egypt, Syria, Jordan)간의 군비비교는 당시에 이스라엘이 군대규모에서 4대 1로, 인구에서 14대 1로, 그리고 전투기에서 3대 1로 불리한 입장이었지만, 실제 전쟁에서 이스라엘은 이들을 압도하고 남았다. 전쟁에 이기는 데 작용하는 요인은 물론 물리적인 군비 이외에 군대의 사기나, 기량이나, 전술 등 많은 것을 생각할 수 있기 때문에 단순한 양적 대비로는 결정적이고 정확한 판단을 내릴 수 없다. 사정은 월남전에서도 마찬가지였다. 여기에 질적인 판단이 수반되어야 한다는 필요성이 제기된다.

계량분석방법에 의해서 자료를 처리한다는 것은 처음부터 끝까지 모든 것이 양적 방법에 의해서 처리된다는 뜻이 아니다. 주의해야 할 것은 처리된 결과에 대한 해석이 어떻게 내려지느냐에 있는 것인데, 이 과정은 이미 질적·주관적 지식활동의 영역이 된다. 그러므로 수적인 자료를 계량적으로 분석·처리한 연후에 내린 해석, 즉 결론은 어디까지나 주관적인 것으로 가치개입적 성격을 띠었다는 것을 간과해서는 안 된다.

수적 작업의 이러한 비실용성 내지 제약성은 근본적으로 양화가능성의 문제에서부터 비롯된다. 어떤 사물이나 현상에 수의 개념을 부여할 때 이것이 가능한 대상이 있고 가능치 않은 대상이 있다. 이른바 헤아릴 수 있는 것(measurability)에 대해서만 계량화의 시도가 허용되고 그렇지 못한 주관적인 문제(subject matter)에 대해서는 그러한 시도를 하지 말아야 한다는 것이 보편화된 통설이다. 측정을 설명할 때(제12장) 논했듯이 양적 표현을 근본적으로 부인하는 입장도 있다. 수적 표현으로는 사물 전체를 묘사할 수 없다는 것이다. 따라서 힘들고 복잡한 과정을 거쳐 계량적 분석을 하느니 질적·기술적 묘사로 충분히 원하고자 하는 결론에 도달할 수 있다는 것이다.

그러나 문제는 같은 결론에 도달할 수 있다는 동질성의 양면에서 오는 차이뿐만이 아니다. 계량적 분석을 한다는 것은 문제해결에 이르는 과정에서 객관적인 자료를 가지고 입증(verification)해 나가며, 객관성과 경험성을 지니고 있다는 데 보다 큰 비중이 주어진다. 한낱 관념의 세계에 머무르는 것이 아니라, 또 이론적 연관성이 결여된 한두 사례를 통해 증빙의 근거를 삼는 것이 아니라, 그리고 또 논리적 연관성이 결여된 한두 사례를 통해 증빙의 근거를 삼는 것이 아니라 경험의 세계에서 타당하고 논리적인 선례에 입각하여 실증할 수 있다는 데 계량분석 내지는 과학적 연구방법의 생명이 있다.

이런 점에 보다 큰 비중을 둔다면, 측정가능성 그 자체와 측정 이후의 의미 여부는 그다지 큰 문제가 될 수 없다고 전제해야 한다. 가장 흔한 예로 우리는 학교에서 배운 결과에 대한 평가를 점수로써 받는다. 갑이라는 학생이 정치사상사에서 B, 국제정치에서 A, 민주주의론에서 C를 받아 평점이 3.0이 되고, 을이라는 학생이 각기 B, C, A를 받아 역시 평점 3.0으로 같은 실력의 학생이라고 평가를 받는다면 그건 그대로 믿고 받아들인다. 하지만 실제로 더 따지고 들어가서 만일 민주주의론 교수는 학점에 엄하고 까다로운 반면 국제정치 교수는 그 반대라면 갑이라는 학생보다는 을이라는 학생의 실력이 더 낫다고 할 수 있다. 이와 같이 수량화된 점수 그 자체는 학생의 실력을 정확하게 전달해 주지 못한다. 행정실무에서 하는 근무평정제같은 평가도 비슷한 문제를 안고 있다. IQ점수가 학생의 창의력·독창성·예지성을 저울질해 주지 못하는 것과 같은 논지이다.

요컨대 양적 표현은 사물이나 현상 전체를 다 묘사할 수 없고 부분적으로만 가능하다. 그래서 한계가 있다. 그렇다고 질적 표현이 전체를 다 묘사할 수 있느냐 하면 그렇지도 못하다. 아무래도 양자가 서로 보완적인 관계를 유지하면서 도와야 완벽한 묘사가 가능해질 것이다. 이 밖에 보다 자세한 찬반논의는 제12장에서 이미 설명하였으므로 중론을 피하고 아래에 질적 분석방법과 양적 분석방법으로 나누어 설명한다. 여기서 말하는 질적 분석방법은 기술통계학적 분석까지도 포함한 분석을 뜻하는 것으로 양분법이 어디까지나 계량분석의 테두리를 크게 벗어나지 않을 것임을 미리 밝힌다.

2. 질적·전통적 분석방법

'정치지도자나 최고행정관리자의 역할'을 수량화하여 연구한다는 것은 어딘가 부족한 감이 있다. 효과 있는 연구가 되지 못할 것같은 생각이 든다. 이때 여기서 말하는 역할이란 설정된 조직의 목표를 달성하기 위하여 구성원에게 영향을 미치고 조직윤리를 보존하는 여러 행위와 그러리라는 기대를 포괄한다. 한마디로 이런 복잡하고 주관적이며 가치내재적인 분야를 계량적으로 연구하기란 매우 어려운 일이다. 이 밖에도 계량적으로 연구하기가 매우 애매한 것으로는 '정부의 법적 근거', '정치사상사', '미묘한 외교관계', '윤리관', '평등', '자유', '사회정의', '행정사' 등등 역사적이거나 이론적이거나 추상적인 명제 등이다.

이와 같이 수많은 관심사 가운데에서 당위적인 면에 대한 분석은 숫자만으로는 충분한 풀이가 되지 못한다고 보아야 한다. 어떤 정치체제가 좋으냐? 어떤 행정기구가 좋으냐? 어떤 사회제도가 옳으냐? 인간의 평등은 기대할만하냐? 가치의 권위적 배분을 어떤 순서로 하느냐? 등등의 당위적 의문을 수량분석이 답해 주지는 못한다. 그러므로 종래의 연구가 그러했듯이 이러한 주제의 문제들은 서술적으로 다룰 수밖에 없게 된다. 예컨대 한일간의 외교 관계를 설명하는 경우에, 「장의 이론」(field theory)이라는 것을 가져다가 국가의 행동과 태도의 측면을 계량적으로 분석하는 연구 경향도 꽤 나타나지만, 역사적으로 어떤 관계를 맺어 왔는데 어느 시대에 이르러 그 관계가 미묘해졌다고 하는 경우 그 직접적인 근인으로서의 사건과 주동인물의 배경·가치관 등을 분석함으로써 두 나라 사이의 관계를 충분히 설명해 줄 수 있게 된다. 또 한일협력위원회나 간친회를 양국 관계를 잇는 매개기구로 보아 이에 대한 집중적 분석을 통해 두 나라의 이해와 앞으로의 태도를 점칠 수 있게 될지도 모른다. 이때 분석에서 어디까지나 의미 있다고 생각하는 접근태도는 기구의 설립연유에 따른 시대조류를 분석하게 되고, 누가 앞장서서 선도자의 역할을 했으며 각기 의도하는 바가 어느 선에서 융화를 이루었는가, 그래서 앞으로는 어떤 양상으로 전개될 것인가를 처방내리는 연구가 가능해질 것이다.

그러나 실상 이런 문제조차도 계량적인 분석이 불가능한 것은 아니다. 이런 입장에 서는 학도가 이에 대한 연구를 하겠다고 생각하는 경우, 이 기구에 참여하고 있는 구성원 한 사람 한 사람을 개별면접함으로써 어떤 문제를 파악해 낼 수가 있다. 예컨대, 두 나라가 이해를 달리하는 측면이 있다고 하는 것을 전제삼아 특히 정치적인 측면에서는 두 나라의 구성원이 다른 의식을 갖고 있다는 가설을 밝혀 보기 위한 조사라면, 이것은 계량분석방법에 의해 충분히 소기의 목적을 달성할 수 있게 되는 것이다. 그러므로 여기서 말하고자 하는 것은 무엇을 어떤 시각에서 보겠으며, 과연 보고자 하는 것이 쓰고자 하는 방법에 의해 밝혀질 수 있는가에 관건이 달려 있는 것이다.

그럼에도 불구하고 질적·전통적 입장에서는 사람들이 믿는 바는 윤리적 가치(ethical value)가 개재되어 있는 것이 어떻게 양적으로 분석될 수 있느냐 하는 점이다. 또한 양적 분석의 기초가 되는 자료가 분석에 필요한 만큼 같은 성질의 것으로 확보될 수 있어야만 계량분석이 가능해지는 것이니까, 가치문제와 더불어 자료의 가용성도 이 입장의 분석을 가능케 해 주느냐에 결정적인 작용을 하게 된다.

질적·전통적 분석의 입장에서는 사람들이 내세우는 타당성은 오히려 과학적·경험적 접근법의 난점에서 찾기가 더 쉽다. 우선 인간의 행태를 연구하는 것이 사회과학이므로 자연상태를 연구하는 것보다 관찰이 힘들다. 자료접근의 어려움과 심층분석의 어려움 때문이다. 예컨대 청와대의 정부·여당 연석회의를 중심으로 정책형성과정을 분석하려 한다면 고위정책결정이 그러한 바와 같이 장벽이 가리워져 토론의 내용에 접근하기가 심히 어렵다. 또한 결정에 참여하는 사람들의 의식이나 태도가 어떠한 것인지 알기도 어렵다. 후자의 경우 대개 우회적인 방법을 통해 추측을 하게 되는데, 그것은 그들의 사회·경제적 배경이나 평소의 태도를 밝힌 언행에 의해 부분적으로 가능하다고 생각한다. 한편 고위정책결정의 분석이 어렵기는 하지만, 전혀 불가능한 것은 아니다. 소렌슨(T.C. Sorensen)이 쓴 *Decision-Making in the White House*는 저자 자신이 케네디 대통령을 보좌하면서 직접 관찰하고 참여한 경험을 서술하고 있어 대통령의 정책결정이 관찰의 대상이 될 수 있음을 말해 주지만, 경험적 분석이면서 질적 분석이지 흔히 말하는 과학적 성격을 띠고 있지는 않다. 문제는 관찰대상으로서의 사회현상이 엷고 두꺼운 벽을 드리우고 있다는 데 있다. 관찰의 대상이 한정되거나 어려울수록 양적 비교는 불가능해질 수밖에 없다.

변수와 지표에 이르는 개념의 조작적 행위에도 난점이 많아 어차피 양적 분석은 제약을 면치 못하고 질적 분석이 바람직하다는 것은 위에서도 누누이 지적한 바 있다. 정치발전이란 개념의 지표를 하나로 대표하기가 힘드니까, 의회의 구성이 직접 선거에 의한 것인가의 여부를 가지고 저울질하려 하고 헌정이 정지되었는지의 여부를 가지고 재려고 한다. 경제발전을 1인당 국민소득이나 경제성장률을 가지고 지표화할 수 있는 것과 약간 차이가 있다고 아니할 수 없다.

요컨대 자연법사상이나 신권사상에 입각하고 가치와 윤리문제를 심오하게 파헤친다거나 역사의식을 가지고 문제를 보는 눈에는 숫자라는 관념이 그다지 탐탁하게 여겨지지는 않을 것이다. 수적 자료를 중히 여긴다는 것과 수적 표현을 한다는 것과는 물론 다른 말이다. 그러므로 보는 주체와 보이는 객체로서의 현상이 가지는 특성을 놓고 어떤 입장에서 접근해 가야 한다는 것이 결정될 수밖에 없다. 과학화에 역행하는 것이어서 이 분석방법이 나쁘다거나, 또는 가치문제를 다루는 것이어서 이 방법만을 따라야 한다는 생각은 옳지 않다.

끝으로 반드시 이 범주 속에 넣어야 할 것인가는 논쟁의 여지가 있겠지만, 통계분석을 함에 있어서 기술통계학(記述統計學)을 원용하는 입장을 굳이 이 범주에서 뺄 필요는 없을 것 같다. 그 분석기법이 초보적이어서가 아니라 평균치를 구하거나 범위(range)나 편차를 구하는 따위의 통계적 처리는 분석기법상 전통적인 입장에 서는 것이기 때문이다. 오히려 따져야 할 것은 취급하는 자료가 어떤 척도에 의해 측정되었으며 무엇을 알고자 하는 것인가, 즉 사실의 묘사인가 아니면 어떤 상태를 추론하는 것인가이다. 이것에 따라 활용되는 기법에 커다란 차이가 나기 때문에 이런 면이 분석방법의 성격을 결정하는데 더 큰 영향을 미친다고 보아야 한다.

3. 양적 · 행태적 분석방법

계량적인 것이 과학적이 아니요 경험적인 것만이 과학적인 것도 아니다. 행태적인 것이 더욱이 과학적인 것도 아니다. 제3장에서 이 점에 관해 충분히 설명을 했으면서도 반복하는 이유는 오해를 피하고자 해서이다. 어차피 질적인 것과 양적인 것을 대위시켜 설명의 필요를 느끼는데 이들 모두가 논리적 근거를 갖고 연결될 때 과학성은 지향될 것이다. 그러나 여기서는 보다 포괄적으로 유개념(類概念)으로서의 과학성문제를 거론할 필요를 느끼지는 않는다.

앞에서 질적 · 전통적 분석방법을 이야기하면서 자명해졌듯이 이 입장은 현상의 양적 표현을 우선 의미 있다고 생각하고 과연 우리가 알고자 하는 것이 무엇이냐 하는 문제를 제기한다. 만일 우리가 어떤 ① 전형적인 것을 찾고자 할 때, ② 그 전형적인 것으로부터 어느 정도 벗어났는가를 알고자 할 때, ③ 변화의 양상같은 것을 알고자 할 때 부득이 계량적인 방법을 쓸 수밖에 없다. 우리 나라의 민주주의가 전형적인 것인가를 알려면 다른 나라의 민주주의가 어떤 것인지를 알아야 하며 대표적인 유형이 있는 경우에 우리 것은 어느 정도 다른가를 밝힐 수 있다. 우선 전형적인 것을 설정해 놓기까지 한두 나라의 민주주의만 가지고 묘사하기에는 너무 치우친 감이 있을 것이다. 그러므로 과정에서 계량적 처리가 불가피해지는 것이다. 또 민주주의가 얼마만큼 변모해 왔느냐를 보는 것 역시 어느 기준시점, 즉 1948년 정부수립 이후라든가, 1963년 제 3 공화국의 수립 이후라든가, 또는 1993년 이후라든가 등 어느 시점을 찾아 그 이후의 시차에 따른 변화를 측정하면 될 것인데, 이 경우 시계열분석같은 것을 하면 원하는 결과를 얻을 수 있을 것이다.

벤슨(O. Benson)은 정치학에서 계량분석이 필요한 영역을 다음과 같이 예시하고 있다.

(1) 복수국가간의 정치 · 경제 · 사회적 자료의 비교
(2) 의회나 국제회의에서의 출석 검토와 투표군 연구
(3) 투표행태에 관한 선거 자료
(4) 투표자의 동기와 그 밖의 정치적 태도 조사
(5) 정당과 압력단체의 내부구조 검토
(6) 소집단 시뮬레이션 연구
(7) 자원과 무역에 관한 예산 자료나 그 밖의 경제정보가 관련되어 있는 공공정책의 문제 등

힘을 들여 많은 자료를 모으고 어떤 경향 또는 법칙을 찾으려는 것은 현상을 잘 설명하고 미래를 적절하게 예측해 주려는 것이다. 그 속에서 정작 찾고자 하는 것은 인과관계이다. 행정역량을 최대한으로 하기 위해 관료의 지도력이 가장 큰 영향을 주느냐, 예산의 적정 · 적시배분이 가장 큰 영향을 주느냐, 또는 부처간의 협조가 가장 큰 영향을 주느냐 하는 것을 어느 일정 시점의 내무부 경우만 가지고 논해서 결론을 한국 행정역량의 영향 요인으로 확대할 수는 없다. 인과관계 예측을 위해서는 보다 광범하고 충분한 자료를 근거로 하여야 한다.

이 장의 제 1 절에서도 충분히 양화의 문제를 설명했지만, 극히 주관적이

어서 측정하기 힘든 것이라도 정도를 측정하는 것은 가능하다는 것이 이 분석 방법의 입장이다. 평등(equality)이라는 개념을 재기는 극히 어렵다. 민주주의의 기본원리로서의 평등을 과연 어떻게 재길래 립셋(S. Lipset), 러너(D. Lerner), 컬트라이트(P. Cultright)같은 미국의 저명한 정치학자들이 민주주의의 결정이론을 계량적으로 연구하게 되는 것인가에 의아심을 품게 되겠지만, 평등만 하더라도 평등 자체가 어찌 되어야 하느냐와 같은 당위의 측면에서 보는 것이 아니고 인간 사회에서 어느 정도의 평등이 존재하며 어느 정도의 평등이 바람직한 것인가와 같은 존재의 측면을 생각하면 측정은 가능해진다. 평등을 측정할 수 있는 도구에는 「지니 지수」(Gini index)라는 것이 있다.

이 「지니 지수」는 원래 토지 · 소득 또는 그 밖의 경제재의 분배를 측정하기 위해 경제학자들이 쓰는 것을 정치수학자라고 할 수 있는 알카(H. Alker)가 정치학에서 평등을 측정하기 위한 지표로 차용해 왔다. 원래 이 지수의 아이디어는 사람과 그들의 수입을 각각 X와 Y축에 놓고 예컨대 10%의 인구가 전체의 부(富) 가운데 10%의 수입을 누리고, 20%의 인구가 20%의 수입을 누리는 등 두 변수가 같은 수로 증가한다면 X축과 Y축간에 45도 각도로 사선이 그어지는데, 이 선이 바로 「완전평등선」(line of perfect equality, $X=Y$)이 된다. 그러나 경험의 세계에서 일어나는 일은 반드시 두 수치가 같이 일치하지는 않을 것이다. 20%의 인구가 10%의 수입을 얻거나, 또는 10%의 인구가 60% 이상의 부를 누릴 수도 있을 것이다. 따라서 실제선은 45도의 완전평등선이 아니라 45도 이하의 불규칙한 선이 그어지는데, 여기서 두 선 사이의 지역을 「불평등영역」(area of inequality)이라고 부른다. 이 영역의 범위가 넓을수록 평등하지 못하다는 뜻이 된다. 동시에 불완전한 선이 어떻게 그려지느냐에 따라 불평등의 분포상태를 알 수 있게 된다. 완전평등의 경우의 지수는 0.0이 되며, 완전 불평등의 경우는 1.0이 된다. 불완전영역 수치에 의해서 「지니 지수」를 구하는 공식은 다음과 같다. 즉 G=불평등영역/.5이다. 그래서 예컨대 .4의 「지니 지수」가 산출되었다면 그 사회의 평등 분포는 약간 완전한 쪽으로 기울고 있다는 해석을 붙일 수 있을 것이다.

수입의 경우뿐만 아니라 행정고시 응시자격과 인구간의 분포로도 불평등 지수는 얼마든지 산출할 수 있을 것이다. 만일 행정고시 지원자격이 일정

교육을 받았다든가, 몇 세 미만이어야 한다든가, 몇 년 이상의 경험을 가져야 한다든가 하는 요건을 구비해야 한다고 한다면 그만큼 지원자는 제약을 받게 된다. 자격 요건의 구비가 적을수록 그 사회는 평등하고 개방되었다고 할 수 있다.

이 지수를 소개한 이유는 평등같은 추상적 개념이나 윤리내재적 개념이라도 간접적으로 측정할 수 있다는 뜻을 전하기 위해서였다. 물론 이 지수 자체도 일정한 한계를 지니고 있어서 완전한 신뢰성을 갖고 있지는 않다. 즉, 80%의 인구가 아무런 부를 누리지 못하고(노예), 나머지 20%만이 전체부(全體富)를 누리는 사회와, 95% 정도의 인구가 최저한의 부를, 그리고 나머지가 최대의 부를 누리는 사회의 「지니 지수」가 계산에 의해 각각 .8000과 .8002가 나왔다고 하자. 물론 후자의 경우가 비교적 낫다는 내용은 분포 상황을 알고 나서야 이야기할 수 있는 것이다. 이러한 한계에도 불구하고 추상적 개념이 숫자가 될 수 있다는 것이 바로 양적 접근론자들의 신조요 변이다. 어떤 물체의 무게를 저울로 재어 50g이라고 해도 이 50g은 무게를 알려주는 숫자일 뿐, 부피는 또 다른 물체의 속성으로서 이것도 우리에게 밝혀주고 있는 것은 아니기 때문이다.

제 21 장

계량분석의 기초

1. 수학과 통계학

수학과 통계학에 관한 지식이 계량분석의 기초가 된다는 것은 말할 나위가 없다. 수학과 통계학을 독립분과학문으로 배우면서도 여기서 다시 논의하는 이유는 두 분과학문의 모두를 소개하려는 것이 아니라 그 필요성만을 환기시키고자 해서이다.

그 필요성의 환기란 두 학문의 응용성이 전혀 도외시되어 있다는 뜻이 아니다. 우리는 지금까지 수학과 통계학을 어느 정도 충분히 배워 왔으면서도 행태주의의 조류에서 뒤진 이유는 그 응용력을 사회과학쪽에서 활용하지 못해서였다. 한편 고등학교 때까지 수학을 배우고 대학에 들어와 통계학을 전공한 학도가 사회과학에는 별로 지식을 갖지 않고 그 분야에만 정진할 뿐 사회과학적 분석에 커다란 도움을 주지 못했다. 비근한 예로 오래전 이야기이긴 하지만 서울대학교 행정대학원의 「계량분석」강의는 위에서 말한 수학자와 통계학자가 맡았었다. 그러나 또다시 봉착한 것은 그 응용력의 제약이었다. 사회과학쪽에서 왜 수학이나 통계학이 필요한가에 대한 근원적인 회의만을 불러일으키게 되었던 것이다. 하지만 응용성 때문에 배워야 한다고 강조된 그 필요성은커녕 반대로 순수사회과학자가 통계학을 조금 배워 그 활용성을 강의하는 경우에도 많은 제약을 낳는다. 두 면이 적절히 조화되고 종합된 경지에서 계량 분석이 소개된다면 그처럼 이상적일 수는 없을 것이다. 늦게나마 강조되는 이 분야의 지식이 근본적으로 안고 있는 또 다른 한계점은 우리 나라의 고등학교 교육이 문과와 이과로 나누어 공부를 시키는 데에도 있다.

계량분석에 필요한 수학지식은 삼각함수, 집합 · 확률론, 선형 · 행렬대수, 미·적분 등인데 문과반에서 배우는 수학 I 이 이들 중 몇몇을 가르치기는 하지만 여기서 지적하려는 것은 정향에 관한 문제이다. 수학을 싫어하는 학생은 으레 인문 · 사회계로 가는 것으로 알고 이 계통에서는 어려운 수학의 기초와 응용론을 몰라도 된다는 보통교육의 그 기본정향이 문제라는 뜻이다. 이런 시원적 과오는 연이어 고등교육에까지 미처 이 나라 사회과학의 과학적 학문성에 어두운 그림자를 드리우고 있다. 물론 사회과학 중 경제학쪽에서는 특히 수학에 관한 훈련이 철저하다. 최근 미국대학의 한 예를 소개하면, 경제학을 전공하는 학생중 「사회과학의 수학적 방법론」(Mathematical Methods of Social Sciences)을 복수전공으로 택하는 학생들이 상당수 있다. 주로 모델링을 공부하는데 예측 등에 밝아 취직도 잘 되는 편이다.

사회과학하는 사람에게 통계학을 배워서 실제로 활용하라는 것은 그 사람에게 통계학자가 되라는 것이 아니다. 앞서가는 나라에서도 이에 대한 논의가 여러 번 나오지만 이 분야의 지식을 가지라는 것은 계량적으로 분석된 연구의 결과를 우선 무슨 뜻인가부터 이해하라는 것이다. 외국의 전문잡지에 실리는 논문들은 점차 계량분석적 접근을 시도하고 있으며, 그 수가 전통적인 것을 능가하고 있다. 아마 우리 나라에도 앞으로 이 입장의 논문이 많이 나오리라 예견되므로 '또 하나의 다른 세계'에서 이루어져 가고 있는 일이 무엇인가를 알기 위해서라도 이 분석의 필요성을 절감해야 한다. 하나 단서를 달고 싶은 것은 이러한 추세에 부응하는 것은 좋으나 아무런 의미도 모르면서 컴퓨터가 분석해 놓은 결과를 글 속에 삽입하여 난삽한 것을 통해 격을 높여 보려는 땡추같은 태도는 경계해야 한다는 점이다.

수학과 통계학이 왜 필요하며 어느 부분이 필요한가는 위에서 극히 피상적으로 설명하였지만, 이해를 돕기 위해 좀더 자세하게 그 내용을 열거하기로 한다. 보다 자세한 각각의 내용은 다음 절에서 설명하기로 하고 여기서는 통계학의 가지들을 소개하는 것으로 대신한다. 좀더 정확히 말해서 계량적 분석방법이 어떻게 체계적으로 연결되어 있느냐를 설명하려는 것이다.

원래 계량분석의 입장에서 수학의 성격을 가늠해 볼 때 일차로 자료를 분석할 수 있는 도구로 생각을 하게 되고 이차로 수학적 모델을 정립하는 근거로 생각을 가다듬게 된다. 어느 쪽을 생각하든간에 ① 측정, ② 통계, ③ 확률, ④ 행렬대수, ⑤ 기하, ⑥ 전통수학 등이 그 가운데에서 대종을 이루고, 측정은 곧바로 척도로, 통계는 좁게 생각하여 게임이론으로, 확률은 통계 추론으로, 행렬대수와 기하는 선형벡터대수로, 전통수학은 미·적분으로 직결되는 체계를 이루고 있다. 그 다음으로 흔히 말하는 분석방법들이 자료의 성질과 연구목적에 따라 쓰일 수 있도록 제시될 수 있다. 보통 ①에서 ③까지의 내용을 계량분석(Ⅰ)의 수준에서 강의할 수 있는 것이라고 이야기하며, ④에서 ⑥까지를 계량분석(Ⅱ)의 내용으로 생각하고 있다.

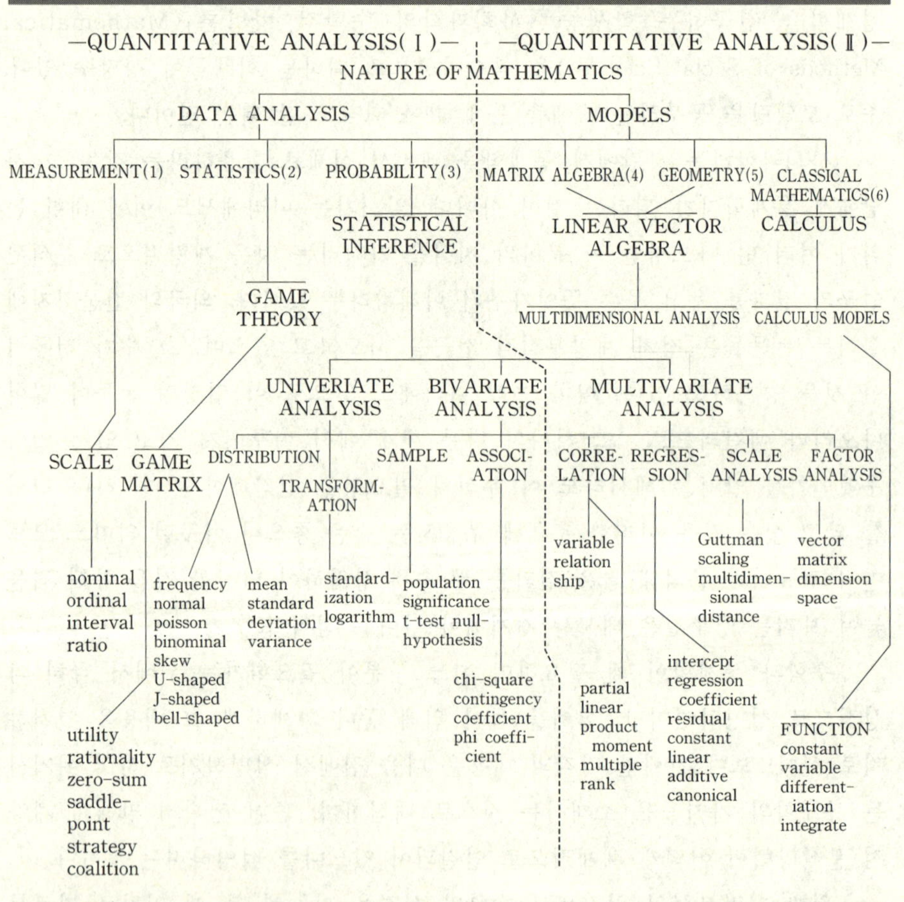

〈그림 4-21-1〉 체계화된 계량분석의 내용과 기법

위의 내용을 쉽게 이해할 수 있도록 하는 것이 〈그림 4-21-1〉이다. 오래전 럼멜(R. J. Rummel) 교수가 하와이 대학교에서 강의할 때 제공하는 자료를 원어 그대로 여기에 옮겼다.

마지막으로 수학, 특히 예부터 대수가 변천해 온 내용을 간단히 소개한다. 전통대수는 기하와 결합되어 분석기하(analytic geometry)로 발전되는 일방, 그 자체가 행렬대수(matrix algebra)로 전개되는데, 이 행렬대수는 또 기하의 논리와 연결되어 선형대수(linear algebra) 이론을 발달시킨다. 오늘날 고도의 통계분석방법이라고 일컫는 복회귀분석·중회귀분석·요인분석 등은 바로 이 선형대수의 원리를 그 기초로 삼고 있다.

인간은 자기 나름대로의 심미안을 갖고 미를 추구하며 만족한다. 그 통로는 여러 가지이다. 음악은 귀를, 미술은 눈을, 맛있는 음식은 혀를 만족시킨다. 그러나 무엇보다도 큰 만족은 수학을 통한 지심(知心)의 만족이다. 머리를 즐겁게 해 주는 것이다. 바로 이 지적 만족감을 얻었을 때 인간은 무한한 즐거움을 누리게 된다. 이 수학의 힘은 바로 가능한 유형을 분류·연구케 해 주는 데 있는데, 그것은 인간의 마음이 우주의 규칙성을 감지함으로써 가능케 되는 것이다.

2. 기술통계학과 추측통계학

뒤에 나오는 장에서 기술통계기법과 추측통계기법에 의한 자료분석방법을 설명하므로 여기서는 다만 계량분석의 기초로서 통계학이 어떤 것인가만을 알고 넘어가기로 한다.

어떤 자료, 예컨대 5급에서 4급으로 승진하는 경력자료를 그냥 있는 그대로 내버려 두면 거기서 아무런 것도 찾을 수 없는 경우라도 이것을 학력별로 구별해 보고, 연령별로 나누어 보고, 근무 연한별로 다시 정리해 보면 거기에는 일정한 경향이 추출될 수 있을 것이다. 자연 그대로 방치된 자료를 이와 같이 체계적으로 정리해 본다면 어느 연한 동안 근무하고 어떤 학력을 가지고 있는 사람이면 언제쯤 승진할 수 있을 것이라는 예측을 할 수 있게 된다. 통계적 방법은 이와 같이 앞일을 예측함으로써 삶을 보다 의미 있게 합리적으로 영위해 보려는 데 그 주된 목적이 있는 것이다. 그러나 물론 여기에는 예측할 수 없는 우연성이 작용하고 통제할 수 없는 변수도 작용하여 통계적 분석방법의 결과가 완전히 확실한 것이 아니라는 사실(uncertainty)을 알게 된다. 그것은 예측할 수 없는 부정공무원 축출을 위한 정풍운동이 일어났다면 생각보다 빨리 승진을 하거나 아니면 승진은커녕 사임을 해야 할 형편이 될지도 모른다. 또는 정실성 때문에 정치권력의 도움을 받는 경우 평균연한보다 훨씬 빨리 승진을 하는 예도 생겨날 것이다. 이와 같이 비통제 변수에 의한 작용을 전혀 배제할 수 없어 확실성을 결한 면이 있기는 하지만 통계적 방법은 위에 지적한 합리적 예측력 이외에도 방대한 자료를 전부 보지 않고 일부만으로 전체를 알 수 있는 추측력을 낳게 하는 장점이 있다.

김재은은 통계적 방법의 기능과 특질을 다음과 같이 지적하고 있다. 정리해서 옮겨 보면 다음과 같다.

(1) 통계적 방법은 기술적 언어의 일종으로 완전하고 정확한 표현에 사용되는 도구이다.
(2) 통계적 방법은 새로운 추계학의 공헌과 더불어 연구의 절차를 바르게 잡고 사색을 정확히 하는 데 도움을 준다.
(3) 통계적 방법은 다수의 자료와 조사결과를 의미 있고 간결한 형식으로 요약해 준다.
(4) 통계적 방법은 일반적 경향과 결론의 추출을 가능케 해 준다.
(5) 통계적 방법은 변수간의 인과관계를 밝혀 준다.
(6) 통계적 방법은 일정한 조건하에서 사실과 현상의 발생을 예측케 해 준다.

통계적 방법은 크게 기술통계와 추측통계방법으로 나뉜다. 기술통계학(記述統計學, descriptive statistics)은 관찰한 결과를 숫자나 표로 표시하여 그 자체를 의미 있다고 생각하는데, 여기에 동원되는 방법은 평균·비율·분산·범위·편차·상관관계 등이다. 이들 방법에 의해 어떤 집단의 성격이 완전히 파악된다. 정당에 대한 투표행태를 보는데 A 정당에 투표한 사람들의 평균연령은 28세이고 평균 대졸의 학력을 가진 데 반해, B 정당에 투표한 사람들은 35세이고 고졸의 학력을 가졌다고 하면, 여기서 나온 평균치로 정당선호집단의 성격을 어느 정도 파악할 수 있게 된다. 또 연령과 학력이라는 두 변수간의 상관계수를 구해 보았더니 .25 정도밖에 안 되었다면 정당에 투표하는 이 집단에 관한 한, 연령과 학력간에는 상관관계가 희박하다는 결론을 내릴 수 있다.

추측통계학(推測統計學, inductive statistics)은 위에서 얻은 것과 같은 집단의 성격묘사만으로 만족하지 못한 데서 출발하여 기술통계방법으로 얻은 자료를 가지고 조사하지 않은 부분까지 범위를 확대시켜 전체집단에 대한 지식을 얻고자 하는 것이다. 즉, 조그마한 표본을 가지고 그 표본의 성격을 미루어 모집단의 성격을 짐작해 보거나 가설검증의 방식을 통해서 모집단을 추측해 봄으로써 미래에 대한 예측을 한정된 범위에만 기초할 것이 아니라 보다 넓은 기초에서 예측의 타당성을 찾자는 것이다. 통계적 방법이 과학성을 높이는 근거가 여기에 있으며, 이때 기초하는 이론은 확률론이다. 위의 예를 다시 이용해 보면, 정당에 대한 투표행태를 조사한 대상집단이 만일 전체유권자의 100분 1밖에 안 되는 숫자였다면, 이들 집단의 연령이나 학력의 특성은 .01의 확률범위 내에서만 타당성을 갖게 된다. 이 이야기는 뒤집어 말하면 1,000명의 집단에서 10명만을 조사하고 전체 1,000명의 성격을 파악하기에는 그 대표성이 너무 낮아 무리를 자아내므로 정확한 모수추정을 할 수 없다는 뜻이 된다. 10명만을 조사해서 평균연령이 28세요, 대졸의 학력자가 A 정당을 선택했는데, 1,000명을 다 조사해 보니까 오히려 35세의 평균연령에 고졸의 학력을 갖는 성격의 집단이 되어 B 정당 투표인과 같은 성격을 갖게 될지도 모른다.

그러므로 모집단의 성격을 추측하기 위해서는 표본이 모집단을 대표할 수 있기에 충분한 크기여야 한다는 뜻에서 유의도나 신뢰구간의 수치를 따지게 된다. 어쨌든 큰 오차 없이 전체집단을 파악할 수만 있다면 추측통계방법의 힘은 큰 것이라 아니할 수 없다. 이 과정에서도 물론 승진의 경우에 설명한 우연성이 작용한다. 다시금 엄격한 통계검증에서도 불확실성이 늘 남아있다는 것을 염두에 두기 바란다.

3. 확률과 집합이론

추측통계방법에서 필요한 기초이론은 확률론이라고 했다. 그것은 우리가 붙이는 사회현상에 대한 해석부터가 완벽한 것이 아니고 어디까지나 개연적일 수밖에 없다는 것에 기인한다. 그러므로 여기서는 확률과 이와 관련된 집합의 기초개념만을 필요한 만큼 소개하는 것으로 그친다.

확률개념은 고전적 의미와 현대적 의미로 나뉜다. 전자는 어떤 사상 E가 발생할 가능한 방법이 전체가능성 n에서 h만큼 있는 경우에 그 확률을 $P=P_r\{E\}=\frac{h}{n}$이라고 표시하는데, 여기서 중점을 두고 있는 의미는 n만큼 거의 비슷하게 발생할 것(equally likely)이라는 데 있다. 그러나 이 '거의 비슷하게 발생할 것'이라는 의미가 너무 막연하고 모호하며, 또한 'equally likely'라고 하는 의미를 'equally probable'이라는 뜻과 동의어라고 한다면 확률의 뜻을 이 자체 속에서 찾으려는 순환론에 빠지게 된다. 이 때문에 확률의 통계학적 정의가 필요하다고 하여 스피겔(Spiegel)처럼 경험적 확률(empirical probability)을 주장하게 된다. 이 경험적 확률은 사상발생의 빈도를 상대적으로 따져보는 입장으로 좀 정확하게 말해 관찰대상수가 무한히 증가하면 어떤 사상이 나타나는 상대적 빈도의 극한치(limit of the relative frequency)를 뜻하게 된다. 그러나 이 통계학적 정의가 실제로 사용되기는 하여도 수학적 견지에서 보아 난점이 있다. 이유는 극한치가 실제로 존재하지 않기 때문이다. 다시 말해서 경험적 확률의 기초가 되는 관찰횟수가 유한하기 때문이다. 그래서 확률의 개념을 확정짓지 않고(undefined concept), 기하학에서의 점과 선처럼 공리(axiom)로 생각하여 발전시키려고 한다. 이것이 오늘날 말하는 확률의 현대적 의미이다.

다음에는 확률론을 이해하는 데 알아야 할 여러 정리를 중심으로 기초개념을 간략하게 열거하면서 설명하기로 한다.

(1) **조건부확률**(conditional probability) 어떤 사상 E_1이 나타난다는 조건 아래에서 다른 사상 E_2가 나타날 확률을 $P_r\{E_2/E_1\}$로 표시하는데, 이것을 조건부확률이라고 한다. 이때 E_1의 발생이 E_2가 나타날 확률에 영향을

미치지 않으면 $P_r\{E_2 \backslash E_1\} = P_r\{E_2\}$가 되고 E_1과 E_2는 각각 독립사상이 되고 그렇지 않으면 종속사상이 된다. 두 개의 주사위를 던져서 각각 1이 나오는 것은 독립사상이고 흰 공 3개와 검은 공 2개가 들어 있는 상자에서 계속해서 검은 공을 꺼내려는 것은 종속사상이다. $E_1 \cdot E_2$가 동시에 발생하는 것을 적(積)의 사상(compound event)이라고 하는데, 그 공식은 $P_r\{E_1 E_2\} = P_r\{E_1\} P_r\{E_2 \backslash E_1\}$이 되고, 독립사상에서는 $P_r\{E_1 E_2\} = P_r\{E_1\} P_r\{E_2\}$가 된다. 예를 들면, A라는 나라에서 10년 안에 혁명이 일어날 확률이 .50이고 B라는 나라에서 10년 안에 혁명이 일어날 확률이 .40이면 두 나라가 같이 혁명을 치를 가능성은 {.50}{.40}=.20이다. 위의 공의 예는 처음에 검은 공을 꺼낼 확률은 $P_r\{E_1\} = \frac{2}{3+2} = \frac{2}{5}$이고 두 번째 계속해서 검은 공을 꺼낼 확률은 $P_r\{E_2 \backslash E_1\} = \frac{1}{3+1} = \frac{1}{4}$ 이므로 두번 다 검은 공이 될 확률은 공식대로 해서 $\frac{2}{5} \cdot \frac{1}{4} = \frac{1}{10}$ 이다.

(2) **배반사상**(mutually exclusive events) 두 사상이 동시에 나타나지 않는 경우를 말한다. 동시에 나타날 확률은 0이 될 수밖에 없다. 서로 영향을 줄 수 없는 것은 물론이지만 두 사상이 전혀 별개로 진행되기 때문에 이들간의 확률은 가감(加減)의 관계를 갖는다. 따라서 $P_r\{E_1 + E_2\} = P_r\{E_1\} + P_r\{E_2\}$가 된다. 다만 같이 나타날 경우가 있을 때는 $P_r\{E_1 + E_2\} = P_r\{E_1\} + P_r\{E_2\} - P_r\{E_1 E_2\}$가 된다. 미국 카드 놀이에서 A를 꺼낼 확률 $P_r\{E_1\} = \frac{4}{52} = \frac{1}{13}$ 이고 K를 꺼낼 확률도 $P_r\{E_2\} = \frac{4}{52} = \frac{1}{13}$ 이다. 한번에 A나 K를 꺼낼 확률은 $\frac{1}{13} + \frac{1}{13} = \frac{2}{13}$가 된다. 하지만 A를 꺼내면서 K를 꺼낼 수는 없어도 A를 꺼내면서 다이아몬드 그림이 있는 것을 꺼낼 수는 있다. 이때 두 사상은 배반적이 아니다. 다이아몬드 그림은 52장 중 13장이므로 위의 공식에 맞추어 보면 그 확률은 $P_r\{E_1 + E_2\} = \frac{4}{52} + \frac{13}{52} - \frac{1}{52} = \frac{16}{52} = \frac{4}{13}$ 이다.

(3) **이산확률분포**(離散確率分布, discrete probability distributions) X라는 변수가 각각 취할 수 있는 값 $X_1, X_2, \cdots, X_k$가 있고 이 값에 대응되는 확률이 $P_1, P_2, \cdots, P_k$가 있어서 이들의 화(和)가 1이 되는 경우 이를 이산확률분포라고 한다. 여기서 $P(X)$는 확률변수 X의 이론적 도수분포를 표하게 되는데, 이것을 확률함수(probability function) 또는 도수함수(fre-

quency function)라고 한다. X가 주어진 확률로 일정한 값을 가지므로 이것을 이산확률변수(discrete random variable)라고 부른다. 두 개의 주사위를 던져서 나오는 수를 합한 것을 X라 하고 그 확률이 어떻게 되는가를 다음 표에서 본다.

〈표 4-21-1〉

X	2	3	4	5	6	7	8	9	10	11	12
P(X)	1/36	2/36	3/36	4/36	5/36	6/36	5/36	4/36	3/36	2/36	1/36

두 수의 합이 7이 되는 확률이 가장 큰 것으로 6/36=1/6 이라는 것을 알 수 있고 이를 정점으로 확률이 양쪽으로 줄어든다. 이것은 마치 상대도수함수와 똑같은 것이다. 그래서 관찰수가 많아지는 경우에 우리는 확률분포를 도수함수의 이론적 형태로 생각한다. 이 때문에 전자는 모수에서의 분포로, 후자는 표본에서의 분포로 취급되기도 한다. 통계분석에서 가장 중요한 기본 개념인 정규분포가 확률이론과 결부되고 있음을 알 수 있을 것이다.

(4) **연속확률분포**(continuous probability distributions) 변수 X가 연속량일 경우에 그 분포는 상대도수분포와 같은 성격을 가진다. 아래 〈그림 4-21-2〉는 연속확률분포를 표시한 것인데 일정한 폭이 주어진다는 것을 기억할 필요가 있다. 포물선 전면적의 화(和)는 1이 되고 a와 b 사이에 X가 들

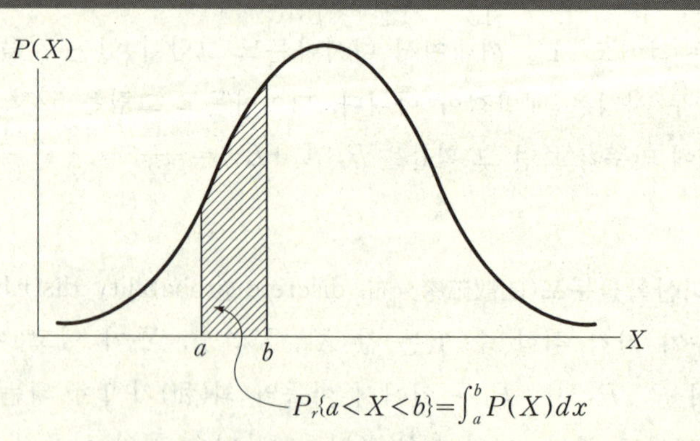

〈그림 4-21-2〉 연속확률분포

어갈 확률은 $P_r\{a<X<b\}$라고 표시한다. 이때 $P(X)$를 확률밀도함수(probability density function)라고 한다.

(5) **수학적 기대치**(mathematical expectation) 확률변수 X가 취할 수 있는 모든 값과 그 값이 취할 수 있는 확률치와의 적(積)의 화(和)를 기대치라고 한다. 신춘문예에서 현상금 30,000,000원을 받을 확률이 1/10이라면 한 응모자의 기대치는 $\frac{1}{10}(30{,}000{,}000)=3{,}000{,}000$원이다. 이산확률변수 X의 기대치 $E(X)=P_1X_1+P_2X_2+\cdots+P_kX_k=\sum_{j=1}^{k}P_jX_j=\sum PX$가 된다.

기대치의 확률 P_j를 상대도수 f_j/N $(N=\sum f_j)$로 대치시키면 기대치는 $(\sum fX)/N$으로 줄어드는데, 이것은 표본의 산술평균이다. 표본의 크기가 커질수록 상대도수는 확률 P_j에 가까워진다. 그래서 우리는 기대치를 모수의 평균치로 해석하게 된다. 수학적 기대치 또는 기대치는 물론 연속확률변수에서도 구할 수 있다.

(6) **계승**(階承, factorial) 서로 다른 N개의 것을 여러 가지 순서로 배열하는 경우 그 방법을 찾을 때 사용하는 개념이다. 숫자가 하나씩 증가하여 n에 이르는 n개의 연속정수의 상승적(相乘積)을 뜻한다. $n!$라고 표기하는데 $n!=n(n-1)(n-2)\cdots1$이 된다. $5!=5\times4\times3\times2\times1=120$이 되며, $4!3!=(4\times3\times2\times1)(3\times2\times1)=144$가 된다.

(7) **순열**(permutations) 순서를 고려하면서 n개에서 r개를 동시에 취할 수 있는 방법을 말한다. ${}_nP_r=r(n-1)(n-2)\cdots(n-r+1)=\frac{n!}{(n-r)!}$이며 n개에서 n개를 취하는 순열은 ${}_nP_n=n!$이다. a, b, c 3 문자 중 두 문자를 동시에 취하여 배열할 수 있는 방법은 ab, ba, ac, ca, bc, cb 등 여섯 가지로 ${}_3P_2\frac{3!}{(3-2)!}=6$ 이다.

(8) **조합**(combinations) 순서에 관계없이 n개에서 r개를 동시에 취할 수 있는 방법을 말한다. ${}_nC_r=\frac{n(n-1)\cdots(n-r+1)}{r!}=\frac{n!}{r!(n-r)!}=\frac{{}_nP_r}{r!}$이다. 위와 같은 예를 가지고 조합시키는 방법은 ab, ac, bc 세 가지로 ${}_3C_2=\frac{3\times2}{2!}=3$ 이다.

(9) **확률과 집합론과의 관계** 우리는 현대 확률론에서 실험이나 게임의 결과를 어떤 공간 S의 점이라고 생각한다. 만일 S가 유한수의 점을 포함

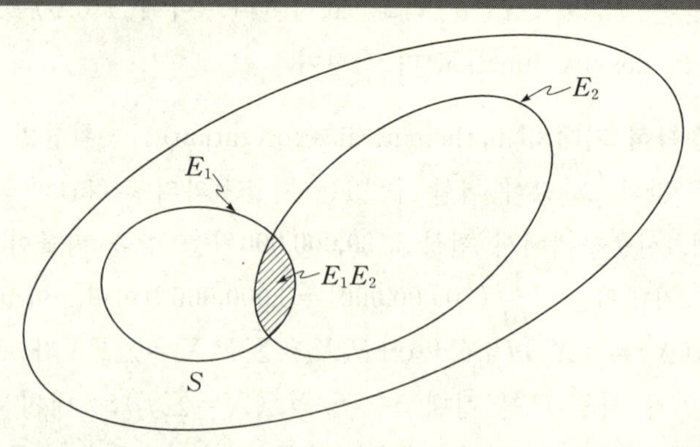

〈그림 4-21-3〉 Euler Diagram

하고 있다고 생각하고 각 점을 합하여 하나가 되도록 한다면, 이것은 확률원리와 일치된다. 한 사상은 공간에서의 점의 집합으로 E_1 또는 E_2 등으로 표시한다. 〈그림 4-21-3〉은 이를 보여 주고 있는데, 이를 특히 「Euler diagram」이라고 부른다.

E_1+E_2는 점의 집합으로 E_1이나 E_2나 양자 속에 있는 반면에 E_1E_2는 E_1과 E_2의 공통영역에 있는 점의 집합이다. E_1의 확률은 E_1 집합 속에 포함되어 있는 모든 점을 결합시킨 확률의 화(和)가 된다. 동시에 E_1+E_2의 확률, 즉 $P_r\{E_1+E_2\}$는 E_1+E_2 집합 속에 들어 있는 모든 점과 연결된 가능성의 화(和)이다. 만약 E_1과 E_2가 공통점을 가지고 있지 않다면 두 사상은 배반사상으로 $P_r\{E_1+E_2\}=P_r\{E_1\}+P_r\{E_2\}$가 된다는 것은 이 장 3의 (2)에서 설명한 바와 같다. 공통점이 있다면 $P_r\{E_1+E_2\}=P_r\{E_1\}+P_r\{E_2\}-P_r\{E_1E_2\}$가 된다. E_1+E_2의 집합표기(集合表記)를 $E_1\cup E_2$로 하고 합집합(合集合, union of the two sets)이라고 부른다. E_1E_2 집합은 $E_1\cap E_2$로 표기하고 교집합(交集合) 또는 공통부분(intersection of the two sets)이라고 부른다. 집합에 아무런 점이 없는 경우 그 집합은 공집합(空集合, null set)이라 부르고 $\emptyset$로 표기한다. 이때의 확률은 물론 0이다($P_r\{\emptyset\}=0$). E_1과 E_2가 공통점을 가지고 있지 않다면 $E_1E_2=\emptyset$라고 쓰고 배반사상임을 말해 준다. $P_r\{E_1E_2\}=0$이 된다. 이러한 현대적 접근법에 따라 확률변수는 공간 안의 각 점에 따라 규정된 함수임을 이해하게 된다. 공간 S가 무한수를 지니고 있

는 경우에도 이들 원리들은 미·적분개념의 도움으로 동일하게 활용된다는 것을 잊지 말아야 한다.

⑽ 집합론 개요 집합론을 이해할 수 있도록 간단히 소개하고 넘어가기로 한다. 집합이란 요소 또는 원(元)의 모임이다. $P \in A$라고 하는 것은 P가 A라는 집합 속의 원(元, element or member)이라는 뜻이다. 만일 A의 모든 원이 집합 B에 속하는 경우, 즉 $x \in A$가 $x \in B$라면 A는 B의 부분집합(subset)이 된다. 이를 $A \subset B$ 또는 $B \supset A$로 표기한다. 또 두 집합이 동일하면, 즉 $A \subset B$와 $B \subset A$면 $A=B$이다. 위의 모든 경우에 있어서 P가 A의 원이 아니고, 주어진 대상 x가 주어진 집합 A에 속하지 않는 경우 등 부정적인 것은 $P \notin A$, $A \not\subset B$, $A \neq B$ 등으로 표시한다. 수를 가지고 실례를 들어보면 $A=\{x<10\}$와 $B=\{2, 3, 5, 7, 11, 13\}$에서 $9 \in A$이지만 $9 \notin B$이다. $11 \in B$이고 $11 \notin A$이다. 3은 두 집합의 공통원이다. 지금까지의 설명을 다음 정리로 다시 표현할 수 있다.

정리 1: $A \subset A$이고 $A \subset B$와 $B \subset A$이면 $A=B$이다.
또 $A \subset B$이고 $B \subset C$이면 $A \subset C$이다.

위의 설명(9)에서 합집합 · 공통부분의 개념을 간단히 설명하였는데, 이를 원의 요소를 도입하여 다시 표현하면,

$A \cup B=\{x : x \in A$ 혹은 $x \in B\}$,
$A \cap B=\{x : x \in A$와 $x \in B\}$라고 할 수 있다.

이 밖에 일반집합(universal set)이라는 개념이 있다. 우리의 모든 집합

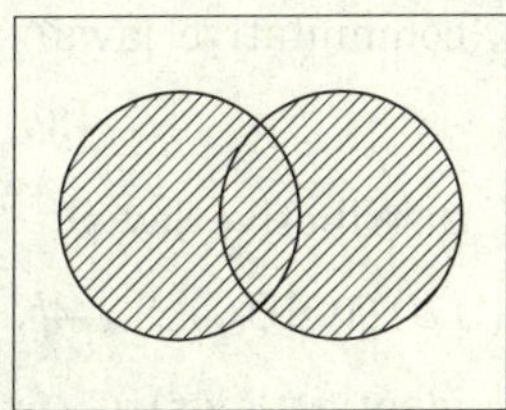

〈그림 4-21-4〉 $A \cup B$는 사선부분

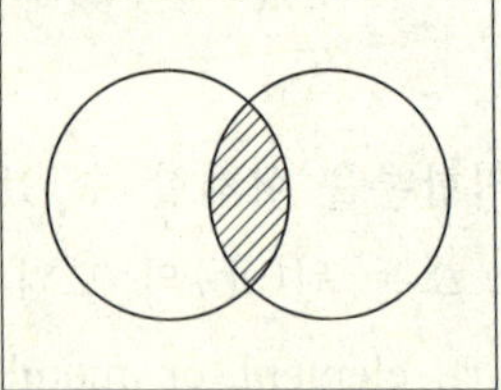

〈그림 4-21-5〉 $A \cap B$는 사선부분

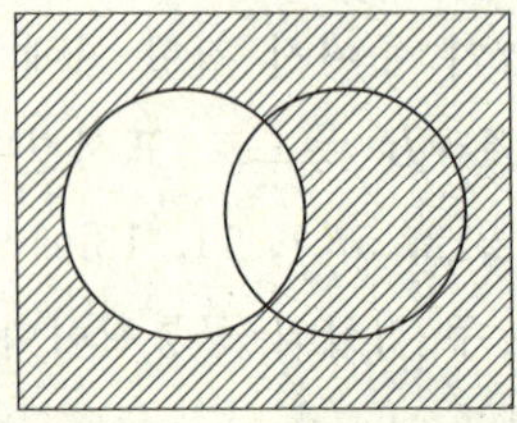

〈그림 4-21-6〉 A^c는 사선 부분

은 이 일반집합의 하위집합에 불과하다. A^c라고 하는 것은 A에 속하지 않는 요소의 집합을 뜻한다. 집합의 세 기초개념을 그림으로 다시 표시한다.

집합산(集合算)은 다음 법칙에 맞아야 한다. 이것을 정리 2로 정리해 본다.

정리 2: 집합의 대수법칙.

(1) 동귀법칙(同歸法則, idempotent laws)

1*a*. $A \cup A = A$ 1*b*. $A \cap A = A$

(2) 결합법칙(結合法則, associative laws)

2*a*. $(A \cup B) \cup C = A \cup (B \cup C)$ 2*b*. $(A \cap B) \cap C = A \cap (B \cap C)$

(3) 교환법칙(交換法則, commutative laws)

3*a*. $A \cup B = B \cup A$ 3*b*. $A \cap B = B \cap A$

(4) 분배법칙(分配法則, distributive laws)

4*a*. $A \cup (B \cap C) = (A \cup B) \cap (A \cup C)$ 4*b*. $A \cap (B \cup C) = (A \cap B) \cup (A \cap C)$

(5) 동일법칙(同一法則, identity laws)

5*a*. $A \cup \varnothing = A$ 5*b*. $A \cap U = A$

5c. $A \cup U = U$ 5d. $A \cap \emptyset = \emptyset$

(6) 보완법칙(補完法則, complement laws)

6a. $A \cup A^c = U$ 6b. $A \cap A^c = \emptyset$

6c. $(A^c)^c = A$ 6d. $U^c = \emptyset$, $\emptyset^c = U$

(7) 몰간법칙(De Morgan's laws)

7a. $(A \cup B)^c = A^c \cap B^c$ 7b. $(A \cap B)^c = A^c \cup B^c$

또한 집포함(集包含, set inclusion)과 집합산(集合算, set operations)은 다음 정리에 따른다.

정리 3: 다음의 조건은 $A \subset B$의 경우와 같다.

(1) $A \cap B = A$

(2) $A \cup B = B$

(3) $B^c \subset A^c$

(4) $A \cap B^c = \emptyset$

(5) $B \cup A^c = U$

집합곱셈(product set)은 $A \times B = \{(a, b) : a \in A, b \in B\}$이다. A가 $\{1, 2, 3\}$이고 B가 $\{a, b\}$라면, $A \times B = \{(1, a), (1, b), (2, a), (2, b), (3, a), (3, b)\}$가 된다.

집합의 관계는 두 집합의 요소가 연관을 맺고 있으면 aRb로 표시하고, 아니면 $a \not R b$로 한다. 집합 A가 집합 B와 관계가 있다는 것을 $A \times B$의 부분집합이라고 한다.

같은 집합간의 관계를 집합내의 관계(a relation in A)라고 하는데, 이것이 다음 공리를 만족시키면 대응관계(equivalence relation)라고 부른다.

공리 1: 모든 $a \in A$는 스스로 관련을 맺으며, 이를 반사적(reflexive)이라고 한다.

공리 2: a가 b와 관계가 있으면 b는 a와 관계가 있다. 이를 대칭적(symmetric)이라고 한다.

공리 3: a가 b와 관계가 있고 b가 c와 관계가 있으면, a는 c와 관계가 있다. 이를 추이적(推移的, transitive)이라고 한다.

끝으로 대응계급(equivalence class)을 모아 놓은 것을 상(商, quatient)이라 하여 A/R이라 하는데, 이는 $\{[a]: a \in A\}$를 의미한다는 것을 지적하면서 집합 이야기는 이 정도의 설명으로 그치려 한다. 대학의 교양과정에서 가르치는 수학교재에 이 집합에 관한 설명이 잘 나와 있어 참조하기 바란다.

4. 미분과 적분

함수에 대한 인식이 오늘날의 자연과학을 발달시켰다. 뉴턴(I. Newton)이나 라이프니츠(G. W. Leibniz)가 시작한 근세의 해석학은 바로 함수가 변화하는 방법을 중점적으로 취급하고 있다. 갈릴레이(G. Galilei)는 짧은 시간동안에 일어나는 아주 작은 변동에서 순간적인 속력을 구했다. 이 아주 작은 변동에 대한 함수값의 미소변화를 생각하는 것이 미분학으로, 곡선에 접선을 긋는 문제나 함수의 극대와 극소를 구하는 문제를 해결해 준다. 한편 적분학은 면적 · 체적 · 곡선의 길이를 물체의 속도나 가속도를 구하는 원리에 의해 해결해 준다. 그럼 미·적분의 기초가 되는 함수부터 중요개념만 설명하기로 한다.

(1) 함　　수　　두 변수 x(의약품의 개발), y(인구의 증가)에 있어서 x의 값이 정해지면 이에 따라 y의 값이 정해질 때 y를 x의 함수라고 하며, 이 두 변수 사이에 함수관계가 있다고 한다. 여기서 변수 x가 취할 수 있는 범위를 x의 변역(變域)이라고 한다. 보통 인구의 증가가 의약품의 개발과 함수관계를 맺고 있는 것을 $y=f(x)$로 표시하고 이를 양함수(陽函數)라고 하기도 한다.

(2) 함수의 연속성과 극한　　함수 $f(x)$에서 $x=a$에 있어서의 값 $f(a)$가 존재하고, 또 x가 a에 한없이 가까워질 때, $f(x)$가 $f(a)$에 한없이 가까워진다면, $f(x)$는 점 $x=a$에서 연속이라 하며, 연속 아닌 경우를 불연속이라고 한다. 다시 말해서 변수 x가 어느 값 a를 지나는 순간에 있어서 함수 $f(x)$의 값의 변동에 비약이 생기지 않으면 $f(x)$는 점 $x=a$에서 연속이라고 하며(〈그림 4-21-7〉 참조), 비약이 생기면 불연속이라고 한다(〈그림 4-21-8〉 참조).

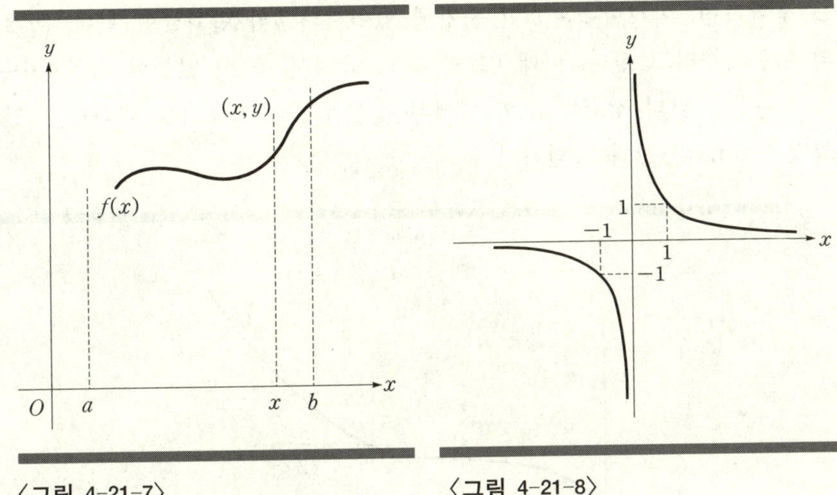

〈그림 4-21-7〉 〈그림 4-21-8〉

후자의 경우 $x=0$에 있어서 $-\infty$에서 $+\infty$로 비약하고 있음을 알 수 있다.

함수의 연속성문제는 함수의 극한문제를 수반한다. $y=f(x)$에서 x가 한없이 a에 가까워질 때, 그것에 대응해서 y가 한없이 b에 가까워진다면 $x \to a$일 때의 y는 b라고 한다. 즉, $f(x)$의 극한치를 의미한다. 이를 $\lim_{x \to a} y=b$라고 쓰며, $x=a$에서 연속이라는 것은 $\lim_{x \to a} f(x)=f(a)$를 뜻한다.
극한치를 구할 때 쓰이는 정리는 여기서 생략한다.

(3) 미분계수 발전도상에 있는 국가의 국민소득이 시간이 경과함에 따라 증가한다고 하는 경우에 1인당 국민소득 y는 시간 x와 함수관계를 가질 것이다. 즉, $y=f(x)$이다. 10년 동안에 \$250에서 \$350되었다고 하면 매년 \$10씩 증가한 것이지만, 이것은 평균변화율일 뿐 매년 증가한 소득이 동일하지는 않을 것이다. 그러나 해가 바뀜에 따라 x의 증분(Δx)만큼 y도 변한 것이다(Δy). 즉, $y_1+\Delta y=f(x_1+\Delta x)$가 되며, $\Delta y=f(x_1+\Delta x)-y_1=f(x_1+\Delta x)-f(x_1)$이 되어 $\frac{\Delta y}{\Delta x}=\frac{f(x_1+\Delta x)-f(x_1)}{\Delta x}$가 된다.

이것이 $x=x_1$에서 $x=x_1+\Delta x$ 사이의 x에 대한 y의 평균변화율이다. 여기서 Δx가 0에 한없이 가까워지는 경우, 즉

$$\lim_{\Delta x \to 0} \frac{\Delta y}{\Delta x} = \lim_{\Delta x \to 0} \frac{f(x_1+\Delta x)-f(x_1)}{\Delta x}$$

를 생각하면, 이것이 $x=x_1$인 순간에 있어서의 y의 변화율이 된다. 이것을 y의 미분계수라고 한다. 아래 〈그림 4-21-9〉에서 볼 수 있듯이 미분계수는 곡선 $y=f(x)$ 위의 점 $P(x_1, y_1)$에서의 접선 PT의 기울기를 나타내고 있으며 그것은 $\tan\alpha$의 값과 동일하다.

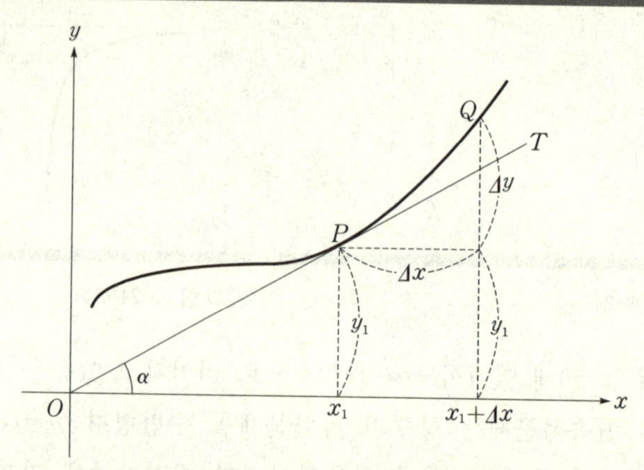

〈그림 4-21-9〉

접선 PT의 방정식은 $y-y_1=f'(x_1)(x-x_1)$이다. $y=x^2$의 $x=1$에서의 미분계수는 $\dfrac{\Delta y}{\Delta x}=2+\Delta x$이므로 $f(1)=\lim\limits_{\Delta x\to 0}\dfrac{\Delta y}{\Delta x}=\lim\limits_{\Delta x\to 0}(2+\Delta x)=2$ 이다. 그리고 점(1, 1)에서의 접선의 방정식은 $y=2x-1$이 된다.

(4) **도함수**(導函數) 앞에서 2차함수 $y=x^2$인 때 $x=1$이면 미분계수가 2라는 것을 알았다. x의 임의의 값에 대해서도 마찬가지인데 y의 증분 $\Delta y=(x+\Delta x)^2-x^2=\Delta x(2x+\Delta x)$가 되어 $\dfrac{\Delta y}{\Delta x}=2x+\Delta x$로 된다. 여기서 Δx가 한없이 0에 가까워진다고 하면 $\lim\limits_{\Delta x\to 0}\dfrac{\Delta y}{\Delta x}=\lim\limits_{\Delta x\to 0}(2x+\Delta x)=2x$가 된다. 이것이 임의의 값 x에 있어서의 미분계수인데, x의 각 값에 대한 미분계수는 x에 그 값을 대입함으로써 얻어진다. 즉, 임의의 값 x에 대한 미분계수는 x의 함수로 볼 수 있는데, 이것을 x의 함수로 보았을 때 y의 도함수라고 하며 $\dfrac{dy}{dx}$, y', 혹은 $f'(x)$로 표기한다. 이 도함수를 구하는 것을 함수 y'를 미분한다고 한다. 아래에 좀더 이해하기 위해 몇 가지 약속만을 나열해 보면,

① 상수의 도함수 $y=a$이면 $\dfrac{dy}{dx}=0$

② 거듭제곱의 도함수 $y=x^n$이면 $\dfrac{dy}{dx}=nx^{n-1}$

③ 상수배의 도함수 $y=af(x)$이면 $\dfrac{dy}{dx}=af'(x)$

④ 합의 도함수 $y=f(x)+g(x)$이면 $\dfrac{dy}{dx}=f'(x)+g'(x)$

⑤ 곱의 도함수 $y=f(x)\cdot g(x)$이면 $\dfrac{dy}{dx}=f'(x)\cdot g(x)+f(x)g'(x)$

⑥ 몫의 도함수 $y=\dfrac{f(x)}{g(x)}$이면 $\dfrac{dy}{dx}=\dfrac{f'(x)g(x)-f(x)g'(x)}{\{g(x)\}^2}$

⑦ 합성함수의 도함수 $y=f(z)$, $z=g(x)$일 때 $\dfrac{dy}{dx}=\dfrac{dy}{dz}\cdot\dfrac{dz}{dx}$

(5) 함수의 극값(極値) 함수관계에서 어느 해에는 국민소득이 증가하였는데, 또 다음 어느 해에는 국민소득이 감소할 수도 있을 것이다. 전자에서 $f(x)$는 증가함수가 되고, 후자에서 $f(x)$는 극소함수가 된다. 함수 $f(x)$가 어느 해를 정점으로 하여 증가상태에서 감소상태가 되는 경우 $f(x)$는 그 해, 즉 x_i에서 극대가 되어 극대값을 갖는다. 반대의 경우에는 극소값을 갖게 된다. 이 극대와 극소의 값을 극값이라고 한다. 극값과는 다른 이야기가 되지만 함수관계에서 미분계수를 이용하고 오차를 염두에 두면 함수의 근사값을 구할 수 있다는 것을 알아 두기 바란다.

(6) 구적법(求積法)**과 정적분**(定積分) 앞에서 「지니 지수」를 설명할 때 불평등영역을 구하기 위하여 완전평등선과 x축으로 이루는 삼각형의 나머지 면적을 세분해서(삼각형의 면적 계산방법으로) 구하여 감산하는 방법을 설명한 바 있다. 삼각형 · 사각형 혹은 원의 면적은 간단히 구할 수 있지만 복잡한 원형을 구하기는 쉬운 일이 아니다. 이와 같이 복잡한 도형의 면적은 도형을 세분하여 하나하나 구해서 이를 합쳐 계산해 낸다. 이렇게 구하는 방법을 구분 구적법이라 한다. 이것을 일반함수로서 이루는 도형에까지 확장시켜 면적을 구할 수 있다.

〈그림 4-21-10〉에서 일반함수 $y=f(x)$에 있어서 곡선과 x대와 a와 b

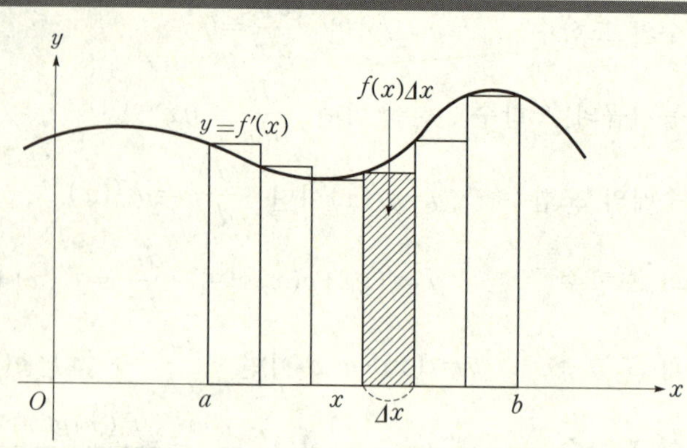

〈그림 4-21-10〉

사이의 면적 S를 구한다고 생각하자.

우선 a에서 b까지를 n등분하고 위의 그림에서와 같이 직사각형을 만들어 직사각형의 합 S_n에서 n이 무한대에 이르는 극한값을 구하면 된다. S_n은 $f(x)\,\Delta x$를 a에서 b까지 합한 것이므로 $\sum_{x=a}^{b} f(x)\,\Delta x$로 쓸 수 있다. n이 무한대로 간다고 하는 것은 Δx가 무한대인 것과 같은 뜻이므로 전체 면적은,

$$S=\lim_{n\to\infty} S_n=\lim_{\Delta x\to 0}\sum_{x=a}^{b} f(x)\,\Delta x \text{이고,}$$

적분기호를 사용하여 다음과 같이 표기한다.

$$\lim_{\Delta x\to 0}\sum_{x=a}^{b} f(x)\,\Delta x=\int_a^b f(x)dx$$

이것을 $f(x)$의 a에서 b까지의 정적분이라고 하며, 이것을 구하는 것을 $f(x)$를 a에서 b까지 적분한다고 한다. 몇 가지 공식을 소개하면 다음과 같다.

(1) $\int_a^b cf(x)dx=c\int_a^b f(x)dx$

(2) $\int_a^b \{f(x)+g(x)\}dx=\int_a^b f(x)dx+\int_a^b g(x)dx$

(3) $\int_a^b f(x)dx=-\int_b^a f(x)dx$

(7) **정적분**(定積分)**과 부정적분**(不定積分) 정적분의 값을 구하려면 수열(數列)의 합을 일일이 구하여야 하기 때문에 대단히 복잡해지므로 우선

임의의 점까지의 면적($F(x)$)을 구하여 그 변화율, 증분, 그리고 극한개념으로 결국 전체면적을 구할 수 있게 된다. 이때 $F(x)$라는 함수는 미분하면 $f(x)$가 되는 함수로 $\int f(x)dx=F(x)$로 표기한다. 이 $F(x)$를 $f(x)$의 부정적분이라고 하며 $f(x)$를 그냥 적분한다고 한다.

정적분과 부정적분과의 관계는 우선 부정적분을 알아야 정적분을 구할 수 있다. 즉, 정적분 $\int_a^b f(x)dx$를 구하려면 부정적분 $\int f(x)dx=F(x)$를 구하고 $\int_a^b f(x)dx=[F(x)]_a^b$로 하면 된다.

이상 설명한 미분과 적분은 그 개념만을 간단히 나열했을 뿐 구체적인 설명을 피했다. 보다 자세한 것은 본문에서 인용한 전문서적을 참조하기 바라며, 여기서는 단지 기본원리에 대한 이해만으로 계량분석의 기반을 다지는 데 도움이 되리라고 믿는다.

5. 행 렬 식

선형대수(線型代數, linear algebra)의 기초가 되는 것이 이 행렬식(行列式)이다. 우리는 일상생활에서도 많은 수로 이루어진 표를 대하게 된다. 품목별 물가가 연도별로 어떻게 변했는가를 말해 주는 표라든가, 국민투표에서 투표율과 찬성률이 지역별 · 실시연도별로 어떻게 다르다든가, 남북한 군사력의 비교에서 전투력의 대비가 어떻다든가 하는 것을 모두 표에 나타난 숫자로 한 눈에 볼 수 있다. 이와 같이 숫자들이 장방형으로 배열된 표를 행렬이라고 부른다. 여기서 행은 배열된 수의 가로를, 열은 배열된 수의 세로를 가리킨다. 일반적으로 행에는 분석단위(국가 · 단체 · 개인 등)를, 열에는 분석하려는 변수를 나열한다. 다음 예를 보면 쉽게 이해할 수 있다(가상적 숫자임).

	국민소득순위	국민투표율	문맹률	전투력
한 국	4	78	10	1
일 본	1	75	9	3
대 만	2	80	2	2
필리핀	3	83	32	4

위의 행렬식은 행과 열이 각각 넷씩 된다. 위의 식을 A matrix라고 하는 경우에 $A_{4\times4}$로 써서 각 행과 열이 몇 개의 숫자로 구성되어 있는가를 보여 준다. 일반적으로 $A_{m\times n}$이라고 써서 m은 행을, n은 열을 지칭하게 한다. 위의 식에서 대칭선상에 놓여 있는 숫자들 4, 75, 20, 4의 위치를 주대각선(主對角線, principal diagonal: main diagonal)이라 부른다. 행렬식에도 집합에서와 같이 반사적 · 대칭적 · 추이적 공리가 통한다. 행렬식에서 행과 열의 위치를 맞바꾸어 풀어나가는 경우가 있는데, 이를 전위(轉位, transpose)라고 하여 A'라고 표기한다. 다음에 행렬식을 이해하는 데 있어서 알아야 할 기본적인 면만을 설명해 보기로 한다.

(1) 유 형 행렬식에는 대략 다음과 같은 종류가 있다.

(가) 영행렬식(零行列式): 식의 모든 숫자가 0인 경우

$$0=\begin{pmatrix} 0 & 0 & \cdots\cdots & 0 \\ 0 & 0 & \cdots\cdots & 0 \\ \cdots & \cdots & \cdots & \cdots \\ 0 & 0 & \cdots\cdots & 0 \end{pmatrix}$$

(나) I행렬식: 식의 주대각선에 있는 숫자만이 1인 경우

$$I=\begin{pmatrix} 1 & 0 & 0 & \cdots\cdots & 0 \\ 0 & 1 & 0 & \cdots\cdots & 0 \\ 0 & 0 & 1 & \cdots\cdots & 0 \\ \cdots & \cdots & \cdots & \cdots & \cdots \\ 0 & 0 & 0 & \cdots\cdots & 1 \end{pmatrix}$$

(다) J행렬식: 식의 모든 숫자가 1인 경우

$$J=\begin{pmatrix} 1 & 1 & 1 & \cdots\cdots & 1 \\ 1 & 1 & 1 & \cdots\cdots & 1 \\ 1 & 1 & 1 & \cdots\cdots & 1 \\ \cdots & \cdots & \cdots & \cdots & \cdots \\ 1 & 1 & 1 & \cdots\cdots & 1 \end{pmatrix}$$

이상의 세 기본유형 이외에도 주대각선에 1 이외의 숫자가 있고 나머지는 0인 대각선행렬식(diagonal matrices), 주대각선을 중심으로 우상단에만 숫자가 배열된 상단삼각행렬식(upper triangular matrix), 그 반대인 하단삼각행렬식(lower triangular matrix), 우상단과 좌하단에 대칭되는 위치의 숫자가 똑같은 대칭행렬식(symmetric matrix) 등이 있다.

(2) 계산법칙

(가) 덧셈 법칙: 대응되는 위치의 요소(숫자)를 더하면 된다.

$$\begin{pmatrix} 2 & 1 & -7 \\ 4 & 1 & 9 \end{pmatrix} + \begin{pmatrix} 2 & 1 & 6 \\ 0 & -1 & 4 \end{pmatrix} = \begin{pmatrix} 4 & 2 & 1 \\ 4 & 0 & 13 \end{pmatrix}$$

덧셈에서는 순서를 바꾸어 놓아도 되고(commulative), 즉 $A+B=B+A$, 계산 순서가 바뀌어도 된다(associative). 즉 $(A+B)+C=A+(B+C)$. 뺄셈에서도 마찬가지이다.

(나) 곱셈 법칙: 상수를 곱하는 경우와 식끼리 곱하는 경우가 있다. 곱셈에서 주의해야 할것은 순서를 바꾸어 곱하면 같은 답을 구할 수 없다. 즉, $AB \fallingdotseq BA$이다.

$A = \begin{pmatrix} 1 & 1 \\ 0 & 1 \end{pmatrix} \quad B = \begin{pmatrix} 1 & 1 \\ 1 & 0 \end{pmatrix}$일 때

$AB = \begin{pmatrix} 2 & 1 \\ 1 & 0 \end{pmatrix}$이 되고, $\quad BA = \begin{pmatrix} 1 & 2 \\ 1 & 1 \end{pmatrix}$이 된다.

상수 곱셈인 경우,

① $a(A+B)=aA+aB$
② $(a+b)A=aA+bA$
③ $(ab)A=a(bA)$
④ $(1)A=A$
⑤ $(-1)A=-A$
⑥ $a0=0$
⑦ $0A=0$

식 곱셈인 경우,

① $(AB)C=A(BC)$
② $(A+B)C=AC+BC$
③ $A(B+C)=AB+AC$
④ $0A=A0=0$
⑤ $AI=IA=A$

(다) 나눗셈 법칙: 행렬식의 나눗셈(inverse)은 A^{-1}로 표기한다. 나눗셈이 가능하려면 그 식의 결정값(determinant)이 0이 아니어야 한다. 다른 말로 비단수행렬식(nonsingular matrix)이어야 한다. 이것에 관하여는 뒤에 설명하기로 한다.

① $AA^{-1}=A^{-1}A=I$
② $(A^{-1})^{-1}=A$
③ $I^{-1}=I$
④ $(aA)^{-1}=a^{-1}A^{-1}$
⑤ $(AB)^{-1}=B^{-1}A^{-1}$
⑥ $(ABC\cdots F)^{-1}=F^{-1}\cdots C^{-1}B^{-1}A^{-1}$

(라) 전위 법칙

① $(A')'=A$
② $(A+B)'=A'+B'$
③ $(aA)'=aA'$
④ $(AB)'=B'A'$
⑤ $(ABC\cdots F)'=F'\cdots C'B'A'$
⑥ $(A^{-1})'=(A')^{-1}$

(3) **전환**(轉換, transformation) 선형방정식에서는 변수를 한 변수집합에서 새로운 변수집합으로 옮길 필요가 생긴다. $Y=AX$에서 전환이 이루어진다는 것은 x_1-x_2 평면상의 모든 점을 y_1-y_2 평면으로 옮긴다는 뜻이다. 이 전환을 Y평면상의 X평면의 일부 또는 전부를 제도(製圖, mapping)한다고 한다. 이때 Y는 X의 영상이며 행렬 A는 매개계수가 된다. 전환에 있어

서 전환의 대상이 되는 변수의 집합군을 영역(domain)이라 하고, 전환에 의해서 생기는 변수의 집합군을 범위(range)라고 한다. 이때 영역의 각 변수가 하나씩 독자적으로 옮겨져 범위의 변수를 구성하는 1:1의 관계가 성립하는 경우가 있고, 둘 이상이 합쳐져서 하나의 변수를 형성하는 경우도 있다. 〈그림 4-21-11〉은 영역과 범위의 1:1 대응관계를 보여 준 것이다.

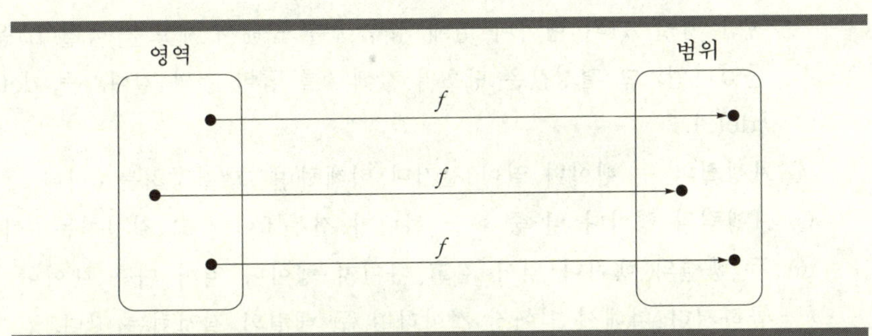

〈그림 4-21-11〉

전환은 어떤 수학적 모형이 선형인가 아닌가를 판가름해 주는 기준이 된다는 데 의의가 있다. 다시 말해서 일반적으로 계량적 방법을 원용하는 분과학문의 모델이 $T(X)=Y$의 형태로 이루어질 수 있다면, 이는 벡터(vector: 후술함) X로 나타난 변수집합이 전환파라미터 T로서 다른 변수집합과 관련되어 있음을 뜻한다.

선형관계라고 할 수 있기 위하여는 $T(\lambda_1 X_1+\lambda_2 X_2)=\lambda_1 T(X_1)+\lambda_2 T(X_2)$가 성립해야 한다. 여기서 $\lambda_1\lambda_2$는 scalar, $X_1 X_2$는 vector, T는 전환파라미터(parameter)이다.

(4) **결정치**(determinants) 위에서 잠깐 언급한 대로 행렬은 결정값을 가져야 연산이 가능해진다. 만약 어느 행렬의 결정값이 0이 된다면, 행렬응용의 제약을 받는다. 다시 말해서 많은 단위에 따라 많은 변수를 수집한 자료(행렬이 형성되었음)가 결정값을 갖지 못한다면, 그것은 쓸모없는 자료가 될 수밖에 없다.

결정치를 구하려면 주대각선의 각 요소를 곱한 값에서 부대각선(副對角線)의 각 요소를 곱한 값을 제하면 된다. 즉, 2×2 행렬 A, $\begin{pmatrix} a_1 & a_2 \\ b_1 & b_2 \end{pmatrix}$의 결정치는 $\det A = \begin{vmatrix} a_1 & a_2 \\ b_1 & b_2 \end{vmatrix} = a_1b_2 - a_2b_1$이다. 3×3 행렬의 결정치를 구하는 방법도 같은 원리에 입각한다. 몇 가지 특성을 나열하면 아래와 같다.

① $\det A = \det A'$

② 어떤 행렬(A)의 행이나 열의 위치를 바꾸어 새로운 행렬(B)을 구성했다면, 그 결정값에는 −부호가 붙는다. 즉, $\det B = -\det A$.

③ 어떤 행렬(A)의 행이나 열에 상수 k를 곱해서 새로운 행렬(B)을 만들었다면, 그 결정값은 당초의 값에 k를 곱한 것과 같다. 즉, $\det B = k\det A$.

④ A행렬의 두 행이나 열이 같거나 비례하면 그 결정치는 0이다.

⑤ A행렬의 행이나 열 중 어느 하나가 전부 0이면 그 결정치는 0이다.

⑥ 두 행렬의 행이나 열이 같고 나머지 행이나 열이 다른 행이나 열을 곱하거나 더해서 얻어진 것이라면 두 행렬의 결정치는 같다.

(5) 벡터(vector) 행렬과 관련지워 벡터의 개념을 설명할 필요가 있다. 벡터(vector)는 행렬의 개념으로 보면 1행 또는 1열의 행렬과 같은 것이다. 일반적으로 양을 따질 때 크기(magnitude)를 우선적으로 생각한다. 모든 물리적 응용의 세계에선 흔히 그러하다. 그러나 한걸음 더 나아가면 '크기' 뿐만 아니라 '방향'(direction)까지도 고려할 수 있게 된다. 힘과 속도는 이 크기와 방향의 속성을 지니고 있다. 이러한 물리적 현상을 수학적으로 설명하기 위하여 생긴 개념이 바로 벡터(vector)이다.

일반적으로 벡터(vector)는 공간상의 어떠한 임의의 점에서 출발하여 또한 어떠한 임의의 점에서도 끝날 수 있다. 따라서 두 개의 벡터(vector)가 있을 때 처음의 점과 맨 나중의 점은 서로 달라도 벡터의 방향과 길이가 같으면 동일한 벡터가 된다.

벡터는 양의 기하학적 표현이다. 두 변수가 좌표상에 벡터로 표시된 경우 두 벡터가 이루는 각은 두 변수의 상관관계계수가 된다. 이를 증명하는 방법에서 벡터의 연산과정을 거친다. 한마디로 벡터는 사회현상을 기하학적으로 풀이하는 데 없어서는 안 될 필수개념이다.

위의 행렬에서 든 예(제21장, 5) 가운데에서 두 변수를 가지고 두 나라의 위치를 직교좌표 위에 설정해 보기로 한다. 앞의 예를 2×2 행렬로 우선 줄인 것이 다음 행렬이다.

$$
\begin{array}{lcc}
 & \text{국민소득 순위} & \text{전투력} \\
\text{한 국} & \multirow{2}{*}{} & \\
\end{array}
\begin{matrix} \text{한 국} \\ \text{일 본} \end{matrix}
\begin{pmatrix} 4 & 1 \\ 1 & 3 \end{pmatrix}
$$

이를 벡터 개념을 이용하여 기하학으로 표현한 것이 〈그림 4-21-12〉이다. 연산법칙을 설명하기 위하여 가감에 관한 도해도 겸해 그리기로 한다.

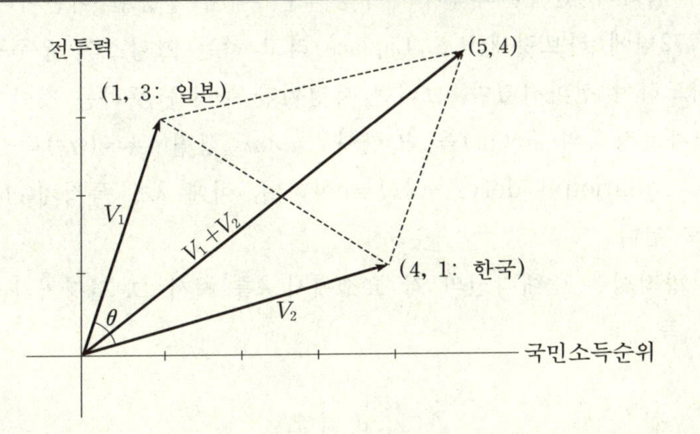

〈그림 4-21-12〉

위의 그림에서 두 변수에 따른 두 나라의 위치를 벡터로 표시해 보았다. V_1은 일본을, V_2는 한국을 지칭하는 벡터이며, 두 나라를 합한 것이 V_1+V_2가 된다. 즉,

$$V_1+V_2=\begin{pmatrix} 1+4 \\ 3+1 \end{pmatrix}=\begin{pmatrix} 5 \\ 4 \end{pmatrix}$$

가 된다. V_1-V_2도 같은 원리에 따라 구하면 된다.

벡터의 가산원칙에서도 교환법칙 · 결합법칙 등이 통용된다. 몇 가지를 나열하면 다음과 같다.

(a) $V_1+V_2=V_2+V_1$

(b) $V_1+(V_2+V_3)=(V_1+V_2)+V_3$

(c) $V+0=V$

(d) $V+(-V)=0$

끝으로 위 그림에서 표시된 각도 θ는 위에서 강의한 대로 상관계수 r에 해당된다. 벡터로 표시하면 $\cos\theta=r=\frac{V_1 \cdot V_2}{|V_1||V_2|}$가 된다. 분자 $V_1 \cdot V_2$는 두 벡터를 합하여 얻은 inner product의 값이며, 분모는 두 벡터의 길이(length)를 곱한 값이다.

(6) **특정치**(Eigenvalue: characteristic value)　방정식을 보다 효과 있게 풀기 위하여 원자물리학과 우주공학분야에서 활용된 이론이다. 수학쪽에서는 1772년에 라브랏세(P. S. Laplace)라고 하는 프랑스의 우주공학자가 응용을 시도하여 전파시켰다. 그러면 특정치란 무엇을 뜻하는 것인가? 쉽게 답하면 2차방정식의 근(根)을 말한다. $n \times n$ 행렬 $A=(a_{ij})$에서 characteristic equation이 $\det(A-\lambda I)=0$이라면, 이때 λ가 특정치(characteristic value)로 된다.

위 방정식은 주대각선의 각 요소에서 λ를 빼서 그 결정치가 0이 된다는 뜻이다. 즉,

$$\begin{vmatrix} a_{11}-\lambda & a_{12} & \cdots\cdots & a_{1n} \\ a_{21} & a_{22}-\lambda\cdots\cdots & & a_{2n} \\ \vdots & \vdots & & \\ a_{n1} & a_{n2} & \cdots & a_{nn}-\lambda \end{vmatrix}=0$$

실수를 가지고 특정치를 구해 보자. $A=\begin{pmatrix}1 & 2\\3 & 4\end{pmatrix}$가 있을 때 이 행렬의 특정치는 $\begin{vmatrix}1-\lambda & 2\\3 & 4-\lambda\end{vmatrix}=0$을 만족시키는 것이어야 한다. 결정값을 구하는 방법에 따라 풀면 $(1-\lambda)(4-\lambda)-6=0$ 이고 $\lambda^2-5\lambda-2=0$ 이 된다. 여기서 캐이레이-해밀턴(Cayley-Hamilton) 정리를 소개할 필요가 있다. λ를 A행렬로 대체시키면 그 결과는 0이 된다는 것이 이 정리이다. 즉, $\lambda^2-5\lambda-2$를 $A^2-5A-2I=0$으로 고친다. 여기서 $2I$가 되는 것은 원래 $2\lambda^0$인데, 이것은 $2I$와 같기 때문이다. 우선 A^2의 값은

$$\begin{pmatrix}1 & 2\\3 & 4\end{pmatrix}\begin{pmatrix}1 & 2\\3 & 4\end{pmatrix}=\begin{pmatrix}7 & 10\\15 & 22\end{pmatrix}$$

이다. 따라서

$$A^2-5A-2I=\begin{pmatrix}7 & 10\\15 & 22\end{pmatrix}-5\begin{pmatrix}1 & 2\\3 & 4\end{pmatrix}-2\begin{pmatrix}1 & 0\\0 & 1\end{pmatrix}=\begin{pmatrix}0 & 0\\0 & 0\end{pmatrix}$$

이 된다.

다른 행렬을 가지고 예를 하나 더 들면 $A=\begin{pmatrix}1 & 4\\2 & 3\end{pmatrix}$인 경우 $\begin{vmatrix}1-\lambda & 4\\2 & 3-\lambda\end{vmatrix}=0$으로 $(1-\lambda)(3-\lambda)-8=0$이 되고, 이것은 다시 쓰면 $\lambda^2-4\lambda-5=0$으로 $(\lambda-5)(\lambda+1)=0$이니까 $\lambda=5$ 및 $\lambda=-1$이 된다. 이 원리에 따라 특정치는 2차방 정식의 근의 공식에 따라 풀 수 있다는 결론에 도달한다. 즉, $A\lambda^2+B\lambda+C=0$에서

$$\lambda_1=\frac{-B+\sqrt{B^2-4AC}}{2A} \text{와} \quad \lambda_2=\frac{-B-\sqrt{B^2-4AC}}{2A}$$

가 된다.

이상에서 간단히 행렬에서의 특정값이 어떤 것인가를 보았다. 응용성이 강한 이 행렬이론은 실제로 요인분석(factor analysis) 같은 것을 할 때 필요하다. 즉, 요인분석에서 주축(major principal axis)과 부축(minor principal

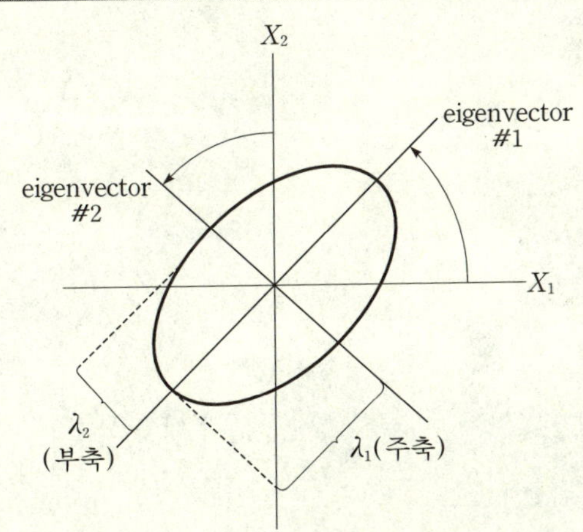

〈그림 4-21-13〉

axis)의 길이를 결정하는 것이 그 특정값이기 때문이다. 요인분석을 할 때 컴퓨터 프로그램에 아이겐밸류(Eigenvalue, 특정치)를 얼마로 할 것인가를 지시해야 한다. 보통 1.00으로 해서 요인이 몇 개의 차원으로 나오는가를 본다. 이것을 그림으로 설명한 것이 〈그림 4-21-13〉에 있다.

제 22 장

자료분석의 방법(I): 기초통계분석 —변수의 비교와 묘사

1. 기술적 분석

어떤 주어진 사태(事態)에 대해 묘사하거나 기술하는 것을 기술적 분석이라고 한다. 어떤 사태로 미루어 다른 것을 추리하는 것이 아니라 사태 그 자체만을 묘사하는 데 그친다. 통계분석을 크게 나누어 기술통계(記述統計)와 추측통계(推測統計)가 있다 함은 이미 지적한 바이다(제21장, 1). 여기서는 이중 기술통계방법에 따라 자료를 분석하는 방법을 하나하나 강의해 나가기로 한다. 이 밖에 이 장에서 설명하려는 것은 단일변수로부터 둘 이상의 복변수에 이르기까지 이들을 단순히 묘사하거나 또는 비교하는 분석방법들이다. 분석방법은 자료의 성질에 따라 다양하다. 그리고 다변수분석에 관하여는 다음 장에서 설명하기로 한다.

계량분석 또는 정량분석의 초보단계는 바로 중요한 변수와 그 지표를 검토하고 요약하는 일이다. 잡다하게 수집된 자료를 모두 독자적인 것으로 인정하고 가치 있다고 하기에는 그 양이 너무 방대하기 때문에 이들을 줄이면서 대표적인 특징만을 골라내면 된다. 지표를 만들어 내고 자료를 변이시키는 작업 등은 여기에 해당된다. 특징이자 대표수치를 찾아 내는 집중화경향분석부터 설명하기로 한다.

1.1 집중화경향분석(集中化傾向分析)

집중화경향분석은 범위(range), 평균(mean), 중위수(median) 및 최빈수(mode) 등을 통해 가능하다. 주로 단일변수를 묘사할 때 사용되는 분석방법이다.

집중화의 의미를 다시 확인해 보면, 자료를 통계적으로 분석함에 있어서 빈도가 어떻게 분포되어 있는가를 보게 되는데, 이것만으로는 다른 분포와의 비교가 정확하게 안 되고, 또 집단을 의미 있게 묘사하지 못한다. 이 난점을 극복하기 위해 자료를 압축하고 체계를 잡고 해서 대표수치를 추출해야 한다. 이렇게 되면 잡다한 자료를 간결하게 기술할 수 있을 뿐만 아니라 모집단의 특성까지도 파악해 낼 수 있다. 흔히 모집단의 평균을 알 수 없기 때문에 표본의 평균으로 미루어 짐작하는 방도를 취한다.

집중화경향분석의 방편 가운데 범위는 엄격한 의미에서 집중화경향을 표시해 주는 방법은 아니나 집단의 성격을 어느 정도 밝혀 주기 때문에 기술적 분석방법의 카테고리에 집어 넣는다. 범위란 한마디로 한 집단의 제일 작은 수치와 제일 큰 수치(最小-最大, minimum-maximum)를 표시해 줌으로써 집단의 분포가 어디서부터 어디까지인가를 말해 주는 것이다. 1975년 2월의 국민투표에서 서울의 혜화동이 49.0%, 경북 선산이 98.6%로 각기 최저와 최고의 찬성률을 나타냈다면, 이 국민투표의 찬성률의 범위는 49.0-98.6이 된다.

중위수는 분포상 중간에 위치한 수이다. 즉, 크기의 순서로 배열했을 때 한 가운데 위치하는 값을 말한다. 사례수가 홀수(奇數)일 때와 짝수(偶數)일 때에 중위수산출방법이 약간 달라짐을 주의할 필요가 있다. 299명의 국회의원이 일주동안에 접수하는 청원의 중위수가 57통이라면, 148명은 57통 이상을 나머지 148명은 57통 이하를 접수한다는 뜻이 된다. 중위수는 분포가 한쪽으로 몰려 있을 때(偏布) 사용된다.

최빈수는 어떤 분포에서 가장 빈도가 많은 측정치를 말한다. 공무원 중 연령분포가 30-35에 가장 많이 집중되어 있다면, 이 연령군에 해당되는 공무원의 수가 최빈수로 된다. 이 최빈수를 통해 집중화경향을 가장 신속히 알아낼 수 있다.

평균은 보통 산술평균을 말한다. 첫째, 신뢰할 수 있는 대표치를 구하고 싶을 때, 둘째, 분포가 좌우대칭일 때, 셋째, 다른 통계치를 산출할 필요가 있을 때 이 평균을 이용한다. 다 아는 뜻이지만 모든 값을 사례수로 나눈 값이 산술평균이다. $\sum_{ij}/N$으로 구한다. 예를 들어 정치적 보수주의의 정도를 점수로 매겨 그 분포를 조사해 보았더니 아래와 같았다.

다음 자료를 통해서 범위 · 중위수 등을 찾아보기 바란다.

〈표 4-22-1〉 정치적 보수주의

점수(x)	응답자수(f)	fx
95	1	95
91	2	182
90	1	90
86	2	172
84	4	336
81	3	243
78	2	156
75	3	225
72	1	72
71	2	142
70	3	210
68	3	204
65	2	130
60	1	60
55	1	55
47	1	47
	$N=32$	$\sum fx=2419$

$M=\sum fx/N=2419/32=75.59$

다음에는 위의 설명을 더 보태기 위해 거(T. R. Gurr)가 제시한 자료를 소개해 보기로 한다. 시민소요의 원인(causes of strife)에 관한 연구에서 전재하여 소개한 그의 자료에 의하면 38개의 민주주의국가에서 지난 1961-65년 동안 시민소요가 일어난 사례를 통해 그 가운데서 인구 10만명당 동원된 연인원을 일수로 환산한 변수(man-days of strife per 100,000), 100만명당 사망자(deaths per million) 및 표준치를 합친 규모(total magnitude summed standard scores)로 나누어 통계표를 제시한 것이다. 이들 중 앞의 두 변수는 대수(對數, logarithm)로 환산한 값이다. 〈표 4-22-2〉에서 보면 범위는 0.0에

〈표 4-22-2〉 38개 민주주의국가의 시민소요, 1961-1965($N=38$)

국 가	동원된 연인원의 일수 (log로 환산)	사망자 수 (log로 환산)	전체 규모 (표준치의 합계)
New Zealand	0.0	0.0	−2.544
Norway	0.0	0.0	−2.544
Netherlands	0.0	0.0	−2.544
Denmark	0.0	0.0	−2.544
Sweden	0.0	0.0	−2.544
Switzerland	0.041	0.0	−2.519
Jamaica	0.905	0.0	−1.993
Finland	1.440	0.0	−1.666
Costa Rica	1.456	0.0	−1.656
Puerto Rico	1.506	0.0	−1.625
Ireland	1.645	0.0	−1.540
Japan	2.221	0.0	−1.189
Mexico	1.706	0.359	−1.165
Malaya	2.297	0.078	−1.069
United Kingdom	2.426	0.034	−1.032
Uruguay	2.183	0.197	−1.027
Turkey	2.057	0.340	−0.969
Chile	2.345	0.190	−0.934
Australia	2.643	0.0	−0.931
Canada	2.831	0.033	−0.785
U.S.A.	2.829	0.154	−0.673
Morocco	2.815	0.609	−0.638
Austria	3.141	0.0	−0.627
Brazil	3.238	0.077	−0.496
West Germany	3.473	0.0	−0.425
Israel	3.173	0.210	−0.410
Ceylon	3.655	0.057	−0.260
Greece	3.573	0.131	−0.240
Italy	3.841	0.037	−0.165
India	2.960	0.622	−0.152
Libya	3.602	0.131	+0.221
France	4.139	0.338	0.300
Philippines	3.571	0.866	0.450
Belgium	5.111	0.216	0.778
Singapore	4.165	1.322	1.242
Bolivia	4.049	2.190	1.988
Venezuela	4.954	2.053	2.412
Colombia	4.691	2.902	3.050
평 균 치	2.475	0.358	−0.696
표준편차	1.469	0.673	1.353

서 5.11까지며, 산술평균치는 2.475이다. 또 첫째 변수와 중위수를 한눈으로 알아 낼 수는 없지만(점수가 순서대로 배열되지 않았기 때문에), 서열을 매겨 보면 영국의 2.426과 오스트레일리아의 2.643의 중간으로 약 2.50쯤 되는 것 같다.

1.2 분 포

집단의 성격이 어떤 빈도를 가지고 있느냐 하는 것은 통계분석에서 아주 중요한 초점이 된다. 분포란 이 빈도가 각 급(category)에 표시되는데 이들이 어떻게 펼쳐져 있느냐를 보여 주는 것이다. 각 급의 빈도를 도수분포라고 하며, 통계분석에서 추정하는 분포는 정상분포이다. 그렇지만 모든 분포가 항상 정상일 수는 없다.

위의 〈표 4-22-2〉에 나타난 자료를 등간척도로 재구성해서 도수분포를 설명하면, 도수분포는 대개 비율이나 퍼센트로 표시되며 아래와 같이 〈표 4-22-3〉으로 정리되기도 하지만, 그 표시방법은 다양하다. 절선도표(折線圖表, frequency polygon), 주상도표(柱狀圖表, histogram), 도수곡선(度數曲線, frequency curve), 누가도수분포표(累加度數分布表) 및 로렌츠곡선(Lorenz curve) 등의 표시방법이 그것이다. 이들 중 특히 로렌츠곡선은 누가백분화도수분포(累加百分化度數分布)로 비교표시되는 방법인데, 분포의 집중도나 불평등도를 보여 준다. 정치학에서 의석의 인구당 분포비율이 평등하냐, 불평등하냐 하는 등의 연구가 이 방법에 의해 행해진다. 우리도 국회의원선거구별

〈표 4-22-3〉 **38개 민주국가중 시민소요에 동원된 연인원의 일수의 도수분포**

연인원 일수	정체의 수	백분비	누가백분비
0.00-0.99	7	18	18
1.00-1.99	5	13	31
2.00-2.99	11	29	60
3.00-3.99	9	24	84
4.00-4.99	5	13	97
5.00-5.99	1	3	100
	38	100	

인구분포의 편차가 심하다고 해서 헌법재판소에서 위헌판정을 내려 선거구를 조정한 바 있다. 이 로렌츠곡선은 이미 제20장에서 「지니 지수」를 설명할 때 밝힌 바와 같은 의미이다. 이 도수분포에 관하여는 일반통계학 교과서를 참고하기 바란다.

도수분포는 여러 가지 기능을 지니고 있다. 그중 하나는 자료를 적절히 요약해 주는 기능이다. 비록 개개 사례의 자료가 나열되긴 하지만 한 눈에 연구된 결과의 특징을 알아 낼 수 있게 해 준다. 또 다른 하나의 기능은 어떤 분포인가를 대략 말해 준다. 위의 표를 예로 들면 2.00-2.99의 도수 11을 중심으로 분포곡선이 정상분포를 그리고 있음을 짐작할 수 있다.

도수분포가 여러 가지 모양으로 그려질 수 있는 것(대칭분포 · 비대칭분포 · J자형분포 등)과 관련지어 정상분포가 어떤 것인가를 설명할 필요가 있다.

정상분포는 종의 모양을 한 좌우대칭의 분포곡선으로 평균치에서의 종좌표와 여러 표준편차거리의 종좌표 사이에 독특한 관계를 갖고 있는 곡선이다. 수학적으로는 그 규정이 엄격하여 실제로 존재할 수 있느냐에 의문을 갖게 된다. 여기서 한 가지 주의할 것은 정상이란 의미가 '바르다'거나 '이상의 반대' 뜻으로 사용되지는 않는다는 점이다.

실제로 자연현상을 비롯한 인간현상은 정상분포를 그리고 있다. 물리학 실험을 여러 차례 반복해 보면 횟수가 증가함에 따라 측정치는 평균을 중심으로 정상적으로 분포된다. 학력 테스트를 하거나 지능지수를 검토해 보아도 한 반의 아동들이 평균치를 중심으로 좌우대칭을 이룬다. 국장급 공무원의 경력을 보아도 20년 근무한 사람을 중심으로 정상분포를 이룬다. 이와 같이 실제의 현상 혹은 사상이 정상분포를 이룬다고 하는 것은 표본을 통해 모집단의 성격을 추정하기에 아주 적합한 논거가 된다. 대개 30개 이상의 사례는 정상분포를 그리고 있다고 추정하고 통계분석을 한다.

분포가 정상일 때 평균 · 중위수 · 최빈수가 동일한 점에 위치한다. 좌우가 대칭(symmetrical)이기 때문이다. 정상분포를 위에서도 밝힌 바와 같이 편차와의 관계로 설명한다. 편차에 관하여는 다음 절에서 설명하겠지만 우선 정상분포를 이해하기 위해 표준편차의 개념을 동원할 필요가 있다. 즉, 정상분포의 면적의 분포비율을 표준편차로 설명할 수 있다는 뜻이다. 〈그림 4-22-1〉에서 볼 수 있듯이 평균치에서 $+1\sigma$와 -1σ 사이에 전체 면적의

68.26%가 포함되어 있다. $\pm 2\sigma$ 사이에는 95.44%가, $\pm 3\sigma$ 사이에는 또 99.74%가 포함되어 있다.

정상분포의 이론은 실제 사회과학연구의 계량분석에서 많이 적용되고 있다. 교육학 및 심리학연구에서 적용되는 경우를 다음과 같이 들 수 있다.

① 어떤 능력이 정상적으로 분포될 때, 그 능력의 차가 동등하게 되도록 집단을 나눌 수 있다.

② 정상적으로 분포하는 자료에 있어서 일정한 측정값 안에 포함되는 빈도를 구할 수 있다.

③ 일정한 사례를 포함하는 측정값을 결정할 수 있다.

④ 검사문제의 상대적 난이도를 알 수 있다.

⑤ 자료에서 얻은 통계적 결과의 신뢰성을 확인할 수 있다.

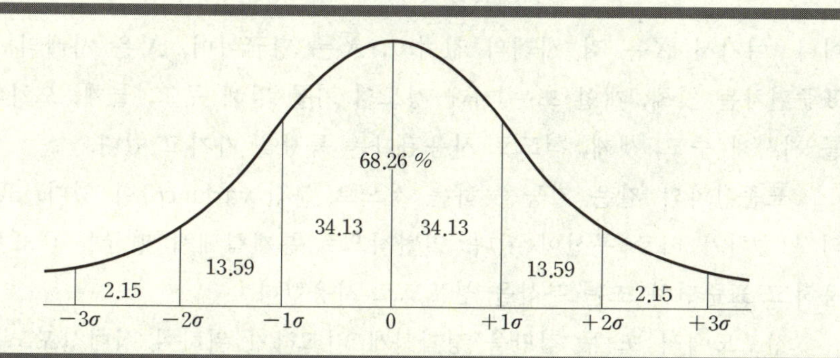

〈그림 4-22-1〉 정상분포와 면적의 비율

어느 연구에서나 표준편차가 작으면 그 곡선은 높고 뾰족하며 평균치가 분포상의 모든 값에 근사하여 대표치가 될 수 있다는 것을 알아 둘 필요가 있다. 정상분포에 관하여는 이 외에도 그 수식 등 많은 설명이 필요하지만 이것 역시 일반통계학책에 미루기로 한다.

1.3 표준편차와 표준치

분포를 설명하면서 표준편차의 이야기가 이미 나왔다. 편차는 앞에서 설명한 범위와 함께 사상의 산포 정도를 나타내 주는 통계치이다. 집중화경향분석에서 여러 통계치는 분포의 한 특성만을 설명해 주는 데 그치고 분포상태가 산만한지, 혹은 밀집한지에 대한 설명에는 부족하다. 자료의 분포를 보다 정확하게 기술하기 위해서는 대표치와 함께 또 다른 수치가 필요한데, 편차는 바로 이 부족한 점을 보충해 주는 통계치이다.

편차에는 여러 종류가 있다. 평균편차 · 표준편차 · 사분편차 등이 있으나 여기서는 가장 높은 신뢰도를 가지고 있는 표준편차를 집중적으로 설명한다. 표준편차는 편차의 정부(正負)를 처리하려고 편차의 절대치를 쓰는 평균편차와는 달리 편차의 자승치를 써서 평균으로부터 얼마만큼 산포(dispersion)되어 있는가를 밝혀 준다. 표준편차를 구하는 식은,

$$S=\sqrt{\frac{\sum(X-\overline{X})^2}{N}}$$

이다. 여기서 X는 각 사례의 값이고, $\overline{X}$는 평균이며, N은 사례의 수이다. 표준편차는 첫째, 개인 또는 사례 정도의 차를 말해 주고, 둘째, 오차의 범위를 지시해 주고, 셋째, 척도로 사용된다는 특징을 가지고 있다.

표준편차와 같은 기능을 하는 것으로 분산(variance)이 있다. 표준편차의 자승치가 바로 분산이 된다. 일반적으로 통계학에서 평균을 대표치로 사용하고 표준편차 또는 분산을 산포도로 사용한다.

산포도에서 또 두 집단을 정확하게 비교하기 위하여 상대산포도를 고려하는데, 이를 가능하게 해 주는 것으로 변동계수(coefficient of variation)라는 것이 있다. 집단의 성격이 상이한 경우, 다시 말해서 현격한 차이가 나는 평균치를 갖고 있는 경우, 두 집단을 비교한다는 것은 무의미하다. 그래서 각 집단의 표준편차를 평균으로 각기 나눈 값, $V=\frac{\sigma}{M}$로 상대적 변화를 측정한다. 미시간대학교 사회학과 교수 네스(G. Ness)와 저자가 우리 나라의 가족계획사업에 관한 5년간의 성취도를 알기 위해 계절적 변화의 양상(seasonal magnitude)을 구하는데, 각 사례의 평균치와 변화 정도가 달라 이 변동계수를 사용한 적이 있다. 조직에서 인간의 적응문제를 가지고 가설을 검증해 나간 이 연구에서 얻은 것 중의 하나는 변동의 지수를 정확히 측정하려면 이 계수를 사용하는 것이 적합하다는 것으로 발전을 연구하는 많은 사람들에게 권하고 싶다. 더욱이 시계열분석에서의 측정문제도 해결되리라 생

각한다.

표준치도 역시 비교할 때 필요한 통계치이다. 단위가 서로 다른(cm, kg, …) 측정치를 그냥 비교할 수는 없다. 평균에서 5cm 높은 점의 분포상의 위치와 평균 5kg 더 무거운 점의 분포상의 위치가 반드시 같다고 할 수 없기 때문이다. 평균에서 떨어진 거리를 cm나 kg으로 표시하지 않고 공통 기준이 될 수치로 표시할 수 있다면, 신장과 체중을 비교할 수 있고, 또 합해서 하나의 지수로 사용할 수 있다. 다른 예를 또 들어 보면 철학개론이 60점, 영어강독이 75점, 민법총칙이 80점이라고 해서 이 학생의 민법총칙 성적이 제일 낮다고 할 수는 없다. 단위는 물론 같은 것이지만 전체학생과 비교하는 차원에서 생각해 본다면 그 학급의 세 과목의 평균과 표준편차를 알아서 표준치를 구해 비교해야 한다. 그래서 만약 세 과목이 각기 $Z=1.6$, $Z=1.9$, $Z=.8$이라면 영어강독이 가장 나은 점수라고 할 수 있다는 것이다.

표준치는 다음 식으로 표시된다.

$$Z=\frac{X-\overline{X}}{S}$$

앞의 〈표 4-22-2〉에서 Jamaica의 예를 가지고 동원인원의 일수와 사망자수의 표준치를 구해 보자. 표 끝에 평균과 표준편차가 각각 나와 있으므로 첫째 변수에서는 $Z=\frac{0.905-2.837}{1.638}=-1.179$가 되고, 둘째 변수에서는 $Z=\frac{0.000-0.864}{1.062}=-.817$이 된다. 표준치에서는 평균치를 0으로, 표준편차를 1(unity)로 하는 값을 생각한다. 같은 표에서 세 번째 변수인 전체규모는 이 두 변수의 표준치를 합한 값이다. 그냥 더할 수 없어 표준화시켜 더한 것이다. 그래서 Jamaica가 $-1.179+(-.817)=-1.993$이 된 것이다.

끝으로 하나 이상의 변수를 비교하는 설명에 들어가기 전에 단일변수를 기술하는 방법이 그 변수의 측정방법에 따라 다르다는 것을 밝혀야 할 것 같다. 즉, 명목척도(nominal scale)일 때 집중화경향은 최빈수로 알아 내고, 산포도는 상대빈도로, 빈도는 퍼센트로 알아 낸다. 서열척도(ordinal scale)일 때는 중위수·사분편차·퍼센트 등으로 기술된다. 등간척도(interval scale)일 때는 집중화경향의 대칭은 평균치로, 왜도(歪度, skewed)는 중위수와 평균으로 분석가능하며, 산포도는 표준편차와 범위로, 첨도(尖度)는 Kurtosis

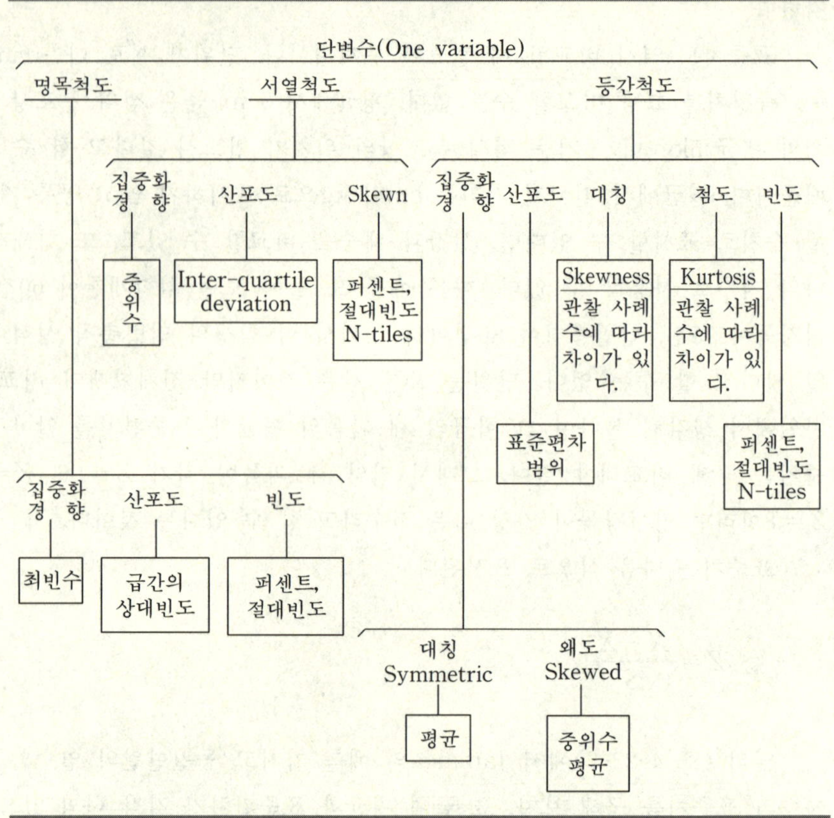

〈그림 4-22-2〉 단변수(單變數)의 기술방법

등으로 기술된다. 앤드루스(Andrews)가 만든 것인데, 〈그림 4-22-2〉에 한 눈으로 볼 수 있게 표시하였다.

2. 중변수분석(重變數分析)(Ⅰ): 기하학적 분석

우리는 단순히 한 변수의 묘사만으로 모든 것을 다 알았다고 만족할 수는 없다. 오히려 한 변수가 다른 변수와 어떻게 연관되는가에 관심이 있으며, 또 어느 쪽이 원인이 되어 그 결과는 어떻게 나타나는가가 알고 싶어진다. 따라서 하나 이상의 변수를 비교분석할 필요성이 생긴다. 두 변수가 연관되어 있는 관계를 아는 방법에는 유의성검증(有意性檢證, statistical tests of significance), 연합측정(聯合測定, measures of association) 및 도표분석(圖表分析, graphic analysis) 등이 있다.

그러나 사회과학연구를 위한 자료분석이 일정한 제약을 받고 있듯이 유의성이나 연합검증이나 도표분석같은 방법이 완벽하지는 못하다. 과연 어느 정도 의미있게 관련을 맺고 있느냐에 대해 정확한 답을 주지는 못한다. 다만, 한 변수가 다른 변수와 관련이 있다는 정도로 '현저하다'(significant) 하는 것뿐이다. 그러나 우리가 알고 싶은 것은 어느 정도로 강하냐(how strongly or closely)에 있다. 관계가 있다 혹은 없다 정도의 해답에 불과하니까 아주 미온적이다. 한편 연합검증은 약간 구체화된 방법이다. 그러나 이것 역시 관계가 선형(1차)이 아니거나 사례의 분포가 뒤죽박죽으로 되어 있으면 정확한 측정치가 될 수 없다. 끝으로 도표분석은 관계의 기하학적 설명으로 어느 정도 정확한 내용을 알려 준다. 그림을 통해 우리는 관계가 어느 정도 직선을 그리고 있는지 곡선을 그리고 있는지를 알 수 있으며 어느 쪽에 몰려 있는지(cluster)도 알 수 있다. 또 어떤 사례가 중앙에서 벗어나 편재되어 있는지를 한 눈에 알 수 있다. 그러므로 도표분석은 유의성검증을 보충해 주는 방법이 될 수 있다. 하지만 연합검증까지를 이 도표 분석이 밝혀 주지는 않는다. 따라서 양자는 상호보완관계여야 할 것이다.

2.1 도표분석

도표분석(graphic analysis)은 X와 Y축에 따라 사례의 위치를 결정하는 것이다. 흔히 상관도(scattergrams)라는 이름을 붙이게 된다. 다음에 있는 가상적인 그림을 통해 사례들이 어떻게 연관되고 있는가('go together')를 보자.

다음 그림에 그려진 직선 및 곡선은 각 사례를 최대한으로 만족시킬 수 있는 최적선(lines of best fit) 혹은 최소2승법(method of least square)에 의해 구해진 선이다.

〈그림 4-22-3〉의 상관도 A를 보면 정(正)의 높은 관계가 있음을 알 수 있다. X의 값이 커지면 커질수록 Y의 값이 커지는 관계로 그 변화가 어느 정도 규칙적이다. 사회과학연구에서 이런 정도의 높은 관계를 얻기란 쉽지

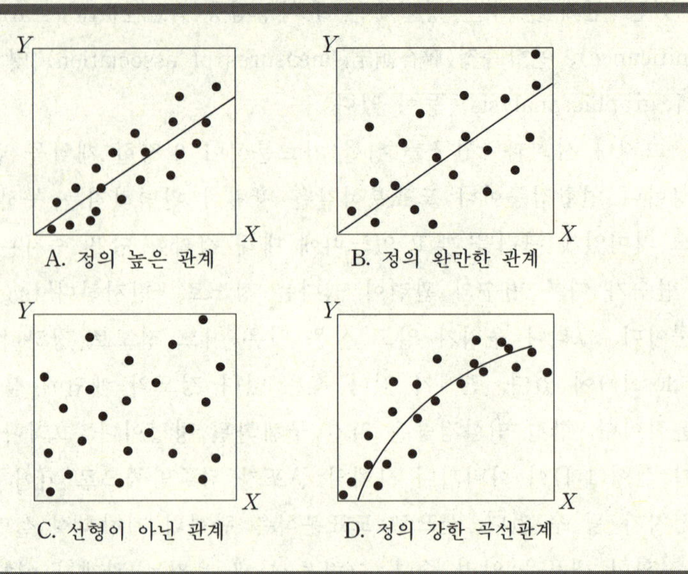

〈그림 4-22-3〉 가상적 도표 분석의 몇 가지 경우

않다. 상관도 B가 오히려 사회과학 연구의 전형적인 모양이다. 각 사례는 분명히 일정한 경향에 따라 분포되어 있지만 상당수의 사례가 최적선을 중심으로 가깝게 그리고 또 멀게 흩어져 있다. 상관도 C는 우리가 기대하는 결과가 아니지만 흔히 이러한 결과가 나타난다. 분포에서 일정한 경향을 찾을 수 없어서 최적선을 그을 수 없다. 거의 무질서한 분포이기 때문에 유의성이나 연관성을 찾을 길이 없는 것이다. 끝으로 상관도 D는 기초상관관계의 영역을 넘어선 직선이 아닌 곡선이 최적선이 되는 경우이다. 전통적인 상관관계 분석에서는 곡선이 이루는 최적선분석을 하지 않는다. 그렇지만 다차원분석에서 최적선을 찾으려면 어차피 직선으로는 부족하다. 비록 직선이더라도 설명할 수 있는 비율은 아주 낮다. 바꿔 말하면 회귀직선이 설명할 수 있는 비율(proportion)은 전체변량(total variance) 가운데 미미한 부분을 차지할 뿐이다. 곡선(curvilinear)의 최적선은 흔히 시계열분석에서 활용된다. 시계열분석은 다음 장(제23장)에서 설명하기로 한다. 우리 나라의 일반 통계학 교과서에는 이 회귀곡선에 관한 설명을 생략하고 있으므로 외국 책을 참고해야 할 것이다.

도표분석에서 주의해야 할 몇 가지를 지적한다. 첫째는 변수를 독립과 종속으로 나누는 경우에 어느 쪽을 어느 축에 따라 그릴 것이냐 하는 문제이다. 보통 독립변수를 X축에 따라 위치를 결정하게 하며 종속변수를 Y축에 따르게 한다. 둘째는 X축과 Y축에 그려지는 변수의 측정단위가 상이함으로써 도표가 완전히 일그러지는 결과가 초래되기 쉬우므로 변수의 측정단위가 어느 정도의 비율을 유지해야 한다는 점이다. 다음에 제시할 그림에서도 두 변수의 척도단위가 2:1의 관계를 유지하고 있어 큰 문제가 되지는 않는다. 그러나 크게 차이가 나는 경우를 생각해서 어림짐작으로라도 단위를 고쳐잡아 왜곡되는 결과를 최소한으로 줄여야 할 것이다. 셋째는 도표를 간단히 줄여서 도해해도 된다. 도표를 그린다는 것은 사례가 많은 경우에 시간이 상당히 소요되므로 중요한 변수만을 골라서 상관도를 보면 된다고 하겠다.

2.2 최적선분석

최적선분석은 산만하게 흩어져 있는 사례를 가장 잘 포괄해 줄 수 있는 선을 구하는 작업이다. 이 선을 대수방정식으로 표시하면 $Y=a+b(X)$이다. 이것을 회귀직선(linear regression)이라고 부른다. 이 직선은 이것과 변량 Y와의 차, 즉 편차의 2승화(乘和)가 최소가 되도록 하는 직선이다. 이 회귀선은 변량 X의 변화에 따라 변량 Y의 변화를 표시하는 선이므로 직선이나 포물선(parabolic) 등으로 표시되는 회귀선과 실제로 관찰된 변수의 관계는 반드시 일치하지 않고 변량 Y의 관찰치는 회귀선의 위와 아래에서 어느 정도 산재하는 분포를 보인다. 그래서 산포도가 적으면 적을수록 회귀선은 정확한 것이 되고 Y는 X에 의해 설명되는 비중도 크게 된다. 다시 말해서 최적선은 관찰치(Y)와 예상치(Y' 혹은 $\hat{Y}$)간의 2승된 차이를 최소한으로 하는 선이라는 것을 잊지 말아야 한다. 따라서 대수로 풀이할 때 직선방정식에서 a와 b를 알면 그 직선은 구해진다. a와 b는 다음과 같이 구한다.

$$a=Y-b\overline{X}$$

$$b=\frac{M\sum XY-(\sum X)(\sum Y)}{N\sum X^2-(\sum X)^2}$$

실례를 들어 다시 설명해 본다. 〈그림 4-22-4〉는 테일러(C.L. Taylor)

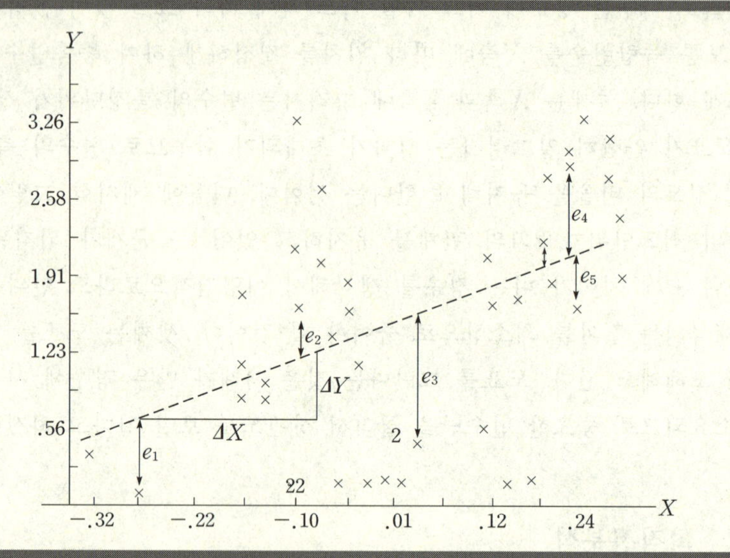

〈그림 4-22-4〉 51개국가의 1인당국민소득과 상대적 손실의 상관도 및 회귀직선

와 허드슨(M. Hudson)이 모아 놓은 자료 가운데에서 두 개의 변수를 재구성(data transformation)해서 지표를 만들어(indicator construction) 미시간 대학교에 있는 Inter-University Consortium for Political Research 프로그램의 교재용으로 분석해 놓은 것 중의 하나이다. 여기서 쓴 두 변수는 1인당국민소득의 증가(Y)와 상대적 손실(X)이다. 51개국을 사례로 삼아 컴퓨터로 상관도와 최적선을 표시하고 있다.

그림에서 ΔX는 X의 증가량을, ΔY는 Y의 증가량을 의미한다. 두 변수의 증가량의 비율은 곧 이 직선의 기울기(b)가 된다. 위에 있는 공식에 따라 b와 a의 값을 구하면 이 회귀선의 방정식이 도출될 수 있다. 그림에서 e_1부터 e_5까지는 각 사례가 최적선인 회귀선으로부터 얼마만큼 떨어져 있는가를 예시적으로 보여 준 것이다. 다시 말하지만 최적선은 이 각 e의 값을 최소2승 해서 모든 사례를 가장 적절히 만족시킬 수 있도록 정해진 것이다. 그 밖에 그림에 나타난 숫자 2 및 22는 사례가 그 숫자만큼 같은 곳에 위치하고 있다는 뜻이다.

시민소요의 경우를 가지고 실례를 또 들어 보자. 다음 〈그림 4-22-5〉는 시민소요에서 사망자수를 Y축에 놓고, 동원 인원의 일수를 X축에 놓아 이

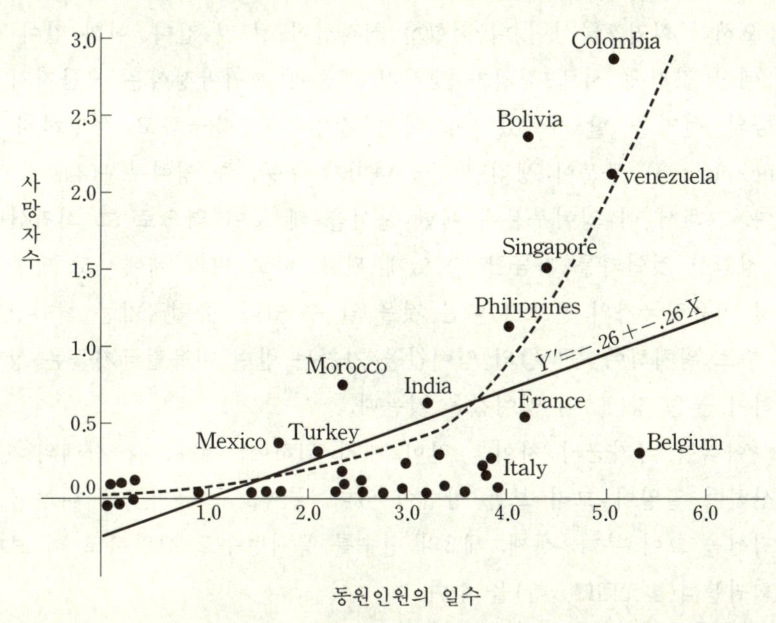

〈그림 4-22-5〉 시민소요에 동원된 인원의 일수와 사망자수와의 관계를 설명하는 회귀선

들 두 변수가 정하는 각 나라의 좌표상의 위치가 어떠한가를 보았으며 이에 따라 최적직선과 최적포물선을 제시한 것이다. 계산에 따라 회귀직선은 $Y' = -.26 + .25X$가 되었는데, 이는 동원 인원 일수가 1이 증가하면 사망자수는 .25가 증가한다는 뜻이다. 상수가 −.26이므로 직선의 출발점은 −.26이라는 뜻이며 Y값은 X값에 .25를 곱한 값에서 .26을 빼서 구할 수 있게 된다. 이처럼 그림에서 볼 수 있는 바와 같은 회귀직선을 얻긴 했지만 산재되어 있는 모든 사례를 최대한으로 만족시킬 수는 없는 것 같다. 오히려 점선으로 나타낸 회귀포물선(parabolic)이 더 적합한 측정선이 될 수 있을 것 같다. 다만, 여기서는 직선에 관한 설명에 머무르기로 하고 다음 장의 다변수 분석에서 설명하기로 한다.

2. 3 잉여분석

회귀선이 항상 모든 사례를 만족할 수 있도록 그어지는 것이 아니라는 것을 우리는 위에 든 예를 통해서 알게 되었다. 〈그림 4-22-5〉의 경우를 보면 오히려 회귀포물선이 더 적합한 최적선이 될 것 같다. 이와 같이 실제 값과 예상 값간에 서로 격차가 생기기 때문에 회귀방정식은 모름지기 가능한 만큼의 설명을 할 수 있어야 하는 것임에도 불구하고 설명하지 못하는 (unexplained) 부분이 생긴다. 즉, 나머지 부분, 즉 잉여부분(剩餘部分)이 생긴다. 그래서 이 잉여부분에 대한 분석을 해 보면 역으로 그 회귀선이 얼마나 정확한 것인가를 가늠할 수 있게 된다. 바로 위의 예에서도 당장 유럽국가와 비유럽국가의 분포가 다른 것을 알 수 있다. 유럽국가는 회귀선의 하단에 주로 위치하여 부(負)의 잉여값을 가지는 반면 비유럽국가들은 상단에 위치하여 높은 정(正)의 잉여값을 갖는다.

이러한 국가군의 차이를 알아 내기 위하여, 첫째, 각 사례의 잉여값을 계산하여 일일이 그려 보는 방법이 있다. 둘째, 두 국가군을 나누어 별개의 회귀선을 그어 본다. 셋째, 제3의 변수를 통제변수로 생각하고 더 보태어 다원회귀분석(多元回歸分析)을 한다.

여기서 시도해 본 잉여분석의 방법은 두 번째의 것으로 어느 정도 근사한 두 회귀방정식을 구할 수 있었다. 비유럽국가를 설명할 수 있는 회귀방정

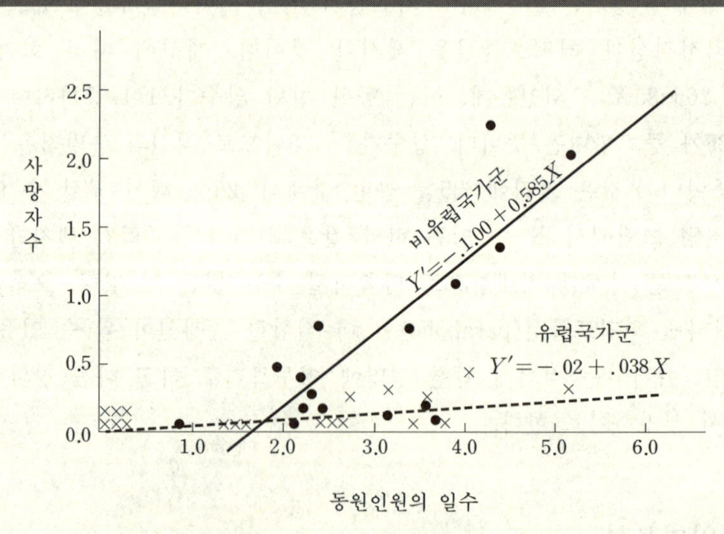

〈그림 4-22-6〉 잉여값을 줄이기 위해 원래의 회귀방정식을 양분한 경우

식은 $Y' = -1.00 + 0.585X$이고, 유럽국가를 설명할 수 있는 것은 $Y' = -.02 + .038X$이다. 이들 방정식이 우리에게 주는 의미는 두 국가군에 따라 시민소요를 통해 희생되는 사망자의 수에 엄청난 차이가 있음을 알 수 있다는 것이다. 즉, 전자의 경우는 일수 100% 증가당 사망자 60%인 데 비해, 후자의 경우는 4%에 불과하다는 점이다. 〈그림 4-22-6〉은 두 개의 회귀직선을 국가군에 따라 그려 놓은 것이다.

끝으로 위의 첫번째 분석방법에 따라 잉여값을 일일이 그려 보면 일정한 형태로 분포된 것을 알 수 있다. 어떤 경우에는 원점에서부터 점점 확대되어 퍼지는 모양, 어느 정도 직선이 그어지는 모양, 또는 포물선이 그어지는 모양 등으로 나타난다. 각 경우마다 결점이 있기 때문에 잉여부분이 나타나고 일정한 형태를 그리는 것이므로 방정식에 변수를 추가해 본다든가, 1차방정식을 2차방정식으로 고쳐본다든가 해서 원래의 모델을 수정해야 할 것이다.

3. 중변수분석(重變數分析)(Ⅱ): 연합성과 유의성검증

두 변수간의 관계가 어느 정도 가까운 연관성을 갖고 있으며 또한 가능한 연관성이 있는가를 안다는 것은 흥미있는 일이고, 또 당장 필요한 일이다. 연합성검증은 두 변수의 밀착도를 알고자 하는 것이며 유의성검증은 통계의 결과가 가능한가 혹은 가능하지 않은 일인가를 보여 주자는 것이다. 여기서는 이 두 측면에 초점을 맞추어 통계처리의 형태와 척도의 종류에 따라 어떤 방법을 검증에 쓸 수 있는가를 설명해 나가기로 한다.

3.1 연합성검증

두 변수가 얼마나 강한 관계를 맺고 있는가를 알고자 하는 검증이다. 만약 Y변수가 X변수에 의해 정확하게 평가·설명된다면 그 검증치는 1.00이 된다. 반면에 만약 두 변수가 아무런 관계가 없어서 설명될 여지가 없다면 그 검증치는 0.00이 된다. 서열 및 등간척도의 연합검증치는 -1.00에서 1.00까지 변하는 범위 내에 있는데, 이것은 관계의 정도뿐만이 아니라 정(正)과

부(負)의 관계까지도 밝힐 수 있다는 뜻이다. 이 부의 관계까지도 밝혀 주는 문제 때문에 연관성에 대한 해석이 때로 어려움을 겪게 된다.

3. 2 유의성검증

유의성검증(tests of significance)은 두 변수가 맺고 있는 관계의 정도를 말하기 이전에 과연 의미 있는 관계가 있느냐(identical), 혹은 관계가 없느냐(independent)를 결정하려는 검증이다. 두 변수가 현저한 관계가 있는지의 여부를 알 수 있다면, 예컨대 발전과 도시화·산업화 및 커뮤니케이션의 다양화 등이 의미 있는 관계가 있는 것인가를 알 수 있으면 개념전개에 큰 도움이 된다.

그러나 두 변수와의 관계가 전혀 우연일 수도 있다. 연만한 사람이 무릎이 아플 때마다 다음 날은 날이 궂고 비가 올 것이라고 이야기를 했다면 아픈 것과 비가 오는 것과의 관계가 우연인지 아니면 밀접한 관계가 있다는 건지 알 수가 없다. 만일 10번 아파서 9번의 비가 왔다면 그 관계는 우연이 아니며, 반면에 10번 아파서 4번만 비가 왔다면 자신있게 무어라고 말할 수 없다. 따라서 그것을 판단하기 위하여 일정한 기준(신뢰수준: level of confidence)을 정해야 할 것이다. 그래서 흔히 영가설(零假說, null hypothesis)을 세워 어느 신뢰수준에서 미루어 거부하거나 수긍함으로써 대위가설(對位假說, alternative hypothesis)을 입증해 보려는 방식을 취한다.

유의성검증은 따라서 완전한 확실성(certainty)에 이르지는 못하고 '개연의 정확성'(probable accuracy)을 평가하려는 것으로 이해하면 된다. 그 개연성 혹은 가능성은 두 변수의 소원한 관계나 관찰된 사례수에 따라 변하게 마련이다. 따라서 이 검증은 양극 사이의 부정확한 영역(the area of uncertainty)에 관해 자세한 설명을 해 주는 것도 아니고 유사성이나 연합성의 정도를 지시해 주는 것도 아니라고 이해해야 한다.

위에서 영가설을 수용하거나 거부하는 신뢰기준이 있다는 말을 했는데 이것에는 .01 수준과 .05 수준, 그리고 .10 수준의 세 가지가 있다. 예를 들어 어떤 분석의 결과가 .05 수준에서 의미있다고 한다면 그는 영가설을 거부하는데 그 발생의 가능성이 5% 미만이기 때문이다. .10의 수준은 10%의 확률이라는 뜻이다.

시민소요의 원인연구에서 선진국가의 역사적 시민소요의 정도와 1961년부터 1965년까지의 시민소요간의 상관계수가 .64이고 후진국의 그것이 .37이라고 하는 경우에 양자간에 참된 차이가 있는가고 묻는다면 이를 쉽게 대답할 수는 없다. 아무래도 유의성검증을 해 보고 대답할 수밖에 없게 된다.

그럼에도 불구하고 유의성검증은 크게 두 가지 제약을 안고 있다. 하나는 사회과학연구에서 사용하는 자료가 정상분포가 되지 못한다는 것과 다른 하나는 변수간의 실체적 유의성을 간파해 주지 못한다는 점이다. 즉, 관계의 실체보다는 피상적인 관계의 유무만을 정해 주는 검증에 그치고 만다.

3.3 가설의 검증

앞에서 약간 이야기가 나왔으므로 여기서 검증의 이론으로 기초가 되는 가설의 검증(test of hypothesis)을 간단히 설명하고 통계적 검증의 유형으로 넘어가는 것이 좋을 듯하다. 이 가설검증은 독자들이 기억하듯이 제 2 부, 제 6장에서 강의한 가설의 개념적 설명을 실제로 확인해 보는 과정이다.

통계학에서 말하는 가설의 검증은 모수추정(母數推定)의 방법과는 반대로 모집단에 관한 기술이 가설로서 먼저 세워지고 이 가설이 어떤 확률을 가지고 기술의 진위를 판단할 수 있는가를 알아 내는 방법이다. 그 판단의 근거는 표본에서 얻는 통계량이다.

통계적 가설검증의 순서는, 첫째, 검증하려고 하는 가설, 즉 검증가설을 세우고, 둘째, 가설을 검증하기 위한 수단으로서 일정한 통계량과 이것을 검증할 때의 판단기준이 되는 유의수준을 정하고, 셋째, 표본을 관찰하여 검증을 위한 통계량을 계산하고 유의수준에 따라 가설의 적부를 결정한다.

가설검증의 목적은 가설이 옳다는 것을 증명하는 것이 아니고 잘못된 가설을 발견하여 이를 기각(reject)하는 것이므로 검증가설을 세울 때는 증명하려는 명제와는 반대되는 내용으로 해야 한다. 따라서 검증가설은 기각되어야 할 운명에 있어 무로 돌아간다고 해서 귀무가설(歸無假說, null hypothesis)이라고도 하며, 이에 대칭되는 것이 대위가설(對位假說, alternative hypothesis)이라고 앞에서 설명했다. 가설검증은 항상 이 두 개의 가설을 놓고 기각과 채택의 여부를 판단한다. 만일 귀무가설이 기각되지 않고 채택(acceptance)되더라도 그것은 최종적인 판단을 의미하는 것이 아니고 기각의 판단을 잠시 연기하는 것에 불과하다.

검증가설의 기각 또는 채택의 여부를 판단하는 기준으로서의 유의수준(level of significance)은 가설이 진일 때 검증통계량이 기각역(棄却域)에 포함되는 확률을 뜻한다. 유의수준은 임의로 정할 수 있지만 대개 5% 혹은 1%이다. 그러나 판단을 잘못했을 경우에 손해가 클 위험이 있으므로 안전하게 하기 위해 유의수준을 낮게 잡는 것이 원칙이다. 예를 들어 낙하산의 위험률을 계산할 때 유의수준을 5%라고 하면 20명의 특공대원 중 1명은 죽는다는 뜻이므로 이런 경우에는 유의수준을 아주 내려서 낮게(0.001% 정도) 정해야 한다.

기각역을 취하는 방법에는 편측검증(片側檢證, one-tail test)과 양측검증(兩側檢證, two-tail test)의 두 방법이 있다. 편측검증은 모수가 가설에 대해서 특정한 방향에 치우쳐 있는 경우, 다시 말해서 대위가설이 검증가설의 한 쪽에만 있게 되는 경우의 검증방법을 뜻하며, 유의수준 α가 주어졌을 때 기

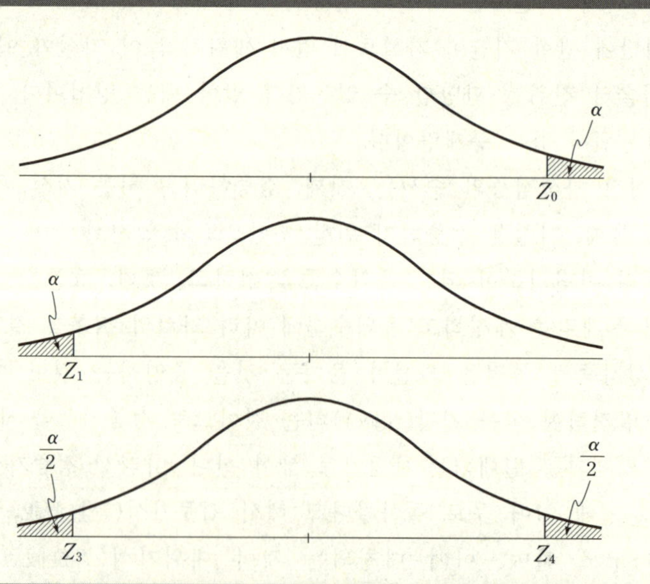

〈그림 4-22-7〉 우편측 · 좌편측 및 양측검증의 기각역

각역 w를 ① $P(z>z_0)=\alpha$, 또는 ② $P(z<z_1)=\alpha$로 정하는 것을 의미한다. 편측검증일 때에는 우측 또는 좌측의 어느 한쪽에 기각역이 형성된다. 한편 양측검증은 대위가설이 검증가설의 양쪽에 있는 경우이다. 이때 기각역은 $P(z>z_2)=P(z<z_3)=\dfrac{\alpha}{2}$가 된다. 표본관찰의 결과가 어떤 방향으로 나타나는가를 전혀 짐작할 수 없을 때 양측검증을 한다. 〈그림 4-22-7〉은 가설검증의 기각역을 보여 주고 있다.

한 가지 주의할 것은 양측검증에서 기각역이 반드시 $\dfrac{\alpha}{2}$로 등분되지 않고 부등분(不等分)되는 경우가 있을 수 있다는 점이다. 즉, 5%의 유의수준이라면 우측은 1%, 좌측은 4%일 수가 있다.

아래에 가설검증의 실례를 몇 가지 들어보기로 한다.

(1) "정치학개론을 수강하는 학생들의 평균이 과거에는 65점이었으며, 이때 표준편차 $\sigma=16$점이었다. 새로운 교수방법을 채택한 후 64명을 무작위추출하여 평균을 알아보았더니 69점이 되었다. 이때 65점과 69점 사이에는 현저한 차이가 있는 것인가?"

이 문제는 평균점수의 증가가 실제로 있었느냐를 검증하는 것으로 우측편측검증을 해야 한다.

검증가설 H_1: $\mu=65$점

대위가설 H_2: $\mu>65$점

공식에 따라 $z=\dfrac{\overline{X}-E(\overline{X})}{\sigma_{\bar{x}}}=\dfrac{69-65}{2}=2$

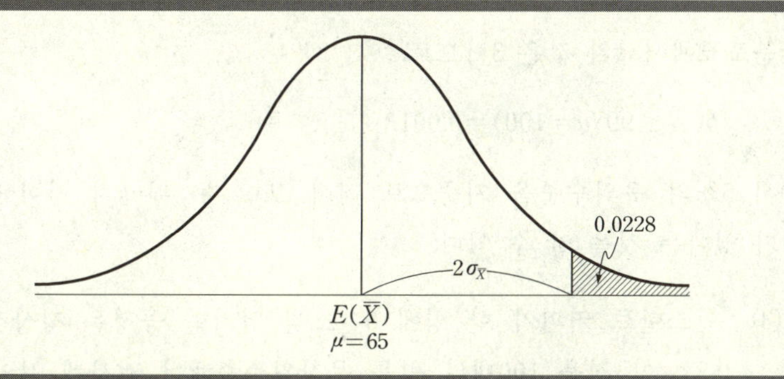

〈그림 4-22-8〉 우측편측의 실례

$$\text{이때}\quad \sigma_{\bar{x}}=\frac{\sigma}{\sqrt{n}}=\frac{16}{\sqrt{64}}=2$$

z의 값 2는 정상분포표(부록 Ⅱ 참조)에서 0.0228의 값을 가지므로

$$p(\bar{X}\geq 69\backslash\mu=65)=0.0228$$

즉, 위험부담률(α-risk)은 약 2%이므로 $\alpha=0.05$라고 정했을 때 검증가설은 기각된다. 즉, 두 개의 평균점수간에는 현저한 차이가 있으며 새로운 교수법이 평균점수를 올려 놓았다고 판단할 수 있게 된다. 위의 설명을 도해하면 〈그림 4-22-8〉이 된다.

(2) "화장수를 담은 병의 용량은 100cc여야 한다. 144개의 병을 무작위추출해서 검사해 보았더니 평균이 99cc였다. $\boldsymbol{\sigma}=4$라고 할 때 99cc와 100cc 사이에는 현저한 차이가 있는가?"

이 경우에 검사원은 모자란 용량에 관심이 있고 그것은 그 회사의 신용과 직결되기 때문에 편측검증을 하되 좌측검증이 된다.

$$H_1:\ \mu=100\text{cc}$$
$$H_2:\ \mu<100\text{cc}$$
$$z=\frac{\bar{X}-E(\bar{X})}{\sigma}=\frac{99-100}{\frac{4}{12}}=-3$$
$$\text{이때}\quad \sigma_{\bar{x}}=\frac{4}{\sqrt{144}}=\frac{4}{12}=\frac{1}{3}$$

정상분포표에서 z의 값은 3이므로,

$$p(\bar{X}\leq 99\backslash\mu=100)=0.0013$$

따라서 5%의 유의수준을 기준으로 해서 보면 두 평균치 사이에는 현저한 차이가 있다는 것을 알 수 있다.

(3) "인스탄트 커피가 한 병에 6온스씩 담기면 공정은 정상적이다. $\sigma=0.2$ oz인 경우 100개의 병을 무작위추출해서 검사해 보았더니 $\bar{X}=6.1$ oz였다. 공정은 제대로 돌아가고 있는가?"

이 경우는 공정이 정상적이라는 것을 전제로 하고 있으므로 검증가설의 $\mu=6.0$이고, 대위가설의 모평균은 6.0이 아니라는 뜻이 된다. 그러므로 이때의 평균치는 6.0보다 크거나 또는 작거나 둘 중의 하나이다. 따라서 양측검증을 한다.

$$H_1: \mu = 6.0$$

$$H_2: \mu \neq 6.0$$

$$z=\frac{6.1-6.0}{\frac{0.2}{10}}=5$$

이때 $\sigma_{\bar{x}}=\frac{0.2}{\sqrt{100}}=\frac{0.2}{10}$

결과는 6.1 oz만큼 큰 표본의 평균치를 발견하는 확률은 2.5%보다 작다는 사실을 보여 준다. 따라서 우리는 $\mu=6.0$ oz인 검증가설을 기각한다. 공정은 분명히 정상적으로 돌아가지는 않는다.

끝으로 가설검증에서 조심해야 할 것은 옳은 가설인데 기각하는 경우가 있고, 또는 그릇된 가설인데 채택하는 경우가 있을 수 있다는 점이다. 옳은 가설을 채택하고 그릇된 가설을 기각하는 것이 정상이나 검증에서 과오가 저질러질 수 있는 소지는 늘 잠재하고 있다. 따라서 이러한 그릇된 결정을 피하는 노력이 필요하다. 검증에서 범한 과오를 통계학에서는 두 가지로 나눈다. 즉, 진(眞)인 가설을 기각한 경우를 제 1 종과오(확률:α)라고 하고 위(僞)인 가설을 채택한 경우를 제 2 종과오(확률:β)라고 하여 구분한다. 여기서 $1-\beta$를 검출력(檢出力, power of test)이라고 하는데, 이것은 가설이 그릇된 점을 검출하는 확률(기각하는 확률)이다. 그러므로 통계적 가설검증의 방법에서 가설이 그릇된 것을 발견하는 검출력은 될 수 있는 한 크게 하고 옳은 가설을 기각하는 제 1 종과오는 될 수 있는 한 작게 하지 않으면 안 된다. 검증

〈표 4-22-4〉 **검정의 과오와 검출력**

가설의 진위	검증에 의한 결정	
	기 각	채 택
바른 가설	그릇된 결정(제 1 종과오:α)	옳은 결정
그른 가설	옳은 결정	그릇된 결정(제 2 종과오:β)

의 과오와 검출력을 설명한 것이 〈표 4-22-4〉이다.

3.4 통계적 검증의 여러 양태

연관성과 유의성을 검증해 주는 통계방법에는 여러 가지가 있다. 종류가 다양해진 원인은 자료가 여러 척도에 따라 측정되기 때문이다. 즉, 자료 가운데에는 명목척도 · 서열척도 · 등간척도 · 비율척도 등에 의해 측정된 것이 있기 때문에 그 척도측정의 성격에 따라 분석도구가 달라진다. 보통 등간척도 혹은 비율척도에 의한 자료를 분석하는 것이 통계적으로 가장 세련된 분석기법이 되고, 명목척도에 의한 자료가 가장 간단한 기법이라고 할 수 있겠다. 이 점은 이미 제13장, 척도에서 설명한 바 있다.

다음에 두 변수간의 연관성과 유의성을 검증하는 통계기법을 표로 나열해 보았다. 그 다음에 순서에 따라 분할표에서의 검증과 서열측정에서의 검증을 주로 설명하겠지만, 척도가 서로 다른 두 변수의 비교검증도 중요한 내용을 이루어야 한다. 이것은 이 장 마지막에서 설명하기로 하고 여기서는 두 측면만을 중점적으로 검토하기로 한다(표 4-22-5 참조).

3.5 분할표에서의 검증

분할표(contingency table)는 두 측정치를 격차로 분리하여 변수간의 비교가 한 눈에 쉽게 들어오도록 만든 표이다. 일반적으로 명목자료를 비교할 때 사용되나 서열이나 등간자료도 분석이 가능하다. 또 분할되는 종과 횡의 구분이 나뉜 경우가 대표적이지만, 그 이상의 경우도 가능하다. 분할표분석을 교차분리분석이라고도 한다.

앞의 시민소요의 예를 가지고 다시 설명해 보기로 한다. 우리가 알고 싶은 것은 유럽국가군과 비유럽국가군간의 사망자에서 현저한 차이가 있느냐였다. 국가군을 둘로 나누되 민주주의의 유형을 나눈 것이라고 생각하고, 또 사망자수를 중위수의 이상과 이하로 2분했다. 〈표 4-22-6〉은 이 관계를 표시한 것이다.

두 집단간에 현저한 차이가 있는가를 알기 위하여 χ^2 검증(chi-square

〈표 4-22-5〉 두 변수간의 연관성(association)과 유의성(significance)을 검증하는 통계적 방법

변수비교의 유형	연관성 검증방법	유의성 검증방법	용법에 관한 해설
2×2표로 2분된 측정	Phi(ϕ) 분할계수 (contingency coefficient: c) Lambda beta(λ_b) Kendall의 Q Tau beta	Chi²(χ^2) Fisher 검증 2항 검증	보통 명목적 자료 분석에 적용되나 많은 경우에 사용된다. ϕ와 c는 x^2에서 도출된 것. ϕ에 관한 해석은 Pearson 상관계수(r)의 경우와 같다. x^2는 분할표의 각 칸의 숫자가 최소한 5 이상인 경우에만 적용할 수 있으며 그 이하인 경우엔 Fisher 검증방법을 적용한다.
2×2 이상의 표로 분할된 측정	Lambda beta(λ_b)	Chi²(χ^2)	명목적 자료 및 그 밖의 경우에 적용 가능(주의: 이 경우에 c나 Tau beta는 해석이 어려워 별로 쓰이지 않는다)
등간적 자료를 비교하는 2분 측정	Point-biserial 상관계수(r_{pb})	t 검증	r_{pb}는 Pearson r과 그 계산과 해석에서 대조된다.
등간적 자료를 비교하는 항목 측정	결정계수(r^2) 상관비율(ϵ^2 혹은 CR²) 급간상관계수(r_i)	F 검증(설명된 것과 설명되지 않은 분산분석에 기초 한)	둘 이상의 항목을 측정하는 명목척도와 등간척도를 비교하는 경우에 적용된다. 결정계수는 해석상 Pearson r과 대조된다.
서열측정간의 비교	Spearman의 r_s Kendall의 tau(τ)	Kolmogorov-Smirnov Wald-Wolfowitz Mann-Whitney	서열적 자료분석에 적용되며, 때로 등간적 자료에도 적용된다. r_s는 동일한 순위가 얼마 안되는 경우에 쓰이며, 그렇지 않으면 tau를 쓴다. Smirnov검증은 동일 순위가 많은 경우에 쓰이며, 그 밖엔 w-w나 M-w를 쓴다. 이들 중 M-w는 평균치의 차이에 민감하며, w-w는 분포의 차이에 따라 크게 다르다.
등간측정간의 비교	Person 혹은 Product-moment r	F 검증 Fisher의 Z Critical value of r	r은 가장 널리 쓰이는 관계측정의 방법으로 서열식 자료에도 적용된다. Fisher의 Z는 F가 r만으로부터 산출되는 반면 r와 N으로부터 산출된다. 양자 모두 표본추출 자료분석에 적합하다. Critical value of r은 상관행렬식을 평가하는 데 활용된다.

test)을 한다. 이 검증법은 관찰치와 기대치간의 관계를 가늠하여 일정한 유의수준에서 수용될 것인가 거부될 것인가를 따지는 것이다. 비교적 까다로운 전제(assumption)가 없이 빈도자료를 가지고 할 수 있는 검증방법이며 몇 가지 통계치를 병합할 수도 있다. χ^2 검증의 공식은 다음과 같다.

$$\chi^2 = \sum \frac{(f_0 - f_e)^2}{f_e}$$

여기서 f_0는 분할표의 각 칸(cell)의 관찰빈도이고, f_e는 기대빈도이다. 각 칸의 기대빈도는 전체 합계로 가로의 합계와 세로의 합계의 승(乘)을 각기 나누어 구한다. 첫째 칸(cell)의 기대빈도는 따라서

$$\frac{(a+b)(a+c)}{N} = \frac{(19)(19)}{38} = 9.5$$

이다.

χ^2 검증을 하면서 주의할 것은 사례의 수가 어느 정도 충분히 확보되어야 한다는 점이다. 일반적으로 사용되는 기준은 각 칸의 수가 적어도 5 이상이어야 한다. 만일 5 이하이면 χ^2 검증 대신에 Fisher 검증(Fisher's exact test)을 해야 한다.

〈표 4-22-6〉의 분할표에서 공식에 따라 구한 χ^2의 값은 8.52이다. 이 값의 유의성을 판단하려면 수표를 보아야 한다. 수표를 보아 유의수준 .50에서 의미가 있느냐의 여부를 알려면 또 하나 알아야 할 것이 있는데, 이것이 자유도(自由度, degree of freedom)라는 것이다. 자유도란 길이가 다른 끈을 두 개 만드는 경우에 한쪽 끈의 길이만을 자유로이 선택할 뿐이지 다른 쪽의 끈의 길이를 자유로이 결정할 수 없는데, 이때 자유로이 선택할 수 있는 부분

〈표 4-22-6〉 민주주의의 유형과 시민소요로 인한 사망자수간의 분할표

시민소요로 인한 사망자 수	민주주의의 유형		합 계
	유럽국가	비유럽국가	
중위수 이상	(a) 5	(b) 14	19
중위수 이하	(c) 14	(d) 5	19
합 계	19	19	38

은 항상 $N-1$이 된다. 이때 이를 자유도라 한다. 이 자유도는 가로(열)와 세로(행)의 항의 수에서 각기 1씩을 감하여 곱한 값이 된다. 즉, $df=(2-1)(2-1)=1$이다. 이렇게 되면 자유도가 1이고 유의수준이 .50일 때 χ^2의 값은 3.841이고 .01일 때는 6.635가 된다. 따라서 위에 구한 값 8.52는 .05나 .01 이하의 확률을 가지므로 영가설은 기각되고 두 집단간에는 현저한 차이가 있다는 결론을 얻게 된다.

분할표에서 연합성을 검증할 때에는 Phi(ϕ)라는 방법을 쓸 수 있다. 만일 모든 유럽국가군의 사망자수가 중위수 이하이고 비유럽국가군의 사망자수가 중위수 이상이라면 예상은 완전히 들어맞는다. 이 예상치를 계산하는 것이 ϕ검증인데, 이것은 χ^2의 값을 가지고 산출해 낼 수 있다.

$$\phi=\sqrt{\frac{\chi^2}{N}}=\sqrt{\frac{8.52}{38}}=.50$$

즉, 국가군을 둘로 나눈다면 사망자수가 높을 것인가 또는 낮을 것인가를 50%의 정확성을 가지고 예측할 수 있다는 뜻이다. 2×2 분할표에서 ϕ는 수학적으로 상관관계에서 Pearson r에 해당되나 2×2가 넘으면 해석이 곤란해진다. λb(Lambda b)라는 것으로 이 난점을 해결하는데, 이것은 2×2 이상의 분할표에서도 가능하고 구차하게 χ^2를 구하지 않고도 계산할 수 있는 이점이 있다.

끝으로 한 가지 소개할 것은 과거와 달리 요즘은 통계분석을 개인컴퓨터로 하는 경향 때문에 대개 SPSS프로그램을 가지고 윈도스에서 한다. 아래에 그 예를 하나 소개한다. 하나는 컴퓨터모니터에 뜬 분할표이고 다른 하나는 χ^2검증을 한 분석표이다. 그림 속의 DF라는 것이 자유도이다.

3.6 서열측정에서의 검증

서열자료를 가지고 연합성과 유의성을 검증하는 방법은 앞의 〈표 4-22-5〉에서도 볼 수 있듯이 Spearman's r_s, Kendall's tau(τ), Kolmogorov-Smirnov, Wald-Wolfowitz 및 Mann-Whitney 등이다. 다른 것은 별로 흔히 쓰이지 않으나 Spearman r_s는 Spearman ρ(로)라고 하든가 혹은 순

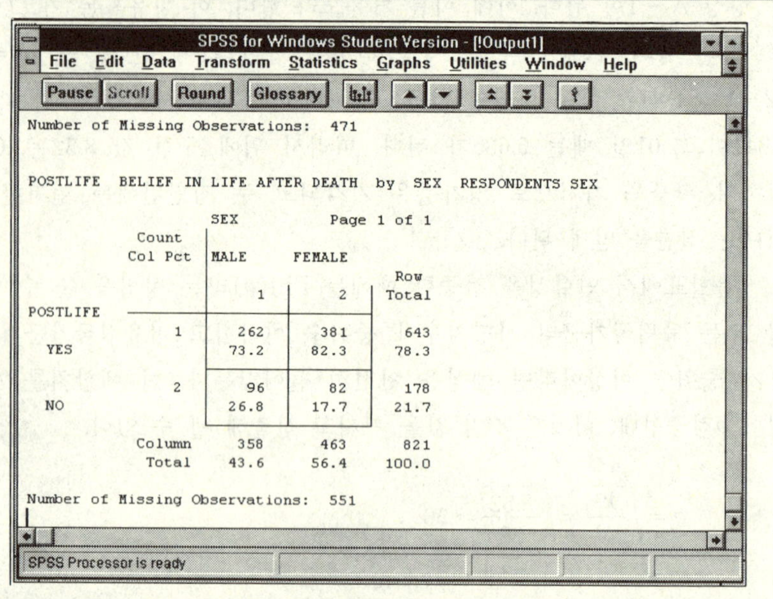

SPSS for Windows Student Version - [!Output1]

File Edit Data Transform Statistics Graphs Utilities Window Help

Pause Scroll Round Glossary

Number of Missing Observations: 471

POSTLIFE BELIEF IN LIFE AFTER DEATH by SEX RESPONDENTS SEX

POSTLIFE	Count / Col Pct	SEX MALE 1	FEMALE 2	Row Total
YES	1	262	381	643
		73.2	82.3	78.3
NO	2	96	82	178
		26.8	17.7	21.7
	Column	358	463	821
	Total	43.6	56.4	100.0

Page 1 of 1

Number of Missing Observations: 551

SPSS Processor is ready

〈그림 4-22-9〉 윈도스에 나타난 분할표

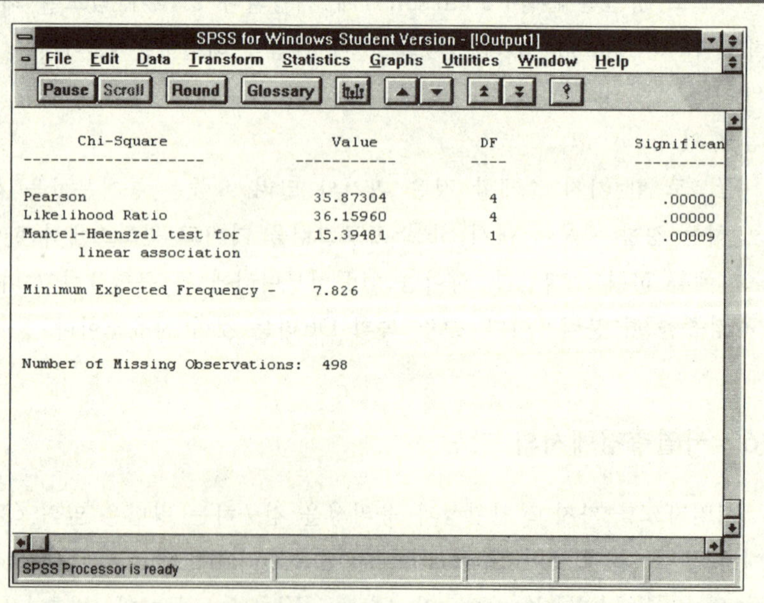

SPSS for Windows Student Version - [!Output1]

File Edit Data Transform Statistics Graphs Utilities Window Help

Pause Scroll Round Glossary

Chi-Square	Value	DF	Significan
Pearson	35.87304	4	.00000
Likelihood Ratio	36.15960	4	.00000
Mantel-Haenszel test for linear association	15.39481	1	.00009

Minimum Expected Frequency - 7.826

Number of Missing Observations: 498

SPSS Processor is ready

〈그림 4-22-10〉 윈도스의 SPSS로 분석한 예

〈표 4-22-7〉 **대학생의 독재성향과 사회적 지위획득욕**

대학생	독재성향(X)	사회적 지위획득욕(Y)	X의 순위	Y의 순위	순위차(D)	D^2
A	82	42	2	3	−1	1
B	98	46	6	4	2	4
C	87	39	5	2	3	9
D	40	37	1	1	0	0
E	116	65	10	8	2	4
F	113	88	9	11	−2	4
G	111	86	8	10	−2	4
H	83	56	3	6	−3	9
I	85	62	4	7	−3	9
J	126	92	12	12	0	0
K	106	54	7	5	2	4
L	117	81	11	9	2	4

$\sum D^2=52$

위상관계수(順位相關係數)라고 해서 사례수가 30 이하이거나 서열자료인 경우, 정상분포가 아니더라도 쓸 수 있는 방법이다. 공식은 다음과 같다.

$$\rho=1-\frac{6\sum D^2}{n(n^2-1)}$$

여기서 D는 두 짝의 점수의 순위의 차이며, n은 사례수이다. 가상적인 자료를 가지고 예를 들어 설명해 보기로 한다. 〈표 4-22-7〉에서 볼 수 있듯이 대학생의 독재성향과 사회적인 지위를 획득하려는 욕망의 상관관계는 .82나 되는 것을 알 수 있다.

$$\rho=1-\frac{6\times 5^2}{12\times(12^2-1)}=.82$$

3.7 등간측정에서의 검증

등간자료의 연합성과 유의성을 검증하려면 적률상관계수(積率相關係數)가 가장 적합하다. 원어로는 Pearson r 혹은 Product-moment correlation coefficient라고 한다. 상관계수는 상관도 위의 각 점을 회귀선이 어느 정도 가까이 접근하고 있느냐를 가리켜 주는 측정치이다. 사례가 회귀선에서 많이 벗어나 있을수록 r은 0에 가까워진다. 이것은 다만 관계를 표시하는 지수로 r이 .50이라고 해서 .25의 배가 아니며 .40이 .60으로 증가하는 정도와 .70이 .90으로 증가하는 정도가 같지 않다는 것을 알아야 한다.

상관관계측정의 기본가정은 첫째, 선형(線型)이어야 한다는 것, 둘째, 두 변수의 모집단의 분포가 정상이어야 한다는 것, 셋째, 두 변수의 분포는 각 급간마다 산포도가 같아야 한다는 것, 넷째, 두 변수의 양이 연속성을 가진 척도에서 나와야 하는 것 등이다.

상관계수를 구하는 공식은 다음과 같다.

$$r_{xy}=\frac{N(\sum XY)-(\sum X)(\sum Y)}{\sqrt{N\sum X^2-(\sum X)^2}\sqrt{N\sum Y^2-(\sum Y)^2}}$$

위의 예에서 동원인원일 수와 사망자간의 상관관계는 .55이며 두 국가군으로 나눈 경우에 유럽국가군의 상관계수는 .64이고 비유럽국가군의 그것은 .79이다. 두 국가군을 나누어 분석하는 것이 보다 바람직하다는 해석을 붙일 수 있다.

적률상관계수를 해석할 때는 r을 그냥 하지 않고 자승(自乘)하여 r^2으로 바꾸어서 얼마만큼 설명되고 있느냐를 나타낸다. 이 r^2을 결정계수(決定係數, coefficient of determination)라고 부른다. 그러므로 위의 예에서 r이 .55라면 $r^2=.3025$이므로 사망자의 변량 중 30.25%만큼 동원인원의 일수의 변량에 의해 설명되고 나머지 69.75%는 설명되지 않는다고 생각하면 된다. 유럽국가군의 경우는 41%, 비유럽국가군의 경우는 62%만큼씩 설명된다. 그러나 일반적으로 해석할 때 과연 어느 정도의 상관계수(r)이어야 연관성이 있다고 할 수 있느냐를 명백하게 말하기는 힘들다. 왜냐하면 목적과 용도에 따라 달리 해석할 수 있으며 계수가 낮아도 효과가 클 수 있다면 의미는 있기 때문이다(예방주사약과 생명과의 상관관계는 낮아도 의미있다고 해석함직하다). 그래도 일반적인 기준을 잡은 것이 아래와 같은 해석이다.

$r=.20$ 이하 아주 낮은 상관

.20∼.40 낮은 상관

.40~.70 중간 정도의 상관

.70~.90 높은 상관

.90~1.00 매우 높은 상관

상관계수의 기하학적 설명은 앞의 〈그림 4-22-4〉에서 어느 정도 소개하였으므로 여기서는 약하기로 한다. 다만 위에서 한 것처럼 윈도스에 있는 선형회귀방정식의 분석결과를 그림으로 하나 소개하기로 한다(그림 4-22-11).

한편 등간척도로 측정된 자료를 비교하는 방법에 t검증도 있다. 이것은 표본의 크기가 작을 때 유의성을 검증하는 방법의 일종이다. 그래서 일명 소표본이론이라고도 한다. 우선 평균치와 자승의 합, $\sum d^2$을 비교하고자 하는 표본에 따라 구한 후 t의 값을 계산한다. 그 공식은 다음과 같다.

$$t=\frac{M_1-M_2}{\sqrt{\left(\frac{\sum d_1^2+\sum d_2^2}{N_1+N_2-2}\right)\left(\frac{N_1+N_2}{N_1N_2}\right)}}$$

이때 자유도도 정해야 하는데, $df=N_1+N_2-2$에 의한다. t의 값에 따라 통계수표(부록Ⅱ)의 값을 참조하여 두 표본의 평균치간에 현저한 차이가 있는지를 판단하게 된다.

예를 들어, 국민학교에서 학생들에게 철자법을 가르치는데 한 방법(A)은 여유를 두고 가르치고, 다른 방법(B)은 집중적으로 가르칠 때 두 방법간에는 학생들의 실력향상이라는 면에서 현저한 차이가 있겠는가라는 문제가 있다고 하자. 이때 가설은 A방법이 B방법보다 낫다는 것이다. 두 경우 다 10명을 조사했고 평균치는 각각 25.5와 22.0이었다. $\sum d_1^2$은 168.50이고 $\sum d_2^2$는 178이었다. 공식에 의해,

$$t=\frac{25.5-22}{\sqrt{\left(\frac{168.50-178.00}{10+10-2}\right)\left(\frac{10+10}{(10)(10)}\right)}}=\frac{3.5}{\sqrt{\left(\frac{346.50}{18}\right)\left(\frac{20}{100}\right)}}$$

$$=\frac{3.5}{\sqrt{3.85}}=\frac{3.5}{1.96}=1.786$$

편측검증방법에 의해 t분포표를 참조하여 t의 값을 보았더니 가설은

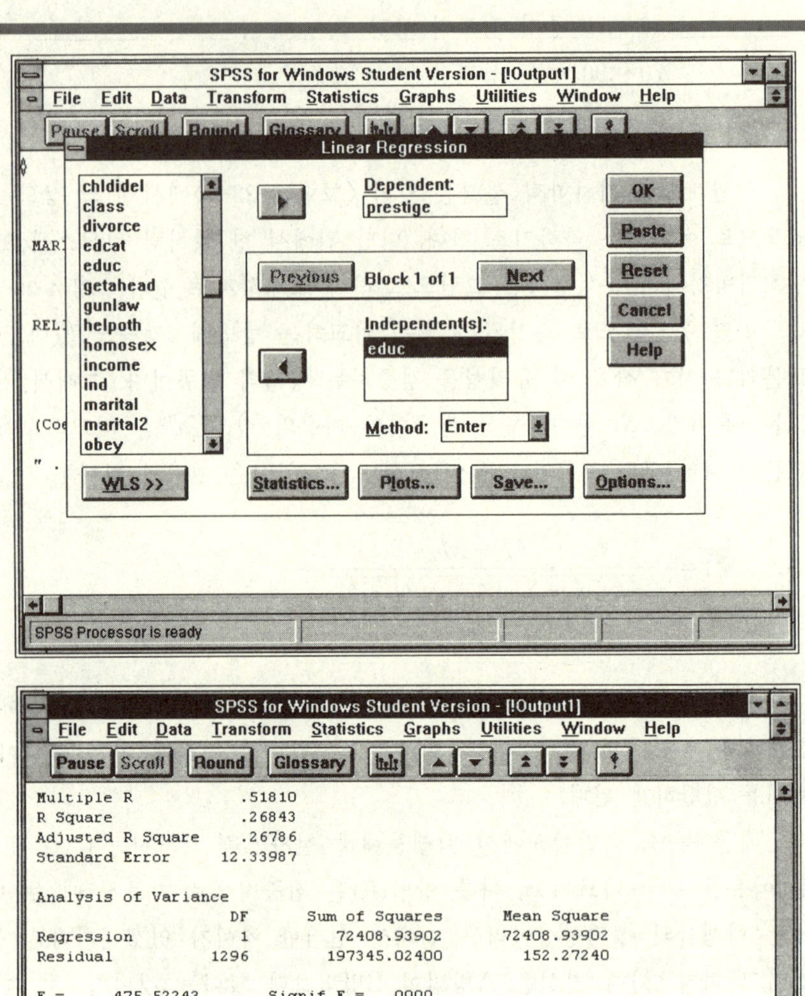

〈그림 4-22-11〉 윈도스에서 하는 선형회귀분석의 예

0.05의 유의수준에서 현저하다는 평가를 받을 수 있었다.

끝으로 상관계수의 유의성검증은 Fisher's Z와 F 검증으로 가능하다. 계산이 간단하고 통계수표를 참고하여 유의성 여부를 판단한다. 또한 편상관계수(偏相關係數, partial correlation coefficient)도 설명해야 하겠지만 뒤의 다변수분석에서 설명하게 되므로 여기서는 생략한다.

3.8 분산분석

시민소요의 예를 통해서 우리의 흥미를 끄는 것은 민주적 통치와 국내의 갈등이 밀접한 관계를 갖고 있는 것 같아서 민주적 전통이 뿌리 깊은 곳에서는 어느 정도의 질서안정이 이루어질 것이 아니냐 하는 의문이다. 이러한 가정이 맞는다면 오랜 민주신봉국인 스웨덴이나 영국은 질서가 제일 안정될 것이고 그 다음이 중세기에 수립된 국가들일 터이고 마지막이 신생독립국들일 것이다. 분산분석(分散分析, analysis of varioance, ANOVA)은 이와 같은 의문에 대한 변화의 원인을 알아 내 보고자 하는 전통적 방법이다. 등간자료의 사례를 분류하고 명목자료를 셋 혹은 그 이상의 카테고리로 나누어 놓은 것에 따라 비교해 보는 것이다. 분산분석의 유의성은 F검증으로 가능하며, 연합성검증은 결정계수(0.0–1.0), 상관비율(correlation ratio) 및 급간상관계수(interclass correlation coefficient)로 할 수 있다. 끝의 두 방법은 변화계수의 하한이 없어서 해석이 곤란할 때가 있다.

여기서 분산분석의 대표적인 방법으로 F검증에 관한 설명을 하면, 이 방법은 집단간의 변화도가 충분히 커서 집단 내의 변화도와 비교함에 있어서 다른 집단이 표출된 모집단의 평균과 같지 않은가의 추정을 정당화하는 방법이다. 공식은 다음과 같다.

$$F = \frac{\text{집단간의 분산}}{\text{집단내의 분산}}$$

이 방법의 기본전제는,

첫째, 전체표본에서 분산에 대한 기여도는 부가적(additive)이어야 한다.

둘째, 집합 내의 관찰은 상호간에 독립적이어야 한다.

셋째, 실험적으로 동질적인 집합 내의 분산은 거의 균등하여야 한다.

넷째, 실험적으로 동질적인 집합 내의 변화는 분포가 정상인 모집단으로부터 비롯된 것이어야 한다.

끝으로 또 윈도스에서 SPSS통계프로그램을 가지고 하는 분산분석의 예를 하나 소개하기로 한다.

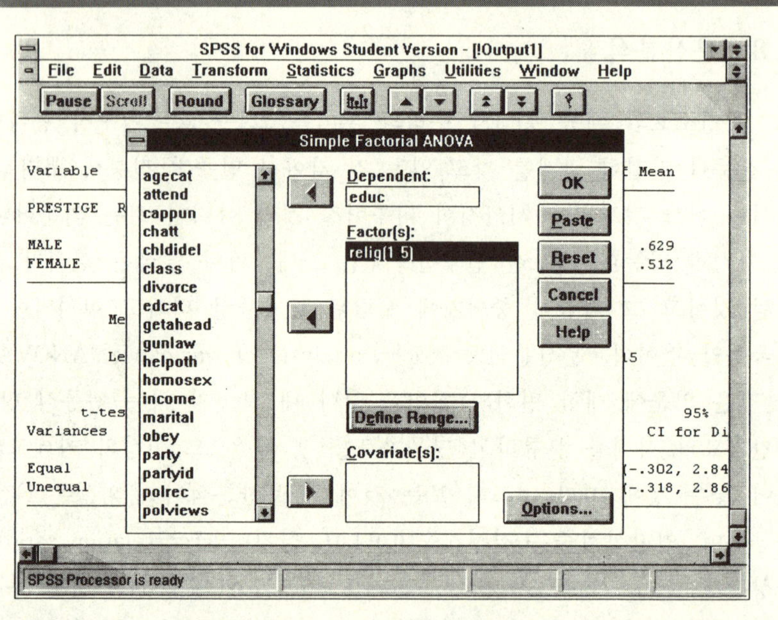

〈그림 4-22-12〉 윈도스에서 하는 분산분석의 예

4. 중변수분석(重變數分析)(Ⅲ): 측정척도를 기준으로 한 두 변수의 비교

측정된 자료의 성격에 따라 변수를 비교분석하는 기법이 다르다고 하는 것은 이미 설명한 바 있지만, 여기서는 척도에 중점을 두어 두 변수를 비교분석하는 통계기법을 간단히 설명하기로 한다. 척도별 변수의 비교에 의미가 있을 뿐 새로운 방법의 소개는 아니다.

4.1 두 등간변수의 분석

등간척도에 의해 측정된 변수를 비교하는 경우는 두 변수 중 하나가 독립변수이고 다른 하나가 종속변수일 때와, 독립변수와 종속변수를 구별하지 않는 두 측면으로 나뉜다.

첫째, 두 변수 중 하나가 독립변수이고 다른 하나가 종속변수인 경우에,

① 표준화된 단위(standardized units)를 써서 β로 만들어 F 검증을 할 수 있다.

② 표준화된 단위가 아닌 경우에도 동일하다.

둘째, 독립변수와 종속변수를 구별하지 않고 양자의 일치 여부만을 알고자 하는 경우에,

① Robinson's A 분석방법(급간의 상관관계를 알아내는 F 검증의 일종)을 쓴다.

② Krippendorff의 합일계수($\bar{r}$)를 쓴다.

등간변수끼리의 비교에서는 또한 몇 개의 변수가 이원화(dichotomous)되어 있느냐에 따라 분석기법이 달라진다.

① 이원화되지 않은 경우에 Pearson의 적률상관계수를 쓴다.

② 한 변수만 이원화된 경우에 Biserial r을 쓴다.

③ 두 변수가 모두 이원화된 경우에 Tetrachoric r을 쓴다.

4.2 두 서열변수의 분석

서열변수는 두 변수가 서로 대칭적(symmetric)이냐 또는 비대칭적(asymmetric)이냐에 따라 그 분석방법이 달라진다.

첫째, 대칭인 경우에 공변화(共變化, covariation)를 알려고 하면 배열된 카테고리의 순위를 등간척도로 취급하느냐의 여부에 따라 Spearman's rho(순위상관계수), Kendall's tau, Goodman and Kruskal's gamma 등을 쓴다.

둘째, 비대칭인 경우에는 Somer's d의 방법을 쓴다.

4.3 두 명목변수의 분석

명목척도로 측정된 변수는 2점척도(two point scale)이냐의 여부에 따라 경우가 달라진다.

첫째, 2점척도인 경우에는,

① McNemar 검증을 한다.

② Yule's Q와 Phi(ϕ) 검증을 한다.

둘째, 2점척도가 아닌 경우에는,

① 대칭관계일 때는 Cochran Q 검증을 하게 된다.

② 비대칭관계일 때는 Goodman 과 Kruskal's tau b(τ_b) 검증을 하게 된다. 또한 비대칭적 lambda(λ_A, λ_B)를 쓸 때도 있다.

명목변수에 있어서도 두 변수가 같은 분포를 그리고 있느냐의 여부에 따라 일치 여부를 검토할 때 쓸 수 있는 방법이 다르다. 즉, 같은 분포일 때는 Scott 계수(π)를 쓰고, 다른 분포일 때는 Cohen 계수(κ)를 쓴다. 마찬가지로 공변화를 따질 때는 분할계수(contingency coefficient: c), Cramer's V 및 lambda 등을 사용한다.

4.4 등간과 서열변수의 분석

두 변수를 측정하는 방법이 다르면 아무래도 분석방법을 적용하는 데 있어서 약간의 제약을 받는다. 따라서 한 변수가 등간척도에 의해 측정되었고, 또 다른 한 변수가 서열척도에 의해 측정되었다면, 이때의 분석방법은 Jaspen 계수이다.

4.5 등간과 명목변수의 분석

등간변수가 종속변수로 취급되느냐의 여부에 따라 우선 분석방법이 달라진다. 이때에는 긍정의 경우만을 가정해서 분석이 이루어진다. 단순히 두 변수의 관계만을 설명할 경우에는 Eta^2(η^2)을 쓰고, 두 변수의 관계를 평가하는 경우에는 Omega^2(ω^2)이나 Kelley's epsilon^2(ε^2)을 쓴다.

한편 명목변수가 2점척도이냐의 여부에 따라 다른 방법을 적용하게 되는데, 2점척도의 경우에는 Walsh 검증을 한다.

4.6 서열과 명목변수의 분석

서열변수가 종속변수이고, 명목변수가 2점척도에 따라 측정되면, 중위수 검증 · Mann-Whitney U 검증 및 Kolmogorov-Smirnov 두 표본검증 등을 하게 된다.

이상에서 소개한 여러 척도에 따른 변수간의 비교분석방법은 한 눈으로 보아 매우 복잡한 방법같지만 분산분석의 범주를 벗어나지 않는 간단한 내용이다. 구체적인 적용방법은 생략되었지만, 실제로 분석해 보면 쉽고 또한 매우 유용하다.

제 23 장

자료분석의 방법(Ⅱ): 고급통계분석
— 시계열·다변수·인과 분석

자료의 분석방법은 자료 자체의 성질·크기·수 및 분석의 목적에 따라 극히 다양하다. 자료의 성질은 척도에 따른 측정에 의해 어느 정도 특징지어지며 그 분석방법도 일정하지 않다는 점은 이미 앞에서 지적했다. 또 변수의 수에 따라 단순히 두 변수를 비교하는 분석방법이 있는가 하면, 변수의 수가 많아질 때 다변수분석(多變數分析, multivariate analysis)을 하게 된다. 또한 어떤 변수의 분석은 한 시점에서 여러 사례를 횡적 단면으로 보아 이루어지는 경우가 있는가 하면, 또 어떤 변수는 시차별 종적 단면에 따라 분석되기도 한다.

이처럼 다양한 변수의 분석방법은 사회과학의 연구에서 활용하는 통계기법이 고도로 세련되어 감에 따라 수준이 높아지고 동시에 어떤 의미에서 행태과학적 연구의 정곡을 파고드는 경지에 이른다고 하겠다. 따라서 이 장에서는 시차에 따른 변화를 측정할 수 있는 시계열분석·다변수분석·인과관계분석 등의 여러 방법을 설명하려 한다. 다변수분석(multivariate analysis)으로는 다상관(多相關)·편상관(偏相關)·중상관분석(重相關分析), 다회귀분석(多回歸分析)·요인분석(要因分析), 그리고 최소공간분석(最小空間分析)만을 소개하기로 한다. 이 밖에도 다변수분석(多變數分析)에는 단계회귀분석(段階回歸分析, stepwise regression analysis), 판별분석(判別分析, discriminant analysis), 집락분석(集落分析, cluster analysis) 등이 있으나 여기서는 생략한다.

1. 시계열분석

1.1 뜻

시계열분석(time-series analysis)은 어떤 변수의 변화율과 방향을 시간에 긍해서 측정함으로써 변화의 양상을 분석하고 미래의 경향을 예측하려는 하나의 분석방법이다. 많은 연구가 정태적(static) 분석방법으로 행해지고 사례가 횡적 단면(cross-sectional)으로 비교분석되는 데 반하여, 시계열분석은 동태적(dynamic)이고 종적 단면(longitudinal)으로 연구를 행하는 특성을 지닌다.

변화의 현상을 측정할 수 있는 이 시계열분석은 변화의 요소를 분리함으로써, 첫째, 보다 합리적인 행동(판단)을 할 수 있도록 현상에 대한 계량적이고 객관적인 평가를 제시하고, 둘째, 과거로부터 현재에 이르는 변화의 현상을 분석하여 보다 정확하게 장래를 예측할 수 있도록 해 준다. 이러한 목적에 입각하여 시계열분석이 사용되지만, 워낙 복잡한 분석기법이라 그 활용도가 높지 않다. 정치학 · 행정학 · 사회학분야에서는 그리 흔하게 사용되지 않으며, 경제학분야에서는 꽤 오래전부터 경기변동을 분석하기 위해 원용되었다. 그래서 시계열분석은 계량경제학자들에게는 보편적인 방법의 하나지만, 계량정치학자에게는 생소한 편이다. 어쨌든 복잡한 분석기법인만큼 분석력도 대단하다.

반드시 그렇지는 않지만 시계열분석을 위한 자료는 어떤 경향(trend)을 나타내고 있다는 것을 전제로 한다. 따라서 측정되는 변수의 시폭(時幅, time span)이 상당히 길어야 하는데, 그렇다고 해서 경향이 반드시 있는 것은 아니다. 예컨대 도시의 인구증가는 일정한 경향을 나타내겠지만, 한 국가에서 시민간의 갈등현상에는 일정한 경향성을 찾아 내기가 어려울 것이다. 그러나 장기간에 걸쳐서 불규칙하지만 변동상태를 추적하는 연구는 많이 행해졌다. 싱거(J. D. Singer) 와 스몰(M. Small)은 "Alliances and War" 연구에서 국제체계에서 발생하는 전쟁은 20년을 한 주기로 하여 나타난다는 것을 확인하였고, 소로킨(P. Sorokin)은 2,400년의 시폭을 두고 사회변동과 갈등이 아주 장기적 주기를 그리고 있다는 사실을 발견했다.

1.2 구 조

장기적 경향의 분석은 계속적 경향(secular trends: T)으로서 설명이 가능하고, 단기간의 변화를 알아볼 수 있는 것으로는 계절변동(seasonal variation: S), 순환변동(cyclical variation: C) 및 불규칙변동(irregular variation: I) 등이 있다. 이들 네 종류 혹은 구성요소의 본래의 열에 대한 관계(O)는 다음과 같이 표시될 수 있다고 야마네(Yamane)는 말한다.

$$O=T\times S\times C\times I$$

이것을 비례모형이라고 하는데, 이들 요소의 관계는 이것뿐만이 아니라 가법(加法)의 관계를 갖기도 한다. 시계열의 변동은 이와 같이 요소변동의 종합인데, 우리는 전체의 변동을 분석하기 위해서 몇 개의 요소를 고려하는 것이다. 이렇게 해서 계열변동(系列變動)의 전체구조를 이해할 수 있게 된다. 시계열분석은 시계열의 변동을 어떻게 해서 요소변동부분으로 분해하는가의 문제를 다루는 것이다. 이들 중 계절변동은 계량정치학자들의 관심권에서 벗어나고, 순환변동이 오히려 많은 주의를 환기시켜 준다. 각각을 나누어 좀더 설명하기로 한다.

(1) **계속변동** 계속변동(secular variation)은 경향변동 또는 추세변동이라고도 부른다. 장기간에 걸쳐 변화양상을 관찰해 보면 그 안에 연속성과 규칙성이 내재한다는 것을 전제로 해서 그것을 밝히려는 것이다. 모든 현상이 다 경향적 속성을 띠지는 않지만 장기간에 걸쳐 보면 일정한 양상을 띠는 경우가 많다.

(2) **계절변동** 계절변동(seasonal variation)은 매기간마다 규칙적으로 반복되는 정기적 연속(periodic series)의 일종이다. 예를 들면, 쌀의 생산량은 우리 나라의 경우 1년 중 가을에 큰 변동을 나타낸다. 백화점의 경기는 연말과 연초에 상한점에 이른다. 변동의 기간은 1년을 기준으로 삼을 수도 있고 월별 혹은 주별이 기준이 될 수도 있다.

변동의 원인에는 여러 가지가 있다. 기후 · 공휴일 · 정부의 회계제도 등 많은 요인이 작용하여 일정한 기간별 변동상태를 초래할 것이다.

요소분석을 할 때 계절변동을 우리의 계열자료에서 제거(deseasonalization)하는 것을 계절적 조정(seasonal adjustment)을 한다고 한다. 비례모형에서 계절적 조정을 하면 다음과 같게 된다.

$$\frac{T \times S \times C \times I}{S} = T \times C \times I$$

(3) 순환변동 　순환변동(cyclical variation)은 단기변동의 일종으로 일정한 주기 없이 상하반복하는 변동을 말한다. 경기변동이 대표적인 예이다. 시계열분석에서 순환변동과 불규칙변동은 특히 분리하지 않고 사용하며, 또 이를 직접 검출하는 적절한 방법도 마땅치 않다. 따라서 일반적으로 주어진 시계열의 변동에서 경향변동과 계절변동을 조정하고 남은 계열을 순환변동으로 생각한다. 그러나 이 안에는 불규칙변동도 남아 있으므로 정확히 순환변동만이 남아 있다고는 말하기 어렵다.

(4) 불규칙변동 　불규칙변동(irregular variation)은 위의 세 요소변동을 제외한 나머지 변동부분으로 잔여변동이라고도 부른다. 천재지변이라든가 새로운 기술의 발달과 같은 환경적 요인으로 현상의 변화를 초래하는 경우이다.

1.3 분석방법

시계열분석에서 우리가 관심을 갖는 부분은 말할 나위도 없이 변동의 경향성, 그 원인 또는 관계, 그리고 그 주위의 분산상태이다. 이것을 앎으로써 자료에 체계적 경향이 내재하는지의 여부를 판단할 수 있게 된다. 시계열의 분석방법은 변동의 구조에 따라 약간씩 다르다. 예컨대, 경향변동의 경향선을 측정하는 방법에는 월별평균법 · 이동평균법 · 연쇄지수법 등이 있다. 여기서는 요소변동별 구분에 따르지 않고 하나씩 설명하기로 한다. 첫번째 방법은 자료에 경향이 있는지를 확인하는 방법이고 그 다음의 방법들이 경향을 확인한 후 사용하는 기법이다.

(1) **연속상관관계** 연속상관관계(serial correlation)는 전형적인 방법이 아니고 자료에 체계적 경향이 있느냐의 여부를 결정하는 절차이다. 이 방법을 통해서 시계열에서 후속의 점수가 선행하는 점수에 의존하고 있는지의 여부와 있으면 어느 정도인지를 알 수 있다. 이 방법은 다만 직선경향(straight-line trends)만을 확인하는 데 도움이 될 뿐이다.

(2) **준평균법** 준평균법(method of semiaverage)은 시계열을 두 부분으로 나누고 각 부분의 평균치를 구한 각 부분의 중간점에 이들 평균치의 좌표를 정하여 두 좌표를 연결하는 경향선을 긋는 방법이다. 이것은 다만 개략적으로 경향을 추정할 때만 사용한다. 가상적 자료를 가지고 도해한 것이 〈표 4-23-1〉과 〈그림 4-23-1〉이다.

〈표 4-23-1〉 준평균법계산을 위한 가상적 자료

연 도	X	Y	
1990	0	5	
1991	1	8	25/3=8.3
1992	2	12	
1993	3	15	
1994	4	20	58/3=19.3
1995	5	23	

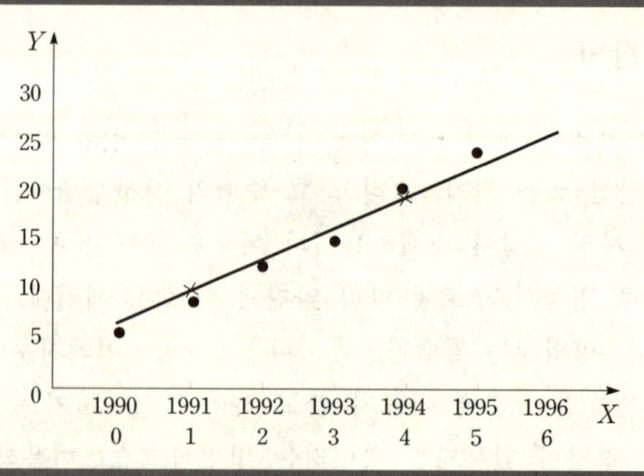

〈그림 4-23-1〉 준평균법의 그림 보기

(3) **최소 2승회귀분석법** 최소 2승회귀분석법(method of least square regression line)은 가장 널리 쓰이는 방법 중의 하나로서 회귀분석의 방법에 따라 계산한다. 도표분석으로 설명하면 자료가 시간에 걸쳐 그려지는데, X 축은 시간(t)이 되고 Y축은 시간에 따라 변하는 측정치를 표시한다. 〈그림 4-23-2〉는 최소 2승법에 의해 구하는 방식을 그림으로 설명한 것이다.

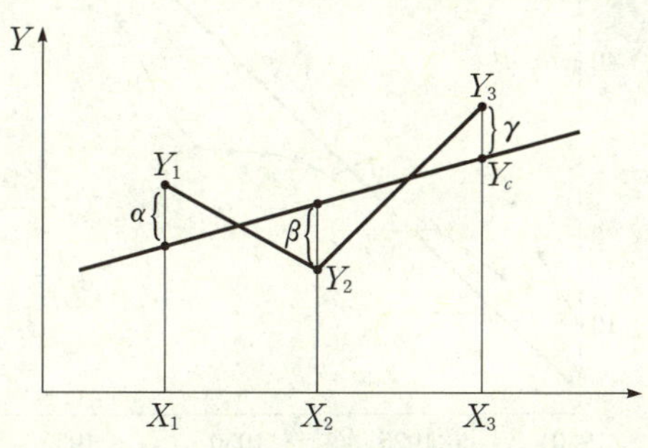

〈그림 4-23-2〉 최소 2승법에 의한 경향선의 계산 보기

최소 2승법은 위의 그림에서,

$$\alpha^2+\beta^2+\gamma^2=\text{최소}$$

인 경우이다. Y_c 회귀선을 구하는 방정식은 $Y_c=a+bX$이며 앞에서(제22장) 이미 설명한 바 있다.

회귀선분석의 한 가지 결점은 선형방정식(linear equation)이 실제적으로 불가능하고 상한이 없는 경향분석에는 적합치 않다는 점이다. 다음의 〈그림 4-23-3〉에 제시한 "Alliances and War"라는 연구의 결과를 예를 들어 설명하면, $\boldsymbol{\alpha}$의 값이 −76인데, 그렇다면 1900년(계산의 편의를 위해 각각의 t 점수에서 1900을 제했다)에 동맹을 맺은 국가는 −76%가 된다는 비현실적인 모순을 드러낸다.

(4) **이동평균법** 이동평균법(method of moving averages)은 시계열의 자료에 나타나는 순환적 변동(cyclical fluctuation)을 고르게(smooth out) 하는 방법으로서 자료에 있어서 직선이나 곡선의 전제에 구애를 받지 않는다.

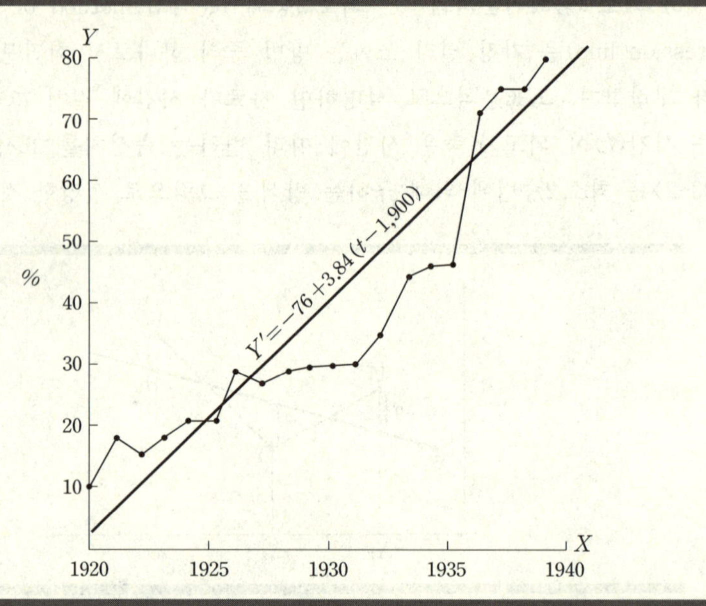

〈그림 4-23-3〉 **1920-39년간 동맹관계를 맺은 국가의 비율**(회귀선분석에 의한 것)

이것은 또한 상한이 없는 변동의 지수경향선(exponential trend line)을 설명하기에 알맞은 방법이기도 하다.

이동평균법은 대부분의 경우에 3년 또는 4년을 간격으로 해서 연속되는 두 기간의 평균치를 따로 계산하여 이 점을 연결함으로써 경향을 찾아 낸다.

〈표 4-23-2〉 **이동평균법 계산을 위한 자료**

연 도	판 매 고 (단위 백만불)	3 년 간 이동합계	3 년 간 이동평균
1947	3		
1948	4	15	5
1949	8	18	6
1950	6	21	7
1951	7	24	8
1952	11	27	9
1953	9	30	10
1954	10	33	11
1955	14	36	12
1956	12		

관찰수가 많을수록 변동이 줄어든다. 예를 들어 설명하면, 〈표 4-23-2〉는 10년 동안 상품의 판매고를 3년 간격으로 소계를 내고 이를 다시 평균하여 마

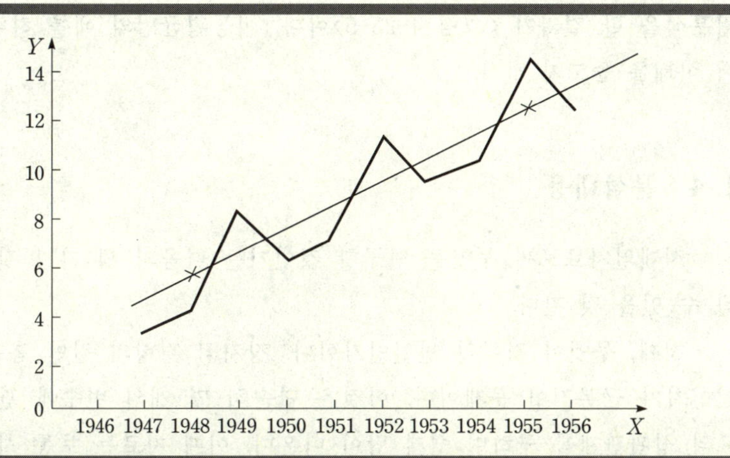

〈그림 4-23-4〉 이동평균법의 그림 보기

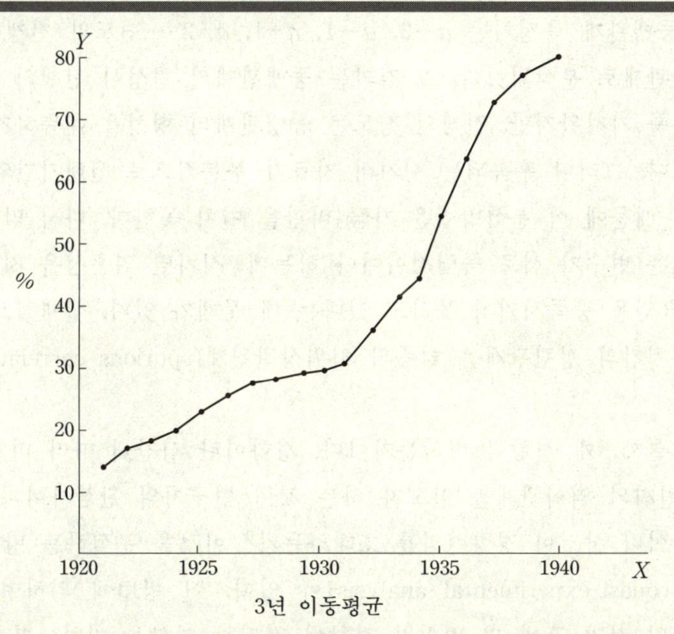

〈그림 4-23-5〉 1920-39년간 동맹관계를 맺은 국가의 비율(이동평균법에 의한 것)

지막 행에 수록했다. 이 표에 나타난 수치에 따라 도표분석을 한 것이 〈그림 4-23-4〉이다.

〈그림 4-23-3〉에서 제시된 것과 같은 자료를 써서 3년 간격의 이동평균법분석을 한 결과가 〈그림 4-23-5〉이다. 이동평균법의 예를 하나 더 추가하여 이해를 돕고자 한다.

1.4 분석내용

시계열자료로써 무엇을 연구할 것인가는 다음의 세 가지 질문으로 대신될 수 있을 것 같다.

첫째, 무엇이 경향의 원인인가이다. 장기적 경향의 원인 혹은 관계가 무엇인가가 근본적인 문제이다. 이것은 단순히 몇 개의 변수에 관한 시계열자료의 상관관계를 구하면 쉽게 답이 나온다. 이때 자료는 보통 시간적으로 지체(lagged)되어 있다. 즉, 상관되는 두 측정치간에 시차(time difference)가 도입된다는 뜻이다. "Alliances and War" 연구의 예를 다시 들면, X년도의 동맹관계 측정치는 $a-3$, $a-1$, $a+1$, $a+3$ ··· 년도의 전쟁관계 측정치와 상관관계로 분석되었다. 그 결과는 동맹관계의 형성이 전쟁의 정도에 지연된 효과를 가져왔지만, 전쟁의 정도는 동맹관계의 형성을 예측하지 않았다는 점이었다. 그러나 후속되는 시기의 자료가 부분적으로 선행기간의 점수에 의존하기 때문에 이 분석방법은 가끔 비판을 면치 못한다. 다시 말해서 상관관계분석은 변수가 서로 독립적이어야 하는데, 시차별 의존성을 지녔다는 사실이 이 요건을 충족시키지 못하고 있다는 데 문제가 있다. 실재적으로 두 시계열 측정치간의 상관관계는 일종의 허위상관관계(spurious correlation)일지도 모른다.

둘째, 왜 경향이 변하는가이다. 경향이란 시간에 따라 바뀌게 마련인데, 그 변화의 역학관계를 알고자 하는 것이 연구자의 관심사이다. 어떤 외부의 조건이나 사건이 경향변화를 초래하는가? 이것을 분석하는 방법에 준실험적분석(quasi-experimental analysis)이 있다. 이 방법에 의하면 급격한 외적 변화의 전과 후에 그 변화가 경향에 현저한 영향을 미쳤는가를 알 수 있다. 예를 들면, 1961년의 5.16혁명이 한국의 경제성장에 어떤 영향을 끼쳤는지

분석할 수 있다.

셋째, 무엇이 경향위주의 분산을 초래하는가이다. 가장 보편적인 질문인데, 방법은 시계열자료에서 경향성을 제거(detrend)하는 길이다. 다른 측정치에 관계되고 분석될 자료는 경향주변의 분산이다. 이 분산은 회귀선 주변의 잉여치(residuals)에 상응한다. 이것은 곧 각각의 관찰이 경향이나 최적선의 위 혹은 아래에 위치하는 정도를 표시해 주기도 한다. 경향성을 제거하는 방안은 시계열자료간에 개재되어 있는 상호의존성의 문제를 해결해 줄 수도 있다.

1.5 실 례

시계열분석의 실제적 연구를 두 가지 더 소개한다. 하나는 미국의 두 정당이 표방하는 정강을 약 1 세기 동안의 자료로 비교분석한 네이멘워스(Namenwirth)의 연구이고, 다른 하나는 한국과 베트남전에 대한 미국민의 태도를 분석한 뮐러(Mueller)의 연구이다. 오래된 자료이긴 하지만 이해에 도움이 된다.

정당의 정강을 분석한 연구는 1844년부터 1964년까지 120년 동안 미국의 민주당과 공화당이 선거에서 내세우는 당의 정강을 '번영'이란 측면에 초점을 맞추어 분석했다. 자료는 단어의 비율빈도를 계산한 것인데, 번영의 카테고리에는 '풍요'·'통화'·'가축'·'실업' 등 여러 의미가 내포되며, 이런 물질적 복지의 측면만 측정했다(내용분석과 관련되므로 제17장 참조). 이동평균법을 썼는데, 기간은 20년을 한 간격으로 잡았으며 그 사이에 다섯 번의 선거가 행해졌다. 이 연구에서는 연도보다 선거가 관찰기간이 된다. 다음의 〈그림 4-23-6〉은 위의 연구를 20년 간격으로 이동평균법에 의해 도해한 것이다. 점선이 민주당이고 실선이 공화당의 표지이다.

그림에서 볼 수 있는 바와 같이 두 정당이 물질적 복지에 간여한 양상은 장기간에 걸쳐서 증가되어 왔다. 이것을 선형회귀방정식에 따라 계산해 보면 대략 1860년 이후부터 민주당의 입장이 공화당의 입장을 앞지르기 시작하여 끝까지 지속되었다. 그렇지만 이 선형회귀분석으로는 양자의 관계가 정확히 나타나지 않는다. 〈그림 4-23-6〉을 보면 알 수 있듯이 상승경향이 계

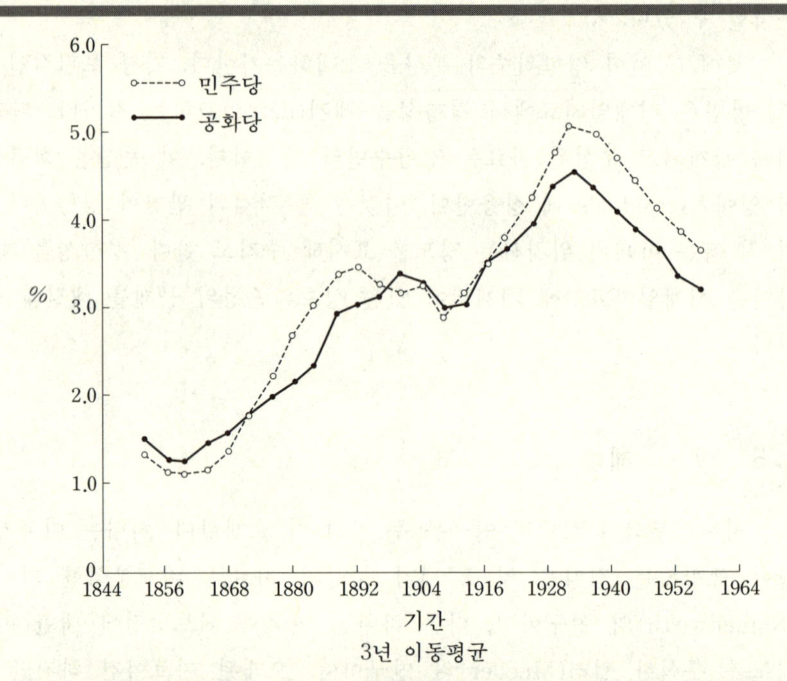

〈그림 4-23-6〉 1844-1964년간 미국 두 정당의 정강에 나타난 물질적 복지에 대한 입장

속적이 아니고 두 정점(peak)이 있고 또 골(trough)도 있다. 두 개의 정점은 경제적 사정과 직결되는 것 같다. 첫번째 정점은 19세기 후반에 나타나는데 공화당이 민주당에 비해 시기적으로 약간 처진다. 두 번째 정점은 1930년대의 불황과 일치한다. 이 시기 이후 양대정당의 입장은 계속해서 하강세를 보였다. 20년을 간격으로 한 평균치의 상관관계 r은 .98로 두 입장은 거의 동일한 것이었다고 하겠다.

일단 장기적 추세가 나타나면 다음에는 어떤 사회적 경향이 이 추세에 상응하는가를 알아보는 것이 중요하다. 〈그림 4-23-7〉은 1912-1956년간 실업률과 두 정당의 입장간의 상응관계를 표시한 것이다.

실업률에 관한 자료는 20년을 간격으로(즉, 1901-20, 1905-1924, …의 식으로) 이동평균치를 구했다. 실제로 1900년 이전의 실업에 관한 자료의 수집이 불가능해서 동일기간에 걸쳐 정강과 비교할 수 없었다. 어쨌든 두 정당의 입장과 실업과의 상관관계는 아주 높은 편으로 민주당정강과의 관계는 .94이고

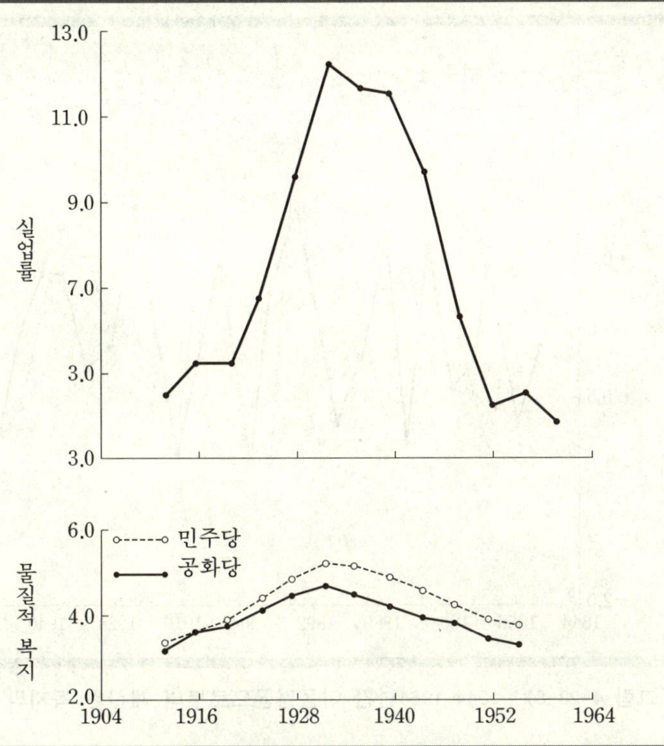

〈그림 4-23-7〉 **1912-1956년간 물질적 복지에 관한 정강과 실업률과의 관계**
(20년간의 이동평균법에 의함)

공화당정강과의 관계는 .91이었다. 다른 경제지표와의 관계도 보았지만 별로 높은 관계를 찾아볼 수 없었다. 기업도산율은 민주당의 정강과는 .08이고 공화당의 정강과는 .33이었다. 결과적으로 정당의 정강이 경제적 불안정의 어느 한 국면(실업)을 반영하고 있다는 사실을 알 수 있다.

분석의 다음 단계는 자료의 경향성을 제거(detrend)하고 단기간 변동의 상관관계를 검토했다. 이것을 결정하기 위하여는 선형회귀방정식의 잉여치를 계산하여 서로 비교하면 되지만, 장기간의 경향이 선형으로 나타나지 않기 때문에 이동평균법으로 단기변동을 측정할 수 있다. 이 경우에 잉여치는 각 정강의 복지점수를 5년선거기간의 이동평균치에서 제하여 계산한다. 잉여치를 도표분석한 것이 〈그림 4-23-8〉이다.

〈그림 4-23-8〉을 보면 단기로 잡아 1892년까지 두 정당의 입장은 반대

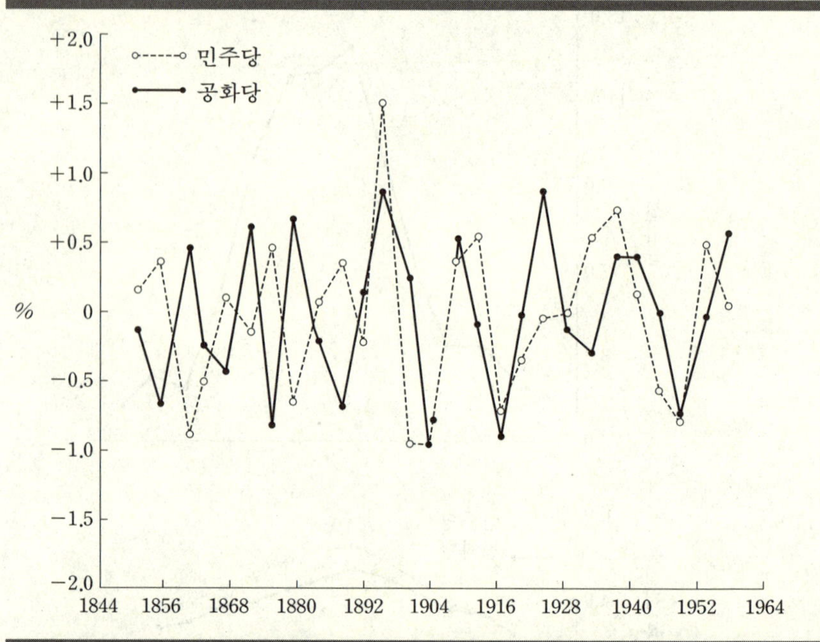

〈그림 4-23-8〉 1844-1964년간 이동평균으로부터 계산한 복지의 잉여치

방향으로 변했다. 그 이후에는 변화양상이 점차 비슷해졌다. 그 이유는 아마도 1890년대까지는 두 정당이 서로의 반응에 신경을 쓰며 경쟁을 했는데, 그 내면에는 정보의 결핍, 정치적 · 지역적 갈등으로 야기되는 양극화현상 때문이었을 것이다. 일단 국내문제가 해결되면 선거유세의 반응은 점차 외적 요인에 따르게 된다는 것이 네이멘워스(J. Namenwirth)의 결론이다.

제 2 차 세계대전 이후 비교적 오래 끈 전쟁으로서 한국전과 베트남전에 대한 미국국민의 지지도의 변화양상을 시계열분석에 의해 비교한 것이 뮐러(J. E. Mueller)의 연구이다. 우선 국민의 여론이 전쟁수행에 영향을 미친다는 전제에서, 첫째, 시간이 경과할수록 전쟁에 대한 지지도는 감소할 것이고, 둘째, 아니면 전쟁이 심각한 국면에 접어들수록 국민들은 정부의 홍보활동에 의해 긍정적인 태도를 갖게 되고 동시에 희생에 대한 보상심리 때문에 승전에의 집념이 강해져 지지도가 오히려 증가할지도 모르고, 셋째, 전쟁에 대한 지지도는 일정한 경향 없이 시시로 변할지도 모른다는 등 세 가지 가설을 세워 검증했다. 결론은 세 가설 중 어느 하나도 제대로 맞지 않았다.

분석방법은 우선 몇 개의 서로 다른 질문을 던져서 찬반의 의견과 이유를 물어 경향을 분석했고, 경향이 변한 특정시기를 외적 요인과 결부시켜 설명할 수 있도록 하였으며, 부상자수와 질문의 문항 중 하나를 변형시켜 지지도와 함께 회귀분석을 했다. 이 밖에도 분석에 사용한 변수는 더 있다.

질문은 한국전의 경우에, "미국의 참전결정이 잘못되었다고 생각하십니까?"(A), "중공군의 침략을 막기 위하여 미국이 군대를 파견한 것은 옳은 일입니까 또는 그른 일입니까?"(B), "현시점에서 보아 한국에서 전투할 가치가 있다고 생각하십니까?"(C), "돌이켜 보건대 한국에 파병했던 사실이 옳았었다고 지금 생각하십니까?"(D) 등이었다. 한편 베트남전의 경우에도 이와

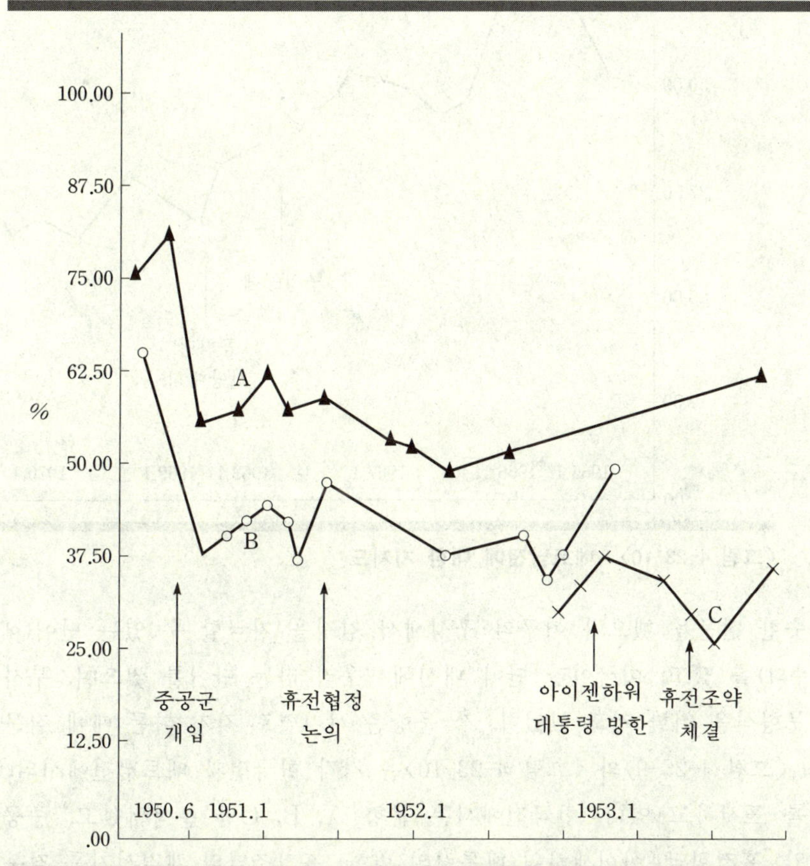

〈그림 4-23-9〉 한국전에 대한 지지도

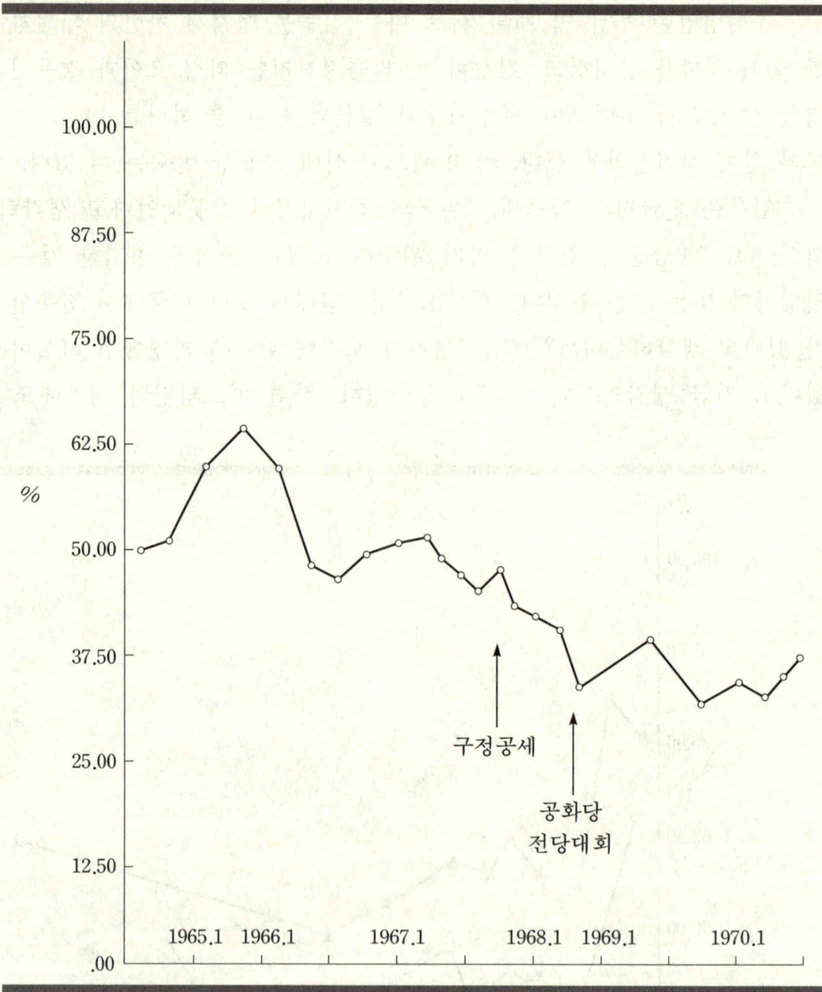

〈그림 4-23-10〉 **베트남전에 대한 지지도**

비슷한 질문을 했으나 어구의 구성에서 감정을 자극할 수 있는 단어(예: 공산주의)를 뺐고, 미국이란 단어 대신에 '우리'라는 단어를 썼으며, 투사법의 질문형식을 취한 것도 있었다. 각 문항은 시기별로 각기 다른 때에 질문되었다. 〈그림 4-23-9〉와 〈그림 4-23-10〉은 각각 한국전과 베트남전에서의 지지도를 표시하고 있다. 한국전에서는 문항 A, B, C만 분석되었고, 중공군의 개입, 휴전회담, 아이젠하워 대통령의 방한, 휴전조약의 체결시기를 결부시켰다. 베트남전에서는 A와 B문항을 합해서 하나의 지수로 만들어 분석했고,

구정공세와 공화당전당대회같은 외적 요인을 결부시켰다.

지지도의 경향이 변한 원인을 검토한 것 가운데에는 관련성이 없는 것도 있고 있는 것도 있었다. 예컨대 중공군이 개입했어도 지지도에는 영향이 없었고, 구정공세에 대해서는 민감한 반응을 보인 것 등이다. 보다 정확한 설명을 위해 부상자수(상용대수, 常用對數로 환산한 값)와 문항 B를 2분척도로 변형시킨 변수를 써서 지지도의 경향을 회귀분석했다. 두 변수의 설명력은 비교적 높은 편이며, 전체분산에서 회귀관계에 의해 설명되는 비율도 높다. 즉, 결정계수 R^2가 높다. 다음의 〈표 4-23-3〉은 이 회귀분석의 내역을 보여주고 있다.

〈표 4-23-3〉 지지도의 경향과 영향변수간의 회귀분석

		종속변수			
		지지비율(%)		반대비율(%)	
		한국전	베트남전	한국전	베트남전
평균(M)		51.4	44.2	36.2	43.4
표준편차(SD)		12.1	9.5	9.4	11.6
절편(a)		114.46	121.68	−16.12	−52.05
독립변수	부상자수 (상용대수)	−14.89 (2.38)	−15.76 (1.15)	12.02 (2.60)	19.43 (1.39)
	문항 B의 변형	15.49 (2.10)		−9.45 (2.30)	
측정의 표준오차		5.21	3.00	5.68	3.65
결정계수(R^2)		.83	.90	.67	.91

( )안의 숫자는 회귀계수의 표준오차이다.

방정식은 F검증을 통해 .01수준에서 유의성이 확인되었다.

2. 다변수분석: 편상관·다상관·다회귀·중회귀 분석

2.1 개 관

보통 분석에서 두 개 이상의 변수를 분석하게 될 때도 많다. 이렇게 둘 이상의 변수를 분석하는 것을 다변수분석(multivariate analysis)이라고 한다. 편상관 · 다상관 · 다회귀 · 중회귀 분석 등은 이 다변수분석의 유형이다. 다변수분석의 기법에는 이들 이외에도 더 있지만 유사한 특성의 것을 모아 여기서 설명하려는 것이다.

중변수분석을 할 때부터 우리는 두 변수의 상관관계에 다른 제 3 의 변수가 영향을 미치지 않을까 궁금해 한다. 이 제 3 의 변수는 본래의 두 관계를 줄일 수도 있고, 아니면 더 확대시킬 수도 있는 관계에 있을지 모른다. 이른바 이 통제변수(control variable)의 역할을 전혀 도외시할 수 없는 때가 많다. 또 하나의 종속변수에는 여러 개의 독립변수가 영향을 미칠 수 있다. 한 개의 독립변수보다 복수의 독립변수가 종속변수의 변화부분을 더 잘 설명해 줄 수 있다면 이것도 알아보아야 할 것이다. 한편 여러 변수의 변화가 동일차원에서 이루어지는지도 우리의 관심을 끈다.

이러한 우리의 관심을 해결해 줄 수 있는 기법은 여러 가지이다. 우선 2 도분산분석(two way analysis of variance)이 위에 있는 몇몇 의문에 답을 주지만 측정척도에 한계가 있고, 또 앞에서(제22장) 그 원리를 이미 설명했으므로 여기서는 약하기로 한다. 이 기법 이외에 수적 자료를 제약 없이 분석할 수 있는 보다 강력한 기법이 편상관 · 다상관 · 다회귀 · 중회귀분석 등이고, 동일차원의 변화 여부를 판단하는 기법이 요인분석이다. 요인분석은 다음 절에서 설명한다.

분석방법만 세련된 것일 뿐이지 그 원리는 이미 앞의 장(제22장)에서 설명했으므로 여기서는 다만 여러 기법의 개념을 간략하게 설명하고, 이어서 모두를 함께 설명할 수 있는 분석모형 · 실제의 예 등 그 밖의 몇 가지를 덧붙여 설명하기로 한다.

(1) **편상관관계**(partial correlation) 두 변수 X와 Y의 관계를 검토할 때 제 3의 변수 Z가 영향을 미칠 가능성이 있다고 볼 수 있다. 이때 Z의 영향을 통제해야 X와 Y의 관계를 정확히 알 수 있다. 즉, Z의 영향을 배제(partial out)하자는 뜻이다. 예를 들어, 교육(X)과 소득(Y)간의 상관관계를 검토했더니 전혀 뜻밖에도 낮은 관계임이 밝혀졌다. 자세히 검토한 결과, 조사대상자에는 흑인이 많았다. 따라서 인종(Z)이라는 제 3의 변수가 작용하여 원래의 관계를 왜곡시켰다고 판단할 수 있으므로 이 영향을 배제하여 교육과 소득간의 편상관관계를 보아야 한다. 편상관관계는 $r_{xy \cdot z}$로 표기하며, 위의

예를 기하학적으로 도해하면 〈그림 4-23-11〉과 같이 된다. 그림에서 인종변수는 평면과 직각으로 되어 있어 평면상의 나머지 변수관계에는 영향을 끼칠 수 없다는 뜻이 된다.

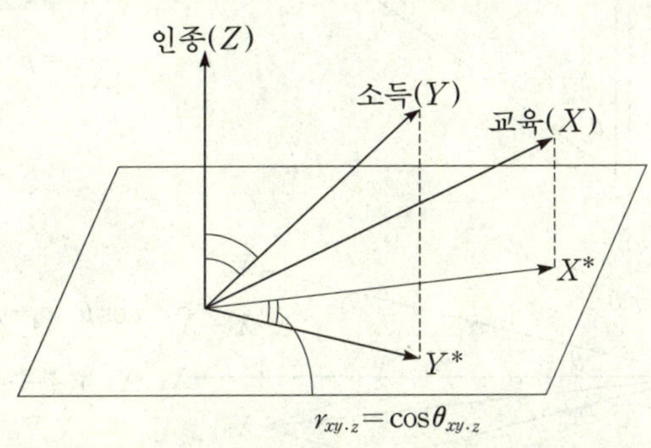

〈그림 4-23-11〉 **인종변수가 배제된 교육과 소득간의 편상관관계**

(2) **다상관관계**(multiple correlation) 종속변수 Y를 설명할 수 있는 두 독립변수 X와 Z가 있을 때 Y의 변화비율이 X와 Z에 의해 얼만큼 설명되는가를 알 수 있는 방법이다. 이 관계를 알게 해 주는 통계치가 다상관계수(multiple correlation coefficient: R)이며, 이의 자승이 다상관결정계수(coefficient of multiple determination: R^2)이다. 〈표 4-23-3〉에 분석되어 있으며 뒤에 나오는 실례를 참조하면 이해에 도움이 된다.

(3) **다회귀분석**(multiple regression analysis) 다상관관계의 결과를 요약하는 방법이다. 주어진 다상관결정계수에 대해 다회귀방정식을 결정하는데, 이 방정식에는 종속변수의 최적측정을 위해 각 독립측정치의 비율(기여도)이 어떠한가가 적시되어 있다. 다시 말해서 다회귀분석을 해서 두 개 이상의 독립변수가 종속변수의 변화를 설명하는 데 어느 정도의 상대적 중요성을 지니고 있는지를 알 수 있다. 〈그림 4-23-12〉에서 중변수와 다변수의 회귀관계를 기하학적으로 비교해 놓았다.

(4) **중회귀관계**(canonical regression) 앞의 다상관이나 다회귀분석에

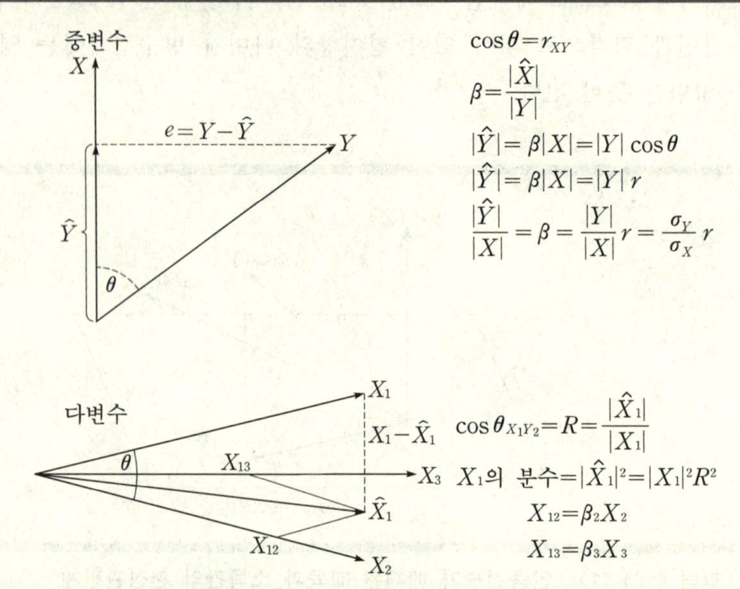

〈그림 4-23-12〉 중변수와 다변수의 회귀관계

서 취급할 수 있는 종속변수의 수는 독립변수가 복수인 데 반하여 하나로 제한되어 있다. 그러나 이론구성을 하다 보면 종속변수가 하나 이상이 될 경우가 생긴다. 중상관관계는 이런 상태를 분석할 수 있는 기법이다. 따라서 이 분석에 따르면 집단간의 유형비교가 가능하다. 동시에 각 변수의 중요비중을 비교할 수 있는 점이라든가, 직접 설명이 확연한 점 등은 이 분석방법의 이점이라고 하겠다. 다음에 중회귀분석을 이해하는 데 필요한 요점을 몇 가지 소개한다. 방정식은,

$$a_{11}y_1 + a_{12}y_2 + \cdots + a_{1p}y_p = b_{11}x_1 + b_{12}x_2 + \cdots + b_{1q}x_q + e_1$$
$$a_{21}y_1 + a_{22}y_2 + \cdots + a_{2p}y_p = b_{21}x_1 + b_{22}x_2 + \cdots + b_{2q}x_q + e_2$$
$$\cdots\cdots\cdots\cdots\cdots\cdots\cdots\cdots\cdots\cdots\cdots\cdots$$
$$\cdots\cdots\cdots\cdots\cdots\cdots\cdots\cdots\cdots\cdots\cdots\cdots$$
$$a_{p1}y_1 + a_{p2}y_2 + \cdots + a_{pp}y_p = b_{p1}x_1 + b_{p2}x_2 + \cdots + b_{pq}x_q + e_p$$

여기서 a와 b는 회귀계수이고, e는 잉여치(residual)이다. 이 분석은 또한 상관관계 행렬식을 네 개로 나누어 계산하게 되는데,

$$\left(\begin{array}{c|c} R_{11} & R_{12} \\ \hline R_{21} & R_{22} \end{array}\right)$$

여기서 R_{11}은 독립변수간의 상관관계를, R_{22}는 종속변수간의 상관관계를, R_{12}는 독립변수와 종속변수와의 상관관계를 뜻하고, R_{21}은 R_{12}를 전도(transpose)시킨 행렬식이다. 또한 중회귀상관계수와 회귀계수는 다음과 같이 산출된다.

$$(R_{22}{}^{-1}R_{21}R_{11}{}^{-1}-\lambda_i I)b_i=0$$

$$a_i=(R_{12}{}^{-1}R_{12}b_i)/\sqrt{\lambda_i}$$

여기서 a와 b는 중회귀계수의 벡터(vector)를 뜻하고, λ는 i번째의 관계에 의해서 설명되는 변수의 비율을 측정하는 중회귀상관계수를 자승한 것이다. 끝으로 전체 중회귀상관계수는 다음 공식에 의하여 산출된다.

$$\overline{r}^2=\frac{1}{p}\sum_{j=1}^{p} r^2{}_j$$

이때 p는 종속변수의 수를, r_j는 j번째의 상관계수를 의미한다.

〈표 4-23-4〉 사회 · 경제적 성장의 예측치로서의 정치 · 행정발전

중 회 귀 분 석 등 식	
제 1 등식: 최대상관계수=.85	
〈예 측 치〉	〈기 준 치〉
의원의 임기(.16), 정당의 존속도(.63), 정당수(.31), 지배정당(.15), 도의원(−.04), 직위분류제(.12)	에너지 소비량(.20), 소득비수출(.80), 라디오 수(−.52)
제 2 등식: 최대상관계수=.64	
〈예 측 치〉	〈기 준 치〉
의원의 임기(.57), 정당의 존속도(−.17), 정당수(.11), 지배정당(.07), 도의원(.09), 직위분류제(.71)	에너지 소비량(−.78), 소득비수출(−.18), 라디오 수(.54)
제 3 등식: 최대상관계수=.53	

( )안의 수치는 중회귀계수이다. 각 등식에 따라 이들의 비중이 달라진다. 최대상관계수는 등식에 따라 순차적으로 감소되는 점을 주의해야 한다.

저자가 한 연구 가운데 정치발전과 행정발전, 그리고 사회경제적 성장의 변화양상을 견주어 보기 위해 이 중회귀분석을 쓴 예가 있다. 정치발전이 행정발전에 앞서는 국가군과 반대되는 국가군 등 두 집단을 비교해 보았는데, 여기서는 첫번 국가군의 경우만을 표로써 제시한다(표 4-23-4).

2.2 분석모형

다회귀분석모형을 중심으로 설명하겠지만 이에 관하여는 이미 앞의 장(제22장)에서 대략 설명했다. 회귀분석은 자료에 대한 최적선의 방정식을 찾아내는 방법이다. 적률상관계수(積率相關係數)는 이 선이 자료에 얼마나 잘 맞아 들어가는냐를 알 수 있는 측정치이다. 변수 X로부터 변수 Y를 예측할 때 예측되는 $\hat{Y}$의 값이 실제 Y의 값과 달리 변한다. 이 차이를 잉여라고 하는 것도 이미 설명했다.

다상관분석으로 행해지는 것은 우선 X와 Y를 연결하고, 다음에 X에 회귀된 Y의 잉여치를 결정하는 일이다. 이 절차는 보태고 싶은 독립변수의 수만큼 반복된다. 잉여치는 매단계마다 결정되고 다음 측정치와 연결된다.

편상관관계도 잉여치의 분석으로 설명될 수 있다. Z가 통제되어야 할 변수라고 할 때, 첫째 Z를 종속변수 Y와 상관시킨다. 이 단계에서 설명되는 Y의 변량은 무시되어야 하는데, 그 이유는 부적합한 Z와 연결되어 있기 때문이다. Y 잉여치가 바로 설명하고 싶은 대상이기 때문에 Y 잉여치를 독립변수 X와 상관시킨다. 이 X와 Y 잉여치와의 상관관계가 편상관관계이다. 이 절차 역시 독립변수의 수만큼 반복된다.

셋 이상의 변수로 다상관관계를 구할 때마다 각 독립변수에 대한 편상관 r을 계산할 수 있다. 이 r은 다른 변수가 고정됐을 때의 어느 특정측정치에 의해 설명되는 변화를 대표한다. 지금 네 개의 독립변수와 한 개의 종속변수가 있다고 할 때, 종속변수(1)의 잉여치와 상관되는 한 독립변수(2)에 대한 r은 $r_{12.345}$로 쓰게 된다. r은 $Y=a+bX$의 형태를 띠고 있는 회귀방정식의 요약분이다. 다회귀방정식의 일반형은,

$$\hat{Y}=a+b_1(X_1)+b_2(X_2)+\cdots+b_n(X_n)$$

각 방정식에서 상수 a는 하나이고 회귀계수 b는 각 독립변수마다 있다. 실제로 다회귀방정식을 도표분석하기는 어렵다. 왜냐하면 독립변수의 수만큼 차원이 있어야 하기 때문이다. 즉, 다차원공간에 그리는 도리밖에 없다.

회귀분석을 일반선형모델로 표시하면 아래와 같다.

$$Y_{n\times1}=X_{n\times m}B_{m\times1}+U_{n\times1}$$

여기서 $E(U_{n\times1})=0$이고 $E(U_{n\times1}\times U'_{1\times n})=\sigma_u^2 I_{n\times n}$이다. 최소 2승법에 의해 $\hat{B}$를 구할 수 있다. 절차를 약하고 표기하면,

$$\hat{B}=(X'X)^{-1}X'Y$$

회귀방정식이 이렇게 행렬식으로 표시될 수 있음을 알게 된다. R^2도 이런 식으로 하여 다음과 같이 표시된다.

$$R^2=\frac{\hat{B}'X'Y}{Y'Y}$$

2.3 실 례

시민소요의 원인을 조사한 연구를 예로 들어 앞의 분석기법을 모두 활용해 보기로 한다. 38개의 민주주의국가에서 발생한 소요의 규모를 '불만'·'정당화' 및 '사회적 균형' 등의 세 독립변수와 연결시켜 그 관계를 검토하였다. 〈표 4-23-5〉는 네 측정치의 상관관계행렬식이다.

이론적으로 말하면 사회적 균형은 실재적으로 소요에 대한 불만의 결과에 영향을 준다고 할 수 있다. 통계적으로 말하면 소요와 불만의 상관관계는

〈표 4-23-5〉 38개 민주주의국가의 시민소요에 관한 네 변수의 상관관계행렬식

	불 만	정당화	사회적 균형	소 요
불 만	1.00			
정 당 화	.46	1.00		
사회적 균형	−.65	−.66	1.00	
소 요	.54	.65	−.63	1.00

사회적 균형을 통제할 때 훨씬 낮아질 것이다.

편상관관계공식에 따라 이들 관계를 계산하면 아래와 같다.

$$r_{13.2}=\frac{r_{13}-r_{12}r_{32}}{\sqrt{1-r_{12}^2}\ \sqrt{1-r_{32}^2}}$$

$$=\frac{.539-(-.654)(-.625)}{\sqrt{1-(-.654)^2}\ \sqrt{1-(-.625)^2}}=\frac{.130}{.590}=.22$$

원래 두 변수, 즉 불만과 소요의 상관관계는 .54인데, 통제를 하니까 .22가 된 것을 알 수 있다. 이 상관계수를 자승한 값이 결정계수가 되며, 전자의 경우에 불만은 소요의 변화부분을 29%, 후자의 경우에는 5%만큼 설명한다.

소요의 규모가 변하는 것을 예측하기 위해 세 독립변수를 써서 회귀방정식을 구하면 아래와 같다. 괄호 안의 숫자는 편상관계수이다.

$$\text{소요의 규모}=-.574+\underset{(.22)}{.0029(\text{불만})}+\underset{(.40)}{.2238(\text{정당화})}-\underset{(-.20)}{.0204(\text{균형})}$$

방정식에서 R은 .716이고 R^2은 .51이다.

2.4 독립변수의 상대적 비중

위에 든 방정식을 가지고 각 나라의 해당 변수를 적용시켜 봄으로써 우리는 어느 정도 소요의 규모를 예측할 수 있게 된다. 각 변수의 값과 각 변수의 계수를 곱해서 .574를 빼면 소요의 최적치가 나온다. 이렇게 해서 구한 예측치는 실제치와 약 .72만큼 상관관계를 맺고 있다.

그러면 이 가운데에서 어떤 변수가 가장 중요한 비중을 갖고 있는가를 알아볼 필요가 있다. 다회귀방정식에서 가장 중요한 이론적 측면이 바로 이 부분이다. '중요성'이라는 것은 상이한 각도에서 보아 다른 것을 의미할 수 있다. 그러므로 어떤 사람은 소요의 규모를 줄이기 위해 가장 중요한 변수로서 '균형'을 생각할 것이다. 왜냐하면 심리적이거나 문화심리적 변수보다 조작이 가능하기 때문이다. 그러나 조작보다 예측에 더 관심이 있는 사람은 소요에서의 '얼마나 많은 분산'이 설명될 수 있느냐를 알고 싶어할 것이다. 편상관계수를 알면 이 해답은 쉽게 구할 수 있다. 이럴 경우에는 '정당화'가 가장 중요한 변수라고 판단된다. 또 한편에서는 '얼마만큼 많은 변화'를 낳았느냐에 따라 변수의 중요도가 달라진다고 본다. 이것은 회귀선의 기울기에 주는 상대적 효과로 고려될 수 있다. 이것은 편상관계수(r)나 회귀계수(b)로 직접 알기 어렵다. 상대적 변화의 정도를 측정하는 측정치를 베타 비중(β)이라고 한다. b를 표준화하면 이 값을 얻는다. 왜 표준화할 필요성이 있느냐 하면 각 변수의 측정단위가 서로 다르기 때문에 직접 비교의 의미가 희석되기 때문이다. 각 변수를 표준화시켜 β로 환산한 위의 방정식은,

$$소요의\ 규모 = -.574 + .207(불만) + .402(정당화) - .226(균형)$$

이 방정식에서 보면 β계수가 편상관계수와 너무 흡사한 것 같다. 그러나 항상 그렇지는 않다. 두 개념은 별개의 것으로서, 편상관은 다른 변수가 할 수 있는 모든 것을 설명한 연후에 하나의 독립변수에 의해 설명되는 변화의 양에 관한 측정치이고, 표준화계수는 다른 변수를 통제해 놓고 독립변수 중 하나의 표준화된 변수의 변화에 의해 종속변수가 얼만큼 많이 변하는가를 가리켜 준다. 오늘날 회귀계수(b), 표준화회귀계수(β) 및 편상관계수(r) 등이 잘못 쓰이는 때가 간혹 있다. 따라서 상대적 중요도를 가늠할 때에는 이들 중 어떤 측정치를 사용할 것인지 신중히 검토해야 한다.

일반적으로 폐쇄적 모집단에서 관계를 기술할 때 어느 변수끼리 가장 밀접한 관계가 있는지, 또 그 관계가 어떤지 등을 알려면 r와 β를 쓰고, 모집단을 비교하거나 일반법칙을 발견하려면 비표준화된 b를 써야 한다.

끝으로 회귀방정식에서 각 계수의 유의성을 평가하기 위한 검증이 필요하다. R과 r은 F검증(제22장)으로 평가가 가능하고, b와 β는 t검증(제22장)으로 평가된다.

3. 요인분석

3.1 뜻과 쓰임새

요인분석(factor analysis)은 현상 속에 내재해 있는 규칙성(regularity)

과 질서(order)를 찾아 낼 수 있는 분석방법으로서 자료의 내용에 구애됨이 없이 분석할 수 있는 가장 보편적인 과학적 방법이다.

어떤 현상이 시간과 공간에 따라 발생하면 거기에는 일정한 유형(pattern)이 있다. 이 유형은 서로 독립되어 존재하는 것이 원칙이지만, 성질에 따라 서로 복잡하게 얽혀 있다. 요인분석은 바로 수없이 많은 현상의 요소들을 특이한 유형으로 구분함으로써 명백하고 간결한 사실적 연속(fact-linkages)를 구성하여 준다.

이러한 기능을 가지고 있는 요인분석은 이론을 사회현상에 연결시키는 이론적이고 경험적 기법으로서 무한한 분석의 가능성을 지니고 있기 때문에 그 잠재력은 사회과학의 이론적 발전을 기약하고도 남음이 있다. 그래서 금세기 이후 다회귀분석모형과 더불어 요인분석은 물리학에서 미·적분이 그랬던 것과 마찬가지로 심오하고 원대한 과학적 혁명을 사회과학에서 선도하리라고 생각된다.

그러한 요인분석은 다차원의 공간에서 현상의 여러 요소를 분석하는 기법이기 때문에 그 원리는 비록 상관과 회귀분석의 그것에서 벗어나지 않는다고 하더라도 꽤 복잡하고 난해한 방법이다. 모형이 다양하고 분석기법도 여러 종류인 것이 이 방법의 특징이기도 하다.

과학적 방법의 첨병처럼 평가되는 것이 이 요인분석이긴 해도 그 자체 지나친 계량일변도의 조작 때문에 변수의 속성이 존중되지 않는다는 비판이 있다. 이것은 경중은 있지만 계량분석방법의 전체에 대한 비난이므로 여기서 재론할 필요는 없다.

그러나, 여하튼 요인분석은 아래에 열거하는 바와 같은 쓰임새로 사회과학분야의 계량적 연구에 새로운 유행을 불러일으키고 있는 것이 사실이라고 럼멜(R. Rummel)은 말한다.

첫째, 요인분석은 변수간의 상호의존성(interdependency)과 유형기술(pattern delineation)에 사용된다.

둘째, 요인분석은 수많은 정보를 간소화(parsimony)하고 축소(reduction)시킨다.

셋째, 요인분석은 어떤 영역의 기본구조(basic structure)를 발견하는 데 사용된다.

넷째, 요인분석은 경험적 유형(typology)을 개발하기 위해 현상을 분류(classification)하고 기술(description)한다.

다섯째, 요인분석은 현상의 특성을 독자적 변화의 정도로 나누어 줌으로써 척도구성(scaling)을 가능케 한다.

여섯째, 요인분석으로 가설의 검증(hypothesis testing)이 가능하다.

일곱째, 요인분석을 통해 자료를 다른 기법의 전제에 맞게 전환(data transformation)시킬 수 있다.

여덟째, 요인분석을 하면 현상에 내재한 미지의 영역을 탐색(exploration)해 낼 수 있다.

아홉째, 요인분석은 중요한 경험적 개념과 변화의 근원을 체계적으로 그려 준다(mapping).

열째, 요인분석의 기하 및 대수구조로부터 이론과 모델의 분석틀이 정립된다.

아직 분석기법에 관한 자세한 설명은 안 했지만, 위에 설명한 요인분석이 실제로 어떻게 쓰였는지를 우선 알아보기 위해 한 가지 예를 제시한다. 앞 절에서 중회귀분석의 예로 소개했던 자료(표 4-23-4)는 기실 그보다 많은 변수를 줄여서(reduction) 차원을 발견하고, 그 가운데에서 주요변수(marker variables)를 찾아 내어 별도의 분석을 행한 것이다. 그러니까 중회귀분석에 앞서 요인분석을 했다는 뜻이다. 〈표 4-23-6〉은 30개의 변수를 특정치(Eigenvalue: 제21장) 1.00을 기준으로 하여 직각회전(直角回轉, orthogonal rotation)시켜서 9개의 차원을 발견한 것이고, 〈표 4-23-7〉도 저자의 연구로서 이 9개의 차원 가운데서 요인부하치(要因負荷値, factor loading)가 가장 큰 변수와 그 값을 제시한 것이다.

여러 가지 사정으로 우리 나라에서는 요인분석을 그리 많이 활용하고 있지 못한 실정이지만, 위의 연구 이외에도 국내연구가 몇 개 있다. 한국의 정치학자들이 연구활동을 하는 가운데 누가 누구를 자주 인용하느냐에 따라 일종의 커뮤니케이션 유형을 요인분석으로 밝힌 최창윤·신명순의 연구가 있으며, 한국관료조직을 대상으로 조직적 신축성에 관한 연구를 요인부하치의 행의 분산을 가지고 검토하는 varimax 회전방법으로 이종범이 한 것이 있다.

〈표 4-23-6〉 정치 · 행정발전과 사회경제적 성장변수의 요인분석

	요인번호	1	2	3	4	5	6	7	8	9
	elgenvalue	3.825	3.713	2.930	2.114	3.073	2.544	1.960	1.723	2.585
변 수 이 름	커뮤날리티 요 인									
집단의 반대도	0.807	0.590	−0.246	−0.129	−0.019	0.550	−0.044	−0.091	0.098	0.242
투표율	0.852	0.459	0.057	−0.589	−0.010	0.231	0.016	0.020	−0.169	−0.456
헌정	0.715	0.306	−0.733	−0.228	−0.025	−0.093	0.010	0.136	−0.030	−0.053
국회의원의 임기	0.753	−0.068	0.081	0.094	−0.216	0.094	0.783	−0.098	−0.117	−0.203
의회의 구성방법	0.777	−0.264	0.466	0.288	−0.128	−0.254	0.526	−0.055	−0.111	0.183
정당의 존속도	0.716	0.001	−0.788	−0.242	−0.024	0.143	−0.043	−0.013	0.045	−0.108
의회내의 정당수	0.869	0.153	0.019	−0.235	−0.019	0.851	0.005	0.117	0.129	−0.185
의원의 수	0.811	0.160	−0.358	−0.055	−0.061	0.789	−0.128	−0.042	0.096	0.027
의회를 지배한 정당	0.804	0.255	−0.151	0.098	−0.130	0.320	−0.231	0.012	−0.015	−0.731
정치엘리트의 채용기준	0.906	−0.023	0.402	0.217	0.017	0.087	−0.098	−0.821	0.043	0.067
의회의 기능적 효율성	0.912	0.459	0.061	−0.150	−0.010	0.727	0.022	0.001	0.060	−0.376
헌법정지	0.881	0.220	−0.716	0.257	−0.079	0.130	−0.212	0.155	0.069	−0.396
자주행정	0.888	0.603	−0.238	−0.103	−0.001	0.219	0.080	0.012	0.405	−0.490
지사	0.887	0.476	0.136	−0.725	−0.031	0.262	−0.042	0.030	0.134	−0.164
도의원	0.840	0.044	−0.103	−0.103	−0.054	0.197	−0.108	0.046	0.867	−0.096
언론의 제약	0.759	0.073	0.398	−0.109	0.363	−0.076	0.492	0.307	0.249	0.216
의회의 인준	0.844	−0.324	0.256	0.177	0.220	−0.160	0.624	−0.347	−0.069	0.234
복지예산비율	0.765	−0.160	−0.548	0.036	−0.049	0.410	−0.101	0.184	0.413	−0.231
각료의 수	0.902	0.197	−0.325	−0.325	−0.051	−0.039	−0.065	0.170	0.358	−0.698
지방구역 수	0.704	−0.127	−0.228	−0.592	−0.090	0.346	−0.286	0.272	0.041	0.015
직위분류제	0.779	−0.015	−0.020	−0.078	−0.113	−0.120	0.196	−0.834	−0.098	0.046
경제개발계획	0.716	−0.029	−0.181	−0.547	−0.043	0.053	0.232	−0.300	−0.273	0.400
실적주의	0.819	0.772	0.014	0.031	−0.050	0.118	−0.117	−0.058	0.261	−0.347
세금의 대예산비율	0.770	0.135	−0.690	0.191	−0.078	0.150	−0.338	0.105	0.129	0.262
문맹률	0.748	0.656	−0.298	−0.354	−0.064	0.236	−0.059	0.172	−0.051	0.083
라디오수	0.830	0.375	−0.154	−0.751	−0.035	0.029	−0.113	0.054	0.289	0.004
신문발행부수	0.947	0.851	−0.200	−0.261	−0.039	0.134	−0.043	0.041	−0.241	−0.181
국내총생산	0.603	0.057	0.030	−0.029	0.099	−0.061	0.735	0.004	−0.022	0.211
소득비에너지소비량	0.944	0.051	0.010	−0.010	0.960	−0.009	−0.005	0.125	0.002	0.067
소득비수출	0.920	0.160	−0.082	−0.110	−0.929	0.055	−0.011	0.049	0.077	−0.013

〈표 4-23-7〉 30개의 변수를 직각회전시켜 구한 요인과 각 요인별 주요변수

	회전요인								
	S_1	S_2	S_3	S_4	S_5	S_6	S_7	S_8	S_9
소득비수출	.85								
정당의 존속도		−.78							
소득비에너지소모량			−.75						
라디오수				.96					
의회내정당수					.85				
의원의 임기						.78			
직위분류제							−.83		
도의원								.86	
의회를 지지하는 정당									−.73

3.2 꼴

요인모형(factor model)에는 여러 가지 종류가 있다. 반드시 일치된 것은 아니지만, 첫째, 공동요인분석(common factor analysis)은 일련의 변수 중에서 공통으로 변하는 유형만을 분석하는 방법으로 요인분석 중 가장 널리 쓰이고 특히 심리학분야의 전유물이 되다시피 되었다. 둘째, 요소요인분석(component factor analysis)은 공통과 특수를 구별하지 않고 변수 모두의 변화(variation)를 유형화하는 방법이다. 셋째, 이미지 분석(image analysis)은 공동요인분석과 동일하나, 다만 좀더 훌륭한 수학적 속성을 지닌 방법이다. 넷째, 캐노니칼 분석(canonical analysis)은 최적추정이라고 생각되는 사례의 표본(sample of cases)을 위한 공동요인을 찾아 내는 방법으로서, 유의성검증을 할 수 있다. 다섯째, 알파 분석(alpha analysis)은 최적추정이라고 생각되는 변수의 표본(sample of variables)을 위한 공동요인을 찾아 내는 방법이다.

여기서 위의 모든 모델을 설명할 수는 없고 이들을 기하학적 모델과 대수적 모델로 나누어 약술하기로 한다.

(1) 기하학적 모델 기하학적 모델(geometric model)은 요인분석을 도식으로 바꾸어 좌표상에 그려 보이는 방법이다. 이 분석은 다른 전통적인 다변수분석과는 달리 다차원공간에서의 분석을 가능케 해 주는 이점을 지닌다.

〈표 4-23-8〉 **국가별 국력에 관계되는 변수의 자료표**(1955)

국가명	1인당 국민소득($)	무역량 (백만불)	국력 순위	안정성	집단 반대의 자유도	국제적 갈등	유엔에서 미국과 동조	국방예산 (백만불)	국민 총생산비 국방예산	국제법의 수용도
Brazil	91	2,729	7	0	2	0	69.1	148	2.8	0
Burma	51	407	4	0	1	0	−9.5	74	6.9	0
China	58	349	11	0	0	1	−41.7	3,054	8.7	0
Cuba	359	1,169	3	0	1	0	64.3	53	2.4	0
Egypt	134	923	5	1	1	1	−15.4	158	6.0	1
India	70	2,689	10	0	2	0	−28.6	410	1.9	1
Indonesia	129	1,601	8	0	1	0	−21.4	267	6.7	0
Israel	515	415	2	1	2	1	42.9	33	2.7	1
Jordan	70	83	1	0	1	1	8.3	29	25.7	0
Netherlands	707	5,395	6	1	2	0	52.3	468	6.1	1
Poland	468	1,852	9	0	0	1	−41.7	220	1.5	0
USSR	749	6,530	13	1	0	1	−41.1	34,000	20.4	0
UK	998	18,677	12	1	2	1	69.0	3,934	7.8	0
US	2,334	26,836	14	1	2	1	100.0	40,641	12.2	1

설명을 위해 우선 자료를 〈표 4-23-8〉에 제시한다.

〈표 4-23-8〉에 제시되어 있는 국가는 기하학적 공간의 좌표라고 생각할 수 있다. US, UK 그리고 USSR을 3차원의 공간에 그린 것이 다음의 〈그림 4-23-13〉이다. 14개 국가를 이런 방식으로 다차원공간에 그릴 수 있을 것이다. 국가별 변수는 공간상의 하나의 점으로 표시될 수 있다. 1인당 국민소득과 무역량이 좌표에 표시되어 있다. 또한 우리는 원점으로부터 각 점에 직선을 그릴 수 있는데, 이것은 벡터 $\boldsymbol{r}$로 표시한 셈이 된다(제21장). 벡터간의 각도는 두 변수간의 상관관계를 말해 준다. 각도가 작을수록 두 변수간의 관계는 깊고 둔각(鈍角)은 부정적 관계를 말해 주고 180°는 역의 관계를 뜻한다.

벡터개념으로 표시한 것이 〈그림 4-23-14〉이다.

더 나아가 〈표 4-23-8〉에 있는 변수 10개를 모두 14차원의 공간에 표시할 수 있을 것이며, 벡터의 위치에 따라 변수간의 관계가 분명해질 것이다. 그래서 몇몇 변수끼리 하나의 집락(cluster)을 형성할 때가 있다. 이 집락이 관계의 유형(pattern)이 된다. 〈그림 4-23-15(a)〉, 〈그림 4-23-15(b)〉는 이 관계를 표시하고 있고, 한편 각 변수(vector 점)가 어떤 축(factor axes)에

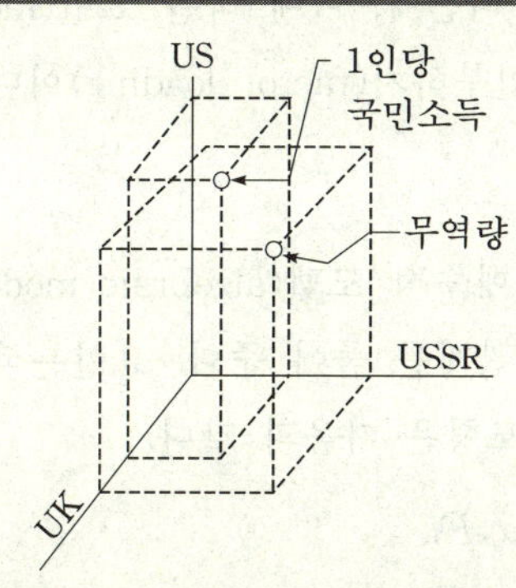

〈그림 4-23-13〉 3차원공간에 표시된 세 나라와 두 변수

〈그림 4-23-14〉 벡터로 표시된 세 나라와 두 변수

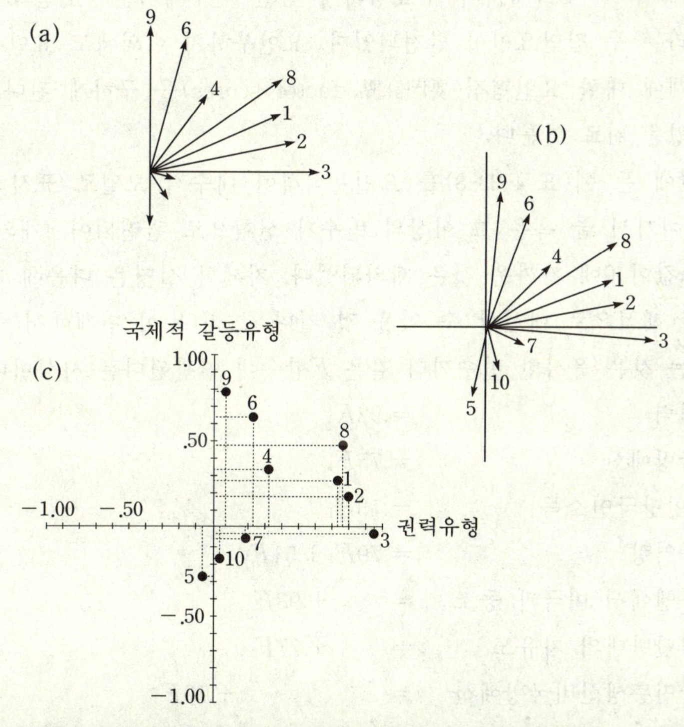

〈그림 4-23-15〉 (a) 14개 차원의 공간에 투사된 10개의 변수
(b) 벡터의 각 집락을 통과하여 투사된 축
(c) 실제의 요인축과 요인부하치

투사되어 그 위에 제각기 값을 가지게 되는데, 이때 축은 요인(factor) 또는 차원(dimensions)이며 축상의 값이 요인부하치(factor loading)이다. 이 관계는 〈그림 4-23-15(c)〉에 있다.

(2) **대수적 모델** 요인분석에서 대수적 모델(algebraic model)은 일반 대수방정식의 원리에 따라 미지의 함수관계를 풀어 준다. 요인분석으로 구해지는 요인부하치가 곧 α계수이다. 일반모형은 다음과 같다.

$$Y = \alpha_1 F_1 + \alpha_2 F_2 + \alpha_3 F_3 + \cdots + \alpha_m F_m$$

이 방정식을 통해서 어떤 F함수는 몇 개의 변수에 공통될 수 있다. 이것을 집단요인(group factors)이라고 하는데, 요인분석은 바로 이것을 찾아 내어 기술하는 것을 중요한 목적으로 삼는다. 알카(H. Alker)와 러셋(B. M. Russett)이 한 UN에서의 투표행태에 관한 연구에서는 '초민족주의'와 '냉전'이라는 두 집단요인이 발견되었다. 요인부하치 이외에도 요인분석에 의해 각 사례에 대한 요인평점(要因評點, factor scores)을 구하게 된다. 여기에 관한 설명은 뒤로 미룬다.

앞에 든 예(표 4-23-8)를 요인분석하여 대수적 모델로 표시하면 다음과 같다. 여기서 둘 혹은 그 이상의 변수가 선형으로 관련되어 4개의 F가 계산되며 α값이 0에 가까운 것은 제외되었다. 자세한 설명은 다음에 계속되는 요인표의 해석으로 대신할 수 있을 것 같다. 그러나 이 단계에서 쉽게 파악할 수 있는 것은 유사한 변수끼리 같은 F함수에 연관된다는 사실이다.

권력	$=.92F_1$				
국방예산	$=.75F_1$				
1인당국민소득	$=.73F_1$				
무역량	$=.79F_1$	$+.51F_2$			
유엔에서 미국과 동조	=	$+.93F_2$			
집단반대의 자유도	=	$+.77F_2$			
국민총생산비국방예산	=		$+.79F_3$		
국제적 갈등	=		$+.64F_3$		
국제법의 수용도	=			$+.87F_4$	
안정성	=			$+.63F_4$	

3.3 해 석

요인분석의 결과는 보통 표로 제시된다. 긴 설명보다 일목요연해서 훨씬 이해가 빠르다. 따라서 여기서는 전형적인 표를 이해하는 데 필요한 여러 요소에 관해 설명하기로 한다.

(1) **상관관계행렬식** 일반적으로 사용하는 요인분석의 기법(centroid, principal axes)들이 변수간의 상관관계행렬식(correlation matrix)을 구하는 데 적용된다. 다음의 〈표 4-23-9〉는 〈표 4-23-8〉의 자료를 가지고 상관관계행렬식을 구한 것이다. 이 행렬식 자체는 요인분석의 최종목적이 아니지만 유용한 정보가 한꺼번에 담겨져 있어 분석의 첫 부분에 제시하는 것이 상례이다.

상관관계에 관해서는 누누히 설명했으므로 그 원리만 알면 여기서 따로 설명할 필요는 없을 것 같다. 다만, 여기서 한 가지 주의해야 할 것은 보통 상관관계표의 주대각선(principal diagonal)에는 1.0의 값이 있게 마련인데, 이것이 요인분석되면 주대각선에는 커뮤날리티(communality) 추정치가 나타난다는 점이다. 이것은 한 변수가 다른 모든 변수와 공통으로 변하는 것을 측정해 준다. 이 측정을 위해 다상관계수의 자승(squared multiple correlation coefficient: SMC) 값이 사용된다. 예를 들어, 〈표 4-23-9〉에서 국제적

〈표 4-23-9〉 상관관계행렬식

변 수	1	2	3	4	5	6	7	8	9	10
1. 1인당국민소득	.97									
2. 무역량	(.93)	.97								
3. 권력	(.55)	(.66)	.89							
4. 안정성	(.62)	(.55)	.25	.63						
5. 자유도	.31	.40	−.10	.32	.91					
6. 국제적 갈등	.36	.30	.25	.46	−.32	.61				
7. 미국과 동조	(.58)	(.59)	−.07	.36	(.75)	.11	.89			
8. 국방예산	(.79)	(.71)	(.66)	.49	−.07	−.38	−.18	.90		
9. 국민총생산비국방예산	.17	.17	.06	.15	−.28	−.44	.11	.47	.73	
10. 국제법의 수용도	.34	.22	−.02	(.58)	(.57)	−.04	.24	.14	−.24	.82

갈등의 대각선상의 값이 .61이라는 것은 이 표에서 국제적 갈등의 61%가 나머지 9개의 변수로부터 예측될 수 있다는 뜻이다.

(2) **비회전요인행렬식** 요인분석을 하면 상관관계행렬식 이외에 두 개의 서로 다른 행렬식을 구하게 된다. 하나가 비회전요인행렬식(unrotated factor matrix)이고, 다른 하나가 회전요인행렬식(rotated factor matrix)이다. 앞의 것은 의견을 첨부하지 않고 제시되는 것이 보통이며, 뒤의 것은 주로 해석이 붙여진다. 회전요인행렬식은 뒤에 설명한다.

〈그림 4-23-16〉은 비회전요인행렬식의 형태를 보여 준다. 〈표 4-23-8〉의 자료를 써서 principal axes 기법으로 특정치 .50 이하를 기준으로 구한 요인분석이다. 편의상 원어를 그대로 두고 각 요소를 설명하기로 한다.

〈그림 4-23-16〉에는 열에 요인이, 행에 변수가 각각 있다. 행과 열이 만나는 곳에 요인부하치(factor loading)가 있다. 첫째, 요인(열)의 수는 변수간에 존재하는 실재적으로 의미있는 독립된 유형의 수를 뜻한다. 즉, 10개의 변수 중 4개의 요인은 서로 상관 없이 독립되어 있다.

둘째, 부하치 α는 변수가 어느 요인에 어느 정도 관계를 맺고 있는지를 설명해 준다. 해석 자체는 상관계수와 같고 자승하여 100을 곱하면 한 변수가 비회전유형과 공동으로 가지는 변화의 퍼센트를 의미하게 된다. 셋째, 첫 번째의 비회전요인유형은 관계의 유형을 가장 많이 설명해 주고, 두 번째 유형은 그 다음으로 가장 많이 설명해 주면서 차차 그 비율이 줄어든다. 따라서 마지막 유형(요인)은 가장 작은 변화만을 설명해 줄 뿐이다. 넷째, 그림의 바른 쪽 끝 행에 있는 h^2는 각 변수의 커뮤날리티(communality)를 뜻하는데, 이것은 유형에 포함되어 있는 변수의 전체변화의 비율(proportion)이다. 다섯째, 변수의 수에 대한 h^2열에 있는 값의 합계비율을 100으로 곱하면 유형화된 자료 내의 전체변화의 퍼센트가 된다. 여섯째, 그림의 하단에 있는 총분산의 퍼센트는 요인유형에 관련되어 있는 변수간의 전체변화의 퍼센트를 의미한다. 일곱째, 공통분산(common variance)의 퍼센트는 자료에 어떤 규칙성이 존재하든 요인유형에서 어떻게 나눠는가를 말해 준다. 끝으로 특정치(Eigenvalues)는 매요인당 자승된 부하치의 행의 합계와 같다. 따라서 유형에 의해 설명되는 변화량을 측정할 수 있게 된다.

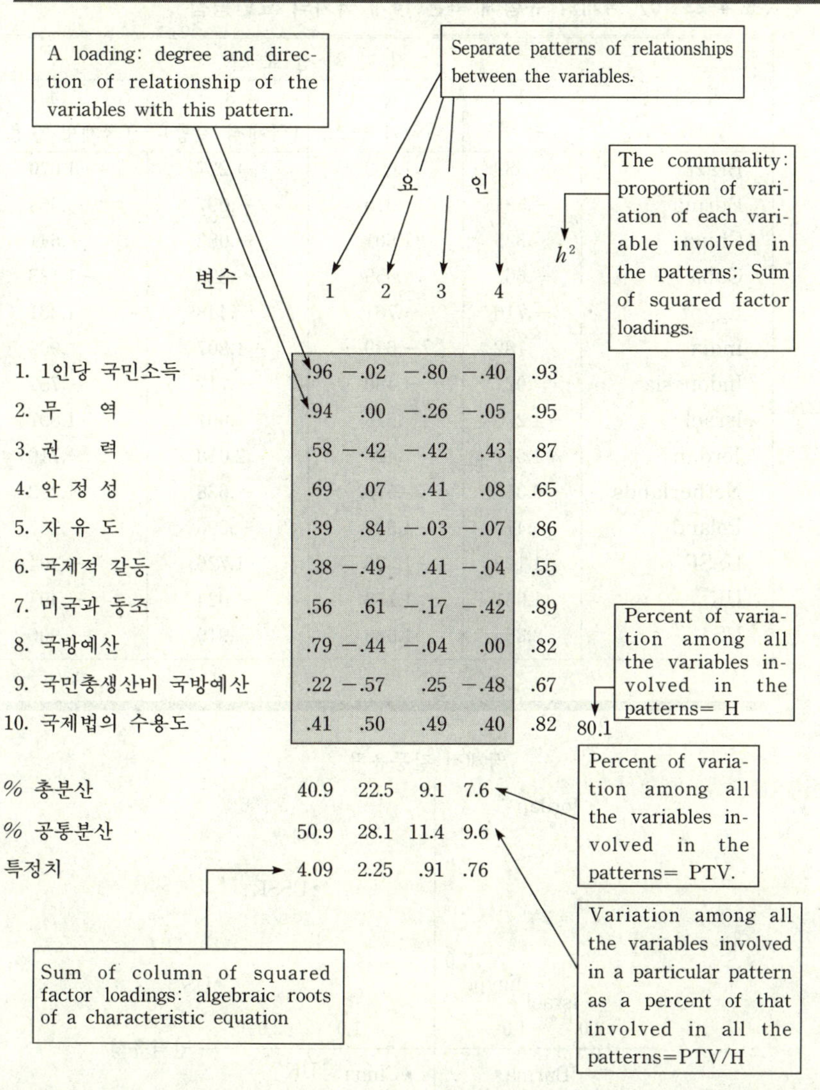

변수	요인 1	2	3	4	h^2
1. 1인당 국민소득	.96	−.02	−.80	−.40	.93
2. 무 역	.94	.00	−.26	−.05	.95
3. 권 력	.58	−.42	−.42	.43	.87
4. 안 정 성	.69	.07	.41	.08	.65
5. 자 유 도	.39	.84	−.03	−.07	.86
6. 국제적 갈등	.38	−.49	.41	−.04	.55
7. 미국과 동조	.56	.61	−.17	−.42	.89
8. 국방예산	.79	−.44	−.04	.00	.82
9. 국민총생산비 국방예산	.22	−.57	.25	−.48	.67
10. 국제법의 수용도	.41	.50	.49	.40	.82
% 총분산	40.9	22.5	9.1	7.6	
% 공통분산	50.9	28.1	11.4	9.6	
특정치	4.09	2.25	.91	.76	

〈그림 4-23-16〉 **럼멜이 연구한 비회전요인행렬식의 보기**

(3) 회전요인행렬식 회전요인행렬식(rotated factor matrix)은 비회전요인행렬식과 모양은 같지만, 다만 h^2가 없고 특정치가 부적합하다는 차이가 있을 뿐이다. 따라서 양자의 큰 차이는 비회전요인행렬식이 관계의 일반 '유형'을 순차적으로 분석하는 데 반하여, 회전요인행렬식은 관계의 '집락'을 기

〈표 4-23-10〉 4개의 유형에 따른 14개 국가의 요인평점

국 가 명	직 각 회 전 요 인			
	1 (권 역)	2 (미국과 동조)	3 (국제적 갈등)	4 (국제법 수용도)
Brazil	−.389	1.053	−1.227	−1.070
Burma	−.584	.010	−.097	−.955
China	.325	−1.601	−.083	−.641
Cuba	−.662	.859	−.325	−1.183
Egypt	−.716	−.761	.448	1.331
India	.182	−.639	−1.807	.909
Indonesia	.027	−.480	−.712	−.757
Israel	−1.275	.518	.097	1.897
Jordan	−1.577	.426	2.018	−.719
Netherlands	−0.315	.570	−.638	1.292
Poland	.410	−1.382	−.296	−.267
USSR	1.129	−1.336	1.726	−.304
UK	1.081	1.178	−.024	−.404
US	2.365	1.586	.919	.906

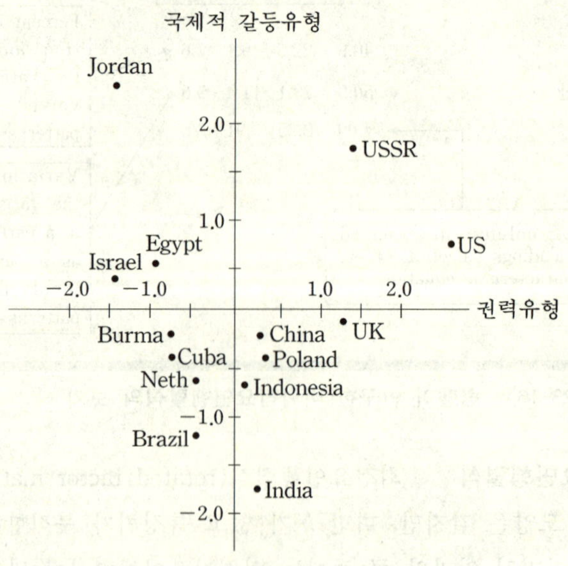

〈그림 4-23-17〉 권력과 국제적 갈등에 따른 14개 국가의 요인평점

술해 주는 데 있다. 회전요인행렬식에는 직각(orthogonal)이라든가, varimax 혹은 quartimax라는 말이 들어 있다. 뒤의 둘은 직각회전에 쓰이는 기법이다. 만일 직각회전이 아니고 사각회전(斜角回轉, oblique rotation)이면 covarimin, quartimin 혹은 biquartimin이라는 용어를 쓴다.

직각회전은 다만 비상관유형을 규정해 주지만, 사각회전은 비상관과 상관의 집락유형 양쪽을 모두 규정해 주어 신축성이 있다. 또한 사각회전은 주축(primary axes)이든 부축(reference axes)이든 어느 한 좌표에 나타나는데, 부축 쪽이 상호연관성이 있는 변수의 집락을 규정하는 데 더 적합하다.

(4) **요인평점행렬식** 요인부하치에 의해 변수에 대한 유형의 존부가 밝혀지는데, 이 요인평점행렬식(factor score matrix)은 이 유형에 대한 각 사례에 점수를 부여한다.

요인평점은 다음과 같은 방법으로 구해진다. 즉, 각 변수는 유형에 포함된 정도에 비례하여 비중이 주어지므로, 많이 포함된 변수는 높은 비중을 차지하게 된다. 유형에 대한 사례의 평점은 각 변수에 대한 사례의 자료를 각 변수에 대한 이 유형비중에 곱해서 계산하면 된다. 이렇게 비중(부하치)과 자료가 곱해진 합계가 곧 요인평점이다.

〈표 4-23-10〉은 4개의 요인(유형)에 대한 14개 국가의 요인평점을 제시한 표이다. 직각회전을 시켰다. 4개의 요인 중, '권력'과 '국제적 갈등'의 두 유형만을 골라서 요인평점에 따라 14개 국가의 위치를 정한 것이 〈그림 4-23-17〉이다.

3.4 회 전

회전(rotation)에 관해서는 앞에서도 간간이 서술했다. 대부분의 요인분석은 회전을 원용하기 때문에 분석결과의 본질을 이해하려면 회전에 관한 지식이 필요하다.

요인유형은 자료에서 변화량이 감소해 가는 사실을 규정해 준다. 각 유형이 거의 모든 변수를 포괄하고 있지만 유형에 따라 포괄의 정도는 같지 않다. 첫째의 비회전요인은 서로 관련되어 있는 변수의 독립적 집락 사이에 위치해 있다. 처음에 이 집락은 변수의 상이한 비중에도 불구하고 잘 구별되지 않는 상태에 있다.

그러나 과학자의 관심은 여기에 머무르지 않고 어떤 집락이 존재할 것이라는 가정하에서 그것을 규명하려 한다. 이것은 요인을 행렬식에 가장 잘 맞게 회전시킴으로써 얻게 된다. 다른 대안은 첫째 요인을 변수군에 회전시키고 다음에는 첫째 요인과 직각의 관계에 있는 둘째 요인을 회전시킬 수도 있다. 이렇게 하면 첫째 요인에 부하된(loaded) 높은 변수의 영향을 제거시킬 수 있게 된다.

대부분의 연구자들은 요인을 단순구조(simple structure)로 회전시킨다. 회전된 요인(rotated factors)이라고 하면 늘 이 단순구조회전(simple structure rotation)을 뜻한다. 이것은 각 요인이 상호관련되는 변수의 집락을 구별할 수 있게 될 때까지 회전된다는 것을 의미한다. 회전을 함으로써 요인에 관한 해석은 포괄적 자료를 기술하는 비회전요인으로부터 상호관련되는 자료를 구별짓는 집단을 기술하는 요인으로 옮겨가게 된다. 비회전요인을 단순구조로 회전시킴으로써 두 개의 집락을 명백하게 구분한 것이 〈그림 4-23-18〉이다.

단순구조회전은 몇 개의 특징을 가지고 있다. 첫째, 각 변수는 요인의

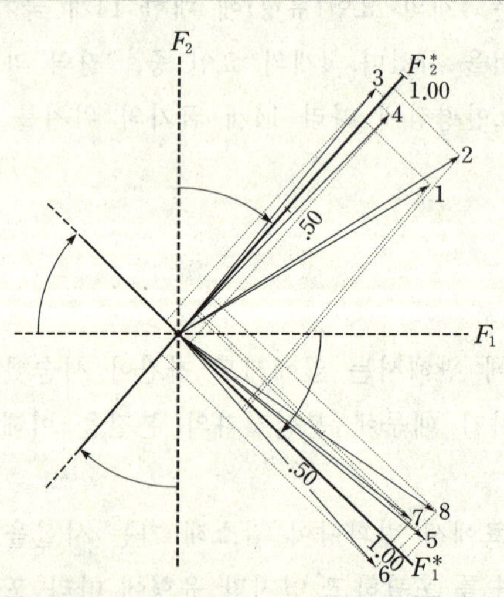

〈그림 4-23-18〉 단순구조회전(화살은 회전의 방향과 정도를 보여 주고 F_1^*과 F_2^*는 요인의 위치이다)

하나 또는 작은 부분과 일치된다. 둘째, 한 요인에 높게 부하된 변수의 수는 극소화한다. 즉, 회전시킴으로써 상호관련되는 현상에서 소수의 상이한 집락을 찾아 내게 된다. 셋째, 단순구조의 존재론적(ontological) 전제는 실체의 유형을 단순화시키는 일이다. 간결의 원칙은 그렇게 해서 지켜질 수 있다. 넷째, 단순구조회전을 하는 가장 중요한 이유는 불변요인(invariant factors)을 결정할 수 있기 때문이다. 아래에 비회전요인과 단순구조를 대비시킨 표를 제시한다.

〈표 4-23-11〉 행렬식의 단순구조형

비회전요인			단순구조		
F_1	F_2	F_3	F_1^*	F_2^*	F_3^*
×	×		×		
×	×	×	×		
×	×	×	×	×	
×		×		×	
×	×	×		×	
×	×			×	×
×		×			×

(×표는 상당한 요인부하치를 차지하고 있는 것만 남겨 둔 것이다)

단순구조회전에는 직각단순구조(orthogonal simple structure)와 사각단순구조(oblique simple structure)의 두 종류가 있다. 전자의 경우에 최종요인은 반드시 비상관이어야 하지만, 후자의 경우에 요인들이 상관관계를 맺고 있어도 괜찮다. 또 전자에서는 전체요인구조가 원점을 중심으로 움직이는 데

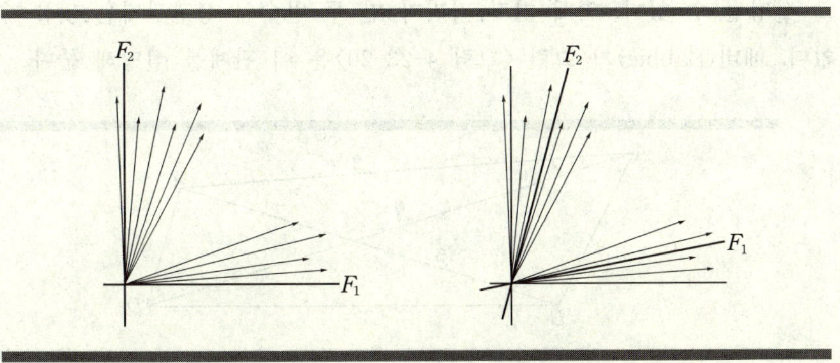

〈그림 4-23-19〉 (a) 직각단순구조회전 (b) 사각단순구조회전

반해서, 후자에서는 각각의 집락에 맞도록 요인이 개별적으로 회전한다. 직각회전은 사각회전의 한 부분이며, 만일 관계의 집락이 비상관이면 사각회전은 직각회전으로 된다. 둘의 차이는 비상관과 상관요인을 구별하는 데 있지 않고, 그 구별이 경험적인 것이냐, 아니면 모델에 의해 자료에 부과된 것이냐를 결정하는 데 있다. 두 상이한 단순구조의 회전을 〈그림 4-23-19〉(a)와 (b)에 제시하고 요인분석의 설명을 마치기로 한다.

3. 5 최소공간분석

엄격한 의미에서 요인분석은 아니지만 기능면에서 요인분석에 흡사한 것에 최소공간분석(smallest-space analysis: SSA)이 있다. 비메트릭 자료만을 분석해서 비메트릭 요인분석(nonmetric factor analysis)이라는 별명이 있다. 이 분석은 변수간의 상관관계에 근거를 두고, 변수의 연합성을 측정하는 것이면 무엇이나 이 분석목적으로 쓴다.

가령 A B C라는 세 변수가 있을 때, 세 변수의 상관관계 정도에 따라 세 변수의 공간상의 위치가 달라질 것이다. 즉,

$$A \quad B \quad C$$

로 배열되어 있다면 AB의 상관관계가 제일 높고, 다음이 BC, 그리고 그 다음이 AC일 것이다.

변수를 하나 늘려 네 개의 변수를 가지고 공간상에 배열해도 같은 원리로 설명될 수 있다. 역시 가장 거리가 먼 두 변수의 상관관계는 낮을 수밖에 없다. 베비(Babbie)가 그린 〈그림 4-23-20〉은 이 관계를 설명해 준다.

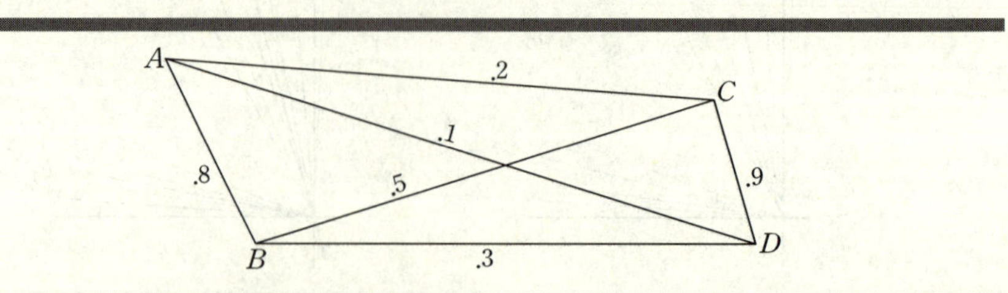

〈그림 4-23-20〉 네 변수의 최소공간분석

최소공간분석의 제약은 두 변수간의 거리를 측정하므로 역의 상관관계를 설명하지 못한다. 즉, 메트릭자료의 분석은 부적합하다.

최소공간분석은 두 개의 차원에 한정되지 않고 여러 개의 차원에서 분석된다. 일반적으로 상관관계행렬식으로 자료가 입력되어 컴퓨터 프로그램에 의해 소격계수(疎隔係數, coefficient of alienation)라고 불리는 요약된 통계치를 계산해 낸다. 컴퓨터에 의해 산출되는 SAS 프로그램은 대략 〈그림 4-23-21〉과 같은 형태를 띤다. 몇 개의 변수가 서로 집락을 형성하고 있음을 알 수 있다.

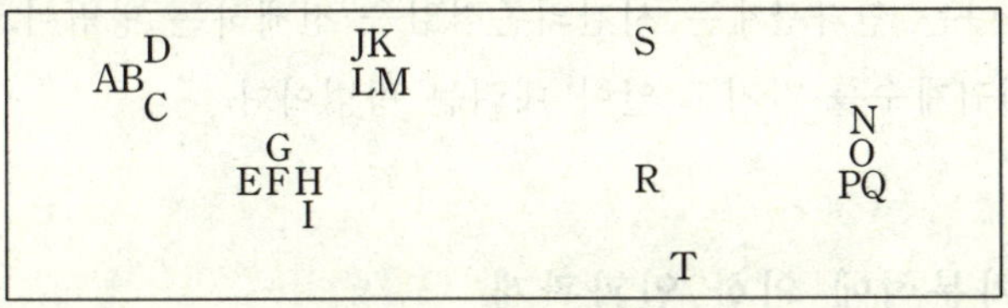

D JK S
AB LM
C
N
G O
EFH R PQ
I
T

〈그림 4-23-21〉 가상적인 최소공간분석의 결과

4. 인과분석

4.1 뜻

지금까지 설명한 여러 분석들은 변수간의 관계를 알아보기 위한 것이었다. 단순한 관계만이 아니라 서로의 인과관계를 알 수 있게 된다면 훨씬 더 유용한 연구를 할 수 있게 될 것이다. 기실 지금까지 많은 사람들이 자연이나 인간문제에서 인과관계를 규명해 보려고 노력했던 것이 사실이다. 그것이 과연 규명될 성질의 것인가는 우선 논외로 하더라도 만약 우리가 어떤 상태의 원인을 알아 낼 수 있다면 문제해결에 그 이상 좋은 방안이 없을 것이다.

통계학자들은 흔히 통계기법은 관계의 설명에 그치는 것임을 명백히 하고 있다. 그러나 많은 경우에 어떤 행위가 또 다른 어떤 행위를 결과하는 것이라고 잠정적으로 긍정하고 이해하려 한다. 예컨대 여성단체의 대표들이 정책결정자를 자주 찾아가 가족법개정에 관한 요구를 해서 그 법이 바뀌게 되었다면, 전자의 방문행위를 법개정의 원인행위로 간주하려고 한다. 또한 사회계층간의 갈등현상을 가치관·이데올로기·경제적 사정 등이 원인이 되어 나타나는 것이라고 생각한다. 이러한 생각과 견해는 맞을 수도 있고 맞지 않을 수도 있지만, 문제는 어느 쪽이 정확히 원인행위가 되는지를 밝혀 낸다고 하는 것은 그리 쉬운 일이 아니다. X변수가 Y변수와 같이 변한다는 것만 가지고는 인과관계가 규명될 수 없다. 그저 통계분석을 한 결과 인과관계이론과 어느 정도 맞아 들어간다는 정도를 가지고 이들간에 그러한 관계가 있다는 것을 말할 수 있을 뿐이지 정확히 인과관계라고 말하지는 못한다. 이처럼 대단히 힘든 인과문제를 지금까지 대강 크게 나누어 두 방법에 의해 찾아보았다. 하나는 인과관계는 시간의존적임을 전제하는 방법이고, 다른 하나는 상관 및 회귀계수를 가지고 알아 내려는 방법이다.

4.2 시차분석에 의한 인과관계

만일 X라는 사항이 발생해서 항상 Y라는 사항으로 나가게 된다면 X는 Y의 원인이라고 해도 괜찮을 것이다. 이 경우 정확히 원인이라고 해야 할지, 아니면 전제조건이라고 할지 표현상의 차이는 생길 것이다. 여하튼 원인의 근거가 될 수 있는 면을 밝히는 데에는 많은 논쟁이 뒤따른다. 시차에 따른 인과관계를 따지려면 흔히 상식에 의해서 하면 된다고 한다. 그렇지만 이것조차도 그리 간단치가 않기 때문에 보통 ① 상황의 논리적 분석, ② 관찰, ③ 이론, 및 ④ 자료분석 등을 통해 한다.

몇 가지 예를 들면, 상황의 논리적 분석을 하려고 시간을 거꾸로 거슬러 가서도 이야기가 맞아 들어가면 시차에 따른 인과관계는 틀린 것이 될 것이다. 어린아이는 기어다니는 훈련을 스스로 쌓은 다음에 걷곤 한다. 그 반대는 논리적으로 맞지 않는다. 관찰에 의한 경우도 몇 년을 두고 흡연가를 본 후 건강진단을 해서 폐암의 발생가능성을 검진해 본다든가, 또는 빨리 읽는 훈련을 쌓게 한 후 얼마 있다가 그 학생들의 성적을 보아 그러한 훈련을 쌓지 않은 통제집단의 학생보다 성적이 나아졌다면 그간에 시간의 흐름에 따르는 인과관계가 생길 것이다. 이론에 의해 알아보는 경우는 도시화현상이 일어난 후 기술이 발달하는 건지, 기술부터 개발한 후 자리를 잡고 도시형태로 육성시켜 나가는지는 상황에 따른 이론적 분석을 해 보아야 알 수 있다. 자료분석을 통한 방법에는 하나의 변수를 시간을 긍해서(시계열) 분석하는 방법과 한 시점에서 여러 사례를 비교분석하는 방법 등 두 가지가 있다.

우선 시계열방법을 써서 시차비교를 해 보는 경우는, 동맹과 전쟁관계를 여러 해에 걸쳐서 관찰해 보아 어느 해(t_0)의 경우와 그 다음 여러 해가 지난 후(t_0+3) 본 경우가 어떻게 다른가를 비교해 보면 그 사이에 동맹관계가 오래 지속될수록 전쟁이 발발하는 가능성은 희박해진다든가 하는 사실을 발견하게 되는 것과 같은 것이다. 반면에 한 시점에서 여러 사례를 비교분석하는 방법은, 여러 나라의 동맹관계를 어느 시점(t_1)에서 보고 또 여러 나라의 전쟁관계를 다른 시점(t_2)에서 보아 변수의 인과관계를 알려는 것이다. 이 경우 더 정확히 하자면 t_1과 t_2에서 각각 동맹관계를 측정해 비교하고, 역시 두 시점에서 전쟁상태를 알아 내어 네 개의 사례를 비교해 보면 어느 쪽이 원인이 되었는지를 알 수 있을 것이다. 이 방법에 의해 분석해 본 다른 경우는 앞의 장에서 여러 번 인용했던 시민소요와 무역량의 감소에 관한 인과관계이다. 1957-60과 1960-63의 두 시점에 걸쳐 114개 국가의 무역량 감소를 측정하고, 앞의 시민 소요에 관한 자료를 선진(37개국), 중진(39개국) 및 후진(38개국) 국가로 나누어 비교해 보았더니 상대적으로 낮은 상관관계가 밝혀졌다. 이 연구에서 잠정적으로 내린 결론은 단기간의 무역감소는 시민소요의 규모에 대한 원인행위가 될 수 있다는 점을 참고로 적어 둔다.

4.3 상관분석에 의한 인과관계

인과분석의 가장 대표적인 것이 이 상관관계에 의해 알아 내는 방법이다. 먼저 몇 개의 유형을 소개하고 대표적인 것을 예를 들어 설명하기로 한다.

(1) 교호원인유형 X와 Y가 깊은 상관관계를 맺고 있음은 물론이지만 Y가 Z와도 상관관계를 맺고 있는 상태에서 X와 Z가 인과관계를 맺되 이것이 상호교차적인 것이다.

$$\begin{array}{ccc} X & \rightleftarrows & Z \\ & \searrow \; Y \; \swarrow & \end{array}$$

(2) **교호작용원인유형** (1)의 유형을 분리시켜 놓은 것이다.

$$X \longrightarrow Z \quad X \longleftarrow Z$$
$$\searrow Y \swarrow \quad \searrow Y \swarrow$$

(3) **이중원인유형** X와 Z 두 변수가 Y변수에 대해 각기 다른 원인행위가 되는 것이다.

$$X \quad Z$$
$$\searrow Y \swarrow$$

(4) **이중결과유형** X변수 하나가 동시에 Y와 Z에 각각 영향을 미치고 있는 경우이다.

$$\swarrow X \searrow$$
$$Y \quad Z$$

(5) **전개유형** Z와 X가 순서대로 Y에게 영향을 미치는 유형이다.

$$Z \rightarrow X \rightarrow Y$$

(6) **허위상관유형** X가 Y의 원인변수인 것 같으나 제 3의 변수 Z를 고려해 보면 X와 Y의 관계는 허위의 인과관계임을 알게 되는 경우가 생기는데, 이때의 유형을 말한다. 이에 관해서는 뒤에 드는 예에서 자세히 설명하기로 한다.

$$\swarrow Z \searrow$$
$$X \quad Y$$

(7) **매개관계유형** X와 Y와의 인과관계 중간에 Z가 매개변수로 작용하여 인과관계를 촉진시키는 경우이다.

$$X \rightarrow Z \rightarrow Y$$

이상 소개한 일곱 가지 인과관계유형을 모두 하나하나 예를 들어 설명할 필요는 없을 것 같다. 이 가운데에서 대표적인 것만을 골라 주로 정치학 문헌에서 취급되고 있는 것을 중심으로 설명하기로 한다.

정치학분야에서는 정당과 공공정책의 관계에 관한 연구를 많이 한다. 키(V. O. Key)가 세운 가설 중에는 "정당이 보다 경쟁적이면, 공공정책의 내용은 보다 진보적일 것이다"라는 것이 있는데, 군림하는 정당의 권력이 강하면 강할수록 정책의 내용은 보수적인 편향이 강할 것이라는 점을 고려해 보면 어느 정도 수긍이 간다. 그 후 많은 학자들이 이와 유사한 가설을 세워 검증해 보려고 노력했다.

여기서 정당의 경쟁관계를 X_1이라 하고, 사회복지에 대한 예산을 X_2라고 하면, 다음과 같은 인과관계모델이 성립될 수 있다. e는 설명되지 않은 잉여부분이다. 이것은 정책결정자의 가치관일 수도 있고, 그 당시의 총국민소득일 수도 있다.

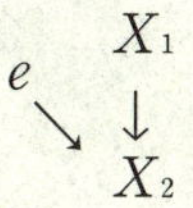

$$\begin{array}{ccc} & X_1 & \\ e & \downarrow & \\ \searrow & X_2 & \end{array} \qquad X_2=a_{21}X_1+e$$

위의 모델이 보여 주고 있는 관계는 X_1이 X_2에 대한 원인변수이며 e는 X_2에 영향을 미칠 수 있는 모든 것이되 분석의 대상이 안되는 것이다. X_1과 e는 아무런 관계가 없는 것으로 일단 기대해서 둘간의 상관관계는 0이라 생각한다. 즉, $E(X_1e)=0$라고 표시한다.

인과관계를 규명할 때 우리는 흔히 상관계수를 가지고 해석을 붙인다. 상관계수 중에서도 특히 편상관계수(partial correlation coefficient)이다. 이를 위의 모델로 간단히 증명해 보면 방정식의 양편에 X_1을 곱하여

(1) $X_1X_2=a_{21}X_1^2+X_1e$가 되고, 기대치로 다시 표현해서

(2) $E(X_1X_2)=a_{21}E(X_1^2)+E(X_1e)$가 되면

(3) $r_{12}=a_{21}$이라는 결과를 얻게 된다. 즉, 상관관계는 인과관계를 암시하고 있음을 알 수 있다.

그러나 한편 생각해 보면 정당의 경쟁관계(X_1)와 정책결정자의 가치관이나 총국민소득(e)이 전혀 관계가 없을 수는 없다. 그래서 그간의 관계가 0이 되는 가능성을 전혀 배제하여 달리 생각하지 않으면 안 되는 경우가 생긴다. 제 3의 변수(X_0), 사회 · 경제적 발전을 추가시켜 모델을 다시 정립해 보면,

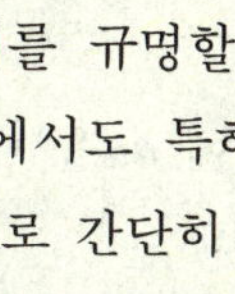

$$\begin{array}{ll} e_1 \searrow & \\ \quad X_1 & (1)\ X_1=a_{10}X_0+e_1 \\ X_0 \quad \vdots & \\ \quad X_2 & (2)\ X_2=a_{20}X_0+a_{21}X_1+e_2 \\ e_2 \nearrow & \end{array}$$

위의 모델에서 문제가 되는 것은 X_0라는 제 3의 변수가 추가된 때의 X_1과 X_2의 관계이다. 앞의 두 변수만 있을 때의 관계가 지속되는지를 알아보기 위해 사이먼(H. Simon)이 주로 쓰는 두 방정식의 곱셈 방법에 의해 밝혀 보기로 한다. 물론 여기서도 $E(X_0 e_1)=E(X_0 e_2)=0$이다. 먼저 위의 두 번째 방정식에 X_1을 곱하면,

$$X_1X_2=a_{20}X_0X_1+a_{21}X_1^2+X_1e_2$$
$$E(X_1X_2)=a_{20}E(X_0X_1)+a_{21}E(X_1^2)+E(X_1e_2)$$
$$r_{12}=a_{20}r_{01}+a_{21}$$
$$a_{21}=r_{12}-a_{20}r_{01}$$

또 X_0를 곱하면,

$$X_0X_2=a_{20}X_0^2+a_{21}X_0X_1+X_0e_2$$
$$E(X_0X_2)=a_{20}E(X_0^2)+a_{21}E(X_0X_1)+E(X_0e_2)$$
$$r_{02}=a_{20}+a_{21}r_{01}$$
$$a_{20}=r_{02}-a_{21}r_{01}$$

다음 a_{20}와 a_{21}이라는 미지수를 풀기 위해 a_{21}의 방정식에 a_{20}을 대입하면,

$$a_{21}=r_{21}-(r_{02}-a_{21}r_{01})r_{01}$$
$$a_{21}=r_{12}-r_{01}r_{02}+a_{21}r_{01}^2$$
$$a_{21}-a_{21}r_{01}^2=r_{12}-r_{01}r_{02}$$
$$a_{21}-(1-r_{01}^2)=r_{12}-r_{01}r_{02}$$
$$a_{21}=\frac{r_{12}-r_{01}r_{02}}{1-r_{01}^2}$$

이 결과는 앞의 절에 나왔던 편상관관계의 공식과 동일하다. a_{21}이 존재치 않으면 $r_{12}=r_{01}r_{02}$ 또는 $r_{12.0}$는 0이 된다.

세 변수의 관계를 보는 것은 이와 같지만 정말 X_1과 X_2의 관계는 전혀 없는 것이냐, 또는 정확하게 어느 정도 있느냐를 알고 싶어진다. 이때의 표현을 우리는 허위상관관계(spurious correlation)라는 말로 쓴다. 이에 대해서는 블레록(H. Blalock)의 설명을 들어 보자.

종교(X)와 정당선호(Y)와의 관계를 알기 위해 다음과 같은 가상적 자

〈표 4-23-12〉 종교와 정당선호와의 관계

	기 독 교	천 주 교	합 계
공 화 당	62	38	100
민 주 당	38	62	100
합 계	100	100	200

료를 나열해 보았다.

〈표 4-23-12〉에서 알 수 있는 것은 기독교는 공화당을, 천주교는 민주당을 보다 선호하고 있기 때문에 종교와 정당선호간에는 관계가 있는 것같이 보인다. 그러나 위의 자료를 직업(z)에 따라 나누어 보았을 때는 전혀 다른 결과가 나온다.

〈표 4-23-13〉 정신노동자의 경우

	기 독 교	천 주 교	합 계
공 화 당	56	24	80
민 주 당	14	6	20
합 계	70	30	100

〈표 4-23-14〉 육체노동자의 경우

	기 독 교	천 주 교	합 계
공 화 당	6	14	20
민 주 당	24	56	80
합 계	30	70	100

즉, 앞의 표에서 알 수 있듯이 정신노동자의 경우는 압도적으로 공화당이고, 육체노동자의 경우는 압도적으로 민주당을 택하고 있다. 그러므로 직업이라는 변수를 하나 더 추가해서 세 변수의 관계를 본 결과 X와 Y간의 관계가 깊다기보다는 Z가 X와 Y 양자에 영향을 미치는 공통된 원인변수라고 생각해 봄직하다. 당초에 종교와 정당선호간의 관계는 허위라는 뜻이다.

그렇지만 인과관계라는 것은 누가 뭐라고 증명해 놓아도 완전히 수긍할 수 있는 것은 못 된다. 다른 원인행위가 또 얼마든지 있을 수 있기 때문이다. 그래서 또 다른 제 4의 변수를 고려하는 경우도 있어서, 지역(w)에 따라 정

당선호가 달라질 수 있기 때문에 이런 변수를 더 추가하여 그 관계를 볼 수도 있다. 즉,

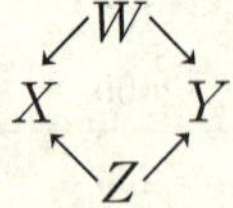

또는 제 4의 변수를 고려하지 않더라도 Z를 매개변수로 생각해서 $X \rightarrow Z \rightarrow Y$라는 순서로 모델을 고쳐 생각해 볼 수도 있다.

허위상관관계를 고쳐 생각해 보는 방법에는 위에 소개한 전개유형이라는 것도 있다. 앞의 정당의 경쟁관계, 공공정책의 성격 및 사회·경제적 발전간의 관계별로 다시 돌아가서 이 전개유형을 설명하면,

$e_1 \searrow X_1$, $X_0 \nearrow X_1$, $X_1 \downarrow X_2$, $X_0 \searrow X_2$, $e_2 \nearrow X_2$

$$X_1 = a_{10}X_0 + e_1$$

$$X_2 = a_{20}X_0 + a_{21}X_1 + e_2$$

사회경제적 발전이 정당의 경쟁관계를 야기하고 그것이 종국에 공공정책의 성격을 결정할 수도 있다는 가능모델을 표현해 본 것이며, 원리와 설명은 위의 경우와 마찬가지이다.

상관분석에 의한 인과관계의 설명을 마치면서 끝으로 정치발전과 관련된 연구내용을 소개한다. 이들 모두는 이른바 사이먼-블레록의 인과추론기법을 가져다 써서 분석하여 본 것들이다.

립셋(S. M. Lipset)은 민주적 정치체제를 배양하는 요소로서 경제발전과 정권의 합법성에 대한 대중의 지지를 생각하고 있다. 그는 민주주의를 위정자가 바뀌는 기회가 헌법상 보장된 정치체제를 뜻한다고 하면서, 이를 알아보기 위한 지표로 부(wealth), 산업화(industrialization), 도시화(urbanization) 및 교육(education) 등과 같은 널리 알려진 것을 쓰고 있으며, 유럽국가와 영어를 국어로 쓰는 국가들을 ① 안정된 민주주의, ② 불안정한 민주주의, 독재주의 그리고 남미, ③ 민주주의와 불안정한 독재주의, ④ 안정된 독재주의 등의 군으로 나누어 이론을 전개함으로써 정치발전에서의 인과모델을 발전시켜 나가는 데 훌륭한 근거를 제공해 주고 있다. 마찬가지로 컬트라

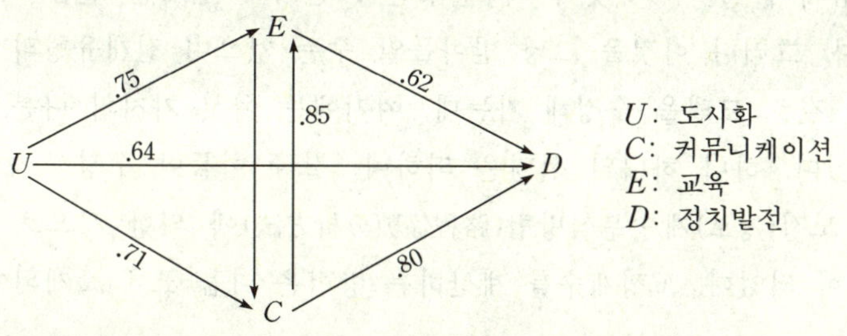

〈그림 4-23-22〉 **정치발전과 근대화간의 인과관계**

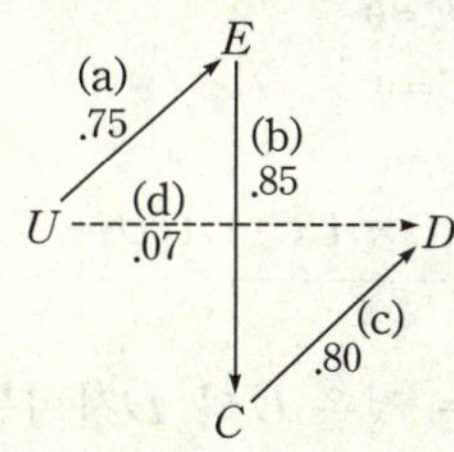

〈그림 4-23-23〉 **수정된 모형**

이트(P. Cultright)도 정치적으로 발전한 국가의 정치기구는 보다 복잡하고 전문화되어 있다는 전제에서 60년 동안의 세계 여러 나라 정치발전지표를 보아 분석하여 민주적 정치발전의 정도는 사회경제적 발전과 선형의 관계를 맺고 있다는 결론을 내리고 있다. 끝으로 러너(D. Lerner)의 이론도 정치참여가 도시화·문자해득·매스 미디어 등의 영향을 받아 촉진된다는 내용이다. 이 내용은 앞의 이론을 설명한 장에서 언급된 바 있다.

블레록(H. M. Blalock)이 두 개 이상의 독립변수가 지나치게 높은 상관관계를 맺고 있으면 곡선상의 표준오차는 무한정이 될 수 있다고 한 경고를 충분히 인식하면서, 맥크론(D. J. McCrone)과 크누드(C. F. Cnudde)는 앞의 세 학자의 이론에 기초를 두어 인과모델을 전개시켰다. 이들은 정치발전을 종속변수로 하고, 이에 영향을 미치는 원인변수로 도시화·커뮤니케이션·교육을 생각하면서 도시화는 어떤 변수의 영향도 받지 않는 것으로 단정한다. 처음에 각 변수간에 영향을 미칠 수 있는 논리적 관계를 정립해 놓은 것이 〈그림 4-23-22〉이다.

그림에서 볼 수 있듯이 각 변수간의 논리적 관계는 일곱 가지의 길로 맺어진다. 그러나 이것을 그냥 받아들일 수는 없으며 전개유형의 방법에 따라 여러 길로 모델을 수정해 가는데, 여기에는 여섯 가지의 다른 모델이 나올 수 있다. 하나 하나의 설명은 피하나, 결국 이들이 수정해 놓은 본래의 모델은 노정(경로)계수분석방법(路程係數分析方法)에 의한 것으로 다음과 같은 모델이 되었다. 노정계수를 계산하는 방법은 다음 표에 소개되어 있다.

〈표 4-23-15〉 노정계수 계산표

노 정	방 정 식	방향계수
a	$bUE+rUE=0$	.75
b	$bEC+rEC=0$	.85
c	$bCD+rCD=0$	.80
d	$bUD+(bCD\times rUC)+rUD=0$	.07

이 모델에서 알 수 있는 것은 U와 D사이는 E와 C를 거쳐 전개된 관계를 맺고 있으며, U와 D가 직접 관계를 맺고 있지 않다는 점이다(d=.07).

이상 설명한 것은 두 변수 이상의 인과관계를 상관계수를 써서 익혀본 것이며 끝부분에 와서 정치발전이론을 설명하기 위한 실례를 들어 보았다. 그러면 다음에는 위에 약간 언급된 노정계수에 관한 설명으로 넘어가보기로 한다.

4.4 노정(경로)분석에 의한 인과관계

지금까지 위에서 설명한 인과관계는 편상관계수를 통해서 본 것으로 여러 가능성이 있는 모형을 검증해 본 것이었다. 반면에 여기서 설명하고자 하는 노정(경로)계수분석(path analysis)은 주어진 모형에서 변수간에 여러 관계가 성립될 수 있는데, 그중에서 어떤 것이 상대적으로 중요한가를 알기 위해 쓰이는 방법이다. 이 방법은 원래 유전학분야에서 개발된 것으로, 사이먼-블레록의 인과모델도 이 노정분석의 특수한 경우이거나 또는 단점을 지닌 형태라고 주장하는 사람도 있다. 노정분석의 또 다른 특징은 회귀분석에 근거를 둔 것으로서, 노정계수 자체가 표준화된 회귀계수(β)에 의해 설명될 수 있다는 점이다.

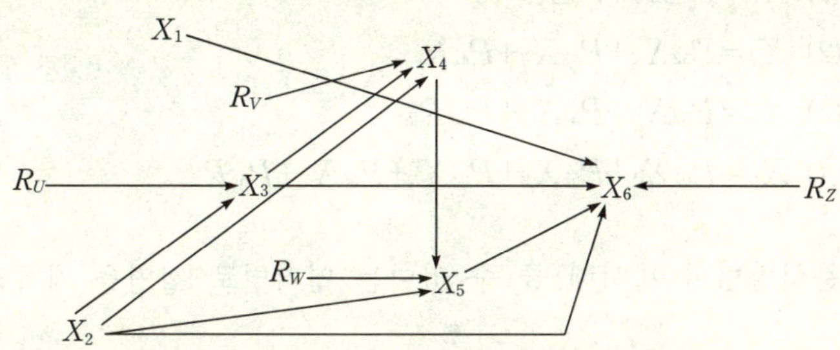

X_1: 지속적 권한의 박탈　　X_4: 잠재적 결집력
X_2: 단기적 권한의 박탈　　X_5: 사회적 촉진력
X_3: 합법성　　X_6: 시민 소요

〈그림 4-23-24〉 권한의 박탈이론에 관한 노정모형

이 방법으로 설명이 가능한 세 영역, 즉 ① 인과관계의 크기를 평가하고, ② 두 변수간의 상관관계를 단일 또는 중복되는 방향으로 나누어 주고, ③ 사이먼-블레록의 기법에 흡사한 방법으로 이론정립의 적합성을 검증해주는 내용을 설명해 보기로 한다.

우선 설명에 필요한 어떤 모델부터 소개한다. 다음은 시민소요에 관한 거(T. R. Gurr)의 권한의 박탈이론(theory of deprivation)을 토대로 한 모델인데, 대강 다섯 개의 원인변수를 생각하고 있다. 한편 각 변수간의 상관관계는 각각 〈그림 4-23-24〉와 〈표 4-23-16〉과 같다.

〈표 4-23-16〉 변수간의 상관관계

	X_1	X_2	X_3	X_4	X_5	X_6
X_1	–	.04	−.04	−.14	.17	.36
X_2		–	−.20	−.42	.34	.48
X_3			–	.48	−.15	−.37
X_4				–	−.37	−.51
X_5					–	.67
X_6						–

위의 모델을 먼저 절에서 한 것과 마찬가지로 우선 구조방정식으로 표현해 보면,

(1) $X_3=P_{32}X_2+P_{3u}R_u$

(2) $X_4=P_{42}X_2+P_{43}X_3+P_{4v}R_v$

(3) $X_5=P_{52}X_2+P_{54}X_4+P_{5w}R_w$

(4) $X_6=P_{61}X_1+P_{62}X_2+P_{63}X_3+P_{65}X_5+P_{6z}R_z$

노정분석방법이 제시해 줄 수 있다는 영역별로 설명을 계속하면 다음과 같다.

(1) 평　가　이것은 일방적인 인과관계와 상관관계가 성립되지 않는 잉여부분이 있는 경우 노정계수는 표준화된 회귀계수라는 것을 입증하는 것이며, 동시에 두 개의 변수가 변하는 경우 상관관계가 노정계수의 가장 적합한 평가기준이 되고, 또한 이때 상관관계는 표준화된 회귀계수에 해당된다. 이것을 유도해 내면 아래와 같다.

$$X_3=P_{32}X_2+P_{3u}R_u$$
$$X_2X_3=P_{32}X_2^2+P_{3u}X_2R_u$$
$$E(X_2X_3)=P_{32}E(X_2^2)+P_{3u}E(X_2R_u)$$
$$r_{23}=P_{32}(1)+P_{3u}(0)$$
$$P_{32}=r_{23}$$

$$X_4=P_{42}X_2+P_{43}X_3+P_{4v}R_v$$
$$X_2X_4=P_{42}X_2^2+P_{43}X_2X_3+P_{4v}X_2R_v$$
$$E(X_2X_4)=P_{42}E(X_2^2)+P_{43}E(X_2X_3)+P_{4v}E(X_2R_v)$$
$$r_{24}=P_{42}(1)+P_{43}r_{23}+P_{4v}(0)$$
$$P_{42}=r_{24}-P_{43}r_{23}$$

$$X_3X_4=P_{42}X_2X_3+P_{43}X_3^2+P_{4v}X_3R_v$$
$$E(X_3X_4)=P_{42}E(X_2X_3)+P_{43}E(X_3^2)+P_{4v}E(X_3R_v)$$
$$r_{34}=P_{42}r_{23}+P_{43}(1)+P_{4v}(0)$$
$$P_{43}=r_{34}-P_{42}r_{23}$$

따라서,

$$P_{42}=\frac{r_{24}-r_{24}r_{34}}{1-r_{23}^{2}}=\beta_{42.3}$$

$$P_{43}=\frac{r_{34}-r_{23}r_{24}}{1-r_{23}^{2}}=\beta_{43.2}$$

(2) **구조적 특징** 위의 복잡한 변수간의 관계는 과연 어떤 성격의 것이며 그 상대적 크기가 어떤 것인가도 궁금하다. 한 마디로 두 변수간의 상관관계는 이들을 연결시키는 단일 또는 복수의 노정계수를 합친 것과 동일하다. 수식으로 표시하면 $r_{ij}=\sum p_{iq}r_{jq}$이다. 몇 가지 규칙을 정리해 보면,

① 같은 변수를 한번 이상 지나갈 수 없다.

② 한번 지나간 곳에서 다시 되돌아올 수 없다.

③ 분석의 대상에서 제외되는 외부변수를 한번 이상 지나갈 수 없다.

(3) **검 증** 노정분석은 또한 인과관계가 맺어지지 않은 변수 사이의 관계가 사실 그러한가를 검증해 주기도 한다. 위의 예에서 합법성(X_3)과 사회적 촉진력(X_5)간에는 선이 연결되지 않고 있다. 따라서 예측하기로는 $P_{53}=0$이다. 즉,

$$X_5=P_{52}X_2+P_{53}X_3+P_{54}X_4+P_{5w}R_w$$
$$X_3X_5=P_{52}X_2X_3+P_{53}X_3^2+P_{54}X_3X_4+P_{5w}X_3R_w$$
$$E(X_3X_5)=P_{52}E(X_2X_3)+P_{53}E(X_3^2)+P_{54}E(X_3X_4)+P_{5w}E(X_3R_w)$$
$$P_{53}=r_{35}-P_{52}r_{23}-P_{54}r_{34}$$

와 같이 해서 관계가 없음을 입증해 볼 수 있다.

지금까지 인과모델에 대한 설명은 일방적(recursive)인 관계를 설명한 것이었다. 그러나 원인변수 사이가 반드시 일방적일 수 없으며, 때로는 서로 관계를 맺는 인과모델(reciprocal causal model)이 성립될 수 있는 쌍방적(nonrecursive)일 때도 많다. 예를 들어 자녀의 정당인지도에 영향을 미치는 부모의 정당에 대한 성향은 부→모→자녀의 순서로만 연결될 수 없으며 부부간에 서로 영향을 줄 수도 있다. 〈그림 4-23-25〉는 이 관계를 설명하고 있다.

이 그림에서와 같이 쌍방이 영향을 주는 모델에서는 일방적인 경우와 달라 오차 또는 잉여의 비상관관계를 전제할 수 없다. 즉,

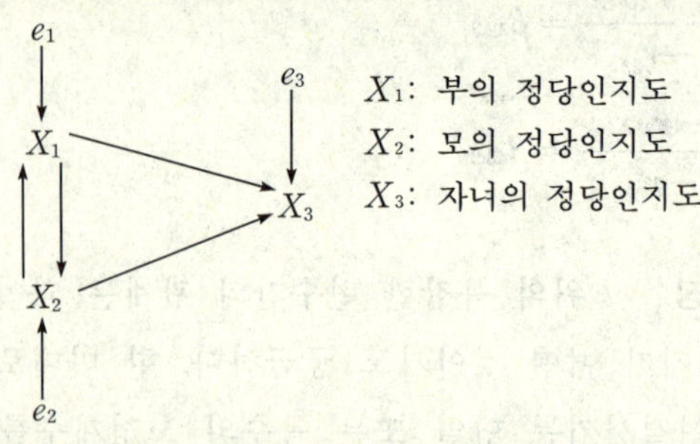

〈그림 4-23-25〉 자녀와 부모의 정당인지도간의 인과관계

$$X_1 = a_{12}X_2 + e_1$$
$$X_2 = a_{21}X_1 + e_2$$
$$X_3 = a_{31}X_1 + a_{32}X_2 + e_3$$

에서 $E(X_1X_2) = a_{12}E(X_2^2) + E(X_2e_1)$ 또는 $r_{12} = a_{12} + E(X_2e_1)$이 성립되지만 $E(X_2e_1)$가 0이 될 수 없다. 따라서 이를 풀기 위해 변수를 두 개 더 동원해야 한다. 여기서 생각할 수 있는 변수가 외할아버지의 정당인지도(X_a)와 친할아버지의 정당인지도(X_b)이다. 그 수정된 모델은 〈그림 4-23-26〉과 같다.

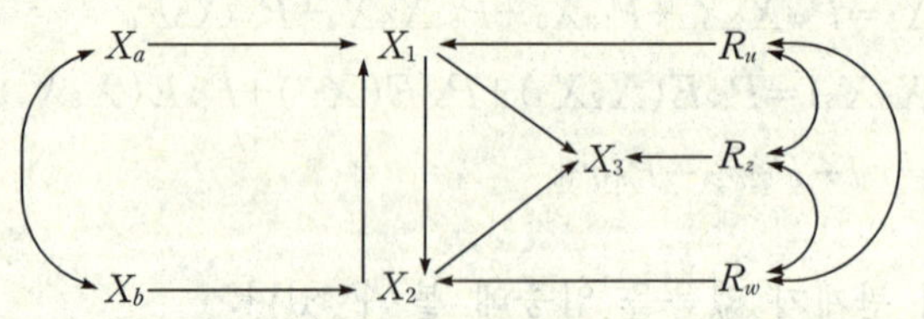

〈그림 4-23-26〉 수정된 모델

위의 그림은 따라서 다음 방정식으로 설명될 수 있다.

$$X_1 = P_{1a}X_a + P_{12}X_2 + P_{1u}R_u$$
$$X_2 = P_{2b}X_b + P_{21}X_1 + P_{2w}P_u$$
$$X_3 = P_{31}X_1 + P_{32}X_2 + P_{3z}R_z$$

여기에서 X_a와 X_b를 외부변수(exogenous variable)라고 하며 X_1, X_2,

X_3를 내부변수(endogenous variable)라고 한다.

(4) 실 례 끝으로 노정분석방법을 적용하여 저자가 분석한 연구결과를 끝으로 소개하기로 한다(제2부 제10장에서도 소개). 조직성과에 영향을 미치는 몇 개의 변수를 이론틀에 따라 선정하여 변수간의 인과관계를 노정분석에 의해 규명했다. 분석을 위한 변수는 종속변수로서 '조직성과', 독

〈표 4-23-17〉 **조직변수의 편회귀분석: 노정모형 Ⅰ**

종속 및 독립변수	t 값	표준편회귀계수(P_{ji})	설명되는 분산비율(R^2)
X_3-커뮤니케이션			.27
X_1-지도성	2.665*	.525	
X_2-종업원수	.074	—	
X_4-조직풍토			.63
X_1-지도성	-1.908^a	$-.324$	
X_2-종업원수	.306	—	
X_3-커뮤니케이션	5.403	.911	
X_5-결정행위			.60
X_1-지도성	.947	—	
X_2-종업원수	-1.539^a	$-.237$	
X_3-커뮤니케이션	1.314^a	.381	
X_4-조직풍토	1.215^a	.304	
X_6-직무만족			.52
X_1-지도성	$-.070$	—	
X_2-종업원수	$-.425$	—	
X_3-커뮤니케이션	.338	—	
X_4-조직풍토	.488	—	
X_5-결정행위	1.900^a	.521	
X_7-조직성과			.74
X_1-지도성	-2.179*	$-.384$	
X_2-종업원수	4.505**	.647	
X_3-커뮤니케이션	$-.485$	—	
X_4-조직풍토	.463	—	
X_5-결정행위	$-.313$	—	
X_6-직무만족	$.092^a$	.018	

*: t의 값이 .05 수준에서 유의. **: t의 값이 .01 수준에서 유의.

a: 이들 값은 .05 수준에서 유의하지 않지만 이론으로 중요하기 때문에 인정하려는 것.

립변수로서 '지도성'·'종업원수'·'커뮤니케이션'·'조직풍토(협의)'·'결정행위' 및 '직무만족' 등이다.

자료는 22개의 수출업체에 종사하는 378명의 관리자급을 대상으로 질문지(부록 I 참조)에 따라 수집했다. 독립변수의 측정은 5점척도에 따랐고, 종속변수는 수출실적 대 불입자본금의 비율과 수출실적 대 종업원수의 비율을 합한 복합지수로 측정되었다.

노정분석을 하기 위해서는 임시로 모델을 정립하여 변수간의 관계를 하나하나 검증해 보아야 한다. 〈표 4-23-17〉에서 볼 수 있듯이 어떤 변수는 유의도가 낮아서 그 관계가 별로 의미가 없다. 즉, 커뮤니케이션·조직풍토·직무만족에 대한 종업원수의 영향이나, 결정행위와 직무만족에 대한 지도성의 영향이나, 직무만족과 조직성과에 대한 커뮤니케이션과 조직풍토 각각의 영향 등은 그리 현저한 정도가 아니어서 일단 논외로 할 수밖에 없다. 유의도는 t의 값으로 판단하는데, 변수중에는 기준(.05나 .01)보다 높은 수준에서라야 의미가 있은 것을 그대로 모델 속에 남겨 놓은 것이 있다. 그것은 그 정도가 기준에서 크게 벗어나지 않거나 또는 이론전개상 중요해서 그렇게 한 것이다.

〈표 4-23-17〉에 따라 유의한 변수관계를 추려서 노정모델 I 을 〈그림 4-23-27〉과 같이 그렸다.

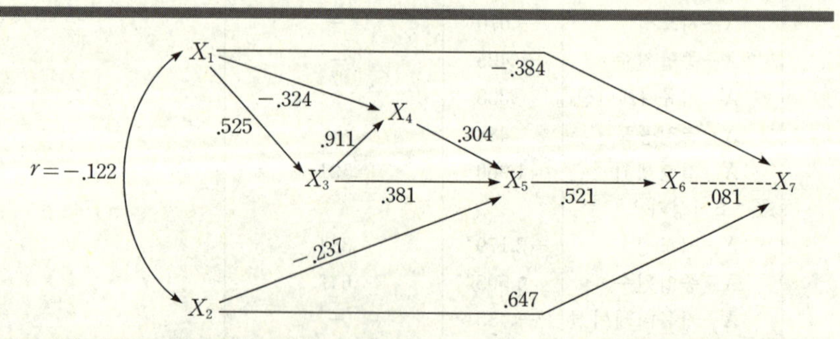

〈그림 4-23-27〉 노정모형 I

위의 모델로 미루어 노정모형Ⅱ를 확정짓기 위해 구조방정식으로 다시 변수간의 표준편회귀계수(노정계수)를 구한다. 방정식은,

$$X_3 = b_{31}X_1 + e_3$$

$$X_4 = b_{41}X_1 + b_{43.1}X_3 + e_4$$

$$X_5 = b_{52 \cdot 34}X_2 + b_{53 \cdot 24}X_3 + b_{54 \cdot 23}X_4 + e_5$$

$$X_6 = b_{65}X_5 + e_6$$

$$X_7 = b_{71 \cdot 26}X_1 + b_{72 \cdot 16}X_2 + b_{76 \cdot 12}X_6 + e_7$$

다시 구한 노정계수는 〈표 4-23-18〉에서 찾아볼 수 있다.

〈표 4-23-18〉 조직변수의 편회귀분석: 노정모형 Ⅱ

종속 및 독립변수	t 값	표준편회귀계수(P_{ji})	설명되는 분산비율(R^2)
X_3-커뮤니케이션			.27
X_1-지도성	2.745*	.523	
X_4-조직풍토			.63
X_1-지도성	-2.003^a	$-.330$	
X_3-커뮤니케이션	5.542**	.912	
X_5-결정작성			.58
X_2-종업원수	-1.617^b	$-.248$	
X_3-커뮤니케이션	2.417*	.550	
X_4-조직풍토	$.909^b$	.207	
X_6-직무만족			.50
X_5-결정행위	4.434**	.704	
X_7-조직성과			.73
X_1-지도성	-3.500**	$-.453$	
X_2-종업원수	5.235**	.659	
X_6-직무만족	$-.215^b$	$-.028$	

*: t의 값이 .05 수준에서 유의. **: t의 값이 .01 수준에서 유의.
a: t의 값이 .06 수준에서 유의. b: t의 값이 .10 수준에서 유의.

끝으로 〈그림 4-23-28〉의 노정모형 Ⅱ는 Ⅰ을 수정한 것이므로 노정계수의 값에 약간씩 변동이 있다. 한 가지 더 추가된 것은 모델에서 각 내부변수는 '설명되지 않은 분산'(unexplained variance or error)의 부분이 있어서 이 영향을 받고 있다고 생각해야 하므로 이 값을 계산해서 넣었다는 점이다. $\sqrt{1-r^2}$의 공식에 따라 구한 값은, 예를 들면 X_3(커뮤니케이션)변수의 경우에 r_2의 값이 〈표 4-23-18〉에서 .27이었으므로 .854가 된다.

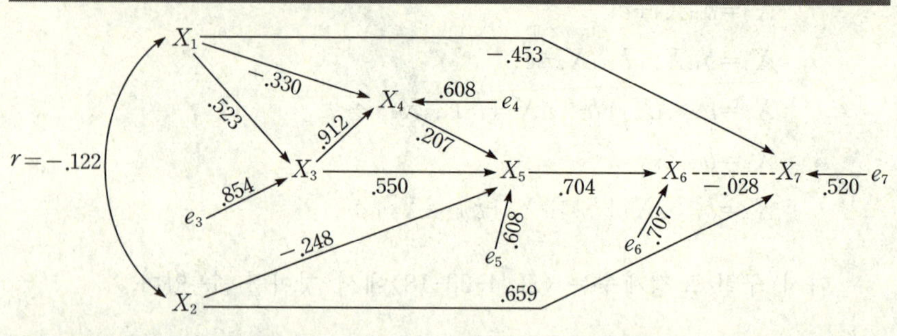

〈그림 4-23-28〉 **노정모형Ⅱ**

이 이외에도 직접효과와 더불어 간접효과도 계산해야 하나, 여기서는 약한다. 또한 모형에 관한 해석과 이론적 논쟁의 여지가 있는 부분에 관한 설명도 원래의 논문에 미룰 수밖에 없다.

이상으로 방법론에 관한 긴 강의를 마친다. 독자들은 나와 함께 실로 어렵고 지루하며, 그러나 때로 지적 호기심과 탐구의 열정으로 충만한 긴 여행을 한 셈이다. 강의는 일단 여기서 마치나 많은 아쉬움이 남는다. 최신의 자료와 보다 자세한 설명은 결국 강단에서 직접 보충할 수밖에 없다. 그리고 책의 맨 뒤에는 실제 조사에 필요한 개념의 조작화 과정이며, 설문지의 표본이며, 현장에서 경험한 기록이며, 통계처리를 위한 수표 등등이 수록되어 있으므로 참고하기 바란다. 실제 조사에서 크게 도움이 되리라고 생각한다.

제4부 참고문헌

강오전. 『통계학』. 서울: 박영사, 1967.

김광웅. "계량분석방법에 의한 후진국발전의 비교연구," 『행정논총』. 10: 1, 1972.

김광웅. "근로자의 권익보호와 조직성과간의 인과관계모형," 미간논문.

김재은. 『통계학방법』. 서울: 익문사, 1970.

서남원. 『경영수학』. 서울: 박영사, 1974.

서울대학교 교양과정부 수학교실 편. 『미분적분학』. 대구: 형설출판사, 1969.

이관우. 『신조사방법론』. 대구: 형설출판사, 1974.

이규호 외 편. 『사회과학의 방법론』. 서울: 현암사, 1973.

Alker, Hayward, Jr. and Bruce M. Russett. 1965. *World Politics in the General Assembly*. New Haven, Conn.: Yale University Press.

Alker, Hayward R., Jr. 1965. *Mathematics and Politics*. New York: Macmillan.

Andrews, Frank M. et al. 1974. *A Guide for Selecting Statistical Techniques for Analyzing Social Science Data*. Ann Arbor, Mich.: The University of Michigan.

Ayers, Frank, Jr. 1964. *Theory and Problems of Differential and Integral Calculus*. New York: McGraw-Hill.

Babbie, Earl and Fred Halley. 1996. *Adventures in Social Research: Data Anaylsis Using SPSS for Windows*.

Babbie, Earl R. 1973. *Survey Research Methods*. Belmont, Calif.: Wadsworth.

Benson, Oliver. 1969. *Political Science Laboratory*. Columbus, Ohio: Charles E. Merrill.

Blalock, Hubert M. 1972. *Social Statistics*. New York: McGraw-Hill.

Blalock, Hubert M., Jr. 1970. *An Introduction to Social Research*. Englewood Cliffs, N.J.: Prentice-Hall.

Blalock, Hubert M., Jr. 1964. *Causal Inference in Nonexperimental Research.* Chapel Hill, N.C.: The University of North Carolina Press.

Blalock, Hubert M., Jr. 1960. *Social Statistics.* New York: McGraw-Hill.

Boudon, Raymond. 1965. "A Method of Linear Causal Analysis: Dependence Analysis," *American Sociological Review.* 30: 3, June.

Campbell, Donald T. and Julian C. Stanley. 1963. *Experimental and Quasi-Experimental Designs for Research.* Chicago: Rand McNally.

Choi, Chang-yoon and Shin, Myung-soon. 1974. "Schools in Korean Political Science: Viewed from Patterns of Communication, 1945-1973," *Social Science Journal.* 2.

Cooley, W. W. and P. R. Lohnes. 1962. *Multivariate Procedures for the Behavioral Sciences.* New York: John Wiley and Sons.

Cultright, Phillips. 1963. "National Political Development: Measurement and Analysis," *American Sociological Review.* 28: 2, April.

Davis, Philips J. 1965. *The Mathematics of Matrices.* Waltham, Mass.: Blaisdell.

Draper, N. R. and H. Smith. 1966. *Applied Regression Analysis.* New York: John Wiley and Sons.

Duncan, Otis Dudley. 1966. "Path Analysis: Sociological Examples," *American Journal of Sociology.* 72: 1, July.

Ezekiel, Mordecai and Karl A. Fox. 1967. *Methods of Correlation and Regression Analysis.* New York: John Wiley and Sons.

Gurr, Ted Robert. 1968. "A Causal Model of Civil Strife: A Comparative Analysis Using New Indices," *American Political Science Review.* 62: 4, December.

Gurr, Ted Robert. 1972. *Politimetrics: An Introduction to Quantitative Macropolitics.* Englewood Cliffs, N.J.: Prentice-Hall.

Harman, Harry H. 1967. *Modern Factor Analysis.* Chicago: The University of Chicago Press.

Isaac, Stephen and William B. Michael. 1971. *Handbook in Research and Evaluation.* San Diago, Calif.: Robert R. Knapp.

Janda, Kenneth. 1969. *Data Processing.* Evanston: Northwestern University Press.

Johnston, J. 1972. *Econometric Methods.* New York: McGraw-Hill.

Kaplan, Abraham. 1964. *The Conduct of Inquiry: Methodology for*

Behavioral Science. San Francisco, Calif.: Chandler Publishing.

Kendall, M. G. 1973. *Time Series*. New York: Hafner,

Kendall, M. G. and A. Stuart. 1966. *The Advanced Theory of Statistics*. New York: Hafner.

Koons, Paul B., Jr. 1962. "Canonical Analysis," in Harold Borko(ed.), *Computer Applications in the Behavioral Sciences*. Englewood Cliffs, N.J.: Prentice-Hall.

Labovitz, Sanford and Rovert Hagedorn. 1971. *Introduction to Social Research*. New York: McGraw-Hill,.

Lee, Chong-bum. 1975. "A Study of Organizational Flexibility in A Bureacratic System: With Special Emphasis on Korean Economic Bureaus." University of Pennsylvania, Ph.D. Dissertation.

Lerner, Daniel. 1958. *The Passing of Traditional Society*. Glencoe, Ill.: The Free Press.

Lipschutz, Seymour. 1968. *Theory and Problems of Linear Algebra*. New York: McGraw-Hill.

Lipset, Seymour Martin. 1959. "Some Social Requisites of Democracy: Economic Development and Political Legitimacy," *American Political Science Review*. 53: 1, March.

Markus, Gregory B. 1974. *Domestic Violence Teaching Package Monograph*. Ann Arbor, Mich.: Inter-University Consortium for Political Research, Institute for Social Research.

McCrone, Donald J. and Charles F. Cnudde. 1967. "Toward A Communications Theory of Democratic Political Development: A Causal Model," *American Political Science Review*. 61: 1, March.

Miles, Matthew B. and A. Michael Huberman. 1994. *Qualitative Data Analysis*. Sage.

Mueller, John E. 1971. "Trends in Popular Support for the Wars in Korea and Vietnam," *American Political Science Review*. 65: 2. June.

Namenwirth, J. Zvi. 1968. "Some Long and Short Term Trends in One American Political Value: A Computer Analysis of Concern with Wealth in Sixty-two Party Platforms," *Computer Studies in the Humanities and Verbal Behavior*. 1, October.

Ness, Gayl D. and Kwang-Woong Kim. 1975. "Organizational Waves: Seasonal Variation in the Korean Family Planning Achievement,"

Mimeo.

Rummel, R. J. 1967. "Understanding Factor Analysis," *Journal of Conflict Resolution*. 11: 4, December.

Rummel, R. J. 1970. *Applied Factor Analysis*. Evanston: Northwestern University Press.

Sawyer, W. W. 1966. *Prelude to Mathematics*. Baltimore: Penguin Book.

Simon, Hubert. 1957. "Spurious Correlation: A Causal Interpretation," in *Models of Man*. New York: John Wiley.

Singer, J. David and Melvin Small. 1966. "The Composition and Status Ordering of the International System, 1815–1940," *World Politics*. 18, January.

Sorensen, Theodore C. 1963. *Decision-Making in the White House*. New York: Columbia University Press.

Sorokin, Pitirim A. 1937. *Social and Cultural Dynamics*, Vol. III: Fluctuations of Social Relationships, War and Revolutions. New York: American Book.

Spiegel, Murray R. 1961. *Theory and Problems of Statistics*. New York: McGraw-Hill.

Taylor, Charles L. and Michael Hudson. 1972. *The World Handbook of Social Political Indicators*, II. New Haven, Conn.: Yale University Press.

Wright, Sewall. 1934. "The Method of Path Coefficients," *Annals of Mathematical Statistics*. 5, September.

Yamane, Taro. 1964. *Statistics, Introductory Analysis*. New York: Harper & Row.

Ziegenhagen, Eduard A. and George Bowlby. 1971. *Techniques for Political Analysis*. Boston: Holbrook Press.

부　록

Ⅰ. 조사표예시, 조사추진과정, 관련서류들

Ⅱ. 통계수표

Ⅲ. 통계공식의 요약

Ⅰ. 조사표예시, 조사추진과정, 관련서류들

여기에 수록한 조사표는 저자가 직접 행한 조사에서 사용한 것이다. 매우 오래된 조사표도 있고 극히 최근 것도 있다. 오래전의 가족계획조사 가운데 특히 조사표 Ⅱ에는 거트만(Guttman) 척도 등 여러 종류의 척도가 있으며, 조사표 Ⅲ에는 라이커트(R. Likert)의 *The Human Organization: Its Management and Value* (New York: McGraw-Hill, 1967)에 있는 20점척도를 응용한 것이다. 문항중에는 긍정과 부정의 방향을 전도시켜 내적 일관성을 검토하려 한 점과 맨 끝에 프로빙을 위한 난이 있음을 주의하기 바란다. 또 하나의 조사표는 수출산업에 종사하는 관리자를 면접하기 위해 작성된 것으로 분석결과는 본문 제23장에 기재했다.

그리고 그 한참 후에 한 의회관련조사는 조사표뿐만 아니라 조사추진일정, 현지감독교수, 조사원을 위한 서류, 감상문을 포함한 조사원들의 기록, 지역별 표본할당부수 등 여느 방법론 책에는 없는 자세한 내용을 수록했다.

Ⅰ-1. 조사표 예시

ECAFE 지역 가족계획사업행정의 비교연구

-한국 가족계획사업의 성과측정을 위한 조직의 결정요인과 요원의 행태를 중심으로-

(조 사 표 Ⅰ)

가족계획사업을 위하여 얼마나 수고가 많으십니까?

1. 서울대학교 행정대학원에서는 유엔·아시아 및 극동경제위원회(UN/ECAFE)의 후원으로 『가족계획사업행정에 관한 국제적 비교연구』를 행하고 있습니다.
2. 이 면접조사는 본 연구 중 지방의 사업시행단위에서의 조직변수와 사업업적간의 관계를 규명하려는 데 목적이 있습니다.
3. 이 연구결과는 통계적으로 처리되며 학문과 사업의 정책면에서 활용될 것입니다.

면접요령: (조사표Ⅰ)은 보건소의 현황에 관한 것으로서 본 대학원의 조사원들이 각 보건소의 행정계장 혹은 사무장의 협조를 받아 진행됩니다.

1973. 10
서울대학교 행정대학원
부설 행정조사연구소

면 접 자	______________
면접일시	___ 월 ___ 일 ___ 시
조사지역	______________ 도
Code	□ – □ – □

보건소 현황

1. 소재지
   (1) ＿＿＿＿ 구·시 보건소
   (2) ＿＿＿＿ 군 보건소
   (3) ＿＿＿＿ 읍·면 보건지소
2. 시설물
   (1) 독립된 보건소 건물 ① ☐ 있다　② ☐ 없다
   (2) 시술장소　① ☐ 있다　② ☐ 없다
3. 건평
   (1) 보건소 ＿＿＿＿ 평
   (2) 가족계획상담실 ＿＿＿＿ 평
4. 가족계획요원은 다음 어느 곳에서 근무하고 계십니까?
   (1) ☐ 보건소에서
   (2) ☐ 면에서
   (3) ☐ 공의에서

요　　원:	① 의사	② 간호원 조산원	③ 간호원	④ 조산원	⑤ 간호 보조원	⑥ 일반 사무직	⑦ 잡부	⑧ 운전사	⑨ 지정의
5. 정　원	＿＿	＿＿	＿＿	＿＿	＿＿	＿＿	＿＿	＿＿	＿＿
6. 현　원	＿＿	＿＿	＿＿	＿＿	＿＿	＿＿	＿＿	＿＿	＿＿
7. 가족계획 요　원	＿＿	＿＿	＿＿	＿＿	＿＿	＿＿	＿＿	＿＿	＿＿
8. 평균근무 기　간	＿＿	＿＿	＿＿	＿＿	＿＿	＿＿	＿＿	＿＿	＿＿
9. 지난 3 월 이　후 이직자수	＿＿	＿＿	＿＿	＿＿	＿＿	＿＿	＿＿	＿＿	＿＿

10. 이직이유
    (1) ＿＿＿＿＿＿＿＿＿＿＿＿＿＿＿＿
    (2) ＿＿＿＿＿＿＿＿＿＿＿＿＿＿＿＿
    (3) ＿＿＿＿＿＿＿＿＿＿＿＿＿＿＿＿
11. 이 보건소 책임자는 다음의 어느 것에 해당됩니까?
    (1) ☐ 의사
    (2) ☐ 일반보건직
    (3) ☐ 일반행정직
    (4) ☐ 기타

(면접자는 다음 항목(12~18)을 확인하고 ∨표시를 할 것)

	① 볼 수 있다	② 볼 수 없다	③ 사용가능	④ 사용불능
12. 진찰실	____	____	____	____
13. 진찰대	____	____	____	____
14. 의약품 창고	____	____	____	____
15. 기타 창고	____	____	____	____
16. 가족계획기구 전시물	____	____	____	____
17. 가족계획포스터	____	____	____	____
18. 기타 홍보자료	____	____	____	____

ECAFE 지역 가족계획사업행정의 비교연구

-한국 가족계획사업의 성과측정을 위한 조직의 결정요인과 요원의 행태를 중심으로-

(조 사 표 Ⅱ)

가족계획사업을 위하여 얼마나 수고가 많으십니까?

1. 서울대학교 행정대학원에서는 유엔·아시아 및 극동경제위원회(UN/ECAFE)의 후원으로 『가족계획사업행정에 관한 국제적 비교연구』를 행하고 있습니다.
2. 이 면접조사는 본 연구 중 지방의 사업시행단위에서의 조직변수와 사업업적간의 관계를 규명하려는 데 목적이 있습니다.
3. 이 연구결과는 통계적으로 처리되며 학문과 사업의 정책면에서 활용될 것입니다.

면접요령: (조사표Ⅱ)는 각 시·군 보건소의 가족계획요원 및 지도원들을 대상으로 본 대학원의 조사원들이 면접조사를 실시합니다.

1973. 10
서울대학교 행정대학원
부설 행정조사연구소

면접순위	Ⅱ- ______ 면접자 ________
면접일시	월 일 시
조사지역	도 보건소
Code	□ - □ - □

Ⅰ. 일반적 기술

1. 선생님은 다음 어느 직종에 해당되십니까?
   (1) □ 의사 (2) □ 간호원/조산원 (3) □ 간호원
   (4) □ 조산원 (5) □ 간호보조원
2. 연령 만 ____ 세 3. 성별 (1) □ 남 (2) □ 여
4. 결혼상태
   (1) □ 미혼 (2) □ 기혼 (3) □ 이혼
   (4) □ 별거 (5) □ 사별
5. 자녀의 수
   (1) 남 ____ 명 (2) 여 ____ 명 (3) 합계 ____ 명
6. 선생님은 현재 가족계획을 하고 계십니까?
   (1) □ 한다 ① ____________ 방법 ② ____________ 개월
   (2) □ 안한다
   (3) □ 해당없음(미혼 · 미망인의 경우)
7. 선생님은 과거에 가족계획을 하신 경험이 있습니까?
   (1) □ 하였다 ① ____________ 방법 ② ____________ 개월
   (2) □ 안하였다
   (3) □ 해당없음
8. 선생님은 종교를 갖고 계십니까?
   (1) □ 있다 ① □ 불교 ② □ 기독교 ③ □ 천주교
   ④ □ 기타 ____
   (2) □ 없다
9. (8-(1)의 경우) 선생님의 신앙은 어느 정도이십니까?

   강하다 ———— 보통이다 ———— 약하다
   □ □ □

Ⅱ. 기술적 배경

10. 선생님의 교육정도는 어떠하십니까?
    (1) □ 대학원 (2) □ 대졸(전문학교포함) (3) □ 대퇴
    (4) □ 고졸 (5) □ 고퇴 (6) □ 중졸
    (7) □ 국졸 (8) □ 독학
11. 선생님이 받으신 가족계획관계의 훈련에 관하여 말씀하여 주십시오.

구분 / 횟수	종 류 (옥내, 시찰)	과정내용 (기초훈련, 재훈련, 선임요원훈련 등)	장 소	기 간
1				
2				
3				
4				
5				

12. 선생님은 가족계획사업에 종사하기 이전에 주로 어떤 일을 하셨습니까?(최근부터 과거로)

(1) ________________ 년

(2) ________________ 년

(3) ________________ 년

Ⅲ. 의사소통의 능력정도

	1 없음	2 1/2이하	3 1/2	4 1/2이상	5 전부
13. 선생님과 같은 종교를 갖는 수용자의 비율은?	____	____	____	____	____
14. 선생님과 같은 고장 출신의 수용자의 비율은?	____	____	____	____	____

15. 선생님의 고향은 어디입니까?

_____ 도 _____ 시·군 _____ 읍·면

16. 선생님은 이 군에서 얼마나 오래 살고 계십니까?

(1) □ 태어나서부터

(2) □ 5세 이후 현재까지

(3) □ 가족계획업무에 종사하기 5년 전부터

(4) □ 가족계획업무 이후

17. 선생님은 이 지방 시민을 얼마나 잘 알고 있다고 생각하십니까?

(1) □ 매우 잘 알고 있다.

(2) □ 오랫동안 알고 있다.

(3) □ 몇몇 사람만 잘 알고 있다.

(4) □ 잘 알지 못하고 약간 소외된 감이 든다.

(5) □ 아무도 알지 못하고 매우 소원한 감이 든다.

18. 선생님은 이 보건소에 얼마나 오래 종사하셨습니까? ____________ 개월

19. 선생님은 가족계획사업에 얼마나 오래 종사하셨습니까? ____________ 개월

Ⅳ. 지 원

20. 다음 항목 중에서 선생님이나 선생님의 보건소가 부족하다고 경험하신 것을 소개하여 주십시오.

	항상 1	보통 2	가끔 3	별로없음 4	전혀없음 5	해당없음 0
(1) 피임기구	___	___	___	___	___	___
(2) 보건시설	___	___	___	___	___	___
(3) 기타 의료품	___	___	___	___	___	___
(4) 진 찰 대	___	___	___	___	___	___
(5) 대 기 실	___	___	___	___	___	___
(6) 교통수단	___	___	___	___	___	___
(7) 인 원	___	___	___	___	___	___
① 의 사	___	___	___	___	___	___
② 간호원	___	___	___	___	___	___
(8) 봉 급	___	___	___	___	___	___
(9) 기타급여						
① 교통비(출장비)	___	___	___	___	___	___
② 잡 비	___	___	___	___	___	___
③ 수당(권장비)	___	___	___	___	___	___

21. 다음 항목 중에서 선생님이나 선생님의 보건소가 필요로 하는 것의 수령이 지연된 것을 경험하셨습니까?

	항상 1	보통 2	가끔 3	별로없음 4	전혀없음 5	해당없음 0
(1) 피임기구	___	___	___	___	___	___
(2) 홍보자료	___	___	___	___	___	___
(3) 보건기구	___	___	___	___	___	___
(4) 기타 의료품, 약품	___	___	___	___	___	___
(5) 교통수단	___	___	___	___	___	___
(6) 인 원						
① 의 사	___	___	___	___	___	___
② 간호원	___	___	___	___	___	___
(7) 봉 급	___	___	___	___	___	___
(8) 기타급여						
① 교통비(출장비)	___	___	___	___	___	___
② 잡 비	___	___	___	___	___	___
③ 수당(권장비)	___	___	___	___	___	___

V. 접촉과 지지

22. 선생님은 가족계획사업을 위하여 다음 사람들을 얼마나 자주 만나십니까?

	매일 1	매주 2	격주 3	매월 4	몇개월 5	거의없음 6
(1) 도의 보건과장	___	___	___	___	___	___
(2) 도의 가족계획계장	___	___	___	___	___	___
(3) 도의 가족계획전담지도원	___	___	___	___	___	___
(4) 보건소 소장	___	___	___	___	___	___
(5) 보건소 행정계장	___	___	___	___	___	___
(6) 보건소 선임지도원	___	___	___	___	___	___
(7) ① (시보건소) 시장	___	___	___	___	___	___
② (군보건소) 군수	___	___	___	___	___	___
③ (읍면보건소) 읍·면장	___	___	___	___	___	___
(8) 가족계획협회 (시도지부요원, 간사)	___	___	___	___	___	___
(9) 어머니회 회장 또는 회원	___	___	___	___	___	___
(10) 결핵관리요원	___	___	___	___	___	___
(11) 모자보건요원	___	___	___	___	___	___
(12) 가족계획연구원 요원	___	___	___	___	___	___
(13) 기타기관의 요원(협회본부요원, 중앙부처요원, 지서장, 예비군 중대장, 학교장 등)						
① ___________	___	___	___	___	___	___
② ___________	___	___	___	___	___	___
③ ___________	___	___	___	___	___	___

23. (22의 각 사람들로부터) 당신은 얼마나 직접 지지와 도움을 받고 계십니까?

	매우많이 1	약간 2	별로 3	거의없음 4
(1) 도의 보건과장	___	___	___	___
(2) 도의 가족계획계장	___	___	___	___
(3) 도의 가족계획전담지도원	___	___	___	___
(4) 보건소 소장	___	___	___	___
(5) 보건소 행정계장	___	___	___	___
(6) 보건소 선임지도원	___	___	___	___
(7) ① (시보건소) 시장	___	___	___	___
② (군보건소) 군수	___	___	___	___
③ (읍면보건소) 읍·면장	___	___	___	___

(8) 가족계획협회(시도 지부요원, 간사)	___	___	___	___
(9) 어머니회 회장 또는 회원	___	___	___	___
(10) 결핵관리요원	___	___	___	___
(11) 모자보건요원	___	___	___	___
(12) 가족계획연구원 요원	___	___	___	___
(13) 기타기관의 요원	___	___	___	___
① ________	___	___	___	___
② ________	___	___	___	___
③ ________	___	___	___	___

24. 귀하가 가족계획사업 이외의 다른 활동에 소요하는 시간은 하루에 얼마나 된다고 생각하십니까? (예: 모자보건, T.B., 새마을사업 등…)
   (1) 농번기(5, 6, 7, 9, 10, 11월)의 경우 __________ 시간
   (2) 농한기(1, 2, 3, 4, 8, 12월)의 경우 __________ 시간

Ⅵ. 태 도

A. 수용자에 대한 태도

이곳 주민들은 :	전적동의 1	동 의 2	반 대 3	전적반대 4
1. 새로운 아이디어를 잘 받아들인다.	___	___	___	___
2. 매우 지적이다.	___	___	___	___
3. 매우 점잖고 친절하다.	___	___	___	___
4. 우리를 믿고 모든 문제를 상의한다.	___	___	___	___
5. 매우 열심히 일하고 진취적이다.	___	___	___	___
6. 지시사항을 이해하고 잘 따른다.	___	___	___	___
7. 미신을 믿고 새로운 일을 하려고 하지 않는다.	___	___	___	___
8. 매우 퇴보적이며 무지하다.	___	___	___	___
9. 매우 버릇없고 불쾌감을 준다.	___	___	___	___
10. 우리를 좋아하지 않고 믿지도 않는다.	___	___	___	___
11. 매우 게으르며 앞일을 생각하지 않는다.	___	___	___	___
12. 매우 무지하여 지시사항을 이해하지 못하고 따르려 하지도 않는다.	___	___	___	___

B. 동료들에 대한 태도

이곳에서 나와 함께 일하는 동료들은 :				
1. 매우 우호적이고 협동적이다.	___	___	___	___

2. 많은 수용자를 확보하려고 노력한다. ___ ___ ___ ___
3. 문제를 의논하고 서로 돕는다. ___ ___ ___ ___
4. 하여야 할 일을 알고 일을 잘한다. ___ ___ ___ ___
5. 서로 믿고 돕는다. ___ ___ ___ ___
6. 언제나 비우호적이고 비협동적이다. ___ ___ ___ ___
7. 수용자의 확보와 가족계획사업에 관심을 두지 않는 것 같다. ___ ___ ___ ___
8. 생각을 나타내지 않고 도움을 청하지도 않는다. ___ ___ ___ ___
9. 훈련되지 않았고 무엇을 하여야 할지도 모르는 것 같다. ___ ___ ___ ___
10. 서로 불신하고 의심한다. ___ ___ ___ ___

C. 가족계획사업에 대한 태도

가족계획사업은 :

1. 필요로 하는 사람에게 도움이 된다. ___ ___ ___ ___
2. 이 지역의 복지를 위하여 매우 중요하다. ___ ___ ___ ___
3. 정부로부터 강력한 지원을 받고 있다. ___ ___ ___ ___
4. 이 지방주민으로부터 강력한 지지를 받고 있다. ___ ___ ___ ___
5. 이 지방의 여타 정부기관으로부터 많은 지원을 받고 있다. ___ ___ ___ ___
6. 주민들에게 큰 도움이 안 된다. ___ ___ ___ ___
7. 결국에는 이 지역을 위하여 해로울 것이다. ___ ___ ___ ___
8. 정부로부터 많은 지원을 받지 않고 있다. ___ ___ ___ ___
9. 이 지방주민이 반발하고 있다. ___ ___ ___ ___
10. 여타 정부기관으로부터 지원을 받지 못하고 있다. ___ ___ ___ ___

D. 피면접자의 직업에 대한 태도

나는 :

1. 나의 직업에 흥미를 느낀다. ___ ___ ___ ___
2. 나의 직업을 좋아한다. ___ ___ ___ ___
3. 다른 직업으로 바꿀 생각이 없다. ___ ___ ___ ___
4. 이 일을 함으로써 중요하고 보람있는 일을 한다고 생각한다. ___ ___ ___ ___
5. 나의 동료에게 이 직업을 권하고 싶다. ___ ___ ___ ___
6. 나의 직업에 보통 싫증을 느낀다. ___ ___ ___ ___

7. 나의 직업을 싫어한다. ____ ____ ____ ____
8. 다른 직업으로 바꾸고 싶다. ____ ____ ____ ____
9. 내 일은 보람이 없다고 느낀다. ____ ____ ____ ____
10. 이 직업을 권하고 싶지 않다. ____ ____ ____ ____
11. 선생님의 직업에 대해 흥미를 갖게 되는 원인은 무엇입니까?

____

____

12. 선생님의 직업에 대해 싫증을 느끼시는 원인은 무엇입니까?

____

____

13. 가족계획을 수행해 나가시는 데 당면하는 애로사항과 건의하실 사항 하나씩을 말씀해 주시기 바랍니다.

① 애로사항 ________________________________

____

② 건의사항 ________________________________

____

ECAFE 지역 가족계획사업행정의 비교연구

-한국 가족계획사업의 성과측정을 위한 조직의 결정요인과 요원의 행태를 중심으로-

(조 사 표 Ⅲ)

가족계획사업을 위하여 얼마나 수고가 많으십니까?

1. 서울대학교 행정대학원에서는 유엔·아시아 및 극동경제위원회(UN/ECAFE)의 요청으로『가족계획사업행정에 관한 국제적 비교연구』를 행하고 있습니다.
2. 이 면접조사는 본 연구 중 지방의 사업시행단위에서의 조직변수와 사업업적간의 관계를 규명하려는 데 목적이 있습니다.
3. 이 연구결과는 통계적으로 처리되며 학문과 사업의 정책면에서 활용될 것입니다.

1973. 10
서울대학교 행정대학원
부설 행정조사연구소

면접순위	Ⅲ- ____ 면접자 ____
면접일시	월 일 시
조사지역	도 보건소
Code	□-□-□

면접요령:

1. 피면접자가 1년 미만 근무한 경우에는 해당점수 위에 "n"자만 기입한다.
2. 피면접자가 1년 이상 근무한 경우에는 현재와 1년 전의 상황을 각각 물어서 현재에는 해당점수에 역시 "n"자를, 1년 전의 경우에는 "p"자를 기입한다.
3. 본문에서의 상급자는 직접 혹은 일반 상급자로 도의 보사국장, 보건과장, 가족계획계장, 전담지도원, 보건소의 소장이나 행정계장 등을 포괄하는 의미이다.
4. 면접자는 면접하는 가운데 5개의 문항을 골라(추출 요령은 전체 1~25문항 중 첫 번째 피면접자에게는 문항 1. 6. 11. 16. 21을, 두 번째 피면접자에게는 문항 2. 7. 12. 17. 22를 묻는 방식으로 점차 행한다) 이에 대한 예를 들어 경험한 사실을 듣거나 혹은 좀더 자세한 설명을 해 달라고 요청하여 별첨된 종이에 기록한다.

면접자의 개별사항

1. 연　　령: 만 ____ 세
2. 성　　별: (1) ☐ 남　(2) ☐ 여
3. 근무연한: 만 ____ 년 ____ 개월
4. 교육정도: (1) ☐ 대학원　(2) ☐ 대졸(전문학교 포함)　(3) ☐ 대퇴
　(4) ☐ 고졸　(5) ☐ 고퇴　(6) ☐ 중졸
　(7) ☐ 국졸　(8) ☐ 독학
5. 직　　책: (1) ☐ 도 가족계획계장　(2) ☐ 도 전담지도원
　(3) ☐ 군 내무과장　(4) ☐ 면장
　(5) ☐ 보건소장　(6) ☐ 보건소 사무장
　(7) ☐ 보건소 행정계장　(8) ☐ 선임지도원
　(9) ☐ 일반지도원　(10) ☐ 읍면 계몽원

Ⅰ. 지도성 과정

1. 선생님의 상급자는 가족계획요원을 어느 정도 신뢰하고 있다고 생각하십니까?

전혀 신뢰하지 않는다.	주종관계와 같이 약간 신뢰할 뿐이다.	신뢰하지만 여전히 통제하려 한다.	거의 완전히 신뢰한다.
1　2　3　4　5	6　7　8　9　10	11　12　13　14　15	16　17　18　19　20

2. 가족계획요원은 어느 정도 상급자를 믿고 일합니까?

전혀 믿지 않는다.	주종관계와 같이 약간 믿고 신뢰할 뿐이다.	믿고 일하지만 완전치 못하다.	완전히 믿고 일한다.
1　2　3　4　5	6　7　8　9　10	11　12　13　14　15	16　17　18　19　20

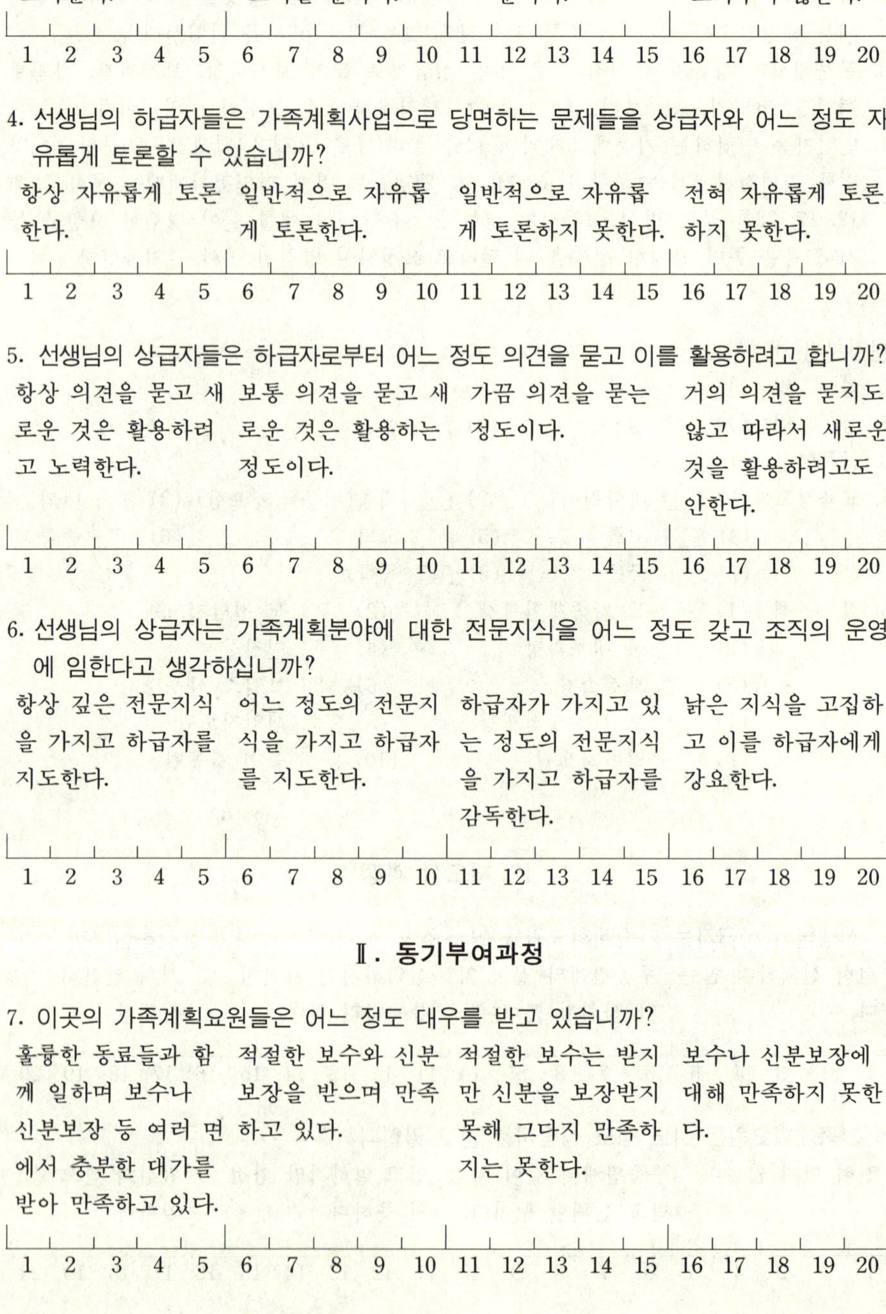

3. 선생님의 상급자는 어느 정도 하급자가 일할 수 있도록 도와줍니까?

항상 지지해 주고 도와준다.	지지해 주고 가끔 도와줄 뿐이다.	약간 도와줄 뿐이다.	과오만을 들추고 도와주지 않는다.
1 2 3 4 5	6 7 8 9 10	11 12 13 14 15	16 17 18 19 20

4. 선생님의 하급자들은 가족계획사업으로 당면하는 문제들을 상급자와 어느 정도 자유롭게 토론할 수 있습니까?

항상 자유롭게 토론한다.	일반적으로 자유롭게 토론한다.	일반적으로 자유롭게 토론하지 못한다.	전혀 자유롭게 토론하지 못한다.
1 2 3 4 5	6 7 8 9 10	11 12 13 14 15	16 17 18 19 20

5. 선생님의 상급자들은 하급자로부터 어느 정도 의견을 묻고 이를 활용하려고 합니까?

항상 의견을 묻고 새로운 것은 활용하려고 노력한다.	보통 의견을 묻고 새로운 것은 활용하는 정도이다.	가끔 의견을 묻는 정도이다.	거의 의견을 묻지도 않고 따라서 새로운 것을 활용하려고도 안한다.
1 2 3 4 5	6 7 8 9 10	11 12 13 14 15	16 17 18 19 20

6. 선생님의 상급자는 가족계획분야에 대한 전문지식을 어느 정도 갖고 조직의 운영에 임한다고 생각하십니까?

항상 깊은 전문지식을 가지고 하급자를 지도한다.	어느 정도의 전문지식을 가지고 하급자를 지도한다.	하급자가 가지고 있는 정도의 전문지식을 가지고 하급자를 감독한다.	낡은 지식을 고집하고 이를 하급자에게 강요한다.
1 2 3 4 5	6 7 8 9 10	11 12 13 14 15	16 17 18 19 20

Ⅱ. 동기부여과정

7. 이곳의 가족계획요원들은 어느 정도 대우를 받고 있습니까?

훌륭한 동료들과 함께 일하며 보수나 신분보장 등 여러 면에서 충분한 대가를 받아 만족하고 있다.	적절한 보수와 신분보장을 받으며 만족하고 있다.	적절한 보수는 받지만 신분을 보장받지 못해 그다지 만족하지는 못한다.	보수나 신분보장에 대해 만족하지 못한다.
1 2 3 4 5	6 7 8 9 10	11 12 13 14 15	16 17 18 19 20

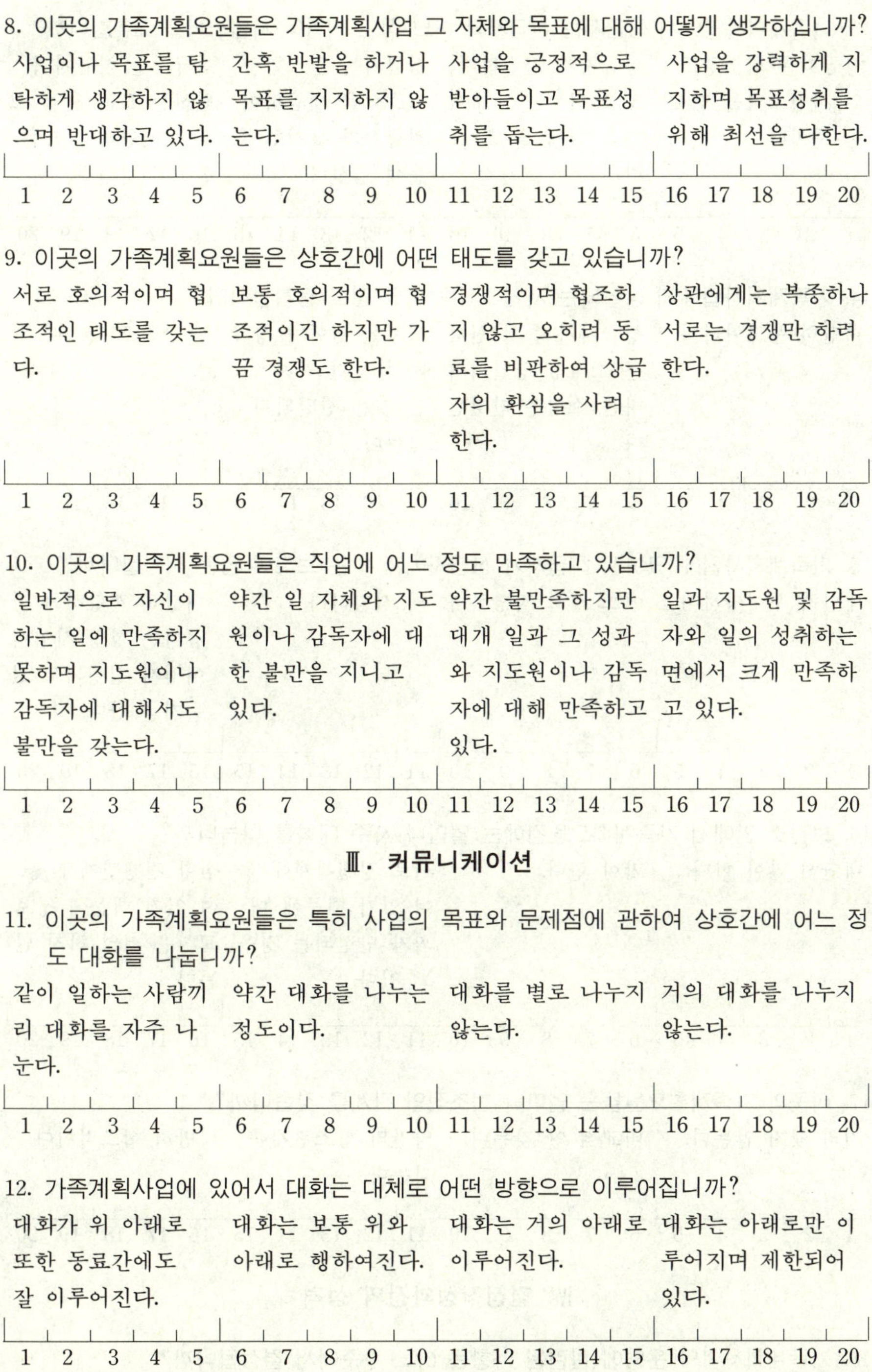

8. 이곳의 가족계획요원들은 가족계획사업 그 자체와 목표에 대해 어떻게 생각하십니까?

사업이나 목표를 탐탁하게 생각하지 않으며 반대하고 있다.	간혹 반발을 하거나 목표를 지지하지 않는다.	사업을 긍정적으로 받아들이고 목표성취를 돕는다.	사업을 강력하게 지지하며 목표성취를 위해 최선을 다한다.
1 2 3 4 5	6 7 8 9 10	11 12 13 14 15	16 17 18 19 20

9. 이곳의 가족계획요원들은 상호간에 어떤 태도를 갖고 있습니까?

서로 호의적이며 협조적인 태도를 갖는다.	보통 호의적이며 협조적이긴 하지만 가끔 경쟁도 한다.	경쟁적이며 협조하지 않고 오히려 동료를 비판하여 상급자의 환심을 사려한다.	상관에게는 복종하나 서로는 경쟁만 하려한다.
1 2 3 4 5	6 7 8 9 10	11 12 13 14 15	16 17 18 19 20

10. 이곳의 가족계획요원들은 직업에 어느 정도 만족하고 있습니까?

일반적으로 자신이 하는 일에 만족하지 못하며 지도원이나 감독자에 대해서도 불만을 갖는다.	약간 일 자체와 지도원이나 감독자에 대한 불만을 지니고 있다.	약간 불만족하지만 대개 일과 그 성과와 지도원이나 감독자에 대해 만족하고 있다.	일과 지도원 및 감독자와 일의 성취하는 면에서 크게 만족하고 있다.
1 2 3 4 5	6 7 8 9 10	11 12 13 14 15	16 17 18 19 20

Ⅲ. 커뮤니케이션

11. 이곳의 가족계획요원들은 특히 사업의 목표와 문제점에 관하여 상호간에 어느 정도 대화를 나눕니까?

같이 일하는 사람끼리 대화를 자주 나눈다.	약간 대화를 나누는 정도이다.	대화를 별로 나누지 않는다.	거의 대화를 나누지 않는다.
1 2 3 4 5	6 7 8 9 10	11 12 13 14 15	16 17 18 19 20

12. 가족계획사업에 있어서 대화는 대체로 어떤 방향으로 이루어집니까?

대화가 위 아래로 또한 동료간에도 잘 이루어진다.	대화는 보통 위와 아래로 행하여진다.	대화는 거의 아래로 이루어진다.	대화는 아래로만 이루어지며 제한되어 있다.
1 2 3 4 5	6 7 8 9 10	11 12 13 14 15	16 17 18 19 20

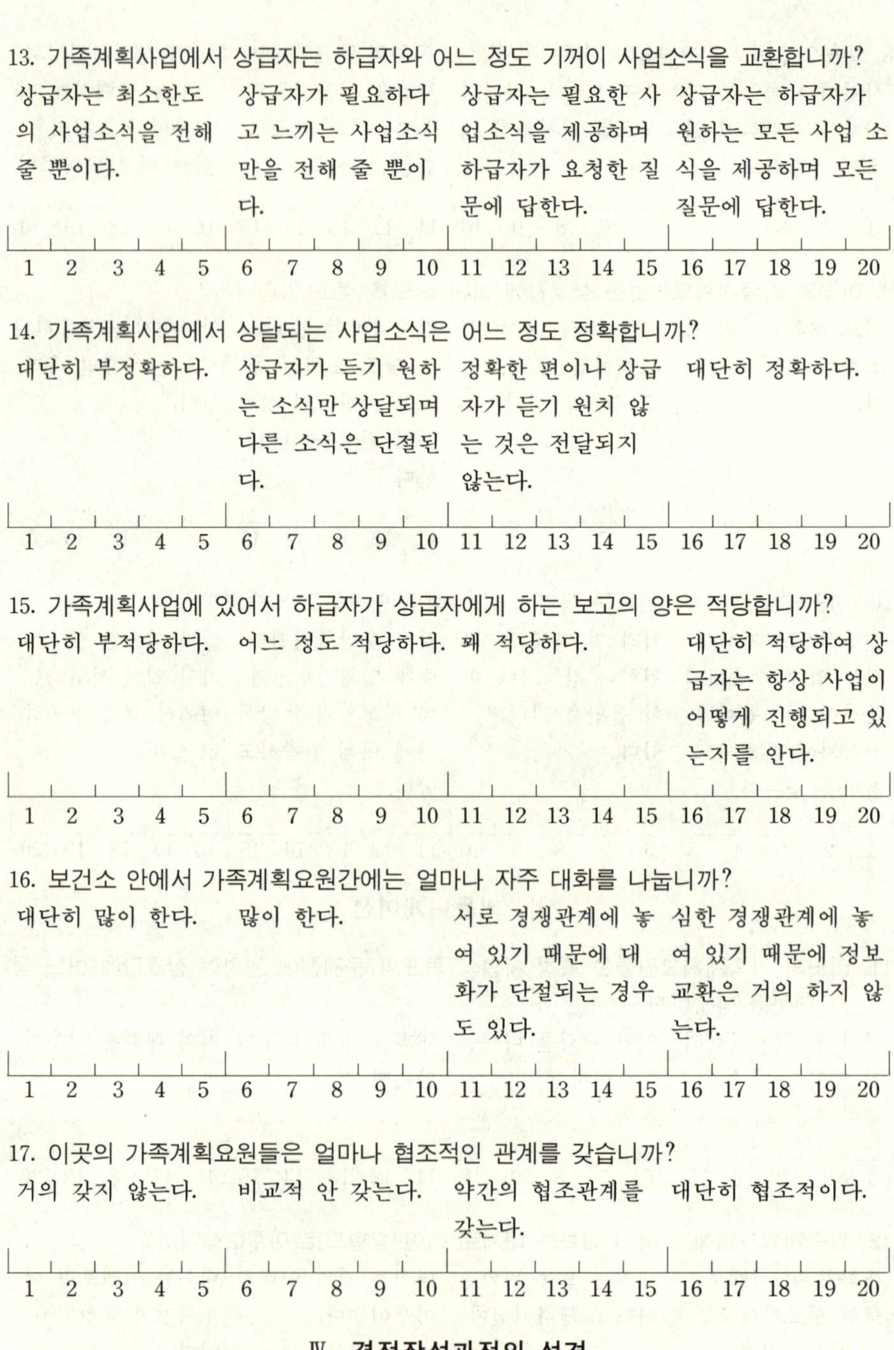

13. 가족계획사업에서 상급자는 하급자와 어느 정도 기꺼이 사업소식을 교환합니까?

1 2 3 4 5	6 7 8 9 10	11 12 13 14 15	16 17 18 19 20
상급자는 최소한도의 사업소식을 전해 줄 뿐이다.	상급자가 필요하다고 느끼는 사업소식만을 전해 줄 뿐이다.	상급자는 필요한 사업소식을 제공하며 하급자가 요청한 질문에 답한다.	상급자는 하급자가 원하는 모든 사업 소식을 제공하며 모든 질문에 답한다.

14. 가족계획사업에서 상달되는 사업소식은 어느 정도 정확합니까?

1 2 3 4 5	6 7 8 9 10	11 12 13 14 15	16 17 18 19 20
대단히 부정확하다.	상급자가 듣기 원하는 소식만 상달되며 다른 소식은 단절된다.	정확한 편이나 상급자가 듣기 원치 않는 것은 전달되지 않는다.	대단히 정확하다.

15. 가족계획사업에 있어서 하급자가 상급자에게 하는 보고의 양은 적당합니까?

1 2 3 4 5	6 7 8 9 10	11 12 13 14 15	16 17 18 19 20
대단히 부적당하다.	어느 정도 적당하다.	꽤 적당하다.	대단히 적당하여 상급자는 항상 사업이 어떻게 진행되고 있는지를 안다.

16. 보건소 안에서 가족계획요원간에는 얼마나 자주 대화를 나눕니까?

1 2 3 4 5	6 7 8 9 10	11 12 13 14 15	16 17 18 19 20
대단히 많이 한다.	많이 한다.	서로 경쟁관계에 놓여 있기 때문에 대화가 단절되는 경우도 있다.	심한 경쟁관계에 놓여 있기 때문에 정보교환은 거의 하지 않는다.

17. 이곳의 가족계획요원들은 얼마나 협조적인 관계를 갖습니까?

1 2 3 4 5	6 7 8 9 10	11 12 13 14 15	16 17 18 19 20
거의 갖지 않는다.	비교적 안 갖는다.	약간의 협조관계를 갖는다.	대단히 협조적이다.

Ⅳ. 결정작성과정의 성격

18. 가족계획사업의 운영에 관련된 사항은 어느 수준에서 결정됩니까?

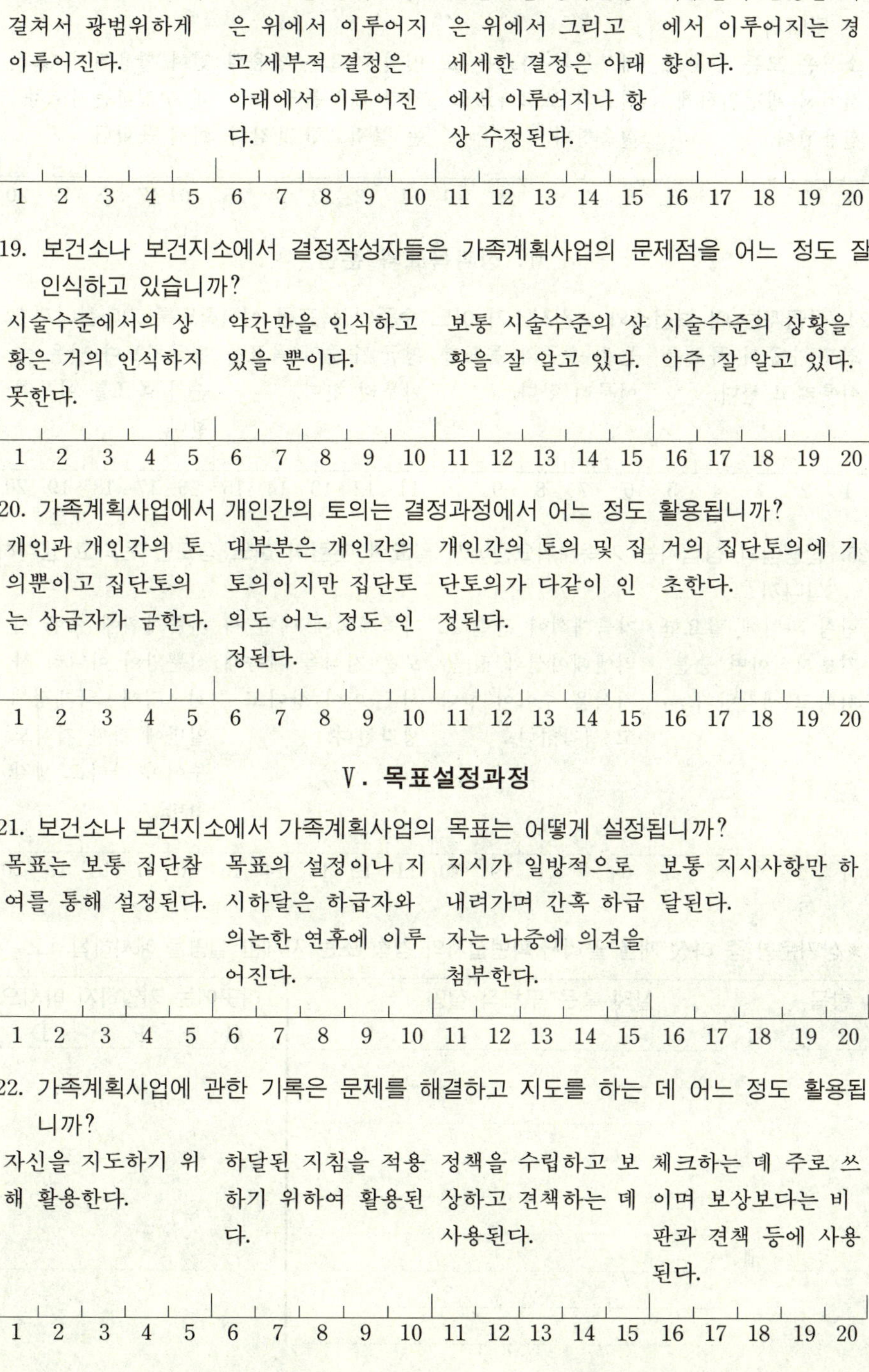

결정은 모든 조직에 걸쳐서 광범위하게 이루어진다.	전반적인 정책결정은 위에서 이루어지고 세부적 결정은 아래에서 이루어진다.	전반적인 정책결정은 위에서 그리고 세세한 결정은 아래에서 이루어지나 항상 수정된다.	대부분의 결정은 위에서 이루어지는 경향이다.

1 2 3 4 5 6 7 8 9 10 11 12 13 14 15 16 17 18 19 20

19. 보건소나 보건지소에서 결정작성자들은 가족계획사업의 문제점을 어느 정도 잘 인식하고 있습니까?

시술수준에서의 상황은 거의 인식하지 못한다.	약간만을 인식하고 있을 뿐이다.	보통 시술수준의 상황을 잘 알고 있다.	시술수준의 상황을 아주 잘 알고 있다.

1 2 3 4 5 6 7 8 9 10 11 12 13 14 15 16 17 18 19 20

20. 가족계획사업에서 개인간의 토의는 결정과정에서 어느 정도 활용됩니까?

개인과 개인간의 토의뿐이고 집단토의는 상급자가 금한다.	대부분은 개인간의 토의이지만 집단토의도 어느 정도 인정된다.	개인간의 토의 및 집단토의가 다같이 인정된다.	거의 집단토의에 기초한다.

1 2 3 4 5 6 7 8 9 10 11 12 13 14 15 16 17 18 19 20

Ⅴ. 목표설정과정

21. 보건소나 보건지소에서 가족계획사업의 목표는 어떻게 설정됩니까?

목표는 보통 집단참여를 통해 설정된다.	목표의 설정이나 지시하달은 하급자와 의논한 연후에 이루어진다.	지시가 일방적으로 내려가며 간혹 하급자는 나중에 의견을 첨부한다.	보통 지시사항만 하달된다.

1 2 3 4 5 6 7 8 9 10 11 12 13 14 15 16 17 18 19 20

22. 가족계획사업에 관한 기록은 문제를 해결하고 지도를 하는 데 어느 정도 활용됩니까?

자신을 지도하기 위해 활용한다.	하달된 지침을 적용하기 위하여 활용된다.	정책을 수립하고 보상하고 견책하는 데 사용된다.	체크하는 데 주로 쓰이며 보상보다는 비판과 견책 등에 사용된다.

1 2 3 4 5 6 7 8 9 10 11 12 13 14 15 16 17 18 19 20

23. 보건소나 보건지소가 수집하거나 보고한 소식은 어느 정도 가족계획사업에 활용 됩니까?

소식은 모든 수준에 결쳐서 광범위하게 활용된다.	대부분의 자료는 요원들의 보고자료로 활용한다.	몇몇 자료는 활용되지만 대부분의 보고는 불필요한 것 같다.	전혀 활용되지 않고 왜 수집하는지조차 이해 못한다

1 2 3 4 5 6 7 8 9 10 11 12 13 14 15 16 17 18 19 20

Ⅵ. 성과목표와 훈련

24. 상급자는 이 보건소와 보건지소가 어느 수준의 목표를 성취하도록 기대합니까?

최고 수준의 목표를 이루려고 한다.	높은 수준의 목표를 이루려 한다.	평균 수준의 목표를 이루려 한다.	평균치보다 낮은 수준의 목표를 이루려 한다.

1 2 3 4 5 6 7 8 9 10 11 12 13 14 15 16 17 18 19 20

25. 선생님의 상급자는 가족계획요원에게 필요한 훈련이 어느 정도면 된다고 생각하십니까?

현황 파악에 필요한 기초지식이면 충분하다고 생각한다.	가족계획에 관한 오리엔테이션과 전문지식을 주어야 한다고 생각한다.	가족계획에 대한 새로운 지식을 계속해서 주어야 한다고 생각한다.	가족계획에 대한 지식뿐만이 아니라 사회·경제·국제정세 일반에 관한 지식도 주어야 한다고 생각한다.

1 2 3 4 5 6 7 8 9 10 11 12 13 14 15 16 17 18 19 20

※상기문항 중 다섯 개를 골라서 피면접자의 경험 또는 자세한 설명을 예시하십시오.

항목	실례 혹은 구체적 설명	이곳에는 기입하지 마시오.		
		C	R	D
____	Ⅰ. ____	____	____	____
____	Ⅱ. ____	____	____	____
____	Ⅲ. ____	____	____	____

______ Ⅳ. ______________________________ | ______ ______ ______
____
____

______ Ⅴ. ______________________________ | ______ ______ ______
____
____

※가족계획사업을 수행해 나가시는 데 당면한 애로사항과 건의하실 사항 하나씩만을 말씀해 주시기 바랍니다.

① 애로사항 ______________________________

② 건의하실 사항 ______________________________

조직행태와 조직성과간의 인과관계모형연구

(조 사 표)

〈인 사 말〉

저희 대학원에서는 학문적 관심에서 조직의 행태에 관한 다각적인 연구를 진행하고 있습니다.

그 일환으로 수출의 증대가 경제성장에 기여하는 비중을 감안하여 수출업체의 생산성이 높아지는 원인에는 여러 가지가 있겠지만 우선 조직 구성원의 만족도와 조직의 행태적 특성이 어느 정도 작용하리라 생각하고 이에 관한 자료를 모으고 있습니다.

조직행태와 조직성과간의 인관관계모형정립이라는 이름 아래 전국적으로 실시하는 이 연구는 전혀 학문적인 것이지만 의미있는 결과가 나올 때 수출산업의 증진이라는 국가정책에 이바지할 수 있다고 확신합니다.

이런 뜻에서 회사의 관리에 직접 간접으로 관여하시는 선생님께서 응답해 주시는 내용 하나하나는 귀한 자료로 연구의 밑거름이 될 것임을 말씀드리면서 다음 장에 있는 응답 요령에 따라 하나하나 체크해 주시기 바랍니다.

아울러 이 자료는 전혀 익명으로 통계처리에만 사용될 것입니다. 선생님의 협조를 앙청합니다.

1975. 5

서울대학교 행정대학원
행정조사연구소

면접일시 ______ 월 ______ 일
조사지역 ____________

〈응 답 요 령〉

(1) 다음 여러 항목(1번부터 33번까지)들을 읽으시고,
(2) 각 항목이 요구하는 내용을 기입하거나, ( )안에 표를 하시되,
(3) 특히 8번 항목 이후부터는 다섯 개의 문항 중 선생님의 생각에 맞는 것을 하나만 골라 ( )속에 표를 하십시오.

(보기)

항 목	적극찬성	찬 성	중 립	반 대	전적반대
한주에 5일간 근무하는 데 대하여	( )	(○)	( )	( )	( )

Ⅰ. 일반사항

1. 연　　령: 만 _____ 세
2. 성　　별: (1) ( ) 남　　(2) ( ) 여
3. 근무연한: 만　　년　　개월
4. 교육정도: (1) ( ) 대학원　(2) ( ) 대졸(전문학교 포함)　(3) ( ) 대퇴
   (4) ( ) 고졸　(5) ( ) 고퇴　(6) ( ) 중졸
   (7) ( ) 국졸　(8) ( ) 독학
5. 부양가족수: _____ 명
6. 임금수준: (1) ( ) 30,000원 미만
   (수당포함) (2) ( ) 30,000-50,000원 미만
   (3) ( ) 50,000-70,000원 미만
   (4) ( ) 70,000-90,000원 미만
   (5) ( ) 90,000-110,000원 미만
   (6) ( ) 110,000원 이상
7. 직　　종: (1) ( ) 관리 · 사무직
   (2) ( ) 전문 · 기술직
   (3) ( ) 숙련노동
   (4) ( ) 비숙련노동
   (5) ( ) 기타

Ⅱ. 개인의 직무만족도

	적극찬성	찬 성	중 립	반 대	전적반대
8. 현재 내가 하고 있는 일은 나의 능력을 발휘할 수 있는 종류의 일이다.	( )	( )	( )	( )	( )
9. 나는 내가 하는 일에서 무엇인가 이룩한다는 보람을 느낀다.	( )	( )	( )	( )	( )

	적극찬성	찬 성	중 립	반 대	전적반대
10. 지금 내가 맡고 있는 직책은 앞으로 승진할 기회가 많은 편이다.	( )	( )	( )	( )	( )
11. 내가 받고 있는 보수는 내 능력에 비추어 만족스럽다.	( )	( )	( )	( )	( )
12. 나는 나와 함께 일하는 동료들을 좋아한다.	( )	( )	( )	( )	( )
13. 나의 창의력을 발휘할 수 있는 기회가 주어지고 있다.	( )	( )	( )	( )	( )
14. 나의 판단력을 발휘할 수 있는 자유가 주어지고 있다.	( )	( )	( )	( )	( )
15. 내가 하고 있는 일에 흥미를 느낀다.	( )	( )	( )	( )	( )
16. 나는 나의 직속 상사로부터 충분히 신임을 받고 있다.	( )	( )	( )	( )	( )
17. 현재의 직무는 안전성이 있다.	( )	( )	( )	( )	( )
18. 나의 직무는 사회적으로 인정받고 있다.	( )	( )	( )	( )	( )
19. 나의 직속 상사는 하급자를 공정하게 다룬다.	( )	( )	( )	( )	( )
20. 나는 현재일에서 가치있는 경험을 얻고 있다.	( )	( )	( )	( )	( )
21. 직장의 여러 작업조건은 만족스럽다.	( )	( )	( )	( )	( )

Ⅲ. 조직의 행태적 특징

22. 직장에서 직무를 수행하는 데 여러 가지 절차·규칙·시책들을 따라야 할 정도는,	엄격히 따르고 있다	따르고 있다	중 립	따르지 않는다	전혀따르지 않는다
	( )	( )	( )	( )	( )
23. 문제 해결을 위한 책임의 정도는,	아주강하다	강하다	중 립	약하다	아주약하다
	( )	( )	( )	( )	( )
24. 아래 의사가 위에 반영되는 정도는,	아주잘된다	잘된다	중 립	안된다	아주안된다
	( )	( )	( )	( )	( )
25. 수평적 의사소통의 정도는,	아주잘된다	잘된다	중 립	안된다	아주안된다
	( )	( )	( )	( )	( )

26. 회사의 방침이나 정책이 합리적으로 시행되는 정도는,	아주 잘 시행된다 ( )	잘시행된다 ( )	중 립 ( )	잘 시행이 안된다 ( )	전혀 시행이 안된다 ( )
27. 회사의 목표가 명백하고 효과있게 달성되는 정도는,	아주 잘 달성된다 ( )	잘 달성된다 ( )	중 립 ( )	잘 달성이 안된다 ( )	전혀 달성이 안된다 ( )
28. 직장의 분위기가 서로 믿고 일할 수 있을 만큼 온화한 정도는,	아주 온화하다 ( )	어느 정도 온화하다 ( )	중 립 ( )	온화하지 않다 ( )	전혀 온화하지 않다 ( )
29. 남의 일도 도와주고 긍정적으로 지지해 주는 적극성의 정도는,	아주 적극적으로 도와준다 ( )	적극적으로 도와준다 ( )	중 립 ( )	적극적으로 도와주지 않는다 ( )	전혀 도와주지 않는다 ( )
30. 직속 상사가 직책을 수행할 만큼 실력을 갖추고 있는 정도는,	아주 잘 갖추고 있다 ( )	잘 갖추고 있다 ( )	중 립 ( )	잘 갖추지 못했다 ( )	전혀 갖추지 못했다 ( )
31. 상급자와 자유롭게 토론할 수 있는 정도는,	아주 자유롭게 토론한다 ( )	자유롭게 토론한다 ( )	중 립 ( )	자유롭게 토론하지 못한다 ( )	전혀자유롭게 토론하지 못한다 ( )
32. 상급자가 일을 도와주는 정도는,	적극적으로 도와준다 ( )	도와준다 ( )	중 립 ( )	잘 도와주지 않는다 ( )	전혀도와주지않는다 ( )
33. 회사의 결정에 참여할 수 있는 기회의 정도는,	자주 참여한다 ( )	참여한다 ( )	중 립 ( )	참여하지 못한다 ( )	전혀참여하지 못한다 ( )

I-2. 조사표 예시

위에 예시한 조사표 이외에 다음은 의회관련 조사에서 썼던 조사표와 이를 위한 조작화과정, 그리고 조사원들의 현장 기록들을 참고하기로 한다. 이 자료는 저자와 서강대학교의 김학수 교수, 그리고 서울대의 박찬욱 교수가 함께 펴낸 『한국의 의회정치』의 부록에 수록된 내용의 일부이다.

(1) 조사표 시안 — 국회와 국회의원에 대한 국민의 인식조사

연구대상	이론적 구성	경험적 지표	변수(설문)
국회	국회상(이미지)		「국회」라는 말을 들으면 무슨 생각이 떠오르십니까
	국회에 대한 지식	상임위원회	국회에 몇 개의 상임위원회가 있는지 아십니까
		본회의	우리 나라 국회는 본회의 중심입니까 상임위원회 중심입니까
		특별위원회	특별위원회의 명칭을 아시는 대로 나열해주십시오
	국회의 기능(I)	대표성	국회는 누구를 대표하는 곳이라고 생각하십니까 1. 선거구민 2. 국민전체 3. 이익단체 4. 재벌
		역할	국회는 무엇을 하느 곳이라고 생각하십니까 1. 법률을 만드는 곳 2. 예산을 따지는 곳 3. 청원을 처리하는 곳 4. 국민의사를 대변하는 곳 5. 장관을 야단치는 곳 6. 이상 모두 7. 모르겠다.
	국회의 기능(II)		공청회 청문회 국정감사 · 조사
	국회의 역할산물	국정에서의 위치	국정에서 국회의 비중

		법안 심의 예산 심의	심의과정에서의 결함 전문적 지식을 가지고 하는 심의라고 생각하십니까 공정하게 심의한다고 생각하십니까
		청원	어려운 일을 당했을 때 국회에 호소를 하신 적이 있습니까
	국회의 역할기대 국회에 대한 신뢰감		다음 중 가장 신뢰가 가는 기관은 1. 입법부 2. 행정부 3. 사법부 4. 대학 5. 언론

감정

선생님께서는 다음의 각 항목에 대하여 어떻게 생각하십니까? 한 문항도 빠짐없이 선생님의 시각을 가장 잘 나타낼 수 있는 곳에 표를 해 주십시오.

	매우찬성	약간찬성	보통	약간반대	매우반대
1. 국민의 대의기구인 국회는 누구나 쉽게 출입할 수 있도록 개방되어야 한다.					
2. 지금과 같은 난장판 국회는 없애야 한다.					
3. 국회의원이 이권개입을 하지 않도록 세비를 대폭 올려야 한다.					
4. 국회의원이 정치활동에 필요한 자금을 확보하기 위하여 정당정치자금을 예산의 1% 범위 내에서 배정하여야 한다.					

평가 역할

국민의사 대변 정도　　매우 못함____________매우 잘함

정부 견제 정도

법안 심의에서의 공정성·객관성

예산 심의에서의 책임성
청원 처리에서의 효능성
정부정책 심의

		정부견제	다음 중 정부를 견제하는 순서를 매겨 주십시오 1. 국회 2. 언론 3. 지식인 4. 학생 5. 일반시민
	국회의장의 비중		국정에서 다음 정부기관의 장의 비중을 백분율로 표시해 주시기 바랍니다 1. 국회의장 (%) 2. 대통령 (%) 3. 대법원장 (%) 100%
		접촉경험	국회의사당에 가본 경험이 있습니까 국회의원의 정책질의를 들어본 경험이 있습니까
국회의원		인상	고함 · 야유 · 폭력 국회의원을 어떻게 생각하십니까
		이상적 의원상	근엄 · 차분 · 논리 (이들을 뽑을 수 있기 위한 제도적 장치는?)
		구성	금권 · 관권 · 타락 선거의 책임 여당( )% 야당( )% 정부( )% 국민( )% 100%
	구성	국민대표성	전국구의 국민대표성 여부
	가치관	정당관	양당제가 좋은지 다당제가 좋은지 혁신정당의 필요성은?
	행태		국회의원은 누구를 위해서 일한다고 생각하십니까 1. 자신 2. 지역주민 3. 소속정당 4. 행정부 5. 이익단체 6. 국가와 민족

		대의성	국회의원은 유권자의 의견을 어느 정도 반영한다고 생각하십니까 1. 많이 반영 2. 조금 반영 3. 거의 반영하지 않는다 4. 전혀 반영하지 않는다 5. 모르겠다
		신뢰감	현재 국회의원 중 국정을 맡길 만한 국회의원이 몇 %나 된다고 생각하십니까
		질의 행태	과시하기 위해서 알맹이 없이 형식적으로 장광설
		질의 시간	짧다 길다
		移席	국회의원은 질의 토론 등에서 몇 %나 집중하고 있다고 생각하십니까
		午睡(무관심의 정도)	
	이념 · 가치관	자유민주주의 신봉	국회의원들은 자유민주주의를 얼마나 신봉한다고 생각하십니까 매우신봉 거의 신봉않음 의회도 행정부처럼 능률지향적으로 되어가고 있지는 않은지요
		대의민주주의 의회민주주의	
	능력	지식수준 논리수준 세계관	

인상

국회의원은	믿을 수 없다	-2	-1	0	+1	+2	믿을 수 있다
	무책임하다						책임질 줄 안다
	자신만 생각한다						남을 생각한다
	비합리적이다						합리적이다
	의존적이다						독립적이다
	생각이 단순하다						다양하다
	군림한다						봉사한다
	폐쇄적이다						개방적이다
	보수적이다						진보적이다
	불공정하다						공정하다

국회운영		의원윤리규범제정의 필요성, 그 효과	
		상위의 분류기준 · 방법	정부부처대로 축소 상임+특별의 배합
	대정부질문제도	질문횟수	연초 본회의시 정기국회시 현안 있을 때마다 서면으로
		질문시간	현 30분, 너무 길다, 짧다
		질문인 수	당별 의제별 교섭단체별
		토론기회의 확보	(질의만 있지 토론이 없다)
	시간	개의시간	오전 10시. 법정화 오후 2시 10-6/2-8
		소집일	이를 여야간 협상의 대상으로 삼지 말고 요일을 고정시켜 놓는다
	상임위(소위)	상설화, 운영기록의 법제화	
		질문횟수	(현재 제한 없음)
		질문시간	
		안건심사 「축소심사」 생략관례	보다 신중히 따라서 강화(생략말고)
	전문성	법안심사시 전문가 위촉할 수 있도록	국회내 전문위원, 입법조사국, 자료분석관 등 전문보좌기구의 제도화
	원구성	날짜의 법정화 공청회 의무화?	
	예산심의	결산-국감-예산의 순서가 어떨지	
	법안에 대한 책임성	찬반을 법안에 남기는 Roll call vote 상위에서도 찬반의원을 명기하는 것이 어떨지	
	입법예고제	이해관계인의 의견수렴 기회부여	
	법제활동	법제활동의 독립성 · 중립성 보장	입법조사국의 법제국 전환

	입법정보	계류의안 현황 법안심사상황에 대한 정보제공 방법	
	청원	조사기구설치필요성	
	운영협의기구 개편	현 총무간 협의를	의장단, 총무단, 상임위원집단, 정무장관?
	의장	국회운영질서에 관한 의장권한의 확대(회의 공개여부, 심사기간)	필요 불요 징계-발언규제 퇴장
	공청회		
	청문회		
	자율적 입법심사	cross voting 정당정치하에서 의원의 법안에 대한 표결권 제약	
	국감 · 조사	절차상 문제(감사계획서 작성, 협의등의 감사준비, 절차상 본회의의결로 실시시기연기 불가피한 실정)	시기고정문제 결산 - 국감 - 예산 정기국회 이전 본회의 대정부질문 후 예 · 결산 심사전의 기간에
	대상기관	중앙부서 정부감사원칙	
	증인 선서	수감기관장의 수감선서, 증인으로 채택된 경우에만 선서	
	감사의 공개성여부		공개 비공개
정치구조에서의 의회의 위치, 위상	의회 대 행정부(대통령부) 사법부 정당 언론 지방의회		
	(대행정부)	법안제출의 비율	현재 의회 ——— 행정부

		정치권력의 비중	(개인입법)
		장관출석의 의미 (출석 여부 놓고 논란)	행정부 마비(개회시) (예산국회시)
		동일건물내(美)	
		정무장관실과 관계	
정치권력 구조에서 核이 되어야		독자예산편성, 의결권부여	
	(대정당)	정당의 의회지배	(공천제 때문) 의회는 요식절차만 거치는 곳
		여·야 서로 다른 형태로	
		당정협의회로 대체?	상위장 지명 의장 지명
	(대사법부)	법률해석상의 의견조정	
	(대언론)	견제역할의 분담 눈치	
	(대대통령부)	대통령비서실과의 관계	
	(대지방의회)	지방의회의 표본구실 가능	회의적
		중앙정당과 지방정당이 일치해야 하는가(지방당의 출현가능성)	
		지방자치선거에서 정당표방 여부	

(2) 조사표 — 국회 · 국회의원 · 국회운영에 관한 국민의식조사

안녕하십니까? 저희 교수들은 「한국의회발전연구회」의 의뢰를 받아 한국국회와 국회의원, 그리고 국회운영에 관한 국민들의 인식이 어떠한지를 알아보는 연구를 실시하고 있습니다. 이번 연구를 통해서 국민이 인식하는 「한국의회」의 모습 그대로를 밝히고 앞으로 보다 나은 의회정치를 이룩하는 데 보탬이 되고자 노력하겠습니다.

이 조사는 무기명으로 실시되고 통계적으로 처리되기 때문에 개인의 비밀은 완전히 보장됩니다. 다소 시간이 걸리시더라도 한 문항도 빠뜨리지 말고 솔직히 응답해 주시면 저희 연구가 보다 알차게 되고 나아가 이 나라 의회민주주의 발전에도 크게 공헌하게 될 것입니다. 도와주심에 다시 한번 감사의 말씀을 드리오며, 귀댁의 안녕과 행운을 빕니다.

1990. 7. 20.
김광웅(서울대, 정치행정학)
김학수(서강대, 정치언론학)
박찬욱(서울대, 의회정치학)

본 여론조사에서는 경남대학교, 경북대학교, 경상대학교, 동의대학교, 서강대학교, 원광대학교, 이화여자대학교, 전남대학교, 충북대학교 학생들이 참여하고 있습니다.

본 조사와 관련하여 의문이 있으시면 아래로 연락해 주시기 바랍니다.
한국의회발전연구회 784-5710, 788-4205 (서울 영등포구 여의도동 1번지)

면 접 원 ____ 대학교 ____ 학과 ____ 학년 이 름: ________
연락처: ________
면접일시 __ 월 __ 일 __ 시 __ 분에서 __ 시 __ 분까지
면접지역 ____ 시/도 ____ 시/구/군 ____읍/면/동, 연락처 ________

일련번호(IDNO) CNO

지역번호 개인번호

1	2

3	4

5
1

1. 이 지역 출신의 국회의원의 이름을 기억하십니까?
_________(1) 기억한다
_________(2) 기억하지 못한다

2. 현재 국회의원의 수가 모두 몇 명이나 되는지 아십니까?
약 ______ 명

3. 「국회」라는 말을 들으면 먼저 무슨 생각이 떠오릅니까?
____
____

4. 국회에서 하는 청문회를 어떻게 생각하십니까?
_________(1) 매우 잘한다
_________(2) 잘한다
_________(3) 그저 그렇다
_________(4) 잘못한다
_________(5) 매우 잘못한다

5. 국회는 주로 무엇을 하는 곳이라고 생각하십니까? 중요한 순서대로 세 가지만 골라 번호를 써 주십시오.
(1) 법률을 만드는 곳
(2) 예산을 따지는 곳
(3) 청원(억울한 일)을 처리하는 곳
(4) 국민의사를 대변하는 곳
(5) 행정부를 감독하는 곳
(6) 기타 ______
(7) 모르겠다

1 순위( )
2 순위( )
3 순위( )

6. 국가운영에서 국회가 차지하는 비중이 어느 정도라고 생각하십니까?
_________(1) 국정에서 1/3 정도의 비중이다
_________(2) 국정에서 1/3보다 못한 비중이다
_________(3) 국정에서 1/3이 넘는 비중이다
_________(4) 모르겠다

7. 선생님께서는 국회를 방문하거나 직접 회의를 방청해 보신 적이 있으십니까?
_________(1) 있다 _________(2) 없다

8. 다음 중 선생님께서 가장 신뢰하고 있는 기관은 어디입니까?
_________(1) 행정부(정부) _________(2) 대학
_________(3) 입법부(국회) _________(4) 언론
_________(5) 사법부(법원) _________(6) 없다

문항	코딩란
1	6
2	7, 8, 9
3	10, 11
4	12
5(1)	13
5(2)	14
5(3)	15
6	16
7	17
8	18

9. 다음 중 행정부를 가장 잘 견제한다고 생각되는 집단을 하나만 골라 주십시오.

______(1) 언론 ______(2) 지식인
______(3) 국회 ______(4) 학생
______(5) 일반시민 ______(6) 모르겠다

9 [19]

10. 국가운영에서 아래 인물들이 맡을 수 있는 전체역할을 100%(퍼센트)라 할 때, 현재 이들은 각각 어느 정도의 %(퍼센트)로 역할을 나누어 수행하고 있다고 생각하십니까?

____% (1) 국회의장
____% (2) 대통령
____% (3) 대법원장
계 100%

10(1) [20 21 22] 10(2) [23 24 25] 10(3) [26 27 28]

11. 선생님께서는 다음의 각 항목에 대하여 어떻게 생각하시는지요. 한 문항도 빠짐없이 선생님의 의견을 가장 잘 나타낼 수 있는 곳에 V표 해 주십시오.

	(1) 매우 반대	(2) 약간 반대	(3) 보통	(4) 약간 찬성	(5) 매우 찬성	
11-1. 국회는 누구나 쉽게 출입할 수 있도록 개방되어야 한다	( )	( )	( )	( )	( )	11-1 [29]
11-2. 지금과 같은 국회는 없는 것이 낫다	( )	( )	( )	( )	( )	11-2 [30]
11-3. 국회의원이 지역구 관리에 쓰는 경비를 줄여야 한다	( )	( )	( )	( )	( )	11-3 [31]
11-4. 국회의 수준을 높이기 위해 국회의원 비서진을 많이 늘려주어야 한다	( )	( )	( )	( )	( )	11-4 [32]
11-5. 국회의원이 이권 개입을 하지 않도록 세비를 많이 올려야 한다	( )	( )	( )	( )	( )	11-5 [33]

12. 선생님께서는 현재 국회가 다음 기능들을 어느 정도 수행하고 있다고 생각하십니까?

	(1) 매우 못함	(2) 못함	(3) 보통	(4) 잘함	(5) 매우 잘함
12-1. 국민의사를 어느 정도 대변하는가	( )	( )	( )	( )	( )
12-2. 행정부를 얼마나 잘 견제하는가	( )	( )	( )	( )	( )
12-3. 법안을 얼마나 공정하게 다루는가	( )	( )	( )	( )	( )
12-4. 정부예산을 얼마나 책임 있게 검토하는가	( )	( )	( )	( )	( )
12-5. 국민의 청원을 얼마나 성의를 가지고 검토하는가	( )	( )	( )	( )	( )
12-6. 국민의 생활향상에 얼마나 보탬이 되는가	( )	( )	( )	( )	( )

12-1 [34] 12-2 [35]
12-3 [36] 12-4 [37]
12-5 [38] 12-6 [39]

13. 고함·야유·폭력 국회의원을 어떻게 생각하십니까? 13 [40]

_______(1) 당장 그만두게 하여야 한다
_______(2) 강한 징계를 내려야 한다
_______(3) 그것도 국회의원의 권한이니 어쩔 수 없다
_______(4) 속시원하게 잘하는 면도 있다
_______(5) 모르겠다

14. 오늘날 타락선거의 책임은 누구에게 가장 많습니까? 14 [41]

_______(1) 여당 _______(2) 야당
_______(3) 정부 _______(4) 국민

15. 현재의 국회의원들은 누구를 위해 일한다고 생각하십니까? 15 [42]

_______(1) 자신
_______(2) 지역주민
_______(3) 소속정당
_______(4) 행정부
_______(5) 이익단체(예: 약사회)
_______(6) 재벌

_________(7) 국가와 민족
_________(8) 모르겠다

16. 현재의 국회의원들은 유권자의 의견을 어느 정도 반영한다고 생각하십니까? — 16 [43]
_________(1) 많이 반영한다
_________(2) 조금 반영한다
_________(3) 거의 반영하지 않는다
_________(4) 전혀 반영하지 않는다
_________(5) 모르겠다

17. 현재 전체 국회의원들 중에서 국가운영을 맡길 만한 의원이 몇 명이나 된다고 생각하십니까? — 17 [44 45 46]
약 __________ 명

18. 현재와 같은 국회와 국회의원의 질적 수준으로 국정의 중심이 될 수 있겠습니까? — 18 [47]
_________(1) 될 수 있다
_________(2) 될 수 없다
_________(3) 모르겠다

※선생님께서는 현재의 국회가 하고 있는 역할에 어느 정도 만족하고 계신지요? 아래에 있는 그림에 표시된 사다리의 계단에 있는 번호를 골라주십시오. 〈1〉로 표시된 사다리의 바닥계단은 선생님께서 상상하실 수 있는 가장 나쁜 상태이고, 〈7〉로 표시된 사다리의 꼭대기는 선생님께서 상상하실 수 있는 가장 좋은 상태입니다.

19-1. 국회에 대한 선생님의 현재 만족도는 사다리의 어느 부분입니까? ____ — 19-1 [48]

19-2. 5년 전에는 어떠했습니까? ____ — 19-2 [49]

19-3. 5년 후에는 어디쯤이 될 것이라고 기대하십니까? ____ — 19-3 [50]

가장 만족스러운 상태

7
6
5
4
3
2
1

가장 나쁜 상태

20. 현재 국회의원은 어느 정도의 지식을 가지고 나라 일을 심의한다고 생각하십니까? — 20 [51]
_________(1) 매우 전문적

_______(2) 어느 정도 전문적
_______(3) 어느 정도 비전문적
_______(4) 매우 비전문적
_______(5) 모르겠다

21. 현재 국회의원들은 어느 정도 공정하게 나라일을 심의한다고 생각하십니까? 21 [52]
_______(1) 매우 공정하게
_______(2) 어느 정도 공정하게
_______(3) 대체로 공정치 못하게
_______(4) 매우 공정치 못하게
_______(5) 모르겠다

22. 회의에서 국회의원들의 발언에 대하여 어떻게 생각하십니까? 22 [53]
_______(1) 인기위주의 발언이 많다
_______(2) 국민의 의사를 잘 반영한다
_______(3) 비난위주의 무책임한 발언이 많다
_______(4) 행정부의 잘못을 잘 지적한다
_______(5) 알맹이 없는 발언이 많다
_______(6) 기타 _______
_______(7) 모르겠다

23. 국회회의를 텔레비전이나 라디오를 통해 생중계하는 것에 대하여 어떻게 생각하십니까? 23 [54]
_______(1) 찬성 _______(2) 반대
_______(3) 모르겠다

24. 현재 국회의원이 본회의에서 질문하는 시간은 30분입니다. 어떤 사람은 이를 길다고 보고, 또 다른 사람은 부족하다고 합니다. 선생님은 어떻게 생각하십니까? 24 [55]
_______(1) 너무 길다
_______(2) 적당하다
_______(3) 너무 짧다

25. 현재 국회의원들의 외국방문과 여행의 횟수에 대하여 어떻게 생각하십니까? 25 [56]
_______(1) 너무 잦다
_______(2) 적당하다
_______(3) 너무 적다

________(4) 모르겠다

26. 다음 각 항목에 대하여 선생님께서는 의원들에 대해 어떤 인상을 갖고 계신지요. 한 문항도 빠짐없이 의견을 ∨표로 해 주십시오.

* 예:

설문지는 재미없다	−2 ( )	−1 ( )	0 ( )	+1 ( )	+2 ( )	재미있다

와 같은 경우 많이 재미있는 경우 +2, 조금 재미있는 경우 +1, 중간인 경우 0, 조금 재미없는 경우 −1, 많이 재미없는 경우 −2에 각각 ∨표

국회의원은

	−2	−1	0	+1	+2	
26-1. 믿을 수 없다	( )	( )	( )	( )	( )	믿을 수 있다
26-2. 자신만 생각한다	( )	( )	( )	( )	( )	남을 생각한다
26-3. 비합리적이다	( )	( )	( )	( )	( )	합리적이다
26-4. 들떠있다	( )	( )	( )	( )	( )	차분하다
26-5. 무책임하다	( )	( )	( )	( )	( )	책임 질 줄 안다
26-6. 군림한다	( )	( )	( )	( )	( )	봉사한다
26-7. 언행이 가볍다	( )	( )	( )	( )	( )	근엄하다
26-8. 폐쇄적이다	( )	( )	( )	( )	( )	개방적이다
26-9. 보수적이다	( )	( )	( )	( )	( )	진보적이다

26-1	26-2
57	58

26-3	26-4
59	60

26-5	26-6
61	62

26-7	26-8
63	64

26-9	26-10
65	66

26-10. 비논리적( ) ( ) ( ) ( ) ( ) 논리적
이다 이다

27. 국회의원이 청렴한 국정운영을 할 수 있도록 의원윤리규범을 제정한다면 그 효과는 어떠할 것이라고 생각하십니까? 27 [67]

________(1) 효과가 전혀 없을 것이다
________(2) 효과가 별로 없을 것이다
________(3) 어느 정도 효과가 있을 것이다
________(4) 매우 효과가 클 것이다
________(5) 모르겠다

28. 선생님의 지역구 출신 국회의원이 지역구민과 전국민에 의해 어떠한 평가를 받는다고 생각하십니까? 28 [68]

________(1) 지역에서나 전국적으로나 낮은 평가를 받고 있다
________(2) 지역에서는 높은 평가를 받고 있으나 전국적으로는 낮은 평가를 받고 있다.
________(3) 지역에서는 낮은 평가를 받고 있으나 전국적으로는 높은 평가를 받고 있다
________(4) 지역에서나 전국적으로나 높은 평가를 받고 있다
________(5) 모르겠다

29. 국회의 회의시간은 언제 시작해서 언제 끝나는 것이 좋다고 생각하십니까? 29 [69]

________(1) 오전 10시부터 시작해서 필요하다면 자정까지
________(2) 오후 2시까지 시작해서 필요하다면 자정까지
________(3) 오전 10시부터 오후 6시까지
________(4) 오후 2시부터 오후 8시까지
________(5) 모르겠다

30. 새 국회가 시작되는 개원날짜나 임시국회소집일은 어떻게 정하는 것이 좋겠습니까? 30 [70]

________(1) 지금처럼 여야가 협상해서 결정하는 것이 좋다
________(2) 고정시킬 필요가 있다
________(3) 모르겠다

31. 현재 상임위원회에서 의제별로 소위원회를 구성하여 회의의 능률을 기하고 있습니다. 그러나 소위원회의 회의과정

은 기록에 남겨지지 않습니다. 이에 대한 선생님의 견해는 어떻습니까? 31 71

__________(1) 국회의 자율성을 존중하여 현행대로 둔다

__________(2) 국민이 알 수 있도록 회의내용을 기록에 남기는 것이 좋다

__________(3) 모르겠다

32\. 국회가 정부예산을 검토하고 결정할 때 어떻게 하는 것이 좋다고 생각하십니까? 32 72

__________(1) 예산심의는 국회의 고유권한이므로 국회의원에게 전적으로 맡기는 것이 좋다

__________(2) 반드시 공청회를 열어 국민의 의견을 수렴하는 것이 좋다

__________(3) 모르겠다

33\. 국회에서 표결할 때 법안에 찬성 또는 반대하는 의원의 이름을 기록에 남기는 제도에 대해서 어떻게 생각하십니까? 33 73

__________(1) 국회의원의 책임성을 높이기 위하여 이름을 기록에 남기는 것이 좋다

__________(2) 외부로부터의 오해나 압력을 피하기 위하여 기록하지 않는 것이 좋다

__________(3) 모르겠다

34\. 행정부를 감사하고 조사할 때 그 대상을 어디까지 하면 좋겠습니까? 34 74

__________(1) 정부의 업무에 지장을 주므로 중앙관서의 감사로 한정하는 것이 바람직하다

__________(2) 정부의 업무를 철저히 감독하기 위하여 지방관서까지 감사하는 것이 바람직하다

__________(3) 감사안건의 중요성에 따라 융통성 있게 정해야 한다

__________(4) 모르겠다

35\. 의회와 행정부는 어떠한 관계를 가져야 한다고 생각하십니까? 35 75

__________(1) 대립과 경쟁의 관계여야 한다

__________(2) 협조와 조정의 관계여야 한다

__________(3) 모르겠다

36. 국회 개회 때마다 장·차관 등 각 부처의 간부들이 출석하는 것에 대하여 어떻게 생각하십니까? 36 76

_________(1) 행정업무에 지장을 주므로 되도록 장차관의 출석횟수를 줄여야 한다
_________(2) 행정업무를 제대로 따지기 위하여 지금대로 출석시켜야 한다
_________(3) 모르겠다

37. 선생님께서는 각 정당이 국회의원 입후보자를 어떤 방식으로 정하는 것이 좋다고 생각하십니까? 37 77

_________(1) 전적으로 중앙당에서 정하는 것이 좋다
_________(2) 지구당의 추천을 받아 중앙당에서 정하는 것이 좋다
_________(3) 전적으로 지구당에 맡기는 것이 좋다
_________(4) 모르겠다

38. 선생님께서는 한 선거구에서 몇 명의 국회의원을 뽑는 것이 좋다고 생각하십니까? 38 78

_________(1) (지금과 같이)1명
_________(2) 2명
_________(3) 3-5명
_________(4) 6명 이상
_________(5) 모르겠다

39. 한국의 정치풍토에서

39-1. 국회 안에 정당들이 몇 개 있는 것이 좋을 것 같습니까? 39-1 79

_________(1) 두 개의 정당
_________(2) 세 개 정당 이상
_________(3) 모르겠다

39-2. 국회 안의 정당은 어떤 성격이면 좋겠습니까? 39-2 80

_________(1) 보수와 혁신의 정당으로 나누어지는 것이 좋다
_________(2) 상관없다
_________(3) 모르겠다

IDNO 지역번호		IDNO 개인번호		CNO
1	2	3	4	5
				2

40. 국회의원이 표결할 때 의원개인의 의사와 소속정당의 의사가 다를 때 어떻게 해야 한다고 생각하십니까? 40 [6]

_____(1) 지금처럼 소속정당의 결정에 따라야 한다

_____(2) 국가적으로 크게 중요하지 않은 안건에 대해서는 의원 각자에게 맡기는 것이 좋다

_____(3) 모르겠다

41. 지방의회가 열리면 국회와의 관계는 어떠해야 합니까? 41 [7]

_____(1) 국가운영을 같이 담당하므로 지방의회가 국회에 협조해야 한다

_____(2) 지방자치의 뜻을 살려 서로 독립적이어야 한다

_____(3) 모르겠다

42. 지방의회선거때 후보자는 정당과 어떤 관계에 있으면 좋겠습니까? 42 [8]

_____(1) 의회정치는 정당정치이므로 정당인이면 좋겠다 →43번으로

_____(2) 정당정치의 폐습 때문에 정당과 관계가 없어야 한다 →44번으로

_____(3) 모르겠다 →44번으로

43. (42번의 응답이 1인 경우) 그 정당은? 43 [9]

_____(1) 중앙정당만을 염두에 두고 말하는 것이다

_____(2) 지방의 고유정당이 새로 탄생하여도 좋다

_____(3) 모르겠다

마지막으로 자료의 분석에 도움이 될 몇 가지 사항을 여쭈어 보겠습니다.

44. 선생님의 성별은? 44 [10]

_____(1) 남자 _____(2) 여자

45. 선생님의 나이는 몇입니까?
만 ________ 세

45	
11	12

46. 선생님께서는 이 집을 소유하고 계십니까 아니면 전세나 월세로 살고 계십니까?
________(1) 자가 ________(2) 전세
________(3) 월세
________(4) 사택, 관사
________(5) 기타(구체적으로 ________)

46
13

47. 우리 사회를 생활 정도에 따라 다음과 같이 5개로 분류한다면 선생님께서는 어느 층에 속한다고 생각하십니까?
________(1) 아주 잘사는 층
________(2) 그런대로 잘사는 층
________(3) 중간 정도 사는 층
________(4) 중간보다 못사는 층
________(5) 아주 못사는 층

47
14

48. 선생님과 선생님댁의 수입은 한달 평균 어느 정도 되십니까?
㈎ 본인소득(____) ㈏ 가구소득(____)
(1) 0-20만원 미만 (2) 20만원-39만원
(3) 40만원-59만원 (4) 60만원-89만원
(5) 90만원-119만원 (6) 120만원-149만원
(7) 150만원-199만원 (8) 200만원

48㈎	48㈏
15	16

49. 학교는 어디까지 다니셨는지요?(재학 및 중퇴는 졸업에 포함)
________(1) 학교에 다닌 적이 없다
________(2) 국민학교
________(3) 중학교
________(4) 고등학교
________(5) 초급, 전문대학
________(6) 대학교
________(7) 대학원 이상

49
17

50. 선생님의 직업은 무엇입니까? (응답자가 가구주가 아닌 경우 가구주의 직업도 같이 표시해 주시기 바랍니다.)
㈎ 본인(______) ㈏ 가구주(______)

50㈎		50㈏	
18	19	20	21

전문직

(01) 의사 (02) 약사, 간호사
(03) 변호사, 판사, 검사 (04) 대학교수
(05) 교사, 학원강사 (06) 언론인, 방송인
(07) 엔지니어(무엇:__________)
(08) 종교인 (09) 예능 및 예술인

공무원

(11) 고급공무원(4급서기관 이상, 총경 이상)
(12) 일반공무원(5급사무관 이하, 경정 이하)
(13) 군인(영관급 이상) (14) 군인(위관급, 하사관)
(15) 기능직 공무원(무엇: ________) (16) 고용직 공무원(무엇: ________)

기업체

(21) 중견, 임원(이사급 이상)
(22) 중간관리직 사원(부장, 차장, 과장급)
(23) 사무직 사원(계장, 대리, 평사원)
(24) 중소기업 사장(무엇: __________)

판매, 서비스직

(31) 상점주인(무엇: _________)
(32) 음식점, 여관, 세탁소 등의 주인(무엇: ________)
(33) 복덕방, 부동산 중개인 (34) 점원
(35) 주방장, 이발사, 미용사 (36) 수위, 경비원, 청소원
(37) 외판원 (38) 행상, 노점상
(39) 파출부, 우유배달부

생산직

(41) 생산감독(주임 및 반장) (42) 숙련공(무엇: ________)
(43) 공장근로자(무엇: ________) (44) 자동차, 중장비운전사
(45) 막노동, 단순노동자 (46) 가내수공업(무엇: _______)

농어민

(51) 부농(6000평 이상) (52) 중농(3000-5999평)
(53) 소농(1500-2999) (54) 빈농(1500평 미만), 소작
(55) 농업노동자, 품일꾼 (56) 축산, 낙농업자
(57) 선원, 어부

기타

(61) 학생 (62) 주부
(63) 무직 (64) 정년퇴직, 연금생활자
(65) 군인(사병), 방위병, 전경
(66) 기타(무엇: __________)

51. 선생님께서는 직접 사업을 경영하고 있습니까? 아니면 임금이나 봉급을 받고 계십니까?
    (가) 본인(________)　　　(나) 가구주(________)
    (1) 자영업주, 사업주　　　(2) 임금, 봉급생활자
    (3) 무급 가족종사자

51(가) 22　51(나) 23

52. 선생님의 가족 내의 위치는 무엇입니까?
    __________(1) 세대주
    __________(2) 새대주의 처
    __________(3) 세대주의 부모
    __________(4) 세대주의 자녀
    __________(5) 기타(구체적으로 __________)

52 24

53. 선생님께서 성장하신 곳은 어디입니까?
    __________(1) 대도시
    __________(2) 중소도시
    __________(3) 읍
    __________(4) 면
    __________(5) 기타(구체적으로 __________)

53 25

** 이하는 기재하지 마시기 바랍니다 **

<u>조사자 기재사항</u>

1. 주택유형(______)
   (1) 단독주택
   (2) 연립주택
   (3) 아파트
   (4) 판자집
   (5) 기타(무엇 ______)

2. 조사방법(______)
   (1) 면접
   (2) 응답자기재
   (3) 병행

1 26　2 27

3. 응답자 협조도(____)
   (1) 상　(2) 중
   (3) 하

4. 방문횟수(____)
   (1) 1회　(2) 2회
   (3) 3회 이상

3 28　4 29

5. 조사지역의 규모(______)
   (1) 대도시(특별시, 직할시)　　(2) 중소도시
   (3) 읍　　(4) 면 이하
   (5) 기타(무엇 _______)

5 30

6. 총 소요시간
   __________분

6 31 32 33

칼럼#	1	2	3	4	5	6	7	8	9	10	11	12
코딩값					1							

칼럼#	13	14	15	16	17	18	19	20	21	22	23	24
코딩값												

칼럼#	25	26	27	28	29	30	31	32	33	34	35	36
코딩값												

칼럼#	37	38	39	40	41	42	43	44	45	46	47	48
코딩값												

칼럼#	49	50	51	52	53	54	55	56	57	58	59	60
코딩값												

칼럼#	61	62	63	64	65	66	67	68	69	70	71	72
코딩값												

칼럼#	73	74	75	76	77	78	79	80
코딩값								

칼럼#	1	2	3	4	5	6	7	8	9	10	11	12
코딩값					2							

칼럼#	13	14	15	16	17	18	19	20	21	22	23	24
코딩값												

칼럼#	25	26	27	28	29	30	31	32	33
코딩값									

질문 3: ______________________________

(3) 코딩 지침표

칼럼번호	항 목
1-4	일련번호(IDNO)
(1-2)	—(조사지역 번호)
(3-4)	—
5	카드번호(CNO) 1
6	질문 1 응답하지 않은 경우는 9로 표기
7-9	질문 2 응답하지 않은 경우는 999로 표기 ※예: 90명이라고 응답한 경우 [0][9][0]으로 표기
10-11	질문 3 빈칸으로 남겨두고 코딩지의 질문 3이라고 쓰여진 부분(아랫부분)에 그 내용을 간략하게 적을 것
12	질문 4 응답하지 않은 경우는 9로 표기
13	질문 5에 대하여 1순위로 지적한 것 응답하지 않은 경우는 9로 표기
14	질문 5에 대하여 2순위로 지적한 것 응답하지 않은 경우는 9로 표기
15	질문 5에 대하여 3순위로 지적한 것 응답하지 않은 경우는 9로 표기
16-19	질문 6에서 질문 9까지 응답하지 않은 경우는 9로 표기
20-22	질문 10(1)
23-25	질문 10(2)
26-28	질문 10(3) (000에서 100까지 해당하는 값) 응답하지 않은 경우는 999로 표기 ※예: 국회의장은 40%로 응답한 경우 칼럼 20-22에 [0][4][0]으로 표기
29-43	질문 11-1에서 질문 16까지 응답하지 않은 경우는 9로 표기
44-46	질문 17 (000에서 999까지 해당하는 값)

	응답하지 않은 경우는 999로 표기 ※예: 30명이라고 응답한 경우 [0][3][0]으로 표기
47-80	질문 18에서 질문 39-2까지 응답하지 않은 경우는 9로 표기
1-4 (1-2) (3-4)	일련번호(IDNO) ─ (조사지역번호) ─
5	카드번호(CNO)2
6-8	질문 40에서 질문 42까지 응답하지 않은 경우는 9로 표기
9	질문 43 42번 질문에서 (2) (3)에 답한 경우 0으로 표기 응답하지 않은 경우는 9로 표기
10	질문 44 응답하지 않은 경우는 9로 표기
11-12	질문 45 응답하지 않은 경우는 00으로 표기
13-17	질문 46에서 질문 49까지 응답하지 않은 경우는 9로 표기
18-19	질문 50의 본인 (개) 응답하지 않은 경우는 99로 표기
20-21	질문 50의 가구주 (내) 응답하지 않은 경우는 99로 표기 ※본인이 가구주라서 응답하지 않은 경우는 본인(칼럼 18-19)과 동일하게 코딩할 것
22	질문 51의 본인 (개) 응답하지 않은 경우는 9로 표기
23	질문 51의 가구주 (내) 응답하지 않은 경우는 9로 표기 ※본인이 가구주라서 응답하지 않은 경우는 본인(칼럼 22)과 동일하게 코딩할 것
24-25	질문 52에서 질문 53까지 응답하지 않은 경우는 9로 표기
26-30	조사자 기재사항 1-5
31-33	조사자 기재사항 6 ※예: 30분 걸린 경우 [0][3][0]으로 표기

(4) 조사지침서(교수용)

1. 조사기간은 다음과 같습니다.
   1990. 7. 20(금요일)-7. 22(일요일) : 3일간
2. 조사원 교육시 교수님과 교수님의 대학원 조교 한 명이 입회하여 도와줄 수 있도록 해 주시기 바랍니다. 그러나 조사원 교육은 절대로 선생님의 조교에게 맡기지 마시고, 교수님과 조사본부에서 내려간 연구원이 함께 직접 해 주시면 감사하겠습니다.
3. 조사원이 정확한 조사구역에서 선정된 피조사자를 대상으로 성실히 임할 것을 주지시켜 주시기 바랍니다.
4. 조사원 교육시 설문전체를 조사원들에게 읽어 주어 사전에 설문내용을 숙지하도록 해 주시기 바랍니다.
5. 조사의 정확성을 기하기 위하여 조사원들이 기록해야 할 사항(1. 조사원 기입용, 2. 조사감상문) 등을 정확히 기록해서 제출하도록 주지시켜 주시기 바랍니다.
6. 표본지역에서의 성별, 연령별 피조사자 추출방법을 정확히 이해하도록 주지시켜 주시기 바랍니다.
7. 코딩의 방법을 설명해 주시기 바랍니다.
8. 설문회수 일시와 코딩점검 방법을 조사본부에서 내려간 연구원과 의논해 주십시오.

조사대상지역

_____지역, _____대학교, _____교수님께

지역 번호	조사지역		조사 대상자수	조사 경비	조사원 수당
	시 · 도	군 · 읍(면) · 리			
계					

(5) 조사지침서(조사원용)

지역번호 ______

1. 조사목적

   본 조사는 전반적인 국회의 위상에 관한 국민의 여론을 객관적으로 조사, 파악하는 데 그 주된 목적이 있으며, 이를 바탕으로 바람직한 국회상을 정립하는 데 보탬이 되려고 한다.

2. 조사기간

   1990. 7. 20(금)-7. 22(일)까지 : 3일간

   조사된 설문지는 서울, 인천, 경기, 강원지역은 7월 23일(월요일) 오전 11시까지 서강대 X관(문과대 건물) 131호로 반납할 것. 그리고 기타 지역은 7월 23일까지 각 대학과 사무실로 반드시 날짜를 지켜 반납할 것.

   반납문의 : 서강대학교 신문방송학과 김학수 교수님실
   (서울 마포구 신수동 1번지, 우편번호 121-742)
   (전화 : 02-715-0141 교환 217, 525)

3. 조사지역 및 조사대상자 수

지명(조사대상자 수)	통/반(또는 리)	할당부수

4. 조사지점(통/반과 리)을 찾아가는 방법

   가. 통/반과 리를 찾기 위해서는 우선 지도를 보고 조사지점에 속한 교통의 중심지를 찾는다.

   나. 특히 시골지역은 교통의 중심지가 반드시 조사지점의 도로와 가깝게 연결되어 있는가를 확인할 것.

   다. 조사지점으로 출발하기에 앞서 동이나 면사무소의 전화번호를 반드시 확인할 것.(Tel :   )

   라. 반드시 동이나 면사무소를 찾아가 조사지점(통/반과 리)을 "자세히" 물어본다. 가능하면 약도를 받아두고, 없을 경우에는 관내도를 볼 것.

5. 가구(주택) 선정

   가. 정하여진 조사지점에 도착하면 우선 문패나 지형을 살펴 반과 리의 전체 경계와 가구수를 확인한다.

   나. 맨 처음 집의 선정 : 반(또는 리)이 시작되는 곳이나 끝나는 곳이어야 하며 중간 정도에서 시작하지 않는다. 만약 반이 여러 지역으로 쪼개지거나 뒤섞여 있을 경우에는 조각난 반 전체를 잘 구분하여 시작과 끝을 정할 것.

다. 한 반에서 지정된 설문지 약 15부를 하기 위해 그 반의 첫번째(혹은 마지막) 가구부터 '건너뛰지 않고 차례대로' 계속 조사해 나간다.

라. 한 주택 내에 세들어 사는 가족이 있을 경우에는 주인집만을 우선으로 하지 말고 면접원이 임의로 선택해서 조사한다. 단, 1주택당 1가구만을 조사한다.

마. 지정된 통/반 리의 부재로 인해 조사가 불가능한 경우에는 반드시 조사담당자에게 연락하여 통/반 또는 리를 바꾼다.

바. 만일 선정된 통/반(또는 리)에서 할당부수를 다 채우지 못할 경우에는 그 통의 다음 반이나 인접 "리"에서 조사한다.

6. 조사대상자 선정

가. 표본으로 추출된 통/반(또는 리)에 거주하는 연령계층(만 20세 이상-65세 이하)간의 모든 남녀를 대상으로 한다.

해당 표본지역에서의 대상 성별, 연령별 표본추출수는 다음과 같다.

구분 / 연령	남	여
20-29세		
30-39세		
40-49세		
50-59세		
60-65세		

7. 조사원 주의사항

가. 지정해준 통/반 또는 리지역을 정확히 엄수할 것. 만일 부득이한 사정으로 조사가 불가능한 경우에는 「한국의회발전연구회」(전화번호 : 02-784-5710, 02-788-4205)로 반드시 전화하여 수정해야 한다. 절대 임의로 수정하지 말 것.

나. 지정해준 성별과 연령별 할당비율로 반드시 '정확히' 지켜야 한다.(조사지역과 성비, 연령비의 준수 여부는 조사의 신뢰성 확보에 결정적인 영향을 미치므로 면접원이 반드시 준수해야 할 부분이다.)

다. 조사지침 가운데 다섯 번째의 사항인 가구(주택)선정의 원칙을 철저히 지켜야 한다. 가구를 차례대로 조사하지 않고 조사의 편리를 위해서 임의로 건너뛰거나 응답을 받기 쉬운 사람만을 의도적으로 찾아다니는 오류를 범하지 말아야 한다.(이 조사는 국민 전체의 다양한 분포를 모두 고려한 조사이지, 결코 모든 설문에 쉽게 응답할 수 있는 특수계층만을 위한 조사가 아님을 면접원 자신이 명심하여야 한다.)

라. 단, 조사 방문시 국회에 대하여 아는 것과 관계없이 처음부터 조사에 비협

조적이어서 조사가 불가능할 경우에는 그 가구를 건너뛸 수 있다. 이때 조사원 기입용 용지에는 그 가구의 면접 성공 여부란에 NO라고 표시해 주고 주소란에는 조사가 불가능했던 이유를 간략히 적어둔다. 따라서 조사원 기입용 용지에는 면접원이 방문한 주택이 순서대로 표시되어야 한다.

마. 응답자가 국회에 대하여 생각한 바가 너무나 없는 것으로 보여 면접이 어려울지라도 본 조사의 목적과 설문내용을 자세히 설명하고 최대한 협조를 구해야 한다. 비록 최악의 여건일지라도 최소한 질문, 그리고 인적사항에 관한 질문(42-51까지의 문항)에 대한 응답은 반드시 받아 와야 한다.

바. 설문지는 응답자에게 한 문항씩 질문하면서 반드시 면접원 자신이 기록해야 한다.(그래야만 질문의 이해를 도울 수 있고, 조사의 신뢰성 확보에 긴요한 유의사항이 지켜진다.)

사. 조사완료 후 확인을 위해서 면접이 완료된 가구의 정확한 주소와 전화번호까지 적어 온다.

아. 조사대상지역이 공장이나 상가지역일 경우에는 반드시 그 지역에 거주하고 있는 조사대상으로 한다.(다른 지역에서 출퇴근하는 사람이나 임시로 방문한 사람은 조사대상에서 제외)

자. 조사시에는 확인서와 주민등록증, 학생증을 반드시 갖고 다닐 것.

8. 면접 후에 할 일

가. 편집 : 조사가 끝나면 조사지역을 떠나기에 앞서 반드시 다시 한번 질문지를 살피고 전체 내용 중 빠진 곳이나 질문내용이 너무 상반된 것이 있나를 살펴야 한다. 이런 경우에는 다시 확인하여 수정, 보완하여야 한다.

나. '코딩지침서'를 참조하여 응답내용을 설문 우측의 코딩란에 기록하고 이것을 다시 설문지 맨 끝에 있는 코딩용지에 정확히 옮겨 적는다.

다. 설문지, 코딩용지, 조사원 기입용 용지, 조사감상문을 다시 한번 확인하여 반납할 것.(특히 조사원 기입용 용지에는 면접원 자신이 방문한 가구수가 면접성패에 관계 없이 순서대로 기입되어 있어야 한다.)

라. 일한 수당은 설문지에 대한 검증이 끝난 후에 지불된다. 검증에서 제반 지침을 이행하지 않아 설문내용이 부실하다고 판단되면 설문지는 무효가 되고 수당은 지불되지 않는다.

마. 수당은 1부 완성당 천오백원이다.

조사원 기입용

조 사 원	소속 :
	성명 :
조사지역	

* 조사자가 개인적으로 판단하여 기록할 것. 면접 성공 여부는 Y(Yes), N(No)으로 표시할 것.

피조사자	면접성공여부	주소(전화번호)	성별	나이	기타
1					
2					
3					
4					
5					
6					
7					
8					
9					
10					
11					
12					
13					
14					
15					
16					
17					
18					
19					

20					
21					
22					
23					
24					
25					
26					
27					
28					
29					
30					
31					
32					
33					
34					
35					
36					
37					
38					
39					
40					
41					
42					
43					
44					
45					

46					
47					
48					
49					
50					
51					
52					
53					
54					
55					
56					
57					
58					
59					
60					

확 인 서

성 명 :
주민등록번호 :

상기 학생은 (경남대학교, 경북대학교, 경상대학교, 동의대학교, 원광대학교, 전남대학교, 충북대학교, 서강대학교, 이화여자대학교) 재학생으로 한국의회발전연구회에서 실시하는 전국여론조사에 참여하는 조사원임을 확인합니다.

1990년 7월

한국의회발전연구회
책임연구자 김광웅

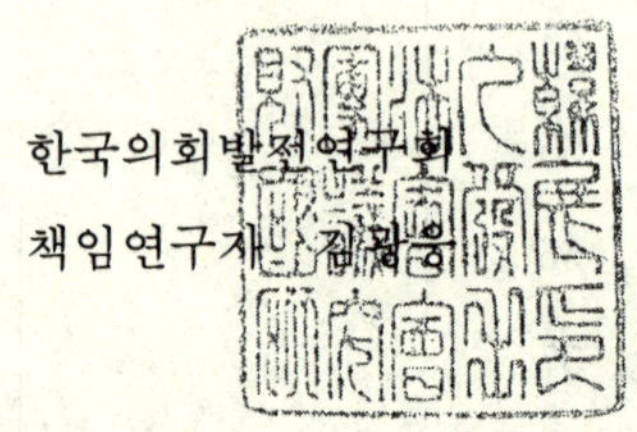

조사 감상문

조사원 소속 :

조사원 성명 :

조사대상지역 :

* 조사과정에서 느낀 소감을 간략히 기술해 주십시오.

(6) 조사지침서 실물표본(감상문포함)

지역번호 60

1. 조사목적

본 조사는 전반적인 국회의 위상에 관한 국민의 여론을 객관적으로 조사, 파악하는 데 그 주된 목적이 있으며, 이를 바탕으로 바람직한 국회상을 정립하는 데 보탬이 되려고 한다.

2. 조사기간

1990. 7. 20(금)-7. 22(일)까지 : 3일간

조사된 설문지는 서울, 인천, 경기, 강원지역은 7월 23일(월요일) 오전 11시까지 서강대 X관(문과대 건물) 131호로 반납할 것. 그리고 기타 지역은 7월 23일까지 각 대학 과사무실로 반드시 날짜를 지켜 반납할 것.

반납문의 : 서강대학교 신문방송학과 김학수 교수님실
(서울 마포구 신수동 1번지, 우편번호 121-742)
(전화 : 02-715-0141 교환 217, 525)

3. 조사지역 및 조사대상자 수

지명(조사대상자 수)	통/반(또는 리)	할당부수
충남 서산군 성연면 (24부)	왼랑리 고남리	12부 12부

4. 조사지점(통/반과 리)을 찾아가는 방법

가. 통/반과 리를 찾기 위해서는 우선 지도를 보고 조사지점에 속한 교통의 중심지를 찾는다.

나. 특히 시골지역은 교통의 중심지가 반드시 조사지점의 도로와 가깝게 연결되어 있는가를 확인할 것.

다. 조사지점으로 출발하기에 앞서 동이나 면사무소의 전화번호를 반드시 확인할 것.(Tel : ＿＿＿＿＿)

라. 반드시 동이나 면사무소를 찾아가 조사지점(통/반과 리)을 "자세히" 물어본다. 가능하면 약도를 받아두고, 없을 경우에는 관내도를 볼 것.

5. 가구(주택) 선정

가. 정하여진 조사지점에 도착하면 우선 문패나 지형을 살펴 반과 리의 전체 경계와 가구수를 확인한다.

나. 맨 처음 집의 선정 : 반(또는 리)이 시작되는 곳이나 끝나는 곳이어야 하며 중간 정도에서 시작하지 않는다. 만약 반이 여러 지역으로 쪼개지거나 뒤섞여 있을 경우에는 조각난 반 전체를 잘 구분하여 시작과 끝을 정할 것.

다. 한 반에서 지정된 설문지 약 15부를 하기 위해 그 반의 첫번째(혹은 마지막) 가구부터 '건너뛰지 않고 차례대로' 계속 조사해 나간다.

라. 한 주택 내에 세들어 사는 가족이 있을 경우에는 주인집만을 우선으로 하지 말고 면접원이 임의로 선택해서 조사한다. 단, 1주택당 1가구만을 조사한다.

마. 지정된 통/반 리의 부재로 인해 조사가 불가능한 경우에는 반드시 조사 담당자에게 연락하여 통/반 또는 리를 바꾼다.

바. 만일 선정된 통/반(또는 리)에서 할당부수를 다 채우지 못할 경우에는 그 통의 다음 반이나 인접 "리"에서 조사한다.

6. 조사대상자 선정

가. 표본으로 추출된 통/반(또는 리)에 거주하는 연령계층(만 20세 이상-65세 이하)간의 모든 남녀를 대상으로 한다.

해당 표본지역에서의 대상 성별, 연령별 표본추출수는 다음과 같다.

구 분 / 연 령	남	여
20-29세	3	4
30-39세	3	2
40-49세	2	2
50-59세	2	2
60-65세	2	2

7. 조사원 주의사항

가. 지정해준 통/반 또는 리지역을 정확히 엄수할 것, 만일 부득이한 사정으로 조사가 불가능한 경우에는 「한국의회발전연구회」(전화번호: 02-784-5710, 02-788-4205)로 반드시 전화하여 수정해야 한다. 절대 임의로 수정하지 말 것.

나. 지정해준 성별과 연령별 할당비율을 반드시 '정확히' 지켜야 한다.(조사지역과 성비, 연령비의 준수 여부는 조사의 신뢰성 확보에 결정적인 영향을 미치므로 면접원이 반드시 준수해야 할 부분이다.)

다. 조사지침 가운데 다섯 번째의 사항인 가구(주택) 선정의 원칙을 철저히 지켜야 한다. 가구를 차례대로 조사하지 않고 조사의 편리를 위해서 임의로 건너뛰거나 응답을 받기 쉬운 사람만을 의도적으로 찾아다니는 오류를 범하지 말아야 한다.

(이 조사는 국민 전체의 다양한 분포를 모두 고려한 조사이지, 결코 모든 설문에 쉽게 응답할 수 있는 특수계층만을 위한 조사가 아님을 면접원 자신이 명심하여야 한다.)

라. 단, 조사 방문시 국회에 대하여 아는 것과 관계없이 처음부터 조사에 비협조적이어서 조사가 불가능할 경우에는 그 가구를 건너뛸 수 있다. 이때 조사원 기입용 용지에는 그 가구의 면접 성공 여부란에 NO라고 표시해주고 주소란에는

조사가 불가능했던 이유를 간략히 적어둔다. 따라서 조사원 기입용 용지에는 면접원이 방문한 주택이 순서대로 표시되어야 한다.

마. 응답자가 국회에 대하여 생각한 바가 너무나 없는 것으로 보여 면접이 어려울지라도 본 조사의 목적과 설문내용을 자세히 설명하고 최대한 협조를 구해야 한다. 비록 최악의 여건일지라도 최소한 질문, 그리고 인적사항에 관한 질문(42-51까지의 문항)에 대한 응답은 반드시 받아 와야 한다.

바. 설문지는 응답자에게 한 문항씩 질문하면서 반드시 면접원 자신이 기록해야 한다.(그래야만 질문의 이해를 도울 수 있고, 조사의 신뢰성 확보에 긴요한 유의사항이 지켜진다.)

사. 조사완료 후 확인을 위해서 면접이 완료된 가구의 정확한 주소와 전화번호까지 적어 온다.

아. 조사대상지역이 공장이나 상가지역일 경우에는 반드시 그 지역에 거주하고 있는 조사대상으로 한다.(다른 지역에서 출퇴근하는 사람이나 임시로 방문한 사람은 조사대상에서 제외)

자. 조사시에는 확인서와 주민등록증, 학생증을 반드시 갖고 다닐 것.

8. 면접 후에 할 일

가. 편집 : 조사가 끝나면 조사지역을 떠나기에 앞서 반드시 다시 한번 질문지를 살피고 전체 내용 중 빠진 곳이나 질문내용이 너무 상반된 것이 있나를 살펴야 한다. 이런 경우에는 다시 확인하여 수정, 보완하여야 한다.

나. '코딩지침서'를 참조하여 응답내용을 설문 우측의 코딩란에 기록하고 이것을 다시 설문지 맨 끝에 있는 코딩용지에 정확히 옮겨 적는다.

다. 설문지, 코딩용지, 조사원 기입용 용지, 조사감상문을 다시 한번 확인하여 반납할 것.(특히 조사원 기입용 용지에는 면접원 자신이 방문한 가구수가 면접성패에 관계 없이 순서대로 기입되어 있어야 한다.)

라. 일한 수당은 설문지에 대한 검증이 끝난 후에 지불된다. 검증에서 제반 지침을 이행하지 않아 설문내용이 부실하다고 판단되면 설문지는 무효가 되고 수당은 지불되지 않는다.

마. 수당은 1부 완성당 천오백원이다.

조사원 기입용

조 사 원	소속 : 충북대학교 심리학과
	성명 : 김 명 희
조사지역	충남 서산군 성연면 일람리 고남리

* 조사자가 개인적으로 판단하여 기록할 것. 면접 성공 여부는 Y(Yes), N(No)으로 표시할 것.

피조사자	면접성공여부	주소(전화번호)	성별	나이	기타
※ 서산군	응답면에서의	면접은 기재하지 않고, 지역은 바꿈	성연면	일람리	부터 기록
1	Y	서산군 성연읍 일람리 3구 21-2 (62-8530)	男	65	생강 밭에서 면접
2	N	집에 안 계심	、	.	
3	Y	성연읍 일람리 3구 35(64-4393)	男	21	
4	Y	〃 일람리 3구 43(62-7890)	男	43	
5	Y	〃 일람리 3구 308(62-7899)	女	63	
6	N	、			시장 간다고 거부
7	Y	일람리 3구 203 (62-7834)	女	57	생강밭에서 면접
8	Y	일람리 3구 202 번지	女	60	논에서 면접 (잘못될까봐 걱정하심)
9	Y	일람리 213 번지	男	42	
10	N	빈 집			
11	Y	일람리 3구 259 (62-8533)	女	25	생강밭에서 면접
12	Y	〃 259-4 (62-7845)	男	54	
13	Y	〃 333 (62-8441)	女	44	
14	N	40代 남자가 여학생이 이상하기 때문에 못한다고 거부하고 밥이나 먹고 있으면 먹으라함			
15	Y	일람리 512 번지	女	25	
16	Y	고남리 21 (61-8147)	男	38	
17	Y	고남리 26 번지	女	20	
18	Y	고남리 26-2 번지	女	29	
19	N	2회방문 집에 안계심			

20	Y	고남리 67번지 (62-8207)	男	30	
21	Y	고남리 62번지 (62-7763)	男	54	
22	Y	고남리 73번지 (62-7766)	女	36	
23	N	고남리 사는 아주머니네. 밭에서 일하시다가 만났으나 면접거부 (우리같은 사람은 잘 모르니 또 잘못될까봐 그런심)			
24	Y	고남리 85번지	男	60	
25	Y	고남리 88번지	女	55	
26	Y	고남리 95 (62-8445)	女	41	
27	N	잘못될까봐 거부함			
28	Y	고남리 245 (62-7971)	男	37	
29	Y	고남리 3구 273 (62-7771)	男	20	
30	Y	고남리 2구 413 (62-8568)	男	20	
31	Y	고남리 2구 374번지 (62-7649)	男	22	
32		야간대학			
33					
34					
35					
36					
37					
38					
39					
40					
41					
42					
43					
44					
45					

조사 감상문

조사원 소속 : 충북대학교 심리학과
조사원 성명 : 김 연 희
조사대상지역 : 1차: 충남 서산군 음암면 부장리 (실패)
2차: " " 성연면 일람리 고남리 (성공)

* 조사과정에서 느낀 소감을 간략히 기술해 주십시오.

서산군 음암면 부장리에 도착해서, 산촌형태의 마을을 보고
이제 죽었구나 하는 생각이 났다 그래도 내가 맡은것 여기까지
왔으니 하고가자 맘먹고 30分 쯤 산속을 걸어 돈비로 들어갔다.
집들이 산속에 한채씩 박혀 있어서 조사지역을 바꿔야 할 형편이
되었다 다시 서산군 성연면 일람리, 고남리를 배정 받아. 논으로
밭으로, 또는 길바닥에 앉아서 1부. 2부 … 점심도 못 먹고, 대게
무슨 고생인가, 서산올때 받아온 여비 도로 물어내고 그냥 집에가서
쉴까 … 졸리고, 거절하는 사람도 보고 약오르고, 그러나, 자신의 신변에
뭔가 어떻게 되지나 않을까 경계하는 원초적인 감정 같은걸 보여주는
피조사자 들에게 어떻게 원망하는 마음을 가질수가 있나 : 믿을수 없음과
무력함으로 난장판을 연상시키는 배 부른 아저씨 들에게서, 이사람
들의 경계의 동기를 찾아보려 할 밖에, 마음이 참 안좋다. 시골
사람들 사는거 보고, 소외된 사람들의. 목소리 들어보고, 이런 생각이 났다
다음번에 하는 이런 내용의 설문조사는 국회의 수많은 아저씨 들에게 시켜 봄이
어떨까? 또 마음이 안좋다 이사람들은 왜 이렇게 무식하나, 설문지
내용조차 이해하지 못해야 하고, 또 뜨거운 젊은에 도시 사람들의
살갗에 그렇게 해를 준다는 햇빛 아래로 호미들고 삽들고 내
몰려야 하고, 또 자기자식 같은. 이 나라 대학생이라는 신분증 들고
밭으로 논으로 찾아간 날 (조사원) 못믿어야 하고 …
암튼 도와주신 아주머니, 아저씨 들께 감사드리고, 의회발전연구회도
잘 되었으면 하는 맘이다.

조사원 기입용

조 사 원	소속 : 충북대학교 심리학과 3
	성명 : 이은주 김수정
조사지역	충남 천원군 성거읍 석교리, 요방리

* 조사자가 개인적으로 판단하여 기록할 것. 면접 성공 여부는 Y(Yes), N(No)으로 표시할 것.

피조사자	면접성공여부	주소(전화번호)	성별	나이	기타
1	Y	천원군 성거읍 석교 2구 (장억규)	남	64	
2	Y	천원 석교2구 104 번지	여	65	
3	Y	〃 154-2	남	30	
4	N	바빠서			
5	Y	석교2구 252 번지	여	45	
6	Y	석교2구 108-13 번지	여	50	
7	Y	석교2구 (자취라 주소를 모른다 함)	남	28	
8	Y	석교2구 60-2	여	27	
9	Y	석교 2구 148	여	35	
10	Y	석교2구 147	남	30	
11	Y	석교2구 58-3	남	20	
12	Y	〃 154	남	51	
13	Y	석교2구 60 번지	여	29	
14	Y	석교 2구 → 슈퍼마켓에서 기록. 주소 묻는것은 잊음	남	49	
15	Y	석교 2구	남	59	
16	Y	요방리 135 번지	남	65	
17	Y	요방리 135 번지	남	48	
18	Y	요방리 (모르겠다고 함)	여	64	
19	N	요방리 (바쁨)			

20	N	요방리 (바쁨)			
21	N	요방리 (관심없다)			
22	Y	요방리 278	남	21	
23	Y	요방 177-1	남	24	
24	Y	요방리 133	여	31	
25	Y	요방리 2구 (62-0431)	여	59	
26	Y	요방리 2구 101	남	39	
27	Y	요방리 2구 135	여	41	
28	Y	요방리 2구 134 번지	여	26	
29	Y	〃 154-8	여	31	
30	Y	〃 135	여	28	
31	Y	〃 201-7	여	40	
32	Y	〃 201-18	남	43	
33					
34					
35					
36					
37					
38					
39					
40					
41					
42					
43					
44					
45					

조사 감상문

조사원 소속: 충북대학교 심리학과 3
조사원 성명: 이은주. 김수정
조사대상지역: 충남 천원군 성거읍 석교리, 요방리

* 조사과정에서 느낀 소감을 간략히 기술해 주십시오.

농촌 사람들의 푸뜻한 순수와 땅내음속에서도 국회라는 이름앞에서 아무 감동조차 받지 못하는 본인과는 달리 생각하고 느끼는 마음을 읽을수 있었다. 대체적으로 국회를 긍정적으로 생각하지는 않는것같았다. 국회의원은 국민의 심부름꾼이라 생각하고 싶은 애뜻한 그들의 바램속에 그들의 바램을 조금이라도 귀담아 듣고 실천하는 사람들이 늘었으면 싶다. 힘든 하루였으나 얻은것이 많은 하루였다. 우린 모두 대한민국 국민인 것이다

– 김 수 정 –

너무나 힘들었던 하루였다. 조사에 응해 주지 않는 주민들을 뒤로하고 나올때면 내심 이런 조사를 하겠다고 나선것조차 후회가 되었다. 힘들여 28부 모두를 작성하고 청주가는 막차를 타고서야 그들이 보인 짜증과 거부가 그들의 뒷면의 아픔을 깨달았다. 밭고랑의 물을 뜰으시며 농사 2년째 지으면서 남은건 빚뿐이라는 한 할머니의 말씀이 그들의 모든 심사를 대변해 주는 것일 것이다. '농촌 처녀 시가 막혔다'라는 말을 정말 실감나게 체험할 수 있었고, 말로만 듣던 농촌생활의 악영이를 본 듯한 느낌마저 들었다. 돌이켜보면 무척이나 힘들었던 하루였지만, 그속에서 얻은 수확은 더 큰것 같다

– 이은주 –

· 문항이 비슷한것이 있어 번복으로 인해 조사대상자들이 싫증을 냈으며 (18. 20)
대상자들의 태도는 비교적 순응적이었다.
문항 자체에서 농촌 사람들에게 어려운 문항이 있었던것 같다 (29. 30. 31. 33. 39-2. 42)

조사원 기입용

조 사 원	소속 : 경남대학교
	성명 : 김 승곤
조사지역	경남 김해시 부원동 2/4 10/4

* 조사자가 개인적으로 판단하여 기록할 것. 면접 성공 여부는 Y(Yes), N(No)으로 표시할 것.

피조사자	면접성공여부	주소(전화번호)	성별	나이	기타
1	Y	경남. 김해. 부원동 601-3	여	60	
2	Y	" 60-81	남	38	
3	Y	" 동산동 1030	남	21	
4	Y	" 부원동 44B6L	여	27	
5	Y	" 화원 108	여	21	
6	Y	" 동산동 349-2	여	21	
7	N				
8	Y	" 부원동 26-7	남	28	
9		(33-5-4232)			
10	Y	" 947-2	남	35	
11	Y	" 솔솔수화장	여	21	
12		(32-5789)			
13	Y	2-7427	남	26	
14	Y	" 21-9	남	42	
15	N	김상근			
16	N	부원 21-3			
17	Y	" (34-0859)	남	46	
18	N	김평규			
19	Y	" 966-1	여	48	

20	N	박정녹(3240)			
21	Y	" 봉황동 17-23	여	33	
22	Y	" 부원동 45-B		33	
23		27L	남		
24	Y	" 24B8L	남	55	
25	N	송 찬 호			
26	Y	" 875-1	여	53	
27	N	김 사 숙			
28	Y	" 1081	남	69	
29	Y	" 20-13	"	40	
30	N	장 변 호			
31	Y	" ?	여	62	
32	Y	" 대성 2구	남	45	
33	N	김 도 달			
34	Y	" 외동 주공APT	남	29	
35	Y	" 238	"	35	
36	Y	부원동 20-3	"	56	
37	Y	" 21-4	여	53	
38	N	김 평 호(35-1)			
39	Y	" 862-3	남	29	
40	Y	" 20-3	남	38	
41	Y	" 삼정동 781-			
42		55	남	24	
43	Y	" 부원동 24B	여	25	
44	Y	7L " 31B5L	여	32	
45	N	정동훈(34-21)			

46	Y	〃 827-5	09	31	
47					
48					
49					
50					
51					
52					
53					
54					
55					
56					
57					
58					
59					
60					

조사 감상문

조사원 소속: 경남대 행정2년
조사원 성명: 김 승 곤
조사대상지역: 경남김해시 부원동 일원

* 조사과정에서 느낀 소감을 간략히 기술해 주십시오.

우선, 우리 나라에 언제부터 이러한 불신풍조가 만연하게 되었는가에 대한 생각부터가 머리에 떠오른다. 따가운 땡볕 아래서 가가호호를 방문할라치면 힘든건 두말할 나위가 없거니와 더욱 나를 안타깝게 하는건 아무도 믿을 수 없다는식의 사고방식이었다. 비록 일부분이긴 하겠지만 세상이 이렇게 삭막해진데 대해선 우선 그 책임이 정부에 있다 하겠다. 국민을 이끄는 정치인들이 조령모개하는 식의 정책으로 국민의 혼란만 일삼고 있으니 이는 사막에서 푸른 풀이 자라기를 기대하는 것만큼의 어리석은 일일 것이다. 이러한 좋은 기회를 빌어 정치인들과 국민스스로가 이러한 폐습속에서 하루 빨리 벗어났으면 하는 바램이다.

아울러 교수님께 당부드리고 싶은것이 있다면 본 조사의 취지는 물론 좋다고 하겠으나 지역선정면에 있어서의 문제점과 설문지의 분량이 일반 시민으로서는 너무 지루할 만큼 많다는 사실이다. 이러한 부분의 시정으로 앞으로도 좋은 여론조사 결과가 나오기를 기대하는 바이다.

조사원 기입용

조 사 원	소속 : 경남 대학교 행정학과
	성명 : 송 철 환
조사지역	부산 직할시 용당동 6. 18통

* 조사자가 개인적으로 판단하여 기록할 것. 면접 성공 여부는 Y(Yes), N(No)으로 표시할 것.

피조사자	면접성공여부	주소(전화번호)	성별	나이	기타
1	N	바쁘다.	여		
2	N	응해 봤자다.	여		
3	N	바쁘다	남		
4	Y	6통 2반	남	55	
5	Y	6통 2반	여	20	
6	Y	6통 2반(624-3923)	남	34	
7	Y	6통 2반	남	49	
8	Y	6통 1반	남	44	
9	N	피곤하다.	여	55	
10	Y	18통 4반	여	46	
11	N	바쁘다.			
12	Y	18통 4반	남	65	
13	N	귀찮다.	여		
14	Y	18통 4반	남	26	
15	N	바쁘다.			
16	Y	18통 4반	남	22	
17	Y	18통 4반	여	44	
18	N	바쁘다.	여		
19	N	바쁘다.	여		

20	Y	18통2반	남	27	
21	Y	18통 2반	남	38	
22	N	바쁘다.	여		
23	N	바쁘다.	여		
24	Y	18통2반	여	26	
25	N	바쁘다.	여		
26	N	바쁘다.	여		
27	Y	18통2반	남	35	
28	N	바쁘다.	여		
29	Y	6통1반	여	55	
30	N	몰라서	여		
31	N	몰라서	여		
32	Y	6통2반	여	35	
33	N	바쁘다.	여		
34	Y	6통3반	남	25	
35	Y	6통3반	여	29	
36	N	바쁘다	여		
37	Y	6통3반	여	23	
38	Y	6통 3반	여	30	
39	N	몰라서	여		
40	N	바쁘다	여		
41	N	몰라서	여		
42	Y	6통2반	여	34	
43	N	귀찮다.	여		
44	N	잘 모르겠다.	여		
45	N	바쁘다.	여		

46	N	식사중	여		
47	N	식사중	여		
48	N	바쁘다	여		
49	Y	18통 3반	여	28	
50	Y	18통3반	여	32	
51	N	식사중	여		
52	Y	18통2반	남	22	
53	Y	18통2반	여	42	
54	Y	18통2반	여	64	
55					
56					
57					
58					
59					
60					

조사 감상문

조사원 소속 : 경남 대학교 행정학과

조사원 성명 : 송 철 환

조사대상지역 : 부산직할시 남구 용당동

* 조사과정에서 느낀 소감을 간략히 기술해 주십시오.

우리들이 흔히 보아왔던 매스컴을 통한 설문조사.
솔직히 말하자면 너무도 손쉬운 일로만 생각했었다.
막상 부딪혀 보니 푹푹찌는 더위보다는 오히려 주민들의 냉랭한
태도가 더욱 짜증스럽게 하였다.
국회, 정치, 말만 들어도 고개를 젓는 사람들이 대부분이라 해도
과언은 아니다.
제가 조사한 지역이 비록 부산에서도 영세민들이 살고있는 곳이라
하지만 시국에 대한 무관심. 오히려 자포자기 하며 사는 사람이
대부분이다. 실로 안타까운 일이 아닐수 없다.
자연스레 주위를 둘러보게 된다.
과연 이 땅에 진정한 언론의 자유가 보장되어 있는가?
여기에 있는 주민들은 설문에 응하면서도 내심 걱정을 하고 있다.
그리고 그것은 곧바로 표현하 시켰다. 이렇게 말이다. "잘못 말하면
잡아 가는것 아니냐?"
이렇게 봤을때,
이설문조사가 과연 최 하층에 있는 사람들의 여론을 충분하고
완벽히 수렴했다고 할수 있을까?
이 땅에 언론의 자유가 완전히 보장되고 국민들이 느낄때 완전하고
완벽한 민주화가 실현되지 않을까 새삼 다짐해 본다.
끝으로 어려운 과정에서도 열심히 살아가시는 용당동 주민 여러분
들께 시간을 할애해 주신 점 감사드리며 작별의 안녕을....

조사원 기입용

조 사 원	소속: 경북 대학교
	성명: 정 은화
조사지역	대구 서구 상리동

* 조사자가 개인적으로 판단하여 기록할 것. 면접 성공 여부는 Y(Yes), N(No)으로 표시할 것.

피조사자	면접성공여부	주소(전화번호)	성별	나이	기타
1	Y				
2	Y				
3	Y				
4	Y				
5	N	'가게'. 게되타포감은표정으로 선생님이 애꾸젔듯 (손님 대타기도 짜증스러운데…)			
6	Y				
7	Y				
8	Y				
9	N	철공소'. '바쁘다'는 이유로 일언지하에 거절			
10	Y				
11	N	`다 쓸데 없는 것이다			
12	Y				
13	N	귀찮다 저리가라			
14	Y				
15	Y				
16	Y				
17	Y				
18	Y				
19	Y				

20	Y				
21	Y				
22	Y				
23	Y				
24	N	집안에 안 좋은 일(가출)			
25	Y				
26	Y				
27	Y				
28	Y				
29	Y				
30	N	약속이 있어서 나가는 길임			
31	Y				
32	N	'우리는 그런거 모른다. 딴데 가봐라'			
33	Y				
34	N	'관심없다. 필요없다. 할말 없다.'			
35	N	'하루벌어 하루먹고 사는 사람, 지금 바빠 물건 팔러나가야…'			
36	N				
37	Y				
38					
39					
40					
41					
42					
43					
44					
45					

조사 감상문

조사원 소속 : 경북 대학교
조사원 성명 : 정 은화
조사대상지역 : 대구 서구 상리동

* 조사과정에서 느낀 소감을 간략히 기술해 주십시오.

국민들의 국회에 대한 불만을 막 연히
읽을수 있었고 심지어 언성을 높이고 표
정을 일그러 뜨리는 분들도 있었다.
막연하게 푸는 분노, 그것이 국민들의
일반적인 의사라면, 글쎄- 뭔가 잘
못 흐르고 있는 것만은 분명한 것이
아닐까?
그렇게 큰 친절을 베푼것도 아닌데
금새 나약한 모습으로 눈물을 글썽이던
나이많은 할머니, 잠없는 할머니의 하고
싶던 말씀은 진정 무엇이었을까?

조사원 기입용

조 사 원	소속 : 전남 대학교
	성명 : 최 승 철
조사지역	70

* 조사자가 개인적으로 판단하여 기록할 것. 면접 성공 여부는 Y(Yes), N(No)으로 표시할 것.

피조사자	면접성공여부	주소(전화번호)	성별	나이	기타
1	N	삼태리 1 반	女	63	비협조
2	Y	삼태리 1 반	男	49	
3	Y	삼태리 1 반	女	49	
4	Y	삼태리 1 반 125	男	54	
5	N	삼 태리 2 반	女	30代 후반	비협조
6	N	삼 태리 2 반			개만 있음
7	Y	삼 태리 2 반	女	61	
8	N	〃			개만 있음
9	N	삼 태리 3 반	·	·	해당자 없음
10	Y	삼태리 3 반 224	男	21	
11	N	삼태리 3 반	·	·	애들만 있음
12	N		·	·	빈 집
13	Y	삼태리 3 반 75.	女	39	
14	N	인터뷰에 응구부인			
15	Y	삼태리 3 반 65	男	24	
16	Y	삼태리 3 반 441	男	25	
17	N	해당자 없음.			
18	N	해당자 없음.			
19	N	해당자 없음.			

20	Y	삼태리1반 419.	女	54	
21	Y	삼태리1반 425.	男	30	이장
22	Y	연화리 63	男	48	
23	N	子女들만 있음.			
24	N	해당자 없음.			
25	Y	연화리 182.	男	30	이장
26	N	아무도 없음.			
27	N	부재중			
28	Y	연화리 92	男	63	
29	Y	연화리 180	男	60	
30	N	해당자 없음.			
31	N	해당자 없음			
32	Y	연화리 28.	女	50	
33		이하 연령에 맞는 해당자 없으므로			
34					
35		조사 끝냄!(20代 女子는 전혀 없음)			
36					
37					
38					
39					
40					
41					
42					
43					
44					
45					

조사 감상문

조사원 소속 : 전남 대학교
조사원 성명 : 최 종철
조사대상지역 : 70

* 조사과정에서 느낀 소감을 간략히 기술해 주십시오.

조사지로 향할 때는 소풍가는 기분으로 갔다.
그러나 막상 도착해서 조사를 하다 보니 성비와 연령이 엄청 잘못 책정되 있다는 것을 알았다. 단 한명도 없는 20代 여자를 가장 많이 책정해 놓은 것이다.
정말이지 노부부가 사는집이 많았고 그나마 농촌의 특성상 식사시간이나 잠자러 들어오는 시간에 조사활동을 많이 해야 했다. 그리고 비록 현재 정치에 대해 많은 관심이 있었으나 설문의 내용이 너무 길고 반복되는 감이 있어서 피조사자들이 쉽게 지루함을 느끼는것 같았다.
조사를 끝내고 나서 감사할 분들이 많다.
점심을 대접해 주신 아저씨, 빈속에 억지로 막걸리 한 사발을 마시게 하시던 할아버지, 그리고 저녁대접과 함께 자정이 가까운 시간이었는데도 오토바이로 본인을 바래다 주신 삼대리 이장님, 더운데 고생한다며 위로 하시던 분들, 혼자몸으로 농사를 지으면서도 훌륭한 일을 하고 계시던 아주머님께도 깊이 감사 드린다.

조사원 기입용

조 사 원	소속: 서강 대학교
	성명: 강 미 경
조사지역	강동구 상일동

* 조사자가 개인적으로 판단하여 기록할 것. 면접 성공 여부는 Y(Yes), N(No)으로 표시할 것.

피조사자	면접성공여부	주소(전화번호)	성별	나이	기타
1	Y	426 -5382	여	42	
2	N	조사 거부			
3	N	피조사자 해당자 없음			
4	N	조사 거부			
5	Y	427-5921	여	23	
6	N	시간이 없다			
7	N	조사 거부			
8	Y	427 -8945	남	50	
9	N				
10	N				
11	N				
12	N				
13	Y	426- 7332	여	38	
14	Y	426 - 5887	여	24	
15	N				
16	N				
17	N				
18	N				
19	N				

20	N				
21	Y	426-3199	여	24	
22	N				
23	N				
24	N				
25	Y	426-3199	남	53	
26	N				
27	Y	426-7630	여	30	
28	N				
29	N				
30	Y	428-1930	남	27	
31	Y	426-9349	남	24	
32	N				
33	N				
34	N				
35	N				
36	Y	426-1998	여	44	
37	N				
38	N				
39	Y	426-1584	여	26	
40	Y	426-1900	여	33	
41	N				
42	N				
43	N				
44	Y	427-5600	남	37	
45	Y	✓	남	37	

46	N				
47	N				
48	Y	311동 405호	여	60	
49	N				
50	Y		남	49	
51	Y	427 - 7229	남	42	
52	Y	340 동	남	23	
53					
54	Y	427- 6876	남	48	
55					
56	Y	341 동	여	57	
57	Y	∨	남	25	
58	Y	341 동	남	62	
59	Y	426-3052	남	36	
60	Y	338 동	남	28	

조사 감상문

조사원 소속 :
조사원 성명 :
조사대상지역 :

* 조사과정에서 느낀 소감을 간략히 기술해 주십시오.

너무 힘들었다
다음에는 하지 말아야지

조사원 기입용

조 사 원	소속 : 경북대학교
	성명 : 김 수 경
조사지역	수성시 수성2가 6/3 수성시 수성3가 14/3

* 조사자가 개인적으로 판단하여 기록할 것. 면접 성공 여부는 Y(Yes), N(No)으로 표시할 것.

피조사자	면접성공여부	주소(전화번호)	성별	나이	기타
1	Yes	수성시 수성2가 6/3	여	37	
2	Yes.	〃	남	52	
3	Yes	〃	남	24	
4	No.	시경이라서 무척 바쁨			
5	No.	〃			
6	Yes.	수성시 수성2가 6/3	남	36	
7	Yes.	〃	여	39	
8	No.	아줌마들 고스톱치면서 바쁘다함.			
9	No.	아무것도 모르니 딴집 찾아가라함 (막무가내)			
10	Yes.	수성시 수성2가 6/3	남	60	
11	Yes.	〃	남	39	
12	No.	지금하면 일이 밀림			
13	No.	잠자는데 방해한다고 신경질냄.			
14	No.	그런일에 관심없다고 짜증부림.			
15	Yes	수성구 수성2가 6/3	여	20	
16	Yes.	〃	남	23	
17	Yes	〃	남	45	
18	Yes.	〃	여	50	
19	No.	무식해서 아무것도 모른다고 자처함			

20	No.	〃			
21	No.	똑똑한 학생들 있는 곳으로 가 보려고 함			
22	No.	바빠서 일손을 놓을수 없음.			
23	No.	〃			
24	Yes.	수성구 수성2가 6/3	여	44	
25	Yes.	수성구 수성3가 14/3	남	35	
26	Yes.	〃	여	60	
27	No.	머리가 아파서 쉬는중			
28	Yes.	수성구 수성3가 14/3	여	34	
29	No.	문전 박대			
30	No.	애들 오기전에 밥해야됨			
31	Yes.	수성구 수성3가 14/3	남	29	
32	Yes.	〃	여	22	
33	Yes.	〃	여	54	
34	No.	개 조 심			
35	No.	문도 안 열어줌.			
36	Yes.	수성시 수성3가 14/3	여	28	
37	Yes.	〃	남	41	
38	No.	시간 없음			
39	Yes.	수성구 수성3가 15통	남	21	
40	No.	인기척이 안남.			
41	No.	할 시간도 없고. 하고 싶지도 않음			
42	No.	대문도 열어주지 않음			
43	No.	〃			
44	No	들어볼 생각도 안함			
45	Yes.	수성구 수성3가 15통	여	48	

46	Yes.	수성구 수성3가 15통	여	30	
47	Yes.	〃	남	22	
48	No.	신경질부터 냄.			
49	Yes.	수성구 수성3가 15통	여	23	
50					
51					
52					
53					
54					
55					
56					
57					
58					
59					
60					

조사 감상문

조사원 소속 : 경북대학교 행정학과 2학년

조사원 성명 : 김 수 경

조사대상지역 : 대구시 수성구 수성 2가 6/3
" 수성 3가 14/3

* 조사과정에서 느낀 소감을 간략히 기술해 주십시오.

처음 이 설문조사에 착수 했을때는 마냥 설레는 마음이었다. 태어난 이래 처음으로 내가 조사자의 입장인 면도 있었지만 현재의 관심사에 대해 직접 시민들의 의견을 들어볼수 있다는 것은 굉장히 큰 이득이 될 것이라 생각했다. 조사를 해 나가면서 느낀 소감을 결론부터 맺자면 확실히 그러했다. 시민들. 가난한 사람. 부자 할 것없이 여러계층의 사람들을 만나보고 그들의 의견을 직접 들었다는 것은 그들과 나와의 일체감을 만든 듯했다. 그러지만 그 가운데 느꼈던 어려움은 날 실망시키기도 하고 기분 좋게도 했다. 수고한다면서 음료수까지 대접해 주는 이가 있는가 하면 문도 열어주지 않고 딴집으로 가보라고 하면서 이상하고도 기분 나쁜 눈초리로 쳐다보는 이도 적지 않았다. 그러나 그런것 보다도 내가 실망한 것은 사람들의 무관심과 불신에 직면했을 때이다. 현재의 국회에 대해서 심히 불안을 느끼고 토로하는 이가 있는가하면 현재는 불안이지만 앞으로의 장래를 밝게 보는이도 있었고 더 나빠질거라 보는 이도 있었다.

반면 이것도 저것도 아닌 사람. 국회에 무관심하고 전혀 모르는 이도 있었다. 내가 맡은 곳이 시장지역과 주택가인데 내 생각으로 생활에 찌들고 바빠서 관심이 없거나 협조가 적을거라 생각했던 시장에서는 오히려 훨씬 더 협조적이었고 국회에 많은 관심을 가지고 잘못된 점을 지적하고 심지어 화를 내기까지 했지만 앞으로 잘 되어야 할거라는 걱정과 염려를 많이 해 주었는데 좀 그런대로 사는 것 같은 주택가에서는 오히려 더욱 무관심하거나 아니면 적극적으로 협조해 주고 국민의 의사를 잘 전해달라는 두가지 입장이 두렷이 나타났다. 이와 같이 무관심하고 심지어 조사자들을 불신하고 행여나 화가 미칠까 두려워해 솔직히 말하지 않는 것 같은 눈치가 보일땐 참으로 속상했다. 또한 아무일도 하지 않으면서 더구나 잔다거나 고스톱친다던가 하면서 쫓아낼땐 정말로 실망스러웠다.

조사원 기입용

조 사 원	소속 :
	성명 :
조사지역	

* 조사자가 개인적으로 판단하여 기록할 것. 면접 성공 여부는 Y(Yes), N(No)으로 표시할 것.

피조사자	면접성공여부	주소(전화번호)	성별	나이	기타
1	Y	읍내리 53 (82-8866)	남	37	
2	Y	읍내리 470-2 (2-4145)	남	33	
3					
4	Y	두곡리 623 (2-3436)	여	22	
5	Y	두곡리 627 (없음)	남	69	
6	Y	592-2 (없음)	남		
7	Y	630 번지 (없음)		62	
8	Y	501-1 (2-2975)	남	56	
9	Y	、	남	61	
10	N	、			
11	N	、			
12	Y	두곡리 497 (82-0930)	여	34	
13	Y	〃 620 (2-4473)	〃	54	
14	Y	〃 497-3 (2-3423)	〃	48	
15	Y	두곡리 618 (83-1956)	여	62	
16	Y	〃 626 (2-3611)	〃	49	
17	Y	〃 614 (83-4696)	남	38	
18	Y	〃 497-3 (2-4496)	남	38	
19	Y	읍내 1293 (83-3978)	남	29	

20	Y	읍내 1250-4 (83-4098)	女	23	
21			女	29	
22	Y	읍내 1203	남	28	
23	Y	읍내 1196 (82-7300)	女		
24	Y		女	33	
25	Y	읍내 1197	女	38	
26		82-7400	남	27	
27	Y	83-6363	남	29	
28	Y	83-5665	남	29	
29	Y	82-8855	남	42	
30	Y	82-2080	남	44	
31	Y	、	남	43	
32					
33					
34					
35					
36					
37					
38					
39					
40					
41					
42					
43					
44					
45					

46					
47					
48					
49					
50					
51					
52					
53					
54					
55					
56					
57					
58					
59					
60					

조사 감상문

조사원 소속 : 경남대학교 행정학과
조사원 성명 : 조 민 숙
조사대상지역 : 하동읍

* 조사과정에서 느낀 소감을 간략히 기술해 주십시오.

두곡리가는 차를 기다리다 읍내에 있는 두 집을 조사했다. 무기명투표라 하면서 전화번호를 적어달라하니 거부 반응을 일으킨다.

두곡리에서는 농촌인지라 집에는 아무도 없고 밭에 일하는 사람과 가게에서 음료수를 마시며 모여있는 단체다.

전화는 없고 주소를 모르는 사람도 몇몇 있고 그나마 주소를 가르쳐주는 사람은 이장님의 도움으로 가르쳐 준다.

두곡리의 연령층은 대부분 50대 후반인지라 연령을 맞추기가 힘들었고 설명을 해도 잘 이해를 하지 못하는 점이다. 문항이 너무 많다 10문제만 해서 설명하고 나면 밭에 가야한다고 돌아서 버리고 이 한마디만 남긴다. "제발 싸우지 말라고 그게 무슨 짓들이냐" 고.

읍내리는 문명의 힘이 좀 더 많이 작용하여 쉽지 않겠느냐는 생각을 했는데 오히려 더 거부 반응을 일으킨다. 문명의 혜택을 많이 받은 사람일수록 국회에 대한 반응은 회의적이다.

(7) 현지 접촉교수 명단

지 역	조사원수	감독교수	전화번호
대전, 충남, 충북	2+5+3=10	정진경, 충북대심리학과	0431-61-2192(O) -64-0832(H) 416-3619(H. Seoul)
광주, 전남	2+6=8	장건춘, 전남대행정학과	062-671-6133(H) 062-55-0486(O)
전북	5	박종주, 원광대행정학과	0653-3-3670(H) 0653-50-6405(O)
대구, 경북	4+7=11	배태영, 경북대행정학과	053-753-9102(H)
부산, 경남	7+7=14	송병주, 경남대행정학과	0551-43-0537(H) 0551-49-2524(O)

(8) 여론조사 추진일정

기 간	내 용	비 고	담당자
7. 2(월)	1. 연구진 구성 전체회의 : 연구계획 및 설문		
7. 4(수)	1. 설문 초안 논의 2. 연구세부지침 마련 및 확정 3. 지방대 연락건 4. 서울(경기, 강원, 인천)조사위 연락건	* 비용, 장소 아르바이트생 * 16일까지 확정 * 〃	3. 김광웅 4. 허순희 장지원
7. 7(토)	1. 설문 1차 완성		· 박찬욱
7. 9(월)	1. 예비조사 및 설문자문 2. 설문 최종안 완성 3. 표본 최종 결정 4. 조사원 수당 계산 완료	* 예비조사실시 30명(7. 9-11) * 코딩지 마련 타이핑	· 박찬욱 전종윤(1, 2) · 장지원(3, 4)
7. 16(월)	1. 확인서, 조사 지침서, 지역기입안 준비 및 인쇄완료 2. 설문지 인쇄물 도착 3. 선물 도착 4. 조사원 수당 분배	* 각 조사지역 기입	· 장지원 전종윤
7. 18(수)	1. 설문지 및 선물 각 지역 분배 준비 2. 지방대 확인전화 3. 지방대파견 대학원생교육	* 조사원 충원여부 및 대학원생 파견 약속(시간지정-19일 3시)	· 장지원 전종윤 3. 김학수 장지원
7. 19(목)	1. 지방대 교육 2. 서울 · 인천 · 경기 · 강원지역 조사원 교육	* 수거방법 · 일시약속	1. 파견대학원생 2. 김학수 장지원
7. 20(금) 21(토) 22(일)	본조사기간	* 전산처리 프로그램 마련	
7. 23(월) -25(수)	1. 설문지수집 및 코딩 점검	* 코딩 점검 아르바이트생	· 전종윤
7. 26(목) -27(금)	키 펀치		
7. 28(토) -30(월)	전산처리		장지원 전종윤

(9) 지역별 표본할당부수

할당항목 / 지역	대도시지역		중소도시지역		읍지역		면지역	
	할당부수/할당비	조사원수/조사부수	할당부수/비	조사원수/부수	할당부수/비	조사원수/부수	할당부수/비	조사원수/부수
서 울	521/100.0	21/24(+17)						
부 산	183/100.0	7/26(+1)						
대 구	106/100.0	4/26(+2)						
인 천	74/100.0	3/24(+2)						
광 주	45/100.0	2/22(+1)						
대 전	38/100.0	2/19						
경 기			120/46.2	4/30	62/23.8	2/31	78/30.0	3/26
강 원			37/41.9	2/18(+1)	24/26.6	1/24	28/31.5	1/28
충 북			30/40.6	1/30	11/15.0	1/11	32/44.3	1/32
충 남			40/34.5	2/20	28/24.2	1/28	48/41.2	2/24
전 북			47/42.9	2/23(+1)	14/12.6	1/14	49/44.5	2/24(+1)
전 남			56/39.9	2/18	24/17.2	1/24	60/42.9	3/20
경 북			46/28.5	2/23	38/23.9	2/19	77/47.6	3/25(+2)
경 남			92/49.7	3/30(+2)	25/13.6	1/25	67/36.6	3/22(+1)
계	967/46.0	39/	468/22.3	18/	226/10.8	10/	439/20.9	18/

* 이 표는 1985년 경제기획원 인구조사료에서 참조한 것이므로 「광주」와 「대전」은 각각 전남과 충남의 중소도시에서 포함되어 있어, 부득이 「88년도 전국 상주인구조사자료」에서 잠정적으로 추산한 것임.

지역별 · 연령별 조사대상자 수

연령 / 지역(할당부수)	20대 할당부수/구성비	30대 할당부수/구성비	40대 할당부수/구성비	50대 할당부수/구성비	60대 이상 할당부수/구성비
서울(521)	197/37.8	135/26.0	97/18.7	52/10.0	40/7.7
부산(183)	68/36.9	49/27.0	33/18.0	19/10.5	14/7.6
대구(106)	41/38.5	26/24.9	19/17.6	11/10.5	9/8.4
인천(74)	30/39.9	20/27.2	11/15.4	7/9.4	6/8.0
광주(45)	17/38.2	12/27.7	7/14.9	5/10.6	4/8.5
대전(38)	15/38.2	10/27.7	6/14.9	4/10.6	3/8.5
경기(260)	98/37.8	65/25.1	40/15.3	29/11.1	28/10.7
강원(89)	28/32.0	19/21.1	17/19.5	13/13.7	12/13.7
충북(73)	23/31.0	14/19.7	13/18.5	11/14.9	12/15.8
충남(116)	36/31.3	24/20.9	21/18.3	18/14.8	17/14.7
전북(110)	33/29.7	22/20.1	21/18.3	17/15.9	17/15.9
전남(140)	42/30.1	29/20.4	27/19.0	21/15.4	21/15.2
경북(161)	46/28.3	33/20.8	29/20.4	25/15.7	28/17.2
경남(184)	61/33.2	44/23.7	30/16.5	24/13.3	25/13.3
계 (2,100)	735/34.6	502/23.8	371/17.8	256/12.3	236/11.5

지역별 · 연령별 인구 분포표

지역 \ 연령	계	20대 (20～29)	30대 (30～39)	40대 (40～49)	50대 (50～59)	60대 이상 (60～?)
서 울	5,886,194	2,222,422	1,529,145	1,102,311	579,827	452,469
부 산	2,072,948	764,434	560,484	373,677	217,512	156,841
대 구	1,195,289	460,625	297,410	211,107	126,039	100,108
인 천	836,181	333,994	227,109	129,100	78,787	67,191
광 주						
대 전						
경 기	2,935,666	1,109,984	736,409	448,009	325,940	315,324
강 원	1,004,720	321,982	212,452	195,538	137,575	137,173
충 북	824, 805	256,235	162,408	152,730	123,088	130,344
충 남	1,737,475	543,734	363,146	317,836	257,288	255,471
전 북	1,244,464	370,084	249,857	228,067	198,287	198,169
전 남	2,091,294	628,813	427,107	396,841	321,559	316,974
경 북	1,825,648	517,340	379,556	328,533	286,240	313,979
경 남	2,079,726	691,121	492,109	342,966	277,394	276,136
제 주						
계	23,734,410	8,220,788	5,637,192	4,226,715	2,929,536	2,720,179

* 이 표는 85년 경제기획원 인구조사자료를 참조한 것임. 따라서 광주와 대전은 각각 전남과 충남지역의 항목에 포함되어 있음.

(10) 연령별 · 남녀별 할당부수

지역번호	부수	20대(남 : 여)	30대(남 : 여)	40대(남 : 여)	50대(남 : 여)	60대이상(남 : 여)
서울 01	25	9(5 : 4)	6(3 : 3)	5(3 : 2)	3(2 : 1)	2(1 : 1)
02	〃	〃	〃	〃	〃	〃
03	〃	〃	〃	〃	〃	〃
04	〃	〃	〃	〃	〃	〃
05	〃	〃	〃	〃	〃	〃
06	〃	9(5 : 4)	6(3 : 3)	5(3 : 2)	3(1 : 2)	2(1 : 1)
07	〃	9(4 : 5)	6(3 : 3)	5(3 : 2)	3(1 : 2)	2(1 : 1)
08	〃	9(4 : 5)	6(3 : 3)	5(2 : 3)	3(1 : 2)	2(1 : 1)
09	〃	〃	〃	〃	〃	〃
10	〃	〃	〃	〃	〃	〃
11	24	9(4 : 5)	6(3 : 3)	5(2 : 3)	2(1 : 1)	2(1 : 1)
12	〃	〃	〃	〃	〃	〃
13	25	9(4 : 5)	7(3 : 4)	5(2 : 3)	2(1 : 1)	2(1 : 1)
14	〃	10(5 : 5)	7(3 : 4)	4(2 : 2)	2(1 : 1)	2(1 : 1)
15	〃	〃	〃	〃	〃	〃
16	〃	〃	〃	〃	〃	〃
17	〃	10(5 : 5)	7(4 : 3)	4(2 : 2)	2(1 : 1)	2(1 : 1)
18	〃	〃	〃	〃	〃	〃
19	〃	〃	〃	〃	〃	〃
20	24	10(5 : 5)	7(4 : 3)	4(2 : 2)	2(1 : 1)	1(남1)
21	〃	〃	〃	〃	〃	1(여1)
부산 22	26	9(4 : 5)	7(4 : 3)	5(2 : 3)	3(2 : 1)	2(1 : 1)
23	〃	9(5 : 4)	7(3 : 4)	5(3 : 2)	3(1 : 2)	2(1 : 1)
24	27	10(5 : 5)	7(4 : 3)	5(3 : 2)	3(2 : 1)	2(1 : 1)
25	26	10(5 : 5)	7(4 : 3)	4(2 : 2)	3(1 : 2)	2(1 : 1)
26	〃	〃	〃	〃	〃	〃
27	〃	10(5 : 5)	7(3 : 4)	5(2 : 3)	2(1 : 1)	2(1 : 1)
28	〃	〃	〃	〃	〃	〃
대구 29	26	10(5 : 5)	6(3 : 3)	5(3 : 2)	3(2 : 1)	2(1 : 1)
30	27	10(5 : 5)	7(4 : 3)	5(3 : 2)	3(1 : 2)	2(1 : 1)
31	26	10(5 : 5)	7(3 : 4)	4(2 : 2)	3(1 : 2)	2(1 : 1)
32	27	11(5 : 6)	6(3 : 3)	5(2 : 3)	2(1 : 1)	3(1 : 2)
인천 33	25	10(5 : 5)	6(3 : 3)	4(2 : 2)	3(1 : 2)	2(1 : 1)
34	〃	10(5 : 5)	7(4 : 3)	4(2 : 2)	2(1 : 1)	2(1 : 1)
35	24	10(5 : 5)	7(3 : 4)	3(2 : 1)	2(1 : 1)	2(1 : 1)
광주 36	23	8(4 : 4)	6(3 : 3)	4(2 : 2)	3(2 : 1)	2(1 : 1)
37	22	9(4 : 5)	6(〃)	3(1 : 2)	2(1 : 1)	2(〃)
대전 38	19	8(4 : 4)	5(3 : 2)	3(1 : 2)	1(남1)	2(1 : 1)
39	19	7(4 : 3)	5(2 : 3)	3(2 : 1)	3(1 : 2)	1(여1)
경기 40	시 30	10(5 : 5)	8(4 : 4)	5(2 : 3)	4(2 : 2)	3(2 : 1)
41	〃	〃	〃	〃	〃	〃

	42	″	11(5 : 6)	8(4 : 4)	5(3 : 2)	3(2 : 1)	3(1 : 2)
	43	″	11(6 : 5)	8(4 : 4)	4(2 : 2)	3(1 : 2)	4(2 : 2)
	44	읍 31	11(5 : 6)	8(4 : 4)	5(2 : 3)	4(2 : 2)	3(2 : 1)
	45	″	11(6 : 5)	8(4 : 4)	5(3 : 2)	3(1 : 2)	4(2 : 2)
	46	면 26	12(6 : 6)	5(2 : 3)	3(2 : 1)	3(2 : 1)	3(2 : 1)
	47	″	11(6 : 5)	6(3 : 3)	4(2 : 2)	3(1 : 2)	2(1 : 1)
	48	″	11(5 : 6)	6(3 : 3)	4(″)	2(1 : 1)	3(1 : 2)
강원	49	시 19	5(2 : 3)	5(3 : 2)	4(2 : 2)	3(2 : 1)	2(1 : 1)
	50	18	6(3 : 3)	4(2 : 2)	3(2 : 1)	3(2 : 1)	2(1 : 1)
	51	읍 24	8(4 : 4)	5(2 : 3)	5(2 : 3)	3(1 : 2)	3(1 : 2)
	52	면 28	9(5 : 4)	5(″)	5(3 : 2)	4(2 : 2)	5(3 : 2)
충북	53	시 30	10(5 : 5)	6(3 : 3)	5(2 : 3)	4(2 : 2)	5(2 : 3)
	54	읍 11	3(2 : 1)	2(1 : 1)	2(1 : 1)	2(1 : 1)	2(1 : 1)
	55	면 32	10(5 : 5)	6(3 : 3)	6(3 : 3)	5(3 : 2)	5(3 : 2)
충남	56	시 20	6(3 : 3)	4(2 : 2)	3(2 : 1)	4(2 : 2)	3(1 : 2)
	57	″	6(″)	4(″)	4(2 : 2)	3(2 : 1)	3(2 : 1)
	58	읍 28	10(5 : 5)	6(3 : 3)	5(2 : 3)	3(1 : 2)	4(2 : 2)
	59	면 24	7(4 : 3)	5(2 : 3)	5(3 : 2)	4(2 : 2)	3(1 : 2)
	60	″	7(3 : 4)	5(3 : 2)	4(2 : 2)	4(2 : 2)	4(2 : 2)
전북	61	시 23	7(4 : 3)	4(2 : 2)	5(2 : 3)	3(2 : 1)	4(2 : 2)
	62	24	7(″)	5(3 : 2)	4(2 : 2)	4(2 : 2)	4(2 : 2)
	63	읍 14	5(2 : 3)	3(2 : 1)	3(1 : 2)	2(1 : 1)	1(남1)
	64	면 24	7(3 : 4)	5(3 : 2)	4	3(1 : 2)	5(2 : 3)
	65	25	7(″)	5(2 : 3)	5(3 : 2)	3(1 : 2)	5(3 : 2)
전남	66	시 28	7(4 : 3)	6(3 : 3)	6(3 : 3)	4(2 : 2)	5(3 : 2)
	67	″	7(″)	6(3 : 3)	6(3 : 3)	4(″)	5(2 : 3)
	68	읍 24	7(″)	5(2 : 1)	5(1 : 2)	3(2 : 1)	4(2 : 2)
	69	면 20	7(3 : 4)	4(2 : 2)	3(2 : 1)	3(1 : 2)	3(2 : 1)
	70	″	7(″)	4(″)	3(1 : 2)	4(2 : 2)	2(1 : 1)
	71	″	7(″)	4(″)	4(2 : 2)	3(1 : 2)	2(1 : 1)
경북	72	시 23	6(3 : 3)	5(3 : 2)	4(2 : 2)	4(2 : 2)	4(2 : 2)
	73	″	7(4 : 3)	5(2 : 3)	4(″)	3(2 : 1)	4(2 : 2)
	74	읍 19	5(2 : 3)	4(2 : 2)	3(2 : 1)	2(1 : 1)	5(3 : 2)
	75	″	5(3 : 2)	4(″)	3(1 : 2)	2(1 : 1)	5(2 : 3)
	76	면 25	7(3 : 4)	5(3 : 2)	5(2 : 3)	4(2 : 2)	4(2 : 2)
	77	26	8(4 : 4)	5(2 : 3)	5(3 : 2)	5(2 : 3)	3(2 : 1)
	78	″	8(″)	5(″)	5(″)	5(3 : 2)	3(1 : 2)
경남	79	시 30	10(5 : 5)	7(4 : 3)	5(2 : 1)	4(2 : 2)	4(2 : 2)
	80	31	10(5 : 5)	8(4 : 4)	5(1 : 2)	4(2 : 2)	3(2 : 1)
	81	31	10(″)	8(″)	6(3 : 3)	4(2 : 2)	3(1 : 2)
	82	읍 25	9(4 : 5)	6(3 : 3)	5(3 : 2)	3(2 : 1)	2(1 : 1)
	83	면 22	7(4 : 3)	5(3 : 2)	3(2 : 1)	3(2 : 1)	4(2 : 2)
	84	″	7(3 : 4)	5(″)	3(1 : 2)	3(1 : 2)	4(2 : 2)
	85	23	8(4 : 4)	5(2 : 3)	3(″)	3(″)	4(2 : 2)

(11) 표집계획

시도	인구비례	표본수	거대도시	시부	군부
서울	25.3653	512(51)	512(51)		
부산	9.0455	183(18)	183(18)		
대구	5.3162	107(10)	107(10)		
인천	3.9777	80(8)	80(8)		
광주	2.8520	58(6)	58(6)		
대전	2.5162	51(5)	51(5)		
경기	13.2526	268(26)		131(13)	137(13)
강원	3.3783	78(8)		38(4)	40(4)
충북	3.1736	64(6)		31(3)	33(3)
충남	4.5925	93(10)		45(5)	48(5)
전북	4.9496	100(10)		49(5)	51(5)
전남	5.8294	118(12)		58(6)	60(6)
경북	6.6476	134(13)		66(6)	68(7)
경남	8.6507	174(17)		85(8)	89(9)
계	100.0	2,020(200)	991(98)	503(50)	526(52)

* 제주도 제외

* * 시부비 73.95% 적용(1990년 추계치)

조 사 구

서울(512)

종로구	부암동(10)	마포구	공덕1동(10)
중구	이화동(10)		신수동(10)
	신당1동(10)		성산1동(10)
용산구	용산2가동(10)	양천구	신월2동(10)
	한강로2동(10)		신정5동(10)
	보광동(10)	강서구	화곡5동(10)
성동구	금호1가동(10)	구로구	구로1동(10)
	성수2가2동(10)		독산1동(10)
	중곡4동(10)		시흥5동(10)
동대문구	신설동(10)		수궁동(10)
	답십리1동(10)	영등포구	문래1동(10)
	청량리1동(10)		신길6동(10)
중랑구	면목2동(10)	동작구	상도3동(10)
	중화2동(10)		사당3동(10)
성북구	동소문동(10)	관악구	봉천4동(10)
	정릉1동(10)		신림본동(10)
	월곡1동(10)		신림9동(10)
	석관2동(10)	서초구	반포2동(10)
도봉구	번1동(10)	강남구	논현동(10)
	쌍문3동(10)		대치2동(10)
노원구	공릉1동(10)		개포3동(10)
	상계6동(10)	송파구	방이동(10)
은평구	응암1동(10)		잠실본동(10)
	진관내동(10)	강동구	명일1동(11)
서대문구	창천동(10)		천호3동(11)
	홍은2동(10)		

부산(183)

중구	보수2동(10)	동래구	사직3동(10)
서구	서대신4동(10)		연산8동(10)
동구	초량1동(10)	남구	용호2동(10)
	좌천3동(10)		문현3동(10)
영도구	신선1동(10)	북구	구포2동(10)
부산진구	부전2동(10)		감전2동(10)

	부암1동(10)	해운대구	반여2동(10)
	범천1동(10)	사하구	하단동(11)
		금정구	금사동(11)
			남산동(11)

대구(107)

중구	삼덕3가동(10)	남구	대명3동(11)
	대봉1동(10)	북구	침산2동(11)
동구	도동(10)		무태동(11)
서구	내당1동(11)	수성구	수성4가동(11)
	평리4동(11)	달서구	두류2동(11)

인천(80)

중구	신선동(10)	남동구	도림동(10)
동구	화평동(10)	북구	효성동(10)
남구	숭의2동(10)	서구	경서동(10)
	도화2동(10)		
	연수동(10)		

광주(58)

동구	동명2동(10)	북구	용봉동(9)
	학1동(10)		우치동(9)
서구	양3동(10)		
	광천동(10)		

대전(51)

동구	판암동(10)	서구	복수동(10)
	정동(10)	유성구	탄동(11)
중구	문창2동(10)		

경기(268)

수원시(51)	장안구	화서2동(10)	화성군(53)	남양면	송림1리(10)
		염무동(10)			수화1리(10)
	권선구	세류2동(10)			안석리(11)
		고등동(10)		비봉면	삼화2리(10)
		곡선동(11)			자안2리(11)
송탄시(40)		서정동(10)	이천군(42)	호법면	안평1리(10)

		송북동(10)			단천2리(10)
		신장2동(10)			동산1리(11)
		동부동(10)			송갈1리(11)
의정부시(40)		의정부3동(10)	강화군(42)	선원면	금월2리(10)
		장곡동(10)			신정1리(10)
		가릉1동(10)			창2리(11)
		녹양동(10)			냉정1리(11)

강원(78)

춘천시(38)		죽림동(10)	화천군(40)	하남면	용암리(10)
		후평2동(10)			논미1리(10)
		온의동(9)			원천2리(10)
		사농동(9)			계성리(10)

충북(64)

청주시(31)		남주동(10)	괴산군(33)	청안면	읍내1리(11)
		영운동(10)			금신2리(11)
		운천동(11)			효근3리(11)

충남(93)

공주시(45)		중학동(9)	청양군(48)	화성면	장계리(10)
		산성동(9)			화암리(10)
		금학동(9)			광평리(9)
		신관동(9)		대치면	구치리(10)
		금흥동(9)			대치리(9)

전북(100)

전주시(49)	완산구	다가동(10)	부안군(51)	행안면	삼간리(10)
		동완산동(10)			진동리(10)
		효자동(9)			신기리(10)
	덕진구	덕진동(10)		주산면	덕림리(10)
		조촌동(10)			갈촌리(10)

전남(118)

목포시(29)		산정3동(10)	보성군(30)	문덕면	용암1리(10)
		동명동(10)			봉갑2리(10)
		달성동(9)			양동3리(10)

여수시(29)	고소동(10)	곡성군(30)	석곡면	능파리(10)
	봉강동(10)			연반리(10)
	미평동(9)			연곡리(10)

경북(134)

김천시(33)	평화동(11)	의성군(39)	금성면	대리1리(10)
	금산동(11)			만천2리(10)
	대응동(11)			명덕3리(10)
안동시(33)	용성동(11)			산운1리(9)
	태화동(11)	경주군(29)	강동면	호명리(10)
	옥동(11)			인동2리(10)
				다산2리(9)

경남(174)

진주시(43)	남성동(10)	창녕군(49)	대합면	등지리(10)
	봉래동(11)			소야리(10)
	상평동(11)			평지리(10)
	가호동(11)			목단리(10)
창원시(42)	상북동(10)			대동리(9)
	내동(10)	산청군(40)	단성면	석내리(10)
	가음정동(11)			청계리(10)
	신촌동(11)			소남리(10)
				백운리(10)

(12) 최종조사지역

지역 번호	지 역		통 반
	시도		
01	서울	은평구 불광2동	2통 2반, 6통 6반
02	〃	중구 신당2동	3/1, 13/5
03	〃	용산구 보광동	10/6, 22/2
04	〃	강동구 상일동	11/5, 4/3
05	〃	은평구 신사동	4/4, 16/2
06	〃	동대문구 전농2동	4/5, 18/3
07	〃	중구 광희동	17/6, 26/2
08	〃	영등포구 여의도동	5/1, 25/5
09	〃	동작구 대방동	12/4, 22/2
10	〃	서대문구 홍제2동	18/1, 26/5
11	〃	서대문구 연희2동	4/4, 12/2
12	〃	중랑구 상봉2동	2/5, 9/3
13	〃	성북구 삼선2동	20/4, 30/2
14	〃	동대문구 장안2동	2/6, 8/4
15	〃	노원구 창2동	5/5, 11/1
16	〃	양천구 신정2동	7/2, 33/6
17	〃	강동구 길2동	4/1, 18/3
18	〃	송파구 방이동	2/5, 32/5
19	〃	도봉구 미아2동	1/4, 17/6
20	〃	성동구 용담동	3/1, 11/3
21	〃	관악구 남현동	17/5, 18/9
22	부산	중구 보수2동	4/6, 6/3
23	〃	남구 문현2동	1/4, 17/7
24	〃	부산진구 양정2동	3/1, 15/4
25	〃	서구 남부민2동	7/5, 17/5
26	〃	북구 엄궁동	2/3, 12/1
27	〃	남구 용당동	6/2, 22/1
28	〃	동래구 거제2동	10/4, 5/4
29	대구	중구 북산동	2/2, 10/4
30	〃	서구 상리동	2/1, 6/3
31	〃	수성구 수성 2, 3가	6/3, 14/3
32	〃	남구 이천2동	1/3, 16/2
33	인천	동구 송현2동	3/3, 7/8
34	〃	북구 청천동	11/4, 24/3

35	〃	중구 연안동	2/3, 6/2
36	광주	광산구 원동	3/5, 18/2
37	〃	북구 동운2동	4/3, 12/4
38	대전	동구 가양2동	2/4, 14/2
39	〃	서구 갈마동	3/7, 20/6
40	경기	수원시 고등동	5/4, 17/6
41	〃	구리시 인창동	1/5, 7/5
42	〃	안산시 원초동	4/3, 20/6
43	〃	안양시 관양동	2/3, 11/2
44	〃	포천군 영중면	
45	〃	김포군 김포읍	
46	〃	포천군 포천읍	
47	〃	화성군 정남면	
48	〃	시흥군 수암면	
49	강원	춘천시 우두동	
50	〃	동해시 동호동	
51	〃	인제군 인제읍	
52	〃	원성군 귀래면	
53	충북	청주시 사천동	
54	〃	옥천군 옥천읍	
55	〃	영동군 상촌면	
56	충남	천안시 신방동	
57	〃	공주시 봉황동	
58	〃	천원군 성거읍	
59	〃	공주군 이인면	
60	〃	서산군 홍암면	
61	전북	전주시 서노송동	
62	〃	이리시 필봉동	
63	〃	익산군 함열읍	
64	〃	부안군 보안면	
65	〃	진안군 정천면	
66	전남	목포시 호남동	
67	〃	순천시 중앙동	
68	〃	화순군 화순읍	
69	〃	영암군 학산면	
70	〃	곡성군 죽곡면	
71	〃	여천군 소라면	

72	경북	영천시 봉동	
73	〃	점촌시 신기동	
74	〃	고령군 고령읍	
75	〃	안동군 풍산읍	
76	〃	금릉군 봉산면	
77	〃	의성군 단북면	
78	〃	문경군 영순면	
79	경남	마산시 반원동	
80	〃	김해시 부원동	
81	〃	진주시 만경동	
82	〃	하동군 하동읍	
83	〃	창녕군 주성읍	
84	〃	김해군 김예면	
85	〃	함안군 법수면	

I-3. 조사표 예시

미국 일리노이주립대학에 있는 신도철 교수가 한국갤럽에 의뢰해 최근에 행한 조사 설문지를 여기에 옮긴다.

GALLUP POLL 9601-SG004 ID
1-4 CN 5

부 탁 의 말 씀

안녕하십니까 ?

저는 한국갤럽조사연구소에서 조사원으로 일하는 ○○○입니다.

이번 저희 연구소에서는 정치의식 및 일상생활에 대한 우리나라 국민의 의견을 모으고 있습니다.

제가 묻는 질문에는 맞고 틀리는 답이 없으며, ○○님의 의견은 이런 의견을 갖고 있는 사람이 몇 %라는 식으로 통계를 내는 데만 사용되고, 그 외의 목적에는 절대로 사용되는 일이 없으니 평소 ○○님께서 생각하시는 대로 말씀해 주시면 되겠습니다.

특히, 이번 조사는 다른 여러 나라에서도 같은 내용으로 조사가 실시되어 비교연구가 이루어질 예정이오니 ○○님의 솔직한 의견을 다시 한번 부탁드립니다.

대단히 감사합니다.

1996년 1월
한 국 갤 럽 조 사 연 구 소
소 장 박 무 익
연 구 원 나 선 미
실사지도원 이 지 현
주 소 강남구 신사동 503-5
전 화 3442-2100, 512-4900-5

▨ 지 역 : 1. 서울 2. 부산 3. 대구 4. 인천 5. 광주 6. 대전 7. 경기 8. 강원
6-7 9. 충북 10. 충남 11. 전북 12. 전남 13. 경북 14. 경남

▨ 지역크기 : 1. 대도시 2. 중소도시 3. 읍/면
8

SQ 1) 성 별 : 1. 남 자 2. 여 자
9

SQ 2) ○○님의 연세는 만으로 어떻게 되십니까?
10-11 만 ________세 ⟶ 만 20세 이상만 면접

문 1) 가) ○○님은 평소에 TV뉴스를 일주일에 몇 일 정도 보십니까?
12 ______ 일
0. TV에서 뉴스를 보지 않는다.

13 나) 그럼, 라디오에서는 뉴스를 일주일에 몇 일 정도 들으십니까?
______ 일
0. 라디오에서 뉴스를 듣지 않는다.

14 다) 일간신문에서는 일주일에 몇 일 정도 정치에 관한 기사를 읽으십니까?
______ 일
0. 일간신문에서 정치에 관한 기사를 읽지 않는다.

문 2) 요즈음 정치에 어느 정도 관심이 있으십니까? 혹은 관심이 없으십니까?
15 1. 많이 있다.
2. 조금 있는 편이다.
3. 별로 없는 편이다.
4. 전혀 없다.

문 3) 제가 다음에 말씀드리는 일들을 6공화국이 시작된 '88년 이후 지난 7년 동안 ○○님이 하신 적이 있는지 없는지 말씀해 주십시오.
(면접원 : 각각 질문할 것)

	있다	없다	
1) 대통령선거나 국회의원 선거에서 투표	1	2	16
2) 지자제선거에서 투표	1	2	17
3) 남에게 내가 지지하는 후보를 찍으라고 설득	1	2	18
4) 다른 사람들과 정치에 관해 토론	1	2	19
5) 특정 정당이나 후보를 위한 선거유세	1	2	20
6) 선거유세 집회에 참여	1	2	21

7) 정당이나 정치적 집회에 참여 1 2 22
8) 정부 공무원이나 정치인 접촉 1 2 23
9) 지역사회문제를 위해 다른 사람과 함께 일함 1 2 24
10) 정당이나 정치인에게 헌금 1 2 25
11) 정부기관에 진정서 제출 1 2 26
12) 데모(시위)에 참여 1 2 27
13) 파업에 참여 1 2 28

문 4) 요즈음 정부가 하는 일에 ○○님같은 분이 얼마나 영향을 미칠 수 있다
29 고 생각하십니까? 혹은 영향을 미칠 수 없다고 생각하십니까?

1. 영향을 많이 미칠 수 있다.
2. 어느 정도 미칠 수 있다.
3. 그다지 영향을 미칠 수 없다.
4. 전혀 영향을 미칠 수 없다.

문 5) 그럼, ○○님같은 분이 정부에 미치는 영향력은 전두환 대통령의 5공화국
30 시절에 비해 요즈음 얼마나 더 많아졌다고 생각하십니까? 혹은 더 적어졌다고 생각하십니까 ?

1. 매우 많아졌다.
2. 약간 많아졌다.
3. 비슷하다/변함없다.
4. 약간 적어졌다.
5. 매우 적어졌다.

문 6) 요즈음 정부는 ○○님같은 분이 원하시는 것을 얼마나 들어주고 있다고
31 생각하십니까? 혹은 들어주지 않고 있다고 생각하십니까?

1. 많이 들어주고 있다.
2. 약간 들어주고 있다.
3. 그다지 들어주지 않고 있다.
4. 전혀 들어주지 않고 있다.

문 7) 그럼, 요즈음 정부가 ○○님같은 분들의 요구사항을 들어주는 정도가 5공
32 화국시절에 비해 얼마나 더 많아졌다고 생각하십니까? 혹은 더 적어졌다고 생각하십니까 ?

1. 매우 많아졌다.
2. 약간 많아졌다.
3. 비슷하다/변함없다.
4. 약간 적어졌다.

5. 매우 적어졌다.

문 8) 정치체제에 관한 다음 견해 중 ㅇㅇ님의 생각은 어느 것에 가장 가깝습
33 니까? (읽어줄 것)

1. 민주주의는 다른 정치제도에 비해서는 항상 더 좋다.
2. 상황에 따라서는 독재가 민주주의보다 더 좋다.
3. 나같은 사람에게는 민주주의든 독재든 상관없는 일이다.

____.

8. 모르겠다.

문 9) 다음 각각에 대해 ㅇㅇ님은 얼마나 찬성하십니까? 혹은 찬성하지 않으십니까?

(면접원 : 각각 질문할 것)

	매우 찬성	약간 찬성	그다지 찬성 하지 않음	전혀 찬성 하지 않음	모르겠다	
1) 믿을 만하고 유능한 지도자만 있다면 일반 국민들은 정치에 참여할 필요가 없다.	1	2	3	4	8	34
2) 여러 정당이 서로 자유롭게 경쟁해야 정치체제가 보다 더 강력해진다.	1	2	3	4	8	35
3) 정치에서 상대방과의 타협은 결국 본래 입장을 바꾸는 것이므로 위험하다.	1	2	3	4	8	36
4) 요즈음 우리나라에는 민주주의보다 강력한 지도자가 더 필요하다.	1	2	3	4	8	37

문10) (보기 1 제시)

민주주의에도 여러 가지 유형이 있다고 합니다. 보기에 적힌 민주주의 유형 중 ㅇㅇ님이 들어보신 적이 있는 것을 모두 말씀해 주십시오.

	들어 보았다	들어보지 못했다	
1. 사회민주주의	1	2	38
2. 인민민주주의	1	2	39
3. 협의민주주의	1	2	40
4. 참여민주주의	1	2	41
5. 계도민주주의	1	2	42
6. 자유민주주의	1	2	43

문11) (보기 2 제시)

우리나라 실정에 민주주의가 얼마나 적합한 제도라고 생각하시는지 이 보기의 점수로 말씀해 주십시오.

점수는 10점으로 갈수록 보다 '적합한' 상태를, 1점으로 갈수록 보다 '부적합한' 상태를 의미합니다.

〈보 기〉

부적합← →적합

완전 부적합	1	2	3	4	5	6	7	8	9	10	완전 적합

가) ○○님은 요즈음 우리나라 실정에 민주주의가 얼마나 적합한 제도라고 생각하십니까?

44-45

1	2	3	4	5	6	7	8	9	10	모르겠다 88

나) 그럼, 5년전 노태우 대통령 시절에는 민주주의가 그당시 실정에 얼마나 적합했다고 생각하십니까?

46-47

1	2	3	4	5	6	7	8	9	10	모르겠다 88

다) 그럼, 10년전 전두환 대통령 시절에는 민주주의가 그당시 실정에 얼마나 적합했다고 생각하십니까?

48-49

1	2	3	4	5	6	7	8	9	10	모르겠다 88

문12) <u>(보기 3 제시)</u>

우리나라의 민주화에 대해 ○○님의 생각을 다음 보기에 있는 점수로 말씀해 주십시오.

점수는 10점으로 갈수록 보다 완전한 '민주주의'를, 1점으로 갈수록 보다 완전한 '독재'를 의미합니다.

〈보　기〉

독재← 　　　　　　　　　　→민주

완전 독재	1	2	3	4	5	6	7	8	9	10	완전 민주

가) 전두환 대통령의 5공화국시절에 우리나라는 어느 정도 민주화되었다고 생각하십니까?

50-51 　　　　　　　　　　　　　　　　　모르겠다

1	2	3	4	5	6	7	8	9	10	88

나) 그럼, 그 당시 5공화국시절에 ○○님은 우리나라가 어느 정도 민주화되기를 바라셨습니까?

52-53 　　　　　　　　　　　　　　　　　모르겠다

1	2	3	4	5	6	7	8	9	10	88

다) 노태우 대통령의 6공화국시절에 우리나라는 어느 정도 민주화되었다고 생각하십니까?

54-55 　　　　　　　　　　　　　　　　　모르겠다

1	2	3	4	5	6	7	8	9	10	88

라) 그럼, 그 당시 6공화국시절에 ○○님은 우리나라가 어느 정도 민주화되기를 바라셨습니까?

56-57 　　　　　　　　　　　　　　　　　모르겠다

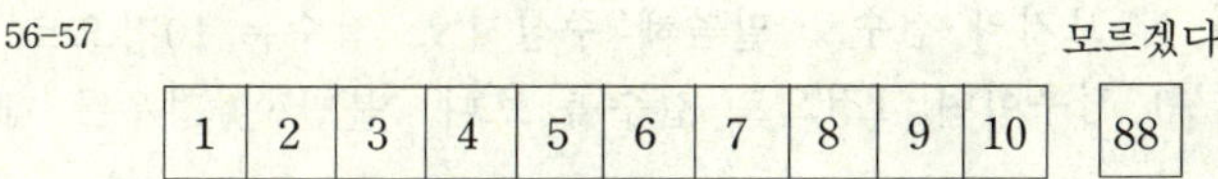

1	2	3	4	5	6	7	8	9	10	88

마) <u>현재</u>, 우리나라는 어느 정도 민주화되었다고 생각하십니까?

58-59 　　　　　　　　　　　　　　　　　모르겠다

1	2	3	4	5	6	7	8	9	10	88

바) 그럼, ○○님은 현재 우리나라가 어느 정도 민주화되기를 <u>바라십니까</u>?

60-61 　　　　　　　　　　　　　　　　　모르겠다

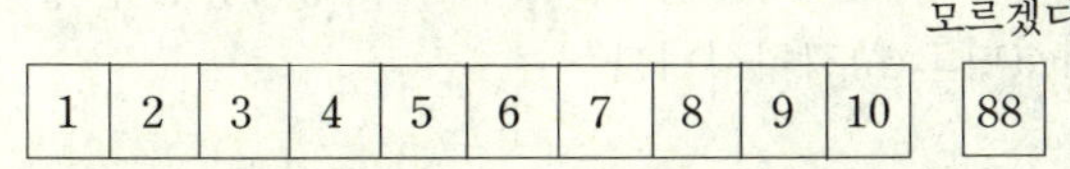

1	2	3	4	5	6	7	8	9	10	88

문13) 국민들 중에는 우리나라가 지금까지 민주국가로 변화된 것을 지지하는
62 사람도 있고 반대하는 사람도 있습니다. ㅇㅇ님은 이에 대해 얼마나 지지 혹은 반대하십니까?

1. 적극 지지
2. 약간 지지
3. 중립(지지도 반대도 안함)
4. 약간 반대
5. 적극 반대

문14) (보기 4 제시)

정치적인 태도는 〈보기〉에서처럼 흔히 좌(파), 우(파)로 분류하기도 합니다. ㅇㅇ님의 정치적인 태도는 이 보기 중 어디쯤에 해당된다고 생각하십니까? 보기의 점수는 10점에 가까울수록 좀더 '우(파)' 성향을, 1점에 가까울수록 좀더 '좌(파)' 성향을 의미합니다.

63-64

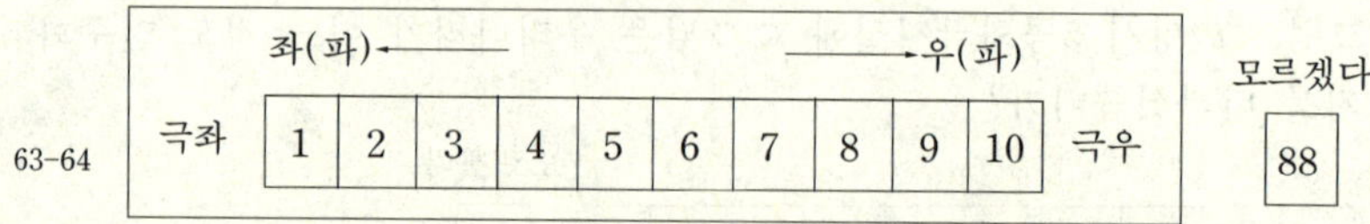

문15) ㅇㅇ님은 우리나라 민주정치가 요즈음 어떻게 진행되고 있다고 보십니까? (읽어줄 것)

65 1. 잘 되어가고 있다.
2. 결점이 많아도 그런대로 되어가고 있다.
3. 잘 안되고 있다.

문16) (보기 5 제시)

그럼, 지금 우리나라에서 실시되고 있는 민주주의에 대해서 얼마나 만족 혹은 불만이신지 이 보기의 점수로 말씀해 주십시오. 점수는 10점으로 갈수록 보다 '만족'한 경우이며, 1점으로 갈수록 보다 '불만'인 경우를 의미합니다.

66-67

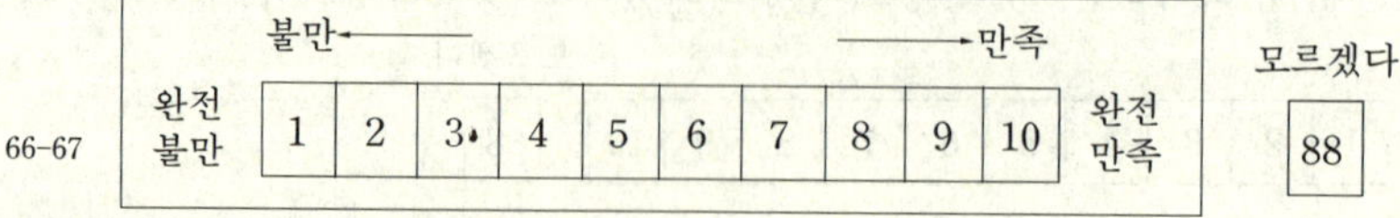

문17) ㅇㅇ님은 6공화국이 시작된 1988년 이후 우리의 정치상황이 얼마나 좋아졌다고 혹은 나빠졌다고 생각하십니까?

68 1. 많이 좋아졌다.

2. 약간 좋아졌다.
3. 비슷하다/변함없다.
4. 약간 나빠졌다.
5. 많이 나빠졌다.

---

8. 모르겠다.

문18) 그럼, 앞으로 5년 후 우리 정치상황은 얼마나 좋아질 것이라고 혹은 나빠질 것이라고 생각하십니까?

69 1. 많이 좋아질 것이다.
2. 약간 좋아질 것이다.
3. 비슷할 것이다 / 변함없을 것이다.
4. 약간 나빠질 것이다.
5. 많이 나빠질 것이다.

---

8. 모르겠다.

문19) 제가 읽어드리는 다음 일들이 요즈음 김영삼 정부하에서 과거 전두환 5공화국 때보다 어떻게 달라졌다고 보십니까? 더 나아졌는지 혹은 더 못해졌는지, 아니면 비슷한지를 말씀해 주십시오.
(면접원 : 각각 질문할 것)

	훨씬 더 나아짐	약간 더 나아짐	전과 비슷	약간 더 못해짐	훨씬 더 못해짐	
1) 어느 누구나 그들이 생각하는 것을 자유롭게 말할 수 있다.	1	2	3	4	5	70
2) 국민들은 그들이 원하는 어느 조직에나 참여할 수 있다.	1	2	3	4	5	71
3) 국민들은 그들이 원하는 곳에서 살거나 여행할 수 있다.	1	2	3	4	5	72
4) 보통사람들도 정부가 하는 일에 영향을 미칠 수 있다.	1	2	3	4	5	73
5) 국민들은 불법체포의 두려움 없이 살 수 있다.	1	2	3	4	5	74

6) 국민 각자가 정치참여 여부를 결정할 수 있다.	1	2	3	4	5	75
7) 누구나 정부로부터 평등한 대접을 받는다.	1	2	3	4	5	76
8) 누구나 원하는 종교를 선택할 수 있다.	1	2	3	4	5	77

문20) (보기 6 제시)

○○님은 다음 정부에 대해 각각 어느 정도 만족하시는지 이 보기의 점수로 말씀해 주십시오. 점수는 10점으로 갈수록 보다 '만족'한 경우이며, 1점으로 갈수록 보다 '불만'인 경우를 의미합니다.

〈보 기〉

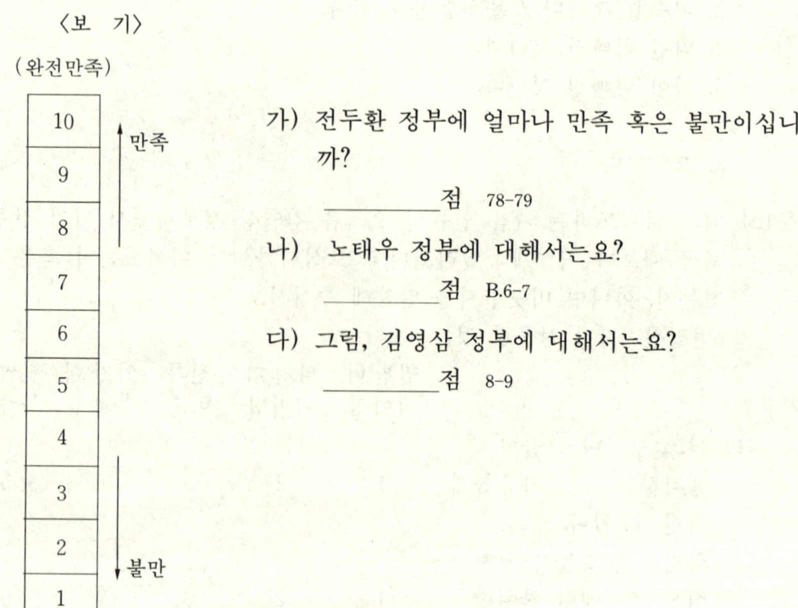

가) 전두환 정부에 얼마나 만족 혹은 불만이십니까?

________점 78-79

나) 노태우 정부에 대해서는요?

________점 B.6-7

다) 그럼, 김영삼 정부에 대해서는요?

________점 8-9

문21) 어떤 사람들은 "우리나라 정치가 지금보다 더 많이 민주화되어야 한다"
10 고 말합니다. ○○님은 이러한 의견에 얼마나 찬성하십니까? 혹은 찬성하지 않으십니까?

1. 매우 찬성한다.
2. 약간 찬성하는 편이다.
3. 그다지 찬성하지 않는 편이다.

4. 전혀 찬성하지 않는다.

문22) 반면에 다른 사람들은 "국회를 없애고 강력한 지도자가 모든 것을 결정
11 하는 것이 더 낫다"고 말하기도 합니다. ㅇㅇ님은 이에 대해 얼마나 찬성
하십니까? 혹은 찬성하지 않으십니까?

1. 매우 찬성한다.
2. 약간 찬성하는 편이다.
3. 그다지 찬성하지 않는 편이다.
4. 전혀 찬성하지 않는다.

문23) 만일, 앞으로 우리 국회활동이 중단되는 일이 생긴다면 ㅇㅇ님은 이에 대
12 해 얼마나 반대하시겠습니까? 혹은 반대하지 않으시겠습니까?

1. 매우 반대하겠다.
2. 약간 반대하겠다.
3. 그다지 반대하지 않겠다.
4. 전혀 반대하지 않겠다.

문24) ㅇㅇ님은 요즈음 국회가 해야 할 모든 일을 얼마나 잘하고 있다고 혹은
13 잘못하고 있다고 생각하십니까?

1. 아주 잘하고 있다.
2. 잘하고 있는 편이다.
3. 잘못하고 있는 편이다.
4. 아주 잘못하고 있다.

문25) 현재의 국회는 5공화국 국회와 비교해 볼 때 그 역할을 얼마나 더 잘하
14 고 있다고 더 혹은 더 못하고 있다고 생각하십니까?

1. 훨씬 더 잘하고 있다.
2. 약간 더 잘하고 있다.
3. 비슷하다.
4. 약간 더 못하고 있다.
5. 훨씬 더 못하고 있다.

문26) 앞으로 5년 후에는 우리 국회가 지금보다 그 역할을 더 잘 수행할 것이
15 라고 생각하십니까? 혹은 더 잘못 수행할 것이라고 생각하십니까?

1. 훨씬 더 잘 수행할 것이다.
2. 약간 더 잘 수행할 것이다.
3. 비슷할 것이다.
4. 약간 더 잘못 수행할 것이다.

5. 훨씬 더 잘못 수행할 것이다.

문27) ㅇㅇ님 지역구의 현 국회의원은 그 역할을 얼마나 잘하고 있다고 혹은
16 잘못하고 있다고 생각하십니까?

1. 아주 잘하고 있다.
2. 잘하고 있는 편이다.
3. 잘못하고 있는 편이다.
4. 아주 잘못하고 있다.

문28) 그럼, ㅇㅇ님 지역구의 현 국회의원은 5공화국 때의 국회의원에 비해 그
17 역할을 얼마나 더 잘하고 있다고 혹은 더 못하고 있다고 생각하십니까?

1. 훨씬 더 잘하고 있다.
2. 약간 더 잘하고 있다.
3. 비슷하다.
4. 약간 더 못하고 있다.
5. 훨씬 더 못하고 있다.

문29) ㅇㅇ님은 다음 각 입법기관들이 얼마나 필요하다고 혹은 필요하지 않다고 생각하십니까?
(면접원 : 각각 질문할 것)

	반드시 필요	대체로 필요	그다지 필요 없음	전혀 필요 없음	모르겠다	
1) 국회	1	2	3	4	8	18
2) 특별시/광역시/도 의회 (광역의회)	1	2	3	4	8	19
3) 시/군/구의회 (기초의회)	1	2	3	4	8	20

문30) ㅇㅇ님은 우리나라 대통령이 요즈음 그가 해야 할 모든 일을 얼마나 수
21 행하고 있다고 생각하십니까? 혹은 잘못하고 있다고 생각하십니까?

1. 아주 잘하고 있다.
2. 잘하고 있는 편이다.
3. 잘못하고 있는 편이다.
4. 아주 잘못하고 있다.

문31) 지난 3개월 동안 김영삼 정부는 "역사를 바로세우는" 작업을 하고 있습니다. 다음과 같은 과거 청산작업에 대해 ㅇㅇ님은 얼마나 지지 혹은 반대하십

니까?
(면접원 : 각각 질문할 것)

	적극 지지	약간 지지	중립	약간 반대	적극 반대	
1) 노태우 전 대통령 구속	1	2	3	4	5	22
2) 전두환 전 대통령 구속	1	2	3	4	5	23
3) 1979년 쿠데타 주모자들 사법처리	1	2	3	4	5	24
4) 1980 광주사태 주요 가담자들 사법처리	1	2	3	4	5	25
5) 비자금을 마련해준 기업인들 사법처리	1	2	3	4	5	26
6) 비자금을 관리한 정치인들 사법처리	1	2	3	4	5	27
7) 5, 6공 인사들 공직생활 배제	1	2	3	4	5	28

문32) 이러한 과거청산 작업들이 우리나라 민주주의를 성숙시키는 데 얼마나
29 도움이 된다고 혹은 해가 된다고 생각하십니까?
1. 많이 도움이 된다.
2. 약간 도움이 된다.
3. 도움도 해도 안된다.
4. 약간 해가 된다.
5. 많이 해가 된다.

문33) (보기 7 제시)
내년에 있을 대통령선거때 ㅇㅇ님은 후보자들의 어떤 특성을 가장 중요시 하여 투표하시겠습니까? 다음 4가지 특성중 2개만 골라 주십시오.

	더 중시(2개)	덜 중시	
1) 인격/인품	1	2	30
2) 정책과 이념	1	2	31
3) 출신지역	1	2	32
4) 소속정당	1	2	33

문34) (보기 8 제시)
요즈음 신문, 방송 등에서 국회의원 후보자의 자질에 대한 이야기가 오르내리고 있습니다. 다음 사람 중 국회의원 선거에 나와서는 안된다고

생각하는 사람을 <u>모두</u> 말씀해 주십시오.

	출마해서는 안 된다	상관없다	
1) 병역기피자	1	2	34
2) 부정축재자	1	2	35
3) 12.12쿠데타 가담자	1	2	36
4) 5.18광주사태 관련자	1	2	37

문35) 요즈음 우리나라 정당들은 국민을 대변하는 기관으로 해야 할 일을 얼마
38 나 잘하고 있다고 혹은 잘못하고 있다고 생각하십니까?

1. 아주 잘하고 있다.
2. 잘하고 있는 편이다.
3. 잘못하고 있는 편이다.
4. 아주 잘못하고 있다.

문36) ○○님이 가깝게 느끼는 정당이 있습니까? (있다면) 어느 정당에 가장
39 호감이 가십니까?

1 신한국당
2. 국민회의
3. 민주당
4. 자민련
5. 기타(적을 것:______)

---

0. 없다

문37) 올해 4월에 있을 국회의원 선거에서 ○○님이 투표하고 싶은 정당은요?
40

1. 신한국당
2. 국민회의
3. 민주당
4. 자민련
5. 기타(적을 것:________)

---

0. 없다

문38) 그럼, 내년에 있을 대통령 선거에서 승리하기를 바라는 정당은요?
41 1. 신한국당

2. 국민회의
3. 민주당
4. 자민련
5. 기타(적을 것:________)

____

0. 없다

문39) 그럼, 내년 대통령 선거에서 집권당이 되면 <u>안 된다고</u> 생각하는 정당은
42 요? (하나만)

1. 신한국당
2. 국민회의
3. 민주당
4. 자민련
5. 기타(적을 것:________)

____

0. 없다

문40) 다음 각각의 항목에 대해서 ○○님은 어떻게 생각하십니까? 아주 나쁘다, 약간 나쁘다, 그다지 나쁘지 않다, 전혀 나쁘지 않다 중에서 말씀해 주십시오.
(면접원 : 각각 질문할 것)

	아주 나쁨	약간 나쁨	그다지 나쁘지 않음	전혀 나쁘지 않음	모르겠다	
1) 선거때 선물받는 것	1	2	3	4	8	43
2) 선거때 식사 대접을 받는 것	1	2	3	4	8	44
3) 선거때 수고비를 받는 것	1	2	3	4	8	45
4) 공무원에게 선물을 주는 것	1	2	3	4	8	46
5) 명절때 공무원에게 떡값을 주는 것	1	2	3	4	8	47
6) 사업상 공무원에게 식사대접을 하는 것	1	2	3	4	8	48
7) 정치인에게 사업을 위해서 헌금하는 것	1	2	3	4	8	49

문41) 가) 요즘 우리나라 기성정치인 10명 중 몇 명이나 부패했다고 생각하십니까?

50-51 ________명 88. 모르겠다

나) 그럼, 우리나라 공무원 10명 중 몇 명이나 부패했다고 생각하십니까?

52-53 ________명 88. 모르겠다

문42) 김영삼 정부 출범 이후 부정부패가 얼마나 더 감소되고 있다고 생각하십
54 니까? 아니면 더 심화되고 있다고 생각하십니까? 혹은 별 변화가 없다고 생각하십니까?

1. 많이 감소되고 있다.
2. 약간 감소되고 있다.
3. 별 변화가 없다.
4. 약간 심화되고 있다.
5. 많이 심화되고 있다.

---

8. 모르겠다.

이제 ○○님의 일상생활에 대해서 몇 가지 여쭙겠습니다.

문43) ○○님댁의 경제생활은 5공화국 때와 비교해 볼 때 얼마나 좋아졌다고
55 혹은 나빠졌다고 생각하십니까 ?

1. 많이 좋아졌다.
2. 약간 좋아졌다.
3. 비슷하다/변함없다.
4. 약간 나빠졌다.
5. 많이 나빠졌다.

---

8. 모르겠다.

문44) 그럼, 앞으로 5년 후에는 ○○님댁의 경제생활이 얼마나 좋아질 것이라고
56 혹은 나빠질 것이라고 생각하십니까 ?

1. 많이 좋아질 것이다.
2. 약간 좋아질 것이다.
3. 비슷하다/변함없다.
4. 약간 나빠질 것이다.
5. 많이 나빠질 것이다.

---

8. 모르겠다.

문45) ○○님은 5공화국때에 비해 요즈음 우리나라의 경제사정이 얼마나 좋아
57 졌다고 혹은 나빠졌다고 생각하십니까 ?

1. 많이 좋아졌다.
2. 약간 좋아졌다.
3. 비슷하다/변함없다.
4. 약간 나빠졌다.
5. 많이 나빠졌다.

---

8. 모르겠다.

문46) 그럼, 앞으로 5년 후에는 우리나라의 경제사정이 얼마나 좋아질 것이라고
58 혹은 나빠질 것이라고 생각하십니까 ?

1. 많이 좋아질 것이다.
2. 약간 좋아질 것이다.
3. 비슷할 것이다.
4. 약간 나빠질 것이다.
5. 많이 나빠질 것이다.

---

8. 모르겠다.

이제 공공생활과 관련하여 몇 가지만 여쭙겠습니다.

문47)(보기 9 제시)

다음 4가지 국가 목표 중 더 중요하다고 생각하시는 것을 두 가지만 말씀해 주십시오.

	더 중요(2개)	덜 중요	
1) 나라 질서유지	1	2	59
2) 물가안정	1	2	60
3) 언론자유보장	1	2	61
4) 정부하는 일에 국민의견을 더 많이 반영시킴	1	2	62

문48) ○○님 동네 주민들에게 조속히 해결해야 할 문제가 일어난다면, ○○님
63 은 다음 중 어느 것을 선택하시겠습니까? (읽어줄 것)

1. 당국을 찾아가서 그들에게 해결하도록 한다.
2. 우선 이웃사람들과 상의한다.

문49) 만일 당국에서 그 문제를 처리하게 된다면 어떻게 하기를 바라십니까?
64 (읽어줄 것)
1. 주민들과 상의없이 빨리 처리하기를 바란다.
2. 처리하기 전에 주민들과 협의하기를 바란다.

문50) ○○님이나 주변사람들은 다음 기관에 대해 얼마나 신뢰하시는지 혹은 신뢰하지 않으시는지 각 기관별로 말씀해 주십시오.
(면접원 : 각각 질문할 것)

	매 우 신 뢰	약 간 신 뢰	그다지 신 뢰 않 음	전 혀 신 뢰 않 음	
1) 법원	1	2	3	4	65
2) 경찰	1	2	3	4	66
3) 군대	1	2	3	4	67
4) 공무원	1	2	3	4	68
5) 검찰	1	2	3	4	69
6) 행정부	1	2	3	4	70
7) 대통령	1	2	3	4	71
8) 국회	1	2	3	4	72
9) 지방의회	1	2	3	4	73
10) 정당	1	2	3	4	74
11) 교회, 성당, 절 등 종교기관	1	2	3	4	75
12) TV 신문 등 언론매체	1	2	3	4	76
13) 주요 대기업	1	2	3	4	77
14) 농민조직	1	2	3	4	78
15) 노동조합	1	2	3	4	79

문51) 가) 전반적으로 요즈음 대부분의 사람들을 어느 정도 믿을 수 있다고 생
80 각하십니까? 혹은 믿을 수 없다고 생각하십니까?
1. 많이 믿을 수 있다.
2. 다소 믿을 수 있다.
3. 별로 믿을 수 없다.
4. 전혀 믿을 수 없다.

나) 그럼, 5공화국시절과 비교해 볼 때 요즈음 대부분의 사람들을 얼마나 더 믿을 수 있다고 혹은 더 믿을 수 없다고 생각하십니까?
C6 1. 훨씬 더 믿을 수 있다.

2. 약간 더 믿을 수 있다.
3. 약간 더 믿을 수 없다.
4. 훨씬 더 믿을 수 없다.

문52) (보기 10 제시)

다음 단체나 모임중 ○○님이 참여하고 있는 것은 어느 것인지 모두 말씀해 주십시오.

	참 여	불참여	
1) 친목단체나 모임 (동창회, 종친회, 향우회 등)	1	2	7
2) 이웃 또는 마을 단체나 모임	1	2	8
3) 종교단체나 모임(교회, 성당, 절 등)	1	2	9
4) 취미, 운동, 여가를 위한 단체나 모임	1	2	10
5) 예술, 음악 또는 교육단체나 모임	1	2	11
6) 노동조합	1	2	12
7) 영농단체 또는 다른 사업상의 단체나 모임	1	2	13
8) 직업적인 단체나 모임(의사회, 학회 등)	1	2	14
9) 정당이나 다른 정치단체나 모임	1	2	15
10) 자선단체 또는 사회봉사단체나 모임	1	2	16
11) 환경단체나 모임	1	2	17
12) 소비자보호단체나 모임	1	2	18
13) 민간 방범단체	1	2	19
14) 기타(적을 것: ________)	1	2	20

이제 마지막으로 자료분류를 위해 몇 가지만 여쭈어 보겠습니다.

F 1) ○○님은 결혼하셨습니까 ?

21 1. 미 혼
2. 기 혼
3. 이 혼
4. 사 별

F 2) ○○님은 이 지역(시/군)에서 몇 년이나 사셨습니까 ?

22-23 ______년

F 3) ○○님의 고향은 어디입니까?

24-25 1. 서 울 7. 광주/전남
2. 인천/경기 8. 대구/경북

3. 강 원
4. 충 북
5. 대전/충남
6. 전 북

9. 부산/경남
10. 제 주
11. 이 북
12. 외 국

F 4) ㅇㅇ님은 학교를 어디까지 다니셨습니까? <u>(재학 · 중퇴 포함)</u>

26 1. 무학
2. 국민학교
3. 중학교
4. 고등학교
5. 대학교
6. 대학원이상

F 5) 일반사람들의 생활수준을 상, 중상, 중, 중하, 하로 나눈다면 ㅇㅇ님댁은
27 이중 어디에 속한다고 생각하십니까?
1. 상
2. 중상
3. 중
4. 중하
5. 하

F 6) ㅇㅇ님댁의 가구 총소득은 월 평균 얼마나 됩니까? 가족의 소득을 모두
28 합해 말씀해 주십시오.
1. 49만원 이하
2. 50~99만원
3. 100~149만원
4. 150~199만원
5. 200~249만원
6. 250~299만원
7. 300~349만원
8. 350~399만원
9. 400만원 이상

F 7) ㅇㅇ님의 직업은 무엇입니까 ?

29-30 1 ..... 농업, 어업, 임업(가족종사자 포함)
2 ..... 자영업(종업원 9사람 이하의 소규모장사 및 가족종사자,
목공소 주인, 개인택시 운전사 등)
3 ..... 판매/서비스직(상점점원, 세일즈맨 등)

4 ..... 기능/숙련공(운전사, 선반, 목공 등 숙련공)
5 ..... 일반작업직(토목관계의 현장작업, 청소, 수위 등)
6 ..... 사무/기술직(일반회사 사무직, 기술직, 국 · 중 · 고 교사, 항해사 등)
7 ..... 경영/관리직(5급이상의 고급공무원, 기업체 부장 이상의 위치, 교장)
8 ..... 전문/자유직(대학교수, 의사, 변호사, 예술가)
9 ..... 가정주부(주로 가사에만 종사하는 부인)
10 ..... 학　생
11 ..... 무　직
12 ..... 기　타(적을 것 : ________)

F 8) ㅇㅇ님은 종교를 가지고 계십니까 ? (있다면) 어떤 종교입니까 ?

31 1. 불　교
2. 개 신 교
3. 천 주 교
4. 기　타

8. 종교가 없다.

F 9) ㅇㅇ님은 주택을 보유하고 계십니까 ?

32 1. 자가
2. 전세/월세
3. 기타

대단히 감사합니다.

면 접 후 기 록

응 답 자 성 명	
주　소	
응답자 전화번호	
조 사 일 시	___일___시___분부터___까지 33-34
협 조 정 도	1. 상　2. 중　3. 하　35
응 답 신 뢰 도	1. 상　2. 중　3. 하　36
면 접 원 성 명	37-38

Ⅱ. 통계수표

일련의 제 통계수표는 야마네(T. Yamane)의 *Statistics, An Introductory Analysis*(New York: Harper & Row, 1967) 부록에 있는 것 중 일부를 옮겨 놓았다.

표 1. 정상분포표

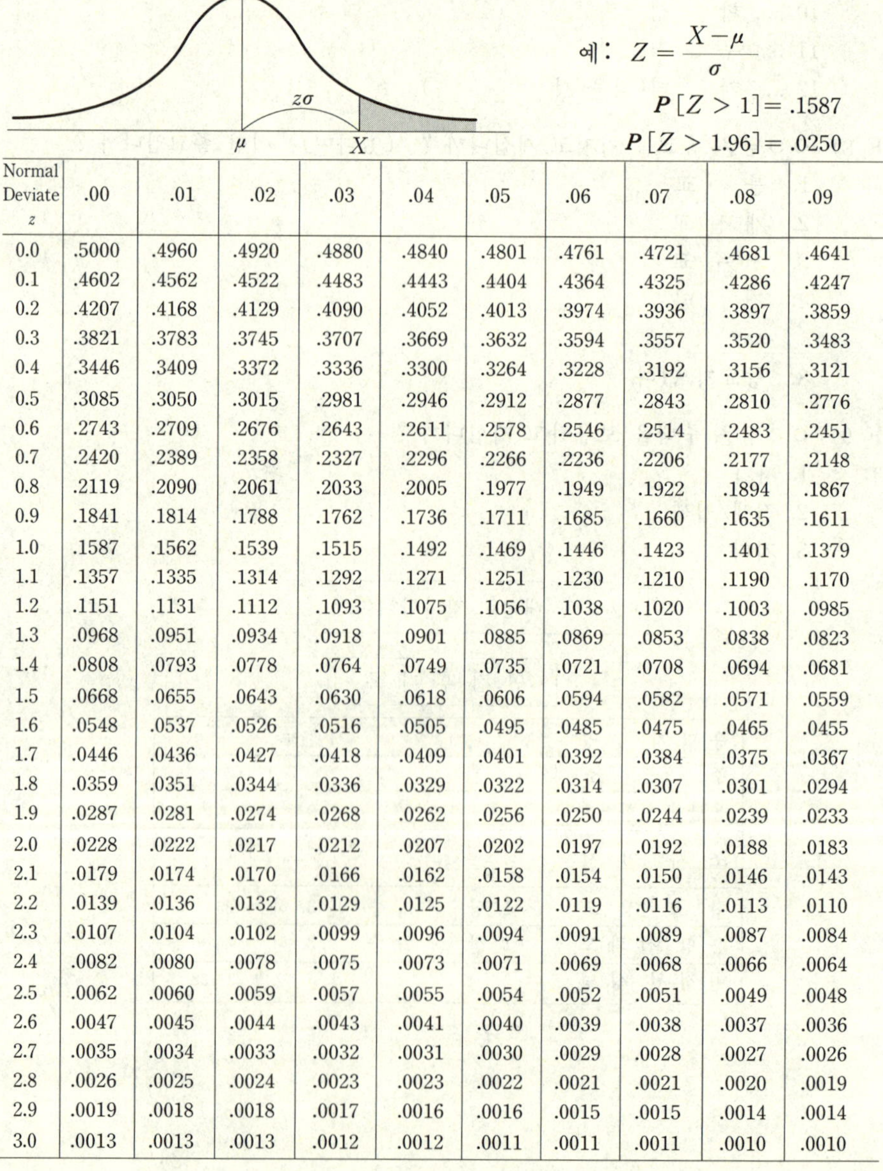

예: $Z = \frac{X-\mu}{\sigma}$

$P[Z > 1] = .1587$

$P[Z > 1.96] = .0250$

Normal Deviate z	.00	.01	.02	.03	.04	.05	.06	.07	.08	.09
0.0	.5000	.4960	.4920	.4880	.4840	.4801	.4761	.4721	.4681	.4641
0.1	.4602	.4562	.4522	.4483	.4443	.4404	.4364	.4325	.4286	.4247
0.2	.4207	.4168	.4129	.4090	.4052	.4013	.3974	.3936	.3897	.3859
0.3	.3821	.3783	.3745	.3707	.3669	.3632	.3594	.3557	.3520	.3483
0.4	.3446	.3409	.3372	.3336	.3300	.3264	.3228	.3192	.3156	.3121
0.5	.3085	.3050	.3015	.2981	.2946	.2912	.2877	.2843	.2810	.2776
0.6	.2743	.2709	.2676	.2643	.2611	.2578	.2546	.2514	.2483	.2451
0.7	.2420	.2389	.2358	.2327	.2296	.2266	.2236	.2206	.2177	.2148
0.8	.2119	.2090	.2061	.2033	.2005	.1977	.1949	.1922	.1894	.1867
0.9	.1841	.1814	.1788	.1762	.1736	.1711	.1685	.1660	.1635	.1611
1.0	.1587	.1562	.1539	.1515	.1492	.1469	.1446	.1423	.1401	.1379
1.1	.1357	.1335	.1314	.1292	.1271	.1251	.1230	.1210	.1190	.1170
1.2	.1151	.1131	.1112	.1093	.1075	.1056	.1038	.1020	.1003	.0985
1.3	.0968	.0951	.0934	.0918	.0901	.0885	.0869	.0853	.0838	.0823
1.4	.0808	.0793	.0778	.0764	.0749	.0735	.0721	.0708	.0694	.0681
1.5	.0668	.0655	.0643	.0630	.0618	.0606	.0594	.0582	.0571	.0559
1.6	.0548	.0537	.0526	.0516	.0505	.0495	.0485	.0475	.0465	.0455
1.7	.0446	.0436	.0427	.0418	.0409	.0401	.0392	.0384	.0375	.0367
1.8	.0359	.0351	.0344	.0336	.0329	.0322	.0314	.0307	.0301	.0294
1.9	.0287	.0281	.0274	.0268	.0262	.0256	.0250	.0244	.0239	.0233
2.0	.0228	.0222	.0217	.0212	.0207	.0202	.0197	.0192	.0188	.0183
2.1	.0179	.0174	.0170	.0166	.0162	.0158	.0154	.0150	.0146	.0143
2.2	.0139	.0136	.0132	.0129	.0125	.0122	.0119	.0116	.0113	.0110
2.3	.0107	.0104	.0102	.0099	.0096	.0094	.0091	.0089	.0087	.0084
2.4	.0082	.0080	.0078	.0075	.0073	.0071	.0069	.0068	.0066	.0064
2.5	.0062	.0060	.0059	.0057	.0055	.0054	.0052	.0051	.0049	.0048
2.6	.0047	.0045	.0044	.0043	.0041	.0040	.0039	.0038	.0037	.0036
2.7	.0035	.0034	.0033	.0032	.0031	.0030	.0029	.0028	.0027	.0026
2.8	.0026	.0025	.0024	.0023	.0023	.0022	.0021	.0021	.0020	.0019
2.9	.0019	.0018	.0018	.0017	.0016	.0016	.0015	.0015	.0014	.0014
3.0	.0013	.0013	.0013	.0012	.0012	.0011	.0011	.0011	.0010	.0010

표 2. 정상분포곡선의 영역

예: $Z = \frac{x-\mu}{\sigma}$

$Z = 0$: ordinate $= 0.3989$

$Z = 1$: ordinate $= 0.2420$

z	.00	.01	.02	.03	.04	.05	.06	.07	.08	.09
.0	.3989	.3989	.3989	.3988	.3986	.3984	.3982	.3980	.3977	.3973
.1	.3970	.3965	.3961	.3956	.3951	.3945	.3939	.3932	.3925	.3918
.2	.3910	.3902	.3894	.3885	.3876	.3867	.3857	.3847	.3836	.3825
.3	.3814	.3802	.3790	.3778	.3765	.3752	.3739	.3725	.3712	.3697
.4	.3683	.3668	.3653	.3637	.3621	.3605	.3589	.3572	.3555	.3538
.5	.3521	.3503	.3485	.3467	.3448	.3429	.3410	.3391	.3372	.3352
.6	.3332	.3312	.3292	.3271	.3251	.3230	.3209	.3187	.3166	.3144
.7	.3123	.3101	.3079	.3056	.3034	.3011	.2989	.2966	.2943	.2920
.8	.2897	.2874	.2850	.2827	.2803	.2780	.2756	.2732	.2709	.2685
.9	.2661	.2637	.2613	.2589	.2565	.2541	.2516	.2492	.2468	.2444
1.0	.2420	.2396	.2371	.2347	.2323	.2299	.2275	.2251	.2227	.2203
1.1	.2179	.2155	.2131	.2107	.2083	.2059	.2036	.2012	.1989	.1965
1.2	.1942	.1919	.1895	.1872	.1849	.1826	.1804	.1781	.1758	.1736
1.3	.1714	.1691	.1669	.1647	.1626	.1604	.1582	.1561	.1539	.1518
1.4	.1497	.1476	.1456	.1435	.1415	.1394	.1374	.1354	.1334	.1315
1.5	.1295	.1276	.1257	.1238	.1219	.1200	.1182	.1163	.1145	.1127
1.6	.1109	.1092	.1074	.1057	.1040	.1023	.1006	.0989	.0973	.0957
1.7	.0940	.0925	.0909	.0893	.0878	.0863	.0848	.0833	.0818	.0804
1.8	.0790	.0775	.0761	.0748	.0734	.0721	.0707	.0694	.0681	.0669
1.9	.0656	.0644	.0632	.0620	.0608	.0596	.0584	.0573	.0562	.0551
2.0	.0540	.0529	.0519	.0508	.0498	.0488	.0478	.0468	.0459	.0449
2.1	.0440	.0431	.0422	.0413	.0404	.0396	.0387	.0379	.0371	.0363
2.2	.0355	.0347	.0339	.0332	.0325	.0317	.0310	.0303	.0297	.0290
2.3	.0283	.0277	.0270	.0264	.0258	.0252	.0246	.0241	.0235	.0229
2.4	.0224	.0219	.0213	.0208	.0203	.0198	.0194	.0189	.0184	.0180
2.5	.0175	.0171	.0167	.0163	.0158	.0154	.0151	.0147	.0143	.0139
2.6	.0136	.0132	.0129	.0126	.0122	.0119	.0116	.0113	.0110	.0107
2.7	.0104	.0101	.0099	.0096	.0093	.0091	.0088	.0086	.0084	.0081
2.8	.0079	.0077	.0075	.0073	.0071	.0069	.0067	.0065	.0063	.0061
2.9	.0060	.0058	.0056	.0055	.0053	.0051	.0050	.0048	.0047	.0046
3.0	.0044	.0043	.0042	.0040	.0039	.0038	.0037	.0036	.0035	.0034
3.1	.0033	.0032	.0031	.0030	.0029	.0028	.0027	.0026	.0025	.0025
3.2	.0024	.0023	.0022	.0022	.0021	.0020	.0020	.0019	.0018	.0018
3.3	.0017	.0017	.0016	.0016	.0015	.0015	.0014	.0014	.0013	.0013
3.4	.0012	.0012	.0012	.0011	.0011	.0010	.0010	.0010	.0009	.0009
3.5	.0009	.0008	.0008	.0008	.0008	.0007	.0007	.0007	.0007	.0006
3.6	.0006	.0006	.0006	.0005	.0005	.0005	.0005	.0005	.0005	.0004
3.7	.0004	.0004	.0004	.0004	.0004	.0004	.0003	.0003	.0003	.0003
3.8	.0003	.0003	.0003	.0003	.0003	.0002	.0002	.0002	.0002	.0002
3.9	.0002	.0002	.0002	.0002	.0002	.0002	.0002	.0002	.0001	.0001

표 3. t 분포표

-1.812 0 1.812 t

예: For $\phi=10$ degrees of freedom:
$P[t > 1.812] = 0.05$
$P[t < -1.812] = 0.05$

ϕ \ α	.25	.20	.15	.10	.05	.025	.01	.005	.0005
1	1.000	1.376	1.963	3.078	6.314	12.706	31.821	63.657	636.619
2	.816	1.061	1.386	1.886	2.920	4.303	6.965	9.925	31.598
3	.756	.978	1.250	1.638	2.353	3.182	4.541	5.841	12.941
4	.741	.941	1.190	1.533	2.132	2.776	3.747	4.604	8.610
5	.727	.920	1.156	1.476	2.015	2.571	3.365	4.032	6.859
6	.718	.906	1.134	1.440	1.943	2.447	3.143	3.707	5.959
7	.711	.896	1.119	1.415	1.895	2.365	2.998	3.499	5.405
8	.706	.889	1.108	1.397	1.860	2.306	2.896	3.355	5.041
9	.703	.883	1.100	1.383	1.833	2.262	2.821	3.250	4.781
10	.700	.879	1.093	1.372	1.812	2.228	2.764	3.169	4.587
11	.697	.876	1.088	1.363	1.796	2.201	2.718	3.106	4.437
12	.695	.873	1.083	1.356	1.782	2.179	2.681	3.012	4.318
13	.694	.870	1.079	1.350	1.771	2.160	2.650	3.012	4.221
14	.692	.868	1.076	1.345	1.761	2.145	2.624	2.977	4.140
15	.691	.866	1.074	1.341	1.753	2.131	2.602	2.947	4.073
16	.690	.865	1.071	1.337	1.746	2.120	2.583	2.921	4.015
17	.689	.863	1.069	1.333	1.740	2.110	2.567	2.898	3.965
18	.688	.862	1.067	1.330	1.734	2.101	2.552	2.878	3.922
19	.688	.861	1.066	1.328	1.729	2.093	2.539	2.861	3.883
20	.687	.860	1.064	1.325	1.725	2.086	2.528	2.845	3.850
21	.686	.859	1.063	1.323	1.721	2.080	2.518	2.831	3.819
22	.686	.858	1.061	1.321	1.717	2.074	2.508	2.819	3.792
23	.685	.858	1.060	1.319	1.714	2.069	2.500	2.807	3.767
24	.685	.857	1.059	1.318	1.711	2.064	2.492	2.397	3.745
25	.684	.856	1.058	1.316	1.708	2.060	2.485	2.787	3.725
26	.684	.856	1.058	1.315	1.706	2.056	2.479	2.779	3.707
27	.684	.855	1.057	1.314	1.703	2.052	2.473	2.771	3.690
28	.683	.855	1.056	1.313	1.701	2.048	2.467	2.763	3.674
29	.683	.854	1.055	1.311	1.699	2.045	2.462	2.756	3.659
30	.683	.854	1.055	1.310	1.697	2.042	2.457	2.750	3.646
40	.681	.851	1.050	1.303	1.684	2.021	2.423	2.704	3.551
60	.679	.848	1.046	1.296	1.671	2.000	2.390	2.660	3.460
120	.677	.845	1.041	1.289	1.658	1.980	2.358	2.617	3.373
∞	.674	.842	1.036	1.282	1.645	1.960	2.326	2.576	3.291

SOURCE: This table is abridged from Table III of Fisher & Yates: *Statistical Tables for Biological, Agricultural and Medical Research* published by Oliver & Boyd Ltd., Edinburgh.

표 4. χ^2 분포표

10 % of area

0 15.99 χ^2

예: For $\phi = 10$ degrees of freedom:
$P[\chi^2 > 15.99] = .10$

ϕ \ P	.995	.99	.975	.95	.90	.75	.50	.25	.10	.05	.025	.01	.005	P / ϕ
1	0.0^4393	0.0^2157	0.0^33982	0.0^23	0.0158	0.102	0.455	1.323	2.71	3.84	5.02	6.63	7.88	1
2	0.0100	0.0201	0.0506	0.103	0.211	0.575	1.386	2.77	4.61	5.99	-7.38	9.21	10.60	2
3	0.0717	0.115	0.216	0.352	0.584	1.213	2.37	4.11	6.25	7.81	9.35	11.34	12.84	3
4	0.207	0.297	0.484	0.711	1.064	1.923	3.36	5.39	7.78	9.49	11.14	13.28	14.86	4
5	0.412	0.554	0.831	1.145	1.610	2.67	4.35	6.63	9.24	11.07	12.83	15.09	16.75	5
6	0.676	0.872	1.237	1.635	2.20	3.45	5.35	7.84	10.64	12.59	14.45	16.81	18.55	6
7	0.989	1.239	1.690	2.17	2.83	4.25	6.35	9.04	12.02	14.07	16.01	18.48	20.3	7
8	1.344	1.646	2.18	2.73	3.49	5.07	7.34	10.22	13.36	15.51	17.53	20.1	22.0	8
9	1.735	2.09	2.70	3.33	4.17	5.90	8.34	11.39	14.68	16.92	19.02	21.7	23.6	9
10	2.16	2.56	3.25	3.94	4.87	6.74	9.34	12.55	15.99	18.31	20.5	23.2	25.2	10
11	2.60	3.05	3.82	4.57	5.58	7.58	10.34	13.70	17.28	19.68	21.9	24.7	26.8	11
12	3.07	3.57	4.40	5.23	6.30	8.44	11.34	14.85	18.55	21.0	23.3	26.2	28.3	12
13	3.57	4.11	5.01	5.89	7.04	9.30	12.34	15.98	19.81	22.4	24.7	27.7	29.8	13
14	4.07	4.66	5.63	6.57	7.79	10.17	13.34	17.12	21.1	23.7	26.1	29.1	31.3	14
15	4.60	5.23	6.26	7.26	8.55	11.04	14.34	18.25	22.3	25.0	27.5	30.6	32.8	15
16	5.14	5.81	6.91	7.96	9.31	11.91	15.34	19.37	23.5	26.3	28.8	32.0	34.3	16
17	5.70	6.41	7.56	8.67	10.09	12.79	16.34	20.5	24.8	27.6	30.2	33.4	35.7	17
18	6.26	7.01	8.23	9.39	10.86	13.68	17.34	21.6	26.0	28.9	31.5	34.8	37.2	18
19	6.84	7.63	8.91	10.12	11.65	14.56	18.34	22.7	27.2	30.1	32.9	36.2	38.6	19
20	7.43	8.26	9.59	10.85	12.44	15.45	19.34	23.8	28.4	31.4	34.2	37.6	40.0	20
21	8.03	8.90	10.28	11.59	13.24	16.34	20.3	24.9	29.6	32.7	35.5	38.9	41.4	21
22	8.64	9.54	10.98	12.34	14.04	17.24	21.3	26.0	30.8	33.9	36.8	40.3	42.8	22
23	9.26	10.20	11.69	13.09	14.85	18.14	22.3	27.1	32.0	35.2	38.1	41.6	44.2	23
24	9.89	10.86	12.40	13.85	15.66	19.04	23.3	28.2	33.2	36.4	39.4	43.0	45.6	24
25	10.52	11.52	13.12	14.61	16.47	19.94	24.3	29.3	34.4	37.7	40.6	44.3	46.9	25
26	11.16	12.20	13.84	15.38	17.29	20.8	25.3	30.4	35.6	38.9	41.9	45.6	48.3	26
27	11.81	12.88	14.57	16.15	18.11	21.7	26.3	31.5	36.7	40.1	43.2	47.0	49.6	27
28	12.46	13.56	15.31	16.93	18.94	22.7	27.3	32.6	37.9	41.3	44.5	48.3	51.0	28
29	13.12	14.26	16.05	17.71	19.77	23.6	28.3	33.7	39.1	42.6	45.7	49.6	52.3	29
30	13.79	14.95	16.79	18.49	20.6	24.5	29.3	34.8	40.3	43.8	47.0	50.9	53.7	30
40	20.7	22.2	24.4	26.5	29.1	33.7	39.3	45.6	51.8	55.8	59.3	63.7	66.8	40
50	28.0	29.7	32.4	34.8	37.7	42.9	49.3	56.3	63.2	67.5	71.4	76.2	79.5	50
60	35.5	37.5	40.5	43.2	46.5	52.3	59.3	67.0	74.4	79.1	83.3	88.4	92.0	60
70	43.3	45.4	48.8	51.7	55.3	61.7	69.3	77.6	85.5	90.5	95.0	100.4	104.2	70
80	51.2	53.5	57.2	60.4	64.3	71.1	79.3	88.1	96.6	101.9	106.6	112.3	116.3	80
90	59.2	61.8	65.6	69.1	73.3	80.6	89.3	98.6	107.6	113.1	118.1	124.1	128.3	90
100	67.3	70.1	74.2	77.9	82.4	90.1	99.3	109.1	118.5	124.3	129.6	135.8	140.2	100
Z_α	-2.58	-2.33	-1.96	-1.64	-1.28	-0.674	0.000	0.674	1.282	1.645	1.960	2.33	2.58	Z_α

For $\phi > 100$ take $\chi^2 = 1/2(Z_\alpha + \sqrt{2\phi - 1})^2 \cdot Z_\alpha$ is the standardized normal deviate corresponding to the level of significance, and is shown in the bottom of the table.

SOURCE: This table is abridged from "Table of percentage points of the χ^2 distribution" by Catherine M. Thompson, *Biometrika*, Vol. 32(1941), pp. 187-191.

표 5 a. F 분포표(1%)

For $n_1 = 9$, $n_2 = 12$ degrees of freedom:

$P[F > 2.80] = 0.05$

$P[F > 4.39] = 0.01$

5% (Roman Type) and 1% (Bold Face Type) Points for the Distribution of F

n_2	n_1 degrees of freedom (for greater mean square) 1	2	3	4	5	6	7	8	9	10	11	12	14	16	20	24	30	40	50	75	100	200	500	∞	n_2
1	161	200	216	225	230	234	237	239	241	242	243	244	245	246	248	249	250	251	252	253	253	254	254	254	1
	4,052	**4,999**	**5,403**	**5,625**	**5,764**	**5,859**	**5,928**	**5,981**	**6,022**	**6,056**	**6,082**	**6,106**	**6,142**	**6,169**	**6,208**	**6,234**	**6,258**	**6,286**	**6,302**	**6,323**	**6,334**	**6,352**	**6,361**	**6,366**	
2	18.51	19.00	19.16	19.25	19.30	19.33	19.36	19.37	19.38	19.39	19.40	19.41	19.42	19.43	19.44	19.45	19.46	19.47	19.47	19.48	19.49	19.49	19.50	1950	2
	98.49	**99.00**	**99.17**	**99.25**	**99.30**	**99.33**	**99.34**	**99.36**	**99.38**	**99.40**	**99.41**	**99.42**	**99.43**	**99.44**	**99.45**	**99.46**	**99.47**	**99.48**	**99.48**	**99.49**	**99.49**	**99.49**	**99.50**	**99.50**	
3	10.13	9.55	9.28	9.12	9.01	8.94	8.88	8.84	8.81	8.78	8.76	8.74	8.71	8.69	8.66	8.64	8.62	8.60	8.58	8.57	8.56	8.54	8.54	8.53	3
	34.12	**30.82**	**29.46**	**28.71**	**28.24**	**27.91**	**27.67**	**27.49**	**27.34**	**27.23**	**27.13**	**27.05**	**26.92**	**26.83**	**26.69**	**26.60**	**26.50**	**26.41**	**26.35**	**26.27**	**26.23**	**26.18**	**26.14**	**26.12**	
4	7.71	6.94	6.59	6.39	6.26	6.16	6.09	6.04	6.00	5.96	5.93	5.91	5.87	5.84	5.80	5.77	5.74	5.71	5.70	5.68	5.66	5.65	5.64	5.63	4
	21.20	**18.00**	**16.69**	**15.98**	**15.52**	**15.21**	**14.98**	**14.80**	**14.66**	**14.54**	**14.45**	**14.37**	**14.24**	**14.15**	**14.02**	**13.93**	**13.83**	**13.74**	**13.69**	**13.61**	**13.57**	**13.52**	**13.48**	**13.46**	
5	6.61	5.79	5.41	5.19	5.05	4.95	4.88	4.82	4.78	4.74	4.70	4.68	4.64	4.60	4.56	4.53	4.50	4.46	4.44	4.42	4.40	4.38	4.37	4.36	
	16.26	**13.27**	**12.06**	**11.39**	**10.97**	**10.67**	**10.45**	**10.27**	**10.15**	**10.05**	**9.96**	**9.89**	**9.77**	**9.68**	**9.55**	**9.47**	**9.38**	**9.29**	**9.24**	**9.17**	**9.13**	**9.07**	**9.04**	**9.02**	
6	5.99	5.14	4.76	4.53	4.39	4.28	4.21	4.15	4.10	4.06	4.03	4.0	3.96	3.92	3.87	3.84	3.81	3.77	3.75	3.72	3.71	3.69	3.68	3.67	6
	13.74	**10.92**	**9.78**	**9.15**	**8.75**	**8.47**	**8.26**	**8.10**	**7.98**	**7.87**	**7.79**	**7.72**	**7.60**	**7.52**	**7.39**	**7.31**	**7.23**	**7.14**	**7.09**	**7.02**	**6.99**	**6.94**	**6.90**	**6.88**	
7	5.59	4.74	4.35	4.12	3.97	3.87	3.79	3.73	3.63	3.63	3.60	3.57	3.52	3.49	3.44	3.41	3.38	3.34	3.32	3.29	3.28	3.25	3.24	3.23	7
	12.25	**9.55**	**8.45**	**7.85**	**7.46**	**7.19**	**7.00**	**6.84**	**6.71**	**6.62**	**6.54**	**6.47**	**6.35**	**6.27**	**6.15**	**6.07**	**5.98**	**5.90**	**5.85**	**5.78**	**5.75**	**5.70**	**5.67**	**5.65**	
8	5.32	4.46	4.07	3.84	3.69	3.58	3.50	3.44	3.39	3.34	3.31	3.28	3.23	3.20	3.15	3.12	3.08	3.05	3.03	3.00	2.98	2.96	2.94	2.93	8
	11.26	**8.65**	**7.59**	**7.01**	**6.63**	**6.37**	**6.19**	**6.03**	**5.91**	**5.82**	**5.74**	**5.67**	**5.56**	**5.48**	**5.36**	**5.28**	**5.20**	**5.11**	**5.06**	**5.00**	**4.96**	**4.91**	**4.88**	**4.86**	
9	5.12	4.26	3.86	3.63	3.48	3.37	3.29	3.23	3.18	3.13	3.10	3.07	3.02	2.98	2.93	2.90	2.86	2.82	2.80	2.77	2.76	2.73	2.72	2.71	9
	10.56	**8.02**	**6.99**	**6.42**	**6.06**	**5.80**	**5.62**	**5.47**	**5.35**	**5.26**	**5.13**	**5.11**	**5.00**	**4.92**	**4.80**	**4.73**	**4.64**	**4.56**	**4.51**	**4.45**	**4.41**	**4.36**	**4.33**	**4.31**	
10	4.96	4.10	3.71	3.48	3.33	3.22	3.14	3.07	3.02	2.97	2.94	2.91	2.86	2.82	2.77	2.74	2.70	2.67	2.64	2.61	2.59	2.56	2.55	2.54	10
	10.04	**7.56**	**6.55**	**5.99**	**5.64**	**5.39**	**5.21**	**5.06**	**4.95**	**4.85**	**4.78**	**4.71**	**4.60**	**4.52**	**4.41**	**4.33**	**4.25**	**4.17**	**4.12**	**4.05**	**4.01**	**3.96**	**3.93**	**3.91**	
11	4.84	3.98	3.59	3.36	3.20	3.09	3.01	2.95	2.90	2.86	2.82	2.79	2.74	2.70	2.65	2.61	2.57	2.53	2.50	2.47	2.45	2.42	2.41	2.40	11
	9.65	**7.20**	**6.22**	**5.67**	**5.32**	**5.07**	**4.88**	**4.74**	**4.63**	**4.54**	**4.46**	**4.40**	**4.29**	**4.21**	**4.10**	**4.02**	**3.94**	**3.86**	**3.80**	**3.74**	**3.70**	**3.66**	**3.62**	**3.60**	
12	4.75	3.88	3.49	3.26	3.11	3.00	2.92	2.85	2.80	2.76	2.72	2.69	2.64	2.60	2.54	2.50	2.46	2.42	2.40	2.36	2.35	2.32	2.31	2.30	12
	9.33	**6.93**	**5.95**	**5.41**	**5.06**	**4.82**	**4.65**	**4.50**	**4.39**	**4.30**	**4.22**	**4.16**	**4.05**	**3.98**	**3.86**	**3.78**	**3.70**	**3.61**	**3.56**	**3.49**	**3.46**	**3.41**	**3.38**	**3.36**	
13	4.67	3.80	3.41	3.18	3.02	2.92	2.84	2.77	2.72	2.67	2.63	2.60	2.55	2.51	2.46	2.42	2.38	2.34	2.32	2.28	2.26	2.24	2.22	2.21	13
	9.07	**6.70**	**5.74**	**5.20**	**4.86**	**4.62**	**4.44**	**4.30**	**4.19**	**4.10**	**4.02**	**3.96**	**3.85**	**3.78**	**3.67**	**3.59**	**3.51**	**3.42**	**3.37**	**3.30**	**3.27**	**3.21**	**3.18**	**3.16**	

표 5 a. (계속)

5% (Roman Type) and 1% (Bold Face Type) Points for the Distribution of F

n_2	n_1 degrees of freedom (for greater mean square) 1	2	3	4	5	6	7	8	9	10	11	12	14	16	20	24	30	40	50	75	100	200	500	∞	n_2
14	4.60	3.74	3.34	3.11	2.96	2.85	2.77	2.70	2.65	2.60	2.56	2.53	2.48	2.44	2.39	2.35	2.31	2.27	2.24	2.21	21.9	2.16	2.14	2.13	14
	8.86	**6.51**	**5.56**	**5.03**	**4.69**	**4.46**	**4.28**	**4.14**	**4.03**	**3.94**	**3.86**	**3.80**	**3.70**	**3.62**	**3.51**	**3.43**	**3.34**	**3.26**	**3.21**	**3.14**	**3.11**	**3.06**	**3.02**	**3.00**	
15	4.54	3.68	3.29	3.06	2.90	2.79	2.70	2.64	2.59	2.55	2.51	2.48	2.43	2.39	2.33	2.29	2.25	2.21	2.18	2.15	2.12	2.10	2.08	2.07	15
	8.68	**6.36**	**5.42**	**4.89**	**4.56**	**4.32**	**4.14**	**4.00**	**3.89**	**3.80**	**3.73**	**3.67**	**3.56**	**3.48**	**3.36**	**3.29**	**3.20**	**3.12**	**3.07**	**3.00**	**2.97**	**2.92**	**2.89**	**2.87**	
16	4.49	3.63	3.24	3.01	2.85	2.74	2.66	2.59	2.54	2.94	2.45	2.42	2.37	2.33	2.28	2.24	2.20	2.16	2.13	2.09	2.07	2.04	2.02	2.01	16
	8.53	**6.23**	**5.29**	**4.77**	**4.44**	**4.20**	**4.03**	**3.89**	**3.78**	**3.69**	**3.61**	**3.55**	**3.45**	**3.37**	**3.25**	**3.18**	**3.10**	**3.01**	**2.96**	**2.89**	**2.86**	**2.80**	**2.77**	**2.75**	
17	4.45	3.59	3.20	2.96	2.81	2.70	2.62	2.55	2.50	2.45	2.41	2.38	2.33	2.29	2.23	2.19	2.15	2.11	2.08	2.04	2.02	1.99	1.97	1.96	17
	8.40	**6.11**	**5.18**	**4.67**	**4.34**	**4.10**	**3.93**	**3.79**	**3.68**	**3.59**	**3.52**	**3.45**	**3.35**	**3.27**	**3.16**	**3.08**	**3.00**	**2.92**	**2.86**	**2.79**	**2.76**	**2.70**	**2.67**	**2.65**	
18	4.41	3.55	3.16	2.93	2.77	2.66	2.58	2.51	2.46	2.41	2.37	2.34	2.29	2.25	2.19	2.15	2.11	2.07	2.04	2.00	1.98	1.95	1.93	1.92	18
	8.28	**6.01**	**5.09**	**4.58**	**4.25**	**4.01**	**3.85**	**3.71**	**3.60**	**3.51**	**3.44**	**3.37**	**3.27**	**3.19**	**3.07**	**3.00**	**2.91**	**2.83**	**2.78**	**2.71**	**2.68**	**2.62**	**2.59**	**2.57**	
19	4.38	3.52	3.13	2.90	2.74	2.63	2.55	2.48	2.43	2.38	2.34	2.31	2.26	2.21	2.15	2.11	2.07	2.02	2.00	1.96	1.94	1.91	1.90	1.88	19
	8.18	**5.93**	**5.01**	**4.50**	**4.17**	**3.94**	**3.77**	**3.63**	**3.52**	**3.43**	**3.36**	**3.30**	**3.19**	**3.12**	**3.00**	**2.92**	**2.84**	**2.76**	**2.70**	**2.63**	**2.60**	**2.54**	**2.51**	**2.49**	
20	4.35	3.49	3.10	2.87	2.71	2.60	2.52	2.45	2.40	2.35	2.31	2.28	2.23	2.18	2.12	2.08	2.04	1.99	1.96	1.92	1.90	1.87	1.85	1.84	20
	8.10	**5.85**	**4.94**	**4.43**	**4.10**	**3.87**	**3.71**	**3.56**	**3.45**	**3.37**	**3.30**	**3.23**	**3.13**	**3.05**	**2.94**	**2.86**	**2.77**	**2.69**	**2.63**	**2.56**	**2.53**	**2.47**	**2.44**	**2.42**	
21	4.32	3.47	3.07	2.84	2.68	2.57	2.49	2.42	2.37	2.32	2.28	2.25	2.20	2.15	2.09	2.05	2.00	1.96	1.93	1.89	1.87	1.84	1.82	1.81	21
	8.02	**5.78**	**4.87**	**4.37**	**4.04**	**3.81**	**3.65**	**3.51**	**3.40**	**3.31**	**3.24**	**3.17**	**3.07**	**2.99**	**2.88**	**2.80**	**2.72**	**2.63**	**2.58**	**2.51**	**2.47**	**2.42**	**2.38**	**2.36**	
22	4.30	3.44	3.05	2.82	2.66	2.55	2.47	2.40	2.35	2.30	2.26	2.23	2.18	2.13	2.07	2.03	1.98	1.93	1.91	1.87	1.84	1.81	1.80	1.78	22
	7.94	**5.72**	**4.82**	**4.31**	**3.99**	**3.76**	**3.59**	**3.45**	**3.35**	**3.26**	**3.18**	**3.12**	**3.02**	**2.94**	**2.83**	**2.75**	**2.67**	**2.58**	**2.53**	**2.46**	**2.42**	**2.37**	**2.33**	**2.31**	
23	4.28	3.42	3.03	2.80	2.64	2.53	2.45	2.38	2.32	2.28	2.24	2.20	2.14	2.10	2.04	2.00	1.96	1.91	1.88	1.84	1.82	1.79	1.77	1.76	23
	7.88	**5.66**	**4.76**	**4.26**	**3.94**	**3.71**	**3.54**	**3.41**	**3.30**	**3.21**	**3.14**	**3.07**	**2.97**	**2.89**	**2.78**	**2.70**	**2.62**	**2.53**	**2.48**	**2.41**	**2.37**	**2.32**	**2.28**	**2.26**	
24	4.26	3.40	3.01	2.78	2.62	2.51	2.43	2.36	2.30	2.26	2.22	2.18	2.13	2.09	2.02	1.98	1.94	1.89	1.86	1.82	1.80	1.76	1.74	1.73	24
	7.82	**5.61**	**4.72**	**4.22**	**3.90**	**3.67**	**3.50**	**3.36**	**3.25**	**3.17**	**3.09**	**3.03**	**2.93**	**2.85**	**2.74**	**2.66**	**2.58**	**2.49**	**2.44**	**2.36**	**2.33**	**2.27**	**2.23**	**2.21**	
25	4.24	3.38	2.99	2.76	2.60	2.49	2.41	2.34	2.28	2.24	2.20	2.16	2.11	2.06	2.00	1.96	1.92	1.87	1.84	1.80	1.77	1.74	1.72	1.71	25
	7.77	**5.57**	**4.68**	**4.18**	**3.86**	**3.63**	**3.46**	**3.32**	**3.21**	**3.13**	**3.05**	**2.99**	**2.89**	**2.81**	**2.70**	**2.62**	**2.54**	**2.45**	**2.40**	**2.32**	**2.29**	**2.23**	**2.19**	**2.17**	
26	4.22	3.37	2.98	2.74	2.59	2.47	2.39	2.32	2.27	2.22	2.18	2.15	2.10	2.05	1.99	1.95	1.90	1.85	1.82	1.78	1.76	1.72	1.70	1.69	26
	7.72	**5.53**	**4.64**	**4.14**	**3.82**	**3.59**	**3.42**	**3.29**	**3.17**	**3.09**	**3.02**	**2.96**	**2.86**	**2.77**	**2.66**	**2.58**	**2.50**	**2.41**	**2.36**	**2.28**	**2.25**	**2.19**	**2.15**	**2.13**	

표 5 a. (계속)

5% (Roman Type) and 1% (Bold Face Type) Points for the Distribution of F

n_2	n_1 degrees of freedom (for greater mean square)																								n_2
	1	2	3	4	5	6	7	8	9	10	11	12	14	16	20	24	30	40	50	75	100	200	500	∞	
27	4.21	3.35	2.96	2.73	2.57	2.46	2.37	2.30	2.25	2.20	2.16	2.13	2.08	2.03	1.97	1.93	1.88	1.84	1.80	1.76	1.74	1.71	1.68	1.67	27
	7.68	**5.49**	**4.60**	**4.11**	**3.79**	**3.56**	**3.39**	**3.26**	**3.14**	**3.06**	**2.98**	**2.93**	**2.83**	**2.74**	**2.63**	**2.55**	**2.47**	**2.38**	**2.33**	**2.25**	**2.21**	**2.16**	**2.12**	**2.10**	
28	4.20	3.34	2.95	2.71	2.56	2.44	2.36	2.29	2.24	2.19	2.15	2.12	2.06	2.02	1.96	1.91	1.87	1.81	1.78	1.75	1.72	1.69	1.67	1.65	28
	7.64	**5.45**	**4.57**	**4.07**	**3.76**	**3.53**	**3.36**	**3.23**	**3.11**	**3.03**	**2.95**	**2.90**	**2.80**	**2.71**	**2.60**	**2.52**	**2.44**	**2.35**	**2.30**	**2.22**	**2.18**	**2.13**	**2.09**	**2.06**	
29	4.18	3.33	2.93	2.70	2.54	2.43	2.35	2.28	2.22	2.18	2.14	2.10	2.05	2.00	1.94	1.90	1.85	1.80	1.77	1.73	1.71	1.68	1.65	1.64	29
	7.60	**5.42**	**4.54**	**4.04**	**3.73**	**3.50**	**3.33**	**3.20**	**3.08**	**3.00**	**2.92**	**2.87**	**2.77**	**2.68**	**2.57**	**2.49**	**2.41**	**2.32**	**2.27**	**2.19**	**2.15**	**2.10**	**2.06**	**2.03**	
30	4.17	3.32	2.92	2.69	2.53	2.42	2.34	2.27	2.21	2.16	2.12	2.09	2.04	1.99	1.93	1.89	1.84	1.79	1.76	1.72	1.69	1.66	1.64	1.62	30
	7.56	**5.39**	**4.51**	**4.02**	**3.70**	**3.47**	**3.30**	**3.17**	**3.06**	**2.98**	**2.90**	**2.84**	**2.74**	**2.66**	**2.55**	**2.47**	**2.38**	**2.29**	**2.24**	**2.16**	**2.13**	**2.07**	**2.03**	**2.01**	
32	4.15	3.30	2.90	2.67	2.51	2.40	2.32	2.25	2.19	2.14	2.10	2.07	2.02	1.97	1.91	1.86	1.82	1.76	1.74	1.69	1.67	1.64	1.61	1.59	32
	7.50	**5.34**	**4.46**	**3.97**	**3.66**	**3.42**	**3.25**	**3.12**	**3.01**	**2.94**	**2.86**	**2.80**	**2.70**	**2.62**	**2.51**	**2.42**	**2.34**	**2.25**	**2.20**	**2.12**	**2.08**	**2.02**	**1.98**	**1.96**	
34	4.13	3.28	2.88	2.65	2.49	2.38	2.30	2.23	2.17	2.12	2.08	2.05	2.00	1.95	1.89	1.84	1.80	1.74	1.71	1.67	1.64	1.61	1.59	1.57	34
	7.44	**5.29**	**4.42**	**3.93**	**3.61**	**3.38**	**3.21**	**3.08**	**2.97**	**2.89**	**2.82**	**2.76**	**2.66**	**2.58**	**2.47**	**2.38**	**2.30**	**2.21**	**2.15**	**2.08**	**2.04**	**1.98**	**1.94**	**1.91**	
36	4.11	3.26	2.86	2.63	2.48	2.36	2.28	2.21	2.15	2.10	2.06	2.03	1.98	1.93	1.87	1.82	1.78	1.72	1.69	1.65	1.62	1.59	1.56	1.55	36
	7.39	**5.25**	**4.38**	**3.89**	**3.58**	**3.35**	**3.18**	**3.04**	**2.94**	**2.86**	**2.78**	**2.72**	**2.62**	**2.54**	**2.43**	**2.35**	**2.26**	**2.17**	**2.12**	**2.04**	**2.00**	**1.94**	**1.90**	**1.87**	
38	4.10	3.25	2.85	2.62	2.46	2.35	2.26	2.19	2.14	2.09	2.05	2.02	1.96	1.92	1.85	1.80	1.76	1.71	1.67	1.63	1.60	1.57	1.54	1.53	38
	7.35	**5.21**	**4.34**	**3.86**	**3.54**	**3.32**	**3.15**	**3.02**	**2.91**	**2.82**	**2.75**	**2.69**	**2.59**	**2.51**	**2.40**	**2.32**	**2.22**	**2.14**	**2.08**	**2.00**	**1.97**	**1.90**	**1.86**	**1.84**	
40	4.08	3.23	2.84	2.61	2.45	2.34	2.25	2.18	2.12	2.07	2.04	2.00	1.95	1.90	1.84	1.79	1.74	1.69	1.66	1.61	1.59	1.55	1.53	1.51	40
	7.31	**5.18**	**4.31**	**3.83**	**3.51**	**3.29**	**3.12**	**2.99**	**2.88**	**2.80**	**2.73**	**2.66**	**2.56**	**2.49**	**2.37**	**2.29**	**2.20**	**2.11**	**2.05**	**1.97**	**1.94**	**1.88**	**1.84**	**1.81**	
42	4.07	3.22	2.83	2.59	2.44	2.32	2.24	2.17	2.11	2.06	2.02	1.99	1.94	1.89	1.82	1.78	1.73	1.68	1.64	1.60	1.57	1.54	1.51	1.49	42
	7.27	**5.15**	**4.29**	**3.80**	**3.49**	**3.26**	**3.10**	**2.96**	**2.86**	**2.77**	**2.70**	**2.64**	**2.54**	**2.46**	**2.35**	**2.26**	**2.17**	**2.08**	**2.02**	**1.94**	**1.91**	**1.85**	**1.80**	**1.78**	
44	4.06	3.21	2.82	2.58	2.34	2.31	2.23	2.16	2.10	2.05	2.01	1.98	1.92	1.88	1.81	1.76	1.72	1.66	1.63	1.58	1.56	1.52	1.50	1.48	44
	7.24	**5.12**	**4.26**	**3.78**	**3.46**	**3.24**	**3.07**	**2.94**	**2.84**	**2.75**	**2.68**	**2.62**	**2.52**	**2.44**	**2.32**	**2.24**	**2.15**	**2.06**	**2.00**	**1.92**	**1.88**	**1.82**	**1.78**	**1.75**	
46	4.05	3.20	2.81	2.57	2.42	2.30	2.22	2.14	2.09	2.04	2.00	1.97	1.91	1.87	1.80	1.75	1.71	1.65	1.62	1.57	1.54	1.51	1.48	1.46	46
	7.21	**5.10**	**4.24**	**3.76**	**3.44**	**3.22**	**3.05**	**2.92**	**2.82**	**2.73**	**2.66**	**2.60**	**2.50**	**2.42**	**2.30**	**2.22**	**2.13**	**2.04**	**1.98**	**1.90**	**1.86**	**1.80**	**1.76**	**1.72**	
48	4.04	3.19	2.80	2.56	2.41	2.30	2.21	2.14	2.08	2.03	1.99	1.96	1.90	1.86	1.76	1.74	1.70	1.64	1.61	1.56	1.53	1.50	1.47	1.45	48
	7.19	**5.08**	**4.22**	**3.74**	**3.42**	**3.20**	**3.04**	**2.90**	**2.80**	**2.71**	**2.64**	**2.58**	**2.48**	**2.40**	**2.28**	**2.20**	**2.11**	**2.02**	**1.96**	**1.88**	**1.84**	**1.78**	**1.73**	**1.70**	

표 5 a. (계속)

5% (Roman Type) and 1% (Bold Face Type) Points for the Distribution of F

n_2	n_1 degrees of freedom (for greater mean square)																								n_2
	1	2	3	4	5	6	7	8	9	10	11	12	14	16	20	24	30	40	50	75	100	200	500	∞	
50	4.03	3.18	2.79	2.56	2.40	2.29	2.20	2.13	2.07	2.02	1.98	1.95	1.90	1.85	1.78	1.74	1.69	1.63	1.60	1.55	1.52	1.48	1.46	1.44	50
	7.17	**5.06**	**4.20**	**3.72**	**3.41**	**3.18**	**3.02**	**2.88**	**2.78**	**2.70**	**2.62**	**2.56**	**2.46**	**2.39**	**2.26**	**2.18**	**2.10**	**2.00**	**1.94**	**1.86**	**1.82**	**1.76**	**1.71**	**1.68**	
55	4.02	3.17	2.78	2.54	2.38	2.27	2.18	2.11	2.05	2.00	1.97	1.93	1.88	1.83	1.76	1.72	1.67	1.61	1.58	1.52	1.50	1.46	1.43	1.41	55
	7.12	**5.01**	**4.16**	**3.68**	**3.37**	**3.15**	**2.98**	**2.85**	**2.75**	**2.66**	**2.59**	**2.53**	**2.43**	**2.35**	**2.23**	**2.15**	**2.06**	**1.96**	**1.90**	**1.82**	**1.78**	**1.71**	**1.66**	**1.64**	
60	4.00	3.15	2.76	2.52	2.37	2.25	2.17	2.10	2.04	1.99	1.95	1.92	1.86	1.81	1.75	1.70	1.65	1.95	1.56	1.50	1.48	1.44	1.41	1.39	60
	7.08	**4.98**	**4.13**	**3.65**	**3.34**	**3.12**	**2.95**	**2.82**	**2.72**	**2.63**	**2.56**	**2.50**	**2.40**	**2.32**	**2.20**	**2.12**	**2.03**	**1.93**	**1.87**	**1.79**	**1.74**	**1.68**	**1.63**	**1.60**	
65	3.99	3.14	2.75	2.51	2.36	2.24	2.15	2.08	2.02	1.98	1.94	1.90	1.85	1.80	1.73	1.68	1.63	1.57	1.54	1.49	1.46	1.42	1.39	1.37	65
	7.04	**4.95**	**4.10**	**3.62**	**3.31**	**3.09**	**2.93**	**2.79**	**2.70**	**2.61**	**2.54**	**2.47**	**2.37**	**2.30**	**2.18**	**2.09**	**2.00**	**1.90**	**1.84**	**1.76**	**1.71**	**1.64**	**1.60**	**1.56**	
70	3.98	3.13	2.74	2.50	2.35	2.23	2.14	2.07	2.01	1.97	1.93	1.89	1.84	1.79	1.72	1.67	1.62	1.56	1.53	1.47	1.45	1.40	1.37	1.35	70
	7.01	**4.92**	**4.08**	**3.60**	**3.29**	**3.07**	**2.91**	**2.77**	**2.67**	**2.59**	**2.51**	**2.45**	**2.35**	**2.28**	**2.15**	**2.07**	**1.98**	**1.88**	**1.82**	**1.74**	**1.69**	**1.62**	**1.56**	**1.53**	
80	3.96	3.11	2.72	2.48	2.33	2.21	2.12	2.05	1.99	1.95	1.91	1.88	1.82	1.77	1.70	1.65	1.60	1.54	1.51	1.45	1.42	1.38	1.35	1.32	80
	6.96	**4.88**	**4.04**	**3.56**	**3.25**	**3.04**	**2.87**	**2.74**	**2.64**	**2.55**	**2.48**	**2.41**	**2.32**	**2.24**	**2.11**	**2.03**	**1.94**	**1.84**	**1.78**	**1.70**	**1.65**	**1.57**	**1.52**	**1.49**	
100	3.94	3.09	2.70	2.46	2.30	2.19	2.10	2.03	1.97	1.92	1.88	1.85	1.79	1.75	1.68	1.63	1.57	1.51	1.48	1.42	1.39	1.34	1.30	1.28	100
	6.90	**4.82**	**3.98**	**3.51**	**3.20**	**2.99**	**2.82**	**2.69**	**2.59**	**2.51**	**2.43**	**2.36**	**2.26**	**2.19**	**2.06**	**1.98**	**1.89**	**1.79**	**1.73**	**1.64**	**1.59**	**1.51**	**1.46**	**1.43**	
125	3.92	3.07	2.68	2.44	2.29	2.17	2.08	2.01	1.95	1.90	1.86	1.83	1.77	1.72	1.65	1.60	1.55	1.49	1.45	1.39	1.36	1.31	1.27	1.25	125
	6.84	**4.78**	**3.94**	**3.47**	**3.17**	**2.95**	**2.79**	**2.65**	**2.56**	**2.47**	**2.40**	**2.33**	**2.23**	**2.15**	**2.03**	**1.94**	**1.85**	**1.75**	**1.68**	**1.59**	**1.54**	**1.46**	**1.40**	**1.37**	
150	3.91	3.06	2.67	2.43	2.27	2.16	2.07	2.00	1.94	1.89	1.85	1.82	1.76	1.71	1.64	1.59	1.54	1.47	1.44	1.37	1.34	1.29	1.25	1.22	150
	6.81	**4.75**	**3.91**	**3.44**	**3.14**	**2.92**	**2.76**	**2.62**	**2.53**	**2.44**	**2.37**	**2.30**	**2.20**	**2.12**	**2.00**	**1.91**	**1.83**	**1.72**	**1.66**	**1.56**	**1.51**	**1.43**	**1.37**	**1.33**	
200	3.89	3.04	2.65	2.41	2.26	2.14	2.05	1.98	1.92	1.87	1.83	1.80	1.74	1.69	1.62	1.57	1.52	1.45	1.42	1.35	1.32	1.26	1.22	1.19	200
	6.76	**4.71**	**3.88**	**3.41**	**3.11**	**2.90**	**2.73**	**2.60**	**2.50**	**2.41**	**2.34**	**2.28**	**2.17**	**2.09**	**1.97**	**1.88**	**1.79**	**1.69**	**1.62**	**1.53**	**1.48**	**1.39**	**1.33**	**1.28**	
400	3.86	3.02	2.62	2.39	2.23	2.12	2.03	1.96	1.90	1.85	1.81	1.78	1.72	1.67	1.60	1.54	1.49	1.42	1.38	13.2	1.28	1.22	1.16	1.13	400
	6.70	**4.66**	**3.83**	**3.36**	**3.06**	**2.85**	**2.69**	**2.55**	**2.46**	**2.37**	**2.29**	**2.23**	**2.12**	**2.04**	**1.92**	**1.84**	**1.74**	**1.64**	**1.57**	**1.47**	**1.42**	**1.32**	**1.24**	**1.19**	
1000	3.85	3.00	2.61	2.38	2.22	2.10	2.02	1.95	1.89	1.84	1.80	1.76	1.70	1.65	1.58	1.53	1.47	1.41	1.36	1.30	1.26	1.19	1.13	1.08	1000
	6.66	**4.62**	**3.80**	**3.34**	**3.04**	**2.82**	**2.66**	**2.53**	**2.43**	**2.34**	**2.26**	**2.20**	**2.09**	**2.01**	**1.89**	**1.81**	**1.71**	**1.61**	**1.54**	**1.44**	**1.38**	**1.28**	**1.19**	**1.11**	
∞	3.84	2.99	2.60	2.37	2.21	2.09	2.01	1.94	1.88	1.83	1.79	1.75	1.69	1.64	1.57	1.52	1.46	1.40	1.35	1.23	1.24	1.17	1.11	1.00	∞
	6.64	**4.60**	**3.78**	**3.32**	**3.02**	**2.80**	**2.64**	**2.51**	**2.41**	**2.32**	**2.24**	**2.18**	**2.07**	**1.99**	**1.87**	**1.79**	**1.69**	**1.59**	**1.52**	**1.41**	**1.36**	**1.25**	**1.15**	**1.00**	

The function, $F=e$ with exponent 2z, is computed in part from Fisher's table VI (7). Additional entries are by interpolation, mostly graphical.
Source: This table is reproduced from *Statistical Methods*, by George W. Snedecor(Ames, Iowa: The Iowa State University Press, 5th ed., 1956), pp. 246-249.

표 5 b. F 분포표

ϕ_2 \ ϕ_1	1	2	3	4	5	6	7	8	9	10	12	15	20	24	30	40	60	120	∞	ϕ_1 / ϕ_2
1	648.	800.	864.	900.	922.	937.	948.	957.	963.	969.	977.	985.	993.	997.	1001.	1006.	1010.	1014.	1018.	1
2	38.5	39.0	39.2	39.2	39.3	39.3	39.4	39.4	39.4	39.4	39.4	39.4	39.4	39.5	39.5	39.5	39.5	39.5	39.5	2
3	17.4	16.0	15.4	15.1	14.9	14.7	14.6	14.5	14.5	14.4	14.3	14.3	14.2	14.1	14.1	14.0	14.0	13.9	13.9	3
4	12.2	10.6	9.98	9.60	9.36	9.20	9.07	8.98	8.90	8.84	8.75	8.66	8.56	8.51	8.46	8.41	8.36	8.31	8.26	4
5	10.0	8.43	7.76	7.39	7.15	6.88	6.85	6.76	6.68	6.62	6.52	6.43	6.33	6.28	6.23	6.18	6.12	6.07	6.02	5
6	8.81	7.26	6.60	6.23	5.99	5.82	5.70	5.60	5.52	5.46	5.37	5.27	5.17	5.12	5.07	5.01	4.96	4.90	4.85	6
7	8.07	6.54	5.89	5.52	5.29	5.12	4.99	4.90	4.82	4.76	4.67	4.57	4.47	4.42	4.36	4.31	4.25	4.20	4.14	7
8	7.57	6.06	5.42	5.05	4.82	4.65	4.53	4.43	4.36	4.30	4.20	4.10	4.00	3.95	3.89	3.84	3.78	3.73	3.67	8
9	7.21	5.71	5.08	4.72	4.48	4.32	4.20	4.10	4.03	3.96	3.87	3.77	3.67	3.61	3.56	3.51	3.45	3.39	3.33	9
10	6.94	5.46	4.83	4.47	4.24	4.07	3.95	3.85	3.78	3.72	3.62	3.52	3.42	3.37	3.31	3.26	3.20	3.14	3.08	10
11	6.72	5.26	4.63	4.28	4.04	3.88	3.76	3.66	3.59	3.53	3.43	3.33	3.23	3.17	3.12	3.06	3.00	2.94	2.88	11
12	6.55	5.10	4.47	4.12	3.89	3.73	3.61	3.51	3.44	3.37	3.28	3.18	3.07	3.02	2.96	2.91	2.85	2.79	2.72	12
13	6.41	4.97	4.35	4.00	3.77	3.60	3.48	3.39	3.31	3.25	3.15	3.05	2.95	2.89	2.84	2.78	2.72	2.66	2.60	13
14	6.30	4.86	4.24	3.89	3.66	3.50	3.38	3.29	3.21	3.15	3.05	2.95	2.84	2.79	2.73	2.67	2.61	2.55	2.49	14
15	6.20	4.76	4.15	3.80	3.58	3.41	3.29	3.20	3.12	3.06	2.96	2.86	2.76	2.70	2.64	2.58	2.52	2.46	2.40	15
16	6.12	4.69	4.08	3.73	3.50	3.34	3.22	3.12	3.05	2.99	2.89	2.79	2.68	2.63	2.57	2.51	2.45	2.38	2.32	16
17	6.04	4.62	4.01	3.66	3.44	3.28	3.16	3.06	2.98	2.92	2.82	2.72	2.62	2.56	2.50	2.44	2.38	2.32	2.25	17
18	5.98	4.56	3.95	3.61	3.38	3.22	3.10	3.01	2.93	2.87	2.77	2.67	2.56	2.50	2.44	2.38	2.32	2.26	2.19	18
19	5.92	4.51	3.90	3.56	3.33	3.17	3.05	2.96	2.88	2.82	2.72	2.62	2.51	2.45	2.39	2.33	2.27	2.20	2.13	19
20	5.87	4.46	3.86	3.51	3.29	3.13	3.01	2.91	2.84	2.77	2.68	2.57	2.46	2.41	2.35	2.29	2.22	2.16	2.09	20
21	5.83	4.42	3.82	3.48	3.25	3.09	2.97	2.87	2.80	2.73	2.64	2.53	2.42	2.37	2.31	2.25	2.18	2.11	2.04	21
22	5.79	4.38	3.78	3.44	3.22	3.05	2.93	2.84	2.76	2.70	2.60	2.50	2.39	2.33	2.27	2.21	2.14	2.08	2.00	22
23	5.75	4.35	3.75	3.41	3.18	3.02	2.90	2.81	2.73	2.67	2.57	2.47	2.36	2.30	2.24	2.18	2.11	2.04	1.97	23
24	5.72	4.32	3.72	3.38	3.15	2.99	2.87	2.78	2.70	2.64	2.54	2.44	2.33	2.27	2.21	2.15	2.08	2.01	1.94	24
25	5.69	4.29	3.69	3.35	3.13	2.97	2.85	2.75	2.68	2.61	2.51	2.41	2.30	2.24	2.18	2.12	2.05	1.98	1.91	25
26	5.66	4.27	3.67	3.33	3.10	2.94	2.82	2.73	2.65	2.59	2.49	2.39	2.28	2.22	2.16	2.09	2.03	1.95	1.88	26
27	5.63	4.24	3.65	3.31	3.08	2.92	2.80	2.71	2.63	2.57	2.47	2.36	2.25	2.19	2.13	2.07	2.00	1.93	1.85	27
28	5.61	4.22	3.63	3.29	3.06	2.90	2.78	2.69	2.61	2.55	2.45	2.34	2.23	2.17	2.11	2.05	1.98	1.91	1.83	28
29	5.59	4.20	3.61	3.27	3.04	2.88	2.76	2.67	2.59	2.53	2.43	2.32	2.21	2.15	2.09	2.03	1.96	1.89	1.81	29
30	5.57	4.18	3.59	3.25	3.03	2.87	2.75	2.65	2.57	2.51	2.41	2.31	2.20	2.14	2.07	2.01	1.94	1.87	1.79	30
40	5.42	4.05	3.46	3.13	2.90	2.74	2.62	2.53	2.45	2.39	2.29	2.18	2.07	2.01	1.94	1.88	1.80	1.72	1.64	40
60	5.29	3.93	3.34	3.01	2.79	2.63	2.51	2.41	2.33	2.27	2.17	2.06	1.94	1.88	1.82	1.74	1.67	1.58	1.48	60
120	5.15	3.80	3.23	2.89	2.67	2.52	2.39	2.30	2.22	2.16	2.05	1.94	1.82	1.76	1.69	1.61	1.53	1.43	1.31	120
∞	5.02	3.69	3.12	2.79	2.57	2.41	2.29	2.19	2.11	2.05	1.94	1.83	1.71	1.64	1.57	1.48	1.39	1.27	1.00	∞
ϕ_2 / ϕ_1	1	2	3	4	5	6	7	8	9	10	12	15	20	24	30	40	60	120	∞	ϕ_1 \ ϕ_2

SOURCE: This table is abridged from M. Merrington and C. M. Thompson, "Tables of percentage points of the inverted Beta (F) distribution," *Biometrita*, 33, 1943–1946, pp. 73–88.

표 5 c. F 분포표(10%)

ϕ_2 \ ϕ_1	1	2	3	4	5	6	7	8	9	10	12	15	20	24	30	40	60	120	∞	ϕ_1 / ϕ_2
1	39.9	49.5	53.6	55.8	57.2	58.2	58.9	59.4	59.9	60.2	60.7	61.2	61.7	62.0	62.3	62.5	62.8	63.1	63.3	1
2	8.53	9.00	9.16	9.24	9.29	9.33	9.35	9.37	9.38	9.39	9.41	9.42	9.44	9.45	9.46	9.47	9.47	9.48	9.49	2
3	5.54	5.46	5.39	5.34	5.31	5.28	5.27	5.25	5.24	5.23	5.22	5.20	5.18	5.18	5.17	5.16	5.15	5.14	5.13	3
4	4.54	4.32	4.19	4.11	4.05	4.01	3.98	3.95	3.94	3.92	3.90	3.87	3.84	3.83	3.82	3.80	3.79	3.78	3.76	4
5	4.06	3.78	3.62	3.52	3.45	3.40	3.37	3.34	3.32	3.30	3.27	3.24	3.21	3.19	3.17	3.16	3.14	3.12	3.10	5
6	3.78	3.46	3.29	3.18	3.11	3.05	3.01	2.98	2.96	2.94	2.90	2.87	2.84	2.82	2.80	2.78	2.76	2.74	2.72	6
7	3.59	3.26	3.07	2.96	2.88	2.83	2.78	2.75	2.72	2.70	2.67	2.63	2.59	2.58	2.56	2.54	2.51	2.49	2.47	7
8	3.46	3.11	2.92	2.81	2.73	2.67	2.62	2.59	2.56	2.54	2.50	2.46	2.42	2.40	2.38	2.36	2.34	2.32	2.29	8
9	3.36	3.01	2.81	2.69	2.61	2.55	2.51	2.47	2.44	2.42	2.38	2.34	2.30	2.28	2.25	2.23	2.21	2.18	2.16	9
10	3.28	2.92	2.73	2.61	2.52	2.46	2.41	2.38	2.35	2.32	2.28	2.24	2.20	2.18	2.16	2.13	2.11	2.08	2.06	10
11	3.23	2.86	2.66	2.54	2.45	2.39	2.34	2.30	2.27	2.25	2.21	2.17	2.12	2.10	2.08	2.05	2.03	2.00	1.97	11
12	3.13	2.81	2.61	2.48	2.39	2.33	2.28	2.24	2.21	2.19	2.15	2.10	2.06	2.04	2.01	1.99	1.96	1.93	1.90	12
13	3.14	2.76	2.56	2.43	2.35	2.28	2.23	2.20	2.16	2.14	2.10	2.05	2.01	1.98	1.96	1.93	1.90	1.88	1.85	13
14	3.10	2.73	2.52	2.39	2.31	2.24	2.19	2.15	2.12	2.10	2.05	2.01	1.96	1.94	1.91	1.89	1.86	1.83	1.80	14
15	3.07	2.70	2.49	2.36	2.27	2.21	2.16	2.12	2.09	2.06	2.02	1.97	1.92	1.90	1.87	1.85	1.82	1.79	1.76	15
16	3.05	2.67	2.46	2.33	2.24	2.18	2.13	2.09	2.06	2.03	1.99	1.94	1.89	1.87	1.84	1.81	1.78	1.75	1.72	16
17	3.03	2.64	2.44	2.31	2.22	2.15	2.10	2.06	2.03	2.00	1.96	1.91	1.86	1.84	1.81	1.78	1.75	1.72	1.69	17
18	3.01	2.62	2.42	2.29	2.20	2.13	2.08	2.04	2.00	1.98	1.93	1.89	1.84	1.81	1.78	1.75	1.72	1.69	1.66	18
19	2.99	2.61	2.40	2.27	2.18	2.11	2.06	2.02	1.98	1.96	1.91	1.86	1.81	1.79	1.76	1.73	1.70	1.67	1.63	19
20	2.97	2.59	2.38	2.25	2.16	2.09	2.04	2.00	1.96	1.94	1.89	1.84	1.79	1.77	1.74	1.71	1.68	1.64	1.61	20
21	2.96	2.57	2.36	2.23	2.14	2.08	2.02	1.98	1.95	1.92	1.88	1.83	1.78	1.75	1.72	1.69	1.66	1.62	1.59	21
22	2.95	2.56	2.35	2.22	2.13	2.06	2.01	1.97	1.93	1.90	1.86	1.81	1.76	1.73	1.70	1.67	1.64	1.60	1.57	22
23	2.94	2.55	2.34	2.21	2.11	2.05	1.99	1.95	1.92	1.89	1.84	1.80	1.74	1.72	1.69	1.66	1.62	1.59	1.55	23
24	2.93	2.54	2.33	2.19	2.10	2.04	1.98	1.94	1.91	1.88	1.83	1.78	1.73	1.70	1.67	1.64	1.61	1.57	1.53	24
25	2.92	2.53	2.32	2.18	2.09	2.02	1.97	1.93	1.89	1.87	1.82	1.77	1.72	1.69	1.66	1.63	1.59	1.56	1.52	25
26	2.91	2.52	2.31	2.17	2.08	2.01	1.96	1.92	1.88	1.86	1.81	1.76	1.71	1.68	1.65	1.61	1.58	1.54	1.50	26
27	2.90	2.51	2.30	2.17	2.07	2.00	1.95	1.91	1.87	1.85	1.80	1.75	1.70	1.67	1.64	1.60	1.57	1.53	1.49	27
28	2.89	2.50	2.29	2.16	2.06	2.00	1.94	1.90	1.87	1.84	1.79	1.74	1.69	1.66	1.63	1.59	1.56	1.52	1.48	28
29	2.89	2.50	2.28	2.15	2.06	1.99	1.93	1.89	1.86	1.83	1.78	1.73	1.68	1.65	1.62	1.58	1.55	1.51	1.47	29
30	2.88	2.49	2.28	2.14	2.05	1.98	1.93	1.88	1.85	1.82	1.77	1.72	1.67	1.64	1.61	1.57	1.54	1.50	1.46	30
40	2.84	2.44	2.23	2.09	2.00	1.93	1.87	1.83	1.79	1.76	1.71	1.66	1.61	1.57	1.54	1.51	1.47	1.42	1.38	40
60	2.79	2.39	2.18	2.04	1.95	1.87	1.82	1.77	1.74	1.71	1.66	1.60	1.54	1.51	1.48	1.44	1.40	1.35	1.29	60
120	2.75	2.35	2.13	1.99	1.90	1.82	1.77	1.72	1.68	1.65	1.60	1.54	1.48	1.45	1.41	1.37	1.32	1.26	1.91	120
∞	2.71	2.30	2.08	1.94	1.85	1.77	1.72	1.67	1.63	1.60	1.55	1.49	1.42	1.33	1.34	1.30	1.24	1.17	1.00	∞
ϕ_2 / ϕ_1	1	2	3	4	5	6	7	8	9	10	12	15	20	24	30	40	60	120	∞	ϕ_2 / ϕ_1

SOURCE: This table is abridged from M. Merrington and C. M. Thompson, "Tables of percentage points of the inverted Beta (F) distribution," *Biometrika*, 33, 1943–1946.

표 6 a. 특정한 신뢰한계에서의 표본의 크기 (2σ 신뢰구간)

$(\pi = 0.5)a$

Size of Population(N)	Sample Size (n) for Precision (e) of ±1%	±2%	±3%	±4%	±5%	±10%
500	*b*	*b*	*b*	*b*	222	83
1,000	*b*	*b*	*b*	385	286	91
1,500	*b*	*b*	638	441	316	94
2,000	*b*	*b*	714	476	333	95
2,500	*b*	1,250	769	500	345	96
3,000	*b*	1,364	811	517	353	97
3,500	*b*	1,458	843	530	359	97
4,000	*b*	1,538	870	541	364	98
4,500	*b*	1,607	891	549	367	98
5,000	*b*	1,667	909	556	370	98
6,000	*b*	1,765	938	566	375	98
7,000	*b*	1,842	959	574	378	99
8,000	*b*	1,905	976	580	381	99
9,000	*b*	1,957	989	584	383	99
10,000	5,000	2,000	1,000	588	385	99
15,000	6,000	2,143	1,034	600	390	99
20,000	6,667	2,222	1,053	606	392	100
25,000	7,143	2,273	1,064	610	394	100
50,000	8,333	2,381	1,087	617	397	100
100,000	9,091	2,439	1,099	621	398	100
→∞	10,000	2,500	1,111	625	400	100

a Formula for sample size when population proportion is π is

$$n_0 = \frac{z^2\pi(1-\pi)N}{z^2\pi(1-\pi)+Ne^2}$$

This table assumes $\pi=0.5$, $z=2$:

$$n = \frac{2^2(0.5)^2N}{2^2(0.5)^2+Ne^2} = \frac{N}{1+Ne^2}$$

$$n \geqq n_0$$

b In these cases the assumption of normal approximation is poor, and the formula does not apply.

표 6 b. 특정한 신뢰한계에서의 표본의 크기 (3σ 신뢰구간)

($\pi=0.5$)*a*

	Sample Size (n) for Precision (e) of				
Population(N)	±1%	±2%	±3%	±4%	±5%
500	*b*	*b*	*b*	*b*	*b*
1,000	*b*	*b*	*b*	*b*	474
1,500	*b*	*b*	*b*	726	563
2,000	*b*	*b*	*b*	826	621
2,500	*b*	*b*	*b*	900	662
3,000	*b*	*b*	1,364	958	692
3,500	*b*	*b*	1,458	1,003	716
4,000	*b*	*b*	1,539	1,041	735
4,500	*b*	*b*	1,607	1,071	750
5,000	*b*	*b*	1,667	1,098	763
6,000	*b*	2,903	1,765	1,139	783
7,000	*b*	3,119	1,842	1,171	798
8,000	*b*	3,303	1,905	1,196	809
9,000	*b*	3,462	1,957	1,216	818
10,000	*b*	3,600	2,000	1,233	826
15,000	*b*	4,091	2,143	1,286	849
20,000	*b*	4,390	2,222	1,314	861
25,000	11,842	4,592	2,273	1,331	869
50,000	15,517	5,056	2,381	1,368	884
100,000	18,367	5,325	2,439	1,387	892
$\rightarrow\infty$	22,500	5,625	2,500	1,406	900

a This table assumes $\pi=0.5$, $z=3$:

$$n=\frac{3^2(0.5)^2N}{3^2(0.5)^2+Ne^2}$$

b In these cases the assumption of normal approximation is poor, and the formula does not apply.

SOURCE: From A Method for Employing Sampling Techniques in Housing Surveys, New York State Division of Housing, September, 1948: compiled by the Bureau of Research, New York State Division of Housing and Community Renewal.

표 7 a. 비율의 95% 신뢰한계

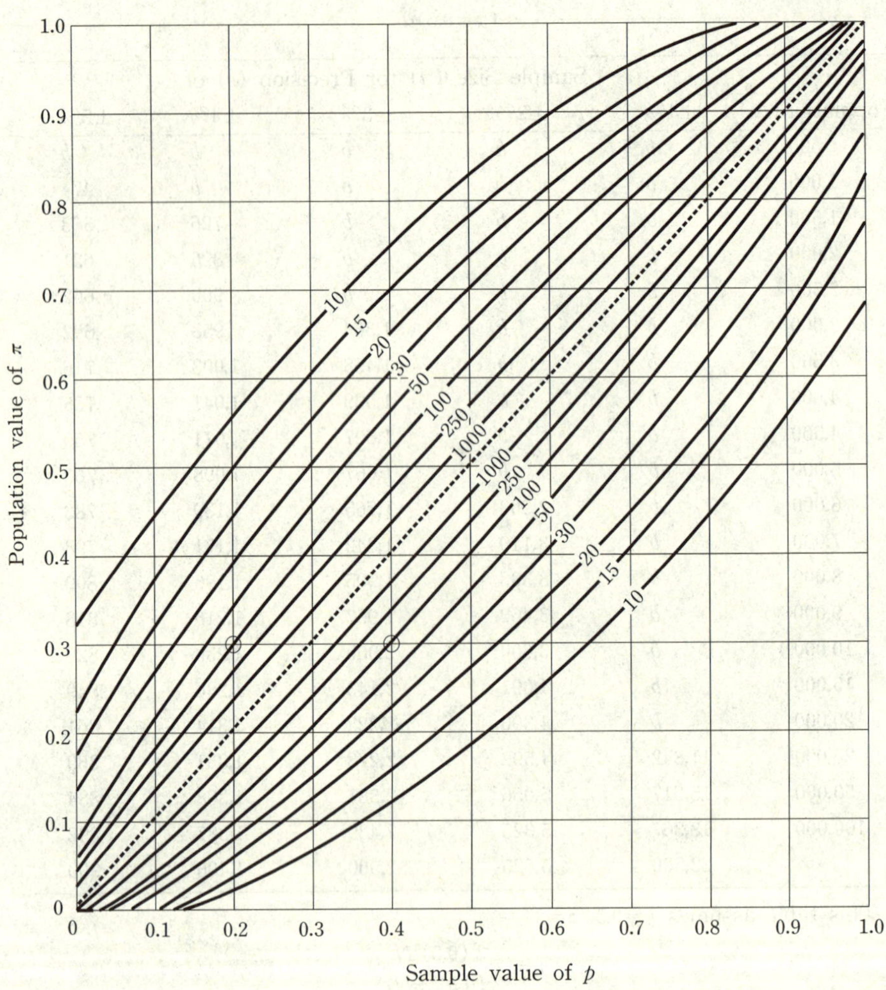

SOURE: Reproduced by permission of the editor from C. J. Clopper and E. S. Pearson, "The use of confidence or fiducial limits illustrated in the case of the binomial," *Biometrika*, 26, 1934, pp. 404-413.

표 7 b. 비율의 99% 신뢰한계

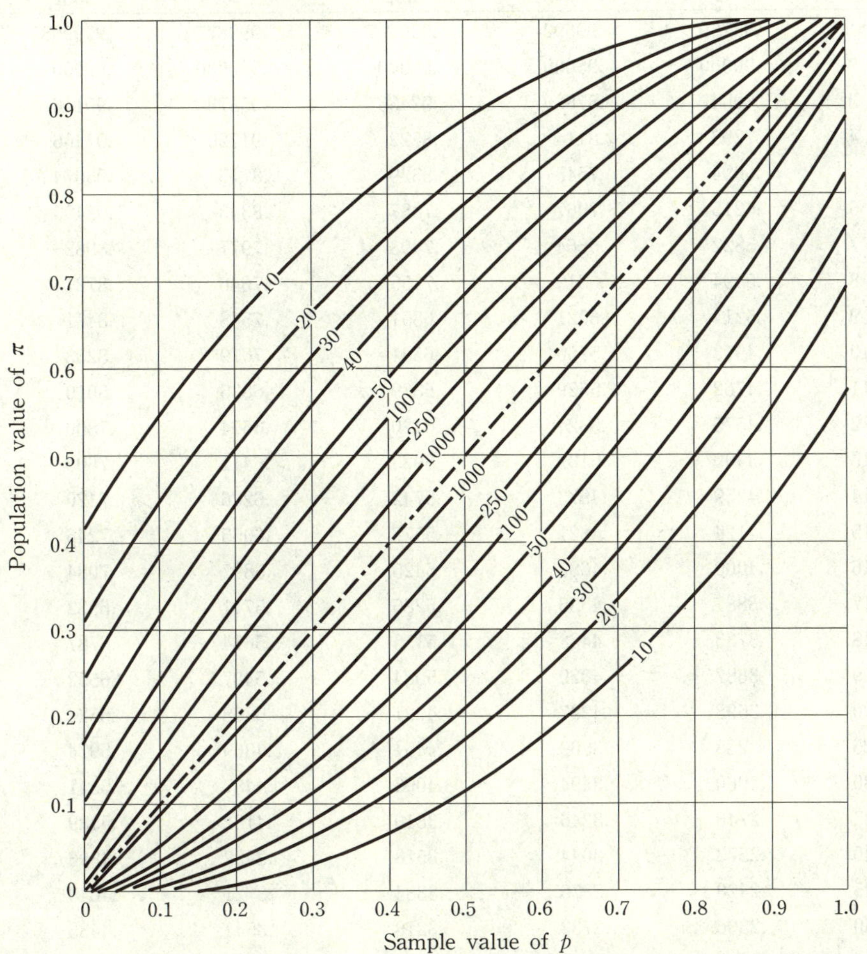

SOURCE: Reproduced by permission of the editor from C. J. Clopper and E. S. Pearson, "The use of confidence or fiducial limits illustrated in the case of the binomial," *Biometrika*, 26, 1934, pp. 404-413.

표 8. 상이한 유의수준에 대한 단순상관계수치

n	.1	.05	.02	.01	.001
1	.98769	.99692	.999507	.999877	.9999983
2	.90000	.95000	.98000	.990000	.99900
3	.8054	.8783	.93433	.95873	.99116
4	.7293	.8114	.8822	.91720	.97406
5	.6694	.7545	.8329	.8745	.95074
6	.6215	.7067	.7887	.8343	.92493
7	.5822	.6664	.7498	.7977	.8982
8	.5494	.6319	.7155	.7646	.8721
9	.5214	.6021	.6851	.7348	.8471
10	.4973	.5760	.6581	.7079	.8233
11	.4762	.5529	.6339	.6835	.8010
12	.4575	.5324	.6120	.6614	.7800
13	.4409	.5139	.5923	.6411	.7603
14	.4259	.4973	.5742	.6226	.7420
15	.4124	.4821	.5577	.6055	.7246
16	.4000	.4683	.5425	.5897	.7084
17	.3887	.4555	.5285	.5741	.6932
18	.3783	.4438	.5155	.5614	.6787
19	.3687	.4329	.5034	.5487	.6652
20	.3598	.4227	.4921	.5368	.6524
25	.3233	.3809	.4451	.4869	.5974
30	.2960	.3494	.4093	.4487	.5541
35	.2746	.3246	.3810	.4182	.5189
40	.2573	.3044	.3578	.3932	.4896
45	.2428	.2875	.3384	.3721	.4648
50	.2306	.2732	.3218	.3541	.4433
60	.2108	.2500	.2948	.3248	.4078
70	.1954	.2319	.2737	.3017	.3799
80	.1829	.2172	.2565	.2830	.3568
90	.1726	.2050	.2422	.2673	.3375
100	.1638	.1946	.2301	.2540	.3211

SOURCE: This table is abridged from Table VII of Fisher & Yates: *Statistical Tables for Biological, Agricultural and Medical Research* published by Oliver & Boyd Ltd., Edinburgh.

표 9. 상관계수(r)와 표준치(z)의 상응되는 값

예: r: upper scale $r=0.7$

z: lower scale → $z=0.867$

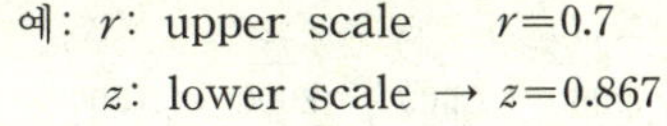

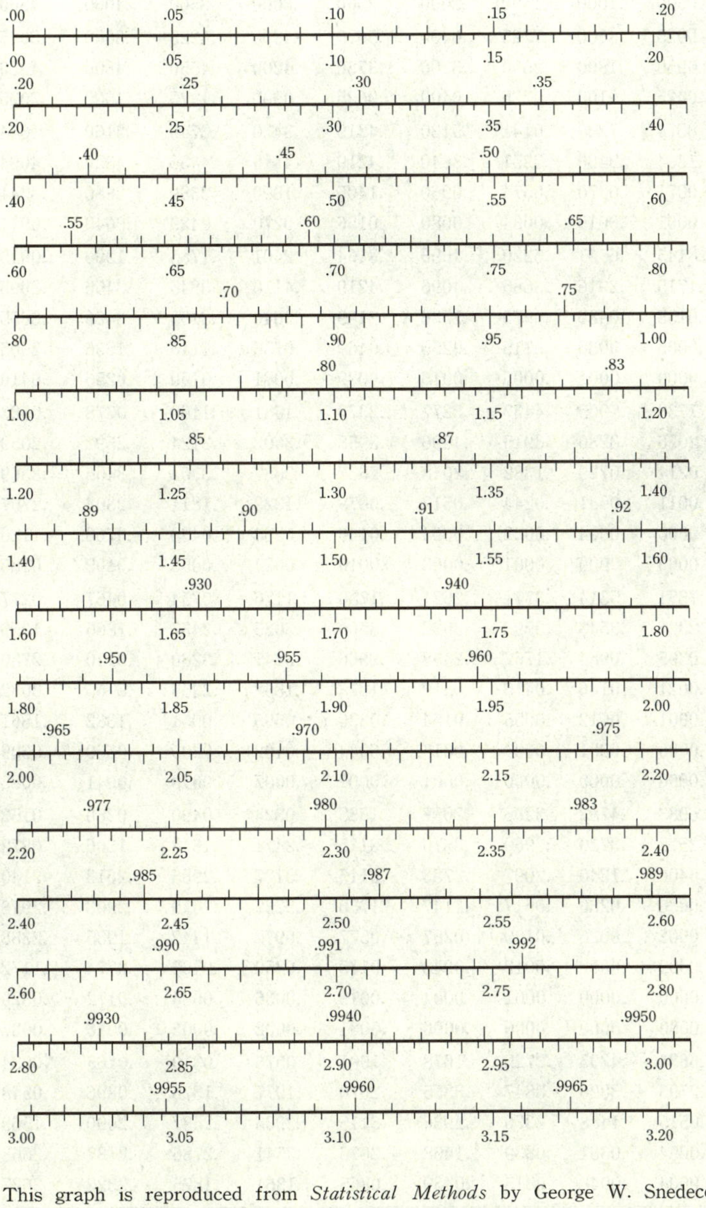

SOURCE: This graph is reproduced from *Statistical Methods* by George W. Snedecor(Ames, Iowa: The Iowa State University Press, 5th ed., 1956), pp. 176-177.

표 10. 2항분포표

n	k	P .05	.10	.15	.20	.25	.30	.35	.40	.45	.50
1	0	.9500	.9000	.8500	.8000	.7500	.7000	.6500	.6000	.5500	.5000
	1	.0500	.1000	.1500	.2000	.2500	.3000	.3500	.4000	.4500	.5000
2	0	.9025	.8100	.7225	.6400	.5625	.4900	.4225	.3600	.3025	.2500
	1	.0950	.1800	.2550	.3200	.3750	.4200	.4550	.4800	.4950	.5000
	2	.0025	.0100	.0225	.0400	.0625	.0900	.1225	.1600	.2025	.2500
3	0	.8574	.7290	.6141	.5120	.4219	.3430	.2746	.2160	.1664	.1250
	1	.1354	.2430	.3251	.3840	.4219	.4410	.4436	.4320	.4084	.3750
	2	.0071	.0270	.0574	.0960	.1406	.1890	.2389	.2880	.3341	.3750
	3	.0001	.0010	.0034	.0080	.0156	.0270	.0429	.0640	.0911	.1250
4	0	.8145	.6561	.5220	.4096	.3164	.2401	.1785	.1296	.0915	.0625
	1	.1715	.2916	.3685	.4096	.4219	.4116	.3845	.3456	.2995	.2500
	2	.0135	.0486	.0975	.1536	.2109	.2646	.3105	.3456	.3675	.3750
	3	.0005	.0036	.0115	.0256	.0469	.0756	.1115	.1536	.2005	.2500
	4	.0000	.0001	.0005	.0016	.0039	.0081	.0150	.0256	.0410	.0625
5	0	.7738	.5905	.4437	.3277	.2373	.1681	.1160	.0778	.0503	.0312
	1	.2036	.3280	.3915	.4096	.3955	.3602	.3124	.2592	.2059	.1562
	2	.0214	.0729	.1382	.2048	.2637	.3087	.3364	.3456	.3369	.3125
	3	.0011	.0081	.0244	.0512	.0879	.1323	.1811	.2304	.2757	.3125
	4	.0000	.0004	.0022	.0064	.0146	.0284	.0488	.0768	.1128	.1562
	5	.0000	.0000	.0001	.0003	.0010	.0024	.0053	.0102	.0185	.0312
6	0	.7351	.5314	.3771	.2621	.1780	.1176	.0754	.0467	.0277	.0156
	1	.2321	.3543	.3993	.3932	.3560	.3025	.2437	.1866	.1359	.0938
	2	.0305	.0984	.1762	.2458	.2966	.3241	.3280	.3110	.2780	.2344
	3	.0021	.0146	.0415	.0819	.1318	.1852	.2355	.2765	.3032	.3125
	4	.0001	.0012	.0055	.0154	.0330	.0595	.0951	.1382	.1861	.2344
	5	.0000	.0001	.0004	.0015	.0044	.0102	.0205	.0369	.0609	.0938
	6	.0000	.0000	.0000	.0001	.0002	.0007	.0018	.0041	.0083	.0516
7	0	.6983	.4783	.3206	.2097	.1335	.0824	.0490	.0280	.0152	.0078
	1	.2573	.3720	.3960	.3670	.3115	.2471	.1848	.1306	.0872	.0547
	2	.0406	.1240	.2097	.2753	.3115	.3177	.2985	.2613	.2140	.1641
	3	.0036	.0230	.0617	.1147	.1730	.2269	.2679	.2903	.2918	.2734
	4	.0002	.0026	.0109	.0287	.0577	.0972	.1442	.1935	.2388	.2734
	5	.0009	.0002	.0012	.0043	.0115	.0250	.0466	.0774	.1172	.1641
	6	.0000	.0000	.0001	.0004	.0013	.0036	.0084	.0172	.0320	.0547
	7	.0000	.0000	.0000	.0000	.0001	.0002	.0006	.0016	.0037	.0078
8	0	.6634	.4305	.2725	.1678	.1001	.0576	.0319	.0168	.0084	.0039
	1	.2793	.3826	.3847	.3355	.2670	.1977	.1373	.0896	.0548	.0312
	2	.0515	.1488	.2376	.2936	.3115	.2965	.2587	.2090	.1569	.1094
	3	.0054	.0331	.0839	.1468	.2076	.2541	.2786	.2787	.2568	.2188
	4	.0004	.0046	.0815	.0459	.0865	.1361	.1875	.2322	.2627	.2734

표 10. (계속)

n	k	.05	.10	.15	.20	.25	P .30	.35	.40	.45	.50
8	5	.0000	.0004	.0026	.0092	.0231	.0467	.0808	.1239	.1719	.2188
	6	.0000	.0000	.0002	.0011	.0033	.0100	.0217	.0413	.0703	.1094
	7	.0000	.0000	.0000	.0001	.0004	.0012	.0033	.0079	.0164	.0312
	8	.0000	.0000	.0000	.0000	.0000	.0001	.0002	.0007	.0017	.0039
9	0	.6302	.3874	.2316	.1342	.0751	.0404	.0270	.0101	.0046	.0020
	1	.2985	.3874	.3679	.3020	.2253	.1556	.1004	.0605	0339	.0176
	2	.0629	.1722	.2597	.3020	.3003	.2668	.2162	.1612	.1110	.0703
	3	.0077	.0446	.1069	.1762	.2336	.2668	.2716	.2508	.2119	.1641
	4	.0006	.0074	.0283	.0661	.1168	.1715	.2194	.2508	.2600	.2461
	5	.0000	.0008	.0050	.0165	.0389	.0735	.1181	.1672	.2128	.2461
	6	.0000	.0001	.0006	.0028	.0087	.0210	.0424	.0743	.1160	.1641
	7	.0000	.0000	.0000	.0003	.0012	.0039	.0098	.0212	.0407	.0703
	8	.0000	.0000	.0000	.0000	.0001	.0004	.0013	.0035	.0083	.0716
	9	.0000	.0000	.0000	.0000	.0000	.0000	.0001	.0003	.0008	.0020
10	0	.5987	.3487	.1969	.1074	.0563	.0282	.0135	.0060	.0025	.0010
	1	.3151	.3874	.3474	.2684	.1877	.1211	.0725	.0403	.0207	.0098
	2	.0746	.1937	.2759	.3020	.2816	.2335	.1757	.1209	.0763	.0439
	3	.0105	.0574	.1298	.2013	.2503	.2668	.2522	.2150	.1665	.1172
	4	.0010	.0112	.0401	.0881	.1460	.2001	.2377	.2508	.2384	.2051
	5	.0001	.0015	.0085	.0264	.0584	.1029	.1536	.2007	.2340	.2461
	6	.0000	.0001	.0012	.0055	.0162	.0368	.0689	.1115	.1596	.2051
	7	.0000	.0000	.0001	.0008	.0031	.0090	.0212	.0425	.0746	.1172
	8	.0000	.0000	.0000	.0001	.0004	.0014	.0043	.0106	.0229	.0439
	9	.0000	.0000	.0000	.0000	.0000	.0001	.0005	.0016	.0042	.0098
	10	.0000	.0000	.0000	.0000	.0000	.0000	.0000	.0001	.0003	.0010
11	0	.5688	.3138	.1673	.0859	.0422	.0198	.0088	.0036	.0014	.0005
	1	.3293	.3835	.3248	.2362	.1549	.0932	.0518	.0266	.0125	.0054
	2	.0867	.2131	.2866	.2953	.2581	.1998	.1395	.0887	.0513	.0269
	3	.0137	.0710	.1517	.2215	.2581	.2568	.2254	.1774	.1259	.0806
	4	.0014	.0158	.0536	.1107	.1721	.2201	.2428	.2365	.2060	.1611
	5	.0001	.0025	.0132	.0388	.0803	.1321	.1830	.2207	.2360	.2256
	6	.0000	.0003	.0023	.0097	.0268	.0566	.0985	.1471	.1931	.2256
	7	.0000	.0000	.0003	.0017	.0064	.0173	.0379	.0701	.1128	.1611
	8	.0000	.0000	.0000	.0002	.0011	.0037	.0102	.0234	.0462	.0806
	9	.0000	.0000	.0000	.0000	.0001	.0005	.0018	.0052	.0126	.0269
	10	.0000	.0000	.0000	.0000	.0000	.0000	.0002	.0007	.0021	.0054
	11	.0000	.0000	.0000	.0000	.0000	.0000	.0000	.0000	.0002	.0005
12	0	.5404	.2824	.1422	.0687	.0317	.0138	.0057	.0022	.0008	.0002
	1	.3413	.3766	.3012	.2062	.1267	.0712	.0368	.0174	.0075	.0029
	2	.0988	.2301	.2924	.2835	.2323	.1678	.1088	.0639	.0339	.0161
	3	.0173	.0852	.1720	.2362	.2581	.2397	.1954	.1419	.0923	.0537
	4	.0021	.0213	.0683	.1329	.1936	.2311	.2367	.2128	.1700	.1208

표 10. (계속)

n	k	.05	.10	.15	.20	.25	P .30	.35	.40	.45	.50
12	5	.0002	.0038	.0193	.0532	.1032	.1585	.2039	.2270	.2225	.1934
	6	.0000	.0005	.0040	.0155	.0401	.0792	.1281	.1766	2124	.2256
	7	.0000	.0000	.0006	.0033	.0115	.0291	.0591	.1009	.1489	.1934
	8	.0000	.0000	.0001	.0005	.0024	.0078	.0199	.0420	.0762	.1208
	9	.0000	.0000	.0000	.0001	.0004	.0015	.0048	.0125	.0277	.0537
	10	.0000	.0000	.0000	.0000	.0000	.0002	.0008	.0025	.0068	.0161
	11	.0000	.0000	.0000	.0000	.0000	.0000	.0001	.0003	.0010	.0029
	12	.0000	.0000	.0000	.0000	.0000	.0000	.0000	.0000	.0001	.0002
13	0	.1533	.2542	.1209	.0550	.0238	.0097	.0037	.0013	.0004	.0001
	1	.3512	.3672	.2774	.1787	.1029	.0540	.0259	.0113	.0045	.0016
	2	.1109	.2448	.2937	.2680	.2059	.1388	.0836	.0453	.0220	.0095
	3	.0214	.0997	.1900	.2457	.2517	.2181	.1651	.1107	.0660	.0349
	4	.0028	.0277	.0838	.1535	.2097	.2337	.2222	.1845	.1350	.0873
	5	.0003	.0055	.0266	.0691	.1258	.1803	.2154	.2214	.1989	.1571
	6	.0000	.0008	.0063	.0230	.0559	.1030	.1546	.1968	.2169	.2095
	7	.0000	.0001	.0011	.0058	.0186	.0442	.0833	.1312	.1775	.2095
	8	.0000	.0000	.0001	.0011	.0047	.0142	.0336	.0656	.1089	.1571
	9	.0000	.0000	.0000	.0001	.0009	.0034	.0101	.0243	.0495	.0873
	10	.0000	.0000	.0000	.0000	.0001	.0006	.0022	.0065	.0162	.0349
	11	.0000	.0000	.0000	.0000	.0000	.0001	.0003	.0012	.0036	.0095
	12	.0000	.0000	.0000	.0000	.0000	.0000	.0000	.0001	.0005	.0016
	13	.0000	.0000	.0000	.0000	.0000	.0000	.0000	0000	.0000	.0001
14	0	.4877	.2288	.1028	.0440	.0178	.0068	.0024	.0008	.0002	.0001
	1	.3593	.3559	.2539	.1539	.0832	.0407	.0181	.0073	.0027	.0009
	2	.1229	.2570	.2912	.2501	.1802	.1134	.0634	.0317	.0141	.0056
	3	.0259	.1142	.2056	.2501	.2402	.1943	.1366	.0845	.0462	.0222
	4	.0037	.0348	.0998	.1720	.2202	.2290	.2022	.1549	.1040	.0611
	5	.0004	.0078	.0352	.0860	.1468	.1963	.2178	.2066	.1701	.1222
	6	.0000	.0013	.0093	.0322	.0734	.1262	.1759	.2066	.2088	.1833
	7	.0000	.0002	.0019	.0092	.0280	.0618	.1082	.1574	.1952	.2095
	8	.0000	.0000	.0003	.0020	.0082	.0232	.0510	.0918	.1398	.1833
	9	.0000	.0000	.0000	.0003	.0018	.0066	.0183	.0408	.0762	.1222
	10	.0000	.0000	.0000	.0000	.0003	.0014	.0049	.0136	.0312	.0611
	11	.0000	.0000	.0000	.0000	.0000	.0002	.0010	.0033	.0093	.0222
	12	.0000	.0000	.0000	.0000	.0000	.0000	.0001	.0005	.0019	.0056
	13	.0000	.0000	.0000	.0000	.0000	.0000	.0000	.0001	.0002	.0009
	14	.0000	.0000	.0000	.0000	.0000	.0000	.0000	.0000	.0000	.0001
15	0	.4633	.2059	.0874	.0352	.0134	.0047	.0016	.0005	.0001	.0000
	1	.3658	.3432	.2312	.1319	.0668	.0305	.0126	.0047	.0016	.0005
	2	.1348	.2669	.2856	.2309	.1559	.0916	.0476	.0219	.0090	.0032
	3	.0307	.1285	.2184	.2501	.2252	.1700	.1110	.0634	.0318	.0139
	4	.0049	.0428	.1156	.1876	.2252	.2186	.1792	.1268	.0780	.0417

표 10. (계속)

n	k	.05	.10	.15	.20	.25	.30	.35	.40	.45	.50
							P				
15	5	.0006	.0105	.0449	.1032	.1651	.2061	.2123	.1859	.1404	.0916
	6	.0000	.0019	.0132	.0430	.0917	.1472	.1906	.2066	.1914	.1527
	7	.0000	.0003	.0030	.0138	.0393	.0811	.1319	.1771	.2013	.1964
	8	.0000	.0000	.0005	.0035	.0131	.0348	.0710	.1181	.1647	.1964
	9	.0000	.0000	.0001	.0007	.0034	.0116	.0298	.0612	.1048	.1527
	10	.0000	.0000	.0000	.0001	.0007	.0030	.0096	.0245	.0515	.0916
	11	.0000	.0000	.0000	.0000	.0001	.0006	.0024	.0074	.0191	.0417
	12	.0000	.0000	.0000	.0000	.0000	.0001	.0004	.0016	.0052	.0139
	13	.0000	.0000	.0000	.0000	.0000	.0000	.0001	.0003	.0010	.0032
	14	.0000	.0000	.0000	.0000	.0000	.0000	.0000	.0000	.0001	.0005
	15	.0000	.0000	.0000	.0000	.0000	.0000	.0000	.0000	.0000	.0000
16	0	.4401	.1853	.0743	.0281	.0100	.0033	.0010	.0003	.0001	.0000
	1	.3706	.3294	.2097	.1126	.0535	.0228	.0087	.0030	.0009	.0002
	2	.1463	.2745	.2775	.2111	.1336	.0732	.0353	.0150	.0056	.0018
	3	.0359	.1423	.2285	.2463	.2079	.1465	.0888	.0468	.0215	.0085
	4	.0061	.0514	.1311	.2001	.2252	.2040	.1553	.1014	.0572	.0278
	5	.0008	.0137	.0555	.1201	.1802	.2099	.2008	.1623	.1123	.0667
	6	.0001	.0028	.0180	.0550	.1101	.1649	.1982	.1983	.1684	.1222
	7	.0000	.0004	.0045	.0197	.0524	.1010	.1524	.1889	.1969	.1746
	8	.0000	.0001	.0009	.0055	.0197	.0487	.0923	.1417	.1812	.1964
	9	.0000	.0000	.0001	.0012	.0058	.0185	.0442	.0840	.1318	.1746
	10	.0000	.0000	.0000	.0002	.0014	.0056	.0167	.0392	.0755	.1222
	11	.0000	.0000	.0000	.0000	.0002	.0013	.0049	.0142	.0337	.0667
	12	.0000	.0000	.0000	.0000	.0000	.0002	.0011	.0040	.0115	.0278
	13	.0000	.0000	.0000	.0000	.0000	.0000	.0002	.0008	.0029	.0085
	14	.0000	.0000	.0000	.0000	.0000	.0000	.0000	.0001	.0005	.0018
	15	.0000	.0000	.0000	.0000	.0000	.0000	.0000	.0000	.0001	.0002
	16	.0000	.0000	.0000	.0000	.0000	.0000	.0000	.0000	.0000	.0000
17	0	.4181	.1668	.0631	.0225	.0075	.0023	.0007	.0002	.0000	.0000
	1	.3741	.3150	.1893	.0957	.0426	.0169	.0060	.0019	.0005	.0001
	2	.1575	.2800	.2673	.1914	.1136	.0581	.0260	.0102	.0035	.0010
	3	.0415	.1556	.2359	.2393	.1893	.1245	.0701	.0341	.0144	.0052
	4	.0076	.0605	.1457	.2093	.2209	.1868	.1320	.0796	.0411	.0182
	5	.0010	.0175	.0668	.1361	.1914	.2081	.1849	.1379	.0875	.0472
	6	.0001	.0039	.0236	.0680	.1276	.1784	.1991	.1839	.1432	.0944
	7	.0000	.0007	.0065	.0267	.0668	.1201	.1685	.1927	.1841	.1484
	8	.0000	.0001	.0014	.0084	.0279	.0644	.1134	.1606	.1883	.1855
	9	.0000	.0000	.0003	.0021	.0093	.0276	.0611	.1070	.1540	.1855
	10	.0000	.0000	.0000	.0004	.0025	.0095	.0263	.0571	.1008	.1484
	11	.0000	.0000	.0000	.0001	.0005	.0026	.0090	.0242	.0525	.0944
	12	.0000	.0000	.0000	.0000	.0001	.0006	.0024	.0021	.0215	.0472
	13	.0000	.0000	.0000	.0000	.0000	.0001	.0005	.0021	.0068	.0182
	14	.0000	.0000	.0000	.0000	.0000	.0000	.0001	.0004	.0016	.0052

표 10. (계속)

n	k	.05	.10	.15	.20	.25	.30	.35	.40	.45	.50
17	15	.0000	.0000	.0000	.0000	.0000	.0000	.0000	.0001	.0003	.0010
	16	.0000	.0000	.0000	.0000	.0000	.0000	.0000	.0000	.0000	.0001
	17	.0000	.0000	.0000	.0000	.0000	.0000	.0000	.0000	.0000	.0000
18	0	.3972	.1501	.0536	.0180	.0056	.0016	.0004	.0001	.0000	.0000
	1	.3763	.3002	.1704	.0811	.0338	.0126	.0042	.0012	.0003	.0001
	2	.1683	.2835	.2556	.1723	.0958	.0458	.0190	.0069	.0022	.0006
	3	.0473	.1680	.2406	.2297	.1704	.1046	.0547	.0246	.0095	.0031
	4	.0093	.0700	.1592	.2153	.2130	.1681	.1104	.0614	.0291	.0117
	5	.0014	.0218	.0787	.1507	.1988	.2017	.1664	.1146	.0666	.0327
	6	.0002	.0052	.0301	.0816	.1436	.1873	.1941	.1655	.1181	.0708
	7	.0000	.0010	.0091	.0350	.0820	.1376	.1792	.1892	.1657	.1214
	8	.0000	.0002	.0022	.0120	.0376	.0811	.1327	.1734	.1864	.1669
	9	.0000	.0000	.0004	.0033	.0139	.0386	.0794	.1284	.1694	.1855
	10	.0000	.0000	.0001	.0008	.0042	.0149	.0385	.0771	.1248	.1669
	11	.0000	.0000	.0000	.0001	.0010	.0046	.0151	.0374	.0742	.1214
	12	.0000	.0000	.0000	.0000	.0002	.0012	.0047	.0145	.0354	.0708
	13	.0000	.0000	.0000	.0000	.0000	.0002	.0012	.0044	.0134	.0327
	14	.0000	.0000	.0000	.0000	.0000	.0000	.0002	.0011	.0039	.0117
	15	.0000	.0000	.0000	.0000	.0000	.0000	.0000	.0002	.0009	.0031
	16	.0000	.0000	.0000	.0000	.0000	.0000	.0000	.0000	.0001	.0006
	17	.0000	.0000	.0000	.0000	.0000	.0000	.0000	.0000	.0000	.0001
	18	.0000	.0000	.0000	.0000	.0000	.0000	.0000	.0000	.0000	.0000
19	0	.3774	.1351	.0456	.0144	.0042	.0011	.0003	.0001	.0000	.0000
	1	.3774	.2852	.1529	.0685	.0268	.0093	.0029	.0008	.0002	.0000
	2	.1787	.2852	.2428	.1540	.0803	.0358	.0138	.0046	.0013	.0003
	3	.0533	.1796	.2428	.2182	.1517	.0869	.0422	.0175	.0062	.0018
	4	.0112	.0798	.1714	.2182	.2023	.1491	.0909	.0467	.0203	.0074
	5	.0018	.0266	.0907	.1636	.2023	.1916	.1468	.0933	.0497	.0222
	6	.0002	.0069	.0374	.0955	.1574	.1916	.1844	.1451	.0949	.0518
	7	.0000	.0014	.0122	.0443	.0974	.1525	.1844	.1797	.1443	.1961
	8	.0000	.0002	.0032	.0166	.0487	.0981	.1489	.1797	.1771	.1442
	9	.0000	.0000	.0007	.0051	.0198	.0514	.0980	.1464	.1771	.1762
	10	.0000	.0000	.0001	.0013	.0066	.0220	.0528	.0976	.1449	.1762
	11	.0000	.0000	.0000	.0003	.0018	.0077	.0233	.0532	.0970	.1442
	12	.0000	.0000	.0000	.0000	.0004	.0022	.0083	.0237	.0529	.0961
	13	.0000	.0000	.0000	.0000	.0001	.0005	.0024	.0085	.0233	.0518
	14	.0000	.0000	.0000	.0000	.0000	.0001	.0006	.0024	.0082	.0222
	15	.0000	.0000	.0000	.0000	.0000	.0000	.0001	.0005	.0022	.0074
	16	.0000	.0000	.0000	.0000	.0000	.0000	.0000	.0001	.0005	.0018
	17	.0000	.0000	.0000	.0000	.0000	.0000	.0000	.0000	.0001	.0003
	18	.0000	.0000	.0000	.0000	.0000	.0000	.0000	.0000	.0000	.0000
	19	.0000	.0000	.0000	.0000	.0000	.0000	.0000	.0000	.0000	.0000

표 10. (계속)

n	k	.05	.10	.15	.20	.25	.30	.35	.40	.45	.50
20	0	.3585	.1216	.0388	.0115	.0032	.0008	.0002	.0000	.0000	.0000
	1	.3774	.2702	.1368	.0576	.0211	.0068	.0020	.0005	.0001	.0000
	2	.1887	.2852	.2293	.1369	.0669	.0278	.0100	.0031	.0008	.0002
	3	.0596	.1901	.2428	.2054	.1339	.0716	.0323	.0123	.0040	.0011
	4	.0133	.0898	.1821	.2182	.1897	.1304	.0738	.0350	.0139	.0046
	5	.0022	.0319	.1028	.1746	.2023	.1789	.1272	.0746	.0365	.0148
	6	.0003	.0089	.0454	.1091	.1686	.1916	.1712	.1244	.0746	.0370
	7	.0000	.0020	.0160	.0545	.1124	.1643	.1844	.1659	.1221	.0739
	8	.0000	.0004	.0046	.0222	.0609	.1144	.1614	.1797	.1623	.1201
	9	.0000	.0001	.0011	.0074	.0271	.0654	.1158	.1597	.1771	.1602
	10	.0000	.0000	.0002	.0020	.0099	.0308	.0686	.1171	.1593	.1762
	11	.0000	.0000	.0000	.0005	.0030	.0120	.0336	.0710	.1185	.1602
	12	.0000	.0000	.0000	.0001	.0008	.0039	.0136	.0355	.0727	.1201
	13	.0000	.0000	.0000	.0000	.0002	.0010	.0045	.0146	.0366	.0739
	14	.0000	.0000	.0000	.0000	.0000	.0002	.0012	.0049	.0150	.0370
	15	.0000	.0000	.0000	.0000	.0000	.0000	.0003	.0013	.0049	.0148
	16	.0000	.0000	.0000	.0000	.0000	.0000	.0000	.0003	.0013	.0046
	17	.0000	.0000	.0000	.0000	.0000	.0000	.0000	.0000	.0002	.0011
	18	.0000	.0000	.0000	.0000	.0000	.0000	.0000	.0000	.0000	.0002
	19	.0000	.0000	.0000	.0000	.0000	.0000	.0000	.0000	.0000	.0000
	20	.0000	.0000	.0000	.0000	.0000	.0000	.0000	.0000	.0000	.0000

표 11. poisson 분포표

k \ λ	.005	.01	.02	.03	.04	.05	.06	.07	.08	.09
0	.9950	.9900	.9802	.9704	.9608	.9512	.9418	.9324	.9231	.9139
1	.0050	.0099	.0192	.0291	.0384	.0476	.0565	.0653	.0738	.0823
2	.0000	.0000	.0002	.0004	.0008	.0012	.0017	.0023	.0030	.0037
3	.0000	.0000	.0000	.0000	.0000	.0000	.0000	.0001	.0001	.0001

k \ λ	0.1	0.2	0.3	0.4	0.5	0.6	0.7	0.8	0.9	1.0
0	.9048	.8187	.7408	.6703	.6065	.5488	.4966	.4493	.4066	.3679
1	.0905	.1637	.2222	.2681	.3033	.3293	.3476	.3595	.3659	.3679
2	.0045	.0164	.0333	.0536	.0758	.0988	.1217	.1438	.1647	.1839
3	.0002	.0011	.0033	.0072	.0126	.0198	.0284	.0383	.0494	.0613
4	.0000	.0001	.0002	.0007	.0016	.0030	.0050	.0077	.0111	.0153
5	.0000	.0000	.0000	.0001	.0002	.0004	.0007	.0012	.0020	.0031
6	.0000	.0000	.0000	.0000	.0000	.0000	.0001	.0002	.0003	.0005
7	.0000	.0000	.0000	.0000	.0000	.0000	.0000	.0000	.0000	.0001

k \ λ	1.1	1.2	1.3	1.4	1.5	1.6	1.7	1.8	1.9	2.0
0	.3329	.3012	.2725	.2466	.2231	.2019	.1827	.1653	.1496	.1353
1	.3662	.3614	.3543	.3452	.3347	.3230	.3106	.2975	.2842	.2707
2	.2014	.2169	.2303	.2417	.2510	.2584	.2640	.2678	.2700	.2707
3	.0738	.0867	.0998	.1128	.1255	.1378	.1496	.1607	.1710	.1804
4	.0203	.0260	.0324	.0395	.0471	.0551	.0636	.0723	.0812	.0902
5	.0045	.0062	.0084	.0111	.0141	.0176	.0216	.0260	.0309	.0361
6	.0008	.0012	.0018	.0026	.0035	.0047	.0061	.0078	.0098	.0120
7	.0001	.0002	.0003	.0005	.0008	.0011	.0015	.0020	.0027	.0034
8	.0000	.0000	.0001	.0001	.0001	.0002	.0003	.0005	.0006	.0009
9	.0000	.0000	.0000	.0000	.0000	.0000	.0001	.0001	.0001	.0002

k \ λ	2.1	2.2	2.3	2.4	2.5	2.6	2.7	2.8	2.9	3.0
0	.1225	.1108	.1003	.0907	.0821	.0743	.0672	.0608	.0550	.0498
1	.2572	.2438	.2306	.2177	.2052	.1931	.1815	.1703	.1596	.1494
2	.2700	.2681	.2652	.2613	.2565	.2510	.2450	.2384	.2314	.2240
3	.1890	.1966	.2033	.2090	.2138	.2176	.2205	.2225	.2237	.2240
4	.0992	.1082	.1169	.1254	.1336	.1414	.1488	.1557	.1622	.1680
5	.0417	.0476	.0538	.0602	.0668	.0735	.0804	.0872	.0940	.1008
6	.0146	.0174	.0206	.0241	.0278	.0319	.0362	.0407	.0455	.0504
7	.0044	.0055	.0068	.0083	.0099	.0118	.0139	.0163	.0188	.0216
8	.0011	.0015	.0019	.0025	.0031	.0038	.0047	.0057	.0068	.0081
9	.0003	.0004	.0005	.0007	.0009	.0011	.0014	.0018	.0022	.0027
10	.0001	.0001	.0001	.0002	.0002	.0003	.0004	.0005	.0006	.0008
11	.0000	.0000	.0000	.0000	.0000	.0001	.0001	.0001	.0002	.0002
12	.0000	.0000	.0000	.0000	.0000	.0000	.0000	.0000	.0000	.0001

표 11. (계속)

	λ									
k	3.1	3.2	3.3	3.4	3.5	3.6	3.7	3.8	3.9	4.0
0	.0450	.0408	.0369	.0334	.0302	.0273	.0247	.0224	.0202	.0183
1	.1397	.1304	.1217	.1135	.1057	.0984	.0915	.0850	.0789	.0733
2	.2165	.2087	.2008	.1929	.1850	.1771	.1692	.1615	.1539	.1465
3	.2237	.2226	.2209	.2186	.2158	.2125	.2087	.2046	.2001	1954
4	.1734	.1781	.1823	.1858	.1888	.1912	.1931	.1944	.1951	.1954
5	.1075	.1140	.1203	.1264	.1322	.1377	.1429	.1477	.1522	.1563
6	.0555	.0608	.0662	.0716	.0771	.0826	.0881	.0936	.0989	.1042
7	.0246	.0278	.0312	.0348	.0385	.0425	.0466	.0508	.0551	.0595
8	.0095	.0111	.0129	.0148	.0169	.0191	.0215	.0241	.0269	.0298
9	.0033	.0040	.0047	.0056	.0066	.0076	.0089	.0102	.0116	.0132
10	.0010	.0013	.0016	.0019	.0023	.0028	.0033	.0039	.0045	.0053
11	.0003	.0004	.0005	.0006	.0007	.0009	.0011	.0013	.0016	.0019
12	.0001	.0001	.0001	.0002	.0002	.0003	.0003	.0004	.0005	.0006
13	.0000	.0000	.0000	.0000	.0001	.0001	.0001	.0001	.0002	.0002
14	.0000	.0000	.0000	.0000	.0000	.0000	.0000	.0000	.0000	.0001

	λ									
k	4.1	4.2	4.3	4.4	4.5	4.6	4.7	4.8	4.9	5.0
0	.0166	.0150	.0136	.0123	.0111	.0101	.0091	.0082	.0074	.0067
1	.0679	.0630	.0583	.0540	.0500	.0462	.0427	.0395	.0365	.0337
2	.1393	.1323	1254	.1188	.1125	.1063	.1005	.0948	.0894	.0842
3	.1904	.1852	.1798	.1743	.1687	.1631	.1574	.1517	.1460	.1404
4	.1951	.1944	.1933	.1917	.1898	.1875	.1849	.1820	.1789	.1755
5	.1600	.1633	.1662	.1687	.1708	.1725	.1738	.1747	.1753	.1755
6	.1093	.1143	.1191	.1237	.1281	.1323	.1362	.1398	.1432	.1462
7	.0640	.0686	.0732	.0778	.0824	.0869	.0914	.0959	.1002	.1044
8	.0328	.0360	.0393	.0428	.0463	.0500	.0537	.0575	.0614	.0653
9	.0150	.0168	.0188	.0209	.0232	.0255	.0280	.0307	.0334	.0363
10	.0061	.0071	.0081	.0092	.0104	.0118	.0132	.0147	.0164	.0181
11	.0023	.0027	.0032	.0037	.0043	.0049	.0056	.0064	.0073	.0082
12	.0008	.0009	.0011	.0014	.0016	.0019	.0022	.0026	.0030	.0034
13	.0002	.0003	.0003	.0005	.0006	.0007	.0008	.0009	.0011	.0013
14	.0001	.0001	.0001	.0001	.0002	.0002	.0003	.0003	.0004	.0005
15	.0000	.0000	.0000	.0000	.0001	.0001	.0001	.0001	.0001	.0002

표 11. (계속)

k	λ 5.1	5.2	5.3	5.4	5.5	5.6	5.7	5.8	5.9	6.0
0	.0061	.0055	.0050	.0045	.0041	.0037	.0033	.0030	.0027	.0025
1	.0311	.0287	.0265	.0244	.0225	.0207	.0191	.0176	.0162	.0149
2	.0793	.0746	.0701	.0659	.0618	.0580	.0544	.0509	.0477	.0446
3	.1348	.1293	.1239	.1185	.1133	.1082	.1033	.0985	.0938	.0892
4	.1719	.1681	.1641	.1600	.1558	.1515	.1472	.1428	.1383	.1339
5	.1753	.1748	.1740	.1728	.1714	.1697	.1678	.1656	.1632	.1606
6	.1490	.1515	.1537	.1555	.1571	.1584	.1594	.1601	.1605	.1606
7	.1086	.1125	.1163	.1200	.1234	.1267	.1298	.1326	.1353	.1377
8	.0692	.0731	.0771	.0810	.0849	.0887	.0925	.0962	.0998	.1033
9	.0392	.0423	.0454	.0486	.0519	.0552	.0586	.0620	.0654	.0688
10	.0200	.0220	.0241	.0262	.0285	.0309	.0334	.0359	.0386	.0413
11	.0093	.0104	.0116	.0129	.0143	.0157	.0173	.0190	.0207	.0225
12	.0039	.0045	.0051	.0058	.0065	.0073	.0082	.0092	.0102	.0113
13	.0015	.0018	.0021	.0024	.0028	.0032	.0036	.0041	.0046	.0052
14	.0006	.0007	.0008	.0009	.0011	.0013	.0015	.0017	.0019	.0022
15	.0002	.0002	.0003	.0003	.0004	.0005	.0006	.0007	.0008	.0009
16	.0001	.0001	.0001	.0001	.0001	.0002	.0002	.0002	.0003	.0003
17	.0000	.0000	.0000	.0000	.0000	.0001	.0001	.0001	.0001	.0001

k	λ 6.1	6.2	6.3	6.4	6.5	6.6	6.7	6.8	6.9	7.0
0	.0022	.0020	.0018	.0017	.0015	.0014	.0012	.0011	.0010	.0009
1	.0137	.0126	.0116	.0106	.0098	.0090	.0082	.0076	.0070	.0064
2	.0417	.0390	.0364	.0340	.0318	.0296	.0276	.0258	.0240	.0223
3	.0848	.0806	.0765	.0726	.0688	.0652	.0617	.0584	.0552	.0521
4	.1294	.1249	.1205	.1162	.1118	.1076	.1034	.0992	.0952	.0912
5	.1579	.1549	.1519	.1487	.1454	.1420	.1385	.1349	.1314	.1277
6	.1605	.1601	.1595	.1586	.1575	.1562	.1546	.1529	.1511	.1490
7	.1399	.1418	.1435	.1450	.1462	.1472	.1480	.1486	.1489	.1490
8	.1066	.1099	.1130	.1160	.1188	.1215	.1240	.1263	.1284	.1304
9	.0723	.0757	.0791	.0825	.0858	.0891	.0923	.0954	.0985	.1014
10	.0441	.0469	.0498	.0528	.0558	.0588	.0618	.0649	.0679	.0710
11	.0245	.0265	.0285	.0307	.0330	.0353	.0377	.0401	.0426	.0452
12	.0124	.0137	.0150	.0164	.0179	.0194	.0210	.0227	.0245	.0264
13	.0058	.0065	.0073	.0081	.0089	.0098	.0108	.0119	.0130	.0142
14	.0025	.0029	.0033	.0037	.0041	.0046	.0052	.0058	.0064	.0071
15	.0010	.0012	.0014	.0016	.0018	.0020	.0023	.0026	.0029	.0033
16	.0004	.0005	.0005	.0006	.0007	.0008	.0010	.0011	.0013	.0014
17	.0001	.0002	.0002	.0002	.0003	.0003	.0004	.0004	.0005	.0006
18	.0000	.0001	.0001	.0001	.0001	.0001	.0001	.0002	.0002	.0002
19	.0000	.0000	.0000	.0000	.0000	.0000	.0000	.0001	.0001	.0001

표 11. (계속)

k	λ 7.1	7.2	7.3	7.4	7.5	7.6	7.7	7.8	7.9	8.0
0	.0008	.0007	.0007	.0006	.0006	.0005	.0005	.0004	.0004	.0003
1	.0059	.0054	.0049	.0045	.0041	.0038	.0035	.0032	.0029	.0027
2	.0208	.0194	.0180	.0167	.0156	.0145	.0134	.0125	.0116	.0107
3	.0492	.0464	.0438	.0413	.0389	.0366	.0345	.0324	.0305	.0286
4	.0874	.0836	.0799	.0764	.0729	.0696	.0663	.0632	.0602	.0573
5	.1241	.1204	.1167	.1130	.1094	.1057	.1021	.0986	.0951	.0916
6	.1468	.1445	.1420	.1394	.1367	.1339	.1311	.1282	.1252	.1221
7	.1489	.1486	.1481	.1474	.1465	.1454	.1442	.1428	.1413	.1396
8	.1321	.1337	.1351	.1363	.1373	.1382	.1388	.1392	.1395	.1396
9	.1042	.1070	.1096	.1121	.1144	.1167	.1187	.1207	.1224	.1241
10	.0740	.0770	.0800	.0829	.0858	.0887	.0914	.0941	.0967	.0993
11	.0478	.0504	.0531	.0558	.0585	.0613	.0640	.0667	.0695	.0722
12	.0283	.0303	.0323	.0344	.0366	.0388	.0411	.0434	.0457	.0481
13	.0154	.0168	.0181	.0196	.0211	.0227	.0243	.0260	.0278	.0296
14	.0078	.0086	.0095	.0104	.0113	.0123	.0134	.0145	.0157	.0169
15	.0037	.0041	.0046	.0051	.0057	.0062	.0069	.0075	.0083	.0090
16	.0016	.0019	.0021	.0024	.0026	.0030	.0033	.0037	.0041	.0045
17	.0007	.0008	.0009	.0010	.0012	.0013	.0015	.0017	.0019	.0021
18	.0003	.0003	.0004	.0004	.0005	.0006	.0006	.0007	.0008	.0009
19	.0001	.0001	.0001	.0002	.0002	.0002	.0003	.0003	.0003	.0004
20	.0000	.0000	.0001	.0001	.0001	.0001	.0001	.0001	.0001	.0002
21	.0000	.0000	.0000	.0000	.0000	.0000	.0000	.0000	.0001	.0001

표 12. 난 수 표

First Thousand

	1-4	5-8	9-12	13-16	17-20	21-24	25-28	29-32	33-36	37-40
1	23 15	75 48	59 01	83 72	59 93	76 24	97 08	86 95	23 03	67 44
2	05 54	55 50	43 10	53 74	35 08	90 61	18 37	44 10	96 22	13 43
3	14 87	16 03	50 32	40 43	62 23	50 05	10 03	22 11	54 38	08 34
4	38 97	67 49	51 94	05 17	58 53	78 80	59 01	94 32	42 87	16 95
5	97 31	26 17	18 99	75 53	08 70	94 25	12 58	41 54	88 21	05 13
6	11 74	26 93	81 44	33 93	08 72	32 79	73 31	18 22	64 70	68 50
7	43 36	12 88	59 11	01 64	56 23	93 00	90 04	99 43	64 07	40 36
8	93 80	62 04	78 38	26 80	44 91	55 75	11 89	32 58	47 55	25 71
9	49 54	01 31	81 08	42 98	41 87	69 53	82 96	61 77	73 80	95 27
10	36 76	87 26	33 37	94 82	15 69	41 95	96 86	70 45	27 48	38 80
11	07 09	25 23	92 24	62 71	26 07	06 55	84 53	44 67	33 84	53 20
12	43 31	00 01	81 44	86 38	03 07	52 55	51 61	48 89	74 29	46 47
13	61 57	00 63	60 06	17 36	37 75	63 14	89 51	23 35	01 74	69 93
14	31 35	28 37	99 10	77 91	89 41	31 57	97 64	48 62	58 48	69 19
15	57 04	88 65	26 27	79 59	36 82	90 52	95 65	46 35	06 53	22 54
16	09 24	34 42	00 68	72 10	71 37	30 72	97 57	56 09	29 82	76 50
17	97 95	53 50	18 40	89 48	83 29	52 23	08 25	21 22	53 26	15 87
18	93 73	25 95	70 43	78 19	88 85	56 67	16 68	26 95	99 64	45 69
19	72 62	11 12	25 00	92 26	82 64	35 66	65 94	34 71	68 75	18 67
20	61 02	07 44	18 45	37 12	07 94	95 91	73 78	66 99	53 61	93 78
21	97 83	98 54	74 33	05 59	17 18	45 47	35 41	44 22	03 42	30 00
22	89 16	09 71	92 22	23 29	06 37	35 05	54 54	89 88	43 81	63 61
23	25 96	68 82	20 62	87 17	92 65	02 82	35 28	62 84	91 95	48 83
24	81 44	33 17	19 05	04 95	48 06	74 69	00 75	67 65	01 71	65 45
25	11 32	25 49	31 42	36 23	43 86	08 62	49 76	67 42	24 52	32 45

Second Thousand

	1-4	5-8	9-12	13-16	17-20	21-24	25-28	29-32	33-36	37-40
1	64 75	58 38	85 84	12 22	59 20	17 69	61 56	55 95	04 59	59 47
2	10 30	25 22	89 77	43 63	44 30	38 11	24 90	67 07	34 82	33 28
3	71 01	79 84	95 51	30 85	03 74	66 59	10 28	87 53	76 56	91 49
4	60 01	25 56	05 88	41 03	48 79	79 65	59 01	69 78	80 00	36 66
5	37 33	09 46	56 49	16 14	28 02	48 27	45 47	55 44	55 36	50 90
6	47 86	98 70	01 31	59 11	22 73	60 62	61 28	22 34	69 16	12 12
7	38 04	04 27	37 64	16 78	95 78	39 32	34 93	24 88	43 43	87 06
8	73 50	83 09	08 83	05 48	00 78	36 66	93 02	95 56	46 04	53 36
9	32 62	34 64	74 84	06 10	43 24	20 62	83 73	19 32	35 64	39 69
10	97 59	19 95	49 36	63 03	51 06	62 06	99 29	75 95	32 05	77 34
11	74 01	23 19	55 59	79 09	69 82	66 22	42 40	15 96	74 90	75 89
12	56 75	42 64	57 13	35 10	50 14	90 96	63 36	74 69	09 63	34 88
13	49 80	04 99	08 54	83 12	19 98	08 52	82 63	72 92	92 36	50 26
14	43 58	48 96	47 24	87 85	66 70	00 22	15 01	93 99	59 16	23 77
15	16 65	37 96	64 60	32 57	13 01	35 74	28 36	36 73	05 88	72 29
16	48 50	26 90	55 65	32 25	87 48	31 44	68 02	37 31	25 29	63 67
17	96 76	55 46	92 36	31 68	62 30	48 29	63 83	52 23	81 66	40 94
18	38 92	36 15	50 80	35 78	17 84	23 44	41 24	63 33	99 22	81 28
19	77 95	88 16	94 25	22 50	55 87	51 07	30 10	70 60	21 86	19 61
20	17 92	82 80	65 25	58 60	87 71	02 64	18 50	64 65	79 64	81 70
21	94 03	68 59	78 02	31 80	44 99	41 05	41 05	31 87	43 12	15 96
22	47 46	06 04	79 56	23 04	84 17	14 37	28 51	67 27	55 80	03 68
23	47 85	65 60	88 51	99 28	24 39	40 64	41 71	70 13	46 31	82 88
24	57 61	63 46	53 92	29 86	20 18	10 37	57 65	15 62	98 69	07 56
25	08 30	09 27	04 66	75 26	66 10	57 18	87 91	07 54	22 22	20 13

표 12. (계속)

THIRD AND FOURTH THOUSANDS

Third Thousand

	1-4	5-8	9-12	13-16	17-20	21-24	25-28	29-32	33-36	37-40
1	89 22	10 23	62 65	78 77	47 33	51 27	23 02	13 92	44 13	96 51
2	04 00	59 96	18 63	91 82	90 32	94 01	24 23	63 01	26 11	06 50
3	98 54	63 80	66 50	85 67	50 45	40 64	52 28	41 53	25 44	41 25
4	41 71	98 44	01 59	22 60	13 14	54 58	14 03	98 49	98 86	55 79
5	28 73	37 24	89 00	78 52	58 43	24 61	34 97	97 85	56 78	44 71
6	65 21	38 39	27 77	76 20	30 86	80 74	22 43	95 68	47 68	37 92
7	65 55	31 26	78 90	90 69	04 66	43 67	02 62	17 69	90 03	12 05
8	05 66	86 90	80 73	02 98	57 46	58 33	27 82	31 45	98 69	29 98
9	39 30	29 97	18 49	75 77	95 19	27 38	77 63	73 47	26 29	16 12
10	64 59	23 22	54 45	87 92	94 31	38 32	00 59	81 18	06 78	71 37
11	07 51	34 87	92 47	31 48	36 60	68 90	70 53	36 82	57 99	15 82
12	86 59	36 85	01 56	63 89	98 00	82 83	93 51	48 56	54 10	72 32
13	83 73	52 25	99 97	97 78	12 48	36 83	89 95	60 32	41 06	76 14
14	08 59	52 18	26 54	65 50	82 04	87 99	01 70	33 56	25 80	53 84
15	41 27	32 71	49 44	29 36	94 58	16 82	86 39	62 15	86 43	54 31
16	00 47	37 59	08 56	23 81	22 42	72 63	17 63	14 47	25 20	63 47
17	86 13	15 37	89 81	38 30	78 68	89 13	29 61	82 07	00 98	64 32
18	33 84	97 83	59 04	40 20	35 86	03 17	68 86	63 08	01 82	25 46
19	61 87	04 16	57 07	46 80	86 12	98 08	39 73	49 20	77 54	50 91
20	43 89	86 59	23 25	07 88	61 29	78 49	19 76	53 91	50 08	07 86
21	29 93	93 91	23 04	54 84	59 85	60 95	20 66	41 28	72 64	64 73
22	38 50	58 55	55 14	38 85	50 77	18 65	79 48	87 67	83 17	08 19
23	31 82	43 84	31 67	12 52	55 11	72 04	41 15	62 53	27 98	22 68
24	91 43	00 37	67 13	56 11	55 97	06 75	09 25	52 02	39 13	87 53
25	38 63	56 89	76 25	49 89	75 26	96 45	80 38	05 04	11 66	35 14

Fourth Thousand

	1-4	5-8	9-12	13-16	17-20	21-24	25-28	29-32	33-36	37-40
1	02 49	05 41	22 27	94 43	93 64	04 23	07 20	74 11	67 95	40 82
2	11 96	73 64	69 60	62 78	37 01	09 25	33 02	08 01	38 53	74 82
3	48 25	68 34	65 49	69 92	40 79	05 40	33 51	54 39	61 30	31 36
4	27 24	67 30	80 21	48 12	35 36	04 88	18 99	77 49	48 49	30 71
5	32 53	27 72	65 72	43 07	07 22	86 52	91 84	57 92	65 71	00 11
6	66 75	79 89	55 92	37 59	34 31	43 20	45 58	25 45	44 36	92 65
7	11 26	63 45	45 76	50 59	77 46	34 66	82 69	99 26	74 29	75 16
8	17 87	23 91	42 45	56 18	01 46	93 13	74 89	24 64	25 75	92 84
9	62 56	13 03	65 03	40 81	47 54	51 79	80 81	33 61	01 09	77 30
10	62 79	63 07	79 35	49 77	05 01	30 10	50 81	33 00	99 79	19 70
11	75 51	02 17	71 04	33 93	36 60	42 75	76 22	23 87	56 54	84 68
12	87 43	90 16	91 63	51 72	65 90	44 43	70 72	17 98	70 63	90 32
13	97 74	20 26	21 10	74 87	88 03	38 33	76 52	26 92	14 95	90 51
14	98 81	10 60	01 21	57 10	28 75	21 82	88 39	12 85	18 86	16 24
15	51 26	40 18	52 64	60 79	25 53	29 00	42 66	95 78	58 36	29 98
16	40 23	99 33	76 10	41 96	86 10	49 12	00 29	41 80	03 59	93 17
17	26 93	65 91	86 51	66 72	76 45	46 32	94 46	81 94	19 06	66 47
18	88 50	21 17	16 98	29 94	09 74	42 39	46 22	00 69	09 48	16 46
19	63 49	93 80	93 25	59 36	19 95	79 86	78 05	69 01	02 33	83 74
20	36 37	98 12	06 03	31 77	87 10	73 82	83 10	83 60	50 94	40 91
21	93 80	12 23	22 47	47 95	70 17	59 33	43 06	47 43	06 12	66 60
22	29 85	68 71	20 56	31 15	00 53	25 36	58 12	65 22	41 40	24 31
23	97 72	08 79	31 88	26 51	30 50	71 01	71 51	77 06	95 79	29 19
24	85 23	70 91	05 74	60 14	63 77	59 93	81 56	47 34	17 79	27 53
25	75 74	67 52	68 31	72 79	57 73	72 36	48 73	24 36	87 90	68 02

SOURCE: This table is reproduced from M. G. Kendall and B. Babington Smith, Tracts for computers, No. XXIV, Tables of Random Sampling Numbers, Cambridge University Press, 1954.

표 13. 대 수 표

n	n^2	$\sqrt{n}$	$\sqrt{10n}$	$1/n$	n	n^2	$\sqrt{n}$	$\sqrt{10n}$	$1/n$
1	1	1.000	3.162	1.00000	51	2601	7.141	22.583	.01961
2	4	1.414	4.472	.50000	52	2704	7.211	22.804	.01923
3	9	1.732	5.477	.33333	53	2809	7.280	23.022	.01887
4	16	2.000	6.325	.25000	54	2916	7.348	23.238	.01852
5	25	2.236	7.071	.20000	55	3025	7.416	23.452	.01818
6	36	2.449	7.746	.16667	56	3136	7.483	23.664	.01786
7	49	2.646	8.367	.14286	57	3249	7.550	23.875	.01754
8	64	2.828	8.944	.12500	58	3364	7.616	24.083	.01724
9	81	3.000	9.487	.11111	59	3481	7.631	24.290	.01695
10	100	3.162	10.000	.10000	60	3600	7.746	24.495	.01667
11	121	3.317	10.488	.09091	61	3721	7.810	24.698	.01639
12	144	3.464	10.954	.08333	62	3844	7.874	24.900	.01613
13	169	3.606	11.402	.07692	63	3969	7.937	25.100	.01587
14	196	3.742	11.832	.07143	64	4096	8.000	25.298	.01562
15	225	3.873	12.247	.06667	65	4225	8.062	25.495	.01538
16	256	4.000	12.649	.06250	66	4356	8.124	25.690	.01515
17	289	4.123	13.038	.05882	67	4489	8.185	25.884	.01493
18	324	4.243	13.416	.05556	68	4624	8.246	26.077	.01471
19	361	4.359	13.784	.05263	69	4761	8.307	26.268	.01449
20	400	4.472	14.142	.05000	70	4900	8.367	26.458	.01429
21	441	4.583	14.491	.04762	71	5041	8.426	26.646	.01408
22	484	4.690	14.832	.04545	72	5184	8.485	26.833	.01389
23	529	4.796	15.166	.04348	73	5329	8.544	27.019	.01370
24	576	4.899	15.492	.04167	74	5476	8.602	27.203	.01351
25	625	5.000	15.811	.04000	75	5625	8.660	27.386	.01333
26	676	5.099	16.125	.03846	76	5776	8.718	27.568	.01316
27	729	5.196	16.432	.03704	77	5929	8.775	27.749	.01299
28	784	5.292	16.733	.03571	78	6084	8.832	27.928	.01282
29	841	5.385	17.029	.03448	79	6241	8.888	28.107	.01266
30	900	5.477	17.321	.03333	80	6400	8.944	28.284	.01250
31	961	5.568	17.607	.03226	81	6561	9.000	28.460	.01235
32	1024	5.657	17.889	.03125	82	6724	9.055	28.636	.01220
33	1089	5.745	18.166	.03030	83	6889	9.110	28.810	.01205
34	1156	5.831	18.439	.02941	84	7056	9.165	28.983	.01190
35	1225	5.916	18.708	.02857	85	7225	9.220	29.155	.01176
36	1296	6.000	18.974	.02778	86	7396	9.274	29.326	.01163
37	1369	6.083	19.235	.02703	87	7560	9.327	29.496	.01149
38	1444	6.164	19.494	.02632	88	7744	9.381	29.665	.01136
39	1521	6.245	19.748	.02564	89	7921	9.434	29.833	.01124
40	1600	6.325	20.000	.02500	90	8100	9.487	30.000	.01111
41	1681	6.403	20.248	.02439	91	8281	9.539	30.166	.01099
42	1764	6.481	20.494	.02381	92	8464	9.592	30.332	.01087
43	1849	6.557	20.736	.02326	93	8649	9.644	30.496	.01075
44	1936	6.633	20.976	.02273	94	8836	9.695	30.659	.01064
45	2025	6.708	21.213	.02222	95	9025	9.747	30.822	.01053
46	2116	6.782	21.448	.02174	96	9216	9.798	30.984	.01042
47	2209	6.856	21.679	.02128	97	9409	9.849	31.145	.01031
48	2304	6.928	21.909	.02083	98	9604	9.899	31.305	.01020
49	2401	7.000	22.136	.02041	99	9801	9.950	31.464	.01010
50	2500	7.071	22.361	.02000	100	10000	10.000	31.623	.01000

$\log\pi = 0.4971$, $\log 1/\pi = 1.5029$, $\log\pi^2 = 0.9943$, $\log = 0.2486$.

표 13. (계속)

N.	0	1	2	3	4	5	6	7	8	9	Diff.	P. P.				
												Diff.	1	2	3	4
10	0000	0043	0086	0128	0170	0212	0253	0294	0334	0374	43-40	43	4	9	13	17
11	0414	0453	0492	0531	0569	0607	0645	0682	0179	0755	39-36	42	4	8	13	17
12	0792	0828	0864	0899	0934	0969	1004	1038	1072	1106	36-33	41	4	8	12	16
13	1139	1173	1206	1239	1271	1303	1335	1367	1399	1430	34-31	40	4	8	12	16
14	1461	1492	1523	1553	1584	1614	1644	1673	1703	1732	31-29	39	4	8	12	16
15	1761	1790	1818	1847	1875	1903	1931	1959	1987	2014	29-27	38	4	8	11	15
16	2041	2068	2095	2122	2148	2175	2201	2227	2253	2279	27-25	37	4	7	11	15
17	2304	2330	2355	2380	2405	2430	2455	2480	2504	2529	26-24	36	4	7	11	14
18	2553	2577	2601	2625	2648	2672	2695	2718	2742	2765	24-23	35	4	7	11	14
19	2788	2810	2833	2856	2878	2900	2923	2945	2967	2989	23-21	34	3	7	10	14
20	3010	3032	3054	3075	3096	3118	3139	3160	3181	3201	22-20	33	3	7	10	13
21	3222	3243	3263	3284	3304	3324	3345	3365	3385	3404	21-19	32	3	6	10	13
22	3424	3444	3464	3483	3502	3522	3541	3560	3579	3598	20-19	31	3	6	9	12
23	3617	3636	3655	3674	3692	3711	3729	3747	3766	3784	19-18	30	3	6	9	12
24	3802	3826	3838	3856	3874	3892	3909	3927	3945	3962	18-17	29	3	6	9	12
25	3979	3997	4014	4031	4048	4065	4082	4099	4116	4133	18-17	28	3	6	8	11
26	4150	4166	4183	4200	4216	4232	4249	4205	4281	4298	17-16	27	3	5	8	11
27	4314	4330	4346	4362	4378	4393	4409	4425	4440	4456	16-15	26	3	5	8	10
28	4472	4487	4502	4518	4533	4548	4564	4579	4594	4609	16-15	25	3	5	8	10
29	4624	4639	4654	4669	4683	4698	4713	4728	4742	4757	15-14	24	2	5	7	10
30	4771	4786	4800	4814	4829	4843	4857	4871	4886	4900	15-14	23	2	5	7	9
31	4914	4928	4942	4955	4969	4983	4997	5011	5024	5038	14-13	22	2	4	7	9
32	5051	5065	5079	5092	5105	5119	5132	5145	5159	5172	14-13	21	2	4	6	8
33	5185	5198	5211	5224	5237	5250	5263	5276	5289	5302	13	20	2	4	6	8
34	5315	5328	5340	5353	5366	5378	5391	5403	5416	5428	13-12	19	2	4	6	8
35	5441	5453	5465	5478	5490	5502	5514	5527	5539	5551	13-12	18	2	4	5	7
36	5563	5575	5587	5599	5611	5623	5635	5647	5658	5670	12-11	17	2	3	5	7
37	5682	5694	5705	5717	5729	5740	5752	5763	5775	5786	12-11	16	2	3	5	6
38	5798	5809	5821	5832	5843	5855	5866	5877	5888	5899	12-11	15	2	3	5	6
39	5911	5922	5933	5944	5955	5966	5977	5988	5999	6010	11	14	1	3	4	6
40	6021	6031	3042	6053	6064	6075	6085	6096	6107	6117	11-10	13	1	3	4	5
41	6128	6138	6149	6160	6170	6180	6191	6201	6212	6222	11-10	12	1	2	3	5
42	6232	6243	6253	6263	6274	6284	6294	6304	6314	6325	11-10	11	1	2	3	4
43	6335	6345	6355	6365	6375	6385	6395	6405	6415	6425	10	10	1	2	3	4
44	6435	6444	6454	6464	6474	6484	6493	6503	6513	6522	10-9	9	1	2	3	4
45	6532	6542	6551	6561	6571	6580	6590	6599	6609	6618	10-9	8	1	2	2	3
46	6628	6637	6646	6656	6665	6675	6684	6693	6702	6712	10-9	7	1	1	2	3
47	6721	6730	6739	6749	6758	6767	6776	6785	6794	6803	10-9	6	1	1	2	2
48	6812	6821	6830	6839	6848	6857	6866	6875	6884	6893	9	5	1	1	2	2
49	6902	6911	6920	6928	6937	6946	6955	6964	6972	6981	9-3	4	0	1	1	2
50	6990	6998	7007	7016	7024	7033	7042	7050	7059	7067						
51	7076	7084	7093	7101	7110	7118	7126	7135	7143	7152						
52	7160	7168	7177	7185	7193	7202	7210	7218	7226	7235	9-8					
53	7243	7251	7259	7267	7275	7284	7292	7300	7308	7316						
54	7324	7332	7340	7348	7356	7364	7372	7380	7388	7396						
N.	0	1	2	3	4	5	6	7	8	9	Diff.	Diff.	1	2	3	4
												P. P.				

$\log_{10}e = 0.4343 = \frac{1}{\log_e 10}$ · $\log_e N = 2.3026 \log_{10} N$. $\log_{10} N = 0.4343 \log_e N$.

표 14. 자승 · 평방근 및 역수

P. P.						N	0	1	2	3	4	5	6	7	8	9	Diff.
5	6	7	8	9	Diff.												
22	26	30	34	39	43	55	7404	7412	7419	7427	7435	7443	7451	7459	7466	7474	
21	25	29	34	38	42	56	7482	7490	7497	7505	7513	7520	7528	7536	7543	7551	
21	25	29	33	37	41	57	7559	7566	7574	7582	7589	7597	7604	7612	7619	7627	8–7
20	24	28	32	36	40	58	7634	7642	7649	7657	7664	7672	7679	7686	7694	7701	
20	23	27	31	35	39	59	7709	7716	7723	7731	7738	7745	7752	7760	7767	7774	
19	23	27	30	34	38	60	7782	7789	7796	7803	7810	7818	7825	7832	7839	7846	
19	22	26	30	33	37	61	7853	7860	7868	7875	7882	7889	7896	7903	7910	7917	
18	22	25	29	32	36	62	7924	7931	7938	7945	7952	7959	7966	7973	7980	7987	8–6
18	21	25	28	32	35	63	7993	8000	8007	8014	8021	8028	8035	8041	8048	8055	
17	20	24	27	31	34	64	8062	8069	8075	8082	8089	8096	8102	8109	8116	8122	
17	20	23	26	30	33	65	8129	8136	8142	8149	8156	8162	8169	8176	8182	8189	
16	19	22	26	29	32	66	8195	8202	8209	8215	8222	8228	8235	8241	8248	8254	
16	19	22	25	28	31	67	8261	8267	8274	8280	8287	8293	8299	8306	8312	8319	7–6
15	18	21	24	27	30	68	8325	8331	8338	8344	8351	8357	8363	8370	8376	8382	
15	17	20	23	26	29	69	8388	8395	8401	8407	8414	8420	8426	8432	8439	8445	
14	17	20	22	25	28	70	8451	8457	8463	8470	8476	8482	8488	8494	8500	8506	
14	16	19	22	24	27	71	8513	8519	8525	8531	8537	8543	8549	8555	8561	8567	
13	16	18	21	23	26	72	8573	8579	8585	8591	8597	8603	8609	8615	8621	8627	7–5
13	15	18	20	23	25	73	8633	8639	8645	8651	8637	8668	8669	8675	8681	8686	
12	14	17	19	22	24	74	8692	8698	8704	8710	8716	8722	8727	8733	8739	8745	
12	14	16	18	21	23	75	8751	8756	8762	8768	8774	8779	8785	8791	8797	8802	
11	13	15	18	20	22	76	8808	8814	8820	8825	8831	8837	8842	8848	8854	8859	
11	13	15	17	19	21	77	8865	8871	8876	8882	8887	8893	8899	8904	8910	8915	6–5
10	12	14	16	18	20	78	8921	8927	8932	8938	8943	8949	8954	8960	8965	8971	
10	11	13	15	17	19	79	8976	8982	8987	8993	8998	9004	9009	9015	9020	9025	
9	11	13	14	16	18	80	9031	9036	9042	9047	9053	9058	9063	9069	9074	9079	
9	10	12	14	15	17	81	9085	9090	9096	9101	9106	9112	9117	9122	9128	9133	
8	10	11	13	14	16	82	9138	9143	9149	9154	9159	9165	9170	9175	9180	9186	6–5
8	9	11	12	14	15	83	9191	9190	9201	9206	9212	9217	9222	9227	9232	9238	
7	8	10	11	13	14	84	9243	9248	9253	9258	9263	9269	9274	9279	9284	9289	
7	8	9	10	12	13	85	9294	9299	9304	9309	9315	9320	9325	9330	9335	9340	
6	7	8	10	11	12	86	9345	9350	9355	9360	9365	9370	9375	9380	9385	9390	
6	7	8	9	10	11	87	9395	9400	9405	9410	9415	9420	9425	9430	9435	9440	6–4
5	6	7	8	9	10	88	9445	9450	9455	9460	9465	9469	9474	9479	9484	9489	
5	5	6	7	8	9	89	9494	9499	9504	9509	9513	9518	9523	9528	9533	9538	
4	5	6	6	7	8	90	9542	9547	9552	9557	9562	9566	9571	9576	9581	9586	
4	4	5	6	6	7	91	9590	9595	9600	9605	9609	9614	9619	9624	9628	9633	
3	4	4	5	5	6	92	9638	9643	9647	9652	9657	9661	9666	9671	9675	9680	5–4
3	3	4	4	5	5	93	9685	9689	9694	9699	9703	9708	9713	9717	9722	9727	
2	2	3	3	4	4	94	9731	9736	9741	9745	9750	9754	9759	9763	9768	9773	
						95	9777	9782	9786	9791	9795	9800	9805	9808	9814	9818	
						96	9823	9827	9832	9836	9841	9845	9850	9854	9859	9863	
						97	9868	9872	9877	9881	9886	9890	9894	9899	9903	9908	5–4
						98	9912	9917	9921	9926	9930	9934	9939	9943	9948	9952	
						99	9956	9961	9965	9969	9974	9978	9983	9987	9991	9996	
5	6	7	8	9	Diff.	N.	0	1	2	3	4	5	6	7	8	9	Diff.
P. P.																	

Ⅲ. 통계공식의 요약

통계공식은 뢰서와 맥타비쉬(H. J. Lother and D. G. McTavish)의 *Statistical Analysis for Sociologists*(Boston: Allyn and Bacon, 1974)에 요약된 것으로 원어 그대로 옮겼다. 이 책을 이해하는 데 직접 도움이 되지 않는 공식도 상당수가 된다.

공 식

1. Arithmetic Mean (parameter)

$$\mu = 1/M\sum X = \sum X/M$$

2. Arithmetic Mean (statistic, grouped data)

$$\overline{X} = \frac{\sum f_i X_i}{N}$$

3. Arithmetic Mean (statistic, raw data)

$$\overline{X} = \frac{\sum X_i}{N}$$

4. Chi-square

$$\chi^2 = \sum \frac{(f_0 - f_e)^2}{f_e}$$

5. Chi-square (corrected for continuity)

$$\chi^2 = \sum \frac{(|f_o - f_e| - 0.5)^2}{f_e}$$

6. Class Midpoint

$$X_i = L_i + \frac{W_i}{2}$$

7. Class Width

$$W_i = U_i - L_i$$

8. Coefficient of Determination

$$r^2 = \frac{S^2_y - S^2_{y \cdot x}}{S^2_y} = 1 - \frac{S^2_{y \cdot x}}{S^2_y}$$

9. Combinations of M Elements Taken N at a Time

$$\binom{M}{N} = \frac{M!}{(M-N)!N!} \quad \text{혹은} \quad \binom{N}{r} = \frac{N!}{(N-r)!r!}$$

10. Confidence Limits for Mean

$$cl = \overline{X} \pm z(s\overline{X}) \quad \text{혹은}$$
$$cl = \overline{X} \pm t(s\overline{X})$$

11. Confidence Limits for Mean of Binomial

$$cl = \mu_B \pm z(\sigma_B)$$

12. Confidence Limits for a Proportion

$$cl = p \pm z(s_p)$$

13. Confidence Limits for a Standard Deviation $(N>30)$

$$\frac{s\sqrt{2N-2}}{\sqrt{2N-3+z}} < \sigma < \frac{s\sqrt{2N-2}}{\sqrt{2N-3-z}}$$

14. Confidence Limits for a Standard Deviation (large N)

$$s\left[1-\frac{z}{\sqrt{2(N-1)}}\right] < \sigma < s\left[1+\frac{z}{\sqrt{2(N-1)}}\right]$$

15. Confidence Limits for a Variance

$$\frac{(N-1)s^2}{x^2_{\frac{1}{2\alpha}}} < \sigma^2 < \frac{(N-1)s^2}{x^2_{1-\frac{1}{2\alpha}}}$$

16. Confidence Limits for Z′

$$cl = Z' \pm z(\sigma_z')$$

17. Contingency Coefficient

$$C = \sqrt{\frac{\chi^2}{\chi^2 + N}}$$

18. Correlation Ratio (squared)

$$E^2_{yx} = 1-\frac{\sum(Y-\overline{Y}_i)^2}{\sum(Y-\overline{Y})^2}$$

19. Cramer's V

$$V = \sqrt{\frac{\chi^2}{N_t}}$$

20. Degrees of Freedom for $r \times c$ Table

$$df = (r-1)(c-1)$$

21. Delta

$$\triangle = f_0 - f_e$$

22. Error Variance of S

$$\sigma^2_s = \frac{1}{18}\Big[N(N-1)(2N+5) - \sum_{i=1}^{r} n_i(n_i-1)(2n_i+5)$$

$$-\sum_{j=1}^{c} n_j(n_j-1)(2n_j+5)\Big] + \frac{1}{9N(N-1)(N-2)}$$

$$[\sum_{i=1}^{r} n_i(n_i-1)(n_i-2)][\sum_{j=1}^{c} n_j(n_i-1)(n_j-2)] + \frac{1}{2N(N-1)}$$

$$[\sum_{i=1}^{r} n_i(n_i-1)][\sum_{j=1}^{c} n_j(n_j-1)]$$

23. Expected Frequency in a Table

$$f_{e_{ij}} = \frac{(n_{i.})(n_{.i})}{N}$$

24. F Ratio

$$F = s^2_b / s^2_w$$

25. Finite Population Correction

$$f_{pc} = 1 - N/M$$

26. Gamma (statistic)

$$G = \frac{N_s - N_d}{N_s + N_d}$$

27. Sample Gamma to Standard Score Conversion

$$z = (G - \gamma)\sqrt{\frac{N_s + N_d}{N(1-G^2)}}$$

28. Geometric Mean

$$\text{Geometric Mean} = N\sqrt{(X_1)(X_2)(X_3)\cdots(X_N)}$$

29. Goodman and Kruskal's Tau-y

$$\text{Tau-y} = \frac{E_1 - E_2}{E_1}$$

30. Harmonic Mean

$$\text{Harmonic Mean} = \sum \frac{N}{\left(\frac{1}{X_i}\right)}$$

31. Index of Dispersion

$$D = \frac{k(N^2 - \sum f^2_i)}{N^2(k-1)}$$

32. Interquartile Range

$$Q = Q_3 - Q_1$$

33. Kurtosis

$$\text{Beta-two}(\beta_2) = \frac{m_4}{m^2_2}$$

34. Lambda

$$\lambda_{yx} = \frac{\sum m_y - M_y}{N - M_y}$$

35. Mean Difference (correlated samples)

$$\overline{D} = \sum D/N$$

36. Mean Number of Runs

$$\mu_R = \frac{2n_1 n_2}{n_1 + n_2} + 1$$

37. Mean of a Binomial Distribution

$$\mu_B = NP$$

38. Mean of Sampling Distribution of Proportions

$$\overline{P} = P = f/N$$

39. Median (grouped data)

$$Mdn = L_{mdn} + \left(\frac{\frac{1}{2} N - cum\ f_{mdn}}{f_{mdn}} \right)(w)$$

40. Multiple Determination, Coefficient of

$$R^2 = \frac{\sum (X_1' - \overline{X}_1)^2}{\sum (X_1 - \overline{X}_1)^2}$$

41. Multiple Determination, Coefficient of (corrected)

$$R_c^2 = 1 - \left(\frac{N-1}{N-k} \right)(1 - R^2)$$

42. Multiple Regression Equation (standardized)

$$z_1' = b^*{}_{12 \cdot 34 \cdots} k^{z_2 + b^*}{}_{13 \cdot 24 \cdots} k^{z_3}$$
$$+ b^*{}_{14 \cdot 23 \cdots} k^{z_4 + b^*}{}_1 k_{\cdot 234 \cdots} z_k$$

43. Partial Gamma Coefficient

$$G_p = \frac{\sum N_s - \sum N_d}{\sum N_s + \sum N_d}$$

44. Partial r (first order)

$$r_{yx \cdot t} = \frac{r_{yx} - (r_{yt})(r_{xt})}{\sqrt{(1 - r^2_{xt})(1 - r^2_{yt})}}$$

45. Partial r (second order)

$$r_{12 \cdot 34} = \frac{r_{12 \cdot 3} - (r_{14 \cdot 3})(r_{24 \cdot 3})}{\sqrt{(1 - r^2_{14 \cdot 3})(1 - r^2_{24 \cdot 3})}}$$

46. Pearson Product-Moment Coefficient of Correlation

$$r = \frac{\sum z_x z_y}{N} = \sqrt{b_{yx} b_{xy}}$$

47. Per Cent

$$\text{Per Cent} = f_i / N(100)$$

48. Per Cent Change

$$\text{Per Cent Change} = \frac{(\text{Amount at Time 2}) - (\text{Amount at Time 1})}{(\text{Amount at Time 1})}(100)$$

49. Permutations of M Elements Taken N at a Time

$$P(M, N) = \frac{M!}{(M-N)!}$$

50. Phi Coefficient

$$\phi = \sqrt{\frac{\chi^2}{N}}$$

51. Phi Coefficient for a 2×2 Table

$$\phi = \frac{ad-bc}{\sqrt{(a+b)(c+d)(b+d)(a+c)}}$$

52. Pooled Proportions

$$P = \frac{N_1P_1 + N_2P_2}{N_1 + N_2}$$

53. Pooled Sample Variances

$$s^2 = \frac{\sum x_1^2 + \sum x_2^2}{N_1 + N_2 - 2}$$

54. PRE Measures of Association

$$\text{PRE} = \frac{(\text{Errors made using Rule 1}) - (\text{Errors made using Rule 2})}{(\text{Errors made using Rule 1})}$$

55. Probability (conditional)

$$P_r(B \mid A) = \frac{P_r(A \cap B)}{P_r(A)}$$

56. Probability (General Addition Rule)

$$P_r(A \cup B) = P_r(A) + P_r(B) - P_r(A \cap B)$$

$$P_r(A \cup B \cup C) = P_r(A) + P_r(B) + P_r(C) - P_r(A \cap B)$$
$$- P_r(A \cap C) + P_r(B \cap C) + P_r(A \cap B \cap C)$$

57. Probability (General Multiplication Rule)

$$P_r(A \cap B) = P_r(B \mid A)P_r(A) = P_r(A \mid B)P_r(B)$$

$$P_r(A \cap B \cap C) = P_r(C \mid A \cap B)P_r(A \cap B)$$
$$= P_r(C \mid A \cap B)P_r(B \mid A)P_r(A)$$

58. Probability (Special Addition Rule)

$$P_r(A \cup B) = P_r(A) + P_r(B)$$

$$P_r(A \cup B \cup C) = P_r(A) + P_r(B) + P_r(C)$$

59. Probability (Special Multiplication Rule)

$$P_r(A \cap B) = P_r(A)P_r(B)$$

60. Probability for a Term of the Binomial Distribution

$$P_r(N, P, r) = \frac{N!}{(N-r)!r!} P^r Q^{N-r}$$

61. Range

Range $= U - L$

62. Rate

$$\text{Rate} = \frac{\text{Number of Events Occuring During a Time Period}}{\text{Potential Number of Events which Could Have Occurred During the Same Time Period}}$$

63. Regression Equation (two variables)

$$Y' = a_{yx} + b_{yx}(X)$$

64. Regression Equation (two variables, standardized)

$$z_1' = b_1^* + b_{12}^* z_2$$

65. Sample Size

$$N = \frac{s^2}{s_{\overline{X}^2}}$$

66. Skewness

$$\text{Beta-one}(\beta_1) = \frac{m^2{}_3}{m^3{}_2}$$

67. Slope Coefficient

$$b_{yx} = \frac{\sum(X-\overline{X})(Y-\overline{Y})}{\sum(X-\overline{X})^2}$$

68. Somer's d_{yx}

$$d_{yx} = \frac{N_s - N_d}{N_s + N_d + T_y}$$

69. Spearman's rho

$$r_s = 1 - \frac{6\sum D^2}{N(N^2-1)}$$

70. Standard Deviation (sample, computational)

$$s = \sqrt{\frac{\sum X^2 - (\sum X)^2/N}{N-1}}$$

71. Standard Deviation (sample, corrected)

$$s = \sqrt{\frac{\sum(X-\overline{X})^2}{N-1}}$$

72. Standard Error of a Binomial Distribution

$$\sigma_B = \sqrt{NPQ}$$

73. Standard Error of Difference Between Means for Correlated Samples (simplified)

$$s_{\overline{X}_1} - \overline{X}_2 = \sqrt{\frac{\sum D^2 - (\sum D)^2/N}{N(N-1)}}$$

74. Standard Error of Difference Between Means for Correlated Samples (statistic)

$$s_{\overline{X}_1} - \overline{X}_2 = \sqrt{s_{\overline{X}_1}^2 + s_{\overline{X}_2}^2 - {}^2 r X_1 X_2 s_{\overline{X}_1} s_{\overline{X}_2}}$$

75. Standard Error of Difference Between Means (parameter)

$$\sigma_{\bar{X}_1 - \bar{X}_2} = \sqrt{\sigma^2\left(\frac{1}{N_1} + \frac{1}{N_2}\right)}$$

76. Standard Error of Difference Between Means
(statistic, pooled variances)

$$s_{\bar{X}_1 - \bar{X}_2} = \sqrt{s^2\left(\frac{1}{N_1} + \frac{1}{N_2}\right)}$$

77. Standard Error of Difference Between Means
(statistic, heterogenous variances)

$$s_{\bar{X}_1 - \bar{X}_2} = \sqrt{\frac{s_1^2}{N_1} + \frac{s_2^2}{N_2}}$$

78. Standard Error of Difference Between Proportions (parameter)

$$\sigma_{p_1 - p_2} = \sqrt{PQ\left(\frac{1}{N_1} + \frac{1}{N_2}\right)}$$

79. Standard Error of Difference Between Proportions (statistic)

$$s_{p_1 - p_2} = \sqrt{pq\left(\frac{1}{N_1} + \frac{1}{N_2}\right)}$$

80. Standard Error of Mean (parameter)

$$\sigma_{\bar{X}} = \sigma/\sqrt{N}$$

81. Standard Error of Mean (statistic)

$$s_{\bar{X}} = s/\sqrt{N}$$

82. Standard Error of Proportion (parameter)

$$\sigma_p = \sqrt{PQ/N}$$

83. Standard Error of Proportion (statistic)

$$s_p = \sqrt{pq/N}$$

84. Standard Error of Runs

$$\sigma_R = \sqrt{\frac{2n_1n_2(2n_1n_2 - n_1 - n_2)}{(n_1 + n_2)^2(n_1 + n_2 - 1)}}$$

85. Standard Error of Tau-a

$$s_{ta} = \sqrt{\frac{2(2N + 5)}{9N(N-1)}}$$

86. Standard Error of Z′(for Partial and Multiple Correlation)

$$\sigma_z' = \frac{1}{\sqrt{N - m - 1}}$$

87. Standard Error of Z′(zero order correlation)

$$\sigma_z' = \frac{1}{\sqrt{N - 3}}$$

88. Standard Error of Mean (σ known)

$$z = \frac{\overline{X} - \mu}{\sigma \overline{X}}$$

89. Standard Score for Mean (σ unknown)

$$t = \frac{\overline{X} - \mu}{s_X}$$

90. Standard Score (sample data)

$$z = \frac{X_i - \overline{X}}{s}$$

91. Standard Score for Binomial

$$z = \frac{X - \mu_B}{\sigma_B}$$

92. Standard Score for Difference Between Means

$$z = \frac{\overline{X}_1 - \overline{X}_2}{s_{\overline{X}_1 - \overline{X}_2}}$$

93. Standard Score for Difference Between Proportions

$$z = \frac{p_1 - p_2}{s_{p_1} - p_2}$$

94. Standard Score for Difference Between Proportions (correlated samples)

$$z = \frac{d - a}{\sqrt{d + a}}$$

95. Standard Score for Mean Difference (correlated samples)

$$t = \frac{\overline{D}}{s_{\overline{X}_1 - \overline{X}_2}}$$

96. Standard Score for Normal Approximation of Chi-square

$$z = \sqrt{2\chi^2} - \sqrt{2(df) - 1}$$

97. Standard Score for Proportion

$$z = \frac{p - p}{\sigma_p}$$

98. Standard Score for Runs

$$z = \frac{R - \mu_R}{\sigma_R}$$

99. Standard Score for S

$$z = \frac{S}{\sigma_S}$$

100. Standard Score for t_a

$$z = \frac{t_a}{s_{ta}}$$

101. Sum of Squares (computational)

$$\sum x^2 = \sum X^2 - (\sum X)^2/N$$

102. Sum of Squares (Between Groups)

$$\sum x^2_b = \sum_{i=1}^{k} n_i(\overline{X}_i - \overline{X}_t)^2$$

103. Sum of Squares (Total)

$$\sum x^2_t = \sum x^2_w + \sum x^2_b = \sum_{i=1}^{N}(\overline{X}_i - \overline{X}_t)^2$$

104. Sum of Squares (Within Groups)

$$\sum x^2_w = \sum x^2_1 + \sum x^2_2 + \sum x^2_3 + \cdots + \sum x^2_k$$

105. Tau-a (statistic)

$$t_a = \frac{N_s - N_d}{\frac{1}{2}N(N-1)}$$

106. Tau-b (statistic)

$$t_b = \frac{N_s - N_d}{\sqrt{(N_s + N_d + T_y)(N_s + N_d + T_x)}}$$

107. Tschuprow's T Coefficient

$$T = \sqrt{\frac{\chi^2}{N(df)}}$$

108. Variance (Between Groups)

$$s^2_b = \sum x^2_b/(k-1)$$

109. Variance (parameter)

$$\sigma^2 = \frac{\sum(X-\mu)^2}{M}$$

110. Variance (statistic)

$$s^2 = \frac{\sum(X_i - \overline{X})^2}{N}$$

111. Variance (statistic, corrected)

$$s^2 = \frac{\sum(X-\overline{X})^2}{N-1} = \frac{\sum X^2 - (\sum X)^2/N}{N-1}$$

112. Variance Ratio

$$V = \frac{s}{\overline{X}}$$

113. Variance to Chi-square Score Conversion

$$\chi^2 = \frac{(N-1)s^2}{\sigma^2}$$

114. Variance (Within Groups)

$$s^2_w = \sum x^2_w/(N-k)$$

115. Y-intercept

$$a_{yx} = \overline{Y} - b_{yx}(\overline{X})$$

116. Yule's Q for a 2×2 Table

$$Q = \frac{ad-bc}{ad+bc}$$

인 명 색 인

[**한국인명**]

강신택 188
김광웅 261
김명자 68
김문환 162
김영식 25
김웅진 166
김재은 210
김종림 541
김준한 540
김학수 343
김해동 202
김형국 398

노화준 429

박성복 540
박종수 793
박찬욱 343
배태영 793
백선복 336

송병주 793
신도철 536
신명순 663

윤천주 149
이관우 307
이규호 154
이만갑 318
이문열 402
이문영 167
이상우 478
이종범 663
이한빈 167, 170, 259

장건춘 793
정정길 428
정진경 793
조영달 396, 398
조형 68
조혜정 398

차인석 159
최창윤 663

한배호 166
한완상 50
홍두승 369, 377
황인정 259

[외국인명]

[ㄱ]
가다머(Gadamer) 134, 165
가상디(Pierre Gassendi) 95, 96
가스텔 136
갈릴레이(G. Galilei) 74, 164, 255, 586
갈퉁(J. Galtung) 362
거(T. R. Gurr) 603, 687
거스넬(H. Gosnell) 148
거트만(Guttman) 325, 348, 434
건넬(J. Gunnell) 156
게이(E. F. Gay) 499
게츠코(H. Guetzkow) 415
고델리에 136
고르기아스(Gorgias) 80
고르바초프 138
고스(John M. Gaus) 170
괴델(Godel) 6
괴블스(P. J. Goebbels) 479
굴드너(A. W. Gouldner) 102
규릭(L. Gulick) 205
그로스(L. Gross) 253
그리어(Greer) 286
그린우드(E. Greenwood) 411
기든스(A. Giddens) 146
기어(J. G. Gear) 464
기어츠(C. Geertz) 103

[ㄴ]
나르세스(Belisarius Narses) 36
나크미아스(Nachmias) 184, 200, 238, 350
네스(G. Ness) 608
네이글(E. Nagel) 40, 49
네이멘워스(Namenwirth) 647, 650
노스(R. North) 479
뉴라 163
뉴라스(Otto Neurath) 23
뉴턴(I. Newton) 25, 26, 43, 64, 66, 70, 71, 72, 96, 142, 586
니체(F. W. Nietzsche) 154, 156

[ㄷ]
다렌돌프(R. Dahrendorf) 257
다윈 67
달(R. Dahl) 100, 148
던칸(R. Duncan) 259
데리다(Jaques Derrida) 106, 107
데모크리투스(Democritus) 80, 95
데카르트(Rene Descartes) 23, 24, 88, 95, 96
덴하트(R. Denhart) 166
도드(Dodd) 336
도이취(K. Deutsch) 148
뒤르껭(E. Durkheim) 145, 257
듀엠(Pierre Duhem) 23, 143
듀이(J. Dewey) 154, 298
듀이(T. E. Dewey) 369
디바인(Cambridge Divine) 59
딜타이(W. Dilthey) 155, 156

[ㄹ]
라깡 136
라브랏세(P. S. Laplace) 598
라스웰(H. Lasswell) 148, 487
라이트 137
라이프니츠(G. W. Leibniz) 88, 90, 586
라이스(S. Rice) 148
라이헨바흐(Hans Reichenbach) 23
라자스펠드(P. F. Lazarsfeld) 148, 198
라카토스(Imre Lakatos) 71, 72, 73, 95, 106, 163
람지 163
랜드(K. C. Land) 264
랜든(A. M. Landon) 368
랜카인(W. J. M. Rankine) 323
랭싱(J. B. Lansing) 383
러너(D. Lerner) 570, 685
러드너(R. S. Rudner) 269
러셀(Bertrand Russell) 43, 143, 144, 287
러셋(B. M. Russett) 668
럼멜(R. J. Rummel) 575
레닌 138
레비스트로스 136, 145
레이건 466
레이놀즈(P. D. Reynolds) 252
로사나우(J. N. Rosenau) 233
로크(John Locke) 23, 96, 125, 188
로티(R. Rorty) 134
롬브로소(C. Lombroso) 286
뢰머(John Roemer) 137
루소(Rousseau) 19, 135
루스벨트(F. D. Roosevelt) 284, 368, 369
루카스(Robert Lucas) 70
리그스(F. W. Riggs) 260
리비트(Leavitt) 13
리처(S. Richer) 270
리쾨르 165
립셋(S. M. Lipset) 570, 684

[ㅁ]
마샬 145
마스터맨(M. Masterman) 106
마흐(Enerst Mach) 22, 142, 143, 144
만델브로트 32
만하임(K. Mannheim) 155, 156
맑스 28, 109, 125, 136, 138, 145
맥크론(D. J. McCrone) 685
맥클레란드(D. C. McClelland) 258
머래이(H. A. Murray) 455
머턴(R. K. Merton) 233, 234, 273
메를로 퐁티(M. Merleau-Ponty) 154
멘델 67, 68
모레노(J. L. Moreno) 336
무니(J. Mooney) 205
무스타카스(C. Moustakas) 162
뮐러(Mueller) 647
미도우(Meadow) 243
미드(G. H. Mead) 154
밀(John Stuart Mill) 54, 59, 114, 201
밀러(D. C. Miller) 333

밀러(E. F. Miller) 157

[ㅂ]
바르떼 136
바빙크(B. Bavink) 299
버클리(George Berkeley) 97
번스타인(R. Bernstein) 165
베르그송(Henri Bergson) 93, 154
베셔스(Beshers) 254
베이컨(F. Bacon) 52, 53, 54, 59, 95, 116, 201
베이트슨 135
베일스(R. F. Bales) 391, 393
베커(T. L. Becker) 148
베힌저(H. Vaihinger) 241
벤슨(O. Benson) 45, 281, 290, 435, 569
보가더스(E. S. Borgadus) 335
보드리아르 142
보일(Robert Boyle) 64, 67
볼츠만(Ludwig Boltzmann) 22
브로글리(L. de Broglie) 31
브로드벡(M. Brodbeck) 255
브리지만(P. W. Bridgman) 29, 297, 298
블레록(H. M. Blalock) 261, 682, 685
비트겐슈타인(Ludwig Wittgenstein) 84, 144, 154, 156, 190, 227
뿔란자스 136, 137

[ㅅ]
사르트르(J. P. Sartre) 154
사이먼(H. Simon) 84, 257, 682
샤플리(Shapley) 13
서스턴(L. L. Thurstone) 434, 490
셀티즈(C. Selltiz) 208, 453, 454
셸링(Friedrich von Schelling) 91
소렌슨(T. C. Sorensen) 567
소로킨(P. Sorokin) 639
소쉬르 136
소크라테스 79, 87, 113
솔로몬(R. L. Soloman) 417, 422
쉬볼스키(A. Przeworski) 137
쉴러(F. S. C. Schiller) 154
슈라그(C. Schrag) 248
슈릭(M. Schlick) 163, 298
슈츠(A. Schutz) 156, 159, 161
스몰(M. Small) 639
스토퍼(S. A. Stouffer) 332
스티븐스(S. Stevens) 324
스티븐슨(A. E. Stevenson) 340
스틴치콤(A. L. Stinchcombe) 247
스펜서(H. Spencer) 255
스펭글러(O. Spengler) 155
스피노자(Spinoza) 88, 92
시겔(S. Siegel) 324
싱거(J. D. Singer) 639

[ㅇ]
아가시(J. Aggasi) 106
아리스토틀 4, 24, 26, 51, 87, 88, 92, 113, 124, 244
아이작(A. C. Isaak) 48
아이젠하워(D. D. Eisenhower) 340, 492
아인슈타인(A. Einstein) 43, 71
아코프(R. L. Ackoff) 372
아퀴나스 26

안드레인(C. Andrain) 166
알몬드(G. Almond) 148
알카(H. R. Alker) 262, 570, 668
알투제(Louis Althusser) 99, 135, 136, 137
앤드루스(Andrews) 610
앱터(D. E. Apter) 166, 263
야꼽 136
야마네(Yamane) 640
어윅(L. Urwick) 205
에딩턴(Arther Eddington) 23
에코 125
엘스터(Jon Elster) 137
엥겔스 138
오스구드(C. E. Osgood) 342, 343, 479
오스트발트(Wilhelm Ostwald) 22
오코너 137
오페 137
월라치(M. A. Wallach) 414
월린 134
월프(Robert Wolff) 137
웨버(M. Weber) 145, 156, 159, 171, 255, 256, 257, 273
웰스(William Wells) 55
위웰(William Whewell) 59, 61
윈치 165
윌러(D. Willer) 254, 255
윌슨(John Cook Wilson) 92
유고 69
유스티니아누스(Justinianus) 36
유클리드(Euclid) 142
이스턴(D. Easton) 105, 148, 151, 154, 157

[ㅈ]
잘트만(G. Zaltman) 259
제닝스(Jennings) 336
제터버그(H. L. Zetterberg) 261
주리프(G. E. Zuriff) 100

[ㅊ]
촘스키(Noam Chomsky) 191

[ㅋ]
카르납(R. Carnap) 105, 106, 163, 298
카페치(Capecchi) 274
카프라(Capra) 135
카플란(A. Kaplan) 42, 49, 100, 196, 214, 219, 224, 232, 241, 242, 243, 268, 269, 394, 487
칸트(I. Kant) 19, 23, 26, 59, 88, 89, 90, 91, 92, 93, 154, 158, 201, 244, 298
캐이레이-해밀턴(Cayley-Hamilton) 598
캔트릴(H. Cantril) 434
캘빈(W. T. Kelvin) 323
캠벨(Norman Campbell) 143
컬링저(F. N. Kerlinger) 43, 208, 303, 342, 351, 394
컬트라이트(P. Cultright) 570, 685
케네디 567
케메니(J. Kemeny) 44, 113
케플러(Kepler) 123, 126
코간(N. Kogan) 414
코크란(Cochran) 364
코페르니쿠스 68, 74, 164
코헨(G. B. Cohen) 137

콜링우드(R. G. Collingwood) 154
쿤(Thomas Kuhn) 68, 71, 106, 156, 163, 204
크누드(C. F. Cnudde) 685
크레스피(Crespi) 336
키(V. O. Key) 680
키쉬(L. Kish) 360, 367, 383
키에르케고르 93
킬페트릭(F. P. Kilpatrick) 434

[ㅌ]
터번 136
터커(Clyde Tucker) 461
테일러(C. L. Taylor) 165, 613
테일러(P. Taylor) 139, 140, 141
토리첼리(Torricelli) 62, 64, 65
툴민(S. Toulmin) 139, 141, 142, 241, 258
트루만(H. Truman) 369

[ㅍ]
파레토 145
파르메니데스(Parmenides) 79
파스칼(Blaise Pascal) 65, 93
파슨스(T. Parsons) 145, 205, 270
퍼스(C. S. Peirce) 124, 126
페어밴드(Paul Fayerbend) 13, 73, 134, 163
포세스(D. P. Forcese) 270
포퍼(Karl Popper) 60, 61, 62, 63, 67, 69, 71, 73, 99, 151, 155, 163, 211
푸앵카레(Poincare) 143
푸코(M. Foucault) 134, 136, 139
풀(I. Pool) 477
프라우트(William Prout) 72
프렌치(J. R. P. French) 412
프로이드 62
프로타고라스(Protagoras) 80
플라토 19, 24, 26, 80, 87, 92
플랑크(Max Planck) 70, 143
피셔(F. Fischer) 162, 165
피아제(Jean Piaget) 23, 136
피어슨(K. Pearson) 298
피타고라스(Pythagoras) 87
피히테(Johann Fichte) 91
필립스(B. S. Phillips) 208, 311, 342

[ㅎ]
하버마스(J. Habermas) 135, 139, 140, 165
하비(Harvey) 56, 62, 67, 136
하스(M. Haas) 107, 108, 148, 153, 203, 253, 262
하이데거(M. Heidegger) 52, 155
하이에크(F. Hayek) 155
하이젠베르그(W. K. Heisenberg) 23, 31, 295
한센(N. R. Hanson) 23
해리스(Harris) 466
헌팅턴(S. P. Huntington) 166
헤겔(G. W. F. Hegel) 26, 28, 91, 92, 154, 158
헤라클리투스(Heraclitus) 79
헤르츠(Heinrich Hertz) 143, 144
헤켈(Ernest Haeckel) 22
헴펠(C. G. Hempel) 13, 201, 216
홀러리스(H. Hollerith) 519
홀배크(J. Holbek) 259

홀스티(O. Holsti) 480
홉스 19
홉슨(E. W. Hobson) 298
홉킨스(T. K. Hopkins) 247, 250
화이트(White) 487
화이트헤드(A. N. Whitehead) 29
훗설(E. Husserl) 28, 159
흄(David Hume) 97, 109, 115, 158, 189
흐루시초프(N. S. Khrushchev) 138, 490
히틀러(A. Hitler) 284, 479

사 항 색 인

[ㄱ]

가상실제(hyperreality) 142

가설(hypothesis) 44

가설적 방법(method of hypothesis) 58

가설적 언명(hypothetical statement) 234

가설적 연역법(hypothetico-deductive method) 60, 61, 125, 143

가설적-연역적 체계(hypothetico-deductive system) 18

대위가설(alternative hypothesis) 618, 619

보조가설(auxiliary hypothesis) 63, 64, 72

영가설(null hypothesis) 618

가추법 6, 126

가추논리 86, 111, 124

가추적 37

가치카테고리(value categories) 487

간접비교 483

간주관성 159

간주관적(間主觀的, intersubjective) 39, 159, 161

감각수동성(sense passive) 86

감각작용(sensation) 95, 96

감각적 자각(sensory awareness) 87

감각지각 90, 91, 94, 95

감응훈련(Sensitivity Training) 456

감정이입(感情移入, empathy) 160

강도분석 479

개념 187

개념도식(conceptual scheme) 204, 233, 256, 272

개념모형(conceptual model) 272

개념언어주의 86

개념의 재특정화(respecification) 202

개념적 사고(槪念的 思考, conceptual thinking) 187, 192

개념주의자(Conceptualists) 85

개념틀(Conceptual frameworks) 233

개념형성(concept formation) 201

단독개념 194

단순개념 194

대개념 118

동의개념(同義概念) 195
매개념(媒概念) 118
명목개념 104
복합개념 194
소개념 118
유개념(類概念) 195, 544
종개념(種概念) 195, 544
개방식질문 431
개방형(open-ended) 464
개방형 질문 464
갤럽(Gallup's American Institute of Public Opinion) 369
거리집락분석(distance-cluster analysis) 344, 346
검증가설 619
검증실증주의(檢證實證主義) 30
검출력(檢出力, power of test) 623
게임이론 15
결과긍정의 오류 128, 536, 541
결정계수(決定係數, coefficient of determination) 630
결정론 144
결정론자 93
결정성 법칙(determinant laws) 221
결정행위론 148
결합법칙(結合法則, associative laws) 584
경험개념 194
경험과학(empirical science) 4, 7, 10, 16, 25
경험과학자(empirical scientists) 150
경험의 세계(empirical world) 16, 18, 44, 76, 87
경험의 연역적 통일성(deductive unification of experience) 12
경험적-분석적 모드(empirico-analytical mode) 140
경험적 비판주의(empiric criticism) 163
경험적 확률(empirical probability) 578
경험주의(經驗主義, Empiricism) 29, 86, 89, 137, 153
경험주의 과학철학(經驗主義 科學哲學, empirical philosophy of science) 34, 133, 154
경험주의 인식론 76
경험주의자(經驗主義者, Empiricist) 79, 82, 110
고전적 경험주의(古典的 經驗主義, Classical Empiricism) 102
급진적 경험주의(Radical Empiricism) 29
계속변동(secular variation) 640
계승(階承, factorial) 581
계열변동(系列變動) 640
계절변동(seasonal variation) 640
계절적 조정(seasonal adjustment) 641
골상학(phrenology) 286
공동요인분산(common factor variance: co) 314, 315
공리(axiom) 44, 213, 578
공리적 이론(axiometic theory) 261

공리체계 143
공리형이론 248
공리주의(Utilitarianism) 34, 67
공변화(共變化, covariation) 635
공분산 313
공집합(空集合, null set) 582
공통분산(common variance) 670
공행위자 161
공현전화(共現前化, Appraesentation) 160
과학성(Wissenschaftlichkeit) 20
과학이론(Theory of Science) 26
과학 인식론(Epistemology of Science) 26
과학적 방법론 16
과학적 법칙 296
과학적 설명(scientific explanation) 227
과학적 언어(scientific language) 142
과학적 이론 223
과학적인 시간 31
과학적 조치 294
과학적 철학(scientific philosophy) 18
과학 존재론(Ontology of Science) 26
과학철학(philosophy of science) 16, 18, 21
신경험주의 과학철학 133
외적과학철학(External philosophy of science) 24
관념론(觀念論, Idealism) 30
관료적 체제(Bureaucratic types) 263
관료체제 321
관습(conventions) 11
관찰 386
관찰세계(Weltanschauung) 156
관찰조사 14, 350, 387
단순관찰 350
비참여관찰 388, 390, 409
비통제 관찰 388
광학(光學, Optics) 26, 70
교시적 가치(教示的 價値, heuristic value) 272
교육용사례(pedagogical case) 501
교집합(交集合) 582
교차분리분석 624
교차투표(cross voting) 349
교호원인유형 679
교호작용원인유형 679
교호작용카테고리 488
교호주의(Interactionism) 109
교환법칙(交換法則, commutative laws) 584
구분분석(區分分析, discriminant analysis) 324
구성주의(構成主義) 298
구성적 의미(constitutive meanings) 12
구성적 타당도 316
구성적 타당성(construct validity) 311, 312, 313
구적법(求積法) 589
구조과학(構造科學, Structural Science) 27
구조적 유의성(constitutive sig-

nificance) 224
구조적 진리(categorical truth) 86
구조적 총체(structured wholes) 67
구조주의 136, 145
구조주의 맑시스트 136
구조주의 맑시즘 136, 145, 146
구조주의 방법론 9
군집분석(cluster analysis) 324
군형(群型, taxonomy) 201, 240, 263, 273
권한의 박탈이론(theory of deprivation) 687
귀납 51
귀납논리(logic of induction) 18, 24, 33, 111
귀납론자 56, 73
귀납법(induction) 53, 113
귀납의 방법(canoness of induction) 54
귀납적 논증방법(歸納的 論證方法) 77
귀납적 오류(inductive fallacies) 115
귀납적 지식 32
귀납적 추리(inductive syllogism) 113
귀납주의 55, 56, 66, 69
귀납주의자 67, 69
매거적 귀납추리(induction by enumeration) 115, 116, 117
귀무가설(歸無假說, null hypothesis) 619
규모비례확률(probability proportionate to size) 377
규범논리학 19
규약주의(規約主義) 298
극값 589
극소함수 589
근사치의 사고(idea of approximation) 43
긍정명제표(Table of Affirmatives) 53
기각역(棄却域) 620
기록단위(recording unit) 488, 490
기술적 연구 175
기술적 일반화(descriptive generalization) 218
기술통계기법 575
기술통계학(記述統計學, descriptive statistics) 568, 576
기원적 법칙 220
기준타당절차(criterion-validation procedure) 311
기초연계분석(elementary linkage analysis) 346
기하평균(geometric mean) 323
기하학적 모델(geometric model) 665
기하학적 부호(geometric codes) 509
기호논리 19
기호논리학(記號論理學) 33, 298
기호학(記號學, Semiology) 6, 37, 104, 124, 137
기호현상(記號現象, semiosis) 124

기호화(symbolize) 226, 285, 296
기호화활동 294

[ㄴ]

난수표(亂數表, table of random numbers) 362
낭만주의(浪漫主義, Romanticism) 101, 137, 138
내부변수(endogenous variable) 691
내용분석(內容分析, content analysis) 351, 475
내용적 타당성(content validity) 312
내재실증주의(內在實證主義) 30
내적 과학철학(Internal Philosophy of Science) 24
내적 대격(內的 對格, internal accusative) 188
내적 일관성(internal consistency) 308, 310
내적 타당성 174
네오맑시즘 146
네오칸티안 144
네오칸티안(Neo-Kantian)의 실증주의 143
네오휴미안(Neo-Humean)의 실증주의 143
노정계수 261
노정(경로)계수분석(path analysis) 686
노정(경로)계수분석방법(路程係數分析方法) 686
노정모델(路程模型) 261, 686, 688
노정분석방법 691
논리(logic) 5
논리경험주의(Logical Empiricism) 23, 154, 163
논리실증주의(Logical Positivism) 23, 30, 60, 105, 143, 154, 163, 298
논리실체주의(論理實體主義, Logical Realism) 29
논리적 과학철학(Logical Philosophy of Science) 24
논리학 19
논쟁의 비공식 논리 140
누적척도(累積尺度) 321, 325, 331
누가도수분포표(累加度數分布表) 605
누가백분화도수분포(累加百分化度數分布) 605
누적적 척도 325
뉴터니안의 역학 144

[ㄷ]

다기방법론(多岐方法論, Multimethodologism) 149
다기방법론적 행태론 153
다변수분석(多變數分析, multivariate analysis) 149, 324, 526, 638, 653
다상관(多相關) 638, 653
다상관결정계수(coefficient of multiple determination: R) 655
다상관관계(multiple correla-

tion) 655
다회귀 653
다원회귀분석(多元回歸分析) 616
다회귀분석(multiple regression analysis) 529, 638, 655
다회귀분석모형 662
단계-과정모델 257
단순무작위추출방법 367
단순성의 원리(principle of simplicity) 64
단위언명(unit statements) 479
담론(談論) 139
담론계(universe of discourse) 217
담론분석(discourse analysis) 137, 139
대수적 모델(algebraic model) 668
대응관계(equivalence relation) 585
대응법칙(rules of correspondence) 224
대체변수 527
대칭적(symmetric) 585
대칭분포 606
대칭행렬(symmetric matrix) 345
대칭행렬식(symmetric matrix) 593
델파이방법 437
도구과학(instrumental science) 15
도구변수방법 527
도덕적 인본주의 125
도덕철학(道德哲學, moral philosophy) 21, 33, 35
도수 322
도수곡선(度數曲線, frequency curve) 605
도수분포 605
도수분포배합통제 410
도수분포통제 410
도수함수(frequency function) 580
도식(schemata) 218, 264
도식(圖式, schema) 240
도표분석(圖表分析, graphic analysis) 611
도함수(導函數) 588
독립변수(independent variables) 289
독립사상 579
동귀법칙(同歸法則, idempotent laws) 584
동기이론 146
동상유질(同像類質, isomorphism) 18, 77, 238, 255, 269, 302
동상유질적 형성물(同像類質的 形成物, an isomorphic construction) 238
동시적 타당성(concurrent validity) 312
동연개념(同延概念) 195
동원체제(Mobilization types) 263, 321
동의의 규범(The Canon of Agreement) 54
동일법칙(同一法則, identity laws) 584

등간적 법칙 220
등간추출 363
등현등간법(等現等間法) 321

[ㄹ]
라틴 스퀘어(Latin-Square) 설계 420
로렌츠곡선(Lorenz curve) 605
Robinson's A 분석 635

[ㅁ]
Mann-Whitney U 검증 637
맑스주의 방법론 145
맑시스트-레닌니스트 28
매개관계유형 680
매개변수(intervening variables) 289, 290
McNemar 검증 636
맥락단위(context unit) 488, 489
맥락적 정보(contextual information) 529
메타과학 124
　메타과제 패러다임 205
　메타이론의 패러다임 205
면접자효과(interviewer effect) 461
면접조사 14, 440
명목주의자(Nominalists) 85
모수추정 577
모순대당적 언명(矛盾對當的 言明) 77
모순된 언명(contradictory statements) 111
모의조사 435
모집단(population) 357, 359
목록부호(factual or listing codes) 508
목적론 138
목적표출 370
몰간법칙(De Morgan's laws) 585
무작위집단설계 419
무전제성(Voraussetzungslosigkeit) 20
무정부의 원리(principle of anything goes) 74, 163
묶음부호(bracket codes) 508
문법적 단위(grammatical unit) 489
문장완성기법(sentence-completion technique) 454
문제의 전이(problem shift) 107
문항분석 346
문헌조사 353
문화과학(Geisteswissenschaften) 155
　문화론 145
　문화 상징론 145
　문화 생태론 145
물리의 세계 87
물리적 공간 31
물리주의(Physicalism) 109
물리학적 기계론 31, 68
물질 모델(physical model) 242
물질주의(Materialism) 99, 101, 302
　물질주의적 형이상학 110
　형이상학적 물질주의(Metaphysical Materialism) 108, 137
미국여론조사연구협회(AAPOR)

551
미립자(微粒子) 31, 70
미분계수 587
미시사회학 146
미학적 이상주의 91
민속학적 방법론(民俗學的 方法論, Ethnomethodology) 9, 104

[ㅂ]
반복표출(repetitive sampling) 368
반분법(半分法, half-split method) 308
반실증주의 111, 156
반증법(反證法, Method of Falsification) 60
반증주의 69, 151
반증주의자(falsificationist) 61, 62, 64, 65, 66, 67, 73
반합리주의자 93
발견의 논리 255
발전형 시관론(發展型 時觀論) 259
방법론적 개인주의(方法論的 個人主義, Methodological Individualism) 13
방법론적 반증주의(methodological falsificationism) 71, 163
방법론적 일원론(methodological monism) 33, 34, 101, 133
방향카테고리(direction categories) 487
varimax 회전방법 663
배반사상(mutually exclusive events) 579
배합(matching) 425
범위부호(field codes) 509
범주성 법칙(categoric laws) 221
법칙(laws) 11
법칙의 체계(a system of laws) 226
법칙학적 설명론(法則學的 說明論, nomological explanation) 12
법칙형이론 247
벡터(vector) 595, 596, 657, 666
변광성(變光星, Cepheid) 13
변동계수(coefficient of variation) 323, 608
변수오차(variable errors) 383
변이(anomaly) 70, 71, 72
변증법 168
보삽법(補揷法, interpolation method) 528
보완법칙(補完法則, complement laws) 585
복수구성법(複數構成法, multiple form method) 308
복합신뢰도계수(複合信賴度計數, composite reliability coefficient) 495
복회귀분석 575
본질론 14
부분집합(subset) 583
부수현상적 물질주의(Epiphenomenalist Materialism) 109
부수현상주의자 110
부정명제표(Table of Negatives) 53
부정적분(不定積分) 590
부축(minor principal) 599

부호지(coding sheet) 506
부호화 506
분류법(Taxomonies) 233
분류연구 176
분류체계(classificational system) 233, 234
분배법칙(分配法則, distributive laws) 584
분산(variance) 306, 314, 608
분산분석(分散分析, analysis of variance, ANOVA) 308, 310, 633
분산분석방법(分散分析方法) 308
분석과학(analytical science) 4, 7, 8, 16
  분석기하(analytic geometry) 575
  분석모형(analytical model) 204
  분석의 세계(analytical world) 16, 18, 44, 76, 77, 87
  분석적 개념체계(analytical conceptual system) 272
  분석적 언명(分析的 言明, analytical statements) 77, 111
  분석적 진리(analytical truth) 86
  분석주의 맑시즘 137
분할계수(contingency coefficient: c) 322, 636
분할분석(contingency analysis) 478
  분할표(contingency table) 624
  분할표분석 362, 624
불규칙변동(irregular variation) 641
불완전매거적 귀납추리(不完全枚擧的 歸納推理) 117
불평등영역(area of inequality) 570
불확실성원리(不確實性原理, Indeterminary Principle) 31, 80, 295
비경험과학(nonempirical science) 10
비교분석법(paired comparison analysis) 320
비교연구 175
비대칭분포 606
비메트릭 요인분석(nonmetric factor analysis) 676
비언어적(non-linguistic) 의사교류 11
비엔나 학파(Vienna Circle) 60, 143, 144, 158, 163
비유적 과정(tropological process) 240
비잔틴(Byzantine) 36
비조직적 관찰 388, 393
비중(β) 661
비지시면접(non-directive interview) 443
비파라미터적 통계검증(nonparametric statistical tests) 322
비판주의 133
  비판론적 연구 164
  비판이론(批判理論, critical

theory) 34
비판이론의 방법론 9
비판적 성찰에 기초한 사회적 비판의 과정 140
비판적 합리주의(critical rationalism) 67
비판적 환원주의 143
비판철학 88
비표준화면접(unstandardized interview) 441, 442
비형식적 규범론 142
비형식적 논리 141

[ㅅ]
사각단순구조(oblique simple structure) 675
사각회전(斜角回轉, oblique rotation) 673
사건표출(event sampling) 395
사례분석 498
사례연구(case study) 498
사례조사 350, 351
사분편차 608
사실과학 19
사실의 세계(world of facts) 44, 76
사이버네티크스 27
사전검사(pre-test) 355, 435, 505
사회공학적 연구(social engineering study) 353
사회과학철학(philosophy of social science) 19, 33
사회적 거리척도 325
사회적 실증주의(social positivism) 163
사회적 주관 159
사회적 지위척도 325
사회철학(social philosophy) 19
사후실험(ex post facto experiment) 411
사후연구(ex post facto research) 410
사후연구방법 420
산술평균 602
산포(dispersion) 607, 608
산포도 608
삼단논법(三段論法, syllogism) 118
상가평정법 325
상관관계분석 267
상관도(scattergrams) 611
상관분석방법(相關分析方法) 308
상관적 상징 240
상대기준 31
상대론(Relativism) 156
상대산포도 608
상대성원리(Relativity Theory) 142
상대성 이론 27
상대적 편차지수(Relative Deviation Index) 478
상상적 실험(imaginary experiment) 255
상식적인 시간 31
상위개념 195
상위명제 271
상이의 규범(The Canon of Difference) 54
상징논리주의 144
상징론 145

상징모델(symbolic models) 257
상징적 교호작용론(象徵的 交互作用論, Symbolic Interactionism) 104, 146
상징적 논리(symbolic logic) 11
상징적 단위(symbolic units) 478
생명과학 7
생물학적 지각론 31, 68
생화학적 물질(chemico-physiological material) 74
생활과학 7
생활세계 159, 434
생활양식(Lebensform) 156
선거체계 542
선결문제요구의 오류 129, 130, 537, 541
선언적 연역법 122
선언지 긍정의 오류 129, 537, 541
선택지위지수(選擇地位指數, choice status) 339
선험론 19, 297, 298
선험적 요소(a priori element) 90
선형대수(線型代數, linear algebra) 575, 591
선형방정식(linear equation) 643
선형벡터대수 574
선형회귀방정식 647, 649
설명력 47, 223
설명체계(explanatory system) 271
설문지 430
성상모델(iconic models) 256
세방화(世方化, glocalization) 31
센서스 350
소격계수(疎隔係數, coefficient of alienation) 677
소설과 논쟁의 완성기법(story-and-argument completion technique) 455
소시오그램(sociogram) 256, 337, 338, 394
소시오메트리(sociometry) 325, 336
소시오메트릭 지수(sociometric indices) 337
소시오메트릭 행렬(sociometric matrices) 337
소표본이론 631
속성분석 481
속성카테고리 488
솔로몬(Solomon) 공식 418
수사학(修辭學, Rhetoric) 23
수수께끼(puzzle) 69, 71
수용미학(reception aesthetics) 125, 145
수정주의(Revisionist) 144
수학의 세계(mathematical world) 44
수학적 공간 31
수학적 기대치(mathematical expectation) 581
순수개념 194
순수과학 6, 7, 16
순수실험(pure experiment) 411
순열(permutations) 581
순위상관계수(順位相關係數) 333, 629
순위상관관계(rank correlation)

322
순위화방법 526
순환변동(cyclical variation) 641
스캘로그램 325
스캘로그램 분석(scalogram analysis) 346, 347, 349
스컷트 계수(π) 636
스컷트(Scott)의 공식 495
Spearman's rho(순위상관계수) 635
시계열분석(time-series analysis) 569, 608, 612, 638, 639
단절적 다중시계열분석(interrupted multiple time-series analysis) 428
단절적 시계열분석(interrupted time-series analysis) 428
시나리오기법 15
시뮬레이션 15
신권사상 567
신뢰도 374
신뢰도계수(coefficient of reliability) 307, 495
신뢰성(reliability) 304
개인적 신뢰도(individual reliability) 494
신정체제(神政體制, Theocratic types) 263, 321
신중상주의 지배연합 537
실용주의운동 154
실재론(實在論, Realism) 29
실재적 술어 197
실재주의(實在主義) 298
실제주의(Metaphysical Realism) 108
실존주의(Existentialism) 104
실증주의(Positivism) 30, 34, 93, 105, 110, 133, 141, 142, 153, 158, 297
실증적 행태주의(Positive Behavioralism) 147
실증주의 과학철학 78, 164
실증주의자(實證主義者, Positivist) 79, 228
실질분산 306, 315
실천학 4
실천적 담론 141
실천적 방법론(practical methodology) 21
실체론적 인식론 269
실체론적 현상학(existential phenomenology) 156
실험(experimentation) 10
실험설계(experimental design) 173, 415
다수실험집단 이질실험설계 419
단일통제집단 사후측정실험설계 417
단일통제집단 전후측정실험설계 417
복수실험집단 실험설계 419
복수통제집단 실험설계 417
의사실험설계 416, 420
실험실실험(laboratory experiment) 411, 413, 427
실험적 용어(experimental terms) 423
실험조사(experimental

research) 350, 409
실험집단(experimental group) 410, 417
실험집단 사후설계 416
실험집단 전후설계 416
비통제실험(uncontrolled experiment) 411
시행착오실험(trial-and-error experiment) 411
심리적 오류 130, 541
심리철학(心理哲學, Philosophy of Psychology) 34
심층면접조사 39

[ㅇ]
아날로지(유비추리, 類比推理) 116
아리스토틀리안 28
아카이브기록 351
알파 분석(alpha analysis) 665
양자역학 31
양자 도약(quantum leap) 31
양자메카니크스(Quantum Mechanics) 142
양자사회(量子社會, quantum society) 132
양자자아(量子自我, quantum self) 132
양측검증(兩側檢證, two-tail test) 620
양함수(陽函數) 586
어의공간(semantic space) 341
어의구별척도(語義區別尺度) 325, 340, 343, 479
어의 모델(語義模型, semantic model) 242
언사(言辭, utterance) 196
언어학(Linguistics) 104
언어외적 요소(extralinguistic entities) 270
언어적 기법(verbal techniques) 454
언어적 명료성(linguistic precision) 84
언어적 오류 130, 541
언어철학(言語哲學, Philosophy of Language) 34, 84
F검증 633
여론조사위원회 551
역사주의(Historicism) 33, 154, 155, 156, 157, 158
역사주의 방법론 9
역할수행기법(role play techniques) 456
연관성 624
연구사례(research case) 501
연구설계 171
연구프로그램(research program) 71, 73
연속부호(series codes) 511
연속상관관계(serial correlation) 642
연속성 법칙(sequential laws) 221
연속체 319
연속확률분포(continuous probability distributions) 580
연쇄지수법 641
연역 51
연역논리 24, 33, 111
연역모델(deductive model) 227, 228, 230

연역법 56
가언적 연역법 121
정언적 연역법 121, 122
연역적(deductive) 37
연역적 논증방법(演繹的 論證方法) 77
연역적 오류(fallacy) 120
연역적 이론(deductive theory) 246
연역적 지식 32
연역적 체계화(deductive systematization) 228
연역주의 맑시즘 137
연합성검증 617
연합측정(聯合測定, measures of association) 611
열소이론(熱素理論) 67
예비조사(pilot study) 355
예제(examplar) 68
예측력 47, 223
Omega^2(ω^2) 636
오차분산(error variance: e) 306, 307, 314, 315
무작위 오차(random error) 303
무작위적 오차처리 526
옥스포드학파 92
완전평등선(line of perfect equality) 570
왜도(歪度, skewed) 609
외면적 타당절차(face-validation procedure) 311
외부변수(exogenous variable) 690
외전현상(外轉現象, abduction) 255
요소요인분석(component factor analysis) 665
요소의미(要素意味) 193
요인분석(factor analysis) 85, 291, 321, 324, 519, 575, 599, 638, 654, 661
공동요인분석(common factor analysis) 665
요인모형(factor model) 665
요인부가치(factor loading) 291
요인부하치(要因負荷値, factor loading) 528, 663, 668, 670
요인부하행렬식(factor loading matrix) 529
요인설계 419
요인평점(要因評點, factor scores) 668, 673
요인평점분석(factor score analysis) 346
요인평점행렬식(factor score matrix) 529, 673
우라누스(Uranus) 혹성 64
우송조사 437
우주과학 7
우주론(宇宙論, Cosmology) 79
운동의 제3법칙 72
원인(선행요인)분석 482
원자(atom) 31
원자가분석 496, 498
원자분석(valence analysis) 479
원자접근법(atomic approach)

491
월별평균법 641
Walsh 검증 637
유기체적 유사성(有機體的 類似性, organismic analogue) 255
유기체적 총체(organic whole) 102
유도성 질문(leading question) 466
유물론 105, 145
유물론 맑시즘 138
유분적 법칙(類分的 法則) 220
유사동간법(類似同間法) 325, 329
유사모델(analogue models) 255
유아론(Solipsism) 109
유의성 624
　유의성검증(有意性檢證, statistical tests of significance) 611, 617, 618
　유의수준 619
　유의표출(purposive sampling) 360, 370, 371
유추적 추론(analogical reasoning) 85
유클리드(Euclidean)의 평면기하학 124
유형(類型, typology) 240, 257, 259, 272, 273, 321
　유형모델(pattern model) 227, 228, 230
　유형부호(combination or pattern codes) 509
　유형적 법칙 220
윤리적 이상주의(Ethical Idealism) 91
Yule's K의 방법 477
Yule's Q 636
음소(phonemic) 191
응용과학(applied science) 6, 7, 15, 16
응용논리학 19
의미론(semantics) 7
　의미론적 근사성(semantic approximation) 218
　의미적 설명(semantic explanation) 227
　의미체계 160, 164
　의미학(意味學) 269
의지론자(意志論者, Voluntarist) 93, 102
의지주의(Voluntarism) 302
의태실험(擬態實驗, experimental simulations) 411, 414
의회체계 542
2도분산분석(two way analysis of variance) 654
2차자료 350
이동평균법(method of moving averages) 641, 643, 647, 649
이론학 4
　이론과학자(theoretical scientists) 150
　이론물리학 21
　이론적 법칙(theoretical laws) 225
　이론적 언명(theoretical statement) 234
　이론적 행태주의(Theoretical Behavioralism) 148
　이론체계(Theoretical system)

233
이론형성(theory formation) 201
이미지 분석(image analysis) 665
이산확률변수(discrete random variable) 580
이산확률분포(離散確率分布, discrete probability distribution) 579
이상주의(Idealism) 90, 91, 97, 99, 108, 302
이원론(Dualistic Theory) 109, 133
이원론적 패러다임 110
이유부호(reasons codes) 511
이중결과유형 680
이중원인유형 680
인간과학(science of man) 7, 165
인간관계학파(Human Relations School) 388
인간·실험연구 175
인과과정형이론 251
인과론 138, 144
인과관계유형 680
인과론적 공리(causal axiom) 107
인과법칙 32
인과적 귀납법 116, 118
인과추론기법 684
인본주의(人本主義) 93
인식논리학 19
인식력(認識力, cognitive power) 78
인식론(epistemology) 5, 22, 26, 27, 28, 44, 76, 134
인식론적 근사성(epistemic approximation) 218
인식론적 상대주의(Epistemological Relativism) 157
인식적 유의성(epistemic significance) 224
인종간거리계수(Racial Distance Quotient, RDQ) 335
인지과정(cognitive process) 22
일단추출 361
일대일비교법 325
일반이론(general theory) 46
일반체제이론(general system theory) 169
일반집합(universal set) 583
일상언어 142
일상언어구조 27
일원론(一元論, Monistic Theory) 29, 109, 133
일원주의(一元主義, Monism) 30, 302
일치법(一致法) 116
임상과학 498
임상과학자(clinical scientists) 49, 150
임시가설(ad hoc hypotheses) 36, 65
임시적 분류체계(Ad hoc classificatory systems) 233
입자설 31, 297
입증의 원리(立證의 原理, verifiability principle) 60
잉여부분(剩餘部分) 616
잉여치(residuals or error term) 261, 273, 528, 649

[ㅈ]
자기식(自記式) 430
자료적 오류 130, 541
자연법사상 567
자연언어 191
자연적 실험(natural experiment) 411
자연주의 93
자연철학(natural philosophy) 21, 26, 28
자유도(自由度, degree of freedom) 310, 626, 631
작업가설(作業假說, working hypothesis) 161, 216
잔여변동 641
잠재구조분석 198, 321
잠재구조분석법(latent-structure analysis) 320
잠재적 관찰 388
잠재적 구조척도 325
잠재적 내용(latent content) 475
재개념화(再概念化, reconceptualization) 202
재검증법(再檢證法, test-retest method) 308
재사용가능계수(coefficient of reproducibility) 347
적(積)의 사상(compound event) 579
적률상관계수(積率相關係數) 301, 629, 630, 658
적률상관관계(productmoment correlation) 323
전개유형 680, 686
전과학(pre-science) 133
전구조 52
전수조사 356
전위(轉位, transpose) 592
전이론(pre-theory) 233, 234
전제의 오류 129, 538, 541
전집단(universe) 359
전체변량(total variance) 612
전체분산(total variance) 306, 307, 315
전체오차(total errors) 383
전통적 실증론자(classical positivist) 216
전통주의 147, 151
전통철학 21, 27, 158
전화면접 465
전화조사 438
전환(轉換, transformation) 594
전환파라미터 595
절대기준 31
절대적 이상주의(Absolute Idealism) 92
절선도표(折線圖表, frequency polygon) 605
정당체계 542
정당화의 논리 255
정도(精度) 374
정도표(Table of Degrees) 53
정리(定理, theorem) 44, 124, 213
정밀배합방법(precision control) 410
정보과학 7
정보사회 31
정상과학(正常科學, normal science) 69, 204

정상분포 605, 606
정상언어 142
정신극적(精神劇的, psychodramatic) 456
정신의 세계 87
정신주의(Mentalism) 109
정실험 175
정의체계(definitional system) 272, 273
정적분(定積分) 589, 590
정책평가 409
J자형분포 606
제작학 4
조건부확률(conditional probability) 578
조사설계(research design) 386, 409
조사시기 460
조사표(questionnaire) 430
조작(operation) 285
조작변수 289
조작적 정의(operational definition) 199, 287, 293, 424
조작적 행위 292, 294
조작화과정 431
조직적 관찰 388, 393
조합(combinations) 581
조합비교법(組合比較法) 325, 329, 331, 354, 479, 490
조합비교식질문 434
조화체제(Reconciliation types) 263, 321
존재론(存在論, Ontology) 14, 22, 25, 26, 34, 79, 134
존재의 지(knowledge of being) 92
Somer's d 635
종속변수(dependent variables) 289
종속사상 579
종의 기원 67
종합적 언명(綜合的 言明, synthetic statements) 77, 111
종합통계분석(aggregate statistical analysis) 149
주관주의(主觀主義, Subjectivism) 97
주대각선(主對角線, principal diagonal: main diagonal) 592, 669
주상도표(柱狀圖表, histogram) 605
주의론(主意論, Voluntarism) 29
주제적 단위(thematic unit) 489
주제카테고리(subject matter categories) 486
주제통각검사(主題統覺檢査, Thematic Apperception Test: TAT) 454
주축(major principal axis) 599
주표본단위(primary sampling units) 367
준거틀부호(frame of reference codes) 512
준실험 175, 411, 453
준실험설계 409
준실험적 분석(quasi-experimental analysis) 646
준이론(準理論, quasi-theories) 233, 234

준참여관찰(準參與觀察, quasi-participant observation) 388, 391
준평균법(method of semiaverage) 642
준표준화면접(semi-standardized interview) 441, 443
중력이론 72
중범위이론(中範圍理論, middle-gauge theory) 46, 234, 287
중상관분석(重相關分析) 638
중위수(median) 322, 602
중회귀분석(重回歸分析, canonical analysis) 324, 575, 653, 655
증가함수 589
지니 지수(Gini index) 570
지수(index) 287, 288
지수경향선(exponential trend line) 644
지식론(theory of knowledge) 79
지식사회학(sociology of knowledge) 155
지표(indicator) 287
직각단순구조(orthogonal simple structure) 675
직각회전(直角回轉, orthogonal rotation) 663
직관의 공리에 관한 원칙 244
직관적 과학(直觀的 科學, eidetic science) 159, 162
직관주의자 93
직선보삽법(straight-line interpolation) 529
진화론 27, 67
　진화론적 실증주의(evolutionary positivism) 163
　진화론적 유사성(進化論的 類似性, evolutionary analogue) 255
질문순서 461
질문지 430
질적 내용분석 490
질적 분석(qualitative analysis) 351, 353, 477
질적 조사(qualitative research) 386
집단요인(group factors) 668
집단응집지수(集團凝集指數, group cohesiveness) 339
집단화방법 527
집단확장지수(集團擴張指數, group expansiveness) 339
집락 366
　집락분석(集落分析, cluster analysis) 638
　집락표출(cluster sampling) 360, 361, 366
집중화경향분석 602, 607
집포함(集包含, set inclusion) 585
집합산(集合算, set operations) 585
집합조사 438

[ㅊ]

차이법(差異法) 116
찬부식질문 432
참여관찰(參與觀察, participant observation) 388, 389
척도(scale) 317, 469
　거트만(Guttman)척도

331, 341, 349, 479
라이커트(Likert)척도
325, 434
보가더스(Borgadus)척도
325, 334
서스턴(Thurstone)척도
325, 329
구조척도(structural scale)
321
명목척도(nominal scale)
321, 526
서열척도(ordinal scale)
321, 322, 526
등간(현)척도(interval scale)
321, 322, 325, 329
비율척도(ratio scale)
321, 323
임의척도 321
자리매김척도(self-anchoring scale) 434
총화평정척도 325, 326, 327, 328, 330
평가척도 321
평급척도 325
평위척도 325, 329
평정척도 321, 325
합의척도 321
척도이론 320
천공 519
천공기(穿孔機, keypunch machine) 520
철학적 낭만주의 101
철학적 밝시즘 138
철학적 우주론 27
첨도(尖度) 609
체계적 접근법 148
체계적 관찰(systematic observation) 10
체계적 오차(systematic error) 303
체계적 오차처리 526
체제적 개념화 255
체크리스트식질문(checking method) 433
초(탈)구조주의자 110
초(탈)현대주의자 110
초객체(transcendent) 188
초월적 진리(transcendent truth) 86
초점면접(focused interview) 443
총계자료분석(總計資料分析, aggregate data analysis) 282
총화평정법(總和評定法) 321
최빈수(mode) 322, 602
최소공간분석(最小空間分析, smallest-space analysis : SSA) 324, 638, 676
최소 2 승법(method of least square) 611
최소 2 승회귀분석법(method of least square regression line) 643
최적선(lines of best fit) 611
최적선분석 613
추론체계(speculative system) 271
추측통계기법 575
추측통계학(推測統計學, inductive statistics) 577
출구조사 266
측정 293

측정오차(measurement error) 302
층화목록(stratified lists) 366
층화추출 361
층화표본 363, 364
층화표출(stratified sampling) 360, 364, 369

[ㅋ]

카르테지안-뉴토니안 패러다임 295
카르테지안 합리주의(Cartesian Rationalism) 90
χ^2검증(chi-square test) 624
카테고리(categories) 484
카테고리의 신뢰도(category reliability) 495
칸티안 28
칼큐러스(calculus) 226
캐노니칼 분석(canonical analysis) 665
커뮤날리티(communality) 669, 670
컴퓨터 시뮬레이션 415
Kendall's tau 635
Kelley's epsilon²(ε^2) 636
코딩(coding) 431, 506
Cohen 계수(κ) 636
Cochran Q 636
코페르니칸 혁명 67
코페르니크체제 67
콘스탄티노플(Constantinople) 36
Kolmogorov-Smirnov 두 표본검증 637
Q분류기법 479
Q분류척도방법 491
Cramer's V 636
Kruskal's tau b(τ_b) 636
Krippendorff의 합일계수($\bar{r}$) 635
키소터(Keysort) 카드 525

[ㅌ]

타기식(他記式) 437
타당성(validity) 311
실용적 타당성(pragmatic validity) 311
예측적 타당성(predictive validity) 312
외적 타당성 174
탈구조주의(Poststructualism) 106
탈실증주의(Postpositivist) 94
텍스트 분석(textual analysis) 137
통각(統覺, unity of apperception) 90, 91, 92
통계조사 350, 351
통계적 귀납법 116, 117
통계적 법칙(statistical laws) 220, 229
통제관찰 388
통제관찰조사(controlled observational study) 411
통제변수(control variables) 290, 654
통제집단(control group) 410, 417
통합경험(unified experience) 90
통합과학(unified science) 144, 169
투사법(projective methods) 453
특수명제 143

특수분산(specific variance: sp) 314, 315
특정치(Eigenvalue: characteristic value) 598, 600, 663, 670
t 검증 631

[ㅍ]
파동설 31
파라미터(parameter) 288
파라미터적 통계검증(parametric statistical tests) 323
파장 70
판단우위설 193
판별분석(判別分析, discriminant analysis) 638
패널스터디 421
패널스터디 방법 420
패러다임(Paradigm) 31, 68, 69, 71, 105, 136, 147, 156, 163, 203, 204
  패러다임별 167
  패러다임 전이(paradigm shift) 106
  메타과제 패러다임 205
  메타이론의 패러다임 205
편상관(偏相關) 638, 653
  편상관계수(偏相關係數, partial corelation coefficient) 633, 661, 681, 686
  편상관관계(partial correlation) 654, 658, 682
편차 606, 608
편측검증(片側檢證, one-tail test) 620
평가론적 담론의 논리(logic of evaluative discourse) 140
평가적 주장분석(evaluative assertion analysis) 491
평가치추정법(estimating values approach) 529
평균치(mean) 323
  평균치삽입법(inserting means approach) 528
  평균편차 608
평정식질문 433
평행주의(Parallelism) 109
폐쇄식질문(closed questions) 431
폐쇄형(closed-ended) 464
포괄적 합리성의 개념(concept of comprehensive rationality) 140
포스트모더니즘(Postmodernism) 106, 142, 165
표본(sample) 357
  표본분포(sampling distribution) 357, 383
  표본오차(sampling error) 357, 383
  표본추출 357
  표본치(sample value) 359
  표본편차 383
표출 · 표집(Sampling) 350
  계통적 표출(systematic sampling) 360, 362
  다단계표출(multi-stage sampling) 360, 362
  다단계확률표출 377
  다단식추출 361
  단순무작위표출 360
  배합표출 360, 371

비례층화표출 365
비비례층화표출 365
비확률표출 357, 360, 368
시간표출 395
연속표출 360, 368
요소표출 361
유의표출 360, 370, 371
임의표출 360, 370, 371
지역표출 367
집락표출 360, 361, 366
층화표출 360, 364, 369
쿼터표출 368, 369
할당표출 360, 368, 377
표상적 지각(representative perception) 89
표시적 술어 197
표준실험실 실험방법 164
표준오차(standard error) 357
표준카테고리 486
표준편차(standard deviation) 323, 606, 608
표준화계수 661
표준화면접 441
표준화면접조사 431
표출 357
표출단위(sampling units) 359
표출분산(sampling variance) 383
프랑크푸르트학파 165
프랙탈이론 32
프로빙(probing) 266, 448, 449
프로이드 심리학(Freudian Psychology) 104
피부반응검사(galvanic skin responses) 426
피타고라스정리(Phythagoras' theorem) 80

[ㅎ]
하위개념 195
하위명제 271
하위표본단위(secondary sampling units) 367
합리적 선택모델(rational choice model) 94, 137
합리적 선택이론 534, 538, 541
합리적 지(rational knowledge) 87
합리주의 86, 137
합리주의방법론 94
합리주의 인식론 76
합리주의자(Rationalists) 82, 83, 86, 110
합리주의적 형이상학(rationalist metaphysics) 243
고전적 합리주의 87
고전적 합리주의자 89
도구적 합리주의 34, 67
합집합(合集合, union of the two sets) 582
항목분석 321
해석모형(interpretative model) 226
해석주의 133
해석학(解釋學, hermeneutics) 34, 104, 133, 165
해석학적 연구 164
해석학적-해설적 모드(hermeneutic-interpretive model) 140
해왕성(Neptune) 65

행동 연구(action research) 353
행렬식(行列式) 591
- 행렬대수(matrix algebra) 575
- 행렬식에 근거한 평가(matrix-based estimates) 529
- 대각선행렬식(diagonal matrices) 593
- 비단수행렬식(nonsingular matrix) 594
- 비회전요인행렬식(unrotated factor matrix) 670
- 회전요인행렬식(rotated factor matrix) 670, 671
- 상관관계행렬식(correlation matrix) 669, 677
- 상단삼각행렬식(upper triangular matrix) 593
- 하단삼각행렬식(lower triangular matrix) 593

행태과학 34
- 행태주의(Behavioralism) 144, 147, 151, 152, 153, 156
- 행태주의자 153

허위상관관계(spurious correlation) 173, 646, 682
허위상관유형 680
헤겔리안 28
- 헤겔리안 이상주의자(Hegelian Idealist) 187

헬로 효과(Halo effect) 327
현상학파 151, 154
- 현상적 존재성 297
- 현상학(現象學, Phenomenology) 20, 29, 39, 133, 159
- 현상학자 28
- 현상학적 접근법 161
- 현상학적 존재론(Phenomenalist Ontology) 27

현실주의(Realism) 143, 302
- 현실적 합리주의(Realist Rationalism) 92
- 현실주의자(Realists) 85

현장실험 411
현재적 관찰 388
현재적 내용(manifest content) 475
현지실험(field experiment) 411, 427
현지조사 355
형상이론(Theory of Forms) 87
형식과학(formal sciences) 269
형식논리(formal logic) 21, 141
형식논리학 19
- 형식 모델(formal model) 242
- 형식이론(formal theory) 137
- 형식적 오류 130
- 형식표상 144

형이상학(形而上學, Metaphysics) 21, 23, 27, 28, 29, 30, 34, 79, 85, 105, 108, 109, 158
- 형이상학적 과학철학(Metaphysical Philosophy of Science) 24
- 형이상학적 시간개념 31
- 형이상학적 신비주의(形而上學的神祕主義, Metaphysical holism) 102

형이상학적 요구 299
형이상학적 이중주의 109
형이상학적 전제 71
형이상학적 회의주의(Metaphysical Scepticism) 109
형이상학철학(形而上學哲學, metaphysical philosophy) 21
형태의 이동(Gestalt shift) 71
호손(Hawthorne) 공장실험 388
혹성계 72
혼돈이론(chaos theory) 32
혼합 변수(confounding factor) 422
홀러리스 카드(Hollerith card) 520
확률론 578
확률밀도함수(probability density function) 581
확률법칙 32
확률이론(theory of probability) 18
확률표출(probability sampling) 357, 360
확률함수(probability function) 579
환원성(reducibility) 13
환원주의자 13
회귀분석 273, 274
회귀직선(linear regression) 612, 613
회귀포물선(parabolic) 615
단계회귀분석(stepwise regression analysis) 638
회의론(懷疑論, Skepticism) 29
회의주의(懷疑主義, Skepticism) 97, 302
회전(rotation) 673
회화적 기법(pictorial techniques) 455
횡적산출(cross-products) 346
효과분석 483
후기경험주의 48
후기경험주의 과학철학 133, 134, 141, 154, 162, 164
후기구조주의 102, 136
후기실증주의(Postpositivism) 162, 165
후기실증주의 사회과학철학 165
후기칸트합리주의 91
후기행태론 154, 162
후기행태주의(Post-Behavioralism) 48, 150, 153, 154, 156, 157

저자약력

서울대학교 법과대학 졸업(법학사, 1962)
서울대학교 행정대학원 졸업(행정학석사, 1965)
미국 하와이대학교 대학원 졸업(정치학박사, 1971)
미국 미시간대학교(앤아버) 사회조사연구소 연구교수(1974・1975)
미국 캘리포니아대학교(버클리) 동아시아연구소 연구교수(1985~1986)
미국 노스웨스턴대학교 국제비교연구소 연구교수(1995~1996)
한국행정학회장(1991~1992)
서울대학교 행정대학원 원장(1992~1994)
대통령자문 행정개혁・쇄신 위원(1988~89, 1993~95)
중앙인사위원회 초대위원장(1999~2002)
서울대학교 행정대학원 총동창회장(2003~2005)
열린우리당 공천심사위원장(2004)
중국국가행정학원 명예교수(2004~2006)
서울대학교 교수평위원회 부의장(2005)
국제정치개혁협의회 위원장(2005)
한국사회과학연구협의회장(2004~현재)
서울대학교 행정대학원 교수(1972~현재)

저 서

「발전행정론」(박동서, 김신복 교수와 공저, 법문사, 1973)
「사회과학연구방법론」(박영사, 1976)
「한국의 지역사회개발」(권태준 교수와 공저, 법문사, 1978)
「사회과학방법론」(편저, 박영사, 1983)
「행정과학서설」(박영사, 1983)
「정치학—성찰과 조망」(최명 교수와 공역, 법문사, 1984)
「관료와 발전」(평민사, 1986)
「한국인의 민주정치의식」(박동서 교수와 공저, 서울대출판부, 1986)
「한국선거론」(길승흠, 안병만 교수와 공저, 다산출판사, 1987) 영문판, *Elections in korea*(Seoul computer Press, 1988)
「의회와 행정부」(박동서 교수와 공편, 법문사, 1987)
「한국의 선거정치학」(편저, 나남, 1990)
「한국 민주주의의 미래」(신도철, 최명, 박찬욱 교수와 공저, 서울대출판부, 1990)
「한국의 의회정치」(김학수, 박찬욱 교수와 공저, 박영사, 1991)
「한국 의회과정론」(박동서 교수와 공편, 장원출판사, 1991)
「한국의 관료제연구」(대영문화사, 1991)
「우리동네 선거이야기, 나라선거이야기, 고쳐야 할 선거이야기」(편저, 예음, 1992)
「작은정부, 큰국민」(장원, 1993)
「한국의 행정개편」(강신택 교수와 공편, 장원, 1994)
「열린정부, 국정운영 새틀짜기」(나남, 2000)
「정보사회와 행정」(강성남 교수와 공저, 한국방송통신대학교, 2001)
「한국의 미래정부론」(정정목 교수와 편저, 나남, 2001)
「파킨슨의 법칙」(편저, 21세기북스, 2003)
「바람직한 정부」(박영사, 2003)
「비교행정론」(강성남 교수와 공저, 박영사, 2004)

방법론강의 —기초・원리・응용—
1996年 9月 30日 初版發行
2006年 2月 10日 重版發行
著 者 金 光 雄
發行人 安 鍾 萬
發行處 (株) 博 英 社
서울特別市 鍾路區 平洞 13-31番地
電話 (733)6771 FAX (736)4818
登錄 1959. 3. 11. 제300-1959-1호(倫)
www.pakyoungsa.co.kr e-mail: pys@pakyoungsa.co.kr

定 價 35,000원 ISBN 89-7189-335-4